utb 2441

W0379975

Eine Arbeitsgemeinschaft der Verlage

W. Bertelsmann Verlag · Bielefeld
Böhlau Verlag · Wien · Köln · Weimar
Verlag Barbara Budrich · Opladen · Toronto
facultas · Wien
Wilhelm Fink · Paderborn
A. Francke Verlag · Tübingen
Haupt Verlag · Bern
Verlag Julius Klinkhardt · Bad Heilbrunn
Mohr Siebeck · Tübingen
Ernst Reinhardt Verlag · München
Ferdinand Schöningh · Paderborn
Eugen Ulmer Verlag · Stuttgart
UVK Verlagsgesellschaft · Konstanz, mit UVK/Lucius · München
Vandenhoeck & Ruprecht · Göttingen
Waxmann · Münster · New York

Ulrich Eisenhardt

# Einführung in das Bürgerliche Recht

Ein Studien- und Übungsbuch

7., überarbeitete Auflage 2018

facultas

**Ulrich Eisenhardt**, Jahrgang 1937, Studium der Rechtswissenschaft in Göttingen und Bonn. 1961 Erstes und 1965 Zweites juristisches Staatsexamen. 1964 Promotion in Bonn, 1970 Habilitation mit der venia legendi für Bürgerliches Recht, Handelsrecht, Deutsche Rechtsgeschichte und Verfassungsgeschichte der Neuzeit ebenfalls in Bonn. Nach Lehrstuhlvertretungen an den Universitäten in Saarbrücken und München 1972 Wissenschaftlicher Rat und Professor an der Juristischen Fakultät der Universität Bonn für Bürgerliches Recht, Handelsrecht und Deutsche Rechtsgeschichte. Seit 1975 ordentlicher Professor an der Juristischen Fakultät der Fernuniversität in Hagen, Lehrstuhl für Bürgerliches Recht und Unternehmensrecht, sowie Deutsche Rechtsgeschichte. 1992 Mitgründer der Juristischen Fakultät der Heinrich Heine-Universität in Düsseldorf. Lehrtätigkeit dortselbst bis 2000. Vorstand des Instituts für Japanrecht und des Kurt Haertel-Instituts für Geistiges Eigentum an der Juristischen Fakultät der Fernuniversität in Hagen. Zahlreiche Veröffentlichungen zum Zivilrecht und zur Rechtsgeschichte u.a.: Eisenhardt/Wackerbarth, Gesellschaftsrecht I. Recht der Personengesellschaften. Mit Grundzügen des GmbH- und des Aktienrechts. 16. Aufl. 2015, Wackerbarth/Eisenhardt, Gesellschaftsrecht II. Recht der Kapitalgesellschaften. Mit Bezügen zum Bilanz-, Insolvenz- und Kapitalmarktrecht. 2013; Deutsche Rechtsgeschichte. 6. Aufl. 2013; Die kaiserliche Aufsicht über Buchdruck, Buchhandel und Presse im Heiligen Römischen Reich Deutscher Nation (1496-1806). Ein Beitrag zur Geschichte der Bücher- und Pressezensur, 1970; 100 Jahre BGB. Zur Offenheit und Leistungsfähigkeit des deutschen Zivilrechts, in: jur. Zeitgeschichte, Kleine Reihe Bd. 1, 2001, S. 3 ff.

Online-Angebote oder elektronische Ausgaben sind erhältlich unter www.utb-shop.de

Bibliografische Information der Deutschen Nationalbibliothek

Die Deutsche Nationalbibliothek verzeichnet diese Publikation in der
Deutschen Nationalbibliografie; detaillierte bibliografische Daten sind im Internet
über http://dnb.d-nb.de abrufbar.



7., überarbeitete Auflage

facultas Universitätsverlag, A-1050 Wien

Satz: Facultas Verlags- und Buchhandels AG
Druck und Bindung: CPI – Ebner & Spiegel, Ulm
ISBN: 978-3-8252-4995-3

## Vorwort zur 7. Auflage

Die „Einführung in das Bürgerliche Recht“ ist als Studienbuch für Studierende der Rechtswissenschaft gedacht, die sich in der Anfangsphase des Studiums in den Stoff der ersten drei Bücher des BGB einarbeiten müssen. Es wendet sich darüber hinaus auch an Studierende der Wirtschaftswissenschaft, die sich mit dem Zivilrecht befassen müssen.

Nach dem didaktischen Konzept des Buches sollen die Studierenden möglichst rasch in das System des bürgerlichen Rechts eingeführt werden und das notwendige Rüstzeug erhalten, um mit dem Gesetzestext selbständig arbeiten, d.h. Lösungen für juristische Probleme finden zu können. Dafür ist es unerlässlich, dass sie sich rasch die Methodik der Fallbearbeitung aneignen. Das Buch enthält deshalb eine Anleitung zur Anfertigung juristischer Gutachten und im Text eine Vielzahl von Übungsfällen (Selbsttestaufgaben), die gelöst werden sollen. Der zu lösende Fall steht jeweils am Anfang eines Kapitels; die erarbeitete Lösung sollte anschließend mit der am Schluss des jeweiligen Kapitels angebotenen Lösung verglichen werden.

Für die 7. Auflage dieses Buches waren wiederum viele Ergänzungen und Überarbeitungen notwendig. Insbesondere war zu berücksichtigen, dass das Privatrecht inzwischen in zunehmendem Maße durch die vielfältigen und in ihrer Gesamtheit nur mit Mühe zu überblickenden Aktivitäten der Europäischen Union beeinflusst und geprägt worden ist. So ist vor allem aufgrund der europäischen Vorgaben ein verstärkter Schutz des Verbrauchers im BGB verankert worden. Als Beispiele seien die Verfeinerungen im Recht der Allgemeinen Geschäftsbedingungen und die besonderen Schutzvorschriften betreffend den Vertrag im elektronischen Geschäftsverkehr genannt. Auch das Allgemeine Gleichbehandlungsgesetz (AGG) hat weit reichende Auswirkungen für das allgemeine Zivilrecht. Aber nicht nur das Vertragsrecht, auch andere Teile des bürgerlichen Rechts, wie etwa das Deliktsrecht, sind durch europäisches Richtlinienrecht beeinflusst worden.

Hagen, im Februar 2018 *Ulrich Eisenhardt*

# Inhaltsverzeichnis


*Vorwort zur 7. Auflage* V

*Verzeichnis der geläufigsten Abkürzungen* XXVII

*Verzeichnis der häufiger zitierten Literatur* XXXI

**§ 1 Das bürgerliche Recht im System des deutschen Rechts** 1

I. Einleitung 1

II. Das bürgerliche Recht als Kern des deutschen Privatrechts 3

1. Der Begriff des bürgerlichen Rechts 3
2. Überblick über den Inhalt der fünf Bücher des BGB 3

III. Die Europäisierung des deutschen Privatrechts 5

**§ 2 Grundprinzipien des deutschen Privatrechts** 7

I. Der Grundsatz der formalen Gleichbehandlung 8

II. Der Grundsatz der Privatautonomie 8

1. Privatautonomie und Rechtsgeschäft 8
2. Privatautonomie und vertragliche Schuldverhältnisse 9
3. Die Grenzen der Privatautonomie 11
4. Zwingendes und dispositives Recht 13
5. Weitere Einschränkungen durch Verbraucherrecht 14

III. Das Privateigentum und seine Bedeutung für die Privatrechtsordnung 16

IV. Der Vertrauensgrundsatz 17

**§ 3 Rechtsgeschäft und Willenserklärung** 18

I. Der Begriff Rechtsgeschäft 18

II. Die Willenserklärung 19

1. Überblick 19
2. Der objektive Tatbestand einer Willenserklärung 20
3. Der subjektive Tatbestand einer Willenserklärung 21
4. Bewusste Willensmängel 23
5. Willenserklärungen und unverbindliche Erklärungen 24
6. Die Zurechenbarkeit von Erklärungstatbeständen bei fehlendem Rechtsfolgewillen 25

**§ 4 Das Wirksamwerden von Willenserklärungen** 26

I. Die Empfangsbedürftigkeit von Willenserklärungen 26

II. Der Zugang 26
1. Willenserklärungen unter Anwesenden 27
2. Willenserklärungen unter Abwesenden 27
III. Der Widerruf von Willenserklärungen 31
1. Überblick 31
2. Der Widerruf vor Zugang der Willenserklärung 31

**§ 5 Das Zustandekommen eines Vertrages** 32
I. Einführung 32
II. Vertragliche und gesetzliche Schuldverhältnisse 33
III. Das Entstehen eines Vertrages durch Angebot und Annahme 34
1. Überblick 34
2. Die Abgrenzung zwischen Verträgen und rein gesellschaftlichen Beziehungen 35
3. Das Angebot zum Abschluss eines Vertrages 36
4. Die Annahme eines Angebots 40
IV. Der Vorvertrag 45

**§ 6 Die Bedeutung des Schweigens im Rechtsverkehr** 47
I. Stillschweigen und Willenserklärung 47
II. Das Schweigen auf ein kaufmännisches Bestätigungsschreiben 48
1. Überblick 48
2. Abweichungen zwischen dem Bestätigungsschreiben und der vorhergehenden vertraglichen Vereinbarung 49
3. Das Fehlen eines Abschlusstatbestandes 52
III. Unverlangt zugeschickte Warensendungen und Vertragsschluss 52
1. Überblick 52
2. Die Regelung des § 241 a 53

**§ 7 Der Dissens (Einigungsmangel)** 54
I. Der offene Dissens 55
II. Der versteckte Dissens 55

**§ 8 Allgemeine Geschäftsbedingungen als Bestandteile von Verträgen** 57
I. Überblick 57
II. Die Gegenstände Allgemeiner Geschäftsbedingungen 58
III. Die Vorschriften des BGB zur Regelung des Rechts der Allgemeinen Geschäftsbedingungen 59
1. Das rechtspolitische Ziel 59
2. Der Begriff der Allgemeinen Geschäftsbedingungen (§ 305 Abs. 1) 59
3. Der Vorrang von Individualabreden 61
4. Die Einbeziehung von Allgemeinen Geschäftsbedingungen in den Vertrag 62

IV. Die Bezugnahme beider Vertragsparteien auf die eigenen Allgemeinen Geschäftsbedingungen 64

**§ 9 Besonderheiten des Vertragsschlusses im Internet** 67
I. Der Vertrag im elektronischen Geschäftsverkehr 68
II. Pflichten im elektronischen Geschäftsverkehr 69
1. Überblick 69
2. Die Pflichten aus § 312 i 70
3. Weitere Pflichten aus § 312 j 70
III. Die Einbeziehung von Allgemeinen Geschäftsbedingungen bei Abschluss eines Vertrages im elektronischen Geschäftsverkehr 71
IV. Die Ersteigerung von Waren bei Internet-Auktionen 71

**§ 10 Die Auslegung** 73
I. Überblick 73
II. Die Auslegung von Willenserklärungen 73
III. Die Auslegung von Verträgen 75
1. Überblick 75
2. Die erläuternde Vertragsauslegung 75
3. Die ergänzende Vertragsauslegung 76
IV. Die Auslegung von Allgemeinen Geschäftsbedingungen 78

**§ 11 Verpflichtungs- und Verfügungsgeschäfte** 79
I. Überblick 80
II. Das Trennungsprinzip 80
III. Das Abstraktionsprinzip 82
IV. Das Problem der Fehleridentität 83

**§ 12 Rechtsfähigkeit und Geschäftsfähigkeit** 84
I. Die Rechtsfähigkeit 84
1. Überblick 84
2. Juristische Personen 85
II. Die Geschäftsfähigkeit 86
1. Der Begriff der Geschäftsfähigkeit 86
2. Abgrenzung zur Deliktsfähigkeit 86
III. Der Schutz der Geschäftsunfähigen 87
1. Überblick 87
2. Die gesetzlichen Regelungen zum Schutze der Geschäftsunfähigen 88
3. Die gesetzlichen Vertreter der Geschäftsunfähigen 89
IV. Der Schutz der beschränkt geschäftsfähigen Personen 89
1. Die Wirkung der von Minderjährigen vorgenommenen Rechtsgeschäfte 89
2. Die Auflösung des Schwebezustandes gemäß §§ 108, 109 91

3. Die Regel des § 107 92
4. Der Sondertatbestand des § 110 95
5. Das Wirksamwerden einer dem Minderjährigen zugehenden Willenserklärung (§ 131 Abs. 2) 96
V. Die gesetzlichen Vertreter der in ihrer Geschäftsfähigkeit beschränkten Personen 97
VI. Die partielle Geschäftsfähigkeit 97
1. Der selbständige Betrieb eines Erwerbsgeschäftes 97
2. Dienst- oder Arbeitsverhältnisse von Minderjährigen 98
VII. Die Betreuung 98
1. Die Betreuung gemäß § 1896 98
2. Die Betreuung mit Einwilligungsvorbehalt 99

**§ 13 Die Form** 99
I. Das Prinzip der Formfreiheit 100
II. Die vom Gesetz vorgeschriebene Form 101
1. Die einfache Schriftform 101
2. Elektronische Form und Textform 102
3. Die öffentliche Beglaubigung 104
4. Die notarielle Beurkundung 104
5. Die völlige Eigenhändigkeit einer Urkunde 105
III. Die gewillkürte Schriftform 105
IV. Die Folgen des Formmangels 105

**§ 14 Die Nichtigkeit von Rechtsgeschäften** 107
I. Einführung 107
II. Der Verstoß gegen ein gesetzliches Verbot (§ 134) 108
1. Die gesetzliche Regelung 108
2. Verbotsgesetze im Sinne des § 134 109
3. Die Folgen eines Verstoßes gegen ein gesetzliches Verbot 110
III. Sittenwidrige Geschäfte (§ 138) 110
1. Überblick 110
2. Die Generalklausel des § 138 Abs. 1 111
3. Die Anwendung des § 138 Abs. 1 in der Praxis 113
4. Der Wucher 116
5. Wucherähnliche Rechtsgeschäfte 118
IV. Die Inhaltskontrolle von Allgemeinen Geschäftsbedingungen 119
1. Überblick 119
2. Grundlagen der Inhaltskontrolle von Allgemeinen Geschäftsbedingungen 119
3. Beispiele für einzelne Klauselverbote (§§ 308, 309) 120
4. Die Generalklausel des § 307 122

5. Rechtsfolgen der Unwirksamkeit Allgemeiner Geschäftsbedingungen 123
6. Überraschende Klauseln 123
7. Einschränkungen bei der Anwendung der §§ 305–309 124

**§ 15 Die Anfechtbarkeit von Willenserklärungen** 125
I. Überblick 126
II. Die Anfechtung wegen Irrtums. Die unbewusste Nichtübereinstimmung von Wille und Erklärung 126
1. Einleitung 126
2. Die Anfechtung wegen Erklärungs- oder Inhaltsirrtums 127
3. Die Anfechtung wegen Irrtums über verkehrswesentliche Eigenschaften einer Person oder Sache 130
III. Die Anfechtung wegen Willensbeeinflussung durch arglistige Täuschung und widerrechtliche Drohung 133
1. Einleitung 133
2. Die Anfechtung wegen arglistiger Täuschung 133
3. Die Täuschung durch Dritte (§ 123 Abs. 2) 135
IV. Die Anfechtung wegen widerrechtlicher Drohung 137
1. Die Drohung 137
2. Die Widerrechtlichkeit 137
3. Die subjektiven Voraussetzungen 139
V. Fristgemäße Anfechtungserklärung gegenüber dem Anfechtungsgegner 139
VI. Die Schadensersatzpflicht des Anfechtenden gemäß § 122 140

**§ 16 Teilnichtigkeit und Umdeutung von Rechtsgeschäften** 141
I. Die Teilnichtigkeit von Rechtsgeschäften 142
1. Überblick 142
2. Die Teilbarkeit des Rechtsgeschäfts 142
3. Parteiwille und Auslegung 142
4. Das Problem der Fehleridentität 143
5. Die Füllung einer Lücke 144
6. Die Sonderregelung in § 306 144
II. Die Umdeutung (§ 140) 145
1. Überblick 145
2. Die Nichtigkeit des Rechtsgeschäfts 145
3. Die weiteren Voraussetzungen 145
III. Die Bestätigung (§ 141) 146

**§ 17 Die Stellvertretung** 147
I. Überblick und Abgrenzung 148
1. Unmittelbare und mittelbare Vertretung 148
2. Stellvertreter und Bote 150

II. Die gesetzliche Vertretung 150
III. Die unmittelbare Stellvertretung 151
1. Begriff und Wirkung 151
2. Das Offenkundigkeitsprinzip 152
3. Das Handeln unter fremdem Namen 154
4. Die Wirkungen der Stellvertretung 156
5. Willensmängel und ihre Folgen (§ 166) 156
6. Die Erteilung der Vollmacht 157
7. Das Innenverhältnis 158
8. Das Erlöschen der durch Rechtsgeschäft erteilten Vertretungsmacht 159
9. Duldungs- und Anscheinsvollmacht 162
IV. Das Insichgeschäft (§ 181) 165
V. Die Vertretung ohne Vertretungsmacht bei einem Vertrag 166
1. Möglichkeiten der Vertretung ohne Vertretungsmacht 166
2. Das Rechtsverhältnis zwischen dem Vertretenen und dem Dritten 167
3. Das Rechtsverhältnis zwischen dem Vertreter ohne Vertretungsmacht und dem Dritten 168

**§ 18 Zustimmungsbedürftige Rechtsgeschäfte** 170
I. Überblick und Begriffsbestimmung 170
II. Die Wirkung der Genehmigung 171
III. Die Verfügung eines Nichtberechtigten und die Zustimmung (§ 185) 172
1. Überblick 172
2. Wirksame Verfügung eines Nichtberechtigten mit Zustimmung des Berechtigten 173
3. Wirksame Verfügung eines Nichtberechtigten ohne Zustimmung des Berechtigten 173
IV. Die Ermächtigung 174

**§ 19 Die Bedingung** 175
I. Der Begriff und die Wirkung der Bedingung 175
II. Arten der Bedingung 176
1. Die aufschiebende Bedingung 176
2. Die auflösende Bedingung 177
3. Echte und unechte Bedingungen 177
4. Bedingungsfeindliche Willenserklärungen 178
III. Die Rechtslage während der Schwebezeit 178
IV. Die treuwidrige Einflussnahme auf Eintritt oder Ausfall der Bedingung (§ 162) 180

**§ 20 Die Verjährung** 180
I. Der Sinn der Verjährung 181

II. Die Verjährungsfristen 181
III. Der Beginn und die Berechnung der Verjährungsfristen 182
IV. Vereinbarungen über die Verlängerung und Verkürzung von Verjährungsfristen 183
V. Die Hemmung und der Neubeginn der Verjährung 184
1. Überblick 184
2. Die Hemmung 184
VI. Der Neubeginn der Verjährung 185
VII. Ausschlussfristen 186
VIII. Fristen und Termine 186
1. Überblick 186
2. Einzelne Bestimmungen 187

**§ 21 Rechtssubjekte und subjektive Rechte** 188
I. Rechtssubjekte 188
1. Der Personenbegriff des BGB 188
2. Der Schutz der Persönlichkeit/Allgemeines Persönlichkeitsrecht 189
II. Subjektive Rechte 192
1. Subjektives Recht und objektives Recht 192
2. Begriff und Arten der subjektiven Rechte 192
3. Die Grenzen der Durchsetzbarkeit subjektiver Rechte 195
4. Die erlaubte Verteidigung subjektiver Rechte 196

**§ 22 Rechtsobjekte** 197
I. Überblick 197
II. Sachen 198
1. Begriff und Arten von Sachen 198
2. Verbindungen von Sachen 199
III. Rechte 202
IV. Nutzungen (Früchte und Gebrauchsvorteile) 202
1. Überblick 202
2. Früchte 202
3. Gebrauchsvorteile 203
V. Gesamtheiten von Sachen und Rechten 203
1. Das Vermögen 203
2. Das Unternehmen 204

**§ 23 Einführung in das Recht der unerlaubten Handlungen** 205
I. Überblick 206
II. Rechtswidrigkeit und Verschulden 208
1. Das Verschulden als Zurechnungsgrund 208
2. Die Rechtswidrigkeit 211

III. Die Verletzung von Rechtsgütern und absoluten Rechten im Sinne des § 823 Abs. 1 211
1. Die Voraussetzungen für das Entstehen eines Schadensersatzanspruches gemäß § 823 Abs. 1 211
2. Die geschützten Rechtsgüter 213
IV. Der Schaden 213
1. Die Definition des Schadens 213
2. Vermögensschaden und Nichtvermögensschaden 214
V. Der ursächliche Zusammenhang 215
1. Haftungsbegründende und haftungsausfüllende Kausalität 215
2. Die adäquate Kausalität 215
VI. Der Gegenstand der Schadensersatzverpflichtung 217
1. Überblick 217
2. Die Schadensberechnung 218
VII. Die Verletzung eines Schutzgesetzes gemäß § 823 Abs. 2 225
1. Überblick 225
2. Die Voraussetzungen für das Entstehen eines Anspruchs aus § 823 Abs. 2 225
3. Schutzgesetze im Sinne des § 823 Abs. 2 226
VIII. Die sittenwidrige Schädigung gemäß § 826 227
1. Überblick 227
2. Der Verstoß gegen die guten Sitten 227
3. Der Vorsatz 227
IX. Die Verletzung von Verkehrssicherungspflichten (Verkehrspflichten) 228
X. Die Haftung mehrerer Personen 229
1. Überblick 229
2. Tatbeteiligte (§ 830) 230
3. Die Haftung der Beteiligten als Gesamtschuldner 230
XI. Die Haftung für Verrichtungsgehilfen 231
1. Überblick 231
2. Verrichtungsgehilfe 231
3. Unerlaubte Handlung des Verrichtungsgehilfen 232
4. Schadenszufügung in Ausführung der Verrichtung 232
5. Das Verschulden des Geschäftsherrn (Unternehmers) und der Exkulpationsbeweis. 233
XII. Unterlassungsansprüche 234
1. Überblick 234
2. Die analoge Anwendung des § 1004 234
3. Die Voraussetzungen für eine Unterlassungsklage 235

**§ 23 a Die Gefährdungshaftung** 238
I. Die Haftung auch ohne Verschulden (Verschuldensunabhängige Haftung) 238

II. Beispiele für Gefährdungshaftungstatbestände 240
1. Die Haftung nach dem Produkthaftungsgesetz 240
2. Die Haftung nach dem Umwelthaftungsgesetz 240

**§ 23 b Die Staatshaftung (Amtshaftung) nach § 839 i.V.m. Art. 34 GG** 241
I. Überblick 241
II. Übernahme der Haftung durch den Staat nach Art. 34 GG 241
III. Amtspflicht und Drittbezogenheit 241
IV. Subsidiarität der Amtshaftung 242
V. Das Spruchrichterprivileg 243

**§ 24 Der Inhalt vertraglicher Schuldverhältnisse** 243
I. Die Gläubiger- und Schuldnerstellung 243
1. Überblick 243
2. Der Schuldner 244
3. Der Gläubiger 245
II. Gegenseitig verpflichtende Verträge und nicht gegenseitig verpflichtende Verträge 245
1. Überblick 245
2. Die primären Leistungspflichten 246
3. Die Schutz- bzw. weiteren Verhaltenspflichten 247
III. Die Inhaltsbestimmung von Schuldverhältnissen 248
1. Überblick 248
2. Die Bestimmung des Leistungsinhalts durch eine Partei 248
3. Die Bestimmung des Leistungsinhalts durch Dritte 248
IV. Gattungs- und Stückschuld 249
1. Die Unterscheidung 249
2. Die Konkretisierung 250
V. Die Leistungszeit 250
VI. Der Leistungsort 251
1. Überblick 251
2. Die Holschuld (§ 269) 252
3. Die Bringschuld 252
4. Die Schickschuld 252
VII. Leistungsverweigerungsrechte 253
1. Überblick 253
2. Die Einrede des Zurückbehaltungsrechts gemäß § 273 253
3. Die Einrede des nicht erfüllten Vertrages gemäß § 320 254
4. Das kaufmännische Zurückbehaltungsrecht 255

**§ 25 Das Erlöschen von Schuldverhältnissen** 255
I. Überblick 256
II. Die Erfüllung 257

1. Die Erfüllung gemäß § 362 257
2. Die Leistung an Erfüllungs Statt 257
3. Die Leistung erfüllungshalber 258
III. Die Beendigung des vertraglichen Schuldverhältnisses durch Zeitablauf 259
IV. Die Aufhebung und Änderung eines Schuldverhältnisses 259
V. Der Rücktritt vom Vertrag 260
1. Überblick 260
2. Die Ausübung des Rücktrittsrechts und die Folgen 261
3. Das vertraglich vereinbarte Rücktrittsrecht 263
4. Das gesetzliche Rücktrittsrecht (§§ 323 ff.) 264
VI. Die Kündigung 266
1. Die Kündigung und ihre Wirkung 266
2. Das außerordentliche Kündigungsrecht aus wichtigem Grund 266
VII. Das Widerrufsrecht bei Verbraucherverträgen 267
1. Überblick 267
2. Die Voraussetzungen für die Ausübung des Widerrufsrechts 268
3. Die Ausübung des Widerrufsrechts 269
4. Die Rechtsfolgen des Widerrufs 269
VIII. Die Aufrechnung 270
1. Der Sinn der gesetzlichen Aufrechnungsregelung 270
2. Die Voraussetzungen für eine Aufrechnung 271
3. Ausschluss der Aufrechnung 271
4. Erklärung und Wirkung der Aufrechnung 271
5. Der Aufrechnungsvertrag 271
IX. Die Hinterlegung 272
1. Überblick 272
2. Die Hinterlegungsvoraussetzungen 272
3. Der Selbsthilfeverkauf 273
X. Der Erlassvertrag 273
XI. Das negative Schuldanerkenntnis 274

**§ 26 Pflichtverletzungen (Störungen im Schuldverhältnis)** 274
I. Einführung 275
1. Überblick 275
2. Pflichtverletzung und mangelhafte Leistung 276
II. Das Vertretenmüssen 277
1. Überblick 277
2. Die Haftung für fremdes Verschulden (Erfüllungsgehilfen) 277
3. Die Übernahme einer Garantie oder eines Beschaffungsrisikos 280
III. Die Unmöglichkeit 281
1. Überblick über die verschiedenen Störungen im Schuldverhältnis 281
2. Der Begriff der Unmöglichkeit 282

3. Die vom Schuldner nicht zu vertretende Unmöglichkeit 283
4. Die vom Schuldner zu vertretende Unmöglichkeit 285
5. Die Teilunmöglichkeit 292
IV. Das vom Gläubiger zu vertretende Unmöglichwerden der Leistung 293
V. Die Pflichtverletzung in Gestalt der Verzögerung der Leistung durch den Schuldner (Verzug) 294
1. Überblick 294
2. Der Anspruch auf Ersatz des Verzögerungsschadens 295
3. Der Anspruch auf Schadensersatz statt der Leistung und das Rücktrittsrecht des Gläubigers 301
4. Das Fixgeschäft (§ 323 Abs. 2 Nr. 2) 303
VI. Die Vertragsstrafe 304
1. Überblick 304
2. Die Verwirkung der Vertragsstrafe 305
3. Die Höhe der Vertragsstrafe und die Forderung nach Schadensersatz 305
VII. Die Verletzung von sonstigen Pflichten aus dem Schuldverhältnis (positive Forderungsverletzung) 306
1. Überblick 306
2. Die Schlechtleistung 306
3. Die Verletzung leistungsbezogener Nebenpflichten 307
4. Die Verletzung von Pflichten aus dem Schuldverhältnis im Sinne von § 241 Abs. 2 308
VIII. Das Verschulden bei Vertragsschluss (Culpa in contrahendo) 312
1. Überblick 312
2. Das vorvertragliche Schuldverhältnis 312
3. Pflichten aus einem Schuldverhältnis zwischen potenziellen Vertragspartnern 313
4. Pflichten aus einem Schuldverhältnis mit einem Dritten, der nicht Vertragspartei werden soll (§ 311 Abs. 3) 317
IX. Schadensersatzansprüche wegen Verstoßes gegen das Allgemeine Gleichstellungsgesetz (AGG) 319
1. Überblick 319
2. Das zivilrechtliche Benachteiligungsverbot (§ 19 AGG) 319
3. Einschränkungen des Benachteiligungsverbots 320
4. Die Rechtsfolgen 321
X. Störung der Geschäftsgrundlage: Das Fehlen und der Wegfall der Geschäftsgrundlage (§ 313) 323
1. Überblick 323
2. Risikoverteilung und Vorrang der Auslegung 323
3. Die Rechtsfolgen des Fehlens und des Wegfalls der Geschäftsgrundlage 324
XI. Der Gläubigerverzug (Annahmeverzug) 326

1. Der Eintritt des Annahmeverzuges 326
2. Die Folgen des Gläubigerverzuges 327

**§ 27 Die Beteiligung Dritter an einem Schuldverhältnis** 329
I. Überblick 329
II. Die Abtretung von Forderungen und anderen Rechten 329
1. Die Forderung 329
2. Die rechtsgeschäftliche Übertragung einer Forderung 330
3. Die Abtretung anderer Rechte 335
4. Der Forderungsübergang kraft Gesetzes 336
III. Die Schuldübernahme 336
1. Überblick 336
2. Die befreiende Schuldübernahme 336
3. Die Schuldmitübernahme (= Schuldbeitritt; kumulative Schuldübernahme) 337
4. Die Erfüllungsübernahme 338
IV. Der Vertrag zugunsten Dritter 338
1. Überblick 338
2. Deckungs- und Valutaverhältnis 339
3. Abgrenzungen 339
4. Einwendungen und Einreden 339
5. Pflichtverletzungen im Deckungsverhältnis 340
6. Pflichtverletzungen des Dritten 341
7. Der Vertrag zu Lasten Dritter 341
V. Der Vertrag mit Schutzwirkung für Dritte 341
1. Die Problematik 341
2. Die Voraussetzungen für das Entstehen eines Vertrages mit Schutzwirkung für Dritte 342
3. Die Rechtsfolgen 343

**§ 28 Gesamtschuldner und Gesamtgläubiger** 344
I. Gesamtschuldner 344
1. Der Begriff der Gesamtschuldnerschaft 344
2. Das Entstehen der Gesamtschuld 345
3. Der Ausgleich im Innenverhältnis 345
II. Die Gesamtgläubigerschaft 346
1. Der Begriff der Gesamtgläubigerschaft 346
2. Die Gläubigergemeinschaft 347

**§ 29 Das Kaufrecht** 348
I. Einleitung 349
1. Überblick 349
2. Arten des Kaufes 350

II. Die Gefahrtragung beim Kauf 351
1. Leistungs- und Gegenleistungsgefahr 351
2. Gefahrübergang bei Übergabe der Sache (§ 446) 351
3. Der Gefahrübergang beim Versendungskauf 352
III. Ansprüche und Rechte des Käufers bei Mängeln der gekauften Sache 353
1. Überblick 353
2. Der Sachmangel im Sinne des § 434 354
3. Der Rechtsmangel (§ 435) 360
4. Die bei Vorliegen eines Sach- oder Rechtsmangels entstehenden Rechte und Ansprüche des Käufers 361
5. Kenntnis des Käufers von dem Mangel 370
6. Das Verhältnis der Gewährleistungsansprüche zu anderen Rechtsbehelfen des Käufers 371
7. Die Verjährung 374
8. Die Übernahme einer Beschaffenheits- und Haltbarkeitsgarantie durch Verkäufer oder Hersteller (§ 443) 376
IV. Besonderheiten beim Handelskauf (§ 377 HGB) 378
V. Die Produkthaftung (Produzentenhaftung) 380
VI. Der Verbrauchsgüterkauf (§§ 474 ff.) 381
1. Überblick 381
2. Der zwingende Charakter der gesetzlich geregelten Käuferrechte 381
3. Die Beweislastumkehr 382
4. Verkürzung von Verjährungsfristen 383
5. Sonderbestimmungen für Garantien (§ 479) 384
6. Der Rückgriff des Unternehmers (§ 478) 384
VII. Fernabsatzverträge (§ 312 c) und Außergeschäftsraumverträge (§ 312 b) 386
1. Fernabsatz- und Außergeschäftsraumverträge als Verbraucherverträge 386
2. Der Schutz des Verbrauchers 386
VIII. Die Pflichten des Unternehmers im elektronischen Geschäftsverkehr (§ 312 i) 387
IX. Das Widerrufsrecht des Verbrauchers (§§ 312 ff., §§ 355 ff.) 388
1. Überblick 388
2. Die Ausübung des Widerrufsrechts 389
3. Die Rechtsfolgen des Widerrufs 389
X. Gewährleistungsausschluss und Allgemeine Geschäftsbedingungen 390
1. Überblick 390
2. Die Generalklausel des § 307 391
3. Die Klauselverbote in §§ 308 und 309 393
4. Einschränkungen der Inhaltskontrolle 394
5. Kein Haftungsausschluss bei Übernahme einer Garantie oder bei arglistigem Verschweigen eines Fehlers oder einer Beschaffenheitsgarantie (§ 444) 394

XI. Der Kauf von Rechten, Schutzrechten und sonstigen Gegenständen 395
1. Überblick 395
2. Die Mängelhaftung beim Rechts- insb. Schutzrechtskauf 396
3. Die Verjährung der Mängelansprüche 401

**§ 30 Der Mietvertrag** 403
I. Die Abgrenzung zwischen Miete, Pacht und Leihe 403
1. Überblick 403
2. Die Leihe 404
3. Der Pachtvertrag 405
II. Der Vertrag zwischen Mieter und Vermieter (Mietvertrag) 406
1. Überblick 406
2. Die Pflichten von Vermieter und Mieter 406
3. Die Mängelhaftung des Vermieters 407
4. Die Beendigung des Mietverhältnisses 409
III. Der Lizenzvertrag 409

**§ 31 Leasingverträge** 410
I. Überblick 410
II. Operating-Leasing (auch: operatives Leasing) 411
III. Finanzierungsleasing 412

**§ 32 Der Dienstvertrag** 415
I. Überblick 415
II. Der freie (unabhängige) Dienstvertrag 416
1. Uberblick 416
2. Folgen der Nicht- oder Schlechtleistung 416
3. Die Kündigung 417

**§ 33 Der Werkvertrag** 418
I. Überblick 418
II. Die Abgrenzung zwischen Werkvertrag und Dienstvertrag 419
III. Die Vergütung 420
1. Überblick 420
2. Die Abnahme 420
3. Mitwirkungspflichten 421
IV. Die Mängelhaftung des Werkunternehmers 422
1. Überblick 422
2. Der Begriff des Sach- und Rechtsmangels 422
3. Die Rechte des Bestellers bei Mängeln des Werkes 423
4. Der Einfluss der Abnahme auf die Mängelansprüche 425
5. Haftungsausschluss 426
V. Verjährung der Mängelansprüche 426

VI. Die Anwendung des Kaufrechts auf Verträge die Werkleistungen zum Gegenstand haben 427
VII. Die Vergabe- und Vertragsordnung für Bauleistungen (VOB) 428
1. Die Bedeutung der VOB für das Werkvertragsrecht 428
2. Die Gewährleistungsvorschriften der VOB/B und ihre wesentlichen Unterschiede zum BGB 428
VIII. Der Reisevertrag als Unterfall des Werkvertrages 429

**§ 34 Auftrag und entgeltliche Geschäftsbesorgung** 430
I. Der Auftrag 431
1. Überblick 431
2. Rechte und Pflichten 431
3. Rat, Empfehlung und Auskunft 432
II. Der entgeltliche Geschäftsbesorgungsvertrag (§ 675) 434
1. Überblick 434
2. Der Begriff der Geschäftsbesorgung 434
3. Anwendbare Vorschriften 435
III. Der Zahlungsdienstevertrag als Sonderform des entgeltlichen Geschäftsbesorgungsvertrages 436
1. Überblick 436
2. Der Inhalt des Zahlungsdienstevertrages 436
3. Rechte und Pflichten 437
4. Haftungsprobleme 437
5. Die Zahlung mit einer Kreditkarte 437

**§ 35 Die Geschäftsführung ohne Auftrag** 439
I. Überblick 439
II. Die berechtigte Geschäftsführung ohne Auftrag 440
1. Die Voraussetzungen 440
2. Rechtsfolgen der berechtigten GoA 441

**§ 36 Der Maklervertrag** 443
I. Überblick 443
II. Das Maklerrecht des BGB 444
1. Der Maklervertrag 444
2. Der Maklerlohnanspruch 445
3. Doppeltätigkeit des Maklers (§ 654) 446
4. Der Darlehensvermittlungsvertrag 446
III. Der Handelsmakler § 93 ff. HGB 447

**§ 37 Darlehen** 448
I. Überblick 449

II. Das Gelddarlehen 449
1. Die wirtschaftliche Bedeutung des Gelddarlehens 449
2. Das einfache Gelddarlehen 450
3. Der Verbraucherdarlehensvertrag und verbundene Verträge 451
III. Das Sachdarlehen (§§ 607 ff.) 452

**§ 38 Bürgschaft, Garantievertrag und Schuldmitübernahme** 454
I. Die Bürgschaft 454
1. Einleitung 454
2. Der Bürgschaftsvertrag 455
3. Die selbstschuldnerische Bürgschaft 457
4. Die Einreden des Bürgen 458
5. Die Inanspruchnahme des Bürgen 459
6. Die Bürgschaft auf erstes Anfordern 460
7. Die Gewährleistungsbürgschaft 461
8. Die Inhaltskontrolle von Bürgschaftsverträgen 462
II. Ähnliche Sicherungsverträge und ihre Abgrenzung von der Bürgschaft 465
1. Der Garantievertrag 465
2. Die Schuldmitübernahme 466
3. Die Abgrenzung zwischen Bürgschaft, Garantievertrag und Schuldmitübernahme 467
4. Die Patronatserklärung 467

**§ 39 Vergleich, Schuldversprechen und Schuldanerkenntnis** 468
I. Der Vergleich 469
II. Schuldversprechen und Schuldanerkenntnis 470
1. Begriff 470
2. Entstehung und Inhalt 470
3. Die Rechtsfolgen 470
4. Abgrenzung zum deklaratorischen Schuldanerkenntnis 470

**§ 40 Die ungerechtfertigte Bereicherung** 471
I. Die Grundtatbestände der ungerechtfertigten Bereicherung 472
II. Die Leistungskondiktion 473
1. Der Begriff der Leistungskondiktion 473
2. Die Voraussetzungen für das Entstehen eines Anspruchs aus Leistungskondiktion 473
III. Die Bereicherung „in sonstiger Weise“ 475
1. Überblick 475
2. Die Eingriffskondiktion 476
IV. Der Inhalt des Bereicherungsanspruches 477
1. Die Herausgabe des Erlangten 477

2. Der Wertersatz 477
3. Der Bereicherungswegfall 477

**§ 41 Grundlagen des Sachenrechts** 479
I. Regelungsinhalt und Quellen des Sachenrechts 479
1. Regelungsinhalt des Sachenrechts 479
2. Quellen des Sachenrechts 481
II. Grundbegriffe des Sachenrechts 482
1. Sachen 482
2. Bestandteile und Zubehör 482
3. Dingliche Rechte 484
4. Der Besitz 485

**§ 42 Das Privateigentum und seine Bedeutung** 488
I. Der Eigentumsbegriff des Grundgesetzes 488
II. Der Eigentumsbegriff des bürgerlichen Rechts 489

**§ 43 Der Schutz des Eigentums** 490
I. Der Herausgabeanspruch des Eigentümers 490
II. Grundzüge des Eigentümer-Besitzer-Verhältnisses 491
1. Sinn und Zweck des Eigentümer-Besitzer-Verhältnisses 491
2. Überblick über die wichtigsten Haftungstatbestände 492
3. Mögliche Ansprüche des Eigentümers gegen den Besitzer 492
4. Ansprüche des unrechtmäßigen Besitzers gegen den Eigentümer auf Ersatz seiner Verwendungen 494
III. Der Beseitigungs- und Unterlassungsanspruch des Eigentümers (§ 1004) 496
1. Der Anspruch aus § 1004 496
2. Die analoge Anwendung des § 1004 497
3. Der Inhalt des Anspruchs und seine Durchsetzung 498
IV. Duldung der Beeinträchtigung des Eigentums wegen nachbarrechtlicher Vorschriften 499
1. Überblick 499
2. Die Duldungspflicht für Immissionen 499

**§ 44 Erwerb und Verlust des Eigentums an beweglichen Sachen** 501
I. Der rechtsgeschäftliche Eigentumserwerb 501
1. Trennungs- und Abstraktionsprinzip 501
2. Der Erwerb des Eigentums vom Berechtigten (Eigentümer) 501
3. Der gutgläubige Erwerb des Eigentums vom Nichtberechtigten 504
II. Der Eigentumserwerb durch Gesetz 506
1. Überblick 506

2. Die Verbindung von Sachen mit einem Grundstück 506
3. Die Verarbeitung 507
4. Ausgleichansprüche 508

**§ 45 Sicherungsrechte an beweglichen Sachen und Rechten** 508
I. Einleitung 509
1. Das Sicherungsbedürfnis des Gläubigers 509
2. Personalsicherheiten und Realsicherheiten 509
3. Arten des Kredits – Geldkredit und Warenkredit 510
II. Der Eigentumsvorbehalt 510
1. Einführung 510
2. Der einfache Eigentumsvorbehalt 511
3. Der verlängerte Eigentumsvorbehalt 514
4. Eigentumsvorbehalt und Verarbeitung 515
5. Der erweiterte Eigentumsvorbehalt 518
III. Das Pfandrecht an beweglichen Sachen 519
1. Die Bedeutung des Pfandrechts für das Wirtschaftsleben 519
2. Arten des Pfandrechts 519
3. Die Entstehung des rechtsgeschäftlich bestellten Pfandrechts 520
4. Rechtsfolgen aus der Akzessorietät 521
5. Die Verwertung der Pfandsache 521
IV. Die Sicherungsübereignung 522
1. Überblick 522
2. Das Entstehen des Sicherungseigentums 523
3. Der Gegenstand der Sicherungsübereignung 525
4. Die Nichtigkeit der Sicherungsübereignung wegen Verstoßes gegen § 138 526
5. Die Verwertung 527
6. Das Sicherungsgut in der Zwangsvollstreckung und Insolvenz 528
V. Das Pfandrecht an Rechten 529
1. Überblick 529
2. Die Bestellung eines Pfandrechts an Rechten 529
3. Die Befriedigung des Gläubigers aus einer verpfändeten Forderung 530
VI. Die Sicherungsabtretung 531
1. Überblick 531
2. Sicherungsabtretung und Sicherungsvertrag 531
3. Die Verwertung 533
4. Bestimmtheit und Bestimmbarkeit der zur Sicherung abgetretenen Forderung 533
5. Die Globalzession 533
6. Die Sicherungsabtretung in Zwangsvollstreckung und Insolvenz 535

**§ 46 Überblick über das Immobiliarsachenrecht** 535
I. Der Eigentumserwerb am Grundstück 536
1. Überblick 536
2. Das Grundbuch 536
3. Der öffentliche Glaube des Grundbuchs und der gutgläubige Erwerb des Eigentums an einem Grundstück 537
4. Der Grundbuchberichtigungsanspruch (§ 894) 538
5. Der Widerspruch 539
6. Die Vormerkung 540
II. Belastung von Grundstücken 542
1. Überblick 542
2. Nutzungsrechte 542
3. Die Reallast, §§ 1105 ff. 544
4. Das dingliche Vorkaufsrecht (§§ 1094 ff.) 544
III. Erbbaurecht und Wohnungseigentum 544
1. Das Erbbaurecht 544
2. Das Wohnungseigentum 546

**§ 47 Die Grundpfandrechte** 547
I. Wirtschaftliche Bedeutung und Arten der Grundpfandrechte 547
II. Die Hypothek 549
1. Der Begriff der Hypothek 549
2. Die Bestellung der Hypothek 549
3. Die Übertragung der Forderung und der Hypothek 551
4. Die Verwertung der Hypothek 552
III. Die Grundschuld 556
1. Der Begriff der Grundschuld 556
2. Die Bestellung der Grundschuld 556
3. Die Sicherungsgrundschuld 556
4. Die Übertragung der Grundschuld 557
5. Die Verwertung der Grundschuld 558
IV. Das Erlöschen der Grundpfandrechte und ihre Zuordnung 558
1. Überblick 558
2. Die Zuordnung der Hypothek 558
3. Die Zuordnung der Grundschuld 560
V. Die Tilgungshypothek 560
VI. Die Vorteile der Grundschuld 561

*Anhang: Die Anfertigung eines juristischen Gutachtens* 563
*Sachverzeichnis* 577

# Verzeichnis der geläufigsten Abkürzungen

| | |
|---|---|
| a.A. | anderer Ansicht |
| Abl. EG | Amtsblatt der Europäischen Gemeinschaften |
| AcP | Archiv für civilistische Praxis (Band, Jahr, Seite) |
| AG | Aktiengesellschaft |
| AGB | Allgemeine Geschäftsbedingungen |
| Alt. | Alternative |
| Anh. | Anhang |
| Anm. | Anmerkung |
| Art. | Artikel |
| AT | Allgemeiner Teil |
| Aufl. | Auflage |
| | |
| BAG | Bundesarbeitsgericht |
| BayObLG | Bayerisches Oberstes Landesgericht |
| BB | Der Betriebsberater (Jahr, Seite) |
| Bd. | Band |
| BGB | Bürgerliches Gesetzbuch |
| BGB-InfoV | BGB-Informationspflichtenverordnung |
| BGH | Bundesgerichtshof |
| BGHZ | Entscheidungen des Bundesgerichtshofs in Zivilsachen (Band, Seite) |
| Bl | Blatt für Patent-, Muster- und Zeichenwesen |
| BPatG | Bundespatentgericht |
| BPatGE | Entscheidungen des Bundespatentgerichts |
| BT-Drucks. | Bundestags-Drucksache (Wahlperiode/Drucksachennummer) |
| Buchst. | Buchstabe |
| BVerfG | Bundesverfassungsgericht |
| BVerfGE | Entscheidungen des Bundesverfassungsgerichts (Band, Seite) |
| | |
| DB | Der Betrieb (Jahr, Seite) |
| DNotZ | Deutsche Notar-Zeitschrift (Jahr, Seite) |
| DPMA | Deutsches Patent- und Markenamt (vor 1998 Deutsches Patentamt [DPA]) |
| DStR | Deutsches Steuerrecht (Jahr, Seite) |
| | |
| EG | Europäische Gemeinschaft; im Zshg. mit Artikeln: EG-Vertrag |
| EPÜ | Europäisches Patentübereinkommen |
| | |
| FamRZ | Zeitschrift für das gesamte Familienrecht (Jahr, Seite) |
| FernAbsG | Fernabsatzgesetz |
| | |
| GBO | Grundbuchordnung |

| | |
|---|---|
| GG | Grundgesetz für die Bundesrepublik Deutschland |
| GmbH | Gesellschaft mit beschränkter Haftung |
| GmbHG | Gesetz betreffend die Gesellschaften mit beschränkter Haftung |
| GoA | Geschäftsführung ohne Auftrag |
| GRUR | Gewerblicher Rechtsschutz und Urheberrecht (Jahr, Seite) |
| GVG | Gerichtsverfassungsgesetz |
| GWB | Gesetz gegen Wettbewerbsbeschränkungen |
| | |
| Halbbd. | Halbband |
| HGB | Handelsgesetzbuch |
| | |
| i.S. | im Sinne |
| InsO | Insolvenzordnung |
| i.V.m. | in Verbindung mit |
| | |
| JA | Juristische Arbeitsblätter (Jahr, Seite) |
| JR | Juristische Rundschau (Jahr, Seite) |
| Jura | Juristische Ausbildung (Jahr, Seite) |
| JuS | Juristische Schulung (Jahr, Seite) |
| JW | Juristische Wochenschrift (Jahr, Seite) |
| JZ | Juristenzeitung (Jahr, Seite) |
| | |
| KG | Kammergericht, Kommanditgesellschaft |
| KO | Konkursordnung |
| | |
| LG | Landgericht |
| LM | Lindenmaier-Möhring, Nachschlagewerk des BGH (Paragraph, Nr.) |
| LZ | Leipziger Zeitschrift für Deutsches Recht (Jahr, Seite) |
| | |
| MDR | Monatsschrift für Deutsches Recht (Jahr, Seite) |
| Mitt. | Mitteilungen der deutschen Patentanwälte (Jahr, Seite) |
| MMR | MultiMedia und Recht (Jahr, Seite) |
| m.w.H. | mit weiteren Hinweisen |
| | |
| Nachw. | Nachweise(n) |
| NJW | Neue Juristische Wochenschrift (Jahr, Seite) |
| NJW-RR | NJW-Rechtsprechungs-Report Zivilrecht (Jahr, Seite) |
| NK-BGB | Nomos Kommentar zum BGB |
| Nr. | Nummer |
| NZM | Neue Zeitschrift für Mietrecht (Jahr, Seite) |
| NZV | Neue Zeitschrift für Verkehrsrecht (Jahr, Seite) |
| NZG | Neue Zeitschrift für Gesellschaftsrecht (Jahr, Seite) |
| | |
| o.a. | oben angegeben |
| OLG | Oberlandesgericht |
| OLGE | Die Rechtsprechung der Oberlandesgerichte auf dem Gebiete des Zivilrechts (Band, Seite) |

| | |
|---|---|
| PatG | Patentgesetz |
| ProdHaftG | Produkthaftungsgesetz |
| PWW/ Bearbeiter | BGB-Kommentar, herausgegeben von Hanns Prütting u.a. |
| Rn. | Randnummer |
| Recht | Das Recht (Jahr, Nr. der Entscheidung) |
| RG | Reichsgericht |
| RGZ | Entscheidungen des Reichsgerichts in Zivilsachen (Band, Seite) |
| RPA | Reichspatentamt |
| StGB | Strafgesetzbuch |
| TKG | Telekommunikationsgesetz |
| UWG | Gesetz gegen den unlauteren Wettbewerb |
| VerbrKrG | Gesetz über Verbraucherkredite |
| VersR | Versicherungsrecht (Jahr, Seite) |
| VOB | Vergabe- und Vertragsordnung für Bauleistungen |
| Vorbem. | Vorbemerkung |
| VwGO | Verwaltungsgerichtsordnung |
| WM | Wertpapier-Mitteilungen (Jahr, Seite) |
| WRP | Wettbewerb in Recht und Praxis (Jahr, Seite) |
| ZGS | Zeitschrift für das gesamte Schuldrecht (Jahr, Seite) |
| ZIP | Zeitschrift für Wirtschaftsrecht und Insolvenzpraxis (Jahr, Seite) |
| ZPO | Zivilprozessordnung |
| ZRP | Zeitschrift für Rechtspolitik (Jahr, Seite) |
| ZVG | Gesetz über die Zwangsversteigerung und die Zwangsverwaltung |

## Verzeichnis der häufiger zitierten Literatur

*AnwaltKommentar BGB*. Gesamtausgabe
Bd. 1: Allgemeiner Teil mit EGBGB (Februar 2005) von *Mansel* (Autor), *Noack* (Autor), *Heidel* (Autor);
Bd. 2: Schuldrecht (2005) von *Barbara Dauner-Lieb* (Herausgeberin und Autorin), *Thomas Heidel* (Herausgeber, Autor)

*Baur/Stürner*, Lehrbuch des Sachenrechts, 18. Aufl. 2007

*Brox/Walker*, Allgemeiner Teil des Bürgerlichen Gesetzbuchs, 41. Aufl. 2017

*Brox/Walker*, Allgemeines Schuldrecht, 41. Aufl. 2017

*Brox/Walker*, Besonderes Schuldrecht, 41. Aufl. 2017

*Bülow*, Recht der Kreditsicherheiten, 9. Aufl. 2017

*Eisenhardt/Wackerbarth*, Gesellschaftsrecht I. Recht der Personengesellschaften. Mit Grundzügen des GmbH- und Aktienrechts, 16. Aufl. 2015

*Flume*, Allgemeiner Teil des Bürgerlichen Rechts, Bd. 2: Das Rechtsgeschäft, 4. Aufl. 1992

*Hübner*, Allgemeiner Teil des Bürgerlichen Gesetzbuches, 2. Aufl. 1996

*Jauernig*, Kommentar zum Bürgerlichen Gesetzbuch, 16. Aufl. 2015

*Koller/Kindler/Roth/Morck*, Handelsgesetzbuch, Kommentar, 8. Auflage 2015

*Larenz*, Lehrbuch des Schuldrechts, Bd. 1: Allgemeiner Teil, 14. Aufl. 1987

*Lwowski/Fischer/Gehrlein*, Das Recht der Kreditsicherung, 10. Aufl. 2017

*Münchener Kommentar* zum Bürgerlichen Gesetzbuch,
Bd. 1: Allgemeiner Teil (§§ 1–240), 7. Aufl. 2015
Bd. 2: Schuldrecht Allgemeiner Teil (§§ 241–432), 7. Aufl. 2016
Bd. 3: Schuldrecht, Besonderer Teil I (§§ 433–610, Finanzierungsleasing, CISG), 7. Aufl. 2016
Bd. 6: Schuldrecht – Besonderer Teil III (§§ 705–853), 7. Aufl. 2017
Bd. 7: Sachenrecht (§§ 854–1296), 7. Aufl. 2017

*Palandt*, Kommentar zum Bürgerlichen Gesetzbuch, 76. Aufl. 2017

*Schapp/Schur*, Sachenrecht, 4. Aufl. 2010

*Soergel/Siebert*, Kommentar zum Bürgerlichen Gesetzbuch mit Einführungsgesetz und Nebengesetzen,
Bd. 1: Allgemeiner Teil I (§§ 1–103); 13. Aufl. 2000
Bd. 2: Allgemeiner Teil II (§§ 104–240), 13. Aufl. 1999
Bd. 14: Sachenrecht 1 (§§ 854–984), 13. Aufl. 2002

*Stadler*, Allgemeiner Teil des BGB, 19. Aufl. 2017

*Staudinger*, v., Kommentar zum Bürgerlichen Gesetzbuch,
§§ 90–133, Neubearbeitung 2004
§§ 134–163, Neubearbeitung 2003
§§ 164–240, Neubearbeitung 2004
§§ 255–304, Neubearbeitung 2004
§§ 315–327, Neubearbeitung 2001

§§ 362–396, Neubearbeitung 2000
§§ 433–487, Leasing, 14. Aufl. 2004
*Stoffels*, AGB-Recht, 3. Aufl. 2015
*Westermann/Staudinger*, BGB-Sachenrecht, 13. Aufl. 2017
*Wolf/Neuner*, Allgemeiner Teil des Bürgerlichen Rechts, 11. Aufl. 2016

# § 1 Das bürgerliche Recht im System des deutschen Rechts

**Schrifttum:** *Basedow*, Grundlagen des europäischen Privatrechts, JuS 2004, S. 89; *Eisenhardt*, Deutsche Rechtsgeschichte, 6. Aufl. 2013; *derselbe*, 100 Jahre BGB. Zur Offenheit und Leistungsfähigkeit des deutschen Zivilrechts, in: Jur. Zeitgesch., Kleine Reihe Bd. 1, 2001, S. 3; *Horn*, Ein Jahrhundert Bürgerliches Gesetzbuch, NJW 2000, 40; *Langenbucher* (Hrsg.), Europarechtliche Bezüge des Privatrechts, 2. Aufl. 2008; *Stürner*, Der hundertste Geburtstag des BGB – nationale Kodifikation im Greisenalter?, JZ 1996, S. 741.

## I. Einleitung

Das **Privatrecht** ist zusammen mit dem öffentlichen Recht Bestandteil einer **einheitlichen Rechtsordnung in der Bundesrepublik Deutschland.** Das Privatrecht ist also nur ein Teil der Gesamtrechtsordnung in der Bundesrepublik Deutschland. Seiner Idee nach ist es derjenige Teil der Rechtsordnung, der die Beziehungen der Personen zueinander auf der Grundlage ihrer Gleichberechtigung und Selbstbestimmung regelt. Das Privatrecht bestimmt deshalb u.a. darüber, in welchem Verhältnis die im Staat lebenden Menschen und die privatrechtlich organisierten Gruppen – wie z.B. Sportvereine und Aktiengesellschaften – zueinander stehen. Das geschieht überwiegend durch die Zuweisung von Rechten und Pflichten. 1

> **Beispiel:** Gemäß § 903 kann der Eigentümer einer Sache, „soweit nicht das Gesetz oder Rechte Dritter entgegenstehen, mit der Sache nach Belieben verfahren und andere von jeder Einwirkung ausschließen". § 903 weist dem Eigentümer einer Sache Rechte zu.

> **Beispiel:** Gemäß § 241 Abs. 2 ist der Schuldner verpflichtet, u.a. die folgenden Nebenpflichten zu erfüllen: er hat auf die Rechte, Rechtsgüter und Interessen des anderen Teils, meist des Vertragspartners, Rücksicht zu nehmen.

Privatrechtliche Normen regeln demnach überwiegend,
- was eine Person im Verhältnis zu einer anderen oder mehreren anderen Personen unter bestimmten Voraussetzungen tun darf oder tun muss
- und was eine Person von einer anderen verlangen kann.

Die ihm zugewiesenen Rechte kann jeder Inhaber, wenn das notwendig ist, mit Hilfe der Gerichte zwangsweise durchsetzen.

Zum Privatrecht gehören z.B. das bürgerliche Recht, das Handelsrecht, das Gesellschaftsrecht, Teile des Wettbewerbsrechts und Teile des Arbeitsrechts.

2 Im Gegensatz zum Privatrecht regeln die Vorschriften des **öffentlichen Rechts** überwiegend:

- die Rechtsverhältnisse des Staates und der sonstigen öffentlich-rechtlichen Körperschaften zueinander und zu den Bürgern;
- die Organisation des Staates und der sonstigen öffentlich-rechtlichen Körperschaften.

Zum öffentlichen Recht gehören vor allem das Verfassungsrecht und das Verwaltungsrecht mit seinen vielfachen Verzweigungen im Besonderen Verwaltungsrecht (z.B. Schulrecht, Gewerberecht, Baurecht etc.), das Strafrecht und das Verfahrensrecht.

3 Wenn auch in der Regel zwischen Privatrecht einerseits und öffentlichem Recht andererseits unterschieden werden muss, so ist doch stets zu beachten, dass es sich um Teile einer einheitlichen Rechtsordnung handelt. Das führt dazu, dass in Konfliktfällen ähnliche Lebenssachverhalte nach privatrechtlichen Grundsätzen einerseits und öffentlichem Recht andererseits nicht grundverschieden behandelt werden. Beide Rechtsgebiete sind eng miteinander verbunden.

Das Privatrecht ist das ältere, reichere und in mancher Hinsicht reifer ausgeprägte Rechtsgebiet. Deshalb sind auch manche Grundsätze des Privatrechts in das öffentliche Recht übernommen worden. So werden z.B. einige gesetzliche Bestimmungen des Privatrechts im öffentlichen Recht entsprechend angewandt.

> **Beispiel:** Das im BGB verankerte Gebot von Treu und Glauben (§ 242), das das gesamte Privatrecht beherrscht, findet weitgehend auch im öffentlichen Recht Anwendung.

Die dadurch bedingte enge Verflechtung zwischen Privatrecht und öffentlichem Recht sowie auch die eigenständige Entwicklung des öffentlichen Rechts machen eine genaue Abgrenzung zwischen beiden Rechtsmaterien immer schwieriger.

4 Die Unterscheidung des Privatrechts vom öffentlichen Recht hat praktische Bedeutung für die Wahl des Rechtsweges. So gehören nach § 13 GVG alle bürgerlichen – gemeint sind die privatrechtlichen – Streitigkeiten vor die ordentlichen Gerichte. Dagegen bestimmt § 40 Abs. 1 VwGO für öffentlich-rechtliche Streitigkeiten regelmäßig (soweit nicht Verfassungsgerichte oder besondere Verwaltungsgerichte zuständig sind) die Zuständigkeit der allgemeinen Verwaltungsgerichte.

> **Beispiel:** Zuständig für den Streit über die Höhe des Kaufpreises für ein Grundstück in Höhe von 75.000 €, ist die ordentliche Gerichtsbarkeit – hier das Landgericht in erster Instanz. Zuständig für den Streit über die Erteilung einer Baugenehmigung für eben dieses Grundstück ist in erster Instanz das Verwaltungsgericht.

## II. Das bürgerliche Recht als Kern des deutschen Privatrechts

### 1. Der Begriff des bürgerlichen Rechts

Der Kern des deutschen Privatrechts ist im Bürgerlichen Gesetzbuch geregelt. 5
Man kann das **bürgerliche Recht** als denjenigen Teil des Privatrechts bezeichnen, dessen Rechtssätze im Bürgerlichen Gesetzbuch zusammengefasst sind und nach den Prinzipien der Gleichberechtigung und der Privatautonomie für alle Bürger gelten. Das bürgerliche Recht hat diejenigen Rechtsverhältnisse zum Gegenstand, in denen grundsätzlich jeder Bürger stehen kann. Alle anderen Gebiete des Privatrechts schließen an die im Bürgerlichen Gesetzbuch enthaltenen Grundregeln an. So gelten z.B. die allgemeinen Regeln des BGB über den Abschluss von Verträgen, die Geschäftsfähigkeit und die Verjährung für das Recht der Handelsgesellschaften ebenso wie für das Wertpapierrecht. Die bürgerlich-rechtlichen Vorschriften über den Abschluss von Verträgen haben z.B. auch für das Handelsrecht und das Arbeitsrecht Gültigkeit. Wer sich mit Spezialgebieten des Privatrechts befassen will, kommt deshalb nicht umhin, sich zunächst mit den Grundzügen des bürgerlichen Rechts zu befassen. In anderen privatrechtlichen Gesetzen, wie z.B. im HGB, werden für bestimmte Bereiche ergänzende, zuweilen auch abändernde Regelungen getroffen.

Neben dem im BGB enthaltenen bürgerlichen Recht werden zum Privatrecht u.a. gezählt: das Handels- und Gesellschaftsrecht, das Urheberrecht, das Recht der gewerblichen Schutzrechte (Patente, Markenzeichen etc.), das Versicherungsrecht, das Landwirtschaftsrecht, Teile des Arbeitsrechts, das Wertpapierrecht und Teile des Wirtschaftsrechts, insbesondere des Wettbewerbsrecht, wie z.B. das Gesetz gegen den unlauteren Wettbewerb (UWG). Man nennt diese Rechtsgebiete auch Sonderprivatrechte.

### 2. Überblick über den Inhalt der fünf Bücher des BGB

Das BGB ist in fünf Bücher gegliedert: den Allgemeinen Teil, das Recht der Schuldverhältnisse, das Sachenrecht, das Familienrecht und das Erbrecht. 6

Das **erste Buch des BGB, der Allgemeine Teil**, enthält diejenigen allgemeinen Regelungen, die für alle anderen Teile des Bürgerlichen Gesetzbuches (2. – 5. Buch) und darüber hinaus für das gesamte Privatrecht gelten sollen. Der Allgemeine Teil enthält Regelungen über die Rechtssubjekte, die Rechts- und Geschäftsfähigkeit, über subjektive Rechte und Rechtsobjekte, über die Rechtsgeschäfts- und Vertragslehre und die Ausübung der Rechte. In ihm sind z.B. allgemeine Regeln über die Nichtigkeit und die Vernichtbarkeit von Rechtsgeschäften enthalten, sowie über die Stellvertretung und die Verjährung von Ansprüchen.

Das **zweite Buch des BGB** enthält Bestimmungen über **das Recht der Schuldverhältnisse.** Aufgrund eines Schuldverhältnisses kann eine Person von einer anderen Person ein Tun oder Unterlassen verlangen (§ 241 Abs. 1). In der Regel sind an einem Schuldverhältnis nur zwei Personen beteiligt (Beispiel: ein zwischen Verkäufer und Käufer abgeschlossener Kaufvertrag). Es können jedoch auch mehrere sein (Beispiel: eine aus fünf Anwälten bestehende Partnerschaftsgesellschaft). Die aus dem Schuldverhältnis erwachsenden Rechte und Pflichten berechtigen und verpflichten in der Regel nur die an dem Schuldverhältnis beteiligten Personen. Ein Schuldverhältnis kann durch den Abschluss eines Vertrages, aber auch kraft Gesetzes entstehen.

Der **Allgemeine Teil des Schuldrechts** enthält Regelungen, die grundsätzlich für alle Schuldverhältnisse Anwendung finden sollen, z.B. Regelungen über Pflichtverletzungen (Leistungsstörungen bei Schuldverhältnissen), Vertragsstrafen, den Rücktritt vom Vertrag, die Erfüllung und die Aufrechnung. Außerdem enthält das Allgemeine Schuldrecht ausführliche Regeln über den Verbraucherschutz.

7 Im **Besonderen Teil des Schuldrechts** sind Vorschriften über die meisten Vertragstypen enthalten, die täglich geschlossen und vollzogen werden. Dazu gehören: der Kauf, die Miete, die Pacht, das Darlehen, die Geschäftsbesorgung in ihren verschiedenen Ausformungen, der Dienstvertrag und der Werkvertrag sowie Verwahrung und Schenkung. Das Besondere Schuldrecht enthält auch ausführliche Regelungen über wichtige gesetzliche Schuldverhältnisse, wie z.B. die unerlaubte Handlung (Schadensersatzrecht), die Geschäftsführung ohne Auftrag und die ungerechtfertigte Bereicherung.

Im **dritten Buch des BGB** ist das **Sachenrecht** geregelt. Das BGB unterscheidet zwischen unbeweglichen Sachen einerseits und beweglichen Sachen andererseits. Unbewegliche Sachen sind Grundstücke mit ihren wesentlichen Bestandteilen. Alle anderen Sachen sind bewegliche Sachen. Das wichtigste und umfassendste Sachenrecht ist das Eigentum. Sachenrechte sind aber auch Nutzungsrechte, wie z.B. der Nießbrauch, oder Sicherungsrechte, wie z.B. die Pfandrechte an beweglichen Sachen und Grundstücken (letztere nennt man Grundpfandrechte; zu ihnen gehören Hypothek und Grundschuld). Sachenrechte wirken absolut, d.h. sie wirken gegenüber jedermann. Das Sachenrecht enthält Regelungen über die Übertragung des Eigentums an beweglichen und unbeweglichen Sachen, die Belastung des Eigentums mit Pfandrechten und den Besitz an Sachen.

8 Das **vierte Buch enthält das Familienrecht**. Es umfasst im Wesentlichen die wichtigsten Teile des Eherechts, das Kindschafts- und Verwandtschaftsrecht und das Vormundschaftsrecht. Seit der Verabschiedung des BGB im Jahre 1896 und seinem Inkrafttreten am 1.1.1900 hat das Familienrecht fundamentale Wandlungen durchlaufen. Der Grund dafür ist darin zu sehen, dass das Familienrecht in stärkerem Maße als andere Rechtsgebiete von der jeweiligen gesellschaftlichen Ordnung abhängig ist.

Der Gesetzgeber hat das **Erbrecht im fünften Buch des BGB** besonders ausführlich geregelt. Grundsätzlich hat der Erblasser Testierfreiheit, d.h. er kann seine Erben durch letztwillige Verfügung frei bestimmen. Wenn er kein oder ein ungültiges Testament hinterlässt, tritt ersatzweise die gesetzlich vorgesehene Erbfolge ein. Im BGB ist die **Familienerbfolge** als die gesetzliche Erbfolge verankert. Sie steht mit der Testierfreiheit in einem Spannungsverhältnis. Die Testierfreiheit gilt deshalb nicht unbeschränkt. Sie ist begrenzt durch das den nächsten Angehörigen des Erblassers zustehende Pflichtteilsrecht am Nachlass. Es wird damit den berechtigten Interessen der engsten Familienmitglieder an einer Teilhabe am Erblasservermögen Rechnung getragen. Das Erbrecht zählt ebenso wie die Eigentumsgarantie zu den klassischen „liberalen Freiheitsrechten". Das Grundgesetz gewährleistet in Art. 14 Abs. 1 Satz 1 ausdrücklich neben dem Eigentum auch das Erbrecht. Das Privateigentum einer Person ist damit über ihren Tod hinaus gesichert.

## III. Die Europäisierung des deutschen Privatrechts

Seit der Französischen Revolution galt das Privatrecht als tief national verwurzelt, 9
ja als ein Kernbestandteil des nationalen Kulturerbes. Im 19. Jahrhundert und auch noch weit in das 20. Jahrhundert hinein war es einhellige Ansicht, dass das nationale Recht von nationalen Wertentscheidungen geprägt ist, die fest verwurzelte nationale Grundsätze zum Ausdruck bringen.[1] Das hat sich mit der Gründung der Europäischen Gemeinschaft, jetzt Europäische Union, und ihrem Ziel der Harmonisierung des Rechts in wesentlichen Teilen entscheidend geändert. Der Vertrag von Lissabon (Dezember 2007) sieht vor, dass die **Europäische Union** als Rechtsnachfolgerin an die Stelle der bisherigen und damit aufgelösten Europäischen Gemeinschaft tritt. Die Grundstruktur des EG-Vertrages ist zwar im Wesentlichen erhalten geblieben. Der Vertrag selbst ist allerdings umbenannt worden in **Vertrag über die Arbeitsweise der Europäischen Union (= AEU-Vertrag).**

Das deutsche Privatrecht ist in den letzten Jahrzehnten in zunehmendem Maße durch die vielfältigen und in ihrer Gesamtheit nur mit Mühe zu überblickenden Aktivitäten der Europäischen Union beeinflusst und geprägt worden. Hinzu treten völkerrechtliche Vereinbarungen innerhalb und außerhalb des Rahmens der Europäischen Union, das so genannte „Konventionsprivatrecht".

Die Europäische Union, die sich nicht zuletzt als **Rechtsgemeinschaft** versteht, 10
wirkt von allen internationalen Organisationen, die sich der Aufgabe der Rechtsvereinheitlichung – verstanden im weitesten Sinne – verschrieben haben, am intensivsten in die mitgliedstaatlichen Privatrechtsordnungen ein. Das Privatrecht ist erst verhältnismäßig spät von den Rechtssetzungsorganen der Europäischen Union als Gegenstand der Rechtsangleichung aufgegriffen worden. Das Vertragsrecht als Kernstück der Privatrechtsordnung sieht sich erst seit Ende der achtziger Jahre durch den Erlass entsprechender Richtlinien einem verstärkten Harmonisierungsdruck ausgesetzt.

---

1 Vgl. zu alledem *Basedow*, Jus 2004, 89 ff.

11 Wichtige Zielbeschreibungen zur Rechtsvereinheitlichung sind bereits im Gemeinschaftsrecht, den konstituierenden Verträgen, festgeschrieben, nämlich:

- die Herstellung eines gemeinsamen Marktes bzw. Binnenmarktes (Art. 114 AEU-Vertrag)
- und die grundlegenden Gewährleistungen, insbesondere in Gestalt der Grundfreiheiten und der Diskriminierungsverbote (insbesondere Art. 18 AEU-Vertrag).

Hinzu tritt das von den Gemeinschaftsorganen erlassene Sekundärrecht, gehört es doch zu den Aufgaben der Europäischen Gemeinschaft, auf die **Rechtsangleichung** der innerstaatlichen Rechtsvorschriften hinzuwirken, soweit dies für das Funktionieren des Binnenmarktes und die Gewährleistung eines hohen Verbraucherschutzniveaus erforderlich ist.

12 Die Europäisierung des Privatrechts erfolgt nicht nur durch primäres und sekundäres Gemeinschaftsrecht und die Umsetzung des letzteren in nationales Recht. Eine bedeutsame Rolle im Rechtsangleichungsprozess auf europäischer Ebene spielt schließlich auch der **Europäische Gerichtshof (EuGH)**. Durch die Auslegung und Fortbildung des gemeinschaftsrechtlichen Normenbestandes nehmen die von den Gemeinschaftsorganen erlassenen Rechtsakte oftmals erst durch die Rechtsprechungstätigkeit des EuGH konkrete, die einzelnen Privatrechtsordnungen unmittelbar berührende Gestalt an. Als Beispiel seien die vielen vom EuGH entschiedenen Fälle zur Niederlassungsfreiheit genannt. Dabei geht es u.a. um die Nichtdiskriminierung von Gesellschaften aus anderen Mitgliedsstaaten der EU und die Herstellung der rechtlichen Möglichkeiten für grenzüberschreitende Tätigkeiten durch Agenturen, Zweigniederlassungen und Tochtergesellschaften.

13 Als wichtigste Antriebsfeder für die Rechtsvereinheitlichung im Vertragsrecht hat sich ohne Zweifel der Gesichtspunkt des **Verbraucherschutzes** (Art. 169 AEU-Vertrag) erwiesen. So ist nicht zuletzt aufgrund der europäischen Vorgaben ein verstärkter Schutz des Verbrauchers im BGB verankert worden. Aber nicht nur das Vertragsrecht, auch andere Teile des bürgerlichen Rechts, wie etwa das **Deliktsrecht**, sind durch europäisches Richtlinienrecht beeinflusst worden. Hier ist vor allem die Einführung einer gesetzlichen Haftung für fehlerhafte Produkte zu nennen, die zum Erlass des deutschen Produkthaftungsgesetzes geführt hat.

14 Noch stärker sind einzelne Bereiche des Sonderprivatrechts von der fortschreitenden Europäisierung betroffen. Stellvertretend seien hier das **Gesellschaftsrecht** und das **Arbeitsrecht** genannt. Beide Gebiete sind mittlerweile in ganz erheblichem Maße gemeinschaftsrechtlich determiniert. Nahezu alle wichtigen Gesetzgebungsinitiativen, die in letzter Zeit auf diesen Gebieten zu verzeichnen gewesen sind, waren durch entsprechende Vorgaben des Gemeinschaftsrechts veranlasst.

Schon diese erste – ganz rudimentäre und unvollständige – Befassung mit den Vorgaben des europäischen Gemeinschaftsrechts zeigt, dass die deutsche Privatrechtsordnung heute nicht mehr aus sich selbst heraus verständlich ist, sondern zunehmend europäische Rechtssetzungsakte mitberücksichtigt werden müssen.

Bedenkt man zudem, dass dem europäischen Gemeinschaftsrecht, sowohl dem primären als auch dem sekundären, von der ganz herrschenden Meinung ein Anwendungsvorrang gegenüber dem nationalen Recht eingeräumt wird, so kann die Brisanz dieser Entwicklung kaum hoch genug eingestuft werden.

Festzuhalten ist, dass die Bemühungen der EU, das Privatrecht in den Mitgliedsstaaten zu harmonisieren, auch in Deutschland zu erheblichen praktischen Auswirkungen geführt haben. Man kann von einer Europäisierung des Privatrechts sprechen, die das deutsche Privatrecht Recht verändert hat. **14 a**

Ein Blick auf die historische Entwicklung der Allgemeinen Rechtsgrundsätze, welche heute die Grundpfeiler der europäischen Rechtskultur bilden, zeigt, dass nicht erst die EU eine europäische Rechtskultur geschaffen hat. Da eine solche ohnehin von der Anerkennung der entsprechenden Rechtsprinzipien in den Mitgliedstaaten abhängt, wird man sagen müssen: Die europäische Rechtskultur basiert auf gemeinsamen Rechtsüberzeugungen, die in einem viele Jahrhunderte dauernden Prozess entstanden und gewachsen sind. Die EU hat sie übernommen und verfestigt. Die EU hat mit ihrem Instrumentarium EuGH und Europäischer Gerichtshof für Menschenrechte eine gewisse Garantie für den Bestand dieser Rechtskultur übernommen.

Über die innereuropäische Entwicklung hinaus beschäftigen sich diverse internationale Institutionen und Gremien mit der Formulierung gemeinsamer Standards und mustergültiger Ordnungen. Die internationalen Übereinkommen als Rechtsquellen aus dem Bereich des Völkerrechts bedürfen der Transformation in innerstaatliches Recht. Als Beispiel sei das **Wiener UN-Kaufrecht (CISG)**, das Übereinkommen der Vereinten Nationen über Verträge über den internationalen Warenkauf, genannt. Dieses Übereinkommen sieht eine weltweit einheitliche Regelung für den internationalen Handelskauf vor. Es hat mittlerweile große praktische Bedeutung erlangt.

## § 2 Grundprinzipien des deutschen Privatrechts

**Schrifttum:** *Berg*, Entwicklung und Grundstrukturen der Eigentumsgarantie, JuS 2005, 961; *Busche*, Privatautonomie und Kontrahierungszwang, 1999; *Maier-Reimer*, Das Allgemeine Gleichbehandlungsgesetz im Zivilrechtsverkehr, NJW 2006, 2577; *Paulus/Zenker*, Grenzen der Privatautonomie, JuS 2001, 1; *Wackerbarth*, Die Vermeidung einer ungerechtfertigten Inanspruchnahme aus dem AGG, ZIP 2007, 453.

Das deutsche Privatrecht wird von einer Reihe von Grundprinzipien geprägt. **15**
Wenn man das Privatrecht als denjenigen Teil der Rechtsordnung charakterisiert, der die Beziehungen der einzelnen Bürger zueinander auf der Grundlage ihrer

Gleichberechtigung und ihrer Selbstbestimmung regelt, so sind damit schon zwei der wesentlichen Grundprinzipien angesprochen, nämlich:
- der Grundsatz der formalen Gleichbehandlung und
- die Privatautonomie.

## I. Der Grundsatz der formalen Gleichbehandlung

Das heute geltende deutsche Privatrecht beruht auf dem Prinzip der formalen Gleichbehandlung aller Staatsbürger. Dieser Grundsatz der Rechtsgleichheit aller Menschen ist im Grundgesetz (Art. 3 Abs. 1 GG) verankert. Formale Gleichbehandlung bedeutet: Rechtsgleichheit und Gemeinsamkeit des Rechts für alle Bürger. Im Hinblick auf ihre Handlungsfreiheit müssen allen Bürgern die gleichen Regeln auferlegt werden und die gleichen Schranken gesetzt sein. Die Rechtsgleichheit muss auch durch den Rechtsschutz gewährleistet sein, der allen Bürgern in gleicher Weise und in gleichem Maße garantiert sein muss.

Nach dem Grundsatz der **Rechtsgleichheit** dürfen die in der Lebensstellung der Personen hervortretenden Ungleichheiten nicht zu einer unterschiedlichen Behandlung vor dem Gesetz führen, die sich als Bevorzugung oder Zurücksetzung bestimmter Personen oder Personengruppen darstellt. Das Privatrecht darf also weder diskriminieren noch privilegieren.

16 Der Grundsatz der **Gemeinsamkeit des Rechts** bedeutet: Die in der Lebensstellung der Personen hervortretenden Verschiedenheiten sind für das Recht nicht von grundlegender Bedeutung. Die Rechtsnormen gelten unabhängig von der sozialen Stellung für alle Bürger. Sie sind nicht besondere Regeln, die auf die Verhältnisse der verschiedenen sozialen Gliederungen der Gesellschaft zugeschnitten sind. Allen Bürgern wird in gleicher Weise und in gleichem Umfange Rechtsschutz gewährt.

**Beispiel:** Jeder Bürger kann ohne Rücksicht auf seine Berufszugehörigkeit, sein Geschlecht oder seine Religion Eigentum an Grund und Boden sowie an beweglichen Sachen, wie z.B. Kraftfahrzeugen, erwerben.

**Beispiel:** Jedem Bürger steht es ohne Ansehung seiner Rasse, seines Geschlechts, seines Berufsstandes und seiner Religion frei, mit anderen Bürgern Verträge, wie z.B. Kaufverträge, Dienstverträge, Mietverträge etc. abzuschließen.

**Beispiel:** Jedem Bürger (jeder Bürgerin) steht es frei, mit einer Bürgerin (einem Bürger) ohne Ansehung der Rasse, des Berufsstandes, der Einkommensverhältnisse, der Zugehörigkeit zu einer Religion etc. die Ehe zu schließen.

## II. Der Grundsatz der Privatautonomie

### 1. Privatautonomie und Rechtsgeschäft

17 Eines der wichtigsten Prinzipien des deutschen Privatrechts ist die Privatautonomie. Die Privatautonomie ist die Freiheit des einzelnen, seine Rechtsverhält-

nisse weitgehend nach seinem Willen zu gestalten. Sie gewährt den einzelnen Bürgern die Möglichkeit, ihre Beziehungen untereinander innerhalb bestimmter Grenzen durch Rechtsgeschäfte, insbesondere durch Verträge, frei zu regeln[1]; die Privatautonomie wird als Teil der allgemeinen Handlungsfreiheit durch das Grundgesetz garantiert (Art. 2 Abs. 1 GG)[2]

Die Bedeutung dieses Prinzips ist weitreichend und bestimmt in großem Umfang die Sozialordnung in der Bundesrepublik Deutschland. Jeder einzelne Bürger ist grundsätzlich in der Wahl seiner Ziele frei. Die Rechtsordnung schreibt ihm nicht vor, welches Ziel er zu erreichen hat. Es besteht weitgehende Freiheit, an den ökonomischen Austauschvorgängen teilzunehmen und die eigenen Vorstellungen und Ziele zu verwirklichen. Bedarf eine Person zur Verfolgung ihrer Ziele jedoch der Mitwirkung anderer Personen, muss sie sich mit diesen darüber einigen. Eine solche Einigung ist in der Regel ein Vertrag.

Mit einem **Rechtsgeschäft** – als Mittel zur Verwirklichung der vom BGB eingeräumten Privatautonomie – wird das Ziel angestrebt, eine Rechtsfolge herbeizuführen. Die von den Privatpersonen angestrebten Rechtsfolgen aus dem privatrechtlichen Bereich können z.B. sein: **18**

- die Änderung der Eigentumsverhältnisse an einer Sache.

  **Beispiel**: Überträgt E das Eigentum an dem ihm gehörenden Kraftfahrzeug auf A, geht das Eigentum an dem Kraftfahrzeug auf A über. Die gewollte und eingetretene Rechtsfolge ist die Änderung der Eigentumslage an dem Kraftfahrzeug. Die Übertragung des Eigentums an dem Kraftfahrzeug ist ein Rechtsgeschäft.

- der Abschluss eines schuldrechtlichen Vertrages. Durch einen schuldrechtlichen Vertrag verpflichten sich die Vertragschließenden, einander bestimmte Leistungen zu erbringen. Aufgrund eines solchen Vertrages kann eine Person (der Gläubiger) von einer anderen Person (dem Schuldner) die vereinbarte Leistung fordern.

  **Beispiel**: Nach dem Abschluss eines Kaufvertrages kann der Verkäufer vom Käufer die Zahlung des vereinbarten Kaufpreises verlangen (§ 433 Abs. 2).

- die Änderung eines bestehenden Vertrages.

  **Beispiel**: Vermieter und Mieter schließen am 01.01.2015 einen Mietvertrag ab. Am 01.01.2016 vereinbaren sie, die monatliche Miete um 10 % zu erhöhen. Die am 1. Januar 2016 getroffene Vereinbarung über die Höhe der Miete verändert die Verpflichtung des Mieters, eine bestimmte Geldsumme als Miete an den Vermieter zu zahlen.

## 2. Privatautonomie und vertragliche Schuldverhältnisse

Einen wesentlichen Teil der Rechtsgeschäfte bilden die vertraglichen Schuldverhältnisse. Zu diesen zählen z.B. Kaufverträge, Mitverträge, Dienst- und Werkver- **19**

---

1 Vgl. *Larenz/Wolf*, AT, § 2 Rn. 15, 16.

2 Vgl. BVerfGE 8, 274, 328; 72, 155, 170; 89, 214; NJW 1996, 2021; ausführlich dazu auch *Busche*, S. 23 ff.

träge, Darlehensverträge, Maklerverträge und auch gesetzlich nicht geregelte Verträge, wie z.B. der Lizenzvertrag. Im Hinblick auf die vertraglichen Schuldverhältnisse bedeutet Privatautonomie:

a) Die Freiheit des Einzelnen zu entscheiden, ob er überhaupt einen Vertrag abschließen will.

   **Beispiel:** Der Buchhändler, der eine größere Anzahl Bücher in seinem Ladenlokal aufgestellt hat, kann nicht gezwungen werden, diese Bücher zu veräußern, wenn er sich entschlossen hat, die Bücher für sich zu behalten.

b) Die Freiheit in der Wahl des Partners: Der einzelne Bürger kann sich grundsätzlich – d.h. es gibt Ausnahmen! – frei entscheiden, mit wem er vertragliche Beziehungen aufnehmen will.

   **Beispiel:** K möchte das Grundstück des E kaufen. E lehnt es ab, mit K überhaupt rechtliche Bindungen einzugehen, weil K einer religiösen Sekte angehört, deren Prinzipien E missfallen. Da E aufgrund der Privatautonomie in der Wahl seiner Vertragspartner grundsätzlich frei ist, kann er nicht gezwungen werden, mit K Verträge abzuschließen, selbst wenn die Begründung für seine ablehnende Haltung einer objektiven Wertung durch Dritte nicht standhält.

**20** c) Die Freiheit der inhaltlichen Gestaltung (Vertragsfreiheit im engeren Sinne): Die Rechtsordnung bietet für die meisten Verträge, die täglich geschlossen und vollzogen werden, feste Typen mit bestimmten Regeln an, so z.B. im Besonderen Teil des Schuldrechts für den Kauf, die Miete, die Pacht, das Darlehen, die Geschäftsbesorgung. Allerdings ist niemand gezwungen, sich dieser vom Gesetz angebotenen Vertragstypen zu bedienen. Jedermann kann ganz andere Verträge bilden und abschließen oder die vorhandenen Vertragstypen so abändern, dass sie seinen tatsächlichen oder vermeintlichen Bedürfnissen entsprechen. Das geschieht häufig, und zwar vor allem durch die Verwendung Allgemeiner Geschäftsbedingungen. Die Freiheit der inhaltlichen Gestaltung von Schuldverhältnissen nennt man Vertragsfreiheit im engeren Sinne. Dass die Begriffe „Privatautonomie“ und „Vertragsfreiheit“ häufig synonym gebraucht werden, ergibt sich daraus, dass der Vertrag die Hauptform privatautonomer Gestaltung ist.

   **Beispiel:** Wollen S und B einen Vertrag abschließen, der dem B die Möglichkeit einräumt, eine dem S gehörende Sache zu benutzen, sind sie nicht gezwungen, einen Miet-, Pacht- oder Leihvertrag mit genau den Regeln zu vereinbaren, die im BGB enthalten sind. Sie können – gestützt auf den Grundsatz der Privatautonomie – einen atypischen Vertrag abschließen. Sie haben aber auch die Möglichkeit, einen oder mehrere Vertragstypen des BGB zugrunde zu legen und teilweise andere als die gesetzlichen Regeln zu vereinbaren, um den Vertrag den individuellen Bedürfnissen anzupassen.

### 3. Die Grenzen der Privatautonomie

#### a) Überblick

21 Die Privatautonomie wird nicht uneingeschränkt gewährleistet. Das Grundrecht der Selbstbestimmung des einzelnen im Rechtsleben wird vielmehr durch die Rechtsordnung begrenzt und inhaltlich ausgestaltet. So ordnet das BGB z.B. in § 134 die Nichtigkeit solcher Rechtsgeschäfte an, die gegen ein gesetzliches Verbot verstoßen. Ebenfalls nichtig sind sittenwidrige Rechtsgeschäfte (§ 138 Abs. 1).

22 Die Verfasser des Bürgerlichen Gesetzbuches waren von dem Modell formal gleicher, d.h. gleich starker, Teilnehmer am Rechtsverkehr ausgegangen. Verkannt hatten sie, dass in vielen Fällen ein Vertragsteil – aus welchen Gründen auch immer – dem anderen so überlegen ist, dass letzterer sein Handeln nicht mehr frei bestimmen kann. In einer solchen Situation geht die uneingeschränkte Wahrnehmung der Privatautonomie durch den Stärkeren mit einer Beeinträchtigung des Selbstbestimmungsrechts des Schwächeren einher. Das wird z.B. in denjenigen Fällen offenbar, in denen ein wirtschaftlich stärkerer Vertragspartner dem schwächeren seine Allgemeinen Geschäftsbedingungen aufzwingt, mit denen er die gesetzlichen Bestimmungen des BGB zu seinen Gunsten und zu Lasten des anderen abändert. Das macht deutlich, dass weitere Einschränkungen der Vertragsfreiheit über §§ 134, 138 Abs. 1 hinaus notwendig sind.

#### b) Die Einschränkung der Vertragsfreiheit durch Vorschriften des BGB

23 Dies geschieht beispielsweise durch die in das BGB eingefügten Bestimmungen über das Recht der Allgemeinen Geschäftsbedingungen. So sind nach § 307 z.B. solche Bestimmungen unwirksam, die den Vertragspartner des Verwenders von Allgemeinen Geschäftsbedingungen „entgegen den Geboten von Treu und Glauben unangemessen benachteiligen". Sie werden in den folgenden Kapiteln weitere wichtige die Vertragsfreiheit einschränkende Verbraucherschutzregelungen kennen lernen, z.B. solche über das Verbraucherdarlehen und den Widerruf von Fernabsatzverträgen und ähnlichen Geschäften. Darüber hinaus sind eine Vielzahl von Konfliktsituationen ausdrücklich geregelt, in denen typischerweise ein Ungleichgewicht zwischen den Vertragspartnern besteht. So ist z.B. durch § 573 zum Schutze der Mieter von Wohnraum die grundsätzlich freie Gestaltungsmöglichkeit der Privatpersonen über die Beendigung von Leistungsbeziehungen erheblich eingeschränkt[3]. U.a. ist die Kündigung zum Zwecke einer Mieterhöhung ausgeschlossen (§ 573 Abs. 1 S. 2).

24 Der Gesetzgeber hat nicht alle Fälle von gestörtem Vertragsgleichgewicht abschließend ausdrücklich regeln können und wollen. Um Missbräuchen der Pri-

3 Vgl. dazu und zu anderen gesetzlichen Einschränkungen *Hönn*, Jura 1984, 57, 65; siehe zur Mietrechtsreform auch *Grundmann*, NJW 2001, 2497.

vatautonomie flexibel und den Umständen des Einzelfalles entsprechend begegnen zu können, hat er sich deshalb sogenannter **Generalklauseln** bedient. Neben § 242 BGB ist hier vor allem § 138 BGB zu nennen. Nach Abs. 1 dieser Vorschrift ist ein Rechtsgeschäft, das gegen die „guten Sitten" verstößt, nichtig. So ist der privatautonomen Rechtsgestaltung dort eine Grenze gesetzt, wo sie in Widerspruch zu den Grundprinzipien unserer Rechts- und Sittenordnung tritt[4]. Den Zivilgerichten ist damit ein wirksames Mittel an die Hand gegeben, Auswüchsen der Privatautonomie im Sinne einer Fremdbestimmung durch überlegene Vertragsparteien entgegenzuwirken.

#### c) Kontrahierungszwang aufgrund besonderer Umstände

25 Auch die Privatautonomie der **Unternehmen**, die eine **marktbeherrschende Stellung** innehaben, ist eingeschränkt. Diese Unternehmen können unter bestimmten Voraussetzungen nicht frei entscheiden, ob und mit wem sie Verträge abschließen wollen. Sie unterliegen dann dem sogenannten **Kontrahierungszwang** (Zwang zum Abschluss eines Vertrages). Das bedeutet: Sie sind verpflichtet, Verträge über die Leistung, die sie erbringen, mit allen abzuschließen, die das wollen, soweit der Abschluss solcher Verträge nicht über das Maß des Zumutbaren hinausgeht. Das ist z.B. der Fall, wenn gegen das im GWB geregelte **Diskriminierungsverbot** verstoßen wird. Dann können z.B. durch gerichtliche Entscheidungen Belieferungspflichten marktstarker Unternehmen gegenüber von ihnen abhängigen Unternehmen festgestellt, also ein Kontrahierungszwang ausgesprochen werden. Dieser Eingriff in die Vertragsfreiheit wird damit gerechtfertigt, dass eine freiheitliche Marktordnung für alle Teilnehmer sichergestellt werden muss.

26 Ein Kontrahierungszwang kann auch die Gemeinden für bestimmte Unternehmen, insbesondere Versorgungsbetriebe, betreffen, die in der Regel ein Monopol innehaben. Für solche Fälle enthalten die meisten Gemeindeordnungen, so z.B. die Gemeindeordnung für das Land Nordrhein-Westfalen in § 110, besondere gesetzliche Verpflichtungen für die öffentlichen Versorgungsunternehmen – wie Elektrizitäts- und Wasserwerke, Verkehrsbetriebe etc. –, durch die Missbräuche verhindert werden sollen.

#### d) Einschränkungen der Vertragsfreiheit aufgrund des Allgemeinen Gleichbehandlungsgesetzes (AGG)

27 Zu einer weiteren nicht unerheblichen Einschränkung der Vertragsfreiheit führt das am 18. August 2006 in Kraft getretene **Allgemeine Gleichbehandlungsgesetz (AGG),** mit dem Deutschland die Antidiskriminierungsrichtlinien der EG umgesetzt hat. Das Gesetz hat weit reichende Auswirkungen für das Arbeitsrecht, das Sozialrecht, aber auch für das allgemeine Zivilrecht. Nur letzteres soll hier angesprochen werden.

---

4 Vgl. *MüKo/Armbrüster*, § 138 BGB Rn. 1.

Ziel des Gesetzes ist es, „Benachteiligungen aus Gründen der Rasse oder wegen der ethnischen Herkunft, des Geschlechts, der Religion oder Weltanschauung, einer Behinderung, des Alters oder der sexuellen Identität zu verhindern oder zu beseitigen". Einen Schutz gegen Benachteiligung aus anderen Gründen regelt das AGG nicht. So ist z.B. eine Ungleichbehandlung aufgrund politischer Überzeugungen möglich. **28**

> **Beispiel:** Der BGH[5] hat in dem Hausverbot für einen NPD-Vorsitzenden keinen Verstoß gegen das Diskriminierungsverbot des AGG gesehen.

Entgegen seinem Titel führt das AGG allerdings im privaten Bereich keine allgemeine Gleichbehandlungspflicht ein. Die unterschiedliche Behandlung von Vertragspartnern und solchen, die es werden möchten, aus unsachlichen Gründen ist weiterhin zulässig. Das Hauptanwendungsgebiet des AGG dürfte im Bereich des Arbeitsrechts liegen. **29**

Für den Zivilrechtsverkehr erklärt § 2 Abs. 1 Nr. 8 AGG Benachteiligungen für unzulässig in Bezug auf „den Zugang zu und die Versorgung mit Gütern und Dienstleistungen, die der Öffentlichkeit zur Verfügung stehen, einschließlich von Wohnraum." Eine unmittelbare Benachteiligung im Sinne von § 2 AGG liegt nach der Definition des § 3 AGG vor, wenn eine Person wegen eines in § 1 genannten Grundes (=Rasse, ethnische Herkunft, Geschlecht, Religion oder Weltanschauung, Behinderung, Alter oder sexuelle Identität) „eine weniger günstige Behandlung erfährt, als eine andere Person in einer vergleichbaren Situation erfährt, erfahren hat oder erfahren würde." Als Rechtsfolgen eines Verstoßes gegen das Diskriminierungsverbot sieht das AGG Unterlassungs- und Beseitigungsansprüche vor (§ 21 Abs. 1 AGG), gegebenenfalls auch Schadensersatzansprüche (§ 21 Abs. 2 AGG). **30**

Unter gewissen Umständen kann der Verstoß gegen Diskriminierungsverbot auch zu einem Kontrahierungszwang führen.

Das AGG ist nicht nur auf die Benachteiligung beim Vertragsschluss selbst anwendbar, sondern auch auf Benachteiligungen bei der Durchführung und Beendigung von Schuldverhältnissen[6]. **31**

### 4. Zwingendes und dispositives Recht

Die durch die Privatautonomie in weitem Umfange gewährleistete Freiheit der inhaltlichen Gestaltung von Rechtsverhältnissen ermöglicht es den Personen, die am Rechtsverkehr teilnehmen wollen, ihre Rechtsverhältnisse weitgehend durch Vereinbarungen selbst zu gestalten. Sie können die im Gesetz enthaltenen Regelungen nach ihrem Willen durch Vereinbarungen verändern oder ergänzen, so- **32–34**

---

5 NJW 2012, 1725.

6 Vgl. *Wackerbarth*, ZIP 2007, 453.

weit es sich um **nachgiebiges Recht (dispositives Recht)** handelt. Dispositiver Natur sind vor allem viele Normen des Schuldrechts.

**Beispiel:** Die Vorschriften der §§ 434 ff. über die Gewährleistungspflichten der Verkäufer können durch entsprechende Vereinbarungen abgeändert und ergänzt werden, falls es sich nicht um einen Verbrauchsgüterkauf im Sinne des § 474 handelt. So kann z.B. bei dem Kauf einer gebrauchten Sache vereinbart werden, dass bestimmte Gewährleistungsansprüche ausgeschlossen sind.

35 Im Gegensatz zum dispositiven Recht bezeichnet man diejenigen Vorschriften, die in jedem Fall, also auch dann, wenn die miteinander in Rechtsbeziehungen tretenden Parteien eine davon abweichende Regelung treffen wollen, angewandt werden, als **zwingendes Recht** oder unabdingbare Normen. Zwingendes Recht sind diejenigen gesetzlichen Regelungen, die die in ein bestimmtes Rechtsverhältnis eintretenden Personen oder die schon an einem Rechtsverhältnis beteiligten Personen nicht im Wege der Vereinbarung ausschließen, verändern oder ergänzen können. Zum zwingenden Recht gehören diejenigen Vorschriften, die die Voraussetzungen der Privatautonomie und ihrer Ausübung betreffen, weiterhin diejenigen Normen, die die Sicherheit des Rechtsverkehrs garantieren, das Vertrauen Dritter schützen und grobe Ungerechtigkeiten verhüten sowie sozialen Anforderungen genügen sollen. Zum zwingenden Recht gehören die meisten Vorschriften des Sachen-, Familien- und Erbrechts. Im Sachen-, Familien- und Erbrecht stellt die Rechtsordnung den Bürgern bestimmte Typen zulässiger Regelungen zur Verfügung, unter denen sie wählen können.

**Beispiel:** Die an einem abgeschlossenen Kaufvertrag beteiligten Personen können keine beliebige Übereinkunft darüber treffen, auf welche Art und Weise eine bewegliche Sache, die Gegenstand des Kaufvertrages ist, von dem Verkäufer an den Käufer übereignet wird. Für die Übertragung des Eigentums an beweglichen Sachen enthält das BGB zwingende Vorschriften in den §§ 929 ff. Verkäufer und Käufer können sich nur dieser vom Gesetz angebotenen Möglichkeiten für die Übertragung des Eigentums an beweglichen Sachen bedienen. Eine davon abweichende Regelung ist nicht möglich.

**Beispiel** (im Anschluss an das oben gebildete Beispiel zum Kaufrecht). § 475 bestimmt, dass die Gewährleistungsvorschriften zugunsten des Käufers zwingendes Recht darstellen und nicht zu Lasten des Käufers abgeändert und ergänzt werden dürfen.

### 5. Weitere Einschränkungen durch Verbraucherrecht

#### a) Überblick

36 Über die bereits erwähnten gesetzlichen Regeln betreffend die Allgemeinen Geschäftsbedingungen (§§ 305 ff.) hinaus wird die Vertragsfreiheit nicht unerheblich durch eine Reihe von **Verbraucherschutzregelungen des BGB** eingeschränkt. So wird der Verbraucher gegenüber dem Unternehmer durch eine Reihe von besonderen Schutzvorschriften geschützt. Diesem Zweck dienen z.B.

- die Vorschriften über die Verbraucherverträge (§§ 355 ff.),
- über den Verbrauchsgüterkauf (§§ 474 ff.),
- über den Fernabsatzvertrag (§ 312 c),
- über die Verbraucherdarlehensverträge (§ 491 ff.)
- und über außerhalb von Geschäftsräumen geschlossene Verträge (§ 412 b). 37

**Verbraucherverträge** sind solche Verträge, die zwischen einem Unternehmer und einem Verbraucher abgeschlossen werden, und für die das Gesetz eine den Schutz des Verbrauchers in besonderer Weise bezweckende Norm, wie z.B. die Einräumung eines Widerrufsrechts, vorsieht, die von der Regelung des Normalvertrages abweicht.

**Verbraucher** ist nach § 13 jede natürliche Person, die ein Rechtsgeschäft zu einem Zweck abschließt, der überwiegend[7] weder ihrer gewerblichen noch ihrer selbständigen beruflichen Tätigkeit zugerechnet werden kann. 38

Demgegenüber ist **Unternehmer** gemäß § 14 jede natürliche oder juristische Person oder rechtsfähige Personengesellschaft, die bei Abschluss eines Rechtsgeschäfts in Ausübung ihrer gewerblichen oder selbständigen beruflichen Tätigkeit handelt.

> **Beispiel:** Wenn der Steuerberater S beim Möbelhaus M-GmbH Büromöbel kauft, sind sowohl S als auch die M-GmbH Unternehmer. Es handelt sich um einen normalen Kaufvertrag, nicht um einen Verbrauchervertrag oder einen Verbrauchsgüterkauf.

> **Beispiel:** Rentner R kauft beim Möbelhaus M-GmbH Schlafzimmermöbel. Hier ist R Verbraucher im Sinne des § 13; die M-GmbH ist Unternehmer, denn sie handelt in Ausübung ihrer gewerblichen Tätigkeit (§ 14). Es handelt sich also um einen Verbrauchsgüterkauf (§ 474).

> **Beispiel:** Wenn, anknüpfend an das oben dargestellte **Beispiel**, Steuerberater S bei der M-GmbH Schlafzimmermöbel für sein Eigenheim kauft, ist S Verbraucher im Sinne des § 13, denn der Abschluss des Vertrages kann seiner selbständigen beruflichen Tätigkeit nicht zugerechnet werden. Die M-GmbH ist wiederum Unternehmer (§ 14). Es handelt sich folglich um einen Verbrauchsgüterkauf.

Alle diejenigen gesetzlichen Regelungen, die in diesem Sinne den Verbraucher schützen sollen, können nicht durch Vereinbarungen der vertragsschließenden Parteien eingeschränkt oder modifiziert werden. Die Verbraucherschutzvorschriften des BGB unterliegen also nicht der Parteidisposition. Sie stellen zwingendes Recht dar. 39

7 Das Wort „überwiegend“ wurde zum 1.6.2014 durch das Gesetz zur Umsetzung der Verbraucherrechterichtlinie und zur Änderung des Gesetzes zur Regelung der Wohnungsvermittlung vom 20.9.2013 ergänzt.

### b) Die Verbraucherverträge

40 Zu den Verbraucherverträgen gehören die oben unter a) genannten Verträge und die Ratenlieferungsverträge (§ 510).

Für die Verbraucherverträge typisch ist die **Gewährung eines Widerrufsrechtes** (§ 355), mit dem sich der Verbraucher trotz des schon abgeschlossenen Vertrages von demselben wieder lösen kann, ohne dass es dafür eines besonderen Grundes bedarf (Zum Widerrufsrecht im Einzelnen siehe 25 VII).

Für Verbraucherverträge enthält § 310 Abs. 3 eine Verschärfung des Rechts der Allgemeinen Geschäftsbedingungen. So findet z.B. die strenge Inhaltskontrolle nach den §§ 307 ff. auch bei vorformulierten Verträgen statt, die nur einmal verwandt werden, also nicht unter den Begriff der Allgemeinen Geschäftsbedingungen gemäß § 305 Abs. 1 fallen, wenn der Verbraucher auf den Inhalt des Vertrages keinen Einfluss nehmen konnte.

## III. Das Privateigentum und seine Bedeutung für die Privatrechtsordnung

41 Die Art und Weise, wie in der Bundesrepublik Deutschland die Privatrechtsordnung das Privateigentum ausgestaltet hat, prägt die Rechts- und Wirtschaftsordnung. Das BGB enthält keine weitergehende Definition des Eigentums als die, dass der Eigentümer einer Sache mit ihr grundsätzlich nach Belieben verfahren und andere von jeder Einwirkung ausschließen kann (§ 903). Nach Privatrecht bezieht sich das Eigentum also nur auf Sachen. Weitergehend ist der verfassungsrechtliche Eigentumsbegriff, der an die Garantie des Eigentums in Art. 14 Abs. 1 GG mit der Sozialbindung in Art. 14 Abs. 2 GG anknüpft.

**Eigentum** im Sinne von Art. 14 GG bedeutet in erster Linie **Privateigentum**, d.h. ein – allerdings sozial gebundenes (Art. 14 Abs. 2 GG) – Recht, das einen Abwehr- und Schutzanspruch gegen die Staatsgewalt begründet und als Voraussetzung für eine freie und selbstverantwortliche Lebensgestaltung angesehen wird[8].

42 Das Bundesverfassungsgericht[9] kennzeichnet das Eigentum u.a. wie folgt:

> „Das Eigentum ist ein elementares Grundrecht, das in einem inneren Zusammenhang mit der Garantie der persönlichen Freiheit steht. Ihm kommt im Gesamtgefüge der Grundrechte die Aufgabe zu, dem Träger des Grundrechts einen Freiheitsraum im vermögensrechtlichen Bereich sicherzustellen und ihm damit eine eigenverantwortliche Gestaltung des Lebens zu ermöglichen. Die Garantie des Eigentums als Rechtseinrichtung dient der Sicherung dieses Grundrechts. Das Grundrecht des einzelnen setzt das Rechtsinstitut „Eigentum" voraus; es

---

8 Vgl. *Hesse*, Grundzüge des Verfassungsrechts der Bundesrepublik Deutschland, 20. Aufl., 1999, § 12 III 1.

9 BVerfGE 24, 367, 389; 79, 292, 304 f.; 84, 201, 208 f.; 88, 366, 377.

wäre nicht wirksam gewährleistet, wenn der Gesetzgeber an die Stelle des Privateigentums etwas setzen könnte, was den Namen „Eigentum“ nicht mehr verdient“[10].

Der Bestandsschutz des Eigentums gemäß Art. 14 GG umfasst nicht nur das Eigentum an Sachen, sondern auch die Inhaberschaft an anderen **vermögenswerten privaten Rechten**. Dazu zählen u.a.: Lohnforderungen, Gesellschaftsanteile[11], schuldrechtliche Forderungen (wie z.B. Rechte aus Miet- und Pachtverträgen) und der eingerichtete und ausgeübte Gewerbebetrieb; Urheber-, Patent-, Verlags- und Markenschutzrechte fallen mit den vermögensrechtlichen und wirtschaftlichen Verwertungsrechten ebenfalls darunter. Art. 14 GG enthält deshalb nicht nur eine Garantie des sachenrechtlichen Eigentums, sondern eine umfassende Garantie von Vermögensrechten. In diesem Zusammenhang wird auch von dem „verfassungsrechtlichen Eigentum“ i.S. des Art. 14 GG gesprochen.

Art. 14 GG enthält keine grundsätzliche Aussage über die Verteilung von Eigentum zwischen Privatwirtschaft und Staat. In der Frage, ob und wieweit das Grundgesetz wirtschaftspolitische Festlegungen getroffen hat, herrscht weitgehende Übereinstimmung: das Grundgesetz lässt die Frage nach der Wirtschaftsordnung bewusst offen, um der freien Auseinandersetzung, Entscheidung und Gestaltung Raum zu lassen. Es bietet lediglich eine Grundlage, die einen bestimmten, vor allem grundrechtlichen Rahmen zieht, im Übrigen aber dem Gesetzgeber erhebliche Gestaltungsfreiheit einräumt. Danach sind weder marktwirtschaftliche noch planwirtschaftliche Maßnahmen als solche grundgesetzwidrig. Sie müssen sich allerdings, was das Privateigentum anbetrifft, in dem oben bezeichneten Rahmen halten. **43**

§ 903 sagt etwas über die Befugnisse des Eigentümers aus. Im Gegensatz zu Art. 14 GG ist in § 903 nur von Sachen die Rede. Es wird deshalb unterschieden zwischen dem **zivilrechtlichen Eigentumsbegriff** des BGB und dem **verfassungsrechtlichen Eigentumsbegriff** in Art. 14 GG.

## IV. Der Vertrauensgrundsatz

Als ein weiteres das Privatrecht beherrschendes Prinzip kann man den Vertrauensgrundsatz ansehen, der in keiner Vorschrift des BGB generell geregelt ist, aber in vielen gesetzlichen Regelungen seinem Niederschlag gefunden hat. Dieses Prinzip beruht im Wesentlichen darauf, dass Vertrauen die Grundlage menschlicher Beziehungen sein muss, wenn das Leben von Menschen in Gemeinschaften in einem Zustand von Frieden und Freiheit stattfinden soll. Menschliche Beziehun- **43 a**

10 Zur Rechtsprechung des Bundesverfassungsgerichts – insbesondere zu BVerfGE 58, 300 – siehe *Battis*, NJW 1982, 585 ff.

11 Vgl. dazu *Hesse*, § 12 III 1.

gen in einer Gesellschaft, die von Misstrauen beherrscht wird, würden im Zweifel durch Streit und dauernde Auseinandersetzungen bestimmt sein.

Seinen stärksten Ausdruck hat der Vertrauensgrundsatz in § 242 gefunden. Das darin enthaltene Prinzip von Treu und Glauben bedeutet u.a., dass jede Person, die am Rechtsverkehr teilnimmt, das Vertrauen, welches andere Personen ihr entgegenbringen nicht missbrauchen darf; wer ein Recht offensichtlich missbraucht, wird rechtlich nicht geschützt.

**43 b** Der Vertrauensgrundsatz hat in vielen Vorschriften des BGB und in anderen Gesetzen wie z.B. des HGB seinen Niederschlag gefunden. So wird nach § 932 z.B. derjenige in seinem Vertrauen geschützt, der von einem anderen das Eigentum an einer Sache erwerben will, der nicht der Eigentümer ist, sich aber als solcher ausgibt. Diesen Schutz genießt allerdings nur der Erwerber, der gutgläubig ist, also den Umständen nach annehmen darf, dass der Veräußerer der Eigentümer ist.

**Beispiel:** Wenn ein Vertragspartner seine zum Vertragsschluss führende Willenserklärung nach §§ 119 ff. mit der Folge anficht, dass seine Erklärung und damit auch der Vertrag nichtig ist, so hat der andere Vertragspartner, der den Anfechtungsgrund nicht kannte und auch nicht kennen musste, nach § 122 einen Anspruch auf Ersatz des ihm entstandenen Schadens, der ihm dadurch entsteht, dass er auf die Gültigkeit der Erklärung vertraut.

# § 3 Rechtsgeschäft und Willenserklärung

**Schrifttum:** *Canaris*, Die Vertrauenshaftung im deutschen Privatrecht, 1971; *Eisenhardt*, Zum subjektiven Tatbestand der Willenserklärung, JZ 1986, 875; *Neuner*, Was ist eine Willenserklärung?, JuS 2007, 881; *Schreiber*, Grundbegriffe des BGB – Allgemeiner Teil: Willenserklärung, Vertrag, Rechtsgeschäft, Jura 1999, 275.

***Fall 1:*** *Das Mitglied A eines Tennisvereins verabredet sich mit dem Clubtrainer für den nächsten Tag um 11 Uhr für eine Stunde. Der Trainer nimmt eine andere mögliche Verpflichtung für diesen Zeitpunkt nicht an. Am nächsten Tag hat A keine Lust Tennis zu spielen und arbeitet stattdessen im Garten, weil er meint, eine Verpflichtung sei er nicht eingegangen. Der Trainer verlangt die übliche Vergütung in Höhe von 35 € für die Trainerstunde von A. Zu Recht?*

## I. Der Begriff Rechtsgeschäft

**44** Wie viele andere wichtige Begriffe auch, hat der Gesetzgeber die Begriffe Rechtsgeschäft und Willenserklärung nicht definiert. Dem BGB liegen die von der Rechtswissenschaft des 19. Jahrhunderts entwickelten Begriffsbestimmungen zugrunde. Danach wird mit der Vornahme eines Rechtsgeschäfts das Ziel angestrebt, eine Rechtsfolge herbeizuführen. Das Rechtsgeschäft und die mit ihm herbeigeführte Rechtsfolge beruhen auf jedenfalls einer oder zwei Willenserklärungen, also auf dem erklärten Willen einer oder mehrerer Personen, d.h. ihren Willenserklärungen. Eine **Willenserklärung** ist also ein notwendiger Bestandteil eines Rechtsgeschäfts

> **Beispiel:** Schließen V und K einen Kaufvertrag ab, so tätigen sie ein Rechtsgeschäft. Sie geben Willenserklärungen ab, die zum Vertragsschluss führen. Die beabsichtigte Rechtsfolge ist das Entstehen eines Kaufvertrages.

Beabsichtigte **Rechtsfolgen (Rechtserfolge)** können z.B. sein:
- der Abschluss eines Vertrages,
- der Übergang des Eigentums an einer beweglichen oder unbeweglichen Sache,
- die Beendigung eines Vertragsverhältnisses.

Es gibt **zweiseitige und einseitige Rechtsgeschäfte**. Verträge sind zweiseitige 45
Rechtsgeschäfte. Die Rechtsfolgen eines Vertrages, eines zweiseitigen Rechtsgeschäfts, beruhen auf den sich inhaltlich entsprechenden auf den Vertragsschluss gerichteten Willenserklärungen der Vertragschließenden. Die Rechtsfolgen bei einem einseitigen Rechtsgeschäft beruhen auf der Willenserklärung nur einer Person.

> **Beispiel:** Gibt ein Vertragspartner eine wirksame Kündigungserklärung ab, so führt er allein damit als Rechtsfolge die Beendigung des Rechtsverhältnisses herbei. Die Kündigung ist deshalb ein einseitiges Rechtsgeschäft.

Manche Rechtsgeschäfte bedürfen, um wirksam zu werden, über die Willenserklärung(en) hinaus noch eines weiteren Tatbestandsmerkmals. Das kann die Form, wie z.B. die Schriftform (§ 126 BGB) oder die notarielle Beurkundung (§ 128 BGB) sein.

> **Beispiel:** Ein Vertrag, der die Verpflichtung zur Übertragung des Eigentums an einem Grundstück zum Gegenstand hat, bedarf der notariellen Beurkundung (§ 311 b BGB). Zum Vertragsschluss ist die Abgabe zweier übereinstimmender auf den Vertragsschluss gerichteter Willenserklärungen notwendig. Dies allein macht den Vertrag allerdings noch nicht wirksam. Der Vertrag wird erst wirksam, wenn die erforderliche Form eingehalten wird.

## II. Die Willenserklärung

### 1. Überblick

Ein weiterer wichtiger, vom Gesetzgeber nicht definierter Begriff ist der der **Wil- 46
lenserklärung**. Eine Willenserklärung ist die Erklärung eines rechtlich erheblichen Willens, der auf die Erzielung einer Rechtsfolge (eines Rechtserfolges) gerichtet ist. Die Person, die rechtsgeschäftlich handeln möchte, also eine Rechtsfolge herbeiführen will, muss eine entsprechende Erklärung, eine Willenserklärung, abgeben.

Das BGB verwendet den Begriff Willenserklärung an vielen Stellen, wie z.B. in §§ 105, 116, 119, 130.

Geht man davon aus, dass eine Willenserklärung eine Erklärung ist, mit der eine Person ihren Willen kundtut, eine Rechtsfolge herbeiführen zu wollen, so gehören zu einer Willenserklärung jedenfalls:

- der auf das Erzielen eines Rechtserfolgs gerichtete innere Wille
  und
- die Kundgabe dieses Willens, also eine äußerlich wahrnehmbare Erklärung des auf einen Rechtserfolg gerichteten Willens.

> **Beispiel:** Der lediglich gedanklich gefasste, aber in keiner Weise geäußerte Entschluss eines Vermieters, dem Mieter zu kündigen, ist keine Willenserklärung, weil der Wille zu kündigen nicht kundgemacht worden ist.

**47** Daraus ergibt sich: Die Willenserklärung ist entweder mit dem Rechtsgeschäft identisch oder ein Teil desselben; letzteres trifft auf alle diejenigen Fälle zu, in denen das Rechtsgeschäft aus mehreren Willenserklärungen (wie z.B. beim Vertragsschluss) oder aus einer Willenserklärung und anderen Tatbestandsmerkmalen, wie z.B. der Einhaltung einer bestimmten Form, besteht.

Der Tatbestand einer Willenserklärung besteht also aus einem **objektiven Teil,** der Kundgabe des Willens, und einem **subjektiven Teil**, dem Willen. Man kann auch von dem objektiven und dem subjektiven Tatbestand einer Willenserklärung sprechen.

Der **subjektive Tatbestand** kann in folgende Bestandteile untergliedert werden:

- Handlungswille,
- Erklärungsbewusstsein (Erklärungswille),
- Rechtsfolgewille (man kann auch vom Geschäftswillen oder Rechtsbindungswillen sprechen).

### 2. Der objektive Tatbestand einer Willenserklärung

**48** Der objektive Tatbestand einer Willenserklärung ist die für andere Personen erkennbare Kundgabe des Willens, eine Rechtsfolge herbeiführen zu wollen, also eine sinnlich wahrnehmbare Erklärungshandlung. Erklärungshandlungen sind beispielsweise das Sprechen und das Schreiben.

Das Gesetz schreibt in den meisten Fällen keine bestimmte Art und Weise vor, in der Personen ihren Willen, eine Rechtsfolge herbeizuführen, äußerlich erkennbar machen müssen. Die Art und Weise der Kundgabe eines auf die Herbeiführung eines Rechtserfolges gerichteten Willens bleibt in der Regel dem einzelnen überlassen. Es ist allerdings erforderlich, dass der Wille des Erklärenden verstanden werden kann. Nur ausnahmsweise ist für die Kundgabe der Erklärung an eine bestimmte Form, wie z.B. die Schriftform oder die notarielle Beurkundung, vorgeschrieben.

Wenn auch in der Realität die meisten Willenserklärungen mündlich oder schriftlich abgegeben werden, so ist die Willenskundgabe in dieser Art und Weise grundsätzlich nicht zwingend, um die gewollte Rechtsfolge herbeizuführen. Vielmehr kann eine Person eine Willenserklärung auch durch **konkludentes (schlüssiges) Verhalten** abgeben, ohne ihren Willen ausdrücklich in Worte zu fassen. Ein solches Verhalten muss aber stets – jedenfalls unter Berücksichtigung der Begleitumstände – den Schluss des Adressaten (= der anderen Person, an die sich die Erklärung richten soll) auf einen ganz bestimmten Willen des Handelnden zulassen. Das ist in der Regel dann der Fall, wenn die Person, an die sich die konkludent abgegebene Erklärung richtet, die allgemein übliche sozialtypische Bedeutung eines solchen Verhaltens erkennen kann.

> **Beispiel:** K betritt einen Bäckerladen und sagt zu dem Bäcker B: „10 Brötchen bitte." Wortlos packt B 10 Brötchen in die Tüte und übergibt sie dem K. Indem B die 10 Brötchen in die Tüte packt und diese an K übergibt, bringt er durch sein Handeln zum Ausdruck, dass er eine Rechtsfolge, nämlich das Zustandekommen eines Kaufvertrages zwischen ihm und K herbeiführen will. B hat durch sein konkludentes Verhalten eine Willenserklärung abgegeben, mit der er einen Kaufvertrag zustande kommen lassen will.

Eine Willenserklärung als eine Erklärung, die sich als **menschliches Erklärungshandeln** darstellt, liegt auch dann vor, wenn sich der Mensch zur Willensbildung oder zur Erklärung maschineller Hilfen bedient, z.B. einen PC einsetzt. Dem PC fehlt die Fähigkeit zu eigenem, nicht programmiertem Entschluss; er ist Werkzeug des Menschen. Die vom PC gefertigten und ausgedruckten Erklärungen beruhen in allen ihren Phasen der Herstellung auf dem Willen des Menschen, der die Maschine benutzt und sie gerade zum Erklärungszweck verwendet. Deshalb ist jedenfalls derjenige Mensch, der zur Benutzung der Maschine berechtigt ist, Erklärender im Rechtssinne. **49**

### 3. Der subjektive Tatbestand einer Willenserklärung

Zum subjektiven Tatbestand der Willenserklärung zählen: Handlungswille, Erklärungsbewusstsein und Rechtsfolgewille (Geschäftswille). In der rechtswissenschaftlichen Literatur besteht allerdings keineswegs Einigkeit darüber, was zum subjektiven Tatbestand einer Willenserklärung gehört[1]. **50**

#### a) Der Handlungswille

Der **Handlungswille** (auch als Betätigungswille bezeichnet) bezieht sich auf die Vornahme der **Erklärungshandlung.** Der Handlungswille ist der Wille, einen Erklärungsakt vorzunehmen. Von einem rechtlich bedeutsamen Handeln kann

1 Vgl. *Staudinger/Singer*, Vorbem. zu §§ 116–144 BGB Rn. 1 ff. mit Nachw. und *Eisenhardt*, JZ 1986, 875 ff. mit ausführlichen Hinweisen.

nur gesprochen werden, wenn es vom Willen bestimmt ist. Demjenigen, der unbewusst etwas tut, fehlt der Handlungswille; er gibt also keine Willenserklärung ab. Bewegungen, die ohne Steuerung des menschlichen Willens, demnach ohne Handlungswillen vorgenommen werden, sind z.B. Bewegungen, die im Traum geschehen werden; auch Reflexbewegungen zählen dazu.

**Beispiel:** Bei einer Versteigerung, bei der das Heben eines Armes eine – konkludent abgegebene – Willenserklärung, nämlich das Angebot zum Abschluss eines Kaufvertrages, darstellt, wird der bei der Versteigerung anwesende A, der nur zuschauen, aber nicht mitbieten will, von einer Wespe in den Arm gestochen. Vor Schmerz reißt er den rechten Arm hoch. Der Auktionator sieht dies und erteilt A den Zuschlag. Da A lediglich eine Reflexbewegung ausführte und keine Erklärungshandlung vornehmen wollte, fehlte ihm der Handlungswille. Obwohl hier äußerlich wahrnehmbar ein schlüssiges Verhalten vorliegt, das den objektiven Tatbestand einer Willenserklärung erfüllt, fehlt eine subjektive Voraussetzung, der Handlungswille. A hat deshalb keine Willenserklärung abgegeben.

### b) Das Erklärungsbewusstsein

51 Das **Erklärungsbewusstsein** ist das Bewusstsein, überhaupt eine rechtsgeschäftliche Erklärung abzugeben. Es genügt das Bewusstsein des Handelnden, dass seine Handlung irgendeine rechtserhebliche Erklärung darstellt. Es reicht aus, dass der Erklärende sich bewusst ist, dass sein Verhalten als eine rechtserhebliche Erklärung aufgefasst werden kann.[2]

**Beispiel:** Derjenige, der seine Unterschrift unter ein Angebot zum Abschluss eines Vertrages setzt, sich dabei aber in dem Irrtum befindet, es handle sich um ein Glückwunschschreiben, hat nicht das Bewusstsein, eine rechtsgeschäftliche Erklärung abzugeben. Ihm fehlt das Erklärungsbewusstsein.

**Beispiel** (als Fall der „Trierer Weinversteigerung“ oft als typisches Beispiel genannt): Bei einer Weinversteigerung in Trier winkt ein ortsfremder Besucher einem Freund zu. Er weiß nicht, dass das Heben des Arms die Abgabe eines höheren Gebots (= eine Willenserklärung) bedeutet. Auch hier fehlt das Erklärungsbewusstsein.

### c) Der Rechtsfolgewille

52 Der **Rechtsfolgewille** (von manchen auch **Geschäftswille** oder **Rechtsbindungswille** genannt) besteht in der auf die Herbeiführung eines bestimmten rechtsgeschäftlichen Erfolges gerichteten Absicht des Erklärenden. Der BGH[3] charakterisiert den Rechtsfolgewillen als den Willen des Erklärenden, „dass seinem Handeln rechtliche Geltung zukommen solle, (wenn) er also eine Rechtsbindung herbeiführen will“.

---

2 So *Brox/Walker*, Rn. 85.

3 BGHZ 21, 102, 106; 56, 204, 208.

Nach der hier vertretenen Auffassung gehören Handlungswille, Erklärungsbewusstsein (Erklärungswille) und Rechtsfolgewille (Geschäftswille bzw. Rechtsbindungswille) zum subjektiven Tatbestand einer Willenserklärung. Fehlt ein Element des subjektiven Tatbestandes, wie z.B. der Rechtsfolgewille, so liegt **keine** Willenserklärung vor. (Ob und gegebenenfalls wie der andere, der auf die Wirksamkeit der Willenserklärung vertraut hat, geschützt werden muss, wird unten unter 4. bis 6. abgehandelt.)

## 4. Bewusste Willensmängel

Willenserklärungen können Mängel aufweisen. Es stellt sich dann die Frage, welche Rechtsfolgen an das Vorhandensein dieser Mängel geknüpft werden. **53**

Denkbar sind u.a.:
- die Nichtigkeit der Willenserklärung;
- die Vernichtbarkeit der Willenserklärung durch Anfechtung seitens des Erklärenden;
- die Wirksamkeit der Willenserklärung, weil der Adressat derselben auf die Gültigkeit vertraut hat und der Erklärende nicht schutzwürdig ist.

In den §§ 116 bis 118 sind Fälle gesetzlich geregelt, in denen der Erklärende bewusst eine mit Mängeln behaftete Erklärung abgibt.

So ist in § 116 BGB z.B. der Fall geregelt, dass eine Person eine Erklärung in dem Bewusstsein abgibt, dass es sich um etwas Rechtserhebliches handelt, sich aber insgeheim, also für den Adressaten der Erklärung nicht erkennbar, vorbehält, das Erklärte nicht zu wollen. Hier liegen Handlungswille und Erklärungsbewusstsein vor; es fehlt aber der Rechtsfolgewille, also der Wille, sich an das Erklärte auch halten zu wollen. Gleichwohl ist die Erklärung nach § 116 BGB als wirksame Willenserklärung zu behandeln. Damit wird das Vertrauen, welches der Adressat der Erklärung in die Wirksamkeit der Erklärung setzt, gesetzlich geschützt.

Wird eine Willenserklärung im Einvernehmen mit dem Adressaten nur zum Schein abgegeben, so handelt der Erklärende zwar mit Erklärungsbewusstsein. Es fehlt ihm aber der Rechtsfolgewille.[4] Es liegt eine sogenannte Scheinerklärung vor. Der Adressat ist nicht schutzwürdig. Deshalb ist die Erklärung gemäß § 117 BGB nichtig.

> **Beispiel:** Um Steuern und Notargebühren zu sparen, geben die Vertragsparteien eines Grundstückskaufvertrages beim Notar zum Schein statt des vereinbarten und gewollten Kaufpreises von 450.000 € lediglich einen solchen von 220.000 € an. Der vom Notar beurkundete Vertrag enthält daraufhin einen Kaufpreis von 220.000 €. Dieser ist nach § 117 BGB nichtig. Das gewollte aber nicht beurkundete Geschäft ist ein Kaufvertrag über 450.000 €. Diesem fehlt aber die gesetzlich vorgeschriebene Form, und es ist deshalb gemäß §§ 311 Abs. 1 S. 1, 125 BGB nichtig.

---

4 Vgl. BGHZ 36, 84, 88.

## 5. Willenserklärungen und unverbindliche Erklärungen

54 Die Willenserklärung unterscheidet sich von rechtlich unverbindlichen Erklärungen dadurch, dass eine Rechtsfolge, also eine rechtliche Bindung gewollt ist. Ob eine Erklärung eine rechtliche Bindung herbeiführt, hängt also wesentlich von dem Willen des Erklärenden (dem Rechtsfolgewillen) ab.

Manche Erklärungen, bei denen ein auf einen Rechtserfolg gerichteter Wille fehlt, nennt man rein gesellschaftliche Erklärungen oder Gefälligkeiten nicht rechtsgeschäftlicher Art, die unverbindlich sind und keine Rechtsfolgen erzeugen.

> **Beispiel:** Zwei Tennisspieler, die sich zu einem Tennismatch verabreden, wollen sich Im Zweifel nicht rechtlich binden. Ihnen fehlt der Rechtsfolgewille, also der auf die rechtliche Bindung gerichtete Wille. Daraus folgt: Zwei Tennisspieler, die sich verabredet haben, können einander nicht zwingen, Tennis zu spielen, weil die rechtsgeschäftliche Bindung fehlt.

Ist klar erkennbar, dass der Erklärende eine Rechtsfolge nicht herbeiführen möchte, ihm also der Rechtsfolgewille fehlt, liegt keine Erklärung vor, die eine rechtliche Bindung schafft. Häufig ist jedoch dem Verhalten einer Person nicht eindeutig zu entnehmen, dass sie sich durch das Erklärungsverhalten nicht rechtlich binden möchte. In solchen Fällen ist der Wille des Erklärenden zu ermitteln.

Geht es darum festzustellen, ob der Handelnde, der den objektiven Erklärungstatbestand geschaffen hat, den Willen hatte, sich rechtlich zu binden, so ist bei **Gefälligkeiten** auf ihre Art, ihren Grund und den Zweck abzustellen. Insbesondere kann wesentlich sein, dass **wirtschaftliche Interessen** des Adressaten berührt werden[5]. Gefälligkeiten können durchaus auf einer vertraglichen Basis beruhen, also rechtsverbindlich sein. Das wird durch einen Blick auf sogenannte Gefälligkeitsverträge, wie z.B. Schenkung (§ 516), Leihe (§ 598) und Auftrag (§ 662) deutlich.

55 Bei der Beurteilung eines Verhaltens als Gefälligkeit ist zu berücksichtigen, dass die Gefälligkeit begriffsnotwendig die Unentgeltlichkeit der Leistung voraussetzt. Wie die gesetzlichen Regelungen von Gefälligkeitsverträgen zeigen, lässt sich jedoch allein aus der Unentgeltlichkeit noch nicht auf das Fehlen des rechtsgeschäftlichen Charakters schließen[6].

Gefälligkeiten des täglichen Lebens dürften in der Regel nicht rechtsgeschäftlicher Art sein. Das gilt auch für Gefälligkeiten, die im sogenannten rein gesellschaftlichen Verkehr geleistet werden[7]. Auf den Willen, sich rechtlich binden zu wollen (den Rechtsfolgewillen), kann dagegen häufig geschlossen werden aus

- der wirtschaftlichen Bedeutung einer Angelegenheit,
- dem Wert einer anvertrauten Sache,

5 Vgl. BGHZ 21, 102.

6 Vgl. BGHZ 21, 102, 106; 56, 204, 208.

7 Vgl. RGZ 128, 39, 42; BGHZ 21, 102, 107.

- dem erkennbaren Interesse des Begünstigten und der sowohl ihm als auch dem Leistenden erkennbaren Gefahr, in die er durch eine fehlerhafte Leistung des zur Leistung Verpflichteten geraten kann[8].

**Beispiel:** A, B und C verabreden, eine sogenannte Fahrgemeinschaft zu bilden, um so jeweils in einem PKW die Fahrstrecke zur gemeinsamen Arbeitsstätte hin und zurück zu bewältigen. Abwechselnd stellt jeder für eine Woche sein Fahrzeug zur Verfügung. Das Benzin bezahlt der Fahrer. Zu beachten ist, dass die Absprache wirtschaftlich bedeutsam ist und darüber hinaus ein Interesse der Beteiligten besteht, dass die versprochenen Leistungen erbracht werden. Es handelt sich deshalb nicht nur um ein unverbindliches Gefälligkeitsverhältnis, sondern um die Gründung einer Gesellschaft bürgerlichen Rechts nach § 705 BGB durch Vertragsschluss. Den Beteiligten war klar, dass sie etwas Rechtserhebliches erklärten, sie hatten also das Erklärungsbewusstsein; sie hatten darüber hinaus auch den Willen, sich rechtlich binden zu wollen, also den Rechtsfolgewillen.

### 6. Die Zurechenbarkeit von Erklärungstatbeständen bei fehlendem Rechtsfolgewillen

Wenn dem Erklärenden das Erklärungsbewusstsein oder der Rechtsfolgewille 56
fehlt, so kann man die Meinung vertreten, dass der Tatbestand einer Willenserklärung nicht vorliegt. Damit ist allerdings noch nicht ausgeschlossen, dass derjenige, der den Erklärungstatbestand geschaffen hat, sich das Erklärte unter bestimmten Voraussetzungen als Willenserklärung zurechnen lassen muss.

Da das Gesetz aufgrund rechtlich relevanten Verhaltens in vielen Fällen Rechtsfolgen eintreten lässt, wie sie im Regelfall durch rechtsgeschäftliches Handeln entstehen, lässt sich im Hinblick auf das Fehlen von Erklärungsbewusstsein und Rechtsfolgewillen (Geschäftswillen) bei Willenserklärungen folgendes sagen: Ein Verhalten, aus dem bei den gegebenen Umständen nach Treu und Glauben mit Rücksicht auf die Verkehrssitte auf das Vorhandensein eines Erklärungsbewusstseins und eines Rechtsfolgewillens (Geschäftswillens) geschlossen werden darf und der Adressat dies auch so verstanden hat, muss sich der Erklärende das Erklärte als Willenserklärung zurechnen lassen[9]. In solchen Fällen ist von der Fiktion einer Willenserklärung auszugehen, die z.B. einen Vertrag entstehen lassen kann.

**Lösung zu Fall 1:** Der Trainer kann von A 35 € verlangen, wenn zwischen ihm und A ein Vertrag zustande gekommen ist. In diesem Fall ist durch zwei übereinstimmende Willenserklärungen ein Vertrag zustande gekommen. Auch wenn dem A das Erklärungsbewusstsein oder der Rechtsfolgewille oder gar beides fehlte, muss sich A sein Verhalten als Willenserklärung, die zum Vertragsschluss führt, zurechnen lassen, denn es handelt sich um ein Verhalten, aus dem bei den

8 Vgl. RGZ 151, 203, 208; BGHZ 21, 102, 107.
9 BGHZ 21, 102, 106 f.; 109, 171, 177.

gegebenen Umständen nach Treu und Glauben mit Rücksicht auf die Verkehrssitte von einem objektiven Beobachter auf das Vorhandensein eines Erklärungsbewusstseins und eines Rechtsfolgewillens (Geschäftswillens) geschlossen werden darf. Zu berücksichtigen ist auch, dass die Absprache jedenfalls für den Trainer wirtschaftlich von Bedeutung war. Da ein Vertrag geschlossen worden ist, hat der Trainer gegen A einen Anspruch auf die vereinbarte bzw. die übliche Vergütung (aus einem Dienstvertrag nach § 611).

# § 4 Das Wirksamwerden von Willenserklärungen

**Schrifttum:** *Mankowski*, Zum Nachweis des Zugangs bei elektronischen Erklärungen, NJW 2004, 1901; *Weiler*, Der Zugang von Willenserklärungen, JuS 2005, 788.

***Fall 2:*** *Mieter M berichtet seinem Vermieter V bei einem zufälligen Aufeinandertreffen im Hausflur am 1.1.2017 von seinem geplanten Kanarenurlaub, den er am nächsten Tag antreten werde. Trotz Kenntnis von der Reise des M wirft V dem M am 3.1. ein Kündigungsschreiben in den Briefkasten. M öffnet das Kündigungsschreiben erst bei seiner Rückkehr am 15.1. V meint, die Kündigung sei spätestens am 4.1. zugegangen.*

## I. Die Empfangsbedürftigkeit von Willenserklärungen

57 Die mit einer Willenserklärung beabsichtigte Rechtsfolge tritt erst zu dem Zeitpunkt ein, in dem die Person, der gegenüber die Erklärung abzugeben ist, die Möglichkeit hat, diese Erklärung wahrzunehmen. Bis auf wenige Ausnahmen sind Willenserklärungen deshalb empfangsbedürftig. Das bedeutet: sie sind einer anderen Person gegenüber abzugeben.

**Abgegeben** ist eine Willenserklärung, wenn der Erklärende sie mit Wissen und rechtsgeschäftlichem Wollen für andere wahrnehmbar gemacht hat. Der rechtsgeschäftliche Wille muss demnach auch von der Absicht getragen sein, diese Erklärung an eine andere Person zu richten.

## II. Der Zugang

58 Im Hinblick auf das Wirksamwerden von Willenserklärungen ist zu unterscheiden zwischen:

- Willenserklärungen, die unter Anwesenden abgegeben werden,
  und

– Willenserklärungen, die unter Abwesenden abgegeben werden.

### 1. Willenserklärungen unter Anwesenden

Willenserklärungen, die unter Anwesenden abgegeben werden, werden sofort mit ihrer Abgabe wirksam. **59**

**Beispiel:** Eine Erklärung, die der Verkäufer in Gegenwart des möglichen Käufers in der Absicht macht, den Abschluss eines Kaufvertrages herbeizuführen, wird mit der Aussprache wirksam.

Genauer: Eine Willenserklärung unter Anwesenden wird wirksam, wenn der Empfänger – derjenige, an den die Erklärung gerichtet ist (auch Adressat genannt) – die Erklärung wahrnehmen kann. Bei Willenserklärungen, die gesprochen werden, ist das der Zeitpunkt, an dem der Empfänger die Worte vernimmt. Wird die Willenserklärung durch konkludentes (= schlüssiges) Verhalten abgegeben, tritt die Wirksamkeit in dem Moment ein, in dem der Empfänger die Bedeutung des schlüssigen Verhaltens erkennen kann.

Willenserklärungen, die per Telefon abgegeben werden, sind Willenserklärungen unter Anwesenden. Dagegen sind Willenserklärungen, die per E-Mail, SMS oder Telefax abgegeben werden, Willenserklärungen unter Abwesenden.

### 2. Willenserklärungen unter Abwesenden

#### a) Überblick

Willenserklärungen, die unter Abwesenden abgegeben werden, sind empfangsbedürftig, d.h. sie werden nicht mit der Abgabe wirksam. Das BGB regelt in den §§ 130 ff., wann Willenserklärungen wirksam werden, die gegenüber abwesenden Personen abgegeben werden. Aus § 130 folgt: **Empfangsbedürftige Willenserklärungen**, die in Abwesenheit des Adressaten abgegeben werden und in einem Brief oder in einer E-Mail enthalten sind oder die mündlich durch einen Boten überbracht werden, werden in dem Moment wirksam, in dem sie dem Empfänger zugehen. **60**

§ 130 enthält keine gesetzliche Definition des Begriffes des Zugangs. **Zugang** heißt: Die Willenserklärung muss so in den Bereich desjenigen, an den sie gerichtet ist (Empfänger), gelangen, dass dieser sie bei Annahme gewöhnlicher Verhältnisse zur Kenntnis nehmen kann[1].

Anders ausgedrückt: Eine Willenserklärung ist zugegangen, wenn sie in verkehrsüblicher Weise so in den Machtbereich des Empfängers gelangt ist, dass dieser unter normalen Verhältnissen die Möglichkeit hat, sie zur Kenntnis zu nehmen[2].

---

1 Vgl. dazu BGHZ 67, 271, 275; BGH NJW 1974, 1386.

2 Vgl. *MüKo/Einsele*, § 130 BGB Rn. 16.

**Beispiel:** Ein Brief des K an den S, in dem K gegenüber S eine empfangsbedürftige Willenserklärung abgibt, ist zugegangen, wenn der Briefträger den Brief in den Briefkasten des S gesteckt hat und S normalerweise die Möglichkeit hatte, den Brief an sich zu nehmen und zu lesen.

**61** Eine empfangsbedürftige Willenserklärung, die in Abwesenheit der Person abgegeben wird, an die sie gerichtet ist, wird demnach wirksam, wenn sie dem Empfänger zugeht, er sie also normalerweise zur Kenntnis nehmen kann. Unerheblich ist, ob der Empfänger die Willenserklärung tatsächlich zur Kenntnis nimmt. Maßgeblich für das Wirksamwerden der Willenserklärung, die an einen Abwesenden gerichtet ist, ist demnach der Zugang, nicht die tatsächliche Kenntnisnahme.

**Beispiel** (in Anlehnung an das vorhergehende **Beispiel**): Die Willenserklärung des K, die in einem Brief enthalten ist, wird wirksam, wenn sie dem S am 26. Februar 2017 zugeht. Die Erklärung ist zugegangen, wenn der Briefträger den Brief am 26. Februar 2017 in den Briefkasten gesteckt hat und S normalerweise die Möglichkeit hatte, den Inhalt des Briefes zur Kenntnis zu nehmen. Wenn S den Briefkasten zwei Tage lang nicht leert, obwohl er es hätte tun können, also auch den Brief nicht zur Kenntnis nimmt, ändert das nichts daran, dass die in dem Brief enthaltene Willenserklärung schon am 26. Februar 2017 wirksam wird; denn im Hinblick auf das Wirksamwerden einer empfangsbedürftigen Willenserklärung ist gemäß § 130 Abs. 1 der Zeitpunkt des Zugangs, nicht aber der Zeitpunkt der Kenntnisnahme entscheidend.

**62** Wenn der Absender eine schriftliche Willenserklärung in einen von dem Empfänger dafür bestimmten Briefkasten gelegt hat, so kann man darüber streiten, ob die Willenserklärung auch dann i.S. des § 130 zugegangen ist, wenn sie zu einer Zeit in den Briefkasten geworfen wird, zu der der Empfänger den Briefkasten üblicherweise nicht mehr leert.

**Beispiel:** Der Vermieter V legt um Mitternacht dem Mieter M eine Kündigungserklärung in den Briefkasten. Geht man davon aus, dass die Kündigung um Mitternacht zugegangen ist, so ist sie sofort wirksam. Das hat zur Folge, dass der V die Kündigung nicht mehr durch eine am darauffolgenden Morgen in den Briefkasten des M gesteckte Widerrufserklärung widerrufen und damit aus der Welt schaffen kann (§ 130 Abs. 1 S. 2).

Die Zugangswirkung kann nicht jederzeit eintreten. Abzustellen ist auf die Kenntnisnahmemöglichkeit unter **normalen Verhältnissen**. Das bedeutet: Die Zugangswirkung tritt in dem Zeitpunkt ein, in dem die Überprüfung der Empfangsvorkehrung – also z.B. das Leeren des Briefkastens – nach den Regeln des täglichen Lebens erwartet werden kann. Wer Wert darauf legt, dass die Zugangswirkung auch zu ungewöhnlichen Zeiten, wie z.B. in der Nacht eintritt, ist schließlich nicht daran gehindert, den Empfänger aufzusuchen und ihm die Willenserklärung zu übergeben[3].

---

3 So im Ergebnis auch *Staudinger/Singer/Benedict*, § 130 BGB Rn. 73 ff.

Auf das vorhergehende **Beispiel** bezogen bedeutet dies: Die um Mitternacht vom Vermieter V in den Briefkasten des Mieters M gelegte Kündigungserklärung ist nicht sofort wirksam. Sie wird am darauffolgenden Morgen wirksam, wenn M um diese Zeit den Briefkasten normalerweise leert. Wenn V am frühen Morgen einen Widerruf der Kündigung in den Briefkasten steckt, so geht der Widerruf gleichzeitig mit der Kündigung i.S. des § 130 Abs. 1 S. 2 zu. Die Kündigung ist deshalb nicht wirksam.

### b) Besonderheiten

#### aa) Bei Kaufleuten

Unter Kaufleuten bzw. Unternehmern besteht eine gesteigerte Pflicht, geeignete Empfangsvorkehrungen zu treffen, damit insbesondere fristgebundene Erklärungen wie Kündigungen, Mängelrügen oder Fristsetzungen während der Geschäftszeiten zugehen können. So muss ein Gewerbebetrieb einer gewissen Größe damit rechnen, dass während der Geschäftszeiten rechtsgeschäftliche Erklärungen eingehen und daher dafür Sorge tragen, dass an seine Geschäftsadresse gerichtete Briefe oder per E-Mail abgegebene Erklärungen zugehen können[4]. Auch bei vorübergehender Ortsabwesenheit (Geschäftsreise, Urlaub) hat ein Kaufmann sicherzustellen, dass an ihn gerichtete Erklärungen zugehen können oder einen Vertreter erreichen[5]. Versäumt er dies, kann er sich nicht darauf berufen, die Erklärung sei erst später zugegangen[6]. 63

#### bb) Bei per E-Mail abgegebenen Willenserklärungen

Bei per E-Mail abgegebenen Erklärungen hat der Empfänger die Möglichkeit der Kenntnisnahme, wenn seine Empfangseinrichtung die eintreffenden Erklärungen ordnungsgemäß speichert und zum Abruf bereithält. Dies sicherzustellen, gehört zur Risikosphäre des Empfängers, da es außerhalb der Einflusssphäre des Absenders liegt, die Funktionstüchtigkeit der Empfangsvorrichtung zu garantieren. Der Empfänger trägt also das Speicher- und Abrufrisiko. 64

Dabei ist zwischen der Verwendung von E-Mail-Adressen im geschäftlichen und privaten Rechtsverkehr zu unterscheiden[7].

Eine empfangsbedürftige Willenserklärung ist in dem Moment zugegangen und damit wirksam geworden, in welchem sie derart in den Aufnahmebereich des Empfängers gelangt, dass dieser unter gewöhnlichen Verhältnissen, d.h. bei funktionstüchtigen technischen Geräten, die Möglichkeit hat, die Erklärung zu speichern und zur Kenntnis zu nehmen 65

4 Vgl. OLG Celle NJW 1974, 1386 f.

5 So zutreffend *Soergel/Hefermehl*, § 130 BGB Rn. 25.

6 So OLG Celle NJW 1974, 1386.

7 Vgl. dazu Ultsch, NJW 1997, 3007.

**66** Für die Praxis bedeutet dies u.a.:

- Gegenüber einem Unternehmer geht eine per E-Mail übermittelte Erklärung, die in einer Mailbox gespeichert wird, in dem Moment zu, in dem sie gespeichert ist und dies in eine Zeit fällt, in der der Empfänger normalerweise zum Abruf bereit ist[8].
- Bei einem privaten E-Mail-Adressaten geht die E-Mail unter der Voraussetzung, dass er seine E-Mail-Adresse für den Rechts- und Geschäftsverkehr bekannt gegeben hat, ebenfalls in dem Zeitpunkt zu, in dem unter normalen Umständen mit einer Kenntnisnahme zu rechnen ist, spätestens am nächsten Tag nach dem Eingang in der Mailbox[9].

**67** Besondere Schwierigkeiten ergeben sich bei Erklärungen, die elektronisch übermittelt werden, wenn Zugangshindernisse auftreten. Scheitert die Datenübermittlung an einer Störung oder Unterbrechung im öffentlichen Netz, trifft das damit zusammenhängende Risiko nach dem dem § 120 innewohnenden Grundgedanken den Erklärenden, also den Absender. Die Erklärung ist nicht zugegangen.

**68** Trifft die Erklärung auf ein Zugangshindernis im Bereich des Empfängers, obwohl der Erklärende auf einen ungehinderten Zugang vertrauen durfte, so ist anzunehmen, dass die Erklärung nach Treu und Glauben in dem Moment wirksam wird, in welchem sie ohne das Hindernis zugegangen wäre. Etwas anderes muss jedoch dann gelten, wenn der Erklärende erkennt, dass der Empfänger von der Erklärung keine Kenntnis erlangt hat oder er dies nach den Umständen annehmen muss; der Erklärende ist dann nach § 242 verpflichtet, die Übertragung der Erklärung unverzüglich zu wiederholen.

Fraglich ist schließlich noch, wann Willenserklärungen wirksam werden, die in einem Anhang (Dateianhang) zur eigentlichen E-Mail enthalten sind. Steht die E-Mail-Adresse als Empfangsvorrichtung auch für Erklärungen in Dateianhängen zu einer E-Mail zur Verfügung, gelten für den Zugang solcher Erklärungen dieselben Grundsätze wie für die E-Mail selbst. Das bedeutet allerdings auch, dass für den Fall, dass der Virenscanner den Anhang als Risiko qualifiziert, es unter gewöhnlichen Umständen zu keiner tatsächlichen Kenntnisnahme kommen kann; der Zugang findet dann nicht statt.[10]

---

8 LG Nürnberg-Fürth, NJW-RR 2002, S. 1721, 1722; *Mankowski*, NJW 2004, 1901, *Wülfing/ Dieckert*, S. 28; *Palandt/Ellenberger*, § 130 BGB Rn. 7a.

9 Gomille, beck-online.GROSSKOMMENTAR BGB, § 130 Rn. 75.

10 Gomille, beck-online.GROSSKOMMENTAR BGB, § 130 Rn. 77.

## III. Der Widerruf von Willenserklärungen

### 1. Überblick

Das BGB verwendet den Begriff Widerruf im Hinblick auf Willenserklärungen an verschiedenen Stellen. Zunächst wirksame Willenserklärungen können mit der Folge widerrufen werden, dass sie vom Zeitpunkt des Wirksamwerdens des Widerrufs, der selbst eine Willenserklärung ist, unwirksam werden. So kann z.B. eine Willenserklärung widerrufen werden, ohne dass es schon zu einem angestrebten Vertragsschluss gekommen ist (z.B. § 130 Abs. 1 S. 2). 69

Durch den Widerruf einer Willenserklärung kann aber auch, wenn ein Widerrufsrecht gemäß § 355 eingeräumt ist, ein bereits zustande gekommener Vertrag mit Wirkung von nun an (ex nunc) beendet werden. Das ist z.B. bei Verbraucherverträgen (§ 355) und beim Auftrag (§ 671) der Fall.

### 2. Der Widerruf vor Zugang der Willenserklärung

Eine Willenserklärung, die erst mit dem Zugang beim Adressaten wirksam wird, kann widerrufen und damit nicht wirksam werden. Eine Willenserklärung wird nicht wirksam, wenn dem Empfänger vor deren Zugang oder gleichzeitig ein Widerruf zugeht (§ 130 Abs. 1 S. 2). 70

Der Widerruf ist eine empfangsbedürftige Willenserklärung. 71

**Beispiel:** A bestellt schriftlich bei dem Weinhändler W 100 Flaschen Moselwein. Noch am selben Tag bereut er seine Bestellung und schreibt an W, er möchte seine Bestellung rückgängig machen. W findet am nächsten Tag in seinem Briefkasten die Bestellung und den Widerruf des A. Der Widerruf ist damit gleichzeitig mit der Willenserklärung zugegangen, auf die er sich bezog. Infolgedessen ist die Bestellung gemäß § 130 Abs. 1 S. 2 nicht wirksam geworden.

(Zum Widerrufsrecht des Verbrauchers im Rahmen des Verbrauchsgüterkaufs siehe unten § 25 VII.)

**Lösung Fall 2:** Die Kündigung des V ist eine einseitige, empfangsbedürftige Willenserklärung, die auf die Beendigung des Mietverhältnisses gerichtet ist. Wann eine Willenserklärung gegenüber einem Abwesenden wirksam wird, richtet sich nach § 130. Danach ist erforderlich, dass die Willenserklärung zugeht. Nach der gebräuchlichen Definition ist eine Willenserklärung dann zugegangen, wenn sie derart in den Machtbereich des Empfängers gelangt ist, dass dieser sie unter gewöhnlichen Umständen zur Kenntnis nehmen kann. Je nachdem, zu welcher Tageszeit V die Kündigung in den Briefkasten (und somit in den Machtbereich) des M gelegt hat, ist „unter gewöhnlichen Umständen“ damit zu rechnen, dass M entweder noch am selben Tag oder spätestens am nächsten Tag, dem 4.1., vom Inhalt des Schreibens Kenntnis nehmen kann. Denn „normale

Umstände" sind solche Umstände, in denen M nicht im Urlaub ist. Die Anforderung der „normalen Umstände" will gerade verhindern, dass besondere Umstände, die zu einer Verzögerung oder Verhinderung der Kenntnisnahme führen zu Lasten des Erklärenden gehen.

Im zu erörternden Fall war dem V bekannt, dass M erst nach der Rückkehr aus dem Urlaub von der Kündigung Kenntnis nehmen konnte. V kannte also die außergewöhnlichen Umstände. Infolgedessen wurde die Kündigung nach dieser Ansicht erst am 15.1., dem Tag, an dem K sie zur Kenntnis nehmen konnte, wirksam.

# § 5 Das Zustandekommen eines Vertrages

**Schrifttum:** *Bydlinski*, Probleme des Vertragsabschlusses ohne Annahmeerklärung, JuS 1988, 36; *Petersen*, Das Zustandekommen des Vertrags, Jura 2009, 183; *Volp/Schimmel*, § 149 BGB – Eine klare und einfache Regelung?, JuS 2007, 899.

***Fall 3:** K sieht in dem Ausstellungsfenster der Galerie G ein Bild des Malers M, das mit einem Preis von 2.800 € ausgezeichnet ist. K meint, der Preis sei besonders günstig. Er betritt die Galerie und sagt zu dem Inhaber G, er (K) nehme das Bild des Malers M, das im Fenster ausgestellt sei, zu dem angegebenen Preis. G entgegnet, das Bild gefalle ihm inzwischen so gut, dass er es selbst behalten und nicht veräußern wolle. K besteht darauf, dass G ihm das Bild gegen Zahlung von 2.800 € aushändigt. Zu Recht?*

## I. Einführung

72 Bedarf eine Person zur Verfolgung ihrer Ziele der Mitwirkung einer anderen Person, muss sie sich in der Regel mit dieser über deren Mitwirkungsverpflichtung und die von ihr zu erbringende Leistung einigen. Eine solche Einigung zweier Personen ist im Zweifel ein **Vertrag**.

Ein abgeschlossener Vertrag bindet die daran beteiligten Personen, die in dem Vertrag gegebenen Zusagen einzuhalten. Jeder Vertragspartner kann, wenn er dies denn möchte, den anderen, in der Regel mit Hilfe der Gerichte, zwingen, die vertraglichen Verpflichtungen zu erfüllen. Eine nachträgliche Änderung eines einmal abgeschlossenen Vertrages ist grundsätzlich nur noch mit der Zustimmung aller Vertragspartner möglich.

## II. Vertragliche und gesetzliche Schuldverhältnisse

Der Vertrag begründet ein Schuldverhältnis. Aufgrund eines Schuldverhältnisses kann eine Person von einer anderen Person ein Tun oder Unterlassen verlangen (§ 241 Abs. 1). 73

In der Regel sind an einem Schuldverhältnis nur zwei Personen beteiligt; es können jedoch auch mehrere sein. Die aus dem Schuldverhältnis erwachsenden Rechte und Pflichten berechtigen und verpflichten in der Regel nur die an dem Schuldverhältnis beteiligten Personen und nicht Dritte, die in den Vertrag nicht eingebunden sind.

In § 241 Abs. 1 definiert das Gesetz abstrakt den Inhalt eines Schuldverhältnisses. Kann eine Person von einer anderen oder mehreren anderen Personen ein Tun oder Unterlassen verlangen, so hat sie einen **Anspruch**. Ein Anspruch gibt einer Person also das Recht, von einer anderen oder mehreren Personen ein bestimmtes Tun oder Unterlassen zu verlangen (siehe auch § 194 Abs. 1)[1]. Derjenige, der den Anspruch hat und die Leistung verlangen kann, ist der **Gläubiger**. Der, gegen den sich der Anspruch richtet und der zur Leistung verpflichtet ist, ist der **Schuldner.**

> **Beispiel:** Schließen V (Verkäufer) und K (Käufer) einen Kaufvertrag über ein Buch ab, so hat V gegen K einen Anspruch auf Zahlung des vereinbarten Kaufpreises (§ 433 Abs. 2). K hat gegen V einen Anspruch auf Übergabe und Übereignung des gekauften Buches (§ 433 Abs. 1 S. 1). Die Ansprüche aus dem Schuldverhältnis, dem Kaufvertrag, bestehen nur zwischen V und K.
>
> **Beispiel:** Kauft P bei S einen gebrauchten PKW, der zum Zeitpunkt der Übergabe mit erheblichen Mängeln behaftet ist, kann P wegen der Mängel nur den Verkäufer S in Anspruch nehmen. Wendet der Käufer P sich wegen dieser Mängel an N, von dem S 1 Jahr zuvor den PKW erworben hatte so ist dieser nicht verpflichtet, die von P geltend gemachten Ansprüche zu erfüllen, weil zwischen ihm und P kein Schuldverhältnis besteht.

Ein Schuldverhältnis kann durch Abschluss eines Vertrages entstehen oder auf Gesetz beruhen. 74

Durch den Abschluss eines **vertraglichen Schuldverhältnisses** verpflichten sich die daran Beteiligten, einander bestimmte Leistungen zu erbringen. Ein Vertrag wird durch den geäußerten übereinstimmenden Willen, also durch zwei auf den Vertragsschluss gerichtete Willenserklärungen, der Personen begründet, die den Vertrag abschließen wollen.

Im Gegensatz dazu entsteht ein **gesetzliches Schuldverhältnis** nicht aufgrund von Vereinbarungen zwischen Personen, sondern dadurch, dass eine oder meh-

1 *Lorenz*, JuS 2009, 489.

rere Personen Handlungen vornehmen, durch die ein im Gesetz umschriebener Tatbestand erfüllt wird, an den das Gesetz Rechtsfolgen knüpft.

**Beispiel:** A zerschlägt mit einem Hammer die Scheinwerfer an dem im Eigentum des E stehenden PKW, um sich an E zu rächen. Der Schaden beträgt 250 €. A hat das Eigentum des E verletzt. Dadurch ist dem E ein Schaden in Höhe von 250 € entstanden. A handelte widerrechtlich und vorsätzlich. Er verwirklichte mit seinem Handeln den in § 823 Abs. 1 beschriebenen Tatbestand. Gemäß § 823 Abs. 1 ist er dem E zum Ersatz des entstandenen Schadens verpflichtet. Die Schadensersatzverpflichtung beruht hier auf einem gesetzlichen Schuldverhältnis, das entstanden ist, weil A die in § 823 Abs. 1 genannten Tatbestandsmerkmale erfüllt hat.

75 Mit der Eröffnung von Vertragsverhandlungen, sogar bereits mit dem Willensentschluss, Vertragsverhandlungen zu beginnen, entsteht **ein vorvertragliches gesetzliches Schuldverhältnis im Sinne des § 311 Abs. 2 oder 3,** das den Beteiligten die Pflicht auferlegt, in ihrem Herrschaftsbereich alles zu unterlassen, was dem potenziellen Vertragsgegner Schaden zufügen könnte. Bei **schuldhafter** Verletzung dieser Pflichten aus § 241 Abs. 2 (z.B. Schutz-, Obhut-, Unterrichtungs-, Aufklärungs- und Auskunftspflichten) hat der Verletzende gemäß § 280 in Verbindung mit §§ 241 Abs. 2, 311 Abs. 2 dem Geschädigten den entstandenen Schaden zu ersetzen.

**Beispiel** für die Anbahnung eines Vertrages: K betritt das Kaufhaus V in der Absicht, möglicherweise dort Sportbekleidung zu kaufen. Damit hat die Anbahnung eines Vertrages (§ 311 Abs. 2 Nr. 2) begonnen. Für beide potenziellen Vertragspartner erwachsen aus dem entstandenen vorvertraglichen gesetzlichen Schuldverhältnis gemäß § 241 Abs. 2 Schutz- und Obhutpflichten, deren Verletzung eine zum Schadensersatz verpflichtende Pflichtverletzung darstellen kann (§ 280 in Verbindung mit §§ 241 Abs. 2, 311 Abs. 2). Wenn V ein stark beschädigtes Treppengeländer nicht hat reparieren lassen und K, der sich darauf stützt, schwere Verletzungen erleidet, so liegt darin eine Pflichtverletzung in einem vorvertraglichen Schuldverhältnis.

## III. Das Entstehen eines Vertrages durch Angebot und Annahme

### 1. Überblick

76 Ein Vertrag entsteht durch zwei übereinstimmende, auf den Vertragsschluss gerichtete Willenserklärungen (Angebot und Annahme) zweier Personen.

Das **Angebot** (der Antrag) ist eine Willenserklärung, mit der sich jemand, der einen Vertrag abschließen möchte, an einen anderen wendet und die zukünftigen Vertragsbedingungen in einer Weise vollständig zusammenfasst, dass der andere, ohne inhaltliche Änderungen vorzunehmen, durch ein bloßes „Ja“ (die Annahmeerklärung) den Vertrag entstehen lassen kann. Das Angebot ist eine empfangsbedürftige Willenserklärung.

Die **Annahme** ist die Erklärung, mit der sich derjenige, an den das Angebot gerichtet ist, mit dem Inhalt des Angebotes einverstanden erklärt. Mit Erklärung der Annahme des Angebots ist der Vertrag zustande gekommen.

Angebot und Annahme werden häufig nicht ausdrücklich, sondern **konkludent (durch schlüssiges Verhalten)** erklärt.

> **Beispiel:** K betritt einen Bäckerladen und sagt zu dem Bäcker B: „10 Brötchen bitte." Wortlos packt B 10 Brötchen in die Tüte und übergibt sie K. Indem K zu B sagt: „10 Brötchen bitte", macht er dem B ein Angebot zum Abschluss eines Kaufvertrages. Da K den Willen hatte, sich durch die Abgabe der Erklärung in der Weise zu binden, dass er Rechte und Pflichten aus dem angestrebten Vertrag übernehmen wollte, liegt ein bindendes Angebot des K vor. Dieses Angebot ist so konkret gefasst, dass B es durch ein bloßes „Ja" als Annahmeerklärung annehmen kann. Dieses Angebot ist eine Willenserklärung, die K ausdrücklich abgegeben hat. Sie ist sofort wirksam, weil sie unter Anwesenden abgegeben worden ist. B hat auf dieses Angebot nicht mit Worten geantwortet. Indem er 10 Brötchen in eine Tüte packte und sie K übergab, hat er durch sein Handeln aber zum Ausdruck gebracht, dass er eine Rechtsfolge, nämlich das Zustandekommen des Kaufvertrages mit K, herbeiführen wollte. B hat durch sein konkludentes (schlüssiges) Verhalten ebenfalls eine Willenserklärung, nämlich eine Annahmeerklärung auf das Angebot des K, abgegeben, durch die ein Kaufvertrag zustande gekommen ist.

## 2. Die Abgrenzung zwischen Verträgen und rein gesellschaftlichen Beziehungen

Häufig ist es schwierig, zwischen Verträgen einerseits und sogenannten rein ge- 77
sellschaftlichen Beziehungen andererseits abzugrenzen. Rein gesellschaftliche Beziehungen sind rechtlich unverbindlich. Sie kommen aufgrund von Erklärungstatbeständen zustande, bei denen das Erklärungsbewusstsein und/oder der Rechtsfolgewille fehlen. Auch wenn das Erklärungsbewusstsein vorhanden ist, aber der Rechtsfolgewille fehlt, kommt im Zweifel kein Vertrag zustande[2]. Ist zweifelhaft, ob ein Vertrag geschlossen worden ist, oder die Beteiligten – oder nur einer von ihnen – lediglich rechtlich unverbindliche gesellschaftliche Beziehungen anknüpfen wollten, ist zunächst zu prüfen, ob die Beteiligten entsprechende **Willenserklärungen** abgegeben haben. Das bedeutet, es ist zu prüfen, ob sie sich rechtlich binden und eine Rechtsfolge herbeiführen wollten, also mit Erklärungsbewusstsein und Rechtsfolgewillen handelten.

> **Beispiel:** Verabreden sich zwei Personen zu einem Abendessen, so handeln sie ohne Erklärungsbewusstsein und ohne Rechtsfolgewillen. Die Verabredung ist nicht rechtsverbindlich.

2 Vgl. oben § 3 II 5.

### 3. Das Angebot zum Abschluss eines Vertrages

#### a) Die Bindungswirkung des Angebots

78 Derjenige, der ein Angebot (einen „Antrag", wie es in § 145 heißt) abgibt, ist, wenn diese Willenserklärung dem Adressaten zugegangen und wirksam geworden ist, an dieses Angebot gebunden (§ 145). Die Bindung besteht darin, dass der Antragende das Angebot nicht mehr einseitig widerrufen oder seinen Inhalt abändern kann. Die Entscheidung darüber, ob ein Vertrag zustande kommt oder nicht, liegt nun zunächst allein beim Empfänger.

Der Antragende hat in der Regel rechtlich also keine Möglichkeit mehr, das Zustandekommen des Vertrages zu verhindern. Die Gebundenheit des Erklärenden an sein Angebot (Antrag) soll dem Empfänger eine sichere Grundlage dafür schaffen, eine Entscheidung über Annahme oder Ablehnung des Angebots treffen zu können.

Bindend ist allerdings nur ein hinreichend bestimmtes Angebot. Vereinfachend ausgedrückt kann man sagen: Das Angebot muss so bestimmt sein, dass derjenige, an den es sich richtet, es mit einem einfachen „Ja" annehmen kann. Daraus ergibt sich, dass das Angebot bereits alle regelungsbedürftigen Punkte des angestrebten Vertrages enthalten muss.

> **Beispiel:** S teilt seinem Kunden K telefonisch mit, aufgrund der allgemeinen, nicht sehr günstigen Wirtschaftslage könne er ihm Waren aus seinem Sortiment momentan zu Vorzugspreisen anbieten. Ob in dieser telefonischen Erklärung ein Angebot zu sehen ist, richtet sich danach, ob die Erklärung des S bereits alle Punkte des angestrebten Vertrages umfasst, K also durch ein bloßes, von ihm geäußertes „Ja" (Annahmeerklärung) den Vertrag zustande kommen lassen kann. Es wird zwar deutlich, dass S mit K einen Vertrag abschließen möchte, der ein Kaufvertrag sein soll. Es ist allerdings nicht klar, welche Waren zu welchem Preis veräußert werden sollen. Die Erklärung des S enthält also keine Angaben über Leistung und Gegenleistung. Damit fehlt es an wesentlichen Punkten, die im Hinblick auf den Vertrag, der abgeschlossen werden soll, geregelt werden müssen. S hat also kein bindendes Angebot gemacht, sondern lediglich eine Einladung an K ausgesprochen, mit ihm (S) in Vertragsverhandlungen einzutreten.

#### b) Der Inhalt eines Angebotes

79 Zu den regelungsbedürftigen Punkten des angestrebten Vertrages zählen:
- die Partner des Vertrages,
- Leistung und Gegenleistung,
- der Geschäftstyp, wie z.B. Kaufvertrag, Mietvertrag etc.

Aus der Benennung von Leistung und Gegenleistung kann in der Regel bereits auf den Geschäftstyp geschlossen werden.

Es ist allerdings nicht notwendig, dass stets alle Einzelheiten des Vertrages bereits aus dem Angebot erkennbar sein müssen. Das BGB sieht sogar ausdrücklich vor, dass die Bestimmung der Leistung oder Gegenleistung dem Vertragspartner oder einem Dritten überlassen sein kann. Das ergibt sich z.B. aus §§ 315 ff., insbesondere aus § 316.

Hinreichend bestimmt und deshalb bindend und wirksam ist ein Angebot auch dann, wenn sich derjenige, der es abgibt, an eine unbestimmte Vielzahl von Personen richtet und damit darauf verzichtet, den Annehmenden als eine bestimmte Person zu benennen. Voraussetzung ist allerdings stets, dass das Angebot mit dem Willen abgegeben wird, den Vertrag mit demjenigen zu schließen, der die Annahme erklärt[3].

> **Beispiel:** In dem Aufstellen eines gefüllten Warenautomaten ist ein auf den Inhalt beschränktes bindendes Angebot des Automatenaufstellers zum Abschluss eines Kaufvertrages zu sehen, das sich an eine unbestimmte Zahl potenzieller Käufer richtet. Derjenige, der auf die dafür vorgesehene Weise Geld in den Automaten einwirft und dessen Mechanismus betätigt, nimmt das Angebot durch konkludentes Verhalten an und lässt dadurch einen Kaufvertrag mit dem Automatenaufsteller zustande kommen[4].

### c) Einschränkungen der Bindungswirkung

Gemäß § 145 kann derjenige, der ein Angebot abgibt, die Gebundenheit (= Bindungswirkung) ausschließen. Ein Bedürfnis dafür besteht insbesondere dann, wenn der Erklärende sich die letzte Entscheidung zum Vertragschluss noch vorbehalten möchte. **80**

Häufig enthalten Angebote Formulierungen wie z.B. „freibleibend", „unverbindlich" oder „ohne obligo". Enthält eine Erklärung eine solche Formulierung, so ist die Bindungswirkung ausgeschlossen.[5]

> **Beispiel:** V bietet K auf dessen Anfrage hin schriftlich mehrere Waggonladungen verschiedener Holzarten zum Kauf an. Das Kaufangebot ist mit „freibleibend" überschrieben und enthält detaillierte Preisangaben. K bittet um unverzügliche Lieferung einer Waggonladung Kiefernholz zum Preis von 12.500 €. V teilt dem K per E-Mail mit, er sei an einem Geschäft mit ihm nicht mehr interessiert. Mit der Formulierung „freibleibend" hat V kundgetan, dass er sich (noch) nicht rechtlich binden wollte. Seinem Angebot fehlt der Rechtsfolgewille. Es entfaltet deshalb keine Bindungswirkung. Man kann in einer solchen Erklärung eine Aufforderung, ein Angebot abzugeben (invitatio ad offerendum) sehen (siehe dazu unten d)).[6]

Derjenige, der das Angebot abgibt, kann die Bindungswirkung auch dadurch beschränken, dass er eine Frist setzt, innerhalb derer das Angebot angenommen wer- **81**

---

3 Vgl. *Staudinger/Bork*, § 145 BGB Rn. 19.

4 Vgl. *Staudinger/Bork*, § 145 BGB Rn. 8.

5 BeckOGK/Fehrenbach BGB § 307, Rn. 9.

6 So das Reichsgericht (RGZ 102, 227, 229 f.; 105, 8, 12. Streitig, siehe dazu BeckOGK/Fehrenbach BGB § 307 Rn. 11 f. mit Nachw.

den kann (§ 148). Geht die Annahmeerklärung dem Antragenden nicht innerhalb der bestimmten Frist zu, ist sie verspätet. Das Angebot ist nach § 146 erloschen. Die Annahmeerklärung trifft also nicht mehr auf ein existierendes Angebot.

#### d) Die Abgrenzung zwischen bindendem Angebot und der bloßen Aufforderung, ein Angebot abzugeben

82 Es bereitet häufig Schwierigkeiten, zwischen einem bindenden Angebot und der bloßen **Aufforderung, ein Angebot abzugeben** (invitatio ad offerendum), abzugrenzen. Während das Angebot eine bindende Willenserklärung ist, handelt es sich bei der Aufforderung, ein Angebot abzugeben, nicht um eine Willenserklärung. Bei der Beantwortung der Frage, ob eine Person ein bindendes Angebot zum Abschluss eines Vertrages gemacht hat, ist es entscheidend, ob sie mit Erklärungsbewusstsein und Rechtsfolgewillen gehandelt hat.

Zeitungsanzeigen oder Internetseiten, mit denen für bestimmte Waren geworben wird, sind – auch wenn sie den Ausdruck „Angebot“ enthalten – **keine** bindenden Angebote zum Abschluss von Verträgen, sondern lediglich Aufforderungen an mögliche Kunden, ihrerseits Angebote an den Werbenden abzugeben. Auch das Zusenden von Preislisten und Katalogen an potenzielle Kunden wird nicht als Angebot, sondern als Aufforderung zur Abgabe eines Angebotes angesehen. In den genannten Fällen fehlen das Erklärungsbewusstsein und der Rechtsfolgewille desjenigen, der den Erklärungstatbestand schafft, jedenfalls aber der Rechtsfolgewille. Deswegen liegt jeweils keine Willenserklärung vor.

83 Eine andere Frage ist die, ob derjenige, der Zeitungsanzeigen aufgibt, Kataloge verschickt etc., sich dies als rechtlich relevantes Verhalten zurechnen lassen muss, wenn andere darauf vertrauen, dass es sich um bindende Angebote handelt. Bei der Beantwortung dieser Frage sind die allgemeinen Regeln anzuwenden. Es ist also zu prüfen, ob bei dem Erklärenden ein Verhalten festzustellen ist, aus dem bei den gegebenen Umständen nach Treu und Glauben mit Rücksicht auf die Verkehrssitte auf das Vorhandensein eines Erklärungsbewusstseins und eines Rechtsfolgewillens geschlossen werden darf. Ist dies zu bejahen, muss der Erklärende sich das Erklärte als Willenserklärung – hier als ein bindendes Angebot – zurechnen lassen. Bei den bisher genannten Beispielen kann weder aus den Umständen noch mit Rücksicht auf die Verkehrssitte auf das Vorhandensein eines Erklärungsbewusstseins und eines Rechtsfolgewillens geschlossen werden.

**Beispiel:** Wenn das Versandhaus „Globus“ an einen großen Kundenkreis Kataloge verschickt, so stellt sich die Frage, ob das Zusenden eines solchen Kataloges ein bindendes Angebot des Versandhauses Globus darstellt. Die Erklärung des Versandhauses ist nur dann ein Angebot, wenn sie bereits alle regelungsbedürftigen Punkte des angestrebten Vertrages enthält und der Erklärende den Willen hatte, sich durch ein Angebot zu binden. Der angestrebte Vertrag ist ein Kaufvertrag; die Leistung des Versandhauses und die Gegenleistung (Lieferung von bestimmten Waren gegen Leistung des dafür verlangten Kaufpreises) sowie der Adressat der Erklärung (der Empfänger des Kataloges) sind hinreichend bestimmt. Damit sind alle regelungsbedürftigen Punkte des angestrebten Vertrages erkennbar. Zweifelhaft ist, ob das Versandhaus „Globus" sich binden wollte, also mit Erklärungsbewusstsein und Rechtsfolgewillen handelte. Aus der Art und Weise, wie Versandhäuser üblicherweise verfahren, lässt sich auf das Vorhandensein bzw. Fehlen des Rechtsfolgewillens schließen: Durch das Zusenden von Katalogen zeigen Versandhäuser nur die Bereitschaft, Kaufverträge abschließen zu wollen, verbunden mit der Aufforderung an die potenziellen Kunden, ihrerseits bindende Angebote zum Abschluss von Kaufverträgen an das Versandhaus zu richten. Die ohne Rechtsfolgewillen abgegebene invitatio ad offerendum muss sich das Versandhaus auch nicht nach den oben geschilderten Grundsätzen als Willenserklärung zurechnen lassen; denn aus den oben bezeichneten Umständen und nach der Verkehrssitte kann hier **nicht** auf das Vorhandensein eines Rechtsfolgewillens geschlossen werden. Angebote geben erst die Kunden ab, indem sie ausgefüllte Bestellkarten oder entsprechende Erklärungen über das Internet an das Versandhaus schicken. Das Versandhaus entscheidet dann darüber, ob es das Angebot des Kunden annimmt und damit den Vertrag zustande kommen lässt.

Schwieriger ist die Frage zu beantworten, ob mit Preisauszeichnungen versehene **84**
Schaufensterauslagen bindende Angebote zum Abschluss von Kaufverträgen sind. Es ist davon auszugehen, dass die Ausstellenden nicht den Willen haben, sich bereits mit der mit Preisen versehenen Schaufensterauslage in der Weise zu binden, dass beliebige kaufwillige Personen durch ihre Annahmeerklärung einen Kaufvertrag zustande kommen lassen können. Dem Ausstellenden fehlt also der Rechtsfolgewille. Schon aus den Umständen ergibt sich, für Interessenten erkennbar, dass die Veräußerer von Waren wegen der beschränkten Anzahl der vorhandenen Waren es nicht jeder aus der Vielzahl der durch die werbenden Auslagen angesprochenen Personen überlassen möchten, durch ihre Annahmeerklärung einen Vertrag über die Ware herbeizuführen und damit eine Lieferungsverpflichtung zu begründen. Schaufensterauslagen sind also, auch wenn sie mit einer Preisauszeichnung versehen sind, keine bindenden Angebote[7].

Umstritten ist, ob das Aufstellen von Waren in einem Selbstbedienungsladen ein **85**
bindendes Angebot darstellt. Bejaht man dies, so kommt der Kaufvertrag zwischen dem Kunden und dem Verkäufer bereits zustande, wenn der Kunde die Ware an der Kasse vorlegt und damit – wenn nicht ausdrücklich, dann jedenfalls konkludent – die Annahme erklärt. Sieht man in dem Aufstellen der Waren jedoch kein Angebot, sondern lediglich die Aufforderung an mögliche Kunden, ihrerseits Angebote abzugeben, so ist in dem Vorlegen der Waren an der Kasse ein Angebot des Kunden zum Abschluss eines Kaufvertrages zu sehen[8].

7 So die herrschende Meinung, vgl. u.a. *MüKo-Kramer*, § 145 BGB Rn. 10; *Soergel/Wolf*, § 145 BGB Rn. 7.

8 So *Rüthers/Stadler*, § 19 Rn. 5; BGHZ 66, 51, 55 lässt die Entscheidung der Frage ausdrücklich offen.

Auch hier ist zu klären, ob der Erklärende mit Erklärungsbewusstsein und Rechtsfolgewillen gehandelt hat. Der Inhaber des Selbstbedienungsladens dürfte kaum den Willen haben, mit dem Aufstellen der Waren ein bindendes Angebot abzugeben. Wäre dies so, dann würde allein der Kunde darüber entscheiden, ob und wann ein Vertrag zustande kommt. Das hätte zur Folge, dass der Inhaber des Geschäfts und seine Mitarbeiter keine Möglichkeit mehr hätten, das Zustandekommen eines Vertrages mit einer Person, die als Vertragspartner unerwünscht ist – etwa weil sie zahlungsunfähig ist –, zu verhindern. In der Regel dürfte dem Inhaber des Ladens also jedenfalls der Rechtsfolgewille fehlen, wenn er Waren im Regal aufstellt.

Außerdem dürfte der Kunde kaum das Bewusstsein haben, dass er etwas rechtlich Erhebliches veranlasst – nämlich eine Annahme erklärt, die zum Abschluss eines Vertrages führt –, wenn er die Ware aus dem Regal nimmt und in den Korb oder Einkaufswagen legt; d.h. es fehlt ihm schon das Erklärungsbewusstsein. Erst recht mangelt es am Rechtsfolgewillen. Denn die Erfahrung zeigt, dass Kunden häufig Waren aus dem Regal nehmen und in den Korb legen, die sie später wieder zurückstellen, und zwar in dem Bewusstsein, dies ohne Zustimmung des Inhabers oder seiner Mitarbeiter tun zu dürfen.

Da dem Ladeninhaber bei dem Aufstellen von Waren in einem Selbstbedienungsladen in erkennbarer Weise jedenfalls der Rechtsfolgewille fehlt, gibt er kein bindendes Angebot ab. Der Kunde macht vielmehr ein Angebot zum Abschluss eines Vertrages, wenn er die Ware an der Kasse vorlegt. Die Annahme wird im Zweifel von dem Inhaber oder für ihn durch seine Mitarbeiter mit dem Feststellen des Rechnungsbetrages erklärt.

Aus den gleichen Gründen sind Anpreisungen von Waren und Dienstleistungen auf Webseiten im Internet in der Regel keine bindenden Angebote, sondern invitationes ad offerendum. Der Kunde, der eine Ware oder Dienstleistung per Internet bestellt macht das Angebot zum Abschluss des Vertrages.

### 4. Die Annahme eines Angebots

#### a) Die rechtzeitige Annahme

**86** Hat jemand demjenigen, mit dem er einen Vertrag abschließen will, ein bindendes Angebot unterbreitet, so entscheidet derjenige, an den sich das Angebot richtet, darüber, ob der Vertrag, der nach dem Willen des Anbietenden geschlossen werden soll, zustande kommt. Lehnt er das Angebot ab, entsteht kein Vertrag zwischen ihm und dem Anbietenden. Nimmt er das Angebot an, so entsteht zwischen ihm und dem Anbietenden der von beiden Personen gewollte Vertrag im Zweifel zu dem Zeitpunkt, in dem die Annahme wirksam wird.

Wie jede Willenserklärung setzt auch die Annahmeerklärung den Willen zur rechtlichen Bindung (Erklärungsbewusstsein und Rechtsfolgewille) voraus.

Annahmeerklärungen werden im täglichen Leben oft **konkludent** abgegeben. Eine Annahmeerklärung, die konkludent abgegeben wird, setzt stets ein Verhalten voraus, das zweifelsfrei erkennen lässt, dass der Adressat des Angebots den Vertrag als abgeschlossen ansieht.

Die Annahme kann nur so lange wirksam erklärt werden, wie das Angebot bindend ist. Derjenige, der das Angebot abgegeben hat, ist gemäß § 145 an seinen Antrag gebunden und infolgedessen in seiner Dispositionsfreiheit im Hinblick auf den Gegenstand des angestrebten Vertrages beschränkt. Aus diesem Grunde setzt das Gesetz dem Adressaten des Angebots relativ kurze Fristen, innerhalb derer er das Angebot annehmen kann. **87**

Gemäß § 146 erlischt das Angebot mit der Folge, dass ein Vertrag nicht mehr zustande kommen kann, wenn der Empfänger das Angebot ablehnt oder die Annahme nach den §§ 147 bis 149 nicht rechtzeitig gegenüber dem Antragenden erklärt.

Zur Frage, bis zu welchem Zeitpunkt ein Angebot angenommen werden kann, ist zu unterscheiden zwischen
- einem Angebot, das unter Anwesenden abgegeben wird,
  und
- einem Angebot, das unter Abwesenden gemacht wird.

Gemäß § 147 Abs. 1 kann ein unter **Anwesenden** gemachtes Angebot nur sofort angenommen werden. Ein telefonisch abgegebenes Angebot gilt als Angebot unter Anwesenden (§ 147 Abs. 1 S. 2). Es kann also nur sofort angenommen werden. **88**

Ein an einen **Abwesenden** gerichtetes Angebot kann bis zu dem Zeitpunkt angenommen werden, in dem der Antragende die Antwort unter regelmäßigen Umständen erwarten darf (so § 147 Abs. 2). Das bedeutet auch: Wer für die Übermittlung seiner Willenserklärung einen schnellen Weg wählt, wie z.B. Fax oder E-Mail, kann in einem solchen Fall in der Regel erwarten, dass der Empfänger sich eines gleich schnellen Nachrichtenträgers bedient.

Im Übrigen setzt sich die gesetzliche Annahmefrist i.S. des § 147 Abs. 2 als eine einheitliche Frist zusammen aus
- der Zeit, die benötigt wird, um das Angebot zum Empfänger zu befördern,
- dem Zeitraum, den der Empfänger zur Bearbeitung einschließlich Überlegung benötigt,
- und der Zeit, in der die Annahmeerklärung zum Antragenden transportiert wird[9].

Bei der Berechnung dieser Frist ist von einem normalen Zugang des Angebots beim Empfänger i.S. des § 130 und insbesondere davon auszugehen, dass dieser die notwendigen Empfangsvorkehrungen[10] getroffen hat. Dem Empfänger ist eine **89**

9 Vgl. *Staudinger/Bork*, § 147 BGB Rn. 10.

10 Vgl. oben § 4 II 2.

normale Bearbeitungsdauer des Angebots zuzubilligen. So müssen z.B. bei Geschäftsleuten gegebenenfalls Geschäftszeiten und arbeitsfreie Tage berücksichtigt werden[11].

**Beispiel:** A und B stehen seit Jahren in ständigen Geschäftsbeziehungen zueinander. Dem A ist bekannt, dass sich B – ein begeisterter Jäger – stets von Freitag bis Sonntagabend auf seinem Jagdgelände aufhält und auch per E-Mail und SMS nicht erreichbar ist. Wenn A dem B Freitagmittag per E-Mail ein Kaufvertragsangebot unterbreitet, so ist, auch wenn man davon ausgeht, dass das Angebot am Freitagmittag zugegangen und damit wirksam ist, fraglich, ob die vorübergehende Abwesenheit des B bei der Berechnung der Annahmefrist zu berücksichtigen ist.

Grundsätzlich kann der Antragende davon ausgehen, dass der Empfänger Anstalten getroffen hat, um die Geschäftspost auch an einem Freitag zu empfangen und zu bearbeiten. Deswegen muss der Freitag als Werktag regelmäßig in die Berechnung der Annahmefrist eingestellt werden. Der regelmäßige Umstand, dass am Freitag noch Geschäftspost zugestellt und erledigt werden kann, trifft allerdings ausnahmsweise im zu erörternden Fall für B nicht zu. Er ist von Freitag bis Sonntagabend stets ortsabwesend. Diesen besonderen Umstand muss man, wenn er dem Antragenden bekannt ist, den regelmäßigen Umständen gleichsetzen[12]. Demnach ist zu berücksichtigen, dass bei B eine Zustellung zwar noch am Freitag möglich ist, aber mit einer Bearbeitung der eingehenden Geschäftspost erst am darauffolgenden Montag gerechnet werden kann. In einem solchen Fall verlängert sich die Annahmefrist. Der Zeitraum, den B für die Überlegung und Beantwortung benötigt, beginnt erst am Montag, so dass sich die Annahmefrist insgesamt entsprechend verlängert.

**90** Es gibt für denjenigen, der ein bindendes Angebot abgegeben hat, außer unter den in § 130 Abs. 1 S. 2 genannten Voraussetzungen keine Möglichkeit, das Angebot zu widerrufen. Da eine angemessene Annahmefrist gemäß § 147 Abs. 2 nur schwer zu bestimmen ist, kann es leicht zu Unsicherheiten darüber führen, ob das Angebot noch existiert und bindet. Diese Unsicherheit und die damit verbundene Beschränkung der Dispositionsfreiheit lassen sich dadurch vermeiden, dass der Antragende das Angebot gemäß § 148 befristet. Geht die Annahmeerklärung dem Antragenden nicht innerhalb der bestimmten Frist zu (und wird damit gemäß § 130 wirksam), ist sie verspätet. Das Angebot ist nach § 146 erloschen. Die Annahmeerklärung trifft also nicht mehr auf ein existierendes Angebot.

#### b) Die verspätete Annahme

**91** Die verspätete Annahme kann nicht zum Vertragsschluss führen, weil das Angebot erloschen, also kein annahmefähiges Angebot mehr vorhanden ist. Da aber in der verspäteten Annahme der Wille des Empfängers zum Vertragsschluss seinen

11 Vgl. *Staudinger/Bork*, § 147 BGB Rn. 12 f.

12 Vgl. *Soergel/Wolf*, § 147 BGB Rn. 10.

Niederschlag gefunden hat, deutet § 150 Abs. 1 die Annahmeerklärung des Empfängers fiktiv um in ein neues Angebot, das nun der Empfänger an den zuerst Antragenden richtet. Ein Vertrag kommt allerdings nur dann zustande, wenn derjenige, dessen Angebot seine Wirkung verloren hat und der nun Empfänger des Angebots i.S. des § 150 Abs. 1 ist, seinerseits eine wirksame Annahmeerklärung abgibt.

**Beispiel:** Der Inhaber eines Reisebüros R richtet an seinen Stammkunden A am 19.10.2016 per E-Mail ein Schreiben, in dem u.a. die folgende Formulierung enthalten ist: „Dieses Angebot für eine Pauschalreise „Die schönsten Regionen Asiens" zum Preis von lediglich 4.200 € ist bindend, wenn Sie es bis zum 26.10.2016 24 Uhr durch eine Antwort-E-Mail annehmen." A antwortet am 27.10.2016 um 10 Minuten nach 12 Uhr per E-Mail, er wolle gerne an der Reise teilnehmen. Hier liegt ein bindendes Angebot des R vor, das allerdings bis zum 26.10.2016 24 Uhr befristet ist. Da A es innerhalb dieser Frist nicht angenommen hat, könnte das Angebot nach § 146 erloschen sein. Hier ist allerdings § 150 Abs. 1 anzuwenden. Nach dieser Vorschrift wird die die Annahmeerklärung des Empfängers, die, weil das Angebot bereits erloschen ist, nicht mehr zum Vertragsschluss führen kann, in ein neues Angebot, das nun der Empfänger an den zuerst Antragenden richtet, umgedeutet. Ein Vertrag kommt allerdings nur dann zustande, wenn R dieses Angebot des A durch eine entsprechende Erklärung annimmt.

§ 149 regelt den Sonderfall, dass eine Annahmeerklärung rechtzeitig abgesandt worden ist, dieselbe dem Empfänger aber wegen unregelmäßiger Beförderung nicht rechtzeitig (verspätet) zugegangen ist **und** der Antragende (der Empfänger der Annahmeerklärung) dies erkennen musste. In dieser Situation tritt ein Schwebezustand ein, der alternativ beendet werden kann.

### c) Die Annahme unter Erweiterungen, Einschränkungen oder sonstigen Änderungen

Nimmt derjenige, an den sich das Angebot richtet, dasselbe nicht vorbehaltlos **92**
an, so ergeben sich die Folgen dieses Verhaltens aus § 150 Abs. 2. Danach ist eine Erklärung, die das Angebot nicht ohne jeden Vorbehalt akzeptiert, sondern Erweiterungen, Einschränkungen oder sonstige Änderungen des Angebots enthält, nicht als Annahme zu werten. Eine solche Erklärung gilt vielmehr gemäß § 150 Abs. 2 als Ablehnung des gemachten Angebots und als ein neues Angebot, das nunmehr allerdings der Adressat des ersten Angebots an denjenigen richtet, der das erste Angebot unterbreitet hat.

**Beispiel** (in Fortführung des Beispiels mit dem Reisebüro R): R antwortet auf die E-Mail des A ebenfalls per E-Mail, die günstigen Plätz seien für die Reise inzwischen vergeben. Wenn A mitreisen wolle, so könne er dies zum Preis von 5.900 € tun. A hatte nach § 150 Abs. 1 dem R ein Angebot zum Abschluss eines Vertrages mit einem Preis von 4.200 € gemacht. R nimmt dieses Angebot nicht ohne Vorbehalt, sondern mit Änderungen an. Es handelt sich um einen Fall des § 150 Abs.

2. Danach ist die Erklärung des R als Ablehnung des von A gemachten Angebots und als ein neues Angebot, das R an A richtet, anzusehen. Nun entscheidet A darüber, ob ein Vertrag – allerdings mit einem Preis von 5.900 € – zustande kommt.

#### d) Die vereinfachte Annahme eines Angebots gemäß § 151

**93** Die Annahmeerklärung, mit der jemand das von einem anderen an ihn gerichtete Angebot zum Abschluss eines Vertrages annimmt und damit den Vertrag entstehen lässt, ist eine empfangsbedürftige Willenserklärung. Das bedeutet: Die Annahmeerklärung wird erst wirksam, wenn sie dem Empfänger, also demjenigen, der das Angebot gemacht hat, zugeht. Von dieser grundsätzlichen Regelung macht das Gesetz allerdings in § 151 eine wichtige Ausnahme.

§ 151 S. 1 bedeutet: Ein Vertrag entsteht auch unter den dort genannten Voraussetzungen nur durch Angebot und Annahme, die Annahmeerklärung wird aber wirksam, ohne dass sie dem Anbietenden zugegangen ist, wenn

- derjenige, der das Angebot gemacht hat, nach der Verkehrssitte nicht erwarten kann, dass ihm gegenüber die Annahme erklärt wird,
  oder
- derjenige, der das Angebot gemacht hat, darauf verzichtet hat, dass die Annahme ihm gegenüber erklärt wird. Die Verzichtserklärung bedarf keiner Form. Sie kann auch durch konkludentes Verhalten abgegeben werden.

Die Annahme ist unter den genannten Voraussetzungen eine nicht empfangsbedürftige Willenserklärung.

**94** Unter **Verkehrssitte** ist das zu verstehen, was sich im Handelsverkehr oder im bürgerlichen Rechtsleben als eine allgemeine oder in bestimmten Kreisen bestehende tatsächliche Gepflogenheit herausgebildet hat. Sie ist eine Verhaltensregel, die aus tatsächlicher Übung bei ähnlichen Geschäften abgeleitet werden kann[13].

Auch wenn die Annahme des Angebots dem Antragenden nicht zugehen muss, so muss sie doch erklärt werden, um wirksam zu werden, also nach außen erkennbar sein. Es handelt sich demnach nicht um einen Fall, in dem das bloße Stillschweigen als Willenserklärung gilt.

**95** Man kann deshalb auch sagen: Unter den in § 151 genannten Voraussetzungen wird eine Annahmeerklärung wirksam, wenn der Wille des Annehmenden nach außen deutlich in Erscheinung tritt; das kann auch durch eine eindeutige Betätigung des Annahmewillens geschehen. Die Annahme i.S. des § 151 ist häufig in Erfüllungs- bzw. Aneignungs-, Gebrauchs- oder Verbrauchshandlungen zu erblicken[14].

---

13 So *Sonnenberger*, Verkehrssitten im Schuldvertrag, 1970, S. 107.

14 Vgl. *Bydlinski*, JuS 1988, 36.

In welchen Handlungen eine ausreichende Betätigung des Annahmewillens zu sehen ist, kann nur in Würdigung des konkreten Einzelfalles entschieden werden. Dabei ist nach Auffassung des BGH[15] mangels Erklärungsbedürftigkeit der Willensbetätigung nicht auf den Empfängerhorizont abzustellen; es soll vielmehr darauf ankommen, ob das Verhalten des Angebotsadressaten aufgrund aller äußeren Indizien auf einen „wirklichen Annahmewillen", der nach § 133 zu ermitteln ist, schließen lässt.

**Beispiel** (nach BGHZ 111, 97)**:** Das Unternehmen U bot dem Geschäftsführer A den Abschluss eines Abfindungsvertrages an und überreichte A zum Zwecke der Vertragserfüllung einen Scheck mit der Maßgabe, dieser dürfe nur bei Annahme des Vertragsangebotes eingelöst werden; gleichzeitig verzichtete U auf den Zugang einer ausdrücklichen Annahmeerklärung seitens des A. In der widerspruchslosen Einreichung des Schecks bei einer Bank zur Einziehung ist die Annahmeerklärung des A auf das Angebot des U auf Abschluss des Abfindungsvertrages zu sehen. Der BGH[16] hält einen solchen Schluss regelmäßig dann für gerechtfertigt, wenn der Anbietende dem Angebotsempfänger eine mit der Erfüllung des angestrebten Vertrages zusammenhängende, den Anbietenden beeinträchtigende Handlung nur für den Fall der Annahme des Angebotes, also des Vertragsschlusses, gestattet und der andere Teil diese Handlung vornimmt, ohne das Angebot durch eine nach außen erkennbare Willensäußerung abzulehnen.

## IV. Der Vorvertrag

Ein Vorvertrag ist ein Vertrag, der die einklagbare Verpflichtung zur beiderseitigen Mitwirkung beim Abschluss des beabsichtigten Hauptvertrages zum Inhalt hat. Er ist ein schuldrechtlicher Vertrag, in dem die Verpflichtung zum späteren Abschluss eines in seinem äußeren Rahmen festgelegten Hauptvertrages übernommen wird. Er unterliegt als solcher den üblichen Regeln des Vertragsrechts[17]. Der Vorvertrag ist im BGB nicht geregelt. Seine Zulässigkeit ergibt sich aber aus der Privatautonomie. **96**

Grundsätzlich ist der Vorvertrag formfrei. Ist der Hauptvertrag allerdings formbedürftig, so bedarf der Vorvertrag derselben Form wie der Hauptvertrag, weil sonst Sinn und Zweck der Formvorschriften, wie Beweis- und Warnfunktion, unterlaufen werden könnten.

**Beispiel:** V und K kommen per E-Mail überein, innerhalb von 14 Tagen einen notariell beurkundeten Kaufvertrag abzuschließen, in dem sich V verpflichten soll, ein in seinem Eigentum stehendes Grundstück zu einem Preis von 300.000 € an K zu veräußern. Nachdem 14 Tage vergangen sind, ohne dass ein notariell beur-

15 BGHZ 111, 97, 101.

16 BGHZ 111, 97, 101.

17 RGZ 66, 116, 121; BGH NJW 1962, 1812.

kundeter Vertrag geschlossen wurde, fordert K den V auf, den Vertrag nunmehr abzuschließen. V weigert sich.

Einen Anspruch auf Abschluss des Vertrages mit dem besprochenen Inhalt hat K nur, wenn er mit V einen wirksamen Vorvertrag abgeschlossen hat. Da der Hauptvertrag als ein Kaufvertrag über ein Grundstück gemäß § 311 b Abs. 1 der notariellen Beurkundung bedarf, muss auch der Vorvertrag notariell beurkundet werden, um wirksam zu sein. Da diese Form nicht gewahrt ist, ist der Vorvertrag gemäß § 125 nichtig. Infolgedessen hat K auch keinen Anspruch auf Abschluss des Hauptvertrages (Kaufvertrag über das Grundstück).

**97** Wenn der in Aussicht genommene Hauptvertrag in dem Vorvertrag inhaltlich bereits vollständig ausformuliert worden ist, kann derjenige, der den Abschluss des Hauptvertrages erzwingen will, dem anderen Teil ein Angebot zum Abschluss des Hauptvertrages unterbreiten. Weigert sich der andere Teil, das Angebot zum Abschluss des Hauptvertrages anzunehmen, kann der Antragende auf Abgabe der Annahmeerklärung klagen.

Von dem Vorvertrag zu unterscheiden ist der **Letter of Intent,** der häufig bei komplizierten und langwierigen Vertragsverhandlungen, wie z.B. beim Kauf eines Unternehmens, zwischen Unternehmen abgefasst wird. Ein Letter of Intent hat in der Regel die Bereitschaft der Beteiligten zum Gegenstand, einen Vertrag abschließen zu wollen. Den Verfassern fehlt aber im Gegensatz zum Vorvertrag der Wille, sich rechtlich binden zu wollen (Rechtsfolgewille). Der Letter of Intent dient häufig dem Zweck, den bisherigen Verhandlungsstand festzuhalten und die noch zu klärenden Punkte aufzulisten. Da dem Letter of Intent die Rechtsverbindlichkeit fehlt, kann aus ihm nicht auf Abschluss eines Vertrages geklagt werden.

**Lösung zu Fall 3:** K könnte gegen G einen Anspruch aus § 433 Abs. 1 darauf haben, dass G ihm das Bild übergibt und das Eigentum daran verschafft. Voraussetzung dafür, dass K einen solchen Anspruch hat, ist, dass zwischen K und G bereits ein Kaufvertrag abgeschlossen worden ist. Ein Kaufvertrag ist zwischen K und G nur zustande gekommen, wenn der eine ein Angebot zum Abschluss eines Kaufvertrages gemacht hat, das der andere angenommen hat. Fraglich ist, ob in dem Ausstellen des mit einem Preis ausgezeichneten Bildes ein bindendes Angebot des G an eine Vielzahl möglicher Kunden zu sehen ist. Ein Angebot liegt nur vor, wenn der Ausstellende mit Erklärungsbewusstsein und Rechtsfolgewillen gehandelt hat. Fehlt es daran, handelt es sich bei der mit einem Preis ausgezeichneten Schaufensterauslage lediglich um eine Aufforderung an den Kunden, in Vertragsverhandlungen mit G einzutreten. Wenn offensichtlich ist, „dass der Erklärende wegen der Beschränktheit der angebotenen Waren oder Leistungen es nicht jedem aus dieser Vielzahl überlassen kann, durch seine Erklärung einen Vertrag über die Ware oder Leistung herbeizuführen und damit die Lieferungs- oder Leistungsverpflichtung zu begründen“[18], lässt sich daraus

18 Vgl. *Flume*, § 35 I 1.

auf das Fehlen des Erklärungsbewusstseins und des Rechtsfolgewillens des Ausstellenden schließen. Der Ausstellende hat also kein bindendes Angebot abgegeben, sondern lediglich eine Aufforderung an eine Vielzahl von Personen gerichtet, ihrerseits bindende Angebote abzugeben.

Im zu erörternden Fall ist demnach erkennbar, dass G mit dem Ausstellen des mit einem Preisschild versehenen Bildes ein bindendes Angebot zum Abschluss eines Kaufvertrages nicht abgeben wollte. Es existiert also kein Angebot, das K hätte annehmen können. In der Erklärung des K, er wolle das ausgestellte Bild zum Preise von 2.800 € erwerben, ist jedoch ein an G gerichtetes Angebot zum Abschluss eines Kaufvertrages zu sehen. Dieses Angebot des K hat G allerdings nicht angenommen. Ein Vertrag ist also nicht zustande gekommen. K kann deshalb von G nicht Übergabe und Übereignung des Bildes gemäß § 433 Abs. 1 verlangen.

# § 6 Die Bedeutung des Schweigens im Rechtsverkehr

**Schrifttum:** *Deckert*, Das kaufmännische und berufliche Bestätigungsschreiben, JuS 1998, 121; Lettl, Das kaufmännische Bestätigungsschreiben, JuS 2008, 849; *Löhnig*, „Zusendung unbestellter Waren" und verwandte Probleme nach Inkrafttreten des § 241a BGB, JA 2001, 33; *Petersen*, Schweigen im Rechtsverkehr, Jura 2003, 687; *Schärtl*, Das kaufmännische Bestätigungsschreiben, JA 2007, 567; *Steding*, Das kaufmännische Bestätigungsschreiben – eine rechtsgeschäftliche Spezialität, JA 1998, 288.

***Fall 4:*** *B ist Kunde der A-Bank. Er wickelt regelmäßig Wertpapierkäufe und Verkäufe über sie ab. Am 1.7.2016 geht bei der A-Bank erneut per Fax eine Wertpapierorder des B ein. Die A-Bank reagiert hierauf nicht. Ist der Vertrag dennoch zu Stande gekommen?*

## I. Stillschweigen und Willenserklärung

Bei dem Zustandekommen von Verträgen kann fraglich sein, wie das Schweigen einer Person zu bewerten ist, so z.B. dann, wenn jemand einem anderen ein Angebot zum Abschluss eines Vertrages macht und der andere dazu schweigt. **98**

Wie schon dargelegt[1], können Willenserklärungen auch durch konkludentes Handeln abgegeben werden. Dabei will derjenige, der konkludent handelt, eine rechtsverbindliche Erklärung abgeben. Wenn der Erklärende auch schweigt, so lässt

1 Vgl. oben § 3 II 2.

sein Verhalten jedoch in der Regel eindeutig erkennen, dass er damit eine bestimmte Willenserklärung zum Ausdruck bringen möchte. Es liegt also eine Handlung vor, die vom Erklärungsbewusstsein und Rechtsfolgewillen des Erklärenden getragen wird. Der Unterschied zur ausdrücklichen Willenserklärung liegt lediglich in der Art der Äußerung. Der Erklärende spricht und schreibt nicht, er bringt seine Erklärung durch ein anderes Verhalten zum Ausdruck. Es existiert aber ein Erklärungstatbestand. Es liegt eine Willenserklärung vor, falls Erklärungsbewusstsein und Rechtsfolgewille vorhanden sind.

**99** Anders ist es beim bloßen **Stillschweigen** einer Person. Das Schweigen stellt in der Regel keinen Erklärungstatbestand dar. Schweigen hat isoliert, d.h. ohne Begleitumstände, aus denen sich Hinweise für eine rechtsgeschäftliche Erklärung ergeben können, keinen Erklärungswert[2]. Es bedeutet im Regelfall weder Zustimmung noch Ablehnung. Das schließt nicht aus, dass auch aus dem Schweigen ein bestimmter Schluss auf einen vorhandenen Willen gezogen werden kann.

**100** Das Privatrecht regelt allerdings eine Reihe von Lebenssachverhalten, in denen das Schweigen wie eine Willenserklärung gewertet wird. Das Gesetz ordnet für einige Tatbestände an, dass bei einem Stillschweigen einer Person so zu verfahren ist, als habe sie eine Willenserklärung abgegeben. Dabei handelt es sich um **Fiktionen**. Wichtige Fälle dieser Art enthalten u.a. §§ 108 Abs. 2 und 177 Abs. 2. Das Schweigen gilt hier als Verweigerung der Genehmigung.

## II. Das Schweigen auf ein kaufmännisches Bestätigungsschreiben

### 1. Überblick

**101** Auch im kaufmännischen Rechtsverkehr gilt Schweigen grundsätzlich nicht als Zustimmung, also nicht als Willenserklärung[3]. Davon gibt es allerdings bedeutsame Ausnahmen. Eine ist beispielhaft in § 362 HGB geregelt. Danach gilt das Schweigen eines Kaufmanns auf ein Angebot über die Besorgung von Geschäften eines anderen, mit dem er in Geschäftsbeziehung steht, als Annahme dieses Angebots, wenn er nicht unverzüglich antwortet.

Eine für die Praxis bedeutsame Ausnahme von der oben genannten Regel ist das Schweigen auf ein kaufmännisches Bestätigungsschreiben. Dabei sind verschiedene Fallgruppen und Anwendungsbereiche zu unterscheiden, von denen hier zwei behandelt werden sollen:

- die erste Gruppe betrifft die Abweichungen zwischen dem Bestätigungsschreiben und der vorhergehenden vertraglichen Vereinbarung.

---

2 *MüKo/Kramer*, Vorbem. zu § 116 BGB Rn. 24; *Palandt/Ellenberger*, Einf. v. § 116 BGB Rn. 7.

3 BGHZ 1, 353, 355; 61, 282, 285; BGH NJW 1981, 43, 44.

- Bei der zweiten Fallgruppe geht es um das Fehlen eines Abschlusstatbestandes bzw. um das Vorliegen eines versteckten Dissenses.

Von dem kaufmännischen Bestätigungsschreiben ist die Auftragsbestätigung zu unterscheiden. Die Auftragsbestätigung ist eine Annahmeerklärung auf ein Angebot zum Vertragsschluss in der Form einer Bestätigung. Hier haben keine Vorverhandlungen mit dem Ziel, einen Vertrag abzuschließen, stattgefunden. Wenn die Auftragsbestätigung eine inhaltliche Änderung der gegenüber dem zuvor unterbreiteten Angebot enthält, gilt dies als Ablehnung gemäß § 150 Abs. 2, verbunden mit einem neuen Angebot. Das Schweigen des Adressaten darauf ist grundsätzlich keine Annahmeerklärung. **102**

## 2. Abweichungen zwischen dem Bestätigungsschreiben und der vorhergehenden vertraglichen Vereinbarung

### a) Die Voraussetzungen

Zwischen Kaufleuten ist es allgemein üblich, dass eine Vertragspartei der anderen den Inhalt eines bereits mündlich geschlossenen Vertrages schriftlich – auch per E-Mail – bestätigt (Bestätigungsschreiben). Sinn eines solchen Bestätigungsschreibens ist es, spätere Streitigkeiten darüber zu verhindern, ob und mit welchem Inhalt ein Vertrag geschlossen wurde. Dies ist bei mündlichen Vertragsschlüssen sinnvoll, um sicherzustellen, dass alle Einzelheiten des Vertrages geklärt sind. **103**

Die Grundsätze des kaufmännischen Bestätigungsschreibens sind nach ständiger Rechtsprechung des BGH und allgemeiner Ansicht anzuwenden, wenn die beteiligten Vertragspartner in kaufmännischer Weise am Geschäftsverkehr teilnehmen und sowohl damit rechnen müssen als auch darauf vertrauen dürfen, dass sich der andere Teil ebenfalls in kaufmännischer Weise verhält[4].

In der Praxis kommt es häufiger vor, dass kaufmännische Bestätigungsschreiben Bestimmungen enthalten, die das mündlich bereits Vereinbarte abändern oder ergänzen. Oft handelt es sich dabei nur um Nebenpunkte, die zuvor überhaupt nicht besprochen oder nicht abschließend geklärt worden sind. Nach einem in der Rechtsprechung und der rechtswissenschaftlichen Literatur immer wieder bestätigten Grundsatz bringt ein Kaufmann, der ein solches Bestätigungsschreiben erhält und dieses widerspruchslos entgegennimmt, dadurch grundsätzlich seine Zustimmung zu dem Inhalt des Schreibens zum Ausdruck. Damit wird der Inhalt des Vertrages durch dieses Schreiben bestimmt[5]. An den Inhalt des so zustande gekommenen Vertrages sind diejenigen, die daran mitgewirkt haben, ge- **104**

---

4 BGH NJW 1987, 1940, 1941.

5 BGHZ 7, 187, 189; 11, 1, 3; 20, 149, 151; 54, 236; *Deckert*, JuS 1998, 121; *Steding*, JA 1998, 288, 290.

bunden. Der abgeschlossene Vertrag kann ohne Zustimmung beider Vertragspartner nicht mehr geändert werden.

**105** Dogmatisch kann man diesen Vorgang wie folgt einordnen: Weicht der Inhalt eines echten kaufmännischen Bestätigungsschreibens von dem ab, was die Parteien eines Vertrages mündlich vereinbart haben, so ist dies als ein Angebot des Bestätigenden zum Abschluss eines bereits bestehenden Vertrages zu sehen, der die Abänderung und Ergänzung des bereits (mündlich) abgeschlossenen Vertrages zum Gegenstand hat. Nach den allgemeinen Grundsätzen über das kaufmännische Bestätigungsschreiben gilt das Schweigen des Adressaten des Bestätigungsschreibens als Annahme des Angebots zum Abschluss eines Änderungs- und Ergänzungsvertrages.[6]

Schweigt der Adressat, kommt somit ein Vertrag über die Änderungen zustande, so dass zwischen den Parteien der neu vereinbarte Vertragsinhalt gilt.

Will der Adressat diese Rechtsfolge vermeiden, muss er unverzüglich (ohne schuldhaftes Zögern) dem Absender mitteilen, er sei mit dem Inhalt des Bestätigungsschreibens nicht einverstanden.

> **Beispiel:** Die Kaufleute A und B vereinbaren mündlich folgendes: A verkauft dem B ein Kraftfahrzeug zum Preise von 10.500 € inkl. Mehrwertsteuer. Einen Tag später übersendet A dem B ein Schreiben, in dem er den Inhalt der mündlich getroffenen Vereinbarung fixiert. Bezüglich des Kaufpreises schreibt A allerdings: „Der Kaufpreis beträgt 10.500 € zuzüglich Mehrwertsteuer.“ A ist irrtümlich der Meinung, er und B hätten sich darauf geeinigt. B erkennt die Abweichung von der mündlichen Vereinbarung, unternimmt jedoch nichts. Es ist zu klären, welchen Inhalt der zwischen A und B geschlossene Kaufvertrag letztlich hat. Zunächst ist zwischen A und B mündlich ein Kaufvertrag abgeschlossen worden. Danach hatte A dem B ein Kraftfahrzeug zu übergeben und ihm das Eigentum daran zu verschaffen. B war verpflichtet, an A einen Kaufpreis von 10.500 € inkl. Mehrwertsteuer zu zahlen. Diese letzte Verpflichtung wird im Schreiben des A anders dargestellt, nämlich: „Der Kaufpreis beträgt 10.500 € plus Mehrwertsteuer.“ Ohne Mitwirkung eines Vertragspartners kann ein abgeschlossener Vertrag nachträglich nicht mehr geändert werden. Das Schreiben des A enthält eine erhebliche Änderung des Vertragsinhaltes. Es ist als ein Angebot zum Abschluss eines Vertrages anzusehen, der den bereits abgeschlossenen Vertrag abändert und ergänzt. B hat dieses Angebot nicht ausdrücklich angenommen. Da das Schreiben des A jedoch ein Bestätigungsschreiben ist und A und B Kaufleute sind, gilt das Schweigen des B als Annahme des Angebots zum Abschluss des Abänderungs- und Ergänzungsvertrages. Der Kaufvertrag ist demnach insoweit abgeändert, als B nun 10.500 € zuzüglich Mehrwertsteuer an A zu zahlen hat.

**106** Die Regeln über das kaufmännische Bestätigungsschreiben, welche die Rechtsprechung entwickelt hat, sind nicht nur auf Kaufleute im Sinne der §§ 1 ff. HGB an-

6 BGHZ 7, 187, 190; BGH NJW 1981, 43, 44.

wendbar, sondern auch auf Angehörige der Freien Berufe einschließlich Insolvenzverwalter. Nach der Rechtsprechung des BGH kommt es darauf an, ob die beteiligten Vertragspartner in kaufmännischer Weise am Geschäftsverkehr teilnehmen und sowohl damit rechnen müssen als auch darauf vertrauen dürfen, dass sich der andere Teil ebenfalls in kaufmännischer Weise verhält[7].

### b) Einschränkungen

Im Hinblick auf die abändernde Wirkung von kaufmännischen Bestätigungs- **107**
schreiben bezüglich vorausgegangener Vereinbarungen sind allerdings folgende Einschränkungen zu machen:

aa) Die oben dargestellte Wirkung des Schweigens auf ein kaufmännisches Bestätigungsschreiben tritt nicht ein, wenn der Bestätigende **bewusst** eine unrichtige Darstellung des mündlich Vereinbarten abgibt, weil dadurch gegen Treu und Glauben verstoßen wird und deshalb von einem redlichen Geschäftsverkehr nicht mehr die Rede sein kann[8].

bb) Entfernt sich die Bestätigung so weit von dem vorher Abgesprochenen, dass der Bestätigende selbst vernünftigerweise nicht mehr mit dem Einverständnis des Empfängers rechnen darf, ist er (der Bestätigende) nicht schutzbedürftig. In einem solchen Fall bleibt das Schweigen des Empfängers ohne Folgen[9]. Das Schweigen gilt nicht als Annahme des Angebots zum Abschluss eines Abänderungsvertrages. Der ursprünglich vereinbarte Vertrag wird nicht abgeändert und bleibt somit unverändert verbindlich.

cc) Das trifft auch für den Fall zu, dass beide Partner sich kreuzende und inhaltlich unvereinbare Bestätigungen abgeben[10].

> **Beispiel** im Anschluss an das oben geschilderte **Beispiel**: Versucht A, dem B dadurch einen LKW zu verkaufen, dass er in das Bestätigungsschreiben LKW statt PKW und 32.000 € statt 10.500 € einsetzt, so gibt er bewusst eine unrichtige Darstellung dessen, was mündlich vereinbart worden ist, wieder. Außerdem entfernt sich das Schreiben so weit von dem vorher Abgesprochenen, dass A vernünftigerweise nicht mit dem Einverständnis des B rechnen kann. Schweigt B auf dieses Schreiben, so bleibt das ohne Folgen. Das Schweigen des B gilt nicht als Annahme des Angebots zum Abschluss eines Abänderungsvertrages. Der ursprüngliche Vertrag bleibt unverändert so bestehen, wie er mündlich vereinbart worden ist[11].

---

7 Siehe BGH NJW 1987, 1940 f.; OLG Düsseldorf NJW-RR 1995, 501 f.

8 BGHZ 40, 42, 45.

9 BGHZ 7, 187, 190; OLG Köln MDR 1963, 138; BGH WM 1984, 639, 640; BGH ZIP 1994, 618, 619.

10 So BGH WM 1984, 639, 641.

11 Vgl. weitere Beispielsfälle bei *Steding*, JA 1998, 288, 292.

### 3. Das Fehlen eines Abschlusstatbestandes

108 Bei der zweiten Fallgruppe geht es um **das Fehlen eines Abschlusstatbestandes.** Wenn es zwischen Kaufleuten, die einen Vertrag abschließen möchten, zu einem Schriftwechsel mit Angeboten, Annahmen unter Erweiterungen und Änderungen (im Sinne des § 150 Abs. 2) und Antworten darauf mit Konkretisierungen und Präzisierungen kommt, so kann ein Bedürfnis nach Klärung der Rechtslage durch ein kaufmännisches Bestätigungsschreiben bestehen. Wird ein solches Bestätigungsschreiben zugesandt und schweigt der Empfänger darauf, so kann dieses Schweigen jedenfalls dann als Zustimmung zum Vertragsschluss gewertet werden, wenn die Verhandlungen Abschlussreife erlangt haben[12]. In dem Bestätigungsschreiben wäre dann ein Angebot zum Abschluss des Vertrages zu sehen; das Schweigen darauf wird als Willenserklärung, als Annahmeerklärung fingiert. Hier liegt eine Analogie zu § 362 HGB nahe.

## III. Unverlangt zugeschickte Warensendungen und Vertragsschluss

### 1. Überblick

109 In der Praxis kam es in der Vergangenheit so häufig vor, dass Privatpersonen ohne Bestellungen Waren zugesandt wurden, für die, wenn der Empfänger untätig blieb, anschließend Zahlung verlangt wurde, dass der Gesetzgeber sich genötigt sah, mit § 241 a eine gesetzliche Regelung zu schaffen. Diese beruht auf der Überlegung, dass der Verbraucher vor aggressiven Verkaufsmethoden effektiv geschützt werden muss.

Unverlangt zugeschickte Warensendungen sind in Verbindung mit dem Begleitschreiben als bindendes Angebot des Versendenden zum Abschluss eines Vertrages anzusehen, wenn es erkennbar in der Macht des potenziellen Kunden stehen soll, das Geschäft mit seiner Annahmeerklärung zustande kommen zu lassen. Ein Vertrag kann nur dann zustande kommen, wenn der Empfänger eine entsprechende Annahmeerklärung abgibt. Den Empfänger dieses Vertragsangebotes trifft allerdings **keine Ablehnungspflicht**.

Wer Waren, die ihm unverlangt zugeschickt werden, einfach liegen lässt, erklärt damit nicht seinen Annahmewillen. Daran ändert sich auch dadurch nichts, dass der Versendende in einem Begleitschreiben erklärt, dass, wenn die Waren nicht innerhalb einer bestimmten Frist zurückgesandt würden, dies als Annahmeerklärung des Empfängers gelte. Durch eine von ihm abgegebene Erklärung kann der Versendende den Empfänger nicht zu einem Verhalten zwingen, zu dem dieser nach dem Gesetz nicht verpflichtet ist. Eine konkludent erklärte Annahme kann nur dann bejaht werden, wenn der Empfänger seinen Annahmewillen gezielt gegenüber dem Versender kundtut, z.B. durch Zahlung auf die Rechnung.

---

12 So *Canaris*, Handelsrecht, 24. Aufl., 2006, § 23 Rn. 13.

## 2. Die Regelung des § 241 a

§ 241 a regelt die Zusendung nicht bestellter Warensendungen sowie die Erbringung nicht verlangter Leistungen von einem Unternehmer (§ 14) an einen Verbraucher (§ 13) und bestätigt die oben genannte Regel. Anwendbar ist diese Norm, wenn die Lieferung von einem Unternehmer (§ 14) an einen Verbraucher (§ 13) erfolgt. Sind dagegen beide Vertragspartner Unternehmer bzw. Verbraucher, bleibt es bei den Grundregeln des Vertragsschlusses. Eine entsprechende Anwendung des § 241 a auf den Handelsverkehr ist nicht möglich; für diesen gilt z.B. § 362 HGB[13]. **110**

Für die Beurteilung, ob der Empfänger der Lieferung ein Verbraucher ist, wird fiktiv darauf abgestellt, ob der Empfänger einen privaten Zweck verfolgt hätte, wenn der Vertrag wirklich zustande gekommen wäre[14]. Von einer „unbestellten Sache" kann dann gesprochen werden, wenn die Lieferung nicht auf eine dem Verbraucher zurechenbare Anforderung zurückgeht[15].

§ 241 a hat in Bezug auf den Vertragsschluss eine in erster Linie klarstellende Funktion dahingehend, dass durch die Zusendung der Ware allein und durch das Schweigen des Empfängers darauf kein Vertrag zustande kommt. **111**

Der Empfänger unverlangt zugeschickter Waren ist gemäß § 241 a nicht verpflichtet, dieselben zurückzusenden. § 241 a Abs. 1 schließt darüber hinaus alle Ansprüche gegen den Empfänger auf Herausgabe (aus § 985 und § 812), Nutzungsersatz und Schadensersatz aus[16].

> **Beispiel:** Das Versandhaus V schickt dem X unverlangt elektrische Haushaltsgeräte mit Rechnung zu. Der Sendung liegt ein Schreiben bei, in dem es heißt, sende der Empfänger die erhaltenen Waren nicht innerhalb von 14 Tagen zurück, so habe er damit das Einverständnis zum Abschluss eines Kaufvertrages erklärt. X öffnet das Paket und verstaut die Geräte, die er nicht haben will, im Keller. Verlangt V von X Zahlung des Kaufpreises, stellt sich die Frage, ob zwischen V und X ein Kaufvertrag zustande gekommen ist, aufgrund dessen V von X Zahlung des Kaufpreises verlangen kann. Indem V dem X die Geräte samt Rechnung und das Begleitschreiben mit dem dargestellten Inhalt zuschickt, macht V dem X ein bindendes Angebot; denn X soll erkennbar die Möglichkeit haben, über das Zustandekommen des Vertrages zu entscheiden. Fraglich ist allerdings, ob das Schweigen des X auf das Angebot des V als Annahmeerklärung gewertet werden kann. Das Schweigen kann nur in Ausnahmefällen unter bestimmten Voraussetzungen als rechtlich relevantes Verhalten Wirkungen hervorrufen, die denen einer Willenserklärung gleichzusetzen sind. Im zu erörternden Fall handelt es sich weder um ein kaufmännisches Bestätigungsschreiben noch gibt es eine gesetzliche Re-

---

13 Jauernig/Mansel, BGB, § 241 a Rn. 1.
14 *MüKo/Kramer*, § 241 a BGB Rn. 4.
15 *MüKo/Kramer*, § 241 a BGB Rn. 8.
16 Jauernig/Mansel, BGB, § 241 Rn. 5; *Palandt/Grüneberg*, § 241 a BGB Rn. 7.

gelung, die das Schweigen in dieser Situation als Willenserklärung wertet. Eine ausdrückliche Vereinbarung zwischen X und V darüber, dass das Schweigen des X als Willenserklärung zu werten ist, existiert auch nicht. § 241 a Abs. 1 stellt klar, dass durch die Lieferung einer unbestellten Sache kein Anspruch gegen den Empfänger der Lieferung entsteht. Die Vorschrift ist anwendbar, weil V Unternehmer (§ 14) und K Verbraucher (§ 13) ist. Daraus folgt: Das Schweigen des X auf die Sendung des V ist keine Annahmeerklärung, mit der X das Angebot des V zum Abschluss eines Kaufvertrages angenommen hat. Ein Kaufvertrag ist demnach nicht zustande gekommen.

**112** Eine Ausnahme von der Grundregel des § 241 a Abs. 1 enthält Absatz 2, der die Geltendmachung gesetzlicher Ansprüche zulässt, wenn die Leistung nicht für den Empfänger bestimmt war oder in irriger Annahme einer Bestellung erfolgt ist. Allerdings ist erforderlich, dass der Empfänger dies wusste oder erkennen konnte.

**Lösung Fall 4:** Im Rechtsverkehr ist Schweigen regelmäßig ein sog. rechtliches Nullum, es bedeutet also rechtlich gesehen gar nichts, insbesondere weder eine Annahme noch eine Ablehnung. Ausnahmen von diesem Grundsatz sind im Gesetz geregelt. Eine dieser Ausnahmen findet sich im Handelsrecht nach § 362 Abs. 1 Satz 1 im 2. Halbsatz des HGB. Hiernach gilt das Schweigen auf ein Angebot dann als Annahme, wenn es sich bei dem Angebotsempfänger um einen Kaufmann handelt, der in Geschäftsverbindungen mit dem Anbietenden steht. Hier gilt (Fiktion) das Schweigen der A-Bank als Annahmeerklärung. Demnach kommt in Fall 4 der Vertrag zustande.

# § 7 Der Dissens (Einigungsmangel)

**Schrifttum:** *Jung*, Die Einigung über die „essentialia negotii“ als Voraussetzung für das Zustandekommen eines Vertrages, JuS 1999, 28; *Petersen*, Der Dissens beim Vertragsschluss, Jura 2009, 419.

***Fall 5** (in Anlehnung an BGH WM 1970, 892): A beauftragt den Zweigstellenleiter Z der B-Bank, Aktien der X-AG zum Nennwert von 2.500 € zu kaufen. Von der X-AG existieren sowohl Stamm- als auch Vorzugsaktien. Die Stammaktien haben einen Kurs von 300 €, die Vorzugsaktien dagegen von nur 280 €. Bei der Auftragserteilung wird hierüber nicht gesprochen. Weder A, der die Aktien auf Empfehlung seines Steuerberaters kaufen möchte, noch Z wissen, dass es von der X-AG unterschiedliche Aktienarten gibt. Z veranlasst den Erwerb von Stammaktien zum Nennwert von 2.500 € an der Wertpapierbörse. Hat die B-Bank einen Anspruch gegen A auf Zahlung von 2.500 €?*

## I. Der offene Dissens

Ein Vertrag kann nur dann entstehen, wenn sich die Parteien über den vollständigen Inhalt des angestrebten Vertrages geeinigt haben. Ob dies der Fall ist, muss notfalls im Wege der **Auslegung des Vertrages** (§§ 133, 157) festgestellt werden, denn § 154 Abs. 1 S. 1 ist als Auslegungsregel gestaltet („im Zweifel"). Dies gestattet es den vertragsschließenden Parteien im Zusammenhang mit dem Grundsatz der Privatautonomie, eine vertragliche Einigung auch unter Offenlassen einzelner Punkte zu schließen.[1] **113**

Ist – als Ergebnis der Auslegung – offensichtlich, dass die Parteien sich noch nicht über alle Punkte eines Vertrages geeinigt haben, über die nach dem Willen auch nur einer Partei eine Übereinkunft erzielt werden sollte, so liegt ein offener Dissens (Einigungsmangel) vor. So lange dieser andauert, kommt gemäß § 154 Abs. 1 ein Vertrag im Zweifel nicht zustande.

> **Beispiel:** V und M haben sich über einen Mietvertrag betreffend gewerbliche Räume über wesentliche Punkte einschließlich der Höhe des Mietzinses geeinigt. Keine Übereinstimmung war bisher darüber zu erzielen, wer die Renovierungskosten nach Beendigung der fünfjährigen Mietzeit tragen soll, ob wohl dieser Punkt in den Gesprächen vor dem Vertragsschluss problematisiert worden war. V meint, der Vertrag sei dennoch zustande gekommen. Da die Kosten der Renovierung kein zu vernachlässigender Vertragsbestandteil sind, besteht ein andauernder Dissens. Nach § 154 ist im Zweifel kein Vertrag entstanden.

§ 154 Abs. 1 setzt voraus, dass sich beide Parteien der fehlenden Einigung bewusst sind. Beide Parteien (oder wenigstens eine, für den Vertragspartner erkennbar[2]) gehen davon aus, dass die noch unvollständige Vereinbarung durch beiderseitige Einigung ergänzt und komplettiert werden muss.

## II. Der versteckte Dissens

Um einen versteckten Dissens handelt es sich, wenn die Vertragschließenden den Vertrag als zustande gekommen ansehen, obwohl sie sich noch nicht über alle Punkte geeinigt haben, sich dieses Mangels aber nicht bewusst sind. Im Unterschied zum offenen Dissens liegt ein versteckter Dissens also dann vor, wenn die Vertragsparteien nicht wussten, dass eine Einigung über einen oder mehrere regelungsbedürftige Punkte nicht erzielt wurde. **114**

Ein versteckter Dissens kann dadurch entstehen, dass die Vertragschließenden es unbewusst unterlassen haben, über einen oder mehrere Punkte eine Einigung

1 Vgl. BGH WM 1965, 950; vgl. auch BGH BB 1966, 1412; Jauernig/Mansel, BGB, § 154 Rn. 3.

2 Vgl. BGH NJW 1998, 3196.

herbeizuführen, über die sie eine Vereinbarung treffen wollten. Der Grund dafür kann in der Unaufmerksamkeit der Vertragschließenden, aber auch in der Unvollständigkeit oder Missverständlichkeit ihrer Erklärungen liegen.[3]

**115** Für solche Fälle ordnet § 155 an, dass trotz des Dissenses zwischen den Beteiligten hinsichtlich des vereinbarten Inhalts eine vertragliche Bindung eingetreten ist, wenn anzunehmen ist, dass der Vertrag auch ohne eine Einigung über den Punkt, über den keine Vereinbarung zustande gekommen ist, von ihnen geschlossen worden wäre. Dies zu ermitteln ist eine Sache der Auslegung, denn auch § 155 enthält eine Auslegungsregel.[4] Das bedeutet: Es muss danach gefragt werden, was die Beteiligten gewollt und vereinbart hätten, wenn sie die Umstände des Vertragsschlusses gekannt hätten. Stimmen die Parteierklärungen in ihrer durch Auslegung zu ermittelnden objektiven Bedeutung – nicht unbedingt: im Wortlaut – überein, so ist der Vertrag zustande gekommen.[5]

**Lösung Fall 5:** Die B-Bank kann die Bezahlung der Aktien von A verlangen, wenn hierüber eine vertragliche Vereinbarung zustande gekommen ist. Dann müssten sich die Parteien über den wesentlichen Vertragsinhalt geeinigt haben. Bedenken bestehen insofern, als bei der Auftragserteilung nicht darüber gesprochen worden ist, ob Stamm- oder Vorzugsaktien gemeint sind. Hierin könnte ein versteckter Einigungsmangel i.S. des § 155 zu sehen sein. Wegen versteckten Einigungsmangels (§ 155) scheitert ein Vertrag, wenn die Parteien meinen, sie hätten sich bereits über alle für sie bedeutsamen Punkte geeinigt, während sie in Wahrheit einen Punkt übersehen, sich also gerade nicht über ihn geeinigt haben. Etwas anderes gilt, wenn anzunehmen ist, dass sie den Vertrag auch ohne eine Bestimmung über diesen Punkt getroffen haben würden.

Beim Wertpapierkauf gehört eine Bestimmung über die Art der betroffenen Papiere in aller Regel zu den Punkten, über die die Parteien eine Einigung herbeiführen wollen. Das gilt auch, wenn Stamm- oder Vorzugsaktien einer Gesellschaft mit erheblichen Kursunterschieden in Betracht kommen. Im vorliegenden Falle hätten die Parteien sich also darüber einigen müssen, ob Z Stamm- oder Vorzugsaktien kaufen solle. Hierüber haben sie sich nicht geeinigt. Bei dem Gespräch zwischen A und Z war nur von „Aktien" die Rede. Es liegt deshalb ein versteckter Einigungsmangel vor, bei dem die Auslegung ergibt, dass die Parteien den Vertrag nicht abgeschlossen hätten, wenn sie diesen Mangel der Einigung gekannt hätte. Demnach ist kein wirksamer Vertrag zustande gekommen. Die B-Bank hat gegen A keinen Anspruch auf Zahlung von 2.500 €.

---

3 Vgl. *Staudinger/Bork* (2015) BGB § 155 Rn. 4.

4 *Staudinger/Bork* (2015) BGB § 155 Rn. 15.

5 *Staudinger/Bork* (2015) BGB § 155 Rn. 3.

# § 8 Allgemeine Geschäftsbedingungen als Bestandteile von Verträgen

**Schrifttum:** *Armbrüster*, Das Transparenzgebot für Allgemeine Geschäftsbedingungen nach der Schuldrechtsmodernisierung, DNotZ 2004, 437; *Graf von Westphalen*, AGB-Recht im Jahr 2007, NJW 2008, 2234; Kötz, Der Schutzzweck der AGB-Kontrolle – Eine rechtsökonomische Skizze, JuS 2003, 209.

***Fall 6:*** *Der Gastwirt K liest den umfangreichen Katalog des Versandhauses „Bruno". Das Versandhaus wirbt u.a. damit, dass es bestellte Ware mit seinem „Blitzservice" besonders schnell liefert, und zwar in manchen Großstädten u.U. noch am selben Tag, sonst jedenfalls innerhalb von 2 Tagen ab Zugang der Bestellung". In dem Katalog sind auf den letzten Seiten gut lesbar die Allgemeinen Geschäftsbedingungen des Versenders abgedruckt. Darin heißt es in § 7: „Sollte die Lieferung der bestellten Ware nicht innerhalb von 2 aber nicht später als innerhalb von 5 Tagen zugestellt werden, so begründet dies keinerlei Rechte und Ansprüche des Kunden." Über dem Inhaltsverzeichnis ist mit großen Buchstaben fett gedruckt der Hinweis zu lesen: „Wir liefern nur zu unseren im Katalog einsehbaren Allgemeinen Geschäftsbedingungen." K bestellt auf einer dem Katalog angehefteten Bestellkarte am 4. Dezember 2016 Porzellan für seine Gaststätte zum Preise von 1.200,00 €. Auf der von K unterschriebenen Bestellkarte, die „Bruno" am 5. Dezember zugeht steht über der Unterschriftzeile gut lesbar der Satz „Mit der Unterschrift akzeptiere ich die Allgemeinen Geschäftsbedingungen des Versandhauses „Bruno". Wegen des Weihnachtsgeschäfts verzögert sich die Lieferung des Porzellans; es wird am 8. Dezember 2016 dem K von einem Zustelldienst ausgehändigt.*

*Ist die Klausel wirksam, so dass K keine Rechte aus der verspäteten Lieferung geltend machen kann?*

## I. Überblick

116 Bei Vertragsschluss versucht häufig jedenfalls ein potenzieller Vertragspartner, gestützt auf die Vertragsfreiheit, durch die Einbeziehung seiner Allgemeinen Geschäftsbedingungen in den Vertrag, seine Rechtsstellung gegenüber der gesetzlichen Regelung zu verbessern. Das setzt allerdings voraus, dass die gesetzlichen Vorschriften dispositives Recht enthalten, das für privatautonome Vertragsausgestaltung Raum gewährt. Diese Möglichkeiten sind durch die §§ 305 ff. erheblich eingeschränkt.

Wenn mit dem Vertragsschluss z.B. bei einem Kauf-, Miet- oder Werkvertrag Allgemeine Geschäftsbedingungen Vertragsinhalt werden, so werden nicht allein die Rechte und Pflichten Gegenstand des Vertrages, die das Gesetz – hier das BGB – für diesen Vertragstyp vorsieht; manche Regelungen des Gesetzes werden – soweit rechtlich zulässig – durch Allgemeine Geschäftsbedingungen abgeändert, ergänzt oder ersetzt. Wenn die zugrunde gelegten Allgemeinen Geschäftsbedingungen lediglich als Ergänzung und teilweise Ersetzung der gesetzlichen Regelung dienen sollen, so besteht der einheitliche Vertrag einerseits aus einer Individualabrede und andererseits aus Allgemeinen Geschäftsbedingungen. Diese Unterscheidung hat praktische Auswirkungen für die Inhaltskontrolle des Vertrages. Während der Teil des Vertrages, der aus Allgemeinen Geschäftsbedingungen besteht, gegebenenfalls nach den strengen Regeln der §§ 307 ff. überprüft wird, findet eine Kontrolle des individualrechtlichen Teils lediglich nach den milderen allgemeinen Maßstäben des BGB (§§ 138, 242 etc.) statt.

**117** Die meisten atypischen Verträge, die geschlossen werden, wie z.B. Leasingverträge und Altenheimverträge, sind in der Regel typisiert und stellen insgesamt Allgemeine Geschäftsbedingungen dar. Das bedeutet, hier muss nicht unterschieden werden zwischen dem Vertragsteil, der eine Individualabrede darstellt, und demjenigen, der aus Allgemeinen Geschäftsbedingungen besteht.

## II. Die Gegenstände Allgemeiner Geschäftsbedingungen

**118** Abgesehen von den oben genannten atypischen Verträgen, bei denen eine typisierte Gestaltung durch Allgemeine Geschäftsbedingungen jedenfalls sinnvoll ist, werden in Allgemeine Geschäftsbedingungen, durch welche die gesetzlich geregelten Verträge, wie z.B. Kauf-, Werk- und Mietverträge, abgeändert und ergänzt werden, häufig insbesondere folgende Gegenstände aufgenommen:

- bewegliche Liefer- und Zahlungsfristen zugunsten des Verwenders;
- Einschränkungen der Gewährleistungsansprüche zuungunsten des Geschäftspartners;
- eine Verkürzung der Gewährleistungsfristen;
- der Ausschluss der Abtretung von Forderungen, die gegen den Verwender bestehen oder entstehen;
- der Ausschluss der Aufrechnung gegen Forderungen des Verwenders;
- Beweislastregelungen, die es dem Kunden des Verwenders häufig unmöglich machten, seine Rechte vor Gericht durchsetzen zu können.

**119** Manche Allgemeine Geschäftsbedingungen stellen ein umfangreiches Klauselwerk dar, dessen Tragweite auch für geschäftlich erfahrene Kunden nur schwer zu begreifen ist. Zu denken ist hier z.B. an die Allgemeinen Geschäftsbedingungen der Banken, Versicherungen, Spediteure und Beförderungsunternehmen.

Viele andere Allgemeine Geschäftsbedingungen regeln nur einzelne Punkte und ergänzen oder verändern die gesetzliche Regelung auf diese Weise nur mehr oder weniger geringfügig. Zu solchen einzelnen Punkten gehören häufig: die Vereinbarung eines Eigentumsvorbehaltes, Zahlungsfristen, der Ausschluss oder erhebliche Modifizierungen von Gewährleistungsansprüchen. In solchen Fällen werden die Rechtsnormen, die das BGB für einen bestimmten Vertragstyp aufstellt, nur teilweise, allerdings zum Nachteil der Kunden, abgeändert, ausgeschlossen oder ergänzt. Der vom Gesetzgeber umrissene Vertragstyp bleibt in diesen Fällen noch erkennbar.

Allgemeine Geschäftsbedingungen und die damit zusammenhängenden Probleme spielen nicht nur im Verhältnis der Unternehmen zu den Verbrauchern eine Rolle. Auch im Geschäftsverkehr der Unternehmen untereinander werden bei Vertragsschlüssen in der Regel Allgemeine Geschäftsbedingungen zugrunde gelegt.

## III. Die Vorschriften des BGB zur Regelung des Rechts der Allgemeinen Geschäftsbedingungen

### 1. Das rechtspolitische Ziel

Das Hauptziel der gegenwärtigen gesetzlichen Regelungen betreffend die Allge- 120
meinen Geschäftsbedingungen (§§ 305 ff.) ist es, zu verhindern, dass Personen ohne wirklichen Überblick über die vereinbarten Regelungen des Leistungsaustausches Verträge abschließen, denen der Vertragspartner vorformulierte Vertragsbedingungen zugrunde legt, die eine **unangemessene Benachteiligung** enthalten. Mit diesen gesetzlichen Regelungen soll keineswegs das Prinzip der Privatautonomie beseitigt werden. Man kann sie vielmehr als einen Versuch werten, dem Prinzip der Privatautonomie eine neue Chance zu geben.

### 2. Der Begriff der Allgemeinen Geschäftsbedingungen (§ 305 Abs. 1)

Das BGB enthält in § 305 Abs. 1 zunächst einmal eine Begriffsbestimmung. Nach 121
dieser Definition liegen Allgemeine Geschäftsbedingungen vor, wenn

a) der Verwender für den potenziellen Vertragspartner vorformulierte Vertragsbedingungen bereithält,
b) die für eine „Vielzahl von Verträgen“ bestimmt sind (was nicht notwendigerweise bedeutet, dass sie für den Massenverkehr gedacht sind),
c) und der Verwender diese vorformulierten Vertragsbedingungen dem Vertragspartner stellt, d.h. **einseitig** auferlegt.

#### a) Vertragsbedingungen

Vertragsbedingungen sind solche Bestimmungen, welche nach dem Willen des 122
Verwenders Inhalt des Vertrags werden sollen. Mit ihnen werden Rechte und Pflichten der Vertragsparteien festgelegt, welche ohne diese Klauseln nicht oder in anderer Weise bestünden.[1] Unerheblich ist, ob die Klauseln die vertraglichen Hauptleistungen regeln oder nur Nebenpflichten betreffen sollen.

---

1 MüKo/*Basedow*, § 305 BGB Rn. 12.

Die Abgrenzung zu Regeln, die zwar verbindlich sein sollen, aber nicht die Voraussetzungen erfüllen, die an Allgemeine Geschäftsbedingungen gestellt werden, ist nicht immer einfach. Zu beachten ist stets, dass die gesetzlichen Regeln betreffend die Allgemeinen Geschäftsbedingungen vom Verbraucherschutzgedanken bestimmt und auf die prinzipiell gegensätzlichen Interessen des Verwenders und seiner Kunden zugeschnitten sind.[2] Der BGH[3] stellt darauf ab, ob die Erklärungen nach ihrem objektiven Wortlaut bei den Empfängern den Eindruck hervorrufen, es solle damit der Inhalt eines vertraglichen Rechtsverhältnisses bestimmt werden.

> **Beispiel:** Das sportliche Regelwerk eines Sportverbandes stellt im Verhältnis zu Mitgliedern und Nichtmitgliedern keine Allgemeinen Geschäftsbedingungen dar; es enthält keine Bestimmungen, welche die prinzipiell gegensätzlichen Interessen des Verwenders und seinen Kunden betreffen.[4]

#### b) Vorformulierung für eine Vielzahl von Verträgen

123 Vorformuliert im Sinne des § 305 Abs. 1 sind Vertragsbedingungen dann, wenn sie zeitlich vor dem Vertragsschluss fertig formuliert vorliegen, um in zukünftige Verträge einbezogen zu werden.[5] Die Vorformulierung kann der Verwender selbst vornehmen; er kann sie aber auch von einem Dritten anfertigen lassen.

So fallen unter die Definition des § 305 Abs. 1 z.B.:

- gedruckte Einheitsmietverträge, aufgrund derer die Vermieter mit den Mietern Mietverträge abschließen;
- Grundschuldbestellungsurkunden, die eine Bank als Formular verwendet;
- vorgedruckte Formularverträge, die beim Autokauf verwandt werden;
- vorformulierte Bürgschaftsverträge, wie sie die Banken verwenden.

Auch auf Datenträgern gespeicherte Verträge, die für eine Vielzahl von Fällen vorgesehen sind, stellen Allgemeine Geschäftsbedingungen dar.

124 Unter die Definition des § 305 Abs. 1 können auch **notarielle Verträge** fallen, wenn diese Verträge von dem Notar nicht nur für Einzelfälle gedachte Regeln enthalten, sondern inhaltlich das wiedergeben, was eine Partei für eine Reihe gleichwertiger Verträge einseitig festgelegt hat[6].

Für eine Vielzahl von Verträgen vorformulierte Vertragsbedingungen im Sinne des § 305 Abs. 1 können auch dann vorliegen, wenn die Bedingungen nicht gegenüber verschiedenen Vertragsparteien verwendet werden sollen. Für eine Viel-

---

2 BGHZ 128, 93, 101.

3 BGHZ 62, 294, 297 .

4 So BGHZ 128, 93.

5 *MüKo/Basedow*, § 305 BGB Rn. 13.

6 So BGHZ 83, 56, 58

zahl von Verträgen sind sie bereits dann vorformuliert, wenn ihre **dreimalige** Verwendung beabsichtigt ist[7].

Aufgrund einer entsprechenden Richtlinie der EU[8] genießen **Verbraucher** (§ 13) auch innerhalb des Rechts der Allgemeinen Geschäftsbedingungen (§§ 305 ff.) noch einen besonderen Schutz. Auf Verbraucherverträge (= Verträge zwischen Verbrauchern im Sinne des § 13 und Unternehmern im Sinne von § 14) findet § 310 Abs. 3 Anwendung. Danach sind u.a. etliche Vorschriften über die Allgemeinen Geschäftsbedingungen, wie z.B. diejenigen über die Inhaltskontrolle (§§ 307 ff.) auch dann anzuwenden, wenn vorformulierte Vertragsbedingungen nur zur **einmaligen** Verwendung bestimmt sind und der Verbraucher aufgrund der Vorformulierung auf den Inhalt keinen Einfluss nehmen konnte. 125

#### c) Vom Verwender gestellt

Das „Stellen“ von Vertragsbedingungen setzt voraus, dass der Verwender – das ist derjenige, auf dessen Veranlassung die Allgemeinen Geschäftsbedingungen dem Vertrag zugrunde gelegt werden sollen – einseitig und diskussionslos die Einbeziehung der fertigen Regelungen in den Vertrag verlangt.[9] Bei Verträgen mit Verbrauchern wird gemäß § 310 Abs. 3 Nr. 1 das „Stellen“ der Klauseln durch den Unternehmer fingiert. 126

### 3. Der Vorrang von Individualabreden

Gemäß § 305 Abs. 1 S. 3 liegen Allgemeine Geschäftsbedingungen nicht vor, wenn Vertragsbedingungen im Einzelnen **ausgehandelt** sind (sog. Individualabreden). Auf Individualabreden finden deshalb die Vorschriften der §§ 305 ff. grundsätzlich keine Anwendung. 127

Individualabreden genießen gemäß § 305 b Vorrang vor Allgemeinen Geschäftsbedingungen. Soweit ein inhaltlicher Widerspruch zwischen Individualabreden und Allgemeinen Geschäftsbedingungen besteht, bleiben letztere ohne Geltung. Demnach bleiben Klauseln in Allgemeinen Geschäftsbedingungen, die im Widerspruch zu Individualabreden stehen, ohne Wirkung.

> **Beispiel:** Kaufmann K kauft bei V einen LKW für sein Unternehmen unter Einbeziehung Allgemeiner Geschäftsbedingungen. In den Allgemeinen Geschäftsbedingungen des V, die von K unterschrieben worden sind, wird die gesetzliche Verjährungsfrist für die Mängelhaftung von zwei Jahren auf ein Jahr verkürzt. Unter Zeugen erklärt V dem K jedoch, er gebe ihm, dem K sogar eine „Garantiefrist“ von drei Jahren. Als K 18 Monate nach Übergabe des LKW an ihn einen

7 So BGH ZIP 2004, 315 f.

8 Richtlinie 93/13/EWG des Rates vom 05.04.1993 über missbräuchliche Klauseln.

9 *Jauernig/Stadler*, BGB, § 305 Rn. 6.

Mangel geltend macht, beruft sich V auf seine Allgemeinen Geschäftsbedingungen. Die mündliche Zusicherung des V, er räume dem K sogar eine Garantiefrist – womit die Verjährungsfrist für Mängelansprüche gemeint ist – von drei Jahren ein, ist eine Individualabrede im Sinne des § 305 b. Sie geht der entsprechenden Klausel in den Allgemeinen Geschäftsbedingungen vor, die demnach ohne Wirkung bleibt. Der Mängelanspruch des K ist somit noch nicht verjährt.

**128** Zu beachten ist stets, dass in der Praxis häufig Verträge abgeschlossen werden, die aus Allgemeinen Geschäftsbedingungen und Individualvereinbarungen bestehen. Es handelt sich dabei um einen **einheitlichen Vertrag.**

**Beispiel:** K kauft bei V eine Einbauküche. Es wird vereinbart, dass V die Küchenteile bei K anliefern und die Montage übernehmen soll. Über den Preis haben sich die Parteien mündlich geeinigt. Betreffend den Transport- und die Montage bittet V den K, seine vorformulierten „Liefer- und Montagebedingungen" zu unterschreiben. K kommt der Bitte nach. Hier liegt ein einheitlicher Vertrag (Kaufvertrag mit Nebenabreden betr. Transport und Montage) vor, der aus zwei Teilen besteht: Betreffend Transport und Montage bestehen AGB; der übrige Teil des Vertrages, wie z.B. die Vereinbarung des Kaufpreises, besteht aus Individualabreden. Angenommen, der gelieferte und eingebaute Herd hat einen Mangel, so sind die gesetzlichen Gewährleistungsregeln beim Kauf anzuwenden.

### 4. Die Einbeziehung von Allgemeinen Geschäftsbedingungen in den Vertrag

#### a) Die Einbeziehung bei Verträgen mit Verbrauchern

**129** § 305 Abs. 1 und 2 und auch § 305 a Abs. 1 S. 1 sollen sicherstellen, dass für die Einbeziehung von Allgemeinen Geschäftsbedingungen in den Einzelvertrag der rechtsgeschäftliche Vertragswillen der Parteien maßgeblich ist. Die andere Vertragspartei muss durch die Abgabe einer entsprechenden Willenserklärung mit der Geltung der Allgemeinen Geschäftsbedingungen einverstanden sein; d.h. sie muss ihr Einverständnis damit äußern, dass die Allgemeinen Geschäftsbedingungen Vertragsbestandteil werden. Das legt § 305 Abs. 2 letzter Halbsatz („...und wenn die andere Vertragspartei mit ihrer Geltung einverstanden ist") ausdrücklich fest. Verstärkt wird dieses **Konsensualprinzip** noch durch § 305 a Abs. 1 S. 1. Damit wird klargestellt, dass die Einbeziehung der Allgemeinen Geschäftsbedingungen auf vertraglicher Grundlage und nicht durch einseitige Maßnahmen des Verwenders erfolgt.

**130** Um zu gewährleisten, dass die häufig für den Vertragspartner des Verwenders nachteiligen Allgemeinen Geschäftsbedingungen wirklich vom Willen der Vertragschließenden getragen werden, macht § 305 Abs. 2 das Zustandekommen eines Vertrages mit dem Inhalt der Allgemeinen Geschäftsbedingungen von einem ausdrücklichen Hinweis auf die Allgemeinen Geschäftsbedingungen abhängig oder ausnahmsweise von einem deutlich sichtbaren Aushang am Ort des Vertragsschlusses, wenn ein ausdrücklicher Hinweis wegen der Art des Vertragsabschlusses nur unter unverhältnismäßigen Schwierigkeiten möglich ist. Außerdem muss der Verwender dafür sorgen, dass der andere Vertragsteil die Möglichkeit hat, in zumutbarer Weise vom Inhalt der Allgemeinen Geschäftsbedingungen Kenntnis zu nehmen.

Die Einverständniserklärung kann auch **konkludent** abgegeben werden. Liegen die Voraussetzungen des § 305 Abs. 2 Nr. 1 und 2 vor und nimmt der Kunde die ihm angebotene Leistung an, so kann darin die konkludent abgegebene Einverständniserklärung des Kunden gesehen werden. **131**

**Beispiel:** F fährt mit seinem PKW in die vom Vermieter V betriebene Tiefgarage ein, um sein Kfz dort für einige Stunden zu parken. Als er vor der Schranke hält, um einen Parkschein zu ziehen, sieht er ein Schild mit dem Hinweis darauf, dass der V keine Haftung für Beschädigungen geparkter Kraftfahrzeuge durch Dritte übernehme. F zieht den Parkschein. In der letztgenannten Handlung kann ein konkludent abgegebenes Einverständnis zur Einbeziehung der Vertragsbedingungen des V in den Vertrag gesehen werden.

Für einige privilegierte Bereiche (z.B. genehmigte Tarife und Beförderungsbedingungen im Linienverkehr und Allgemeine Geschäftsbedingungen für bestimmte Telekommunikationsleistungen) gilt gemäß § 305 a, dass Allgemeine Geschäftsbedingungen auch dann Vertragsinhalt werden können, wenn der Kunde nicht ausdrücklich darauf hingewiesen und ihm auch nicht die Möglichkeit verschafft worden ist, in zumutbarer Weise von ihrem Inhalt Kenntnis zu nehmen. In jedem Falle muss der andere Vertragsteil aber, wie sonst auch, sein Einverständnis mit der Geltung der Allgemeinen Geschäftsbedingungen geben, also eine entsprechende Willenserklärung abgeben. **132**

### b) Einbeziehung bei Verträgen zwischen Unternehmern

Die strengen Einbeziehungsvoraussetzungen des § 305 Abs. 2 gelten gemäß § 310 Abs. 1 nicht, wenn der Vertragspartner des Verwenders ein Unternehmer (§ 14) oder eine juristische Person des öffentlichen Rechts (z.B. Gemeinde, Hochschule) ist. Erfasst sind nach § 14 auch Freiberufler. **133**

Auch wenn der Hinweis auf die Allgemeinen Geschäftsbedingungen und die Kenntnisnahmemöglichkeit als Voraussetzungen entfallen, so bedarf es zur Einbeziehung von Allgemeinen Geschäftsbedingungen in den Vertrag doch nach allgemeinen Regeln einer rechtsgeschäftlichen Vereinbarung. Notwendig ist demgemäß eine ausdrückliche oder konkludent geäußerte Willensübereinstimmung der Vertragspartner zur Geltung der Allgemeinen Geschäftsbedingungen zustimmt[10].

10 BGHZ 117, 190, 194; 102, 293, 304.

Nach der Rechtsprechung des BGH[11] führt allein das Schweigen einer Partei auf eine Auftragsbestätigung, in der die andere Partei auf ihre Allgemeinen Geschäftsbedingungen verweist, nicht zur Einbeziehung dieser Bedingungen in den Vertrag. Nach den allgemeinen Regeln über den Vertragsschluss ist stets die zustimmende Willenserklärung des anderen Teils erforderlich.

#### c) Rahmenvereinbarungen

134 § 305 Abs. 3 sieht vor, dass ein einzelner Vertrag auch dann unter Einbeziehung Allgemeiner Geschäftsbedingungen zustande kommen kann, wenn die Vertragspartner im Voraus generell ihre Geltung für künftige Verträge vereinbart, also eine entsprechende **Rahmenvereinbarung** getroffen haben. Die Rahmenvereinbarung im Sinne des § 305 Abs. 3 ist ein Vertrag, durch den die Geltung Allgemeiner Geschäftsbedingungen eines Partners für künftige Geschäfte vorgesehen wird. Kraft der Rahmenvereinbarung werden die Allgemeinen Geschäftsbedingungen für alle von ihr erfassten Verträge verbindlich, ohne dass die Einbeziehungsvoraussetzungen bei den Einzelverträgen erfüllt zu sein brauchen oder in den Einzelverträgen auf die Rahmenvereinbarung verwiesen werden müsste[12].

### IV. Die Bezugnahme beider Vertragsparteien auf die eigenen Allgemeinen Geschäftsbedingungen

135 Schwierigkeiten entstehen häufig bei der Beantwortung der Frage, wessen Allgemeine Geschäftsbedingungen gelten, wenn beide Vertragschließenden jeweils auf ihre Allgemeinen Geschäftsbedingungen Bezug nehmen. Das geschieht z.B. wenn die eine Vertragspartei unter Bezugnahme auf ihre eigenen Bedingungen Waren bestellt und die andere Vertragspartei unter Hinweis auf ihre Verkaufsbedingungen auf die Bestellung antwortet, beide Bedingungen sich aber insgesamt oder jedenfalls in einzelnen Punkten widersprechen. Man spricht in diesen Fällen auch von der Kollision von Allgemeinen Geschäftsbedingungen.

**Beispiel:** Fabrikant F bestellt unter Hinweis auf seine Allgemeinen Geschäftsbedingungen, die auf der Rückseite des Bestellschreibens deutlich abgedruckt sind, bei der W-AG Feinbleche. Diese erklärt sich schriftlich bereit, die bestellten Feinbleche zu liefern, verweist aber in ihrem Antwortschreiben auf die in ihrem Schreiben enthaltenen eigenen Allgemeinen Geschäftsbedingungen. Die Leistungen werden ausgetauscht.

136 In so gelagerten Fällen ist in der Auftragsbestätigung gemäß § 150 Abs. 2 die Ablehnung des ersten Angebots verbunden mit der Unterbreitung eines neuen Angebots zu sehen. Dieses neue Angebot bedarf der Annahme durch die andere Sei-

11 BGHZ 61, 282, 286 ff.

12 Vgl. *Stoffels*, AGB-Recht, Rn. 308 m.w.N.

te um einen Vertrag zustande kommen zu lassen. Allein die widerspruchslose Hinnahme einer Auftragsbestätigung, die einen Hinweis des Bestätigenden auf dessen Allgemeine Geschäftsbedingungen enthält, lässt diese Allgemeinen Geschäftsbedingungen noch nicht zum Vertragsinhalt werden.

Allerdings kann derjenige, der das erste Angebot gemacht hat, seinen Annahmewillen im Hinblick auf das zweite Angebot (§ 150 Abs. 2) dadurch zum Ausdruck bringen, dass er die Vertragsleistung des Verwenders ohne Vorbehalt ganz oder teilweise abnimmt und Zahlungen an den Verwender leistet.[13]. **137**

> In dem oben genannten **Beispiel** kommt der Vertrag also dadurch mit den Allgemeinen Geschäftsbedingungen der W-AG zustande, dass F durch die widerspruchslose Zahlung an die W-AG seinen Annahmewillen auf das nach § 150 Abs. 2 gemachte Angebot der W-AG betätigt.

Wenn der Kunde die Leistung annimmt, aber in der mit dem Verwender geführten Korrespondenz auf seine Allgemeinen Geschäftsbedingungen verwiesen hat, so kann in der Entgegennahme der Leistung nicht ohne weiteres ein Einverständnis mit den Allgemeinen Geschäftsbedingungen des Verwenders gesehen werden.[14] Für den Fall, dass die Leistungen ausgetauscht werden, haben die Parteien damit zum Ausdruck gebracht, dass sie einen Vertrag abschließen wollten und ein etwaiger Streit darüber, wessen Allgemeine Geschäftsbedingungen Vertragsinhalt geworden sein könnten, den Bestand des Vertrages nicht berühren sollte. Nach Ansicht des BGH ist es den Parteien damit nach Treu und Glauben verwehrt, sich auf das Nichtzustandekommen des Vertrages zu berufen.[15]

Schwierigkeiten können denjenigen Fälle bereiten, in denen beide Vertragschließenden auf ihre Allgemeinen Geschäftsbedingungen verweisen und betonen, dass ein Vertrag nur unter Einbeziehung der eigenen Allgemeinen Geschäftsbedingungen zustande kommen könne. Man spricht dann von Kollisionsklauseln, die z.B. wie folgt lauten kann: **138**

> „Die Einkaufsbedingungen des Käufers (= des anderen Vertragschließenden) haben keine Gültigkeit. Durch die Bestellung von Ware wird ausdrücklich anerkannt, dass die Lieferungs- und Zahlungsbedingungen des Verkäufers (= Verwenders) Geltung haben und die Einkaufsbedingungen des Käufers gegenstandslos geworden sind“[16].

Die Praxis lehrt, dass die Vertragschließenden einen Abschluss in der Regel nicht an der mangelnden Einigung über kollidierende Allgemeine Geschäftsbedingungen scheitern lassen wollen und deshalb das Kollisionsproblem – auch bei sog.

---

13 So schon BGHZ 1, 353, 355; BGHZ 61, 283, 285; OLG Köln BB 1980, 1237, 1238; *MüKo/Basedow*, BGB § 305 Rn. 103.

14 *MüKo/Basedow*, BGB § 305 Rn. 103.

15 BGHZ 61, 282, 288 f.

16 Nach OLG Köln BB 1980, 1237 ff.

Kollisionsklauseln – häufig bewusst offen lassen. Ein Vertrag kommt im Zweifel auch dann zustande, wenn eine Einigung der Vertragsparteien über kollidierende Allgemeine Geschäftsbedingungen nicht herbeigeführt wird, die Parteien aber gleichwohl mit der Ausführung des Vertrages beginnen.[17]

**139** Verweisen beide Vertragschließenden auf einander widersprechende Allgemeine Geschäftsbedingungen, so ist in erster Linie der zwischen den Parteien erzielte Konsens maßgeblich.[18] Das bedeutet im Zweifel, es kommt zwar ein Vertrag zustande, von den Allgemeinen Geschäftsbedingungen werden allerdings nur diejenigen Teile Vertragsinhalt, die sich nicht widersprechen. Im Übrigen werden kollidierende Teile Allgemeiner Geschäftsbedingungen durch die dispositiven gesetzlichen Bestimmungen ersetzt.[19] Dieses Ergebnis lässt sich für den Fall, dass die Parteien sich darüber im Klaren waren, dass sie sich über die Frage wessen Allgemeine Geschäftsbedingungen gelten sollen, nicht geeinigt haben, auf § 154 Abs. 1 stützen. Der Vertrag kommt insoweit zustande, als die Abreden der Parteien einschließlich der Allgemeinen Geschäftsbedingungen übereinstimmen. Sind sie sich des Dissenses nicht bewusst, kann § 155 angewandt werden.[20]

**Beispiel:** Die V-AG mit Sitz in Hagen verkauft an die K-GmbH in Münster eine Computer-Anlage zum Preis von 35.000 €. Nach den sich widersprechenden Allgemeinen Geschäftsbedingungen beider Vertragspartner soll als Gerichtsstand für die V-AG Hagen und für die K-GmbH Münster als vereinbart gelten. Die V-AG klagt den Kaufpreis beim LG Hagen ein. Die K-GmbH vertritt die Ansicht, dass das LG Münster zuständig sei. Wie ist zu entscheiden, wenn es in beiden Allgemeinen Geschäftsbedingungen heißt: „Widersprechen sich die Lieferungs- und Zahlungsbedingungen der Vertragspartner, so gelten nur die eigenen Bedingungen."

Obwohl sich die Allgemeinen Geschäftsbedingungen hinsichtlich der zulässigen Gerichtsstandsvereinbarungen widersprechen, ist der angestrebte Vertrag zustande gekommen. Die kollidierenden Teile der Allgemeinen Geschäftsbedingungen sind nach der hier vertretenen Auffassung durch die dispositiven gesetzlichen Bestimmungen zu ersetzen. An die Stelle der sich widersprechenden Gerichtsstandsvereinbarungen tritt die in der ZPO getroffene Zuständigkeitsregelung. Der Kaufpreis ist daher entweder vor dem Gericht einzuklagen, in dessen Zuständigkeitsbereich der Sitz der K-GmbH liegt, § 17 ZPO, oder am Gericht des Ortes, an dem die streitige Kaufpreisschuld zu erfüllen ist, § 29 ZPO i.V.m. §§ 269, 270. Dies ist in beiden Fällen Münster, so dass die Klage auf Zahlung des Kaufpreises vor dem LG Münster erhoben werden muss.

---

17 So im Ergebnis auch OLG Hamm BB 1983, 1815 und BGHZ 61, 282, 288 f.

18 *MüKo/Basedow*, BGB § 305 Rn. 105 ff. mit Nachw.

19 BGH NJW 1991, 1604, 1606; OLG Düsseldorf NJW-RR 1997, 946.

20 *MüKo/Basedow*, BGB § 305 Rn. 106.

**Lösung Fall 6:** Bei der verwendeten Klausel handelt es sich um AGB, weil sie Bestandteil von für eine Vielzahl von Verträgen vorformulierten Vertragsbedingungen ist, die der Verwender dem Vertragspartner stellt. Diese AGB müssten Vertragsbestandteil geworden sein. Dazu ist nach § 305 Abs. 2 notwendig, dass ein deutlicher Hinweis auf die AGB erfolgt und der Vertragspartner mit den AGB einverstanden ist. Ein deutlicher Hinweis fand sich hier auf der Bestellkarte. Zudem hat der Vertragspartner mit seiner Unterschrift seine Zustimmung erklärt. Es ist sodann zu fragen, ob ein Verstoß gegen die §§ 307 ff. vorliegt. Zu denken wäre an § 308 Nr. 1. Allerdings sind hier die §§ 308 f. wegen § 310 Abs. 1 S. 1 nicht anwendbar, da es sich bei dem Vertragspartner, einem Wirt, um einen Unternehmer handelt (vgl. § 14). Hingegen sind die Rechtsgedanken aus §§ 308 f. auch auf die Fälle des § 310 Abs. 1 S. 1 anzuwenden, was sich aus § 310 Abs. 1 S. 2 ergibt. Der Rechtsgedanke des § 308 Nr. 1, wonach sich der Verwender in AGB nicht unangemessen lange Zeit lassen darf, um eine Leistung zu erbringen, gilt daher auch hier. „Unangemessen" ist ein unbestimmter Rechtsbegriff, der der Klärung bedarf. Hierbei ist im konkreten Fall zu berücksichtigen, dass der Verwender gerade mit seinem „Blitzservice" wirbt und in dieser Werbung Lieferung spätestens in 2 Tagen zusagt. Gegenteilige AGB, die diesen Zeitraum auf 5 Tage verlängern, widersprechen daher dem in § 307 Abs. 1 genannten Gebot von Treu und Glauben, das durch § 308 Nr. 1 noch einmal konkretisiert wird und dessen Gedanke auch durch § 307 Abs. 1 erfasst wird. Die Klausel ist daher nach § 307 Abs.1 unwirksam und wird daher nicht Vertragsbestandteil. Der Wirt kann somit aus der Verspätung Rechtsfolgen ableiten, z.B. gegebenenfalls Schadensersatz fordern, falls ihm durch die Verzögerung der Leistung ein Schaden entstanden ist

# § 9 Besonderheiten des Vertragsschlusses im Internet

**Schrifttum:** *Bonke/Gellmann*, Die Widerrufsfrist bei eBay-Auktionen – Ein Beitrag zur Problematik der rechtzeitigen Belehrung des Verbrauchers in Textform, NJW 2006, 3169; *Ernst*, Vertragsgestaltung im Internet, 2003; *Grigoleit*, Besondere Vertriebsformen im BGB, NJW 2002, 1151; *Hoeren*, Internet- und Kommunikationsrecht, 2. Aufl., 2012; Hoeren/Müller, Widerrufsrecht bei eBay-Versteigerungen, NJW 2005, 948; *Löhnig*, Die Einbeziehung von AGB bei Internet-Geschäften, NJW 1997, 1688; *Nowak*, Der elektronische Vertrag – Zustandekommen und Wirksamkeit, MDR 2001, 841.

***Fall 7:** K ist Computerhändler. Er bestellt beim Computerfachhandel V online 100 Computerspiele Marke WWW, welche derzeit von seinen Kunden stark nachgefragt werden. Der Einkaufspreis beträgt 25 € pro Stück, der Verkaufspreis 35 € pro Stück. Das elektronische Bestellsystem des V gibt dem Kunden nicht die Möglichkeit, Eingabefehler zu erkennen. Daher nimmt K nicht wahr, dass er versehentlich eine Bestellung für 100 andere, weit weniger beliebte Computerspiele Marke XYZ abgege-*

*ben hat. Wenige Tage später erfolgt die Lieferung der Computerspiele XYZ. K schickt die Computerspiele sofort zurück und wiederholt seine Bestellung für 100 Computerspiele Marke WWW. In der Zwischenzeit waren nachweislich 20 Kunden bei K gewesen, welche das Computerspiel Marke WWW kaufen wollten.*

*K verlangt nun von V Schadensersatz in Höhe von 200 €.*

*Zu Recht?*

## I. Der Vertrag im elektronischen Geschäftsverkehr

140 Die Grundregeln für den wirksamen Abschluss von Verträgen gelten auch für Verträge, die unter Nutzung des technischen Mediums Internet abgeschlossen werden[1]. Das bedeutet, Verträge kommen auch dann, wenn sie unter Nutzung des Internets abgeschlossen werden, durch die Abgabe zweier übereinstimmender Willenserklärungen zustande. Die den Vertrag schließenden Parteien geben ihre Willenserklärungen dadurch ab, dass sie diese in der dafür vorgesehenen Art und Weise eingeben und an den potenziellen Vertragspartner absenden.

Für die Abgabe von Willenserklärungen im Internet ergeben sich gegenüber den per E-Mail übertragenen Erklärungen keine Besonderheiten. Die Kommunikation findet nicht in Anwesenheit der Vertragsparteien statt, so dass die Willenserklärungen unter Abwesenden abgegeben werden. Das hat zur Folge, dass § 130 Anwendung findet. Die Erklärungen werden also erst dann wirksam, wenn sie zugegangen sind, der Empfänger die Möglichkeit der Kenntnisnahme hat (vgl. oben § 4 II).

141 Das BGB verwendet in § 312 i ff. den Begriff des **Vertrag im elektronischen Geschäftsverkehr**. Das sind nach § 312 i solche Verträge, die ein Unternehmer mit Kunden über die Lieferung von Waren oder die Erbringung von Dienstleistungen abschließt und sich dabei „der Telemedien" bedient. Der Anbieter muss stets Unternehmer (§ 14) sein; der Kunde kann Verbraucher (§ 13), aber auch Unternehmer sein.

142 **Fernabsatzverträge,** die mit Nutzung der Telemedien zustande kommen und bei denen der Verbraucher stets ein Widerrufsrecht hat, sind **zugleich Verträge im elektronischen Geschäftsverkehr**. Die Vorschriften über den Fernabsatzvertrag (§§ 312 c ff.) sind allerdings Verbraucherschutzregeln, die nur Anwendung finden auf Verträge zwischen Unternehmern und Verbrauchern (Verbraucherverträge), die ausschließlich unter Verwendung von Fernkommunikationsmitteln abgeschlossen werden. Hier stehen Informationspflichten des Unternehmers (§ 312 d) und das dem Verbraucher gewährte Widerrufsrecht (§§ 312 g, 355) im Vordergrund (Vgl. dazu ausführlich § 25 VII).

1 OLG Hamm, ZIP 2001, 291; LG Münster, JZ 2000, 730.

Bei der Präsentation von Waren im Internet handelt es sich in der Regel um eine Aufforderung des Unternehmers an eine Vielzahl von potenziellen Kunden, ihrerseits Angebote abzugeben (invitatio ad offerendum; siehe oben § 5 III 3 d), da der Verkäufer sonst – wie beim Versand von Prospekten oder Katalogen – möglicherweise mehr Verträge schließen würde als er tatsächlich erfüllen könnte.[2] Somit kommt der Vertrag durch die Bestellung des Kunden (Angebot) und die darauf folgende Auftragsbestätigung des Verkäufers (Annahme) zustande. Die Bestellung, die ein Angebot des Käufers darstellt, wird in der Regel online oder durch Absenden einer E-Mail auf einem vorbereiteten Bestellformular abgegeben. Die Annahme (Auftragsbestätigung) erfolgt entsprechend entweder online durch eine Bestätigungsanzeige, durch E-Mail oder konkludent durch Zusendung der bestellten Waren.[3] **143**

**Beispiel:** Der Bücherversand A verwendet für die Bestellung von Waren über das Internet ein Online-Formular. Der Kunde B möchte bei A drei Bücher erwerben. Er gibt bei seiner Bestellung im Online-Formular die Lieferungsadresse und seine E-Mail-Adresse an. Nachdem B das Online-Formular an A abgesendet hat, schickt A umgehend per E-Mail eine Bestätigung der Bestellung. Durch die Abgabe der entsprechenden auf den Vertragsschluss gerichteten Willenserklärungen – Angebot und Annahme – ist ein Vertrag zustande gekommen.

## II. Pflichten im elektronischen Geschäftsverkehr

### 1. Überblick

Wegen der Besonderheiten des in Anspruch genommenen Mediums gewährt der Gesetzgeber den Kunden einen besonderen Schutz. Die §§ 312 i und 312 j sollen vor allzu aggressiven Verkaufsmethoden und vor skrupellosen Anbietern, die die Anonymität des Internets für unlautere Praktiken nutzen, schützen[4]. Schutz vor unlauteren Praktiken gewährt der Gesetzgeber nicht nur den Verbrauchern (§ 13), sondern allen Nutzern des Internets, also auch Unternehmern (§ 14). Allerdings ist der Schutz unterschiedlich ausgeprägt. **144**

Die Vorschriften über **den Vertrag im elektronischen Geschäftsverkehr** (§§ 312 und § 312 j) finden auf alle Verträge Anwendung, die zwischen einem Unternehmer und Kunden, also auch mit anderen Unternehmern, abgeschlossen werden. Dabei geht es vor allem um Pflichten (vorwiegend Informationspflichten), die dem so agierenden Unternehmer auferlegt werden.

2 LG Gießen, NJW-RR 2002, 1206; LG Essen, NJW RR 2002, 1207.

3 *MüKo/Kramer*, vor § 145 BGB Rn. 31.

4 Vgl. *Nowak*, MDR 2001, 843.

### 2. Die Pflichten aus § 312 i

145 Zu den dem Unternehmer nach § 312 i auferlegten Pflichten gehören z.B.:

a) Der Unternehmer hat dem Kunden angemessene, wirksame und zugängliche technische Mittel zur Verfügung zu stellen, mit deren Hilfe der Kunde Eingabefehler vor Abgabe seiner Bestellung erkennen und berichtigen kann (§ 312 i Abs. 1 Nr. 1);
b) der Zugang der Bestellung des Kunden muss unverzüglich auf elektronischem Wege bestätig werden (§ 312 i Abs. 1 Nr. 3);
c) dem Kunden ist die Möglichkeit zu verschaffen, die Vertragsbestimmungen einschließlich der Allgemeinen Geschäftsbedingungen bei Vertragsschluss abzurufen und in wiedergabefähiger Form zu speichern (§ 312 i Abs. 1 Nr. 4).

Kommt der Unternehmer seinen Pflichten nicht oder nur unzureichend nach, liegt darin eine Pflichtverletzung im Sinne des § 280. Aber auch wenn der Unternehmer seine Pflichten verletzt, kommt der angestrebte Vertrag zustande. Der Kunde hat allerdings nach § 280 einen Anspruch auf Schadensersatz. Gemäß §§ 280, 311 Abs. 2 und 249 ff. kann der Anspruch auf Vertragsaufhebung oder Vertragsanpassung gerichtet sein.[5]

### 3. Weitere Pflichten aus § 312 j

146 Eine Reihe weiterer Pflichten des Unternehmers dem Kunden gegenüber ergeben sich aus § 312 j, wie z.B. die folgenden:

a) Auf Webseiten für den elektronischen Geschäftsverkehr mit Verbrauchern hat der Unternehmer zusätzlich zu den Angaben nach § 312i Absatz 1 spätestens bei Beginn des Bestellvorgangs klar und deutlich anzugeben, ob Lieferbeschränkungen bestehen und welche Zahlungsmittel akzeptiert werden (§ 312 j Abs. 1).
b) Der Unternehmer hat die Bestellsituation bei einem Vertrag, der eine entgeltliche Leistung des Unternehmers zum Gegenstand hat, so zu gestalten, dass der Verbraucher mit seiner Bestellung ausdrücklich bestätigt, dass er sich zu einer Zahlung verpflichtet. Erfolgt die Bestellung über eine Schaltfläche, ist die Pflicht des Unternehmers aus Satz 1 nur erfüllt, wenn diese Schaltfläche gut lesbar mit nichts anderem als den Wörtern „zahlungspflichtig bestellen“ oder mit einer entsprechenden eindeutigen Formulierung beschriftet ist (§ 312 j Abs. 2 und 3).
c) Darüber hinaus hat der Unternehmer dem Kunden gegenüber eine Vielzahl von Informationspflichten zu erfüllen, die sich aus der komplizierten Regelung des § 312 i Abs. 1 Nr. 2 mit Hinweis auf Art. 246 c EGBGB ergeben. U. a. hat

5 *Jauernig/Stadler*, § 312 i Rn. 10.

der Unternehmer den Kunden über die einzelnen technischen Schritte zu informieren, die zu einem Vertragsschluss führen.

Wegen der Rechtsfolgen, die sich aus Pflichtverletzungen gemäß §§ 280, 311 Abs. 2, 312 j ergeben können, ist zu unterscheiden: **147**

Verletzt der Unternehmer die unter b) genannten Pflichten, kommt der Vertrag nicht zustande (§ 312 j Abs. 4).

Im Übrigen entsteht der Vertrag trotz der Verletzung der Pflichten durch den Unternehmer. Schadensersatzansprüche des Kunden aus §§ 280, 311 Abs. 2, 312 j können in Verbindung mit § 249 auf Vertragsaufhebung oder Vertragsanpassung gerichtet sein.[6]

## III. Die Einbeziehung von Allgemeinen Geschäftsbedingungen bei Abschluss eines Vertrages im elektronischen Geschäftsverkehr

Wenn beim Abschluss eines Vertrages im elektronischen Geschäftsverkehr der Unternehmer Wert darauf legt, dass – was fast immer der Fall ist – seine Allgemeinen Geschäftsbedingungen Vertragsinhalt werden, so muss er gemäß § 312 i Abs. 1 Nr. 4 dem Kunden die Möglichkeit verschaffen, die Allgemeinen Geschäftsbedingungen bei Vertragsschluss abzurufen und in wiedergabefähiger Form zu speichern. Im Übrigen gilt § 305 Abs. 2. **148**

Das gemäß § 305 Abs. 2 erforderliche Einverständnis gibt der Kunde per Mausklick ab. Entweder klickt er gesondert ein Icon zur Einbeziehung der Allgemeinen Geschäftsbedingungen an oder er gibt direkt ein Vertragsangebot ab, das eine Einbeziehung der Allgemeinen Geschäftsbedingungen beinhaltet. Die Web-Seiten einiger Anbieter sind technisch so eingerichtet, dass der Kunde erst den Allgemeinen Geschäftsbedingungen zustimmen muss, um zum Bestellformular zu kommen. Damit stellt der Verkäufer sicher, dass der Kunde sein ausdrückliches Einverständnis erklärt und es nicht im Nachhinein zu Beweisschwierigkeiten kommt. **149**

## IV. Die Ersteigerung von Waren bei Internet-Auktionen

Einige Auktionshäuser bieten Privatpersonen und Gewerbetreibenden im Internet ein Forum zur Versteigerung von Waren aller Art an. Es werden unterschiedliche Auffassungen dazu vertreten, auf welche Art und Weise ein Kaufvertrag über die zu ersteigernde Ware zwischen Versteigerer und Höchstbieter zustande kommt. Fraglich ist insbesondere, ob es sich um eine Versteigerung im Sinne des § 156 handelt. Letztlich kommt es darauf an, wie die Freischaltung der Auktionsseite **150**

6 *Jauernig/Stadler*, BGB, § 312 j Rn. 5.

durch den Veräußerer rechtlich zu beurteilen ist. Dazu vertritt der BGH die Meinung, dass es sich bei dieser Art der Versteigerung im Internet nicht um eine Versteigerung gemäß § 156 handelt.[7]

**151** Der BGH ist der Auffassung, dass die Freischaltung der Angebotsseite alle Voraussetzungen einer wirksamen Willenserklärung erfüllt[8]. Die Willenserklärung richtet sich an eine nicht konkret bezeichnete Person. Sie genügt aber dem Bestimmtheitserfordernis, weil zweifelsfrei erkennbar ist, mit welchem Auktionsteilnehmer der Vertrag zustande kommen soll, nämlich mit dem, der innerhalb des festgelegten Angebotszeitraums das Höchstgebot abgibt[9]. Was den Rechtsfolgewillen angeht, so sprechen die von den Auktionshäusern generell verwendeten Allgemeinen Geschäftsbedingungen für einen solchen, so dass ein wirksames Angebot des Versteigerers bei entsprechender Formulierung der Allgemeinen Geschäftsbedingungen bejaht werden kann.

**Beispiel**[10]: „Mit der Einstellung eines Artikels auf die Website gibt der Verkäufer ein verbindliches Angebot zum Verkauf des Artikels an denjenigen Bieter ab, der bei Ablauf der Angebotszeit das höchste Gebot abgegeben hat."

**152** Somit stellt das Höchstgebot eines Teilnehmers an der Auktion die Annahme des Angebots dar.[11] Mit Wirksamwerden dieser Willenserklärung (Annahme) kommt zwischen den Parteien ein wirksamer Kaufvertrag über den versteigerten Gegenstand zum Höchstgebot zustande.[12]

**153** Nach Auffassung des BGH[13] kann es dahingestellt bleiben, ob die Willenserklärung des Auktionshauses als Verkaufangebot und das spätere Höchstgebot des Kunden als Annahme zu qualifizieren sind oder ob die Willenserklärung des Auktionshauses eine – rechtlich zulässige – vorweg erklärte Annahme des vom Kunden abgegebenen Angebots (Höchstgebotes) darstellt. Auch in diesem Fall kommt der Vertrag durch Angebot und Annahme zustande.

**Lösung zu Fall 7:** V hat seine Pflicht aus § 312 i Abs. 1 Nr. 1 verletzt, dem Kunden angemessene, wirksame und zugängliche technische Mittel zur Verfügung zu stellen, mit deren Hilfe der Kunde Eingabefehler erkennen und berichtigen kann. Darin liegt eine Pflichtverletzung i.S. des § 280 Abs. 1. Da dem K ein Schaden entstanden ist und V die Pflichtverletzung zu vertreten hat, hat dieser einen Anspruch gegen V auf Schadensersatz in Höhe von 200 € aus §§ 280 Abs. 1, 311 Abs. 2, 312 i Abs. 1 Nr. 1.

---

7 BGHZ 149, 131, 133 f.; MüKo/Busche § 156 BGB Rn. 3.
8 BGHZ 149, 131, 133 f.; in der Vorinstanz OLG Hamm, ZIP 2001, 291, 293.
9 BGHZ 149, 131, 135f.; OLG Hamm, ZIP 2001, 291, 293.
10 www.ebay.de.
11 BGHZ 149, 129, 132 f.; MüKo/Busche, § 156 BGB Rn. 3.
12 OLG Hamm, ZIP 2001, 291, 293; BGHZ 149, 131, 133 f. lässt diese Frage ausdrücklich offen.
13 BGHZ 149, 131, 134.

# § 10 Die Auslegung

**Schrifttum:** *Bitter/Rauhut*, Grundzüge zivilrechtlicher Methodik, JuS 2009, 289; *Cziupka*, Die ergänzende Vertragsauslegung, JuS 2009, 103; *Lettl*, Die Anpassung von Verträgen des Privatrechts, JuS 2001, 144 ff., 248 ff., 347 ff., 456 ff., 559 ff., 660 ff.; *Petersen*, Die Auslegung von Rechtsgeschäften, Jura 2004, 536; *Schimmel*, Zur Auslegung von Willenserklärungen, JA 1998, 979; *derselbe*, Zur ergänzenden Auslegung von Verträgen, JA 2001, 339; *Wieling*, Falsa demonstratio non nocet, Jura 1979, 524.

***Fall 8*** *(in Anlehnung an RGZ 119, 354 ff.): V vermietet dem M in einem in seinem Eigentum stehenden Haus ein Ladenlokal, in dem M einen Buch- und Zeitungsladen einrichten will. Da sich in dem Haus noch andere Ladenlokale befinden, wird in den schriftlichen Vertrag eine Bestimmung aufgenommen, die die Überschrift „Wettbewerb" trägt. Darin verpflichtet sich V, kein weiteres Ladenlokal in dem Haus an jemanden zu vermieten, der einen Buch- und Zeitungshandel betreibt, und auch selbst dort nicht mit Büchern und Zeitungen zu handeln. Nach einiger Zeit errichtet V auf dem zu seinem Grundstück gehörenden Platz vor dem Haus einen Kiosk und vermietet diesen an den D, der darin Zeitungen, Zeitschriften und Taschenbücher veräußert. Hat V damit gegen den Vertrag verstoßen?*

## I. Überblick

Juristisch meint Auslegung die Ermittlung und Klarlegung des Bedeutungsgehaltes eines Rechtsbegriffs oder sonstigen Umstandes. Anders ausgedrückt: Juristisch bedeutet Auslegung, den Sinn zu ermitteln, der einer Erklärung zukommt. **154**

Nicht nur Gesetze bedürfen der Auslegung. Auch Willenserklärungen und Verträge müssen ausgelegt werden, wenn ihr Sinn nicht eindeutig ist.

Für die Auslegung von Gesetzen haben Rechtswissenschaft und Rechtsprechung (insbesondere Bundesverfassungsgericht und BGH) Methoden entwickelt, die sie anwenden. Dabei geht es in erster Linie um Fragen der juristischen Methodenlehre. **155**

Das BGB enthält in den §§ 133 und 157 zwei allgemeine Vorschriften über die Auslegung. Weitere Auslegungsregeln finden sich an vielen Stellen des BGB, wie z.B. in § 154 Abs. 1, § 328 Abs. 2 und § 364 Abs. 2; §§ 2066 ff. enthalten spezielle Regeln für die Auslegung von Testamenten.

## II. Die Auslegung von Willenserklärungen

Die Auslegung von Erklärungen darf erst beginnen, wenn feststeht, dass der Wille des Erklärenden und das Verständnis des Empfängers nicht übereinstimmen. Da es gemäß § 133 auf den „wirklichen Willen" ankommt, ist es gleichgültig, ob **156** der objektive Erklärungsinhalt mit dem – beim Vertragsschluss von beiden Beteiligten – subjektiv Gewollten übereinstimmt oder nicht. Man kann auch sagen: Die Rechtsordnung schreibt den einzelnen Personen nicht vor, welcher Ausdrucksweise sie sich zu bedienen haben. Stimmt das tatsächliche Verständnis der Vertragsparteien überein, so ist dieses, auch wenn es falsch ausgedrückt ist, für den Vertragsinhalt ausschlaggebend (falsa demonstratio non nocet[1]). Der wirkliche Wille des Erklärenden geht, wenn alle Beteiligten die Erklärung übereinstimmend in demselben Sinne verstanden haben, nicht nur dem Wortlaut, sondern jeder anderweitigen Interpretation vor[2].

**Beispiel** (nach RGZ 99, 147): F verkauft an B Walfischfleisch, das beide Vertragsparteien in dem schriftlich fixierten Kaufvertrag mit dem norwegischen Wort „Haakjöringsköd“ bezeichnen. Haakjöringsköd heißt aber nicht, wie beide Parteien annehmen, Walfischfleisch, sondern Haifischfleisch. Da F und B Walfischfleisch gemeint und dafür lediglich eine falsche Vokabel benutzt haben, ist Walfischfleisch Gegenstand des Vertrages. Der Kaufvertrag ist trotz der falschen Bezeichnung über Walfischfleisch geschlossen (falsa demonstratio non nocet). Würde F dem B statt Walfischfleisch Haifischfleisch liefern, wäre der Vertrag nicht erfüllt.

**157** Für die Auslegung von Erklärungen besteht also nur dann ein Bedürfnis, wenn der Wille des Erklärenden und das Verständnis des Erklärungsempfängers auseinanderklaffen.

**158** Die herrschende Meinung geht bei der Auslegung empfangsbedürftiger Willenserklärungen davon aus, dass es mit Rücksicht auf den Adressaten der Erklärung nicht auf den inneren, unerklärt gebliebenen Willen des Erklärenden ankommt[3]. Maßgeblich ist vielmehr der erklärte Wille, also nur das, was als Wille für denjenigen erkennbar geworden ist, für den die Erklärung bestimmt war. Diese Erklärung gilt so, wie sie der Erklärungsempfänger nach Treu und Glauben und nach der Verkehrsanschauung – der natürlichen Betrachtungsweise eines verständigen, unvoreingenommenen Beurteilers – gemäß §§ 133, 157 verstehen musste[4]. Der BGH[5] hat die Formulierung gebraucht, im Auslegungsvorgang gemäß §§ 133, 157 komme es darauf an, „wie der Empfänger der empfangsbedürftigen Willenserklärung dies bei objektiver Würdigung aller Umstände und mit Rücksicht auf Treu und Glauben zu verstehen hatte“. Damit wird nach herrschender Meinung[6] auf die **Maßgeblichkeit des Empfängerhorizontes** abgestellt.

---

1 BGH NJW 2002, 1038, 1039.

2 BGHZ 71, 75, 77 f.; 86, 41, 46; BGH NJW 1984, 721.

3 BGHZ 36, 30, 33; 47, 75, 78.

4 So BGHZ 47, 75, 78.

5 BGH NJW 1984, 721.

6 Vgl. *Staudinger/Roth*, § 157 BGB Rn. 3 mit Nachweisen.

**Beispiel:** Wenn der Gebrauchtwagenhändler V dem Kaufmann K gegenüber ein Angebot zum Kauf eines PKW zu einem Preis von 15.000 € abgibt, so kann K diese Erklärung nach Treu und Glauben und nach der Verkehrsanschauung – der natürlichen Betrachtungsweise eines verständigen, unvoreingenommenen Beurteilers – nur so verstehen, dass der Preis die Umsatzsteuer nicht einschließt. Etwas anderes dürfte gelten, wenn V das Angebot dem Rentner R gegenüber abgibt.

## III. Die Auslegung von Verträgen

### 1. Überblick

Haben die Parteien einen Vertrag abgeschlossen, können über dessen Inhalt **159** Zweifel und Meinungsunterschiede entstehen. Solche können darin begründet sein, dass ein Begriff oder eine Formulierung im Vertrag unklar ist und deshalb über deren Bedeutung gestritten wird. In einem solchen Fall muss der Vertrag **erläuternd** ausgelegt werden.

Häufig kommt es auch vor, dass die Parteien bei Vertragsschluss ein Vertragsverhältnis abschließend regeln wollen, dennoch aber aus Versehen eine oder mehrere regelungsbedürftige Fragen offenlassen. So entstehen **Lücken,** die im Wege der **ergänzenden Vertragsauslegung** geschlossen werden können, wenn der Wortlaut der abgegebenen Erklärungen dafür Anhaltspunkte gibt.

### 2. Die erläuternde Vertragsauslegung

Bei einer bestehenden Divergenz über Bedeutung und Umfang des vertraglich **160** Vereinbarten ist das **Ziel der Auslegung stets die Ermittlung des Vertragsinhalts**.[7] Diese Auslegung darf dem übereinstimmend zum Ausdruck gebrachten Erklärungswillen der Vertragsparteien nicht widersprechen.[8]

Ein wichtiger Auslegungsmaßstab ist die **Verkehrssitte** i.S. des § 157. Darunter ist die im Handelsverkehr oder im bürgerlichen Rechtsleben als eine allgemeine oder in bestimmten Kreisen bestehende tatsächliche Übung zu verstehen. Die Verkehrssitte ist eine Verhaltensregel, die aus tatsächlicher Übung bei ähnlichen Geschäften abgeleitet werden kann. Man kann auch sagen, Verkehrssitte ist die den Rechtsverkehr tatsächlich beherrschende Übung.[9]

**Beispiel:** Bei der Auslegung von Mietverträgen, die keine oder keine klare Regelung darüber enthalten, ob Besucher des Mieters das Treppenhaus betreten dürfen, kommt der Verkehrssitte Bedeutung zu. Nach der Rechtsprechung entspricht es der heutigen Verkehrssitte, dass grundsätzlich alle Besucher des Mieters freien

---

7 BGHZ 90, 69, 74; *Lettl*, JuS 2001, 248.
8 So BGHZ 71, 75, 77 f.; 90, 69, 77.
9 *MüKo/Busche*, § 157 BGB Rn. 16.

Zugang durch Treppenhaus und Lift zur Wohnung des Mieters haben. Das gilt unter anderem auch für Zeitungsboten[10].

161 **Verkehrssitte unter Kaufleuten** ist der **Handelsbrauch** i.S. des § 346 HGB (= kaufmännische Verkehrssitte).

Die Verkehrssitte hat bei der Auslegung nur Bedeutung, wenn sie für beide Vertragsteile gelten kann. Denn im Zweifel wird man davon ausgehen können, dass Erklärender und Erklärungsempfänger, wenn sie demselben Verkehrskreis angehören, ihre Erklärungen so verstehen, wie es der in diesen Kreisen herrschenden Verkehrssitte entspricht.

Die erläuternde Vertragsauslegung hat in der Praxis große Bedeutung für die Auslegung typischer und in Verträgen häufig wiederkehrender Klauseln.

**Beispiel:** Der Eigentümer V eines Grundstücks mit einem Mietshaus überträgt das Eigentum daran an den Erwerber E. V übernimmt im Vertrag eine „Vermietungsgarantie". Fraglich ist, was darunter zu verstehen ist, weil der Eigentümer eines Miethauses ein doppeltes Risiko im Hinblick auf die Miete trägt. Zum einen ist unsicher, ob überhaupt, alle Räume vermietet werden können. Darüber hinaus besteht das Risiko, dass Mieter die Miete nicht oder vollständig zahlen können. Eine erläuternde Auslegung führt in diesem Fall dazu, dass V wohl das Vermietungsrisiko insofern übernehmen wollte, als er dafür einstehen wollte, dass die Räume überhaupt vermietet werden konnten. Dagegen wollte er im Zweifel nicht das Insolvenzrisiko für die Mieter übernehmen.

**Beispiel:** In einem Kaufvertrag, den Verkäufer und Käufer über einen gebrauchten LKW abgeschlossen haben, ist folgende Klausel enthalten: „Der Käufer erwirbt vom Verkäufer den gebrauchten LKW nach einer Probefahrt in dem vom Käufer besichtigten Zustand." In der Klausel „wie besichtigt" ist die Vereinbarung darüber zu sehen, dass der Verkäufer nicht für solche Mängel Gewähr leistet, die bei der Besichtigung wahrnehmbar sind[11].

### 3. Die ergänzende Vertragsauslegung

#### a) Die Voraussetzungen

162 Haben die Parteien bei Abschluss des Vertrages ein Vertragsverhältnis abschließend regeln wollen, aber dennoch unbewusst eine oder gar mehrere regelungsbedürftige Fragen offen gelassen, so entstehen Lücken, die durch **ergänzende Vertragsauslegung** geschlossen werden können, wenn der Wortlaut der abgegebenen Erklärungen dafür hinreichend Anhaltspunkte bietet. Die ergänzende Vertragsauslegung muss an den Wortlaut der Erklärungen anknüpfen, weil die Vertragsauslegung den **Parteiwillen** klarstellen soll, um damit gegebenenfalls eine **Ergänzung des Vertragsinhalts,** nicht aber eine Abänderung oder Einschränkung

10 So AG München NJW-RR 1986, 1144.

11 So BGH BB 1957, 238. Vgl. auch BGH NJW 1978, 261.

des Vertrages herbeizuführen[12]. Mit anderen Worten: Der Vertragsgegenstand darf durch die Auslegung nicht erweitert werden.

Für eine ergänzende Vertragsauslegung ist demnach nur Raum, wenn 163

- der Vertrag eine ausfüllungsbedürftige Lücke enthält und
- im Wortlaut der Erklarungen Anhaltspunkte für den anzunehmenden Parteiwillen zu finden sind, die eine Vertragsauslegung gestatten.

Wenn in einem Vertrag eine Regelung fehlt, liegt nicht immer eine Lücke vor, die durch eine ergänzende Vertragsauslegung geschlossen werden kann. Von einer Vertragslücke kann nur dann gesprochen werden, „wenn ein Vertrag innerhalb des tatsächlich gegebenen Rahmens oder innerhalb der wirklich gewollten Vereinbarungen der Parteien eine ersichtliche Lücke aufweist“[13].

Eine Lücke, die im Wege der ergänzenden Vertragsauslegung geschlossen werden 164 kann, liegt nur dann vor, wenn die Unvollständigkeit einer vertraglichen Regelung auf einer **Planwidrigkeit** beruht. Haben die Parteien die Unvollständigkeit planmäßig herbeigeführt, so ist diese gewollte Lücke nicht auslegungsfähig. Das ist z.B. dann der Fall, wenn die Vertragschließenden die Regelungsbedürftigkeit einer Frage erkannt, von einer Regelung aber bewusst Abstand genommen haben.

### b) Der Wille der Parteien und die Grenzen der Vertragsauslegung

Die ergänzende Vertragsauslegung darf nur an den im Vertrage erkennbar zum 165 Ausdruck gekommenen Willen der Vertragschließenden anknüpfen. Denn die Vertragsauslegung hat nur den Vertragsinhalt, nicht aber den Vertragswillen zu ergänzen[14]. Deshalb ist im Wege der ergänzenden Vertragsauslegung gegebenenfalls auch dasjenige zu ermitteln und zu berücksichtigen, „was die Parteien zwar nicht erklärt haben, was sie aber in Anbetracht des gesamten Vertragszwecks erklärt haben würden, wenn sie den offen gebliebenen Punkt in ihren Vereinbarungen ebenfalls geregelt hätten und hierbei zugleich die Gebote von Treu und Glauben und der Verkehrssitte beachtet hätten“[15]. Der Inhalt des Vertrages darf deshalb nicht im Widerspruch zu dem im Vertrag zum Ausdruck gekommenen Parteiwillen erweitert oder eingeschränkt werden[16]. Nach Ansicht des BGH[17] scheidet eine ergänzende Vertragsauslegung jedenfalls dann aus, wenn verschiedene Gestaltungsmöglichkeiten zur Ausfüllung einer vertraglichen Regelungslücke in Betracht kommen, aber im Vertrag kein Anhaltspunkt dafür zu finden ist, welche Regelung die Parteien getroffen hätten.

---

12 Vgl. BGHZ 23, 282, 285.
13 BGHZ 40, 91, 103; 16, 71, 76.
14 BGHZ 9, 273, 278.
15 BGHZ 16, 71, 76.
16 So BGHZ 23, 282, 285.
17 BGHZ 93, 358, 370 f.

**Beispiel**: A in München und B in Hamburg betreiben je eine Arztpraxis als Fachärzte für Augenheilkunde. Beide möchten aus persönlichen Gründen die Stadt wechseln. Durch entsprechende Vermittlung erfahren A und B von den Absichten des anderen. Nachdem ein entsprechendes Gutachten der zuständigen Ärztekammer die Praxen als wirtschaftlich gleichwertig eingestuft hat, übernimmt A die Praxis des B in Hamburg und B die des A in München. Nach zwei Jahren reut den A der Orts- und Praxiswechsel. Er zieht wieder nach München und eröffnet eine Praxis etwa 800 Meter von seiner früheren Praxis, die jetzt B betreibt. Nachdem sich das herumgesprochen hat, wechseln viele Privatpatienten, die sich bisher von B haben behandeln lassen, zu ihrem „alten Arzt" A. B möchte wissen, was er unternehmen kann. B könnte dem A das Betreiben einer gleichen Praxis in seiner Nähe untersagen lassen, wenn er sich dafür auf eine Wettbewerbsklausel berufen könnte. Eine solche fehlt im Vertrag. Fraglich ist, ob der Vertrag deshalb eine Lücke aufweist. Sinn und Zweck des zwischen A und B geschlossenen Vertrages war es, dass A und B nach vollzogenem Ortswechsel wirtschaftlich gleichwertige Praxen betreiben sollten. Eine Rückkehr ist im Vertrage nicht geregelt, weil die Parteien damit nicht gerechnet hatten. Hätten Sie mit einer solchen Möglichkeit gerechnet, hätten sie eine Wettbewerbsklausel aufgenommen, denn die Rückkehr eines Vertragspartners in die Nähe des anderen, hätte die wirtschaftlichen Chancen des anderen beeinträchtigt. Gerade das sollte aber nach dem erkennbaren Willen der Vertragschließenden nicht sein. Der Vertrag enthält also eine Lücke, die anknüpfend an den erkennbaren Willen der Parteien geschlossen werden kann. Die Wettbewerbsklausel, die als Ergänzung in den Vertrag aufgenommen werden müsste, würde eine Rückkehr eines Vertragspartners in seine ursprüngliche Stadt nicht völlig ausschließen; der Vertragspartner dürfte sich mit seiner Praxis nicht so in der Nähe des anderen niederlassen, dass dessen wirtschaftliche Chancen beschränkt würden.

## IV. Die Auslegung von Allgemeinen Geschäftsbedingungen

**166** Ebenso wie Individualvereinbarungen sind auch Allgemeine Geschäftsbedingungen gemäß §§ 133, 157 auszulegen. Allerdings ist bei der Auslegung von Allgemeinen Geschäftsbedingungen zu berücksichtigen, dass sie nicht für einen bestimmten Einzelfall aufgestellt sind, sondern für eine unbestimmte Vielzahl von Einzelfällen in Gegenwart und Zukunft die Vertragsgrundlage bilden sollen. Für ihre Auslegung sind deshalb nicht der Wille und die Absicht der Parteien des Einzelgeschäfts zu erforschen[18]. Nach ständiger Rechtsprechung sind Allgemeine Geschäftsbedingungen vielmehr unabhängig von der Gestaltung des Einzelfalles sowie den Belangen der jeweiligen konkreten Vertragspartner nach objektiven Gesichtspunkten auszulegen. Es ist darauf abzustellen, wie die Allgemeinen Geschäftsbedingungen von verständigen und redlichen Vertragspartnern unter Abwägung der Interessen der normalerweise an solchen Geschäften beteiligten Kreise

18 BGHZ 17, 1, 3.

verstanden werden[19]. Dabei ist stets zu beachten, dass gemäß § 305 c Abs. 2 Zweifel bei der Auslegung zu Lasten des Verwenders gehen[20].

**Lösung zu Fall 8:** V hat gegen den Vertrag verstoßen, wenn es ihm aufgrund des im Vertrag mit M enthaltenen Wettbewerbsverbots untersagt war, den Kiosk an D zu vermieten. Der Vertrag enthält unter der Überschrift „Wettbewerb" eine Vereinbarung, in der sich V verpflichtet, kein weiteres Ladenlokal in dem Haus an jemanden zu vermieten, der einen Buch- und Zeitungshandel betreibt, und auch selbst dort nicht mit Büchern und Zeitungen zu handeln. Eine Wettbewerbsregelung, die sich ausdrücklich auf den Vorplatz des Hauses bezieht, fehlt. Eine Lösung muss im Wege der ergänzenden Vertragsauslegung gefunden werden. Dies kann nur geschehen, wenn

a) der Vertrag eine Lücke enthält, die durch ergänzende Vertragsauslegung ausgefüllt werden kann und

b) für die Vertragsauslegung ein Anhaltspunkt im Wortlaut der Erklärung zu finden ist.

Es ist davon auszugehen, dass V und M das Problem des Wettbewerbsverbots untereinander abschließend regeln wollten. Aus Versehen haben sie den Vorplatz des Gebäudes nicht ausdrücklich in die Vereinbarungen mit aufgenommen. Es liegt also eine Lücke im Vertrage vor, die einer ergänzenden Auslegung Raum gibt.

Da die Frage des Wettbewerbs im Vertrage ausführlich geregelt ist, kann die Auslegung an den Wortlaut des Vertrages anknüpfen. Eine Auslegung der Wettbewerbsklausel ergibt, dass V dem M in räumlicher Nähe, also auf dem Grundstück, keine Konkurrenz machen darf und dort auch an keinen Konkurrenten vermieten darf. Da er dies dennoch getan hat, hat er gegen die im Vertrage enthaltene Wettbewerbsklausel verstoßen.

# § 11 Verpflichtungs- und Verfügungsgeschäfte

**Schrifttum:** *Jauernig*, Trennungsprinzip und Abstraktionsprinzip, JuS 1994, S. 721; *Lorenz*, Grundwissen – Zivilrecht: Abstrakte und kausale Rechtsgeschäfte, JuS 2009, 489; *Peters*, Kauf und Übereignung, Jura 1986, S. 449.

***Fall 9:** A kauft bei dem Bäcker B ein Kuchenstück für 5 €. Er zahlt mit einem 10 €-Schein und erhält einen 5 €-Schein zurück. Wie viele Rechtsgeschäfte hat A mit dem Bäcker geschlossen?*

19 BGH NJW 1999, 1711, 1714; BGHZ 77, 116, 118 f.; 62, 251, 252 f.

20 Vgl. auch BGH NJW-RR 2007, 1697, 1700.

## I. Überblick

167 Das deutsche bürgerliche Recht wird u.a. vom Trennungsprinzip und vom Abstraktionsprinzip beherrscht. Das Abstraktionsprinzip setzt die Trennung von Verpflichtungsgeschäft und Verfügungsgeschäft (=Trennungsprinzip) voraus. Die in anderen Rechtsordnungen so gut wie unbekannte strikte Abstraktheit von Verfügungen ist ein Ergebnis der Entwicklung der deutschen Rechtswissenschaft im 19. Jahrhundert.

Was bedeutet nun Trennungsprinzip? Sollen im Wege eines Veräußerungsgeschäftes Vermögensgegenstände übertragen werden, so geschieht das nach deutschem Recht nicht allein durch den Abschluss eines Rechtsgeschäftes (eines Vertrages). Für den Kaufvertrag ist dem Text des § 433 Abs. 1 S. 1 zu entnehmen, dass allein mit dem Abschluss des Kaufvertrages das Eigentum an der gekauften Sache **nicht** auf den Käufer übergeht. Der wirksam zustande gekommene Kaufvertrag verpflichtet den Verkäufer lediglich, die gekaufte Sache an den Käufer zu übereignen. Es bedarf eines weiteren Geschäftes – nämlich der Übereignung –, um den Käufer Eigentümer werden zu lassen.

168 Die Übereignung (Eigentumsübertragung) **beweglicher Sachen** geschieht in der Regel gemäß § 929. Veräußerer und Erwerber müssen sich darüber einig sein, dass das Eigentum an der Sache übergehen soll, d.h. sie müssen zwei übereinstimmende Willenserklärungen dieses Inhalts abgeben, und die Sache muss an den Erwerber übergeben werden. Letzteres geschieht in der Regel durch einen Besitzwechsel. Das Eigentum an **Grundstücken** wird gemäß § 873 dadurch übertragen, dass Veräußerer und Erwerber sich darüber einig sein müssen, dass das Eigentum an der Sache übergehen soll; die dazu erforderlichen Willenserklärungen nennt man Auflassung. Dazu kommen muss noch die Eintragung in das Grundbuch. Diese ist für die Eigentumsübertragung konstitutiv.

Das deutsche Recht unterscheidet also zwischen Verpflichtungsgeschäften einerseits und Verfügungsgeschäften andererseits (Trennungsprinzip).

## II. Das Trennungsprinzip

169 Das **Verpflichtungsgeschäft** ist ein Rechtsgeschäft, durch das sich eine Person einer anderen gegenüber verpflichtet, eine Leistung zu erbringen. Die meisten Verpflichtungsgeschäfte werden durch Vertragsabschlüsse begründet. Eines der für die Praxis wichtigsten Verpflichtungsgeschäfte ist der Kaufvertrag.

**Verpflichtungsgeschäfte** (vertragliche Schuldverhältnisse) erfüllen im Warenverkehr eine doppelte Aufgabe:

– Sie bereiten eine Güterbewegung, wie z.B. die Übertragung des Eigentums an Sachen oder die Übertragung eines Rechtes durch Abtretung, vor. Der Vertrag (das Verpflichtungsgeschäft) verpflichtet dann zu der Güterbewegung, die als

Leistung vereinbart wird. Vollzogen wird die Güterbewegung durch das Verfügungsgeschäft. Aus dem Verpflichtungsgeschäft hat der Gläubiger einen Anspruch auf Vornahme des Verfügungsgeschäftes.

- Sie sichern die Güterbewegung, indem sie den rechtlichen Grund (die causa) dafür bilden.
- Fällt die causa, also das Verpflichtungsgeschäft weg oder fehlt sie gar von Anfang an, entsteht ein Anspruch aus ungerechtfertigter Bereicherung (§ 812) auf Rückgängigmachung der Verfügung.

Unter einem **Verfügungsgeschäft** versteht man ein Rechtsgeschäft, durch das ein Recht unmittelbar übertragen, belastet, geändert oder aufgehoben wird. Typische Beispiele für Verfügungsgeschäfte sind: die Übereignung beweglicher und unbeweglicher Sachen gemäß §§ 929 ff. bzw. §§ 873, 925 ff. und die Abtretung von Forderungen bzw. Rechten gemäß §§ 398 ff. **170**

Die Trennung zwischen Verpflichtungsgeschäft und Verfügungsgeschäft begegnet uns nicht nur beim Sachkauf. Auch beim Kauf von Forderungen und Rechten wird zwischen Verpflichtungs- und Verfügungsgeschäft unterschieden. Wird z.B. ein Schutzrecht – etwa ein Patent – veräußert, so wird darüber ein Kaufvertrag im Sinne des § 433 als Verpflichtungsgeschäft abgeschlossen; die Übertragung des verkauften Rechts erfolgt durch Abtretung gemäß §§ 413, 398, also durch eine vom Kaufvertrag zu trennende Vereinbarung. Die Abtretung ist hier das Verfügungsgeschäft.

Für die Beteiligten ist die Trennung zwischen Verpflichtungs- und Verfügungsgeschäft häufig nicht erkennbar. Bei Barkäufen des täglichen Lebens fassen Verkäufer und Käufer den Abschluss des Kaufvertrages und die Übereignung der gekauften Sache in der Regel als einheitlichen Vorgang auf. **171**

**Beispiel:** K tritt an den Verkaufskiosk des V, ergreift eine der dort ausliegenden Zeitungen und übergibt dem V ein 1-€-Stück als Kaufpreis für die Zeitung. Weder V noch K sprechen ein Wort. Obwohl V und K durch konkludent abgegebene Willenserklärungen drei Geschäfte (Abschluss des Kaufvertrages, Übereignung der Zeitung und Übereignung des Geldstücks) getätigt haben, gehen sie im Zweifel von der Einheit des Geschäftes aus.

Häufig tritt jedoch die Trennung zwischen Verpflichtungsgeschäft und Verfügungsgeschäft auch nach außen deutlich in Erscheinung. Das ist z.B. stets dann der Fall, wenn der Abschluss des Verpflichtungsgeschäfts und die Vornahme des Verfügungsgeschäfts zeitlich deutlich wahrnehmbar auseinander fallen.

**Beispiel:** Die Veräußerung eines Grundstücks: Zwischen dem Abschluss des notariell beurkundeten Kaufvertrages (= Verpflichtungsgeschäft) und dem Übergang des Eigentums (= Verfügungsgeschäft), der erst mit der Eintragung in das Grundbuch eintritt, liegen oft mehrere Wochen oder gar Monate. Hier wird die Unterscheidung zwischen Verpflichtungs- und Verfügungsgeschäft durch die zeitliche Versetzung deutlich.

## III. Das Abstraktionsprinzip

172 Das **Abstraktionsprinzip** setzt die Trennung zwischen Verpflichtungsgeschäft und Verfügungsgeschäft voraus. Mit der Aufteilung der Rechtsgeschäfte in Verpflichtungsgeschäfte einerseits und Verfügungsgeschäfte andererseits verfolgt der Gesetzgeber den Zweck, die Inhaberschaft an einem Recht wie z.B. dem Eigentum möglichst klar und zweifelsfrei feststellbar zu machen. Durch das Abstraktionsprinzip soll erreicht werden, dass das Verfügungsgeschäft von den Mängeln des Verpflichtungsgeschäfts (Kausalgeschäfts) grundsätzlich unabhängig ist.

Die Konsequenz aus der Unabhängigkeit des Verfügungsgeschäftes vom Verpflichtungsgeschäft ist, dass das Verfügungsgeschäft wirksam sein kann, obwohl das diesem zugrunde liegende Verpflichtungsgeschäft aus irgendeinem Grunde – etwa wegen Verstoßes gegen ein gesetzliches Verbot (§ 134) oder Formmangels (§ 125) – nichtig ist.

173 Falls das Verpflichtungsgeschäft, das die durch das Verfügungsgeschäft vollzogene Güterbewegung vorbereitet und ihre causa bildet, nichtig, das Verfügungsgeschäft aber gleichwohl wirksam ist, entsteht allerdings in der Regel ein Anspruch aus ungerechtfertigter Bereicherung (§ 812), der darauf gerichtet ist, die ohne rechtlichen Grund erfolgte Vermögensverschiebung rückgängig zu machen.

Das Abstraktionsprinzip beinhaltet zwei Abstraktionen:

- die inhaltliche Abstraktion: Das Verfügungsgeschäft muss keine kausale Zweckbestimmung enthalten. Das bedeutet, es muss nicht angegeben werden, warum das Verfügungsgeschäft vorgenommen wird, z.B. zwecks Erfüllung des zugrunde liegenden Kaufvertrages,
- die äußerliche Abstraktion: Die Wirksamkeit des Verfügungsgeschäftes hängt weder von dem Vorhandensein noch von der Wirksamkeit des Verpflichtungsgeschäftes ab.

Das bedeutet z.B.: Auch wenn der zwischen Verkäufer und Käufer abgeschlossene Kaufvertrag (Verpflichtungsgeschäft) aus irgendwelchen Gründen, z.B. wegen Sittenwidrigkeit gemäß § 138 nicht wirksam sein sollte, kann die vorgenommene Übereignung (Verfügungsgeschäft) dennoch wirksam sein.

> **Beispiel:** Ein zwischen V und K abgeschlossener Kaufvertrag über einen Gebrauchtwagen ist wegen Sittenwidrigkeit gemäß § 138 Abs. 2 (Wucher) nichtig. Die vorgenommene Übereignung des KFZ ist im Zweifel dennoch wirksam (Es besteht allerdings ein Anspruch auf Rückübereignung des KFZ nach § 812 Abs. 1).

174 Das Gegenprinzip zum Abstraktionsprinzip ist das Kausalprinzip: Das Verfügungsgeschäft muss, um wirksam zu sein, auch den Grund (die causa) der Vornahme enthalten; das Fehlen oder die Unwirksamkeit des Verpflichtungsgeschäftes zieht die Unwirksamkeit des Verfügungsgeschäftes nach sich.

175 Die Trennung zwischen Verpflichtungs- und Verfügungsgeschäft kombiniert mit dem Abstraktionsprinzip so, wie sie das deutsche Privatrecht vorsieht, ist keine

Selbstverständlichkeit. Es handelt sich vielmehr um eine Besonderheit des deutschen Rechts, die den meisten anderen Rechtsordnungen fremd ist. So wird z.B. das **französische Recht** vom Einheitsprinzip und vom Konsensprinzip geprägt. **Einheitsprinzip** bedeutet: Die Übertragung von Rechten, wie z.B. dem Eigentum, erfolgt bereits mit dem Abschluss des auf die Übertragung des Rechts gerichteten Schuldvertrages. Das schuldrechtliche und das dingliche Rechtsgeschäft gelten also als ein einheitliches Geschäft. Deshalb umfasst der auf den Abschluss des Kaufvertrages gerichtete Wille zugleich die dingliche Einigung, welche die Eigentumsübertragung bewirken soll. Es existiert also keine Trennung zwischen Verpflichtungs- und Verfügungsgeschäft.

Das **Konsensprinzip** besagt, dass die bloße vertragliche Einigung ohne äußeres Zeichen genügt, damit das Eigentum vom Veräußerer auf den Erwerber übergeht. Mit anderen Worten: Der Abschluss des Kaufvertrages reicht aus, um das Eigentum an der Kaufsache übergehen zu lassen. Es ist demnach nicht notwendig, dass die Kaufsache übergeben wird oder der Kaufpreis gezahlt wird. **176**

## IV. Das Problem der Fehleridentität

Aufgrund des Abstraktionsprinzips ist das Verfügungsgeschäft nicht schon allein deshalb nichtig, weil das Verpflichtungsgeschäft nichtig ist. Allerdings darf das Abstraktionsprinzip nicht dahingehend missverstanden werden, als wolle es die Wirksamkeit des Verfügungsgeschäftes unter allen Umständen gewährleisten. So wirkt sich das Abstraktionsprinzip dann nicht aus, wenn derselbe Unwirksamkeitsgrund sowohl das Verpflichtungs- als auch das Verfügungsgeschäft betrifft. Man spricht in diesen Fällen von Fehleridentität und meint damit: derselbe Anfechtungs- oder Nichtigkeitsgrund, der das Verpflichtungsgeschäft anfechtbar oder unwirksam macht, haftet auch dem Verfügungsgeschäft an. Deshalb und nicht wegen einer Durchbrechung des Abstraktionsprinzips ist auch das Verfügungsgeschäft anfechtbar oder nichtig. **176 a**

Als Unwirksamkeitsgründe, die zu einer Fehleridentität führen können, kommen in Betracht:

- Fehlende Geschäftsfähigkeit: Sie wirkt sich grundsätzlich auf das Verpflichtungsgeschäft und das Verfügungsgeschäft aus. Fallen diese zeitlich auseinander, muss geprüft werden, ob zum Zeitpunkt der Vornahme des Verfügungsgeschäftes die Geschäftsunfähigkeit noch vorliegt. **176 b**
- Sittenwidrigkeit gemäß § 138 Abs. 1: Wenn das Verpflichtungsgeschäft sittenwidrig und deshalb nichtig ist, muss geprüft werden, ob auch das Verfügungsgeschäft als Erfüllungsgeschäft nichtig ist. Diese Frage ist heftig umstritten.[1] Dass allein die Nichtigkeit des Verpflichtungsgeschäfts zur Nichtigkeit auch

1 Jauernig/Mansel § 138 BGB Rn. 25 f.

des Verfügungsgeschäftes führt, wird einhellig verneint. In der Regel dürften die Verfügungsgeschäfte als „sittlich neutral" anzusehen sein; sie sind deshalb in den meisten Fällen trotz der Unwirksamkeit des Verpflichtungsgeschäftes wirksam. Allerdings hat die Rechtsprechung Verfügungsgeschäfte dann als sittenwidrig angesehen, wenn mit dem dinglichen Rechtsvorgang sittenwidrige Zwecke verfolgt werden oder in ihm die Sittenwidrigkeit begründet ist.

**Lösung zu Fall 9:**
1. A hat zunächst einen Kaufvertrag mit dem B nach § 433 durch konkludent abgegebene Willenserklärungen geschlossen. Dieser Vertrag ist ein Verpflichtungsgeschäft. Er verpflichtet den A, den Kuchen zu zahlen und entgegenzunehmen (§ 433 Abs. 2) und den B, dem A das Kuchenstück zu übergeben und ihm das Eigentum hieran zu verschaffen (§ 433 Abs. 1).
2. Weiterhin haben A und B ein Verfügungsgeschäft getätigt, indem sie, zur Erfüllung des Verpflichtungsvertrages, tatsächlich über den Kuchen verfügt haben. Dies geschah, als B dem A den Kuchen übergeben hat und sich die Parteien einig waren, dass A neuer Eigentümer werden sollte (§ 929).
3./4. A und B haben zwei weitere Verfügungsgeschäfte dadurch getätigt, dass A dem B einen 10 €-Schein übereignete und anschließend B dem A das Eigentum an dem 5 €-Schein verschaffte.

# § 12 Rechtsfähigkeit und Geschäftsfähigkeit

**Schrifttum:** *Petersen*, Die Geschäftsfähigkeit, Jura 2003, 97; *Rolfs*, Neues zur Deliktshaftung Minderjähriger, JZ 1999, 233; *Schmitt*, Der Begriff der lediglich rechtlich vorteilhaften Willenserklärung i.S. des § 107 BGB, NJW 2005, 1090; *Schmitt/Ultsch*, Schenkungen des gesetzlichen Vertreters an Minderjährige, Jura 1998, 524; *Wilhelm*, Das Merkmal „lediglich rechtlich vorteilhaft" bei Verfügungen über Grundstücksrechte, NJW 2006, 2353

***Fall 10:*** *Der 16jährige M kauft ohne Einwilligung seiner Eltern bei R ein Fernsehgerät zum Preis von 600 €. Es wird vereinbart, dass M 150 € anzahlt, was auch geschieht, und der Restkaufpreis in monatlichen Raten zu je 50 € gezahlt werden soll. M zahlt nur noch eine Rate. Anzahlung und Rate stammen aus Mitteln, die ihm die Eltern zur freien Verfügung überlassen haben. Ist der Kaufvertrag wirksam?*

## I. Die Rechtsfähigkeit

### 1. Überblick

177 Die Rechtsfähigkeit ist die Fähigkeit, Träger von Rechten und Pflichten sein zu können.

Die Rechtsordnung regelt das menschliche Zusammenleben, indem sie den Personen Rechte und Pflichten zuweist. Als Träger von Rechten und Pflichten kennt das Privatrecht natürliche Personen und juristische Personen. Sie sind für das Privatrecht die wichtigsten Bezugspunkte. **178**

Alle **Menschen** sind **natürliche Personen**. Als solche können sie Träger von Rechten und Pflichten sein. Gemäß § 1 beginnt die Rechtsfähigkeit des Menschen mit seiner Geburt. **179**

Im sozialen Leben spielen allerdings nicht nur einzelne Menschen und damit natürliche Personen eine Rolle. Es wird vielmehr entscheidend durch Organisationen mitgeprägt und beeinflusst, wie z.B. den Staat, die Kirchen, Universitäten, Aktiengesellschaften und Vereine. Um Organisationen dieser Art die Gelegenheit zur selbständigen Teilnahme am Rechtsverkehr zu geben, sieht die Rechtsordnung die Möglichkeit vor, Personenvereinigungen oder rechtlich verselbständigten Zusammenfassungen von Vermögenswerten eine eigene Rechtsfähigkeit zu geben. Die juristische Terminologie nennt sie **juristische Personen**. **180**

## 2. Juristische Personen

Juristische Personen sind soziale Organisationen, denen die Rechtsordnung eine eigene Rechtsfähigkeit zuerkennt, damit sie selbst Träger von Rechten und Pflichten sein können. Die juristischen Personen sind also selbst rechtsfähig. Ihre Rechte und Pflichten sind ihre eigenen und nicht diejenigen der ihr angehörenden natürlichen Personen. **181**

> **Beispiel:** Eigentümer des Grundstücks, auf dem die „Europäische Erdöl-Aktiengesellschaft" eine Raffinerie betreibt, ist die Aktiengesellschaft als juristische Person, wenn sie das Eigentum an dem Grundstück erworben hat, und nicht die Aktionäre oder der Vorstand der Aktiengesellschaft.

Die Schaffung der Rechtsfigur „Juristische Person" war notwendig, um einen selbständigen Zuordnungspunkt für diejenigen Rechte und Pflichten zu haben, die nicht einer natürlichen Person zugeordnet werden sollten. Mit der juristischen Person werden Organisationsformen ermöglicht, die für den Rechtsverkehr in einer modernen Industriegesellschaft unerlässlich sind. **182**

Zu den juristischen Personen des Privatrechts gehören u.a.: eingetragene Vereine, Aktiengesellschaften, Gesellschaften mit beschränkter Haftung, rechtsfähige Stiftungen des privaten Rechts und eingetragene Genossenschaften. Die Rechtsfähigkeit erwerben die juristischen Personen in der Regel erst durch die Eintragung in ein Register (Vereinsregister, Handelsregister, Genossenschaftsregister).

Die Rechtsfähigkeit versetzt natürliche und juristische Personen in die Lage, **Rechtssubjekt** zu sein und als solches am Rechtsverkehr und damit am sozialen Leben teilnehmen zu können. **183**

Auch Personengesellschaften, wie die Offene Handelsgesellschaft und die Kommanditgesellschaft sind rechtsfähig (vgl. § 14 Abs. 2), ohne allerdings juristische Person zu sein. Das gilt auch für die Gesellschaft bürgerlichen Rechts, wenn sie nicht eine reine Innengesellschaft ist, d.h. eine Gesellschaft, die kein (Gesamthands-)Vermögen hat, nach außen nicht vertreten werden kann und nicht am Rechtsverkehr teilnimmt.

**184** **Geschäftsfähig** sind allerdings nur natürliche Personen. Mit anderen Worten: Willenserklärungen können nur natürliche Personen abgeben. Deshalb setzt allein der Erwerb der Rechtsfähigkeit die juristische Person noch nicht in den Stand, im Rechtsverkehr handeln zu können, wie z.B. einen Kaufvertrag abschließen und das Eigentum an Sachen auf andere übertragen zu können. Eine juristische Person kann im Rechtsverkehr nur mit Hilfe von natürlichen Personen handeln, die die **Organe** der juristischen Person bilden. Organe, die diesen Zweck erfüllen, sind z.B. der Vorstand eines eingetragenen Vereins und der Vorstand einer Aktiengesellschaft.

**185** Auch Personengesellschaften bedürfen der Organe, um am Rechtsverkehr teilnehmen zu können. So handeln z.B. für die OHG alle Gesellschafter und für die Kommanditgesellschaft die persönlich haftenden Gesellschafter (Komplementäre) als Organe.

## II. Die Geschäftsfähigkeit

### 1. Der Begriff der Geschäftsfähigkeit

**186** Die Rechtsordnung rechnet Erklärungshandlungen einer Person nur zu, wenn diese ein Mindestmaß an Urteilsvermögen hat und in der Lage ist, ihr Erklärungsverhalten zu beherrschen. Die Rechtsordnung knüpft die Fähigkeit einer Person, durch Erklärungshandlungen Rechtsfolgen herbeizuführen (Willenserklärungen abzugeben), deshalb an die Geschäftsfähigkeit. Die **Geschäftsfähigkeit** ist die Fähigkeit, durch die Abgabe oder den Empfang von Willenserklärungen Rechtsfolgen für sich oder andere herbeizuführen.

Wirksame Willenserklärungen können also nur diejenigen Personen abgeben, die geschäftsfähig sind. Daraus folgt: Ein Rechtsgeschäft kann nur vornehmen, wer geschäftsfähig ist.

### 2. Abgrenzung zur Deliktsfähigkeit

**187** Der Begriff der Geschäftsfähigkeit ist u.a. abzugrenzen von der **Deliktsfähigkeit.** Die Deliktsfähigkeit (Verschuldensfähigkeit) ist die Fähigkeit einer Person, für eigenes schuldhaftes Handeln verantwortlich zu sein. Die Deliktsfähigkeit ist von wesentlicher Bedeutung im Hinblick auf die Schadensersatzansprüche, die aus unerlaubten Handlungen (§§ 823 ff.) entstehen können (siehe dazu später unten § 23).

Nicht deliktsfähig sind:

- Kinder, die das 7. Lebensjahr noch nicht vollendet haben (§ 828 Abs. 1), und
- Personen, die sich im Augenblick der Schadenszufügung in einem Zustand befunden haben, wie er in § 827 geschildert wird.

## III. Der Schutz der Geschäftsunfähigen

### 1. Überblick

Wie bereits dargestellt, ist die Gestaltung der Rechtsbeziehungen im privatrechtlichen Bereich aufgrund der Privatautonomie in weitem Umfange den einzelnen Personen überlassen. Weil dadurch der Wille des einzelnen für die ihn aus den Rechtsgeschäften treffenden Rechte und Pflichten entscheidend ist, muss die Rechtsordnung festlegen, wer fähig sein soll, seine Rechtsbeziehungen durch Rechtsgeschäfte regeln zu können. Nach dem BGB ist jede Person, die das 18. Lebensjahr vollendet hat, geistig gesund und nicht betreuungsbedürftig ist (vgl. §§ 1896, 1903), voll geschäftsfähig. **188**

Das BGB behandelt alle Bürger, die diese Voraussetzungen erfüllen, im Hinblick auf die Geschäftsfähigkeit völlig gleich. Es wird also z.B. nicht nach der jeweiligen Schul- oder Berufsausbildung differenziert.

Bestimmten Personen spricht das Gesetz jedoch die Fähigkeit ab, einen rechtlich relevanten Willen bilden zu können. Es entzieht ihnen deshalb die volle Geschäftsfähigkeit. Je nach der Stärke, in der die Fähigkeit, einen vernünftigen Willen zu bilden, nicht vorhanden oder gestört ist, unterscheidet das Gesetz zwischen Geschäftsunfähigen und beschränkt Geschäftsfähigen. **189**

Die gesetzlichen Regelungen schaffen einen Schutz für die Geschäftsunfähigen und die in ihrer Geschäftsfähigkeit Beschränkten. Da Rechtsgeschäfte in der Regel für die davon betroffenen nicht nur Rechte, sondern auch Pflichten mit sich bringen, sollen diejenigen, die die Folgen einer abgegebenen Willenserklärung nicht oder nicht ganz zu überblicken vermögen, geschützt werden. Insbesondere sollen die Geschützten keine Vermögensminderung erleiden.

> **Beispiel:** Ein dreijähriges Kind ist nicht in der Lage zu beurteilen, ob ihm durch einen Vertrag, der den Kauf eines Fahrrades zum Gegenstand hat, ein Vorteil oder ein Nachteil entsteht, weil es u.a. den Wert von Leistung und Gegenleistung noch nicht in vollem Umfange zu erkennen vermag. Die Rechtsordnung schützt das Kind dadurch, dass sie es durch § 104 Nr. 1 i.V.m. § 105 Abs. 1 außerstande setzt, eine wirksame Willenserklärung zum Kauf eines Fahrrades abgeben zu können.

### 2. Die gesetzlichen Regelungen zum Schutze der Geschäftsunfähigen

**190** Nach dem BGB sind geschäftsunfähig:
- Personen, die nicht das 7. Lebensjahr vollendet haben (§ 104 Nr. 1);
- Personen, die sich in einem die freie Willensbestimmung ausschließenden Zustand krankhafter Störung der Geistestätigkeit befinden, sofern nicht der Zustand seiner Natur nach ein vorübergehender ist (§ 104 Nr. 2).

Willenserklärungen, die Geschäftsunfähige abgeben, sind stets nichtig (§ 105 Abs. 1).

**191** Die Nichtigkeit einer Willenserklärung bedeutet: Die angestrebten Rechtsfolgen treten nicht ein. Die Willenserklärung ist deshalb dauernd unwirksam.

**Beispiel:** Ein sechsjähriges Kind möchte mit einem Erwachsenen einen Kaufvertrag abschließen und macht diesem ein entsprechendes Angebot. Die Willenserklärung des geschäftsunfähigen Kindes, die auf den Abschluss des Kaufvertrages gerichtet ist, ist gemäß § 105 Abs. 1 nichtig. Das bedeutet: Auch wenn der Erwachsene den Kaufvertrag zustande kommen lassen möchte und selbst eine dementsprechende Willenserklärung abgibt, kommt ein Kaufvertrag nicht zustande, weil ein Kaufvertrag nur durch wirksame Willenserklärungen beider Personen, die miteinander einen Vertrag abschließen möchten, zustande kommen kann, die Willenserklärung des geschäftsunfähigen Kindes aber nichtig ist.

Nichtig sind gemäß § 105 Abs. 2 auch Willenserklärungen, die im Zustand der Bewusstlosigkeit oder vorübergehender Störung der Geistestätigkeit abgegeben werden. Der in § 105 Abs. 2 genannte Zustand setzt voraus, dass die freie Willensbestimmung ausgeschlossen ist; die geistige Störung muss einen völligen Ausschluss der freien Willensbestimmung zur Folge haben. Das kann auch bei Volltrunkenheit der Fall sein.[1]

**192** Eine Ausnahmeregelung bildet § 105 a für volljährige Geschäftsunfähige. Danach **gilt** ein Vertrag, den ein volljähriger Geschäftsunfähiger wegen eines Geschäfts des täglichen Lebens abschließt, das mit geringwertigen Mittel getätigt werden kann als wirksam, sobald Leistung und Gegenleistung bewirkt sind. Dogmatisch bedeutet dies, dass zwar kein Vertrag abgeschlossen worden ist, der Vertrag aber über eine Fiktion (gilt) so behandelt wird, als sei er wirksam, nachdem Leistung und Gegenleistung erbracht worden sind. Von dieser Fiktion sind Verpflichtungs- und Verfügungsgeschäft erfasst.[2] Die Folge ist, dass unter den in § 105 a genannten Voraussetzungen, die ausgetauschten Leistungen nicht nach § 812 Abs. 1 zurückgefordert werden können, obwohl ein volljähriger Geschäftsunfähiger das Geschäft getätigt hat.

**Beispiel:** Der volljährige Geschäftsunfähige A, der trotz seiner krankheitsbedingten Behinderung gern und viel liest, kauft beim Buchhändler B ein Buch für

---

1 Vgl. OLG Düsseldorf WM 1988, 1407 f.

2 *Jauernig/Mansel* § 105 a BGB Rn. 6.

22,80 €. Nachdem B das Buch an A übergeben und der Kaufpreis bar bezahlt worden ist, gelten(=Fiktion) der Kaufvertrag, die Übereignung des Buches und die Übereignung des Geldes als wirksam. Keiner der Beteiligten kann die von ihm erbrachte Leistung nach § 812 zurückfordern.

### 3. Die gesetzlichen Vertreter der Geschäftsunfähigen

Weil die Geschäftsunfähigen und die beschränkt Geschäftsfähigen nach der gesetzlichen Regelung selbst keine wirksamen Willenserklärungen abgeben können, müssen ihre Rechtsgeschäfte durch andere Personen vorgenommen werden. Die Rechte und Interessen der Geschäftsunfähigen und der in ihrer Geschäftsfähigkeit Beschränkten nehmen in der Regel deren gesetzliche Vertreter wahr. Diese handeln für diejenigen, die sie vertreten. Die Rechte und Pflichten aus den Rechtsgeschäften, die ein gesetzlicher Vertreter für einen Geschäftsunfähigen oder einen beschränkt Geschäftsfähigen vornimmt, treffen in ihren Wirkungen nur die vertretene Person, nicht aber den gesetzlichen Vertreter. **193**

Gesetzliche Vertreter von Geschäftsunfähigen und in der Geschäftsfähigkeit Beschränkten können sein: Eltern, Vormünder, Pfleger.

Die gesetzlichen Vertreter geschäftsunfähiger oder beschränkt geschäftsfähiger Kinder sind in der Regel die Eltern. Die Vertretung steht grundsätzlich beiden Elternteilen zu (Gesamtvertretung, § 1629). Sie ist Teil der elterlichen Sorge i.S. von § 1626. Der Grundsatz der Gesamtvertretung kann jedoch durchbrochen werden. So kann etwa ein Elternteil den anderen bevollmächtigen, soweit er selbst Vertretungsmacht hat. **194**

Die Vertretungsmacht der Eltern ist allerdings nicht unbegrenzt. Sie wird durch das Gesetz eingeschränkt. Zu einer Reihe wesentlicher Geschäfte bedürfen die Eltern der Genehmigung des Vormundschaftsgerichts.

> **Beispiel:** Zur Verfügung über ein Grundstück, das im Eigentum ihres Kindes steht, bedürfen die Eltern der Genehmigung des Vormundschaftsgerichts (§ 1643 Abs. 1 i.V.m. § 1821 Abs. 1 Nr. 1).

## IV. Der Schutz der beschränkt geschäftsfähigen Personen

### 1. Die Wirkung der von Minderjährigen vorgenommenen Rechtsgeschäfte

Beschränkt geschäftsfähig sind Personen, die das 7., aber nicht das 18. Lebensjahr vollendet haben (Minderjährige, §§ 2, 106). **195**

Willenserklärungen, die ein beschränkt Geschäftsfähiger abgibt, sind nicht wie diejenigen der Geschäftsunfähigen stets nichtig. Sie sind vielmehr gemäß §§ 107 ff. entweder

- wirksam oder
- schwebend unwirksam.

**Schwebende Unwirksamkeit** bedeutet: Eine Willenserklärung ist nicht wirksam, d.h. ihre Rechtsfolgen treten noch nicht ein; sie kann aber durch nachträgliche Zustimmung (Genehmigung) desjenigen, der sie erteilen kann (bei Minderjährigen sind das in der Regel die gesetzlichen Vertreter) wirksam werden.

Wird die Genehmigung verweigert, ist die Willenserklärung endgültig unwirksam (§ 108). Zwischen den Rechtsfolgen der endgültigen Unwirksamkeit und der Nichtigkeit besteht kein praktischer Unterschied, d.h. endgültig unwirksame Willenserklärungen werden behandelt, als wären sie nichtig.

**Beispiel:** Der 12jährige A macht dem volljährigen B ohne Einwilligung seiner gesetzlichen Vertreter das Angebot zum Abschluss eines Kaufvertrages über sein Fahrrad. B nimmt das Angebot an. Ein Kaufvertrag ist zunächst schwebend unwirksam (§ 108). Genehmigen die gesetzlichen Vertreter das Geschäft, wird der Kaufvertrag von Anfang an wirksam (§ 184 Abs. 1). Verweigern die gesetzlichen Vertreter die Genehmigung, ist die Willenserklärung des A, sein Angebot zum Abschluss des Kaufvertrages, nichtig. Ein Kaufvertrag ist dann also nicht zustande gekommen.

196 Die **Genehmigung** ist die **nachträgliche Zustimmung** zu einem Rechtsgeschäft, das der Zustimmung bedarf. Die Genehmigung der schwebend unwirksamen Willenserklärung wirkt zurück. Sie lässt die Willenserklärung von Anfang an wirksam werden (§ 184 Abs. 1).

**Beispiel** im Anschluss an das vorhergehende **Beispiel:** A macht das Angebot am 25. Juni 2016. B nimmt das Angebot sofort an. Die Eltern als die gesetzlichen Vertreter genehmigen die Willenserklärung am 30. Juni 2016. Da die Genehmigung zurückwirkt, wird die Willenserklärung des A zum 25. Juni 2016 wirksam; der Kaufvertrag ist damit am 25. Juni 2016 abgeschlossen worden.

197 Willenserklärungen, die ein Minderjähriger mit **Einwilligung** (das ist nach § 183 die vorherige Zustimmung) der gesetzlichen Vertreter abgibt, sind wirksam (§ 107).

**Zustimmung** ist also der Oberbegriff für Einwilligung (vorherige Zustimmung) und Genehmigung (nachträgliche Zustimmung).

**Beispiel:** Die Eltern erlauben ihrer 11jährigen Tochter P, sich von 150 €, die ihr die Großmutter zu Weihnachten geschenkt hat, einen tragbaren CD-Player zu kaufen. Wenn P mit dem Händler R einen Kaufvertrag abschließt, so ist ihre auf den Abschluss des Kaufvertrages gerichtete Willenserklärung (Angebot zum Abschluss eines Kaufvertrages) sofort wirksam, weil die Eltern als die gesetzlichen Vertreter zuvor ihre Einwilligung erklärt haben (§ 107).

Gemäß § 182 Abs. 1 können die gesetzlichen Vertreter die Genehmigung dem Minderjährigen oder dem Geschäftsgegner gegenüber erklären. Die Genehmigung ist formlos (§ 182 Abs. 2) und an keine Frist gebunden. Das gleiche gilt für die Verweigerung.

## 2. Die Auflösung des Schwebezustandes gemäß §§ 108, 109

Wie schon erwähnt, ist eine Willenserklärung, die ein Minderjähriger ohne Einwilligung seiner gesetzlichen Vertreter abgibt, schwebend unwirksam (§ 108 Abs. 1). In der Regel beenden die gesetzlichen Vertreter diesen Schwebezustand innerhalb kurzer Zeit durch die Genehmigung oder die Verweigerung derselben. In vielen Fällen unterbleibt aber ein Handeln der gesetzlichen Vertreter schon deswegen, weil sie von dem Abschluss eines Rechtsgeschäfts durch den Minderjährigen nichts wissen. Der deshalb andauernde Schwebezustand beschränkt den Geschäftspartner des Minderjährigen in seiner Dispositionsfreiheit. § 108 Abs. 2 gibt ihm deshalb die Möglichkeit, den für ihn lästigen Schwebezustand zu beenden. Der Geschäftspartner kann eine baldige Entscheidung der gesetzlichen Vertreter dadurch erzwingen, dass er sie zur Erklärung über die Genehmigung auffordert. Diese Aufforderung ist nach herrschender Meinung eine rechtsgeschäftsähnliche Rechtshandlung, die nach den für einseitige empfangsbedürftige Willenserklärungen geltenden Grundsätzen zu behandeln ist.[3] Die Aufforderung hat zur Folge, dass die Entscheidung über die Erteilung oder Verweigerung der Genehmigung nur noch gegenüber dem Geschäftspartner erfolgen kann. § 108 Abs. 2 S. 1 2. Halbsatz knüpft an die den gesetzlichen Vertretern gegenüber abgegebene Aufforderung noch die weitere Rechtsfolge, dass sowohl eine dem Minderjährigen gegenüber vor der Aufforderung erklärte Genehmigung als auch eine Verweigerung derselben unwirksam werden. Im letztgenannten Fall wird also der bereits beendete Zustand der schwebenden Unwirksamkeit erneut hergestellt. **198**

§ 108 Abs. 2 S. 2 setzt eine Ausschlussfrist: Die Genehmigung der gesetzlichen Vertreter kann nur bis zum Ablauf von zwei Wochen nach dem Empfang der Aufforderung dem Geschäftspartner gegenüber erklärt werden; erfolgt keine Erklärung, so wird das Nichterklären als Verweigerung der Genehmigung gewertet. **199**

Wird ein Minderjähriger während des Schwebezustandes volljährig, geht das Recht, die schwebend unwirksame Willenserklärung durch eine Genehmigung wirksam werden zu lassen, gemäß § 108 Abs. 3 auf die nun volljährig und damit voll geschäftsfähig gewordene Person über. Zu beachten ist, dass eine schwebend unwirksame Willenserklärung nicht automatisch mit dem Eintritt der unbeschränkten Geschäftsfähigkeit wirksam wird. Es bedarf vielmehr einer Genehmigung durch den bis zu diesem Zeitpunkt Minderjährigen, die auch durch schlüssiges Verhalten erklärt werden kann. Eine Genehmigung durch schlüssiges Verhalten setzt allerdings voraus, dass der Erklärende sich der schwebenden Unwirksamkeit des Rechtsgeschäfts bewusst ist oder mindestens mit ihr gerechnet hat[4].

Der Geschäftspartner soll während des Schwebezustandes nicht einseitig an den Vertrag gebunden sein. Er kann deshalb gemäß § 109 widerrufen. Dieser Wider-

---

3 Vgl. *Staudinger/Knothe*, § 108 BGB Rn. 13; *Jauernig/Jauernig*, § 108 BGB Rn. 2.

4 Vgl. BGHZ 53, 174, 178.

ruf ist eine empfangsbedürftige Willenserklärung, dessen Adressat die gesetzlichen Vertreter oder der Minderjährige selbst sind (§ 109 Abs. 1 S. 2). Der Widerruf macht den bis dahin schwebend unwirksamen Vertrag endgültig unwirksam.

### 3. Die Regel des § 107

#### a) Die Einwilligung

200 Die in der Regel zur Wirksamkeit einer Willenserklärung eines Minderjährigen notwendige Einwilligung der gesetzlichen Vertreter muss grundsätzlich zu jedem einzelnen Rechtsgeschäft des Minderjährigen erteilt werden. Ein **unbeschränkter Generalkonsens** dergestalt, dass die gesetzlichen Vertreter von vornherein für alle zukünftigen Rechtsgeschäfte die Einwilligung erklären, ist unzulässig, weil damit die vom Gesetzgeber gewollte Aufsicht der gesetzlichen Vertreter über den Minderjährigen vereitelt würde und die gesetzlichen Vertreter sich damit ihrer erzieherischen Pflichten entziehen würden. Dies würde dem Zweck der §§ 107 ff. zuwiderlaufen.[5] Das schließt allerdings nicht aus, dass eine generelle Einwilligung für eine Gruppe von Geschäften erteilt werden kann, die als wirtschaftliche Einheit erfassbar und verkehrsüblich mit einem bestimmten Vorhaben verbunden sind.[6]

> **Beispiel:** Unterstützen die Eltern E ihre 17jährige Tochter S, die in einer anderen Stadt ausgebildet wird, so willigen sie in der Regel generell darin ein, dass die S diejenigen Rechtsgeschäfte tätigt, die mit ihrer Ausbildung in einem, wenn auch entfernten Zusammenhang stehen. Zum Kreis dieser Geschäfte dürften deshalb u.a. zu zählen sein: Der Abschluss eines Mietvertrages über ein Zimmer bzw. eine kleine Wohnung, der Abschluss von Kaufverträgen betreffend notwendige Lebensmittel, etc.

201 Eine **begrenzte Generaleinwilligung** dieser Art begegnet keinen Bedenken, zumal im Geschäfts- und Wirtschaftsverkehr ein Bedürfnis dafür besteht, einem Minderjährigen die Einwilligung zu einer Reihe von zunächst noch nicht individualisierten Geschäften zu erteilen. Grenzen sieht der BGH[7] allerdings mit Recht dort, wo eine generelle Einwilligung dieser Art über die Ausnahmetatbestände der §§ 112, 113 hinaus zu einer partiell erweiterten Geschäftsfähigkeit führen würde.

Die Einwilligung der gesetzlichen Vertreter ist eine Willenserklärung. Ihr Inhalt und Umfang ist deshalb gegebenenfalls durch Auslegung festzustellen. Da die Einwilligung eine Willenserklärung ist, kann sie auch konkludent abgegeben werden.

---

5 Vgl. *Staudinger/Knothe*, § 107 BGB Rn. 36 ff.; *MüKo/Schmitt*, § 107 BGB Rn. 14.

6 Staudinger/Knothe, § 107 BGB Rn. 36.

7 BGHZ 47, 352, 359.

### b) Der lediglich rechtliche Vorteil

Die Willenserklärung eines Minderjährigen kann gemäß § 107 auch ohne Einwilligung der gesetzlichen Vertreter von vornherein wirksam sein, wenn der Minderjährige durch das mit der Willenserklärung angestrebte Rechtsgeschäft „lediglich einen rechtlichen Vorteil erlangt" oder seine Vermögensverhältnisse dadurch überhaupt nicht berührt werden. Abzustellen ist auf den rechtlichen Vorteil und nicht auf die wirtschaftlichen Folgen des konkreten Geschäftes. Auch ein wirtschaftlich noch so günstiges Geschäft kann der Minderjährige ohne Einwilligung seiner gesetzlichen Vertreter nicht wirksam vornehmen, wenn er dadurch irgendwelche rechtlichen Nachteile erleiden würde.[8] **202**

Einen **lediglich rechtlichen Vorteil** i.S. des § 107 erlangt der Minderjährige durch solche Rechtsgeschäfte, die die Rechtsstellung des Minderjährigen lediglich verbessern. Darunter fallen vor allem solche Rechtsgeschäfte, die ausschließlich darauf gerichtet sind, dem Minderjährigen etwas zuzuwenden. **203**

Einen rechtlichen Nachteil erleidet der Minderjährige hingegen, wenn ihn durch den Abschluss eines Rechtsgeschäfts irgendwelche persönlichen Verpflichtungen – seien es Haupt- oder Nebenpflichten – treffen. Der Minderjährige kann deshalb ohne Einwilligung seiner gesetzlichen Vertreter keine gegenseitig verpflichtenden Verträge abschließen. Unerheblich ist hingegen, dass gegen den Minderjährigen durch den Abschluss des Rechtsgeschäfts Ansprüche aus ungerechtfertigter Bereicherung (§§ 812 ff.) entstehen können.[9]

> **Beispiel:** Da ein Minderjähriger durch den Abschluss eines Kaufvertrages, der wirtschaftlich noch so günstig und vernünftig wäre, nicht nur gemäß § 433 Abs. 1 einen Anspruch auf Übereignung der gekauften Sache gegen den Verkäufer erwerben, sondern gleichzeitig auch aus § 433 Abs. 2 zur Zahlung des Kaufpreises verpflichtet würde, erlangt er nicht lediglich einen rechtlichen Vorteil. Die Willenserklärung des Minderjährigen, die zum Abschluss eines Kaufvertrages führen soll, bedarf deshalb, um wirksam zu sein, der Zustimmung der gesetzlichen Vertreter.

Für die Praxis relevante Fälle, in denen Minderjährige auch ohne Einwilligung ihrer gesetzlichen Vertreter ein wirksames Rechtsgeschäft abschließen, sind vor allem Schenkungen und der Erwerb von Forderungen durch Abtretung (§ 398) sowie der Erwerb des Eigentums an beweglichen und unbeweglichen Sachen.

> **Beispiel**: Der Abschluss eines schuldrechtlichen Vertrages, durch den ein minderjähriges Kind ein Grundstück geschenkt bekommt (Schenkungsvertrag), bringt dem Minderjährigen jedenfalls einen lediglich rechtlichen Vorteil i.S. des § 107, weil durch den Abschluss des Schenkungsvertrages noch nicht die mit dem Grundstückseigentum etwa verbundenen öffentlich-rechtlichen Pflichten steuerlicher oder polizeilicher Art begründet werden.

---

8 Vgl. *MüKo/Schmitt*, § 107 BGB Rn. 33.

9 Vgl. *MüKo/Schmitt*, § 107 BGB Rn. 37.

**204** Der Erwerb des Eigentums an beweglichen Sachen bringt für den Minderjährigen in der Regel einen lediglich rechtlichen Vorteil mit sich. Bei Grundstücken kann dies wegen der mit dem Erwerb des Grundeigentums verbundenen öffentlich-rechtlichen Verpflichtungen polizeilicher und steuerlicher Art fraglich sein. Bei einer Schenkung des gesetzlichen Vertreters muss der rechtliche Vorteil aus einer Gesamtbetrachtung des schuldrechtlichen und dinglichen Vertrages ermittelt werden, d.h. die Frage nach dem rechtlichen Vorteil bzw. Nachteil ist nicht isoliert nach schuldrechtlichem und dinglichem Vertrag zu beurteilen.[10] In diesen Fällen würde eine isolierte Beurteilung des Verpflichtungs- und Erfüllungsgeschäfts dazu führen, dass der gesetzliche Vertreter (i.d.R. die Eltern) auch das rechtlich nachteilige Erfüllungsgeschäft gemäß § 181 letzter Halbsatz ohne Bestellung eines Ergänzungspflegers gemäß § 1909 abschließen könnten (Erfüllung des zustimmungsfreien Schenkungsvertrages). Damit würde der von §§ 107, 181 BGB bezweckte Schutz des Minderjährigen weitgehend entfallen.[11]

**Beispiel:** Schenkung von Wohnungseigentum.

**204 a** In den oben genannten Fällen sind die mit dem Erwerb des Grundeigentums verbundenen öffentlich-rechtlichen Verpflichtungen lediglich als eine Eigentumsbindung, nicht aber als eine besondere persönliche Verpflichtung anzusehen. Der BGH hat in einem Beschluss aus dem Jahre 2004[12] entschieden, dass öffentliche Lasten das Geschäft nicht rechtlich nachteilig machen. Zur Begründung führte der BGH aus, öffentliche Lasten seien in ihrem Umfang beschränkt, könnten meist aus den Erträgen des Grundstücks bestritten werden und führten typischerweise zu keiner Vermögensgefährdung des Minderjährigen.[13]

In der Literatur wird ein Rechtserwerb auch dann noch als lediglich vorteilhaft bewertet, wenn das erworbene Recht bereits mit einem beschränkt dinglichen Recht belastet ist, weil dadurch der rechtliche Vorteil nur gemindert, nicht aber beseitigt werde.[14]

**205** Will ein Minderjähriger von einem Veräußerer eine Sache ohne Einwilligung seiner gesetzlichen Vertreter erwerben, so ist der Kaufvertrag, der geschlossen werden soll (das Verpflichtungsgeschäft), zunächst schwebend unwirksam und dann nichtig, wenn die gesetzlichen Vertreter die Genehmigung verweigern; denn der Minderjährige hat durch den Abschluss des Kaufvertrages nicht lediglich einen rechtlichen Vorteil i.S. des § 107 erlangt, weil er durch einen ihn bindenden Kaufvertrag zur Zahlung des Kaufpreises gemäß § 433 Abs. 2 verpflichtet wäre. Hingegen ist die Übereignung der Sache durch Einigung und Übergabe

---

10 BGHZ 78, 28, 34.

11 BGHZ 78, 28, 34; OLG Hamm, NJW-RR 2000, 1611, 1613; *Palandt/Ellenberger*, § 107 BGB Rn. 6.

12 BGH NJW 2005, 415.

13 BGH NJW 2005, 415, 418.

14 Vgl. *Staudinger/Knothe*, § 107 BGB Rn. 16.

gemäß § 929 S. 1 (das Verfügungsgeschäft) wirksam. Die Einigungserklärung des Minderjährigen gemäß § 929 S. 1 ist eine Willenserklärung, durch die er einen lediglich rechtlichen Vorteil i.S. des § 107 erlangt, nämlich das Eigentum als das stärkste Recht an einer Sache überhaupt, ohne zu einer Gegenleistung verpflichtet zu werden.

**Beispiel:** Die 17jährige M einigt sich ohne Einwilligung ihrer gesetzlichen Vertreter mit dem 19jährigen V über den Erwerb eines Fernsehgerätes zum Preise von 200 €. M zahlt 200 € an V und nimmt das Gerät mit. Die Eltern verweigern ihre Genehmigung zu dem Geschäft, nachdem sie davon erfahren haben. Der Kaufvertrag, den M und V abschließen wollten, war zunächst schwebend unwirksam. Da M durch den Abschluss des sie zur Zahlung des Kaufpreises verpflichtenden Kaufvertrages nicht lediglich einen rechtlichen Vorteil erlangte, bedurfte ihre zum Vertragsschluss führende Willenserklärung der Zustimmung der gesetzlichen Vertreter. Nachdem diese die Genehmigung verweigert haben, ist die Willenserklärung, mit der M den Kaufvertrag abschließen wollte und die mangels Einwilligung zunächst schwebend unwirksam war, nun nichtig geworden. Hingegen ist die Übereignung des Fernsehgerätes gemäß § 929 S. 1 wirksam, weil die zum Eigentumsübergang notwendige Einigungserklärung der M von vornherein ohne Einwilligung ihrer gesetzlichen Vertreter wirksam war; denn der Erwerb des Eigentums an dem Fernsehgerät stellt einen lediglich rechtlichen Vorteil i.S. des § 107 dar. Hier ist also das Verpflichtungsgeschäft (Kaufvertrag) nichtig, das Verfügungsgeschäft hingegen wirksam. Allerdings hat V gegen M gemäß § 812 Abs. 1 S. 1, 1. Alt. einen Anspruch auf Rückübereignung des Fernsehgerätes und M gegen V einen Anspruch auf Rückzahlung von 200 € aus § 812 Abs. 1 S. 1, 1. Alt., weil die beiden Vermögensverschiebungen – Übereignung des Fernsehgerätes von V an M und die Zahlung von 200 € von M an V – wegen des nichtigen Kaufvertrages ohne rechtlichen Grund erfolgt sind.

### 4. Der Sondertatbestand des § 110

Gemäß § 110 sind ausnahmsweise auch ohne Zustimmung der gesetzlichen Vertreter geschlossene Verträge des Minderjährigen von Anfang an durch Erfüllung wirksam, wenn er die vertragsmäßige Leistung mit Mitteln **bewirkt**, die ihm von den gesetzlichen Vertretern oder mit deren Zustimmung von einem Dritten zu diesem Zwecke oder zur freien Verfügung überlassen worden sind. 206

Die gesetzliche Regelung des § 110 enthält keine Ausnahme von dem Grundsatz des § 107, wonach der Minderjährige zu einer Willenserklärung, durch die er nicht lediglich einen rechtlichen Vorteil erlangt, der Einwilligung seiner gesetzlichen Vertreter bedarf. Den praktischen Bedürfnissen des Wirtschaftslebens Rechnung tragend, gestattet § 110 lediglich, dass „diese Einwilligung durch Überlassung gewisser Mittel an den Minderjährigen vom Vertreter im allgemeinen erklärt wird, und lässt das vom Minderjährigen geschlossene Geschäft auch ohne besondere Zustimmung sowohl nach der dinglichen wie nach der schuldrechtlichen Seite von Anfang an wirksam werden", wenn es vom Minderjährigen erfüllt wird.[15] Auch in den Fällen des § 110 wird also im Wesentlichen auf die Einwilligung des gesetzlichen Vertreters abgestellt.

Hierbei ist auch zu beachten, dass das Vermögen des Minderjährigen insgesamt gemäß § 1626 Abs. 1 S. 2 der elterlichen Sorge unterliegt. Zu dem Vermögen gehört auch das, was dem Minderjährigen i.S. des § 110 zur freien Verfügung überlassen worden ist.[16]

207 **Bewirkt** i.S. des § 110 bedeutet: Der Minderjährige muss den Vertrag mit den ihm zu diesem Zweck oder zur freien Verfügung überlassenen Mitteln i.S. des § 362 **erfüllt** haben. Deshalb sind insbesondere Teilzahlungsgeschäfte mit Minderjährigen, denen die Abrede zugrunde liegt, dass der vereinbarte Kaufpreis nicht auf einmal, sondern in mehreren aufeinanderfolgenden Raten gezahlt werden soll, für den Verkäufer risikobehaftet. Bei einem Teilzahlungsgeschäft sind Leistung und Gegenleistung nicht teilbar; deshalb ist eine Teilerfüllung durch den Minderjährigen nicht möglich. Ein zwischen einem Verkäufer und einem Minderjährigen ohne Einwilligung der gesetzlichen Vertreter abgeschlossenes Teilzahlungsgeschäft, das mit Mitteln bewirkt werden soll, die dem Minderjährigen zur freien Verfügung überlassen sind, ist also schwebend unwirksam, bis die letzte Rate und damit der vollständige Kaufpreis gezahlt ist.

### 5. Das Wirksamwerden einer dem Minderjährigen zugehenden Willenserklärung (§ 131 Abs. 2)

208 Da an den Zugang von Willenserklärungen Rechtsfolgen geknüpft sind, hat das BGB den Schutz der beschränkt Geschäftsfähigen – wie den der Geschäftsunfähigen auch – dadurch konsequent durchgeführt, dass eine einer beschränkt geschäftsfähigen Person gegenüber abgegebene Willenserklärung grundsätzlich nicht wirksam wird, bevor sie dem gesetzlichen Vertreter zugeht. Nur dann, wenn die Erklärung der in der Geschäftsfähigkeit beschränkten Person lediglich einen rechtlichen Vorteil bringt oder der gesetzliche Vertreter seine Einwilligung erteilt, wird dieselbe mit Zugang an den beschränkt Geschäftsfähigen wirksam (§ 131 Abs. 2).

Die Einwilligung, also die vorherige Zustimmung des gesetzlichen Vertreters gemäß § 131 Abs. 2 S. 2, bezieht sich auf den Wirksamkeitseintritt der empfangenen Willenserklärung. Die Einwilligung muss also zu diesem Zeitpunkt bestehen. Eine solche Einwilligung kann in der Regel auch darin gesehen werden, dass der gesetzliche Vertreter mit dem Abschluss eines zweiseitigen Rechtsgeschäfts sein Einverständnis erklärt hat[17].

---

15 So RGZ 74, 234, 235; *MüKo/Schmitt*, § 110 BGB Rn. 4.

16 *Palandt/Götz*, § 1626 BGB Rn. 19.

17 Vgl. *Staudinger/Benedict*, § 131 BGB Rn. 5.

## V. Die gesetzlichen Vertreter der in ihrer Geschäftsfähigkeit beschränkten Personen

Wie schon erwähnt (siehe oben III. 3), bedürfen auch die beschränkt geschäftsfähigen Personen gesetzliche Vertreter, um in vollem Umfange am Rechtsverkehr teilnehmen zu können. Gesetzliche Vertreter der Minderjährigen sind die Eltern (dazu oben III.3). **208 a**

Einen besonderen Schutz genießen die Minderjährigen im Hinblick auf die von ihren Eltern als gesetzliche Vertreter für sie abgeschlossenen Geschäfte dadurch, dass § 1929 a eine Haftungsbeschränkung anordnet. Die Haftung für Verbindlichkeiten, welche die Eltern als gesetzliche Vertreter für die Minderjährigen abschließen, ist beschränkt auf den Bestand des Vermögens des Kindes bei Eintritt der Volljährigkeit. Das nach Eintritt der Volljährigkeit erworbene Vermögen haftet nicht für Schulden, die vorher angehäuft worden sind.

Minderjährige, die nicht unter elterlicher Sorge stehen, erhalten einen Vormund. **208 b** Die **Vormundschaft** umfasst grundsätzlich die allgemeine Fürsorge in persönlichen und Vermögensangelegenheiten der unter Vormundschaft stehenden Person (Mündel). Dazu zählt z.B. die Sorge für die sittliche, geistige und körperliche Entwicklung (Erziehung) des Minderjährigen. Ähnlich wie die Eltern ist auch der Vormund in seinen Maßnahmen beschränkt (vgl. z.B. § 1821).

Ebenso wie die Vormundschaft hat die **Pflegschaft** Fürsorgetätigkeit zum Inhalt. Im Gegensatz zur Vormundschaft umfasst die Pflegschaft aber nicht alle, sondern nur besondere Angelegenheiten. Im Hinblick auf geschäftsunfähige und beschränkt geschäftsfähige Personen handelt es sich im Wesentlichen um eine Ergänzung des elterlichen oder vormundschaftlichen Schutzes.

> **Beispiel:** Wenn die Kinder mit den Eltern eine Kommanditgesellschaft begründen wollen, muss für jedes Kind ein Pfleger bestellt werden[18].

## VI. Die partielle Geschäftsfähigkeit

### 1. Der selbständige Betrieb eines Erwerbsgeschäftes

Mit § 112 sollten die rechtlichen Voraussetzungen dafür geschaffen werden, dass **209** ein Minderjähriger als selbständiger Unternehmer im Erwerbsleben tätig sein kann. Mit der Senkung der Volljährigkeitsgrenze auf 18 Jahre dürfte § 112 erheblich an Bedeutung verloren haben.

Mit der Genehmigung der Ermächtigung der gesetzlichen Vertreter zum selbständigen Betrieb eines Erwerbsgeschäfts erwirbt der Minderjährige die unbeschränkte Geschäftsfähigkeit für solche Geschäfte, die der Geschäftsbetrieb nach

18 Vgl. BayObLG FamRZ 1959, 125.

der Verkehrsanschauug mit sich bringt. Darunter können auch außergewöhnliche Geschäfte fallen, aber nicht die Geschäftsaufgabe.[19] Für alle übrigen Rechtsgeschäfte fehlt ihm die volle Geschäftsfähigkeit.

### 2. Dienst– oder Arbeitsverhältnisse von Minderjährigen

209 a Ähnlich wie § 112 schafft § 113 die Möglichkeit, einem Minderjährigen die volle Geschäftsfähigkeit für einen bestimmten Kreis von Rechtsgeschäften zu verleihen. Dieser Kreis ist durch die Eingehung und Aufhebung eines Dienst– oder Arbeitsverhältnisses und durch die Erfüllung der sich daraus ergebenden Verpflichtungen begrenzt. Im Übrigen fehlt dem Minderjährigen die volle Geschäftsfähigkeit. Aus § 113 lässt sich nicht ableiten, dass der an den Minderjährigen gezahlte Arbeitslohn diesem zur freien Verfügung steht[20]. Vielmehr gilt, dass der Arbeitslohn zum Vermögen des Minderjährigen gehört, welches gemäß § 1626 Abs. 1 S. 2 der elterlichen Sorge unterliegt[21]. Soweit die gesetzlichen Vertreter dem Minderjährigen den Lohn belassen, kann darin eine umfangreiche Einwilligung nach § 107 gesehen werden.[22]

**Beispiel:** Die Eltern haben ihrem 17jährigen Sohn M gestattet, ein Arbeitsverhältnis seiner Wahl einzugehen. M arbeitet, nachdem er einen entsprechenden Arbeitsvertrag abgeschlossen hat, in einem Betrieb der metallverarbeitenden Industrie und tritt in die Industriegewerkschaft Metall ein. Die Eltern verbieten dem M den Eintritt in die Gewerkschaft. Die Frage, ob M überhaupt Mitglied der IG–Metall geworden ist, ist unter Anwendung des § 113 zu beantworten. Dabei ist darauf abzustellen, ob der Eintritt in eine Gewerkschaft zur „Erfüllung der sich aus einem solchen Verhältnis (gemeint ist das Arbeitsverhältnis) ergebenden Verpflichtungen" i.S. des § 113 gehört. Wegen des engen Zusammenhanges zwischen Arbeitsverhältnis und Gewerkschaftszugehörigkeit ist dies zu bejahen, weil die Gewerkschaft für die Arbeitnehmer die Arbeitsbedingungen aushandelt und sie in ihrer Stellung als Arbeitnehmer berät[23].

## VII. Die Betreuung

### 1. Die Betreuung gemäß § 1896

209 b Für volljährige Personen, die aufgrund einer Krankheit oder Behinderung ihre Angelegenheiten nicht allein besorgen können, bestellt das Betreuungsgericht (Amtsgericht) gemäß §§ 1896 ff. einen Betreuer. Der Betreuer ist der gesetzliche

19 *Jauernig/Mansel*, § 112 BGB Rn. 4.

20 *Jauernig/Mansel*, § 113 BGB Rn. 5.; vgl. auch *Derleder/Thielbar*, NJW 2006, 3233, 3236.

21 *Palandt/Diederichsen*, § 1626 BGB Rn. 18; vgl. auch *Derleder/Thielbar*, NJW 2006, 3233, 3236.

22 *Jauernig/Mansel*, § 113 BGB Rn. 6.

23 Herrschende Meinung, vgl. u.a. LG Essen, NJW 1965, 2302; LG Frankfurt, FamRZ 1967, 680; MüKo/Schmitt, § 113 BGB Rn. 24.

Vertreter des Betreuten. Gegen den freien Willen des Volljährigen darf die Betreuung allerdings nicht bestellt werden (§ 1896 Abs. 2).

Die Betreuung darf nur angeordnet werden, wenn dies erforderlich ist. Daraus ergibt sich, dass die Betreuung nur für bestimmte Aufgabenkreise, wie z.B. Vermögensangelegenheiten, bestellt werden kann.

Die Anordnung der Betreuung bleibt auf die Geschäftsfähigkeit des Betreuten gemäß § 104 ohne Einfluss. Diese sogenannte Doppelzuständigkeit kann dazu führen, dass sowohl der Betreuer als auch der Betreute über einen Vermögensgegenstand des Betreuten wirksame Rechtsgeschäfte abschließen können.

**Beispiel:** Der Betreuer, den das Betreuungsgericht für die Vermögenssorge des B bestellt hat, verkauft das Klavier des Betreuten an D. Der Betreute selbst verkauft wenig später dasselbe Klavier an X. Beide Kaufverträge sind wirksam.

### 2. Die Betreuung mit Einwilligungsvorbehalt

Das Betreuungsgericht kann für den Fall, das dass zur Abwendung einer erhebli- **209 c**
chen Gefahr für die Person oder das Vermögen des Betreuten erforderliche ist, über die „einfache" Betreuung gemäß § 1896 hinaus ein sogenannten Einwilligungsvorbehalt gemäß § 1903 anordnen. Diejenige volljährige Person, für die eine Betreuung mit Einwilligungsvorbehalt gemäß §§ 1896, 1903 angeordnet ist, steht im Ergebnis einem Minderjährigen gleich. Insbesondere gelten die §§ 108 bis 113 entsprechend (§ 1903 Abs. 1 S. 2), soweit der Einwilligungsvorbehalt reicht (vgl. §§ 1902, 1903 Abs. 2). § 1903 Abs. 3 S. 1 enthält eine dem § 107 entsprechende Regelung; darüber hinaus sind Willenserklärungen, die geringfügige Angelegenheiten des täglichen Lebens betreffen, ohne Einwilligung des Betreuers wirksam (§ 1903 Abs. 3 S. 2). Auch Willenserklärungen, die ein gemäß §§ 1896, 1903 Betreuter mit Einwilligung des Betreuers abgibt, sind wirksam (§ 1903 Abs. 1).

**Lösung zu Fall 10:** Der Kaufvertrag zwischen M und R ist nicht nach § 110 wirksam, sondern schwebend unwirksam nach § 108 Abs. 1, weil M noch nicht bewirkt, d.h. erfüllt hat. M ist deshalb auch nicht verpflichtet, die noch ausstehenden Raten zu zahlen. Tut er es dennoch, wird der Vertrag rückwirkend zum Zeitpunkt des Abschlusses wirksam nach § 110.

# § 13 Die Form

**Schrifttum:** *Armbrüster*, Treuwidrigkeit der Berufung auf Formmängel, NJW 2007, 3317; *Petersen*, Die Form des Rechtsgeschäfts, Jura 2005, 168; *Steinbeck*, Die neuen Formvorschriften im BGB, DStR 2003, 644.

***Fall 11:*** *Zwei Unternehmen, die häufig miteinander Geschäfte abwickeln, vereinbaren, dass Verträge, die sie untereinander abschließen, nur wirksam sein sollen, wenn sie schriftlich fixiert und von beiden Seiten unterschrieben sind. Wie ist die Rechtsfolge, wenn nun ein Kaufvertrag mündlich geschlossen wird?*

## I. Das Prinzip der Formfreiheit

210 Im Privatrecht können Rechtsgeschäfte grundsätzlich ohne Beachtung einer bestimmten Form, also formlos abgeschlossen werden (Prinzip der Formfreiheit). Das bedeutet: Das Gesetz schreibt den am Rechtsverkehr Beteiligten in der Regel nicht vor, dass sie Rechtsgeschäfte wirksam nur unter Beachtung einer bestimmten Form tätigen können. Es ist also für die Wirksamkeit eines Rechtsgeschäftes gleichgültig, ob die Beteiligten ihren Willen schriftlich, mündlich, durch Gebärden oder elektronische Signale ausdrücken. Nur ausnahmsweise ist für bestimmte Rechtsgeschäfte eine besondere Form vorgeschrieben.

In den Fällen, in denen das Gesetz eine Form zwingend vorschreibt, sollen bestimmte Zwecke erreicht werden, wie z.B.:

- **Beweissicherung** im Hinblick auf später auftretende Streitigkeiten;
- **Warnfunktion:** Die Parteien sollen vor einem leichtfertigen Geschäftsabschluss geschützt werden, z.B. bei der Übertragung des gesamten Vermögens;
- **Beratungsfunktion:** Durch den Zwang zur notariellen Beurkundung eines Rechtsgeschäfts sollen die daran Beteiligten durch eine juristische Beratung über die möglichen Konsequenzen des Geschäfts aufmerksam gemacht werden;
- **Wahrung öffentlicher Interessen** über den Schutz der Parteien hinaus durch eine inhaltliche Überwachung des Rechtsgeschäfts oder eine behördliche Kontrolle derselben.

211 Rechtsgeschäfte unterliegen nur dann einem Formzwang, wenn

a) das Gesetz eine bestimmte Form vorschreibt oder
b) die Parteien vereinbaren, dass auch für Rechtsgeschäfte, die nach dem Gesetz formfrei sind, eine bestimmte Form eingehalten werden soll (gewillkürte Form, § 127).

Ein Kaufvertrag kann also mündlich abgeschlossen werden, ebenso ein Leihvertrag oder ein Darlehensvertrag und viele andere Rechtsgeschäfte. Selbst Gesellschaftsverträge für eine Gesellschaft bürgerlichen Rechts, für eine offene Handelsgesellschaft oder eine Kommanditgesellschaft können grundsätzlich mündlich abgeschlossen werden. Der Grund für die in der Praxis von den Beteiligten dennoch häufig gewählte Schriftform liegt darin, dass der Abschluss und der Inhalt eines mündlichen Vertrages schwieriger zu beweisen sind als das Zustandekommen und der Inhalt eines schriftlich fixierten Vertrages.

## II. Die vom Gesetz vorgeschriebene Form

Das Gesetz schreibt je nach dem verfolgten Zweck verschiedene Formen vor. Die gesetzlichen Formvorschriften sind zwingendes Recht. Deshalb können die Parteien sich in der Regel nicht im Wege der Vereinbarung ohne weitreichende Konsequenzen über sie hinwegsetzen. **212**

Das Gesetz kennt u.a.:
- die einfache Schriftform,
- die elektronische Form,
- die Textform,
- die öffentliche Beglaubigung,
- die notarielle Beurkundung,
- die völlige Eigenhändigkeit einer Urkunde (Holographie).

### 1. Die einfache Schriftform

Die einfache Schriftform ist gewahrt, wenn eine Urkunde von dem Aussteller eigenhändig durch Namensunterschrift unterzeichnet wird (§ 126). Der Aussteller muss den Urkundentext nicht selbst verfasst und geschrieben haben. Es ist ausreichend, zugleich aber auch notwendig, dass der Erklärende die Urkunde unterschreibt. Man kann deshalb davon sprechen, dass die einfache Schriftform nur **Unterschriftsform** bedeutet. Der Unterzeichnung wird Abschluss- und Deckungswirkung zugemessen. Das bedeutet, dass die Unterzeichnung den Text der Urkunde abschließen muss und nur das vor der Unterschrift Stehende durch die Unterschrift gedeckt wird. Bedarf ein Vertrag der Schriftform, müssen die beteiligten Parteien auf derselben Urkunde unterzeichnen (§ 126 Abs. 2). **213**

Die einfache Schriftform ist u.a. erforderlich bei: **214**

a) der Bürgschaftserklärung (§ 766),
b) einem Verbraucherdarlehensvertrag (§ 492),
c) einem Mietvertrag über ein Grundstück (auch eine Wohnung), der für längere Zeit als ein Jahr abgeschlossen wird (§ 550).

Fraglich ist, ob die Schriftform i.S. des § 126 auch bei der Übersendung eines **Telefax** eingehalten wird. Das Telefax enthält nicht eine eigenhändige Unterschrift, sondern übernimmt nur die des Originals. Da die von § 126 geforderte eigenhändige Unterschrift nicht vorliegt, wahrt ein Telefax die Schriftform nicht.[1] **215**

1 BGHZ 121, 224, 229; BGH NJW 1997, 3169, 3170; OLG Frankfurt, NJW 1991, 2154; OLG Hamburg, NJW 1990, 1613.

## 2. Elektronische Form und Textform

### a) Überblick

216 Die Frage nach der Einhaltung der Schriftform stellt sich entsprechend bei der **E-Mail**. Durch den Computerausdruck wird die E-Mail zwar verkörpert. Es fehlt jedoch auch hier die handschriftliche Unterzeichnung des Schriftstücks, so dass nach bisheriger Auffassung dem Schrifterfordernis nicht entsprochen wurde.

Aufgrund der heutigen Möglichkeiten und Praktiken, welche die modernen Kommunikationstechniken eröffnen, war der Gesetzgeber gezwungen, neue Vorschriften über die für manche Rechtsgeschäfte notwendige Form zu schaffen. Er hat dies mit den §§ 126 a und 126 b, sowie mit dem Signaturgesetz getan.

### b) Die elektronische Form (§ 126 a)

217 § 126 a schafft die Möglichkeit, die vorgeschriebene Schriftform durch die elektronische Form zu ersetzen. Dies geschieht dadurch, dass der Aussteller der Erklärung derselben seinen Namen hinzufügt und das elektronische Dokument **mit einer qualifizierten elektronischen Signatur** nach dem Signaturgesetz versieht (§ 126 a).

Die der Schriftform gleichgestellte elektronische Form ist also gewahrt, wenn die Erklärung gemäß dem Signaturgesetz qualifiziert elektronisch signiert ist. Dadurch soll sichergestellt, werden, dass die leicht zu fälschende elektronisch übermittelte Datei authentisch den Empfänger erreicht und außerdem den Absender so identifiziert, dass dieser im Nachhinein nicht seine Urheberschaft bestreiten kann.[2]

Das Signaturgesetz regelt die notwendige Sicherheitsinfrastruktur für die elektronischen Signaturen („Online-Unterschriften"), die der eigenhändigen Unterschrift gleichgestellt wird. Unter den im Signaturgesetz genannten Voraussetzungen ist es also möglich, eine Urkunde digital wirksam zu unterschreiben.[3]

§ 2 Nr. 1 SigG definiert die elektronischen Signaturen allgemein als „Daten in elektronischer Form, die anderen elektronischen Daten beigefügt oder logisch mit ihnen verknüpft sind und die zur Authentifizierung dienen".

Die „qualifizierten elektronischen Signaturen" sind elektronische Signaturen nach § 2 Nr. 3 SigG, die

- auf einem zum Zeitpunkt ihrer Erzeugung gültigen qualifizierten Zertifikat (§ 2 Nr. 7 SigG) beruhen und
- mit einer sicheren Signaturerstellungseinheit (§ 2 Nr. 10 SigG) erzeugt werden.

---

2 *Nowak*, MDR 2001, 843; *Steinbeck*, DStR 2003, 647.

3 *Roßnagel*, MMR 2003, 164; *Steinbeck*, DStR 2003, 647.

Für die sichere Signaturerstellungseinheit ist ein Signaturkartenlesegerät mit einer entsprechenden Signaturkarte erforderlich. Weiterhin muss das eingesetzte qualifizierte Zertifikat gemäß § 2 Nr. 7 SigG von einem Zertifizierungsanbieter ausgegeben werden, welcher den Anforderungen der §§ 4 ff. SigG entspricht.[4] **218**

> **Beispiel:** Ist für eine Kündigung die einfache Schriftform vorgesehen, so ist die Schriftform gewahrt, wenn der Kündigende die Kündigung per E-Mail erklärt und er seinen Namen und seine elektronische Signatur hinzusetzt (§ 126 a).

Diese Zertifizierungdiensteanbieter überwachen die Nutzung der qualifizierten Zertifikate. Sie haften gemäß § 11 SigG für schuldhaft verursachte Schäden, die ein Dritter dadurch erleidet, dass er auf eine unrichtige elektronische Signatur (= „gefälschte elektronische Unterschrift") vertraut hat.

Nicht in jedem Fall kann die Schriftform durch die elektronische Form ersetzt werden. So schließt § 766 S. 2 dies z.B. für die Bürgschaft aus.

### c) Die Textform (§ 126 b)

Manche gesetzlichen Bestimmungen schreiben die Textform vor.[5] Textform bedeutet nach § 126 b: in der lesbaren Erklärung muss die Person des Erklärenden genannt sein und die Erklärung muss sich auf einem dauerhaften Datenträger befinden. Ein dauerhafter Datenträger ist jedes Medium, das es dem Empfänger ermöglicht, die Erklärung für seine Zwecke ausreichend lange unverändert aufzubewahren oder zu speichern. Die Textform stellt somit gegenüber der Schriftform eine Erleichterung dar[6]. Vom Gesetzgeber ist die Textform dann vorgesehen, wenn die Informations- und Dokumentationsfunktion im Vordergrund steht, die Warn- und Beweisfunktion dagegen weniger bedeutsam ist.[7] **219**

> **Beispiel:** Bei Verbraucherverträge, bei denen dem Verbraucher ein Widerrufsrecht zusteht, muss der Unternehmer dem Verbraucher eine Widerrufsbelehrung in Textform erteilen (§ 312 a in Verbindung mit § 246 Abs. 3 EGBGB und § 126 b).

Bei der Textform handelt es sich um nicht viel mehr als um lesbare Schriftzeichen. Deshalb fallen auch Telefax und E-Mails ohne Signatur darunter. Erforderlich ist, dass das Medium eine Erklärung so fixieren kann, dass es dem Empfänger möglich ist, den Inhalt der Erklärung unverändert und wiederholt zur

---

4 *Degen*, NJW 2009, 199.

5 Bis zum 1.6.2014 war Hauptanwendungsfall des Textformerfordernisses der Widerruf nach § 355. Hingegen enthält die neue Formulierung des § 355 dieses Erfordernis nicht mehr. Welche Form zu verlangen ist, ist bisher streitig.

6 *Steinbeck*, DStR 2003, 649; *MüKo/Einsele, § 126* b BGB Rn. 1.

7 *Steinbeck*, DStR 2003, 649; *Noack*, DStR 2001, 1896.

Kenntnis zu nehmen. Dazu gehören Papierdokumente, elektronische Datenträger, aber auch Internet-Seiten, die der Empfänger ausdrucken kann.[8]

### 3. Die öffentliche Beglaubigung

220 Diese ist eingehalten, wenn der Notar die Echtheit der Unterschrift unter einer schriftlichen Erklärung bezeugt (§ 129). Die öffentliche Beglaubigung bezieht sich nur auf die Unterschrift, nicht aber auf den Inhalt der Urkunde. Sie ist deshalb ein amtliches Zeugnis über die Identität des Unterzeichners.[9]

Praktische Bedeutung hat die öffentliche Beglaubigung z.B. für die Anmeldungen zum Vereinsregister (§ 77), bei der Abtretung von Forderungen (§§ 403, 411) und im ehelichen Güterrecht (§§ 1491 und 1492).

### 4. Die notarielle Beurkundung

221 Die notarielle Beurkundung gemäß § 128 ist die Niederschrift über die Verhandlung der Beteiligten vor einem Notar, die ihn und die Beteiligten genau bezeichnet. Sie enthält das gesamte Rechtsgeschäft, also die entsprechenden Willenserklärungen der Beteiligten. Die Niederschrift wird den Beteiligten in Gegenwart des Notars vorgelesen und von ihnen genehmigt. Die Beteiligten und der Notar unterschreiben sie eigenhändig. Das Verfahren der notariellen Beurkundung richtet sich nach dem Beurkundungsgesetz.

Werden Verträge vor dem Notar beurkundet, so ist eine gleichzeitige Anwesenheit der vertragschließenden Parteien vor dem Notar nur in den vom Gesetz vorgesehenen Fällen, wie z.B. beim Ehevertrag (§ 1410) notwendig. Im Regelfall ist es ausreichend, wenn zuerst das Angebot zum Abschluss eines Vertrages und später die Annahme desselben beurkundet wird. Im Zweifel kommt der Vertrag dann gemäß § 152 mit der Beurkundung der Annahme zustande.

Die notarielle Beurkundung ist u.a. vorgesehen:

a) bei der Verpflichtung zur Übertragung des Eigentums an einem Grundstück, z.B. Grundstückskaufvertrag (§ 311 b),

b) für den Abschluss eines Gesellschaftsvertrages bei der Gründung einer GmbH (§ 2 GmbHG).

---

8 *Steinbeck*, DStR 2003, 649; *Noack*, DStR 2001, 1897.

9 *MüKo/Einsele*, § 129 BGB Rn. 5.

**Beispiel** für den Anfang eines notariell beurkundeten Vertrages:

> 1376 der Urkundenrolle für 2009
> Verhandelt
> Altheim, den 03. August 2009
>
> Vor dem unterzeichnenden Notar
> Dr. Hans Neumann in Altheim
> erschienen heute von Person bekannt:
> 1. Der Bauer Hans Berger aus Altheim, Im Tal 16
> 2. Der Kaufmann Dirk Schulz aus Altheim, Schützenstr. 9
>
> Die Erschienenen erklärten...
> (es folgt der Text des Vertrages)

### 5. Die völlige Eigenhändigkeit einer Urkunde

Die gesamte Urkunde muss in ihrem vollen Wortlaut eigenhändig, d.h. mit der Hand niedergeschrieben und unterschrieben sein, wie z.B. das eigenhändig geschriebene und unterschriebene Testament (§§ 2231 Nr. 2, 2247).

## III. Die gewillkürte Schriftform

Das BGB gestattet es, den Formzwang auch durch Rechtsgeschäft zu begründen. **222**
Die Parteien können deshalb gemäß § 127 vereinbaren, dass für ein bestimmtes Rechtsgeschäft eine bestimmte Form eingehalten werden soll. Die Parteien haben sich dann selbst unter Formzwang gesetzt.

Es können also auch die elektronische (§ 126 a) oder die Textform (§ 126 b) vereinbart werden.

Für die Wahrung der vereinbarten Schriftform und der elektronischen Form sehen die Abs. 2 und 3 des § 127 einige Erleichterungen vor.

## IV. Die Folgen des Formmangels

Wird die gesetzlich vorgeschriebene Form nicht eingehalten, ist das Rechtsge- **223**
schäft nichtig (§ 125 S. 1).

**Beispiel:** Eine mündlich gegebene Bürgschaftserklärung ist nichtig (§§ 766 S. 1, 125).

Eine Ausnahme vom Grundsatz des § 125 ist die Sondervorschrift des § 566, die auch auf den Pachtvertrag anwendbar ist (§ 581). Danach ist ein ohne Beachtung der vorgeschriebenen Schriftform geschlossener Mietvertrag wirksam. Er gilt als auf unbestimmte Zeit geschlossen und kann frühestens zum Schluss des ersten Jahres gekündigt werden.

In einigen anderen Fällen wird der Formmangel durch die Ausführung des zunächst formnichtigen Geschäfts geheilt (vgl. §§ 311 b, 518, 766).

Zu dem vorstehenden **Beispiel:** Wird der Bürge in Anspruch genommen und leistet er das vom Gläubiger Geforderte, wird der Bürgschaftsvertrag wirksam (§ 766 S. 2). In diesem Beispiel ist das gewollte Rechtsgeschäft zunächst nichtig (§ 125). Die Formnichtigkeit wird allerdings dadurch geheilt, dass der Schuldner die im nichtigen Vertrag versprochene Leistung erbringt.

**224** Wird die gemäß § 127 vereinbarte Form nicht eingehalten, so ist nach § 125 S. 2 im Zweifel anzunehmen, dass Rechtsgeschäfte, die ohne Beachtung dieser vereinbarten Form abgeschlossen werden, nichtig sind.

Nicht nur Verträge, sondern auch einseitige Rechtsgeschäfte wie z.B. die Kündigung können durch rechtsgeschäftliche Vereinbarung unter Formzwang gestellt werden. Hier ist aber zu prüfen, ob das Formerfordernis konstitutiv für die Wirksamkeit der Erklärung sein soll oder lediglich deklaratorisch, d.h. im Sinne einer Beweiserleichterung.[10]

**225** Durch Rechtsgeschäft kann nicht nur die einfache Schriftform, sondern auch jede andere Form vereinbart werden, z.B. die Form des eingeschriebenen Briefes für Kündigungen.

Bei Klauseln in Allgemeinen Geschäftsbedingungen, die Formvereinbarungen betreffen, ist zu beachten, dass gemäß § 309 Nr. 13 für Anzeigen und Erklärungen eine strengere Form als die Schriftform nicht wirksam vereinbart werden kann.

Fraglich kann sein, ob dann, wenn **mehrere Rechtsgeschäfte** vorgenommen werden, von denen eines formbedürftig ist, die Rechtsgeschäfte insgesamt der Form bedürfen. Dieses Problem stellt sich in der Praxis vor allem bei Grundstücksgeschäften. Die Rechtsprechung[11] stellt auf den Parteiwillen ab: Die Formbedürftigkeit erstreckt sich auf alle Vereinbarungen, aus denen sich nach dem **Willen der Parteien** das schuldrechtliche Veräußerungsgeschäft zusammensetzt.[12] Bei Grundstücksgeschäften bedeutet dies: Der Beurkundungszwang erstreckt sich auf alle Vereinbarungen, aus denen sich nach dem Willen der Vertragspartner das schuldrechtliche Verpflichtungsgeschäft zusammensetzt; dabei können auch solche Vereinbarungen dem Formzwang unterliegen, die für sich allein zwar formfrei möglich wären, nach dem Willen der Vertragspartner aber so eng mit dem Grundstücksveräußerungsgeschäft zusammenhängen, dass sie nur mit diesem zusammen gelten sollen.[13] Letztlich wird also darauf abgestellt, ob die vertragschließenden Parteien den **Willen** hatten, die Rechtsgeschäfte zu einer **rechtlichen Einheit** zu verbinden.[14]

---

10 *Jauernig/Jauernig*, § 125 BGB Rn. 11.
11 U.a. BGHZ 89, 41, 43; 104, 18, 22.
12 So BGHZ 63, 359, 361; 89, 41, 43.
13 So BGHZ 89, 41, 43.
14 Vgl. BGHZ 89, 41, 43; 104, 18, 22.

Auch spätere Änderungen und Ergänzungen eines Vertrages, der dem Formerfordernis unterliegt, bedürfen der Form.

**Lösung zu Fall 11:** Wird trotz der Vereinbarung, Verträge nur schriftlich und unterschrieben abzuschließen, ein Vertrag nur mündlich abgeschlossen, so ist dieser Vertrag „im Zweifel" gemäß §§ 127, 126, 125 nichtig. Gut vertretbar ist es daher, den Vertrag als nichtig anzusehen.
Man könnte allerdings auch daran denken, ob nicht die Parteien durch den mündlichen Abschluss des Vertrages konkludent von ihrer vormaligen Vereinbarung, Verträge nicht mündlich abzuschließen, abgerückt sind. Gegen diese Ansicht spricht jedoch, dass der Schutzcharakter der Vereinbarung, Verträge nur schriftlich fixiert und mit Unterschrift versehen abschließen zu können, ausgehöhlt würde.

# § 14 Die Nichtigkeit von Rechtsgeschäften

**Schrifttum:** *Honsell*, Die zivilrechtliche Sanktion der Sittenwidrigkeit, JA 1986, 573; *Mayer-Maly*, Die guten Sitten als Maßstab des Rechts, JuS 1986, 596; *Petersen*, Gesetzliches Verbot und Rechtsgeschäft, Jura 2003, 532; *Sack*, Das Anstandsgefühl aller billig und gerecht Denkenden und die Moral als Bestimmungsfaktoren der guten Sitten, NJW 1985, 761; *Ulrici*, Verbotsgesetz und zwingendes Gesetz, JuS 2005, 1073.

***Fall 12:***[1] *Die D-Bank gewährt dem Textilgroßhändler T ein Darlehen in Höhe von 20.000 €. Zur Sicherung der Darlehensrückzahlungsforderung übereignet T der D-Bank alle gegenwärtig und künftig zu seinem Eigentum gehörenden Waren und sein gesamtes Geschäftsinventar. Der gegenwärtige Lagerbestand hat einen Wert von 20.000 €. Das Geschäftsinventar verkörpert einen Verkaufswert von 50.000 €. Außerdem räumt T in dem mit der D-Bank geschlossenen Sicherungsvertrag der D-Bank ein Mitwirkungsrecht bei der Leitung des Geschäfts und eine Generalvollmacht ein. Die genannten Vereinbarungen sind Gegenstand des Sicherungsvertrages.*
*Beurteilen Sie die Wirksamkeit einer solchen Vereinbarung.*

## I. Einführung

Die Rechtsordnung stellt an das Zustandekommen von Rechtsgeschäften, insbesondere von Verträgen, bestimmte Anforderungen. Wird eine dieser Anforde- 226

1 In Anlehnung an KG LZ 1919, 413.

rungen nicht erfüllt, ist das angestrebte Rechtsgeschäft in der Regel entweder nichtig, schwebend unwirksam (siehe oben § 12 II 2.) oder anfechtbar.

Die Anfechtung eines Rechtsgeschäfts bedeutet: Der Anfechtungsberechtigte kann durch eine einseitige, empfangsbedürftige Willenserklärung seine anfechtbar abgegebene Willenserklärung mit rückwirkender Kraft vernichten. Die wirksam angefochtene Willenserklärung ist von Anfang an nichtig (§ 142).

**227** Ist ein Rechtsgeschäft nichtig, dann treten die mit dem Rechtsgeschäft angestrebten Folgen nicht ein; das Rechtsgeschäft ist dauernd unwirksam. Das angestrebte oder nichtige Rechtsgeschäft ist allerdings kein reines nullum, denn es existiert ein äußerer Tatbestand. Dieser vermag allerdings nicht diejenigen Wirkungen herbeizuführen, die seine Verursacher beabsichtigen.

Die wichtigsten Gründe dafür, dass ein Rechtsgeschäft von Anfang an, d.h. von vornherein, nichtig ist, sind:

a) die Geschäftsunfähigkeit desjenigen, der eine Willenserklärung abgegeben hat (§§ 104, 105),
b) der Verstoß gegen eine gesetzlich vorgeschriebene oder vereinbarte Form (§ 125),
c) der Verstoß gegen ein gesetzliches Verbot (§ 134),
d) die Sittenwidrigkeit des Rechtsgeschäfts (§ 138).

Kommt es über die Frage, ob ein Rechtsgeschäft nichtig ist, zu einem Streit, so muss im Zweifel ein Gericht entscheiden, ob das in Frage stehende Rechtsgeschäft nichtig ist oder nicht. Prüft ein Gericht einen Vertrag unter der Fragestellung, ob dieser ganz oder teilweise z.B. wegen Sittenwidrigkeit (§ 138 Abs. 1) oder Verstoßes gegen ein gesetzliches Verbot (§ 134) nichtig ist, so nennt man das **Inhaltskontrolle.** Gegenstand einer solchen Inhaltskontrolle können auch Allgemeine Geschäftsbedingungen sein. Die Inhaltskontrolle findet dann nach den strengeren Maßstäben der §§ 305 ff. statt.

## II. Der Verstoß gegen ein gesetzliches Verbot (§ 134)

### 1. Die gesetzliche Regelung

**228** Die vertragsschließenden Parteien genießen nach dem Prinzip der Privatautonomie weitgehende Freiheit, den Inhalt der Verträge zu gestalten. Diese Freiheit wird allerdings u.a. durch § 134 begrenzt. Die Rechtsordnung versucht, die Vornahme bestimmter Rechtsgeschäfte ihres besonderen Inhalts wegen zu verhindern. Sie definiert diese missbilligten Geschäfte in den Gesetzen und bestimmt, dass sie, falls sie vorgenommen werden, nichtig sind.

Um ein **Verbotsgesetz** im Sinne des § 134 handelt es sich dann, wenn ein Rechtsgeschäft seines Inhalts wegen unterbunden werden soll und nicht nur wegen der Art und Weise des Zustandekommens[2].

Wenn ein Rechtsgeschäft gegen ein im Gesetz ausgesprochenes Verbot verstößt, ist es damit nicht automatisch nichtig. Gemäß § 134 soll die Nichtigkeitsfolge vielmehr nur dann eintreten, „wenn sich nicht aus dem Gesetz ein anderes ergibt". Dieser Formulierung ist zu entnehmen: § 134 führt nicht schlechthin zur Nichtigkeit des angestrebten Rechtsgeschäfts, sondern stellt nur eine **Auslegungsregel** auf. Nach der Rechtsprechung des BGH[3] bleibt in jedem Fall zu prüfen, ob das Verbotsgesetz nach seinem Sinn und Zweck die endgültige Unwirksamkeit (Nichtigkeit) des verbotenen Geschäfts erfordert. Manche wollen dem Gesetzeswortlaut des § 134 sogar entnehmen, dass andere Rechtsfolgen als die der Nichtigkeit vorgehen sollen (Subsidiarität der Nichtigkeit)[4].

Nach herrschender Meinung[5] soll die Nichtigkeit als Sanktion nur eintreten, wenn der Zweck des Verbotsgesetzes dies verlange bzw – so der BGH – wenn „es mit dem Sinn und Zweck des Verbotsgesetzes unvereinbar wäre, die durch das Rechtsgeschäft getroffene Regelung hinzunehmen und bestehen zu lassen".

## 2. Verbotsgesetze im Sinne des § 134

Verbotsgesetze i.S. des § 134 finden sich im Zivilrecht und im öffentlichen Recht **229**
einschließlich des Strafrechts.

Zivilrechtliche Verbotsgesetze außerhalb des BGB finden sich u.a. im Gesellschaftsrecht (z.B. §§ 133 Abs. 3 HGB, 723 Abs. 3 BGB; § 71 a AktG) und im Wettbewerbsrecht (z.B. § 1 GWB; § 3 UWG). Gemäß § 134 können Verträge nichtig sein, die zur Begehung unlauteren Wettbewerbs verpflichten, allerdings nur dann, wenn der rechtsgeschäftlichen Verpflichtung selbst das wettbewerbswidrige Verhalten innewohnt[6]

Es existieren auch eine Reihe von arbeitsrechtlichen Verbotsgesetzen, wie z.B. die Vorschriften des Gesetzes zur Bekämpfung der Schwarzarbeit (SchwarzArbG).[7]

Die aktuellen Entwicklungen der modernen Telekommunikation führen in diesem Rechtsgebiet zu neuen Verbotsgesetzen (Z.B. § 43 b Abs. 3 S. 4 TKG und § 43 b Abs. 4 S. 1 TKG sind Verbotsgesetze im Sinne des § 134 BGB).[8]

---

2 Vgl. *Staudinger/Sack*, § 134 BGB Rn. 2.

3 BGHZ 45, 322, 326.

4 So *Staudinger/Sack*, § 134 BGB Rn. 59.

5 BGHZ 85, 39, 43; *Staudinger/Sack*, § 134 BGB Rn. 57.

6 BGH NJW 1991, 287; BGH NJW 1998, 2531, 2533.

7 So BGH NJW-RR 2008, 1050.

### 3. Die Folgen eines Verstoßes gegen ein gesetzliches Verbot

230 Wie bereits erwähnt, folgt aus dem Verstoß gegen ein gesetzliches Verbot i.S. des § 134 nicht automatisch die Nichtigkeit des Rechtsgeschäfts. Die Frage, ob der Verstoß gegen ein gesetzliches Verbot gemäß § 134 zur Nichtigkeit eines Rechtsgeschäfts führt, ist nach Sinn und Zweck der einzelnen Verbotsvorschriften zu entscheiden.[9]

Richtet sich ein gesetzliches Verbot an beide Geschäftspartner, so ist das Rechtsgeschäft in der Regel nichtig. Richtet sich das Verbot hingegen lediglich gegen einen der beiden Geschäftspartner, so ist das Geschäft grundsätzlich nicht wegen Gesetzesverstoßes nichtig.[10]

**Beispiel:**[11] Steuerberater A bittet den Bauunternehmer W, eine undichte Stelle im Keller seines Hauses, durch die Wasser eindringt, abzudichten. Es wird ein Festpreis von 3.000,00 € „bar auf die Hand" vereinbart. Es soll keine Rechnung gestellt und keine Umsatzsteuer berechnet werden. Hier sollte ein Werkvertrag geschlossen werden, dessen Inhalt dazu dienen sollte, dass jedenfalls eine Vertragspartei als Steuerpflichtige ihre sich aufgrund der nach dem Vertrag geschuldeten Werkleistungen ergebenden steuerlichen Pflichten nicht erfüllt. Dies stellt einen Verstoß gegen § 1 Abs. 2 Nr. 2 SchwarzArbG[12] dar, der jedenfalls dann zur Nichtigkeit des gesamten Vertrages nach § 134 führt, wenn der Unternehmer vorsätzlich hiergegen verstößt und der Besteller den Verstoß des Unternehmers kennt und bewusst zum eigenen Vorteil ausnutzt.[13] Im zu erörternden Fall waren sich beide Parteien bewusst, das ihr Tun verboten ist; der Vertrag ist daher nach § 134 nichtig.

## III. Sittenwidrige Geschäfte (§ 138)

### 1. Überblick

231 Zu den wichtigsten Vorschriften, die der Privatautonomie in Gestalt der Vertragsfreiheit Grenzen setzen, gehört § 138.

Weil die Möglichkeiten eines Missbrauchs der Privatautonomie so vielfältig sind, dass sie vom Gesetzgeber nicht abschließend im Einzelnen ausdrücklich verboten werden können, ist die Generalklausel des § 138 als Korrektiv von großer Bedeutung. Sie setzt der privatautonomen Rechtsgestaltung dort eine Grenze, wo

8 BT-Drucks. 15/907, S. 10. Vgl. zu dieser Problematik *Rösler*, NJW 2003, 2633.

9 Vgl. BGHZ 93, 264, 267 mit Nachw.

10 Vgl. BGHZ 71, 358, 360; 46, 24, 26.

11 Nach BGHZ 198, 141.

12 Text: „Schwarzarbeit leistet, wer Dienst- oder Werkleistungen erbringt oder ausführen lässt und dabei als Steuerpflichtiger seine sich auf Grund der Dienst- oder Werkleistungen ergebenden steuerlichen Pflichten nicht erfüllt."

13 BGHZ 198, 141.

sie in Widerspruch zu den Grundprinzipien unserer Rechts- und Sittenordnung tritt. Mit § 138 soll die Geltung von Rechtsgeschäften verhindert werden, die für eine Rechtsgemeinschaft unerträglich sind, weil sie von ihren ethischen Grundlagen abweichen.[14] Verfassungsrechtlicher Anknüpfungspunkt ist dabei die grundrechtliche Gewährleistung der Privatautonomie als Teil der allgemeinen Handlungsfreiheit in Art. 2 Abs. 1 GG[15]. Deshalb kann die uneingeschränkte Wahrnehmung der Privatautonomie durch einen Vertragsteil mit einer Beeinträchtigung des Selbstbestimmungsrechts des anderen verbunden sein. Bei der Lösung dieses Interessenkonflikts ermöglicht § 138 eine Inhaltskontrolle und gegebenenfalls eine Korrektur auch solcher Rechtsgeschäfte, die sich als Ergebnis einer Fremdbestimmung darstellen.

§ 138 kann allerdings nicht alle Fälle erfassen, in denen das Verhandlungsgleichgewicht mehr oder weniger gestört ist. Vielmehr können nach dieser Vorschrift nur solche Rechtsgeschäfte für nichtig erklärt werden, deren Inhalt für eine Seite ungewöhnlich belastend und als Interessenausgleich „offensichtlich unangemessen" ist, und die sich weiter als Folge „strukturell ungleicher Verhandlungsstärke" darstellen[16].

## 2. Die Generalklausel des § 138 Abs. 1

Dem Wortlaut des § 138 Abs. 1 lässt sich nicht entnehmen, was unter „guten Sitten" oder „Sittenwidrigkeit" zu verstehen ist. Die guten Sitten sind ein unbestimmter, der Konkretisierung bedürftiger und fähiger Rechtsbegriff[17]. Rechtswissenschaftliche Literatur und Rechtsprechung haben stets große Mühe gehabt, diese Konkretisierung vorzunehmen, zumal sich in manchen Bereichen die Auffassung über das, was „gute Sitten" sind, im Laufe der Zeit nicht zuletzt wegen Veränderungen in der Gesellschaft verschoben hat. **232**

Das Reichsgericht hat die Formel entwickelt und sich auch – mit Modifizierungen – daran gehalten, dass es sich bei dem, was in § 138 Abs. 1 gemeint sei, um das in der Übung zutage tretende sittliche Empfinden handele, um das „Anstandsgefühl aller billig und gerecht Denkenden"[18]. Dem hatte sich zunächst auch der BGH angeschlossen und festgestellt, es seien „stets die besonderen Umstände des einzelnen Falles darauf zu prüfen, ob der Vertrag mit dem Anstandsgefühl aller billig und gerecht Denkenden übereinstimmt"[19]. Allerdings hat der BGH auch versucht zu bestimmen, wer billig und gerecht denkt, und dazu ausgeführt: „Dabei

---

14 *MüKo/Armbrüster*, § 138 BGB Rn. 1.
15 Vgl. BVerfG WM 1993, 2199, 2202 f.
16 BVerfG WM 1993, 2199, 2203.
17 Vgl. *MüKo/Armbrüster*, § 138 BGB Rn. 11 mit Hinweisen.
18 So RGZ 80, 219, 221; 120, 142, 148.
19 BGHZ 10, 228, 232.

sind vor allem die Anschauungen der in Betracht kommenden beteiligten Kreise, hier der ehrbaren Kaufmannschaft, zu berücksichtigen, wobei das Durchschnittsmaß von Redlichkeit und Anstand zugrunde zu legen ist. Etwaige Missbräuche, die sich in bestimmten Kreisen gebildet haben, sind nicht zu beachten“[20].

**233** Der Unzulänglichkeit der oben geschilderten „einfachen“ Formel bewusst, hat der BGH später nach anderen Kriterien gesucht und, an die bisherige Definition anknüpfend, auf eine Gesamtwürdigung des Rechtsgeschäfts abgestellt: Ein Vertrag sei dann sittenwidrig, „wenn er nach dem Anstandsgefühl aller billig und gerecht Denkenden und nach seinem aus der Zusammenfassung von Inhalt, Beweggrund und Zweck zu entnehmenden Gesamtcharakter den guten Sitten zuwiderläuft“[21].

Dieser Inhaltsbestimmung des § 138 Abs. 1 durch die Rechtsprechung ist immerhin zu entnehmen, dass die Frage danach, ob ein Vertrag gemäß § 138 Abs. 1 nichtig ist, in der Regel aufgrund einer **umfassenden Gesamtwürdigung** und unter Berücksichtigung aller Umstände, die ihn kennzeichnen, der objektiven Verhältnisse, unter denen er zustande gekommen ist, seiner Auswirkungen sowie der subjektiven Merkmale, wie dem verfolgten Zweck und dem zugrundeliegenden Beweggrund beurteilt werden kann.[22] Außerdem ist zu berücksichtigen, dass für die Beurteilung der Sittenwidrigkeit eines Rechtsgeschäfts die Verhältnisse im Zeitpunkt seiner Vornahme maßgebend sind.[23]

> **Beispiel:** A in D hat 200.000 € Schwarzgeld in bar angesammelt. Dieses Geld möchte er gerne in das Land S bringen, und es dort auf ein zu diesem Zwecke eingerichtetes Konto bei der B-Bank einzahlen. Da er selbst Angst hat, erwischt zu werden, bittet er seinen Freund F, diese Angelegenheit für ihn zu besorgen; als Vergütung soll F 12.000 € erfolgsunabhängig erhalten. F macht sich mit dem in schmutzige Plastiktüten verstauten Geld auf die Reise und wird noch auf der deutschen Seite von Fahndern verhaftet, die diesen Trick schon kennen und das Geld beschlagnahmen. Nach D zurückgekehrt, verlangt F nun Zahlung von 12.000 € von A. Welcher Vertragstyp hier vereinbart werden sollte, kann dahin gestellt bleiben. Letztlich kommt es lediglich darauf an, ob ein wirksamer Vertrag mit Vergütungsklausel überhaupt zustande gekommen ist. Der angestrebte Vertrag ist nach § 138 Abs. 1 BGB nichtig. Nach überwiegender Auffassung verstößt ein Rechtsgeschäft gegen die guten Sitten, wenn es sich nach dem Anstandsgefühl aller billig und gerecht Denkenden und aus der Zusammenfassung von Inhalt, Beweggrund und Zweck ergebenden Gesamtcharakter als sittenwidrig darstellt. Der von A und F gewollte Vertrag beinhaltet die Mitwirkung und Durchführung einer Straftat, nämlich Steuerhinterziehung. Inhalt, Zweck und Beweggrund des Vertrages verstoßen deshalb gegen die guten Sitten gemäß § 138 Abs. 1.

---

20 BGHZ 10, 228, 232.

21 BGHZ 34, 169, 176; ähnlich BGHZ 146, 298, 301.

22 BGHZ 210, 30, 41.

23 BGHZ 210,30,42.

Nach herrschender Meinung[24] ist bei der Interpretation der guten Sitten die Wertordnung, die in den im Grundgesetz verankerten Grundrechten ihren Ausdruck gefunden hat, zu berücksichtigen. Man bezeichnet dies als die „mittelbare Drittwirkung der Grundrechte".[25] Der BGH[26] hat sich grundsätzlich zu dieser Auffassung bekannt und im Hinblick auf § 138 ausgeführt: „Für das Verständnis dessen, was heute unter „guten Sitten" im Sinne von § 138 Abs. 1 zu verstehen ist, hat allerdings die Wertordnung des Grundgesetzes, wie sie insbesondere auch in den Grundrechten niedergelegt ist, wesentliche Bedeutung". Dies alles führt zwangsläufig zu einer weit reichenden Inhaltskontrolle von Verträgen und anderen Rechtsgeschäften am Maßstab des Grundrechtskataloges der Verfassung.[27] **234**

**Beispiel**[28]: Das OLG Düsseldorf hat einen Darlehensvertrag, den ein Ausländer mit einer Deutschen schließt, um diese zum Abschluss einer Scheinehe zwecks Täuschung der Ausländerbehörden zu bewegen, wegen Verstoßes gegen die guten Sitten gemäß § 138 Abs. 1 als nichtig angesehen und dies wie folgt begründet: Die Scheinehe stelle eine Missachtung des durch Art. 6 GG unter den Schutz der staatlichen Ordnung gestellten Instituts der Ehe dar; sie widerspreche der allgemeinen Rechtsmoral und verletze die Gemeinschaftsordnung, weil die Allgemeinheit ein Interesse daran habe, dass die Ehe als Grundlage der Familie und Lebensgrundlage der menschlichen Gemeinschaft nicht ausgehöhlt werde.

Verstoßen Rechtsgeschäfte wegen ihres objektiven Inhalts gegen die guten Sitten, so sind sie nichtig. Nach herrschender Meinung müssen die Beteiligten nicht das Bewusstsein gehabt haben, sittenwidrig oder verwerflich gehandelt zu haben[29]. Würde man bei den Geschäftspartnern ein „Bewusstsein der Sittenwidrigkeit" fordern, würden diejenigen, deren Sittenauffassung weniger streng wäre, gegenüber denjenigen bevorteilt, deren sittliche Vorstellungen strenger sind.[30]

### 3. Die Anwendung des § 138 Abs. 1 in der Praxis

#### a) Überblick

Der Grundsatz, dass ein Rechtsgeschäft gegen die guten Sitten verstößt, wenn es sich nach seinem, aus der Zusammenfassung von Inhalt, Beweggrund und Zweck ergebenden Gesamtcharakter als sittenwidrig darstellt, ist bei der Anwendung im praktischen Einzelfall häufig nur schwer zu konkretisieren. Um die Anwendung des § 138 Abs. 1 in der Praxis zu erleichtern, haben Rechtsprechung und Literatur sogenannte Hauptfallgruppen gebildet, die für das Wirtschaftsleben von be- **235**

24 BVerfGE 7, 198; 73, 261; 89, 214; BGHZ 70, 313, 324.
25 *MüKo/Armbrüster*, § 138 BGB Rn. 20.
26 BGHZ 70, 313, 324.
27 So *Schiemann*, in: Staudinger/Eckfeiler (2005), S. 95.
28 Nach OLG Düsseldorf, MDR 1983, 932.
29 *MüKo/Armbrüster*, § 138 BGB Rn. 116 f.
30 *Rüthers/Stadler*, § 26 Rn. 34.

sonderer Bedeutung sind[31]. Von diesen sogenannten Hauptfallgruppen seien im Folgenden nur einige beispielhaft genannt und erläutert.

### b) Die Wahrung der wirtschaftlichen Entscheidungsfreiheit

Ein Verstoß gegen die guten Sitten ist z.B. dann anzunehmen, wenn ein Rechtsgeschäft eine so weitgehende Beschränkung der Freiheit des Betroffenen bewirkt, dass dieser seine geschäftliche Selbständigkeit verliert[32]. Man bezeichnet solche Verträge auch als **Knebelungsverträge**, die zutreffend als Verträge charakterisiert werden, durch die eine Vertragspartei die andere durch die im Vertrage verankerten Bedingungen so einengt, dass ihre wirtschaftliche Bewegungsfreiheit gelähmt ist und sie dadurch in eine sittlich zu missbilligende Abhängigkeit gerät[33].

Zu den langfristigen Verträgen, bei denen häufig geprüft worden ist, ob es sich um Knebelungsverträge handelt, gehören auch die sogenannten Bierlieferungs- oder Bierbezugsverträge. Diese werden zwischen einer Brauerei und einem Gastwirt abgeschlossen. In den von der Rechtsprechung inhaltlich überprüften Verträgen gewährten die Brauereien Gastwirten Darlehen, damit diese Gastwirtschaften einrichten konnten; die Gastwirte übernahmen – regelmäßig langfristige – Verpflichtungen, nur bei der Brauerei Bier zu beziehen. In der Rechtsprechung ist die Tendenz erkennbar, eine Grenze bei etwa 20 Jahren zu ziehen: Verträge, die Bindungen von 20 Jahren oder mehr vorsehen, müssen durch besondere Umstände gerechtfertigt werden[34].

> **Beispiel**[35]: Die Brauerei B gewährt dem Gastwirt E ein Darlehen, mit dessen Hilfe er seine Gastwirtschaft einrichten kann. Die Brauerei B sichert sich vertraglich neben dem Verzinsungs- und Rückzahlungsanspruch ein ausschließliches Bierlieferungsrecht und eine gleichzeitige Bierabnahmepflicht. Der Vertrag soll eine Dauer von 18 Jahren haben. Das ist der Zeitraum, in dem das – im Vergleich zu ähnlichen Krediten günstige – Darlehen zurückgezahlt werden muss. Gegen den langen Zeitraum des Vertrages bestehen keine Bedenken, weil die Dauer der Bierbezugs- und Bierabnahmefrist sich mit der Frist deckt, innerhalb derer das – günstige – Darlehen zurückzuzahlen ist. Ein langfristiger Vertrag dieser Art, in dem langdauernde Verpflichtungen mit der Gewährung eines größeren – günstigen – Darlehens gekoppelt sind, wurde bisher von der Rechtsprechung weder nach § 138 Abs. 1 noch nach § 138 Abs. 2 für nichtig erachtet.

---

31 Vgl. zur Bildung solcher Fallgruppen beispielhaft die Kommentierung zu § 138 in: *MüKo/Armbrüster*, § 138 BGB Rn. 71 ff.

32 Vgl. *MüKo/Armbrüster*, § 138 BGB Rn. 71.

33 Vgl. *Soergel/Hefermehl*, § 138 BGB Rn. 116.

34 Vgl. BGH NJW 1979, 865 u. *MüKo/Armbrüster*, § 138 BGB Rn. 75 mit Nachw.

35 In Anlehnung an OLG Karlsruhe MDR 1968, 493.

### c) Die Ausnutzung von Übermacht – Übersicherung

Häufig sind solche Verträge Gegenstand einer Inhaltskontrolle durch die, die eine Kreditsicherung zum Gegenstand haben (sogenannte Sicherungsgeschäfte). **236**
Solche Rechtsgeschäfte dienen dazu, den Gläubiger einer Forderung davor zu schützen, dass er einen Verlust erleidet, wenn der Schuldner nicht leisten will oder nicht leisten kann. Im Kreditgeschäft ist die persönliche Vertrauenswürdigkeit einer Person in der Regel keine ausreichende Grundlage für die Gewährung eines Kredits. Der Kreditgeber ist meist nur dann bereit, Kredit zu gewähren, wenn er bestimmte Rechte an Gegenständen des Schuldners erhält, die es ihm für den Fall, dass der Schuldner seine Verpflichtungen nicht erfüllt, ermöglichen, die Gegenstände so zu verwerten, dass er wegen seiner Forderung befriedigt wird. Das Interesse der Gläubiger geht naturgemäß dahin, sich möglichst weitgehend abzusichern. In Verfolgung dieses Interesses lassen die Gläubiger sich häufig im Rahmen von Sicherungsverträgen wesentlich mehr als Sicherheiten übertragen, als zur Absicherung notwendig ist. Man spricht dann von einer sogenannten **Übersicherung**. Gegen die guten Sitten im Sinne des § 138 verstoßen jedenfalls solche Sicherungsverträge, die zu einer unerträglichen Abhängigkeit des Schuldners vom Gläubiger führen, und die wirtschaftliche Bewegungsfreiheit des Schuldners in unangemessener Weise beeinträchtigen.

**Beispiel:** Die Fix-Bank (F) gewährt dem Unternehmer U, der kurzfristig in Liquiditätsschwierigkeiten geraten ist, einen Kredit auf 2 Jahre in Höhe von 25.000 € zu einem Zinssatz von 6,5 %. Im Rahmen eines Sicherungsvertrages lässt sich die F zur Sicherung der Darlehensrückzahlungs- und Zinsforderungen auf dem bis dahin unbelasteten bebauten Grundstück des U (Verkehrswert 700.000 €) eine Grundschuld in Höhe von 45.000 € bestellen. Darüber hinaus muss U der F gegenwärtig bestehende und zukünftige Forderungen in Höhe von 50.000 € zur Sicherung abtreten. Schließlich verpflichtet sich U noch, seine vermögende Ehefrau E zur Übernahme einer selbstschuldnerischen Bürgschaft in Höhe von 35.000 € zu bewegen. Diese Sicherungsvereinbarung ist gemäß § 138 Abs. 1 wegen Sittenwidrigkeit nichtig. F hat sich wesentlich mehr Sicherheiten übertragen lassen, als zur Absicherung notwendig ist und damit die wirtschaftliche Bewegungsfreiheit des Schuldners U in unangemessener und sittlich zu missbilligender Weise beeinträchtigt.

### d) Übermäßige Beschränkungen in Gesellschaftsverträgen

§ 138 Abs. 1 spielt für die Inhaltskontrolle von Verträgen über das bürgerliche Recht hinaus eine bedeutende Rolle, so z. im Handels- und Gesellschaftsrecht, im Wirtschaftsrecht und im Arbeitsrecht. **236 a**

In der Vergangenheit sind insbesondere **Abfindungsklauseln** in Gesellschaftsverträgen häufig Gegenstand einer gerichtlichen Inhaltskontrolle gewesen. Ausscheidende Gesellschafter haben bei einem Austritt (Kündigung oder Ausschließung) einen Anspruch auf das sog. Abfindungsguthaben. Eine dafür vorgesehene gesetzliche Regelung ist nicht zwingend; durch eine entsprechende Regelung im Gesellschaftsvertrag können die Gesellschafter davon abweichen. Sowohl bei den Personengesellschaften als auch bei der GmbH sind auf Grund der Satzungsautonomie gesellschaftsrechtliche Beschränkungen des Abfindungsrechts eines GmbH-Gesellschafters grundsätzlich zulässig. Ihr Zweck ist darin zu sehen, den Bestandsschutz der Gesellschaft durch Einschränkung des Kapitalabflusses zu gewährleisten und/oder die Berechnung der Höhe des Abfindungsanspruches zu vereinfachen.[36] Allerdings können derartige Beschränkungen auch unter der Berücksichtigung solcher Zwecke nicht schrankenlos vorgenommen werden, weil sie den **Grenzen der Vertragsfreiheit**, die durch § 138 BGB gezogen werden, unterliegen. Der BGH[37] sieht diese Grenze insbesondere dann überschritten, wenn durch die im Gesellschaftsvertrag enthaltene Abfindungsbeschränkung ein grobes Missverhältnis zwischen dem vertraglichen Abfindungsanspruch und dem nach dem vollen wirtschaftlichen Wert zu bemessenden Anspruch entsteht und darin ein Umstand gesehen wird, durch den das Recht des austrittswilligen Gesellschafters, sich zum Austritt zu entschließen, in unvertretbarer Weise eingeengt wird.[38]

### 4. Der Wucher

237 In § 138 Abs. 2 ist der Wucher als ein Sonderfall eines gegen die guten Sitten verstoßenden Rechtsgeschäfts geregelt. Wird bejaht, dass Wucher i.S. des § 138 Abs. 2 vorliegt, ist damit die Sittenwidrigkeit festgestellt.

Der Tatbestand des Wuchers (§ 138 Abs. 2) ist erfüllt, wenn

- ein Rechtsgeschäft vorliegt, durch das jemand sich oder einem Dritten für eine Leistung Vermögensvorteile versprechen oder gewähren lässt;
- ein auffälliges Missverhältnis zwischen Leistung und Gegenleistung besteht;
- derjenige, der die Gegenleistung, die in einem auffälligen Missverhältnis zur empfangenen Leistung steht, erbringen muss (= der Bewucherte), unerfahren ist, an Willensschwäche oder einem Mangel an Urteilsvermögen leidet oder sich in einer Zwangslage befindet
- und der Wucherer die Situation des Bewucherten, seine Zwangslage, Unerfahrenheit etc. **ausbeutet**.

238 Der Wuchertatbestand wird stark geprägt von dem **auffälligen Missverhältnis von Leistung und Gegenleistung.** Bei den Ermittlungen dazu ist der objektive Wert der Leistungen zu vergleichen; es ist das verkehrsübliche Äquivalent zu-

36 BGHZ 116, 359, 368.

37 BGHZ 116, 359, 368 f.

38 BGHZ 116, 359, 369 mit Literaturhinweisen.

grunde zu legen und nicht ein subjektives Interesse eines Vertragsteils, wenngleich auch Risikofaktoren veranschlagt werden können.[39]

Eine **Zwangslage** ist eine nicht notwendigerweise durch wirtschaftliche Bedrängnis hervorgerufene Lage, in der ein dringendes Bedürfnis nach Sach- und Geldleistungen besteht. Auch psychische Zwangslagen kommen in Betracht[40], wenn sie tatsächlich und nicht nur vermeintlich vorhanden sind.[41]

**Unerfahrenheit** bedeutet, dass ein Mangel an Lebens- oder Geschäftserfahrung besteht, z.B. bei Jugendlichen oder bei Migranten.

Ein **Mangel an Urteilsvermögen** besteht, wenn der Betreffende nur eingeschränkt in der Lage ist, sich bei seinen Entscheidungen durch vernünftige Beweggründe leiten zu lassen[42]. Anhaltspunkte dafür liegen z.B. vor, wenn jemand ohne Prüfung von Alternativen den erstbesten Weg zur Erreichung eines Zieles verfolgt oder wenn jemand Anschaffungen macht, die zu seinen finanziellen Mitteln in keinem Verhältnis stehen.[43]

Unter einer **erheblichen Willensschwäche** leidet jemand, der dem Abschluss eines für ihn nachteiligen Geschäfts wegen verminderter psychischer Widerstandskraft nicht entsagen kann, z.B. wegen einer Drogen-, Alkohol- oder Spielsucht.[44]

Unter **Ausbeutung** ist die bewusste Ausnutzung der Situation des Bewucherten **239**
zu verstehen. Derjenige, der die Situation ausnutzt, muss also jedenfalls Kenntnis von der Zwangslage, dem auffälligen Missverhältnis von Leistung und Gegenleistung etc. gehabt und diese Situation bewusst ausgenutzt haben. Eine Ausbeutungsabsicht ist nicht erforderlich, wohl aber Kenntnis der Situation und verwerfliche Handlungsweise.[45]

Nicht jedes, auch nicht jedes auffällige Missverhältnis zwischen Leistung und Gegenleistung führt zur Sittenwidrigkeit eines Rechtsgeschäfts. Nach ständiger Rechtsprechung des Bundesgerichtshofs kann von einem besonders groben Missverhältnis, das eine Vermutung für die subjektiven Voraussetzungen der Sittenwidrigkeit begründet, ausgegangen werden, wenn der Wert der Leistung jedenfalls knapp doppelt so hoch ist wie der Wert der Gegenleistung.[46]

---

39 Vgl. *MüKo/Armbrüster*, § 138 BGB Rn. 144.

40 Vgl. BGHZ 50, 63, 71.

41 Vgl. *MüKo/Armbrüster*, § 138 BGB Rn. 149.

42 *MüKo/Armbrüster*, § 138 BGB Rn. 151.

43 *MüKo/Armbrüster*, § 138 BGB Rn. 151.

44 *MüKo/Armbrüster*, § 138 BGB Rn. 152.

45 Vgl. *MüKo/Armbrüster*, § 138 BGB Rn. 154.

46 Vgl. BGHZ 146, 298, 302 ff.; BGH WM 2004, 417, 418.

## 5. Wucherähnliche Rechtsgeschäfte

**240** Das Hauptanwendungsgebiet des § 138 bilden in der Praxis hochverzinsliche Raten- bzw. Teilzahlungskredite. Der Wuchertatbestand des § 138 Abs. 2 greift hier häufig nicht ein, weil es entweder an der erforderlichen Schwächesituation auf Seiten des Bewucherten (Zwangslage, Unerfahrenheit etc.) oder an einer Ausbeutung derselben fehlt. Die Rechtsprechung misst solche Kredite daher an am Maßstab des § 138 Abs. 1. Demnach ist ein Darlehensvertrag nichtig, wenn zwischen Leistung und Gegenleistung ein auffälliges Missverhältnis besteht und der Darlehensgeber die wirtschaftlich schwächere Lage seines Vertragspartners bewusst zu seinem Vorteil ausnutzt (so genanntes wucherähnliches Rechtsgeschäft). Dem soll es gleichstehen, wenn sich der Darlehensgeber „leichtfertig der Erkenntnis verschließt, dass sich der Darlehensnehmer nur wegen seiner schwächeren Lage auf die drückenden Bedingungen einlässt".[47] Die Prüfung, ob ein auffälliges Missverhältnis zwischen Leistung und Gegenleistung besteht, hat anhand eines Vergleiches zwischen dem Vertragszins und dem zur Zeit des Vertragsschlusses marktüblichen Effektivzinses zu erfolgen. Danach ist ein auffälliges Missverhältnis in der Regel zu bejahen, wenn der Vertragszins den Marktzins relativ um 90 – 100 % übersteigt.[48]

**241** Ist ein objektives Missverhältnis festgestellt, so sind bei Kreditinstituten auch die subjektiven Voraussetzungen – das mindestens fahrlässige Ausnutzen der Lage des Kunden – in aller Regel erfüllt, wenn es sich beim Kreditnehmer um einen Verbraucher handelt[49]. Ist der Kreditnehmer dagegen Kaufmann oder Freiberufler, gilt diese tatsächliche Vermutung nicht[50].

> **Beispiel**[51]: Beträgt der vereinbarte Zins (Vertragszins) 26,29 % und der Marktzins 8,52 %, so ergibt der Marktvergleich, dass der Vertragszins den Marktzins relativ um etwa 200 % übersteigt. Bei einem solchen Missverhältnis von Leistung und Gegenleistung sind die objektiven und subjektiven Voraussetzungen des § 138 Abs. 1 erfüllt; der Kreditvertrag ist deshalb nichtig.

Ist ein Kreditvertrag nach § 138 nichtig, so kann der Kreditgeber keine Zinsen fordern; der Kreditnehmer hat die Darlehenssumme aber in der vertraglich vereinbarten Zeitfolge zurückzuzahlen[52].

---

47 St. Rspr. seit BGHZ 80, 153, 160 f.

48 BGHZ 104, 102, 105; 110, 336, 338.

49 BGHZ 98, 174, 178.

50 BGH NJW 1995, 1019, 1022; BGH NJW 1991, 1810, 1811.

51 Nach BGHZ 99, 333, 335.

52 BGH NJW 1983, 1420, 1422; *Palandt/Sprau* § 817 BGB Rn. 21.

## IV. Die Inhaltskontrolle von Allgemeinen Geschäftsbedingungen

### 1. Überblick

Die oft extensive Ausnutzung der Gestaltungsfreiheit durch Allgemeine Geschäftsbedingungen kann dazu führen, dass das auf gegenseitigen Interessenausgleich gerichtete dispositive Gesetzesrecht für das vom Verwender angestrebte Rechtsgeschäft außer Kraft gesetzt werden soll. Die Folge ist eine im Verhältnis zur auf Ausgleich der Interessen gerichteten gesetzlichen Regelung **unangemessene Benachteiligung** des anderen Vertragsteils. Deshalb hat sich der Gesetzgeber bemüht, orientiert an den Geboten von Treu und Glauben, mit den §§ 307 ff. einen angemessenen Interessenausgleich herbeizuführen.[53] **241 a**

Vorangestellt ist die Generalklausel des § 307, in dem die tragenden Prinzipien für die Angemessenheitskontrolle von Allgemeinen Geschäftsbedingungen zum Ausdruck kommen. In den §§ 308 und 309 werden in einem umfangreichen Katalog bestimmte typische Klauseln schlechthin oder bei Unangemessenheit im Einzelfall für unwirksam erklärt.

### 2. Grundlagen der Inhaltskontrolle von Allgemeinen Geschäftsbedingungen

Die Inhaltskontrolle der §§ 307 ff. ist gemäß § 307 Abs. 3 bei den Bestimmungen vorzunehmen, durch die von Rechtsvorschriften abweichende oder diese ergänzende Regelungen vereinbart werden. Daher unterliegen so genannte deklaratorische Klauseln, die nur den Inhalt gesetzlicher Regelungen wiedergeben, nicht der Inhaltskontrolle. Auch vertragliche Leistungsangebote und Preise, also Bestimmungen über die Hauptleistung, sind danach der Inhaltskontrolle entzogen.[54] **241 b**

§ 307 Abs. 1 und 2 legen den grundlegenden Prüfungsmaßstab für die richterliche Inhaltskontrolle Allgemeiner Geschäftsbedingungen fest. Die besonderen Klauselverbote in den §§ 308 und 309 sind als Konkretisierungen der in der Generalklausel des § 307 festgelegten Wertmaßstäbe zu verstehen. Sie greifen exemplarisch wichtige Tatbestände heraus, ohne den Anspruch auf Vollständigkeit zu erheben. § 307 bildet im Verhältnis zu den §§ 308 und 309 einen Auffangtatbestand.[55] Für die Prüfungsreihenfolge bedeutet dies, dass zunächst zu untersuchen ist, ob eines der besonderen Klauselverbote der §§ 308, 309 einschlägig ist. Erst wenn das zu verneinen ist, greift die Generalklausel des § 307.

---

53 Siehe auch die Begründung zum Gesetzesentwurf der Bundesregierung für ein Gesetz zur Regelung des Rechts der Allgemeinen Geschäftsbedingungen vom 6.8.1975, Drucksache 7/391, Deutscher Bundestag, 7. Wahlperiode, S. 22.

54 BGHZ 141, 380, 383; 116, 117, 120 f. (beide Entscheidungen zur Vorgängernorm des § 9 AGBG).

55 *Stoffels*, AGB-Recht, Rn. 463 mit Nachw.

**241 c** Von großer Bedeutung für die Inhaltskontrolle ist die Unterscheidung, ob Allgemeine Geschäftsbedingungen gegenüber einem Unternehmer oder gegenüber einem Verbraucher verwendet werden. Bei Unternehmern finden gemäß § 310 Abs. 1 einige Klauselverbote der §§ 308, 309 keine direkte Anwendung. Die Inhaltskontrolle erfolgt in der Regel nach § 310 Abs. 1 S. 2 i.V. mit § 307 Abs. 1.; dabei können die in §§ 308 und 309 enthaltenen Wertungen durchaus einfließen. Außerdem ist auf die Gewohnheiten und Gebräuche des Handelsverkehrs Rücksicht zu nehmen (§ 310 Abs. 1 S. 2).

**Beispiel:** Der Kaufmann K erwirbt von der A-OHG 20 PC-Tastaturen. K untersucht die Tastaturen sofort nach der Anlieferung und stellt fest, dass sie nicht funktionsfähig sind. K sendet die Tastaturen mit einer Mängelrüge zur A-OHG zurück und verlangt die Lieferung fehlerfreier Ware. Die A-OHG verweist auf ihre Allgemeinen Geschäftsbedingungen, wonach für Mängel der gekauften Ware nicht die A-OHG, sondern der jeweilige Hersteller haftet. Nach § 310 Abs. 1 ist die Inhaltskontrolle am Maßstab des § 307 Abs. 1 und 2 vorzunehmen. Gemäß § 310 Abs. 1 S. 2 ist ein Verstoß gegen eines der speziellen Klauselverbote der §§ 308, 309 ein Indiz für eine unangemessene Benachteiligung i.S. des § 307 Abs. 1 S. 1. Damit kann hier der Grundgedanke des § 309 Nr. 8 b) aa) herangezogen werden, der einen Ausschluss der Gewährleistungsrechte und einen Verweis an Dritte verbietet. Bei der Beurteilung, ob eine unangemessene Benachteiligung vorliegt, sind auch gemäß § 310 Abs. 1 S. 2 die im Handelsverkehr geltenden Gewohnheiten und Gebräuche angemessen zu berücksichtigen. Auch danach ist eine unangemessene Benachteiligung zu bejahen, denn durch den vollständigen Ausschluss der Verkäuferhaftung ist auch für Unternehmer die nach dem Gesetz vorausgesetzte Äquivalenz zwischen Käuferleistung und Verkäuferleistung nicht vorhanden. Die in Frage stehende Klausel ist also unwirksam.

**241 d** Handelt es sich um einen Vertrag, der sich einerseits aus Individualvereinbarungen und andererseits aus Allgemeinen Geschäftsbedingungen zusammensetzt, so unterliegen nur diejenigen Passagen des Vertrages, die Allgemeine Geschäftsbedingungen sind, der Inhaltskontrolle nach den §§ 307 ff. Der andere Teil des Vertrages, die Individualvereinbarungen, können nur anhand der §§ 134, 138 und 242 einer Inhaltskontrolle unterzogen werden.

### 3. Beispiele für einzelne Klauselverbote (§§ 308, 309)

**241 e** Im Anschluss an die Generalklausel des § 307 enthalten die §§ 308 und 309 Aufzählungen unwirksamer Klauseln, wie sie in Allgemeinen Geschäftsbedingungen oft verwendet werden.

#### a) § 308

In § 308 sind Klauseln zusammengefasst, die unbestimmte Rechtsbegriffe, wie z.B. „unangemessen", „sachlich gerechtfertigt", „unverhältnismäßig hoch" enthalten, und einen **Wertungsspielraum** gewähren. Bei der Überprüfung der Einzelklauseln ist stets zu berücksichtigen, ob die Gefahr eines gestörten Interessenausgleichs besonders nahe liegt und deshalb eine Angemessenheitsprüfung geboten ist.

**Beispiel** zu § 308 Nr. 7 a: K kauft bei V einen Fernsehapparat zum Preise von 900 €. K zahlt 300 € an und muss den Restkaufpreis in 12 Raten zu je 50 € leisten. Die Allgemeinen Geschäftsbedingungen des V werden durch Vereinbarung Vertragsbestandteil. In diesen Allgemeinen Geschäftsbedingungen findet sich folgende Klausel: „Befindet sich der Käufer mit seinen Zahlungsverpflichtungen in Verzug, hat der Verkäufer das Recht, vom Vertrag zurückzutreten. Tritt der Verkäufer vom Vertrag zurück, hat er gegen den Käufer einen Anspruch auf 1/12 des Kaufpreises als Nutzungsentschädigung für jeden Monat, in dem der Käufer im Besitz des Kaufgegenstandes war". Nachdem K den Apparat sechs Monate benutzt hat und sich mit den Ratenzahlungen in Verzug befindet, tritt V vom Vertrag zurück. Hat V einen Anspruch auf Nutzungsentschädigung in Höhe von 450 € für sechs Monate? Einen solchen Anspruch hat V nur, wenn die Klausel in den Allgemeinen Geschäftsbedingungen, welche die Nutzungsvergütung betrifft, nicht gemäß § 308 Nr. 7 a unwirksam ist. Eine Nutzungsvergütung in Höhe von monatlich 1/12 des Kaufpreises ist bei einem Fernsehgerät, dessen durchschnittliche Lebensdauer erheblich länger als ein Jahr ist, im Zweifel unangemessen hoch. Die Klausel ist deshalb gemäß § 308 Nr. 7 a unwirksam. V hat keinen Anspruch auf Nutzungsentschädigung in der geltend gemachten Höhe.

### b) § 309

§ 309 enthält eine Reihe unzulässiger **Klauseln ohne Wertungsspielraum.** Das **241 f**
bedeutet: Die in § 309 genannten Klauseln in Allgemeinen Geschäftsbedingungen sind unwirksam, wenn die in den einzelnen Nummern des § 309 aufgeführten Tatbestände erfüllt sind. Es bedarf keiner Feststellung der Unangemessenheit oder sonstiger Abwägungen im Einzelfall mehr.

In § 309 hat der Gesetzgeber die gefährlichsten AGB-Klauseln zusammengefasst und ohne Einschränkung für nichtig erklärt. Die in § 309 aufgeführten Klauseln können nur dadurch wirksam werden, dass sie einzeln ausgehandelt werden und einer Inhaltskontrolle nach § 138 Abs. 1 standhalten. Ihre Vereinbarung durch Allgemeine Geschäftsbedingungen ist nicht möglich.

**Beispiel** zu § 309 Nr. 1: B kauft bei S eine Waschmaschine. Als Lieferzeit werden drei Monate vereinbart. In den Allgemeinen Geschäftsbedingungen, die Vertragsinhalt geworden sind, heißt es: „Im Falle von Kostensteigerungen kann der Verkäufer eine entsprechende Erhöhung des Preises verlangen". Bei der Lieferung verlangt S unter Berufung auf die Ergebnisse der letzten Tarifrunde einen Aufpreis von 7 %. Die AGB-Klausel, die S einen Anspruch auf Preiserhöhung einräumt, ist gemäß § 309 Nr. 1 nichtig. S muss deshalb zum ursprünglich vereinbar ten Preis liefern.

### 4. Die Generalklausel des § 307

241 g § 307 enthält eine Generalklausel, die alle Bestimmungen in Allgemeinen Geschäftsbedingungen für nichtig erklärt, die den Vertragspartner des Verwenders entgegen den Geboten von Treu und Glauben unangemessen benachteiligen.

Eine **unangemessene Benachteiligung** liegt nach der Definition des § 307 Abs. 2 im Zweifel vor, wenn:

- eine Bestimmung der Allgemeinen Geschäftsbedingungen mit wesentlichen Grundgedanken der gesetzlichen Regelung, von der abgewichen wird, nicht zu vereinbaren ist (§ 307 Abs. 2 Nr. 1) oder
- eine Bestimmung der Allgemeinen Geschäftsbedingungen wesentliche Rechte oder Pflichten, die sich aus der Natur des Vertrages ergeben, so einschränkt, dass die Erreichung des Vertragszwecks gefährdet ist (§ 307 Abs. 2 Nr. 2).

Dabei bedeutet die Formulierung „im Zweifel", dass es sich bei den in Nr. 1 und Nr. 2 genannten Tatbeständen um Regelbeispiele handelt. Die dadurch begründete Vermutung der Unwirksamkeit kann allerdings im Einzelfall durch eine Gesamtwürdigung aller Umstände widerlegt werden.[56]

241 h Von wesentlichen Grundgedanken einer gesetzlichen Regelung (§ 307 Abs. 2 Nr. 1) weicht eine Klausel in Allgemeinen Geschäftsbedingungen dann ab, wenn durch ihren Inhalt das „Leitbild" geändert wird, welches für den entsprechenden Vertragstyp in dispositiven Vorschriften niedergelegt ist.[57]

> **Beispiel:** Bei einem Werkvertrag wird der Regelung in § 632 Abs. 3 Leitbildcharakter beigemessen, nach der ein Kostenvoranschlag im Zweifel nicht zu vergüten ist. Davon soll in AGB nicht abgewichen werden können.[58]

> **Beispiel**[59]: Im Maklervertrag lässt sich ein Makler den Anspruch auf erfolgsunabhängige Maklerprovision durch eine vorformulierte Klausel einräumen. Dies verstößt nach Ansicht des BGH gegen das Leitbild des § 652, wonach die Abhängigkeit der Vergütung von dem Zustandekommen des Vertrages infolge von Nachweis oder Vermittlung zum gesetzlichen Leitbild des Maklerrechts gehört.[60]

241 i Eine Klausel in Allgemeinen Geschäftsbedingungen schränkt wesentliche Rechte und Pflichten mit der Folge, dass die Erreichung des Vertragszwecks gefährdet wird, im Sinne des § 307 Abs. 2 Nr. 2 ein, wenn sie dem Vertragspartner solche Rechtspositionen nimmt oder einschränkt, die ihm der Vertrag nach seinem Inhalt und Zweck gewähren muss. Ein Verstoß liegt deshalb z.B. vor, wenn die ent-

---

56 H. Schmidt/BeckOKG BGB, § 307 Rn. 50.

57 BGH NJW-RR 2003, 1056, 1058; BGH NJW-RR 2003, 1635, 1639; BGH MMR 2002, 542, 545.

58 OLG Karlsruhe NJW-RR 2006, 419; siehe auch H. Schmidt/BeckOKG BGB, § 307 Rn. 61.

59 Nach BGH NJW 1987, 1634, 1636.

60 BGH NJW 1987, 1634, 1636 (zur Vorgängernorm des § 9 AGBG).

sprechende Klausel die Haftung des Verwenders für den im Fall der Nichterfüllung einer ihm obliegenden Hauptpflicht ausschließt oder beschränkt.[61]

**Beispiel**[62]: In einem Formularvertrag hat der Vermieter generell seine Haftung auf Schadensersatz gegenüber dem Mieter auf vorsätzliches und grob fahrlässiges Handeln beschränkt. Nach Auffassung des BGH gefährdet die durch den Haftungsausschluss für einfache Fahrlässigkeit bewirkte Einschränkung der Instandhaltungspflicht des Vermieters den Vertragszweck eines Wohnraummietvertrags. Durch Mängel der Mietsache, insbesondere durch bauliche Mängel, können an den vom Mieter eingebrachten Hausratsgegenständen Schäden entstehen. Werden die beschädigten Gegenstände nicht repariert oder ersetzt, so kann dem Mieter eine wesentliche Grundlage für die Nutzung der Mieträume als Wohnung entzogen sein. Der Haftungsausschluss für einen vom Vermieter leicht fahrlässig verschuldeten Mietmangel ist deshalb geeignet, den Vertragszweck des Wohnungsmietvertrags erheblich zu beeinträchtigen.[63]

Eine unangemessene Benachteiligung im Sinne des § 307 Abs. 1 kann auch vorliegen, wenn der Verwender seine eigenen Interessen durch einseitige Vertragsgestaltung missbräuchlich auf Kosten des Vertragspartners durchzusetzen versucht, ohne dabei von vornherein auch dessen Belange hinreichend zu berücksichtigen und ihm einen angemessenen Ausgleich zuzugestehen.[64]

### 5. Rechtsfolgen der Unwirksamkeit Allgemeiner Geschäftsbedingungen

Führt die Inhaltskontrolle von Allgemeinen Geschäftsbedingungen nach den §§ 307 ff. zu dem Ergebnis, dass eine oder mehrere Klauseln in den Allgemeinen Geschäftsbedingungen unwirksam sind, so bleibt der Vertrag – abweichend von der Grundregel des § 139 – im Übrigen wirksam (§ 306 Abs. 1), obwohl durch den ganzen oder teilweisen Ausfall der Allgemeinen Geschäftsbedingungen Lücken im Vertragswerk entstehen. An die Stelle der unwirksamen Vertragsbestandteile treten die gesetzlichen Vorschriften (§ 306 Abs. 2). Eine Einschränkung macht nur § 306 Abs. 3, wonach ausnahmsweise der Gesamtvertrag nichtig sein soll, wenn ein Festhalten am Vertrag für eine Partei eine unzumutbare Härte darstellen würde. **241 j**

### 6. Überraschende Klauseln

§ 305c Abs. 1 soll dem Vertragspartner des Verwenders Vertrauensschutz gewähren. Der Kunde soll in jedem Falle, gleichgültig ob er die AGB gelesen hat oder **241 k**

61 BGH NJW 1988, 1785, 1787.

62 Nach BGH NJW 2002, 673.

63 BGH NJW 2002, 673, 675.

64 BGH NJW 2000, 1110, 1112; BGHZ 120, 108, 118; 90, 280, 284 (alle Entscheidungen zur Vorgängernorm des § 9 AGBG).

nicht, darauf vertrauen dürfen, „dass sich die einzelnen Regelungen im Großen und Ganzen im Rahmen dessen halten, was nach den Umständen bei Abschluss des Vertrages erwartet werden kann".[65] Der Anwendungsbereich von § 305 c Abs. 1 ist umfassend. Die Vorschrift ist auch dann anzuwenden, wenn der Vertragspartner des Verwenders Kaufmann ist und der Vertrag zum Betriebe seines Handelsgewerbes gehört.[66]

Bestimmungen in Allgemeinen Geschäftsbedingungen, die nach den Umständen, insbesondere nach dem äußeren Erscheinungsbild des Vertrages, so ungewöhnlich sind, dass der Vertragspartner mit ihnen nicht zu rechnen braucht, liegen dann vor, „wenn ihnen ein Überrumpelungs- oder Übertölpelungseffekt innewohnt und zwischen ihrem Inhalt und den Erwartungen des Kunden eine deutliche Diskrepanz besteht".[67] Die Klausel muss, um als überraschend i.S. des § 305 c angesehen zu werden, eine Regelung enthalten, mit der der Vertragspartner den Umständen nach vernünftigerweise nicht zu rechnen braucht. Auch der ungewöhnliche äußere Zuschnitt der Klausel oder ihre Unterbringung an unerwarteter Stelle, kann die Klausel zu einer ungewöhnlichen und damit überraschenden machen.[68]

**241 l** Durch § 305 c Abs. 1 sollen in Allgemeinen Geschäftsbedingungen auch zusätzliche Einzelpflichten für unwirksam erklärt werden, mit denen angesichts des gesamten Erscheinungsbildes des Vertrages nicht gerechnet werden muss.

> **Beispiel:** B kauft bei P zu einem günstigen Preis unter wirksamer Vereinbarung der Allgemeinen Geschäftsbedingungen des P eine Kaffeemaschine. Als B von P plötzlich eine Lieferung Kaffee erhält, stellt er fest, dass in den Allgemeinen Geschäftsbedingungen des P in § 22, den er zuvor nicht gelesen hatte, eine monatliche Kaffeeabnahmepflicht des Käufers enthalten ist. B ist zur Abnahme des Kaffees nicht verpflichtet, da es sich bei der die Kaffeeabnahmepflicht betreffenden Klausel um eine nach dem Erscheinungsbild des Vertrages so ungewöhnliche Bedingung handelt, dass er damit nicht zu rechnen brauchte. Dieser Klausel wohnt ein Überrumpelungs- und Übertölpelungseffekt inne. Zwischen ihrem Inhalt und den Erwartungen des Kunden besteht eine deutliche Diskrepanz. Die Klausel enthält eine Regelung, mit der B vernünftigerweise nicht zu rechnen brauchte. § 22 der Allgemeinen Geschäftsbedingungen ist deshalb gemäß § 305 c Abs. 1 nicht Vertragsbestandteil geworden.

### 7. Einschränkungen bei der Anwendung der §§ 305–309

**241 m** § 310 Abs. 4 nimmt ganze Rechtsgebiete von den Vorschriften der §§ 305 ff. aus. Zu diesen Rechtsgebieten gehören: das Arbeitsrecht (z.B. Tarifverträge und Be-

65 BT-Drs. 7/3919 S. 19.

66 MüKo/Basedow, § 305 c BGB Rn. 1; BGHZ 109, 197, 200.

67 So BGH NJW 1982, 2309.

68 So BGH NJW 1982, 2309 f.

triebsvereinbarungen), das Erbrecht, das Familienrecht und das Gesellschaftsrecht. Das bedeutet, selbst wenn in einem dieser Gebiete für den Abschluss eines Vertrages – etwa eines Gesellschaftsvertrages oder eines Erbvertrages – Allgemeine Geschäftsbedingungen verwandt werden sollten, finden die Vorschriften der §§ 305 ff keine Anwendung.

Da die Vorschriften der §§ 305 ff. über die Allgemeinen Geschäftsbedingungen keine Anwendung auf Gesellschaftsverträge finden, kann ein Gesellschaftsvertrag einer Gesellschaft bürgerlichen Rechts oder einer Kommanditgesellschaft keiner Inhaltskontrolle nach §§ 307 ff. unterliegen. Das bedeutet allerdings nicht, dass eine Inhaltskontrolle von Gesellschaftsverträgen ausgeschlossen ist. Sie findet anhand der Maßstäbe der §§ 138, 242 statt. Daran werden z.B. die sog. Abfindungsklauseln und Wettbewerbsverbote, denen die Gesellschafter für den Fall ihres Ausscheidens kraft einer entsprechenden Regelung im Gesellschaftsvertrag unterworfen werden sollen, gemessen.

**Lösung zu Fall 12:** In diesem Fall steht einer zu sichernden Forderung in Höhe von 20.000 € ein Sicherungsgut im Wert von 250.000 € gegenüber. Es handelt sich also um einen Fall der Übersicherung. Außerdem lähmen die Abrede über die Mitwirkung in der Geschäftsführung und die Generalvollmacht den T in seiner wirtschaftlichen Bewegungsfreiheit und bringen ihn in eine sittlich zu missbilligende Abhängigkeit vom Gläubiger. Wegen Verstoßes gegen die guten Sitten ist der Sicherungsvertrag deshalb gemäß § 138 Abs. 1 nichtig.

## § 15 Die Anfechtbarkeit von Willenserklärungen

**Schrifttum:** *Coester-Waltjen*, Die Anfechtung von Willenserklärungen, Jura 2006, 348; *Kellermann*, Problemfelder des Anfechtungsrechts, JA 2004, 405; *Peters*, Die Rechtsfolgen der widerrechtlichen Drohung, JR 2006, 133; *Petersen*, Der Irrtum im Bürgerlichen Recht, Jura 2006, 660; *derselbe*, Täuschung und Drohung im Bürgerlichen Recht, Jura 2006, 904; *Waas*, Der Kalkulationsirrtum zwischen Anfechtung und unzulässiger Rechtsausübung – BGHZ 139, 177, JuS 2001, 14.

***Fall 13:*** *Der Angestellte A hat eine Unterschlagung begangen. Der Inhaber des Betriebes, B, fordert A auf, in einem schriftlichen Schuldanerkenntnis (§ 781) zu erklären, dass A dem B die unterschlagene Summe schuldet. Als A sich weigert, droht B mit der Strafanzeige, zu deren Erstattung er allerdings keine Veranlassung sehe, wenn A unterzeichne. A unterzeichnet das Schuldanerkenntnis und möchte dasselbe später gemäß § 123 anfechten. Kann er das?*

## I. Überblick

242 Die Möglichkeit, ein wirksam zustande gekommenes Rechtsgeschäft nachträglich einseitig zu vernichten, gewährt die Anfechtung. Unter den im BGB genannten Voraussetzungen kann derjenige, der eine Willenserklärung abgegeben hat, diese Erklärung mit der Folge anfechten, dass das gesamte Rechtsgeschäft rückwirkend (ex tunc) vernichtet wird. „Als von Anfang an nichtig", wie es in § 142 heißt, bedeutet: Die Anfechtung beseitigt das angefochtene Rechtsgeschäft rückwirkend; es wird so behandelt, als sei es von Anfang an nicht wirksam gewesen.

243 Nicht schon die im Gesetz eingeräumte Anfechtungsmöglichkeit als solche bewirkt die Nichtigkeit des Rechtsgeschäfts; vielmehr muss derjenige, der einen Anfechtungsgrund und damit ein Recht zur Anfechtung hat, seine auf den Vertragsschluss gerichtete Willenserklärung durch eine einseitige empfangsbedürftige Willenserklärung anfechten. Erst durch diese Erklärung wird die Unwirksamkeit des Rechtsgeschäfts herbeigeführt. Der Anfechtungsberechtigte kann also frei wählen, ob er das anfechtbare Rechtsgeschäft bestehen lassen oder ob er es durch seine Erklärung vernichten will.

Die Anfechtungserklärung ist selbst eine Willenserklärung, nämlich eine Erklärung, in der der Wille kundgemacht wird, eine Rechtsfolge – hier die rückwirkende Vernichtung der anfechtbaren Erklärung – herbeiführen zu wollen. Sie ist empfangsbedürftig, d.h. sie wird erst wirksam, wenn sie dem nicht anwesenden Anfechtungsgegner – in der Regel ist das die andere an einem Rechtsgeschäft beteiligte Person – zugeht (vgl. § 130).

## II. Die Anfechtung wegen Irrtums. Die unbewusste Nichtübereinstimmung von Wille und Erklärung

### 1. Einleitung

244 Nach dem Prinzip der Privatautonomie soll der Wille des einzelnen der entscheidende Grund für seine Bindung durch Rechtsgeschäfte sein. Nicht selten beruhen jedoch der Wille einer Person und die Willensbildung auf einem Irrtum. Würde die Rechtsordnung jeden Irrtum für beachtlich erklären, wäre eine unerträgliche Rechtsunsicherheit die Folge, da nahezu jede Willenserklärung auf Erwartungen beruht, die häufig zumindest nicht voll erfüllt werden können. Ließe man ein unbegrenztes Anfechtungsrecht in solchen Fällen zu, so könnte jeder sich von Rechtsgeschäften, die seine Erwartungen nicht erfüllen, durch Anfechtung lösen und das Risiko der Wirksamkeit des Rechtsgeschäfts auf seinen Vertragspartner abwälzen. Dadurch wäre das Prinzip der Verbindlichkeit geschlossener Verträge aufgehoben und das auf vertraglichen Leistungsaustausch angewiesene arbeitsteilige Wirtschaftssystem gefährdet.

**Beispiel:** Einzelhändler E bestellt beim Fabrikanten F 10.000 schwarz-rot-goldene Gipseier in der Erwartung, diese mit Gewinn weiterverkaufen zu können. Kurz nach der Lieferung der Eier durch F stellt E fest, dass er sich geirrt hat. Die Eier sind unverkäuflich. E möchte seine zum Vertrage führende Willenserklärung anfechten. Würde die Rechtsordnung in diesem Fall eine Anfechtung zulassen, wäre es den vertragsschließenden Parteien nicht mehr möglich, sich auf die Verbindlichkeit eines einmal abgeschlossenen Vertrages zu verlassen. Der auf bindende Verträge angewiesene Leistungsaustausch der privaten Personen und damit eine effiziente Arbeitsteilung wäre nahezu unmöglich gemacht. Eine Anfechtung der zum Vertrag führenden Willenserklärung durch E muss daher ausgeschlossen sein.

Das BGB hat das Problem so gelöst, dass es nur die in den §§ 119, 120 und 123 **245** Abs. 1 definierten Irrtumstatbestände als Anfechtungsgründe zulässt und zudem denjenigen, der sich zu einer Anfechtung nach den §§ 119 und 120 entschließt, gemäß § 122 zur Schadensersatzleistung gegenüber demjenigen verpflichtet, der auf die Irrtumsfreiheit und die Gültigkeit der angefochtenen Willenserklärung ohne Verschulden vertraut hat. Nur derjenige, der aufgrund einer arglistigen Täuschung oder einer widerrechtlichen Drohung eine Willenserklärung abgegeben hat, kann, ohne von einer möglicherweise entstehenden Schadensersatzpflicht belastet zu werden, seine Willenserklärung vernichten. Eine Anfechtung ist also nur möglich, wenn ein gesetzlicher Anfechtungsgrund vorliegt.

## 2. Die Anfechtung wegen Erklärungs- oder Inhaltsirrtums

### a) Überblick

Bei Abweichungen zwischen dem Erklärten und dem Willen des Erklärenden soll **246** dieser nicht gegen seinen wirklichen Rechtsfolgewillen (Geschäftswillen) an die aus seiner Sicht „falsche“ Erklärung gebunden sein, er soll deshalb bei Vorliegen bestimmter Voraussetzungen die Möglichkeit haben, seine Willenserklärung anzufechten. Ob Wille und Erklärung i.S. des § 119 voneinander abweichen und deshalb eine Anfechtungsmöglichkeit besteht, ist durch **Auslegung** zu ermitteln. Es gilt der Grundsatz: Auslegung geht vor Anfechtung.[1]

§ 119 Abs. 1 enthält zwei Irrtumstatbestände:

a) den Tatbestand des **Erklärungsirrtums** („eine Erklärung dieses Inhalts überhaupt nicht abgeben wollte“) und
b) den Tatbestand des **Inhaltsirrtums** („bei der Abgabe einer Willenserklärung über deren Inhalt im Irrtum war“).

Häufig ist eine Abgrenzung zwischen Erklärungsirrtum und Inhaltsirrtum schwierig.

1 *Jauernig/Mansel*, § 119 BGB Rn. 2.

#### b) Der Erklärungsirrtum

247 Der Erklärende will eine Willenserklärung abgeben, er gibt sie aber in einer Art und Weise ab, in der er sie nicht abgeben wollte. Der äußere Tatbestand der Willenserklärung weicht von dem ab, was der Erklärende kundtun wollte. Ein Erklärungsirrtum liegt in der Regel vor, wenn sich jemand verspricht oder verschreibt.

248 Neben dem Irrtum im Erklärungsakt ist eine weitere Voraussetzung für das Entstehen des Anfechtungsrechts, dass davon auszugehen ist, dass der Erklärende die Willenserklärung bei Kenntnis der Sachlage und ihrer verständigen Würdigung nicht abgegeben haben würde (§ 119 Abs. 1).

**Beispiel:** Der Winzer B macht dem Weinhändler Z per E-Mail ein Angebot zum Abschluss eines Kaufvertrages über 500 Flaschen Grauburgunder. Er will die Flasche Grauburgunder zu 21,00 € pro Stück anbieten, vertippt sich aber und schreibt 12,00 €. Z nimmt das Angebot an. Ein Kaufvertrag ist also zustande gekommen. Kann B sein Angebot anfechten? B hat hier ein Interesse daran, seine Willenserklärung (das Angebot zum Abschluss eines Vertrages) mit einer Anfechtung zu vernichten. In Betracht kommt ein Erklärungsirrtum nach § 119 Abs. 1. Weil B sich verschrieben hat, er also „eine Erklärung dieses Inhaltes überhaupt nicht abgeben wollte“ und diese Erklärung auch bei Kenntnis der Sachlage und bei verständiger Würdigung des Falles nicht abgegeben hätte, kann er seine Willenserklärung gemäß § 119 Abs. 1 anfechten. Wenn B die Anfechtung auch fristgemäß gegenüber Z erklärt, hat das zur Folge, dass sein Angebot – und damit, wie oben bereits dargestellt, der gesamte Vertrag – gemäß § 142 Abs. 1 rückwirkend vernichtet wird.

#### c) Der Inhaltsirrtum

249 Ein Inhaltsirrtum liegt vor, wenn der äußere Tatbestand der Erklärung zwar dem Willen des Erklärenden entspricht, die Willenserklärung aber inhaltlich eine andere Bedeutung hat, als der Erklärende ihr beimessen wollte. Bei einem Inhaltsirrtum stimmt also die Vorstellung, die der Erklärende vom Inhalt seiner Erklärung hat, nicht mit dem Inhalt überein, den die Willenserklärung objektiv hat. Im Gegensatz zum Erklärungsirrtum ist beim Inhaltsirrtum der Erklärungsakt selbst vom Erklärenden gewollt; dieser wollte jedoch etwas anderes zum Ausdruck bringen, als er es in Wirklichkeit getan hat[2].

**Beispiel:** Der aus Berlin stammende A bestellt in einer Kölner Gaststätte nach der ihm vorgelegten Karte einen „halven Hahn“. A weiß nicht, dass in Köln unter einem „halven Hahn“ eine mit Käse belegte Brötchenhälfte verstanden wird. A hatte ein halbes Hähnchen erwartet. Da er mit dem Inhalt, den seine Erklärung objektiv hat – wobei der „Kölner Empfängerhorizont“ zugrunde zu legen ist –, eine andere Vorstellung verbindet, kann A wegen Inhaltsirrtums gemäß § 119 Abs. 1 anfechten.

---

2 Vgl. *Staudinger/Singer*, § 119 BGB Rn. 38.

Auch **Rechtsirrtümer** können **Inhaltsirrtümer** (Rechtsfolgenirrtümer) sein und zwar dann, wenn die aufgrund der Erklärung eingetretene Rechtsfolge zum Inhalt der Erklärung gehört. Der Erklärende will eine bestimmte Rechtsfolge herbeiführen, aber wegen Verkennung der rechtlichen Bedeutung tritt kraft des Willens des Erklärenden eine andere Rechtswirkung ein. Also kann auch ein Irrtum über den mit einer Willenserklärung zu erzielenden rechtlichen Erfolg ein Irrtum über den Inhalt sein.[3] **250**

**Beispiel:** Bei der Bestellung einer Hypothek ist der Eigentümer der Meinung, das Grundstück sei schon mit einer ersten Hypothek belastet. Die von ihm abgegebenen Erklärungen beziehen sich deshalb auf die Bestellung einer zweiten Hypothek, die aber, weil das Grundstück bisher unbelastet war, an erster Stelle im Grundbuch eingetragen wird. Es handelt sich um einen Inhaltsirrtum, der gemäß § 119 Abs. 1 anfechtbar ist[4].

Ein Inhaltsirrtum liegt indessen nicht vor, wenn bei einem vorgenommenen Rechtsgeschäft außer den angestrebten noch weitere, weder erkannte noch gewollte Nebenfolgen als Rechtsfolgen eintreten[5]; Diese Rechtsfolgen, auf die sich der Irrtum bezieht, sind nicht Inhalt der rechtsgeschäftlichen Erklärung, sie treten vielmehr kraft Gesetzes ein. **251**

**Beispiel:** K erwirbt von V ein an M vermietetes Einfamilienhaus in der Absicht, dort selbst einzuziehen. Dabei erkennt er nicht, dass er als Erwerber gemäß § 566 Abs. 1 automatisch in den Mietvertrag zwischen V und M eintritt und deshalb nur nach vorheriger ordnungsgemäßer und fristgerechter Kündigung das Haus beziehen kann. Die Rechtsfolge des § 566 tritt kraft Gesetzes ein. Sie ist nicht Inhalt der beim Abschluss des Kaufvertrages von K abgegebenen Erklärung. Es liegt kein Inhaltsirrtum vor, der zur Anfechtung gemäß § 119 Abs. 1 berechtigen würde.

### d) Die Anfechtbarkeit wegen falscher Übermittlung (§ 120)

Der **Irrtum bei der Übermittlung** (§ 120) ist ein Unterfall des Erklärungsirrtums. Auch hier wird etwas anderes erklärt als erklärt werden soll. Allerdings erklärt nicht der Erklärende selbst irrtümlich etwas Falsches, sondern die Person (Bote) oder ein Unternehmen, welches Internetdienste anbietet, derer sich der Erklärende zur Übermittlung bedient. Falls eine Erklärung falsch wiedergegeben wird, besteht wie beim Erklärungsirrtum eine Nichtübereinstimmung zwischen dem Willen des Erklärenden und dem Empfänger bekannt gewordenen Erklärungstatbestand. **251 a**

Von praktischer Bedeutung ist, dass auch Internet-Provider als Erklärungsboten im Sinne des § 120 anzusehen sind. Wenn die Einwirkung auf eine Willenserklä-

---

3 RGZ 89, 29, 33.

4 Vgl. RGZ 89, 29 ff.

5 RGZ 134, 195, 197 f.

rung im Sinne einer Veränderung derselben nach Abgabe der Willenserklärung und noch vor ihrem Zugang auf einem Fehler im Datentransfer durch den Internet-Provider beruht, dessen sich der Erklärende zur Übermittlung bedient, so handelt es sich um einen Fall von § 120.[6]

**Beispiel:** Im Hinblick auf einen online abgeschlossenen Kaufvertrag wird der Kaufpreis aufgrund einer Formeländerung des Providers auf der Homepage des Anbieters niedriger dargestellt wird als es gewollt war.[7] Es handelt sich um einen Fall der falschen Übermittlung nach § 120. Der Anbieter hat ein Anfechtungsrecht.

### 3. Die Anfechtung wegen Irrtums über verkehrswesentliche Eigenschaften einer Person oder Sache

#### a) Einleitung

252 Durch § 119 Abs. 2 wird demjenigen ein Anfechtungsrecht eingeräumt, der sich bei der Abgabe seiner Willenserklärung über die bei diesem Rechtsgeschäft wesentliche Eigenschaft seines Vertragspartners oder der Sache, die Leistungsgegenstand ist, geirrt hat.

Als **Eigenschaften** kommen nur tatsächliche oder rechtliche Verhältnisse in Betracht, die in dem Rechtsgeschäft als wesentlich zum Ausdruck gebracht worden sind. Darunter sind alle diejenigen Merkmale und Verhältnisse einer Person oder Sache zu bezeichnen, die infolge ihrer Beschaffenheit und Dauer auf die Brauchbarkeit und den Wert von Einfluss sind[8]. Wie bei Erklärungs- und Inhaltsirrtum auch kann der Erklärende seine Willenserklärung nur anfechten, „wenn anzunehmen ist, dass er sie bei Kenntnis der Sachlage und bei verständiger Würdigung des Falles nicht abgegeben haben würde".

Bei dem Irrtum über Eigenschaften handelt es sich um einen Irrtum, der den Entschluss zur Abgabe der Erklärung beeinflusst und nicht um einen Irrtum, der den Erklärungsvorgang selbst betrifft. Es handelt sich deshalb um einen **Motivirrtum,** d.h. um einen **Irrtum im Beweggrund**. Motivirrtümer sind grundsätzlich unbeachtlich; sie berechtigen nicht zur Anfechtung. Das BGB enthält lediglich im Hinblick auf solche Irrtümer eine Ausnahme, die sich auf Eigenschaften der Person oder Sache beziehen, die im Verkehr als wesentlich angesehen werden. § 119 Abs. 2 stellt diese im Wege einer Fiktion einem Inhaltsirrtum gleich[9].

---

6 *MüKo/Armbrüster*, § 120 BGB Rn. 3; *Wolff/Neuner*, AT § 41 Rn. 41.
7 Beispiel nach OLG Frankfurt MDR 2003, 677 f.; dazu *MüKo/Armbrüster*, § 120 BGB Rn. 3.
8 Vgl. BGHZ 34, 32, 41.
9 Vgl. BGHZ 88, 240, 245.

### b) Der Irrtum über verkehrswesentliche Eigenschaften einer Person

Zu den verkehrswesentlichen Eigenschaften einer Person zählen „sowohl die natürlichen Persönlichkeitsmerkmale als auch solche tatsächlichen und rechtlichen Verhältnisse, die infolge ihrer Beschaffenheit und vorausgesetzten Dauer nach den Anschauungen des Verkehrs Einfluss auf die Wertschätzung der Person in allen oder doch in gewissen Rechtsverhältnissen auszuüben pflegen“[10]. **253**

Solche Eigenschaften können sein:

- der **Gesundheitszustand** eines Menschen, insbesondere bei Dienst- und Arbeitsverträgen;
- die **berufsrechtliche Qualifikation**, wie sie z.B. für die Eintragung in die Handwerksrolle erforderlich ist[11];
- die **Vertrauenswürdigkeit** bei Vertragstypen mit engen persönlichen Beziehungen[12]. In Betracht kommen in erster Linie Dauerschuldverhältnisse wie Dienst- oder Arbeitsverträge, die ein besonderes Vertrauensverhältnis voraussetzen.
- die **Zahlungs- und Kreditwürdigkeit** jedenfalls bei Kreditgeschäften[13].

**Verkehrswesentliche Eigenschaften** einer Person sind nur solche, die vom Erklärenden in irgendeiner Weise erkennbar dem Vertrage zugrunde gelegt worden sind, ohne dass er sie geradezu zum Inhalt seiner Erklärung gemacht haben muss[14].

### c) Der Irrtum über verkehrswesentliche Eigenschaften einer Sache

aa) Als Eigenschaften einer Sache i.S. des § 119 Abs. 2 werden alle tatsächlichen und rechtlichen Verhältnisse der Sache angesehen, die wegen ihrer Beschaffenheit und vorausgesetzten Dauer nach der Verkehrsanschauung einen Einfluss auf die Wertschätzung und ihre Brauchbarkeit auszuüben pflegen[15]. Als solche sind u.a. angesehen worden: **254**

- die Bebaubarkeit oder gewerbliche Nutzungsmöglichkeit eines Grundstücks,[16]
- die Echtheit eines Kunstwerkes,[17]
- das Alter eines gebrauchten Kraftfahrzeuges[18].

---

10 So BGHZ 88, 240, 245 mit weiteren Nachw.

11 BGHZ 88, 240, 246.

12 So *Hübner*, Rn. 449.

13 *Jauernig/Mansel*, § 119 BGB Rn. 15.

14 Vgl. BGHZ 88, 240, 246.

15 Vgl. BGHZ 16, 54, 57 und 34, 32, 41.

16 Vgl. OLG Köln MDR 1965, 292 f.

17 BGH NJW 1988, 2597, 2599.

**Keine** Eigenschaften einer Sache sind:

- das Eigentum an einer Sache, weil es keinen Einfluss auf die Brauchbarkeit und den Wert der Sache hat,[19]
- der Wert einer Sache, wohl aber die den Wert bildenden Faktoren[20].

255 bb) Um zu weit ausgreifenden Konsequenzen rein subjektiver Vorstellungen entgegenzuwirken, soll nur ein Irrtum über **verkehrswesentliche Eigenschaften** einer Sache zur Anfechtung berechtigen. Als solche kommen alle diejenigen in Betracht, auf die der Verkehr bei Geschäften von der typischen Eigenart des jeweils vorliegenden Geschäftes entscheidenden Wert legt[21].

cc) Nach herrschender Meinung[22] ist die Anfechtung wegen Irrtums über eine verkehrswesentliche Eigenschaft einer Sache gemäß § 119 Abs. 2 insoweit ausgeschlossen, als die Vorschriften über die Sachmängelhaftung des Verkäufers gemäß §§ 434 ff. eingreifen. Die Vorschriften über die Gewährleistung bei Sachmängeln verdrängen als leges speciales also die Anfechtung wegen eines Eigenschaftsirrtums beim Kauf gemäß § 119 Abs. 2. Die Begründung für den Ausschluss der Käuferanfechtung nach dem Gefahrübergang ist darin zu sehen, dass die Gewährleistungsvorschriften als spezielle Normen zu bewerten sind, die insbesondere im Hinblick auf die kurzen Verjährungsvorschriften des § 438 Abs. 1 Nr. 3 der Sicherheit des Rechtsverkehrs dienen sollen[23].

**Beispiel:** K hat von V ein Bild des Malers Polke gekauft. Nach Übergabe des Bildes an K stellt sich heraus, dass das Bild nicht von Polke stammt, sondern eine wertlose Fälschung ist. Da mit der Übergabe des Bildes der Gefahrübergang auf den Käufer erfolgt ist (§ 446 Abs. 1), haftet der Verkäufer nunmehr nach Maßgabe der §§ 434 ff. Wären nun zwischen der Übergabe des Bildes und der Entdeckung der Fälschung bereits zwei Jahre vergangen, so wären die Gewährleistungsansprüche gemäß § 438 Abs. 1 Nr. 3 bereits verjährt. Der Käufer wäre auf die Anfechtungsmöglichkeit nach § 119 Abs. 2 angewiesen, weil die Anfechtungsfrist gemäß § 121 Abs. 1 erst mit Kenntniserlangung zu laufen beginnt. Allerdings verdrängen die §§ 434 ff. als leges speciales den § 119 Abs. 2. Die Möglichkeit der Anfechtung besteht somit für K nicht mehr.

256 dd) Beim Verkäufer kann von einer „Konkurrenz“ zwischen den Sachmängelansprüchen und einem Anfechtungsrecht des Verkäufers keine Rede sein. Deshalb kann der Verkäufer unter gewissen Umständen ein Anfechtungsrecht

---

18 Vgl. BGHZ 78, 216, 221.

19 So BGHZ 34, 32, 41 f.

20 Vgl. OLG Köln MDR 1965, 292, 293.

21 So *Hübner*, Rn. 450.

22 *Staudinger/Singer*, § 119 BGB Rn. 85; BGHZ 16, 54, 57; 78, 216, 218.

23 So *Staudinger/Singer*, § 119 BGB Rn. 85 mit Nachw. Zur Anwendung des § 119 Abs. 2 vor Gefahrübergang siehe BGHZ 34, 32, 37.

wegen Irrtums über verkehrswesentliche Eigenschaften der Kaufsache gemäß § 119 Abs. 2 ausüben. Hat sich z.B. der Verkäufer über die Urheberschaft eines Bildes geirrt und deshalb den Preis zu niedrig festgesetzt, ist der Verkäufer im Zweifel an der Anfechtungsmöglichkeit interessiert.

**Beispiel:** Trödler T bietet auf dem Trödelmarkt u.a. einen schön verzierten Rahmen für 140 € an; das Bild in dem Rahmen ist seiner Meinung nach unscheinbar und deshalb wertlos. K erwirbt den Rahmen mit Bild. Der Kunsthistoriker N, ein Freund des K, entfernt ein Stück von der Oberschicht des Bildes. Das freigelegte Bild ist ein Frühwerk von Klee und hat einen geschätzten Marktwert von etwa 350.000 €. Über den Fund wird in den Zeitungen berichtet. Nachdem T einen Bericht gelesen hat, wendet er sich an K und ficht den Kaufvertrag wegen Irrtums über eine verkehrswesentliche Eigenschaft des Kaufgegenstandes nach § 119 Abs. 2 an.

## III. Die Anfechtung wegen Willensbeeinflussung durch arglistige Täuschung und widerrechtliche Drohung

### 1. Einleitung

Wenn eine Person unter dem Einfluss einer arglistigen Täuschung eine Willenserklärung abgegeben hat, räumt die Rechtsordnung dem durch bewusst falsche Informationen unlauter Beeinflussten die Möglichkeit ein, die zunächst wirksame Erklärung anzufechten, ohne dass dadurch Schadensersatzverpflichtungen entstehen. Auch die Person, deren freier Wille durch eine widerrechtliche Drohung beeinträchtigt wurde, kann sich von ihrer unter Druck abgegebenen Willenserklärung durch eine Anfechtung lösen, ohne dass eine Schadensersatzverpflichtung begründet wird. § 123 schützt die Freiheit der Willensentschließung[24]. 257

Das Gesetz unterscheidet in § 123 Abs. 1 zwei Anfechtungstatbestände:
- die arglistige Täuschung und
- die widerrechtliche Drohung.

### 2. Die Anfechtung wegen arglistiger Täuschung

#### a) Überblick

Ein Anfechtungsgrund liegt vor, 258
- wenn derjenige, der die Willenserklärung abgegeben hat, getäuscht worden ist,
- dadurch bei ihm ein Irrtum erregt worden ist,
- er aus diesem Irrtum heraus eine Willenserklärung abgegeben hat und
- der Täuschende **arglistig,** d.h. mit dem Vorsatz, auf den Erklärungswillen des anderen einzuwirken, gehandelt hat.

24 Vgl. RGZ 134, 43, 55; BGHZ 6, 348, 351.

### b) Die Täuschungshandlung

259 Unter einer Täuschung im Sinne des § 123 versteht man die vorsätzliche Erregung, Bestärkung oder Aufrechterhaltung eines Irrtums, sei es durch das **Vorspiegeln** falscher oder das **Verschweigen** wahrer Tatsachen, um den Willensentschluss des Getäuschten zu beeinflussen.[25]

Die Täuschungshandlung kann in einem **Tun oder Unterlassen** bestehen. Bei dem Täuschen durch Tun geht es um das Behaupten von Tatsachen i.S. von objektiv nachprüfbaren Tatsachen; der Inhalt der Täuschungsaussage muss dem Urteil „wahr" oder „falsch" zugänglich sein.[26] Zu Tatsachen dieser Art zählen z.B. Angaben über den Kilometerstand eines Gebrauchtwagens und die Angaben über das Alter eines Teppichs[27].

Eine Täuschungshandlung kann auch in einem Unterlassen bestehen. Das ist z.B. der Fall, wenn es jemand unterlässt, denjenigen, der sich in einem Irrtum befindet, aufzuklären. Ein solches Unterlassen ist aber nur dann von Bedeutung, wenn eine **Rechtspflicht zur Aufklärung** besteht. Ob dies der Fall ist, ist oft schwer festzustellen.

260 Es gibt keine allgemeine Rechtspflicht, den potenziellen Vertragspartner über alle diejenigen Umstände aufzuklären, die auf seine Entschließung Einfluss haben können.[28] Eine **Aufklärungspflicht** ist immer nur aus besonderen Gründen anhand der Umstände des Einzelfalles zu bejahen. Die Rechtsprechung[29] hat eine Aufklärungspflicht aus den konkreten, zwischen den Partnern bestehenden Vertragsbeziehungen dann abgeleitet, wenn das Verschweigen von Tatsachen gegen den Grundsatz von Treu und Glauben verstoßen würde und der Erklärungsgegner die Mitteilung der verschwiegenen Tatsache nach der Verkehrsauffassung erwarten durfte[30].

Der Umfang der rechtlich gebotenen Aufklärung hängt nicht nur von der Art des angestrebten Vertrages ab. Ohne Rücksicht darauf kann sich insbesondere bei länger andauernden Vertragsverhandlungen zwischen den Vertragspartnern ein **Vertrauensverhältnis** entwickeln, das nach den Grundsätzen von Treu und Glauben eine Rechtspflicht des Vertragspartners zur Aufklärung begründet.[31]

**Beispiel:** Unternehmer U, der seine Fabrikation von Kaufhauseinrichtungsmöbeln rationalisieren möchte, steht bereits seit Anfang 2015 mit F wegen des Kaufs einer Furniermaschine in Verhandlungen. Zum Abschluss eines Kaufvertrages war es bislang nicht gekommen, weil die von F angebotenen Maschinen sich für den Be-

---

25 *Staudinger/Singer*, § 123 BGB Rn. 6; BGH NJW 1957, 988.
26 Vgl. *Staudinger/Singer*, § 123 Rn. 7.
27 BGH DB 1977, 671.
28 *Jauernig/Mansel*, § 123 BGB Rn. 5; *Staudinger/Singer*, § 123 BGB Rn. 10.
29 Vgl. BGH NJW 1983, 2493 f. mit Nachw.
30 Vgl. auch BGH JZ 1980, 522 f.
31 Vgl. BGH NJW 1983, 2493, 2494.

darf des U nicht eigneten. Im Frühjahr 2016 verkauft F dem U eine Furniermaschine „XG 100". Dabei verschweigt er dem U, dass diese Maschine die Holzplatten nur einseitig furniert, obwohl er weiß, dass U überwiegend beidseitig furnierte Spanplatten verarbeitet. Durch das Verschweigen einer für U wichtigen Eigenschaft der Maschine täuscht F seinen Vertragspartner durch Unterlassen. Da F und U mehr als 1 Jahr in Vertragsverhandlungen gestanden haben und sich in dieser Zeit ein Vertrauensverhältnis zwischen den Parteien entwickelt haben dürfte, war F verpflichtet, den U über alle wesentlichen Eigenschaften der Furniermaschine aufzuklären. U kann den Kaufvertrag wegen einer Täuschung durch Unterlassen gemäß § 123 Abs. 1 anfechten.

(*Man kann allerdings auch die Meinung vertreten, F habe durch aktives Tun getäuscht. Indem er dem U, wohl wissend welche Anforderungen dieser stellt, die Maschine verkaufte, spiegelte er dem U vor, diese Maschine sei für seine Zwecke geeignet.*)

#### c) Die Kausalität

Die Täuschungshandlung muss einen Irrtum beim Erklärenden hervorgerufen **261**
haben, der für die Abgabe der Willenserklärung kausal war. Ob es sich bei dem hervorgerufenen Irrtum um einen Inhalts- oder Motivirrtum handelt, ist unerheblich.

#### d) Die Arglist

Arglistig handelt, wer den Vorsatz, also den **Täuschungswillen** hat. Dolus even- **262**
tualis (Eventualvorsatz) genügt, nicht hingegen grobe Fahrlässigkeit. Eventualvorsatz liegt vor, wenn der Täuschende die Unrichtigkeit seiner Aussage zumindest für möglich hält. Arglistig handelt deshalb nicht, wer gutgläubig unrichtige Angaben macht, auch wenn der gute Glaube auf Fahrlässigkeit oder Leichtfertigkeit beruht[32].

Der Täuschende muss mit dem Bewusstsein handeln, dass der Getäuschte zur Abgabe einer Willenserklärung bestimmt wird[33].

Arglistig handelt nicht nur derjenige, der weiß, dass die angegebenen Tatsachen nicht der Wahrheit entsprechen; arglistig handelt vielmehr auch der, der einem anderen versichert, eine bestimmte Kenntnis von Vorgängen oder Umständen zu haben, diese Kenntnis in Wirklichkeit aber nicht hat[34].

### 3. Die Täuschung durch Dritte (§ 123 Abs. 2)

Auch eine dritte Person, die an dem Rechtsgeschäft nicht als Partner beteiligt ist, **263**
kann die Täuschung verüben, die zur Abgabe einer Willenserklärung führt. In

---

32 So BGH JZ 1980, 522 f.

33 Vgl. u.a. *Staudinger/Singer*, § 123 BGB Rn. 47.

34 BGH JZ 1980, 523.

einem solchen Fall soll der Getäuschte nur eine eingeschränkte Möglichkeit haben, seine Willenserklärung anzufechten. Die Erklärung ist nur anfechtbar, wenn der Erklärungsempfänger die Täuschung kannte oder kennen musste.

Knüpft man an den Wortlaut des § 123 Abs. 2 an, so ist Dritter jeder außer dem, der die Willenserklärung abgegeben hat und demgegenüber sie abgegeben worden ist. Dieser vom Wortsinn abgeleitete Begriff des Dritten ist seit jeher als zu weit gefasst angesehen worden. So hat die Rechtsprechung[35] stets Stellvertreter – also Personen, die als Erklärende oder Empfänger bei der Abgabe oder Entgegennahme von Willenserklärungen andere Personen rechtsgeschäftlich oder gesetzlich vertreten – **nicht** als Dritte i.S. des § 123 Abs. 2 angesehen.

**264** Als Dritter i.S. des § 123 Abs. 2 kann nur ein **unbeteiligter Dritter** in Betracht kommen. Das kann derjenige nicht sein, der auf Seiten des Erklärungsgegners (Geschäftspartners) steht und bei dem Zustandekommen des Geschäftes eine Rolle gespielt hat.[36] Eine täuschende Person ist also auch dann nicht Dritter i.S. des § 123 Abs. 2, wenn sie eine Vertrauensperson des Erklärungsempfängers ist, für deren Verschulden der Erklärungsempfänger gemäß § 278 einstehen müsste, weil er sich ihrer zur Erfüllung einer Verbindlichkeit bedient. In solchen Fällen ist eine Anfechtung gemäß § 123 Abs. 1 möglich[37].

**265** Wer einen Vertragsschluss lediglich vermittelt, z.B. als Makler, ist „Dritter", dessen Täuschungshandlung sich der Erklärungsempfänger nur bei Kenntnis oder Kennenmüssen zurechnen lassen muss.

> **Beispiel:**[38] K kauft von dem Autohändler V einen Neuwagen für 17.500 €. Da K den Kaufpreis nicht sofort bezahlen kann, legt V dem K ein vorformuliertes Angebot zum Abschluss eines Darlehensvertrages mit der Teilzahlungsbank T vor, mit der V schon lange zusammenarbeitet und von der er die Formulare zugesandt bekommt, die er den Kunden aushändigen soll. V erklärt dem K, seine Unterschrift unter das Formular sei reine Formsache; mit der Bank habe er nichts zu tun, sondern nur mit ihm, so dass auch der im Formular enthaltene hohe Zinssatz nicht gelte. Nachdem K die Unterschrift geleistet hat, nimmt die Bank sein Angebot an und zahlt die Darlehenssumme aus. Als T von K die erste Rate verlangt, erklärt dieser die Anfechtung des Darlehensvertrages. Partner des angefochtenen Darlehensvertrages sind T und K. Getäuscht hat aber der V. Ist dieser Dritter im Sinne von § 123 Abs. 2, ist eine Anfechtung nur möglich, wenn T die Täuschung kannte oder hätte kennen müssen, was kaum anzunehmen ist. V handelte zwar nicht als Vertreter der Bank, denn er gab keine Willenserklärung im Namen der Bank ab; er war aber Verhandlungsgehilfe, was zur Folge hat, dass sich die Bank ein von V „bei Durchführung dieser Aufgabe begangenes Verschul-

---

35 RGZ 101, 97, 98; BGHZ 20, 36, 39.

36 BGHZ 33, 302, 309 f.; BGH WM 1980, 1452 f.

37 BGHZ 47, 224, 230.

38 Nach BGHZ 47, 224.

den nach § 278 als eigenes Verschulden zurechnen lassen muss“[39]. Daher ist V Vertrauensperson der Bank und mithin kein Dritter i.S. von § 123 Abs. 2. Infolgedessen kann K seine Willenserklärung, die zum Abschluss des Darlehensvertrages geführt hat nach § 123 Abs. 1 wegen arglistiger Täuschung anfechten.

## IV. Die Anfechtung wegen widerrechtlicher Drohung

Da eine aufgrund einer widerrechtlichen Drohung abgegebene Willenserklärung nicht auf dem freien Willen des Erklärenden beruht, gestattet das Gesetz die Anfechtung unter den in § 123 Abs. 1 genannten Voraussetzungen. **266**

### 1. Die Drohung

Die Möglichkeit, wegen Drohung anfechten zu können, beruht darauf, dass der Wille des Erklärenden beeinflusst worden ist. Deshalb gehört zum Tatbestand der Drohung eine psychische Einwirkung, die darin besteht, dass Furcht vor einem künftigen Übel erregt wird. Die Ankündigung einer Strafanzeige kann z.B. eine Drohung sein.

Eine Drohung ist das Inaussichtstellen eines künftigen Übels, auf dessen Eintritt oder Nichteintritt der Drohende einwirken zu können behauptet. Der Drohende muss Einfluss auf die Verwirklichung des in Aussicht gestellten Übels haben oder dies jedenfalls in einer Weise vortäuschen, dass der Bedrohte glaubt, der Eintritt des Übels hänge davon ab, dass der Drohende es veranlasst.[40]

> **Beispiel:** T ist wegen Einbruchs und anderer Delikte, die er in D begangen hat, mehrfach vorbestraft. Nach der Haftentlassung zieht er in eine andere Stadt und pachtet eine Tankstelle. Dort sind seine Vorstrafen nicht bekannt und er gilt als ehrbarer Bürger. Eines Tages tankt der Justizwachtmeister J, der T aus der Haftanstalt, in der T eingesessen hat, kennt, bei T. Als J erkennt, um wen es sich bei T handelt, verlangt er von diesem, jetzt und in der Zukunft stets mit 50 % Rabatt tanken zu können. J äußert, wenn T diesem Verlangen nicht nachkomme, werde er die Bürger der Stadt in geeigneter Weise darüber aufklären, dass ein mit erheblichen Vorstrafen belasteter Mann diese Tankstelle betreibe. Hier droht J mit einem empfindlichen Übel, auf dessen Eintritt er Einfluss hat. Denn die Veröffentlichung der bis dahin nicht bekannten Vorstrafen des T würde sich nicht zuletzt auf den Umsatz der Tankstelle auswirken.

### 2. Die Widerrechtlichkeit

Zwischen der Drohung und der Abgabe der Willenserklärung muss ein **ursächlicher Zusammenhang** bestehen; außerdem muss die Drohung **widerrechtlich** sein. **267**

---

39 BGHZ 47, 224, 230.

40 *Staudinger/Singer*, § 123 BGB Rn. 66.

Die Widerrechtlichkeit betrifft die verwerfliche Benutzung einer Drohung als Druckmittel, um einen anderen in seinem Entschluss, eine Willenserklärung abzugeben, zu bestimmen.

Die Rechtswidrigkeit kann darauf beruhen, dass
- der erstrebte Erfolg rechtswidrig ist
  oder
- das angewandte Mittel rechtswidrig ist
  oder
- das Verhältnis, in dem Mittel und Zweck zueinander stehen (Mittel-Zweck-Relation), rechtswidrig ist.

**268** Die Drohung ist z.B. auch widerrechtlich, wenn sich der Drohende an sich erlaubter Mittel bedient, auf die Leistung, zu der sich der Erklärende unter der Einwirkung des Druckes verpflichtet, aber kein Recht hat[41]. Andererseits ist aber auch nicht allein darauf abzustellen, ob der Drohende einen Rechtsanspruch auf die Erklärung des Bedrohten hat. Vielmehr ist bei erlaubtem Mittel und erlaubtem Ziel darauf abzustellen, ob der Drohende an der Erreichung des von ihm erstrebten Erfolges ein berechtigtes Interesse hat und ob die Drohung nach der Auffassung aller billig und gerecht Denkenden ein angemessenes Mittel darstellt[42].

**269** Das angewandte **Mittel** ist rechtswidrig, wenn mit einer strafbaren Handlung (z.B. Einwerfen von Fensterscheiben) oder sittenwidrigem Verhalten, wie z.B. mit einem Vertragsbruch, gedroht wird. Dies gilt auch dann, wenn der Drohende auf die Erklärung des Bedrohten einen Anspruch hat, d.h. ein Gläubiger darf nicht seinen Schuldner durch die Drohung mit einer widerrechtlichen Handlung dazu bestimmen, seine Schuld zu begleichen[43].

Der angestrebte **Erfolg** ist rechtswidrig, wenn die vom Bedrohten abzugebende Willenserklärung für sich allein gesehen verboten bzw. sittenwidrig ist[44].

> **Beispiel:** Abschluss eines wucherischen Darlehensvertrages (§ 138 Abs. 2). Hier ist allerdings das angestrebte Rechtsgeschäft ohnehin nichtig.

**270** Die **Mittel-Zweck-Relation ist** dann rechtswidrig, wenn zwar Mittel und Zweck für sich betrachtet nicht widerrechtlich sind, die Benutzung dieses Mittels zu diesem Zweck aber gegen Treu und Glauben verstößt. Dabei bedarf es einer Gesamtwürdigung aller Umstände des Einzelfalls unter besonderer Berücksichtigung der Belange der Beteiligten. Insbesondere ist zu prüfen, ob der Drohende an der Erreichung des von ihm erstrebten Erfolges ein berechtigtes Interesse hat und ob die Drohung ein angemessenes Mittel darstellt [45].

---

41 So BGHZ 6, 348, 351.

42 So BGHZ 25, 217, 220.

43 *Jauernig/Mansel*, BGB, § 123 Rn. 13.

44 *Staudinger/Singer*, § 123 BGB Rn. 74.

45 BGHZ 25, 217, 220 f.; BGH NJW 1983, 384 f.

### 3. Die subjektiven Voraussetzungen

Der Drohende muss den **Vorsatz** haben, Furcht zu erregen, um dadurch die Abgabe der Willenserklärung zu erzwingen; dolus eventualis genügt. Ein Bewusstsein der Rechtswidrigkeit muss nicht vorliegen. Es reicht aus, dass der Drohende die Umstände kennt, aus deren Bewertung sich die Widerrechtlichkeit ergibt[46]. **271**

## V. Fristgemäße Anfechtungserklärung gegenüber dem Anfechtungsgegner

Der Anfechtungsberechtigte hat das Recht, seine Willenserklärung durch eine Anfechtungserklärung gemäß §142 zu vernichten oder seine Willenserklärung unverändert so, wie sie abgegeben worden ist, weiter gelten zu lassen. Damit alle von einem anfechtbaren Rechtsgeschäft Betroffenen möglichst bald wissen, ob das vereinbarte, aber anfechtbare Rechtsgeschäft durch eine Anfechtungserklärung vernichtet oder bestehen bleiben wird, setzt das Gesetz dem Anfechtungsberechtigten eine Frist, innerhalb derer er die Anfechtung erklären muss. Nicht schon die Anfechtungsmöglichkeit als solche, sondern erst die fristgemäße Anfechtungserklärung gegenüber dem Erklärungsgegner führt die Nichtigkeit der anfechtbaren Willenserklärung herbei. **272**

Die Anfechtung erfolgt gemäß § 143 Abs. 1 gegenüber dem Anfechtungsgegner. Eine Anfechtungserklärung ist eine Willenserklärung, die gegenüber dem Anfechtungsgegner (Erklärungsempfänger) abgegeben wird und unzweideutig den Willen des Anfechtenden zum Ausdruck bringt, er wolle das Geschäft gerade wegen des Willensmangels nicht bestehen lassen, sondern **rückwirkend** beseitigen. Das Wort „anfechten" muss nicht benutzt werden. Je nach den Umständen genügt es durchaus, wenn eine nach dem objektiven Erklärungswert der Willensäußerung übernommene Verpflichtung bestritten oder nicht anerkannt oder wenn ihr widersprochen wird[47].

Anfechtungsgegner ist bei einem Vertrag der Vertragspartner (§ 143 Abs. 2). Stehen dem Anfechtenden mehrere Vertragspartner gegenüber, so muss er die Anfechtung allen gegenüber erklären[48]. Liegt ein Anfechtungstatbestand der §§ 119, 120 vor, muss unverzüglich, d.h. nach der gesetzlichen Definition des § 121 Abs. 1 ohne schuldhaftes Zögern, angefochten werden. **273**

Bei Vorliegen eines Anfechtungstatbestandes des § 123 Abs. 1 muss gemäß § 124 binnen Jahresfrist die Anfechtung erfolgen. Der Beginn dieser Frist bestimmt sich nach § 124 Abs. 2. Bei einer arglistigen Täuschung beginnt die Frist mit dem Zeitpunkt, in dem der Anfechtungsberechtigte die Täuschung entdeckt.

---

46 Vgl. *Staudinger/Singer*, § 123 BGB Rn. 82 f. mit Nachw.

47 So BGHZ 91, 324, 331 f.; vgl. auch BGH WM 1988, 502 f.

48 Vgl. BGHZ 96, 302, 309 f.

Eine Anfechtung ist ausgeschlossen, wenn der Anfechtungsberechtigte durch sein Verhalten deutlich macht, dass er ein ihm bekanntes Anfechtungsrecht nicht ausüben will (Bestätigung gemäß § 144).

> **Beispiel:** M wird von H bei dem Kauf eines Kfz arglistig getäuscht. Bezahlt M den Kaufpreis, obwohl er weiß, dass er aufgrund der arglistigen Täuschung anfechten kann, so bestätigt er durch dieses Vorgehen im Zweifel den anfechtbaren Kaufvertrag und verzichtet dadurch auf sein Anfechtungsrecht.

Eine wirksame Anfechtungserklärung führt nach § 142 dazu, dass das anfechtbare Rechtsgeschäft von Anfang an nichtig ist, also mit Rückwirkung vernichtet wird.

## VI. Die Schadensersatzpflicht des Anfechtenden gemäß § 122

274 In den Fällen, in denen jemand aus den in § 119 und § 120 genannten Gründen eine Willenserklärung angefochten hat, ist der Anfechtende verpflichtet, dem Empfänger der Erklärung „den Schaden zu ersetzen, den der andere oder ein Dritter dadurch erleidet, dass er auf die Gültigkeit der Erklärung vertraut, jedoch nicht über den Betrag des Interesses hinaus, welches der andere oder der Dritte an der Gültigkeit der Erklärung hat“ (§ 122 Abs. 1).

Mit § 122 wird der Zweck verfolgt, den Partner des Rechtsgeschäfts, der auf die Gültigkeit der Willenserklärung vertraut, gegen Nachteile, die ihm aus der Anfechtung erwachsen, zu schützen, soweit dieses Vertrauen schutzwürdig ist. Deshalb entsteht der Anspruch aus § 122 ohne Rücksicht darauf, ob den Anfechtenden ein Verschulden an seinem Irrtum trifft oder nicht.

Die Schadensersatzpflicht dessen, der gemäß § 122 in Anspruch genommen werden kann, erstreckt sich auf den **Vertrauensschaden,** das sogenannte negative Interesse. Das bedeutet: Der Anfechtungsgegner ist so zu stellen, wie er stehen würde, wenn er von dem angefochtenen Rechtsgeschäft nichts gehört hätte.

> **Beispiel:** V verkauft dem K eine Porzellanvase; der Kaufvertrag kann von K gemäß § 119 Abs. 1 angefochten werden. Verpackt V vor der Anfechtung durch K die Vase mit kostspieligem Verpackungsmaterial, so stellen die aufgewandten Verpackungskosten den Vertrauensschaden dar, den K dem V gemäß § 122 Abs. 1 zu ersetzen hat. Diese Kosten wären nicht entstanden, wenn es zu keinem Vertragsschluss gekommen wäre.

275 Ein Schadensersatzanspruch ist gemäß § 122 Abs. 2 ausgeschlossen, wenn der Geschädigte den Anfechtungsgrund kannte oder fahrlässig nicht kannte. Jedes Maß an Fahrlässigkeit reicht dabei aus.

In § 122 ist das **negative Interesse** durch das Erfüllungsinteresse, das so genannte positive Interesse, begrenzt („jedoch nicht über den Betrag des Interesses hinaus, welches der andere... an der Gültigkeit der Erklärung hat“).

**Erfüllungsinteresse (= positives Interesse)** heißt: Derjenige, der in Anspruch genommen werden kann, hat den Gläubiger so zu stellen, wie dieser stehen würde, wenn der Schuldner den Vertrag ordnungsgemäß erfüllt hätte. Zur Feststellung des positiven Interesses ist also zu fragen: Wie stünde der Berechtigte bei Gültigkeit der Willenserklärung da?

**Beispiel:** A fragt schriftlich bei dem Musiker F an, ob dieser bereit sei, am 24.9. die Hochzeit des A musikalisch zu untermalen. In dem Brief an F verschreibt sich A und bietet dem F 250 € statt der gewollten 150 €. F nimmt das Angebot des A an und schlägt kurz darauf ein Angebot des B, am 24.9. auf dessen Geburtstag für 300 € zu musizieren, aus. Kurz vor dem 24.9. erklärt A wirksam die Anfechtung des Vertrages. Der Vertrauensschaden des F beträgt hier 300 €, da er das Angebot des B in dieser Höhe ausgeschlagen hat, weil er von der Gültigkeit des Vertrages mit A ausging. Da F von A aber bei ordnungsgemäßer Durchführung des angefochtenen Vertrages lediglich 250 € erhalten hätte, dieser Betrag also das Erfüllungsinteresse (= positives Interesse) des Vertrages zwischen A und F darstellt, wird der Erfüllungsschaden des F hier auf 250 € begrenzt.

**Lösung zu Fall 13:** Die Ankündigung der Strafanzeige ist eine Drohung, weil sie den Eintritt eines empfindlichen Übels in Aussicht stellt. Fraglich ist aber, ob dies widerrechtlich i.S.d. § 123 Abs. 1 ist. Hier ist weder das angestrebte Ziel (die Wiedergutmachung des Schadens durch Bestätigung eines ohnehin vorhandenen Anspruchs) noch das Mittel (die Strafanzeige) für sich allein zu beanstanden. Die Widerrechtlichkeit ergibt sich auch nicht aus dem Verhältnis von Mittel und Zweck, da die Beziehung zwischen der Straftat (Unterschlagung) und dem geltend gemachten Anspruch auch eine solche Drohung nach der Auffassung aller billig und gerecht Denkenden als ein angemessenes Mittel erscheinen lässt[49]. Demnach kann A seine Willenserklärung, die zum Schuldanerkenntnis führte, nicht gemäß § 123 wegen widerrechtlicher Drohung anfechten.

# § 16 Teilnichtigkeit und Umdeutung von Rechtsgeschäften

**Schrifttum:** *Eisenhardt*, Die Einheitlichkeit des Rechtsgeschäfts und die Überwindung des Abstraktionsprinzips, JZ 1991, 271; *Keim*, Keine Anwendung des § 139 BGB bei Kenntnis der Parteien von der Teilnichtigkeit?, NJW 1999, 2866.

***Fall 14:*** *Student B gibt dem Gläubiger G mündlich ein Bürgschaftsversprechen für die Schulden seines Freundes S. Kurze Zeit später schließt B sein Studium ab und gründet einen Verlag. Auf Nachfrage des G, ob er weiterhin zu seinem Bürgschaftsversprechen stehe, bejaht B dies.*

*Ist das Bürgschaftsversprechen wirksam?*

49 Vgl. BGHZ 25, 217, 220.

## I. Die Teilnichtigkeit von Rechtsgeschäften

### 1. Überblick

276 Die auf einem Verstoß gegen ein gesetzliches Verbot oder die guten Sitten oder die auf einer Anfechtung beruhende Nichtigkeit kann zuweilen nur Teile eines Rechtsgeschäfts betreffen. Dann entsteht die Frage, ob das ganze Rechtsgeschäft oder nur der gegen ein gesetzliches Verbot oder die guten Sitten verstoßende Teil bzw. angefochtene Teil nichtig, der Rest des Rechtsgeschäfts aber wirksam ist.

Nach der gesetzlichen Regel in § 139 spricht eine Vermutung für die Gesamtnichtigkeit des Rechtsgeschäfts. Diese gesetzliche Vermutung wird allerdings eingeschränkt durch die Formulierung „wenn nicht anzunehmen ist, dass es auch ohne den nichtigen Teil vorgenommen sein würde".

Somit wird gemäß § 139 darauf abgestellt, ob nach dem Willen der am Vertrage Beteiligten der Rest eines Rechtsgeschäfts als eigenes Geschäft bestehen bleiben soll. Es kommt also vor allem darauf an,

- ob das Rechtsgeschäft teilbar ist
- und welchen Willen die Parteien hatten.

### 2. Die Teilbarkeit des Rechtsgeschäfts

277 Eine Teilnichtigkeit kann nur unter der Voraussetzung angenommen werden, dass nach Abtrennung des unwirksamen Teils ein Rest bleibt, der als selbständiges Rechtsgeschäft bestehen kann[1]. Die Teilbarkeit kann eine objektive, quantitative oder subjektive sein.

- Objektive Teilbarkeit: es sind mehrere selbständige Hauptleistungen vorhanden;
- quantitative Teilbarkeit: bei Dauerschuldverhältnissen kann nach Zeitabschnitten unterteilt werden;
- subjektive Teilbarkeit: auf einer Seite sind mehrere Personen beteiligt, so dass die Teilung in der Weise erfolgen kann, dass das Rechtsgeschäft nur gegenüber einem Beteiligten nichtig ist und gegenüber den anderen Beteiligten wirksam bleibt.

### 3. Parteiwille und Auslegung

278 § 139 stellt bei der Nichtigkeit eines Teiles des Rechtsgeschäftes im Hinblick auf den Bestand des Restes auf den **hypothetischen Parteiwillen** ab. Das bedeutet: Es muss gefragt werden, was hätten die den Vertrag schließenden Parteien für den Fall gewollt, dass eine oder mehrere Klauseln des Vertrages nichtig sind. Hätten sie gewollt, der Rest des Vertrages solle Bestand haben oder hätten sie gewollt, der Rest des Vertrages solle ebenfalls nichtig sein. Zu ermitteln ist ein entspre-

---

1 Vgl. RGZ 93, 334, 338; *Hübner*, Rn. 511.

chender Wille bezogen auf den Zeitpunkt des Geschäftsabschlusses. Ob ein solcher Wille vorhanden war, ist durch **Auslegung** zu ermitteln.

Enthält ein Vertrag für den Fall der Teilnichtigkeit keine Regelung, so ist eine Lücke vorhanden, die im Wege der **ergänzenden Vertragsauslegung** zu schließen ist. Es ist deshalb zu ermitteln, was die Parteien vernünftigerweise und unter Berücksichtigung von Treu und Glauben sowie des Vertragszwecks gewollt haben würden[2].

Für ein Fortbestehen kann insbesondere sprechen, dass nur ein geringfügiger Teil des Geschäftes nichtig ist und der für die Beteiligten im Vordergrund stehende wirtschaftlich übergeordnete Teil nicht betroffen ist[3].

> **Beispiel:** In einem umfangreichen Pachtvertrag verstößt nur die Vereinbarung über den Pachtzins gegen die guten Sitten (§ 138). Nun muss entschieden werden, ob der gesamte Vertrag nichtig ist oder nur die Vereinbarung über den Pachtzins, der Vertrag im Übrigen aber wirksam ist. Die Vereinbarung über den Pachtzins ist bei einem Pachtvertrag einer der Hauptpunkte. Da ohne die Pachtzinsabrede ein Pachtvertrag rechtlich nicht möglich ist (vgl. § 581), ist das Rechtsgeschäft nicht teilbar. Bereits aufgrund der mangelnden Teilbarkeit ist der gesamte Vertrag daher nichtig.

Häufig werden in Verträgen, insbesondere in Lizenzverträgen zu gewerblichen **279**
Schutzrechten, so genannte **salvatorische Klauseln** verwendet. Diese beinhalten die Aussage der Parteien, dass bei Unwirksamkeit einer oder mehrerer Vertragsklauseln der Vertrag im Übrigen wirksam sein soll. Damit ist dokumentiert, dass die Vertragschließenden zum Zeitpunkt des Vertragsschlusses den Willen hatten, den Vertrag trotz nichtiger Teile bestehen zu lassen.

> **Beispiel** für eine salvatorische Klausel: „Sollten eine oder mehrere Bestimmungen dieses Vertrages unwirksam oder nichtig sein, wird die Wirksamkeit der übrigen Bestimmungen nicht berührt."

### 4. Das Problem der Fehleridentität

Wie schon erwähnt (siehe oben § 11 IV.) ist wegen des Abstraktionsprinzips ein **280**
Verfügungsgeschäft nicht schon allein deshalb nichtig, weil das Verpflichtungsgeschäft nichtig ist. Allerdings wirkt sich das Abstraktionsprinzip dann nicht aus, wenn derselbe Unwirksamkeitsgrund sowohl das Verpflichtungs- als auch das Verfügungsgeschäft betrifft. Man spricht in diesen Fällen von Fehleridentität und meint damit: derselbe Anfechtungs- oder Nichtigkeitsgrund, der das Verpflichtungsgeschäft anfechtbar oder unwirksam macht, haftet auch dem Verfügungsgeschäft an. Deshalb und nicht wegen einer Durchbrechung des Abstraktionsprinzips ist auch das Verfügungsgeschäft anfechtbar oder nichtig.

---

2 Vgl. *Staudinger/Roth*, § 139 BGB Rn. 75.

3 *Staudinger/Roth*, § 139 BGB Rn. 76.

Neben den Unwirksamkeitsgründen fehlende Geschäftsfähigkeit, Verstoß gegen ein gesetzliches Verbot (§ 134) und Sittenwidrigkeit (§ 138), die zu einer Fehleridentität führen können, betrifft das Problem der Fehleridentität auch die Irrtumsfälle, die zur Anfechtung berechtigen. Dabei muss allerdings differenziert werden:

- in den Fällen des Erklärungsirrtums und des Inhaltsirrtums dürfte der Irrtum regelmäßig auf das Verpflichtungsgeschäft beschränkt sein, so dass nur dieses und nicht das Verfügungsgeschäft angefochten werden kann.
- in den Fällen der arglistigen Täuschung und der widerrechtlichen Drohung liegt häufig, aber nicht notwendigerweise Fehleridentität vor. Davon ist jedenfalls auszugehen, wenn der durch Täuschung hervorgerufene Irrtum oder die durch Drohung herbeigeführte Zwangslage bei der Vornahme des Verfügungsgeschäftes noch andauern.

### 5. Die Füllung einer Lücke

**281** Ist ein Vertragsteil nichtig, so besteht eine Lösung darin, denselben ersatzlos wegfallen zu lassen. Das kann allerdings dazu führen, dass mehr oder weniger wichtige Fragen des Vertrages nicht geregelt sind. Deshalb spricht in den Fällen, in denen der Wille der Parteien (etwa niedergelegt in einer salvatorischen Klausel) dahin geht, den Rest des Vertrages zu erhalten und die entstandene Lücke durch die gesetzlichen Regeln zu füllen.[4] Zu denken ist auch an die Möglichkeit einer ergänzenden Vertragsauslegung, wenn der Vertragstext Anhaltspunkte für den Willen der Parteien enthält.[5]

### 6. Die Sonderregelung in § 306

**282** Für den Anwendungsbereich der §§ 305 ff., also für das Recht der Allgemeinen Geschäftsbedingungen, enthält § 306 eine Sonderregelung.

Abweichend von § 139 sieht § 306 die grundsätzliche Wirksamkeit der restlichen Vertragsbestandteile vor, obwohl durch den ganzen oder teilweisen Ausfall der Allgemeinen Geschäftsbedingungen Lücken im Vertragswerk entstehen. Gemäß § 306 Abs. 2 sind diese Lücken durch die einschlägigen gesetzlichen Vorschriften zu füllen. Eine Einschränkung macht nur § 306 Abs. 3, wonach ausnahmsweise der Gesamtvertrag nichtig sein soll, wenn ein Festhalten am Vertrag für eine Partei eine unzumutbare Härte darstellen würde.

Der wesentliche Unterschied zwischen § 139 und § 306 besteht darin, dass, soweit nicht § 306 Abs. 3 eingreift, der Vertrag im Zweifel unabhängig vom Willen der Parteien fortbesteht, wenn Allgemeine Geschäftsbedingungen insgesamt oder teilweise unwirksam sind.

---

4 *Jauernig/Mansel*, § 139 BGB Rn. 14; *MüKo/Busche*, § 139 BGB Rn. 33.

5 *Staudinger/Busche*, § 139 BGB Rn. 78.

## II. Die Umdeutung (§ 140)

### 1. Überblick

Neben § 139 bietet die Umdeutung (Konversion) eine weitere Möglichkeit, ein nichtiges Rechtsgeschäft aufrecht zu erhalten. Auch dabei geht es um die Durchsetzung des mutmaßlichen Parteiwillens.[6] 283

§ 140 ermöglicht es, den von den Parteien angestrebten wirtschaftlichen Erfolg eintreten zu lassen, wenn das von den Parteien gewählte Rechtsgeschäft unwirksam ist, gleichzeitig aber den Voraussetzungen eines anderen Rechtsgeschäftes Genüge getan wird.

Stets geht die Auslegung der Umdeutung i.S. des § 140 vor. Erst wenn eine Auslegung gemäß §§ 133, 157 nicht zu einem Erfolg geführt hat, kann, falls Nichtigkeit vorliegt, der Versuch einer Umdeutung unternommen werden.

### 2. Die Nichtigkeit des Rechtsgeschäfts

Die Umdeutung setzt voraus, dass das Rechtsgeschäft, um das es geht, nichtig ist. 284
Die Nichtigkeit kann von vornherein bestehen; sie kann aber auch später – z.B. durch Anfechtung mit der Rechtsfolge aus § 142 – herbeigeführt werden[7]. Ein bislang schwebend unwirksames Rechtsgeschäft ist jedenfalls dann der Umdeutung fähig, wenn es durch Verweigerung der Genehmigung endgültig unwirksam geworden ist[8].

### 3. Die weiteren Voraussetzungen

Die Umdeutung eines nichtigen Rechtsgeschäfts setzt zunächst einmal die Fest- 285
stellung darüber voraus, was die Parteien im Zeitpunkt des Vertragsabschlusses bei Kenntnis der Nichtigkeit vereinbart hätten (= **Feststellung des mutmaßlichen Parteiwillens**).[9] Dabei ist auf die von den Parteien verfolgten Zwecke unter Berücksichtigung ihrer beiderseitigen Interessenlage abzustellen[10].

Bei der Ermittlung des mutmaßlichen Parteiwillens handelt es sich um die Feststellung dessen, was die Parteien gewollt hätten, wenn sie die Nichtigkeit des abgeschlossenen Rechtsgeschäfts gekannt hätten. Von einem solchen mutmaßlichen Parteiwillen wird in der Regel auszugehen sein, wenn durch das andere Rechtsgeschäft derselbe wirtschaftliche Erfolg erreicht wird wie durch das nichtige Rechtsgeschäft, da im allgemeinen davon auszugehen ist, dass es den Parteien als

---

6 *Jauernig/Mansel*, § 140 BGB Rn. 1.
7 Vgl. *Staudinger/Roth*, § 140 BGB Rn. 14 f.
8 So BGHZ 40, 218, 222.
9 So BGHZ 40, 218, 223.
10 So BGH NJW 1980, 2517 f.

vernünftig denkenden Menschen beim Vertragsabschluss auf den von ihnen angestrebten wirtschaftlichen Erfolg angekommen ist[11].

Die Umdeutung des nichtigen Geschäfts in ein anderes Geschäft setzt voraus, dass alle Bestandteile des anderen Geschäfts, in das umgedeutet werden soll, vorhanden sind, das nichtige Geschäft also die Bestandteile des Geschäfts, in das die Umdeutung erfolgt, „in sich schließt"; denn die Umdeutung darf nicht dazu führen, dass an die Stelle des nichtigen Geschäfts ein solches gesetzt wird, das über den Erfolg des ursprünglich gewollten hinausgeht[12].

**286** Nicht jedes nichtige Rechtsgeschäft ist der Umdeutung fähig, wenn ein entsprechender mutmaßlicher Parteiwille ermittelt worden ist. Problematisch ist vor allem die Umdeutung solcher Rechtsgeschäfte, die gemäß § 138 nichtig sind[13]. Hierbei ist darauf abzustellen, dass sich der Vorwurf der Sittenwidrigkeit gegen den Gesamtinhalt des betreffenden Rechtsgeschäfts richtet, nicht aber nur gegen die Rechtsform, die die Parteien gewählt haben[14]. Soll aber das sittlich zu missbilligende wirtschaftliche Ziel mit Hilfe der Umdeutung gemäß § 140 ohne Veränderung des Inhalts lediglich über eine Änderung des rechtlichen Weges erreicht werden, so steht dies im Widerspruch zu Sinn und Zweck des § 138. Solange die gegen § 138 verstoßende wirtschaftliche Zielsetzung des Geschäftes nicht geändert wird, entzieht es sich also einer Umdeutung gemäß § 140.[15]

**Beispiel:** Ein Mietvertrag über Wohnraum ist grundsätzlich nur unter Einhaltung bestimmter Kündigungsfristen (vgl. § 580 a) kündbar. Nur in wenigen im Gesetz genau geregelten Ausnahmefällen ist eine fristlose Kündigung möglich (vgl. §§ 543, 569). Kündigt der Vermieter seinem Mieter ohne Einhaltung der Frist, obwohl ein solcher Ausnahmefall nicht gegeben ist, so ist die Kündigung wegen Verstoßes gegen § 580 a nichtig. Allerdings ist diese Kündigung gemäß § 140 in eine fristgemäße Kündigung umzudeuten, wenn feststeht, dass der Vermieter das Mietverhältnis auf jeden Fall beenden will, etwa weil er beabsichtigt, in die Wohnung selbst einzuziehen.

## III. Die Bestätigung (§ 141)

**287** Die Bestätigung setzt ein nichtiges Rechtsgeschäft voraus. Der Nichtigkeitsgrund ist unerheblich. In § 141 Abs. 1 wird die Bestätigung eines Rechtsgeschäfts als dessen Neuvornahme fingiert.[16]

---

11 BGHZ 19, 269, 273.

12 BGHZ 26, 320, 329.

13 Für eine Umdeutungsfähigkeit auch sittenwidriger Geschäfte u.a. *MüKo/Busche*, § 140 BGB Rn. 13.

14 So zutreffend BGHZ 68, 204, 206.

15 Vgl. BGHZ 68, 204, 206 f.

16 Vgl. *Staudinger/Roth*, § 141 BGB Rn. 1.

Die Bestätigung gemäß § 141 setzt weiter einen **Bestätigungswillen** und dessen Äußerung voraus. Die Erklärung der Bestätigung kann ausdrücklich, aber auch durch schlüssiges (konkludentes) Verhalten erfolgen[17]. Wenn diejenigen, die einen nichtigen Vertrag geschlossen haben, in Kenntnis der Nichtigkeit gleichwohl ihre vertraglichen Pflichten erfüllen, so liegt darin im Zweifel die Bestätigung eines nichtigen Vertrages durch konkludentes Verhalten.

Voraussetzung dafür, dass durch die Bestätigung ein wirksames Rechtsgeschäft zustande kommt, ist, dass weder der alte noch ein neuer Nichtigkeitsgrund vorliegt.[18]

Die Bestätigung entfaltet **keine Rückwirkung**. Das bestätigte Rechtsgeschäft ist erst vom Zeitpunkt seiner Bestätigung an voll wirksam. Allerdings schafft § 141 Abs. 2 für die Beteiligten eine beschränkte schuldrechtliche Rückbeziehung: Sie müssen einander das gewähren, was sie haben würden, wenn der Vertrag von Anfang an gültig gewesen wäre.

**Lösung zu Fall 14:** Das von B als Student abgegebene Bürgschaftsversprechen war, da es nur mündlich erfolgte, gemäß §§ 766, 125 nichtig. Die Bestätigung des Bürgschaftsversprechens durch B erfolgte, als B bereits einen Verlag betrieb. In dieser Funktion ist B gemäß § 1 Abs. 2 HGB Kaufmann. Er konnte deshalb nach § 350 HGB mündlich ein wirksames Bürgschaftsversprechen abgeben. Durch die Bestätigung des Bürgschaftsversprechens ist dieses nunmehr gemäß § 141 BGB wirksam geworden.

# § 17 Die Stellvertretung

**Schrifttum:** *Beuthien*, Zur Wissenszurechnung nach § 166 BGB, NJW 1999, 3585; *Mock*, Grundfälle zum Stellvertretungsrecht, JuS 2008, 309, 391, 486; *Monhemius*, Grundprinzipien der Stellvertretung mit Bezügen zum Handels- und Gesellschaftsrecht, JA 1998, 378; *Petersen*, Bestand und Umfang der Vertretungsmacht, Jura 2003, 310; *Prölss*, Haftung bei der Vertretung ohne Vertretungsmacht, JuS 1986, 169.

***Fall 15:*** *Rechtsanwalt R beauftragt seine Sekretärin S, einen neuen PC zu kaufen. S wird bei dem Kauf des PCs von dem Händler H über die Leistung des PC arglistig getäuscht. R will das Geschäft anfechten. H meint, das ginge nicht, da er den R ja nicht getäuscht und dieser sich auch nicht geirrt habe, sondern nur die S. Kann R anfechten?*

17 Vgl. BGHZ 11, 59, 60.

18 *Jauernig/Mansel*, § 141 BGB Rn. 3.

## I. Überblick und Abgrenzung

### 1. Unmittelbare und mittelbare Vertretung

288 In einer vom Prinzip der Arbeitsteilung geprägten Gesellschaft ist es oft notwendig, dass eine Person für eine andere rechtsgeschäftlich handelt. Häufig ist das sogar unvermeidbar, so z.B. wenn eine Aktiengesellschaft oder eine Kommanditgesellschaft Verträge abschließen möchte. In diesen Fällen muss eine natürliche Person für diese Gesellschaften rechtsgeschäftlich handeln.

Das rechtsgeschäftliche Handeln für eine andere Person kann auf unterschiedliche Art und Weise geschehen:

- der Handelnde tritt so auf, dass er das Geschäft erkennbar **für einen anderen** abschließen möchte, oder
- der Handelnde tritt im eigenen Namen auf und schließt das Geschäft **im eigenen Namen** ab, obwohl die wirtschaftlichen Folgen den anderen treffen sollen.

#### a) Unmittelbare Vertretung

289 Im ersten Fall sollen nicht nur die wirtschaftlichen, sondern auch die Rechtsfolgen denjenigen treffen, in dessen Namen der Handelnde auftritt. Dabei handelt es sich um die **unmittelbare Stellvertretung**. Sie bedeutet rechtsgeschäftliches Handeln an Stelle eines anderen mit Wirkung für und gegen diesen. Die unmittelbare Stellvertretung ermöglicht es, dass eine Person nicht selbst Willenserklärungen abgibt oder entgegennimmt, sondern eine andere Person kraft Vertretungsmacht befugt ist, mit Wirkung für den Vertretenen Willenserklärungen abzugeben und entgegenzunehmen. Auf die unmittelbare Stellvertretung wird unter III. eingegangen.

#### b) Mittelbare Vertretung

290 Es kommt vor, dass jemand ein Geschäft tätigen möchte, ohne dabei nach außen in Erscheinung treten zu müssen. Er will in den Genuss des wirtschaftlichen Erfolges kommen, ohne dass sein Name dabei bekannt wird. Dieses Ziel ist nicht mit der unmittelbaren Stellvertretung zu erreichen, weil der Vertreter dabei den Namen des Vertretenen preisgeben muss.

**Beispiel:** Will N ein wertvolles Bild veräußern, ohne dass dies bekannt wird, so nutzt es wenig, wenn er S beauftragt und bevollmächtigt, dies in seinem Namen zu tun. Denn in dem Moment, in dem S im Namen des N einen Vertrag abschließt, wird bekannt, dass N verkaufen will. Wenn N wirklich unbekannt bleiben möchte, kann er S bitten, im eigenen (des S) Namen zu handeln, wenn er das Bild veräußert. Im eigenen Namen auftreten heißt: S schließt, ohne den Namen des N zu nennen, einen Kaufvertrag mit einem gefundenen Käufer ab. Partner des Kaufvertrages sind dann S und der Käufer. Den Anspruch auf Zahlung des Kaufpreises gemäß § 433 Abs. 2 hat S. Auch zwischen N und S besteht allerdings ein Rechtsverhältnis: ein Auftrag (= unentgeltliche Geschäftsbesorgung), aufgrund dessen S sich verpflichtet hat, das Bild zu veräußern und den Erlös an N herauszugeben.

In dem **Beispiel** handelt es sich um einen Fall der mittelbaren Stellvertretung: Der mittelbare Stellvertreter handelt im eigenen Namen, aber für fremde Rechnung; Rechtsbeziehungen zwischen dem Auftraggeber und dem Dritten entstehen nicht. Der wirtschaftliche Erfolg soll allerdings nicht dem mittelbaren Stellvertreter zugutekommen, sondern demjenigen, der ihn beauftragt hat.

Obwohl die mittelbare Stellvertretung im BGB nicht geregelt ist, ist ihre Zulässigkeit unbestritten.

Das Handelsgesetzbuch enthält einen gesetzlich geregelten Fall der mittelbaren Stellvertretung, nämlich die Regelungen über den **Kommissionär** (§§ 383 ff. HGB). Kommissionär ist, wer es gewerbsmäßig übernimmt, Waren oder Wertpapiere für Rechnung eines anderen (des Kommittenten) im eigenen Namen zu kaufen oder zu verkaufen (§ 383 HGB). **291**

Zu unterscheiden ist zwischen Einkaufs- und Verkaufskommission. **Einkaufskommission** bedeutet: Der Kommittent beauftragt den Kommissionär durch Abschluss eines Kommissionsvertrages, im eigenen Namen Waren zu kaufen. Handelt der Kommissionär in Erfüllung dieses Kommissionsvertrages, schließt er im eigenen Namen Kaufverträge mit anderen ab. Aus diesen Verträgen wird nur er zur Zahlung des Kaufpreises an die Verkäufer verpflichtet. Das Geschäft zwischen Verkäufer und Käufer (Kommissionär) hat also keinerlei direkte rechtliche Wirkung für denjenigen, der den Kommissionär beauftragt hat (Kommittent). Da das Geschäft aber auf Rechnung des Kommittenten erfolgt, tritt zumindest eine mittelbare, wirtschaftliche Wirkung ein.

Bei der **Verkaufskommission** beauftragt der Kommittent den Kommissionär, für ihn im eigenen Namen, d.h. im Namen des Kommissionärs, Waren zu verkaufen. Der Kommissionär schließt als Verkäufer mit den Käufern im eigenen Namen Verträge ab, die wirtschaftlich zu Nutzen und Lasten des Kommittenten gehen. Partner der Kaufverträge werden der Kommissionär und die Käufer. Der Kommittent wird aus diesen Kaufverträgen weder berechtigt noch verpflichtet. **292**

**Beispiel:** F hat es gewerbsmäßig übernommen, in Düsseldorf Kunstwerke dort ansässiger Künstler für Rechnung der Künstler im eigenen Namen zu verkaufen. U.a. hat er mit dem Maler R einen Kommissionsvertrag abgeschlossen. S kauft bei F das in dessen Galerie ausgestellte Bild „Vision einer Sozialisation der Lilie", das R geschaffen hat. Der Kaufvertrag kommt zwischen F und S zustande. Dementsprechend hat F gegen S den Anspruch auf Zahlung des Kaufpreises.

Aus dem Kommissionsvertrag hat der Kommissionär gegen den Kommittenten einen Anspruch auf Provision und Erstattung der Aufwendungen, wenn die in § 396 HGB genannten Voraussetzungen vorliegen.

Im inländischen Warenverkehr spielt die Kommission heute nicht mehr die überragende Rolle, die sie einmal gespielt hat. Wichtig ist allerdings nach wie vor die sogenannte **Effektenkommission**, d.h. der An- und Verkauf von Wertpapieren, die zum Handel an der Börse zugelassen sind. Dabei treten die Banken als Kommissionäre auf.

### 2. Stellvertreter und Bote

**293** Als Stellvertreter handelt nur derjenige, der eine eigene Willenserklärung im Namen des Vertretenen abgibt. Hingegen überbringt der **Bote** eine bereits fertige, d.h. abschließend – mündlich oder schriftlich – formulierte Willenserklärung eines anderen an den Empfänger.

Bei der Entscheidung darüber, ob jemand als Bote oder als Stellvertreter handelt, ist also stets darauf abzustellen, ob die betreffende Person lediglich eine bereits fertige Willenserklärung im Namen eines anderen übermittelt (Bote) oder eine eigene Willenserklärung im Namen eines anderen abgibt (Stellvertreter). Eine eigene Willenserklärung kann nur derjenige abgeben, dem noch ein Mindestmaß an Entscheidungsfreiheit im Hinblick auf die Auswahl der Person des Geschäftspartners, den Gegenstand des Geschäfts oder den Abschluss überhaupt geblieben ist[1].

> **Beispiel:** Wenn A seinen 15jährigen Neffen N in die Buchhandlung des B schickt, damit er ihm das von L verfasste Lehrbuch „Einführung in die Wirtschaftswissenschaft", 4. Aufl., zum Preise von 31,50 € kauft, so handelt N als Bote, wenn er bei B das bezeichnete Buch für A fordert. N überbringt lediglich eine bereits fertige Willenserklärung des A, ohne noch irgendeinen Spielraum für eine eigene Entscheidung zu haben.

Kommt es zu einer **fehlerhaften Übermittlung** einer vom Erklärenden korrekt ausformulierten Willenserklärung durch den Erklärungsboten, so kann der Erklärende gemäß §§ 120, 119 anfechten.

## II. Die gesetzliche Vertretung

**294** Es ist zu unterscheiden zwischen der durch Rechtsgeschäft erteilten (gewillkürten) Vertretungsmacht – diese wird auch Vollmacht genannt – einerseits und der gesetzlichen Vertretungsmacht andererseits. Bei der gesetzlichen Vertretungsmacht beruht die Befugnis des Vertreters, für den Vertretenen Rechtsgeschäfte vornehmen zu können, auf dem Gesetz.

Im Gesetz ist u.a. die gesetzliche Vertretung für diejenigen angeordnet, die nicht in der Lage sind, für sich selbst rechtsgeschäftlich zu handeln.

---

1 *Monhemius*, JA 1998, 380.

**Beispiele:**
- Kinder, die nicht das siebente Lebensjahr vollendet haben;
- juristische Personen, die nicht als solche, sondern nur durch ihre Organe handlungsfähig sind;
  Personengesellschaften, wie z.B. die Gesellschaft bürgerlichen Rechts oder die OHG, können ebenfalls nur durch Organe handeln.

Gesetzliche Vertreter handeln ebenso wie die durch Rechtsgeschäft bestellten, indem sie mit Wirkung für und gegen den Vertretenen Willenserklärungen abgeben oder empfangen und dabei in fremdem Namen auftreten.

Bei den gesetzlichen Vertretern lassen sich verschiedene Gruppen unterscheiden, **295**
so u.a.:

> Das Gesetz bestimmt den Personenkreis der Vertreter und legt den Umfang der Vertretungsmacht fest. Hier ist die Vertretungsmacht der Eltern für ihre Kinder einzuordnen, vgl. § 1629.
> Unter bestimmten gesetzlichen Voraussetzungen muss ein Gericht Personen zu Vertretern für andere Personen ernennen. Hierher gehören die Vormundschaft (§§ 1773 ff.) und die Pflegschaft (§§ 1909 ff.) über Minderjährige und die Betreuung Volljähriger (§§ 1896 ff.).

Mit gesetzlicher Vertretungsmacht sind auch manche Organe von juristischen Personen ausgestattet:
- Der eingetragene Verein wird von seinem Vorstand gerichtlich und außergerichtlich vertreten (§§ 26 ff.). Gemäß § 26 Abs. 2 hat er „die Stellung eines gesetzlichen Vertreters".
- Die AG wird durch den Vorstand (§§ 76, 78 AktG) gesetzlich vertreten. Die GmbH dagegen hat als gesetzliche Vertreter einen oder mehrere Geschäftsführer (§ 35 GmbHG).

Auch Personengesellschaften können als solche nicht rechtsgeschäftlich handeln; für sie müssen Gesellschafter als Vertreter am Rechtsverkehr teilnehmen. Die Vertretungsmacht als die Befugnis, im Namen der Gesellschaft mit Wirkung für und gegen die Gesellschaft rechtsgeschäftliche Erklärungen (Willenserklärungen) abzugeben und entgegenzunehmen, steht nach der gesetzlichen Regelung bei der OHG jedem einzelnen Gesellschafter (§ 125 HGB), bei der KG dem oder den persönlich haftenden Gesellschaftern (Komplementären, §§ 161 Abs. 2 i.V.m. 125 HGB) zu. Auch hier handelt es sich um Fälle der gesetzlichen Vertretungsmacht.

## III. Die unmittelbare Stellvertretung

### 1. Begriff und Wirkung

Die Stellvertretung als das rechtsgeschäftliche Handeln an Stelle einer anderen **296**
Person mit Wirkung für diese ist im BGB in den §§ 164 ff. geregelt. Vorschriften

über eine Reihe von typisierten Vollmachten, wie z.B. die Prokura und die Handlungsvollmacht in verschiedenen Ausgestaltungen, finden sich im HGB (§§ 48 ff.).

Die durch Rechtsgeschäft erteilte Vertretungsmacht wird auch **Vollmacht** genannt.

Der Stellvertreter handelt stets rechtsgeschäftlich, d.h. er gibt Willenserklärungen ab oder nimmt solche entgegen. Tatsächliche Handlungen, wie z.B. das Überbringen von Waren anstelle eines anderen oder die Beaufsichtigung von Kindern für deren Eltern, fallen nicht unter den Begriff Stellvertretung im Sinne des § 164.

Die Wirkungen von Willenserklärungen, die ein Stellvertreter für den Vertretenen abgibt, treten für die Person des Vertretenen nur ein, wenn die Tatbestandsmerkmale, die in § 164 Abs. 1 aufgezählt sind, vorliegen. Der Stellvertreter kann auch, falls er dazu befugt ist, durch den Empfang einer Willenserklärung eines Dritten Rechtswirkungen für den Vertretenen herbeiführen (§ 164 Abs. 3).

**297** Es müssen folgende Voraussetzungen erfüllt sein, wenn die Rechtsfolgen einer abgegebenen Willenserklärung nicht den Erklärenden selbst, sondern denjenigen treffen sollen, für den die Willenserklärung abgegeben worden ist (§ 164 Abs. 1):

1. es muss sich um ein **Rechtsgeschäft h**andeln,
2. der Bevollmächtigte (Stellvertreter) muss eine **eigene Willenserklärung** abgeben,
3. er muss die **Willenserklärung im Namen des Vertretenen** abgeben,
4. er muss **Vertretungsmacht** für das Rechtsgeschäft haben, das er für den Vertretenen tätigt.

**298** Da die Rechtsfolgen einer vom Stellvertreter innerhalb der ihm erteilten Vertretungsmacht abgegebenen Willenserklärung nur den Vertretenen treffen, können auch beschränkt geschäftsfähige Personen bevollmächtigt werden (§ 165).

> **Beispiel:** A kann seine 14jährige Tochter T bevollmächtigen, für ihn einen PKW bei V zu kaufen.

### 2. Das Offenkundigkeitsprinzip

#### a) Der Regelfall

**299** Der Stellvertreter muss die Willenserklärung, aus der der Vertretene verpflichtet oder berechtigt sein soll, im Namen des Vertretenen abgeben (so genanntes **Offenkundigkeitsprinzip**). Vertreter i.S. der §§ 164 ff. ist also nur derjenige, der eine eigene Erklärung in fremdem Namen abgibt. Kein Vertreter i.S. der §§ 164 ff. ist derjenige, der im eigenen Namen rechtsgeschäftlich handelt, und zwar auch dann nicht, wenn die wirtschaftlichen Folgen einen anderen treffen sollen.

**300** Wenn in § 164 Abs. 1 vorausgesetzt wird, dass der Vertreter im Namen des Vertretenen eine Willenserklärung abgeben muss, so ist damit gefordert, dass für den Dritten erkennbar sein muss, dass der Erklärende nicht für sich, sondern für einen anderen rechtsgeschäftlich handelt. Dies muss sich der Erklärung nicht ausdrücklich entnehmen lassen. Es genügt, dass „die Umstände ergeben", dass die Erklärung für einen anderen abgegeben wird (§ 164 Abs. 1 S. 2). Von dem Empfänger der Willenserklärung kann erwartet werden, dass er die Erklärung auslegt.

Bei der Klärung der Frage, ob jemand als Vertreter oder im eigenen Namen handelt, ist, wie stets im Rechtsverkehr, bei der **Auslegung** von Willenserklärungen auf den objektiven Erklärungswert abzustellen, also darauf, wie sich die Erklärung nach Treu und Glauben für den Empfänger darstellt[2]. Die Auslegung ist auch erforderlich, wenn ungewiss ist, in welchem Namen der Vertreter einen Vertrag abschließt[3]. Auch in einem solchen Fall ist die Willenserklärung des Vertreters gemäß §§ 133, 157 so auszulegen, dass die gesamten Umstände des Einzelfalles berücksichtigt werden, insbesondere die dem Rechtsverhältnis zugrunde liegenden Lebensverhältnisse, die Interessenlage, der Geschäftsbereich, dem der Erklärungsgegenstand zugehört, und die typischen Verhaltensweisen[4].

#### b) Die Sonderregelung in § 164 Abs. 2

Grundsätzlich trifft eine Rechtsfolge aus einer Willenserklärung, mit der ein Vertrag begründet werden soll, nur denjenigen, der sie gewollt hat. Eine Ausnahme unter dem Gesichtspunkt des Vertrauensschutzes bildet § 164 Abs. 2. Derjenige, der durch die Abgabe einer Willenserklärung Rechtsfolgen für einen anderen (den Vertretenen) herbeiführen will, wird aus dieser Willenserklärung selbst verpflichtet und berechtigt, wenn der Wille, in fremdem Namen zu handeln, nicht erkennbar wird – und zwar auch dann, wenn er das nicht wollte. Der Adressat der Willenserklärung soll davon ausgehen können, dass derjenige, der das Vertretungsverhältnis nicht offenbart, selbst aus der abgegebenen Willenserklärung berechtigt und verpflichtet werden will. Wenn unklar ist, ob oder für wen Stellvertretung gewollt ist, so schützt § 164 Abs. 2 im Zweifel den Geschäftsgegner. **301**

**Beispiel:** M betritt das Reisebüro R und bucht dort eine dreiwöchige Reise auf die Malediven zum Preis von 2.400 € ohne zu erkennen zu geben, dass er dies als Vertreter des S tun möchte. Nach § 164 Abs. 2 wird allein M aus dem abgeschlossenen Reisevertrag berechtigt und verpflichtet. Dass er die Reise nicht für sich, sondern für seinen Freund S buchen wollte, ist unerheblich, weil er dies im Reisebüro nicht zum Ausdruck gebracht hat

§ 164 Abs. 2 enthält mit der Regelung, dass ohne Kundgabe des Vertreterwillens der Vertreter Vertragspartei wird, allerdings keinen ausnahmslos geltenden **302**

2 So BGHZ 36, 30, 33
3 So BGH WM 1988, 466, 467
4 So BGH WM 1988, 466, 467.

Rechtssatz, sondern nur eine Auslegungsregel[5]. Ergeben z.B. die Umstände, dass trotz fehlender Erkennbarkeit eines Vertreterhandelns ein Dritter Vertragspartei werden soll, so kommt der angestrebte Vertrag mit dem Dritten zustande[6].

#### c) Ausnahmen vom Offenkundigkeitsprinzip

**303** Das Offenkundigkeitsprinzip dient dem Schutz des Geschäftsgegners. Dieser soll von vornherein wissen, wer sein Vertragspartner ist. Ist dem Geschäftsgegner allerdings die Identität des Vertragspartners gleichgültig, kann unter gewissen Voraussetzungen auf die Offenkundigkeit verzichtet werden.

**304** Es kommt häufig vor, dass ein Stellvertreter bei der Geschäftsvornahme unerkennbar für einen anderen handelt und es dem Geschäftsgegner gleichgültig ist, wer sein Vertragspartner werden soll. Es handelt sich in diesen Fällen um ein **verdecktes Geschäft für den, den es angeht**: Der Handelnde tritt hier zwar im eigenen Namen auf, will aber mit Wirkung für einen Dritten handeln, demgegenüber er zur Vertretung auch berechtigt ist. Für den Geschäftsgegner ist das Handeln für einen anderen nicht erkennbar, es ist ihm aber gleichgültig wer sein Vertragspartner werden soll.[7] Handelt es sich um Bargeschäfte des täglichen Lebens, findet nicht ohne weiteres die Regel des § 164 Abs. 2 Anwendung. In solchen Fällen wird vielmehr der verdeckt Vertretene Vertragspartner.

> **Beispiel:** A ist Nachbar der N, die bettlägerig ist. Er kauft regelmäßig für N ein, die ihm dazu das Geld mitgibt. A kauft bei V Lebensmittel für N ein, und zwar nur für sie, ohne zu erkennen zu geben, dass er nicht für sich, sondern für N einkaufen möchte. Da es V im Zweifel gleichgültig ist, wer sein Vertragspartner wird, kommt der Kaufvertrag zwischen N und V zustande. (N wird auch sofort Eigentümer der gekauften Waren, da A eine Einigungserklärung im Sinne des § 929 abgibt und es V gleichgültig ist, an wen er übereignet.[8])

**305** Welche Person Vertragspartner ist, kann insbesondere dann von Bedeutung werden, wenn Mängel bei der gekauften Sache auftreten und deswegen Gewährleistungsansprüche geltend gemacht werden.

> Im oben dargestellten **Beispiel** ist N Vertragspartnerin des V. Sie kann etwaige Gewährleistungsansprüche gegen V geltend machen.

### 3. Das Handeln unter fremdem Namen

**306** Benutzt eine Person bei rechtsgeschäftlichem Handeln einen fremden Namen als eigenen, so spricht man von einem **Handeln unter fremdem Namen**. Bei der

---

5 So BGHZ 62, 216, 220 f.

6 Vgl. BGHZ 62, 216, 220 f.

7 *Heidel/Hüßtege/Mansel/Noack*, Bürgerliches Gesetzbuch, § 164 Rn. 65 f.

8 Dazu BGHZ 114, 74, 80.

Beantwortung der Frage, ob in solchen Fällen die Vorschriften der §§ 164 ff. anwendbar sind, ist zu differenzieren:

a) Jemand tritt unter einem frei erfundenen oder häufig vorkommenden Namen auf, mit dem keinerlei Identitätsvorstellungen erweckt werden. Im Zweifel liegt dann ein Eigengeschäft des Handelnden vor; er wird Vertragspartner.

b) Jemand tritt unter fremdem Namen auf, d.h. er bezeichnet sich als eine andere Person als er ist, um die Identität mit einer bestimmten existierenden Person vorzutäuschen. Hier ist es erforderlich, noch einmal zu differenzieren:

aa) Ist es demjenigen, mit dem kontrahiert werden soll, gleichgültig, mit wem er einen Vertrag abschließt, so kommt ein Vertrag zwischen den Handelnden zustande. Es liegt ein Fall der „Eigenwirkung des Rechtsgeschäfts für den Handelnden" vor[9].

bb) Kommt es dem anderen (dem Erklärungsempfänger) allerdings darauf an, **307** dass er ein Geschäft mit dem wirklichen Namensträger abschließt, so ist im Interesse des Erklärungsempfängers, der vom Handelnden über seine Identität getäuscht wird und der mit dem wahren Namensträger abschließen möchte, davon auszugehen, dass kein Eigengeschäft des Handelnden, sondern ein Fremdgeschäft für den (wahren) Namensträger vorliegt[10]. Da es nach herrschender Meinung[11] bei der Anwendung der §§ 164 ff. nicht darauf ankommt, ob der Handelnde einen Vertretungswillen hatte oder nicht, sind folgende Lösungen denkbar:

(a) Der Handelnde tritt in fremdem Namen auf, um beim Geschäftsgegner falsche Identitätsvorstellungen zu erwecken; er will das Geschäft als eigenes abschließen, hat aber Vertretungsmacht des Namensträgers: Hier erfordern es der Schutz des Namensträgers und des Geschäftsgegners, falls dieser das Geschäft mit dem Namensträger abschließen wollte, dass das Geschäft mit dem Namensträger zustande kommt[12].

(b) Wie (a), aber der Handelnde hat keine Vertretungsmacht des Namensträgers: auf diese Fälle des Handelns unter fremdem Namen können die Regeln über den Vertreter ohne Vertretungsmacht (§§ 177 ff.) jedenfalls entsprechend angewandt werden[13].

**Beispiel:** A und B sind angestellte Ärzte am Johannes Klinikum in O. B will bei der Sparkasse O ein Konto auf den Namen des A eröffnen, ohne dass A ihn dazu bevollmächtigt hat. B gibt sich als A aus und unterzeichnet die ihm vorgelegten Formulare mit dem Namenszug des A, den er einstudiert hat. Fraglich ist, ob hier

---

9 Vgl. *Staudinger/Schilken*, Vorbem. zu §§ 164 ff. BGB Rn. 92.

10 BGHZ 45, 193, 195 f.

11 BGHZ 45, 193, 195 f.

12 So BGHZ 45, 193, 196.

13 Vgl. u.a. BGHZ 45, 193, 195; *Staudinger/Schilken*, Vorbem. zu § 164 BGB Rn. 91.

ein Vertrag mit der Bank zustande gekommen ist und gegebenenfalls mit wem. Hier ist B unter falschem Namen aufgetreten und hat falsche Identitätsvorstellungen erweckt. Der Sparkasse ist daran gelegen, den Vertrag mit dem Namensträger abzuschließen. Es handelt sich demnach um ein Fremdgeschäft. Allerdings ergibt eine Betrachtung des Vorgangs den Anschein eines Eigengeschäfts des Namensträgers; die Unterschrift ist gefälscht. In Fällen dieser Art erfordert es der Schutz des Namensträgers als auch des Geschäftsgegners, dass der Vertrag zwischen der Sparkasse und A zustande kommen kann. Deshalb sind die Regeln über die Stellvertretung anzuwenden, auch wenn ein Vertretungswille des B fehlt. Nach § 177 ist das Geschäft zunächst schwebend unwirksam und kann durch eine Genehmigung des A wirksam werden; verweigert A die Genehmigung, ist der Vertrag unwirksam.[14]

### 4. Die Wirkungen der Stellvertretung

308 Gibt der Vertreter innerhalb der ihm zustehenden Vertretungsmacht im Namen des Vertretenen eine Willenserklärung ab oder nimmt er die eines Dritten entgegen, so treffen die daraus entstehenden Rechtsfolgen gemäß § 164 Abs. 1 allein den Vertretenen, nicht auch den Vertreter. Weil dies so ist, kann gemäß § 165 auch ein beschränkt Geschäftsfähiger zum Vertreter bestellt werden.

**Beispiel:** A bevollmächtigt seinen 17jährigen Neffen N, für ihn bei V ein Handy für nicht mehr als 400 € zu erwerben. N schließt mit V im Namen des A einen Kaufvertrag über ein Handy zum Preise von 300 € ab. Partner des Kaufvertrages sind A (Käufer) und V (Verkäufer). Nur A und V sind aus dem Kaufvertrag berechtigt und verpflichtet. N selbst treffen keinerlei Rechtsfolgen.

Das schließt nicht aus, dass der Dritte, demgegenüber der Vertreter für den Vertretenen rechtsgeschäftlich handelt, Ansprüche gegen den Vertreter erwerben kann. Das kann z.B. dann der Fall sein, wenn der Vertreter seine Vertretungsmacht überschreitet und als Vertreter ohne Vertretungsmacht handelt (§§ 177, 179; vgl. dazu unten V).

### 5. Willensmängel und ihre Folgen (§ 166)

309 Weil der Vertreter eine eigene Willenserklärung abgibt, bedarf es einer Zurechnungsregel für den Fall, dass die Willenserklärung mit Mängeln behaftet ist oder es auf die Kenntnis oder das Kennenmüssen ankommt. § 166 stellt im Verhältnis zwischen Vertreter und Vertretenem die Regel auf, dass bei Willensmängeln und Kenntnis oder Kennenmüssen gewisser Umstände auf die Person des Vertreters abgestellt wird, weil dieser die Willenserklärung für den Vertretenen abgibt.

Da gemäß § 166 die Folgen der fehlerhaften Willenserklärung des Vertreters aber den Vertretenen treffen, ist der Vertretene und nicht der Vertreter anfechtungsberechtigt, falls ein Anfechtungstatbestand vorliegt. Das bedeutet: Wenn der Ver-

---

14 Zu alledem BGHZ 45, 193, 195 f.

treter sich i.S. der §§ 119, 123 geirrt hat, gut- oder bösgläubig war oder es auf die Kenntnis oder das Kennenmüssen von Umständen ankommt, wird dies dem Vertretenen zugerechnet. Der Vertretene kann z.B. eine vom Vertreter abgegebene Willenserklärung wie eine eigene anfechten, wenn der Vertreter sich geirrt hat.

> **Beispiel:** K bittet seinen Freund F, bei einem Gebrauchtwagenhändler seiner Wahl für ihn (K) einen PKW zu kaufen; der Wagen soll nicht mehr als 12.000 € kosten. F kauft im Namen des K bei V einen gebrauchten PKW für 11.000 €, nachdem ihm V versichert hat, es handele sich um ein Fahrzeug, das noch nie in einen Unfall verwickelt war. In Wirklichkeit hatte der PKW 2 schwere Unfälle überstanden, die seinen Verkehrswert um ca. 50 % senken. Der Getäuschte ist hier F als Stellvertreter des K und nicht der Käufer K selbst. Gleichwohl kann K gemäß § 123 Abs. 1 wegen arglistiger Täuschung anfechten, weil die durch Täuschung bei F verursachten Willensmängel nach § 166 Abs. 1 dem K zugerechnet werden.

Auch im Hinblick auf andere Tatbestände, in denen es auf ein Kennen oder Kennenmüssen – gemäß der Definition in § 122 Abs. 2 „infolge von Fahrlässigkeit" – ankommt, ist gemäß § 166 Abs. 1 ebenfalls auf die Person des Vertreters abzustellen. Zu denken ist hier vor allem an Fälle des gutgläubigen Erwerbs, wie z.B. §§ 932 und 892. **310**

Nur ausnahmsweise kommt es auf die Kenntnis oder das Kennenmüssen des Vertretenen an (§ 166 Abs. 2). Das ist z.B. dann der Fall, wenn der Vertreter nach Weisungen des Vertretenen gehandelt hat. Dann ist die Kenntnis bzw. fahrlässige Unkenntnis des Vertretenen neben der des Vertreters erheblich. Der Grund für diese Regelung ist darin zu sehen, dass der Vertretene für den Fall, dass er selbst rechtserhebliche Umstände kennt, sich nicht hinter der Gutgläubigkeit des seine Weisungen befolgenden Vertreters verstecken darf.[15]

### 6. Die Erteilung der Vollmacht

Die durch Rechtsgeschäft erteilte Vertretungsmacht wird Vollmacht genannt. Die Vollmacht kann gemäß § 167 wirksam erteilt werden: **311**

- durch eine empfangsbedürftige Willenserklärung des Bevollmächtigenden dem Vertreter gegenüber (**interne Vollmacht**)

  oder
- durch eine Willenserklärung gegenüber dem Dritten, demgegenüber die Vertretung stattfinden soll (**externe Vollmacht**).

Die Vollmacht kann intern wie auch extern durch konkludentes Handeln erteilt werden.

---

15 BGHZ 51, 141, 147.

Die Bevollmächtigung ist grundsätzlich formlos wirksam. Nur ausnahmsweise ist für die Vollmacht eine besondere Form vorgeschrieben. Als formbedürftig wird z.B. die unwiderrufliche Vollmacht zum Abschluss eines nach § 311 b Abs. 1 formbedürftigen Vertrages angesehen[16].

**312** Bei der in der Praxis häufigsten Art der Bevollmächtigung erteilt eine Person (der Vertretene) einer anderen Person (dem Stellvertreter) durch eine mündliche oder schriftliche Willenserklärung Vollmacht (= interne Vollmacht).

> **Beispiel:** A bevollmächtigt den S, für ihn bei V ein Handy auszusuchen und zu kaufen. Es handelt sich hierbei um den typischen Fall einer internen Vollmacht.

Im Gegensatz zu der internen Vollmacht schafft der Vollmachtgeber bei der externen Vollmacht einen Vertrauenstatbestand, weil der Dritte darauf vertrauen kann, dass die Vollmacht existiert. Dieses Vertrauen schützt das Gesetz durch §§ 170, 173.

Besondere Regelungen gelten für die Vertretung bei einseitigen Rechtsgeschäften, wie z.B. bei der Kündigung. Gemäß § 180 S. 1 sind einseitige Rechtsgeschäfte nur wirksam, wenn der Vertreter mit Vertretungsmacht handelt. Andernfalls sind sie nichtig und nicht genehmigungsfähig. Ausnahmen gelten gemäß § 180 S. 2 und S. 3.

**313** Gemäß § 174 hängt die Wirksamkeit eines einseitigen Rechtsgeschäfts davon ab, dass der Bevollmächtigte eine Vollmachtsurkunde vorlegt, sofern nicht der Dritte das Rechtsgeschäft auch ohne Vorlage der Vollmachtsurkunde gelten lässt. Die Vorschrift hat große praktische Bedeutung, vor allem für die Haftung von Rechtsanwälten.

Aber auch wenn auf andere Weise als durch Erteilung einer externen Vollmacht ein Vertrauenstatbestand geschaffen wird, schützt das Gesetz in bestimmten Fällen den guten Glauben des Dritten an das Bestehen der Vollmacht (§§ 171–173) (vgl. dazu im Einzelnen III. 6. c).

### 7. Das Innenverhältnis

**314** Oft entstehen Zweifel über Art und Umfang der erteilten Vollmacht. Der Umfang der Vollmacht ist, soweit möglich, gemäß § 133 aus der Willenserklärung des Vollmachtgebers zu bestimmen[17]. Außer dem Wortlaut sind auch die begleitenden Umstände sowie der Zweck der Vollmacht zu berücksichtigen[18]. Die Vollmachterteilung durch Rechtsgeschäft bestimmt in der Regel zugleich den Umfang der Vertretungsmacht.

---

16 Vgl. *Staudinger/Schilken*, § 167 BGB Rn. 21 mit Nachw.

17 Vgl. RGZ 71, 219, 223; 73, 347, 349.

18 *Soergel/Leptien*, § 167 BGB Rn. 39.

Bei einer durch Rechtsgeschäft erteilten Vollmacht ist der Bestand der Vollmacht unabhängig davon, ob ein und gegebenenfalls welches Rechtsverhältnis zwischen dem Vertreter und dem Vertretenen besteht. Die Vollmacht ist also abstrakt. Das bedeutet: Es muss unterschieden werden zwischen der Erteilung der Vollmacht einerseits und dem zwischen dem Vertretenen und dem Vertreter etwa bestehenden Rechtsverhältnis, das u.U. den Grund für die Erteilung der Vollmacht bildet, andererseits. Da die Vollmacht abstrakt ist, kann sie auch dann wirksam sein, wenn das zugrundeliegende Rechtsverhältnis aus irgendeinem Grunde unwirksam ist[19]. Diese Abstraktion soll der Sicherheit des Rechtsverkehrs dienen.

In der Regel liegt der Bevollmächtigung allerdings ein Rechtsverhältnis zwischen dem Vertreter und dem Vertretenen zugrunde. Dieses Rechtsverhältnis ist sehr häufig ein Auftrag oder ein Arbeitsvertrag.

Ein **Auftrag** i.S. des § 662 hat eine unentgeltliche Verrichtung tatsächlicher oder rechtsgeschäftlicher Art im Interesse des Auftraggebers zum Gegenstand. Der Auftrag ist ein Vertrag zwischen dem Auftraggeber und dem Beauftragten. Der Beauftragte verpflichtet sich dem Auftraggeber gegenüber, für diesen unentgeltlich ein Geschäft zu besorgen. Da der Auftrag ein Vertrag ist, ist stets zu prüfen, ob die Beteiligten durch die Abgabe entsprechender Willenserklärungen überhaupt eine Rechtsbindung erreichen wollten. Ist dies zu verneinen, liegt kein Vertrag, sondern ein bloßes Gefälligkeitsverhältnis zugrunde. **315**

## 8. Das Erlöschen der durch Rechtsgeschäft erteilten Vertretungsmacht

### a) Der Fristablauf

Der Vollmachtgeber kann über das Erlöschen der Vollmacht Bestimmungen treffen, die von dem zugrundeliegenden Rechtsverhältnis unabhängig sind. Insbesondere kommt eine Befristung in Betracht[20]. Ist eine Frist für die Dauer der Vollmacht bestimmt worden, endet die Vollmacht mit Zeitablauf. **316**

### b) Die Beendigung des zugrunde liegenden Rechtsverhältnisses und der Widerruf der Vollmacht

Ist eine Frist nicht bestimmt, erlischt die Vollmacht im Zweifel mit der Beendigung des der Vollmachterteilung zugrundeliegenden Rechtsverhältnisses (§ 168). Hier ist der Abstraktionsgrundsatz durchbrochen. **317**

> **Beispiel:** L beauftragt und bevollmächtigt seinen Freund T zum Kauf der Stute „Wind“ vom Pferdehändler M für 80.000 €. Bevor T das Geschäft tätigen kann, kommt es zwischen ihm und L zum Zwist. L erklärt daraufhin dem T: „Ich widerrufe den Auftrag zum Kauf der Stute“. Kauft T dennoch im Namen des L die Stu-

19 Vgl. RGZ 69, 232, 234; 121, 30, 35.

20 Vgl. *Staudinger/Schilken*, § 168 BGB Rn. 2.

te, so wird letzterer nicht Vertragspartner des M, da nach § 168 die Vollmacht mit Beendigung des zugrundeliegenden Rechtsverhältnisses erloschen ist und der Auftrag gemäß § 671 durch Widerruf endete.

Dem § 168 S. 2 ist zu entnehmen, dass die Vollmacht auch unabhängig vom Grundverhältnis widerrufen werden kann. Der Widerruf – eine Willenserklärung – führt zum Erlöschen der Vollmacht.

Der Widerruf kann dabei gemäß § 168 S. 3 i.V. mit § 167 Abs. 1 entweder gegenüber dem Vertreter oder gegenüber dem Dritten, dem gegenüber die Vertretung stattfinden soll, erklärt werden. Für die Wirksamkeit des Widerrufs kommt es nicht darauf an, wem gegenüber die Bevollmächtigung erklärt wurde. Somit kann der Vertretene eine Innenvollmacht auch gegenüber dem Geschäftspartner widerrufen und umgekehrt. Allerdings sind in diesen Fällen u.U. die Vertrauensschutzregelungen der §§ 170 bis 173 zu beachten (siehe dazu unten c).

**317 a** Fraglich ist, inwieweit die Widerruflichkeit der Vollmacht eingeschränkt werden kann. Die herrschende Meinung geht davon aus, dass durch Vertrag die Unwiderruflichkeit zwischen Vollmachtgeber und zu Bevollmächtigendem vereinbart werden kann[21]. Allerdings ist die Vereinbarung über die Unwiderruflichkeit wegen § 138 nicht uneingeschränkt zulässig, weil der Vollmachtgeber sich durch die Erteilung einer unwiderruflichen Vollmacht einer zu missbilligenden Fremdbestimmung unterwerfen würde.[22] Das ist insbesondere dann der Fall, wenn der zugrunde liegende Auftrag allein den Interessen des Auftraggebers dienen soll.[23]

**Beispiel:** Die unwiderrufliche Stimmrechtsvollmacht, die der Aktionär A der Bank B mit dem Auftrag erteilt, in den Hauptversammlungen der Gesellschaft das Stimmrecht nach Gutdünken der Bank auszuüben ist nach § 138 Abs. 1 BGB nichtig, weil der Auftrag verbunden mit der unwiderruflichen Stimmrechtsvollmacht im Zweifel allein den Interessen der Bank dient.

### c) Die Folgen des Erlöschens der Vollmacht

**318** Ist die Vollmacht mit Beendigung des ihr zugrundeliegenden Rechtsverhältnisses oder durch Widerruf erloschen, so ist dem bisherigen Vertreter die Vertretungsmacht entzogen. Nimmt er dennoch im Namen des Vertretenen Rechtsgeschäfte vor, so handelt er als Vertreter ohne Vertretungsmacht mit den sich aus §§ 177 ff. ergebenden Konsequenzen (dazu unten V.).

Von dieser Regel enthalten §§ 170 bis 173 allerdings einige bedeutsame Ausnahmen. Diese Vorschriften schützen Dritte, die kraft eines erzeugten Rechtsscheins

21 RGZ 109, 331, 333; OLG Schleswig, MDR 1963, 675; *Staudinger/Schilken*, § 168 BGB Rn. 8 ff. mit weiteren Hinweisen.

22 *Staudinger/Schilken*, § 168 BGB Rn. 8.

23 BGHZ 3, 354, 357 f.; *Staudinger/Schilken*, § 168 BGB Rn. 8.

auf das Entstehen und das Fortbestehen einer einmal wirksam erteilten Vollmacht vertrauen und auch vertrauen durften. Die §§ 170 bis 173 gehen davon aus, dass dem Geschäftspartner die Nachprüfung der Bevollmächtigung nicht zumutbar ist, wenn das Verhalten des Vollmachtgebers auf das Bestehen einer Vollmacht schließen lässt[24].

§ 170 betrifft die Außenvollmacht gemäß § 167 Abs. 1, 2. Alt. Sie gilt gegenüber **319**
dem Dritten so lange als wirksam, bis ihn der Vollmachtgeber über das Erlöschen der Vollmacht informiert. Von Bedeutung ist die Regelung des § 170 insbesondere dann, wenn zunächst eine Außenvollmacht erteilt wurde und diese später im Innenverhältnis, also vom Vollmachtgeber gegenüber dem Bevollmächtigten, widerrufen wird (§§ 168 S. 3, 167 Abs. 1).

§ 171 regelt den Fall, dass dem Erklärungsempfänger die Erteilung einer Innenvollmacht (§ 167 Abs. 1, 1. Alt.) kundgegeben wird. Damit wird der in der Kundgabe Genannte dem Dritten bzw. jedem Dritten gegenüber bevollmächtigt. Der Empfänger gilt in diesem Fall als genauso schutzwürdig wie derjenige, dem gegenüber eine Außenvollmacht erteilt wurde. Unter „Kundgabe" ist eine bewusste und an einen bestimmten Adressaten oder Adressatenkreis gerichtete Erklärung zu verstehen. Es reicht nicht aus, wenn der Dritte von der Vollmachtserteilung nur zufällig Kenntnis erlangt[25].

Gemäß § 172 begründet auch die Aushändigung einer Vollmachtsurkunde an **320**
den Vertreter und deren Vorlage gegenüber dem Geschäftsgegner den Rechtsscheintatbestand der Vollmacht. Hier wird das berechtigte Vertrauen auf die Urkunde geschützt. Die Vollmachtsurkunde muss dem Schriftformerfordernis des § 126 genügen, also vom Vollmachtgeber unterschrieben sein und den Umfang der Vollmacht bezeichnen.

Die Wirkungen des § 172 können nur eintreten, wenn der Vertreter dem Dritten die Urkunde, die den Rechtsschein erzeugt, selbst – in Urschrift oder in einer Ausfertigung – vorgelegt hat.

> **Beispiel:** A bevollmächtigt den B, für ihn ein bestimmtes Gemälde zu kaufen, und händigt ihm eine entsprechende Vollmachtsurkunde aus. Bevor B das Geschäft tätigt, widerruft A die Vollmacht, vergisst aber, die Vollmachtsurkunde zurückzuverlangen. Kauft B nun im Namen des A unter Vorlage der Vollmachtsurkunde das Bild. Gemäß der Regelung in § 172 bleibt die Vertretungsmacht des B bestehen (§ 172 Abs. 2). Zwischen A und dem Verkäufer des Gemäldes kommt ein Kaufvertrag zustande.

---

24 *Palandt/Ellenberger*, § 172 BGB Rn. 6.

25 *MüKo/Schramm*, § 171 BGB Rn. 3 a.

## 9. Duldungs- und Anscheinsvollmacht

### a) Überblick

321 Es kommt hin und wieder vor, dass eine Vollmacht nicht ausdrücklich erteilt worden ist, der Dritte aber aufgrund des Erscheinungsbildes, das sich ihm bietet, davon ausgehen darf oder gar muss, dass eine Vollmacht erteilt worden ist. Wenn derjenige, für den der „Vertreter" aufgetreten ist, dazu beigetragen hat, dass dieses Erscheinungsbild entstanden ist, so kann der Dritte, demgegenüber der Vertreter aufgetreten ist, schutzwürdiger sein als der Vertretene. Deshalb haben rechtswissenschaftliche Literatur und Rechtsprechung Regeln entwickelt, mit Hilfe derer der schutzwürdige Dritte vor Schaden bewahrt werden soll. In Anlehnung an die in den §§ 170 ff. enthaltenen Rechtsgedanken sind die Regeln über die Duldungsvollmacht und die Anscheinsvollmacht entwickelt worden. Über die Abgrenzung und die Rechtsfolgen ist bislang allerdings keine Einigung erzielt worden.

### b) Die Duldungsvollmacht

322 Von einer Duldungsvollmacht ist auszugehen,

- wenn eine zum Handeln in fremdem Namen nicht befugte Person während einer gewissen Dauer und zu wiederholtem Male für den Geschäftsherrn als Stellvertreter aufgetreten ist,
- der Geschäftsherr davon wusste und nicht dagegen eingeschritten ist, obwohl ihm das möglich gewesen wäre,
- und der Geschäftsgegner das Verhalten des Vertreters sowie dessen Duldung durch den Geschäftsherrn zur Zeit der Vornahme des fraglichen Geschäfts gekannt und er diese Duldung dahingehend gewertet hat und nach Treu und Glauben mit Rücksicht auf die Verkehrssitte auch so werten durfte, dass der Handelnde Vollmacht habe[26].

323 Voraussetzung für die Annahme einer Duldungsvollmacht ist es also, dass der Vertretene es wissentlich geschehen lässt, es also duldet, dass ein anderer für ihn wie ein Vertreter auftritt. Streitig ist, ob es sich bei der Duldungsvollmacht um einen Rechtsscheintatbestand oder um eine vom Vertretenen durch eine konkludent abgegebene Willenserklärung erteilte (rechtsgeschäftliche) Vollmacht handelt. Es dürfte mehr dafür sprechen, dass es sich bei der Duldungsvollmacht um eine durch Rechtsgeschäft erteilte Vollmacht handelt. Dies setzt jedoch voraus, dass der Duldende jedenfalls ein Erklärungsbewußtsein hatte, nicht aber notwendigerweise einen Geschäftswillen.[27] Folgt man dem, so sind die §§ 164 ff. direkt anwendbar; außerdem könnte der Vertretene die Erteilung der Vollmacht anfechten (§§ 119 ff.).

---

26 So *MüKo/Schubert*, § 167 BGB Rn. 102; BGH LM Nr. 4 zu § 167.

27 *MüKo/Schubert*, § 167 BGB Rn. 103.

Ist einer festgestellten Duldung zu entnehmen, dass der Vertretene das Verhalten des zunächst ohne Vertretungsmacht Handelnden billigte, nachdem er davon Kenntnis erhalten hatte, so kann daraus je nach den Umständen im Wege der Auslegung geschlossen werden, dass die zunächst angeblich vertretene Person dem erst angeblichen Vertreter durch konkludentes Handeln (also eine Willenserklärung) rechtsgeschäftlich Vollmacht erteilt hat. In einem solchen Fall kann allerdings auch davon ausgegangen werden, das der Vertretene das vom Vertreter ohne Vertretungsmacht abgeschlossene und zunächst schwebend unwirksame Geschäft genehmigt hat (§ 177).

**Beispiel:** A ist bei dem Unternehmer U, der einen Reifenhandel betreibt, als Fahrer beschäftigt. Bei der Auslieferung von Reifen kommt es in den letzten Jahren (seit 2012) nicht selten vor, dass A ohne Vollmacht mit Kunden zusätzliche Verträge über die Lieferung von neuen Reifen abschließt, den Kunden Rabatte einräumt und dabei als Vertreter des U auftritt. Als A im Frühjahr 2016 dem K beim Abschluss eines Vertrages im Namen des U einen Rabatt von 15 % gewährt, hält U, der zuvor niemals gegen das Handeln des A eingeschritten ist, den Vertrag mit K für unwirksam. Fraglich ist hier, ob A im Rahmen einer Duldungsvollmacht gehandelt hat. U wusste von dem Handeln des A einschließlich der Einräumung von Rabatten. Da er keine Anstalten gemacht hat, das Tun des A zu unterbinden, obwohl ihm dies möglich und zumutbar war, ist von einer Duldung auszugehen, die aus Sicht des K dahin zu interpretieren ist, dass U den A entsprechend bevollmächtigt hat. Es handelt sich um eine Duldungsvollmacht, welche die Gewährung von Rabatten einschließt. Der Vertrag ist daher wirksam.

### c) Die Anscheinsvollmacht

Nach ständiger Rechtsprechung des BGH[28] und der herrschenden Auffassung in der Literatur[29] ist von dem **Vertrauenstatbestand** einer **Anscheinsvollmacht** auszugehen, wenn 324

- eine Person, ohne Vertretungsmacht zu haben, wiederholt und über einen längeren Zeitraum für eine andere Person als deren Stellvertreter handelt,
- der so Vertretene das Auftreten und Handeln seines angeblichen Vertreters zwar nicht kennt, es bei pflichtgemäßer Beobachtung der notwendigen Sorgfalt aber hätte erkennen und verhindern können und
- der Geschäftsgegner nach Treu und Glauben annehmen durfte, der angeblich Vertretene dulde und billige dies.

Es handelt sich also um einen **Vertrauenstatbestand**, der auf einem Rechtsschein beruht, der dem Vertretenen zurechenbar sein muss[30]. Im Unterschied zur Duldungsvollmacht weiß der Vertretene vom Handeln der Person als sein Vertreter 325

28 Vgl. u.a. BGHZ 5, 111, 116; 86, 273; 208, 331,0351.

29 Vgl. u.a. *Soergel/Leptien*, § 167 BGB Rn. 19 ff.; *Staudinger/Schilken*, § 167 BGB Rn. 32 ff.

30 Vgl. u.a. *Staudinger/Schilken*, § 167 Rn. 40 ff.; *Hübner*, Rn. 1285 f.

nichts, er hätte es aber bei Anwendung gebotener Sorgfalt erkennen und verhindern können.[31]

Die objektive Rechtfertigung für die Zurechnung ergibt sich aus einem Rechtsscheintatbestand, der nach Treu und Glauben einen Schluss auf das Vorliegen der Vollmacht zulässt; dazu ist regelmäßig eine gewisse Häufigkeit des nicht erkennbar beanstandeten Handelns des Vertreters erforderlich[32].

Die subjektive Berechtigung des Vertrauens fehlt jedenfalls dann, wenn der Geschäftsgegner trotz des Vorliegens des Rechtsscheintatbestandes bei der Vornahme des Rechtsgeschäftes das Fehlen der Vollmacht kennt oder kennen muss[33]. Darüber hinaus ist das Vertrauen des Geschäftsgegners nur berechtigt, wenn der geschaffene Rechtsschein für seine getroffene Entscheidung ursächlich geworden ist[34].

**326** Die herrschende Meinung[35] geht davon aus, dass die Wirkungen der Anscheinsvollmacht grundsätzlich die gleichen sind wie die einer rechtsgeschäftlich erteilten Vollmacht. Das bedeutet, dass der Geschäftsgegner in entsprechender Anwendung des § 164 Vertragspartei wird und gegebenenfalls nicht nur für den Vertrauensschaden, sondern auf Erfüllung und bei Schadensersatz auf das Erfüllungsinteresse haftet[36].

**Beispiel:** S ist als Sekretärin im Unternehmen des U beschäftigt. Sie ist nicht vertretungsbefugt, hat sich aber angewöhnt, die von Kunden eingehenden Bestellungen selbst entgegenzunehmen und weiter zu bearbeiten, obwohl sie dazu nicht bevollmächtigt ist. Der U ist geschäftlich viel unterwegs und kümmert sich nicht genügend um seinen Betrieb. Als der Dauerkunde K bei U anruft und eine ausbleibende Lieferung anmahnt, welche er telefonisch bei S bestellt hatte, erklärt U, die S sei nicht vertretungsbefugt und er wolle die von K bestellten Waren nicht ausliefern lassen, weil der von S genannte Preis viel zu niedrig sei. K hatte schon mehrere Bestellungen über die S abwickeln lassen und hatte dabei den Eindruck gewonnen, dass S dazu befugt war. Fraglich ist also, ob ein Vertrag zwischen K und U zustande gekommen ist. Hier muss U sich wegen des entstandenen Rechtsscheins so behandeln lassen, als habe S mit Vertretungsmacht gehandelt. K konnte aufgrund der Umstände davon ausgehen, dass das Verhalten der S vom Einverständnis des U gedeckt war. Hätte U sich ordnungsgemäß um seinen Betrieb gekümmert, hätte er das Verhalten der S erkennen und entsprechend abstellen können. Es liegt hier der Vertrauenstatbestand einer Anscheinsvollmacht vor.

**326 a** Nach Ansicht des BGH[37] sind die Grundsätze über die Anscheinsvollmacht unter gewissen Voraussetzungen auch auf Geschäfte anwendbar, die über das Internet

31 *Staudinger/Schilken*, § 167 BGB Rn. 32.

32 So BGH WM 1986, 901 f.

33 Vgl. BGH WM 2004, 417, 421.

34 Vgl. BGH WM 1981, 171 f.

35 U.a. BGHZ 86, 273; *Hübner*, Rn. 1288; *Staudinger/Schilken*, § 167 BGB Rn. 44; mit Nachw.

36 Vgl. *Soergel/Leptien*, § 167 Rn. 24 mit Nachw.

37 BGHZ 208, 331 ff.

abgewickelt werden, insbesondere bei einem Missbrauch des Online-Bankings. Eine der Voraussetzungen ist es, dass das verdeckte Handeln unter fremdem Namen bei dem Geschäftspartner den Eindruck erweckt, es werde tatsächlich die Erklärung vom Namensträger abgegeben und dadurch eine falsche Vorstellung von der Identität des Handelnden hervorgerufen wird. Allerdings wird der Geschäftsherr in solchen Fällen nur dann verpflichtet, wenn er das Handeln des Scheinvertreters bei pflichtgemäßer Sorgfalt hätte erkennen und verhindern können und dieses Handeln von einer gewissen Dauer und Häufigkeit war.[38]

**Beispiel:** Diese Voraussetzungen sind beim Online-Banking nicht erfüllt, wenn lediglich ein einmaliger missbräuchlicher Kontozugriff erfolgt ist und derselbe vom Nutzer des Zahlungsdienstes erst im Nachhinein erkannt worden ist.

## IV. Das Insichgeschäft (§ 181)

Der Gesetzgeber hat mit § 181 Insichgeschäfte – den Abschluss von Rechtsgeschäften mit sich selbst – für unzulässig erklärt, es sei denn, **327**

a) sie werden ausschließlich in Erfüllung einer Verbindlichkeit vorgenommen oder
b) sie sind gestattet worden.

Ein Insichgeschäft liegt nach § 181 in zwei Fällen vor: beim sogenannten Selbstkontrahieren und bei der sogenannten Mehrvertretung.

**Beispiel:** G bittet den L, er möge für ihn (im Namen des G) einen gebrauchten PKW möglichst günstig verkaufen. G bevollmächtigt also den L, im Namen des G einen Kaufvertrag abzuschließen. L will den PKW nun selbst erwerben und schließt als Vertreter des G mit sich selbst einen Kaufvertrag ab (sogenanntes Selbstkontrahieren), in dem er mit sich einen Preis vereinbart, der deutlich unter dem Verkehrswert des PKW liegt.

**Beispiel:** F und K wollen einen Kaufvertrag abschließen. Sie sind beide verhindert, die dazu notwendigen Willenserklärungen abzugeben. Deshalb bevollmächtigen sie beide den A, für sie die notwendigen Erklärungen (Angebot und Annahme) abzugeben. K und F wissen, dass A jeden von ihnen vertreten soll. Auch hier handelt es sich um ein Insichgeschäft, denn Angebot und Annahme werden durch eine Person erklärt, wenn A sowohl als Vertreter des F wie auch als Stellvertreter des K auftritt (sogenannte Mehrvertretung).

Das BGB erklärt Insichgeschäfte grundsätzlich für unzulässig, weil sich aus dem Verhandeln mit sich selbst Interessenkollisionen ergeben können, die dazu verführen, die Vertretungsmacht zu missbrauchen. **328**

Zu dem vorletzten **Beispiel:** Hier geht es um eine typische Situation, die dazu führt, die Vertretungsmacht durch ein Insichgeschäft zu missbrauchen. Während

38 BGHZ 208, 331, 351 f.

G ein Interesse daran hat, einen möglichst hohen Kaufpreis zu erzielen, möchte L den PKW möglichst billig erwerben. Es liegt in diesem Fall ein Verstoß gegen § 181 vor.

Die Folge eines Verstoßes gegen § 181 besteht darin, dass das Rechtsgeschäft, das abgeschlossen werden sollte, schwebend unwirksam ist. Es kann durch Genehmigung des Betroffenen gemäß § 184 voll wirksam werden. Wird die Genehmigung nicht erteilt, ist das Geschäft nichtig[39].

329 Die Gestattung eines Insichgeschäfts gemäß § 181 ist ein einseitiges empfangsbedürftiges Rechtsgeschäft, das keiner Form bedarf. Sie kann auch konkludent erklärt werden. Zuständig für die Gestattung ist der Vertretene. Ob er ausdrücklich oder konkludent die Gestattung erklärt hat, ist häufig durch Auslegung zu ermitteln, bei der allerdings Vorsicht geboten ist[40].

**Beispiel:** Veräußerer und Erwerber eines Grundstücks bevollmächtigen bewusst dieselbe Person, die notwendigen Auflassungserklärungen abzugeben bzw. entgegenzunehmen.

In Erfüllung einer Verbindlichkeit i.S. des § 181 kann nur ein reines Erfüllungsgeschäft vorgenommen werden. Die zu erfüllende Verbindlichkeit muss allerdings schon rechtswirksam bestehen und nicht erst durch Erfüllung wirksam und damit bindend werden[41].

## V. Die Vertretung ohne Vertretungsmacht bei einem Vertrag

### 1. Möglichkeiten der Vertretung ohne Vertretungsmacht

330 Es kommt vor, dass jemand im Namen einer Person rechtsgeschäftlich handelt, ohne von dieser dazu bevollmächtigt zu sein. Es handelt sich dann um Fälle der Vertretung ohne Vertretungsmacht. Der Vertreter ohne Vertretungsmacht dringt in den Geschäftskreis dessen ein, in dessen Namen zu handeln er vorgibt. Für die dadurch auftretenden Probleme, insbesondere die Interessenkollisionen, versucht das BGB in den §§ 177 ff. Lösungsmöglichkeiten zu finden.

Es gibt verschiedene Arten, in denen jemand als Vertreter ohne Vertretungsmacht handeln kann:

331 Vertreter ohne Vertretungsmacht ist

a) derjenige, der ohne jede Vertretungsmacht im Namen eines anderen rechtsgeschäftlich handelt.

---

39 Vgl. u.a. BGHZ 65, 123, 126; *Jauernig/Mansel*, § 181 BGB Rn. 14.

40 Vgl. dazu *MüKo/Schramm*, § 181 BGB Rn. 48 ff.

41 *Jauernig/Mansel*, § 181 BGB Rn. 10.

**Beispiel:** D tritt im Namen des E auf und schließt mit G für E einen Kaufvertrag ab, obwohl E den D niemals bevollmächtigt hat. D ist hier Vertreter ohne Vertretungsmacht.

b) auch derjenige, der zwar Vertretungsmacht hat, aber die Grenze, die durch den Umfang der Vertretungsmacht gezogen wird, überschreitet.

**Beispiel:** M bittet seinen Freund N, für ihn beim Buchhändler B sechs Kriminalromane (Taschenbücher) zu kaufen. N kauft bei B im Namen des M sechs Kriminalromane und Thomas Manns gesammelte Werke. N handelt hier als Vertreter ohne Vertretungsmacht, weil er die Grenzen, die durch die Vollmacht gezogen sind, überschreitet.

c) die Person, die aufgrund einer erteilten Vollmacht im Namen des Vertretenen ein Rechtsgeschäft abschließt, wenn die Vollmacht später wirksam angefochten wird.

**Beispiel:** S schließt für A aufgrund einer ihm von A erteilten Vollmacht mit B einen Kaufvertrag ab. Anschließend ficht A die Vollmachtserteilung gemäß § 123 an, weil S ihn arglistig getäuscht hat. Ist die Anfechtung wirksam, so wirkt sie gemäß § 142 zurück. Die Vollmacht wird so behandelt, als sei sie niemals erteilt worden. S war Vertreter ohne Vertretungsmacht, als er mit B einen Kaufvertrag abschloss.

d) derjenige, der einmal bevollmächtigt war und noch nach Erlöschen der Vollmacht im Namen des Vertretenen für diesen rechtsgeschäftlich handelt.

### 2. Das Rechtsverhältnis zwischen dem Vertretenen und dem Dritten

Ein Vertrag, den der Vertreter ohne Vertretungsmacht mit einer anderen Person abschließt, ist nicht wirksam, sondern schwebend unwirksam (§ 177). Schwebend unwirksam bedeutet hier: Der Vertrag ist noch nicht wirksam, d.h. die Rechtsfolgen treten noch nicht ein. Der Vertrag kann aber durch nachträgliche Zustimmung (Genehmigung) desjenigen, in dessen Namen der Vertreter ohne Vertretungsmacht gehandelt hat, wirksam werden. Derjenige, in dessen Namen der Vertreter ohne Vertretungsmacht aufgetreten ist, kann die Genehmigung allerdings auch verweigern. In einem solchen Fall ist der Vertrag von Anfang an nichtig. **332**

Auf das erste **Beispiel** (oben unter 1.) angewandt bedeutet dies: Der Kaufvertrag, den D im Namen des E mit G abgeschlossen hat, ist schwebend unwirksam, bis E das Rechtsgeschäft genehmigt oder die Genehmigung verweigert. Genehmigt E das Geschäft, ist der Kaufvertrag zwischen E und G zustande gekommen. Verweigert E die Genehmigung, ist G aus dem Geschäft weder berechtigt noch verpflichtet.

Die Genehmigung kann der Vertretene gemäß § 182 entweder gegenüber dem Vertreter oder gegenüber dem Dritten (dem Geschäftsgegner) erklären. Gemäß § 184 Abs. 1 wirkt die Genehmigung auf den Zeitpunkt des Vertragsabschlusses **333** zurück. Bis zur Erteilung der Genehmigung kann der Dritte (der Geschäftsgegner) den **Widerruf** erklären und damit die Unwirksamkeit des Geschäftes herbeiführen (§ 178). Das Widerrufsrecht steht ihm allerdings nur zu, wenn er den Mangel der Vertretungsmacht bei Abschluss des Vertrages nicht gekannt hat.

Schwierigkeiten können auftreten, wenn eine Person, der Vollmacht erteilt worden ist, die Vertretungsmacht überschreitet und der Vertretene den nicht von der Vollmacht gedeckten Teil des Rechtsgeschäfts nicht genehmigt. Lässt sich das Geschäft in einen durch die Vollmacht gedeckten und einen ungedeckten Teil aufgliedern, so ist nach § 139 zu verfahren und zu entscheiden, ob wegen der Unwirksamkeit des einen Teils das gesamte Rechtsgeschäft unwirksam ist[42]. (Zur Teilbarkeit von Rechtsgeschäften siehe oben § 16 I. 2.)

334 Ist das Rechtsgeschäft unteilbar, so sind auf das gesamte Rechtsgeschäft die §§ 177 ff. anzuwenden. Handelt es sich hingegen um ein teilbares Rechtsgeschäft, so ist der innerhalb der Vertretungsmacht vorgenommene Teil des Geschäfts wirksam. Im Hinblick auf den übrigen Teil liegt ein Handeln des Vertreters ohne Vertretungsmacht vor. Die §§ 177 ff. finden diesbezüglich Anwendung.

> **Beispiel:** Angenommen, M genehmigt in dem vorletzten Beispiel den Kauf von Thomas Manns gesammelten Werken nicht, dann ist zu prüfen, ob nach § 139 das gesamte Geschäft zwischen B und M unwirksam ist. Das abgeschlossene Geschäft lässt sich in einen durch die Vollmacht gedeckten und einen durch dieselbe nicht gedeckten Teil, die jeweils selbständig Bestand haben können, aufteilen. Es ist davon auszugehen, dass M und B bei Kenntnis der Nichtigkeit des Teilgeschäfts über die Werke Thomas Manns den Teil des Kaufvertrages, der sich auf die Kriminalromane bezog, aufrechterhalten haben würden. Nach § 139 ist deshalb nicht das ganze Geschäft, der gesamte Kaufvertrag zwischen B und M unwirksam, sondern nur der Teil, der sich auf die Werke Thomas Manns bezog. Im Hinblick auf diesen Teil des Rechtsgeschäfts kann B Ansprüche aus § 179 gegen N geltend machen.

### 3. Das Rechtsverhältnis zwischen dem Vertreter ohne Vertretungsmacht und dem Dritten

#### a) Überblick

335 Verweigert der Vertretene die Genehmigung des Rechtsgeschäfts, das der Vertreter ohne Vertretungsmacht (falsus procurator) vorgenommen hat, so haftet letzterer je nachdem, ob der Vertreter das Fehlen der Vertretungsmacht gekannt hat oder nicht, nach § 179 Abs. 1 oder Abs. 2. Es handelt sich dabei um die Haftung aus einem gesetzlichen Schuldverhältnis. Diese Haftung ist verschuldensunabhängig. Sie ist eine **Vertrauenshaftung** im Interesse der Verkehrssicherheit, die das Risiko dem Vertreter ohne Vertretungsmacht auferlegt[43].

---

42 *MüKo/Schubert*, § 177 BGB Rn. 11.; *Staudinger/Schilken*, § 177 BGB Rn. 5.

43 *MüKo/Schubert*, § 179 BGB Rn. 2; *Prölss*, JuS 1986, 169.

### b) Der Anspruch aus § 179 Abs. 1

Hat der Vertreter den Mangel der Vertretungsmacht gekannt, haftet er gemäß § 179 Abs. 1 dem Dritten (Geschäftsgegner) nach dessen Wahl auf Erfüllung oder Schadensersatz wegen Nichterfüllung. Entscheidet sich der Dritte, Erfüllung zu verlangen, so handelt es sich dennoch um einen Anspruch aus einem **gesetzlichen Schuldverhältnis**; mit dem Vertreter ohne Vertretungsmacht kommt kein Vertrag zustande. Der Vertreter ohne Vertretungsmacht muss sich aber so behandeln lassen, als sei er Vertragspartei[44]. Der Anspruch kann allerdings nicht über das hinausgehen, was der Vertretene geschuldet hätte, falls er Vertragspartei geworden wäre. Beiden – dem Geschäftsgegner und dem Vertreter – können Ansprüche aus §§ 280 ff. und Gewährleistungsansprüche zustehen[45]. **336**

> **Beispiel** (im Anschluss an das vorhergehende **Beispiel**): B entschließt sich, hinsichtlich Thomas Manns gesammelter Werke gegenüber N seinen Erfüllungsanspruch, also seinen Anspruch auf Zahlung des Kaufpreises, geltend zu machen. Nachdem die gegenseitigen Leistungen ausgetauscht worden sind, stellt N fest, dass der Druck auf mehreren Seiten viel zu schwach und kaum lesbar ist. N hat jetzt gegenüber B einen Anspruch auf Nacherfüllung (§§ 437 Nr. 1, 439, 434).

Wählt der Dritte den Anspruch auf Schadensersatz wegen Nichterfüllung, so ist der Anspruch auf eine Geldleistung gerichtet, durch die der Geschäftsgegner so gestellt werden muss, wie er stehen würde, wenn ordnungsgemäß erfüllt worden wäre.[46]

### c) Der Anspruch aus § 179 Abs. 2

Die strenge Haftung des Vertreters ohne Vertretungsmacht aus § 179 Abs. 1 entsteht nur dann, wenn dieser den Mangel der Vertretungsmacht kennt. Ist ihm der Mangel der Vertretungsmacht nicht bekannt, haftet er gemäß § 179 Abs. 2 nur auf das negative Interesse (Vertrauensinteresse); d.h. der Dritte muss so gestellt werden, wie er stehen würde, wenn er das Geschäft niemals abgeschlossen hätte. Ein Anspruch auf Erfüllung besteht nicht. Auf ein Verschulden des Vertreters kommt es nicht an; unerheblich ist auch, ob der Mangel für ihn überhaupt erkennbar war[47]. **337**

### d) Der Ausschluss der Haftung nach § 179 Abs. 3

Wenn der Dritte (der Geschäftsgegner) den Mangel der Vertretungsmacht gekannt oder infolge Fahrlässigkeit („kennen musste“) nicht gekannt hat, entfällt die Haftung des Vertreters ohne Vertretungsmacht aus § 179 Abs. 1 oder 2. Der Dritte ist grundsätzlich nicht verpflichtet, Erkundigungen darüber einzuziehen, ob der Vertreter mit Vertretungsmacht ausgestattet ist oder nicht. Eine solche Pflicht kann **338**

---

44 Vgl. BGH NJW 1970, 240, 241 und 1971, 429, 430.
45 *Prölss*, JuS 1986, 169, 171.
46 *Jauernig/Mansel*, § 179 BGB Rn. 8.
47 MüKo/Schubert, § 179 BGB Rn. 49.

ausnahmsweise dann bestehen, wenn sich im Einzelfall für den Dritten tatsächliche Anhaltspunkte ergeben, die Zweifel an der Vertretungsmacht begründen[48].

Beschränkt geschäftsfähige Vertreter haften nicht, es sei denn, sie haben mit der Zustimmung ihrer gesetzlichen Vertreter gehandelt (§ 179 Abs. 3 S. 2).

**Lösung zu Fall 15:** Nach § 166 Abs. 1 kommt es, soweit eine Willenserklärung durch die Kenntnis gewisser Umstände beeinflusst war, auf die Person des Vertreters, nicht auf die des Vertretenen an. Im zu erörternden wird die auf den Vertragsabschluss gerichtete Willenserklärung von S aufgrund der Täuschung und dem damit einhergehenden Irrtum bezüglich der Leistung des PCs gebildet. Bei der Anfechtung des R, der Vertragspartner des täuschenden H geworden ist, ist daher bei der Prüfung von § 123 auf die Kenntnis der S abzustellen. Diese wurde von H arglistig getäuscht. Eine arglistige Täuschung oder widerrechtliche Drohung des Geschäftsgegners gegenüber dem Vertreter ist dem Vertretenen nach § 166 Abs. 1 zuzurechnen, so dass ein Anfechtungsrecht nach § 123 Abs. 1 besteht.[49] Somit kann R die auf den Vertragsschluss gerichtete Willenserklärung nach § 123 anfechten.

# § 18 Zustimmungsbedürftige Rechtsgeschäfte

**Schrifttum:** *Finkenauer*, Rückwirkung der Genehmigung, Verfügungsmacht und Gutglaubensschutz, AcP 203 (2003), 282; K. *Schmidt*, Beseitigung der schwebenden Unwirksamkeit durch Verweigerung einer Genehmigung, AcP 189 (1989), 1.

***Fall 16:*** *A ermächtigt den F, für ihn (A), aber in eigenem Namen, bei der Sparkasse S, deren angesehener Kunde der F ist, ein Darlehen in Höhe von 30.000 € aufzunehmen. A gilt als nicht kreditwürdig und würde bei S als Darlehensschuldner nicht akzeptiert werden. F schließt den Darlehensvertrag mit S im eigenen Namen ab und gibt nicht zu erkennen, dass A der Darlehensnehmer sein soll.*
*Wie ist dies rechtlich zu bewerten?*

## I. Überblick und Begriffsbestimmung

339 An verschiedenen Beispielen ist schon erläutert worden, dass es eine Reihe von Fällen gibt, in denen Rechtsgeschäfte der Zustimmung eines Dritten bedürfen, um Wirksamkeit zu erlangen. So werden z.B. die Rechtsgeschäfte, die Minder-

48 Vgl. RGZ 104, 194.

49 BGHZ 51, 141, 145; MüKoBGB/Schubert BGB § 166 Rn. 35.

jährige abschließen, nur sofort wirksam, wenn die gesetzlichen Vertreter dazu die vorherige Zustimmung (= Einwilligung) erteilt haben. Verträge, die ohne Einwilligung der gesetzlichen Vertreter geschlossen worden sind, sind schwebend unwirksam; sie werden rückwirkend wirksam, wenn die gesetzlichen Vertreter gemäß § 184 die nachträgliche Zustimmung (= Genehmigung) erteilen. Verträge, die Vertreter ohne Vertretungsmacht schließen, sind gemäß § 177 schwebend unwirksam; sie können durch die nachträgliche Zustimmung (= Genehmigung) des Vertretenen wirksam werden. Rechtsgeschäfte, die kraft Gesetzes zu ihrer Wirksamkeit der Zustimmung eines Dritten bedürfen, d.h. einer Person, die selbst das Rechtsgeschäft nicht vorgenommen hat, nennt man **zustimmungsbedürftige** Rechtsgeschäfte.

**Zustimmung** ist der Oberbegriff für **340**
- **Einwilligung** (= vorherige Zustimmung, § 183)

und
- **Genehmigung** (= nachträgliche Zustimmung, § 184).

Die Zustimmung ist eine empfangsbedürftige Willenserklärung, auf die die allgemeinen Regeln für Willenserklärungen, wie z.B. §§ 119 ff. und § 130 Anwendung finden. Der Zustimmungsberechtigte (der Dritte) kann die Zustimmung „sowohl dem einen als dem anderen Teil gegenüber" erklären (§ 182 Abs. 1).

Die die Zustimmung beinhaltende Erklärung bedarf nicht der Form, die für das Rechtsgeschäft vorgeschrieben ist (§ 182 Abs. 2). Auch die Verweigerung der Zustimmung ist nach herrschender Meinung[1] ein Rechtsgeschäft. Das bedeutet u.a., dass die Verweigerung gemäß §§ 119 ff. mit ex tunc-Wirkung angefochten werden kann.

## II. Die Wirkung der Genehmigung

Gemäß § 184 Abs. 1 wirkt die Genehmigung grundsätzlich auf den Zeitpunkt der **341**
Vornahme des genehmigten Rechtsgeschäfts zurück. Das hat zur Folge, dass das genehmigte Geschäft so angesehen wird, als sei seine Wirksamkeit schon zur Zeit seiner Vornahme eingetreten[2].

> **Beispiel:** Am 1.7.2016 schließt V als Vertreter ohne Vertretungsmacht im Namen des Eigentümers E mit K einen Kaufvertrag über eine im Eigentum des E stehende Taschenuhr ab. Wenn E am 1.9.2016 das Rechtsgeschäft genehmigt, dann wird der Kaufvertrag rückwirkend am 1.7.2016 wirksam.

Gemäß § 184 Abs. 2 werden allerdings solche Verfügungen nicht unwirksam, die der Genehmigende vor der Genehmigung über den Gegenstand des Hauptgeschäfts getroffen hat (sog. Zwischenverfügungen). § 184 Abs. 2 schützt also den-

1 Vgl. BGHZ 13, 179, 187; *Staudinger/Gursky*, § 182 BGB Rn. 35.

2 Vgl. RGZ 134, 185, 187; 142, 59, 62 f.; *Staudinger/Gursky*, § 184 BGB Rn. 31.

jenigen, zu dessen Gunsten der Genehmigende die Zwischenverfügung vorgenommen hat.

**Beispiel:** Am 1.7.2016 wird nicht nur der Kaufvertrag abgeschlossen, V übereignet auch als vollmachtloser Vertreter an diesem Tag die Uhr an K durch Einigung und Vereinbarung eines Besitzmittlungsverhältnisses gemäß §§ 929, 930; E bleibt im Besitz der Uhr. Am 1.8.2016 verpfändet E die Uhr an D nach § 1205. Wenn E am 1.9.2016 Kaufvertrag und Übereignung genehmigt, werden diese Rechtsgeschäfte rückwirkend zum 1.7.2016 wirksam. Obwohl E am 1.8.2016 nicht mehr Eigentümer war, bleibt die Bestellung des Pfandrechts gemäß § 184 Abs. 2 wirksam. K erwirbt das Eigentum an der Uhr, belastet mit einem Pfandrecht des D.

## III. Die Verfügung eines Nichtberechtigten und die Zustimmung (§ 185)

### 1. Überblick

342 § 185 behandelt solche Fälle, in denen ein Nichtberechtigter **im eigenen Namen** Verfügungen trifft. Tritt der Verfügende in fremdem Namen auf, liegt Stellvertretung (§ 164) vor; unter Umständen handelt es sich dann um Vertretung ohne Vertretungsmacht (§ 177 ff.). § 185 ist dann jedenfalls unanwendbar.

Unter **Verfügung** ist ein Rechtsgeschäft zu verstehen, das auf den Bestand, Inhalt oder Umfang eines Rechts unmittelbar im Sinne einer Rechtsänderung einwirkt.

Verfügungen sind z.B. die Übertragung des Eigentums an beweglichen und unbeweglichen Sachen, die Abtretung einer Forderung und die Übertragung eines Rechts, wie z.B. eines Patentes durch Abtretung (§§ 413, 398). Eine Verfügung ist aber auch die Belastung eines Rechts mit einem anderen Recht, wie z.B. einem Pfandrecht. So ist z.B. die Belastung eines Grundstücks mit einem Grundpfandrecht (z.B. einer Hypothek oder Grundschuld) eine Verfügung.

343 **Berechtigter** ist der, dem der betroffene Gegenstand, über den verfügt werden soll, materiellrechtlich zusteht.

**Nichtberechtigter** i.S. des § 185 ist hingegen u.a.
- derjenige, dem der von der Verfügung betroffene Gegenstand materiellrechtlich nicht zusteht;
- derjenige, der über ein Recht verfügt, das zugunsten eines Dritten belastet ist, und der den Eindruck erweckt, als sei es unbelastet;
- auch der Inhaber des von der Verfügung betroffenen Gegenstandes, wenn ihm die Verfügungsmacht fehlt, wie z.B. der Erbe bei der Testamentsvollstreckung[3].

3 Siehe zu alledem *Staudinger/Gursky*, § 185 BGB Rn. 8 ff.

- auch derjenige, der vom Berechtigten in einem gewissen Rahmen ermächtigt ist, die Grenzen der Ermächtigung mit der getroffenen Verfügung aber überschritten hat.

  **Beispiel:** Der Geschäftsführer G der X-GmbH will ein Patent, dessen Inhaber der Ingenieur I ist, im Namen der GmbH an O übertragen. Setzt G seinen Plan in die Tat um, handelt es sich um die Verfügung eines Nichtberechtigten.

## 2. Wirksame Verfügung eines Nichtberechtigten mit Zustimmung des Berechtigten

Der Nichtberechtigte kann im eigenen Namen eine wirksame Verfügung über ein Recht treffen, wenn der Berechtigte dazu vorher seine Zustimmung erteilt hat. Verfügt der Nichtberechtigte ohne Einwilligung des Berechtigten über den Gegenstand, kann diese Verfügung durch die Genehmigung des Berechtigten (§ 184) rückwirkend wirksam werden (§ 185 Abs. 2 S. 1). Bis zur Genehmigung oder deren Verweigerung ist die Verfügung **schwebend unwirksam**[4]. **344**

Allerdings muss derjenige, der die Verfügung eines Nichtsberechtigten genehmigt, im Zeitpunkt der Genehmigung die Verfügungsmacht hierfür haben. Andernfalls würde mit der Genehmigung in das Recht eines anderes eingegriffen[5].

## 3. Wirksame Verfügung eines Nichtberechtigten ohne Zustimmung des Berechtigten

Es kommt vor, dass ein Nichtberechtigter im eigenen Namen über einen Gegenstand verfügt und der Erwerber in dem Glauben handelt, der Veräußerer sei der Berechtigte. In solchen Fällen bedarf es in einigen Fällen der Zustimmung des Berechtigten nicht, um den gutgläubigen Erwerber Rechtsinhaber werden zu lassen. **345**

**Beispiel:** A verkauft und übereignet eine dem E gehörige Sache, die A von E entliehen hat und sich deshalb in seinem Besitz befindet, an K. Das Verpflichtungsgeschäft, der Kaufvertrag ist wirksam, weil wirksame Kaufverträge auch über solche Sachen abgeschlossen werden können, die im Eigentum eines Dritten stehen. Aber auch das Verfügungsgeschäft, die Übereignung ist wirksam, obwohl A als Nichtberechtigter verfügt hat. K ist gutgläubig, und die Sache ist dem E nicht abhanden gekommen. In diesem Fall erwirbt K Eigentum gemäß §§ 929, 932.

Die Verfügung des Nichtberechtigten kann außerdem auch ohne die Zustimmung des Berechtigten, allerdings nicht rückwirkend, sondern nur mit ex nunc-Wirkung wirksam werden,

- wenn der Verfügende den Gegenstand erwirbt und damit selbst Berechtigter wird (§ 185 Abs. 2 S. 1);

---

4 Vgl. *Staudinger/Gursky*, § 185 BGB Rn. 48 ff.

5 Vgl. BGHZ 107, 340, 341.

- wenn der Berechtigte den Verfügenden beerbt und für die Nachlassverbindlichkeiten unbeschränkt haftet (§ 185 Abs. 2 S. 1).

## IV. Die Ermächtigung

**346** Der Begriff der Ermächtigung ist in Anlehnung an die Einwilligung (§ 182) entwickelt worden. Sie ermöglicht es dem Rechtsinhaber, eine andere Person mit der Macht auszustatten, im eigenen Namen durch Rechtsgeschäft auf die Rechte des Ermächtigenden einzuwirken.

Die **Verfügungsermächtigung** ist in § 185 Abs. 1 geregelt und damit gesetzlich anerkannt. Die Verfügungsermächtigung begründet nach § 185 Abs. 1 die aus dem Recht des Ermächtigenden abgeleitete Zuständigkeit des Ermächtigten, über ein subjektives Recht des Ermächtigenden im eigenen Namen zu verfügen[6].

**Beispiel:** Der Verkäufer V, der Waren unter Eigentumsvorbehalt an den Käufer K veräußert, ermächtigt diesen gemäß § 185, über das Eigentum an den gekauften Sachen zu verfügen. Damit ist K berechtigt, das Eigentum an Sachen, die noch im Eigentum des V stehen, auf Dritte zu übertragen.

**346 a** In der Praxis spielt die **Einziehungsermächtigung** eine große Rolle. Auf Grund einer Einziehungsermächtigung kann der Ermächtigte eine fremde Forderung dem Schuldner gegenüber im eigenen Namen geltend machen, obwohl der Gläubiger Inhaber der Forderung bleibt.[7] Diese – nicht unumstrittene – Konstruktion ist für das Inkassogeschäft von großer Bedeutung.

Der Ermächtigende kann die Verfügungsbefugnis – wie eine Vollmacht – beliebig begrenzen und dadurch das „Können" des Ermächtigten dem „Dürfen" (nach Maßgabe der schuldrechtlichen Absprachen) anpassen. Überschreitet der Ermächtigte seine Ermächtigung, wird der Verfügungsempfänger lediglich im Rahmen der Vorschriften über den gutgläubigen Rechtserwerb geschützt[8].

Umstritten ist die Zulässigkeit einer **Verpflichtungsermächtigung,** also die Ermächtigung, durch ein im eigenen Namen vorzunehmendes Rechtsgeschäft den Ermächtigenden unmittelbar vertraglich zu verpflichten. Mit Hinweis auf das Offenkundigkeitsprinzip des Stellvertretungsrechts (siehe oben III. 2.), das dem Schutz des Geschäftsgegners dient, wird diese Konstruktion überwiegend abgelehnt[9].

---

6 BGHZ 106, 1, 4.
7 *MüKo/Bayreuther*, § 185 BGB Rn. 34.
8 BGHZ 106, 1, 4.
9 Vgl. *Hübner*, Rn. 1359; *MüKo/Bayreuther*, § 185 BGB Rn. 31 ff.

**Lösung zu Fall 16:** Hier hat A dem F Verpflichtungsermächtigung erteilt: A ermächtigt F, ihn gegenüber S zu verpflichten, und zwar ohne, dass dies gegenüber S offengelegt werden soll. Eine solche Konstruktion ist nicht zulässig. Es widerspricht dem Offenkundigkeitsprinzip des Stellvertretungsrechts, wonach der Vertreter offenlegen muss, dass er im fremden Namen handelt (als Ausnahme sind hier nur die Bargeschäfte des täglichen Lebens, auch als Geschäfte „für den, den es angeht" bezeichnet, anerkannt.). Daher wird F Darlehensnehmer und Schuldner der Darlehensrückzahlungs- und Zinsforderung. A ist an dem Vertrag nicht beteiligt.

# § 19 Die Bedingung

**Schrifttum:** *Brox*, Das Anwartschaftsrecht des Vorbehaltskäufers, JuS 1984, 657.

***Fall 17** (nach RGZ 122, 247 ff.): H schließt mit L einen Vertrag, in dem es u.a. heißt: „H überlässt dem L am Giebel des ihm gehörenden Gasthofes einen Platz zur Ausnutzung für Lichtreklame gegen eine Vergütung von 2.500 € jährlich. Der Vertrag wird für vier Jahre abgeschlossen. Die Wirksamkeit des Vertrages hängt von der Erteilung der behördlichen Genehmigung für die Lichtreklame ab, deren Kosten L zu tragen hat." Nach Abschluss des Vertrages befürchtet L, dass die hohen Kosten der Anbringung der Anlage ihn in wirtschaftliche Schwierigkeiten bringen würden. Um sich nicht an den Vertrag halten zu müssen, legt er der Genehmigungsbehörde lediglich unausgereifte Entwürfe, die nicht genehmigungsfähig sind, vor. Wie von L erhofft, lehnt die Behörde den Antrag auf Anbringung der Lichtreklame ab.*

*H verlangt dennoch Zahlung.*

## I. Der Begriff und die Wirkung der Bedingung

Häufig besteht das Bedürfnis, die Wirksamkeit eines Rechtsgeschäfts davon abhängig zu machen, dass ein bestimmtes Ereignis in der Zukunft eintritt bzw. nicht eintritt. 347

**Beispiel:** E möchte auf einem in seinem Eigentum stehenden Grundstück ein Haus bauen. Er hat bei der zuständigen Baubehörde einen Antrag auf Erteilung einer Baugenehmigung gestellt. Vor Erteilung der Baugenehmigung hat E Gelegenheit, bei V zu einem besonders günstigen Preis einen Sonderposten Ziegelsteine zu erwerben. E möchte mit V einen Kaufvertrag abschließen, gleichzeitig aber sicherstellen, dass der Kaufvertrag für ihn nur bindend ist, wenn die Baugenehmigung erteilt wird. Hier besteht das Bedürfnis, die Wirksamkeit des Kaufvertrages von der Erteilung der Baugenehmigung abhängig zu machen.

Diese Möglichkeit bietet die Bedingung.

348 Durch eine **Bedingung,** die einer Willenserklärung beigefügt ist, wird die Wirksamkeit eines Rechtsgeschäfts von dem Eintritt oder Nichteintritt eines ungewissen, in der Zukunft liegenden Ereignisses abhängig gemacht.

In dem oben geschilderten **Beispiel** ist die Bedingung, das ungewisse in der Zukunft liegende Ereignis, die Erteilung der Baugenehmigung, weil über die Entscheidung der Behörde Unsicherheit herrscht. Wird die Genehmigung erteilt, wird der Kaufvertrag wirksam; wenn sie verweigert wird, ist der Vertrag unwirksam.

Aufgeschoben werden kann das Wirksamwerden eines Rechtsgeschäfts auch durch eine Befristung. Bei einer **Befristung** wird die Wirksamkeit eines Rechtsgeschäfts im Gegensatz zur Bedingung nicht von dem Eintritt eines ungewissen Ereignisses, sondern von dem Eintritt eines zukünftigen gewissen Ereignisses, nämlich einem bestimmten Zeitpunkt, abhängig gemacht.

**Beispiel:** Vereinbaren M und K, dass der zwischen ihnen am 01.09.2016 abgeschlossene Pachtvertrag erst am 01.01.2017 in Kraft treten soll, so wird der Pachtvertrag erst mit Wirkung vom 01.01.2017 an wirksam. Die Wirksamkeit des Pachtvertrages wird hier von einem in der Zukunft liegenden gewissen Ereignis, nämlich dem Eintritt des 01.01.2017 abhängig gemacht. Es handelt sich deshalb nicht um eine Bedingung, sondern um eine Befristung, die in das Rechtsgeschäft, den Pachtvertrag, eingebaut ist.

349 Für die Befristung gelten im Wesentlichen die Regeln über die Bedingung entsprechend (§ 163).

Wird einem Rechtsgeschäft eine Bedingung hinzugefügt, entsteht dadurch ein Schwebezustand. Das Rechtsgeschäft ist nicht bzw. noch nicht endgültig wirksam.

## II. Arten der Bedingung

### 1. Die aufschiebende Bedingung

350 Ist ein Rechtsgeschäft unter einer aufschiebenden Bedingung abgeschlossen worden, wird es erst mit dem Eintritt der Bedingung wirksam (§ 158 Abs. 1). Bis zum Eintritt der Bedingung ist das Rechtsgeschäft in einem Schwebezustand. Es ist noch nicht wirksam. Tritt die Bedingung ein, wird das Rechtsgeschäft von diesem Zeitpunkt an (ex nunc) wirksam. Tritt die Bedingung nicht ein, ist das Rechtsgeschäft endgültig unwirksam.

**Beispiel** (im Anschluss an das vorletzte **Beispiel**): Im Interesse von E kann in den Kaufvertrag, den er mit V abschließen möchte, durch folgende Klausel eine aufschiebende Bedingung eingefügt werden: „Der Vertrag wird erst wirksam, wenn E die beantragte Genehmigung für den Bau eines Einfamilienhauses erhält." Die Erteilung der Baugenehmigung ist eine Bedingung i.S. des § 158 Abs. 1, denn ihre zukünftige Erteilung ist ungewiss. Die Erteilung einer Baugenehmigung ist also ein ungewisses, in der Zukunft liegendes Ereignis.

Auch ein Verfügungsgeschäft, wie z.B. eine Übereignung, kann unter einer aufschiebenden Bedingung abgeschlossen werden. Ein typisches Beispiel dafür ist der Eigentumsvorbehalt (§ 449). Der Kaufvertrag wird ohne eine Bedingung abgeschlossen. Bei der Übereignung gibt der Verkäufer und bisherige Eigentümer seine Einigungserklärung i.S. des § 929 unter der aufschiebenden Bedingung der Zahlung des Restkaufpreises ab und übergibt dem Käufer die Sache. Als Rechtsfolgen ergeben sich: **351**

- Der Kaufvertrag ist wirksam. Infolgedessen könnte der Verkäufer notfalls die Kaufpreissummen einklagen.
- Zwar ist die Kaufsache gemäß § 929 S. 1 an den Käufer übergeben und die Einigungserklärungen haben Verkäufer und Käufer abgegeben, aber die Einigungserklärung des Verkäufers steht unter der aufschiebenden Bedingung des vollständigen Kaufpreises. Das bedeutet: Das Eigentum an der Kaufsache verbleibt beim Verkäufer; es geht erst dann automatisch an den Käufer über, wenn dieser den Kaufpreis vollständig gezahlt hat.

Die zur Übertragung des Eigentums an einem Grundstück nach § 873 erforderliche Einigung des Veräußerers und des Erwerbers (**Auflassung**) kann allerdings nicht unter einer Bedingung abgegeben werden. Geschieht dies dennoch, ist die Auflassung unwirksam (§ 925 Abs. 2).

### 2. Die auflösende Bedingung

Wird ein Rechtsgeschäft unter einer auflösenden Bedingung abgeschlossen, wird es zunächst wirksam. Dennoch bleibt die endgültige Wirksamkeit des Rechtsgeschäfts in der Schwebe, weil das Rechtsgeschäft in dem Moment seine Wirksamkeit verliert, in dem das als Bedingung vereinbarte zukünftige Ereignis eintritt (§ 158 Abs. 2). Tritt das Ereignis ein, wird das zunächst wirksam entstandene Rechtsgeschäft unwirksam. Tritt das Ereignis nicht ein, bleibt das Rechtsgeschäft wirksam. **352**

> **Beispiel** (im Anschluss an das oben geschilderte **Beispiel**): E kann mit V auch eine auflösende Bedingung vereinbaren. Es könnte dann folgende Klausel in den Vertrag aufgenommen werden: „Der Kaufvertrag soll unwirksam werden, wenn die Baugenehmigung nicht erteilt wird." Der Kaufvertrag ist dann zunächst wirksam; er verliert allerdings seine Wirksamkeit, wenn die auflösende Bedingung eintritt, d.h. die Baugenehmigung verweigert wird.

### 3. Echte und unechte Bedingungen

Eine Bedingung i.S. des § 158 ist nur vereinbart, wenn das Ereignis, von dessen Eintritt oder Nichteintritt die Wirksamkeit eines Rechtsgeschäfts abhängen soll, aus objektiver Sicht noch ungewiss ist. Eine objektive Ungewissheit liegt nicht vor, wenn der Umstand, der über die Wirksamkeit entscheiden soll, bereits **353** feststeht und nur die Vertragsparteien subjektiv noch keine Kenntnis davon haben.

**Beispiel:** Antragsgemäß ist dem Unternehmer B eine Baugenehmigung zur Errichtung einer Werkshalle erteilt worden. Hiervon hat er aber noch keine Kenntnis genommen, obwohl dazu Gelegenheit bestand. Beim Kauf von drei Werkzeugmaschinen für seine Werkshalle wird auf die Anregung des B deshalb in den Vertrag mit der Maschinenfabrik X-AG folgende Klausel eingefügt: „Der Kaufvertrag soll nur wirksam werden, wenn dem Käufer die Baugenehmigung für die neu zu errichtende Werkshalle erteilt wird." Von den Parteien gewollt ist die Vereinbarung einer aufschiebenden Bedingung. Das bedeutet: Der Kaufvertrag soll erst in dem Moment wirksam werden, in dem die Baugenehmigung erteilt wird. Eine Bedingung liegt allerdings nur vor, wenn die Wirksamkeit eines Rechtsgeschäfts von einem ungewissen, in der Zukunft liegenden Ereignis abhängig gemacht wird. Hier ist das Ereignis, von dem die Wirksamkeit des Rechtsgeschäfts abhängig gemacht werden soll, nicht ungewiss; die Erteilung der Baugenehmigung ist aus objektiver Sicht bereits tatsächlich erfolgt. Infolgedessen ist keine Bedingung i.S. des § 158 vereinbart worden. Der Kaufvertrag über die drei Werkzeugmaschinen ist ohne jede Bedingung sofort wirksam.

### 4. Bedingungsfeindliche Willenserklärungen

354 Es gibt eine Reihe von Willenserklärungen, bei denen die Beifügung einer Bedingung nicht zulässig ist, weil der Empfänger der Erklärung vor einer nicht zumutbaren Unsicherheit geschützt werden muss. Das betrifft insbesondere die Gestaltungserklärungen, wie z.B. Anfechtungs-, Rücktritts- und Aufrechnungserklärungen, die ein bestehendes Rechtsverhältnis umgestalten oder vernichten.

**Beispiel** (in Anlehnung an RGZ 66, 153; vgl. auch BGHZ 97, 263): K, dem ein Rücktrittsrecht zusteht, tritt unter der Bedingung von dem mit V abgeschlossenen Kaufvertrag zurück, dass er einen Dritten findet, der die Leistung, die V erbringen sollte, übernimmt. Auch wenn dem K ein Rücktrittsrecht zusteht, kann er den Rücktritt nicht unter der genannten Bedingung erklären. Es ist dem V nicht zuzumuten, sich auf eine Rücktrittserklärung einzulassen, die nur wirksam sein soll, wenn K jemanden findet, der die Leistung, die V erbringen sollte, übernimmt; die Rechtsunsicherheit wäre für V zu groß.

Die Bedingungsfeindlichkeit der Aufrechnungserklärung ist gesetzlich verankert (§ 388 S. 2).

## III. Die Rechtslage während der Schwebezeit

355 Wie bereits dargestellt, führt die Vereinbarung einer Bedingung einen Schwebezustand herbei, der in der Regel erst mit dem Eintritt der Bedingung beendet wird. Während dieser Schwebezeit ist der Inhaber eines Rechts, das Gegenstand des bedingt abgeschlossenen Vertrages ist, noch Vollrechtsinhaber und als solcher verfügungsbefugt.

**Beispiel:** Hat sich der Verkäufer einer Sache bei der Übereignung derselben das Eigentum an der Sache bis zur vollständigen Zahlung des Kaufpreises vorbehalten, so handelt es sich um die Vereinbarung eines Eigentumsvorbehaltes (§ 449). Der Kaufvertrag (Verpflichtungsgeschäft) wird sofort wirksam. Aber die Übereignung Verfügungsgeschäft) wird erst mit dem Eintritt der aufschiebenden Bedingung (Zahlung des vollständigen Kaufpreises) wirksam. Solange der Käufer den Kaufpreis noch nicht bezahlt hat, bleibt der Verkäufer also Eigentümer, so dass er grundsätzlich die Sache noch an eine dritte Person übereignen, also darüber verfügen, könnte.

Um weitere Verfügungen während der Schwebezeit zu erschweren, bestimmt **356** § 161, dass in der Schwebezeit Verfügungen, die die Rechtsstellung desjenigen berühren, der bei Eintritt der Bedingung den Gegenstand erwerben würde, unwirksam sind, soweit sie die von der Bedingung abhängige Wirkung vereiteln oder beeinträchtigen würden.

Zu dem vorhergehenden **Beispiel:** Zahlt der Käufer den Kaufpreis, wird er Eigentümer der gekauften Sache, da nun die aufschiebende Bedingung eingetreten ist, auch wenn der Verkäufer die Sache zwischenzeitlich einem anderen übereignet hat. Der Dritte kann das Eigentum nicht erwerben bzw. behalten.

Derjenige, dessen Erwerb eines Gegenstandes nur noch von dem Eintritt einer **356 a** Bedingung abhängt, hat bereits eine durch § 161 rechtlich geschützte Position, die überwiegend als **Anwartschaft** bezeichnet wird. Die Person, die die Anwartschaft erworben hat, wird auch Anwartschaftsberechtigter genannt. Der BGH[1] sieht das **Anwartschaftsrecht** als eine „bloße Vorstufe des Eigentums" an; es sei allerdings „im Vergleich zum Eigentum kein aliud, sondern ein wesensgleiches minus". Das Anwartschaftsrecht ist demnach ein subjektives Recht, das auch übertragbar ist. Auf die Übertragung des Anwartschaftsrechts im Hinblick auf das Eigentum an beweglichen Sachen sind dieselben Regeln anwendbar wie bei der Übereignung beweglicher Sachen[2]. In seinem Bestand bleibt das Anwartschaftsrecht allerdings von dem schuldrechtlichen Grundgeschäft (dem Kaufvertrag) abhängig[3]. Das Anwartschaftsrecht wird z.B. dann hinfällig, wenn der Verkäufer gemäß § 449 Abs. 2 wirksam vom Vertrage zurücktritt[4].

Allerdings schützt § 161 Abs. 3 den gutgläubigen Dritten, der innerhalb der Schwebezeit vom Verkäufer eine Sache erworben hat, unter den in dieser Vorschrift genannten Voraussetzungen.

---

1 Vgl. u.a. BGHZ 28, 16, 21 u. 35, 85, 89.

2 Vgl. u.a. BGHZ 28, 16, 21; 75, 221, 225.

3 Vgl. BGHZ 75, 221, 225 f.

4 Vgl. BGHZ 35, 85, 94.

## IV. Die treuwidrige Einflussnahme auf Eintritt oder Ausfall der Bedingung (§ 162)

357 Die Partner eines unter einer Bedingung geschlossenen Rechtsgeschäfts sind nicht verpflichtet, sich um den Eintritt der Bedingung zu bemühen[5]. Gemäß § 162 sind die an dem Rechtsgeschäft Beteiligten allerdings gehalten, während des Schwebezustandes nichts zu unternehmen, was gegen Treu und Glauben verstößt und geeignet ist, den Eintritt der Bedingung zu verhindern.

Nach herrschender Meinung enthält § 162 eine gesetzliche Treuepflicht, die generalisiert als allgemeiner Grundsatz auf andere Sachverhalte anwendbar ist, die eine vergleichbare Interessenlage aufweisen[6]: Aus einem von ihm treuwidrig herbeigeführten Ereignis darf niemand eine für sich günstige Rechtsfolge herleiten.

**Lösung zu Fall 17:** Indem L der Genehmigungsbehörde lediglich Entwürfe eingereicht hat, von denen er weiß, dass sie nicht genehmigt werden können, hat er wider Treu und Glauben den Eintritt der Bedingung (Genehmigung durch die Behörde) verhindert. Nach § 162 Abs. 1 gilt die Bedingung daher als eingetreten. Der Vertrag ist wirksam.

# § 20 Die Verjährung

**Schrifttum:** *Wagner*, Die Verjährung gewährleistungsrechtlicher Rechtsbehelfe nach neuem Schuldrecht, ZIP 2002, 789; *Witt*, Schuldrechtsmodernisierung 2001/2002 – das neue Verjährungsrecht, JuS 2002, 105.

***Fall 18***: *Am 12.08.2012 kauft K bei V einen Gebrauchtwagen zum Preis von 3.200 €. K zahlt nicht und V vergisst, dass K den Kaufpreis noch nicht entrichtet hat. Das fällt ihm erst Anfang September 2015 ein. Als V von K Zahlung verlangt, beruft sich K auf Verjährung.*

***Abwandlung:*** *V fällt erst Anfang September 2016 wieder ein, dass K noch nicht gezahlt hat. Er erinnert K an den Kaufpreis, woraufhin K zahlt. Kurz darauf bemerkt K, dass der Zahlungsanspruch des V verjährt gewesen sein könnte und fordert das Geld zurück.*

---

5 Vgl. *Staudinger/Bork*, § 162 BGB Rn. 1.

6 *Staudinger/Bork*, § 162 BGB Rn. 2. 6.

## I. Der Sinn der Verjährung

Alle gesetzlichen und vertraglichen Ansprüche sind gemäß §§ 194 ff. der Verjährung unterworfen und damit im Hinblick auf ihre Durchsetzbarkeit zeitlich begrenzt. Sinn und Zweck der Verjährung ist es, Rechtssicherheit und Rechtsfrieden zu bewahren. **358**

Verjährung bedeutet: Der Gläubiger kann den Anspruch nicht mehr durchsetzen, wenn der Schuldner die Einrede geltend macht, der Anspruch sei verjährt. Hat der Schuldner die Einrede der Verjährung erhoben, ist er berechtigt, die Leistung dauernd zu verweigern (§ 214 Abs. 1).

Eine Rechtsnorm gewährt eine Einrede, wenn sie einem Schuldner das Recht gibt, seine Leistung zu verweigern (Leistungsverweigerungsrecht).

Nur Ansprüche, nicht auch andere subjektive Rechte, wie z.B. Persönlichkeitsrechte und das Eigentum, unterliegen der Verjährung.

Die Verjährung bedeutet nicht, dass der Anspruch nicht mehr besteht; der Anspruch besteht trotz Eintritts der Verjährung weiter und kann demzufolge vom Schuldner erfüllt werden. Die Verjährung ist bedeutsam, wenn der Schuldner sich darauf beruft, also die Einrede der Verjährung geltend macht. Der Schuldner entscheidet letztlich darüber, ob er sich auf die Verjährung beruft (die Einrede der Verjährung geltend macht). Ein Gericht darf nicht von Amts wegen, d.h. ohne dass die Einrede der Verjährung erhoben worden ist, prüfen, ob eine Forderung verjährt ist. **359**

> **Beispiel:** K kauft bei V eine Stereoanlage, die nach zwei Jahren und 3 Monaten nach Übergabe einen schweren Defekt aufweist. K verlangt eine kostenlose Reparatur der Anlage. Gemäß § 438 verjähren Ansprüche wegen Mängeln der gekauften Sache in zwei Jahren nach Ablieferung der Kaufsache. Hier kann sich V also auf Verjährung berufen. Wenn V ein kulanter Verkäufer ist, wird er sich allerdings überlegen, ob das klug ist. Aus Kulanz wird er sich im Zweifel nicht auf die Verjährung berufen, sondern dem K die Mängelbeseitigung gewähren.

Vergisst der Schuldner, sich auf die Verjährung zu berufen, muss er auch einen verjährten Anspruch erfüllen; er kann eine Leistung, die er bereits erbracht hat, nicht mehr zurückfordern (§ 214 Abs. 2).

Probleme der Verjährung spielen in der Praxis eine große Rolle.

## II. Die Verjährungsfristen

Gemäß § 195 beträgt die **regelmäßige Verjährungsfrist 3 Jahre**. So verjähren etwa die Ansprüche aus Verträgen, wie z.B. Kaufpreisforderungen und Forderungen auf Schadensersatz wegen Pflichtverletzungen, sowie Ansprüche aus ungerechtfertigter Bereicherung (§ 812) in 3 Jahren. **360**

Für zahlreiche Ansprüche sieht das Gesetz jedoch eine kürzere oder längere Verjährungsfrist vor.

Das für die Praxis wichtigste Beispiel für kürzere Verjährungsfristen sind die Mängelansprüche beim Kauf beweglicher Sachen (§§ 437 ff.). Sie verjähren gemäß § 438 in 2 Jahren von der Ablieferung an gerechnet. Die Verjährung tritt ohne Rücksicht darauf ein, ob der Käufer den Mangel kannte oder erkennen konnte. Das gilt auch für verborgene Mängel.

Bei Mängeln an einem gekauften Bauwerk beträgt die Verjährungsfrist hingegen 5 Jahre (§ 438 Abs. 1 Nr. 2).

**361** Bei einem anderen für die Praxis sehr wichtigen Vertrag, dem Werkvertrag, verjähren die Mängelansprüche ebenfalls in 2 Jahren, es sei denn, es handelt sich um ein Bauwerk; im letztgenannten Fall verjähren die Mängelansprüche in 5 Jahren (§ 634 a).

Einer zehnjährigen Verjährungsfrist unterliegen u.a. Ansprüche auf die Übertragung des Eigentums an Grundstücken und auf die Begründung von Rechten an einem Grundstück (z.B. Grundschulden) (§ 196).

**362** In 30 Jahren verjähren nach § 197 u.a.:
- Herausgabeansprüche aus Eigentum und anderen dinglichen Rechten,
- familien- und erbrechtliche Ansprüche,
- rechtskräftig festgestellte Ansprüche, wie z.B. Zahlungsansprüche, die in einem rechtskräftigen Urteil festgestellt sind,
- Ansprüche, die durch die im Insolvenzverfahren erfolgte Feststellung vollstreckbar geworden sind.

## III. Der Beginn und die Berechnung der Verjährungsfristen

**363** Wann die Verjährungsfrist beginnt, ist nicht einheitlich geregelt. Deshalb ist zu unterscheiden, ob es sich um die regelmäßige Verjährungsfrist von drei Jahren oder um davon abweichende kürzere oder längere Verjährungsfristen handelt.

Die regelmäßige Verjährungsfrist von drei Jahren (§ 195) beginnt nach § 199 Abs. 1 erst mit dem Schluss des Jahres, in dem der Anspruch entstanden ist (§ 199 Abs. 1 Nr. 1) und der Gläubiger von den den Anspruch begründenden Umständen und von der Person des Schuldners Kenntnis erlangt hat oder ohne grobe Fahrlässigkeit hätte erlangen müssen (§ 199 Abs. 1 Nr. 2). § 199 Abs. 1 Nr. 2 knüpft also den Beginn der regelmäßigen Verjährungsfrist an die zusätzliche Voraussetzung der Kenntnis oder grob fahrlässigen Unkenntnis des Gläubigers.

§ 199 Abs. 2 und 3 enthalten Höchstfristen, nach deren Ablauf die Verjährung unabhängig von der Kenntnis eintritt.

**364** Die Verjährungsfrist von Ansprüchen, die nicht der regelmäßigen Verjährungsfrist von drei Jahren unterliegen, beginnt mit der Entstehung des Anspruchs, soweit gesetzliche Regelungen nichts Abweichendes vorsehen. So beginnt z.B. die zweijährige Verjährungsfrist bei Mängelansprüchen

- beim Kauf beweglicher Sachen mit der Ablieferung (Übergabe) der Sache (§ 438 Abs. 2),
- beim Werkvertrag im Regelfall mit der Abnahme des Werkes (§ 634 a Abs. 2).

## IV. Vereinbarungen über die Verlängerung und Verkürzung von Verjährungsfristen

Grundsätzlich kann die Verjährungsfrist durch eine entsprechende Vereinbarung **365**
verkürzt oder verlängert werden. § 202 schließt lediglich aus, dass die Haftung wegen Vorsatzes erleichtert oder ausgeschlossen wird oder die Verjährungsfrist über 30 Jahre hinaus verlängert wird.

In der Praxis spielt vor allem die Verlängerung oder Verkürzung von Verjährungsfristen betreffend Mängelansprüche bei Kauf- und Werkverträgen eine Rolle.

Nicht selten werden dem Käufer von Markenartikel längere als die gesetzlichen Verjährungsfristen eingeräumt. Dafür wird häufig der Ausdruck „Garantiefrist“ verwandt.

> **Beispiel:** Ein Autohersteller gibt den Käufern seiner Produkte eine Garantie darauf, dass die Karosserie seiner Fahrzeuge acht Jahre lang nicht durchrosten.

Bei Werkverträgen über die Errichtung oder Einrichtung von Bauwerken hat der Bauherr häufig ein Interesse daran, dass die Verjährungsfrist über die gesetzliche Regelung (5 Jahre nach § 634 a) hinaus verlängert wird.

In vielen Fällen hat der Verkäufer oder Werkunternehmer allerdings ein Interesse daran, die Verjährungsfristen wegen Mängelansprüchen zu verkürzen.

> **Beispiel:** Der Verkäufer von Computern und Zubehör möchte im Regelfall nicht zwei Jahre lang nach Übergabe der Waren von Kunden wegen Mängeln in Anspruch genommen werden können, wie § 438 das vorsieht.

Vereinbarungen über die Verkürzung von Verjährungsfristen sind zwar grund- **366**
sätzlich möglich, unterliegen aber nicht unerheblichen Einschränkungen.

Das gilt vor allem dann, wenn die Verkürzung der Verjährungsfrist über die Vereinbarung Allgemeiner Geschäftsbedingungen erreicht werden soll. § 309 Nr. 8 b) ff.) schreibt vor, dass bei Verträgen über Lieferungen **neu** hergestellter Sachen und über Werkleistungen die verkürzte Verjährungsfrist 1 Jahr nicht unterschreiten darf. Eine Klausel, die dagegen verstößt, ist unwirksam. Eine Verkürzung der Verjährungsfrist unter 1 Jahr, die nicht durch Allgemeine Geschäftsbedingungen, sondern durch eine Individualvereinbarung getroffen wird, ist hingegen wirksam.

Beim Verbrauchsgüterkauf sind der Verkürzung von Verjährungsfristen noch größere Grenzen gesetzt als sonst. Nach § 475 Abs. 2 kann die Verjährungsfrist von zwei Jahren für die Gewährleistungsansprüche und Rechte aus § 437 auch durch eine Individualvereinbarung nicht unterschritten werden, wenn es sich um den Kauf neuer Sachen handelt. Für gebrauchte Sachen darf die Verjährungsfrist nicht unter einem Jahr liegen (§ 475 Abs. 3).

## V. Die Hemmung und der Neubeginn der Verjährung

### 1. Überblick

367 Es gibt eine Reihe von Ereignissen, die den Ablauf der Verjährungsfrist beeinflussen können. So gibt es z.B. anerkennenswerte Gründe, die den Gläubiger daran hindern können, den Anspruch geltend zu machen. Dies muss Einfluss auf das Weiterlaufen der Verjährungsfrist haben. Schließlich muss sichergestellt werden, dass ein Anspruch nicht verjährt, wenn der Gläubiger bereits ernsthafte und angemessene Schritte zur Durchsetzung desselben unternommen hat. Das BGB wird dieser Interessenlage gerecht durch

- Die Hemmung der Verjährung; d.h. bestimmte Zeiten werden in die Verjährungsfrist nicht eingerechnet.
- Die Ablaufhemmung. Dabei handelt es sich um einen Unterfall der Hemmung. Die Verjährungsfrist läuft frühestens eine bestimmte Zeit nach Wegfall von bestimmten Gründen ab, die der Geltendmachung des Anspruchs entgegenstehen.
- Den Neubeginn der Verjährung. Dieser hat zur Folge, dass die bis zum Neubeginn verstrichene Zeit nicht mehr mitgezählt wird. Der Lauf der Verjährungsfrist beginnt erneut.

### 2. Die Hemmung

368 Das Gesetz zählt eine Reihe von Gründen auf, die dazu führen, dass in dem Zeitraum, in dem diese Gründe vorhanden sind, die Verjährungsfrist nicht weiterläuft, sondern angehalten wird. Die Hemmung bedeutet stets ein Ruhen der Verjährung. Nach Beseitigung des Hemmungsgrundes läuft die Verjährungsfrist sofort weiter. Die bis zur Hemmung der Verjährung bereits abgelaufene Frist wird mit eingerechnet (§ 209).

Das Gesetz kennt u.a. folgende Gründe für den Eintritt der Hemmung der Verjährung:

- Klageerhebung (§ 204 Abs. 1 Nr. 1);
- Zustellung eines Mahnbescheides im Mahnverfahren (§ 204 Abs. 1 Nr.3);
- Die Anmeldung des Anspruchs im Insolvenzverfahren (§ 204 Abs. 1 Nr.10);
- Die Vereinbarung zwischen Gläubiger und Schuldner, aufgrund derer der Schuldner berechtigt ist, vorübergehend die Leistung zu verweigern (§ 205). Dazu zählt z.B. die Stundung.

- Tatsächliche Hindernisse, die dazu führen, dass der Berechtigte einen bestehenden Anspruch nicht geltend machen kann (§ 206). Dazu zählt vor allem höhere Gewalt. Ein Fall der **höheren Gewalt** i.S. des § 206 liegt dann vor, wenn die Verhinderung auf Ereignissen beruht, die durch die vom Anspruchsberechtigten billigerweise zu erwartende Sorgfalt nicht verhütet werden konnten; schon das geringste eigene Verschulden schließt höhere Gewalt aus[1]. Höhere Gewalt liegt z.B. vor, wenn der Anspruchsberechtigte überraschend und unvorbereitet schwer erkrankt.
- Familiäre und ähnliche Gründe (§ 207). So sind in der Verjährung gehemmt z.B. die Ansprüche unter Eheleuten und Lebenspartnern, solange die Ehe bzw. die Lebenspartnerschaft besteht.
- Der Eintritt der Parteien in Verhandlungen über einen streitigen oder zweifelhaften Anspruch oder über Umstände, aus denen sich ein Anspruch ergeben kann (§ 203).

Dass im letztgenannten Fall (Verhandlungen) die Verjährung gehemmt ist, hat **369** den Sinn, dass die Verhandlungen, die dem rechtspolitisch erwünschten Zweck, Rechtsstreitigkeiten zu vermeiden, dienen, nicht unter dem Druck einer ablaufenden Verjährungsfrist stattfinden müssen. Die Hemmung dauert allerdings nur so lange, bis der eine oder der andere Teil die Fortsetzung der Verhandlungen verweigert (§ 203 S. 1). Das gilt insbesondere für den Fall, dass Verhandlungen durch Verschleppung beendet werden. Es ist davon auszugehen, dass die Verhandlungen dann als beendet anzusehen sind, wenn von einem der Beteiligten nach Treu und Glauben Schritte zur Fortsetzung zu erwarten gewesen wären.

**Beispiel:** V ist Inhaber eines Kaufpreisanspruchs gegen K. Dieser Anspruch ist am 01.07.2014 entstanden und verjährt gemäß § 195 in drei Jahren. Als K bis zum 01.10.2015 nicht gezahlt hat, beantragt V beim zuständigen Amtsgericht einen Mahnbescheid. Mit der Zustellung des Mahnbescheids bei K ist der Ablauf der Verjährung gemäß § 204 Abs. 1 Nr. 3 gehemmt.

## VI. Der Neubeginn der Verjährung

Eine weitaus einschneidendere Wirkung als die Hemmung der Verjährung hat **370** der Neubeginn der Verjährung. Gemäß § 212 hat der Neubeginn der Verjährung zur Folge, dass die bis zum Neubeginn verstrichene Zeit nicht mehr mitgezählt wird. Der Ablauf der vollständigen Verjährungsfrist beginnt erneut.

Die Gründe für den Neubeginn der Verjährung sind begrenzt. § 212 sieht vor, dass die Verjährung erneut beginnt, wenn

1 So BGH DB 1953, 593; *Soergel/Augustin*, § 203 BGB Rn. 3

- der Schuldner gegenüber dem Gläubiger den Anspruch anerkennt. Das kann durch Abschlag- oder Zinszahlung, durch Sicherheitsleistung oder auf andere Weise geschehen;
- eine gerichtliche oder behördliche Vollstreckungshandlung vorgenommen oder beantragt wird.

## VII. Ausschlussfristen

**371** Von der Verjährung zu unterscheiden sind die sogenannten Ausschlussfristen. Es handelt sich dabei um Fristen, innerhalb derer bestimmte Gestaltungsrechte, zu denen u.a. die Anfechtung, die Kündigung und die Ausübung des Rücktrittsrechts zählen, geltend gemacht werden können. Ist die Frist, innerhalb derer das Gestaltungsrecht geltend gemacht werden kann, abgelaufen, ist das Gestaltungsrecht erloschen.

Die Ausschlussfristen für die Geltendmachung der Anfechtung sind in §§ 121 und 124 geregelt.

In einem Prozess hat das Gericht den Ablauf von Ausschlussfristen zu prüfen und von Amts wegen zu berücksichtigen. Das heißt, das Gericht hat die Ausschlussfrist auch dann zu beachten, wenn sich der Gegner im Prozess darauf nicht beruft. Ausschlussfristen sind in einem gerichtlichen Verfahren rechtsvernichtende Einwendungen.

## VIII. Fristen und Termine

### 1. Überblick

**371 a** In Gesetzen und Rechtsgeschäften sind häufig **Fristen** (abgrenzbare, jedenfalls aber bestimmbare Zeiträume) und **Termine** (bestimmbare Zeitpunkte) genannt, an deren Einhaltung oder Nichteinhaltung Rechtsfolgen geknüpft sind. Dabei können Zweifel über den genannten Zeitpunkt oder Zeitraum, den es einzuhalten gilt, auftreten.

> **Beispiel:** In einem Vertrag wird der Schuldner einer Leistung verpflichtet, dieselbe „spätestens bis Ende März 2016“ zu erbringen.

§§ 186 ff. geben für das gesamte Privatrecht Regeln für die **Auslegung** von Frist- und Terminbestimmungen vor. Das bedeutet, dass mit den üblichen Auslegungsmethoden (siehe dazu oben § 10) Sinn und Bedeutung der über Fristen und Termine getroffenen Vereinbarungen zu ermitteln ist. Die §§ 186 ff. enthalten für den Fall, dass die Auslegung nach den allgemeinen Grundsätzen nicht zu einem zweifelsfreien Ergebnis führt, materielle Auslegungsregeln. Das sind solche Regeln, die anders als die üblichen Auslegungsmethoden, ein bestimmtes Auslegungsergebnis als das in Zweifelsfällen anzunehmende festlegen.[2]

> **Beispiel:** Für die im oben dargestellten Beispiel verwandte Formulierung „spätestens bis Ende März 2016" enthält § 192 eine materielle Auslegungsregel. Danach ist unter Ende des Monats der letzte Tag des entsprechenden Monats zu verstehen. Der Schuldner hat demnach die Leistung bis zum 31. März 2016 24 Uhr zu erbringen (§ 188 Abs. 1).

Soweit es um die Berechnung von Fristen geht, gelten für den Zivilprozess ebenfalls die §§ 186 ff. (§ 222 ZPO). Einige Besonderheiten ergeben sich für den Zivilprozess allerdings aus §§ 221 ff. ZPO.

## 2. Einzelne Bestimmungen

### a) Beginn und Ende von Fristen

Es kommt häufig vor, dass für den Beginn einer Frist ein bestimmtes Ereignis, **371 b** wie z.B. der Zugang einer Willenserklärung oder ein in den Lauf eines Tages fallender Zeitpunkt, maßgeblich sein soll. Für einen solchen Fall bestimmt § 187 Abs. 1, dass für den Anfang der gesetzten Frist der Tag, in den das Ereignis fällt, nicht mitgerechnet werden soll. Auf diese Weise wird verhindert, dass für den Fall, dass bei einer Frist, die z.B. nach Tagen oder Monaten berechnet wird, Bruchteile von Tagen in Ansatz gebracht werden. Wenn hingegen eine Frist mit dem Anfang eines Tages beginnen soll, so ist dieser Tag Bei der Bestimmung der Frist mitzurechnen (§ 187 Abs. 2). Soll eine Frist mit einem bestimmten Tag enden, so endet die Frist mit Ablauf des letzten Tages (§ 188 Abs. 1).

> **Beispiel:** Setzte X dem Y am 8. August 2016 um 13 Uhr eine Frist von 4 Tage, innerhalb derer die Leistung erbracht sein muss, so endet die Frist mit Ablauf des 12. August 2016 (§ 188 Abs. 1).

Schwierigkeiten können auftreten, wenn an einem bestimmten Tag oder innerhalb einer gesetzten Frist eine Willenserklärung abzugeben oder eine Leistung zu bewirken ist, und der bestimmte Tag oder letzte Tag der Frist ein Sonntag ist. Für diesen Fall regelt § 193, dass an die Stelle des Sonntags der nächste Werktag tritt. Dieselbe Regelung gilt für am Erklärungs- oder Leistungsort staatlich anerkannte allgemeine Feiertage und Sonnabende.

### b) Regelungen über die Bestimmung der Fristdauer

Die §§ 189, 191 und 192 enthalten eine Reihe von materiellen Auslegungsregeln **371 c** für solche Fristvereinbarungen, die bei der genauen Berechnung der Frist zu Schwierigkeiten führen können, wie z.B. die folgenden:

---

2 *Larenz/Wolf*, § 28 VIII 1 a.

aa) Ist als Frist ein halbes Jahr bestimmt, so sind darunter sechs Monate zu verstehen; soll die Frist einen halben Monat betragen, so sind das 15 Tage (§ 189 Abs. 1);
bb) Unter Anfang des Monats ist der erste, unter Mitte des Monats der 15., unter Ende des Monats der letzte Tag des Monats zu verstehen (§ 192);
cc) Wird die Verlängerung einer Frist vereinbart, wird die neue Frist von dem Ablauf der vorigen Frist an berechnet (§ 190).

**Lösung zu Fall 18:** Die Kaufpreisforderung verjährt gemäß § 195 in drei Jahren. Der Beginn der dreijährigen Verjährungsfrist ist nach § 199 Abs. 1 zu berechnen. Die Frist beginnt also mit Jahresschluss 2012 und endet mit Ablauf des 31.12.2015. Infolgedessen ist der Anspruch des V noch nicht verjährt.

**Abwandlung:** Die Kaufpreisforderung war bereits verjährt. Dennoch kann K wegen § 214 Abs. 2 keine Rückzahlung des gezahlten Preises verlangen.

# § 21 Rechtssubjekte und subjektive Rechte

**Schrifttum:** *Degenhart*, Das allgemeine Persönlichkeitsrecht, JuS 1992, 361; *Ehmann*, Zur Struktur des Allgemeinen Persönlichkeitsrechts, JuS 1997, 193; *Wüstenbecker*, Die subjektiven Privatrechte, JA 1984, 227.

***Fall 19*** *(in Anlehnung an BGHZ 39, 124): Die Juli-Ausgabe der von X herausgegebenen Illustrierten Y enthält einen Bericht über die Fernsehansagerin K, den der Redakteur R verfasst hat. In Verbindung mit der Wiedergabe ungünstiger Lichtbilder wird ausgeführt, K sehe aus „wie eine ausgemolkene Ziege" und passe „in ein zweitklassiges Tingeltangel auf der Reeperbahn". K wurde wegen dieser Angriffe in der Presse von der Rundfunkanstalt, bei der sie angestellt war, entlassen. Sie verlangt nun von X und dem verantwortlichen Redakteur Schadensersatz und Schmerzensgeld.*

## I. Rechtssubjekte

### 1. Der Personenbegriff des BGB

372 Als Träger von Rechten und Pflichten kennt das Privatrecht nur natürliche Personen und juristische Personen. Beide sind als Träger subjektiver Rechte **Rechtssubjekte**.

Alle Menschen sind natürliche Personen. Als solche können sie Träger von Rechten und Pflichten sein. Gemäß § 1 ist jeder Mensch von der Geburt an rechtsfähig, d.h. eine „natürliche Person".

Die Rechtsfähigkeit als die Fähigkeit einer Person, Träger von Rechten und Pflichten sein zu können (siehe dazu oben § 12 I.), versetzt die Person in die Lage, Rechtssubjekt zu sein und als solches am Rechtsverkehr und damit am sozialen Leben teilnehmen zu können.

Wie sich aus dem schon erwähnten Grundsatz der formalen Gleichbehandlung aller Staatsbürger ergibt, steht die Rechtsfähigkeit allen Menschen in gleicher Weise zu. Das bedeutet u.a., dass die Rechtsfähigkeit den Menschen unabhängig von Geschlecht, Abstammung, Rasse, Alter, Beruf, Einkommensverhältnissen, Religion oder politischen Überzeugungen verliehen ist. Sie kann nicht entzogen werden. **373**

### 2. Der Schutz der Persönlichkeit/Allgemeines Persönlichkeitsrecht

#### a) Überblick

Die natürlichen Personen werden durch das im BGB nicht ausdrücklich geregelte, aber durch das in Rechtsprechung und rechtswissenschaftliche Literatur allgemein anerkannte allgemeine Persönlichkeitsrecht umfassend geschützt. **374**

Das **allgemeine Persönlichkeitsrecht** ist ein umfassendes Recht auf Achtung und Nichtverletzung der Person, durch das die Privat- und Intimsphäre, die Ehre sowie Schrift und Rede geschützt werden[1]. Das Grundgesetz garantiert das allgemeine Persönlichkeitsrecht in Art. 1 Abs. 1 GG und Art. 2 Abs. 2 GG. Das BGB schützt das allgemeine Persönlichkeitsrecht durch § 12 und vor allem durch § 823 Abs. 1 (s. dazu unten § 23). Das allgemeine Persönlichkeitsrecht ist gemäß § 823 Abs. 1 als ein „sonstiges Recht" geschützt[2].

#### b) Das Namensrecht

Der Name einer Person ist deren ständige Bezeichnung, die dem Zweck dient, sie von anderen Personen zu unterscheiden. **375**

Nach § 12 erfüllt der Name nicht nur den Zweck, die Person zu kennzeichnen. Der Name ist ein **absolutes Persönlichkeitsrecht**, das die Person in zweierlei Hinsicht schützt:

- § 12 bietet einen Schutz gegen den Gebrauch des Namens durch eine andere Person (Namensanmaßung); er gewährt damit ein Ausschlussrecht gegen die unbefugte Führung des Namens durch andere Personen. Eine unberechtigte Namensanmaßung im Sinne des § 12 liegt vor, wenn ein Dritter unbefugt den gleichen Namen gebraucht, dadurch eine Zuordnungsverwirrung eintritt und schutzwürdige Interessen des Namensträgers verletzt werden.[3]

1 Vgl. dazu BGHZ 13; 334; 24, 72; 35, 363; 39, 124; 66, 182.
2 Vgl. BGHZ 13, 334, 338; 24, 72.
3 BGHZ 171, 104, 107.

- § 12 gewährt außerdem Schutz, wenn einer Person das Recht zum Gebrauch des eigenen Namens von einer anderen streitig gemacht wird (Namensbestreitung, bzw. Namensleugnung).

Man kann deshalb auch sagen, dass das Namensrecht das Recht beinhaltet, den eigenen Namen ungehindert zu führen und andere von dem unbefugten Gebrauch des Namens auszuschließen.

**376** Eine Verletzung des Namensrechts des Berechtigten durch den unbefugten Gebrauch seines Namens i.S. des § 12 liegt in erster Linie dann vor, wenn der Name von einem anderen, dem er nicht zukommt, als sein Kennzeichen oder Unterscheidungsmerkmal benutzt wird[4]. Eine solche Namensanmaßung kann auch vorliegen, wenn ein fremder Name als Domainname verwendet wird.[5]

Als Rechtsfolgen einer Namensrechtsverletzung kommen nach § 12 in Betracht:
- ein Anspruch auf Beseitigung der Verletztung, z.B. durch Widerruf;
- ein Anspruch auf Unterlassen, wenn Wiederholungsgefahr besteht.

Weil das Namensrecht ein absolutes Recht im Sinne des § 823 Abs. 1 ist, kann dem Verletzten ein Anspruch auf Schadensersatz zustehen wenn ihm durch die Namensrechtsverletzung ein Schaden entstanden ist.

> **Beispiel:** Frau Karoline Grau erfährt von einer guten Bekannten, dass sich ihr Ehemann mit seiner Geliebten Eva Grünvogel in Bad Ems in einem Hotel aufhält. Sie fährt nach Bad Ems und stellt dort fest, dass sich Frau Grünvogel im Hotelbuch als Karoline Grau eingetragen hat.
>
> In diesem Fall gibt § 12 Frau Grau einen Anspruch auf Beseitigung der Namensbeeinträchtigung. Sie kann darüber hinaus auf Unterlassung des Gebrauchs des Namens Karoline Grau durch die Eva Grünvogel für die Zukunft klagen, wenn die Besorgnis weiterer Beeinträchtigungen besteht.

Die Frage, inwieweit ein **Domainname** durch § 12 geschützt wird, ist nicht einfach zu beantworten. Nach Ansicht des BGH[6] kann auch der Domainname namensrechtlich geschützt sein, wenn der Verwender unter diesem Namen im Verkehr bekannt ist, mit diesem Namen also Verkehrsgeltung besitzt.

### c) Das Recht am eigenen Bild

**377** Gemäß §§ 22 und 23 KunstUrhG (Gesetz betreffend das Urheberrecht an Werken der bildenden Künste und der Fotografie) darf die Verbreitung oder die öffentliche Zurschaustellung des Bildes einer Person nur mit deren Zustimmung erfolgen. Liegt die Einwilligung der Person nicht vor, ist diese befugt, die Verbreitung oder die öffentliche Zurschaustellung des Bildes zu untersagen[7].

---

4 RGZ 91, 350, 352; BGHZ 30, 7, 9.

5 BGHZ 171, 104, 107 f.

6 BGHZ 155, 273 ff.

7 Vgl. dazu BGH NJW 1996, 593 ff.

**Beispiel:** Anton Adler findet zu seiner Überraschung im Rahmen eines Artikels über die Deutschen in einer Illustrierten sein Bild mit der Unterschrift „Prototyp eines satten Deutschen". Da eine Einwilligung des Adler nicht vorliegt, kann er gemäß §§ 22, 23 Kunst- und Urhebergesetz die Verbreitung des Bildes untersagen.

Ausnahmen von der genannten Regel gelten gemäß § 23 KunstUrhG nur **378**

- für Bilder von Personen der Zeitgeschichte;
- für Bilder, auf denen die Personen nur als Beiwerk neben einer Landschaft oder einer sonstigen Örtlichkeit erscheinen;
- für Bilder, bei denen ein höheres Interesse der Kunst die Schaustellung rechtfertigt;
- für Bilder, auf denen die Personen lediglich als Teilnehmer von Massenveranstaltungen zu sehen sind.

Einschränkungen sind jedoch auch bei Bildnissen aus dem Bereich Personen der **379** Zeitgeschichte zu machen. Bilder von Personen der Zeitgeschichte dürfen nicht verbreitet werden, wenn dadurch ein berechtigtes Interesse der Person verletzt wird. Das bedeutet u.a., dass Personen der Zeitgeschichte es in der Regel nicht hinnehmen müssen, dass Bilder aus ihrer Privat- und Intimsphäre ohne ihren Willen angefertigt und veröffentlicht werden.

**Beispiel:** Das Bild des Politikers A bei einer Wahlveranstaltung darf veröffentlicht werden, im Zweifel aber nicht das Bild des Politikers A, welches ihn beim Austausch von Intimitäten mit seiner Freundin B zeigt.

**Beispiel:** Das Bild des gesuchten Straftäters darf veröffentlicht werden, nicht aber das seiner Eltern.

### d) Sonstiges

Die Ausprägung des allgemeinen Persönlichkeitsrechts ist in ständigem Fluss. Sie **380** wird u.a. beeinflusst von neueren Entwicklungen in Wissenschaft, Technik und Medizin, vor allem aber durch die Nutzung und den Missbrauch neuer Medien. In diesem Zusammenhang stellt sich die Frage, ob die traditionellen Grundrechte einen angemessenen Schutz der Persönlichkeit noch leisten können[8].

Das wird deutlich an dem **Beispiel** eines Falles, den der BGH zu entscheiden hatte.[9] Ein Arzt hatte einer Ehefrau mitgeteilt, dass ihr geschiedener Ehemann unter einer Erbkrankheit leide, die vermutlich auch die gemeinsamen Kinder erkranken lässt. Diese Offenbarung stürzte die Frau in Depressionen, für die sie nach § 823 Abs. 1 Schadensersatz verlangte. Nach Auffassung des BGH umfasst das allgemeine Persönlichkeitsrecht auch „ein Recht auf Nichtwissen der eigenen genetischen Veranlagung", welches den Einzelnen davor schützt, Kenntnis über ihn betreffende genetische Informationen mit Aussagekraft für seine persönliche Zukunft zu

---

8 BVerfGE 79, 256, 268.

9 BGHZ 201, 263,

erlangen, ohne dies zu wollen. Im konkreten Fall hat der BGH[10] die Klage der Frau allerdings mit der Begründung abgewiesen, ihr allgemeines Persönlichkeitsrecht in Gestalt des „Rechts auf Nichtwissen der eigenen genetischen Veranlagung" sei nicht verletzt; aus einer etwaigen Verletzung des allgemeinen Persönlichkeitsrechts ihrer Kinder könne sie keine Ansprüche herleiten.

## II. Subjektive Rechte

### 1. Subjektives Recht und objektives Recht

381 Das objektive Privatrecht enthält die Teile der Rechtsordnung als Zusammenfassung von Rechtsregeln, denen das menschliche Zusammenleben unterworfen ist und die allgemein gültig und verbindlich sind. Das objektive Recht verleiht den einzelnen Personen unter den in ihm genannten Voraussetzungen subjektive Rechte, die durchsetzbare Rechtspositionen darstellen. Sie sind vor Gericht einklagbar und vollstreckbar.

**Beispiel:** § 823 Abs. 1 ist Bestandteil des objektiven Rechts. Verletzt der A den B vorsätzlich mit einem Messer am rechten Oberarm, so erfüllt er damit den Tatbestand des § 823 Abs. 1. Das objektive Recht – die Rechtsnorm des § 823 Abs. 1 – verleiht unter den genannten Voraussetzungen dem B ein subjektives Recht gegen A, nämlich das Recht, von ihm wegen des erlittenen Schadens Ersatz zu verlangen.

### 2. Begriff und Arten der subjektiven Rechte

#### a) Der Begriff des subjektiven Rechts

382 Ein **subjektives Recht** ist die dem Einzelnen von der Rechtsordnung verliehene Rechtsmacht zur Befriedigung seiner Interessen[11]. Das bedeutet, das subjektive Recht ist einerseits Willensmacht und hat andererseits den Zweck, menschliche Bedürfnisse und Interessen zu befriedigen.[12] Allerdings ist diese Definition umstritten[13].

Das subjektive Recht steht einer Person, also einem Menschen (= natürliche Person) oder einer juristischen Person zu.

#### b) Arten der subjektiven Rechte

383 Die subjektiven Rechte des Privatrechts lassen sich nach verschiedenen Gesichtspunkten einteilen.

---

10 BGHZ 210, 263, 270 ff.

11 *Wolf/Neuner*; § 20 I mit Hinweisen auf die Literatur.

12 *Wolf/Neuner*; § 20 I.

13 *Wolf/Neuner*; § 20 I mit Hinweisen.

### aa) Die Einteilung der subjektiven Rechte nach Inhalten

#### *(1) Die Persönlichkeitsrechte*

Zu den wesentlichen subjektiven Rechten zählen die Persönlichkeitsrechte. Zu ihnen gehören die in § 823 Abs. 1 genannten Rechtsgüter, neben Gesundheit, Körper und Freiheit das Namensrecht, das Recht am eigenen Bild und das allgemeine Persönlichkeitsrecht (vgl. dazu oben § 21 I. 2.). **384**

Das allgemeine Persönlichkeitsrecht verleiht der einzelnen Person ein umfassendes Recht auf Achtung und Nichtverletzung der Person; durch dasselbe werden die Privat- und Intimsphäre geschützt. Das allgemeine Persönlichkeitsrecht ist also eine dem einzelnen von der Rechtsordnung verliehene Rechtsmacht, seine persönlichen Interessen – hier Achtung und Nichtverletzung der Person – zu befriedigen und durchzusetzen.

#### *(2) Die persönlichen Familienrechte*

Die persönlichen Familienrechte sind ein eigener Typus subjektiver Rechte, die den oben bezeichneten Persönlichkeitsrechten verwandt sind. Mit den Persönlichkeitsrechten haben sie gemein, dass sie streng an die Person gebunden sind, also weder übertragbar noch vererblich sind[14]. **385**

Die persönlichen Familienrechte haben die Beziehungen einer natürlichen Person zu anderen natürlichen Personen zum Gegenstand, die keinen vermögensrechtlichen Charakter haben. Zu diesen zählt u.a. die elterliche Sorge (Natürliche Personen, die nicht das 18. Lebensjahr vollendet haben, stehen grundsätzlich unter der elterlichen Sorge, kraft derer die Eltern das Recht und die Pflicht haben, für die Person und das Vermögen des Kindes zu sorgen [§ 1626]).

#### *(3) Die Herrschaftsrechte*

Herrschaftsrechte verleihen die Rechtsmacht, auf ein bestimmtes Objekt (Sache, Geistesprodukt, Recht, Vermögen) unmittelbar einzuwirken. Mit dieser Befugnis zur eigenen Einwirkung ist häufig die Befugnis zum Ausschluss fremder Einwirkung verbunden. **386**

Das stärkste Herrschaftsrecht in Bezug auf **Sachen** ist das Eigentum. Der Eigentümer einer Sache kann – allerdings im Rahmen der auf Art. 14 GG beruhenden Sozialbindung – mit der ihm gehörenden Sache tun und lassen, was er will, soweit nicht gesetzliche Bestimmungen oder Rechte Dritter entgegenstehen.

Es gibt eine große Anzahl von **Herrschaftsrechten an Rechten**. Neben den sachenrechtlichen Instituten Nießbrauch und Pfandrecht an Rechten zählen dazu vor allem die **Herrschaftsrechte an geistigen Schöpfungen,** als Rechte an unkörperlichen Güter, wie z.B. Erfindungen, literarischen und musikalischen Werken,

---

14 *Wolf/Neuner*, § 20 III. 1.

sowie Computerprogramme. Dazu gehören Urheber- und Patentrechte, sowie Gebrauchsmuster-, Design- und Markenrechte. Manche dieser Rechte, wie Patent-, Gebrauchsmuster, Design- und Markenrechte sind übertragbar und vererblich.

#### *(4) Ansprüche*

387 Ein **Anspruch** gibt einer Person das Recht, von einer anderen oder mehreren anderen Personen ein bestimmtes Tun oder Unterlassen zu verlangen (§ 194 Abs. 1).

> **Beispiel:** Schließen V (Verkäufer) und K (Käufer) einen Kaufvertrag über ein Buch ab, so hat V gegen K einen Anspruch auf Zahlung des vereinbarten Kaufpreises (§ 433 Abs. 2). K hat gegen V einen Anspruch auf Übergabe und Übereignung des gekauften Buches (§ 433 Abs. 1).

Ergibt sich ein Anspruch aus einem Schuldverhältnis, wie es z.B. der Kaufvertrag darstellt, so handelt es sich um eine **Forderung** (siehe auch § 241 Abs. 1).

#### *(5) Die Gestaltungsrechte*

388 Unter einem Gestaltungsrecht als einem subjektiven Recht soll hier lediglich die Rechtsmacht verstanden werden, die einer Person die Möglichkeit gibt, allein durch die Ausübung ihres Willens solche Rechtsfolgen herbeizuführen, die in der Aufhebung oder Veränderung eines bestehenden Rechtsverhältnisses bestehen[15]. Während es zum Zustandekommen eines vertraglichen Schuldverhältnisses der Mitwirkung mindestens zweier Personen bedarf, die den Vertrag entstehen lassen wollen, gibt das Gesetz den Vertragspartnern unter gewissen Voraussetzungen das Recht, durch **einseitige Erklärung** das vertragliche Schuldverhältnis aufzuheben oder zu verändern. Zu den Gestaltungsrechten dieser Art gehören Kündigung, Rücktritt vom Vertrage und Anfechtung.

### bb) Absolute und relative Rechte

389 Bei den Rechten ist zu unterscheiden zwischen absoluten Rechten einerseits und relativen Rechten andererseits.

**Absolute Rechte** wirken gegenüber jedermann. Das bedeutet: Absolute Rechte geben dem Inhaber einen absoluten Schutz. Zu den absoluten Rechten gehören die Persönlichkeitsrechte wie die in § 823 Abs. 1 genannten Rechtsgüter Leben, körperliche Unversehrtheit, Gesundheit und Freiheit, das Namensrecht und das allgemeine Persönlichkeitsrecht. Ein wichtiges absolutes Recht ist auch das Eigentum. Auch Immaterialgüterrechte, wie z.B. Patente, zählen zu den absoluten Rechten.

> **Beispiel:** Der Eigentümer einer Sache genießt einen absoluten Schutz. Verletzt jemand das Eigentum an der Sache und fügt schuldhaft dem Eigentümer einen Schaden zu, so kann der Eigentümer von dem Schädiger Ersatz des entstandenen Schadens verlangen (§ 823 Abs. 1). Nimmt ein anderer dem Eigentümer die Sache

---

15 Zu Einzelheiten siehe *Wolf/Neuner*, § 20 III.

weg, ohne dazu berechtigt zu sein, so kann der Eigentümer von dem anderen die Herausgabe der Sache verlangen (§ 985). Wird der Eigentümer auf sonstige Weise im Gebrauch seines Eigentums gestört, so hat er gegen den Störer, gleich wer derselbe ist, einen Anspruch auf Beseitigung und Unterlassung der Störung (§ 1004).

Im Gegensatz zu den absoluten Rechten, die gegenüber jedermann wirken, wirken die **relativen Rechte** nur zwischen bestimmten Personen innerhalb eines Rechtsverhältnisses. Ein solches Rechtsverhältnis ist in der Regel ein vertragliches Schuldverhältnis (es kommt durch den Abschluss eines Vertrages zustande) oder ein gesetzliches Schuldverhältnis (ein solches entsteht dadurch, dass eine oder mehrere Personen Handlungen vornehmen, durch die ein im Gesetz umschriebener Tatbestand erfüllt wird). Das typische relative Recht ist der Anspruch, den eine Person gegen eine andere hat, und kraft dessen sie von der anderen Person ein bestimmtes Tun oder Unterlassen verlangen und erzwingen kann. 390

**Beispiel:** Aufgrund eines abgeschlossenen Kaufvertrages (vertragliches Schuldverhältnis) kann der Käufer vom Verkäufer gemäß § 433 Abs. 1 Übereignung und Übergabe der gekauften Sache verlangen. Er hat darauf einen Anspruch, also ein relatives Recht. Aus demselben Kaufvertrag kann der Verkäufer von dem Käufer Zahlung des Kaufpreises verlangen (§ 433 Abs. 2). Der Verkäufer erwirbt aus dem Kaufvertrag also ebenfalls einen Anspruch, ein relatives Recht.

**Beispiel:** Verletzt A den B vorsätzlich mit einem Messer am rechten Oberarm, so erfüllt sein Verhalten den Tatbestand des § 823 Abs. 1 (gesetzliches Schuldverhältnis). B kann von A Schadensersatz verlangen (§ 823 Abs. 1) und Schmerzensgeld (§ 253 Abs. 2). Er hat einen Anspruch darauf, ist also Inhaber eines relativen Rechtes.

### 3. Die Grenzen der Durchsetzbarkeit subjektiver Rechte

Grundsätzlich kann jede Person frei darüber entscheiden, ob sie ein ihr zustehendes subjektives Recht durchsetzen will oder nicht. Allerdings garantiert die Rechtsordnung nicht die schrankenlose Ausübung und Durchsetzung subjektiver Rechte. Auch die subjektiven Rechte gewähren nur Rechtsstellungen, die begrenzt sind. Da subjektive Rechte nicht nur einzelnen, sondern allen Personen zustehen, kann das subjektive Recht des einen seine Schranke im subjektiven Recht eines anderen finden. Man kann auch sagen: Alle subjektiven Rechte müssen zu einem gemeinverträglichen Neben- und Miteinander gebracht werden.[16] 391

Eine wichtige Schranke für die Ausübung der subjektiven Rechte wird durch den **Rechtsmissbrauch**, nämlich die unredliche Inanspruchnahme eines Rechts, gesetzt. Rechtsmissbräuchlich und deshalb unzulässig ist die Ausübung eines subjektiven Rechtes insbesondere dann, wenn der Inhaber des Rechtes damit

- gegen das Schikaneverbot (§ 226),

16 *Wolf/Neuner*, § 20 IV.

- gegen die guten Sitten (§§ 138, 826) oder
- gegen Treu und Glauben (§ 242) verstößt.

**392** Aus diesen gesetzlichen Bestimmungen lässt sich folgender Grundsatz ableiten: Eine Rechtsausübung ist unzulässig, wenn sie sich als grober Verstoß gegen den das gesamte bürgerliche Recht beherrschenden Grundsatz von Treu und Glauben darstellt[17].

Der Schikanetatbestand des § 226 ist sehr eng gefasst. Da zur Anwendung des § 226 erforderlich ist, dass die Ausübung eines Rechtes ausschließlich den Zweck haben muss, einem anderen Schaden zuzufügen, dürfte dieser Tatbestand selten erfüllt werden[18].

**Beispiel:** Nach Auffassung des BGH[19] ist die Erhebung einer Anfechtungsklage (nach Aktienrecht) dann **rechtsmissbräuchlich**, wenn der Kläger damit das Ziel verfolgt, die verklagte Gesellschaft in grob eigennütziger Weise zu einer Leistung zu veranlassen, auf die er keinen Anspruch hat und billigerweise auch nicht erheben kann. Es handelt sich dabei um Fälle der „räuberischen Anfechtungsklage", in denen Aktionäre sich vermeintliche Anfechtungsrechte abkaufen lassen wollen und damit die Gesellschaft schädigen.

### 4. Die erlaubte Verteidigung subjektiver Rechte

**393** Die Durchsetzung subjektiver Rechte bereitet Schwierigkeiten, wenn der Anspruchsgegner, der Verpflichtete, sich weigert, das von ihm verlangte Tun oder Unterlassen zu vollziehen. Wie schon erwähnt, ist es Aufgabe des Staates, dem Bürger bei der Durchsetzung des Rechts zu helfen. Dieser Aufgabe wird er durch die Einrichtung von Gerichten und besonderer Verfahren gerecht. Auch die Vollstreckung der von den Gerichten gefällten Entscheidungen ist Aufgabe des Staates. Die Verwirklichung bzw. Durchsetzung subjektiver Rechte geschieht also grundsätzlich mit Hilfe der dafür vorgesehenen staatlichen Organe, der Gerichte und der Vollstreckungsorgane.

Das genannte staatliche Gewaltmonopol schließt private Eigenmacht und Selbsthilfe bei der Durchsetzung des Rechts in der Regel aus. Allerdings gewährt die Rechtsordnung dem Rechtsinhaber in Ausnahmefällen die Befugnis zur Verteidigung und Selbsthilfe. Im BGB geregelt sind Notwehr, Notstand und Selbsthilfe (§§ 227 ff., 859, 904).

**Lösung zu Fall 19:** K könnte einen Schadensersatzanspruch gemäß § 823 Abs. 1 erworben haben. Dann müsste ein Rechtsgut i.S. des § 823 Abs. 1 verletzt sein. In Betracht kommt eine Verletzung des allgemeinen Persönlichkeitsrechts als ein sonstiges Recht der K. Der BGH (vgl. BGHZ 39, 124 ff.) ist der Ansicht, dass

---

17 Vgl. RGZ 146, 396.

18 Vgl. *Larenz/Wolf*, AT, § 16 Rn. 13.

19 BGHZ 107, 296, 311 f.

der geschilderte Bericht eine schwerwiegende rechtswidrige Verletzung des Persönlichkeitsrechts der K enthält. Zwar sei es der Presse erlaubt, die Leistungen der K als Ansagerin einer Rundfunkanstalt zu kritisieren und dabei auch auf das den Fernsehteilnehmern bekannte äußere Erscheinungsbild einzugehen und es negativ zu würdigen. Die Ausführungen in der Illustrierten Y gehen nach Ansicht des BGH aber über das Maß einer erlaubten Kritik weit hinaus. Das gelte vor allem für die Beleidigungen, K passe in „ein zweitklassiges Tingeltangel auf der Reeperbahn" und sehe aus wie eine „ausgemolkene Ziege". Diese Beleidigungen seien auch nicht mit einer Berufung auf das Grundrecht der Pressefreiheit zu rechtfertigen. Dieses Grundrecht werde „in seinem Wesen verkannt, wenn ihm die von einer Verantwortung entbundene Freiheit entnommen wird, Klatsch zu verbreiten und die Berichterstattung auf Kosten der Ehre anderer zugkräftig zu machen (vgl. Art. 5 Abs. 2 GG)". Eben dies sei aber in dem Bericht geschehen, indem in verzerrter und beleidigender Art auf das Privatleben der K ohne sachlichen Grund eingegangen worden sei. Infolgedessen liegt eine Rechtsgutsverletzung gemäß § 823 Abs. 1 vor, auf Grund derer ein Schadensersatzanspruch der K entstanden ist, wenn die übrigen in der Vorschrift genannten Voraussetzungen zu bejahen sind.

# § 22 Rechtsobjekte

**Schrifttum:** *Bydlinski,* Der Sachbegriff im elektronischen Zeitalter: zeitlos oder anpassungsbedürftig?, AcP 198 (1998), 287; *Giesen*, Scheinbestandteil – Beginn und Ende, AcP 202 (2002), 689; *Klickermann*, Virtuelle Welten ohne Rechtsansprüche, MMR 2007, 766; *Schmieder,* Name – Firma – Titel – Marke: Grundzüge des Rechts an der Bezeichnung, JuS 1995, 119.

***Fall 20*** *(in Anlehnung an BGHZ 53, 324): A ist Eigentümer eines alten Wohnhauses. Im Jahre 2016 lässt A die Heizungsanlage auf Ölfeuerung umstellen. B liefert u.a. einen Ölbrenner und zwei Batterietanks. Zwischen B und A wird vereinbart, dass der Ölbrenner und die beiden Batterietanks solange im Eigentum des B bleiben sollen, bis A den gesamten Kaufpreis bezahlt hat (Eigentumsvorbehalt). Bisher hat A nur die Hälfte des Kaufpreises bezahlt. Als A das Grundstück mit dem Gebäude Anfang 2017 veräußern will, stellt sich die Frage, wer Eigentümer des Ölbrenners und der Batterietanks ist.*

## I. Überblick

Ein subjektives Recht als die dem einzelnen Menschen von der Rechtsordnung **394**
verliehene Rechtsmacht, kann sich auf alle diejenigen Objekte beziehen, die von Menschen beherrschbar sind und ihm von der Rechtsordnung auch zugeordnet werden können. Die Rechtsordnung kennt keine Rechte an Menschen. Objekte ei-

nes Rechts (Rechtsobjekte) können deshalb in erster Linie Sachen und Rechte sein. Man kann sagen: Rechtsobjekt ist all das, was von Menschen beherrschbar ist und Menschen von der Rechtsordnung in der Art zugeordnet werden kann, dass der menschliche Wille für das zugeordnete Objekt rechtlich entscheidend sein soll[1].

Die rechtliche Herrschaftsmacht kann sich erstrecken auf Sachen, Rechte und Immaterialgüter.

## II. Sachen

### 1. Begriff und Arten von Sachen

395 Sachen im Sinne des BGB sind nur **körperliche Gegenstände** (§ 90). Sie sind von Menschen beherrschbar.

Körperlich ist im Sinne von räumlicher Ausdehnung zu verstehen. Festigkeit ist nicht erforderlich. Deshalb gehören auch Gase und Flüssigkeiten zu den Sachen im Sinne des § 90, weil sie in Flaschen und anderen Behältern aufbewahrt, also beherrscht werden können. Nach der herrschenden Meinung[2] gehören Elektrizität, Licht- und Schallwellen sowie Strahlen nicht zu den Sachen im Sinne des § 90. Die h. M. wendet auf die elektrische Energie gleichwohl die Vorschriften über die beweglichen Sachen an[3]. Bei Computerprogrammen sind nur die Datenträger Sachen im Sinne des § 90, während die darin verkörperte geistige Leistung ein durch das Urheberrecht geschütztes Immaterialgut bleibt.[4]

396 Zu den Sachen gehören auch **Pflanzen**. Was **Tiere** angeht, so hat der Gesetzgeber der allgemeinen Entwicklung im Tierrecht, die durch den Grundgedanken bestimmt ist, dass der Mensch für das Tier als Mitgeschöpf und schmerzempfindendes Wesen verantwortlich sein soll, Rechnung getragen und in dem seit dem 1.9.1990 geltenden § 90 a ausdrücklich klargestellt, dass Tiere keine Sachen sind. Gleichwohl sind die für Sachen geltenden Vorschriften entsprechend anzuwenden, soweit nicht die dem Tierschutz dienenden gesetzlichen Vorschriften, insbesondere das Tierschutzgesetz, entgegenstehen (§ 90 a S. 3). Das bedeutet z.B., dass Tiere im Eigentum von Menschen stehen und ebenso wie Steine und Autos nach § 929 durch Einigung und Übergabe übereignet werden.

Das BGB unterscheidet zwischen beweglichen Sachen (u.a. in § 929) und unbeweglichen Sachen, d.h. Grundstücken (§ 925). Die Unterscheidung ist wesentlich, weil bewegliche Sachen z.B. auf andere Art und Weise übereignet werden als Grundstücke (unbewegliche Sachen).

---

1 *Rüthers/Stadler*, § 11 Rn.1.

2 *Larenz/Wolf*, AT, § 20 Rn. 15; *Palandt/Ellenbgerger*, § 90 BGB Rn. 2; *Rüthers/Stadler*, § 11 Rn. 7

3 *MüKo/Stresemann*, § 90 BGB Rn. 24 mit Hinweisen.

4 *MüKo/Stresemann*, § 90 BGB Rn. 25 mit Nachweisen.

Ein **Grundstück** im Rechtssinn ist ein räumlich abgegrenzter, d.h. katastermäßig vermessener und bezeichneter Teil der Erdoberfläche, der im Grundbuch (einem staatlichen Register) als Grundstück geführt wird. [5]

Bewegliche Sachen sind körperliche Sachen, die nicht Grundstücke sind.

> **Beispiele:** Autos, Bücher und Kleidungsstücke.

§ 91 unterscheidet zwischen **vertretbaren Sachen** und **nicht vertretbaren (unvertretbaren) Sachen.** Nach der Definition des § 91 sind vertretbare Sachen bewegliche Sachen, die im Verkehr nach Zahl, Maß oder Gewicht bestimmt werden. Dies trifft auf solche Sachen zu, die sich von anderen nicht durch ausgeprägte Individualisierungsmerkmale abheben und daher ohne weiteres austauschbar sind, deren Qualitätsmerkmale sich also gegenüber anderen Sachen derselben Art nur aus Maß, Zahl oder Gewicht ergeben[6]. 397

> **Beispiel:** Nach Auffassung des BGH[7] erfüllt Wein diese Begriffsmerkmale; Wein ist also eine vertretbare Sache, weil er beim Abschluss von Schuldverhältnissen im Rahmen der gewünschten Sorte üblicherweise nach Zahl und Maß (Flaschen, Liter, Fässer, Fuder) bestimmt wird, ohne dass sich die jeweiligen Teilmengen, auf die sich das Geschäft bezieht, von anderen der gleichen Art durch individuelle Besonderheiten unterscheiden.

Zu den vertretbaren Sachen gehören z.B. Geld, Wertpapiere und Obst.

Nicht vertretbare Sachen sind solche Sachen, die individuell charakterisiert sind, sich von anderen Sachen also durch ausgeprägte Individualisierungsmerkmale abheben. Unvertretbare Sachen sind z.B. Originalkunstwerke und nach Beschreibung angefertigte Möbel[8]. 398

Bei beweglichen Sachen wird außerdem zwischen verbrauchbaren und unverbrauchbaren Sachen unterschieden (§ 92). Lebensmittel sind z.B. verbrauchbare bewegliche Sachen, weil „deren bestimmungsmäßiger Gebrauch in dem Verbrauch... besteht". Verbrauchbar sind auch solche Sachen, „deren bestimmungsmäßiger Gebrauch in der Veräußerung besteht". Dazu zählt in erster Linie Geld.

## 2. Verbindungen von Sachen

### a) Bestandteile vom Sachen

#### aa) Überblick

Grundsätzlich kennt das BGB dingliche Rechte, wie z.B. das Eigentum und das Pfandrecht, nur an einzelnen Sachen, auf die sich die Rechte beziehen müssen. Da es aber zweckmäßig ist, wirtschaftliche Einheiten, zu denen Sachen zusam- 399

---

5 *MüKo/Stresemann*, § 90 BGB Rn. 12.

6 So BGH WM 1985, 837, 838.

7 WM 1985, 837, 838.

8 RGZ 107, 339, 340.

mengefasst sind, auch als rechtliche Einheiten – jedenfalls in Grenzen – anzuerkennen, enthalten die §§ 93 ff. und §§ 946 ff. die Möglichkeit, mehrere Sachen zu einer engen oder auch losen Einheit miteinander zu verbinden.

Das BGB unterscheidet u.a. zwischen wesentlichen Bestandteilen, unwesentlichen Bestandteilen und Scheinbestandteilen.

#### bb) Wesentliche Bestandteile von beweglichen Sachen

399 a Nach der Definition des § 93 sind **wesentliche Bestandteile einer Sache** solche Sachen, die nicht voneinander getrennt werden können, ohne dass der eine oder der andere Teil zerstört oder in seinem Wesen verändert wird. Das bedeutet, dass bewegliche Sachen so eng miteinander verbunden werden können, dass eine neue körperliche Einheit entsteht. Nach § 947 besteht Eigentum – u.U. auch Miteigentum – nur an der Sache, mit der die Bestandteile fest verbunden sind. An den wesentlichen Bestandteilen der Sache können keine besonderen Rechte, auch nicht das Eigentum, bestehen.

> **Beispiel:** E ist Eigentümer eines Kraftfahrzeuges. In der Werkstatt des W wird in das Kraftfahrzeug des E ein Austauschmotor eingebaut. An diesem Motor behält sich W das Eigentum vor, bis E den Restkaufpreis vollständig bezahlt hat (Eigentumsvorbehalt). E hat erst ein Drittel des Kaufpreises entrichtet, als die Frage wichtig wird, wer Eigentümer des Austauschmotors ist. Ist der Motor wesentlicher Bestandteil des Kraftfahrzeuges geworden, ist gemäß § 947 ein Alleineigentum des W an diesem Austauschmotor nicht möglich, weil an wesentlichen Bestandteilen gemäß § 93 keine besonderen Rechte bestehen können. Nach der Rechtsprechung des BGH[9] ist der Motor durch den Einbau allerdings nur einfacher, aber nicht wesentlicher Bestandteil des Kraftfahrzeuges im Sinne des § 93 geworden. Ein Motor kann aus einem Kraftfahrzeug wieder ausgebaut werden, ohne dass die sonstigen Teile des Kraftfahrzeuges dadurch beschädigt werden. Außerdem sind der Motor und das Kraftfahrzeug ohne Motor nach der Trennung noch zu nutzen.[10]. Da es sich bei dem Motor nicht um einen wesentlichen Bestandteil des Kraftfahrzeuges handelt, konnte sich W das Eigentum daran vorbehalten. Eigentümer des Motors ist also W und nicht E.

#### cc) Wesentliche Bestandteile von Grundstücken

400 § 946 bestimmt die Rechtsverhältnisse an solchen Sachen, die **wesentliche Bestandteile eines Grundstücks** geworden sind: Die wesentlichen Bestandteile stehen in der Regel im Eigentum dessen, der auch Eigentümer des Grundstücks ist.

§ 94 definiert für Grundstücke näher, was unter wesentlichen Bestandteilen zu verstehen ist. Wesentliche Bestandteile eines Grundstücks sind danach vor allem Gebäude. Das bedeutet: Die auf einem Grundstück errichteten Gebäude sind in

---

9 BGHZ 18, 226, 229.

10 BGHZ 61, 80 ff.

der Regel Eigentum des Grundstückseigentümers, auch dann, wenn eine andere Person als der Grundstückseigentümer das Gebäude errichtet hat.

Auch die wesentlichen Bestandteile des auf dem Grundstück errichteten Gebäudes stehen im Eigentum des Grundstückseigentümers. Zu den wesentlichen Bestandteilen eines Gebäudes gehören nach § 94 Abs. 2 die Sachen, die zur Herstellung des Gebäudes eingefügt sind. Ob eine Sache zur Herstellung des Gebäudes eingefügt ist, ist danach zu entscheiden, ob nach der Verkehrsanschauung das Gebäude ohne die Einfügung dieser Sache noch nicht als fertiggestellt angesehen werden kann. Dabei kommt es nicht darauf an, ob die Einfügung der Sache vom Zweck her erforderlich ist oder Luxus darstellt.[11]

Es kommt auch vor, dass bewegliche Sachen nur vorübergehend mit einem Grundstück verbunden werden. Es wäre unzweckmäßig, diese Sachen in das Eigentum des Grundstückseigentümers übergehen zu lassen, wenn es sich um Sachen handelt, die vorher nicht im Eigentum des Grundstückseigentümers gestanden haben. Das Gesetz sieht in § 95 für diese Fälle eine Sonderregelung vor. Sachen, die nur zu einem vorübergehenden Zweck mit dem Grundstück verbunden werden, werden nicht Bestandteile des Grundstücks. **401**

**Beispiel:** A mietet von C ein Grundstück auf die Dauer von 10 Jahren und errichtet darauf ein vorgefertigtes, im wesentlichen aus Holz bestehendes Wochenendhaus, das er in einem Baumarkt erworben hat. Er will, dieses Haus nach Ablauf der Mietzeit wieder von dem Grundstück entfernen. Das Haus wird nur zu einem vorübergehenden Zweck mit dem Grundstück verbunden. Es wird gemäß § 95 nicht Bestandteil desselben und geht deshalb auch nicht nach § 946 in das Eigentum des C über. Eigentümer bleibt vielmehr A.

### b) Zubehör

Das BGB unterscheidet zwischen Bestandteilen und Zubehör. Im Gegensatz zu den Bestandteilen bleiben Sachen, die Zubehör sind, rechtlich getrennt von anderen Sachen; d.h. sie können Gegenstand besonderer Rechte, wie z.B. des Eigentums, sein. Nach § 97 sind Zubehör solche beweglichen Sachen, die dem wirtschaftlichen Zweck einer Hauptsache dienen, zu ihr in einem entsprechenden räumlichen Verhältnis stehen und nach der Verkehrsanschauung als Zubehör angesehen werden. **402**

Sachen, die Zubehör sind, sind rechtlich selbständig. Das bedeutet u.a., dass der Eigentümer eines Grundstücks nicht auch der Eigentümer der Sachen sein muss, die Zubehör des Grundstücks sind (vgl. § 98).

**Beispiel:** Die Stühle und Tische eines auf einem Grundstück betriebenen Gartenlokals sind Zubehör und nicht Bestandteile des Grundstücks.

11 *Jauernig/Mansel*, § 94 BGB Rn. 3.

## III. Rechte

403 Nicht nur Sachen sind Gegenstand subjektiver Rechte; subjektive Rechte können sich auch auf Rechte beziehen. Dazu zählen die Herrschaftsrechte an Rechten, wie z.B. der Nießbrauch (§ 1068) und das Pfandrecht an Rechten.

**Beispiel:** Der Gläubiger G hat gegen den Schuldner S einen Anspruch auf Zahlung von 200 €. Da S nicht zahlt, erwirkt G gegen ihn ein entsprechendes Urteil. Aufgrund dieses Urteils lässt G dann bei dem Arbeitgeber des S dessen Arbeitseinkommen ab der pfändbaren Höhe bis zur Höhe seines Anspruches pfänden. Das Pfandrecht ist ein subjektives Recht, das sich auf ein Recht, welches ein Rechtsobjekt darstellt, bezieht, nämlich auf den Anspruch des S gegen seinen Arbeitgeber auf Zahlung des Lohnes.

Als Rechtsobjekte anerkannt sind auch **geistige Leistungen**. Geistige Güter wie Werke der Literatur, der Wissenschaft und der Kunst sind Objekte von Urheberrechten und werden durch das Urheberrechtsgesetz geschützt. Im gewerblichen und technischen Bereich werden geistige Leistungen dadurch geschützt, dass die gewerblichen Schutzrechte – Patent- und Gebrauchsmusterrecht – dem jeweiligen Inhaber ein ausschließliches Bestimmungs- und Nutzungsrecht an dem Rechtsobjekt garantiert.

Rechtsobjekt und damit Schutzgegenstand kann auch eine ästhetische gewerbliche Gestaltung wie das **Design** sein. Das Markenrecht schützt **geschäftliche Kennzeichen** als Rechtsobjekte.

Rechte an Persönlichkeitsrechten kann es nicht geben.

## IV. Nutzungen (Früchte und Gebrauchsvorteile)

### 1. Überblick

404 Das BGB bezeichnet in § 100 die Erträge aus Rechtsobjekten, also Sachen und Rechten, als **Nutzungen.**

Nutzungen ist der Oberbegriff für die Gebrauchsvorteile und Früchte einer Sache oder eines Rechtes. Früchte im Rechtssinne sind nicht zu verwechseln mit der Bedeutung, die diesem Ausdruck im täglichen Sprachgebrauch beigemessen wird (vgl. § 99).

### 2. Früchte

405 § 99 Abs. 1 definiert als **unmittelbare Früchte einer Sache** die Erzeugnisse dieser Sache und die sonstige Ausbeute, welche aus der Sache ihrer Bestimmung gemäß gewonnen werden.

**Beispiele** für Früchte im Sinne des § 99 Abs. 1: die Wolle eines Schafes, die Eier eines Huhnes, Obst, Kies aus einer Kiesgrube (letzteres ist eine Ausbeute).

**Unmittelbare Rechtsfrüchte** (Früchte eines Rechts) sind nach § 99 Abs. 2 diejenigen Erträge, welchen das Recht seiner Bestimmung nach gewährt.

> **Beispiele:** Die Dividende aus einer Aktie (das Recht ist die Gesellschafterstellung des Aktionärs) und Getreide, das der Pächter aus dem gepachteten Boden zieht.

§ 99 Abs. 3 bestimmt als **mittelbare Früchte einer Sache oder eines Rechts** diejenigen Erträge, die eine Sache oder ein recht vermöge eines Rechtsverhältnisses gewährt. **405 a**

> **Beispiel** für mittelbare Sachfrüchte: Mieteinahmen für die Überlassung einer Wohnung zum Gebrauch.
>
> **Beispiel** für eine mittelbare Rechtsfrucht: Die Lizenzgebühr für eine Patentüberlassung.

### 3. Gebrauchsvorteile

Gebrauchsvorteile einer Sache oder eines Rechts sind Vorteile, welche der Gebrauch der Sache oder des Rechts gewährt, ohne dass es sich dabei um Früchte im Sinne von § 99 handelt.[12] **405 b**

> **Beispiele:** Der Gebrauch einer Wohnung gewährt den Vorteil des Wohnens; der Gebrauch eines Kraftfahrzeugs bietet den Vorteil erleichterter Fortbewegung und des Transports.

## V. Gesamtheiten von Sachen und Rechten

### 1. Das Vermögen

Der Begriff Vermögen wird im BGB in etlichen Bestimmungen verwandt (vgl. u.a. §§ 311 b Abs. 2, Abs. 3, 419 und 1922). Es fehlt allerdings an einer gesetzlichen Definition. **405 c**

Das **Vermögen** einer Person ist die Gesamtheit der ihr zustehenden geldwerten Rechte[13]. Geldwerte Rechte sind die Rechte, die unter normalen Verhältnissen gegen Geld veräußert oder nur gegen Geld erworben werden können oder sonst einen in Geldwert ausdrückbaren wirtschaftlichen Nutzen gewähren. Dazu zählen u.a.: Eigentumsrechte, Forderungen, soweit sie einen Geldwert haben, Anteilsrechte an Kapitalgesellschaften (Aktiengesellschaft, Gesellschaft mit beschränkter Haftung), Patente.

> **Beispiel:** Der Angestellte H macht eine Vermögensaufstellung. Sein Vermögen setzt sich zusammen aus: dem Eigentum an einem Hausgrundstück, dem Eigentum an einem PKW, einer Darlehensforderung in Höhe von 250 € gegen seinen Onkel S, einem Vergütungsanspruch für den Monat Dezember in Höhe von 2.500

---

12 *MüKo/Stresemann* § 100 BGB Rn. 2–4a.

13 So RGZ 78, 239, 240.

€ gegen den Arbeitgeber sowie dem Eigentum an 10 Aktien. Nicht zum Vermögen zählen z.B.: seine Mitgliedschaft in dem Spiel- und Sportverein e.V. und das Recht der Personensorge für sein Kind C.

### 2. Das Unternehmen

406 Obwohl der Begriff Unternehmen in Gesetzen verwandt wird, wie z.B. in § 15 AktG und § 1 GWB, ist er gesetzlich nicht definiert. Das **Unternehmen** ist ein zusammengesetztes Gebilde. Es stellt eine „auf Dauer angelegte organisatorische Verbindung personeller und sachlicher Kräfte dar."[14] Es umfasst Sachen, Rechte und sonstige wirtschaftliche Werte.

Zu den Sachen können zählen: Grundstücke samt Gebäude und Zubehör, Warenlager, Einrichtungsgegenstände, wie z.B. Büromöbel, Schreibmaschinen, Regale, Fahrzeuge, Maschinen etc. Zu den Rechten können gehören: Markenschutzrechte, Patente und Urheberrechte sowie Forderungen aus Geschäftsverbindungen. Zu den sonstigen wirtschaftlichen Werten zählen: die Firma, technisches und kaufmännisches Know How, der Ruf des Unternehmens, die Beziehungen zu den Kunden und Mitarbeitern.

407 Danach schälen sich im Wesentlichen zwei Gruppen von Werten heraus, die das Unternehmen ausmachen:

a) das **Betriebsvermögen** (Sachen und Rechte) und
b) die **Chancen**, u.a. die oben genannten Verhältnisse und Beziehungen, die Mittel Ertrag bringender wirtschaftlicher Tätigkeit sein können.

Äußerlich sichtbare Merkmale der Verselbständigung des Unternehmens sind die Vorschriften über die Firma im HGB (§§ 17 ff. HGB). Die Firma ist der Name des Vollkaufmanns bzw. Unternehmens, unter dem die Geschäfte betrieben werden. Unter diesem Namen kann das Unternehmen auch klagen und verklagt werden.

408 Das Unternehmen wird geschützt durch eine Reihe von in vielen Gesetzen verstreuten Bestimmungen, die z.B. zu finden sind im Wettbewerbsrecht (GWB und UWG), im Firmenrecht (HGB) und in den zum gewerblichen Rechtsschutz gehörenden Gesetzen. Ein umfassender Schutz des Unternehmens, der lückenlos alle Fälle der Beeinträchtigungen und Verletzungen von Unternehmen erfasst, fehlt allerdings. Die Rechtsprechung hat versucht, diese Lücke zu schließen und einen umfassenden Unternehmensschutz, anknüpfend an § 823 Abs. 1, in Gestalt des „Rechts am eingerichteten und ausgeübten Gewerbebetrieb" als Auffangtatbestand zu schaffen. Die Rechtsprechung zählt den eingerichteten und ausgeübten Gewerbebetrieb zu den „sonstigen Rechten" i.S. des § 823 Abs. 1. Damit soll der Bestand des Unternehmens gegen unmittelbare, d.h. betriebsbezogene Eingriffe Dritter geschützt werden[15].

---

14 *Wolf/Neuner*, § 26 IV.

15 Vgl. dazu BGHZ 3, 270, 279 f.; 38, 200 ff.

Wird ein Unternehmen veräußert, so ist Gegenstand des Kaufvertrages die wirtschaftliche Einheit, die das Unternehmen darstellt, nämlich **409**

- das Betriebsvermögen, zu dem Grundstücke und bewegliche Sachen (z.B. Warenlager und Werkzeuge) und Rechte (Forderungen aus Umsatzgeschäften, Patente etc.) gehören,
- die Chancen, wie Kundenkreis, Geschäftsbeziehungen, Know How (z.B. Herstellungsverfahren, Organisation).

**Lösung zu Fall 20:** Ursprünglich war B Eigentümer des Ölbrenners und der Batterietanks. Auch hat er sein Eigentum nicht nach § 929 an A verloren, da die hierzu notwendige Einigung über den Eigentumsübergang fehlte: B sollte bis zur Bewirkung des vollständigen Kaufpreises Eigentümer (Vereinbarung eines Eigentumsvorbehalts) bleiben. Allerdings könnte A durch Verbindung der Sachen mit seinem Grundstück nach § 946 Eigentümer geworden sein. Eine Verbindung in diesem Sinne setzt voraus, dass der Brenner und die Tanks wesentliche Bestandteile des Gebäudes und damit des Grundstücks geworden sind. Dies richtet sich nach § 94. Der BGH geht davon aus, dass Zentralheizungsanlagen in ihrer Gesamtheit, also einschließlich aller nach technischen und wirtschaftlichen Erfordernissen eingefügten Teile, wesentliche Bestandteile neuzeitlich eingerichteter Wohnhäuser darstellen, und zwar auch dann, wenn eine solche Anlage nachträglich in ein Altgebäude eingebaut worden ist. Infolgedessen gelangt der BGH zu dem Ergebnis, dass der Ölbrenner und die Tankanlage wesentliche Bestandteile des Grundstücks im Sinne des § 94 sind. Gemäß § 946 hat A als der Grundstückseigentümer also das Eigentum daran erworben.

# § 23 Einführung in das Recht der unerlaubten Handlungen

**Schrifttum:** *Coester-Waltjen*, Die Naturalrestitution im Deliktsrecht, Jura 1996, 270; *Katzenmeier*, Die Neuregelung des Anspruchs auf Schmerzensgeld, JZ 2002, 1029; *Raab*, Die Bedeutung der Verkehrspflichten und ihre systematische Stellung im Deliktsrecht, JuS 2002, 1041.

***Fall 21:*** *A ist Techniker und nimmt eine verantwortliche Position im Betrieb des B wahr. D, der Produkte der gleichen Art und Güte wie B herstellen möchte, veranlasst den A, vertragswidrig seine Tätigkeit bei B sofort einzustellen und für monatlich 1.000 € Gehalt mehr in seinem Betrieb mit der Arbeit für ihn zu beginnen. Für 20.000 € verrät A dem D wichtige geheim gehaltene Produktionsverfahren des B. Für weitere 10.000 € bringt A dem D auf dessen Drängen auch noch die Kundenkartei des B mit. Schon nach kurzer Zeit ist D in der Lage, aufgrund der ihm nun bekannt gewordenen besseren Produktionsverfahren Produkte herzustellen, die de-*

*nen des B gleichwertig sind. Mit Hilfe der Kundenkartei des B kann D einen großen Kundenkreis ansprechen. Nachdem D 30 % des Marktanteils, den B bisher hatte, an sich gebracht hat, verlangt B von D Schadensersatz. Die Höhe seines entgangenen Gewinns des B beziffert ein Sachverständigengutachten auf 300.000 €.*

*Kann B von D Schadensersatz in dieser Höhe verlangen?*

## I. Überblick

410 Die Forderung nach Schadensersatz ist der mit Abstand häufigste Gegenstand ziviler Rechtsstreitigkeiten. Das im BGB geregelte Haftungs- und Schadensersatzrecht kann nicht isoliert gesehen werden. Es wird ergänzt durch ein differenziertes System staatlicher Ersatzleistungen sowie Ausgleichsregelungen, die u.a. Bestandteil des Arbeits- und Sozialrechts sind.

Das deutsche Privatrecht kennt weder einen allgemeinen Haftungstatbestand noch eine umfassende Verpflichtung jeder Person, Schädigungen anderer zu vermeiden. Das bedeutet: Nicht jeder Personen- oder Sachschaden wird ersetzt.

Es gibt verschiedene Arten von Schadensersatzansprüchen. Es ist zu unterscheiden zwischen

- **vertraglichen** Schadensersatzansprüchen,
- **deliktischen** Schadensersatzansprüchen und
- Schadensersatzansprüchen aus **Gefährdungshaftung.**

411 1. **Vertragliche Schadensersatzansprüche** entstehen, wenn ein Vertragspartner seine aus dem Vertrag erwachsenden Verpflichtungen nicht, nicht rechtzeitig oder nicht richtig erfüllt. Die zentrale gesetzliche Vorschrift der auf Vertrag beruhenden Schadensersatzforderungen ist der Tatbestand der in § 280 geregelten **Pflichtverletzung.**

**Beispiel:** K (der Käufer) hat mit V (dem Verkäufer) einen Kaufvertrag abgeschlossen. Zahlt K den Kaufpreis zu dem vereinbarten Zeitpunkt nicht, gerät er mit der von ihm zu erbringenden Leistung (Zahlung des Kaufpreises) im Zweifel in Verzug. Entsteht V dadurch ein Schaden, kann er Ersatz desselben von K verlangen (§§ 280 Abs. 1, Abs. 2, 286 Abs. 1). Es handelt sich dabei um einen vertraglichen Schadensersatzanspruch.

411 a 2. **Schadensersatzansprüche aus Delikt** (unerlaubter Handlung) beruhen auf **außervertraglichen Haftungstatbeständen**, die im Gesetz detailliert beschrieben sind. Die meisten dieser außervertraglichen Haftungstatbestände befinden sich im Recht der unerlaubten Handlungen (§§ 823 ff.).

**Beispiel:** Um sich an seinem Nachbarn N zu rächen, zerkratzt A mit einem Schraubenzieher die Motorhaube des im Eigentum des N stehenden PKW. Damit erfüllt A den in § 823 Abs. 1 genau beschriebenen Tatbestand. Mit seiner Handlung verletzt A das Eigentum des N; dadurch erwächst dem N ein Schaden. Die Handlung des A ist widerrechtlich, da die Rechtsgutsverletzung nicht gerechtfertigt ist. Da A vorsätzlich handelte, ist dem N gegen A ein Schadensersatzanspruch aus § 823 Abs. 1 entstanden.

3. Es existiert eine Reihe von Gesetzen, die **Gefährdungshaftungstatbestände** enthalten, die ohne Rücksicht auf ein Verschulden des den Schaden Verursachenden dem Geschädigten Schadensersatzansprüche gewähren, wenn Lebensgüter oder bestimmte Rechte verletzt werden (Gefährdungshaftung. Siehe dazu unten § 23 a.). 411 b

**Beispiel:** Einen typischen Gefährdungstatbestand enthält § 1 Umwelthaftungsgesetz: Wird durch eine Umwelteinwirkung, wie z.B. durch Gase oder Strahlen, die von bestimmten Anlagen, wie z.B. Kraftwerken oder Produktionseinrichtungen zur Herstellung von anorganischen Chemikalien wie Säuren, ausgehen, eine Person verletzt oder eine Sache beschädigt, so ist der Inhaber der Anlage ohne Rücksicht darauf, ob ihn ein Verschulden trifft oder nicht, zum Schadensersatz verpflichtet.

Im Folgenden soll zunächst nur von den deliktischen Schadensersatzansprüchen und der Gefährdungshaftung die Rede sein. Schadensersatzansprüche aus Vertrag werden später (§§ 26 ff.) behandelt. 412

§ 823 Abs. 1 ist die zentrale Vorschrift des Deliktsrechts. Danach sind Leben, Körper, Gesundheit, Freiheit, Eigentum und die sonstigen Rechte einer Person in besonderer Weise geschützt. Wer eines dieser Rechtsgüter verletzt und dadurch dem Verletzten einen Schaden zufügt, ist gegenüber dem Geschädigten schadensersatzpflichtig, wenn er rechtswidrig und schuldhaft, d.h. vorsätzlich oder fahrlässig, gehandelt hat.

Neben § 823 Abs. 1 stellen die Verletzung eines Schutzgesetzes (§ 823 Abs. 2) und die sittenwidrige Schädigung (§ 826) weitere wichtige Anspruchsgrundlagen dar. Daneben gibt es als weitere Tatbestände der unerlaubten Handlungen noch die Kreditgefährdung (§ 824) und die Bestimmung zu sexuellen Handlungen (§ 825). Die letztgenannten Tatbestände spielen im Vergleich zu den zuvor genannten in der Praxis eine eher geringere Rolle.

Ein Schadensersatzanspruch aus unerlaubter Handlung ist ein Anspruch aus einem **gesetzlichen Schuldverhältnis**. Wie bereits dargestellt (§ 5), entsteht ein gesetzliches Schuldverhältnis nicht aufgrund von auf Willenserklärungen beruhenden Vereinbarungen zwischen Personen, sondern dadurch, dass eine oder mehrere Personen Handlungen vornehmen, die einen im Gesetz umschriebener Tatbestand erfüllen, an den das Gesetz Rechtsfolgen knüpft. 413

Das Entstehen eines Schadensersatzanspruchs aus Delikt, also einem gesetzlichen Schuldverhältnis, schließt nicht aus, dass daneben auch noch ein Anspruch aus Vertrag, ein vertraglicher Schadensersatzanspruch entsteht.

**Beispiel:** Verletzt ein Vertragspartner den Körper eines anderen Vertragspartners vorsätzlich, weil über die Abwicklung des Vertrages unterschiedliche Meinungen entstanden sind, so können

- sowohl ein vertraglicher Schadensersatzanspruch (§ 280)
- als auch ein Anspruch aus unerlaubter Handlung (§ 823 Abs. 1) entstehen

und vom Geschädigten geltend gemacht werden. Die Ansprüche stehen nebeneinander (Anspruchskonkurrenz). Der Geschädigte erhält den Schaden allerdings nur einmal ersetzt.

## II. Rechtswidrigkeit und Verschulden

### 1. Das Verschulden als Zurechnungsgrund

#### a) Die Deliktsfähigkeit

##### aa) Die generelle Regelung

413 a Das Recht der unerlaubten Handlung beruht auf dem **Verschulden als Zurechnungsgrund**. Das bedeutet: Ein Schadensersatzanspruch aus unerlaubter Handlung entsteht nur, wenn der Schädiger rechtswidrig und schuldhaft, d.h. vorsätzlich oder fahrlässig, handelt.

Es kann allerdings nur derjenige in Anspruch genommen werden, der **verschuldensfähig (deliktsfähig)** ist.

Nicht deliktsfähig sind:

- Kinder, die das 7. Lebensjahr noch nicht vollendet haben (§ 828 Abs. 1), und
- Personen, die sich im Augenblick der Schadenszufügung in einem Zustand befunden haben, wie er in § 827 geschildert wird.

Personen, die das 7., aber noch nicht das 18. Lebensjahr vollendet haben, sind nur **beschränkt deliktsfähig**. Das bedeutet: Es muss im Einzelfall stets festgestellt werden, ob der Jugendliche nach seiner geistigen Entwicklung in der Lage war, das Unrecht seiner Tat und die allgemeine Verpflichtung zur Ersatzleistung zu erkennen (§ 828 Abs. 2 und 3).

Im Straßenverkehr gilt allerdings eine Altersgrenze von 10 Jahren. Das bedeutet: Rennt z.B. ein 9-jähriges Kind auf die Straße und verursacht einen Unfall, haftet es nicht. Dies gilt aber nicht bei vorsätzlichem Handeln (§ 828 Abs. 2 S. 2).

##### bb) Die Billigkeitshaftung

413 b Eine Ausnahme vom Verschuldensprinzip stellt die **Billigkeitshaftung** gemäß § 829 dar. Die Haftung nach § 829 geht über den Rahmen hinaus, den § 828 absteckt. § 829 verpflichtet zum Schadensersatz unter bestimmten Voraussetzungen auch denjenigen, der für den von ihm verursachten Schaden nach den §§ 827, 828 nicht verantwortlich ist.

Die Billigkeitshaftung nach § 829 hat drei Voraussetzungen:

1. Der Handelnde muss einen der Tatbestände der §§ 823 bis 826 verwirklicht haben und die Handlung muss rechtswidrig gewesen sein.

2. Der Geschädigte kann seinen Schaden nicht gemäß § 832 von einem aufsichtspflichtigen Dritten ersetzt verlangen. Dabei kommt es nicht darauf an, ob die Anspruchsvoraussetzungen nach § 832 nicht vorliegen oder ob sich ein nach § 832 bestehender Anspruch aus wirtschaftlichen Gründen nicht durchsetzen lässt[1].
3. Die Billigkeit erfordert unter Berücksichtigung aller Umstände des Falles eine Schadloshaltung des Geschädigten. Bei der Abwägung sind in erster Linie die wirtschaftlichen Verhältnisse der Beteiligten zu berücksichtigen[2]. Hierbei ist ein so genanntes „wirtschaftliches Gefälle" zwischen den Beteiligten zu Lasten des Geschädigten erforderlich, welches den Schadensersatz als billig erscheinen lässt[3].

Daneben sind aber auch die konkreten Umstände des Schadensereignisses von Bedeutung, nämlich der Anlass der Tat, die Schwere der Verletzung (z.B. dauerhafte Minderung der Erwerbsfähigkeit) und ein mögliches Mitverschulden des Geschädigten[4].

### b) Der Vorsatz

Das BGB enthält keine Definition des Vorsatzes. Nach herrschender Meinung[5] **414**
ist Vorsatz das Wissen und Wollen des rechtswidrigen Erfolges. Das Bewusstsein der Rechtswidrigkeit gehört demnach zum Vorsatz[6]. Wer also ein Rechtsgut in dem Bewusstsein verletzt, dazu berechtigt zu sein, handelt nicht vorsätzlich.

**Beispiel**: Wenn der Arzt einen Patienten operiert, weil er davon ausgeht, dessen Einwilligung (und damit ein Rechtfertigungsgrund) liege vor, verletzt er nicht vorsätzlich die Rechtsgüter Körper und Gesundheit des Patienten.

Nach der Schwere des Schuldvorwurfes lassen sich zwei Arten des Vorsatzes unterscheiden:

- Der **direkte Vorsatz** (dolus directus), der vorliegt, wenn der Handelnde den Erfolg als notwendige Folge seines Handelns voraussieht und dennoch handelt.
- Der **bedingte Vorsatz** (dolus eventualis). Diesen hat der Täter, wenn er den als möglich erkannten Erfolg billigend in Kauf nimmt, d.h. für den Fall des Eintritts mit diesem einverstanden ist[7]. Schwierigkeiten kann die Abgrenzung zwischen bedingtem Vorsatz und bewusster Fahrlässigkeit bereiten.

---

1 *MüKo/Wagner*, § 829 BGB Rn. 12; *Palandt/Sprau*, § 829 BGB Rn. 3.
2 *MüKo/Wagner*, § 829 BGB Rn. 14; *Palandt/Sprau*, § 829 BGB Rn. 4.
3 BGH NJW 1995, 452, 454.
4 *MüKo/Wagner*, § 829 BGB Rn. 15; *Palandt/Sprau*, § 829 BGB Rn. 4.
5 *Jauernig/Stadler*, § 276 BGB Rn. 15.
6 BGHZ 115, 286, 299.
7 So BGHZ 7, 311, 313.

**Beispiel:** Wer mit seinem PKW mit 80 km/h durch die Fußgängerzone einer Stadt rast und einen tödlichen Unfall verursacht, handelt mit bedingtem Vorsatz. Der Fahrer will zwar keinen tödlichen Unfall herbeiführen, er weiß aber, dass sich ein solcher Unfall ereignen kann und nimmt dies billigend in Kauf.

#### c) Die Fahrlässigkeit

415 § 276 Abs. 2 enthält eine für das gesamte bürgerliche Recht geltende Begriffsbestimmung. Danach handelt derjenige fahrlässig, der „die im Verkehr erforderliche Sorgfalt außer Acht lässt". Dabei ist kein individueller, sondern ein objektiver Sorgfaltsmaßstab anzuwenden. Dies schließt jedoch die Berücksichtigung „typischer Verschiedenheiten ganzer Berufs- und Altersgruppen" nicht aus[8].

§ 276 unterscheidet nicht zwischen leichter und grober Fahrlässigkeit. In den meisten Fällen kommt es auf das Maß der Fahrlässigkeit auch nicht an. So genügt z.B. bei einer schädigenden Rechtsgutsverletzung i.S. des § 823 Abs. 1 leichte Fahrlässigkeit, um den Schadensersatzanspruch entstehen zu lassen. Dennoch ist in der Praxis nicht selten zwischen **grober Fahrlässigkeit** einerseits und **leichter (einfacher) Fahrlässigkeit** andererseits zu unterscheiden. Das ist insbesondere dann der Fall, wenn vertraglich die Haftung für leichte Fahrlässigkeit ausgeschlossen ist. Dass solche Haftungsausschlüsse und -begrenzungen (Freizeichnungen) vertraglich vereinbart werden können, ergibt sich schon aus § 276 Abs. 1. In der Praxis wird von dieser Möglichkeit häufig durch die Vereinbarung entsprechender Allgemeiner Geschäftsbedingungen, aber auch durch Individualvereinbarungen Gebrauch gemacht; in diesen Fällen sind allerdings die §§ 307 ff. zu beachten.

Unter grober Fahrlässigkeit wird im allgemeinen ein Handeln verstanden, „bei dem die erforderliche Sorgfalt nach den gesamten Umständen in ungewöhnlich großem Maße verletzt worden ist und bei dem dasjenige unbeachtet geblieben ist, was im gegebenen Fall jedem hätte einleuchten müssen"[9].

**Beispiel:** E ist Eigentümer eines Mehrfamilienhauses und trifft mit dem Bauunternehmer B einen Vertrag über den Umbau einer Wohnung im 2. Obergeschoss. Mit einer Individualvereinbarung wird die Haftung des B für durch leichte Fahrlässigkeit seiner Gehilfen verursachte Schäden ausgeschlossen. Der Gehilfe G wirft eine brennende Zigarettenkippe in einen Papierkorb und verlässt das Zimmer, in dem er arbeitet. Es kommt zu einem Wohnungsbrand, der einen Schaden in Höhe von 32.000 € verursacht. Wegen des vereinbarten Haftungsausschlusses kommt es nun darauf an, ob G leicht oder grob fahrlässig gehandelt hat. G hat mit dem Wegwerfen einer noch brennenden Zigarette in einen Papierkorb die erforderliche Sorgfalt nach den gesamten Umständen in ungewöhnlich großem Maße verletzt und dasjenige unbeachtet gelassen, was im gegebenen Fall jedem hätte einleuchten müssen. Er handelte also grob fahrlässig. Der Haftungsausschluss greift in diesem Falle also nicht.

---

8 Vgl. BGHZ 39, 281, 283; *Deutsch*, AcP 202 (2002), 900.

9 So BGHZ 77, 274, 276.

### 2. Die Rechtswidrigkeit

Ein Schadensersatzanspruch aus Delikt entsteht nur, wenn die den Schaden verursachende Handlung **widerrechtlich (rechtswidrig)** ist. Widerrechtlich ist jede Handlung, durch die ein fremdes Recht oder ein Rechtsgut verletzt wird, es sei denn, es liegt ein **Rechtfertigungsgrund** – z.B. Notwehr oder die Einwilligung des Verletzten – vor. **415 a**

Gesetzlich geregelte Rechtfertigungsgründe sind:
- Notwehr (§ 227);
- Notstand (§ 228 und § 904).

**Notwehr** ist nach § 227 diejenige Verteidigung, die notwendig ist, um einen gegenwärtigen rechtswidrigen Angriff von sich oder einem anderen abzuwenden. Die Gefahr geht hier von einer angreifenden Person aus. Anders ist es beim **Notstand** nach § 228; da geht die Gefahr von einer fremden Sache aus, die man beschädigen oder gar vernichten darf, wenn dies zur Abwendung einer Gefahr erforderlich ist.

> **Beispiel:** A sticht dem B ein Messer in den Leib, weil er glaubt, B unterhalte ein Verhältnis mit seiner (des A) Freundin. Die Leber des B wird verletzt. Es entstehen Arztkosten und Verdienstausfall in Höhe von 70.000 €. Indem A dem B ein Messer in den Leib sticht und die Leber trifft, verletzt er den Körper und die Gesundheit – zwei der in § 823 Abs. 1 genannten Rechtsgüter – des B. Dadurch entstehen dem B die oben genannten Kosten, ein Schaden. Die Handlung des A ist widerrechtlich, denn ein Rechtfertigungsgrund liegt nicht vor. A handelt vorsätzlich und damit schuldhaft im Sinne des § 276 Abs. 1. Somit ist er dem B zum Schadensersatz verpflichtet.

> **Beispiel:** Anders wäre es, wenn B sich mit einem Messer und dem Ruf „Ich bringe Dich um" auf A gestürzt und A sich mit seinem Messer zur Wehr gesetzt und den B, wie geschildert, verletzt hätte. In dieser Situation hätte A in Notwehr und somit nicht rechtswidrig gehandelt. Er wäre dann nicht schadensersatzpflichtig.

Der in der Praxis häufigste Rechtfertigungsgrund ist die **Einwilligung** des Betroffenen in die Rechtsgutsverletzung. Jeder ärztliche Eingriff ist eine Verletzung der Rechtsgüter Körper und Gesundheit, die in § 823 Abs. 1 ausdrücklich genannt sind. Die vom Arzt vorgenommene Rechtsgutsverletzung ist nur deshalb nichts rechtswidrig, weil der Patient in sie eingewilligt hat.

## III. Die Verletzung von Rechtsgütern und absoluten Rechten im Sinne des § 823 Abs. 1

### 1. Die Voraussetzungen für das Entstehen eines Schadensersatzanspruches gemäß § 823 Abs. 1

Ein Schadensersatzanspruch gemäß § 823 Abs. 1 entsteht, wenn folgende Voraussetzungen vorliegen: **416**

a) Es muss eine **Handlung (Tun oder Unterlassen)** desjenigen vorliegen, gegen den sich der Anspruch richtet. Eine Handlung in diesem Sinne ist jedes menschliche Verhalten, „das der Bewusstseinskontrolle und Willenslenkung unterliegt und somit beherrschbar ist“[10]. Die Handlung kann in einem Tun, aber auch in einem Unterlassen bestehen. Ein Unterlassen ist allerdings nur dann relevant, wenn eine Rechtspflicht zum Handeln – etwa zur Abwendung einer drohenden Gefahr – besteht.
b) Durch diese Handlung muss in adäquat kausaler Weise eines der in § 823 Abs. 1 genannten Rechtsgüter oder Rechte verletzt sein.

417 c) Durch diese Rechtsverletzung muss in adäquat kausaler Weise ein Schaden entstanden sein.
d) Diese Handlung muss rechtswidrig sein.
e) Der Täter muss schuldhaft (im Sinne des § 276), also vorsätzlich oder fahrlässig gehandelt haben.

**Beispiel:** A wirft am Silvesterabend einen angezündeten Feuerwerkskörper durch ein offenes Fenster in die Wohnung seines Nachbarn N, um diesen zu erschrecken. In der Wohnung des N bricht ein Brand aus. An den im Eigentum des N stehenden Sachen entsteht ein Schaden in Höhe von 5.000 €, N selbst erleidet Brandverletzungen. Die ärztliche Behandlung kostet 1.200 €. Kann N Schadensersatz von A verlangen?
N kann von A Schadensersatz aus § 823 Abs. 1 verlangen, wenn die oben unter a) bis e) genannten Voraussetzungen vorliegen.
Zu a): Es müsste eine Handlung des A vorliegen. Indem A den Feuerwerkskörper in die Wohnung des N warf, nahm er eine Handlung vor.
Zu b): A müsste durch diese Handlung adäquat kausal Rechtsgüter oder Rechte des N verletzt haben. Durch diese Handlung wurden der Körper und das Eigentum des N und somit zwei der in § 823 Abs. 1 genannten Rechtsgüter verletzt. Die Handlung des A (das Werfen des Feuerwerkskörpers) war also ursächlich für die Rechtsgutverletzungen.
Zu c): Die Rechtsgutsverletzung müsste in adäquat kausaler Weise einen Schaden verursacht haben. Durch die Verletzung der genannten Rechtsgüter entstand dem N ein Schaden in Höhe von 5.000,00 €.
Zu d): Die Handlung des A müsste auch rechtswidrig gewesen sein. Jede Verletzung eines fremden Rechtes oder Rechtsgutes, die nicht durch das Vorliegen eines Rechtfertigungsgrundes gerechtfertigt ist, ist rechtswidrig. Für A's Handlung liegt kein Rechtfertigungsgrund vor. Folglich handelte er rechtswidrig.
Zu e): Ferner müsste A vorsätzlich oder fahrlässig gehandelt haben. A wollte kein Recht oder Rechtsgut des N verletzen. Somit handelte er nicht vorsätzlich. Er musste aber wissen, dass ein Feuerwerkskörper einen Brand verursachen konnte. Damit ließ er bei seiner Handlung die erforderliche Sorgfalt außer Acht und handelte folglich fahrlässig.
Ergebnis: N hat gegen A einen Anspruch auf Schadenersatz gemäß § 823 Abs. 1 erworben.

10 BGHZ 39, 103, 106.

### 2. Die geschützten Rechtsgüter

Die rechtswidrige und schuldhafte Verletzung von Leben, Körper, Gesundheit, Eigentum und Freiheit oder eines sonstigen Rechtes eines anderen begründet unter den in § 823 Abs. 1 genannten Voraussetzungen eine Schadensersatzpflicht des Verletzenden. **417 a**

In § 823 Abs. 1 sind vier Lebensgüter genannt, deren rechtswidrige und schuldhafte Verletzung unter den übrigen in dieser Vorschrift genannten Voraussetzungen einen Schadensersatzanspruch entstehen lässt. Diese Lebensgüter sind: das Leben, der Körper, die Gesundheit und die Freiheit. Die genannten Lebensgüter sind auch durch das Grundgesetz in Art. 2 Abs. 2 GG ausdrücklich geschützt. Es ist dort von dem „Recht auf Leben und körperliche Unversehrtheit", der „Freiheit der Person" (Schutz der Freiheit) die Rede. Aus § 823 Abs. 1 BGB i.V.m. Art. 2 Abs. 2 GG ist deshalb das Recht jeder Person auf Nichtverletzung des Lebens, des Körpers, der Gesundheit und der Freiheit abzuleiten[11].

In der Praxis spielt die Verletzung des Rechtsguts Eigentum eine wichtige Rolle. Eigentumsverletzungen sind alle Einwirkungen auf die Sache.[12] Darunter fallen Zerstörungen und Beschädigungen der Sache, was auch durch eine fehlerhafte Reparatur geschehen kann.

Zu den **„sonstigen Rechten"** i.S. des § 823 Abs. 1 wird vor allem das **allgemeine Persönlichkeitsrecht** gezählt (s. dazu oben § 21 I 2), das – abgeleitet aus Art. 1 und 2 GG – einen umfassenden Schutz der Persönlichkeitssphäre garantiert. Ein weiteres wichtiges „sonstiges Recht" ist das Recht am Gewerbebetrieb, auch als Recht am eingerichteten und ausgeübten Gewerbebetrieb oder als **Recht am Unternehmen** bezeichnet (siehe dazu oben § 22 V. 2) Auf diese Art und Weise soll der Bestand des Unternehmens gegen unmittelbare, d.h. betriebsbezogene Eingriffe Dritter geschützt werden[13]. **417 b**

Das **Recht an der Erfindung** stellt ebenfalls ein sonstiges Recht nach § 823 Abs. 1 BGB dar. Es gewährt dem Erfinder ein ausschließliches Recht, den Gegenstand der Erfindung zu benutzen; denn die gesetzlichen Wirkungen des Patents treten erst mit der Erteilung des Patents ein.

## IV. Der Schaden

### 1. Die Definition des Schadens

Eine der wesentlichen Voraussetzungen dafür, dass ein Schadensersatzanspruch aus unerlaubter Handlung entsteht, ist, dass demjenigen, der den Anspruch geltend macht, ein **Schaden** zugefügt wird. **418**

---

11 Vgl. u.a. BGHZ 24, 72, 76 ff.
12 BGHZ 55, 159.
13 Vgl. dazu BGHZ 3, 270, 279 f.; 38, 200 ff.

Schaden ist jede Einbuße, die jemand unfreiwillig infolge eines bestimmten Ereignisses an seinen Lebensgütern wie Gesundheit, Ehre oder Eigentum erleidet[14]. Anders ausgedrückt: Der Schaden besteht in der Differenz zwischen zwei Güterlagen: Die durch das schädigende Ereignis geschaffene Güterlage ist mit der unter Ausschaltung dieses Ereignisses gedachten Güterlage zu vergleichen, wobei der Ersatzanspruch selbst unberücksichtigt bleibt[15].

**Beispiel:** E ist Eigentümer einer chinesischen Vase, die einen Wert von 2.000 € hat. S stößt diese Vase fahrlässig um. Die Vase zerbricht in viele Stücke, so dass eine Restaurierung nicht mehr möglich ist. Das schädigende Ereignis ist das Umstoßen der Vase durch S. Der Vergleich der Güterlage des E nach dem schädigenden Ereignis ohne Berücksichtigung des Ersatzanspruches mit der Güterlage, die ohne das schädigende Ereignis bestehen würde, ergibt: Nach dem schädigenden Ereignis (dem Umstoßen der Vase) hat E keine chinesische Vase im Wert von 2.000 € mehr; denkt man das schädigende Ereignis hinweg, hätte E die Vase noch. Der Schaden besteht in dem Verlust der chinesischen Vase, die einen Wert von 2.000 € hat. Der Ersatzanspruch bleibt unberücksichtigt.

### 2. Vermögensschaden und Nichtvermögensschaden

**419** Es ist zwischen dem **Vermögensschaden (materiellem Schaden)** einerseits und dem **Nichtvermögensschaden (immateriellem Schaden)** andererseits zu unterscheiden. Diese Unterscheidung ist schon deshalb wichtig, weil für einen immateriellen Schaden Entschädigung in Geld nur in den durch Gesetz bestimmten Fällen gefordert werden kann (§ 253 Abs. 1).

Das Vermögen einer Person ist die Gesamtheit der ihr zustehenden geldwerten Rechte[16] (siehe dazu oben § 22 V. 1.).

**420** Ein **Vermögensschaden** kann bestehen

- in der Beeinträchtigung eines Vermögensgutes (eines der oben genannten geldwerten Rechte),
- in der Verminderung des Vermögens im Ganzen.

Auch bei der Verletzung eines ideellen Gutes, wie etwa der Gesundheit, kann als Folge ein Vermögensschaden entstehen, z.B. durch die finanziellen Aufwendungen zur Wiederherstellung der Gesundheit.

**Beispiel:** A verletzt das allgemeine Persönlichkeitsrecht der B dadurch, dass er wahrheitswidrig behauptet, sie verdiene sich in einem Bordell ein Zubrot. B regt sich darüber so auf, dass sie einen Herzinfarkt erleidet. Die dadurch entstehenden Arzt- und Behandlungskosten sind ein Vermögensschaden.

---

14 Vgl. *Palandt/Grüneberg*, Vorbem. v. § 249 BGB Rn. 9.

15 BGHZ 27, 181, 183 f.; 40, 345, 347.

16 So RGZ 78, 239, 240.

Ein **Nichtvermögensschaden** ist ein Schaden, der durch die Verletzung ideeller (immaterieller) Güter entsteht und keinen Vermögensschaden darstellt, z.B. körperliche Schmerzen, Minderung von Heiratschancen etc. 421

## V. Der ursächliche Zusammenhang

### 1. Haftungsbegründende und haftungsausfüllende Kausalität

Wie oben (§ 23 III. 1.) dargestellt, muss die Handlung für die Verletzung eines der in § 823 Abs. 1 geschützten Rechtsgüter ursächlich sein. Dies ist die **haftungsbegründende Kausalität**. 422

Weiterhin muss die **Verletzung eines oder mehrerer Rechtsgüter** für das Entstehen eines Schadens ursächlich sein. Letzteres ist die **haftungsausfüllende Kausalität**.

**Ursächlich (kausal)** ist jedes Ereignis, das nicht hinweggedacht werden kann, ohne dass der Erfolg entfiele.

> **Beispiel:** K fährt mit seinem PKW über eine Kreuzung, obwohl die Ampel für ihn rot anzeigt. Er fährt die Fußgängerin F, die bei Grün den Zebrastreifen betreten hat, an und verletzt sie schwer. Arzt- und Heilungskosten betragen 5.000 €. Der durch die Verletzung bedingte Verdienstausfall beläuft sich auf 6.000 €. Das verkehrswidrige Verhalten des K kann nicht hinweggedacht werden, ohne dass die Verletzung von Körper und Gesundheit der F entfielen. Somit war die Handlung des K (das verkehrswidrige Verhalten) ursächlich für die Verletzung von Rechtsgütern der F im Sinne von § 823 Abs. 1 (= haftungsbegründende Kausalität). Die von K begangene Rechtsgutsverletzung (Verletzung von Körper und Gesundheit der F) kann nicht hinweggedacht werden, ohne dass das Entstehen der Arzt- und Heilungskosten und des Verdienstausfalls entfiele. Folglich war der Unfall mit Körperverletzung auch ursächlich für die Entstehung des Schadens, der sich aus Arzt- und Heilungskosten sowie aus dem Verdienstausfall zusammensetzt (= haftungsausfüllende Kausalität).
> Das verkehrswidrige Verhalten des K ist damit für die Rechtsgutsverletzung und auch für den Eintritt des Schadens ursächlich.

Besteht das haftungsbegründende Verhalten in einem Unterlassen (vgl. dazu unten IX.), so liegt eine haftungsbegründende Kausalität vor, wenn das richtige Verhalten nicht hinzugedacht werden kann, ohne dass die konkrete Verletzung mit an Sicherheit grenzender Wahrscheinlichkeit verhindert worden wäre.

### 2. Die adäquate Kausalität

Im Hinblick auf die Ursächlichkeit von Ereignissen für die Schadensentstehung ist es allerdings häufig unbillig, jedes Ereignis als gleichwertig ursächlich anzusehen. Täte man dies, wäre eine uferlose Haftung die Folge. Dies mag das folgende Beispiel verdeutlichen: 423

**Beispiel** im Anschluss an das vorhergehende **Beispiel**, aber: Während F in einem Unfallrettungswagen in das Krankenhaus transportiert wird, ereignet sich über der Stadt der Zusammenstoß zweier Flugzeuge. Teile eines Flugzeuges stürzen auf den Platz vor dem Krankenhausportal, den der Krankenwagen mit F gerade passiert. Brennende Flugzeugwrackteile setzen das Auto in Brand. F kann zwar gerettet werden, erleidet aber schwere Verbrennungen. Die dadurch entstandenen Arzt- und Krankenhausaufenthaltskosten betragen insgesamt 220.000 €. Soll K auch für die zuletzt eingetretenen Schäden haften? Zwischen der Rechtsgutverletzung (hier von Körper und Gesundheit der F) und weiterer Schadensfolge (Entstehen von Arzt- und Krankenhauskosten) müsste ein ursächlicher Zusammenhang bestehen. Die Rechtsgutverletzung (Körperverletzung) durch den Verkehrsunfall kann nicht hinweggedacht werden, ohne dass der entstandene Schaden entfiele. Der Unfall ist also auch ursächlich für die Kosten der Arztbehandlung und des Krankenhausaufenthaltes, die F für die Heilung der Brandverletzungen entstanden sind.

**424** Dieses Beispiel zeigt, dass man zu unbilligen Ereignissen käme, wollte man jede Bedingung, die für den Schaden ursächlich ist, gleich schwergewichtig werten. Rechtslehre und Rechtsprechung haben sich deshalb bemüht, eine uferlose Haftung zu vermeiden, indem sie nicht jedes Ereignis als gleichwertig kausal berücksichtigen. Eine Einschränkung der Haftung wird durch folgende Bewertung der ursächlichen Ereignisse erreicht: Ein Ereignis soll für die Schadensfolge nur dann berücksichtigt werden, wenn es eine **adäquate (angemessene) Ursache** darstellt.

Allerdings ist häufig nur schwer festzustellen, ob ein Ereignis für den weiteren Erfolg adäquat ursächlich ist oder nicht. Der BGH hat – soweit das mit einer abstrakten Definition überhaupt möglich ist – zu umschreiben versucht, unter welchen Voraussetzungen eine Ursache als adäquat anzusehen ist:

„Adäquat ist eine Bedingung dann, wenn das Ereignis im allgemeinen und nicht unter besonders eigenartigen, unwahrscheinlichen und nach dem gewöhnlichen Lauf der Dinge außer Betracht zu lassenden Umständen geeignet ist, einen Erfolg dieser Art herbeizuführen“[17].

Zu dem vorhergehenden **Beispiel:** Mit Hilfe dieser – formelhaften – Beschreibung der Adäquanz kann die in diesem Beispiel gestellte Frage beantwortet werden: Der von K schuldhaft herbeigeführte Verkehrsunfall mit der Folge der Körperverletzung von F ist eine Ursache, die nicht hinweggedacht werden kann, ohne dass die Entstehung der weiteren Schäden der F durch den Flugzeugabsturz entfiele. Ein Unfall im Straßenverkehr ist allerdings im Allgemeinen nicht geeignet, einen Erfolg, wie er durch den Absturz brennender Flugzeugteile entsteht, herbeizuführen. Die weiteren Schäden der F sind durch den Flugzeugabsturz entstanden, den man als „besonders eigenartigen, unwahrscheinlichen und nach dem gewöhnlichen Lauf der Dinge außer Betracht zu lassenden Umstand“ anse-

---

17 BGHZ 57, 137, 141; 7, 198, 204.

hen muss. Die durch einen Verkehrsunfall von K herbeigeführte Körperverletzung der F ist also nicht adäquat kausal für die Entstehung der weiteren Schäden (Arzt- und Krankenhausaufenthaltskosten in Höhe von 220.000 €).

## VI. Der Gegenstand der Schadensersatzverpflichtung

### 1. Überblick

Für den Schädiger gibt es im Wesentlichen zwei Möglichkeiten, Schadensersatz zu leisten: 425

a) Er führt den Zustand tatsächlich herbei, der ohne das schädigende Ereignis bestehen würde.

**Beispiel:** Wenn jemand die Sache eines anderen beschädigt, ist er verpflichtet, sie zu reparieren.

b) Er zahlt einen Ausgleich in Geld.

**Beispiel:** Derjenige, der die Sache eines anderen beschädigt hat, zahlt eine Entschädigung in Geld, und zwar die Summe, welche die Reparatur oder gegebenenfalls die Neuanschaffung der Sache kostet.

Grundsätzlich erlegt das BGB gemäß § 249 Abs. 1 dem Schädiger die Verpflichtung auf, den Zustand herzustellen, der bestehen würde, wenn das schädigende Ereignis nicht eingetreten wäre **(Grundsatz der Naturalherstellung)**. Da es nicht möglich ist, den früheren Zustand „wieder" herzustellen, ist damit die Herstellung eines wirtschaftlich gleichwertigen Zustands gewollt[18]. Das Gesetz hebt den Grundsatz der Naturalherstellung hervor, nur in Ausnahmefällen soll der Geschädigte Ersatz in Geld erhalten.

Beispiele für Naturalherstellung:

**Beispiel:** Die weggenommene Sache muss herausgegeben werden.

**Beispiel:** Derjenige, der Tatsachen behauptet, die im Hinblick auf einen anderen ehrverletzend und kreditgefährdend sind, muss diese Äußerungen widerrufen.

Dass der Geschädigte Naturalherstellung leisten muss, ist in den meisten Fällen weder zweckmäßig noch möglich. Deshalb **kann** der Geschädigte bei der Verletzung einer Person oder Sache statt Naturalherstellung Schadensausgleich durch Zahlung eines Geldbetrages verlangen (§ 249 Abs. 2). Der Geschädigte hat also ein **Wahlrecht:** Er bestimmt, was er vom Schädiger verlangen möchte, nämlich Naturalrestitution oder Schadensersatz durch Zahlung einer Geldsumme. 426

**Beispiel:** Der Orthopäde A verursacht schuldhaft einen Unfall und verletzt dadurch den B, der einen Beinbruch erleidet. Auch wenn A dem B anbietet, er wolle für die Heilung des Beinbruchs selbst sorgen, muss B sich darauf nicht einlassen.

18 Vgl. RGZ 76, 146, 148.

Er kann sich anderweitig ärztlich versorgen lassen und die dadurch entstehenden Kosten von A verlangen. Er macht dann von seinem ihm nach § 249 Abs. 2 zustehenden Wahlrecht Gebrauch.

Wenn die Naturalherstellung nicht möglich ist oder zur Entschädigung nicht ausreicht, hat der Geschädigte in jedem Fall Anspruch auf Entschädigung durch eine Geldzahlung (§ 251 Abs. 1). Diese Vorschrift soll den Geschädigten davor schützen, dass er zu wenig erhält.

Demgegenüber schützt § 251 Abs. 2 den Schädiger. Er soll den Geschädigten mit der Zahlung einer Geldsumme entschädigen dürfen, wenn dieser sich für Naturalrestitution entscheidet, aber „die Herstellung nur mit unverhältnismäßigen Aufwendungen möglich ist".

**Beispiel:** S hat den PKW des E so schwer beschädigt, das ein sogenannter „wirtschaftlicher Totalschaden" vorliegt. Die Reparaturkosten wären wesentlich höher als die – zumutbare – Anschaffung eines vergleichbaren Gebrauchtwagens.

### 2. Die Schadensberechnung

427 In der Praxis bereitet die Berechnung der Schadenshöhe häufig Schwierigkeiten.

#### a) Sachschäden

##### aa) Neuwertige, in ihrem Wert durch den Gebrauch nicht geminderte Sachen

Kann eine beschädigte Sache repariert werden, richtet sich die Höhe der vom Schädiger zu zahlenden Geldentschädigung grundsätzlich nach den für die Wiederherstellung aufzuwendenden Kosten.

In vielen Fällen ist eine Sache zerstört oder so stark beschädigt, dass eine Reparatur nicht möglich oder wegen ungewisser Erfolgsaussichten dem Geschädigten nicht zumutbar ist. Es ist auch möglich, dass die Reparaturkosten den Zeitwert erheblich übersteigen. In diesen Fällen muss bei Gebrauchsgegenständen der **Wiederbeschaffungspreis** als der zu ersetzende Wert in Ansatz gebracht werden, der in der Regel höher sein dürfte als der mutmaßliche Verkaufspreis[19]. Denn der Geschädigte hat in der Regel ein Interesse daran, dass er möglichst schnell in die Lage versetzt wird, sich eine gleichwertige Sache zu beschaffen, schon um die ihm entzogene Gebrauchsmöglichkeit zurückzuerhalten[20].

427 a Handelt es sich um **vertretbare Sachen** (im Sinne des § 91), so entstehen in der Regel keine Schwierigkeiten, wenn es sich um **neuwertige Sachen** handelt, die in gleicher Art und Güte auf dem Markt beschafft werden können. Das ist z.B. bei neuwertigen Fernsehgeräten, Kühlschränken und Kraftfahrzeugen der Fall, die

---

19 Vgl. *Larenz*, Schuldrecht, Allg. Teil, § 29 II a.

20 *Larenz*, Schuldrecht, Allg. Teil, § 29 II a.

serienmäßig hergestellt werden. Hier ist der Wiederbeschaffungspreis in der Regel der Geldbetrag, den der Schädiger als Schadensersatz zu leisten hat.

Zu den Wiederherstellungskosten, die ersetzt werden müssen, gehören bei einer Sachbeschädigung auch die **Sachfolgeschäden**. Das sind die Aufwendungen, die der Geschädigte im Zusammenhang mit der Wiederherstellung des bisherigen Zustandes hatte.

> **Beispiel:** Rechtsverfolgungskosten für einen Anwalt und erforderliche Kosten für ein Sachverständigengutachten.

#### bb) Gebrauchte Sachen

Schwierigkeiten ergeben sich meist, wenn es sich um eine gebrauchte Sache handelt, weil häufig **428**
- entweder gebrauchte Sachen dieser Art nicht gehandelt werden, die Beschaffung einer gleichwertigen Sache also nicht möglich ist,
- der Grad der Abnutzung und damit der vorhandene Gebrauchswert kaum berechenbar sind oder
- dem Geschädigten die Anschaffung und Benutzung eines von anderen bereits genutzten Gegenstandes dieser Art – z.B. eines gebrauchten Kleidungsstücks – nicht zumutbar ist[21].

In diesen Fällen kann das Interesse des Geschädigten an der Erhaltung der Gebrauchsmöglichkeit nur dadurch verwirklicht werden, dass ihm die Anschaffung einer neuen Sache derselben Art ermöglicht wird.

Bekommt der Geschädigte vom Schädiger als Ersatzleistung den Anschaffungspreis für eine neue Sache derselben Art, erhält er – an Geldwert gerechnet – mehr als er verloren hat, weil die meisten Sachen durch Abnutzung und Zeitablauf an Wert verlieren. Deshalb muss der Geschädigte sich die Differenz zwischen neuem Wert und Zeitwert als „Abzug neu für alt“ anrechnen lassen[22]. **429**

> **Beispiel:** A zerstört schuldhaft den drei Jahre alten Mantel des B. Ein Mantel dieser Art kostet 450 €. Der Zeitwert des alten Mantels ist kaum messbar. Dem B ist im Zweifel nicht zuzumuten, in Zukunft einen gebrauchten Mantel, der als Ersatzstück zu beschaffen wäre, zu tragen. B kann von A allerdings nicht ohne weiteres den Anschaffungspreis für einen neuen Mantel verlangen. Er muss sich einen Differenzbetrag zwischen Neuwert (Anschaffungspreis) und (geschätztem) Zeitwert als „Abzug neu für alt“ anrechnen lassen.

Ein **Abzug „neu für alt“** ist allerdings nicht ausnahmslos anzurechnen. Er entfällt z.B. dann, wenn dem Geschädigten ein solcher Abzug nicht zuzumuten ist[23]. Es ist stets der Grundsatz zu beachten, dass der Schadensersatz einerseits grund- **430**

---

21 Vgl. *Larenz*, Schuldrecht, Allg. Teil, § 29 II a.

22 BGHZ 30, 29; *Palandt/Grüneberg*, Vorbem. v. § 249 BGB Rn. 97.

23 Vgl. BGHZ 30, 29, 33.

sätzlich nicht zu einer Besserstellung des Geschädigten führen, andererseits aber der Schädiger nicht unbillig begünstigt werden soll[24].

Besonders häufig treten Probleme der Schadensberechnung bei Kraftfahrzeugen auf, die durch Unfälle beschädigt werden. Nach einem Unfall ist das reparierte Fahrzeug oft als „Unfallfahrzeug" für den Fall eines späteren Verkaufs weniger wert. Dieser Schaden tritt zu den Reparaturkosten hinzu. Der Schädiger muss deshalb zusätzlich einen Ausgleich für den **verminderten Verkaufswert (merkantilen Minderwert)** leisten, und zwar auch dann, wenn der Geschädigte die Sache behält und weiter benutzt, der Minderwert sich also nicht in einem Verkauf konkretisiert[25].

**Beispiel:** E ist Eigentümer eines PKW, den er vor zwei Jahren für 24.000 € erworben hat. Der gegenwärtige Verkaufswert bei einem Kilometerstand von 43.000 beträgt 13.000 €. S verursacht schuldhaft einen Unfall, bei dem der PKW des E beschädigt wird. Die Reparaturkosten betragen 3.500 €. Da es sich nun um ein Unfallfahrzeug handelt, sinkt der Verkaufswert des Fahrzeugs um 660 € (= 4 % der Summe vom Widerbeschaffungswert und der Reparaturkosten[26]). Der Schaden, den S zu ersetzen hat, beträgt 4.160 €. Er setzt sich zusammen aus 3.500 € Reparaturkosten und 660 € vermindertem Verkaufswert (merkantilem Minderwert).

#### b) Schäden bei der Verletzung von Menschen

431 Menschen können an Leben, Körper, Gesundheit und Freiheit verletzt werden. Dabei können Vermögensschäden und Nichtvermögensschäden entstehen.

**Beispiel für einen Vermögensschaden:** Infolge einer Körperverletzung müssen Arzt- und Krankenhauskosten aufgewandt werden.

Als Schadenskategorien kommen in Betracht: Heilungskosten, entgangener Gewinn (Verdienstausfall) und Schmerzensgeld. Auch hier gilt die Regel, dass der Schädiger Naturalrestitution schuldet (§ 249 Abs. 1). Der Geschädigte wird sich wegen Personenschäden noch weniger dafür entscheiden als bei Sachschäden.

**Beispiel:** Wenn G infolge eines von dem ihm nicht bekannten Arzt A verschuldeten Verkehrsunfalls körperlich schwer verletzt wird, wird er sich im Hinblick auf die Heilung kaum von A behandeln lassen wollen. Im Zweifel wird G von seinem Wahlrecht gemäß § 249 Abs. 2 Gebrauch machen und eine Entschädigung in Geld verlangen.

Im Hinblick auf Personenschäden werden die §§ 249 ff. durch die §§ 842–846 ergänzt. So stellt z.B. § 843 zusätzlich zu § 249 noch klar, dass unter bestimmten Voraussetzungen bei einer Körper- oder Gesundheitsverletzung eine Geldrente zu zahlen ist.

---

24 Vgl. BGHZ 10, 107, 108; 30, 29, 33.

25 Vgl. BGHZ 35, 396; *Palandt/Grüneberg*, § 251 BGB Rn. 14 ff.

26 Vgl. zur Berechnung *Palandt/Grüneberg*, § 251 BGB Rn. 14 ff.

### c) Der entgangene Gewinn

Weil der Geschädigte so gestellt werden soll, wie er stehen würde, wenn das schädigende Ereignis nicht eingetreten wäre, ist auch der entgangene Gewinn zu ersetzen. Dies legt § 252 ausdrücklich fest. Der entgangene Gewinn ist bei Sach- und Personenschäden zu ersetzen. **432**

**Beispiel:** S fährt mit seinem PKW bei Rot über die Ampel und erfasst den PKW des Anwalts A an der rechten Seite. A wird schwer verletzt und kann seinen Beruf 6 Monate nicht ausüben. A hat gegen S u.a. einen Schadensersatzanspruch aus § 823 Abs. 1 erworben. Nach § 249 Abs. 2 hat S dem A die Arzt- und Heilungskosten und die Reparaturkosten für den PKW einschließlich eines Betrages für den merkantilen Minderwert zu ersetzen. Darüber hinaus hat A gegen S einen Anspruch auf entgangenen Gewinn für 6 Monate.

Im vielen Fällen ist der Nachweis des entgangenen Gewinns schwer zu führen. Deshalb enthält § 252 S. 2 eine Regel, anhand derer festgestellt werden soll, ob ein Gewinn gemacht worden wäre und wie hoch dieser gegebenenfalls zu beziffern ist. Es handelt sich dabei um eine Beweiserleichterung: Der Gläubiger muss die Umstände dartun, aus denen der Gewinn mit Wahrscheinlichkeit erwartet werden konnte. Gelingt ihm dies, wird gesetzlich vermutet, dass der Gewinn erzielt worden wäre. Der Beweis des Gewinns wird also erleichtert.[27]

In dem oben gebildeten **Beispiel** dürfte die Schadensberechnung nach § 252 S.2 darauf hinauslaufen, dass A seinen in der Zeit vor dem Unfall erzielten Gewinn nachweist. Dem „gewöhnlichen Lauf der Dinge" entspricht es, dass ein gleicher Gewinn auch in der Zeit nach dem Unfall erreicht worden wäre. Da dies eine gesetzliche Vermutung ist, steht es dem S allerdings frei, den – in der Regel allerdings schwer zu führenden – Beweis zu erbringen, dass A den so errechneten Gewinn nicht erzielt hätte.

### d) Die Nichtvermögensschäden

Auch bei der Entstehung von Nichtvermögensschäden kann grundsätzlich Naturalherstellung verlangt werden. **433**

**Beispiel:** Wer in der Öffentlichkeit unwahre Tatsachen über einen anderen verbreitet, die ehrverletzend sind, ist zum Widerruf, also zur Wiederherstellung des Rufes des Verletzten verpflichtet. Auf diese Weise wird jedenfalls zum Teil der immaterielle Schaden beseitigt.

In der Praxis spielt der Anspruch auf Naturalherstellung allerdings nur eine geringe Rolle, da die Naturalherstellung meist unmöglich ist. So sind Ärger, körperliche und seelische Schmerzen etc. nachträglich nicht mehr zu beseitigen.

§ 253 Abs. 1 bestimmt, dass grundsätzlich keine Geldentschädigung zu leisten ist, wenn und soweit die Beseitigung des Nichtvermögensschadens durch Naturalherstellung nicht möglich ist. In § 253 Abs. 1 wird allerdings auf Ausnahmen **433 a**

27 Vgl. *Brox/Walker*, Schuldrecht AT, § 31 Rn. 16 f.

von dieser Regel hingewiesen. Die wichtigste Ausnahmebestimmung in dieser Hinsicht ist § 253 Abs. 2. Danach hat der Geschädigte bzw. die Geschädigte einen Anspruch auf eine billige Entschädigung in Geld (Schmerzensgeld), wenn wegen Verletzung des Körpers, der Gesundheit, der Freiheit oder der sexuellen Selbstbestimmung Schadensersatz zu leisten ist. Dieser Regelung liegt der Gedanke zugrunde, dass Schäden entstehen können, die allein durch den Ersatz von Heilungskosten und entgangenem Gewinn nicht abgegolten werden können. Weitere wichtige gesetzliche Bestimmungen, aufgrund derer Ersatz des Nichtvermögensschadens verlangt werden kann, sind § 11 StVG, § 8 ProdHaftG und § 651 f. BGB.

**Beispiel:** Wegen einer an ihm begangenen Körperverletzung ist der Geschädigte auf die Benutzung eines Rollstuhls angewiesen. Er hat nicht nur körperliche Schmerzen, sondern ist in seiner ganzen Lebensgestaltung durch die Verletzung gehindert. Er kann seinen Beruf nicht mehr ausüben und die Hobbys, die er zuvor betrieben hat, wie z.B. wandern und schwimmen, nicht mehr betreiben. Die hier verletzten Güter haben keinen Vermögenswert und können nur gemäß § 253 Abs. 2 mit einer „billigen Entschädigung in Geld" berücksichtigt werden.

**434** § 253 Abs. 2 ist keine selbständige Anspruchsgrundlage, sondern setzt stets das Bestehen eines Schadenersatzanspruchs voraus.[28] Es muss eines der in § 253 Abs. 2 genannten Rechtsgüter verletzt sein. Der Anspruch kann aus Vertrag (§ 280), unerlaubter Handlung oder aus Gefährdungshaftung hergeleitet werden.[29]

Nach Ansicht des BGH[30] ist der Schmerzensgeldanspruch ein Anspruch eigener Art, der neben der Funktion des Ausgleichs auch noch die weitere habe, dem Geschädigten Genugtuung zu verschaffen. Bei der Bemessung sollen die Umstände des Falles, insbesondere der Grad des Verschuldens und die wirtschaftlichen Verhältnisse von Schädiger und Geschädigtem berücksichtigt werden. Einvernehmen besteht darüber, dass die Höhe des Schmerzensgeldes erkennbar in einer angemessenen Beziehung zu der Art und Dauer der erlittenen immateriellen Schäden stehen muss. Dabei sind das Ausmaß und die Schwere der physischen und psychischen Schäden zu berücksichtigen[31]. Aus diesen Anforderungen ergibt sich schon, wie schwer es ist, im Einzelfall die Höhe eines Schmerzensgeldes zu bemessen.

#### e) Die Ersetzungsbefugnis des Schuldners

**435** Gemäß § 251 Abs. 2 kann der Schuldner den Gläubiger mit der Zahlung einer Geldsumme entschädigen, wenn die Herstellung (Naturalrestitution) selbst nur mit unverhältnismäßigen Aufwendungen möglich ist (= Ersetzungsbefugnis).

---

28 *MüKo/Oetker*, § 253 BGB Rn. 15 f.; *BeckOK BGB/Spindler* BGB § 253 Rn. 7.

29 *Staudinger/Schiemann* (2017) BGB § 253 Rn. 3.

30 BGHZ 18, 149.

31 *Palandt/Grüneberg*, § 253 BGB Rn. 15 ff.

Die Unverhältnismäßigkeit ergibt sich in der Regel aus einem Vergleich zwischen dem Herstellungsaufwand und dem gemäß § 251 geschuldeten Schadensersatz[32].

> **Beispiel:** Bei einem gebrauchten PKW, der beschädigt worden ist, sind die für die Reparatur notwendigen Aufwendungen unverhältnismäßig hoch, wenn der für eine Reparatur zu zahlende Geldbetrag um mehr als 30 % über dem Wert des PKW liegt[33]. In einem solchen Fall steht dem Schädiger (Schuldner) gemäß § 251 Abs. 2 eine Ersetzungsbefugnis zu. Er kann den Gläubiger mit einer Geldleistung entschädigen, die in der Regel der Höhe nach dem Wiederbeschaffungswert entspricht.

#### f) Die Berücksichtigung eines mitwirkenden Verschuldens

Wenn der Geschädigte selbst bei Eintritt oder Vergrößerung des Schadens in zurechenbarer Weise mitgewirkt hat, wäre es unbillig, wenn er vom Schädiger Ersatz des gesamten ihm entstandenen Schadens verlangen könnte. Als Ausprägung des Grundsatzes von Treu und Glauben (§ 242) regelt § 254 die Rechtsfolgen der Mitwirkung des Geschädigten bei der Entstehung und der weiteren Entwicklung des Schadens.[34] **436**

Trifft den Geschädigten bei der Entstehung des Schadens ein Mitverschulden, so kann das nach § 254

a) zu einer Verminderung des Schadensersatzanspruches bis hin

b) zu einem völligen Ausschluss des Anspruchs führen.

> **Beispiel:** P fährt mit seinem PKW in einer geschlossenen Ortschaft mit 63 km/h über eine verkehrsreiche Straße. Er fährt den Fußgänger K an, der, ohne zuvor nach links und rechts zu sehen, die Fahrbahn betreten hat, um sie zu überqueren. Dem K entstehen wegen einer dabei erlittenen Verletzung Arztkosten und Einkommenseinbußen in Höhe von insgesamt 6.000 €. P hat sich (abgesehen von den Vorschriften des Straßenverkehrsrechts) u.a. gemäß § 823 Abs. 1 schadensersatzpflichtig gemacht. Er hat fahrlässig den Körper des K verletzt und dadurch einen Schaden in Höhe von 6.000 € verursacht. Bei der Berechnung der Schadenshöhe ist jedoch ein Mitverschulden des K gemäß § 254 Abs. 1 zu berücksichtigen, denn K hat durch sein fahrlässiges Verhalten im Straßenverkehr zum Entstehen des Schadens beigetragen. K hat also keinen Anspruch auf Ersatz des gesamten Schadens.

§ 254 ist sowohl bei gesetzlichen als auch bei vertraglichen Schuldverhältnissen anzuwenden. **436 a**

Nach herrschender Meinung ist eine zurechenbare Mitverursachung anzunehmen, wenn diejenige Sorgfalt außer Acht gelassen wird, die ein ordentlicher und verständiger Mensch zur Vermeidung eigenen Schadens anzuwenden pflegt.[35]

32 So *Palandt/Grüneberg*, § 251 BGB Rn. 6.

33 BGHZ 115, 364, 371.

34 Vgl. *Staudinger/Eckpfeiler/Vieweg*, S. 399.

35 *Jauernig/Teichmann*, § 254 BGB Rn. 5 mit Nachw.

Unter Verschulden im Sinne des § 254 versteht die Rechtsprechung ein **„Verschulden gegen sich selbst“**[36]. § 254 beruht auf dem Rechtsgedanken, dass derjenige, der die Sorgfalt außer Acht lässt, die nach Lage der Sache erforderlich erscheint, um sich selbst vor Schaden zu bewahren, den Verlust oder die Kürzung seines Schadensersatzanspruches hinnehmen muss[37]. Es handelt sich also um ein Verschulden in eigenen Angelegenheiten[38].

**436 b** Das Verschulden des Geschädigten kann sich auf ein Tun oder Unterlassen beziehen. Zwei Fälle des Mitverschuldens durch Unterlassen sind in § 254 Abs. 2 genannt, u.a. das schuldhafte Unterlassen den Schaden abzuwenden oder zu mindern. Der Geschädigte ist also verpflichtet, im Rahmen des Zumutbaren durch geeignete Maßnahmen den Schaden in Grenzen zu halten **(Schadensminderungspflicht)**. Der Ersatzanspruch des Geschädigten verringert sich entsprechend, wenn er dieser Pflicht nicht nachkommt.

> **Beispiel:** S verschuldet einen Verkehrsunfall, bei dem das Cabriolet des G so schwer beschädigt wird, dass das offene Verdeck nicht mehr geschlossen werden kann. Da der Wagen noch fahrtüchtig ist, fährt G nach Haus und stellt das offene Cabriolet vor der offenen Garage ab, obwohl, wie G aus dem im Autoradio gehörten Wetterbericht weiß, Regenfälle drohen. Aufgrund eines in der Nacht einsetzenden Platzregens nimmt der Wagen weiteren Schaden. Denselben kann G von S nicht verlangen, weil er seine Schadensminderungspflicht verletzt hat. Es war ihm ohne weiteres zumutbar, den Wagen in die Garage zu fahren.

#### g) Vorteilsausgleichung

**437** Nicht selten bringt das schädigende Ereignis dem Geschädigten neben dem Schaden auch einen Vorteil. Dann stellt sich die Frage, ob und gegebenenfalls wieweit der erlangte Vorteil auf den Schadensersatzanspruch anzurechnen ist. Eine allgemeine gesetzliche Regel dazu existiert nicht. Aber es gibt etliche Sondervorschriften dazu. So beruht z.B. § 255 auf dem Gedanken der Vorteilsausgleichung: Es erfolgt grundsätzlich keine Anrechnung des Vorteils bei der Ermittlung des Schadens; aber alle Ansprüche, die der Geschädigte auf Grund des Eigentums an der Sache oder auf Grund des Rechts gegen Dritte erworben hat, sind abzutreten.

Vorschriften, wie z.B. § 255, lassen den Schluss zu, dass der Schädiger grundsätzlich durch die Leistungen Dritter nicht entlastet werden soll. Die Rechtsprechung[39] hat den Leitgedanken entwickelt, dass eine Vorteilsausgleichung nur unter der Voraussetzung durchgeführt werden soll, dass zwischen dem schädigenden Ereignis und dem erlangten Vorteil ein adäquater Zusammenhang besteht; außerdem muss die Anrechnung aus der Sicht des Geschädigten zumutbar sein,

---

36 Vgl. BGHZ 53, 137, 145.

37 Vgl. BGHZ 3, 46, 49; 9, 316, 318 f.

38 So BGHZ 3, 46, 49.

39 Vgl. BGHZ 91, 206, 209 f.

dem Zweck des Schadensersatzanspruchs entsprechen und sie darf den Schädiger nicht unbillig entlasten.[40]

Nach dieser Formel findet eine Anrechnung nicht statt bei Vorteilen, die der Geschädigte durch eigene Leistungen vor dem Schadensfall selbst erkauft hat.

> **Beispiel:** Hauptanwendungsfälle solcher „erkaufter Vorteile" sind Zahlungen von Versicherungen, Renten- und Pensionsansprüche sowie die vertragliche Entgeltzahlung durch den Arbeitgeber.[41]

## VII. Die Verletzung eines Schutzgesetzes gemäß § 823 Abs. 2

### 1. Überblick

Gemäß § 823 Abs. 2 ist derjenige zum Schadensersatz verpflichtet, der rechtswid- **438**
rig und schuldhaft gegen ein Gesetz verstößt, das den Schutz eines anderen bezweckt.

§ 823 Abs. 2 gewährt, wenn die entsprechenden Voraussetzungen vorliegen, einen von § 823 Abs. 1 unabhängigen, selbständigen Anspruch. Es ist also möglich, dass ein Geschädigter gegen den Schädiger einen Anspruch aus § 823 Abs. 2, nicht aber auch aus § 823 Abs. 1 hat. Es kommt häufig vor, dass ein Geschädigter gegen den Schädiger sowohl aus § 823 Abs. 1 als auch aus § 823 Abs. 2 einen Anspruch auf Schadensersatz erwirbt. Diese Ansprüche stehen nebeneinander. Der Geschädigte kann beide Ansprüche geltend machen. Das ist insbesondere dann sinnvoll, wenn noch nicht genau feststeht, ob die tatsächlichen Voraussetzungen des einen oder des anderen Anspruches bewiesen werden können. Der Schaden wird dem Geschädigten allerdings nur einmal ersetzt.

Gegenüber § 823 Abs. 1 erweitert § 823 Abs. 2 den Güterschutz. So wird z.B. das Vermögen einer Person als solches (die Gesamtheit aller geldwerten Güter) nicht durch § 823 Abs. 1 geschützt. Nach § 823 Abs. 2 entsteht hingegen eine Schadensersatzpflicht auch bei einer Schädigung fremden Vermögens, wenn der Vermögensschaden dadurch eintritt, dass der Schädiger gegen ein den Schutz eines anderen bezweckendes Gesetz verstößt, also eine von der Rechtsordnung ausdrücklich verbotene Handlung begeht.

### 2. Die Voraussetzungen für das Entstehen eines Anspruchs aus § 823 Abs. 2

Ein Schadensersatzanspruch gemäß § 823 Abs. 2 entsteht unter folgenden Vor- **439**
aussetzungen:

a) Es muss eine Handlung (Tun oder Unterlassen) desjenigen vorliegen, gegen den sich der Anspruch richtet.

---

40 Vgl. *Staudinger/Eckpfeiler/Vieweg*, S. 389.
41 Vgl. *Staudinger/Eckpfeiler/Vieweg*, S. 389.

b) Diese Handlung muss gegen ein Schutzgesetz (ein den Schutz eines anderen bezweckendes Gesetz) verstoßen.
c) Der Verstoß gegen das Schutzgesetz muss für den entstandenen Schaden adäquat ursächlich sein.
d) Der Verstoß gegen das Schutzgesetz muss rechtswidrig und
e) schuldhaft sein (§ 823 Abs. 2 S. 2).

Für Rechtswidrigkeit und Verschulden gilt das oben unter § 23 II. Ausgeführte entsprechend.

### 3. Schutzgesetze im Sinne des § 823 Abs. 2

**439 a** Schutzgesetze im Sinne des § 823 Abs. 2 sind nur solche Rechtsnormen, die dazu dienen sollen, den Einzelnen oder einzelne Personenkreise gegen die Verletzung eines Rechtsgutes zu schützen. Dabei ist nicht auf die Wirkung, sondern auf den Inhalt und den Zweck des Gesetzes abzustellen sowie darauf, ob der Gesetzgeber bei Erlass des Gesetzes gerade einen Rechtsschutz, wie er wegen der behaupteten Verletzung in Anspruch genommen wird, zugunsten von Einzelpersonen oder Personenkreisen gewollt oder doch mitgewollt hat[42].

Zu den Schutzgesetzen gehören die meisten Strafvorschriften des StGB, wie z.B. diejenigen, die Körperverletzungen (§§ 223 ff. StGB) und die Vermögensdelikte (wie z.B. § 242 StGB) betreffen.

> **Beispiel:** Das Strafgesetzbuch stellt in § 263 den Betrug unter Strafe, um u.a. das Vermögen des einzelnen zu schützen. Wer einen Betrug begeht, verstößt damit zugleich gegen ein Schutzgesetz im Sinne des § 823 Abs. 2.

Schutzgesetze können nicht nur solche Rechtsnormen sein, die auf parlamentarischem Wege zustande gekommen sind. In Betracht kommen auch Rechtsverordnungen und kommunale Satzungen.

> **Beispiel:** E ist Eigentümer eines Grundstückes mit Gebäude. Trotz für Fußgänger gefährlichen Glatteises kommt E seiner Streupflicht, die ihm aufgrund einer kommunalen Satzung über die Räum- und Streupflicht auferlegt ist, nicht nach. Weil E den Gehsteig vor seinem Haus weder geräumt noch gestreut hat, verunglückt der Fußgänger A schwer. Er erleidet einen Fußgelenk- und Armschaden. Die Kosten für die Heilung und den gegebenenfalls entgangenen Gewinn kann A als Schadensersatz gemäß § 823 Abs. 2 i. Vb. m. der kommunalen Satzung über die Räum- und Streupflicht und §§ 249 ff. verlangen. Denn die genannte Satzung soll nach Inhalt und Zweck einen Rechtsschutz zugunsten von Personen bewirken; diese sollen vor Schäden bewahrt werden, die durch Unfälle entstehen, die auf Glätte zurückzuführen sind. Darüber hinaus ist zu prüfen, ob ihm noch ein Anspruch auf Gewährung von Schmerzensgeld nach § 253 Abs. 2 zusteht.

---

42 So BGHZ 12, 146, 148.

## VIII. Die sittenwidrige Schädigung gemäß § 826

### 1. Überblick

§ 826 stellt in dem Bemühen des Gesetzgebers, einen möglichst umfassenden Schutz vor Schädigungen durch andere zu schaffen, eine wichtige Ergänzung zu § 823 Abs. 1 und § 823 Abs. 2 dar. Voraussetzung für das Entstehen eines Schadensersatzanspruches gemäß § 826 ist, dass jemand einem anderen vorsätzlich und sittenwidrig einen Schaden zufügt. **440**

### 2. Der Verstoß gegen die guten Sitten

Ein Handeln verstößt gegen die guten Sitten, wenn dem „Anstandsgefühl aller billig und gerecht Denkenden" zuwider gehandelt wird[43]. Auch diese Formel bedarf im jeweils zu entscheidenden Einzelfall noch einer weiteren Konkretisierung. Es ist häufig schwierig festzustellen, was das „Anstandsgefühl aller billig und gerecht Denkenden" ist, zumal die anzuwendenden Maßstäbe dem Wandel der Zeiten und Anschauungen unterworfen sind. Bei der Beurteilung ist ein durchschnittlicher Maßstab anzuwenden, der mit dem allgemeinen Anstands- und Billigkeitsgefühl im Zeitpunkt der Vornahme der Handlung in Einklang steht (zum Begriff der Sittenwidrigkeit siehe oben § 14 III. 2.)[44]. **441**

> **Beispiel:** Begeht B gegenüber N einen Betrug, so handelt B sittenwidrig im Sinne des § 826, denn in der Rechtsgemeinschaft wird als Richtschnur für menschliches Handeln anerkannt, keine Straftaten zu begehen. Wer eine strafbare Handlung begeht, verstößt also gegen das Anstandsgefühl aller billig und gerecht Denkenden.

### 3. Der Vorsatz

Nur wer vorsätzlich handelt, setzt sich einer Haftung nach § 826 aus. **442**

Zum Vorsatz im Sinne des § 826 gehört, dass der Handelnde das Bewusstsein hat, sein Handeln werde den schädigenden Erfolg herbeiführen. Der Vorsatz muss also auch den Eintritt des Schadens umfassen. Bedingter Vorsatz (vgl. oben II. 2.) genügt, nicht aber grobe Fahrlässigkeit[45].

Eine Haftung aus § 826 setzt nicht voraus, dass der Handelnde sich der Sittenwidrigkeit seines Handelns bewusst ist. Allerdings muss der Täter die Umstände gekannt haben, die sein Verhalten als sittenwidrig erscheinen lassen[46].

> **Beispiel:** S gibt der B-Bank gegenüber falsche Auskünfte über sein Einkommen, indem er eine Verdienstbescheinigung und die Einkommensteuererklärung für das letzte Jahr fälscht. S gibt jeweils wesentlich höhere Beträge an, als er tatsäch-

---

43 RGZ 48, 114; BGHZ 10, 228, 232.

44 So *Palandt/Ellenberger*, § 138 BGB Rn. 2.

45 *Jauernig/Teichmann*, § 826 BGB Rn. 10 mit Nachw.

46 Vgl. *Palandt/Sprau*, § 826 BGB Rn. 8.

lich eingenommen hatte. Daraufhin gewährt die Bank ihm ein Personaldarlehen in Höhe von 12.000 €. Die vereinbarten Zins- und Tilgungsleistungen kann S im darauf folgenden Jahr nicht zahlen. Die falschen Angaben über das Einkommen verbunden mit der Fälschung von Unterlagen stellen ein sittenwidriges Handeln im Sinne des § 826 dar.

## IX. Die Verletzung von Verkehrssicherungspflichten (Verkehrspflichten)

443 Die Praxis hat gezeigt, dass das System der unerlaubten Handlungen mit seinen Einzeltatbeständen nicht ausreicht, um den angestrebten umfassenden Schutz der Personen vor Schädigungen durch Dritte zu gewährleisten. Deshalb hat die Rechtsprechung eine Anzahl zusätzlicher Verhaltensnormen entwickelt, um den Schutz vor Schädigungen durch andere zu vervollständigen. Ein großer Teil dieser zusätzlichen Verhaltensnormen wird als **Verkehrssicherungspflichten (Verkehrspflichten)** bezeichnet.

Nach ständiger Rechtsprechung ist derjenige, der eine Gefahrenlage – gleich welcher Art – schafft, grundsätzlich verpflichtet, die notwendigen und zumutbaren Vorkehrungen zu treffen, um eine Schädigung anderer möglichst zu verhindern. Die rechtlich gebotene Verkehrssicherung umfasst diejenigen Maßnahmen, die ein umsichtiger und verständiger, in vernünftigen Grenzen vorsichtiger Mensch für notwendig und ausreichend hält, um andere vor Schäden zu bewahren.[47] Verkehrssicherungspflichtig ist auch derjenige, der in seinem Verantwortungsbereich eine eingetretene Gefahrenlage andauern lässt.[48]

Diese Verpflichtung beruht auf dem Gedanken, dass jeder, der Gefahrenquellen schafft, die notwendigen Vorkehrungen zum Schutze Dritter zu schaffen hat[49]. Das bedeutet allerdings nicht, dass eine allgemeine Pflicht besteht, andere Personen durch positives Tun vor möglichen Schäden zu bewahren[50].

444 **Verkehrssicherungspflichten (Verkehrspflichten)**, aufgrund derer für Personen eine Rechtspflicht zum Handeln besteht, ergeben sich insbesondere aus **vorangegangenem Tun**. So ist z.B. jeder, der eine Gefahrenquelle geschaffen hat oder unterhält, verpflichtet, im Rahmen des Zumutbaren alles in seiner Macht Stehende zu tun, um vermeidbare Schädigungen Dritter, die von dieser Gefahrenquelle ausgehen, zu verhindern[51]. Des Weiteren kann sich eine Verkehrssicherungspflicht aus der Verantwortlichkeit für den eigenen Herrschaftsbereich ergeben[52].

---

47 NJW 2014, 2104 mit Nachw., BGHZ 195, 30, 32 ff.

48 BGHZ 195, 30,33.

49 So *Palandt/Sprau*, § 823 BGB Rn. 46.

50 BGHZ 56, 228, 238.

51 Vgl. BGHZ 14, 83, 85; 24, 124, 126; *Raab*, JuS 2002, 1043, 1044.

52 *Raab*, JuS 2002, 1044.

Verkehrssicherungspflichten haben insbesondere diejenigen zu erfüllen, die einen gefährlichen Beruf oder ein gefährliches Gewerbe ausüben; sie tragen der Allgemeinheit gegenüber die Verantwortung für einen geordneten und gefahrlosen Ablauf der Dinge. Dies gilt nicht nur für Bauunternehmer, Spediteure und andere Gewerbetreibende, sondern auch für andere Berufe wie Architekten und Ärzte[53].

Zu beachten ist, dass Verkehrssicherungspflichten nicht allzu weit ausgedehnt werden können. Denn nicht jeder abstrakten Gefahr kann vorbeugend begegnet werden. Ein allgemeines Verbot, andere nicht zu gefährden, wäre utopisch, denn eine Verkehrssicherung, die jede Schädigung ausschließt, ist im praktischen Leben nicht zu verwirklichen.[54]

> **Beispiel:** Spaziergänger S wird in einem im Eigentum des W stehenden Wald von einem herabstürzenden Ast getroffen und verletzt. Nach Ansicht des BGH[55] ist dadurch keine Schadensersatzpflicht des W gegenüber S aus § 823 Abs. 1 begründet worden, weil eine Verletzung der Verkehrssicherungspflicht im Hinblick auf waldtypische Gefahren grundsätzlich nicht zu bejahen ist.

Unter die Fälle der Verletzungen von Verkehrssicherungspflichten (Verkehrspflichten) ist auch die sogenannte **Produzentenhaftung** (auch Produkthaftung genannt) einzuordnen, soweit sie auf § 823 Abs. 1 und nicht auf Vorschriften des Produkthaftungsgesetzes gestützt wird. Wird jemand bei der bestimmungsgemäßen Verwendung eines Industrieerzeugnisses an einem seiner durch § 823 Abs. 1 geschützten Rechtsgüter geschädigt, weil das Produkt fehlerhaft ist und den Produzenten im Hinblick auf die Fehlerhaftigkeit ein Verschulden trifft, so ist der Produzent gemäß § 823 Abs. 1 zum Ersatz des daraus entstandenen Schadens verpflichtet[56]. Voraussetzung dafür ist aber, dass der Hersteller oder Vertreiber des Produkts eine Verkehrssicherungspflicht verletzt hat. In Betracht kommt etwa eine ungenügende Qualitätskontrolle. **445**

## X. Die Haftung mehrerer Personen

### 1. Überblick

Haben mehrere Personen eine unerlaubte Handlung begangen, so stellt sich die Frage nach der Verantwortlichkeit der Beteiligten. Steht die Tatbeteiligung fest, muss geklärt werden, in welcher Weise die Tatbeteiligten dem Geschädigten haften. **445 a**

53 Vgl. zu den Einzelheiten *Palandt/Sprau*, § 823 BGB Rn. 48 ff.; *Raab*, JuS 2002, 1043.

54 BGHZ 195, 30, 33.

55 BGHZ 195, 30.

56 Vgl. BGHZ 51, 91, 102, 105.

### 2. Tatbeteiligte (§ 830)

Nach § 830 ist jede Person, die an einer gemeinschaftlich begangenen unerlaubten Handlung beteiligt war, für den dadurch verursachten Schaden verantwortlich. Das bedeutet, dass der Geschädigten vom Nachweis der haftungsbegründenden Kausalität befreit ist (dazu oben § 23 V. 1.).[57] Außerdem stellt § 830 Abs. 1 S. 2 die gesetzliche Vermutung auf, dass das Handeln des Beteiligten den Schaden jedenfalls mit herbeigeführt hat. Damit ist die Durchsetzung von Schadensersatzansprüchen gegen Beteiligte wesentlich erleichtert.

Erforderlich ist allerdings stets ein das rechtswidrige Handeln der übrigen Täter unterstützender eigener Tatbeitrag.[58]

Dass der Beteiligte nach § 830 für den vollen Schaden verantwortlich ist, setzt stets voraus, dass der Beteiligte rechtswidrig und schuldhaft gehandelt hat.

Die Beteiligten können Mittäter, Anstifter oder Gehilfen sein (§ 830 Abs. 2).

### 3. Die Haftung der Beteiligten als Gesamtschuldner

**445 b** Die Täter einer unerlaubten Handlung (§ 830) haften dem Geschädigten gegenüber gemäß § 840 Abs. 1 als Gesamtschuldner. Wie die Gesamtschuldner haften, ergibt sich aus §§ 420 ff.

Nach der Legaldefinition des § 421 liegt Gesamtschuldnerschaft vor, wenn mehrere Personen eine Leistung in der Weise schulden, dass jeder die ganze Leistung zu bewirken verpflichtet, der Gläubiger aber die Leistung nur einmal zu fordern berechtigt ist. Der Gläubiger kann die Leistung nach seinem Belieben von jedem der Schuldner ganz oder zu einem Teil fordern.

Wie ein Innenausgleich unter den Gesamtschuldnern zu erfolgen hat, richtet sich nach § 426.

> **Beispiel:** A und B überfallen am späten Abend auf der Straße den S. A hält den S fest, während B dem S ins Gesicht schlägt und dem fast bewusstlosen die Brieftasche wegnimmt. Die Täter fliehen und teilen die Beute. Der Schaden des S beträgt 4.500 € Arzt- und Behandlungskosten und 250 €, die in der Brieftasche waren. Abgesehen von der begangenen Straftat haben A und B gemeinschaftlich im Sinne des § 830 eine unerlaubte Handlung gemäß § 823 Abs. 1 begangen, indem sie die Rechtsgüter Körper und Gesundheit des S verletzten und ihm damit rechtswidrig und schuldhaft einen Schaden in Höhe von 4.750 € zufügten. Den Schadenersatzanspruch kann S gegen A und B als Gesamtschuldner geltend machen (§ 840).

---

57 *Jauernig/Teichmann*, § 830 BGB Rn. 1.

58 *Jauernig/Teichmann*, § 830 BGB Rn. 3.

# XI. Die Haftung für Verrichtungsgehilfen

## 1. Überblick

Ein Unternehmer führt nur selten die Arbeiten persönlich aus, die erforderlich sind, um die Leistungen zu erbringen, zu deren Erfüllung er sich verpflichtet hat. In der Regel bedient er sich dazu der bei ihm beschäftigten Arbeitnehmer. Bei der Ausführung der Arbeiten können anderen Schäden entstehen, die auf unerlaubten Handlungen der eingesetzten Arbeitnehmer beruhen. Der Geschädigte hat häufig ein Interesse daran, den Unternehmer (Geschäftsherrn) selbst in Anspruch nehmen zu können. Dass der Arbeitnehmer, der den Schaden verursacht hat, in der Regel selbst aus unerlaubter Handlung haftet, hilft dem Geschädigten wenig, wenn es sich um einen beträchtlichen Schaden handelt und der Arbeitnehmer nicht in der Lage ist, Schadensersatz in der erforderlichen Höhe zu leisten. **446**

> **Beispiel:** Der Maurer M ist bei dem Bauunternehmer U beschäftigt. M arbeitet auf einem Baugerüst, das an der Vorderfront eines Geschäftshauses steht, welches an einer vielbegangenen Fußgängerzone gelegen ist. Durch grobe Unachtsamkeit des M fallen Baumaterialien und Werkzeuge von dem Gerüst auf den Bürgersteig. S wird von einem Stein am Kopf getroffen und schwer verletzt. Der Schaden des S (Arzt- und Heilungskosten, Einkommenseinbuße etc.) beträgt insgesamt 12.000 €. M ist mittellos. Hier besteht ein Interesse des S daran, den U wegen des entstandenen Schadens in Anspruch zu nehmen, da nicht zu erwarten ist, dass M den Schaden ersetzen kann.

Das BGB versucht, dieser Interessenlage gerecht zu werden. Es kennt allerdings keine uneingeschränkte Haftung des Unternehmers (Geschäftsherrn) für die unerlaubten Handlungen, die seine Arbeitnehmer bei der Ausführung der ihnen übertragenen Arbeiten begehen.

Nach § 831 haftet derjenige, der einem anderen eine Tätigkeit überträgt (Geschäftsherr), wenn der mit der Verrichtung Betraute in Ausführung der ihm übertragenen Aufgaben eine unerlaubte Handlung begeht und dadurch einem anderen einen Schaden zufügt; darüber hinaus muss der Unternehmer bei der Auswahl des Verrichtungsgehilfen oder bei dessen Anleitung schuldhaft gehandelt haben. Das bedeutet: Der Geschädigte kann den Geschäftsherrn in Anspruch nehmen, wenn der Verrichtungsgehilfe in Ausführung der ihm übertragenen Tätigkeit rechtswidrig den objektiven Tatbestand einer unerlaubten Handlung im Sinne der §§ 823 ff. erfüllt hat. Dieser Anspruch besteht selbst dann, wenn den Verrichtungsgehilfen kein Verschulden trifft. Der Grund für die Anordnung einer Ersatzpflicht des Geschäftsherrn ist in einem **eigenen vermuteten Verschulden des Geschäftsherrn** bei der Auswahl und Anleitung des Verrichtungsgehilfen zu sehen. § 831 begründet also eine Haftung des Geschäftsherrn für **eigenes Verschulden**. **447**

## 2. Verrichtungsgehilfe

Verrichtungsgehilfe im Sinne des § 831 ist jeder, der **448**

- von einem Geschäftsherrn gegen Entgelt oder unentgeltlich mit einer Tätigkeit tatsächlicher oder rechtsgeschäftlicher Art betraut ist
- und dabei an die Weisungen des Geschäftsherrn gebunden ist.

Weisungsgebunden ist derjenige, dessen Tätigkeit der Geschäftsherr jederzeit beschränken, untersagen oder nach Zeit und Umfang bestimmen kann[59].

**Beispiel:** Der Metallarbeiter B, der im Betrieb des Fabrikanten G beschäftigt ist und dort eine Presse bedient, die Metallstücke ausstanzt, ist Verrichtungsgehilfe des G. Er ist gegen Entgelt damit betraut, eine Tätigkeit tatsächlicher Art, nämlich das Bedienen der Maschine, auszuüben. Er ist im Rahmen seines Arbeitsverhältnisses an die Weisungen des G gebunden. G kann ihn z.B. anweisen, eine andere Maschine zu bedienen.

**Beispiel:** K bittet den Klempnermeister W, den Abfluss eines Waschbeckens zu reparieren. Zwischen K und W besteht zwar ein Vertrag, in dessen Rahmen W es gegen Entgelt übernommen hat, eine Tätigkeit tatsächlicher Art, die Reparatur eines Waschbeckens, auszuführen; W ist aber nicht weisungsgebunden, denn K kann dem W nach dem Vertrage im Hinblick auf die Reparatur des Waschbeckens keine bis ins einzelne gehenden Vorschriften machen, z.B. nicht Art und Umfang der Arbeiten bestimmen. W ist deshalb nicht Verrichtungsgehilfe des K.

### 3. Unerlaubte Handlung des Verrichtungsgehilfen

449 Der Verrichtungsgehilfe muss eine unerlaubte Handlung i.S. der §§ 823 ff. begangen haben. Die Erfüllung eines dieser Tatbestände muss rechtswidrig, aber nicht notwendigerweise schuldhaft sein. Eines Verschuldens des Verrichtungsgehilfen bedarf es nicht, weil § 831 eine Haftung des Geschäftsherrn für eigenes und nicht für fremdes Verschulden begründet.

### 4. Schadenszufügung in Ausführung der Verrichtung

450 Der Geschäftsherr haftet für unerlaubte Handlungen seines Verrichtungsgehilfen nur, wenn der Verrichtungsgehilfe die unerlaubte Handlung **in Ausführung der ihm übertragenen Verrichtung** begangen hat. Das bedeutet: Die Handlung des Verrichtungsgehilfen, die den Schaden verursacht hat, muss in den Kreis der Maßnahmen fallen, die die Ausführung der Verrichtung darstellen und mit dieser Maßnahme in einem inneren Zusammenhang stehen[60].

Zu dem oben geschilderten **Maurerbeispiel**: Die Benutzung von Handwerkszeug und das Hantieren mit Baumaterialien auf dem Baugerüst gehören zu den Handlungen, die die Verrichtung darstellen, zu der der Maurer M bestellt ist. Fallen Baumaterialien und Werkzeuge auf die Straße, so geschehen diese Unachtsamkeiten „in Ausführung der Verrichtung“ im Sinne des § 831.

---

59 So BGHZ 45, 311, 313.

60 BGHZ 11, 151, 154, *Palandt/Sprau*, § 831 BGB Rn. 9.

Fortführung dieses **Beispiels**: M verlässt die Baustelle, nachdem er seine Arbeiten beendet hat. Er betrinkt sich, stiehlt ein Kraftfahrzeug und verursacht schuldhaft einen Verkehrsunfall, bei dem der Fußgänger K schwer verletzt wird. Hier ist K durch Handlungen des M, die den Tatbestand des § 823 Abs. 1 erfüllen, verletzt und geschädigt worden, die nicht mehr in den Kreis der Verrichtungen fallen, zu denen M als Maurer bestellt ist. Sie stehen auch in keinem inneren Zusammenhang mit den Bauarbeiten. M handelte demnach, als er den Unfall verursachte, nicht als Verrichtungsgehilfe des Bauunternehmers U. Dieser haftet infolgedessen nicht aus § 831 für die dem K entstandenen Schäden.

### 5. Das Verschulden des Geschäftsherrn (Unternehmers) und der Exkulpationsbeweis.

Wie schon erwähnt, begründet § 831 eine Haftung des Geschäftsherrn für eigenes Verschulden. Der Grund für die Anordnung einer Ersatzpflicht des Geschäftsherrn beruht auf einem vermuteten Verschulden bei **451**
- der Auswahl des Gehilfen,
- der Anleitung und Kontrolle desselben,
- der Beschaffung von Vorrichtungen und Gerätschaften für den Gehilfen,
- der Organisation seines Unternehmens.

Die auf den ersten Blick sehr weitgehende Haftung des Geschäftsherrn wird in der Praxis dadurch etwas reduziert, dass der Geschäftsherr gemäß § 831 Abs. 1 S. 2 dann von der Haftung befreit wird, wenn er nachweisen kann, dass ihn im Hinblick auf die Auswahl und Anleitung seiner Gehilfen kein Verschulden trifft. Der Geschäftsherr muss beweisen, dass der Verrichtungsgehilfe ordnungsgemäß ausgesucht und auch im Hinblick auf die konkrete Tätigkeit hinreichend angeleitet und überwacht worden ist. Kein Verschulden liegt vor, wenn der Geschäftsherr bei Auswahl und Anleitung die im Verkehr erforderliche Sorgfalt beobachtet hat bzw. wenn der Schaden auch bei Anwendung dieser Sorgfalt entstanden sein würde. Das Ausmaß der Überwachung richtet sich bei recht strengen Maßstäben nach Qualifikation und Zuverlässigkeit des Verrichtungsgehilfen[61]. Allerdings wird dieser Beweis häufig nicht geführt werden können. **452**

Bei Großbetrieben, für die § 831 nicht geschaffen ist, ist ein sog. **dezentralisierter Entlastungsbeweis** zulässig. Dabei genügt es, dass die ordnungsgemäße Aufsicht durch höhere Angestellte ausgeübt wird und diese von der Unternehmensleitung beaufsichtigt werden[62]. **453**

**Beispiel:** S, Alleininhaber eines privaten Sicherheitsdienstes, stellt den D als Wachmann ein, ohne sich über dessen Vorleben zu erkundigen. Nachdem sich D bei einem routinemäßigen Rundgang durch das Warenlager des U 5 Armbanduhren einer Edelmarke angeeignet hat, wird offenbar, dass D mehrfach wegen Dieb-

61 Vgl. *Jauernig/Teichmann*, § 831 BGB Rn. 11 m. Nachw.

62 Vgl. BGHZ 4, 1, 2.

stahls vorbestraft ist. Aus Furcht vor der drohenden Entdeckung hat D die Uhren in einen Fluss geworfen. Sie sind seitdem unauffindbar. U fordert von S nun Ersatz des ihm durch die Tat des D entstandenen Schadens in Höhe von 26.000 €. In diesem Fall kann sich S nicht gemäß § 831 Abs. 1 S. 2 entlasten, denn bei der Auswahl des D hat er nicht die notwendige Sorgfalt walten lassen.

## XII. Unterlassungsansprüche

### 1. Überblick

**454** Das Recht der unerlaubten Handlungen gewährt so, wie es im BGB enthalten ist, einen Schutz nur dann, wenn ein Schaden bereits entstanden ist. Für den Fall, dass ein Eingriff in ein Recht oder Rechtsgut unmittelbar bevorsteht, enthält das Recht der unerlaubten Handlungen keine allgemeine Regel, die es erlaubt, vorbeugende Maßnahmen zur Verhinderung der bevorstehenden Rechtsgutverletzung und der weiteren Folgen zu treffen, damit drohende Schäden vermieden werden können.

**455** Allerdings gewährt § 1004 wegen Beeinträchtigung des Eigentums einen Anspruch auf Beseitigung und Unterlassung der Beeinträchtigung. Aber auch andere Vorschriften, wie z.B. §§ 12 und 862 gewähren einen Unterlassungsanspruch gegen drohende Beeinträchtigungen. Daraus leitet man einen **allgemeinen Rechtsgedanken** ab, der auf die übrigen Rechte des § 823 Abs. 1, aber auch auf die Schutzpositionen erstreckt wird, die § 823 Abs. 2 abdeckt.[63] Dem liegt der Gedanke zu Grunde, dass Schadensverhütung der Schadensregulierung vorgehen soll.[64]

Aber auch in den übrigen Fällen, in denen schon ein Eingriff in ein Recht oder Rechtsgut stattgefunden hat und damit gerechnet werden muss, dass weitere Eingriffe folgen, ist das Bedürfnis vorhanden, den von den Eingriffen Betroffenen vor weiteren Eingriffen zu schützen.

### 2. Die analoge Anwendung des § 1004

**456** Es besteht in Rechtsprechung und Literatur Einigkeit darüber, dass demjenigen, dem erstmals oder wiederholt ein Schaden durch die Verletzung von Rechtsgütern droht, Schutz gewährt werden muss. Man wendet deshalb den in § 1004 enthaltenen Rechtsgedanken auch auf andere geschützte Rechte und Rechtsgüter, insbesondere auf die in § 823 Abs. 1 genannten an, also auf Leben, Gesundheit, Freiheit und das allgemeine Persönlichkeitsrecht[65].

**457** § 1004 gewährt dem Eigentümer gegenüber dem Störer einen Anspruch auf Unterlassung der Beeinträchtigung, ohne dass den Störer ein Verschulden treffen muss. Es genügt, dass die Störung rechtswidrig ist.

---

63 So *Staudinger/Eckpfeiler/Hager*, S. 823; vgl. BGHZ 99, 133, 136
64 Vgl. *Staudinger/Eckpfeiler/Hager*, S. 823
65 Vgl. *Palandt/Bassenge*, § 1004 BGB Rn. 4.

In **Analogie zu § 1004** werden alle deliktsrechtlich geschützten Positionen gegen rechtswidrige – nicht notwendigerweise auch schuldhafte – Eingriffe Dritter geschützt. Darunter können auch die gemäß § 823 Abs. 2 i.V.m. einem Schutzgesetz deliktisch geschützten Rechtsgüter fallen[66].

### 3. Die Voraussetzungen für eine Unterlassungsklage

Voraussetzung dafür, dass jemand einen Unterlassungsanspruch geltend machen **458**
kann, ist eine bereits eingetretene oder eine konkret drohende Rechts- oder Rechtsgutverletzung. Dem so Bedrohten steht ein solcher Anspruch, mit dem er sich gegen jeden rechtswidrigen Eingriff in seine durch §§ 823 ff. geschützte Sphäre wehren kann, auch dann zu, wenn es zuvor noch nicht zu einem solchen Eingriff gekommen ist. Denn es ist dem Bedrohten nicht zuzumuten, den bevorstehenden Eingriff zunächst abzuwarten und erst, nachdem er erfolgt ist, Schadensersatz zu verlangen, was er ohnehin nur kann, wenn der Schädiger schuldhaft gehandelt hat.

Durchgesetzt wird der Unterlassungsanspruch mit der **Unterlassungsklage**. Voraussetzungen für die Durchsetzung eines Unterlassungsanspruchs im Wege der Unterlassungsklage sind:

a) Die **konkret drohende Verletzung** eines Rechts oder Rechtsgutes, falls ein Eingriff vorher noch nicht stattgefunden hat; konkret drohend heißt: es müssen Tatsachen vorliegen, die die Vorbereitung und die Absicht eines Eingriffs mit Sicherheit erkennen lassen[67];
b) **Wiederholungsgefahr** eines rechtswidrigen Eingriffs, wenn ein Eingriff bereits stattgefunden hat.

**Beispiel:** Unternehmer S, der in hartem Konkurrenzkampf mit dem Unternehmer K steht, lässt ein Rundschreiben drucken, das er an alle vorhandenen und möglichen Kunden des K versenden will. In diesem Schreiben behauptet S wider besseres Wissen, K sei völlig verschuldet, die Eröffnung des Insolvenzverfahrens stünde unmittelbar bevor; vor weiteren geschäftlichen Kontakten mit K müsse deshalb dringend gewarnt werden. K erhält davon Kenntnis, dass S dieses Rundschreiben in den nächsten Tagen verschicken will. Mit der Geltendmachung eines Schadensersatzanspruches – gestützt u.a. auf § 824 – müsste K warten, bis ihm ein Schaden entstanden ist, z.B. durch Verringerung des Kundenstammes und dadurch verminderten Absatz, Kündigung von Krediten etc. K hat ein Interesse daran, dass der Eintritt von Schäden verhindert wird. Es liegen Tatsachen vor, die die Vorbereitung und die Absicht des Eingriffs in das nach § 824 geschützte Rechtsgut mit Sicherheit erkennen lassen. Da kein Grund ersichtlich ist, der einen solchen Eingriff durch S rechtfertigen könnte, droht ein rechtswidriger Eingriff. Nach den oben dargestellten Grundsätzen – alle deliktsrechtlich geschützten Positionen

66 Vgl. *Palandt/Bassenge*, § 1004 BGB Rn. 4.
67 BGH NJW 1957, 1362, 1363; *Palandt/Bassenge*, § 1004 BGB Rn. 31 f.

werden gegen rechtswidrige Eingriffe Dritter durch Unterlassungsansprüche in Analogie zu § 1004 geschützt – hat K einen Anspruch darauf, dass S es unterlässt, das vorbereitete Schreiben zu verschicken. Um seinen Anspruch auf Unterlassung durchzusetzen, könnte K zunächst einen ordentlichen Zivilprozess gegen S mit dem Ziel führen, ein Urteil zu erlangen, durch das S das Versenden der Rundschreiben untersagt wird. Ein solcher Zivilprozess kann, zumal wenn der Instanzenweg voll ausgeschöpft wird, lange Zeit in Anspruch nehmen. K würde das Obsiegen in einem langwierigen Rechtsstreit jedoch nichts nützen, wenn ihm noch vor dem Urteilsspruch irreparable Schäden entstünden. Es geht für ihn also darum zu verhindern, dass S das Rundschreiben überhaupt verschickt. Kann er vor dem Zeitpunkt der Versendung keine gerichtliche Entscheidung mehr erlangen, geht sein Anspruch auf Unterlassung ins Leere.

**459** Dem Bedürfnis nach einem schnellen (wenn auch vorläufigen) Rechtsschutz dient das – in der ZPO – geregelte Verfahren der **einstweiligen Verfügung.** Der Antragsteller muss dem Gericht glaubhaft machen, dass er einen (in der Regel nicht auf Geld gerichteten) Anspruch gegen den Antragsgegner hat und dass ohne die einstweilige Verfügung die Durchsetzung dieses Anspruches vereitelt oder wesentlich erschwert werden würde. Erlässt das Gericht die einstweilige Verfügung, droht es für den Fall der Zuwiderhandlung eine Geld- oder Haftstrafe an.

Zu dem vorhergehenden **Beispiel**: K müsste dementsprechend bei dem für den Rechtsstreit zuständigen Gericht glaubhaft darlegen, dass er einen Anspruch auf Unterlassung gegen S hat und dass Schäden nur dann vermieden werden können, wenn S die Versendung der Rundschreiben sofort untersagt wird.

**Lösung zu Fall 21:**

**I.** B könnte gegen D einen Anspruch auf Schadensersatz in Höhe von 300.000 € aus § 823 Abs. 1 i. Vb. m. §§ 249 ff. erworben haben.
(Möglicherweise kommen auch Ansprüche aus Abs. 2 in Betracht. Diese sollen hier nicht behandelt werden.)

1. Eingriff in ein absolutes Recht oder Rechtsgut
Durch sein Handeln müsste D in ein absolutes Recht des B nach § 823 Abs. 1 eingegriffen haben. In Betracht kommt ein „sonstiges Recht“ in Form des eingerichteten und ausgeübten Gewerbebetriebs (Recht am Unternehmen). Es ist ein subsidiäres Recht, das neben dem Bestand des Unternehmens die gesamte unternehmerische Tätigkeit schützt. Hierzu zählen alle Gegenstände, die zur Gesamtheit des Unternehmens beitragen, wie z.B. auch der Kundenstamm und Produktionsmethoden. Indem D die Kundendaten durch A hat stehlen lassen und indem er die Tätigkeit des Unternehmens des B durch Übernahme geheimer Produktionsmethoden behindert hat, hat er in das Recht des B am eingerichteten und ausgeübten Gewerbebetrieb eingegriffen. Um die Haftung für Eingriffe in den eingerichteten und ausgeübten Gewerbebetrieb nicht ausufern zu lassen, setzt ein Anspruch zudem voraus, dass dieser Eingriff betriebsbezogen sein muss. Das bedeutet, dass die Stoßrichtung des Eingriffs sich gerade gegen den Betrieb richten und die Grundlagen des Betriebes bedrohen muss. Hier hat D gezielt

den Bestand des Betriebs des B gefährdet um ihn zu schädigen und um als Konkurrent besser dazustehen. Der Eingriff war daher betriebsbezogen.

2. Verursachter Schaden
Durch die Rechtsgutsverletzung des D ist dem B in adäquat-kausaler Weise ein Schaden entstanden.

3. Rechtswidrigkeit
Da das Recht am eingerichteten und ausgeübten Gewerbebetrieb ein sog. Rahmenrecht darstellt, indiziert ein tatbestandsmäßiger Eingriff ausnahmsweise nicht die Rechtswidrigkeit des Eingriffs. Die Rechtswidrigkeit muss vielmehr positiv festgestellt werden. Dies geschieht auf Grundlage einer Güter- und Interessenabwägung. Hierbei ist vorliegend zu berücksichtigen, dass D den A zu einem Diebstahl angestiftet hat und A sowohl zu einem Vertragsbruch als auch zur Offenbarung geschützter Betriebsgeheimnisse verleitet hat. Im Zusammenspiel sprechen die Umstände für die Annahme der Rechtswidrigkeit.

4. Verschulden
Zudem müsste D vorsätzlich oder fahrlässig in Bezug auf seine Handlung und auf die kausale Herbeiführung bzgl. der Rechtsgutsverletzung durch seine Handlung gehandelt haben. Vorsätzliches Handeln setzt Wissen und Wollen voraus. D wusste, dass er den Betrieb des B schädigen würde, indem er dessen Geheimnisse verwendet und Kunden abwirbt, um selbst höheren Gewinn zu erzielen. Er handelte daher vorsätzlich.

5. Ergebnis
Also hat B gegen D einen Anspruch auf Zahlung von 300.000 € aus § 823 Abs. 1. Die Berechnung des Schadens erfolgt nach §§ 249 ff. Der entgangene Gewinn ist nach § 252 zu ersetzen.

**II.** Dem B könnte gegen D auch ein Anspruch auf Schadensersatz in Höhe von 300.000 € aus § 826 zustehen.
Der Verlust von 30 % Marktanteil ist ein Schaden, der auf das Handeln des D zurückzuführen ist. Ein Anspruch des § 826 entsteht allerdings nur, wenn der Schädiger (hier D)
a) in einer gegen die guten Sitten verstoßenden Weise
b) vorsätzlich gehandelt
c) und dadurch, d.h. adäquat kausal den bezeichneten Schaden herbeigeführt hat.

a) Zunächst ist zu klären, ob D sittenwidrig gehandelt hat. Sittenwidrig ist ein Handeln dann, wenn es gegen das Anstandsgefühl aller billig und gerecht Denkenden verstößt. D hat den Angestellten eines fremden Unternehmens abgeworben und gleichzeitig das betroffene Unternehmen ausgebeutet und in seiner Tätigkeit behindert, weil er sich geheim gehaltener Produktionsverfahren, die A ihm verraten hat, bedient hat. Damit hat D gegen Grundregeln des zwischenmenschlichen Anstandes, die in der Rechtsgemeinschaft akzeptiert werden, verstoßen. Die Verleitung des Angestellten eines Konkurrenten zum Vertragsbruch mit dem Ziel, diesen Angestellten dann selbst einzustellen, wird in der Regel als Verstoß gegen die Grundregeln des zwischenmenschlichen Anstandes gewertet. Im zu erörternden Fall kommt noch hinzu, dass mit der Abwerbung einschließlich des Verleitens zum Vertragsbruch eine Ausbeutung und Behinderung des betroffenen Unternehmens verbunden ist. Jedenfalls damit sind die Grundregeln des zwischenmenschlichen Anstandes verletzt. D handelte also sittenwidrig. D hat darüber hinaus den A noch dazu angehalten, eine Straftat zu begehen, nämlich die Kundenkartei des B zu stehlen. Diese Handlung ist ebenfalls sittenwidrig. D handelte auch vorsätzlich, denn er wusste, dass er B einen Schaden zufügen würde.

b) Der Verlust von 30 % des Marktanteils, der sich in einem entgangenen Gewinn von 300.000 € niederschlägt, also der Schaden, ist durch das sittenwidrige und vorsätzliche Handeln des D verursacht worden.

c) Ergebnis: Es handelt sich um einen Schaden, den D gemäß § 826 in Verbindung mit §§ 249 ff., 252 zu ersetzen hat. Demnach ist D dem B auch aus § 826 zum Ersatz des Schadens in Höhe von 300.000 € verpflichtet.

# § 23 a Die Gefährdungshaftung

## I. Die Haftung auch ohne Verschulden (Verschuldensunabhängige Haftung)

460 Da das Recht der unerlaubten Handlungen auf dem Verschulden als Zurechnungsgrund beruht, kann ein Schadensersatzanspruch aus unerlaubter Handlung nur entstehen, wenn der Schädiger vorsätzlich oder fahrlässig handelt. Es hat sich allerdings gezeigt, dass die auf Verschulden gestützte Deliktshaftung in vielen Lebensbereichen keinen ausreichenden Schutz gewährt. Das wurde umso deutlicher, je mehr gefährliche Anlagen und Maschinen gebaut und benutzt wurden. Wenn das deutsche Privatrecht auch heute weder einen allgemeinen Haftungstatbestand noch eine umfassende Verpflichtung jeder Person kennt, Schädigungen anderer zu vermeiden, so gibt es inzwischen doch eine Reihe von Gesetzen, die unterschiedlich ausgestaltete Gefährdungshaftungstatbestände enthalten. Diese Gefährdungshaftungstatbestände gewähren **ohne Rücksicht auf Verschulden Schadensersatzansprüche**, wenn Rechtsgüter oder bestimmte Rechte verletzt werden.

461 Gefährdungshaftungstatbestände hat der Gesetzgeber vor allem für diejenigen Fälle in Gesetze aufgenommen, in denen es um den Ausgleich von Schäden geht, die bei unverschuldeten Unglücksfällen entstehen, bei denen es unbillig wäre, wenn das – meist zufällig betroffene – Opfer den Schaden tragen müsste. In solchen Fällen wird der Schaden demjenigen aufgebürdet, der die Gefahrenquelle beherrscht oder beherrschen sollte. Dazu kommt in vielen Fällen, dass der gefahrdrohende Zustand in erster Linie im Interesse desjenigen geduldet wird, der den Schaden verursacht. Wenn der Verletzte bei der Entstehung oder Vergrößerung des Schadens mitgewirkt hat, so ist § 254 anzuwenden.

Der Gefährdungshaftung liegt der Gedanke zugrunde, dass derjenige, der mit einer entsprechenden Erlaubnis gefährliche Anlagen betreibt oder eine andere gefährdende Tätigkeit ausübt, für Schäden, die dadurch entstehen, einstehen muss. Die Gefährdungshaftung kann also eine Haftung für diejenigen Schäden begründen, die durch eine rechtmäßige, aber für Außenstehende mit Gefahren verbundene Betätigung verursacht werden.[1]

> **Beispiel:** Der für das tägliche Leben sehr wichtige § 7 Abs. 1 Straßenverkehrsgesetz: „Wird bei dem Betrieb eines Kraftfahrzeugs ein Mensch getötet, der Körper oder die Gesundheit eines Menschen verletzt oder eine Sache beschädigt, so ist der Halter des Fahrzeugs verpflichtet, dem Verletzten den daraus entstehenden Schaden zu ersetzen.
> Diese Ersatzpflicht tritt auch dann ein, wenn der Schädiger nicht schuldhaft gehandelt hat."

Zu den wichtigen Gefährdungshaftungstatbeständen zählen außerdem u.a.: **461 a**

a) Haftung der Eisenbahn für Personen- und Sachschäden (§ 1 Haftpflichtgesetz).
b) Haftung von Produktherstellern, deren fehlerhafte Produkte Personen- und Sachschäden verursacht haben (§ 1 Produkthaftungsgesetz).
c) Haftung der Betreiber von größeren Industrie-, Energiegewinnungs- und Bergbauanlagen (§ 1 Umwelthaftungsgesetz).
d) Haftung für Elektrizitäts- und Gasleitungen (§ 2 Haftpflichtgesetz).
e) Haftung für Atomschäden (§§ 25, 26 Atomgesetz).
f) Haftung für Gewässerverunreinigung (§ 22 Wasserhaushaltsgesetz).
g) Tierhalterhaftung (§ 833 BGB)

Den aufgezählten Gefährdungshaftungstatbeständen ist gemeinsam, dass sie eine Schadensersatzpflicht des Schädigers auch dann entstehen lassen, wenn den Schädiger ein Verschulden nicht trifft.

Schadensersatzansprüche aus unerlaubter Handlung und Vertrag sowie aus Gefährdungshaftung können nebeneinander geltend gemacht werden. Das Verlangen nach Schadensersatz ist dann nach mehreren Vorschriften begründet. **461 b**

> **Beispiel:** Der Halter eines Kraftfahrzeuges, der schuldhaft einen Verkehrsunfall verursacht, bei dem Personenschaden entsteht, haftet aus Gefährdungshaftung (§ 7 Straßenverkehrsgesetz) und Delikt (§ 823 Abs. 1 und Abs. 2 i. Vb. m. der Verletzung eines Schutzgesetzes). Der Geschädigte erhält seinen Schaden allerdings nur einmal ersetzt. Wegen der unterschiedlichen Anspruchsvoraussetzungen kann es zweckmäßig sein, dass er seinen Anspruch auf mehrere Anspruchsgrundlagen stützt. Denn es kann durchaus möglich sein, dass es dem Geschädigten im Streitfalle nicht gelingt, sämtliche Voraussetzungen für jeden Anspruch nachzuweisen. So ist der Beweis, dass der Schädiger schuldhaft gehandelt hat, häufig schwer zu führen.

---

1 *Brox/Walker*, Besonderes Schuldrecht, 32. Aufl., § 46 Rn.1.

Um bei Gefährdungshaftungstatbeständen die Schäden nicht in unermessliche und nicht mehr kalkulierbare Höhen anwachsen zu lassen, ist eine Begrenzung notwendig. So haften z.B. der Kraftfahrzeughalter (§ 7 Abs. 2 StVG) und der Eisenbahnunternehmer (§ 1 Abs. 2 HaftpflG) nicht für Schäden, die durch höhere Gewalt verursacht werden. Unter **höherer Gewalt** versteht man nach ständiger Rechtsprechung „ein von außen kommendes, keinen betrieblichen Zusammenhang aufweisendes, auch durch die äußerste, vernünftigerweise zu erwartende Sorgfalt nicht abwendbares Ereignis".[2]

## II. Beispiele für Gefährdungshaftungstatbestände

### 1. Die Haftung nach dem Produkthaftungsgesetz

**461 c** Die kein Verschulden voraussetzende Haftung für fehlerhafte Produkte aus dem Produkthaftungsgesetz tritt neben die verschuldensabhängige Produzentenhaftung aus § 823 Abs. 1.

Zugunsten des Endverbrauchers begründet § 1 Abs. 1 ProdHaftG eine **verschuldensunabhängige Haftung des Herstellers** für alle durch ein fehlerhaftes Produkt verursachten Körper- und Gesundheitsschäden, sowie auch für bestimmte Sachschäden.

Nach dem Produkthaftungsgesetz ist die Produkthaftung ein Fall der verschuldensunabhängigen Haftung (§ 1 ProdHaftG). Neben dem tatsächlichen Hersteller ist jede Person, die sich als Hersteller ausgibt, sowie – unter gewissen Voraussetzungen – auch der Importeur und der Lieferant der Haftung unterworfen (§ 4 ProdHaftG). Mit der gesetzlichen Regelung wird das Ziel verfolgt, eine verschuldensunabhängige Haftung für fehlerhafte Produkte (§ 3 ProdHaftG) zu verwirklichen, die in erster Linie dem Schutz des privaten Endverbrauchers dient.

### 2. Die Haftung nach dem Umwelthaftungsgesetz

**461 d** Eine weitere spezielle gesetzliche Regelung der Ersatzansprüche bei Verstößen gegen Verkehrssicherungspflichten enthält das Umwelthaftungsgesetz (UmweltHG), das seit dem 1.1.1991 gilt. Es erlegt den Inhabern von bestimmten größeren Industrie-, Energiegewinnungs- und Bergbauanlagen in § 1 eine **verschuldensunabhängige Gefährdungshaftung für Personen- und Sachschäden** auf, die durch eine von diesen Anlagen hervorgerufene Umwelteinwirkung verursacht werden. Dabei steht dem Geschädigten unter bestimmten Voraussetzungen die Vermutung zur Seite, dass der Schaden durch die Anlage verursacht worden ist (§§ 6 f. UmweltHG).

---

2 RGZ 117, 12, 13; BGHZ 100, 185, 188.

# § 23 b Die Staatshaftung (Amtshaftung) nach § 839 i.V.m. Art. 34 GG

## I. Überblick

Ein im Grenzbereich von bürgerlichem und öffentlichem Recht angesiedeltes Rechtsgebiet ist das sog. **Staatshaftungsrecht.** Es regelt Ansprüche, die durch (rechtmäßiges oder rechtswidriges) Verwaltungshandeln entstehen. Das Gesamtsystem der Staatshaftung ist wesentlich von richterlicher Rechtsfortbildung geprägt[1]; gesetzliche Regelungen gibt es nur wenige. Eine solche normierte staatshaftungsrechtliche Anspruchsgrundlage ist § 839. Hiernach entsteht ein Schadensersatzanspruch gegen den Beamten, wenn **461 e**

- ein Beamter
- verschuldet (vorsätzlich oder fahrlässig)
- eine ihm gegenüber einem Dritten bestehende Amtspflicht verletzt
- und dem Dritten dadurch ein Schaden entsteht.

## II. Übernahme der Haftung durch den Staat nach Art. 34 GG

§ 839 ist in seinem engen Zusammenhang zu Art. 34 GG zu sehen, wonach die Verantwortlichkeit den Staat bzw. die Körperschaft trifft, in deren Dienst der Beamte steht. „Die Verantwortlichkeit" i.S. des Art. 34 GG, für die der Staat einzustehen hat, meint einen bestehenden Anspruch aus § 839 BGB gegen den Beamten. Art. 34 GG ist demnach nicht selbst Anspruchsgrundlage, sondern bewirkt eine (den Beamten) befreiende Schuldübernahme des Staates[2]. Bei der Prüfung eines Anspruchs gegen den Staat ist daher zunächst zu untersuchen, ob ein Anspruch gegen den Beamten gemäß § 839 grundsätzlich entstanden ist, der dann nach Art. 34 GG auf den Staat übergegangen ist. **461 f**

## III. Amtspflicht und Drittbezogenheit

Ein Anspruch aus § 839 i. Vb. m. Art. 34 GG setzt voraus, dass ein Beamter eine Amtspflicht verletzt hat. Eine **Amtspflicht** ist die den Amtswalter persönlich treffende Verhaltenspflicht in Bezug auf seine Amtsführung, wobei sich diese Amtspflicht aus der Verfassung, förmlichen Gesetzen, dem Unionsrecht, aus Rechtsverordnungen, Satzungen oder auch aus Gewohnheitsrecht oder allgemeinen **461 g**

1 Ein Überblick findet sich bspw. bei *MüKo/Papier*, § 839 BGB Rn. 25 ff.
2 *MüKo/Papier*, § 839 BGB Rn. 121.

Rechtsgrundsätzen ergeben kann[3]. Streitig ist, ob auch Interna wie Dienstanweisungen oder Verwaltungsvorschriften Amtspflichten begründen können.

Weiterhin muss diese Amtspflicht „einem Dritten gegenüber" bestehen. Dies ist dann der Fall, wenn die verletzte Pflicht zumindest auch im Interesse des Verletzten besteht. In der Praxis scheitern viele Amtshaftungsklagen an der mangelnden Drittbezogenheit.

> **Beispiel:** Ein Beamter eines staatlichen Amtes zur Lebensmitteluntersuchung erstellt fahrlässig ein falsches Lebensmittelgutachten, aufgrund dessen mehrere Händler aufgefordert werden, bestimmte Lebensmittel zu vernichten. Im Nachhinein stellt sich das Gutachten als falsch heraus. Den Händlern entsteht hierdurch ein Schaden. Hier ist anzunehmen, dass die korrekte Lebensmitteluntersuchung nicht nur im Interesse der Gesundheit der Verbraucher besteht, sondern auch im (wirtschaftlichen) Interesse der Lebensmittelhändler. Von der Drittbezogenheit der Amtspflicht (Untersuchung) ist daher hier auszugehen.

## IV. Subsidiarität der Amtshaftung

**461 h** Nach § 839 Abs. 1 S. 2 besteht ein Anspruch bei fahrlässigem Handeln des Beamten nur, sofern der Verletzte seinen Schaden nicht auf andere Weise kompensieren kann. Grund für diese Beschränkung der Haftung ist der Schutz des Beamten, der für nötig erachtet wurde, um der Möglichkeit vorzubeugen, dass der Beamte seine Dienstpflichten unter dem Druck drohender Schadensersatzansprüche nur zögerlich ausübt. Die Sinnhaftigkeit dieser Regelung wird deutlich, wenn man berücksichtigt, dass Art. 34 GG bei Einführung des § 839 noch nicht galt.

Dass die **Subsidiarität der Haftung** auch heute für den regelmäßig vorliegenden Fall gilt, in dem die Haftung auf den Staat übergeht, mag man als sinnwidrig und veraltet kritisieren[4], ist aber aufgrund der Konstruktion des Art. 34 GG als Schuldübernahme nach der geltenden Rechtslage kaum anders konstruierbar.

Zu klären bleibt, auf welche „andere Weise" Ersatz zu erlangen der Verletzte sich verweisen lassen muss. Keine anderweitigen Ersatzmöglichkeiten sind regelmäßig privatrechtliche Ansprüche gegen Versicherungen; denn die Versicherungsleistung hat der Geschädigte durch eigenständige Leistungen in Form von Prämien erlangt. Auch muss sich der Geschädigte nicht auf die Lohnfortzahlung im Krankheitsfall verweisen lassen, da eine Schadenskompensation nicht Zweck der Lohnfortzahlung ist[5].

---

3 *Dauner-Lieb/Langen-Muthers*, § 839 BGB Rn. 98.

4 Vgl. z.B. *Jauernig/Teichmann*, § 839 BGB Rn. 16 ff.

5 *Jauernig/Teichmann*, § 839 BGB Rn. 16 ff.

### V. Das Spruchrichterprivileg

§ 839 Abs. 2 privilegiert den Richterspruch insoweit, als bei dem Urteil in einer Rechtssache eine Haftung des Richters nur dann in Frage kommt, wenn die Pflichtverletzung des Richters eine Straftat darstellt. Der Grund für diese Privilegierung ist weniger der Schutz des Richters und seiner Unabhängigkeit als viel mehr der Schutz der Rechtskraft des Urteils. Ein einmal gefälltes Urteil soll nicht im Nachhinein mit der Behauptung in Frage gestellt werden können, der Richter habe eine Amtspflichtverletzung begangen. Geschützt wird damit vor allem der Spruch des Richters – nur mittelbar der Richter selbst. **461 i**

## § 24 Der Inhalt vertraglicher Schuldverhältnisse

***Fall 22:*** *S schließt mit dem Klavierlehrer K einen Vertrag, wonach K der S ab dem kommenden Tag Klavierunterricht erteilen soll. Als S am nächsten Tag in der Musikschule des K erscheint, ist lediglich R vor Ort. Er erklärt der S, er sei ein mit K befreundeter Klavierlehrer. K sei heute leider verhindert und habe daher ihn gebeten, ausnahmsweise an diesem Tag den Unterricht durchzuführen. S weigert sich. Sie habe sich gezielt den K als Lehrer ausgesucht. R meint, K könne sich ja wohl aussuchen, ob er den Unterricht selbst gebe, oder jemand anderen damit beauftrage, erst Recht, weil er, R, mindestens so fähig sei wie K (was zutrifft).*

*Kann S auf Erteilung des Unterrichts durch K bestehen?*

*Um eine Lösung zu finden, schauen Sie bitte in die ersten Vorschriften des Dienstvertragsrechts (§§ 611 ff.)!*

### I. Die Gläubiger- und Schuldnerstellung

#### 1. Überblick

Ein Schuldverhältnis im Sinne des § 241 Abs. 1 kann durch Abschluss eines Vertrages entstehen oder auf Gesetz beruhen. **462**

Durch den Abschluss eines **vertraglichen Schuldverhältnisses** verpflichten sich die daran Beteiligten, einander bestimmte Leistungen zu erbringen. Ein Vertrag wird durch den geäußerten übereinstimmenden Willen, also durch zwei auf den Vertragsschluss gerichtete Willenserklärungen, der Personen begründet, die den Vertrag schließen wollen.

Im Gegensatz dazu entsteht ein **gesetzliches Schuldverhältnis** nicht aufgrund von Vereinbarungen zwischen Personen, sondern dadurch, dass eine oder mehrere Personen Handlungen vornehmen, durch die ein im Gesetz umschriebener Tatbestand erfüllt wird, an den das Gesetz Rechtsfolgen knüpft.

463 Aufgrund eines Schuldverhältnisses kann eine Person, der Gläubiger, von einer anderen Person, dem Schuldner, ein **Tun oder Unterlassen** verlangen (§ 241 Abs. 1).

Dass es wichtig sein kann, dass ein Unterlassungsanspruch besteht, zeigt das folgende **Beispiel**: E ist Eigentümer eines mit einem Einfamilienhaus bebauten Grundstücks. Sein Nachbar N entsorgt regelmäßig seinen Müll im Garten des E. E hat aus § 1004 einen Anspruch gegen N, dass dieser es unterlässt, den Müll auf dem Grundstück des E zu entsorgen. Außerdem kann E von N Beseitigung der Beeinträchtigung verlangen (§ 1004).

In der Regel sind an einem Schuldverhältnis nur zwei Personen – Gläubiger und Schuldner – beteiligt; es können jedoch auch mehrere sein. Die aus dem Schuldverhältnis erwachsenden Rechte und Pflichten berechtigen und verpflichten in der Regel nur die an dem Schuldverhältnis beteiligten Personen.

**Beispiel** für die Beteiligung mehrerer Personen an einem Schuldverhältnis: 5 Anwälte schließen sich zu einer Partnerschaftsgesellschaft zusammen und schließen einen entsprechenden Gesellschaftsvertrag ab. Dieser Vertrag führt dazu, dass die 5 Anwälte miteinander durch ein vertragliches Schuldverhältnis verbunden sind.

§ 311 Abs. 1 stellt klar, dass ein vertragliches Schuldverhältnis im Gegensatz zu einem gesetzlichen durch Rechtsgeschäft, nämlich durch die Abgabe zweier übereinstimmender Willenserklärungen, zustande kommt.

### 2. Der Schuldner

464 Schuldner ist die Person, von welcher der Gläubiger kraft des vertraglichen oder gesetzlichen Schuldverhältnisses eine Leistung – ein Tun oder Unterlassen – verlangen kann (§ 241 Abs. 1).

Das Gesetz spricht in § 362 Abs. 1 nur davon, dass „die geschuldete Leistung an den Gläubiger bewirkt" werden muss, damit das Schuldverhältnis erlischt. Es sagt nichts darüber aus, wer die Leistung erbringen muss. Gemäß § 267 kann sogar auch ein Dritter (= nicht der Schuldner) die Leistung erbringen, ohne dass der Schuldner damit einverstanden sein muss. Dieser gesetzlichen Regelung liegt der Gedanke zugrunde, dass es dem Gläubiger grundsätzlich gleichgültig ist, welche Person die geschuldete Leistung erbringt.

465 Die Zuwendung des Dritten an den Gläubiger muss sich – jedenfalls auch – auf die Erfüllung eines fremden Schuldverhältnisses richten. Handelt es sich nach der vertraglichen Vereinbarung oder kraft Gesetzes jedoch um eine vom Schuldner höchstpersönlich zu erbringende Leistung, so kann ein Dritter die Leistung nicht erbringen; der Schuldner hat in diesen Fällen die Leistung **persönlich** zu bewirken.

**Beispiel:** In dem Vertrag, den der Anwalt G mit seinem Mandanten, den er in einem Strafprozess verteidigen soll, abschließt, wird ausdrücklich vereinbart, dass G sich bei der Verteidigung nicht vertreten lassen darf. Hier ergibt sich aus dem Vertrag selbst, dass G die geschuldete Leistung höchstpersönlich zu erbringen hat.

### 3. Der Gläubiger

Um seiner Leistungsverpflichtung mit der Folge nachzukommen, dass das zwischen Gläubiger und Schuldner bestehende Schuldverhältnis erlischt, muss der Schuldner an den Gläubiger selbst leisten (§ 362 Abs. 1). Die Leistung an eine andere Person als den Gläubiger ist im Regelfall nur wirksam, wenn der Gläubiger sich vorher damit einverstanden erklärt hat oder wenn er nachträglich die Genehmigung dazu erteilt (§§ 362 Abs. 2, 185). **466**

**Erfüllung** im Sinne des § 362 Abs. 1 ist also die Bewirkung der geschuldeten Leistung an den Gläubiger oder einen Dritten durch die Vornahme der Leistungshandlung und den Eintritt des Leistungserfolges[1].

## II. Gegenseitig verpflichtende Verträge und nicht gegenseitig verpflichtende Verträge

### 1. Überblick

Die meisten Verträge, die täglich abgeschlossen werden, sind gegenseitig verpflichtende Verträge, bei denen die Vertragschließenden gleichwertige Leistungen austauschen wollen. Hierzu gehören u.a.: Kauf- und Tauschverträge, Miet-, Pacht-, Dienst- und Werkverträge, Darlehensverträge über Geld sowie entgeltliche Geschäftsbesorgungsverträge. **467**

**Gegenseitig verpflichtende Verträge** sind dadurch gekennzeichnet, dass derjenige, der sich zur Leistung verpflichtet, dies tut, weil und damit der andere sich zur Gegenleistung verpflichtet.

> **Beispiel:** In einem Kaufvertrag verpflichtet sich der Käufer zur Zahlung des Kaufpreises, weil und damit der Verkäufer sich zur Übergabe und Übereignung der gekauften Sache verpflichtet. Der Verkäufer verpflichtet sich zur Übergabe und Übereignung der gekauften Sache, weil und damit der Käufer sich zur Zahlung des Kaufpreises verpflichtet.

Die in einem Austauschverhältnis eingebundenen Leistungspflichten kann man auch als **Hauptleistungspflichten** bezeichnen. Sie stehen zueinander in einer gegenseitigen Abhängigkeit. **468**

Es gibt eine Reihe von Vertragstypen, die nicht zu der Gruppe der gegenseitig verpflichtenden Verträge zu zählen sind, weil der von einem Vertragsteil zu erbringenden Leistung keine entsprechende Gegenleistung des anderen gegenübergestellt wird oder sich überhaupt nur eine Seite zu einer Leistung verpflichtet.

> **Beispiel:** In einem Bürgschaftsvertrag (§ 765) verpflichtet sich der Bürge dem Gläubiger des Schuldners gegenüber, für die Erfüllung der Verbindlichkeiten des Schuldners einzustehen. Nur der Bürge hat eine Leistung zu erbringen, nicht aber

---

1 Vgl. BGHZ 87, 156, 162 f.

der Gläubiger als Partner des Bürgschaftsvertrages. Es handelt sich deshalb um einen nicht gegenseitig verpflichtenden Vertrag, in dem sich nur eine Vertragspartei zu einer Leistung verpflichtet.

**Beispiel:** Bei einem Auftrag wird der Beauftragte zu einer Geschäftsbesorgung ohne Entgelt verpflichtet (§ 662); der Auftraggeber muss nach § 670 lediglich die Aufwendungen des Beauftragten ersetzen, falls überhaupt solche entstehen. Es handelt sich zwar um einen beide Seiten verpflichtenden Vertrag; die zu erbringenden Leistungen haben jedoch keinen Leistungsaustausch zum Ziel. Die Verpflichtung zum Ersatz der Aufwendungen stellt kein Austauschziel, sondern nur eine Kostenfreistellung des Beauftragten dar. Deshalb ist auch der Auftrag kein gegenseitig verpflichtender Vertrag.

### 2. Die primären Leistungspflichten

**469** Im Schuldrecht wird unterschieden zwischen **Leistungspflichten** einerseits und **Neben- und Schutzpflichten** (auch weitere Verhaltenspflichten genannt) andererseits.

Die **Leistungspflichten** zielen regelmäßig auf eine Veränderung der Güterlage des Gläubigers ab.

**Beispiel:** Nach Abschluss des Kaufvertrages über einen PKW ist der Käufer Gläubiger des Anspruchs aus § 433 Abs. 1 auf Übereignung des PKW. Die Leistungspflicht des Verkäufers als Schuldner besteht darin, dem Gläubiger das Kfz zu übereignen und damit die Güterlage des Gläubigers (Käufers) um das Eigentum an dem Kfz zu verändern.

Auch bei einem gegenseitig verpflichtenden Vertrag müssen nicht alle Leistungspflichten der Parteien zueinander im Verhältnis der Gegenseitigkeit stehen. Dies trifft vielmehr nur auf die sogenannten Hauptpflichten des Vertrages zu. Hauptpflichten sind die vertraglichen Leistungen, die nach dem durch Auslegung zu ermittelnden Willen der Vertragsparteien von wesentlicher Bedeutung sind[2].

Beim Kaufvertrag sind (falls der Gegenstand des Kaufs eine Sache ist) die Übereignung der gekauften Sache auf der einen und die Zahlung des Kaufpreises auf der anderen Seite die Hauptleistungspflichten.

Bei einem Mietvertrag sind die Gebrauchsüberlassung einer Sache auf der einen und die Zahlung des Mietzinses auf der anderen Seite Hauptleistungspflichten. Die Pflicht des Mieters, nach Beendigung des Mietverhältnisses die Sache zurückzugeben (§ 546), ist nur eine Nebenpflicht.

**470** Aber auch Verpflichtungen, die nach dem Gesetz Nebenleistungspflichten sind, können kraft vertraglicher Vereinbarung zu Hauptpflichten erhoben werden. Letzten Endes entscheiden daher die Vertragsparteien darüber, welche Pflichten Haupt- und welche Nebenleistungspflichten sein sollen.

---

2 *Palandt/Grüneberg*, Einf v § 320 BGB Rn. 17.

**Beispiel:** Die Verpflichtung des Käufers gemäß § 433 Abs. 2, die Sache abzunehmen, ist im Regelfall eine Nebenpflicht, die der Käufer im Kaufvertrag übernimmt. Wenn es dem Verkäufer aus bestimmten Gründen – etwa weil er in seinen Räumen Platz schaffen will – besonders wichtig ist, dass der Käufer die Sache auch abnimmt, kann die Abnahmepflicht durch Vereinbarung zur Hauptleistungspflicht erhoben werden.

Ob es sich um einen gegenseitig verpflichtenden Vertrag handelt oder nicht, spielt u.a. für die Anwendung der gesetzlichen Vorschriften über die Leistungsverweigerungsrechte eine Rolle. So sind die §§ 320 ff. nur auf gegenseitig verpflichtende Verträge anwendbar.

### 3. Die Schutz- bzw. weiteren Verhaltenspflichten

Schutzpflichten erwachsen aus jedem Schuldverhältnis.Sie sollen die gegenwärti- **471**
ge Güterlage jedes an dem Schuldverhältnis Beteiligten vor Beeinträchtigungen bewahren. Man kann diese Pflichten auch als Obhuts-, Fürsorge- oder Sorgfaltspflichten bezeichnen. Sie verpflichten jede an einem Schuldverhältnis beteiligte Person, sich so zu verhalten, dass der anderen kein Schaden an Rechtsgütern einschließlich dem Vermögen entsteht. Auf vertragliche Schuldverhältnisse bezogen bedeutet dies: Jeder Vertragspartner soll z.B. vor Körperverletzungen oder Vermögensfehldispositionen geschützt werden.

§ 241 Abs. 2 definiert diese Schutzpflichten als Pflichten „zur Rücksicht auf die Rechte, Rechtsgüter und Interessen des anderen Teils“.

Darunter können fallen:
- Schutzpflichten, d.h. Fürsorge- und Obhutpflichten;
- Aufklärungs-, Beratungs-, Informations- und Auskunftspflichten;
- Unterlassungs- und Verschwiegenheitspflichten.

Die Verletzung von Schutzpflichten stellt in der Regel eine Pflichtverletzung im Sinne des § 280 dar, die u.a. zum Entstehen einer Schadensersatzpflicht führen kann.

**Beispiel:** Bauunternehmer U ist vom Eigentümer E eines Mehrfamilienhauses damit beauftragt, das Treppenhaus zu renovieren (Werkvertrag). Bei den damit verbundenen Arbeiten hat U aus dem Werkvertrag i. Vb. mit § 241 Abs. 2 die Schutzpflicht dem E gegenüber, Rücksicht auf die Interessen und die Rechtsgüter – hier insbesondere auf das Eigentum – des E zu nehmen.

**Beispiel:** A ist ein guter Kunde der B-Bank; er wird in Vermögensangelegenheiten von der Kunden- und Anlageberaterin M betreut. Eines Tages bittet A die M telefonisch, für ihn 100 Anteile an dem X-Fond zu kaufen. M weiß, dass dieser Fonds in große Schwierigkeiten geraten ist und mit einer Insolvenz gerechnet werden muss. Davon weiß A nichts. Hier hat die B-Bank durch ihre Erfüllungsgehilfin M (§ 278) aus dem Bankvertrag i. Vb. mit § 241 Abs. 2 dem A gegenüber eine Aufklärungs-, Beratungs- und Informationspflicht. M muss den A also darüber aufklären, dass er, sollte der Auftrag ausgeführt werden, mit Verlusten rechnen muss.

## III. Die Inhaltsbestimmung von Schuldverhältnissen

### 1. Überblick

472 Welchen Inhalt ein vertragliches Schuldverhältnis hat, ergibt sich in erster Linie aus der getroffenen Vereinbarung selbst. Mangels einer besonderen vertraglichen Vereinbarung ist der Inhalt direkt dem Gesetz zu entnehmen, soweit dasselbe eine Regelung enthält.

Die vertragsschließenden Parteien können allerdings auch vereinbaren, dass eine genaue Bestimmung des Vertragsinhalts zunächst nicht erfolgen, sondern die nähere Ausgestaltung des Vertrages später durch eine Partei oder einen Dritten vorgenommen werden soll. Falls sie eine ausdrückliche oder stillschweigende Vereinbarung darüber getroffen haben, dass einer Partei ein Leistungsbestimmungsrecht zustehen soll, ist § 315 anzuwenden.

### 2. Die Bestimmung des Leistungsinhalts durch eine Partei

473 Gemäß § 315 kann die nachträgliche Bestimmung der Leistung oder einzelner Modalitäten kraft vertraglicher Vereinbarung sowohl durch den Gläubiger als auch durch den Schuldner geschehen. Die Bestimmung der Leistung stets ist stets nach **billigem Ermessen** zu treffen (§ 315 Abs. 1).

Was dem „billigen Ermessen" entspricht, ist „unter Abwägung der Interessenlage der Vertragsparteien sowie unter Berücksichtigung der Bedeutung der vom Bestimmenden erbrachten Leistung" festzustellen; dabei ist zu berücksichtigen, welche Konsequenzen sich aus der Schwierigkeit, der Ungewöhnlichkeit, dem Umfang oder der Dauer der Leistung ergeben können[3]. § 315 Abs. 3 erfordert im Wesentlichen eine Prüfung und Abwägung der objektiven und wirtschaftlichen Interessenlagen bei den Vertragspartnern[4].

Nach § 315 Abs. 2 erfolgt die Bestimmung der Leistung durch eine Willenserklärung, die dem Vertragspartner gegenüber abzugeben ist. Diese Willenserklärung konkretisiert den Leistungsinhalt.

> **Beispiel:** A, B, C sind Mitglieder einer WG. Der Energiebedarf der einzelnen Zimmer kann nicht genau berechnet werden, so dass dem A die Aufgabe übertragen wird, die Heizkosten auf A, B und C aufzuteilen. Hier hat A „nach billigem Ermessen" die Kosten umzulegen, etwa nach Größe der Zimmer, o.ä. und darf nicht willkürlich vorgehen.

### 3. Die Bestimmung des Leistungsinhalts durch Dritte

Die Vertragspartner können sich auch darauf einigen, dass die Bestimmung der Leistung durch einen Dritten erfolgen soll, der nicht Vertragspartner ist.

---

3 OLG Hamburg, MDR 1977, 51; BGH NJW 1966, 314.

4 BGHZ 41, 271, 279

§ 317 Abs. 1 enthält die gleiche Auslegungsregel wie § 315 (= im Zweifel Bestimmung der Leistung nach billigem Ermessen).

## IV. Gattungs- und Stückschuld

### 1. Die Unterscheidung

Wenn der Schuldner die Übergabe und die Übereignung von Sachen schuldet, so ist zwischen Gattungsschuld einerseits und Stückschuld andererseits zu unterscheiden. In erster Linie spielt die Unterscheidung zwischen Stückschuld und Gattungsschuld eine Rolle bei Kaufverträgen über Sachen. **474**

Während bei einem Stückkauf (auch Spezieskauf genannt) der Verkäufer die Übergabe und Übereignung einer ganz bestimmten Sache schuldet, bezieht sich die Verpflichtung des Verkäufers bei einem Gattungskauf auf eine Sache, die lediglich nach Gattungsmerkmalen wie Material, Maß, Gewicht, Farbe etc. bezeichnet ist.

Die **Gattungsschuld** begründet für den Schuldner grundsätzlich eine Beschaffungspflicht. Das bedeutet, dass er von seiner Leistungspflicht nur dann frei werden kann, wenn die gesamte Gattung untergeht, Sachen der betreffenden Art also am Markt nicht mehr erhältlich sind (vgl. § 275). Hat der Schuldner allerdings das Beschaffungsrisiko übernommen, kann es sich um eine Pflichtverletzung nach §§ 280, 276 handeln, wenn er nicht leistet.

Bei der **Stückschuld (Speziesschuld)** wird der Leistungsgegenstand individuell festgelegt. Über eine Reihe von Sachen, nämlich solche, die es nur einmal gibt (sog. Unikate) kann nur eine Stückschuld begründet werden. Im Übrigen wird eine Sache im Rahmen eines Stückkaufs geschuldet, wenn die Parteien sich auf eine bestimmte, eindeutig identifizierbare Sache als Gegenstand der Leistung geeinigt haben. **475**

> **Beispiel:** L sucht bei dem Gebrauchtwagenhändler N einen der ausgestellten gebrauchten PKW aus und schließt mit ihm darüber einen Kaufvertrag ab. Hier haben die Parteien (L und N) den Leistungsgegenstand eindeutig und unverwechselbar bestimmt. Im Übrigen handelt es sich bei Gebrauchtwagen stets um Unikate. Es kann deshalb nur ein Stückkauf sein.

Die Gattungsschuld gehört zu den Schuldverhältnissen mit unbestimmtem, aber bestimmbarem Leistungsgegenstand. Die Vertragsparteien beschränken sich darauf, den Leistungsgegenstand nach Gattungsmerkmalen, insbesondere nach seinen natürlichen, technischen oder wirtschaftlichen Eigenschaften wie Material, Maß, Gewicht, Farbe etc. zu beschreiben. Sie überlassen im Übrigen die Auswahl des zu leistenden einzelnen Stückes aus der definierten Gattung dem Schuldner. Geschuldet werden Sachen von mittlerer Art und Güte (§ 243 Abs. 1). **475 a**

> **Beispiel:** Der Kauf von 3 t Weizen ist in der Regel ein Gattungskauf, wenn Verkäufer und Käufer sich nicht auf eine bestimmte Menge von 3 t Weizen geeinigt haben, die so gelagert ist, dass sie eindeutig identifizierbar ist.

**Beispiel:** W kauft bei S ein neues Kraftfahrzeug der Marke X, Typ Y mit mehreren Extras, Farbe grün etc. nach Katalog. Bei Vertragsschluss ist den Partnern klar, dass S den Wagen erst bei dem Herstellerwerk bestellen muss und die Auslieferung an W frühestens nach Ablauf von vier Wochen stattfinden kann. Hier ist nicht ein individuell bestimmtes Kraftfahrzeug Gegenstand des Kaufvertrages. W und S haben sich vielmehr darauf beschränkt, den Leistungsgegenstand nach Gattungsmerkmalen zu bezeichnen. Solche Gattungsmerkmale sind u.a.: Marke X, Typ Y, Farbe grün etc. Kraftfahrzeuge mit diesen Merkmalen gibt es viele. Eines davon soll Gegenstand des Kaufvertrages sein. Es handelt sich also um einen Gattungskauf.

Ob eine Gattungsschuld vorliegt oder nicht, bestimmen also in der Regel die am Vertrage beteiligten Parteien im Wege einer **Parteivereinbarung,** soweit es sich nicht um Unikate handelt.

### 2. Die Konkretisierung

**476** Gemäß § 243 Abs. 2 wird aus der Gattungsschuld durch Konkretisierung eine Stückschuld, wenn der Schuldner „das zur Leistung einer solchen Sache seinerseits Erforderliche getan" hat. Was der Schuldner unternehmen muss, damit – in seinem Interesse – aus der Gattungsschuld eine Stückschuld wird, richtet sich nach der getroffenen Vereinbarung.

Hat der Schuldner die Sache dem Gläubiger z.B. an einen bestimmten Ort zu bringen (Bringschuld), tritt die Konkretisierung erst ein, wenn der Schuldner die von ihm aus der Gattung ausgeschiedene Sache so angeboten hat, dass es nur noch am Gläubiger liegt, ob dieser die Sache in Empfang nimmt oder nicht.

Die Konkretisierung wirkt sich zugunsten des Schuldners aus. Seine Leistungspflicht bezieht sich nun nur noch auf die konkretisierten Sachen.

## V. Die Leistungszeit

**477** Die **Leistungszeit** markiert in erster Linie den Zeitpunkt der **Fälligkeit der Leistung.** Dabei handelt es sich um denjenigen Zeitpunkt, zu dem der Gläubiger die Leistung von dem Schuldner verlangen kann, der Schuldner also leisten muss. Die Leistungszeit bestimmt aber auch den Zeitpunkt, zu dem der Schuldner die Leistung erbringen darf.

Die Leistungszeit ergibt sich entweder aus der Vereinbarung der Vertragsparteien oder – mangels einer solchen – aus dem Gesetz.

Haben die Parteien eine vertragliche Vereinbarung über die Leistungszeit nicht getroffen, so ist die Leistung gemäß § 271 Abs. 1 **sofort** fällig. Sofort bedeutet, dass der Gläubiger die Leistung verlangen kann, sobald der Schuldner sie unter

Berücksichtigung der unter den konkreten Umständen im Allgemeinen erforderlichen Vorbereitungshandlungen bewirken kann[5].

Eine Parteivereinbarung über die Leistungszeit geht der gesetzlichen Regelung in § 271 Abs. 1 vor.

**Beispiel:** K kauft bei V einen gebrauchten PKW. Der Kaufvertrag wird am 2. Februar 2017 geschlossen. Darin wird vereinbart, dass V den PKW am 15.02.2017 nach einigen von V auszuführenden Reparaturleistungen an K übergeben und ihm das Eigentum daran verschaffen muss. Nach der gesetzlichen Regelung des § 271 Abs. 1 wäre die dem V aus dem Kaufvertrag erwachsene Leistung (Übergabe des PKW und Eigentumsverschaffung) sofort, also im Zweifel am 02.02.2017 fällig gewesen. Gemäß § 271 Abs. 2 geht jedoch die vertragliche Vereinbarung über die Leistungszeit vor. Eine solche ist hier getroffen worden. Danach ist die Leistung des V erst am 15.02.2017 fällig.

Das Hinausschieben der Fälligkeit durch vertragliche Vereinbarung wird **Stundung** genannt. Stundung bedeutet die vertragliche Abrede über das Hinausschieben der Fälligkeit einer Forderung bei fortbestehender Erfüllbarkeit[6]. Eine Stundung kann auch nachträglich vereinbart werden. **478**

**Beispiel:** G kauft bei F ein Fernsehgerät zum Preis von 550 €. Nach Abschluss des Vertrages merkt G, dass er seine Geldbörse vergessen hat. Da im Vertrag eine Leistungszeit nicht vereinbart ist, muss G seine Verpflichtung, den Kaufpreis zu zahlen (§ 433 Abs. 2), gemäß § 271 Abs. 1 sofort erfüllen. Wenn F sich damit einverstanden erklärt, dass G den Kaufpreis einen Tag später entrichtet, so handelt es sich um eine Stundung, die durch eine nachträgliche Änderung des Vertrages – es wird eine Bestimmung über die Leistungszeit der von G zu erbringenden Leistung hinzugefügt – erreicht wird.

## VI. Der Leistungsort

### 1. Überblick

An welchem Ort der Schuldner die Leistung zu erbringen hat (Leistungs- oder Erfüllungsort), kann bedeutsam werden für die Feststellung, ob rechtzeitig geleistet worden ist und welche Rechtsfolgen daraus entstehen, wenn eine Sache auf dem Wege vom Schuldner zum Gläubiger untergeht oder verschlechtert wird. Der Leistungsort (Erfüllungsort) ist der Ort, an dem die Leistungshandlung erbracht werden muss. Begrifflich davon zu unterscheiden ist der Ort, an dem der Leistungserfolg eintritt (Erfolgsort). **479**

Es ist zu unterscheiden zwischen: Holschuld, Bringschuld und Schickschuld.

5 Vgl. *Soergel/Wolf*, § 271 BGB Rn. 3.
6 Vgl. *Palandt/Grüneberg*, § 271 BGB Rn. 12.

Bei der Holschuld und der Bringschuld fallen Leistungs- und Erfolgsort zusammen; bei der Schickschuld fallen sie auseinander.

### 2. Die Holschuld (§ 269)

480 **Holschuld** bedeutet: Der Schuldner hat die Sache so bereitzustellen, dass der Gläubiger sie abholen kann. Gegebenenfalls muss er dem Gläubiger mitteilen, dass die Sache zur Abholung bereitsteht. Leistungsort – der Ort, an dem der Schuldner die Leistungshandlung vorzunehmen hat – ist gemäß § 269 Abs. 1 im Regelfall der Wohnort des Schuldners bzw. bei Verbindlichkeiten, die im Gewerbebetrieb des Schuldners entstehen, gemäß § 269 Abs. 2 der Ort der gewerblichen Niederlassung.

> **Beispiel:** F verkauft dem T in seinem Laden ein Fernsehgerät. Aus dem Kaufvertrag erwächst für den F die Verpflichtung, dem T das Gerät zu übergeben und zu übereignen (§ 433 Abs. 1). Ist keine besondere Regelung über den Leistungsort getroffen worden, so ist § 269 anzuwenden: Übergabe und Übereignung des Fernsehgerätes haben im Laden des F zu geschehen, der Laden des F ist Erfüllungsort.

### 3. Die Bringschuld

480 a **Bringschuld** bedeutet: Leistungsort ist der Wohnsitz des Gläubigers. Der Schuldner hat beim Kauf die Sache dem Gläubiger an dessen Wohnsitz oder einem sonst vereinbarten Ort zu übergeben und zu übereignen.

> **Beispiel:** Lieferung von Heizöl kraft Vereinbarung in den Tank beim Hause des Käufers.

Aus § 269 ergibt sich: Ob der Leistungsort der Wohnsitz des Gläubigers, der Wohnsitz des Schuldners oder ein sonstiger Ort ist, muss aus der Vereinbarung der Vertragsparteien bestimmt werden. Diese können also frei bestimmen, welches der Leistungsort sein soll. § 269 enthält lediglich eine Regelung für den Fall, dass die Parteien eine Vereinbarung über diese wichtige Frage nicht getroffen haben: Im Zweifel ist dann eine Holschuld anzunehmen.

> **Beispiel** im Anschluss an das oben dargestellte **Beispiel** (Kauf eines Fernsehgerätes), aber: F und T vereinbaren, dass F das Gerät auf seine Kosten in die Wohnung des T bringen und dort aufstellen lässt. Hier handelt es sich um eine Bringschuld.

### 4. Die Schickschuld

481 **Schickschuld** besagt: Leistungsort ist hier ebenfalls der Wohnsitz des Schuldners bzw. dessen gewerbliche Niederlassung. Der Leistungserfolg tritt aber am Wohnsitz des Gläubigers ein (= Erfolgsort). Leistungs- und Erfolgsort fallen also auseinander. Der Schuldner muss aber nicht nur die Sache bereitstellen, sondern die

Sache auch an den Gläubiger abschicken. Er hat rechtzeitig geleistet, wenn er die Sache termingerecht an den Gläubiger abgesandt hat.

## VII. Leistungsverweigerungsrechte

### 1. Überblick

Wenn dem Schuldner gegen den Gläubiger auch seinerseits ein Anspruch zusteht – der Schuldner also gleichzeitig auch in der Position des Gläubigers ist –, kann er ein berechtigtes Interesse daran haben, seine Leistung so lange zurückzuhalten, bis die Leistung, die er vom Gläubiger verlangen kann, erbracht ist. **482**

> **Beispiel:** V verkauft dem K einen gebrauchten PKW zum Preis von 8.500 €. V ist Gläubiger des Kaufpreisanspruches (§ 433 Abs. 2); K ist der Schuldner, von dem V die Leistung, Zahlung des Kaufpreises, verlangen kann. Gleichzeitig ist K Gläubiger des Anspruches, der auf die Übergabe und die Übereignung des PKW gerichtet ist (§ 433 Abs. 1). V ist der Schuldner, der diese Leistung erbringen muss. V hat im Zweifel kein Interesse daran, dem K den PKW zu übergeben und zu übereignen, bevor er den Kaufpreis erhalten hat. K möchte den Kaufpreis nicht zahlen, bevor V die ihm auferlegte Leistung nicht erbracht hat.

Das BGB trägt dieser Interessenlage Rechnung und gibt dem Schuldner bei Vorliegen bestimmter Voraussetzungen ein **Leistungsverweigerungsrecht**, nämlich
- ein Zurückbehaltungsrecht (§ 273) oder
- die Einrede des nicht erfüllten Vertrages (§ 320).

Darüber hinaus bestimmt § 321 für den Fall, dass aus einem gegenseitigen Vertrage ein Vertragspartner sich zur Vorleistung verpflichtet hat, diese Vorleistung verweigert werden kann, wenn sich nach Abschluss des Vertrages herausstellt, dass der Anspruch auf die Gegenleistung durch die mangelnde Leistungsfähigkeit des anderen Teils gefährdet wird. **483**

> **Beispiel:** H verkauft am 10.01.2017 einen LKW zum Preise von 73.000 € an den Spediteur S. Es wird vereinbart, dass der LKW am 20.01.2017 an S geliefert, der Kaufpreis aber erst Mitte Februar 2017 fällig sein soll. Am 18.01.2017 erfährt H, dass, was den Tatsachen entspricht, S zahlungsunfähig ist und die Eröffnung des Insolvenzverfahrens beantragt werden muss. H kann sich nun auf § 321 berufen und seine Leistung, die Übereignung des LKW, verweigern.

### 2. Die Einrede des Zurückbehaltungsrechts gemäß § 273

Wenn dem Schuldner aus demselben rechtlichen Verhältnis mit dem Gläubiger ein fälliger Anspruch gegen den Gläubiger zusteht, kann er seine Leistung mit einer **Einrede** verweigern, bis der Gläubiger die Leistung, die der Schuldner verlangen kann, bewirkt hat. **484**

Die Voraussetzungen für die Geltendmachung eines Zurückbehaltungsrechts gemäß § 273 sind:

Macht der Schuldner in einem Zivilprozess die Einrede des nicht erfüllten Vertrages geltend, so führt dies dazu, dass er lediglich Zug um Zug gegen den Empfang der Gegenleistung zur Leistung verurteilt wird (§ 322). **487**

Derjenige, der sich zur **Vorleistung** verpflichtet hat, kann die Einrede des nicht erfüllten Vertrages nicht erheben.

**Beispiel:** G kauft bei S einen Kühlschrank. In dem schriftlichen Kaufvertrag ist im Hinblick auf die Zahlung des Kaufpreises die folgende Klausel enthalten: „Zahlbar nach Eintreffen der Ware." Hier hat der Verkäufer sich zur Vorleistung – jedenfalls, soweit es die Übergabe des Kühlschrankes betrifft – verpflichtet. Der Vorleistungspflichtige hat auf die Geltendmachung der Einrede aus § 320 verzichtet. S kann die Einrede des nicht erfüllten Vertrages nicht geltend machen, falls G die von S vor der Lieferung verlangte Zahlung verweigert.

### 4. Das kaufmännische Zurückbehaltungsrecht

Ein Sonderfall des Zurückbehaltungsrechts ist das kaufmännische Zurückbehaltungsrecht gemäß § 369 HGB. **488**

Es muss sich nicht um Forderungen aus demselben rechtlichen Verhältnis wie in § 273 handeln. Es genügen Forderungen unter Kaufleuten aus beiderseitigen Handelsgeschäften.

**Lösung zu Fall 22:** Es handelt sich hier um einen Dienstvertrag, weil lediglich die Durchführung einer Handlung, nicht aber ein Erfolg geschuldet wird; S muss die vereinbarte Vergütung nämlich auch dann zahlen, wenn sie nach Durchführung des Unterrichts nicht Klavier spielen kann. Ist bei Abschluss eines Dienstvertrages keine ausdrückliche Regelung darüber in den Vertrag aufgenommen worden, ob der Schuldner die Leistung persönlich zu erbringen hat, so ist die gesetzliche Regelung heranzuziehen. Gemäß § 613 hat der aus einem Dienstvertrag zur Dienstleistung Verpflichtete die Leistung höchstpersönlich zu erbringen, solange nichts anderes vereinbart ist. S muss sich daher nicht darauf einlassen, dass K den Unterricht durch R durchführen lässt, sondern kann auf Leistung der Klavierstunden durch K persönlich bestehen.

## § 25 Das Erlöschen von Schuldverhältnissen

**Schrifttum:** *Coester-Waltjen*, Die Aufrechnung, Jura 2003, 246 ff.; *Lorenz*, Grundwissen Zivilrecht: Erfüllung (§ 362 BGB), JuS 2009, 109; derselbe, Grundwissen Zivilrecht: Aufrechnung (§§ 387 ff. BGB), JuS 2008, 951; *Muscheler/Bloch*, Erfüllung und Erfüllungssurrogate, JuS 2000, 729.

***Fall 23:*** *K kauft bei V Waren für 10.000 €. Aus dem abgeschlossenen Kaufvertrag schuldet K dem V gemäß § 433 Abs. 2 den Kaufpreis in Höhe von 10.000 €. K zahlt nicht bar, sondern gibt dem V einen Scheck über 10.000 €. Bezogen ist der Scheck auf die B-Bank, bei der K ein Konto unterhält. Als V den Scheck eine Woche später einlösen will erfährt er, dass die B-Bank inzwischen insolvent ist und keine Auszahlungen mehr zu bekommen sind.*

*V verlangt von K erneut Zahlung, die dieser unter Hinweis darauf verweigert, dass er mit Hingabe des Schecks bereits erfüllt habe.*

## I. Überblick

**489** Ein Schuldverhältnis kann auf mancherlei Art und Weise beendet werden. So werden z.B. Verträge, die auf einen einmaligen Leistungsaustausch gerichtet sind, durch die Erfüllung beendet.

**Beispiel:** Ein Kaufvertrag über einen PC ist durch Erfüllung (§ 362) erloschen, wenn der Verkäufer dem Käufer den PC übereignet und der Käufer den Kaufpreis gezahlt hat.

Auch ein gesetzliches Schuldverhältnis erlischt durch Erfüllung.

**Beispiel:** Der Schädiger S ist dem A wegen Verletzung von Körper und Gesundheit aus § 823 Abs. 1 zum Schadensersatz durch eine Geldleistung (§ 249 S. 2) verpflichtet. Leistet S den geschuldeten Betrag an A, ist damit das gesetzliche Schuldverhältnis aus unerlaubter Handlung beendet.

Der durch zwei übereinstimmende Willenserklärungen zustande gekommene Vertrag bindet die daran beteiligten Personen. Die im Vertrage vereinbarten Leistungen müssen erbracht werden. Zu einer Aufhebung oder Änderung des Vertrages bedarf es grundsätzlich der Mitwirkung beider Vertragsparteien, also eines erneuten Vertragsschlusses, eines Aufhebungs- oder Änderungsvertrages. Das Änderungsbegehren nur einer Partei vermag nichts zu bewirken. Nur unter ganz besonderen Umständen, die nur selten vorliegen, kann eine Pflicht zur Nachverhandlung bestehen. Manche vertraglichen Schuldverhältnisse enden einfach durch Zeitablauf.

Nur bei Vorliegen ganz bestimmter Voraussetzungen kann sich eine Vertragspartei **einseitig,** d.h. ohne Mitwirkung der anderen Vertragspartei vom Vertrage lösen. Das ist z.B. dann der Fall, wenn eine Vertragspartei

- aus Vertrag oder Gesetz von einem ihr zustehenden Rücktrittsrecht Gebrauch machen kann (siehe dazu unten V.),
- ein Anfechtungsrecht hat (siehe dazu oben § 15),
- oder von einer Kündigungsmöglichkeit Gebrauch machen kann (siehe dazu unten VI.).

## II. Die Erfüllung

### 1. Die Erfüllung gemäß § 362

Gemäß § 362 erlischt ein Schuldverhältnis, wenn die geschuldete Leistung an den Gläubiger bewirkt wird. Unter Schuldverhältnis sind in § 362 die einzelnen Forderungen aus demselben gemeint. Ist die geschuldete Leistung bewirkt, ist das Schuldverhältnis erfüllt. Damit ist gemeint, dass die einzelne Leistungspflicht erlischt. **490**

Die Frage, ob ein Schuldner erfüllt hat oder nicht, kann nur nach dem konkreten Inhalt der Pflichten beurteilt werden, die dem Schuldner aus dem Vertrag erwachsen[1]. Geschuldet wird der Eintritt des Leistungserfolges.

> **Beispiel:** Wenn ein Kaufvertrag über eine Sache abgeschlossen wird, schuldet der Verkäufer dem Käufer die Übergabe der gekauften Sache und die Verschaffung des Eigentums daran. Der Leistungserfolg und damit die Erfüllung sind eingetreten, wenn der Verkäufer dem Käufer die Sache übergeben und ihm das Eigentum an der Sache verschafft hat. Der Käufer schuldet dem Verkäufer die Zahlung des Kaufpreises (§ 433 Abs. 2). Mit der Zahlung des gesamten Kaufpreises ist der vom Käufer geschuldete Leistungserfolg eingetreten. Der Käufer hat seine aus dem Vertrag erwachsene Verpflichtung erfüllt. Haben beide Vertragspartner den jeweils von ihnen geschuldeten Leistungserfolg erbracht, ist das gesamte Schuldverhältnis gemäß § 362 erloschen.

In der Regel tritt die Erfüllungswirkung ein, wenn der richtige Schuldner die richtige Leistung am richtigen Ort zur richtigen Zeit an den richtigen Gläubiger erbracht hat[2]. Ist ein Anspruch durch Erfüllung untergegangen, kann der Anspruchsberechtigte kein zweites Mal Erfüllung verlangen[3].

### 2. Die Leistung an Erfüllungs Statt

Die Erfüllungswirkung, das Erlöschen des Schuldverhältnisses, kann auch eintreten, wenn der Gläubiger eine andere als die geschuldete Leistung an deren Stelle (= an Erfüllungs Statt) annimmt (§ 364 Abs. 1). **491**

Die Erfüllungswirkung tritt in einem solchen Fall allerdings erst dann ein, wenn Gläubiger und Schuldner sich vertraglich darüber geeinigt haben, dass die vom Schuldner erbrachte Leistung an die Stelle der ursprünglich geschuldeten treten und angenommen sein soll[4].

---

1 *Muscheler/Bloch*, JuS 2000, 730.

2 Zu Leistungen des Schuldners und eines Dritten vgl. *Lorenz*, JuS 2009, 109, 110; *Muscheler/Bloch*, JuS 2000, 735.

3 *Lorenz*, JuS 2009, 109, 111.

4 Vgl. BGHZ 89, 126, 133; *Lorenz*, JuS 2009, 109, 111; *Muscheler/Bloch*, JuS 2000, 740.

**Beispiel** (in Anlehnung an BGHZ 46, 338): K kauft bei dem Kfz-Händler V einen neuen PKW. Es wird vereinbart, dass der Altwagen des K „in Zahlung genommen“ wird. Wenn der Verkäufer bei der Veräußerung eines Kraftfahrzeuges den Gebrauchtwagen des Erwerbers für einen Teil des Preises in Zahlung nimmt, so liegt im Zweifel ein Kaufvertrag vor, bei dem der Käufer das Recht hat, einen vertraglich festgelegten Teil des Kaufpreises durch Übereignung des Gebrauchtwagens zu tilgen[5]. Kraft Vereinbarung ist der Käufer als der Schuldner der Kaufpreisforderung berechtigt, für einen Teil der geschuldeten Leistung (einer Geldzahlung) eine andere Leistung, nämlich die Übereignung des Gebrauchtwagens, zu erbringen. Es handelt sich um die Vereinbarung einer Ersetzungsbefugnis, die, wenn der Schuldner von ihr Gebrauch macht, zu einer Leistung an Erfüllungs Statt (§ 364 Abs. 1) führt, durch welche die Verbindlichkeit erlischt[6].

Hat die an Erfüllungs Statt übereignete Sache oder das übertragene Recht einen Mangel, so hat der Gläubiger die Rechte eines Käufers (§ 365). Er kann also z.B. die Mängelansprüche aus §§ 434 ff. geltend machen.

**Beispiel:** Hat der Gebrauchtwagen in dem oben geschilderten **Beispiel** einen Getriebeschaden und sind die Mängelansprüche dieserhalb nicht vertraglich ausgeschlossen, so stehen V gegen K die Ansprüche aus §§ 434 ff. zu.

### 3. Die Leistung erfüllungshalber

492 Um dem Gläubiger eine erhöhte Sicherheit zu bieten – etwa weil die Leistungszeit vertraglich hinausgeschoben wurde –, kann der Schuldner „zum Zwecke der Befriedigung des Gläubigers eine neue Verbindlichkeit“ übernehmen (§ 364 Abs. 2). Übernimmt der Schuldner eine „neue Verbindlichkeit“, so tritt dieselbe im Zweifel neben die bereits bestehende; letztere erlischt also nicht. Nach der Auslegungsregel des § 364 Abs. 2 handelt es sich dann im Zweifel nicht um eine Leistung an Erfüllungs Statt, sondern um eine Leistung erfüllungshalber. Der Gläubiger hat nun zwei Forderungen gegen den Schuldner. Bei Vorliegen einer entsprechenden vertraglichen Vereinbarung muss der Gläubiger zunächst die Befriedigung aus der neuen Verbindlichkeit versuchen. Erfüllt der Schuldner die neue Verbindlichkeit, so geht damit zugleich die alte Schuld unter.

Ein **Wechsel** (= eine Urkunde, in der eine oder mehrere Zahlungsverpflichtungen verbrieft sind), wird in der Regel im Hinblick auf eine bestehende Schuld **erfüllungshalber** gegeben[7]. Bei der Bezahlung einer Kaufpreisschuld mit einem Wechsel tritt im Verhältnis des Gläubigers zum Schuldner **neben** die bereits bestehende Verbindlichkeit (= Kaufpreisschuld) eine weitere Verbindlichkeit hinzu, die Wechselverbindlichkeit. Mit der Zahlung auf die Wechselverbindlichkeit erlischt zugleich auch die Kaufpreisforderung.

---

5 BGHZ 46, 338; vgl. auch BGHZ 89, 126, 133.

6 So BGHZ 46, 338, 342.

7 Vgl. BGHZ 96, 182, 186.

Bei der Bezahlung einer Geldschuld mit einem **Scheck** handelt es sich ebenfalls um eine Leistung erfüllungshalber.[8]

## III. Die Beendigung des vertraglichen Schuldverhältnisses durch Zeitablauf

Viele vertragliche Schuldverhältnisse sind für eine bestimmte Dauer geschlossen. Sie enden durch Ablauf der Zeit, für die sie geschlossen sind. Das ist z.B. bei vielen Mietverträgen und Arbeitsverträgen der Fall (vgl. § 542 Abs. 2 und § 620 Abs. 1). **493**

**Beispiel:** Der Student S schließt mit der Universität in H einen Dienstvertrag, kraft dessen er vom 1.7.2017 bis zum 31.12.2017 bei der Universität als studentische Hilfskraft tätig sein soll. Das damit geschaffene Arbeitsverhältnis ist befristet. Es endet gemäß § 620 Abs. 1 mit Ablauf des 31.12.2017.

## IV. Die Aufhebung und Änderung eines Schuldverhältnisses

Ein Schuldverhältnis, wie z.B. ein Vertrag, kann aber auch durch einen **Aufhebungsvertrag** beendet werden. Der Aufhebungsvertrag ist gesetzlich nicht geregelt. Dass er vereinbart werden kann, ergibt sich aus dem Grundsatz der Vertragsfreiheit. **494**

Der reine Aufhebungsvertrag beschränkt sich auf die Vereinbarung betreffend die Beendigung des Schuldverhältnisses. Er beendet das Schuldverhältnis, also z.B. einen Vertrag, vollständig, ohne ein neues an dessen Stelle zu setzen. Von welchem Zeitpunkt an, der Vertrag aufgehoben sein soll, ergibt sich aus der getroffenen Vereinbarung. Fehlt im Aufhebungsvertrag eine Regelung darüber, endet der Vertrag im Zweifel mit Wirksamwerden der Aufhebungsvereinbarung.

**Beispiel:** V und K haben einen wirksamen Pachtvertrag abgeschlossen, kommen jedoch später übereinstimmend zu dem Ergebnis, die Erfüllung dieses Vertrages sei für beide Seiten wirtschaftlich wenig sinnvoll. Sie beschließen deshalb, den Pachtvertrag aufzuheben. Die Aufhebung des Pachtvertrages ist ein Vertrag, mit dem V und K den Pachtvertrag beseitigen. Die daraus erwachsende Folge ist die, dass weder V noch K aus dem Pachtvertrag weiterhin berechtigt und verpflichtet sind. Findet nur K den Pachtvertrag unbefriedigend, kann er diesen nicht einfach einseitig auflösen. K kann nur versuchen, den V zum Abschluss eines Aufhebungsvertrages zu bewegen. Gelingt ihm dies nicht, bleibt er aus dem Pachtvertrag verpflichtet.

---

8 Vgl. BGHZ 83, 96, 101.

**495** Soll ein Schuldverhältnis nur teilweise aufgehoben und durch neue Regelungen ergänzt werden, ist im Zweifel von einem **Abänderungsvertrag** auszugehen. Auch bloße Ergänzungen des Vertrages ohne Aufhebung alter Teile ist stellen eine Änderung dar, die nur durch einen Vertrag erreicht werden kann.

Die Aufhebung des alten Vertrages kann auch verknüpft sein mit der Schaffung eines neuen Vertrages, der an die Stelle des alten treten soll. In solchen Fällen handelt es sich um einen Aufhebungsvertrag, der Teil einer **Schuldersetzung (Novation)** ist. Von einem Abänderungsvertrag unterscheidet sich die Schuldersetzung (Novation) dadurch, dass das alte Schuldverhältnis nicht nur abgeändert, sondern aufgehoben wird.

## V. Der Rücktritt vom Vertrag

### 1. Überblick

**496** Ein Vertrag kann auch dadurch beendet werden, dass eine der Vertragsparteien aufgrund eines ihr zustehenden Rücktrittsrechts vom Vertrage zurücktritt. Mit dem Wirksamwerden der einseitig empfangsbedürftigen Rücktrittserklärung entfallen die auf den Austausch von Leistungen gerichteten Vertragswirkungen. An die Stelle der bisherigen vertraglichen Verpflichtungen tritt die Pflicht der Vertragspartner, einander das, was bisher an Leistungen ausgetauscht worden ist, zurückzugewähren (§ 346 Abs. 1).

Die zuletzt genannte Verpflichtung entsteht nur, wenn bereits Leistungen ausgetauscht worden sind.

Ein allgemeines Rücktrittsrecht, das jederzeit ausgeübt werden könnte, gibt es nicht. Ein Rücktritt ist vielmehr nur möglich, wenn

a) ein Rücktrittsrecht im Vertrag vereinbart worden ist (§ 346 Abs. 1) – was in der Regel durch ausdrückliche Vereinbarung eines Rücktrittsvorbehalts als Nebenbestimmung zum Vertrag erfolgt – **(= vertragliches Rücktrittsrecht)** oder

b) das Gesetz bei Vorliegen bestimmter Voraussetzungen die Ausübung eines Rücktrittsrechts **(= gesetzliches Rücktrittsrecht)** gewährt (z.B. §§ 323 und 324).

Die §§ 346 ff. gelten sowohl für das vertraglich vereinbarte als auch für das gesetzliche Rücktrittsrecht.

**497** Bei **Dauerschuldverhältnissen** gibt es jedenfalls dann, wenn sie in Vollzug gesetzt sind, kein Rücktrittsrecht, weil eine Rückabwicklung der gegenseitigen Leistungen nur schwer durchsetzbar wäre. An die Stelle des Rücktritts tritt die **Kündigung** (siehe oben VI.).

## 2. Die Ausübung des Rücktrittsrechts und die Folgen

### a) Das Rückgewährschuldverhältnis

Das Rücktrittsrecht übt der Berechtigte durch Abgabe einer Willenserklärung dem Vertragspartner gegenüber aus (§ 349). Mit der Ausübung des Rücktrittsrechts wandelt sich das Schuldverhältnis in seinem Inhalt und für die Zukunft (ex nunc) in ein **Rückgewähr-Abwicklungs-Schuldverhältnis** um. Das bedeutet: 498

- die noch nicht erfüllten Leistungspflichten (Primärleistungspflichten) erlöschen, soweit sie nicht schon erfüllt sind (Befreiungswirkung);
- soweit Leistungen bereits ausgetauscht worden sind, müssen dieselben gemäß §§ 346 ff. zurückgewährt werden. Daneben findet ein zusätzlicher Bereicherungsausgleich gemäß §§ 812 ff. nicht statt, weil für die erbrachten Leistungen bis zum Rücktritt aus dem Schuldverhältnis jeweils ein rechtlicher Grund bestand[9].

**Beispiel:** D und M schließen einen Kaufvertrag mit Rücktrittsvorbehalt (§ 346), in dem D dem M ein Fernsehgerät zum Preise von 900 € verkauft. D übergibt dem M das Fernsehgerät; M zahlt 450 € mit dem Versprechen, den Rest (450 €) innerhalb von 3 Monaten zu zahlen. Als M den Rest des Kaufpreises nach 4 Monaten noch nicht gezahlt hat, tritt D, nachdem er die Voraussetzung für die Ausübung des Rücktrittsrechts geschaffen hat, vom Vertrag zurück. Die Wirkungen der Rücktrittserklärung des D ergeben sich aus §§ 346 ff. Mit dem Wirksamwerden der Rücktrittserklärung entfallen die auf den Austausch der vereinbarten Leistungen gerichteten Wirkungen des Kaufvertrages. Das bedeutet: Weder D noch M haben einen Anspruch darauf, dass der Kaufvertrag erfüllt wird. An die Stelle der bisherigen Leistungspflichten aus dem Kaufvertrag tritt ein Rückgewährschuldverhältnis, aufgrund dessen D und M verpflichtet sind, das, was an Leistungen bereits ausgetauscht worden ist, zurückzugewähren. Deshalb hat M den Fernsehapparat an D zurückzugeben (für den Fall, dass das Eigentum schon auf M übergegangen sein sollte, hat eine Rückübereignung stattzufinden); D muss an M die erhaltenen 450 € zurückzahlen.

Die Verpflichtung, die empfangene Leistung als solche zurückzugewähren, ist gemäß § 275 Abs. 1 erst dann ausgeschlossen, wenn die Rückgewähr unmöglich ist[10]. Unter bestimmten Voraussetzungen ist dann Wertersatz, Nutzungsvergütung oder Schadensersatz zu leisten. 499

Wenn im oben genannten **Beispiel** der M den Fernsehapparat in normalem Rahmen benutzt hat, so ist das Gerät im Wert gemindert. Dennoch muss M nach dem Rücktritt keinen Wertersatz leisten, weil nach § 346 Abs. 2 Nr. 3 die durch die bestimmungsgemäße Ingebrauchnahme entstandene Verschlechterung außer Betracht bleibt. Anders wäre es, wenn M aus Zorn über die schlechten Programme mancher Sender das Gerät zerschlagen hätte. In diesem Fall hätte er Wertersatz zu leisten (§ 346 Abs. 2 Nr. 3).

9 Vgl. BGH MDR 1968, 223.

10 *Schwab*, JuS 2002, 632.

Nach § 346 Abs. 1 hat der Schuldner auch die gezogenen Nutzungen, also Früchte und Gebrauchsvorteile (§ 100), herauszugeben. Zieht der Schuldner keine Nutzungen, so ist er unter den in § 347 Abs. 1 genannten Voraussetzungen zum Wertersatz verpflichtet.

### b) Wertersatz

500 § 346 Abs. 2 und 3 enthalten Regelungen darüber, wie zu verfahren ist, wenn der Rückgewährschuldner die empfangene Sache nicht oder nur verschlechtert herausgeben kann. Nach § 346 Abs. 2 sind drei Fälle denkbar, in denen Wertersatz zu leisten ist:

aa) Die Rückgewähr oder die Herausgabe ist nach der Natur des Erlangten nicht möglich. Das betrifft in erster Linie unkörperliche Leistungen, wie z.B. Gebrauchsüberlassungen (§ 346 Abs. 2 Nr. 1).

**Beispiel:** Im Rahmen eines Vertrages, von dem der Schuldner wirksam zurückgetreten ist, hat eine Beratung, die dem Gläubiger nutzt, stattgefunden. Hier ist die Rückgewähr wegen der Natur des erlangten Vorteils nicht möglich. Es ist stattdessen Wertersatz gemäß § 346 Abs. 2 Nr. 1 zu leisten.

**Beispiel:** K hat bei V einen PKW gekauft und sich übereignen lassen. Nachdem er das Fahrzeug 2 Monate lang gebraucht hat, tritt er wirksam vom Vertrage zurück. Die Rückgewähr dieser Gebrauchsvorteile ist wegen der Natur des Erlangten nicht möglich. K könnte deshalb zur Leistung von Wertersatz gemäß § 346 Abs. 2 Nr. 1 verpflichtet sein. In der Regel wird der Anspruch allerdings auf § 346 Abs. 1 (Herausgabe der gezogenen Nutzungen) gestützt.

500 a bb) Wertersatz hat der Schuldner auch zu leisten, wenn er den empfangenen Gegenstand verbraucht, veräußert, belastet, verarbeitet oder umgestaltet hat (§ 346 Abs. 2 Nr. 2).

**Beispiel:** V hat dem U Bleche geliefert, welche dieser zu Rohren verarbeitet hat. Nachdem V wirksam vom Vertrage zurückgetreten ist, kann er die Bleche nicht zurück erhalten, weil sie verarbeitet worden sind. V hat gegen U einen Anspruch auf Wertersatz gemäß § 346 Abs. 2 Nr. 2.

cc) § 346 Abs. 2 Nr. 3 sieht Wertersatz auch für den Fall vor, dass der empfangene Gegenstand sich verschlechtert hat oder gar untergegangen ist. Dieser Anspruch soll jedoch entfallen, wenn die Verschlechterung durch die bestimmungsgemäße Ingebrauchnahme entstanden ist.

### c) Besonderheiten beim Rückgewährschuldverhältnis

500 b Für einige Fallkonstellationen sieht § 346 Abs. 2 Nr. 3 eine Privilegierung des Rückgewährschuldners vor. So wird z.B. der Schuldner beim gesetzlichen Rücktrittsrecht von der Pflicht zum Wertersatz befreit, wenn die Verschlechterung oder der Untergang des empfangenen Gegenstandes eingetreten ist, obwohl der

Schuldner diejenige Sorgfalt, die er in eigenen Angelegenheiten anzuwenden pflegt, beobachtet hat (diligentia quam in suis, § 277).

Das Rückgewährschuldverhältnis nach § 346 ist ein Schuldverhältnis wie jedes andere.[11] Deshalb können Ansprüche aus **Pflichtverletzungen** (§§ 280 ff.) entstehen. Verletzt eine der am Rückgewährschuldverhältnis beteiligten Parteien seine Rückgewähr- und Herausgabepflichten, kann unter den Voraussetzungen der §§ 280 bis 283 für die andere Partei ein Schadensersatzanspruch entstehen (§ 346 Abs. 4). Der Anspruch auf Wertersatz nach § 346 Abs. 2 umfasst nur den Verkehrswert der zurück zu gewährenden Leistung. Der Anspruch auf Schadensersatz gemäß §§ 280 ff. i.V. mit §§ 249 ff. ist im Zweifel der weitergehende Anspruch.

> **Beispiel:** Nach erfolgtem Rücktritt kommt der Schuldner der entstandenen Rückgewährpflicht trotz Mahnung durch den Gläubiger nicht nach. Entsteht dem Gläubiger dadurch ein Schaden, kann er denselben nach §§ 280, 286 (Verzug) vom Schuldner verlangen. Es kann auch ein Anspruch auf Schadensersatz statt der Leistung gemäß §§ 280, 281 entstehen.

### 3. Das vertraglich vereinbarte Rücktrittsrecht

Ein Rücktrittsrecht wird vertraglich durch einen entsprechenden Vorbehalt ver- **501**
einbart. Dies kann ausdrücklich oder stillschweigend erfolgen. Ob ein Vorbehalt stillschweigend vereinbart sein sollte, ist im Zweifel durch Auslegung (§§ 133, 157) zu ermitteln.

> **Beispiel:** A und B vereinbaren einen sogenannten Aufhebungsvertrag „freibleibend". Diese Formulierung ist als Rücktrittsvorbehalt zu interpretieren[12] und gewährt beiden Vertragsparteien ein Rücktrittsrecht.

Nach § 354 ist eine Vertragsklausel, die den Vorbehalt enthält, dass der Schuldner seine Rechte aus dem Vertrage verlieren soll, wenn er seine Verbindlichkeit nicht erfüllt, so auszulegen, dass dem Gläubiger für den geschilderten Fall ein Rücktrittsrecht zustehen soll.

Fraglich ist, ob der vertraglich vereinbarte Rücktrittsvorbehalt einen Rücktritts- **502**
grund enthalten muss und ob dieser sachlich gerechtfertigt sein muss. Für Rücktrittsvorbehalte in Allgemeinen Geschäftsbedingungen gilt, dass der Verwender durch AGB nur bestimmte, bei Vertragsschluss erkennbare Störungsrisiken überwälzen kann.[13] § 308 Nr. 3 schränkt die Freiheit der Vertragschließenden jedenfalls insoweit ein, als eine Abwägung der beiderseitigen Interessen vorzunehmen und zu prüfen ist, ob der vorformulierte Rücktrittsgrund durch ein überwiegen-

---

11 *Jauernig/Stadler*, § 346 BGB Rn. 9.

12 Vgl. RGZ 105, 370.

13 *Jauernig/Stadler*, § 308 BGB Rn. 5.

des oder zunächst anerkennenswertes Interesse auf Seiten des Klauselverwenders gerechtfertigt ist. Außerdem muss der Lösungsgrund in den AGB so konkret angegeben werden, dass der Durchschnittskunde erkennen kann, wann der Verwender sich vom Vertrage lösen darf.

> **Beispiel:** In einem Vertrag (AGB), der die Veräußerung eines gebrauchten PKW unter Eigentumsvorbehalt zum Gegenstand hat, wird eine Klausel aufgenommen, nach welcher der Verkäufer vom Vertrage zurücktreten kann, wenn der Käufer die Sache „unsachgemäß" benutzt. Nun erfährt der Verkäufer, dass K, obwohl der PKW laut Betriebsanleitung mit Superbenzin zu fahren ist, nur einfaches Benzin tankt, um zu sparen. Der Verkäufer kann zurücktreten, denn die Klausel verstößt nicht gegen § 308 Nr. 3. Sie lässt den Lösungsgrund, der durch ein anerkennenswertes Interesse des Verkäufers gerechtfertigt ist, hinreichend konkret erkennen.

**503** Auch gegenüber einem Unternehmen kann § 308 Nr. 3 gemäß §§ 310 Abs. 1, 307 entsprechend anwendbar sein. Willkürliche, eines sachlichen Grundes entbehrende Lösungsrechte sind auch in diesem Bereich als unwirksam zu behandeln[14]. Allerdings sind an die Angabe eines sachlich gerechtfertigten Lösungsgrundes keine allzu hohen Anforderungen zu stellen[15].

> **Beispiel:** Ein Vertrag unter Kaufleuten enthält die Klausel:
> „Der Verkäufer ist nur nach Maßgabe seiner Liefermöglichkeiten zur Belieferung des Käufers verpflichtet."
> Die Rechtsprechung[16] sieht in einer solchen Klausel einen Rücktrittsvorbehalt, der zulässig und deshalb nicht wegen Verstoßes gegen §§ 308 Nr. 3, 307, 310 unwirksam ist.

### 4. Das gesetzliche Rücktrittsrecht (§§ 323 ff.)

**504** Bei **gegenseitig verpflichtenden Verträgen** gewährt § 323 ein Rücktrittsrecht, wenn der Schuldner nicht oder nicht vertragsgemäß leistet. Voraussetzung ist allerdings im Regelfall, dass der Gläubiger dem Schuldner erfolglos eine angemessene Frist zur Leistung oder Nacherfüllung gesetzt hat. Mit der Fristsetzung soll der Schuldner eine letzte Chance zur Vertragserfüllung erhalten.

Das Rücktrittsrecht entsteht **verschuldensunabhängig.** Das bedeutet, der Schuldner muss weder eigenes noch fremdes Verschulden zu vertreten haben.

Unter die Nichterbringung der Leistung i.S. des § 323 Abs. 1 fällt jede Verspätung (Verzögerung). Leistungsverzögerung setzt stets **Fälligkeit** voraus. Diese ist gemäß § 271 zu bestimmen. Eine Fristsetzung vor Fälligkeit berechtigt daher selbst dann nicht zum Rücktritt nach § 323 Abs. 1, wenn bereits vor Fälligkeit ernsthaf-

---

14 BGHZ 92, 396, 398.

15 Vgl. BGHZ 124, 351, 361.

16 Vgl. BGHZ 124, 351, 361.

te Zweifel an der Leistungsfähigkeit und/oder Leistungswilligkeit des Schuldners bestehen, denn es besteht keine Möglichkeit, sozusagen auf Vorrat, vor Fälligkeit eine Nachfrist zu setzen[17].

Hingegen ist anerkannt, dass es einer Fristsetzung nach Fälligkeit nicht mehr bedarf, wenn der Schuldner bereits vor der Fälligkeit die Leistungserbringung ernsthaft und endgültig verweigert hat (§ 323 Abs. 2 Nr. 1). Hierfür genügt es allerdings nicht, dass der Schuldner vor Fälligkeit geäußert hat, er werde die Leistung zum Fälligkeitstermin noch nicht erbringen können[18]. Gerade für den Fall, dass die Leistung nicht pünktlich erbracht werden kann, will § 323 Abs. 1 dem Schuldner entgegenkommen und verpflichtet den Gläubiger, vor dem Rücktritt noch eine Frist zur Nacherfüllung zu setzen.

**Angemessen** ist die Frist, wenn sie dem Schuldner die Gelegenheit gibt, die be- **505**
reits in Angriff genommene Leistung zu beenden. Dabei sind nun, da der Schuldner seiner ursprünglichen Leistungspflicht nicht hinreichend entsprochen hat, auch größere Anstrengungen und schnelleres Handeln zu erwarten.

**Beispiel:** Malermeister M sollte die Praxisräume der Kanzlei R bis zum 16. Oktober 2016 renoviert haben. Bis zu diesem Tage hat er lediglich mit seinen Gehilfen ein paar Wände gesäubert. R setzt M nun eine Nachfrist bis zum 23. Oktober 2016. Diese Frist ist angemessen, denn von M ist zu erwarten, dass er nun auch Samstag, den 17. Oktober 2016 nutzt, um seine Arbeiten zu beenden.

Bei Geldschulden ist zu berücksichtigen, dass der Schuldner für seine finanzielle Leistungsfähigkeit regelmäßig einzustehen hat.

**Beispiel:** K schuldet dem V aus einem am 2. Oktober 2016 abgeschlossenen Kaufvertrag über einen PKW 5.000 €. Da nichts anderes vereinbart ist, wird der Kaufpreisanspruch am 2. Oktober 2016 fällig (§ 271). K zahlt nicht. V setzt dem K nun am 8. Oktober 2016 eine Frist zur Nachholung der Leistung bis zum 14. Oktober 2016. Diese Frist ist angemessen. Leistet K bis zum genannten Termin nicht, hat V das Recht, vom Vertrage zurückzutreten.

Einer Fristsetzung bedarf es in folgenden Fällen nicht, **506**

- wenn der Schuldner die Leistung ernsthaft und endgültig verweigert (§ 323 Abs. 2 Nr. 1),
- oder ein Fixgeschäft im Sinne des § 323 Abs. 2 Nr. 2 vorliegt (dazu unten § 26 V. 4.),
- oder „besondere Umstände vorliegen, die unter Abwägung der beiderseitigen Interessen den sofortigen Rücktritt rechtfertigen" (§ 323 Abs. 2 Nr. 3).

Tritt eine dieser Voraussetzungen ein, so ist der Gläubiger sofort, d.h. ohne Fristsetzung, zum Rücktritt berechtigt.

17 BGHZ 139, 315, 322.
18 BGHZ 139, 312, 323 f.

## VI. Die Kündigung

### 1. Die Kündigung und ihre Wirkung

506 a Bei auf Dauer angelegten Verträgen (Dauerschuldverhältnissen) besteht die Möglichkeit, den Vertrag durch eine Kündigung **einseitig** und unabhängig von der Zustimmung des Vertragspartners aufzulösen. Dem liegt die Überlegung zugrunde, dass bei bestimmten auf Dauer oder jedenfalls für einen längeren Zeitraum angelegten Rechtsbeziehungen das Bedürfnis besteht, unter gewissen Voraussetzungen eine vorzeitige Auflösung zu ermöglichen. Dauerschuldverhältnisse, für welche die Kündigung eine bedeutende Rolle spielt, sind z.B. Miet- und Pachtverträge, Dienst- und Arbeitsverträge, Darlehensverträge und Gesellschaftsverträge.

Bei Dauerschuldverhältnissen kommt ein Rücktritt nicht in Frage, weil eine Rückabwicklung, d.h. eine Rückgewähr der bereits ausgetauschten Leistungen, wie die Rücktrittsregeln (§§ 346 ff.) das vorsehen, nicht möglich ist.

506 b Die **Kündigung** ist eine einseitige, empfangsbedürftige Willenserklärung, die ein auf Dauer angelegtes vertragliches Schuldverhältnis mit Wirkung für die Zukunft auflöst. Wenn eine wirksame Kündigungserklärung abgegeben worden ist, endet das Schuldverhältnis mit dem Ablauf der Frist.

In der Regel sehen entweder das Gesetz oder die einzelnen Verträge **Kündigungsfristen** vor. Abgesehen davon sehen gesetzliche Regelungen für bestimmte Verträge eine **Kündigung aus wichtigem Grund** vor, so u.a. § 569 für die Miete, § 626 für den Dienstvertrag und § 723 für den Gesellschaftsvertrag. Für alle Dauerschuldverhältnisse bestimmt § 314, dass jeder Vertragsteil den Vertrag jederzeit ohne Einhaltung einer Kündigungsfrist aus wichtigem Grund kündigen kann.

506 c Um soziale Härten zu vermeiden, hat die Rechtsordnung der freien Vertragsgestaltung im Hinblick auf die Kündigungsmöglichkeiten allerdings Grenzen gesetzt und für eine Reihe von Schuldverhältnissen einen **Kündigungsschutz** eingeführt. So genießen Arbeitnehmer besonderen Schutz durch das Kündigungsschutzgesetz. Das BGB enthält u.a. in §§ 573 ff. Kündigungsschutzbestimmungen zugunsten des Mieters. Trotz des Kündigungsschutzes ist auch bei Dauerschuldverhältnissen, für die ein Kündigungsschutz gesetzlich bestimmt ist, eine Kündigung aus wichtigem Grund stets möglich.

### 2. Das außerordentliche Kündigungsrecht aus wichtigem Grund

506 d Ein **wichtiger Grund** liegt gemäß § 314 Abs. 1 S. 2 vor, wenn dem kündigenden Vertragspartner unter Berücksichtigung aller Umstände des Einzelfalles und unter Abwägung der beiderseitigen Interessen die Fortsetzung des Vertragsverhältnisses bis zur vereinbarten Beendigung oder bis zum Ablauf der Kündigungsfrist nicht zugemutet werden kann. Ein Verschulden des anderen Teils ist nicht erforderlich.

> **Beispiel:** D gewährt seinem Freund F, der in wirtschaftliche Schwierigkeiten geraten ist, ein niedrig verzinsliches Darlehen über 10.000 € das auf zwei Jahre befristet sein soll. Zwei Monate nach der Darlehensgewährung bricht F in das Haus des D ein und stiehlt Schmuck und eine Münzsammlung. Daraufhin kündigt D das Darlehen fristlos und verlangt die Darlehenssumme zurück. D hat gegen F einen Darlehensrückzahlungsanspruch aus § 488 Abs. 1 und 3, wenn er das Darlehen wirksam gekündigt hat. Ein Kündigungsrecht aus §§ 489 oder 490 kommt nicht in Betracht. Ein Kündigungsrecht könnte sich aber aus § 314 ergeben, wenn ein wichtiger Grund vorliegt. F hat durch sein Verhalten das freundschaftliche Vertrauensverhältnis mit D zerstört. Dem D ist deshalb eine Fortsetzung des Vertrages nicht mehr zumutbar. Wegen der Schwere der Tat muss auch das Interesse des D an der Fortsetzung des Vertrages zurückstehen. Demnach liegt ein wichtiger Grund vor, der dem D die sofortige Kündigung aus wichtigem Grund gemäß § 314 ermöglicht. Die Kündigung ist also wirksam. D hat gegen F einen Anspruch aus § 488 Abs. 1 und 3 auf Rückzahlung des Darlehens.

Besteht der wichtige Grund in einer Pflichtverletzung (Verletzung vertraglicher **506 e** Pflichten), ist in der Regel eine Fristsetzung oder eine Abmahnung erforderlich, ehe das Kündigungsrecht entsteht (§ 314 Abs. 2). Der Fristsetzung bzw. Abmahnung bedarf es nicht, wenn die in § 323 Abs. 2 genannten Voraussetzungen vorliegen (§ 314 Abs. 2).

> In dem oben genannten **Beispiel** bedarf es einer Abmahnung nicht, weil besondere Umstände vorliegen, die unter Abwägung der beiderseitigen Interessen eine sofortige Kündigung rechtfertigen (§ 323 Abs. 2 Nr. 3).

Die außerordentliche Kündigung gemäß § 314 beendet den Vertrag mit Wirkung für die Zukunft; wird sie als fristlose Kündigung erklärt, tritt die Beendigungswirkung sofort ein.

## VII. Das Widerrufsrecht bei Verbraucherverträgen

### 1. Überblick

§§ 355 ff. regeln generell das Widerrufsrecht bei **Verbraucherverträgen.** Das sind **507** solche Verträge, die zwischen einem Verbraucher (§ 13) und einem Unternehmer (§ 14) abgeschlossen werden und bei denen das Gesetz dem Verbraucher einen Widerruf oder einen anderen besonderen Schutz einräumt. Zu den Verbraucherverträgen gehören z.B.

- der Außergeschäftsraumvertrag nach § 312 b,
- der Verbraucherdarlehensvertrag (§§ 491 ff.),
- der Fernabsatzvertrag (§ 312 c),
- Ratenlieferungsverträge (§ 510).

Das **Widerrufsrecht des Kunden** bildet den Kern des durch §§ 312 ff. den Ver- **508** brauchern gewährten Schutzes, mit dem sich der Verbraucher von dem abgeschlossenen Vertrages wieder lösen kann, ohne dass es dafür eines besonderen

Grundes bedarf. §§ 312 ff. dienen dem Schutz gegen die für den Kunden mit dem sogenannten Direktvertrieb verbundenen Gefahren, die vor allem in einem infolge einer Überrumpelung übereilten Kaufentschluss für Leistungen beruhen, für die häufig kein Bedarf besteht und deren Entgelt nicht selten die finanziellen Möglichkeiten des Kunden übersteigt.[19] Dieser Gefahr sind insbesondere ältere und unerfahrene Leute durch entsprechende aufdringliche Werber und Vertreter ausgesetzt. Auf diese Art und Weise aufgedrängt werden insbesondere Zeitungen und Zeitschriften, Bücher, Kosmetika und Haushaltswaren.

Das Widerrufsrecht entsteht bei allen Verträgen vom Zeitpunkt des Vertragsschlusses an (§§ 312 g, 355). Es ist unabdingbar.

Ein Widerrufsrecht im Sinne dieser Vorschrift ist u.a. in §§ 312 b, 312 g (Außergeschäftsraumverträge), § 510 (Ratenlieferungsverträge), §§ 491, 495 (Verbraucherdarlehensverträge) und in §§ 312 c, 312 g (Fernabsatzverträge) verankert.

### 2. Die Voraussetzungen für die Ausübung des Widerrufsrechts

509 Dass dem Kunden ein Widerrufsrecht zusteht, setzt voraus, dass der entgeltliche Vertrag unter den in § 312 b Abs. 1 beschriebenen besonderen Umständen zustande gekommen ist.

Die unter den o.g. Umständen abgegebene Willenserklärung des Kunden muss ein Angebot oder die Annahme eines Angebotes zum Abschluss eines Vertrages über eine entgeltliche Leistung sein. Darunter fallen nicht nur Kaufverträge, sondern u.a. auch Miet-, Werk- und Darlehensverträge.

Gemäß § 355 Abs. 1 hat ein Verbraucher (§ 13), dem im Gesetz ein Widerrufsrecht nach dieser Norm eingeräumt wird, nach Abschluss eines Vertrages mit einem Unternehmer (§ 14) gemäß § 355 Abs. 2 zwei Wochen Zeit, seine Willenserklärung wirksam zu widerrufen, wenn er sich vom Vertrag lösen will. Diese Frist gilt bei Fernabsatzverträgen und Außergeschäftsraumverträgen (früher: Haustürgeschäften) gemäß § 356 Abs. 3 aber nur, sofern der Verbraucher ordnungsgemäß über das Bestehen eines Widerrufsrechts belehrt worden ist. Gemäß § 356 Abs. 3 S. 2 erlischt dann, wenn keine Belehrung erfolgt ist, das Widerrufsrecht 1 Jahr und 14 Tage nach Vertragsschluss.

Die Frist, innerhalb derer widerrufen werden kann, beginnt, sofern es sich um einen Verbrauchsgüterkauf handelt, gemäß § 356 Abs. 2 Nr. 1 a frühestens mit Erhalt der Ware, vorausgesetzt, der Verbraucher wurde ordnungsgemäß belehrt (§ 356 Abs. 3). Gemäß § 356 Abs. 3 S. 2 erlischt das Widerrufsrecht spätestens 12 Monate und 14 Tage nach Vertragsschluss.

Die Widerrufsfrist kann zugunsten des Verbrauchers verlängert, nicht jedoch verkürzt werden.

---

19 Vgl. *Palandt/Grüneberg*, § 312 BGB Rn. 3; *Grigoleit*, NJW 2002, 1151.

### 3. Die Ausübung des Widerrufsrechts

Der Widerruf nach §§ 312 g, 355 ist ein Gestaltungsrecht, das die Rücknahme der auf den Vertragsabschluss gerichteten Willenserklärung des Kunden zum Inhalt hat. Er ist eine empfangsbedürftige Willenserklärung, auf die die Regeln der §§ 104 bis 144 Anwendung finden.[20] Die den Widerruf beinhaltende Willenserklärung ist an keine Form gebunden. Sie kann deshalb z.B. auch per Telefon abgegeben werden. Der Widerruf kann innerhalb der nach §§ 355 Abs. 2, 355 Abs. 2 bestimmten Fristen ausgeübt werden. **510**

### 4. Die Rechtsfolgen des Widerrufs

Hat der Verbraucher eine Widerrufserklärung abgegeben, ist er „an seine auf den Abschluss des Vertrages gerichtete Willenserklärung nicht mehr gebunden" (§ 355 Abs. 1 S. 1). Das bedeutet, ein Vertrag ist zunächst einmal **schwebend wirksam** zustande gekommen; der Verbraucher kann sich von demselben durch Widerruf lösen. Mit dem Wirksamwerden der Widerrufserklärung ist der Vertrag, der bis zu diesem Zeitpunkt bestanden hat, beendet. **511**

Sind bis zum Wirksamwerden des Widerrufs bereits Leistungen ausgetauscht worden, so findet die Rückabwicklung des Vertrages in der Weise statt, dass die empfangenen Leistungen spätestens nach 14 Tagen zurückzugewähren sind (§ 357 Abs. 1). Der zunächst schwebend wirksame Vertrag wandelt sich in ein Rückgewährschuldverhältnis um. Der Widerruf ist deshalb als ein **modifiziertes Rücktrittsrecht** anzusehen.

Wenn bis zum Wirksamwerden des Widerrufs bereits Leistungen ausgetauscht worden sind, so kann der Verbraucher unter gewissen Voraussetzungen zum Wertersatz für die durch die bestimmungsgemäße Ingebrauchnahme der Sache entstandene Verschlechterung verpflichtet sein (§ 357 Abs. 7).

> **Beispiel:** A bestellt beim Versandhaus B anhand des Warenkatalogs einen Heimtrainer zum Preis von 240 €. Im Katalog wird den Kunden ausdrücklich ein Widerrufsrecht eingeräumt. Des Weiteren werden die Kunden im Katalog darauf hingewiesen, dass sie bei einer Rückgabe Wertersatz leisten müssen, wenn sie die gekaufte Ware bereits gebraucht haben. Nachdem A den Heimtrainer erhalten hat, trainiert er in den ersten drei Tagen jeweils 1 Stunde. Danach verliert A die Lust und widerruft den Vertrag. B verlangt von A Ersatz der Wertminderung in Höhe von 20 €, welche aus der Benutzung des Heimtrainers resultiert. A verweigert die Zahlung mit der Begründung, er habe den Heimtrainer nicht „über Gebühr strapaziert". In diesem Fall hat B gegen A einen Anspruch auf Ersatz der Wertminderung in Höhe von 20 € aus § 357 Abs. 7 Nr. 1.

Der Verbraucher ist gemäß § 357 Abs. 6 zur Rücksendung der Ware an den Unternehmer verpflichtet; er hat gemäß § 357 Abs. 6 die unmittelbaren Kosten der

20 *Palandt/Grüneberg*, § 355 BGB Rn. 3; *Palandt/Ellenberger*, Überbl. v. § 104 BGB Rn. 17.

Rücksendung zu tragen, wenn der Unternehmer den Verbraucher über diese Pflicht informiert hat (Art. 246 a § 1 Abs. 2 EGBGB). Diese Pflicht hat der Verbraucher nicht, wenn der Unternehmer sich bereit erklärt hat, die Kosten der Rücksendung zu übernehmen (§ 357 Abs. 6).

## VIII. Die Aufrechnung

### 1. Der Sinn der gesetzlichen Aufrechnungsregelung

512 Wenn sich gleichwertige Leistungen gegenüberstehen, ist ein Austausch derselben oft unwirtschaftlich.

> **Beispiel:** H in Hamburg unterhält mit M in München Geschäftsverbindungen. H schuldet dem M aus einem Kaufvertrag 8.000 €; M ist aus einem Werkvertrag, den er mit H abgeschlossen hat, verpflichtet, 8.000 € als Vergütung für erbrachte Leistungen zu zahlen. Wenn H dem M und M dem H 8.000 € überweisen müssten, würde das zu einem sinnlosen Aufwand führen.

Das Gesetz verschafft hier eine Erleichterung und gestattet eine Kurzabwicklung im Wege der Aufrechnung (§§ 387 ff.).

Die **Aufrechnung** ist die wechselseitige Tilgung gegenseitiger, gleichwertiger, einredefreier, fälliger Forderungen durch einseitige, empfangsbedürftige Willenserklärung.

Die Forderung, gegen die aufgerechnet wird, nennt man Hauptforderung; diejenige Forderung, mit der aufgerechnet wird, ist die Gegenforderung.

Mit der Aufrechnung wird ein doppelter Zweck erreicht:

#### a) Tilgungserleichterung

513 Die geschuldeten Leistungen werden nicht erbracht. Die sich gegenüberstehenden Gläubiger, die zugleich Schuldner sind, werden mit der Erklärung der Aufrechnung unter Aufopferung ihrer eigenen Forderungen von ihrer Schuld befreit.

> Zu dem vorhergehenden **Beispiel:** M ist Gläubiger der Kaufpreisforderung, H der Schuldner. H ist Gläubiger der Forderung aus dem Werkvertrag, M der Schuldner.

Mit dem Wirksamwerden der Aufrechnungserklärung erlöschen beide Forderungen.

#### b) Sicherungsfunktion

Derjenige, der mit seiner Forderung gegen eine andere Forderung aufrechnet, kann sich mit der Aufrechnung auch dann Befriedigung verschaffen, wenn die Durchsetzung seiner Forderung Schwierigkeiten bereitet, etwa weil der andere nicht zahlungsfähig oder nicht zahlungswillig ist.

## 2. Die Voraussetzungen für eine Aufrechnung

### a) Gegenseitigkeit der Forderungen

Zwei Personen schulden einander Leistungen. Die Forderungen müssen zwischen denselben Personen bestehen. Beide Personen müssen zugleich Gläubiger und Schuldner sein. **514**

### b) Gleichartigkeit der Forderungen

Die sich gegenüberstehenden Forderungen müssen **gleichartig** sein. Aufrechenbar sind deshalb in erster Linie Geldschulden. Gleichartigkeit der Forderungen bedeutet nicht, dass die Forderungen gleich hoch sein müssen.

> **Beispiel:** A schuldet dem K aus einem Kaufvertrag 3.000 €. K schuldet dem A aus einem anderen Kaufvertrag 2.000 €. Bei der Aufrechnung erlischt die Kaufpreisforderung, die A gegen K hat, voll. Die Kaufpreisforderung des K gegen A erlischt nur in Höhe von 2.000 €; in Höhe von 1.000 € bleibt sie bestehen. Das ergibt sich aus §§ 387 und 389.

### c) Durchsetzbarkeit der Gegenforderung

Beide Forderungen müssen bestehen. Die Forderung, mit der jemand aufrechnet (Gegenforderung), muss **durchsetzbar** sein. Das bedeutet: Die Gegenforderung muss **fällig** und **einredefrei** sein. **515**

> Zu dem vorhergehenden **Beispiel**: Wenn die Kaufpreisforderung des A am 01.04. 2016 und die Kaufpreisforderung des K am 01.10.2016 fällig ist, dann kann K am 01.04.2016 nicht wirksam aufrechnen.

## 3. Ausschluss der Aufrechnung

Die Aufrechnung kann ausgeschlossen sein:
a) Durch Gesetz (z.B. §§ 393, 394).
b) Durch vertragliche Vereinbarung (vgl. § 391 Abs. 2).

## 4. Erklärung und Wirkung der Aufrechnung

Die Aufrechnung geschieht durch die Abgabe einer empfangsbedürftigen Willenserklärung gegenüber dem anderen Teil (§ 388). **516**

Mit dem Wirksamwerden der Aufrechnungserklärung erlöschen die sich gegenüberstehenden Forderungen, soweit sie sich decken (§ 389).

Die **Aufrechnung wirkt zurück** auf den Zeitpunkt, in welchem sich die Forderungen aufrechnungsfähig gegenüberstanden (§ 389).

## 5. Der Aufrechnungsvertrag

Nicht gesetzlich geregelt ist der Fall, in dem die Aufrechnung nicht einseitig erklärt, sondern aufgrund einer Vereinbarung im Einverständnis mit der anderen **517**

Partei vorgenommen wird (**Aufrechnungsvertrag**). Dass er dennoch vereinbart werden kann, ergibt sich aus dem Prinzip der Vertragsfreiheit. Ziel des Aufrechnungsvertrages ist es, die sich gegenüberstehenden Forderungen zum Erlöschen zu bringen.

Die Voraussetzungen, die für eine einseitige Aufrechnung vorliegen müssen, sind für Abschluss und Wirkung eines Aufrechnungsvertrages nicht erforderlich. Das gilt für die Fälligkeit und die Einredefreiheit. Gleichartigkeit der Forderungen und Gegenseitigkeit sind hingegen erforderlich.

## IX. Die Hinterlegung

### 1. Überblick

518 Unter bestimmten, im Gesetz genannten Voraussetzungen kann der Schuldner sich von einer bestehenden Verpflichtung befreien, indem er die geschuldete Sache oder den aus deren Versteigerung erzielten Erlös zugunsten des Gläubigers bei einer dazu bestimmten öffentlichen Stelle hinterlegt (§ 372). Die Wirkung der Hinterlegung im Verhältnis des Schuldners zum Gläubiger ist unterschiedlich, je nachdem, ob die Rücknahme ausgeschlossen (§ 378) oder noch möglich ist (§ 379). Wenn die Rücknahme gemäß § 376 Abs. 2 ausgeschlossen ist, so hat die Hinterlegung vom Zeitpunkt der Hinterlegung an schuldbefreiende Wirkung (§ 378).

### 2. Die Hinterlegungsvoraussetzungen

519 Voraussetzungen für eine Hinterlegung sind:

- Es muss sich um **hinterlegungsfähige Sachen** handeln. Dazu zählen nach § 372 nur Geld, Kostbarkeiten, Wertpapiere (wie z.B. Aktien) und sonstige Urkunden.
- Der Schuldner muss zur Leistung berechtigt sein (siehe § 271).
- Weiterhin muss ein **Hinterlegungsgrund** vorliegen. Hierzu zählen:
  a) Der Annahmeverzug des Gläubigers (= Gläubigerverzug, § 293)
  Erläuterung: Gem. § 293 gerät der Gläubiger in Verzug, wenn er die ihm vom Schuldner angebotene Leistung nicht annimmt.
  b) Der Schuldner kann die Verbindlichkeit aus einem anderen, in der Person des Gläubigers liegenden Grund nicht oder nicht mit Sicherheit erfüllen.

  **Beispiel:** Der Gläubiger ist nicht geschäftsfähig und ein gesetzlicher Vertreter ist nicht vorhanden.

c) Der Schuldner kann infolge einer nicht auf seiner Fahrlässigkeit beruhenden **Ungewissheit über die Person des Gläubigers** die geschuldete Leistung nicht oder nicht mit Sicherheit erfüllen.
Wegen einer Ungewissheit über die Person des Gläubigers ist der Schuldner dann zur Hinterlegung berechtigt, wenn die vom Schuldner mit der verkehrs-

üblichen Sorgfalt vorgenommene Prüfung zu begründetem Zweifel über die Person des Gläubigers führt. Der Zweifel muss so geartet sein, dass dem Schuldner nach verständigem Ermessen nicht zugemutet werden kann, ihn auf seine Gefahr hin zu lösen[21].

### 3. Der Selbsthilfeverkauf

Wenn die geschuldete Sache nicht hinterlegungsfähig im Sinne des § 372 ist, kann der Schuldner sie am Leistungsort versteigern lassen und den Erlös hinterlegen, wenn der Gläubiger im Annahmeverzug ist (§ 383). **520**

Durch einen rechtmäßigen Selbsthilfeverkauf kann die gleiche Wirkung wie durch eine Hinterlegung erzielt werden.

## X. Der Erlassvertrag

Ein Schuldverhältnis kann auch dadurch erlöschen, dass der Gläubiger mit dem Schuldner gemäß § 397 Abs. 1 einen Vertrag abschließt, in welchem dem Schuldner die Schuld erlassen wird (= Erlassvertrag). Der Erlassvertrag hat das Erlöschen einer Forderung zum Gegenstand. **521**

Der Erlassvertrag ist ein **Verfügungsgeschäft**, weil durch ihn die Aufhebung des Forderungsrechtes des Gläubigers bewirkt wird. Als solches ist er abstrakt, d.h. unabhängig vom zugrundeliegenden Schuldverhältnis. Allerdings liegt dem Abschluss des Erlassvertrages regelmäßig eine Kausalabrede zugrunde, die einen rechtfertigenden Grund für die Verfügung enthält. Häufig handelt es sich dabei um eine Schenkung.

Fehlt dem Abschluss des Erlassvertrages als Verfügungsgeschäft ein Kausalverhältnis oder fällt dieses später weg, so bleibt der Erlassvertrag, weil er abstrakt ist, bestehen. Der Erlassende hat allerdings einen Anspruch aus ungerechtfertigter Bereicherung (§ 812 Abs. 1 S. 1) auf Wiederbegründung der erloschenen Forderung.

> **Beispiel:** D gewährt seinem Freund F ein Darlehen in Höhe von 5.000 € nebst 7 % Zinsen. Nachdem F 3.000 € zurückgezahlt hat, schreibt D ihm zum 50. Geburtstag einen Brief, in dem er dem F mitteilt, aus Anlass des 50. Geburtstages wolle er ihm die Rückzahlung der restlichen 2.000 € nebst Zinsen erlassen. F schreibt zurück, er freue sich sehr und bedanke sich. Mit seinem Brief macht D dem F ein Angebot zum Abschluss eines Erlassvertrages, das F mit seinem an D gerichteten Brief annimmt. Dieser Erlassvertrag im Sinne des § 397 Abs. 1 führt zum Erlöschen der Darlehensrückzahlungs- und Zinsforderung des D. Das dem Verfügungsgeschäft (Erlassvertrag) zugrundeliegende Rechtsverhältnis ist hier ein Schenkungsvertrag.

Der Erlass und auch das negative Schuldanerkenntnis sind häufig Bestandteile eines Vergleiches im Sinne des § 779 (vgl. dazu unten § 39).

---

21 So BGHZ 7, 302, 307.

### XI. Das negative Schuldanerkenntnis

522 Mit einem negativen Schuldanerkenntnis kann die gleiche Wirkung erzielt werden wie durch einen Erlassvertrag. Es handelt sich dabei um einen **Vertrag** zwischen Gläubiger und Schuldner, in dem der Gläubiger anerkennt, dass die Forderung nicht bestehe (§ 397 Abs. 2), wobei offen bleibt, ob die Forderung jemals existiert hat. Für den Fall, dass die Forderung bestand, enthält das negative Schuldanerkenntnis einen Erlass.

Ebenso wie der Erlassvertrag ist das negative Schuldanerkenntnis ein Verfügungsgeschäft und als solches abstrakt.

**Lösung zu Fall 23:** Fraglich ist, ob die Übergabe des Schecks von K an V eine Erfüllung nach § 362 Abs. 1 darstellt. Die Hingabe des Schecks bedeutet nur eine Leistung erfüllungshalber nach § 364 Abs. 2. Mit der Annahme des Schecks versucht der Gläubiger V sich durch die Einlösung des Schecks zu befriedigen. Erst wenn dies gelingt, tritt Erfüllung ein. Die Hingabe des Schecks bewirkt also noch keine Tilgung der Kaufpreisschuld. Erst mit der Auszahlung des in dem Scheck ausgewiesenen Betrages an den Scheckinhaber V oder mit der endgültigen Gutschrift auf dessen Konto tritt die Erfüllung ein. Bevor dies geschieht, besteht die Schuld weiter.
Folglich hat V noch immer einen Anspruch gegen K auf Zahlung von 10.000 €.

## § 26 Pflichtverletzungen (Störungen im Schuldverhältnis)

**Schrifttum:** *Hirsch*, Schadensersatz statt der Leistung, Jura 2003, 289; *Lorenz*, Grundwissen – Zivilrecht: Was ist eine Pflichtverletzung (§ 280 I BGB)?, JuS 2007, 213; *Lorenz*, Grundwissen – Zivilrecht: Vertretenmüssen (§ 276 BGB), JuS *2007, 611; Lorenz*, Grundwissen – Zivilrecht: Haftung für den Erfüllungsgehilfen (§ 278 BGB), JuS *2007, 983; Medicus*, Die Leistungsstörungen im neuen Schuldrecht, JuS 2003, 521; *Reischl*, Grundfälle zum neuen Schuldrecht, JuS 2003, 40 ff., 250 ff., 453 ff., 667 ff., 865 ff.

***Fall 24:*** *K kauft bei V eine Lampe und vereinbart mit ihm, dass V die Lampe in der Wohnung des K installieren soll. V betraut seinen Angestellten A mit dieser Aufgabe. Als A die Lampe in der Wohnung des K anbringen will, stürzt er infolge grober Unachtsamkeit mit einer Treppenleiter um und zerstört den Fernsehapparat des K. Der Schaden beträgt 450 €.*

*K begehrt Schadensersatz in dieser Höhe von V. Zu Recht?*

# I. Einführung

## 1. Überblick

Aufgrund eines Schuldverhältnisses kann der Gläubiger vom Schuldner eine Leistung fordern. Die Leistung besteht in der Erfüllung von Pflichten, die sich aus einem vertraglichen oder gesetzlichen Schuldverhältnis ergeben. Dazu zählen in der Regel auch die in § 241 Abs. 2 aufgeführten Schutzpflichten, insbesondere Fursorge- und Obhutspflichten. Treten Umstände auf, welche die Leistung verhindern, oder entspricht das Verhalten des Schuldners bei der Abwicklung des Schuldverhältnisses nicht den Anforderungen, die aus dem Schuldverhältnis an ihn zu stellen sind, so handelt es sich um **Störungen im Schuldverhältnis**[1], die Rechtsfolgen auslösen können. Als mögliche Rechtsfolgen kommen u.a. in Betracht: 523

- ein Schadensersatzanspruch des Gläubigers gegen den Schuldner, durch den die Interessen des Gläubigers so weit wie möglich gewahrt werden;
- ein Rücktrittsrecht des Gläubigers;
- der Gläubiger muss die Leistungsstörungen hinnehmen; er wird allenfalls von Verpflichtungen frei, die der Vertrag ihm auferlegt.

Treten Störungen im Bereich des Schuldners auf, entsteht häufig die Frage, ob der Schuldner nur für eigene Handlungen oder auch für sonstige Umstände – z.B. für die Handlungen derjenigen Personen, derer er sich zur Erfüllung seiner Verbindlichkeiten bedient – einzustehen hat. 524

Aus der Sicht des Gläubigers eines Anspruchs gibt es verschiedene Arten von Störungen im Schuldverhältnis, die im Hinblick auf die Leistungen, die der Schuldner zu erbringen hat, eintreten können:

a) der Schuldner leistet – aus welchen Gründen auch immer – nicht,
b) der Schuldner leistet zu spät oder
c) er leistet schlecht.
d) Schließlich kann es sein, dass der Schuldner die Leistung erbringt, aber dabei eine Schutzpflicht (im Sinne des § 241 Abs. 2) dem Gläubiger gegenüber verletzt und ihm dadurch einen Schaden zufügt.

Zu Störungen bei der Leistung kann es in verschiedenen Phasen bei Abschluss des Vertrages und seiner Erfüllung kommen. 525

Man kann drei solcher Phasen unterscheiden:

(1) Die **Phase vor Vertragsschluss,** in der die potenziellen Vertragspartner in Vertragsverhandlungen eintreten oder auf sonstige Art und Weise einen Vertrag anbahnen (§ 311 Abs. 2); auch hier kann es schon zu Störungen dadurch kommen,

---

1 Häufig wird auch der Begriff **Leistungsstörungen** verwandt. Es ist allerdings nicht ganz klar, ob neben Unmöglichkeit, Verzug und positiver Forderungsverletzung auch der Gläubigerverzug und die culpa in contrahendo (Verschulden bei Vertragsschluss) von diesem Begriff mit umfasst werden (siehe *Medicus*, JuS 2003, 521). Deshalb wird hier *Brox/Walker* (Schuldrecht AT § 21 Rn. 1 ff.) folgend der Begriff **Störungen im Schuldverhältnis** verwandt.

dass einer der Vertragschließenden eine Schutzpflicht im Sinne des § 241 Abs. 2 verletzt. Das kann z.B. dadurch geschehen, dass falsche Angaben über vertragswesentliche Umstände gemacht werden.

(2) Die **Phase zwischen Vertragsabschluss und Erfüllung**. Hier kann es dadurch zu Störungen kommen, dass der Schuldner nicht leistet, die Leistung etwa verzögert wird, oder der Gläubiger die geschuldete und angebotene Leistung nicht annimmt.

(3) Die **Phase nach der Erfüllung** kann dadurch gekennzeichnet sein, dass der Schuldner schlecht geliefert hat, etwa dadurch, dass er dem Gläubiger eine mangelhafte Sache übereignet hat.

Für alle diese Störungen kennt das BGB in seiner neuen Fassung nur noch den einheitlichen Tatbestand der **Pflichtverletzung,** der in § 280 geregelt ist[2]. Hat der Schuldner Pflichtverletzungen begangen, löst das für ihn Rechtsfolgen aus. Manche Rechtsfolgen, wie z.B. das Entstehen eines Rücktrittsrechts zugunsten des Gläubigers, treten auch dann ein, wenn der Schuldner die Pflichtverletzung nicht zu vertreten hat. Hingegen ist der Schuldner nur dann zum Schadensersatz, zum Schadensersatz statt der Leistung oder zum Ersatz der vergeblichen Aufwendungen verpflichtet, wenn er die Pflichtverletzung **zu vertreten** hat.

## 2. Pflichtverletzung und mangelhafte Leistung

**526** Wenn der Schuldner eine Leistung nicht oder nicht wie geschuldet erbringt, liegt darin eine Pflichtverletzung im Sinne der §§ 280 Abs. 1, 3, 281 Abs. 1, die unter den in § 280 genannten Voraussetzungen Rechtsfolgen zugunsten des Gläubigers auslöst. Das bedeutet: Jede Schlechtleistung und jede mangelhafte Leistung stellt eine Pflichtverletzung dar. So sind z.B. die fehlerhafte Beratung durch einen Anwalt im Rahmen eines entgeltlichen Geschäftsbesorgungsvertrages (§ 675) und die Veräußerung eines mit Mängeln behafteten Kfz im Rahmen eines Kaufvertrages Pflichtverletzungen im Sinne der §§ 280 Abs. 1, 3, 281 Abs. 1, weil die geschuldeten Leistungen nicht so, wie sie geschuldet waren, erbracht worden sind.

Für verschiedene Vertragsverhältnisse bestehen allerdings Sondervorschriften, welche die §§ 280, 281 ergänzen bzw. ersetzen, so § 437 für den Kauf, § 536 für die Miete, § 636 für den Werkvertrag, § 651f für den Reisevertrag.[3] Diese so genannten **Gewährleistungsregeln** für eine Reihe von Verträgen gehen den §§ 280 Abs. 1, 3, 281 Abs. 1 vor; sie bilden die spezielle Regelung.[4]

**Beispiel:** V veräußert an K einen Gebrauchtwagen mit schadhaften Bremsen. Darin ist eine Schlechtleistung und damit eine Pflichtverletzung durch V zu sehen. K hat gegen V einen Gewährleistungsanspruch aus §§ 437, 434. Diese Vorschriften gehen den §§ 281 Abs. 1, 280 als die spezielle Regelung vor.

---

2 Vgl. dazu ausführlich *Reischl*, JuS 2003, 41 ff.

3 MüKoBGB/Ernst BGB § 281 Rn. 7–15.

4 *Jauernig/Stadler*, § 281 BGB Rn. 27.

Für eine ganze Reihe von gesetzlich geregelten Verträgen gibt es keine Gewährleistungsregeln, die den §§ 280 Abs. 1, 3, 281 Abs. 1 vorgehen. Dazu gehören z.B. der Darlehensvertrag (§ 488), der Auftrag (§ 662), der entgeltliche Geschäftsbesorgungsvertrag (§ 675) und der Maklervertrag (§ 652).

**Beispiel:** Wenn der Anwalt A den Mandanten M fehlerhaft berät und ihm dadurch einen Schaden zufügt, so ist er dem M nach §§ 280 Abs. 1, 3, 281 Abs. 1 zum Schadensersatz verpflichtet. Die fehlerhafte Beratung ist eine Schlechtleistung und damit eine Pflichtverletzung.

## II. Das Vertretenmüssen

### 1. Überblick

Rechtsfolgen werden häufig nicht allein dadurch ausgelöst, dass der Schuldner eine Pflichtverletzung verursacht hat. Rechtsfolgen treten in der Regel nur ein, wenn der Schuldner die Pflichtverletzung zu vertreten hat. **527**

Was der Schuldner zu vertreten hat, ergibt sich vor allem aus § 276 Abs. 1 S. 1. Danach hat der Schuldner in der Regel Vorsatz und Fahrlässigkeit zu vertreten (Siehe dazu oben § 23 II 1.), vorausgesetzt, er ist verschuldensfähig im Sinne der §§ 827, 828 (§ 276 Abs. 1 Satz 2).

Auch im Pflichtverletzungsrecht gilt überwiegend also das **Verschuldensprinzip**. Die strenge Folge der Schadensersatzpflicht etwa soll grundsätzlich nur denjenigen Schuldner treffen, der für die Pflichtverletzung im Sinne der §§ 276 bis 278 verantwortlich ist. Damit soll die allgemeine Handlungsfreiheit gesichert werden, d.h. wer die im Verkehr erforderliche Sorgfalt anwendet, soll nicht mit einer Schadensersatzverpflichtung belastet werden. Hingegen kann ein Rücktrittsrecht unter den in § 323 genannten Voraussetzungen auch verschuldensunabhängig entstehen.

Nach § 280 Abs. 1 S. 2 wird gesetzlich vermutet, dass der Schuldner die Pflichtverletzung zu vertreten hat. Das bedeutet: In einem etwa stattfindenden Rechtsstreit trifft den Schuldner die Behauptungs- und Beweislast; er muss behaupten und notfalls auch beweisen, dass ihn kein Verschulden trifft.

### 2. Die Haftung für fremdes Verschulden (Erfüllungsgehilfen)

Der Schuldner hat nicht nur eigenes, sondern **auch fremdes Verschulden zu vertreten**, wenn er sich zur Erfüllung seiner Pflichten aus dem Schuldverhältnis anderer Personen bedient (§ 278). Der Schuldner hat gemäß § 278 auch das Verschulden seiner **Erfüllungsgehilfen** zu vertreten, also derjenigen Personen, derer er sich zur Erfüllung seiner Verpflichtungen aus einem Schuldverhältnis bedient. **528**

Es kommt häufig vor, dass der Schuldner von sich aus andere Personen ganz oder teilweise damit betraut, Handlungen auszuführen, mit denen die Leistungen erbracht werden, die zu erbringen der Schuldner nach dem Vertrag verpflichtet ist. Dazu ist der Schuldner berechtigt, wenn er nach dem Vertrag nicht verpflichtet ist, die Leistung persönlich zu erbringen.

**Beispiel:** Der Bauunternehmer, der sich einem Bauherrn gegenüber verpflichtet, ein Haus schlüsselfertig zu errichten, setzt die bei ihm beschäftigten Arbeitnehmer ein, um die versprochenen Leistungen zu erbringen. Diese Arbeitnehmer sind seine Erfüllungsgehilfen. Wenn er bestimmte Arbeiten an andere selbständige Handwerker vergibt – z.B. Installateure, Zimmerleute, Dachdecker –, sind diese ebenfalls seine Erfüllungsgehilfen.

Wenn der Vertragspartner sich anderer Personen bedient, um seine vertraglichen Verpflichtungen zu erfüllen, so bedarf es einer Regelung darüber, wem es zuzurechnen ist, wenn im Zuge der Abwicklung des Vertrages Störungen auftreten, die durch die vom Schuldner eingesetzten Personen verursacht und verschuldet werden. § 278 trifft für diesen Fall eine klare Regelung.

529 Der Schuldner hat gemäß § 278 das Verschulden seiner **Erfüllungsgehilfen** zu vertreten. Damit ist die Verantwortlichkeit derjenigen, die sich zur Erfüllung ihrer Verpflichtungen Hilfspersonen bedienen, erweitert.

Dem liegt die folgende Überlegung zugrunde: Wer eine Leistung schuldet, schuldet eine eigene sorgfältige Leistung. Wer aber, was der Regeltatbestand sein dürfte, eine Leistung schuldet, die nicht oder nicht allein durch ihn selbst, sondern durch Hilfspersonen erbracht werden soll, der haftet für die sorgfältige Leistung dessen, durch den die Leistung schließlich bewirkt wird Anders ausgedrückt: Hat der Schuldner nicht höchstpersönlich zu leisten, so kann er sich bei der Erbringung der Leistung Dritter bedienen; diesem Recht entspricht jedoch eine unbedingte Einstandspflicht für das Verhalten der Gehilfen bei der Erfüllungshandlung.

Sinn und Zweck des § 278 muss deshalb so verstanden werden: Das Verhalten des Gehilfen ist wie eigenes Verhalten des Schuldners zu beurteilen.[5]

Voraussetzung für die Anwendung des § 278 ist stets, dass ein vertragliches oder gesetzliches Schuldverhältnis (Ausnahme: gesetzliche Schuldverhältnisse gemäß §§ 823 ff.) zwischen zwei Personen besteht, von denen sich eine eines Erfüllungsgehilfen bedient.

530 **Erfüllungsgehilfe** ist jeder, der nach den tatsächlichen Fallgegebenheiten mit dem Willen des Schuldners bei der Erfüllung einer diesem obliegenden Verbindlichkeit als sein Helfer tätig wird, ohne dass es auf Weisungsbefugnisse ankommt[6].

Die Tätigkeit eines Erfüllungsgehilfen kann
- rechtsgeschäftlicher Natur sein;

  **Beispiele:** Abschluss eines Vertrages, Abgabe einer Rücktrittserklärung.

---

5 So *Medicus*, Schuldrecht AT, Rn. 334.

6 So BGHZ 100, 117, 122.

– rein faktisch sein;

**Beispiele:** Autofahren, Maschinen bedienen etc.

**Beispiel:** V verkauft einen Sekretär aus dem 19. Jahrhundert unter Wert an K. V hat versprochen, den Sekretär auf seine Kosten zu K zu bringen. V betraut seinen Angestellten A damit, dieses Möbelstück zu K zu transportieren. Infolge Trunkenheit verursacht A einen Verkehrsunfall, bei dem der Sekretär vollständig zerstört wird. Hier hat sich V zur Erfüllung einer vertraglichen Verpflichtung – des Möbeltransportes – eines Erfüllungsgehilfen i.S. des § 278, nämlich des A, bedient. Die von A begangene Pflichtverletzung, die zu der Unmöglichkeit der Leistung geführt hat, ist nach § 278 dem V zuzurechnen. V hat die Pflichtverletzung in Gestalt einer zu vertretenden Unmöglichkeit gemäß § 278 zu vertreten. K kann, abgesehen davon, dass er vom Vertrage zurücktreten kann (§ 326 Abs. 5),
- entweder nach §§ 280 Abs. 1, 3, 283, 278 Schadenersatz statt der Leistung

oder
- gemäß §§ 280, 284, 278 Ersatz vergeblicher Aufwendungen verlangen.

Der Schuldner haftet nur für schuldhaftes Handeln des Gehilfen **bei der Erfüllung der Verbindlichkeit**. Der Erfüllungsgehilfe handelt in Erfüllung der Verbindlichkeit, wenn seine schuldhaft begangene Handlung, die den Schaden herbeiführt, in einem unmittelbaren inneren Zusammenhang mit dem ihm vom Geschäftsherrn übertragenen Aufgabenbereich steht.[7] **531**

Wie schon dargestellt, setzt die Anwendung des § 278 voraus, dass zwischen zwei Personen ein Schuldverhältnis besteht, von denen sich die eine eines Erfüllungsgehilfen bedient. Dies ist auch der Grund, warum § 278 im Recht der unerlaubten Handlungen **nicht** anwendbar ist. Denn während § 278 ein bereits bestehendes Schuldverhältnis voraussetzt, entsteht dieses im Recht der unerlaubten Handlungen zwischen dem Schädiger und dem Geschädigten erst mit der Vornahme der unerlaubten Handlung. Im Recht der unerlaubten Handlungen ist jedoch die Vorschrift des § 831 (Haftung für Verrichtungsgehilfen) zu beachten (vgl. oben § 23 XI).

Die Handlung der Hilfsperson kann sowohl eine Verletzung der Pflichten aus einem bestehenden Schuldverhältnis (§ 280) sein, als auch eine unerlaubte Handlung darstellen (etwa § 823 Abs. 1). **532**

**Beispiel:** Klempner U betraut seinen Gehilfen G damit, die Dusche im Badezimmer des E zu reparieren. Während eines Gesprächs per Handy lässt G eine schwere Zange in die Duschwanne fallen. Der Schaden beträgt 450 €. Wenn man davon ausgeht, dass dem G Fahrlässigkeit zur Last zu legen ist, so hat E gegen G einen Anspruch aus § 823 Abs. 1 erworben. Daneben haftet U dem E aus §§ 280, 241 Abs. 2, 278 (G ist Erfüllungsgehilfe) auf Schadensersatz. Außerdem hat E gegen U wegen der unerlaubten Handlung des G einen Anspruch aus § 831 (G ist auch Verrichtungsgehilfe), es sei denn, U kann sich gemäß § 831 Abs. 1 Satz 2 exkulpieren.

---

7 BGHZ 23, 323; 31, 366.

### 3. Die Übernahme einer Garantie oder eines Beschaffungsrisikos

533 Neben eigenem und fremdem Verschulden kann der Schuldner nach § 276 Abs. 1 auch **verschuldensunabhängig** haften

- aus der Übernahme einer Garantie

oder

- auf Grund der Übernahme eines Beschaffungsrisikos.

#### a) Die Übernahme einer Garantie

Eine **verschuldensunabhängige Haftung** kann sich für den Schuldner daraus ergeben, dass er eine Garantie übernommen hat (§ 276 Abs. 1). Eine Garantieübernahme in diesem Sinne liegt nur vor, wenn der Schuldner dem Gläubiger zusagt, für die mit dem Eintritt oder dem Ausbleiben eines bestimmten Umstandes verbundenen Folgen in jedem Falle, also auch ohne Verschulden, einstehen zu wollen.[8]

Unter den Begriff „Garantie" fällt vor allem die **Zusicherung von Eigenschaften.** Die Übernahme einer Garantie kann sich z.B. beziehen auf die Zusicherung bestimmter Eigenschaften beim Kauf-, Miet- oder Werkvertrag.

534 Die Zusicherung einer Eigenschaft bedeutet inhaltlich: der Verkäufer übernimmt die Garantie für das Vorhandensein der Eigenschaften verbunden mit dem Versprechen, für alle Folgen des Fehlens ohne weiteres Verschulden einstehen zu wollen.

> **Beispiel:** Verkäufer V versichert dem Käufer K eines Gebrauchtwagens auf dessen Frage, der von K ausgesuchte gebrauchte PKW sei niemals in einen schweren Unfall verwickelt gewesen. Damit hat V die Eigenschaft „unfallfrei" zugesichert. In der Wirklichkeit ist der PKW aber bei einem Verkehrsunfall schwer beschädigt, jedoch geschickt repariert worden, so dass sichtbare Folgen nicht vorhanden sind. K könnte nun z.B. einen Anspruch auf Schadensersatz statt der Leistung gemäß §§ 437, 280, 281 erworben haben. Da die Ansprüche wegen Pflichtverletzung nach § 280 voraussetzen, dass der Schuldner dieselbe zu vertreten hat, ist dies also stets zu prüfen. Hier hat V mit der Zusicherung der Eigenschaft „unfallfrei" eine Garantie i.S. des § 276 Abs. 1 übernommen, für die er einzustehen hat. Da die Eigenschaft fehlt, hat V die Pflichtverletzung zu vertreten.

Abzugrenzen ist die Garantie i.S. des § 276 Abs. 1 von der Garantie des Verkäufers gemäß § 443 Abs. 1 S. 1.

Gestritten worden ist häufig darüber, ob eine so genannte „stillschweigende Zusicherung" vorliegt. Die Erklärung, welche die Zusicherung im Sinne einer Garantieübernahme enthalten soll, ist auszulegen, und zwar ist zu fragen, in welchem Sinne der Käufer die Angaben des Verkäufers verstehen durfte. Entscheidend ist darauf abzustellen, ob aus der Sicht des Käufers der Wille des Verkäufers erkenn-

---

8 Vgl. *Brox/Walker*, Schuldrecht AT § 20 Rn. 48.

bar wird, die Gewähr für das Vorhandensein einer bestimmten Eigenschaft zu übernehmen und für alle Folgen ihres Fehlens einzustehen. Dabei soll es auch darauf ankommen, wie der Käufer nach seinen Verständnismöglichkeiten und von seinem Erwartungshorizont aus die Erklärungen des Verkäufers bei objektiver Würdigung und der Umstände nach Treu und Glauben verstehen durfte[9].

Beim Kauf eines Rechtes kann der Käufer die Garantie für den Bestand eines Rechtes übernehmen.

#### b) Die Übernahme eines Beschaffungsrisikos

Ein Schadensersatzanspruch wegen Pflichtverletzung aus § 280 i.V. mit § 276 **535**
Abs. 1 kann auch dann entstehen, wenn der Schuldner gegenüber dem Gläubiger durch eine entsprechende Vereinbarung ein Beschaffungsrisiko übernommen hat. Gemäß § 276 Abs. 1 hat der Schuldner hierbei nicht nur Vorsatz oder Fahrlässigkeit zu vertreten, sondern auch eine Risikoübernahme. Diese kann ein Beschaffungsrisiko, aber auch ein Produktionsrisiko betreffen[10]. Ob ein solches vorliegt und wie weit es geht, ist stets dem Inhalt der entsprechenden vertraglichen Vereinbarung zu entnehmen.

Typischerweise wird ein Beschaffungsrisiko bei Gattungsschulden übernommen (siehe dazu oben § 24 IV.). Das schließt nicht aus, dass es sich auch auf Stückschulden beziehen kann.

Im Zweifel beschränkt sich die Übernahme eines Beschaffungsrisikos nicht auf die Risiken, die in keinem Zusammenhang mit der Art der Beschaffungsschuld stehen, wie z.B. eine Erkrankung, welche die versprochene und rechtzeitige Beschaffung verhindert.

## III. Die Unmöglichkeit

### 1. Überblick über die verschiedenen Störungen im Schuldverhältnis

Störungen, die dem Schuldner zuzurechnen sind, im engeren Sinne sind die **536**
Pflichtverletzungen, die zwischen Vertragsschluss und Erfüllung auftreten, also vor allem die Nichtleistung, die Verzögerung der Leistung und die Verletzung von weiteren vertraglichen Pflichten, seien sie nun leistungsbezogen oder nicht. Auch das Verschulden vor oder bei Vertragsschluss (culpa in contrahendo) gehört dazu.

Störungen im Schuldverhältnis im weiteren Sinne sind auch diejenigen Pflichtverletzungen, die dadurch auftreten, dass der Schuldner eine mit Mängeln behaftete Leistung erbringt. Auch das sind Pflichtverletzungen, für die grundsätzlich

---

9 So BGHZ 132, 55, 57 f.

10 Vgl. dazu *Canaris*, JZ 2001, 499, 518.

die §§ 280 ff. anzuwenden sind. Allerdings bestehen für einige Vertragstypen Sondervorschriften, welche die §§ 280, 281 ergänzen bzw. ersetzen (dazu oben § 26 I 2).

**537** Wegen der unterschiedlichen Rechtsfolgen, die aus der Art der Störung (Pflichtverletzung) im engeren Sinne entstehen können, ist bei dem Tatbestand der Pflichtverletzung zu unterscheiden zwischen

- Unmöglichkeit der Leistung,
- Verzögerung der Leistung (Verzug),
- Störungen durch die Schlechterfüllung, bzw. Verletzung von Haupt- oder Nebenpflichten.

Eine weitere Pflichtverletzung im Sinne des § 280 ist schließlich das Verschulden bei Vertragsschluss (culpa in contrahendo; §§ 280, 311 Abs. 1 und 2, 241 Abs. 2).

Eine Störung im Schuldverhältnis, die dem Gläubiger zuzurechnen ist, ist der Annahmeverzug (Gläubigerverzug).

### 2. Der Begriff der Unmöglichkeit

**538** Bei der Unmöglichkeit besteht die Pflichtverletzung in der Nichterfüllung der Leistungspflicht.

Eine Leistung ist unmöglich, wenn jedermann oder auch nur der Schuldner, die Leistung nicht oder nicht mehr erbringen kann (§ 275 Abs. 1). Das BGB unterscheidet nicht danach, ob niemand (= objektive Unmöglichkeit) oder nur der Schuldner (= subjektive Unmöglichkeit) die Leistung nicht oder nicht mehr erbringen kann.

Die Leistung ist also unmöglich, wenn sie nicht oder nicht mehr erbracht werden kann. Ist die Leistung noch nachholbar oder bestehen nur vorübergehend Leistungshindernisse, liegt eine Verzögerung der Leistung, nicht aber Unmöglichkeit vor.

Unmöglichkeit der Leistung ist jedenfalls anzunehmen, wenn der Leistungserfolg weder vom Schuldner, noch von irgendeinem Dritten herbeigeführt werden kann. Man spricht dann von der endgültigen Unerbringlichkeit der Leistung. Die Rechtsprechung[11] versteht unter Unmöglichkeit einen Zustand, der das Erbringen der Leistung für immer ausschließt.

**539** Wird bei einem Dauerschuldverhältnis, wie z.B. bei einem Sukzessivlieferungsvertrag, eine Leistung nicht erbracht, ist sie für den verflossenen Zeitraum in der Regel nicht mehr nachholbar, so dass Unmöglichkeit und nicht Verzögerung der Leistung vorliegt[12].

---

11 Vgl. BGHZ 47, 58, 50.

12 Vgl. *Staudinger/Löwisch/Feldmann*, Vor §§ 286 ff. BGB, Rn. 8; BGHZ 10, 187, 189.

Das BGB differenziert im Hinblick auf die Rechtsfolgen zwischen
- der vom Schuldner **nicht zu vertretenden Unmöglichkeit** einerseits
- und der vom Schuldner **zu vertretenden Unmöglichkeit** andererseits.

Selbst dann, wenn dem Schuldner die Leistung von Anfang an unmöglich ist, ist der Vertrag wirksam (§ 311 a Abs. 1).

> **Beispiel:** K kauft von seinem Freund F dessen PKW, der kurz vor Abschluss des Kaufvertrages von einem Panzer der Bundeswehr überrollt worden war, zu einem Preise von 12.000 €. Weder K noch F wussten von diesem Ereignis. Obwohl die von F versprochene Leistung, nämlich die Übereignung des PKW (§ 433 Abs. 1 S. 1) niemandem in der Welt mehr möglich ist (= objektive Unmöglichkeit), ist der Vertrag dennoch gemäß § 311 a Abs. 1 wirksam.

### 3. Die vom Schuldner nicht zu vertretende Unmöglichkeit

#### a) Der Regelfall der §§ 275 Abs. 1, 326 Abs. 1

Wenn der Schuldner die Unmöglichkeit der Leistung nicht zu vertreten hat, wird **540**
er nach § 275 Abs. 1 von seiner Leistungspflicht befreit; das BGB bestimmt also die Aufhebung der gestörten Leistungspflicht. Der Gläubiger verliert seinen Anspruch auf die in dem trotz der Unmöglichkeit wirksamen Vertrage vereinbarte Leistung (§ 275 Abs. 1). Hat der Schuldner die Unmöglichkeit nicht zu vertreten, entstehen die Rechtsfolgen unabhängig davon, ob die Leistung von Anfang an, d.h. schon bei Vertragsschluss, unmöglich war (= anfängliche Unmöglichkeit), oder ob sie bei Vertragsschluss noch möglich war, danach aber unmöglich geworden ist (= nachträgliche Unmöglichkeit).

> In dem oben genannten **Beispiel** wird der F also von seiner Leistungspflicht, dem K den PKW übereignen zu müssen, nach § 275 Abs. 1 frei. K als der Gläubiger kann also nicht gemäß § 433 Abs. 1 die Übereignung von F verlangen.

Der Schuldner verliert gemäß § 326 Abs. 1 allerdings den Anspruch auf die Gegenleistung (§ 275 Abs. 4).

> In dem oben genannten **Beispiel** hat F also nach § 326 Abs. 1 keinen Anspruch auf die Zahlung des Kaufpreises.

Im Übrigen bestimmen sich die Rechte des Gläubigers wegen der Unmöglichkeit **541**
der Leistung nach den §§ 280, 283 bis 285, 311 a und 326 (§ 275 Abs. 3). Das bedeutet: Da die Ansprüche auf Schadensersatz und auf Ersatz vergeblicher Aufwendungen in der Regel voraussetzen, dass der Schuldner die Pflichtverletzung (hier Nichtleistung wegen Unmöglichkeit) zu vertreten hat (§ 280 Abs. 1), kann bei nicht zu vertretender Unmöglichkeit kein Schadensersatz und auch nicht der Ersatz vergeblicher Aufwendungen verlangt werden.

Allerdings kann der Gläubiger nach § 326 Abs. 5 vom Vertrage zurücktreten. Diese Möglichkeit hat der Gläubiger auch dann, wenn der Schuldner die Unmöglichkeit nicht zu vertreten hat. Einer Fristsetzung bedarf es nicht.

Angenommen, in dem oben genannten **Beispiel** hätte K im Vertrauen darauf, dass er den PKW alsbald von F erhält, eine Garage für 6 Monate zum monatlichen Mietzins von 60 € von D gemietet. Da die Unmöglichkeit der Leistung des Schuldners F von diesem nicht zu vertreten ist, erwirbt K keinen Anspruch auf Ersatz des ihm entstehenden Schadens gem. §§ 280 ff.

#### b) Der Anspruch auf das Surrogat nach § 285

542 Der Gläubiger kann bei der vom Schuldner nicht zu vertretenden Unmöglichkeit gemäß § 285 allerdings dasjenige vom Schuldner herausverlangen, was dieser auf Grund des Umstandes, dessentwegen er nach § 275 nicht mehr zu leisten verpflichtet ist, als Ersatz erhalten hat. Entschließt sich der Gläubiger, den Anspruch aus § 285 auf Herausgabe des als Ersatz Empfangenen geltend zu machen, so spielt in der Praxis bei der Anwendung des § 285 insbesondere der Ersatz eine Rolle, den der Schuldner aus einer Versicherung erlangt, die er für den geschuldeten Gegenstand abgeschlossen hat.

**Beispiel:** Der in wirtschaftliche Not geratene V verkauft einen neuwertigen PKW, der einen Verkehrswert von 30.000 € hat, zu einem Preis von 27.000 € an K. Vor der Übereignung verbrennt der PKW anlässlich eines von V nicht verschuldeten Unfalls. V erhält eine Versicherungssumme von 30.000 € ausgezahlt. Gemäß §§ 275 Abs. 4, 285 kann K von V Herausgabe des als Ersatz Empfangenen, also Zahlung von 3.000 € verlangen (vorausgesetzt, der Kaufpreis ist noch nicht gezahlt).

Nach § 285 kann nur die Herausgabe des Surrogates, nicht aber Schadensersatz verlangt werden.

#### c) Der Ausschluss der Leistungspflicht nach § 275 Abs. 2 und 3

543 Während die Leistungspflicht des Schuldners nach § 275 Abs. 1 automatisch erlischt, wenn die Leistung unmöglich geworden ist, kann der Schuldner dem Gläubiger gemäß § 275 Abs. 2 eine Einrede entgegensetzen und die Leistung verweigern, wenn die Erbringung derselben einen Aufwand erfordert, der in einem groben Missverhältnis zu dem wirtschaftlichen oder ideellen Leistungsinteresse des Gläubigers steht. Das bedeutet, es ist eine Verhältnismäßigkeitsprüfung vorzunehmen, ohne dass der Grundsatz der Vertragsbindung über Gebühr angetastet wird. Dabei ist zu berücksichtigen, ob der Schuldner das Leistungshindernis zu vertreten hat.

Nicht unter § 275 Abs. 2 sollen allerdings die Fälle der wirtschaftlichen Unmöglichkeit fallen. Darunter versteht man solche Fälle, in denen die Erbringung der Leistung zwar weniger problematisch ist als bei der faktischen Unmöglichkeit, die Leistung aber mit so erheblichen Aufwendungen verbunden ist, dass sie dem Schuldner unzumutbar ist. Man spricht diesbezüglich auch von überobligationsmäßigen Schwierigkeiten, die außerhalb der Opfergrenze liegen.[13]

§ 275 Abs. 3 enthält eine Sonderregelung für vom Schuldner **persönlich** zu erbringende Leistungen, also insbesondere für Dienstleistungen. Hier sollen nicht nur objektive, sondern auch persönliche Umstände zum Ausschluss der Leistungspflicht führen können. Der Schuldner soll die Leistung verweigern können, wenn sie ihm unter Abwägung des seiner Leistung entgegenstehenden Hindernisses mit dem Leistungsinteresse des Gläubigers nicht zugemutet werden kann. Auch hier kommt der Leistungsausschluss nur in Extremfällen in Betracht.[14]

Auch in den Fällen der §§ 275 Abs. 2 und 3 ergeben sich die Rechte des Gläubigers aus den §§ 280, 283 bis 285 und § 311 a, sowie aus § 326 (§ 275 Abs. 3).

## 4. Die vom Schuldner zu vertretende Unmöglichkeit

### a) Überblick

Wegen der unterschiedlichen Rechtsfolgen, die wegen der vom Schuldner zu vertretenden Unmöglichkeit eintreten können, ist zu unterscheiden zwischen **544**
- anfänglicher (ursprünglicher) Unmöglichkeit einerseits und
- nachträglicher Unmöglichkeit andererseits.

**Anfängliche (ursprüngliche) Unmöglichkeit** bedeutet: Die vereinbarte Leistung ist von vornherein, also schon im Augenblick des Vertragsschlusses dauernd unmöglich.

Wenn die Leistung bei Abschluss des Vertrages noch möglich ist, aber später dauernd unmöglich wird, handelt es sich um eine **nachträgliche Unmöglichkeit** der Leistung.

### b) Die anfängliche Unmöglichkeit

Wie schon erwähnt, ist der Vertrag, der auf eine von Anfang an unmögliche Leistung gerichtet ist, nach § 311 a Abs. 1 dennoch wirksam. Wenn der Schuldner die Unkenntnis der Unmöglichkeit zu vertreten hat, kann der Gläubiger nach § 311 a Abs. 2 **545**
- Schadensersatz statt der Leistung oder
- den Ersatz seiner Aufwendungen in dem in § 284 bestimmten Umfang verlangen (zu Einzelheiten siehe unten §26 III. 4. c) cc)).

Derjenige, der auf **Schadensersatz statt der Leistung** in Anspruch genommen werden kann, hat den Gläubiger so zu stellen, wie er stehen würde, wenn der

---

13 Vgl. *Brox/Walker*, Schuldrecht AT, § 22 Rn. 21.

14 Vgl. *Brox/Walker*, Schuldrecht AT, § 22 Rn. 22.

Schuldner den Vertrag ordnungsgemäß erfüllt hätte, er also die Leistung wie geschuldet erbracht hätte.

Für die Anwendung des § 311 a Abs. 2 ist nicht entscheidend, ob die Leistung von Anfang an unmöglich ist, sondern, ob bei Vertragsschluss ein **Leistungshindernis** vorliegt. Denn in § 311 a Abs. 2 ist nicht von Unmöglichkeit, sondern vom Leistungshindernis die Rede. Eine Unmöglichkeit liegt nicht vor, wenn ein bestehendes Leistungshindernis noch behoben werden kann.[15]

**546** Unter § 311 a Abs. 2 fallen deshalb auch solche Fälle, in denen schon bei Vertragsschluss ein Leistungshindernis vorlag, dieses jedoch erst nach Vertragsschluss zur Unmöglichkeit und damit zum Ausschluss der Leistungspflicht geführt hat. In diesen Fällen nachträglich eintretender Unmöglichkeit ist § 311 a Abs. 2 lex specialis zu §§ 280, 283.[16]

Das für das Entstehen des Schadensersatzanspruchs aus § 311 a Abs. 2 erforderliche **Vertretenmüssen** hat als Voraussetzung, dass der Schuldner das Leistungshindernis kannte oder in fahrlässiger Unkenntnis darüber handelte. Das heißt, der Schuldner muss sich vor dem Vertragsschluss vergewissern, ob er überhaupt zur Leistung in der Lage ist. Den Schuldner trifft also insoweit eine Informationspflicht[17]. Die Frage der persönlichen Leistungsfähigkeit richtet sich letztlich danach, ob der Umstand, nicht leisten zu können, für den Schuldner erkennbar war oder nicht. Abzustellen ist hierbei auf die jeweiligen Umstände des Einzelfalls.

> **Beispiel:** F verkauft an den G einen exklusiven Sportwagen, der im Eigentum des D steht und von dem er behauptet, er könne ihn von D erwerben, um ihn an G weiter zu veräußern. Zwischen F und G wird ein Kaufpreis vereinbart, der 1.000 € unter dem wirklichen Wert des Wagens liegt. D ist nicht bereit, seinen Wagen zu veräußern. Nach § 311 a Abs. 1 ist der Kaufvertrag wirksam, obwohl die versprochene Leistung dem F unmöglich ist. Nach § 311 a Abs. 2 kann G Schadensersatz statt der Leistung verlangen, da F seine Unkenntnis darüber zu vertreten hat, dass D nicht veräußern wollte. Der Anspruch des G ist auf Zahlung von 1.000 € gerichtet.

**547** Der Formulierung des § 311 a Abs. 2 S. 2 ist zu entnehmen, dass die Kenntnis oder jedenfalls die fahrlässige Unkenntnis des Schuldners gesetzlich vermutet wird. Der Schuldner muss, ähnlich wie nach § 280 Abs. 1 S. 2, darlegen und beweisen, dass ihn kein Verschulden trifft.

Die Kenntnis oder fahrlässige Unkenntnis eines Gehilfen, den der Schuldner in die Vertragsvorbereitung eingeschaltet hat, ist dem Schuldner entsprechend § 166 oder gemäß § 278 zuzurechnen.[18]

---

15 Vgl. *Fest*, WM 2005, 2168, 2169.

16 Vgl. *Fest*, WM 2005, 2168, 2169.

17 BGH NJW 2007, 3777.

18 So *Brox/Walker*, Schuldrecht AT, Rn. 68.

**Beispiel:** A veräußert ein bestehendes Patent (Schutzrecht) an B. Obwohl ein Nichtigkeitsprozess schwebt; erwähnt er denselben gegenüber dem B nicht. Das Patent wird im Nichtigkeitsprozess nichtig geklagt. Im Vertrauen auf die Existenz des Patentes hat B bereits 14.000 € investiert. Nachdem sich herausgestellt hat, dass das Schutzrecht nichtig geklagt worden ist, möchte B wissen, welche rechtlichen Möglichkeiten er hat. Hier ist der Kaufvertrag nach § 311 a Abs. 1 wirksam zustande gekommen. Da dem A die Leistung aus dem Kaufvertrag, nämlich die Übertragung des Schutzrechts nach §§ 413, 398 unmöglich ist, wird er von seiner Leistungspflicht nach § 275 Abs. 1 frei. Nach § 326 Abs. 1 verliert A allerdings den Anspruch auf die Gegenleistung, d.h. B muss den Kaufpreis nicht zahlen. B hat die Möglichkeit, nach §§ 326 Abs. 1, 323 vom Vertrage zurückzutreten. Ob B gegen A einen Schadensersatzanspruch erworben hat, richtet sich nach § 311 a Abs. 2. Fraglich ist, ob A bei der Veräußerung des Schutzrechts in Kenntnis oder fahrlässiger Unkenntnis der Unmöglichkeit der von ihm übernommenen Leistung gehandelt hat. Nach der Formulierung des § 311 a Abs. 2 S. 2 wird die Kenntnis oder jedenfalls die fahrlässige Unkenntnis des Schuldners gesetzlich vermutet. Der Schuldner A müsste darlegen und beweisen, dass ihn kein Verschulden trifft. Das wird ihm angesichts der Tatsache, dass ein Nichtigkeitsprozess schwebte und er deshalb jedenfalls mit der Vernichtung des Rechts rechnen musste, nicht gelingen.

### c) Die nachträgliche Unmöglichkeit

#### aa) Überblick

Wenn die Leistung bei Abschluss des Vertrages noch möglich ist, aber später dauernd unmöglich wird, handelt es sich um eine **nachträgliche Unmöglichkeit** der Leistung. 548

**Beispiel (1):** B verkauft seinen PKW für 20.000 € an L. Nach Abschluss des Kaufvertrages, aber noch vor der Übergabe und der Eigentumsverschaffung des PKW fährt B in betrunkenem Zustand mit dem Auto gegen einen Baum. B überlebt; von dem PKW bleibt nur noch Schrott übrig. L, der sehr geschäftstüchtig ist, war es schon gelungen, den PKW für 22.000 € an D weiterzuverkaufen.

**Beispiel (2):** E verkauft seinen PKW an S. Nach Abschluss des Kaufvertrages, aber noch vor der Übergabe des PKW und der Eigentumsverschaffung schlägt der Blitz in die Garage des E ein. Garage und PKW fangen Feuer. Von dem PKW bleiben nur ein paar verbogene Karosserieteile übrig.

Zu diesen **Beispielen:**
In beiden Fällen ist die Leistung, die der Verkäufer zu erbringen hat (Übergabe und Eigentumsverschaffung der gekauften Sache), nach Abschluss des Kaufvertrages unmöglich geworden. Zwischen beiden Fällen besteht jedoch ein wesentlicher Unterschied: In dem ersten **Beispiel** hat B das Unmöglichwerden der Leistung im Sinne des § 276 verschuldet, also zu vertreten. In dem zweiten **Beispiel** trifft E an dem Unmöglichwerden der Leistung kein Verschulden; er hat es also nicht zu vertreten. Für beide Fälle sieht das Gesetz unterschiedliche Rechtsfolgen vor, da es darauf abstellt, ob der Schuldner das Unmöglichwerden der Leistung zu vertreten hat oder nicht.

In **Beispiel (2)** handelt es sich um einen Fall der vom Schuldner nicht zu vertretenden Unmöglichkeit. Die Unterscheidung zwischen anfänglicher und nachträglicher Unmöglichkeit spielt hier keine Rolle. Der Schuldner E wird von seiner Leistungspflicht gemäß § 275 Abs. 1 frei, verliert aber nach § 326 Abs. 1 auch den Anspruch auf die Gegenleistung. Der Gläubiger S hat keinen Anspruch auf die Leistung; er kann vom Vertrage zurücktreten (§ 326 Abs. 5).

In **Beispiel (1)** hat der Schuldner B das Unmöglichwerden der Leistung zu vertreten. Deshalb sind die Rechtsfolgen streng (siehe unten bb)).

#### bb) Schadensersatz statt der Leistung

549 Hat der Schuldner das Unmöglichwerden der Leistung zu vertreten, so kann der Gläubiger zwischen den folgenden Möglichkeiten wählen:

- er kann Schadensersatz statt der Leistung nach §§ 280, 283 verlangen; einer erfolglosen Fristsetzung bedarf es nicht,

oder

- er kann stattdessen Ersatz der vergeblichen Aufwendungen gemäß §§ 280, 283, 284 verlangen,

und

- er kann außerdem vom Vertrage zurücktreten (§§ 326 Abs. 5, 325).

550 **Schadensersatz statt der Leistung** verlangen heißt: Der Gläubiger hat gegen den Schuldner einen Anspruch darauf, – in der Regel durch eine Geldleistung – so gestellt zu werden, wie er stehen würde, wenn der Schuldner die Pflichtverletzung nicht begangen, also ordnungsgemäß erfüllt hätte. Es handelt sich dabei um einen grundsätzlich auf Geld gerichteten Anspruch des Gläubigers gegen den Schuldner auf Ersatz seines Interesses an der Erfüllung des gesamten Vertrages.

In **Beispiel (1)** kann L Schadensersatz statt der Leistung nach §§ 280, 283 verlangen, d.h. L kann verlangen, so gestellt zu werden, wie er stehen würde, wenn B ordnungsgemäß erfüllt hätte. Hätte B ordnungsgemäß erfüllt, hätte L einen Gewinn von 2.000 € erzielt. Diese Summe kann er als Schadensersatz statt der Leistung nach §§ 280, 283 von B verlangen. Außerdem kann er nach § 326 Abs. 5 vom Vertrag zurücktreten.

Der Anspruch auf Schadensersatz statt der Leistung ist auf Ersatz des positiven Interesses (= Erfüllungsinteresse) gerichtet. Als ersatzfähig wird der Marktwert der nicht erbrachten Leistung angesehen; ersatzfähig sind aber auch die eventuell höheren Kosten für eine Ersatzbeschaffung und ein entgangener Gewinn aus einer geplanten Weiterveräußerung. So bleiben dem Käufer auch bei der Geltendmachung des Schadensersatzanspruchs statt der Leistung die Vorteile eines besonders günstigen Geschäfts erhalten.[19]

---

19 Vgl. *Brox/Walker*, Schuldrecht AT, § 22 Rn. 57.

Im oben geschilderten **Beispiel 1** kann L von B nach §§ 280, 283 Schadensersatz statt der Leistung verlangen. Unter der Voraussetzung, dass der Kaufpreis noch nicht geleistet ist, hat er einen Anspruch auf Zahlung von 2.000 €; denn hier besteht der ersatzfähige Schaden des L in der Differenz zwischen Leistung und Gegenleistung, die nicht mehr erbracht werden müssen (§§ 275 Abs. 1, 326 Abs. 1).

Bei der Berechnung des Nichterfüllungsschadens treten häufig Schwierigkeiten **551**
auf. Der Gläubiger kann wählen, ob der Schaden abstrakt oder konkret berechnet werden soll[20].

Am Beispiel des Kaufvertrages erläutert, kann **abstrakte Schadensberechnung** bedeuten: Fußend auf der tatsächlichen Vermutung, dass die Ware zum Weiterverkauf erworben war, kann der Käufer die Differenz als Schadensersatz verlangen, „die sich aus dem Marktpreis der gekauften Ware am Tage des Eintritts der Unmöglichkeit und dem Vertragspreise zu seinen Gunsten ergab“[21].

Ebenfalls am Beispiel des Kaufvertrages erläutert, kann der **konkrete Schaden** wie folgt berechnet werden: Der Schaden ist „durch Vergleichung der Vermögenslage des Gläubigers bei ordnungsgemäßer Vertragserfüllung und bei Nichterfüllung zu ermitteln. Alle für die Gewinnerwartung verwerteten Tatumstände (Anstalten und Vorkehrungen) müssen konkret nachgewiesen werden. Nur die Gewinnerwartung kann als wahrscheinlich unterstellt werden“[22].

Wenn der Gläubiger erst einmal den Anspruch auf Schadensersatz statt der Leistung geltend gemacht hat, kann er nicht mehr die ursprünglich vereinbarte Leistung verlangen (§ 281 Abs. 4). Dem liegt der Gedanke zugrunde, dass es dem Schuldner nicht zugemutet werden soll, sich über einen unter Umständen erheblichen Zeitraum sowohl auf Erfüllung als auch auf eine Schadensersatzleistung einrichten zu müssen.

#### cc) Ersatz der vergeblichen Aufwendungen (§ 284)

Nach § 284 kann der Gläubiger anstelle von Schadensersatz statt der Leistung Er- **552**
satz derjenigen Aufwendungen verlangen, die er im Vertrauen auf den Erhalt der vereinbarten Leistung gemacht hat und billigerweise auch machen durfte.

**Vergebliche Aufwendungen** im Sinne des § 284 sind alle freiwilligen Vermögensopfer, die der Gläubiger im Hinblick auf den Erhalt der vereinbarungsgemäßen Leistung getätigt hat, die sich aber wegen der Nichtleistung oder der nicht vertragsgerechten Leistung des Schuldners als nutzlos erweisen.[23] Dazu gehören z.B. die sog. Vertragskosten, also die Kosten für die Übergabe, Versendung und Beurkundung, auch Zölle und Frachtkosten, sowie die Kosten für Einbau und Montage.

---

20 BGHZ 2, 310, 313; *Palandt/Grüneberg*, § 281 BGB Rn. 20 ff.

21 BGHZ 2, 310, 313.

22 BGHZ 2, 310, 311.

23 Anwaltkommentar/*Dauner-Lieb*, § 284 BGB Rn. 10.

**Beispiel:** K aus Köln kauft bei V in München ein Biedermeier-Esszimmer. Nach Vertragsschluss werden die Möbel aufgrund von Umständen zerstört, die V zu vertreten hat. K hatte zuvor schon den Spediteur S beauftragt, die Möbelstücke nach Köln zu transportieren. S verlangt nun von K eine Abstandssumme. Dabei handelt es sich um vergebliche Aufwendungen, deren Ersatz K von V gemäß §§ 280, 283, 284 verlangen kann, da V die Pflichtverletzung, hier das Unmöglichwerden der Leistung, zu vertreten hat.

**553** Der betroffene Gläubiger soll stets die Möglichkeit haben, Ersatz seiner vergeblichen Aufwendungen – auch frustrierte Aufwendungen genannt – unabhängig davon zu verlangen, ob diese auf Grund einer – vermuteten – Rentabilität des Vertrages jedenfalls als der kostendeckende Teil des entgangenen materiellen Ertrages aus dem Geschäft qualifiziert werden können oder nicht. Dass diese Kosten von demjenigen zu tragen sind, der das Scheitern des Vertrages zu vertreten hat, erscheint gerecht.

Keine Rolle spielt es, ob die Aufwendungen zur Verfolgung wirtschaftlicher oder ideeller oder konsumtiver Zwecke gemacht werden. Nach Auffassung des BGH[24] erfasst § 284 auch kommerzielle Aufwendungen. Nach dem Willen des Gesetzgebers soll § 284 nicht nur eine Gesetzeslücke schließen, indem sie auch für derartige Aufwendungen einen Ersatzanspruch statuiert, sondern darüber hinaus die früher unter Schadensersatzgesichtspunkten erforderliche, auf der so genannten Rentabilitätsvermutung beruhende Unterscheidung zwischen Aufwendungen für kommerzielle und solchen für andere Zwecke überflüssig machen.[25] Nach § 284 kann Aufwendungsersatz auch für solche Aufwendungen verlangt werden, die bei der Verfolgung immaterieller Schäden entstehen.[26]

Da der Aufwendungsersatzanspruch nur gewährt wird, wenn der Schuldner die Pflichtverletzung zu vertreten hat, handelt es sich um eine **verschuldensabhängige Haftung**.

**Beispiel:** Die politische Partei X hat für eine Großveranstaltung während des Wahlkampfes von A eine Halle gemietet. X warb für diese Veranstaltung mit Plakaten, Zeitungsanzeigen und anderen Mitteln. Die Kosten für diese Werbeaktion betragen 25.000 €. Nachdem A die Erfüllung des Mietvertrages ohne triftigen Grund verweigert hatte, konnte X die geplante Veranstaltung nicht durchführen. X verlangt nun die nutzlos gewordenen Aufwendungen in Höhe von 25.000 € von A. Der Anspruch könnte nach §§ 280, 283, 284 gerechtfertigt sein. Die Leistung ist dem A aufgrund seiner ungerechtfertigten Weigerung unmöglich geworden. Da A keinen triftigen Grund zur Leistungsverweigerung hatte, hat er die Pflichtverletzung zu vertreten. Also muss er gemäß §§ 280, 283, 284 Ersatz der Aufwendungen an X leisten. Dabei spielt es keine Rolle, dass X keine wirtschaftlichen, sondern ideelle Zwecke verfolgte.

---

24 BGHZ 163, 381 ff.

25 So BGHZ 163, 381, 386.

26 Vgl. *Lorenz*, NJW 2005, 1889, 1892.

Der Gläubiger, dem der Anspruch auf Aufwendungsersatz nach § 284 erwachsen ist, verliert diesen Anspruch auch dann nicht, wenn er vom Vertrage zurücktritt; er ist nicht gemäß § 347 Abs. 2 auf den Ersatz notwendiger Verwendungen oder solcher Aufwendungen beschränkt, durch die der Schuldner bereichert wird.[27] Die gegenteilige Auffassung würde darauf hinaus laufen, den Gläubiger, der wegen einer Pflichtverletzung des Schuldners vom Vertrage zurücktritt und zugleich nach § 284 – anstelle des Schadensersatzes statt der Leistung – den Ersatz vergeblicher Aufwendungen verlangt, schlechter zu stellen, als wenn er vom Rücktritt abgesehen und sich auf das Aufwendungsersatzbegehren beschränkt hätte.[28] **554**

Der Anspruch auf Ersatz der vergeblichen Aufwendungen nach § 284 stellt eine Alternative zum Anspruch auf Schadensersatz statt der Leistung dar. Der Gläubiger kann also entweder Ersatz der vergeblichen Aufwendungen oder Schadensersatz statt der Leistung verlangen. Die strenge Alternativität zwischen Aufwendungsersatz und Schadensersatz gilt nur für den Schadensersatz statt der Leistung. Schadensersatz „neben der Leistung", also etwa ein Mangelfolgeschaden, kann auch neben dem Aufwendungsersatz nach § 284 verlangt werden.[29]

#### dd) Rücktritt und Schadensersatz bzw. Aufwendungsersatz (§ 325)

Nach § 325 wird das Recht des Gläubigers, bei einem gegenseitigen Vertrage Schadensersatz zu verlangen, durch den Rücktritt nicht ausgeschlossen. Das bedeutet, der Gläubiger kann bei Vorliegen der entsprechenden Voraussetzungen vom Vertrage zurücktreten und daneben noch Schadensersatz nach § 280 oder Schadensersatz statt der Leistung verlangen.[30] Das gilt auch für einen etwaigen Verzögerungsschaden.[31] **555**

> Im oben genannten Beispiel 1 kann L also gemäß § 325 vom Vertrage zurücktreten und Schadensersatz statt der Leistung (hier die Differenz in Höhe von 2.000 €) verlangen.

Tritt der Gläubiger vom Vertrage zurück, so bestimmt das **Rücktrittsfolgenrecht** der §§ 346 ff. abschließend über die Rückgewähr der beiderseitigen Primärleistungen. Hingegen ist das **Schadensersatzrecht** (§§ 280 ff.) maßgeblich für die Regelung darüber, in welchem Umfange der Gläubiger darüber hinaus in Geld zu entschädigen ist.[32]

---

27 BGHZ 163, 381 ff.

28 So BGHZ 163, 381, 385.

29 BGHZ 163, 381, 387; *Lorenz*, NJW 2005, 1889, 1892.

30 Zu den Einzelheiten siehe *v. Olshausen*, in: FS Huber, S. 471 ff.

31 Vgl. *Gsell*, JZ 2004, 643, 644.

32 Vgl. *Gsell*, JZ 2004, 643, 644.

### 5. Die Teilunmöglichkeit

556 Es kommt auch vor, dass einem Schuldner die Leistung, zu der er sich verpflichtet hat, nur teilweise unmöglich wird. Man spricht dann von einem Fall der **Teilunmöglichkeit**.

Bei der Teilunmöglichkeit zerfällt das Schuldverhältnis in einen erfüllten oder erfüllbaren Teil und in einen nicht erfüllten Teil. Ob es sich lediglich um eine Teilunmöglichkeit handelt, kann man danach entscheiden, ob sich die zu erbringende Leistung wirtschaftlich zerlegen lässt in einen unmöglich gewordenen Teil und eine Restleistung, die erbracht werden kann.

> **Beispiel:** Hat sich V in einem Kaufvertrag verpflichtet, dem K 10 Baukräne zu liefern und ist er nun lediglich zur Lieferung von 7 Kränen in der Lage, so liegt im Zweifel eine Teilunmöglichkeit vor, weil sich das Geschäft wirtschaftlich in einen erfüllbaren und einen nicht erfüllbaren Teil zerlegen lässt.

557 Bei der Teilunmöglichkeit wird der Schuldner hinsichtlich des unmöglich gewordenen Teils der Leistung nach § 275 von seiner Verpflichtung frei und verliert den Anspruch auf den entsprechenden Teil der Gegenleistung (§ 326 Abs. 1). Hinsichtlich des möglichen Leistungsteils bleiben der Erfüllungsanspruch und der Anspruch auf die Gegenleistung erhalten. In Bezug auf den unmöglichen Teil des Geschäfts können Ansprüche wegen Unmöglichkeit geltend gemacht werden.

Hat der Schuldner die Teilunmöglichkeit zu vertreten, kann der Gläubiger gemäß § 283 S. 2 Schadensersatz statt der ganzen Leistung (sog. großer Schadensersatz) nur verlangen, wenn er an der Teilleistung kein Interesse hat (§§ 283 S. 2, 281 Abs. 1 S. 2). Damit wird zum Ausdruck gebracht, dass der entscheidende Bezugspunkt für die Anerkennung eines Anspruchs auf Schadensersatz statt der ganzen Leistung im Interesse des Gläubigers an der ursprünglich geschuldeten Leistung liegt und nicht im Interesse an der erbrachten Leistung. Demnach ist ausschlaggebend, ob die erbrachte Leistung und der für das Defizit zu zahlende Geldbetrag in ihrer Addition das Leistungsinteresse des Gläubigers decken oder nicht[33].

> In dem oben genannten **Beispiel** kann der Käufer, wenn ihm lediglich 7 Kräne geliefert werden, grundsätzlich nur für 3 Kräne Schadensersatz nach §§ 280, 283, 281 Abs. 1 S. 1 verlangen, also in erster Linie die Mehrkosten, die er für den anderweitigen Erwerb von 3 Kränen aufwenden muss; die von V gelieferten 7 Kräne muss er behalten und bezahlen. Hier decken die erbrachte Leistung und der für das Defizit zu zahlende Geldbetrag in ihrer Addition das Leistungsinteresse des K.

Falls der Gläubiger sich dafür entscheidet, vom Schuldner Schadensersatz statt der ganzen Leistung zu verlangen, kann der Schuldner nach den Rücktrittsvorschriften (§§ 346 bis 348) das zurückverlangen, was er an Leistung bereits erbracht hat (§ 281 Abs. 5).

---

33 So *Canaris*, JZ 2001, 499, 513.

## IV. Das vom Gläubiger zu vertretende Unmöglichwerden der Leistung

Es ist auch denkbar, dass dem Schuldner die zu erbringende Leistung infolge eines Umstandes unmöglich wird, den nicht der Schuldner, sondern der Gläubiger zu vertreten hat. Auch für diesen Fall enthält das Gesetz für gegenseitig verpflichtende Verträge im Hinblick auf die Gegenleistung eine besondere Regelung in § 326 Abs. 2. **558**

Von seiner eigenen Leistungspflicht wird der Schuldner gemäß § 275 befreit. Nach § 326 Abs. 2 behält er jedoch den Anspruch auf die Gegenleistung.

In § 326 Abs. 2 ist von der „Verantwortlichkeit" des Gläubigers die Rede, ohne dass erläutert wird, wofür der Gläubiger verantwortlich sein soll. Da der Gesetzgeber im Verhältnis zum früheren Rechtszustand (§ 324 a. F.) keine Änderung herbeiführen wollte, ist davon auszugehen, dass mit „verantwortlich" das „vertreten müssen" gemeint ist. Was der Gläubiger zu vertreten hat, ergibt sich aus §§ 276, 278.[34]

> **Beispiel:** Die S-GmbH (S) betreibt eine Schnellrestaurantkette. Sie schließt mit dem Getränkehersteller G Ende 2013 einen auf fünf Jahre befristeten Vertrag ab, in dem sie sich verpflichtet, bei G beginnend mit dem 01.01.2014 jährlich 15 Millionen Flaschen des nicht alkoholischen Getränkes der Marke A zu beziehen. Die monatliche Abnahme soll bei durchschnittlich etwa 1,3 Millionen Flaschen liegen. G räumt der S einen besonders günstigen Preis wegen der großen Abnahmemenge ein. G verpflichtet sich, diese Menge jeweils zu produzieren und vorzuhalten. S hat nach dem Vertrage die Werbungs- und Marketingmaßnahmen zu betreiben. 2014 bezieht S die vereinbarte Jahresmenge, 2015 und 2016 nur jeweils 60 %. Die geringere Abnahme seitens S ist vor allem darauf zurückzuführen, dass S ein mangelhaftes Marketing für das Getränk A betrieben hat. Kann G von S die vereinbarte Gegenleistung für die nicht gelieferten 40 % in den Jahren 2015 und 2016 verlangen? G könnte gegen S einen Anspruch auf Zahlung der vereinbarten Gegenleistung für die nicht gelieferten 40 % in den Jahren 2015 und 2016 aus dem zwischen den Parteien bestehenden Lieferungsvertrag haben. Die Parteien haben den Vertrag wirksam abgeschlossen. Allerdings könnte der Anspruch des G gemäß § 326 Abs. 1 untergegangen sein. Gemäß § 326 Abs. 1 entfällt der Anspruch auf die Gegenleistung, wenn der Schuldner nach den § 275 Abs. 1 nicht zu leisten braucht, die Leistung dem Schuldner, hier also dem G unmöglich geworden ist. Nach dem zwischen den Parteien bestehenden Vertrag sollte der S in den Jahren 2015 und 2016 jeweils 15 Millionen Flaschen beziehen und der G entsprechend monatlich liefern. Die Leistung, um die es hier geht und die jedenfalls teilweise unmöglich geworden ist, ist die Lieferung von 15 Millionen Flaschen jährlich. Im Hinblick darauf ist S Gläubigerin und G Schuldner. Eine Lieferung der fehlenden Flaschenmenge in den Jahren 2015 und 2016 durch G ist aufgrund des zwischenzeitlichen Zeitablaufs nicht mehr möglich. G braucht mithin nach § 275 Abs. 1 nicht mehr zu leisten. Gemäß § 326 Abs. 1 wäre damit aber auch der An-

34 *Jauernig/Stadler*, § 326 BGB Rn. 14.

spruch der G auf die Gegenleistung untergegangen. Gemäß § 326 Abs. 2 behält G als Schuldner der unmöglich gewordenen Leistung jedoch den Anspruch auf die Gegenleistung, wenn die fehlende Lieferung infolge eines Umstandes unmöglich geworden sein, für den die Gläubigerin S allein oder überwiegend verantwortlich ist. Die geringere Abnahme des Getränkes der Marke A ist nicht auf ein Verhalten des G zurückzuführen, sondern darauf, dass S sich nicht genügend um das Marketing gekümmert hat. S war nach dem Vertrag mit G zu den Werbungs- und Marketingmaßnahmen verpflichtet. Der geringere Verkauf des Getränkes A, welcher zu einer geringeren Abnahme bei G führte, lag somit allein im Verantwortungsbereich des S. Damit sind die Voraussetzungen der Ausnahmeregelung § 326 Abs. 2 erfüllt und der Anspruch von G auf Zahlung der vereinbarten Gegenleistung nicht gemäß § 326 Abs. 1 untergegangen.

## V. Die Pflichtverletzung in Gestalt der Verzögerung der Leistung durch den Schuldner (Verzug)

### 1. Überblick

559 Wenn der Schuldner nicht leistet, obwohl er dazu verpflichtet ist, liegt das in häufig nicht daran, dass ihm die Leistung nicht möglich ist. Meist geht es lediglich eine Verzögerung der durchaus möglichen Leistung vor.

Die Leistungsverzögerung ist eine Pflichtverletzung i.S. des § 280, wenn der Schuldner die Verzögerung zu vertreten hat. Sie setzt stets **die Nachholbarkeit der Leistung** voraus. Es ist deshalb stets zunächst zu prüfen, ob die Leistung nicht unmöglich geworden ist; denn jede Unmöglichkeit der Leistung schließt die Leistungsverzögerung aus. Im Gegensatz zur Unmöglichkeit der Leistung ist die Leistungsverzögerung lediglich eine vorübergehende Leistungsverhinderung.

Die Pflichtverletzung in der Form der Leistungsverzögerung ist grundsätzlich eine schwächere Leistungsstörung als die Unmöglichkeit. Infolgedessen sind die an die Leistungsverzögerung geknüpften Rechtsfolgen in der Regel schwächer. Voraussetzung für eine Pflichtverletzung dieser Art ist ein vertragliches oder gesetzliches Schuldverhältnis. Im Folgenden wird in erster Linie auf Verzögerungen der Leistung bei vertraglichen Schuldverhältnissen abgestellt.

Wenn die Leistung lediglich nicht zeitgerecht erfolgt, wird dem Gläubiger grundsätzlich zugemutet, am Vertrag festzuhalten. **Neben** den Anspruch auf Erfüllung kann allerdings ein Anspruch auf Schadensersatz wegen Verzögerung der Leistung (Verzug) gemäß §§ 280, 286 treten. Eine Geldschuld muss gemäß § 288 während des Verzuges (§ 286) verzinst werden.

560 Nur unter den in § 281 genannten Voraussetzungen kann der Gläubiger Schadensersatz statt der Leistung oder Ersatz der vergeblichen Aufwendungen verlangen. Außerdem kann der Gläubiger sich nach § 323 durch Rücktritt vom Vertrag lösen, wenn die dort genannten Voraussetzungen vorliegen; er muss also in

der Regel lediglich erfolglos eine Frist zur Leistung gesetzt haben, um die Verzugsfolgen auszulösen.

Ansprüche auf Schadensersatz wegen der Pflichtverletzung (§ 280) entstehen nur, wenn der Schuldner diese zu vertreten hat. Das Entstehen des Rücktrittsrechts (§ 323) setzt hingegen nicht voraus, dass die Verzögerung der Leistung zu vertreten ist.

Wenn der Schuldner eine geschuldete Leistung nicht erbringt, hat der Gläubiger also die Möglichkeit, sich zwischen den folgenden Alternativen zu entscheiden:

- er kann am Vertrage festhalten und daneben Ersatz des ihm durch die Verzögerung entstandenen Schadens verlangen, falls die in §§ 280, 286 genannten Voraussetzungen des § 280 vorliegen,

oder

- er kann sich vom Vertrage lösen, indem er **nach erfolgloser Nachfristsetzung** Schadensersatz statt der Leistung (§§ 280, 281) oder Ersatz der vergeblichen Aufwendungen verlangt und außerdem oder stattdessen vom Vertrage zurücktritt (§§ 323, 325).

## 2. Der Anspruch auf Ersatz des Verzögerungsschadens

Die Verzögerung der Leistung ist eine Pflichtverletzung i.S. des § 280. Anspruch **561** auf Schadensersatz wegen der Verzögerung der Leistung hat der Gläubiger allerdings gemäß § 280 Abs. 2 nur, wenn die zusätzlichen Voraussetzungen des § 286 vorliegen. Das bedeutet, der Schuldner muss mit seiner Leistung in **Verzug (Schuldnerverzug)** geraten sein. Der Schuldnerverzug kann auf verschiedene Art und Weise eintreten.

### a) Eintritt des Verzuges durch Mahnung (§ 286 Abs. 1)

Der Schuldner gerät nur in Verzug, wenn eine Leistungspflicht besteht und die **562** Leistung fällig ist. Ist nichts anderes vereinbart, so ist die vom Schuldner zu erbringende Leistung gemäß § 271 sofort fällig.

Die Forderung muss nicht nur fällig sein, es darf ihr auch keine erhobene Einrede entgegenstehen. Der Schuldner kommt nicht in Verzug, wenn er sich auf eine Einrede stützen kann, die ihm ein dauerndes oder wenigstens zeitweiliges Leistungsverweigerungsrecht gewährt. Als eine solche Einrede kommt etwa die Verjährung in Betracht. Ist eine Forderung verjährt, so ist der Verpflichtete berechtigt, die Leistung zu verweigern (§ 214).

Der Eintritt des Verzuges setzt grundsätzlich weiter voraus, dass der Gläubiger den Schuldner gemahnt hat. Die **Mahnung** ist eine formlose dringende Aufforderung an den Schuldner, die Leistung zu erbringen. Die Mahnung muss weder eine Fristsetzung noch die Androhung bestimmter Folgen enthalten.

**Beispiel:** Ein Schreiben, in dem es heißt, der Schuldner möge „endlich mit der Arbeit beginnen", stellt eine Mahnung dar.

Die Mahnung muss nach Eintritt der Fälligkeit erfolgen.

Gemäß § 286 Abs. 1 Satz 2 werden der Mahnung gleichgestellt: die Erhebung der Klage auf Leistung sowie die Zustellung eines Mahnbescheides im Mahnverfahren (§§ 688 ff. ZPO).

Mit Zugang (§130) der Mahnung tritt sofort der Verzug ein. Der Zeitpunkt des Verzugseintritts ist z.B. wichtig für die Berechnung der Verzugszinsen.

### b) Das Kalendergeschäft (§ 286 Abs. 2 Nr. 1)

563 Der Schuldner kommt auch ohne Mahnung in Verzug, wenn eine Leistungszeit nach dem Kalender bestimmt ist (sog. **Kalendergeschäft**) und der Schuldner zu der im Vertrage bestimmten Zeit nicht leistet.

Um ein Kalendergeschäft handelt es sich nur, wenn die Leistungszeit sich allein anhand des Kalenders bestimmen lässt.

Allein anhand des Kalenders bestimmbar ist die Leistungszeit z.B. bei der Vereinbarung folgender Klauseln:
- „spätestens am 20. Juni 2016";
- „noch im Laufe des Juli" (= also gemäß § 192 spätestens am 31. Juli).

**Beispiel:** Wenn bei Abschluss eines Kaufvertrages vereinbart wird, die Ware sei „bis spätestens Ende Oktober 2016" zu liefern, so ist der Tag, an dem spätestens geleistet werden muss, gemäß der Berechnung nach § 192 der 31. Oktober 2016. Es handelt sich also um ein Kalendergeschäft im Sinne des § 286 Abs. 2 Nr. 1. Liefert der Schuldner zu diesem Zeitpunkt nicht, gerät er automatisch, d.h. ohne Mahnung in Verzug. Ein gegebenenfalls entstehender Verzögerungsschaden, der nach § 280 zu leisten ist, ist von diesem Zeitpunkt an zu berechnen.

**Beispiele:** Bei den Klauseln „4 Wochen nach Lieferung" oder „30 Tage nach Rechnungsdatum"[35] ist die Leistungszeit nicht allein anhand des Kalenders zu bestimmen.

### c) Der Eintritt des Verzuges ohne Mahnung nach § 286 Abs. 2 Nr. 2

564 Der Schuldner gerät auch dann ohne Mahnung in Verzug, wenn seiner Leistung ein Ereignis vorauszugehen hat und eine angemessene Zeit für die Leistung in der Weise bestimmt ist, dass sie sich von diesem Ereignis an nach dem Kalender berechnen lässt (§ 286 Abs. 2 Nr. 2).

Hier geht es ebenfalls um eine kalendermäßige Berechnung der Frist, innerhalb derer geleistet werden muss. Als Ereignisse, die für eine kalendermäßige Berechnung dieser Art herangezogen werden können, kommen z.B. in Betracht: eine Kündigung, die Lieferung oder die Rechnungserteilung.

---

35 Vgl. dazu OLG Düsseldorf, MDR 1976, 41.

„In der Weise bestimmt ist" i.S. des § 286 Abs. 2 Nr. 2 bedeutet keine einseitige Bestimmung, sondern in der Regel eine vertragliche Vereinbarung oder gesetzliche Anordnung.

**Beispiel:** Wird in einem Vertrage vereinbart, dass der Kaufpreis innerhalb von 14 Tagen nach der Rechnungserteilung gezahlt werden muss, so ist das Ereignis, an welches die Berechnung der Frist ansetzt, die Rechnungserteilung. Von diesem Ereignis an lässt sich eine kalendermäßige Berechnung anstellen. Hat der Käufer am 15. Tag nach der Rechnungserteilung den Kaufpreis nicht gezahlt, ist er automatisch, d.h. ohne Mahnung gemäß § 286 Abs. 2 Nr. 2 in Verzug geraten.

### d) Verzugseintritt durch ernsthafte und endgültige Leistungsverweigerung (§ 286 Abs. 2 Nr. 3)

Die Mahnung soll für den Verzugseintritt auch dann entbehrlich sein, wenn der **565**
Schuldner die Leistung ernsthaft und endgültig verweigert.

**Beispiel:** Der Maler M, der sich dem Geschäftsinhaber G gegenüber verpflichtet hat, dessen Geschäfträume im Herbst bzw. Winter 2016/2017 zu renovieren, teilt dem G am 20.11.2016 mit, er habe einen Großauftrag der A-AG erhalten, den er sofort ausführen müsse; für die Renovierungen in den Räumen des G habe er nun das nächste halbe Jahr keine Zeit mehr. M beginnt am 21.11.2016 mit allen seinen Leuten in den Räumen der A-AG zu arbeiten. Hier hat M die Leistung ernsthaft und endgültig verweigert. Der Verzug ist deshalb auch ohne Mahnung eingetreten.

### e) Verzugseintritt aus besonderen Gründen (§ 286 Abs. 2 Nr. 4)

„Unter Abwägung der beiderseitigen Interessen" soll der sofortige Verzugseintritt **566**
auch aus besonderen Gründen gerechtfertigt sein (§ 286 Abs. 2 Nr. 4). In diese Fallgruppe gehören einmal diejenigen Fälle, in denen ein Schuldner durch sein Verhalten die Mahnung verhindert, indem er sich etwa der Mahnung entzieht. Hierhin gehören aber vor allem die Fälle, in denen es um Pflichten geht, deren Erfüllung besonders eilig ist.

**Beispiel:** Der Hauseigentümer E hat sonntags mit einem Wasserrohrbruch zu kämpfen. Er ruft den ihm bekannten Klempner K an, dem er den Notfall schildert. K sagt zu, „sofort" zu kommen. Trotz seiner Zusage unternimmt K mit seiner Familie einen Ausflug, von dem er erst gegen Abend zurückkehrt. E hatte sich zunächst auf das Kommen des K verlassen und später einen anderen Klempner nicht mehr erreicht. Als K gegen 21 Uhr bei E eintrifft, steht das Wasser 2 m hoch im Keller. Hier ist K gemäß § 286 Abs. 2 Nr. 4 in Verzug geraten, ohne dass es einer Mahnung bedarf, weil es sich bei der Reparatur des Wasserrohres um eine besonders eilige Leistung handelt, bei der ein Aufschieben der Leistung praktisch einer Erfüllungsverweigerung gleich kommt.

### f) Die 30 Tage-Regelung des § 286 Abs. 3

Im Wirtschaftsverkehr werden Geldforderungen zunehmend zögernd oder gar **567**
nicht beglichen. Dies führt insbesondere bei kleinen und mittelständischen Be-

trieben zu Liquiditätsproblemen, zu einer Gefährdung ihrer Wettbewerbsfähigkeit und unter Umständen sogar zu ihrer Insolvenz. Um die Verzögerung von Zahlungen wirtschaftlich unattraktiv zu machen und die Möglichkeit zu verbessern, fällige Ansprüche zügig gerichtlich geltend zu machen, hat der Gesetzgeber den § 286 Abs. 3 eingeführt.

Gemäß § 286 Abs. 3 S. 1 kommt der Schuldner einer Entgeltforderung – im Regelfall Forderungen auf Zahlung einer Geldsumme – spätestens 30 Tage nach Fälligkeit und Zugang einer Rechnung oder einer gleichwertigen Zahlungsaufstellung in Verzug. Das bedeutet: Die Vertragspartner können andere Zeiten vereinbaren – etwa durch ein Kalendergeschäft – oder der Gläubiger kann den Schuldner durch Mahnung auch schon vorher in Verzug setzen. Wenn alles das nicht vorliegt, tritt der Verzug unter den in § 286 Abs. 3 genannten Voraussetzungen automatisch ein.

Allerdings gilt etwas anderes, wenn der Schuldner ein **Verbraucher** (§ 13) ist. Dann tritt der Verzug nur unter der Voraussetzung ein, dass der Verbraucher auf die Rechtsfolgen des Verzuges – etwa das Entstehen eines Anspruches auf den Verzögerungsschaden – in der Rechnung oder Zahlungsaufstellung besonders hingewiesen worden ist (§ 286 Abs. 3).

> **Beispiel:** Unternehmer U kauft bei H Bleche für 20.000 €. Die Rechnung geht U am 02.10.2016 zu. Der Kaufpreis ist gemäß § 271 BGB sofort fällig. Wenn H nichts unternimmt, gerät U gemäß § 286 Abs. 3 spätestens am 03.11.2016 in Verzug. Schickt H dem U jedoch eine Mahnung, die U am 15.10.2016 zugeht, so gerät U an diesem Tage gemäß § 286 Abs. 1 in Verzug.

### g) Der Verzögerungsschaden

568 Wenn der Schuldner mit seiner Leistung in Verzug geraten ist, hat er eine Pflichtverletzung im Sinne des § 280 begangen. Der Gläubiger kann deshalb Ersatz des durch die Verzögerung entstandenen Schadens verlangen (§§ 280 Abs. 1 und 2, 286), vorausgesetzt, der Schuldner hat die Pflichtverletzung zu vertreten. Ersatzfähig sind dabei allein Schäden, welche durch die Verzögerung der Leistung als solche entstehen.

Der Anspruch des Gläubigers auf die vertraglich vereinbarte Leistung bleibt bestehen. Zu diesem Anspruch tritt nun ein weiterer Anspruch: der Anspruch auf Ersatz des Verzögerungsschadens gemäß §§ 280 Abs. 1 und 2, 286. Dass der Gläubiger den Anspruch auf die ursprünglich vereinbarte Leistung behält, kann insbesondere dann von besonderem Interesse sein, wenn der Preis für die vereinbarte Leistung in der Zwischenzeit gestiegen ist, der Gläubiger also ein günstiges Geschäft abgeschlossen hat.

> **Beispiel:** W kauft am 2. Oktober 2016 bei B 10.000 l Heizöl. Es wird vereinbart, dass das Öl bis zum 15.10.2016 geliefert werden soll. B liefert zu diesem Zeitpunkt nicht. Da W von anderen Händlern kein Öl erhält, kann er seine Betriebs-

räume nicht heizen. Dadurch entsteht ihm ein Verdienstausfall in Höhe von 30.000 €. Diesen Verdienstausfall kann er nun nach §§ 280 Abs. 1 und 2, 286, 249, 252 neben dem Verlangen auf Erbringung der ursprünglichen Leistung verlangen.

Mit dem Ersatz des Verzugsschadens soll der Gläubiger durch eine Geldleistung so gestellt werden, wie er stehen würde, wenn die Leistung rechtzeitig erbracht worden wäre.

Bei der Ermittlung des Verzögerungsschadens ist die Differenz zwischen der Vermögenslage des Gläubigers bei rechtzeitiger Erfüllung und der jetzigen tatsächlichen Vermögenslage festzustellen. Der Anspruch auf Ersatz des durch den Verzug entstandenen Schadens ist in der Regel auf eine Geldleistung gerichtet und nach §§ 249 ff. zu berechnen[36]. **569**

**Beispiele** für typische Verzugsschäden:
- Anwaltskosten, die dadurch entstanden sind, dass der Gläubiger den Schuldner zur Leistung zwingen musste;
- Kosten für eine Kreditaufnahme, die wegen des Schuldnerverzuges notwendig geworden ist.

Der Verzugsschaden umfasst in der Regel auch den entgangenen Gewinn. Es muss allerdings ein adäquater Kausalzusammenhang zwischen Verzug und dem entstandenem Schaden bestehen. Ein Verzugsschaden im Sinne des § 2780 Abs. 1 und 2 liegt deshalb nicht vor, wenn der Schaden die Folge einer Pflichtverletzung ist, die sich nicht im Ausbleiben der Leistung bei Fälligkeit erschöpft, sondern darüber hinausgeht oder in etwas anderem, z.B. in der Verletzung einer Nebenpflicht besteht[37].

### h) Das Vertretenmüssen der objektiven Verzugsvoraussetzungen gemäß § 286 Abs. 4

Der Schuldner muss die Umstände, die zur Verzögerung der Leistung geführt haben, zu vertreten haben (§ 286 Abs. 4). Da die Gründe für das Leistungshindernis regelmäßig in der Sphäre des Schuldners zu finden sind, wird das Vertretenmüssen des Schuldners vermutet. Die Unaufklärbarkeit der Verantwortung geht also zu Lasten des Schuldners. **570**

### i) Der Anspruch auf Verzugszinsen bei Geldschulden

Bei Geldschulden gewährt § 288 einen Anspruch auf Verzugszinsen. **571**

Voraussetzungen für das Entstehen eines Anspruchs aus § 288 sind:
- das Vorliegen einer Geldschuld
- und Verzug im Sinne des § 286 (dazu siehe oben).

36 Vgl. BGHZ 104, 337, 344.
37 *Canaris*, ZIP 2003, 323, 327.

§ 288 bildet eine eigene Anspruchsgrundlage, deren Voraussetzungen unabhängig von den allgemeinen Voraussetzungen für den Schadensersatz wegen Verzögerung der Leistung geregelt sind. Das bedeutet u.a.: § 288 gewährt dem Gläubiger während des Verzuges eine Verzinsung seines Zahlungsanspruches, unabhängig davon, ob ein Schaden tatsächlich entstanden ist. Einerseits muss der Gläubiger nicht nachweisen, dass ein Schaden entstanden ist; andererseits ist dem Schuldner der Nachweis eines geringeren Schadens abgeschnitten. Man kann sagen: § 288 garantiert dem Gläubiger bei Verzug unabhängig vom Eintritt und Nachweis eines Schadens eine Verzinsung[38].

Die Höhe der Verzugszinsen hängt davon ab, ob an dem Rechtsgeschäft ein Verbraucher beteiligt ist oder nicht. Ist ein Verbraucher beteiligt, beträgt der Zinssatz für das Jahr 5 Prozentpunkte über dem Basiszinssatz. Letzterer ist in § 247 geregelt und wird halbjährlich von der Bundesbank im Bundesanzeiger bekannt gegeben. Für eine Geldschuld aus einem Geschäft mit Verbraucherbeteiligung ist der regelmäßige Verzugszins gemäß § 288 Abs. 1 also mit 5 Prozentpunkten über dem jeweiligen Basiszinssatz zu berechnen (Besonderheiten ergeben sich u.U. beim Verbraucherdarlehen, siehe § 497).

**572** Bei einer Geldschuld aus einem Rechtsgeschäft, an dem ein Verbraucher nicht beteiligt ist, beträgt der Zinssatz 8 Prozentpunkte über dem Basiszinssatz (§ 288 Abs. 2).

> **Beispiel:** Die A-GmbH schuldet der X-KG als Kaufpreis 15.000 €. Seit dem 30. Juli 2016 ist die A-GmbH im Verzug. Nach 60 Tagen sind gemäß §§ 288 Abs. 2, 247 bei einem Basiszinssatz von 1,5 % bereits Verzugszinsen in Höhe von 234,24 € entstanden (bei einem Verzugszinssatz von 9,5 % = 8 % gemäß § 288 Abs. 2 + 1,5 % aktueller Basiszinssatz).

Den vertragsschließenden Parteien steht es frei, höhere Zinssätze zu vereinbaren (§ 288 Abs. 3). Vereinbarungen, welche die Grenzen überschreiten, die durch § 138 gezogen werden, sind allerdings nichtig.

> **Beispiel** im Anschluss an das oben geschilderte: Haben die A-GmbH und die X-KG im Vertrag vereinbart, der Verzugszins solle 12,5 % betragen, so sind nach 60 Tagen Verzugszinsen in Höhe von 308,22 € entstanden.

**572 a** Durch die in § 288 genannten Zinssätze ist nicht ausgeschlossen, dass der Gläubiger einen höheren Schaden mit Erfolg geltend machen kann (§ 288 Abs. 4). Als höherer Schaden i.S. von § 288 Abs. 4 kommen vor allem Kreditzinsen in Betracht, die der Gläubiger für einen Kredit aufgebracht hat, den er aufnehmen musste, weil der Schuldner nicht rechtzeitig gezahlt hatte. Der Anspruch auf den höheren Schaden gründet sich auf §§ 280 Abs. 1 und 2, § 286.

---

38 Vgl. Anwaltkommentar/*Schulte-Nölke*, § 288 BGB Rn. 3.

**Beispiel:** Malermeister M hat von Kaufmann K für die Renovierung von dessen Geschäftshäusern eine Vergütung in Höhe von 37.000 € zu erhalten. Seit dem 1. September 2016 ist K im Verzug. M musste, weil K nicht zahlte, er aber seinen Verpflichtungen nachkommen musste, für 45 Tage einen Bankkredit in Höhe von 37.000 € zu einem Zins von 14,6 % in Anspruch nehmen. Der Verzugszins gemäß § 288 Abs. 2 beträgt 433,35 € (= 9,5 %h. h. 8 % gemäß § 288 Abs. 2 + 1,5 % aktueller Basiszinssatz für 45 Tage). Der von K an die Bank gezahlte Zins betrug aber 666 €. Die Differenz von 232,65 € kann M von K gemäß §§ 288 Abs. 4, 280, 286 neben den Verzugszinsen in der Höhe von 433,35 € verlangen.

### 3. Der Anspruch auf Schadensersatz statt der Leistung und das Rücktrittsrecht des Gläubigers

#### a) Überblick

Begeht der Schuldner eine Pflichtverletzung, indem er nicht oder nicht wie geschuldet leistet, so erwirbt der Gläubiger unter den in §§ 280, 281 genannten Voraussetzungen einen Anspruch auf 573

- Schadensersatz statt der Leistung oder auf Ersatz der vergeblichen Aufwendungen (§ 284);
- außerdem kann er gemäß §§ 323, 325 vom Vertrage zurücktreten.

#### b) Der Anspruch auf Schadensersatz statt der Leistung oder Ersatz der vergeblichen Aufwendungen

Wenn die zu vertretende Pflichtverletzung des Schuldners im Sinne des § 280 darin besteht, dass er eine fällige Leistung nicht oder nicht wie geschuldet erbringt, so erwirbt der Gläubiger gemäß §§ 280 Abs. 1 und 3, 281 einen Anspruch auf Schadensersatz statt der Leistung, nachdem er dem Schuldner erfolglos eine angemessene Frist zur Leistung bestimmt hat. Es genügt jede Nichtleistung bzw. jede Verzögerung der Leistung; es müssen nicht die strengen Voraussetzungen des Verzuges im Sinne des § 286 vorliegen. Allerdings muss der Schuldner die Pflichtverletzung zu vertreten haben (§ 280 Abs. 1 S. 2). 574

**Angemessen** ist die gesetzte Frist, wenn sie so bemessen ist, dass der Schuldner sie innerhalb dieser Zeit nach objektiven Maßstäben wirklich erbringen kann. Die Nachfrist soll dem Schuldner die Leistung nicht errst ermöglichen; sie gewährt die letzte Gelegenheit, die bereits in die Wege geleitete Erfüllung zu vollenden.[39]

Der Gläubiger kann auch ohne angemessene Fristsetzung Schadensersatz statt der Leistung fordern, wenn der Schuldner die Leistung endgültig und ernsthaft verweigert oder wenn besondere Umstände vorliegen, welche unter Abwägung der beiderseitigen Interessen die sofortige Geltendmachung des Anspruchs rechtfertigen (§ 281 Abs. 2). 574 a

39 *Jauernig/Stadler*, § 281 BGB Rn. 5.

Der Anspruch auf Schadensersatz statt der Leistung tritt an die Stelle des Anspruchs auf die ursprünglich vereinbarte Leistung. Das bedeutet, von dem Zeitpunkt an, in dem der Gläubiger den Anspruch erhebt, kann er den primären Leistungsanspruch nicht mehr geltend machen. Dieser geht unter (§ 281 Abs. 4). Bei gegenseitig verpflichtenden Verträgen geht der Anspruch auf die Gegenleistung wegen der Verknüpfung mit dem Anspruch auf die Leistung (gemäß § 326 Abs. 1 analog) ebenfalls unter.[40]

> **Beispiel:** Der Spediteur S hat für seine Fahrzeuge bei dem Reifenhändler R 100 LKW Reifen bestellt. Nachdem R trotz einer Mahnung mit angemessener Fristsetzung des S nicht geliefert hat, schickt der S dem R eine E-Mail, in der es u.a. heißt, er bestehe nicht mehr auf der Lieferung, sondern verlange stattdessen Schadensersatz statt der Leistung. S hat inzwischen bei A 100 Reifen erhalten, die allerdings pro Stück 7 € mehr kosten. Diese 700 € Differenz kann S von R nach §§ 280, 281 verlangen, weil die Voraussetzungen nach § 281 Abs. 1 vorliegen und gesetzlich vermutet wird, dass R die Nichtlieferung zu vertreten hat. Der Anspruch des S auf die Lieferung gegen R ist nach § 281 Abs. 4 erloschen, gleichzeitig hat R den Anspruch auf die Gegenleistung verloren. S kann, muss aber nicht, vom Vertrage zurücktreten, um sich von der Gegenleistungspflicht zu befreien.
> Nach § 284 kann der Gläubiger anstelle von Schadensersatz statt der Leistung Ersatz derjenigen Aufwendungen verlangen, die er im Vertrauen auf den Erhalt der vereinbarten Leistung gemacht hat und billigerweise auch machen durfte (siehe dazu oben § 26 III. 4. c) cc)).

#### c) Das Rücktrittsrecht

575 Bei einem gegenseitig verpflichtenden Vertrag kann der Gläubiger auch vom Vertrage zurücktreten, wenn die Voraussetzungen des § 323 vorliegen. Die Anwendbarkeit des § 323 setzt stets voraus, dass die Leistung nachholbar ist (Zum Rücktrittsrecht siehe oben § 25 V).

Das Rücktrittsrecht des Gläubigers entsteht, wenn der Schuldner nicht oder nicht vertragsgemäß leistet und der Gläubiger dem Schuldner zunächst erfolglos eine Frist zur Leistung bestimmt hat. Einer Fristsetzung bedarf es nicht, wenn

- der Schuldner die Leistung ernsthaft und endgültig verweigert (§ 323 Abs. 2 Nr. 1)
- oder ein Fixgeschäft im Sinne des § 323 Abs. 2 Nr. 2 vorliegt (dazu unten § 26 V. 4).
- oder besondere Umstände vorliegen, die unter Abwägung der beiderseitigen Interessen den sofortigen Rücktritt rechtfertigen (§ 323 Abs. 2 Nr. 3).

Das Rücktrittsrecht entsteht auch dann, wenn der Schuldner die Nichtleistung nicht zu vertreten hat.

40 *Jauernig/Stadler*, § 281 BGB Rn. 14.

Der Gläubiger kann vom Vertrage zurücktreten, anstatt den Anspruch auf Schadensersatz statt der Leistung oder Ersatz der vergeblichen Aufwendungen geltend zu machen. Er kann aber auch den letztgenannten Anspruch geltend machen und außerdem vom Vertrage zurücktreten (§ 325).

### 4. Das Fixgeschäft (§ 323 Abs. 2 Nr. 2)

§ 323 Abs. 2 Nr. 2 gewährt bei gegenseitig verpflichtenden Verträgen ein Rücktrittsrecht wegen Pflichtverletzung durch Terminüberschreitung. Gemeint ist damit das sog. (einfache) Fixgeschäft. 576

Bei einem Kalendergeschäft im Sinne des § 286 Abs. 2 Nr. 1 ist ein Zeitpunkt bestimmt, bis zu dem der Schuldner seine Leistung erbracht haben muss, ohne dass deutlich wird, dass das gesamte Geschäft von der Einhaltung des Zeitpunktes entscheidend abhängig sein soll. Es kommt jedoch häufiger vor, dass die Zeit, innerhalb derer der Schuldner seine Leistung erbringen muss, nach dem Willen des Gläubigers so wesentlich sein soll, dass mit der pünktlichen Leistung das gesamte Geschäft stehen und fallen soll. Es handelt sich dann um ein Fixgeschäft.

**Fixgeschäft** bedeutet also: Nach dem Willen der Parteien ist die Erfüllungszeit ein so wesentlicher Bestandteil des Geschäftes, dass mit deren Einhaltung und Verabsäumung das gesamte Geschäft stehen und fallen soll[41]. Im Gesetz wird dies mit der Formulierung „und der Gläubiger im Vertrag den Fortbestand seines Leistungsinteresses an die Rechtzeitigkeit der Leistung gebunden hat" gekennzeichnet. 577

Die Rechtsfolge der Verabsäumung der fest bestimmten Zeit durch den Schuldner besteht darin, dass der Gläubiger sofort, d.h. ohne vorherige Fristsetzung, vom Vertrage zurücktreten kann (vgl. § 323 Abs. 2 Nr. 2).

Ein Fixgeschäft liegt nur vor, wenn sich das aus der Vereinbarung klar ergibt. In der Regel geben Ausdrücke wie „prompt", „fix" oder „genau" einen Hinweis darauf. 578

> **Beispiel:** Generalunternehmer G errichtet für A ein zwölfstöckiges Bürohochhaus. Er kauft bei V Lampen für die Außenbeleuchtung. Um den mit A vereinbarten Termin zur Fertigstellung einhalten zu können, enthält der mit V geschlossene Vertrag die Klausel „Lieferung bis spätestens 31. März 2017 fix". Es handelt sich hier um ein einfaches Fixgeschäft nach § 323 Abs. 2 Nr. 2. Wenn V diesen Termin nicht einhält, kann G nach § 323 Abs. 2 Nr. 2 vom Vertrage zurücktreten. Es bedarf keiner Nachfristsetzung.

Abzugrenzen ist das sog. einfache Fixgeschäft vom sog. uneigentlichen oder absoluten Fixgeschäft. Bei letzteren handelt es sich um Geschäfte, bei denen die Einhaltung der Leistungszeit nach dem Zweck des Vertrages und der gegebenen

---

41 BGHZ 110, 88, 96.

Interessenlage für den Gläubiger derart wesentlich ist, dass eine verspätete Leistung keine Erfüllung mehr darstellt[42]. Dies sind Fälle der Unmöglichkeit, auf welche die entsprechenden Regeln, also z.B. §§ 275, 280, 283 f., 326 anwendbar sind.

> **Beispiel:** X bestellt am 15.12.2016 einen Weihnachtsbaum bei V, um am 24.12. Weihnachten „unterm Baum“ feiern zu können. Als der Baum auch am Morgen des 24. noch nicht eingetroffen ist, kauft X einen gleichartigen Baum für 20 € über dem mit V vereinbarten Preis bei D. Es handelt sich hier um einen Fall der Unmöglichkeit, denn die Leistung des V lässt sich nicht nachholen. Sofern V die Unmöglichkeit zu vertreten hat, hat X gegen V einen Anspruch auf Zahlung von 20 € Schadensersatz statt der Leistung aus §§ 280, 283.

## VI. Die Vertragsstrafe

### 1. Überblick

579 In der Praxis wird in Verträgen häufig ein **Vertragsstrafeversprechen** vereinbart, um für den Fall des Verzuges die Berechnung und die Durchsetzung des erwarteten Verzugsschadens zu erleichtern.

Die Vertragsstrafe, auch Konventionalstrafe genannt, ist eine in der Regel in Geld bestehende Leistung, die der Schuldner für den Fall zu erbringen verspricht, dass er eine vertraglich eingegangene Verpflichtung nicht oder nicht in gehöriger Weise erfüllt (§ 339). Darunter fällt insbesondere und in der Praxis häufig auch die verspätete bzw. nicht rechtzeitig erbrachte Leistung.

580 Die Vereinbarung einer Vertragsstrafe hat eine Doppelfunktion:

- Einmal soll dem Gläubiger ein zusätzliches Druckmittel zur rechtzeitigen Erfüllung der Hauptforderung durch den Schuldner verschafft werden.
- Darüber hinaus soll sie dem Gläubiger im Verletzungsfall die Möglichkeit einer erleichterten Schadloshaltung ohne Einzelnachweis eröffnen. Für den Fall, dass der Schuldner nicht oder schlecht leistet, wird dem Gläubiger der Nachweis eines Schadens erspart.

581 Bei der Vertragsstrafe handelt es sich um eine zwischen dem Gläubiger und dem Schuldner vereinbarte **bedingte Verbindlichkeit**. Die Bedingung ist die Nichterfüllung oder die nicht gehörige Erfüllung einer Verpflichtung. Letztere besteht häufig in der Verzögerung der Leistung. Falls die Bedingung eintritt, ist der Schuldner zur Leistung der Vertragsstrafe verpflichtet. Weil die Vertragsstrafe die ordentliche Erfüllung der Hauptverbindlichkeit sichern soll, ist sie von deren Bestehen abhängig, also akzessorisch. Das hat z.B. zur Folge, dass für den Fall, dass der Vertrag (die Hauptverbindlichkeit) nichtig ist, auch das Strafversprechen unwirksam (vgl. § 344).

---

42 *Palandt/Grüneberg*, § 323 BGB Rn. 20.

## 2. Die Verwirkung der Vertragsstrafe

Die Verwirkung der Vertragsstrafe setzt im Falle der verspäteten Leistung gemäß § 339 neben dem Vertragsstrafeversprechen voraus, dass der Schuldner mit der Leistung in **Verzug** geraten ist. Ob dies der Fall ist, ist nach § 286 zu beurteilen. Gemäß § 286 Abs. 4 muss der Schuldner den Verzug zu vertreten haben. Das bedeutet, es muss ihn ein eigenes Verschulden treffen oder er muss sich fremdes Verschulden gemäß § 278 zurechnen lassen. **582**

Die Parteien können allerdings auch vereinbaren, dass die Vertragsstrafe **verschuldensunabhängig** verwirkt sein soll.

Will der Gläubiger die Vertragsstrafe verlangen, muss er sich dies **bei der Annahme der verspäteten Leistung ausdrücklich vorbehalten** (§ 341 Abs. 3). Eine vorbehaltlose Annahme führt zum Erlöschen des entstandenen Anspruchs auf die Vertragsstrafe. Bei der Regelung des § 341 Abs. 3 handelt es sich um dispositives Recht; sie ist also grundsätzlich abdingbar. Dass § 341 Abs. 3 durch eine Individualvereinbarung abgeändert werden kann, ist anerkannt[43]. Hingegen ist das vollständige Abbedingen des § 341 Abs. 3 durch Allgemeine Geschäftsbedingungen nach Ansicht der Rechtsprechung[44] unwirksam, weil sich dies so weit vom Leitbild des § 341 Abs. 3 entferne, dass einer solchen Regelung die Anerkennung zu versagen sei. **583**

## 3. Die Höhe der Vertragsstrafe und die Forderung nach Schadensersatz

Für den Fall, dass die verwirkte Strafe unverhältnismäßig hoch ist, kann sie auf Antrag des Schuldners durch Gerichtsurteil auf den angemessenen Betrag herabgesetzt werden (§ 343 BGB). Das gilt nicht für Vertragsstrafen, die von einem Kaufmann im Betriebe seines Handelsgewerbes versprochen worden sind (§ 348 HGB). **584**

Für durch Allgemeine Geschäftsbedingungen vereinbarte Vertragsstrafen gilt § 309 Nr. 5. Erfolgt das Vertragsstrafeversprechen in Ausübung gewerblicher Tätigkeit, ist § 309 Nr. 5 wegen §§ 310 Abs. 1, 14 nicht anwendbar. Die Vereinbarung über die Vertragsstrafe kann allerdings nach § 307 unwirksam sein, wenn deren Höhe unangemessen ist. Bei der Beurteilung der Unwirksamkeit von Vertragsstrafeklauseln in Allgemeinen Geschäftsbedingungen spielt insbesondere eine Rolle, ob die Strafe auch verschuldensunabhängig verwirkt sein soll. Ist dies der Fall, ist die Klausel in Zweifel unwirksam.[45]

Schwierigkeiten können entstehen, wenn der durch den Verzug entstandene Nichterfüllungsschaden höher ist als die verwirkte Vertragsstrafe. In diesen Fäl- **585**

43 Vgl. BGHZ 85, 305, 310.
44 Vgl. BGHZ 85, 305, 310.
45 So BGH NJW 1999, 2663.

len kann der Gläubiger auch Schadensersatz statt der Leistung fordern, wenn die Voraussetzungen der §§ 280, 281 erfüllt sind. Ist schon die verwirkte Vertragsstrafe gezahlt, muss der Gläubiger sich diese Summe auf den Anspruch auf Schadensersatz statt der Leistung anrechnen lassen (§ 340 Abs. 2).

**Beispiel:** Die A-GmbH hat sich verpflichtet, der B-AG bis spätestens 30. April 2016 10.000 Rohlinge für die Getriebeherstellung zu liefern. Für den Fall der nicht termingerechten Lieferung wird eine Vertragsstrafe von 500 € für jede angefangene Woche vereinbart. Der Vertrag ist ein Individualvertrag. A liefert nicht, obwohl B am 2. Mai 2016 eine Nachfrist bis zum 15. Mai gesetzt hatte. Bei B ist inzwischen durch Produktionsausfall ein Schaden in Höhe von 20.000 € entstanden. B möchte sich nun vom Vertrage lösen und Schadensersatz verlangen. Die verwirkte Vertragsstrafe beträgt 1.500 €. Diese kann B verlangen, ohne einen Schaden nachweisen zu müssen. Im Übrigen kann B nach §§ 280, 281 Schadensersatz statt der Leistung verlangen. Auf die 20.000 € muss sie sich allerdings die 1.500 € Vertragsstrafe anrechnen lassen, falls sie diese überhaupt verlangt. Außerdem kann B nach § 323 vom Vertrage zurücktreten, da die Nachfrist ergebnislos verstrichen ist.

## VII. Die Verletzung von sonstigen Pflichten aus dem Schuldverhältnis (positive Forderungsverletzung)

### 1. Überblick

586–591 Eine Pflichtverletzung des Schuldners kann darin bestehen, dass er „die fällige Leistung nicht wie geschuldet erbringt“ (§ 281 Abs. 1). Damit sind die Fälle der **Schlechterfüllung (Schlechtleistung)** gemeint, ohne dass dabei zwischen Haupt- und Nebenpflichten unterschieden wird.

Eine Pflichtverletzung im Sinne des § 280 kann aber auch in der Verletzung von sonstigen Pflichten aus dem Schuldverhältnis, etwa von Nebenpflichten, liegen (positive Forderungsverletzung). Als sonstige Pflichten aus dem Schuldverhältnis kommen vor allem in Betracht die **Nebenpflichten**, und zwar

- vertragliche (echte) Nebenpflichten, die der Erfüllung des Leistungsinteresses des Gläubigers dienen
- und leistungsbegleitende Nebenpflichten aus dem Schuldverhältnis im Sinne des § 241 Abs. 2, wie z.B. Schutz- und Obhutspflichten.

### 2. Die Schlechtleistung

592 Liegt eine Schlechterfüllung vor, kann der Gläubiger, falls die Voraussetzungen der §§ 280, 281, 283 oder § 311 a Abs. 2 vorliegen, Schadensersatz statt der Leistung verlangen und bei gegenseitig verpflichtenden Verträgen von seinem Rücktrittsrecht Gebrauch machen (§§ 323, 326 Abs. 5 und 325).

Wie bereits erwähnt (siehe oben § 26 I. 2.), hält das BGB für viele der wichtigen Vertragstypen für den Fall, dass die Hauptleistungspflichten mangelhaft erfüllt werden, spezielle Vorschriften bereit, welche die Rechtsfolgen regeln, so z.B. die §§ 434 ff. für den Kaufvertrag und die §§ 633 ff. für den Werkvertrag. Allerdings handelt es sich dabei nicht um eine vollständige und abschließende Regelung. Für bestimmte Fälle wird über Verweisungsnormen, wie z.B. § 437 für den Kaufvertrag und § 634 für den Werkvertrag, auf die allgemeinen Regeln des Pflichtverletzungsrechts Bezug genommen, die damit anwendbar sind.

> **Beispiel:** Wenn der Verkäufer dem Käufer mangelhafte Waren liefert, hat der Käufer einen Anspruch auf Nacherfüllung. Der Nacherfüllungsanspruch aus §§ 437 Nr. 1, 439 ist gerichtet auf
> - Mängelbeseitigung (Nachbesserung)
> - oder Lieferung einer mangelfreien Sache.
>
> Für den Fall, dass die Nacherfüllung fehl schlägt, wird auf das allgemeine Pflichtverletzungsrecht mit den Möglichkeiten, u.a. Schadensersatz statt der Leistung zu fordern und vom Vertrage zurückzutreten, zurückgegriffen.

Es gibt allerdings auch eine Reihe von Schuldverhältnissen, für die das BGB keine **593**
speziellen Vorschriften für den Fall der Schlechtleistung bereithält. Dazu zählen u.a. der Dienstvertrag (§ 611), der entgeltliche und der unentgeltliche Geschäftsbesorgungsvertrag (§§ 662 und 675), sowie das Darlehen (§ 488). Hier finden die §§ 280 ff., 323, 326 Abs. 5 und § 311 a Abs. 2 wegen der **Schlechterfüllung einer Hauptpflicht** unmittelbar Anwendung.

### 3. Die Verletzung leistungsbezogener Nebenpflichten

Bei den echten vertraglichen Nebenpflichten handelt es sich um solche Pflichten, **594**
die der Erfüllung des spezifisch vertraglichen Leistungsinteresses des Gläubigers dienen. In diesen Fällen ist die erbrachte Hauptleistung fehlerfrei, aber der Gläubiger erleidet durch die Verletzung einer Nebenpflicht einen Schaden. Solche Nebenpflichten sind insbesondere Mitwirkungs-, Aufklärungs- und Unterweisungspflichten.

> **Beispiel:** Der Verkäufer liefert dem Käufer eine mangelfreie Maschine; er hat den Käufer aber nicht auf besondere gefährliche Eigenschaften der Sache hingewiesen und ihn auch nicht darin unterwiesen, wie die Maschine gefahrlos zu bedienen ist. Hier hat der Verkäufer zwar seine Hauptpflicht mangelfrei erbracht, jedoch eine leistungsbezogene Nebenpflicht verletzt, indem er es unterlassen hat, auf die Gefahren der Maschine hinzuweisen; er hat es außerdem unterlassen, den Käufer in die gefahrlose Bedienung der Maschine einzuführen hat.

Die Rechtsfolgen einer zu vertretenden Pflichtverletzung dieser Art können sein: **595**

- Der Gläubiger kann Schadensersatz nach § 280 Abs. 1 verlangen. Dann tritt dieser Anspruch neben den nach wie vor bestehenden Anspruch auf die vereinbarte Leistung, falls diese noch nicht erbracht ist.

- Er kann stattdessen aber auch Schadensersatz statt der Leistung gemäß §§ 280, 281 oder Ersatz der vergeblichen Aufwendungen (§§ 280, 281, 284) fordern, wenn er zuvor erfolglos eine Frist zur Leistung bestimmt hatte; in diesem Fall verliert er den Anspruch auf die Leistung (§ 281 Abs. 4).
- Der Gläubiger kann daneben oder stattdessen auch vom Vertrage zurücktreten, wenn die Voraussetzungen des § 323 vorliegen. In der Regel muss also zunächst erfolglos eine Nachfrist gesetzt worden sein.

**Beispiel:** Beim Kauf einer komplizierten Maschine verpflichtet sich der Verkäufer vertraglich, dem Käufer bei der Lieferung eine detaillierte Bedienungsanleitung für eben diese Maschine auszuhändigen. Wenn der Verkäufer dieser Verpflichtung nicht nachkommt und er dies zu vertreten hat, liegt eine Pflichtverletzung im Sinne des § 280 Abs. 1 vor, die den Verkäufer zum Schadensersatz, bei Vorliegen der Voraussetzungen des § 281 Abs. 1 auch zum Schadensersatz statt der Leistung verpflichtet.

**Beispiel:** Auch noch nach Vertragsschluss muss eine Werbeagentur den Vertragspartner darüber informieren, dass gegen die geplante Werbeaktion rechtliche Bedenken bestehen[46]. Wird diese Verpflichtung schuldhaft verletzt, kann ein Schadensersatzanspruch aus einer Pflichtverletzung gemäß § 280 entstehen.

### 4. Die Verletzung von Pflichten aus dem Schuldverhältnis im Sinne von § 241 Abs. 2

596 § 241 Abs. 2 nennt als so genannte **leistungsbegleitende Nebenpflichten** vor allem Schutz- und Obhutpflichten. Danach können die an einem Schuldverhältnis Beteiligten nach dem Inhalt des Schuldverhältnisses „zur Rücksicht auf die Rechte, Rechtsgüter und Interessen des anderen Teils“ verpflichtet sein.

Daraus können sich u.a. ergeben:
- Schutzpflichten, d.h. Fürsorge- und Obhutpflichten;
- Aufklärungs-, Beratungs-, Informations- und Auskunftspflichten;
- Unterlassungs- und Verschwiegenheitspflichten.

597 Die **Schutzpflichten** bestehen vor allem darin, dass jeder am Vertrage Beteiligte verpflichtet ist, Schädigungen des anderen Teils zu unterlassen, die sich aus den Einwirkungsmöglichkeiten bei der Durchführung des Vertrages ergeben können. Die Verletzung einer solchen Pflicht stellt eine Pflichtverletzung i.S. des § 280 dar[47].

**Beispiel:** B kauft bei N 10.000 l Heizöl. Der Fahrer F des N, der mit einem Tanklastzug das Öl anliefert, ist müde und steht unter dem Einfluss von Alkohol. Er lässt das Öl nicht in den dafür vorgesehenen Einfüllstutzen für den Öltank des B, sondern in ein offenes Kellerfenster fließen. Dadurch entsteht ein erheblicher Schaden. F selbst ist mittellos. Als B von N Schadensersatz verlangt, zeigt ihm die-

---

46 Vgl. BGHZ 61, 118 ff.

47 *Reischl*, JuS 2003, 42.

ser die Personalakte des F, aus der hervorgeht, dass F ein ausgezeichneter Fahrer und noch niemals wegen Trunkenheit aufgefallen ist. Ein Anspruch des B gegen N aus unerlaubter Handlung besteht nicht, weil N sich gemäß § 831 Abs. 1 Satz 2 exkulpieren kann. Es könnte jedoch ein Schadensersatzanspruch aus Pflichtverletzung nach §§ 280, 241 Abs. 2 i.V.m. § 278 entstanden sein. Bei jedem Vertrag bestehen die Nebenpflichten aus § 241 Abs. 2 – hier eine Schutzpflicht –, alles Erforderliche zu tun bzw. zu unterlassen, damit der Vertragspartner nicht geschädigt wird. Bei der Abwicklung des Vertrages hat F als Erfüllungsgehilfe des N diese Schutzpflicht schuldhaft verletzt. Gemäß § 278 muss N sich dies zurechnen lassen. Er ist deshalb wegen einer von ihm zu vertretenden Pflichtverletzung gem. §§ 280, 241 Abs. 2 i.V.m. § 278 zum Schadensersatz verpflichtet.

Als wichtige Nebenpflichten im Sinn des § 241 Abs. 2 können sich für die Partei- **598**
en aus dem Vertragsverhältnis unterschiedliche **Aufklärungs-, Anzeige-, Warn- und Beratungspflichten** ergeben. Beratungspflichten in erheblichem Umfange können z.B. aus den vertraglichen Verhältnissen mit Angehörigen der freien Berufe entstehen. So treffen z.B. den Architekten als „Sachwalter" des Bauherrn gewisse vertragliche **Nebenpflichten z**ur Beratung und Aufklärung. Diese gehen allerdings grundsätzlich nur so weit, wie dies die mangelfreie Erbringung des Architektenwerkes selbst erfordert[48].

**Beispiel:** Eine allgemeine Pflicht des Architekten, in jeder Hinsicht die Vermögensinteressen des Bauherrn wahrzunehmen und unter Berücksichtigung aller Möglichkeiten so kostengünstig wie möglich zu bauen, besteht nicht. Erkennt der Architekt jedoch, dass der Bauherr bestimmte Steuervergünstigungen in Anspruch nehmen will, so muss er ihn auf die Steuerschädlichkeit bestimmter Maßnahmen hinweisen[49].

Aus einer Reihe von Verträgen sind **Verschwiegenheits- und Unterlassungs-** **599**
**pflichten** abzuleiten. Das gilt insbesondere dann, wenn durch die Verträge besondere Treuepflichten zwischen den Parteien begründet werden oder wenn diese Verträge auf eine andauernde und vertrauensvolle Zusammenarbeit angelegt sind. Letzteres gilt z.B. für Arbeitsverträge und Gesellschaftsverträge.

Ein **Beispiel** für Unterlassungspflichten stellt das **Wettbewerbsverbot** dar, dem Gesellschafter auch noch nach dem Ausscheiden aus der Gesellschaft unterliegen können. Wettbewerbsverbote können sich aus dem Gesetz ergeben (wie z.B. aus § 113 HGB) oder vertraglich vereinbart werden. Die schuldhafte Verletzung eines Wettbewerbsverbotes führt für den Fall, dass ein Schaden entstanden ist, zu einem Anspruch wegen Pflichtverletzung aus § 280.

Aus der Art des Vertrages oder aus dem zwischen den Parteien entstandenen Vertrauensverhältnis kann sich eine **Verschwiegenheitspflicht oder Geheimhaltungspflicht** auch ohne eine ausdrückliche Vereinbarung darüber ergeben. Eine

48 So BGHZ 60, 1, 3.

49 Vgl. BGHZ 60, 1, 3.

solche ist im Regelfall aus dem Bankvertrag, sowie aus dem Arzt- und Krankenhausvertrag abzuleiten.

**Beispiel:** Ein Mitglied der Geschäftsführung einer Bank (G) äußert sich in einem Fernsehinterview negativ über die finanzielle Lage eines Kunden, dem die Bank mehrere Kredite gewährt hatte. Daraufhin kündigen andere Banken dem Kunden die Kredite, was schließlich zur Insolvenz des Kunden führt. Hier hat G die Verschwiegenheitspflicht, eine Nebenpflicht aus dem Vertrag mit dem Kunden, verletzt. Diese Pflichtverletzung ist der Bank gemäß § 31 (gegebenenfalls analog) zuzurechnen. Der Kunde hat gegen die Bank einen Schadensersatzanspruch aus § 280.

**599 a** Eine Verletzung der Pflichten zur Rücksichtnahme aus § 241 Abs. 2 und damit eine Pflichtverletzung gemäß § 280 Abs. 1 kann auch darin liegen, dass eine Vertragspartei von der anderen etwas verlangt, das nach dem Vertrage nicht geschuldet ist, oder ein Gestaltungsrecht ausübt, welches nicht besteht.[50] Denn zu den Rechten und Interessen i.S. des § 241 Abs. 2 gehört auch das Interesse des Schuldners, nicht in weiterem Umfange in Anspruch genommen zu werden, als es im Vertrage vereinbart worden ist. So, wie der Gläubiger von dem Schuldner die uneingeschränkte Herbeiführung des Leistungserfolges verlangen kann, darf der Schuldner von dem Gläubiger erwarten, dass auch er die Grenzen des Vereinbarten einhält (Leistungstreuepflicht).[51] Eine Pflichtverletzung begeht z.B. derjenige, der vom Schuldner eine Geldsumme fordert, die nicht geschuldet wird, oder wer einen Rücktritt erklärt, obwohl ein Rücktrittsrecht nicht entstanden ist.

**Beispiel:** G fordert von S die Zahlung einer Vertragsstrafe in Höhe von 100.000 €, obwohl, was G weiß, dieselbe nicht verwirkt ist. S, der die Rechtslage verkennt und Rechtsrat nicht in Anspruch nimmt, lässt sich, um die geforderte Summe zahlen zu können, von seiner Bank ein Darlehen gewähren. Die Kosten für dieses Darlehen einschließlich der zu zahlenden Zinsen kann S von G nach §§ 280, 241 Abs. 2 verlangen, weil G, indem er die nicht verwirkte Vertragsstrafe geltend machte, die ihm nach § 241 Abs. 2 obliegende Pflicht verletzt hat, von seinem Schuldner nichts zu verlangen, was nach dem Vertrage nicht geschuldet ist.

**600** Die Rechtsfolgen einer Pflichtverletzung wegen der Verletzung von Nebenpflichten im Sinne des § 241 Abs. 2 können sein:

- Der Gläubiger kann neben der ursprünglich vereinbarten Leistung Schadensersatz nach § 280 Abs. 1 verlangen.
- Er kann stattdessen gemäß §§ 280, 282 aber auch Schadensersatz statt der Leistung gemäß Ersatz der vergeblichen Aufwendungen (§§ 280, 282, 284) fordern, wenn dem Gläubiger die Leistung durch den Schuldner nicht mehr zuzumuten ist. Die Pflichtverletzung muss also ein gewisses Gewicht haben, um die Rechtsfolge des § 282 zu rechtfertigen.

---

50 BGHZ 179, 238.

51 BGHZ 179, 238, 245.

- Der Gläubiger kann daneben (§ 325) oder stattdessen auch vom Vertrage zurücktreten, wenn die Voraussetzungen des § 324 vorliegen, d.h. dem Gläubiger muss ein Festhalten am Vertrag nicht mehr zumutbar sein.

An die Bejahung der Unzumutbarkeit sind hohe Anforderungen zu stellen. Dabei ist in erster Linie Schwere und Häufigkeit der Pflichtverletzungen zu berücksichtigen.

**Beispiel:** Der Hauseigentümer E hat mit dem Unternehmer U einen Vertrag über den Umbau und die Renovierung von 2 Zimmern in der 1. Etage des Hauses zu einem Festpreis von 17.000 € abgeschlossen. Trotz mehrfacher Ermahnungen durch E nehmen die Arbeitnehmer des U wenig Rücksicht bei dem Transport von Baustoffen und anderen Materialien auf dem Wege in die zu renovierenden Räume. Nachdem sie an mehreren aufeinander folgenden Tagen wiederholt den Vorgarten, die Eingangshalle und das Treppenhaus schwer beschädigt haben, tritt E vom Vertrage zurück und fordert Schadensersatz statt der Leistung. Durch die Verpflichtung eines anderen Bauunternehmers entstehen E Mehrkosten von 3.000 €; die von U's Leuten angerichteten Schäden betragen 12.000 €. E könnte zu Recht vom Vertrage zurückgetreten sein und außerdem einen Schadensersatzanspruch statt der Leistung aus §§ 280, 282, 241 Abs. 2 erworben haben. Das Rücktrittsrecht ergibt sich aus § 324, weil die Gehilfen des U in besonders grober Weise und trotz Abmahnung wiederholt die Rücksichtnahmepflicht nach § 241 Abs. 2 verletzt haben, was dem U nach § 278 zuzurechnen ist. Dem E ist aus diesem Grunde ein Festhalten am Vertrage nicht zuzumuten. Nach § 325 schließt das einen Anspruch auf Schadensersatz statt der Leistung aus §§ 280, 282, 241 Abs. 2 nicht aus. Dass dem E ein Festhalten am Vertrage wegen der besonders schweren Verletzungen der Pflichten aus § 241 Abs. 2 nicht zuzumuten ist, ist bereits dargelegt. Ein Schaden ist in Höhe von 15.000 € entstanden. Das grob fahrlässige Verhalten seiner Erfüllungsgehilfen hat U nach §§ 280, 278 zu vertreten. Infolgedessen ergibt sich aus §§ 280, 282, 241 Abs. 2 ein Schadensersatzanspruch des E in Höhe von 15.000 €.

Eine Besonderheit ergibt sich für den Fall, dass die Verletzung der Nebenpflicht **601**
im Sinne des § 241 Abs. 2 sich auf die Hauptleistung auswirkt und zur Folge hat, dass die Hauptleistung nicht vertragsgemäß erbracht wird: In einem solchen Fall ist § 281 und nicht § 282 anwendbar. Das bedeutet, dass der Gläubiger dem Schuldner eine Nachfrist zur Leistung setzen muss und erst nach erfolglosem Ablauf derselben Schadensersatz statt der Leistung verlangen kann.

**Beispiel:** A schließt mit dem Unternehmer B einen Werkvertrag über die Renovierung seiner Wohnung. B ist starker Raucher und raucht pro Tag in der Wohnung des A drei Schachteln Zigaretten. Die Renovierungsarbeiten nimmt B ordnungsgemäß vor. Allerdings ist nach der Durchführung der Arbeiten der Neuanstrich durch den Zigarettenqualm optisch beeinträchtigt. In diesem Fall führt die Nebenpflichtverletzung des B, nämlich die fehlende Obhutpflicht für die Wohnung des A, dazu, dass er seine Hauptleistung, der Anstrich der Wände und Decken, nicht erbracht hat. Somit ist für den Anspruch des A § 281 anwendbar.

## VIII. Das Verschulden bei Vertragsschluss (Culpa in contrahendo)

### 1. Überblick

602 Pflichtverletzungen können auch schon vor Abschluss eines Vertrages begangen werden, denn Pflichten im Sinne des § 241 Abs. 2 können auch schon vor und auch ohne Vertragsschluss entstehen. Dabei ist zu unterscheiden zwischen

- einem Schuldverhältnis mit einem **potenziellen Vertragspartner** (§ 311 Abs. 2)
- und einem Schuldverhältnis mit einem **Dritten,** der nicht Vertragspartner werden will (§ 311 Abs. 3).

### 2. Das vorvertragliche Schuldverhältnis

**a)** Mit der Eröffnung von Vertragsverhandlungen, sogar bereits mit dem Willensentschluss, Vertragsverhandlungen zu beginnen, entsteht ein **vorvertragliches gesetzliches Schuldverhältnis** im Sinne des § 311 Abs. 2 oder 3, das den Beteiligten jedenfalls die Pflichten aus § 241 Abs. 2 auferlegt, in ihrem Herrschaftsbereich durch aktives Tun oder durch Unterlassen dafür zu sorgen, dass dem potenziellen Vertragsgegner kein Schaden zugefügt wird. Bei **schuldhafter** Verletzung dieser Pflichten (z.B. Schutz-, Obhut-, Unterrichtungs-, Aufklärungs- und Auskunftspflichten) hat der Verletzende gemäß § 280 in Verbindung mit §§ 311 Abs. 2 (oder Abs. 3) und 241 Abs. 2 dem Geschädigten den entstandenen Schaden zu ersetzen. Zu berechnen ist der Schaden nach §§ 249 ff.

603 **b)** § 311 Abs. 2 beschreibt, unter welchen Voraussetzungen ein Schuldverhältnis mit den entsprechenden Pflichten aus § 241 Abs. 2 zwischen zwei potenziellen Vertragspartnern entstehen kann:

a) durch die Aufnahme von Vertragsverhandlungen (§ 311 Abs. 2 Nr. 1);
b) durch die Anbahnung eines Vertrages (§ 311 Abs. 2 Nr. 2);
c) durch ähnliche Kontakte (§ 311 Abs. 2 Nr. 3).

> **Beispiel:** Kaufleute und Ingenieure der Unternehmen A (potenzieller Auftragnehmer) und B (potenzieller Besteller) verhandeln in den Geschäftsräumen von B über die Errichtung einer Chemieanlage auf dem Gelände von B. Damit hat die Aufnahme von Vertragsverhandlungen (§ 311 Abs. 2 Nr. 1) stattgefunden. Ein vorvertragliches Schuldverhältnis (§ 311 Abs. 2 Nr. 1) ist entstanden.
>
> **Beispiel** für die Anbahnung eines Vertrages: K betritt das Kaufhaus V in der Absicht, möglicherweise dort Sportbekleidung zu kaufen. Damit hat die Anbahnung eines Vertrages (§ 311 Abs. 2 Nr. 2) begonnen.

604 **c)** Nach § 311 Abs. 3 kann ein Schuldverhältnis auch mit einem Dritten zustande kommen, der nicht Vertragspartner werden soll und will, und zwar wie folgt: Der Dritte nimmt einer Person gegenüber, die Vertragspartner eines anderen ist oder werden will, in besonderem Maße Vertrauen für sich in Anspruch und beeinflusst damit die Vertragsverhandlungen oder den Vertragsschluss erheblich. Das ist insbesondere dann der Fall, wenn der Stellvertreter des künftigen Vertrags-

partners oder ein den Vertrag Vermittelnder die eigentliche Vertrauensperson ist, auf deren besondere Sachkunde der Vertragschließende vertraut (sog. Sachwalterhaftung).

**Beispiel:** G, der Geschäftsführer der X-GmbH, verhandelt mit K über den Abschluss eines Vertrages zur Errichtung eines Eigenheimes samt Finanzierung desselben. Während der eigentliche Bauvertrag mit der X-GmbH zustande kommen soll, soll der Darlehensvertrag mit der B-Bank geschlossen werden. Dabei tritt G, von der B-Bank entsprechend bevollmächtigt, als deren Vertreter auf. G geriert sich als besonders sachverständig in Finanzierungsfragen und berät K eingehend. Indem G das besondere Vertrauen des K für sich in Anspruch nimmt, begründet er ein Schuldverhältnis im Sinne des § 311 Abs. 3 mit den Pflichten nach § 241 Abs. 2 mit K.

### 3. Pflichten aus einem Schuldverhältnis zwischen potenziellen Vertragspartnern

#### a) Überblick

Wie schon erwähnt, entstehen Pflichten zur gegenseitigen Rücksichtnahme nicht erst mit dem Abschluss des Vertrages. Sie können vielmehr schon mit der Aufnahme von Vertragsverhandlungen oder mit der Anbahnung eines Vertrages entstehen. Dieses auf Gefahrenabwehr gerichtete **vorvertragliche Schuldverhältnis** kommt unabhängig von dem eventuell später geschlossenen Vertrag zustande. Bei der Anbahnung eines Vertrages kann das auf Gefahrenabwehr gerichtete, gesetzliche Schuldverhältnis bereits entstehen, wenn jemand in den räumlichen Herrschaftsbereich eines anderen gerät. **605**

**Beispiel:** Das Betreten eines Kaufhauses, um dort möglicherweise etwas zu kaufen. Dabei geht man davon aus, dass ein Kaufhaus oder ein anderes Geschäft – vertreten durch entsprechende Personen – stets zum Abschluss von Verträgen mit potenziellen Kunden bereit ist.

#### b) Die Pflichten aus dem Schuldverhältnis

##### aa) Überblick

Aus dem vorvertraglichen Schuldverhältnis zwischen den potenziellen Vertragspartnern im Sinne des § 311 Abs. 2 können sich insbesondere die folgenden Pflichten ergeben: **606**

- Aufklärungs-, Informations-, Beratungs-, Auskunfts- und Hinweispflichten;
- Schutz-, Obhut- und Fürsorgepflichten.

##### bb) Verletzung von Aufklärungs-, Auskunfts- und Beratungspflichten

Bei Vertragsverhandlungen trifft grundsätzlich jede daran beteiligte Partei die Pflicht, die jeweils andere über sämtliche Umstände aufzuklären, die für deren Entschluss, den Vertrag abzuschließen, von besonderer Bedeutung sind. Das heißt **607** nicht, dass die Parteien einander das gesamte Vertragsrisiko abnehmen müssen, indem sie sich gegenseitig darüber aufklären. Denn es ist davon auszugehen, dass es zunächst einmal die Sache jeder einzelnen Partei ist, sich über die allgemeinen Marktverhältnisse und die sich daraus ergebenden Chancen und Risiken zu informieren[52].

Nur ausnahmsweise ergibt sich eine **besondere Aufklärungspflicht** einer Partei gegenüber der anderen, so z.B. dann, wenn besondere Umstände nur der einen Partei bekannt sind, diese jedoch weiß oder wissen muss, dass die Entscheidung der anderen Seite von deren Kenntnis beeinflusst werden kann[53]. Eine derartige Aufklärungspflicht kann sich z.B. auf solche Umstände beziehen, die der Gültigkeit des Vertrages entgegenstehen.

**Beispiel:** Hat der Verwender Allgemeiner Geschäftsbedingungen den Verdacht, dass eine oder gar mehrere der von ihm verwandten Klauseln wegen Verstoßes gegen die §§ 305 ff. unwirksam sein könnten, so trifft ihn die schadensverhütende Schutzpflicht, die andere Partei darüber aufzuklären. Hier liegt also eine Pflichtverletzung in Gestalt einer Aufklärungspflicht vor, wenn er das nicht tut.

**608** Aufklärungs- und Beratungspflichten können sich auch beim Abschluss eines Kaufvertrages ergeben, wenn der Verkäufer das Vertrauen des Kunden dadurch in Anspruch nimmt, dass er ihn berät.

**Beispiel:** Der 72-jährige W besichtigt im Geschäft des V mehrere Waschmaschinen. Von den vorgeführten Maschinen kauft er, nachdem er den V befragt hat, welches Gerät für ihn wohl das geeignete sei und V ihn auf das Modell XGL aufmerksam gemacht hat, ein solches, das die Wäsche bügeltrocken säubert. Als es geliefert wird, stellt sich heraus, dass W die Maschine in seiner 2-Zimmer-Wohnung nicht aufstellen kann. Sie muss wegen der hohen Drehzahl der Trommel auf einem Zementsockel befestigt werden, damit sie standfest ist. Das ist auch in der Bedienungsanleitung aufgeführt. W will vom Vertrag loskommen. Grundsätzlich muss sich der Käufer selbst davon überzeugen, ob er den zu erwerbenden Gegenstand zweckentsprechend verwenden kann. Wenn jedoch die Kaufsache nicht wie üblich eingesetzt werden kann und besondere Vorkehrungen getroffen werden müssen, damit sie zweckentsprechend gebraucht werden kann, dann darf der Käufer, dem dieses nach den Umständen nicht bekannt zu sein braucht, darauf vertrauen, dass er vom Verkäufer darüber unterrichtet wird. Indem V es unterließ, den W auf die besonderen Verwendbarkeitsvoraussetzungen der Waschmaschine aufmerksam zu machen, hat er daher eine ihm obliegende Aufklärungspflicht verletzt und damit eine Pflichtverletzung im Sinne der §§ 280, 311 Abs. 2 begangen.

#### cc) Der Abbruch von Vertragsverhandlungen

**609** Schon während der Verhandlungen über den Abschluss eines Vertrages schuldet jeder Vertragspartner dem anderen im Hinblick auf das durch Vertragsverhand-

---

52 BGH, NJW 2006, 3139, 3141.

53 BGH, NJW 2006, 3139, 3141

lungen begründete Schuldverhältnis (gemäß § 311 Abs. 2 Nr. 1) die zumutbare Rücksichtnahme auf dessen berechtigte Belange; dazu gehört auch, dass er die Vertragsverhandlungen nicht grundlos, nämlich ohne triftigen Grund oder aus sachfremden Erwägungen, abbricht, wenn er zuvor das Vertrauen des anderen Teils, der Vertrag werde mit Sicherheit zustande kommen, erweckt hat. Ein schuldhafter Verstoß gegen diese Pflicht ist eine Pflichtverletzung nach § 280. Sie begründet die Verpflichtung, dem Verhandlungspartner den dadurch verursachten Vertrauensschaden zu ersetzen[54].

Grundsätzlich muss die Pflicht zur Rücksichtnahme auf die berechtigten Belange des anderen Teils also schuldhaft verletzt werden. Das Verschulden des anderen, d.h. des in Anspruch genommenen Teils, kann darin liegen, dass er **610**

- schuldhaft das Vertrauen des Verhandlungspartners geweckt und genährt hat, der Vertrag werde mit Sicherheit zustande kommen,

  oder
- falls das Vertrauen des Verhandlungspartners darauf, der Vertrag werde mit Sicherheit zustande kommen, ohne Verschulden erweckt worden ist, so darf der Abbruch der Verhandlungen nicht grundlos, also nur noch aus triftigem Grund, d.h. aus nicht sachfremden Erwägungen erfolgen. Wer die Verhandlungen grundlos, d.h. ohne triftigen Grund abbricht, handelt deshalb schuldhaft.

Daraus folgt für denjenigen Verhandlungspartner, der noch nicht fest entschlossen ist, den Vertrag so, wie die andere Seite das wünscht abzuschließen, dass er sich bei den noch laufenden Vertragsverhandlungen so verhält, dass bei dem anderen Teil (dem Verhandlungspartner) nicht der Eindruck erweckt oder genährt wird, der Vertrag werde mit Sicherheit zustande kommen. Denn ist dieses Vertrauen auf das Zustandekommen des Vertrages erst einmal geschaffen worden, können die Verhandlungen nicht mehr ohne triftigen Grund abgebrochen werden. Wer dies dennoch tut, gerät in die Gefahr, Schadensersatz leisten zu müssen. **611**

#### dd) Die Verletzung von Schutz-, Obhut- und Fürsorgepflichten

Wie erwähnt, entsteht ein Schuldverhältnis mit den daraus erwachsenden **Schutz- und Obhutpflichten** schon mit der Anbahnung eines Vertrages (§ 311 Abs. 2 Nr. 2). Aus einem solchen Schuldverhältnis folgt u.a. die Pflicht, seinen räumlichen Herrschaftsbereich verkehrssicher zu gestalten. Voraussetzung dafür ist allerdings, dass beide Seiten mit Vertragsverhandlungen beginnen wollen. Dazu genügt ein genereller, rein faktischer Wille, in Vertragsverhandlungen einzutreten. **612**

---

54 BGHZ 71, 386, 395.

**Beispiel:** K betritt ein Kaufhaus, dessen Inhaber L ist, um eine Bodenvase auszusuchen und zu kaufen. Als er die Treppe vom Erdgeschoss in den 1. Stock benutzt, kippt eine am Treppengeländer von dem Angestellten G unvorsichtig aufgestellte Linoleumrolle um und stürzt auf den K, der davon am Kopf getroffen wird. K fällt die Treppe hinunter. Die Folgen sind eine schwere Gehirnerschütterung und ein zerrissener Anzug. K wird in ein Krankenhaus eingeliefert. Einen Kaufvertrag mit L kann er nicht mehr abschließen. K verlangt Schadensersatz (Ersatz der Arzt- und Krankenhauskosten und des Verdienstausfalles sowie für den zerrissenen Anzug) in Höhe von 1.500 €. L legt die gut geführte Personalakte des G vor, aus der hervorgeht, dass G ein besonders guter und umsichtiger Angestellter ist. G ist zahlungsunfähig. Kann K von L Zahlung von 1.500 € verlangen?

a) Anspruch des K gegen L auf Zahlung von 1.500 € aus §§ 280, 311 Abs. 2 Nr. 2, 241 Abs. 2 wegen Verschuldens bei Vertragsschluss (culpa in contrahendo) i.V.m. § 278. K könnte gegen L einen Anspruch auf Zahlung von 1.500 € aus §§ 280, 311 Abs. 2 Nr. 2, 241 Abs. 2 erworben haben, wenn L seine Pflichten aus einem vorvertraglichen Schuldverhältnis im Sinne der §§ 311 Abs. 2 Nr. 2, 241 Abs. 2 schuldhaft verletzt hat und dem K dadurch ein Schaden entstanden ist. Der Unfall des K ereignete sich im Kaufhaus des L. K hatte das Kaufhaus mit der Absicht betreten, eine Bodenvase zu kaufen; er hatte also den Willen, mit L in geschäftlichen Kontakt zu treten. Dies war kein bloß tatsächlicher Vorgang, wie ihn etwa eine reine Gefälligkeitshandlung darstellen würde, sondern es entstand ein vorvertragliches Schuldverhältnis nach § 311 Abs. 2 Nr. 2 durch die Anbahnung eines Vertrages. Ein solches Schuldverhältnis entsteht unabhängig davon, ob später tatsächlich ein Vertrag zustande kommt oder nicht. Aus dem entstandenen Schuldverhältnis ergab sich aus § 241 Abs. 2 sowohl für den Verkäufer als auch für den Kaufwilligen die Pflicht, bei Betreten und während des Aufenthaltes in dem Kaufhaus die gebotene Sorgfalt in Bezug auf die Gesundheit und das Eigentum des anderen Teils zu beachten[55]. Dieser Pflicht ist L nicht nachgekommen. Die Linoleumrolle war unvorsichtig aufgestellt. Es liegt also eine Pflichtverletzung nach § 280 vor, die allerdings nicht L, sondern der Angestellte G verursacht und verschuldet hat, weil dieser die Rolle unvorsichtig aufgestellt hatte. Auch bei vorvertraglichen Schuldverhältnissen haftet der Schuldner nicht nur für eigenes Verschulden, sondern im Rahmen von § 278 auch für fremdes Verschulden. G war als Angestellter des L dessen Erfüllungsgehilfe im Hinblick auf die Erfüllung der dem L auferlegten Pflicht im Sinne des § 241 Abs. 2, seinen räumlichen Herrschaftsbereich verkehrssicher zu gestalten. § 278 findet deshalb Anwendung. K hat somit aus §§ 280, 278, 249 Satz 2 gegen L einen Anspruch auf Zahlung von 1.500 €.

b) Anspruch des K gegen L auf Zahlung von 1.500 € gemäß § 831 i.V.m. § 823 Abs. 1. Ein Anspruch des K gegen L auf Zahlung von 1.500 € könnte sich außerdem aus § 831 Abs. 1 Satz 1 ergeben. G hat eine Gesundheits- und Eigentumsverletzung des K im Sinne von § 823 Abs. 1 und dadurch einen Schaden verursacht; er war auch Verrichtungsgehilfe des L. Dieser kann aber mit der gut geführten

55 So schon RGZ 78, 239, 240.

Personalakte nachweisen, dass er bei der Auswahl und Beaufsichtigung des G sorgfältig vorgegangen ist und ihn deshalb weder ein Auswahl- noch ein Überwachungsverschulden trifft. Eine Haftung aus unerlaubter Handlung scheidet deshalb gemäß § 831 Abs. 1 Satz 2 aus.

### 4. Pflichten aus einem Schuldverhältnis mit einem Dritten, der nicht Vertragspartei werden soll (§ 311 Abs. 3)

Gemäß § 311 Abs. 3 kommt ein Schuldverhältnis mit den Pflichten aus § 241 **613**
Abs. 2 auch mit Personen zustande, die selbst nicht Vertragspartei werden wollen, wenn dieser Dritte dem einen Vertragspartner gegenüber in besonderem Maße Vertrauen für sich in Anspruch nimmt und damit die Vertragsverhandlungen oder den Vertragsschluss erheblich beeinflusst. Dritte in diesem Sinne können vor allem Vertreter oder sonstige Verhandlungsgehilfen sein. Dabei wird in erster Linie darauf abgestellt, in welchem Umfange der Vertreter oder Vermittler – als Sachwalter – durch sein Verhalten Vertrauen bei dem Vertragschließenden erweckt. Entscheidend für eine Inanspruchnahme des Verhandlungsgehilfen ist schließlich auch noch, ob und inwieweit er ein eigenes wirtschaftliches Interesse an dem Abschluss des Vertrages hat.

**Beispiel**: Der Gebrauchtwagenhändler, der als Vermittler oder Abschlussvertreter für den Verkäufer tätig wird, der selbst nicht in Erscheinung treten möchte, ist im Zweifel Sachwalter des Verkäufers. Der Käufer bringt ihm besonderes Vertrauen entgegen, weil er dem Vertragsgegenstand besonders nahe steht und am Vertragsschluss ein eigenes wirtschaftliches Interesse hat. Infolgedessen entsteht zwischen Käufer und Händler, obwohl dieser nicht Vertragspartner werden soll, ein Schuldverhältnis gemäß § 311 Abs. 3 mit den Pflichten aus § 241 Abs. 2, kraft dessen der Händler als Sachwalter für die von ihm begangenen Pflichtverletzungen gemäß § 280 einzustehen hat[56].

Praktische Bedeutung hat die persönliche Haftung wegen Pflichtverletzung aus **614**
einem Schuldverhältnis im Sinne des § 311 Abs. 3 für Geschäftsführer einer GmbH, die für die GmbH Vertragsverhandlungen führen. Eine Eigenhaftung des Gesellschaftergeschäftsführers als Vertreter kommt insbesondere dann in Betracht, wenn der Verhandlungspartner gerade ihm wegen seiner herausragenden Sachkunde oder Vertrauenswürdigkeit ein besonderes Vertrauen entgegenbringt oder wenn der Vertreter an dem Abschluss des Vertrages selbst ein unmittelbares, eigenes wirtschaftliches Interesse hat[57]. In solchen Fällen entsteht zwischen den Beteiligten ein Schuldverhältnis im Sinne des § 311 Abs. 3, das nach § 241 Abs. 2 zur gegenseitigen Rücksichtnahme verpflichtet.

Eine persönliche Haftung des Gesellschaftergeschäftsführers aus culpa in con- **615**
trahendo kann neben der Entstehung eines Schadens voraussetzen, dass der Ge-

56 Vgl. BGHZ 87, 302, 304

57 BGH WM 1991, 1548.

schäftsführer eine Aufklärungspflicht verletzt hat. Eine solche Aufklärungspflicht einer Partei kann bei Vertragsverhandlungen u.a. dann entstehen, wenn diese Partei verpflichtet ist, die andere Partei über Bedenken gegen die Wirksamkeit oder Durchführbarkeit des Vertrages aufzuklären, sofern nur ihr die maßgeblichen Umstände bekannt sind und die andere Partei bei Kenntnis dieser Umstände von dem Vertragsschluss Abstand genommen hätte[58].

**Beispiel:** K verhandelt mit dem Geschäftsführer G der X-GmbH über den Kauf einer Werkzeugmaschine, welche die X-GmbH erst herstellen müsste. G berät den K eingehend über die technischen Eigenschaften und die wirtschaftlichen Vorteile der Maschine und sichert zu, dass sie fristgemäß bereit stehen werde. Die X-GmbH ist zwar auf die Herstellung solcher Maschinen, wie K sie wünscht, spezialisiert, ist aber nicht mehr in der Lage, eine solche Maschine zu produzieren, weil sie wegen finanzieller Engpässe Spezialkräfte entlassen musste. Davon weiß K nichts. Im Vertrauen auf die Worte des G schließt er mit der X-GmbH einen Vertrag ab, in dem ein Preis von 110.000 € für die Maschine vereinbart wird. Von dem Kaufpreis ist 3 Tage nach Vertragsschluss eine Anzahlung von 50.000 € zu leisten. K zahlt diesen Betrag an die X-GmbH. Wenige Tage später wird über das Vermögen der X-GmbH das Insolvenzverfahren eröffnet, das kurze Zeit darauf mangels Masse eingestellt wird. Daraufhin verlangt K von G Zahlung von 50.000 € als Schadensersatz.

K könnte von G nach §§ 280, 241 Abs. 2 und 311 Abs. 3 Schadensersatz in der geforderten Höhe verlangen, wenn zwischen ihm und G ein Schuldverhältnis im Sinne des § 311 Abs. 3 entstanden ist. G ist nicht Vertragspartner des K, aber er hat dem G als Verhandlungspartner wegen seiner herausragenden Sachkunde und seiner vorgespielten Vertrauenswürdigkeit ein besonderes Vertrauen entgegengebracht. Damit ist zwischen ihm und G ein Schuldverhältnis im Sinne des § 311 Abs. 3 entstanden. G hat eine Aufklärungspflicht gem. § 241 Abs. 2 verletzt und dem K dadurch einen Schaden zugefügt. Eine Aufklärungspflicht einer Partei wird bei Vertragsverhandlungen u.a. dann begründet, wenn diese Partei verpflichtet ist, die andere Partei über Bedenken gegen die Wirksamkeit oder Durchführbarkeit des Vertrages aufzuklären, sofern nur ihr die maßgeblichen Umstände bekannt sind und die andere Partei bei Kenntnis dieser Umstände von dem Vertragsschluss Abstand genommen hätte. Im zu erörternden Fall war die Durchführung des Vertrages unmöglich. Darüber hätte G den K aufgrund des entstandenen Vertrauensverhältnisses aufklären müssen. Weil er dies unterlassen hat, hat er schuldhaft eine Pflichtverletzung begangen, die bei K zu einem Schaden in Höhe von 50.000 € geführt hat. Denn K hätte bei Kenntnis der Umstände den Vertrag nicht abgeschlossen und keine Vorauszahlung geleistet. K hat deshalb gegen G einen Anspruch nach §§ 280, 241 Abs. 2 und 311 Abs. 3 auf Schadensersatz in Höhe von 50.000 € erworben.

*(Mögliche Ansprüche aus unerlaubter Handlung bleiben hier außer Betracht.)*

58 BGH WM 1991, 1548.

## IX. Schadensersatzansprüche wegen Verstoßes gegen das Allgemeine Gleichstellungsgesetz (AGG)

### 1. Überblick

Ansprüche wegen Pflichtverletzungen können sich auch aus dem Allgemeinen Gleichstellungsgesetz (AGG) ergeben (zu dem Gesetz siehe oben § 2 II. 3.). § 21 Abs. 2 AGG gewährt unter bestimmten Voraussetzungen Ansprüche auf Schadensersatz. **616**

Die Bestimmung in § 21 Abs. 2 S. 1 AGG ist an diejenige in § 280 Abs. 1 BGB angelehnt. An Stelle der nach § 280 Abs. 1 S. 1 BGB maßgebenden „Pflichten aus dem Schuldverhältnis" steht in Abs. 2 S. 1 die Verletzung des Benachteiligungsverbots.[59] Es muss also eine dem Anspruchsgegner zurechenbare unzulässige Benachteiligung iSv § 19 Abs. 1 oder Abs. 2, § 2 Abs. 1 Nr. 5–8 AGG – als Pflichtverletzung – vorliegen.[60]

Nur die schuldhafte Benachteiligung lässt den Schadensersatzanspruch entstehen. Allerdings wird das Vertretenmüssen nach § 21 Abs. 2 S. 1 AGG (wie in § 280 Abs. 1 BGB) gesetzlich vermutet.

### 2. Das zivilrechtliche Benachteiligungsverbot (§ 19 AGG)

Ein Schadensersatzanspruch aus § 21 Abs. 2 AGG entsteht nur, wenn ein Verstoß gegen das Benachteiligungsverbot des § 19 AGG vorliegt. Nach dieser Vorschrift ist eine „Benachteiligung aus Gründen der Rasse oder wegen der ethnischen Herkunft, wegen des Geschlechts, der Religion, einer Behinderung, des Alters oder der sexuellen Identität bei der Begründung, Durchführung und Beendigung zivilrechtlicher Schuldverhältnisse, die 1. typischerweise ohne Ansehen der Person zu vergleichbaren Bedingungen in einer Vielzahl von Fällen zustande kommen (Massengeschäfte) oder bei denen das Ansehen der Person nach der Art des Schuldverhältnisses eine nachrangige Bedeutung hat und die zu vergleichbaren Bedingungen in einer Vielzahl von Fällen zustande kommen", unzulässig. **617**

Der Tatbestand des § 19 Abs. 1 AGG erfasst vor allem diejenigen Schuldverhältnisse, die bei einer typisierenden Betrachtungsweise in einer Vielzahl von Fällen ohne Ansehen der Person zustande kommen. Es handelt sich also um **Massengeschäfte**, bei denen die folgenden Kriterien erfüllt sein müssen: Es geht um häufig auftretende Fälle und nicht um einmalige Sachverhalte. Ob es sich um eine „Vielzahl von Fällen" im Sinne des § 19 Abs. 1 AGG handelt, ist aus der Sicht der Anbieterseite zu beurteilen, denn an diese und nicht an den nachfragenden Kunden richtet sich das Benachteiligungsverbot[61].

---

59 BeckOK BGB/Wendtland, AGG § 21 Rn. 22–24.

60 BeckOK BGB/Wendtland, AGG § 21 Rn. 22–24.

61 So die Begründung zum Gesetzesentwurf, BT-Drucksache 16/1780, S. 41.

**Beispiel:** Der Verkauf von Gebrauchtwagen ist für den gewerblichen Kfz-Händler ein Geschäft, welches er in einer Vielzahl von Fällen abwickelt. Es handelt sich also um ein Massengeschäft, das vom Benachteiligungsverbot erfasst wird.

**Beispiel:** Veräußert der Rentner R seinen Gebrauchtwagen an den Lehrer L, so handelt es sich für den R nicht um ein Geschäft, das er in einer Vielzahl von Fällen abwickelt. Das Benachteiligungsverbot findet also keine Anwendung.

**618** Das Tatbestandsmerkmal „ohne Ansehen der Person" bedeutet: Ein Schuldverhältnis wird ohne Ansehen der Person begründet, durchgeführt oder beendet, wenn dabei die in § 1 AGG aufgeführten Merkmale keine Rolle spielen.[62] Die sozial verwerfliche Diskriminierung unterscheidet sich von der durch das Prinzip der Vertragsfreiheit gedeckten erlaubten Differenzierung dadurch, dass willkürlich und ohne sachlichen Grund einzelnen Personen der Zugang zu einer Leistung verwehrt oder erschwert wird, die sonst anderen Personen gleichermaßen zur Verfügung steht. Das allgemeine zivilrechtliche Benachteiligungsverbot des § 19 Abs. 1 AGG erfasst demnach in der Regel die Leistungen, die von Unternehmern in Ausübung ihrer gewerblichen oder beruflichen Selbständigkeit erbracht werden (§ 14 BGB). Bei Unternehmen lässt sich der Eingriff in die Vertragsfreiheit eher rechtfertigen, weil diese sich mit ihrem Leistungsangebot in die öffentliche Sphäre begeben und es damit grundsätzlich an die Allgemeinheit richten[63].

**619** Ohne Ansehen der Person kommen in der Regel Verträge im Bereich der Konsumgüterwirtschaft und bei standardisierten Dienstleistungen zustande[64].

**Beispiele:** Einzelhandel, Transportunternehmen, Gastronomie, Zahlungswilligkeit und Zahlungsfähigkeit vorausgesetzt.

**Beispiel:** Schließen sich Personen zu einer OHG zusammen, so handelt es sich nicht um ein Massengeschäft. Darüber hinaus wird typischerweise ein Gesellschaftsvertrag auch nicht ohne Ansehen der Person abgeschlossen.

**Massengeschäfte** kommen regelmäßig ohne Ansehen der Person und deshalb typischerweise auch zu vergleichbaren Bedingungen zustande. Die Gleichbehandlung bei der Erbringung der Leistung ist letztlich das Spiegelbild der Tatsache, dass der Anbieter bei der Auswahl der Vertragspartner keine Unterschiede macht[65].

### 3. Einschränkungen des Benachteiligungsverbots

**619 a** §§ 19 und 20 AGG enthalten eine Reihe von Einschränkungen des Benachteiligungsverbots wie z.B.

- Die Vorschriften finden keine Anwendung auf familienrechtliche und erbrechtliche Schuldverhältnisse (§ 19 Abs. 4 AGG).

---

62 So BT-Drucksache 16/1780, S. 41.

63 BT-Drucksache 16/1780, S. 41.

64 BT-Drucksache 16/1780, S. 41.

65 BT-Drucksache 16/1780, S. 41; zu den Einzelheiten siehe *Wackerbarth*, ZIP 2007, 453, 454.

- Bei der Vermietung von Wohnraum ist eine unterschiedliche Behandlung im Hinblick auf „die Schaffung und Erhaltung sozialer stabiler Bewohnerstrukturen und ausgewogener Siedlungsstrukturen sowie ausgeglichener wirtschaftlicher, sozialer und kultureller Verhältnisse zulässig" (§ 19 Abs. 3 AGG).
- Das Benachteiligungsverbot soll keine Anwendung finden „auf zivilrechtliche Schuldverhältnisse, bei denen ein besonderes Nähe- oder Vertrauensverhältnis der Parteien oder ihrer Angehörigen begründet wird" (§ 19 Abs. 5 AGG). Letzteres setzt voraus, dass es sich um eine Beziehung handelt, die über das hinausgeht, was ohnehin jedem Schuldverhältnis an persönlichem Kontakt zugrunde liegt. Das ist z.B. anzunehmen, wenn das Schuldverhältnis der anderen Partei Zugang zur Privatsphäre des Anbieters oder seiner Angehörigen verschafft[66]

  **Beispiel:** A bietet Musikunterricht in seinen Wohnräumen an. Hier kann es zu Berührungen mit der Privatsphäre des Anbieters und dessen Familienleben kommen.

Außerdem ist unter den in § 20 AGG genannten Voraussetzungen – Vorliegen eines „sachlichen Grundes" – eine unterschiedliche Behandlung zulässig. Ein sachlicher Grund kann z.B. darin liegen, dass die unterschiedliche Behandlung der Vermeidung von Gefahren, der Verhütung von Schäden oder anderen Zwecken vergleichbarer Art dient (§ 20 Abs. 1 Nr. 1 AGG).

### 4. Die Rechtsfolgen

Ein Verstoß gegen das Benachteiligungsverbot kann verschiedene Rechsfolgen **619 b**
auslösen, für die unterschiedliche Voraussetzungen vorliegen müssen.

#### a) Anspruch auf Beseitigung und Unterlassung

§ 21 Abs. 1 gewährt bei einem objektiven Verstoß gegen das Benachteiligungsverbot einen Anspruch auf Beseitigung der Beeinträchtigung und bei Wiederholungsgefahr, d.h. einer konkret drohenden bevorstehenden Benachteiligung auch einen Anspruch auf Unterlassung. Der Anspruch setzt nicht voraus, dass der Benachteiligende sein Handeln zu vertreten hat.[67]

#### b) Anspruch auf Schadensersatz

Nach § 21 Abs. 2 AGG ist derjenige, der schuldhaft das Benachteiligungsverbot verletzt hat, verpflichtet, den hierdurch entstandenen Schaden zu ersetzen. Nur dieser Anspruch beruht auf einer Pflichtverletzung, die derjenigen des § 280 nachgebildet ist.

---

66 Vgl. *MüKo/Thüsing*, § 19 AGG Rn. 106 ff.

67 *Staudinger/Christian Rolfs* (2014) AGG § 21 Rn. 3.

**Beispiel:** Befördert ein Taxifahrer eine Person nicht, weil ihm die Hautfarbe nicht gefällt und entgeht dieser Person dadurch ein lukratives Geschäft, so ist der Taxifahrer zum Ersatz des Schadens verpflichtet. Sein Vertretenmüssen der Verletzung des Benachteiligungsverbotes wird vermutet.

Auch für einen Nichtvermögensschaden kann eine angemessene Entschädigung in Geld verlangt werden (§ 21 Abs. 2 S. 3 AGG).

Ansprüche aus §§ 823 ff. BGB können neben Ansprüchen aus § 21 AGG geltend gemacht werden.

**619 d** Auf einen Haftungsausschluss oder eine Haftungsbeschränkung, die zum Nachteil des Gläubigers vom Benachteiligungsverbot abweicht, kann der Benachteiligende sich nicht berufen.

Der Benachteiligte muss nach den allgemeinen Grundsätzen zunächst den Beweis dafür führen, dass er im Vergleich zu anderen Person ungünstig behandelt worden ist. Außerdem muss er so genannte Vermutungstatsachen vortragen, aus denen sich schließen lässt, dass die unterschiedliche Behandlung auf einem nach § 1 AGG unzulässigen Grund beruht. Sodann trägt die andere Partei die Beweislast dafür, dass kein Verstoß gegen die Bestimmungen zum Schutz vor Benachteiligung vorgelegen (§ 22 AGG).

### c) Anspruch auf Abschluss eines Vertrages?

**619 e** Streitig ist, ob der Beseitigungsanspruch aus § 21 Abs. 1 S. 1 BGB auch die Verpflichtung zum Vertragsschluss des verweigerten Vertrages, also einen **Kontrahierungszwang** (vgl. dazu oben § 2 II. 3. c), umfasst[68]. Ein Anspruch auf Abschluss des Vertrages kann nur entstehen, wenn die Voraussetzungen des § 21 Abs. 2 oder 3 AGG vorliegen und der Diskriminierende den Verstoß gegen das Verbot zu vertreten hat. Dann ist der Schaden wie bei § 280 durch Naturalrestitution zu ersetzen (§ 249).[69] Der Benachteiligte ist also so zu stellen, wie er stehen würde, wenn er die verbotene Benachteiligung nicht hätte erleiden müssen[70]. Die Verpflichtung zur Abgabe einer auf den Vertragsschluss gerichteten Willenserklärung kann aus der Pflicht zur Naturalrestitution hergeleitet werden. Wenn die Diskriminierung gerade in der Verweigerung des Vertragsschlusses besteht, dann muss der Beseitigungsanspruch, wenn er denn noch möglich ist, zwangsläufig auf die Verpflichtung zum Abschluss des verweigerten Vertrages gerichtet sein[71].

---

68 Vgl. *MüKo/Thüsing*, § 21 AGG Rn. 17 ff. und 22.

69 *Staudinger/Christian Rolfs* (2014) AGG § 21 Rn. 5 u. 9.

70 Vgl. *Bauer/Göpfert/Krieger*, AGG § 21 Rn. 6.

71 Vgl. *MüKo/Thüsing*, § 21 AGG Rn. 18 ff.; *Bauer/Göpfert/Krieger*, AGG § 21 Rn. 6.

§ 21 Abs. 1 S. 1 AGG gewährt also grundsätzlich einen Anspruch auf Abschluss des unter Verletzung des zivilrechtlichen Benachteiligungsverbotes (§ 19 AGG) verweigerten Vertrages (umstritten[72]).

## X. Störung der Geschäftsgrundlage: Das Fehlen und der Wegfall der Geschäftsgrundlage (§ 313)

### 1. Überblick

Bei dem Abschluss eines Vertrages versuchen die Parteien, die für sie mit dem Vertrag verbundenen Risiken abzuschätzen. Umstände, die ihnen in Gegenwart und Zukunft unsicher erscheinen und für den Vertrag von Bedeutung sein können, versuchen sie in der Regel durch die zu treffenden vertraglichen Vereinbarungen zu erfassen. Wesentlich umfangreicher ist häufig der Kreis jener, das beiderseitige Verhalten berührender Umstände, die dem Geschäft als sicher und selbstverständlich zugrunde gelegt und deshalb nicht geregelt werden. Fehlen diese als sicher vorhanden angenommenen Umstände bei Vertragsschluss, oder ändern sie sich später, wird dem Geschäft möglicherweise die Grundlage entzogen. 620

Das führt zu der Frage, was mit einem Vertrag geschehen soll, wenn die eintretende Wirklichkeit von einer zur Geschäftsgrundlage gewordenen Voraussetzung abweicht. § 313 enthält ein Regelungsmodell für diese meist sehr schwierigen Fälle. Im Regelfall kann lediglich die Anpassung des Vertrages verlangt werden (§ 313 Abs. 1); eine Lösung vom Vertrage durch Rücktritt oder Kündigung kommt nur ausnahmsweise in Betracht, wenn eine Anpassung des Vertrages nicht möglich oder einem Teil nicht zumutbar ist (§ 313 Abs. 3).

Unter **Geschäftsgrundlage** versteht man die nicht zum eigentlichen Vertragsinhalt erhobenen, aber bei Vertragsschluss zutage getretenen gemeinschaftlichen Vorstellungen beider Vertragsparteien oder die dem Geschäftsgegner erkennbaren und von ihm nicht beanstandeten Vorstellungen der einen Vertragspartei von dem Vorhandensein oder dem künftigen Eintritt gewisser Umstände, auf denen der Geschäftswille der Parteien sich aufbaut[73].

### 2. Risikoverteilung und Vorrang der Auslegung

In den meisten Fällen geht es darum herauszufinden, wer nach den vertraglichen Vereinbarungen oder gesetzlichen Regelungen über die Risikoverteilung zwischen den Vertragsparteien ein aufgrund des Eintritts bestimmter Ereignisse erhöhtes Risiko zu tragen hat. Diese Frage ist in der Regel im Wege der **Auslegung** zu lö- 621

72 Dazu *Staudinger/Christian Rolfs* (2014) AGG § 21 Rn. 9.

73 So BGHZ 25, 390, 392 und 74, 370, 374 f.

sen. Erst wenn die Auslegung des Vertrages nicht möglich ist oder zu keinem Ergebnis führt, ist zu prüfen, ob für einen Vertrag die Geschäftsgrundlage fehlt oder dieselbe weggefallen ist.

Die Frage, die zunächst gestellt werden muss, lautet also: Wer soll das Risiko der unerwarteten Veränderungen der Verhältnisse tragen? Zum Inhalt fast aller Verträge gehört neben der Festlegung der beiderseitigen Leistungen die Verteilung bestimmter Risiken zwischen den Parteien.

> **Beispiel:** In einem Pachtvertrag wird vereinbart, dass der Verpächter, der Eigentümer der mitverpachteten Grundstücke ist, eine für die Zukunft drohende Erhöhung der Grundbesitzabgaben auf den Pächter abwälzen kann.

622 Ist keine vertragliche Vereinbarung über die Risikoverteilung getroffen, so ergibt sich eine solche vielfach aus dem Gesetz.

> **Beispiel:** Beim Kauf unter Eigentumsvorbehalt geht die Preisgefahr gemäß § 446 mit der Übergabe und nicht erst mit der Übereignung auf den Käufer über. Daraus folgt, dass der Käufer den vollständigen Kaufpreis zahlen muss, auch wenn die Sache, die er im Besitz hat aber deren Eigentümer er noch nicht ist, ohne Verschulden des Käufers untergeht oder schwer beschädigt wird.

Diese Risikoverteilung kraft vertraglicher oder gesetzlicher Regelung genießt also stets Vorrang. Für die Anwendung der Lehre vom Fehlen und vom Wegfall der Geschäftsgrundlage ist dann kein Raum!

623 Erst dann, wenn man nach einem Auslegungsversuch ohne Erfolg zu dem Ergebnis gelangt, dass die vertragliche oder gesetzliche Risikoverteilung geradezu jeden Sinn verliert oder gleichsam in ihr Gegenteil verkehrt wird, so dass die unveränderte Durchführung des Vertrages für eine Partei unzumutbar wird, kann über die Anwendung der Regeln über den Wegfall der Geschäftsgrundlage nachgedacht werden.

Daraus wird deutlich, dass es sich ausnahmslos um Grenzfälle handelt, in denen die belastete Partei mit der Berufung auf den Wegfall der Geschäftsgrundlage Erfolg hat[74].

### 3. Die Rechtsfolgen des Fehlens und des Wegfalls der Geschäftsgrundlage

624 Man kann unterscheiden zwischen:

- der **von Anfang an fehlenden Geschäftsgrundlage**: die bei Abschluss des Vertrages dem Geschäftswillen der Parteien zugrunde liegenden Vorstellungen über die dem Vertragsschluss zugrunde gelegten Umstände erweisen sich später als falsch,

und

---

74 Vgl. auch *Reischl*, JuS 2003, 454 f.

– dem **späteren Wegfall der Geschäftsgrundlage**: die bei Abschluss des Vertrages dem Geschäftswillen der Parteien zugrunde liegenden, auf die Zukunft gerichteten Vorstellungen über das weitere Andauern oder den späteren Eintritt von bestimmten Umständen treffen nicht zu. Das ist insbesondere dann der Fall, wenn das im Vertrag vorausgesetzte Gleichwertverhältnis zwischen Leistung und Gegenleistung in einem solchen Maße gestört ist, dass verständlicherweise von einer Gegenleistung überhaupt nicht mehr gesprochen werden kann (Äquivalenzstörung) oder wenn der objektive (beiderseitige) Vertragszweck nicht nur zeitweilig unerreichbar geworden ist (Zweckvereitelung)[75].

Beides, sowohl das Fehlen wie auch der Wegfall der Geschäftsgrundlage, können 625
gemäß § 313 eine **Durchbrechung des Grundsatzes pacta sunt servanda** rechtfertigen.

Die Rechtsfolge des Fehlens oder des Wegfalls der Geschäftsgrundlage ist allerdings in der Regel nicht die Auflösung des Vertrages, sondern die **Anpassung des Vertrages** an die wirkliche, bei Abschluss des Vertrages nicht erkannte Sachlage unter der Berücksichtigung des Grundsatzes von Treu und Glauben gemäß § 313.

**Beispiel** (in Anlehnung an BGHZ 46, 268): Bei Abschluss eines Vertrages über die Verwaltung eines Vermögens befanden sich beide Parteien in einem Irrtum über die Höhe des für eine Vermögensverwaltung üblichen Honorars. Der BGH hat hier einen „gemeinsamen Irrtum über die Geschäftsgrundlage" angenommen und die Honorarberechnung unter Berücksichtigung der wirklichen Umstände angepasst.

Die von der Literatur und der Rechtsprechung entwickelte und heute in § 313 626
niedergelegte **Geschäftsgrundlagenlehre** ermöglicht es also, einen Vertrag den veränderten Umständen anzupassen, wenn es für die Parteien – oder eine Vertragspartei – nicht zumutbar ist, am Vertrage in der ursprünglichen Form festzuhalten. Dabei ist insbesondere auf die **Zumutbarkeit** abzustellen.

Derjenige, der durch das Fehlen oder den Wegfall der Geschäftsgrundlage beschwert ist, hat einen Anspruch auf Anpassung, den er geltend machen muss. Gelangen die Parteien selbst nicht zu einer Anpassungsvereinbarung, so kann der beschwerte Teil sogleich auf die angepasste Leistung klagen.

Wenn auch in erster Linie versucht werden muss, den Inhalt des Vertrages den veränderten Umständen anzupassen, so kann der Vertrag doch dann, wenn das unmöglich ist oder die Grenze dessen, was einer Partei zugemutet werden kann, überschritten wird, **aufgelöst** werden (§ 313 Abs. 3). Der beschwerte Teil muss dann den Rücktritt erklären oder, je nach Vertragsart, kündigen.

**Beispiel** (nach BGH NJW 1981, 1551 ff.): E, der ein ihm gehörendes Mietshaus verkaufen wollte, kam aufgrund eines Zeitungsinserats mit dem Kaufinteressenten I in Kontakt. Beide kamen überein, dass der Kaufpreis für das Objekt dem 11-fachen der jährlichen Mieteinnahmen entsprechen sollte. Unter Aushändigung von Miet-

75 So BGHZ 61, 153, 160.

abrechnungen teilt E dem I mit, die Jahresmiete betrage 72.000 €. Auf dieser Basis wurde der Kaufpreis mit 792.000 € festgesetzt. Nach Abschluss eines entsprechenden notariellen Grundstückskaufvertrages stellt E fest, dass die jährlichen Mieteinnahmen 90.000 € betragen. Den Betrag von 72.000 € hatte die Hausverwaltung fehlerhaft berechnet. E möchte deshalb von I 990.000 € als Kaufpreis verlangen.

E könnte gegen I einen Anspruch aus Zahlung von 990.000 € gemäß §§ 433, 313 Abs. 1 Abs. 2 haben. Dann müsste zwischen den Parteien ein Kaufvertrag über diesen Preis zustande gekommen sein. Der notarielle Kaufvertrag weist als Kaufpreis lediglich 792.000 € aus.

Bevor die Frage erörtert wird, ob eine Vertragsanpassung unter Erhöhung des Kaufpreises von 792.000 € auf 990.000 € nach der Geschäftsgrundlagenlehre möglich ist, muss durch Auslegung festgestellt werden, ob nicht bereits ein Vertrag mit einer entsprechenden Kaufpreisabrede geschlossen worden ist. Man könnte daran denken, dass die Berechnungsgrundlage (11-fache Jahresmiete) selbst Vertragsinhalt geworden ist. Dann wäre der korrekte Kaufpreis von 990.000 € vereinbart worden, und die Angabe von 792.000 € im Vertrag wäre lediglich eine falsche Bezeichnung für das in Wahrheit Gewollte („falsa demonstratio"), die bekanntlich unschädlich ist (§ 133). Allerdings ist zu berücksichtigen, dass der Grundstückskaufvertrag entsprechend § 311 b S. 1 in notarieller Form abgeschlossen worden ist. Da der Zweck der Formvorschrift auch darin besteht, dem Käufer die finanziellen Folgen des Geschäfts vor Augen zu halten, verbietet es sich, den Kaufpreis aufgrund nicht beurkundeter Umstände zu ermitteln[76]. Eine nachträgliche Vertragsanpassung wäre jedoch möglich, wenn die Preiskalkulation zur gemeinsamen Geschäftsgrundlage für den zwischen den Parteien geschlossenen Kaufvertrag erhoben worden wäre. An einer gemeinsamen Geschäftsgrundlage fehlt es jedoch dann, wenn das Risiko einer Fehlvorstellung nach Sinn und Zweck der Vereinbarung nur eine Partei treffen soll. Beim Kaufvertrag als reinem Austauschvertrag will der Käufer regelmäßig das Risiko einer fehlerhaften Preiskalkulation nicht übernehmen, auch dann nicht, wenn sie ihm seitens des Verkäufers offengelegt wurde. Er kauft typischerweise, wenn und soweit ihm der Kaufpreis angemessen erscheint. Deshalb ist beim Kaufvertrag die offengelegte Preiskalkulation nicht als Geschäftsgrundlage zu betrachten, sofern nicht weitere besondere Umstände dazu zwingen[77]. Da solche besonderen Umstände nicht ersichtlich sind, ist eine Vertragsanpassung ausgeschlossen. E kann von I nur den ursprünglichen Kaufpreis von 792.000 € verlangen.

## XI. Der Gläubigerverzug (Annahmeverzug)

### 1. Der Eintritt des Annahmeverzuges

627 Der Gläubiger kann die Abwicklung eines Schuldverhältnisses dadurch stören, dass er die ihm ordnungsgemäß angebotene Leistung nicht annimmt. Damit gerät er in Gläubigerverzug (siehe §§ 293–304).

---

76 Vgl. *John*, JuS 1983, 176, 177.

77 So BGH NJW 1981, 1552.

Der Gläubigerverzug tritt unter den folgenden Voraussetzungen ein:

a) Der Schuldner muss zur Leistung berechtigt sein (vgl. § 271).

b) Der Schuldber muss zur Erbringung der geschuldeten Leistung bereit und imstande sein. Das ist nicht der Fall, wenn ihm die Leistung unmöglich ist (§ 297). Da sich Unmöglichkeit und Verzug gegenseitig ausschließen, können wegen derselben Leistung Gläubigerverzug und Unmöglichkeit niemals gleichzeitig vorliegen.

c) Weiterhin hat der Schuldner die Leistung dem Gläubiger ordnungsgemäß an- **628**
zubieten (vgl. §§ 294–296). Hierfür ist grundsätzlich erforderlich, dass der Schuldner die Leistung tatsächlich anbietet (§ 294). Um ein tatsächliches Angebot handelt es sich, wenn der Gläubiger nur noch zuzugreifen braucht[78]. Für den Fall, dass z.B. eine Bring- oder Schickschuld vereinbart worden ist, hat demnach das tatsächliche Angebot am Wohn- oder Geschäftssitz des Gläubigers zu erfolgen. Ausnahmsweise genügt ein wörtliches Angebot, wenn der Gläubiger erklärt hat, er werde die Leistung nicht annehmen, oder wenn zur Bewirkung der Leistung eine Handlung des Gläubigers erforderlich ist (vgl. § 295). Nach § 296 ist selbst ein wörtliches Angebot des Schuldners entbehrlich, wenn der Gläubiger mitzuwirken hat und seine Mitwirkungspflicht kalendermäßig bestimmt war.

d) Der Gläubiger nimmt die angebotene Leistung nicht an oder unterlässt eine Mitwirkungshandlung.

Der Gläubiger gerät auch dann in Annahmeverzug, wenn ihn oder seinen Erfüllungsgehilfen ein Verschulden nicht trifft.

## 2. Die Folgen des Gläubigerverzuges

Die Rechtsfolgen des Annahmeverzuges sind deshalb weniger gravierend als beim **629**
Schuldnerverzug:

a) Der Gläubiger muss dem Schuldner die Mehraufwendungen ersetzen, die diesem durch den Annahmeverzug entstehen (§ 304).

b) Bei einem gegenseitigen Vertrag geht die Gegenleistungsgefahr (= Preisgefahr) auf den Gläubiger über, sobald er in Annahmeverzug geraten ist (vgl. § 326 Abs. 2). Dies bedeutet beispielsweise für den Kaufvertrag, dass der Käufer zahlen muss, obwohl der Kaufgegenstand nach Eintritt des Gläubigerverzuges untergegangen ist.

c) Eine Haftungserleichterung für den Schuldner: Dieser haftet während des Annahmeverzuges des Gläubigers nur noch für Vorsatz und grobe Fahrlässigkeit (§ 300 Abs. 1).

---

78 BGHZ 90, 354, 359.

**Beispiel:** M kauft bei V eine speziell für M konstruierte und gebaute Werkzeugmaschine. V übernimmt die Verpflichtung, die Maschine zu dem Betrieb des M zu transportieren. Als Liefertermin wird der 1. September 2017 vereinbart. Als die Mitarbeiter des V am 1. September die Maschine auf einem LKW anliefern wollen, müssen sie feststellen, dass der Betrieb des M wegen eines Betriebsausfluges geschlossen ist. Die Mitarbeiter des V müssen unverrichteter Dinge wieder umkehren. Auf dem Rückweg verursacht der LKW-Fahrer leicht fahrlässig einen Verkehrsunfall, bei dem die Maschine vollständig zerstört wird. M verlangt von V Schadensersatz wegen Nichterfüllung. Zu Recht?

Einen Anspruch wegen Pflichtverletzung auf Schadensersatz statt der Leistung könnte M gegen V aus §§ 280, 283, 278, erworben haben. Die vereinbarte Leistung des V – die Übergabe und Übereignung einer bestimmten Maschine (Stückschuld) – ist unmöglich geworden. Fraglich ist aber, ob der Schuldner der Leistung, also V, die Pflichtverletzung, das Unmöglichwerden, zu vertreten hat. In der Regel hat der Schuldner es zu vertreten, wenn durch sein eigenes Verschulden oder das seiner Erfüllungsgehilfen die Leistung unmöglich wird (§§ 280, 281, 278). Verschulden bedeutet Vorsatz oder Fahrlässigkeit (§ 276). Wenn der Gläubiger mit der Annahme der Leistung in Verzug ist (Gläubigerverzug), hat der Schuldner jedoch gemäß § 300 Abs. 1 nur Vorsatz und grobe Fahrlässigkeit zu vertreten. V haftet im zu erörternden Fall also nicht, wenn M im Gläubigerverzug war. M ist gemäß §§ 293 ff. in Gläubigerverzug geraten, weil V die fällige Leistung zum vereinbarten Zeitpunkt am vereinbarten Ort angeboten und M sie nicht angenommen hat. Ein Verschulden des Gläubigers ist nicht erforderlich. Während des Gläubigerverzuges ist die Leistung des V durch leichte Fahrlässigkeit seines Erfüllungsgehilfen unmöglich geworden. Nach § 300 Abs. 1 hat V das Unmöglichwerden der Leistung nicht zu vertreten. M kann demnach nicht gemäß §§ 280, 281, 278 Schadensersatz statt der Leistung von V verlangen.

**Lösung zu Fall 24:** Zu prüfen ist ein Anspruch des K auf Schadensersatz gegen V aus §§ 280 Abs. 1, 241 Abs. 2, 278. Ein Schuldverhältnis mit V liegt vor. Nach § 241 Abs. 2 sind die an einem Schuldverhältnis Beteiligten nach dem Inhalt des Schuldverhältnisses „zur Rücksicht auf die Rechte, Rechtsgüter und Interessen des anderen Teils“ verpflichtet. Indem A unachtsam mit der Leiter umging, was zur Zerstörung des Fernsehapparates führte, nahm er nicht die erforderliche Rücksicht auf die Rechtsgüter und Interessen des K. Er beging fahrlässig eine Pflichtverletzung, die zu einem Schaden bei K führte. Nach § 278 hat sich V das Verhalten und das Verschulden einer Person, derer er sich zur Erfüllung einer Verbindlichkeit bedient, zurechnen zu lassen. A handelt in Erfüllung einer Verbindlichkeit des V, indem er die Lampe im Haus des K anbringt. Folglich hat sich V des A bedient, um eine Verbindlichkeit im Rahmen seiner Vertragsverpflichtung zu erfüllen. Demnach ist A Erfüllungsgehilfe nach § 278. Folglich haftet V nach §§ 280 Abs. 1, 241 Abs. 2, 278. Die Berechnung des Schadens erfolgt nach §§ 249 ff.

# § 27 Die Beteiligung Dritter an einem Schuldverhältnis

**Schrifttum:** *Ahcin/Armbrüster*, Grundfälle zum Zessionsrecht, JuS 2000, 450, 549, 658, 865; *Bayer*, Vertraglicher Drittschutz, JuS 1996, 473; *Coester-Waltjen*, Aufrechnung bei Abtretung, Jura 2004, 391; *Zenner*, Der Vertrag mit Schutzwirkung zu Gunsten Dritter. Ein Institut im Lichte seiner Rechtsgrundlage, NJW 2009, 1030.

***Fall 25:** K kauft bei V kurz vor einer längeren Auslandsreise einen PKW, den er seiner Frau F zum Geburtstag schenken will. Er erklärt dem V, dass es sich um ein Geschenk für seine Frau F handele, die ihren Geburtstag in seiner Abwesenheit feiern müsse, weil er verreist sei. K bezahlt den Kaufpreis und bittet V, den PKW drei Tage später an seine Frau F auszuliefern. K sagt zu seiner Frau, er schenke ihr zum drei Tage später folgenden Geburtstag ein Kraftfahrzeug, das sie sich bei V abholen möge. K tritt nun seine Reise an. Drei Tage später verlangt F von V den PKW. V verweigert die Leistung. Kann F von V das Kraftfahrzeug verlangen?*

## I. Überblick

Es gibt verschiedene Möglichkeiten, Dritte an einem Schuldverhältnis zu beteiligen, das zwischen zwei Personen begründet worden ist. U.a. kommen in Betracht: **630**

- Der **Gläubigerwechsel:** An die Stelle des bisherigen Gläubigers tritt ein neuer Gläubiger.
- Der **Schuldnerwechsel**: An die Stelle des bisherigen Schuldners tritt eine andere Person.
- Der **Vertrag zugunsten Dritter**: Zwei Personen schließen einen Vertrag, aus dem ein Dritter berechtigt sein soll, die Leistung von einem der Vertragspartner zu verlangen.

## II. Die Abtretung von Forderungen und anderen Rechten

### 1. Die Forderung

Ein **Anspruch** ist das Recht einer Person, von einer anderen Person ein Tun oder Unterlassen zu verlangen (vgl. § 194 Abs. 1). Ergibt sich ein solcher Anspruch aus einem Schuldverhältnis, so handelt es sich um eine **Forderung.** **631**

**Beispiel:** Der Anspruch des Geschädigten auf Zahlung von Schadensersatz aus § 823 Abs. 1 i.V.m. §§ 249 ff. ist ein Anspruch aus einem gesetzlichen Schuldverhältnis. Es handelt sich also um eine Forderung.

**Beispiel:** Nach Abschluss eines Kaufvertrages hat der Verkäufer gegen den Käufer einen Anspruch aus § 433 Abs. 2 auf Zahlung des Kaufpreises. Der Kaufvertrag ist ein Schuldverhältnis. Es handelt sich also um eine Forderung.

632 Die Forderung, die der Gläubiger gegen den Schuldner hat, kann auf einen anderen Gläubiger übergehen. Der Übergang kann sich vollziehen

- kraft Rechtsgeschäfts oder
- kraft Gesetzes.

Hier wird nur die Übertragung der Forderung bzw. des Rechts durch Rechtsgeschäft behandelt.

## 2. Die rechtsgeschäftliche Übertragung einer Forderung

### a) Der Abtretungsvertrag

633 Zur rechtsgeschäftlichen Übertragung einer Forderung (Zession) ist gemäß § 398 ein Abtretungsvertrag erforderlich, der in der Regel formlos abgeschlossen wird. Der Gegenstand des Abtretungsvertrages ist die aus zwei Willenserklärungen bestehende Einigung des bisherigen Gläubigers (Zedent) mit dem Erwerber der Forderung (Zessionar) darüber, dass die Forderung auf den neuen Gläubiger übergehen soll.

In dem Moment, in dem der Abtretungsvertrag wirksam wird, geht die Forderung von dem bisherigen Gläubiger auf den neuen Gläubiger über (§ 398 Satz 2).

> **Beispiel:** B gewährt dem A ein Darlehen in Höhe von 5.000 €. Die Darlehensrückzahlungsforderung, die B aus dem Darlehensvertrag erworben hat, tritt er mit einem Abtretungsvertrag gemäß § 398 an L ab. Mit dem Wirksamwerden des Abtretungsvertrages ist nicht mehr B, sondern L Gläubiger des A. Die Folge: A muss nicht mehr an B, sondern an L zahlen.

634 Grundsätzlich sind alle Forderungen und sonstigen Rechte ohne Rücksicht auf den Rechtsgrund abtretbar.

Zu den Forderungen, die – abweichend von dieser Regel – nicht abtretbar sind, zählen der Herausgabeanspruch nach § 985[1] und der Anspruch auf Berichtigung des Grundbuchs gemäß § 894[2].

Der Abtretungsvertrag ist ein **Verfügungsgeschäft**, denn durch ihn wird ein Recht – die Forderung – unmittelbar übertragen. Einem solchen Verfügungsgeschäft liegt in der Regel ein Verpflichtungsgeschäft zugrunde.

> **Beispiel** im Anschluss an das vorhergehende **Beispiel:** B hat einen Darlehensrückzahlungsanspruch gemäß § 488 gegen A erworben, der erst in einem Jahr fällig wird. Da er jetzt Bargeld benötigt, verkauft er die Forderung gemäß § 433 für einen Kaufpreis von 4.800 € an L und tritt die Forderung gemäß § 398 an L ab. Der Kaufvertrag ist das Verpflichtungsgeschäft, in dem sich B verpflichtet, dem L die Forderung zu übertragen, in dem L die Verpflichtung übernimmt, den Kaufpreis zu zahlen. Der Abtretungsvertrag gemäß § 398 ist ein Verfügungsgeschäft.

---

1 *MüKo/Roth*, § 399 BGB Rn. 7, 20.

2 *MüKo/Roth*, § 399 BGB Rn. 20.

Mit seinem Abschluss geht die Forderung auf L über. Mit einem weiteren Verfügungsgeschäft kommt der Käufer der Forderung (L) seiner Verpflichtung, den Kaufpreis zu zahlen, nach. Das kann u.a. durch die Übereignung von Geldscheinen oder die Übereignung eines Schecks geschehen.

Voraussetzung für einen wirksamen Forderungsübergang gemäß § 398 ist, dass die Forderung dem abtretenden Gläubiger zusteht. Einen gutgläubigen Erwerb von Forderungen vom Nichtberechtigen gibt es nicht. Beim gutgläubigen Erwerb des Eigentums an einer Sache vom Nichtberechtigten nach §§ 929, 932 darf der Erwerber auf den durch den Besitz veranlassten Rechtsschein (§ 1006) vertrauen. Beim Forderungserwerb fehlt ein vergleichbarer Anknüpfungspunkt für einen Rechtsschein. Der Erwerber einer Forderung trägt das volle Risiko. **635**

**Beispiel:** B behauptet, Gläubiger einer Darlehensrückzahlungsforderung gegenüber D zu sein, die in Wirklichkeit dem P zusteht. B tritt diese Forderung an Z ab, der daran glaubt, B sei der Gläubiger der Forderung. Hier verfügt B als Nichtberechtigter, denn die – wirklich bestehende – Forderung gegen D steht nicht ihm, sondern P zu. Da bei Forderungen ein gutgläubiger Erwerb vom Nichtberechtigten nicht möglich ist, hat Z die Forderung nicht erworben. P ist nach wie vor der Gläubiger der Forderung.

### b) Die Sicherungsrechte

Mit der Abtretung gehen auch die für die Forderung bestehenden Sicherungsrechte aus Hypotheken, Pfandrechten und Bürgschaften auf den neuen Gläubiger über, ohne dass es eines zusätzlichen Rechtsgeschäfts bedarf (§ 401). **636**

**Beispiel:** Tritt A dem B eine Darlehensforderung ab, die A gegen D hat und zu deren Sicherheit ein Pfandrecht und eine Bürgschaft bestellt worden sind, so gehen die Rechte aus dem Pfandrecht und dem Bürgschaftsvertrag auf den neuen Gläubiger B über. Dies geschieht selbst dann, wenn der neue Gläubiger gar nicht weiß, dass die genannten Sicherheiten existieren.

Mit der Forderung gehen allerdings nur die in § 401 aufgeführten **akzessorischen Nebenrechte** (Sicherungsrechte) von dem alten Gläubiger auf den neuen Gläubiger über. Akzessorisch im engeren Sinne bedeutet: das Sicherungsrecht (Nebenrecht) – wie z.B. die Bürgschaft – steht in voller Abhängigkeit von der zu sichernden Forderung; d.h. Entstehung, Umfang und Fortbestand des akzessorischen Sicherungsrechtes hängen von dem Bestand der zu sichernden Forderung ab. Die in § 401 Abs. 1 genannten Nebenrechte – wie z.B. Pfandrecht und Bürgschaft – sind solche akzessorischen Rechte.

Das Vorbehaltseigentum ist hingegen kein akzessorisches Recht[3], ebensowenig das Sicherungseigentum[4]. Sie gehen also bei einer Abtretung der gesicherten Forderung nicht automatisch auf den neuen Gläubiger über.

3 So BGHZ 42, 53, 56 f.

### c) Der Ausschluss der Forderungsabtretung

637 Gemäß § 399 ist die Abtretung einer Forderung nicht möglich und deshalb unwirksam:

aa) wenn die Leistung, die Gegenstand der Forderung ist, „an einen anderen als den ursprünglichen Gläubiger nicht ohne Veränderung ihres Inhalts erfolgen kann" (§ 399 1. Alternative). Dazu zählen insbesondere Leistungen, bei denen es einer Vertragspartei nicht gleichgültig sein kann, an wen sie erfolgen.

**Beispiel:** Die Leistungen, die der Vermieter aus einem Mietverhältnis zu erbringen hat, gehören in der Regel zu dieser Kategorie, weil der Vermieter meist wissen möchte, wem er die Sachen anvertraut, bevor er einen Mietvertrag abschließt;

bb) wenn die Abtretung „durch Vereinbarung mit dem Schuldner ausgeschlossen ist" (§ 399 2. Alternative). Eine solche Vereinbarung zwischen Gläubiger und Schuldner verpflichtet den Gläubiger, die Forderung nicht abzutreten. Eine dennoch vom Gläubiger vorgenommene Abtretung ist unwirksam[5].

Etwas anderes gilt gemäß § 354 a HGB für Geldforderungen, wenn das Rechtsgeschäft, welches die Forderung begründet hat, für beide Seiten ein Handelsgeschäft im Sinne des § 343 HGB ist. In diesen Fällen ist eine Abtretung trotz eines gemäß § 399 vereinbarten Abtretungsverbots wirksam.

### d) Die Abtretung zukünftiger Forderungen

638 Auch **zukünftige Forderungen** können abgetreten werden, wenn sie so genau bestimmt werden können, dass sie spätestens im Augenblick ihrer Entstehung zweifelsfrei bestimmbar sind. Bestimmbar in diesem Sinne ist eine Forderung schon dann, wenn sie als eine von einer Vorausabtretung umfasste Einzelforderung „genügend individualisierbar ist"[6].

**Beispiel:** Unternehmer U tritt einer Bank alle Forderungen ab, die in der Zukunft aus der Veräußerung der von ihm hergestellten Produkte an seine drei größten Kunden, nämlich B, F und Z entstehen werden. Die Abtretung dieser künftigen Forderungen ist wirksam, weil diese im Augenblick ihrer Entstehung bestimmbar, d.h. genügend individualisierbar sind.

### e) Schuldnerschutzvorschriften

639 **aa)** Durch einen Abtretungsvertrag gemäß § 398 geht eine Forderung auch dann auf den neuen Gläubiger über, wenn der Schuldner von der Abtretung keine Kenntnis hat oder wenn er mit ihr nicht einverstanden ist. Daraus folgt, dass der nicht wissende Schuldner geschützt werden muss. Dies geschieht u.a. durch die Regelungen, die in den §§ 404, 407 und 408 niedergelegt sind. Diesen Regelungen

---

4 Vgl. *Palandt/Grüneberg*, § 401 BGB Rn. 5.

5 So BGHZ 40, 156, 159.

6 So BGHZ 7, 365; vgl. auch BGHZ 79, 16, 21.

liegt der Gedanke zugrunde, dass der Schuldner, der ja von der Abtretung nicht einmal wissen muss, durch die Abtretung nicht schlechter gestellt werden darf, als wenn der alte Gläubiger Inhaber der Forderung geblieben wäre.

**bb)** Der Schuldner kann dem neuen Gläubiger die Einwendungen entgegenhalten, die er dem alten Gläubiger im Hinblick auf die Forderung entgegenhalten konnte (§ 404).

> **Beispiel:** So kann der Schuldner dem neuen Gläubiger gemäß § 404 etwa entgegenhalten, dass er den Vertrag, auf dem die abgetretene Forderung beruht, wegen arglistiger Täuschung angefochten hat.

**cc)** Weiß der Schuldner von der Abtretung einer Forderung nichts und zahlt er **640**
an den alten Gläubiger, so tritt die Erfüllungswirkung gemäß § 362 nicht ein, weil der Schuldner nicht an den Gläubiger geleistet hat. Der neue Gläubiger kann allerdings nicht noch einmal Zahlung vom Schuldner verlangen, wenn die Voraussetzungen des § 407 vorliegen und der Schuldner sich auf § 407 beruft. Der § 407 ist eine dringend notwendige Schuldnerschutzvorschrift, weil der Gläubigerwechsel gemäß § 398 ohne Mitwirkung des Schuldners und sogar ohne Anzeige an ihn erfolgen kann. Der Schuldner hat ein Wahlrecht:

- Hat er nach der Abtretung der Forderung und bevor er Kenntnis davon erlangt hatte, an den Altgläubiger gezahlt, kann er sich dem Neugläubiger gegenüber auf die Befreiung gemäß § 407 Abs. 1 berufen. In diesem Fall kann der neue Gläubiger vom alten Gläubiger Herausgabe des Erlangten gemäß § 816 Abs. 2 verlangen.
- Stattdessen kann der Schuldner vom Altgläubiger die Leistung als nicht geschuldet (ohne Rechtsgrund geleistet) nach § 812 Abs. 1 zurückfordern und an den Neugläubiger zahlen.

§ 407 Abs. 1 betrifft nicht nur Leistungen, die der Schuldner an den Altgläubiger erbringt. Er erfasst auch Rechtsgeschäfte, welche der Altgläubiger mit dem Schuldner im Hinblick auf die Forderung vornimmt. Dazu zählen z.B. die Stundung der Forderung und der Erlass derselben.

**dd)** § 408 erweitert den Schutz des Schuldners insoweit, als er es dem Schuldner **641**
gestattet, sich auch dann auf den § 407 Abs. 1 zu berufen und die nochmalige Leistung zu verweigern, wenn der Gläubiger eine Forderung, die er bereits abgetreten hatte, ohne dass der Schuldner davon Kenntnis hatte, noch einmal einen Dritten abtritt. Hat der Schuldner nun in Kenntnis der zweiten Abtretung an den nichtberechtigten Gläubiger (Dritten) geleistet, kann er sich dem berechtigten Gläubiger gegenüber auf § 407 Abs. 1 berufen und muss nicht an diesen leisten.

**ee)** Wenn der Gläubiger dem Schuldner die Abtretung angezeigt hat, so muss er nach § 409 dem Schuldner gegenüber die Abtretung auch dann gegen sich gelten lassen, wenn sie nicht erfolgt oder nicht wirksam ist. Mit der Anzeige setzt der Gläubiger einen Rechtsschein, auf den sich der Schuldner, der die nicht erfolgte oder nicht wirksame Abtretung nicht kennt, verlassen kann. Zahlt der Schuldner an denjenigen, der ihm in der Anzeige als neuer Gläubiger genannt ist, muss er nicht noch einmal an den Gläubiger zahlen.

**Beispiel:** S schuldet dem G eine Vergütung in Höhe von 3.000 € aus Werkvertrag (§ 631). G teilt dem S schriftlich mit, er habe diese Forderung an die Inkassobank I abgetreten. Tatsächlich hatte G diese Abtretung geplant, sie dann aber doch unterlassen. S zahlt nun die dem G geschuldete Summe an I. Er kann sich G gegenüber auf § 409 Abs. 1 berufen, wenn G von ihm Zahlung der Vergütung verlangt.

**642** **ff)** Auch § 410 gewährt dem Schuldner Schutz. Danach braucht der Schuldner an eine als neuer Gläubiger auftretende Person nur gegen Aushändigung einer von dem bisherigen Gläubiger über die Abtretung ausgestellten Urkunde zu leisten. Dementsprechend muss nach § 409 Abs. 1 S. 2 der Gläubiger auch eine nicht oder nicht wirksam erfolgte Abtretung gegen sich gelten lassen, wenn er eine Urkunde über die Abtretung dem in der Urkunde bezeichneten neuen Gläubiger ausgestellt hat und dieser sie dem Schuldner vorlegt[7].

#### f) Die Abtretung zum Zwecke der Einziehung (Inkassozession)

**643** Es kommt häufig vor, dass der Gläubiger eine Forderung, auf die der Schuldner nicht leistet, nicht selbst verfolgen will, weil es zu viel Arbeit und Mühe bereiten würde, die Forderung mit Nachdruck durch Klage und Zwangsvollstreckung geltend zu machen. Er kann deshalb einen anderen beauftragen (im Sinne des § 662 oder des § 675), die Forderung einzutreiben. Er tritt dann dem so Beauftragten die Forderung ab, damit dieser sie geltend machen kann. Der Zedent überträgt die volle Gläubigerposition auf den Zessionar[8]. Der Zessionar ist verpflichtet, den durch die Einziehung erlangten Betrag an den Zedenten herauszugeben (§ 667).

#### g) Die Einziehungsermächtigung

**644** Wenn der Gläubiger eine Forderung an einen anderen abtritt, damit dieser sie geltend macht und einzieht, so verliert er selbst die Gläubigerstellung und damit die Möglichkeit, über die Forderung zu verfügen. Es entsteht daher die Frage, ob es rechtlich zulässig ist, einen anderen nur in der Weise zu ermächtigen, dass der Ermächtigte befugt ist, die Forderung, ohne dass sie ihm übertragen wurde, im eigenen Namen geltend zu machen, d.h. die Leistung vom Schuldner zu verlangen (§§ 185 und 362 Abs. 2). Die Zulässigkeit einer Einziehungsermächtigung, der wie bei der Inkassozession in der Regel ebenfalls ein entgeltlicher Geschäftsbesorgungsvertrag zugrunde liegt (§ 675), ist inzwischen überwiegend anerkannt.

Bei der aus § 185 abgeleiteten Einziehungsermächtigung verbleibt die Forderung selbst bei dem Gläubiger. Sie ist nach Auffassung des BGH[9] „ein abgespaltenes

---

7 BGHZ 26, 241, 246.

8 Vgl. BGH NJW 1980, 991.

9 BGHZ 82, 283, 288.

Gläubigerrecht und verkörpert einen Fall der Einwilligung zur Verfügung über ein fremdes, dem Einwilligenden gehörendes Recht (§ 185)." Der so Ermächtigte kann die Forderung im eigenen Namen geltend machen und, je nach dem Inhalt der Ermächtigung, Leistung an den Gläubiger oder an sich verlangen[10].

### h) Factoring

Unter Factoring wird der gewerbsmäßige Ankauf und die Geltendmachung von Forderungen anderer verstanden, zumeist verbunden mit der Führung der Debitorenbuchhaltung des die Forderungen abtretenden Unternehmens. Das bedeutet: Ein Unternehmen – häufig „Anschlusskunde" genannt – tritt gemäß § 398 alle oder einen größeren Teil seiner Forderungen gegen seine Abnehmer an den Factor – in der Regel eine Bank – ab; den Gegenwert für die abgetretenen Forderungen erhält das abtretende Unternehmen (der Zedent) unter Abzug von Gebühren gutgeschrieben. Der Vorteil des Factoring gegenüber der Inkassozession (vgl. oben f) besteht für das Unternehmen, das sich eines Factors bedient und diesem die Forderungen abtritt, darin, dass die Gutschrift des Factoring-Erlöses in der Regel sogleich nach Eingang der Rechnungskopien erfolgt, die das Unternehmen der Bank aus laufenden Geschäften mit Drittschuldnern (Debitoren) einreicht. **645**

Beim sogenannten **echten Factoring** handelt es sich um einen **Forderungskauf**[11]. **646** Das bedeutet: das Unternehmen schließt mit dem Factor – in der Regel einer Bank – einen Kaufvertrag (Verpflichtungsgeschäft) ab, in dessen Erfüllung es die Forderungen gegen Drittschuldner an den Factor gemäß § 398 abtritt (Verfügungsgeschäft) und dafür als Gegenleistung den Gegenwert der abgetretenen Forderungen als Gutschrift erhält.

Das sogenannte **unechte Factoring** ist demgegenüber den Kreditgeschäften zu- **647** zuordnen: Die Bank als Kreditgeber gewährt über eine Gutschrift dem Kunden ein Darlehen und lässt sich zur Sicherung Forderungen gegen Drittschuldner erfüllungshalber (§ 364 Abs. 2; vgl. dazu oben § 25 II. 3.) abtreten; das Zahlungsrisiko verbleibt beim Kunden[12].

## 3. Die Abtretung anderer Rechte

Gemäß § 413 finden die Vorschriften der §§ 398 über die Abtretung von Forde- **648** rungen auch auf die Übertragung anderer Rechte Anwendung, soweit nicht gesetzlich etwas anderes vorgeschrieben ist.

> **Beispiel:** Nach § 15 GmbHG kann der Anteil an einer GmbH dergestalt von einem Gesellschafter auf einen anderen übertragen werden, dass das Recht mit einem Vertrag gemäß §§ 413, 398 abgetreten wird, der notariell zu beurkunden ist.

10 Vgl. *Palandt/Grüneberg*, § 398 BGB Rn. 29.
11 So BGHZ 69, 254, 257 und BGHZ 100, 353, 358.
12 Vgl. BGHZ 58, 364, 366.

649 §§ 413, 398 gelten auch für die Übertragung von gewerbliche Schutzrechten. Im Bereich des gewerblichen Rechtsschutzes gibt es allerdings Sonderbestimmungen, die zusätzlich zu beachten sind. So vollzieht sich die Übertragung eines Patents gemäß § 15 PatG und die eines Gebrauchsmusters gemäß § 22 GebrMG.

### 4. Der Forderungsübergang kraft Gesetzes

650 Eine Forderung kann auch anders als durch ein Rechtsgeschäft, nämlich kraft Gesetzes von einem Gläubiger auf den anderen übergehen. So geht z.B. in dem Moment, in dem der Bürge auf die Forderung zahlt, deretwegen er vom Gläubiger in Anspruch genommen wird, die Forderung, die der Gläubiger gegen den Schuldner hat, nicht durch Erfüllung unter; gemäß § 774 geht diese Forderung vielmehr kraft Gesetzes von dem Gläubiger auf den Bürgen über, der damit die Möglichkeit erhält, den Schuldner aus dieser Forderung in Anspruch zu nehmen.

## III. Die Schuldübernahme

### 1. Überblick

651 Nicht nur die Gläubigerstellung kann wechseln. Es ist auch ein Wechsel der Schuldnerstellung möglich. Es besteht z.B. die Möglichkeit, dass der Schuldner seine Leistungsverpflichtung auf einen anderen überträgt, so dass der Gläubiger die Leistung allein von diesem oder auch von diesem fordern kann. Dabei sind im Wesentlichen zwei Möglichkeiten denkbar:

a) Der ursprüngliche Schuldner wird überhaupt von jeder Leistungspflicht befreit; der Gläubiger kann die Leistung nur noch von demjenigen verlangen, der die Schuld (Leistungspflicht) übernommen hat (= befreiende Schuldübernahme).
b) Derjenige, der die Schuld (Leistungspflicht) übernimmt, tritt zusätzlich **neben** den Schuldner; Schuldner und Übernehmer sind als **Gesamtschuldner** zur Leistung verpflichtet (= Schuldmitübernahme, Schuldbeitritt).

### 2. Die befreiende Schuldübernahme

652 Eine befreiende Schuldübernahme, d.h. eine Übertragung der Leistungsverpflichtung auf einen neuen Schuldner mit der Wirkung, dass der bisherige Schuldner von der Leistungspflicht frei wird, kann nicht ohne Mitwirkung des Gläubigers stattfinden. Schließlich hat der Gläubiger sich im Regelfall einen Vertragspartner ausgesucht, auf dessen Leistungsfähigkeit er vertraut.

Eine befreiende Schuldübernahme ist deshalb **nur unter Mitwirkung des Gläubigers möglich** (§§ 414, 415).

Eine Schuldübernahme dieser Art kann bewirkt werden:

a) **Durch Vertrag zwischen Gläubiger und Übernehmer**: Der Gläubiger und der Übernehmer vereinbaren, dass der Übernehmer an die Stelle des bisherigen Schuldners treten soll (§ 414). Wirkung: Der bisherige Schuldner wird von seiner Leistungspflicht frei.

b) **Durch Vertrag zwischen Schuldner und Übernehmer mit Zustimmung des Gläubigers (§ 415)**: Der Schuldner vereinbart mit dem Übernehmer, dass die Schuld (= Leistungsverpflichtung) auf ihn übergehen soll. Eine solche Vereinbarung mit der Folge, dass der bisherige Schuldner von der Leistungspflicht befreit wird, ist nur wirksam, wenn der Gläubiger diese Vereinbarung genehmigt, nachdem der Schuldner oder der übernehmende Dritte dem Gläubiger die Schuldübernahme mitgeteilt haben. Die Genehmigung kann auch durch schlüssiges Verhalten erfolgen.
Solange der Gläubiger die zwischen dem Schuldner und dem Übernehmer vereinbarte Übernahme nicht genehmigt hat, ist der Vertrag schwebend unwirksam, d.h. der Gläubiger kann statt die Genehmigung (§ 184) zu erteilen, dieselbe auch verweigern. Ist letzteres der Fall, gilt die Übernahme als nicht erfolgt (§ 415 Abs. 2 S. 1).

### 3. Die Schuldmitübernahme (= Schuldbeitritt; kumulative Schuldübernahme)

Sie ist im Gesetz nicht geregelt. Es besteht aber kein Zweifel darüber, dass eine Vereinbarung dieses Inhalts möglich ist. **653**

Schuldmitübernahme (Schuldbeitritt) besagt: Neben den bisherigen Schuldner tritt ein weiterer Schuldner; beide sind gegenüber dem Gläubiger Gesamtschuldner im Sinne des § 421. Das bedeutet: Der Gläubiger kann nach seiner Wahl von einem der Gesamtschuldner die gesamte Leistung verlangen. Er kann aber auch von mehreren (der Gesamtschuldner) die Leistung ganz oder zu einem Teil verlangen, jedoch niemals mehr als die gesamte Leistung.

Die Schuldmitübernahme (der Schuldbeitritt) unterscheidet sich von der Bürgschaft dadurch, dass der Bürge für eine fremde Schuld eintreten will, der Beitretende aber durch die Mitübernahme eine eigene Schuld begründet; der Beitretende haftet unabhängig von der Verpflichtung des ersten Schuldners (im Gegensatz zur Bürgschaft) aus einer eigenen Verbindlichkeit.

Die Schuldmitübernahme kann zustandekommen: **654**

a) **Durch Vertrag zwischen Gläubiger und Übernehmer**

> **Beispiel:** Der Gläubiger hat dem Schuldner S ein Darlehen in Höhe von 5.000 € gewährt. Der Gläubiger (Darlehensgeber) vereinbart mit dem Dritten D, dass dieser der Schuld (Darlehensrückzahlungsverpflichtung des Schuldners) beitritt. S und D sind Gesamtschuldner. Der Gläubiger kann also wählen, von wem er bei Fälligkeit die Leistung (hier: Rückzahlung der Darlehenssumme) ganz oder teilweise verlangen will.

b) **Durch Vertrag zwischen Übernehmer und Schuldner**

Im Gegensatz zur befreienden Schuldübernahme ist eine Vereinbarung zwischen Schuldner und Übernehmer über einen Schuldbeitritt **auch ohne Zustimmung des Gläubigers** wirksam. Der Grund dafür liegt auf der Hand: Der Gläubiger wird durch einen solchen Vertrag nicht schlechter gestellt, weil der bisherige Schuldner sein Schuldner bleibt; der Gläubiger wird vielmehr durch eine solche Vereinbarung begünstigt, denn er gewinnt noch einen weiteren Schuldner hinzu.

**Beispiel:** Der Gläubiger hat dem Schuldner ein Darlehen in Höhe von 5.000 € gewährt. Der Schuldner vereinbart mit dem Dritten M, dass dieser der Schuld (= Verpflichtung, die Darlehenssumme zurückzuzahlen) beitritt. Der Schuldner und M sind Gesamtschuldner. Der Gläubiger kann auswählen, von wem er bei Fälligkeit die Leistung fordern will.

### 4. Die Erfüllungsübernahme

655 Von der Schuldübernahme ist die bloße Erfüllungsübernahme gemäß § 329 zu unterscheiden: Ein Dritter verpflichtet sich lediglich dem Schuldner gegenüber, dessen Verpflichtung dem Gläubiger gegenüber zu übernehmen. Hier übernimmt der Dritte allerdings nicht die bestehende Verpflichtung eines Schuldners. Der Gläubiger der Forderung kann diese weiterhin nur gegenüber dem Schuldner, nicht aber dem Dritten gegenüber unmittelbar geltend machen kann.

**Beispiel:** B gewährt dem A ein Darlehen in Höhe von 5.000 € das nach drei Monaten zurückgezahlt werden muss. F verpflichtet sich dem A gegenüber, am Fälligkeitstag die Leistung, die A gegenüber B zu bewirken hat, zu erbringen. Am Fälligkeitstag leistet F nicht. Von wem kann B Zahlung von 5.000 € verlangen? Es handelt sich um die Vereinbarung einer sogenannten Erfüllungsübernahme gemäß § 329 zwischen A und F. Aufgrund dieser Vereinbarung kann B von F nichts verlangen. B kann seine Forderung weiterhin nur gegenüber A geltend machen. A kann aus der Vereinbarung mit F heraus allerdings von F verlangen, dass dieser an B 5.000 € zahlt.

In den meisten Fällen kann jeder beliebige Dritte die Leistung, die ein Schuldner zu erbringen hat, an den Gläubiger bewirken (§ 267), ohne dass der Schuldner zustimmen muss. Folge: Die Forderung, die der Gläubiger gegen den Schuldner hat, erlischt. § 267 ermöglicht also die Einmischung Dritter in das Schuldverhältnis, es sei denn, der Gläubiger und der Schuldner lehnen sie ab.

## IV. Der Vertrag zugunsten Dritter

### 1. Überblick

656 Die Grundvorstellung bei einem Vertrage zugunsten Dritter im Sinne des § 328 ist die, dass zwei Personen einen Vertrag schließen können, aus dem ein Dritter berechtigt ist, die Leistung von einem der Vertragspartner zu verlangen. Bei einem

so genannten echten Vertrag zugunsten Dritter erwirbt der Dritte also einen Anspruch gegen den Schuldner.

### 2. Deckungs- und Valutaverhältnis

Bei einem echten Vertrage zugunsten Dritter sind die Verhältnisse zwischen den drei beteiligten Personen (Versprechender, Versprechensempfänger und Dritter) wie folgt geregelt: Zwischen dem Versprechenden (V) und dem Versprechensempfänger (VE) besteht das **Deckungsverhältnis**, ein Vertrag, aus dem sich die Rechtsstellung des Dritten (D) ergibt. Das zwischen dem Versprechensempfänger und dem Dritten bestehende **Valutaverhältnis** gibt Aufschluss darüber, aus welchem Rechtsgrund der Versprechensempfänger die Leistung an den Dritten veranlasst. Die im Valutaverhältnis enthaltene Verpflichtung kann auf Vertrag (z.B. Kaufvertrag oder Schenkung) oder auf Gesetz (z.B. Unterhaltspflicht aus §§ 1601 ff.) beruhen. Der Dritte erwirbt das Recht, von dem Versprechenden eine Leistung zu verlangen, aufgrund des Deckungsverhältnisses, also ohne sein Zutun. Deshalb hat er gemäß § 333 die Möglichkeit, das Recht zurückzuweisen. **657**

> **Beispiel:** Der V (Versprechender) verpflichtet sich dem VE (Versprechensempfänger) gegenüber, eine Leistung an D zu erbringen. D wird hier unmittelbar berechtigt, ohne dass sich V ihm gegenüber verpflichtet. D erwirbt ein echtes Forderungsrecht gegen V.

Die Beziehung des Versprechenden zum Dritten stellt kein Vertragsverhältnis dar,[13] es handelt sich lediglich um vertragsähnliches Vertrauensverhältnis, in dem allerdings auch Pflichten aus § 241 Abs. 2 entstehen können.[14]

### 3. Abgrenzungen

Ob ein echter Vertrag zugunsten Dritter im Sinne des § 328 Abs. 1 vorliegt, ist durch Auslegung zu ermitteln. Dabei ist § 328 Abs. 2 zu berücksichtigen. Abzugrenzen ist vor allem von der Erfüllungsübernahme (siehe oben § 27 III. 4.), bei welcher der Gläubiger keinen Anspruch gegen den die Schuld Übernehmenden erwirbt. **658**

### 4. Einwendungen und Einreden

Die Leistungsverpflichtung des Versprechenden ergibt sich aus dem Deckungsverhältnis, das zwischen dem Versprechenden und dem Versprechensempfänger begründet wird. Deshalb kann der Versprechende dem Dritten diejenigen Einwendungen entgegensetzen, die auf dem Deckungsverhältnis basieren (§ 334). Hat der Versprechende etwa das Deckungsverhältnis angefochten, so kann er die **659**

13 BGHZ 54, 147.

14 *Jauernig/Stadler*, § 328 BGB Rn. 11.

Nichtigkeit des Vertrages auch dem Dritten entgegenhalten. Der Versprechende kann dem Dritten auch Einreden, wie etwa die des nicht erfüllten Vertrages nach § 320 entgegenhalten, wenn es sich um einen gegenseitig verpflichtenden Vertrag handelt.

**Beispiel:** V und VE schließen einen Kaufvertrag zu Gunsten des D, der die Leistung – ein Geschenk von VE an D – direkt von V soll fordern können. Wenn sich herausstellt, dass der Vertrag zwischen V und VE aus irgendeinem Grund – etwa wegen Formmangels oder Verstoßes gegen § 138 – nichtig ist, so kann sich V gemäß § 334 dem D gegenüber auf die Nichtigkeit des Deckungsverhältnisses (Kaufvertrages) berufen und die Leistung verweigern.

### 5. Pflichtverletzungen im Deckungsverhältnis

660 Begeht der Versprechensempfänger eine Pflichtverletzung gemäß § 280 im Deckungsverhältnis, so erwirbt der Versprechende Rechte aus §§ 280, 281 ff. gegenüber dem Versprechensempfänger. Er kann diese auch dem Dritten entgegenhalten.[15] Ist dem Versprechenden eine Pflichtverletzung vorzuwerfen, so können sowohl der Versprechensempfänger als auch der Dritte Rechte daraus erwerben.

**Beispiel:** Der Käufer (Versprechensempfänger) und der Verkäufer (Versprechender) schließen einen Kaufvertrag über einen PKW ab, aus dem der Dritte F berechtigt sein soll, die Übereignung des PKW vom Verkäufer zu verlangen. Weist der PKW einen Mangel auf, haben sowohl der Versprechensempfänger (Käufer)) und als auch der Dritte (F) einen Anspruch auf Nacherfüllung aus §§ 437 Nr. 1, 439, 434. Allerdings kann der Käufer nur Leistung an F verlangen.

Liegen auf Grund des Verhaltens des Versprechenden die Voraussetzungen des § 323 vor, so entsteht ein Rücktrittsrecht, das allerdings nur der Versprechensempfänger ausüben kann, weil der Rücktritt das Vertragsverhältnis gestaltet, an dem nur der Versprechende und der Versprechensempfänger beteiligt sind. Falls der Dritte bereits eine nicht mehr entziehbare Forderung erworben hat, soll der Versprechensempfänger den Rücktritt nur noch mit Zustimmung des Dritten ausüben können.[16]

Ein Anfechtungsrecht soll der Versprechensempfänger hingegen auch ohne Zustimmung des Dritten ausüben können, weil es sich auf Willensmängel des Versprechensempfängers gründet.

**Beispiel:** Antiquar A macht dem K, der eine alte Bibel kaufen möchte, um sie seinem Theologie studierenden Sohn S zu schenken, per E-Mail ein Angebot mit einem Kaufpreis von 240 €. K nimmt das Angebot mit einer E-Mail an und schreibt, die Bibel sei ein Geschenk für den S, der sie in den nächsten Tagen abholen solle. Es handelt sich hier um einen echten Vertrag zugunsten Dritter i.S. des § 328,

15 Vgl. *Brox/Walker*, Schuldrecht AT, § 32 Rn. 15.

16 So *Brox/Walker*, Schuldrecht AT, § 32 Rn. 17 mit Nachw.

aufgrund dessen S berechtigt sein soll, die Leistung, hier die Übergabe und Übereignung der Bibel, von A zu fordern. Angenommen, A hat sich bei der Abfassung des Angebots verschrieben und statt des gewollten Preises von 420 € aus Versehen 240 € geschrieben. A ist nach § 119 Abs. 1 wegen Erklärungsirrtums zur Anfechtung berechtigt. Macht A von diesem Recht Gebrauch, vernichtet er gemäß § 142 den Kaufvertrag rückwirkend. Gemäß § 334 kann sich A dem S gegenüber – dem Dritten – auf die Nichtigkeit des Vertrages berufen und die Leistung verweigern.

### 6. Pflichtverletzungen des Dritten

Mängel des Valutaverhältnisses lassen den Vertrag zugunsten Dritter unberührt; **661** ein möglicher Ausgleich erfolgt grundsätzlich im Verhältnis des Versprechensempfängers zum Dritten.[17]

Begeht der Dritte eine Pflichtverletzung, indem er etwa schuldhaft die Unmöglichkeit der Leistung durch den Versprechenden verursacht, so erwirbt der Versprechende einen Anspruch gegen den Versprechensempfänger (hier behält er den Anspruch auf die Gegenleistung nach § 326 Abs. 2). Das Verhalten des Dritten muss sich der Versprechensempfänger nach § 278 zurechnen lassen.[18]

### 7. Der Vertrag zu Lasten Dritter

Ein Vertrag zu Lasten Dritter, durch den ein Dritter zu einer Leistung verpflich- **662** tet wird, ohne dass er selbst der Verpflichtung zugestimmt hat, ist nicht möglich.

**Beispiel:** V und A können nicht rechtswirksam einen Kaufvertrag abschließen, durch den der nichts ahnende S zur Zahlung des Kaufpreises verpflichtet wird.

## V. Der Vertrag mit Schutzwirkung für Dritte

### 1. Die Problematik

Ein Schuldverhältnis mit Schutzwirkung für Dritte ist im BGB nicht geregelt. **663** Der Vertrag mit Schutzwirkung für Dritte ist von Rechtsprechung und Literatur entwickelt worden, um Dritten, die an einem Vertrage nicht beteiligt sind, bei Vorliegen bestimmter Voraussetzungen Ansprüche auf Schadensersatz zukommen zulassen.

**Beispiel:** Vermieter V vermietet eine Wohnung an das Ehepaar A und B, die Vertragspartner werden. Deren Kinder X und Y sind nicht Vertragspartner. Auf Veranlassung etlicher Mieter weist V den Hausmeister H an, ein Treppengeländer, das defekt und deshalb gefährlich ist, zu reparieren. H vergisst es, die notwendigen

17 *Jauernig/Stadler*, § 328 BGB Rn. 10.

18 *Jauernig/Stadler*, § 328 BGB Rn. 18.

Arbeiten durchzuführen. X kommt im Treppenhaus zu Fall, stützt sich auf das defekte Treppengeländer, welches bricht; X fällt in die Tiefe und verletzt sich schwer. Die Arzt- und Behandlungskosten betragen 23.000 €. V kann nachweisen, dass H in jeder Hinsicht ein geradezu vorbildlicher Hausmeister gewesen ist und er ihn regelmäßig kontrolliert hat. Ist ein Anspruch aus § 831 gegen V nicht durchsetzbar, weil V sich exkulpieren kann, bleibt gegen V nur die Möglichkeit eines Schadensersatzanspruchs aus §§ 280, 278. Dabei ergibt sich allerdings die Schwierigkeit, dass zwischen V und X kein Schuldverhältnis besteht.

### 2. Die Voraussetzungen für das Entstehen eines Vertrages mit Schutzwirkung für Dritte

664 Unter den folgenden Voraussetzungen soll ein Vertrag mit Schutzwirkung entstehen:[19]

#### a) Leistungsnähe des Dritten

Der Dritte muss den Gefahren des Schuldverhältnisses bestimmungsgemäß ebenso ausgesetzt sein wie der Gläubiger selbst.[20] Der als Dritte einbezogene Personenkreis muss eng und überschaubar sein.

Im oben genannten **Beispiel** gehört X zu den Personen, die den Gefahren aus dem Schuldverhältnis (Mietvertrag) ebenso ausgesetzt ist, wie die Vertragspartner (die Eltern) selbst. Erfüllt V seine Pflichten aus dem Vertrage nicht, ist X genauso betroffen wie die Vertragspartner.

#### b) Schutzinteresse des Gläubigers (sog. Gläubigernähe)

665 Der Gläubiger muss ein berechtigtes Interesse am Schutz des Dritten haben. Das ist jedenfalls dann der Fall, wenn der Gläubiger auf Grund eines Rechtsverhältnisses mit personenrechtlichem Einschlag für das „Wohl und Wehe" des Dritten mitverantwortlich ist.[21] Der heutigen Rspr. und h.M. genügt bereits jedes besondere Interesse des Gläubigers, dass der Dritte in den Schutz des Vertrages mit einbezogen sein soll.

Im oben genannten **Beispiel** sind die Eltern kraft Gesetzes für das Wohl und Wehe des X verantwortlich.

#### c) Erkennbarkeit für den Schuldner

666 Bereits bei der Entstehung des Schuldverhältnisses müssen sowohl die Leistungsnähe des Dritten als auch das Schutzinteresse des Gläubigers für den Schuldner erkennbar sein, weil das Risiko, auf das er sich einlässt, für ihn erkennbar sein

19 Vgl. *Brox/Walker*, Schuldrecht AT, § 33 Rn. 7 ff.
20 Vgl. BGHZ 70, 327, 329.
21 So BGHZ 56, 273.

muss.[22] Der Schuldner muss allerdings die Person, die in den Schutzbereich einbezogen werden soll, nicht kennen.

Im oben genannten **Beispiel** war für V als Vermieter erkennbar, dass die Kinder der Mieter in den Schutzbereich des Vertrages einbezogen werden sollten und dies im Interesse der Mieter lag.

#### d) Schutzbedürftigkeit des Dritten

Schließlich muss der Dritte schutzbedürftig sein. Das ist der Fall, wenn er selbst 667
keinen vertraglichen Anspruch mit vergleichbarem Inhalt hat.[23] Ein lediglich deliktischer Anspruch lässt das Schutzbedürfnis nicht entfallen.[24]

Im oben genannten **Beispiel** hat X keinen vertraglichen Anspruch auf Schadensersatz. Ein möglicher deliktischer Anspruch kommt nicht in Betracht. Es liegen also alle Voraussetzungen vor, unter denen ein Vertrag mit Schutzwirkung für Dritte entsteht. X und Y sind in den Schutzbereich des Mietvertrages einbezogen.

### 3. Die Rechtsfolgen

Unter den unter 2. genannten Voraussetzungen kommt ein **vertragsähnliches** 668
**Schuldverhältnis zwischen dem Schuldner und dem Dritten** zustande, das neben das Schuldverhältnis zwischen Gläubiger und Schuldner tritt. Es handelt sich um ein Schuldverhältnis ohne primäre Leistungspflichten. Aber der Schuldner ist verpflichtet, gegenüber dem Dritten bestimmte Schutzpflichten aus § 241 Abs. 2 zu erfüllen. Verletzt er diese, liegt unter den Voraussetzungen des § 280 eine Pflichtverletzung vor, die den Schuldner zum Schadensersatz gegenüber dem Dritten verpflichtet.

Im oben genannten **Beispiel** besteht zwischen V und X also ein vertragsähnliches Schuldverhältnis ohne primäre Leistungspflicht, das den V verpflichtet, auch gegenüber X die Pflichten aus § 241 Abs. 2 zu erfüllen. Hier hat V die Pflicht, auf die Rechtsgüter des X – hier Leben und Gesundheit – Rücksicht zu nehmen, verletzt. Dies stellt eine Pflichtverletzung nach § 280 dar, die V gemäß § 278 zu vertreten hat. Demnach hat X selbst gegen V einen Schadensersatzanspruch aus §§ 280, 241 Abs. 2, 278.

**Lösung zu Fall 25:** F könnte gegen V gemäß § 433 Abs. 1 i.V.m. § 328 einen Anspruch auf Übergabe und Übereignung des PKW haben. Ob ein solcher Anspruch besteht, hängt davon ab, ob V und K einen echten Vertrag zugunsten Dritter (hier also F) abgeschlossen haben. Im zu erörternden Fall hat K den Vertrag erkennbar im Interesse seiner Frau abgeschlossen: F sollte den PKW als Geschenk erhalten und – da K selbst wegen der Reise nicht in der Lage war, die

22 BGHZ 56, 269, 273; 75, 321, 323.

23 Vgl. BGHZ 133, 168, 173.

24 Vgl. *Brox/Walker*, Schuldrecht AT, § 33 Rn. 12.

Leistung zu fordern – selbst berechtigt sein, von V Übereignung und Übergabe des Wagens zu fordern. Es handelt sich also um einen echten Vertrag zugunsten Dritter, aus dem F eine Forderung gegen V direkt erworben hat. Das Deckungsverhältnis ist der zwischen V (Versprechender) und K (Versprechensempfänger) abgeschlossene Kaufvertrag. Zwischen K und F (Dritte) besteht als Valutaverhältnis ein Schenkungsvertrag. F kann also gemäß §§ 433 Abs. 1, 328 von V Übergabe und Übereignung des PKW verlangen.

# § 28 Gesamtschuldner und Gesamtgläubiger

**Schrifttum:** *Schreiber*, Die Gesamtschuld, Jura 1989, 353.

***Fall 26:*** *A, B und C sind Gesellschafter einer OHG. Im Gesellschaftvertrag ist vereinbart, dass jeder Gesellschafter im Innenverhältnis für diejenigen Schäden einzustehen hat, die durch sein vorsätzliches oder fahrlässiges Verhalten im Außenverhältnis entstehen. C, der für die Buchhaltung verantwortlich ist, versäumt es, für die rechtzeitige Zahlung auf eine fällige Forderung des U für Warenlieferungen an die OHG zu sorgen. Nachdem die Forderung beglichen worden ist, macht U einen berechtigten Anspruch gegen die OHG auf Verzugszinsen gemäß § 288 BGB in Höhe von 900 € geltend. U verlangt Zahlung von 900 € von C persönlich. C zahlt die 900 € an U und macht anschließend Ausgleichansprüche gegen A und B in Höhe von jeweils 300 € geltend. Zu Recht?*

## I. Gesamtschuldner

### 1. Der Begriff der Gesamtschuldnerschaft

669 Nach der Legaldefinition des § 421 liegt Gesamtschuldnerschaft vor, wenn mehrere Personen eine Leistung in der Weise schulden, dass jeder die ganze Leistung zu bewirken verpflichtet, der Gläubiger aber die Leistung nur einmal zu fordern berechtigt ist. Der Gläubiger kann die Leistung nach seinem Belieben von jedem der Schuldner ganz oder zu einem Teil fordern.

**Beispiel:** Der Gläubiger kann bei 3 Gesamtschuldnern von jedem ein Drittel der Leistung verlangen; er kann aber auch vom ersten und zweiten Gesamtschuldner jeweils 50 % der Leistung fordern und vom dritten nichts. Darüber hinaus steht es dem Gläubiger frei, von einem 100 % zu verlangen und die anderen unbehelligt zu lassen.

Bis zur Bewirkung der ganzen Leistung bleiben sämtliche Schuldner verpflichtet. Bewirkt ein Gesamtschuldner die ganze Leistung, werden auch alle anderen Schuldner von ihrer Verpflichtung frei (§ 422).

### 2. Das Entstehen der Gesamtschuld

Die Gesamtschuld i.S. des § 421 setzt folgendes voraus: **670**

- Mehrere Schuldner sind demselben Gläubiger gegenüber zu einer Leistung verpflichtet;
- jeder Schuldner ist verpflichtet, die ganze Leistung zu erbringen;
- der Gläubiger kann die Leistung nur einmal verlangen;
- die Verbindlichkeiten der Schuldner sind gleichstufig.

Die Gesamtschuld kann **durch Rechtsgeschäft** begründet werden. Das ist gemäß § 427 der Fall, wenn mehrere Personen sich durch Vertrag zu einer teilbaren Leistung verpflichten.

> **Beispiel:** Die Eheleute A und B schließen mit der B-Bank einen Darlehensvertrag (§ 488). Sie verpflichten sich beide zur Darlehensrückzahlung und Zinsleistung. A und B sind Gesamtschuldner (§ 427).

Die Gesamtschuldnerschaft kann sich auch aus dem Gesetz ergeben. Ein Beispiel **671** aus dem deliktischen Bereich ist § 840. Danach haften diejenigen, die aus einer unerlaubten Handlung für den entstandenen Schaden nebeneinander verantwortlich sind, als Gesamtschuldner (siehe dazu auch oben § 23 X. 3.).

> **Beispiel:** Die 19jährigen X und Y versehen das im Eigentum des E stehende Haus gegen dessen Willen mit Graffiti. E hat aus § 823 Abs. 1 i.V. mit §§ 249 ff. gegen X und Y einen Schadensersatzanspruch. X und Y haften dem E nach § 840 als Gesamtschuldner.

Gesamtschuldnerschaften ergeben sich kraft Gesetzes u.a. aus § 2058 und § 128 HGB. Nach § 2058 haften die Miterben als Gesamtschuldner für die Nachlassverbindlichkeiten (i.S. des § 2067). Nach § 128 HGB haften die Gesellschafter einer OHG für alle Verbindlichkeiten der OHG als Gesamtschuldner.

> **Beispiel:** A, B und C sind Gesellschafter der A-OHG, die bei der X-Bank ein Darlehen aufnimmt. Wegen der Darlehensrückzahlungsforderung kann die Bank neben der OHG auch deren Gesellschafter A, B und C als Gesamtschuldner in Anspruch nehmen. Der Anspruch ergibt sich aus § 488 i.V. mit § 128 HGB. Der Anspruch gegen die Gesellschafter ist akzessorisch, d.h. er setzt einen Anspruch des Gläubigers gegen die Gesellschaft, eine Verbindlichkeit der Gesellschaft, voraus.

### 3. Der Ausgleich im Innenverhältnis

#### a) Der Anspruch aus § 426 Abs. 1

Nach § 426 Abs. 1 hat der in Anspruch genommene Gesamtschuldner einen Aus- **672** gleichanspruch gegen die anderen Gesamtschuldner. Wenn nichts anderes vereinbart ist, sind die Gesamtschuldner im Innenverhältnis zu gleichen Teilen verpflichtet. Deshalb muss sich der in Anspruch genommene beim Innenausgleich seinen Anteil anrechnen lassen.

Im Anschluss an das oben genannte **Beispiel:** Hat die Bank eine fällige Forderung aus § 488 in Höhe von 30.000 € und nimmt sie deswegen den C in voller Höhe aus §§ 488 BGB und 128 HGB in Anspruch, weil die OHG nicht zahlungsfähig ist, so kann C nach § 426 Abs. 1 von A und B je ein Drittel, also 10.000 €, verlangen; seinen Drittelanteil muss er sich anrechnen lassen.

Nach § 426 Abs. 1 BGB sind die Gesamtschuldner untereinander nur dann „zu gleichen Anteilen" zum Ausgleich verpflichtet (Ausgleich nach Kopfteilen), wenn „nicht ein anderes bestimmt ist." Eine solche andere Bestimmung sieht die Rechtsprechung z.B. in dem Maßstab, den die Gesellschafter durch den Gesellschaftsvertrag für die Gewinn-und Verlustbeteiligung festgelegt haben. Dieser Maßstab ist dann grundsätzlich auch für den Ausgleich im Innenverhältnis maßgebend.[1]

Kann ein Gesamtschuldner den auf ihn entfallenden Ausgleich im Innenverhältnis nicht leisten, ist der Ausfall nach § 426 Abs. 1 S. 2 von den übrigen Gesamtschuldnern zu tragen. § 426 Abs. 1 S. 2 gewährt dem ausgleichsberechtigten Gesamtschuldner also einen weiteren Anspruch gegen die anderen.

#### b) Der Anspruch aus § 426 Abs. 2

673 § 426 Abs. 2 gewährt eine selbständige Anspruchsgrundlage. Die Ansprüche aus § 426 Abs. 1 und § 426 Abs. 2 stehen rechtlich selbständig nebeneinander. § 426 Abs. 2 hat den Zweck, die Stellung des ausgleichsberechtigten Gesamtschuldners zu verstärken. Nach dieser Vorschrift geht kraft Gesetzes die Forderung des Gläubigers auf den Gesamtschuldner über, soweit dieser den Gläubiger befriedigt hat und von den anderen Gesamtschuldnern Ausgleich verlangen kann. Sinn und Zweck der gesetzlichen Regelung ist, dass die akzessorischen Sicherungsrechte (Hypothek; Bürgschaft etc.), die für die Forderung des Gläubigers bestellt worden waren, mit der Gläubigerforderung auf den ausgleichsberechtigten Gesamtschuldner übergehen, so dass auch letzterer in den Genuss der Sicherungsrechte kommt.

## II. Die Gesamtgläubigerschaft

### 1. Der Begriff der Gesamtgläubigerschaft

674 Liegt eine Gesamtgläubigerschaft im Sinne des § 428 vor, kann jeder Gläubiger vom Schuldner die gesamte Leistung fordern. Allerdings muss der Schuldner nur einmal leisten; mit der Leistung an einen der Gläubiger wird er von seiner Schuld befreit. Der Schuldner kann wählen, an welchen Gläubiger er leisten will (§ 428 S. 1).

Jeder Gesamtgläubiger erwirbt gegen den Schuldner ein selbständiges Forderungsrecht. Schließt einer der Gesamtgläubiger mit dem Schuldner einen Erlassver-

1 BGHZ 103, 72, 76; BGH NZG 2013, 1302.

trag, mit dem das gesamte Schuldverhältnis aufgehoben werden soll, so wirkt der Erlass auch allen anderen Gläubigern gegenüber (§§ 429 Abs. 3, 423).

Die Begründung einer Gesamtgläubigerschaft durch Rechtsgeschäft ist möglich, aber selten. Ein gesetzlich angeordneter Fall der Gesamtgläubigerschaft findet sich in § 2151 Abs. 3 im Zusammenhang mit dem Vermächtnis.

Im Verhältnis der Gesamtgläubiger untereinander löst die Leistung des Schuldners an einen Gläubiger eine Ausgleichspflicht gemäß § 430 aus. Danach sind die Gesamtgläubiger untereinander zu gleichen Teilen berechtigt, soweit nichts anderes bestimmt ist.

### 2. Die Gläubigergemeinschaft

#### a) Überblick

Steht eine Forderung den Gläubigern nur gemeinschaftlich zu, so handelt es sich **675**
um eine Gläubigergemeinschaft. Eine solche kann bestehen

- als Gesamthandsgemeinschaft,
- als Bruchteilsgemeinschaft
- und bei einem Schuldverhältnis, das auf eine unteilbare Leistung gerichtet ist.

#### b) Die Gesamthandsgläubigerschaft als Beispiel für eine Gläubigergemeinschaft

Wird eine Personengesellschaft begründet (z.B. eine BGB-Gesellschaft, eine Of- **676**
fene Handelsgesellschaft oder eine Kommanditgesellschaft), so ist das Gesellschaftsvermögen ein Gesamthandsvermögen. Das heißt: Das Vermögen steht den Gesellschaftern in ihrer personenrechtlichen Verbundenheit in der Art zu, dass ein einzelner Gesellschafter über seinen Anteil an dem Gesellschaftsvermögen und auch an den einzelnen dazu gehörenden Gegenständen nicht frei verfügen kann. Über das Gesellschaftsvermögen als Ganzes sowie auch über Teile desselben können nur alle Gesellschafter gemeinsam verfügen (§ 719). Gesamthandsvermögen bedeutet also: die dazu gehörenden Sachen und Rechte stehen allen Gesellschaftern gemeinschaftlich zu. Über einzelne Vermögensgegenstände können die Gesellschafter nur gemeinsam verfügen. Deshalb stehen Forderungen, die zum Gesellschaftsvermögen gehören, also Gesamthandsforderungen, den Gesellschaftern als Gesamthändern nur in ihrer Verbundenheit zu. Es handelt sich dann um eine Gesamtgläubigerschaft. Leistet der Schuldner nur an einen der Gesamtgläubiger, erlischt die Forderung nicht.

**Lösung zu Fall 26:** C könnte gegen A und B einen Anspruch aus § 426 Abs. 1 auf Zahlung von jeweils 300 € geltend machen. U hatte einen Anspruch auf Zahlung von 900 € Verzugszinsen gegen die OHG erworben. Für diese Verbindlichkeit der Gesellschaft haften die Gesellschafter der OHG nach § 128 HGB persönlich und unmittelbar mit ihrem Privatvermögen als Gesamtschuldner. Also konnte U nach § 421 die gesamte Leistung von C fordern. Nach § 426 Abs. 1 BGB sind die Gesamtschuldner, hier die Gesellschafter, untereinander nur dann „zu gleichen Anteilen" zum Ausgleich verpflichtet (Ausgleich nach Kopfteilen), wenn „nicht ein anderes bestimmt ist." Etwas anderes bestimmt im Sinne des § 426 Abs. 1 haben die Gesellschafter im Gesellschaftsvertrag. Sie haben nämlich vereinbart, dass jeder Gesellschafter im Innenverhältnis für diejenigen Schäden einzustehen hat, die durch sein vorsätzliches oder fahrlässiges Verhalten im Außenverhältnis entstehen. C hat also keinen Anspruch aus § 426 Abs. 1 gegen seine Mitgesellschafter.

# § 29 Das Kaufrecht

**Schrifttum:** *Auktor,* Die Verjährung der Gewährleistungsrechte bei mangelhafter Nacherfüllung nach § 439 BGB, NJW 2003, 120; *Hammen*, Zum Verhältnis der Garantie zu den Mängelrechten aus § 437 BGB, NJW 2003, 2588; *Katzenmeier*, Entwicklungen des Produkthaftungsrechts, JuS 2003, 943; *Mankowski*, Das Zusammenspiel der Nacherfüllung mit den kaufmännischen Untersuchungs- und Rügeobliegenheiten, NJW 2006, 865; Der Regress des Unternehmers beim Verbrauchsgüterkauf, JuS 2002, 1171.

***Fall 27:*** *K möchte einen neuen Rasenmäher erwerben, um damit den Rasen, der sein Einfamilienhaus umgibt, pflegen zu können. In den Verkaufsräumen der Gartencenter X-GmbH findet er am 2. Januar 2017 in einer Ausstellung, über der ein Schild mit der Aufschrift „Unsere Sonderangebote" hängt, 13 verschiedene Rasenmäher, die der Verkaufsleiter bei der Auflösung des Lagers aus Restbeständen zusammengesucht hat. Es handelt sich ausnahmslos um ältere Rasenmäher (jeweils Einzelstücke), die so nicht mehr hergestellt werden und auch im Handel nicht mehr erhältlich sind. K lässt sich von dem Verkäufer V beraten und wählt schließlich das Modell „Flora" aus, dessen Preis laut angebrachtem Schild von ehemals 450 € auf nunmehr 300 € herabgesetzt ist. K unterschreibt einen vorgedruckten Kaufvertrag, in dem es u.a. heißt:*
*„a) Gewährleistungsansprüche wegen Motorschäden kann der Käufer nur gegen den Hersteller, nicht aber gegen den Händler geltend machen.*
*b) Gewährleistungen beschränken sich auf eine Nachbesserung, die bis zu zweimal auf Kosten des Käufers durchgeführt wird.*
*c) Bei Sonderangeboten beträgt die Frist für die Inanspruchnahme von Gewährleistungen 3 Monate."*
*Als K am 4. April 2017 den Rasen mähen möchte, versagt der Motor des Mähers nach 5 Minuten seine Dienste. Wie sich herausstellt, war der Motor von Anfang an mit einem Herstellungsfehler behaftet. K wendet sich nun umgehend an die Gartencenter X-GmbH mit folgendem Begehren:*
*1. Er möchte einen mangelfreien Rasenmäher desselben Typs erhalten, weil er den Kauf für ausgesprochen preiswert hält.*

*2. K möchte aber auch wissen, ob er stattdessen Rückzahlung des Kaufpreises verlangen kann.*
*Der Geschäftsführer G der Gartencenter X-GmbH verweist K auf die abgelaufene Garantiefrist sowie auf die Möglichkeit, Ansprüche gegen den Hersteller des Motors geltend zu machen. Im Übrigen meint G, K könne ohnehin nur Nachbesserung auf seine Kosten verlangen.*

*Kann K die oben genannten Ansprüche durchsetzen?*

## I. Einleitung

### 1. Überblick

Da der Kaufvertrag die Grundform der vertraglichen Regelung darstellt, in der sich der Warenaustausch gegen Geld vollzieht, ist seine wirtschaftliche Bedeutung in der täglichen Praxis erheblich. Der Kaufvertrag ist die Rechtsform, in der die meisten Umsatzgeschäfte getätigt werden. **677**

Gegenstand von Kaufverträgen können Sachen und Rechte sein, aber auch Vermögensgesamtheiten als Zusammenfassung von Sachen und Rechten und sonstigen übertragbaren Vermögensgegenständen (etwa Herstellungsverfahren und Erwerbschancen), die wirtschaftlich eine Einheit bilden.

> **Beispiel:** Der Kauf eines Unternehmens als wirtschaftliche Einheit. Dazu gehören nicht nur Sachen und Rechte (z.B. Patente, Lizenzen und Anteilsrechte an anderen Unternehmen), sondern auch die Chancen, wie Kundenkreis, Know-how etc.

§§ 433 ff. regeln den Kauf von Sachen. Diese Regeln finden auf den Kauf von Rechten und sonstigen Gegenständen entsprechende Anwendung (§ 453 Abs. 1).

Der Kaufvertrag ist ein gegenseitig verpflichtender Vertrag. Der Verkäufer verpflichtet sich durch den Abschluss des Kaufvertrages, **678**

- dem Käufer die Sache zu übergeben und ihm das Eigentum daran zu übertragen (§ 433 Abs. 1 S. 1),
- und ihm die Sache frei von Sach- und Rechtsmängeln zu verschaffen (§ 433 Abs. 1 S. 2).

Verletzt der Verkäufer die Verpflichtung, dem Käufer die Sache frei von Mängeln zu verschaffen, so ist das eine Pflichtverletzung. Die sich daraus ergebenden Ansprüche und Rechte sind in § 437 aufgezählt.

Der Käufer ist aus dem Kaufvertrag verpflichtet, dem Verkäufer den vereinbarten Kaufpreis zu zahlen und die gekaufte Sache abzunehmen (§ 433 Abs. 2). Die Zahlung des Kaufpreises ist für den Käufer eine Hauptpflicht, die Abnahme der gekauften Sache im Regelfall lediglich eine Nebenpflicht. Verkäufer und Käufer können allerdings auch vereinbaren, dass die Abnahme der gekauften Sache eine Hauptpflicht darstellt.

**Beispiel:** Der Verkäufer, der sein Lager räumen möchte vereinbart mit den Käufern, die im Lager befindliche Waren kaufen, dass die Abnahme eine Hauptpflicht darstellt und bestimmt darüber hinaus auch noch eine Frist für die Abnahme.

**679** Der Kaufvertrag ist ein **schuldrechtliches Verpflichtungsgeschäft**, mit dessen Abschluss weder das Eigentum an der gekauften Sache noch das gekaufte Recht auf den Käufer übergeht. Dem Text des § 433 Abs. 1 S. 1 ist zu entnehmen, dass der Verkäufer lediglich verpflichtet ist, beim Sachkauf dem Käufer das Eigentum an der Sache zu verschaffen und beim Rechtskauf ihm das Recht zu übertragen. Zur Übertragung des Eigentums an einer Sache oder zur Übertragung eines gekauften Rechts ist jeweils ein weiteres Rechtsgeschäft, das vom Kaufvertrag zu trennen ist, abzuschließen. Bei einem Sachkauf ist dies die Übereignung gemäß § 929, soweit es sich um eine bewegliche Sache handelt (vergleiche zu Trennungs- und Abstraktionsprinzip § 11).

Kaufverträge können in der Regel formlos, also auch mündlich abgeschlossen werden. Nur in besonderen Fällen schreibt das Gesetz eine bestimmte Form vor, wie z.B. für den Grundstückskaufvertrag (§ 311 b Abs. 1) und für den Kaufvertrag über das gesamte gegenwärtige Vermögen (§ 311 b Abs. 3).

### 2. Arten des Kaufes

**680** Im Kaufrecht wird zwischen verschiedenen Arten des Kaufes unterschieden, so z.B. zwischen einfachem Kauf (§§ 433 ff.) und Verbrauchsgüterkauf (Sonderregelungen der §§ 474 ff. und §§ 433 ff.).

Der **Verbrauchsgüterkauf** ist in Abgrenzung zum einfachen Kaufvertrag ein Kaufvertrag zwischen einem Verbraucher (§ 13) und einem Unternehmer (§ 14). Der Verbraucher soll gegenüber dem Unternehmer in einer besonderen Weise geschützt werden, u.a. durch Sonderbestimmungen für Garantien (§ 477) und eine Beweislastumkehr dergestalt, dass innerhalb von sechs Monaten seit Gefahrübergang gesetzlich vermutet wird, dass ein Sachmangel, der auftritt, bereits bei Gefahrübergang (Übergabe der Sache) vorhanden war (§ 476).

Eine besondere Art des Kaufvertrages ist auch der **Handelskauf,** ein Kaufvertrag, bei dem auf mindestens einer Seite ein Kaufmann (§§ 1 ff. HGB) Vertragspartner ist und für den der Abschluss des Vertrages „zum Betriebe seines Handelsgewerbes" im Sinne des § 343 HGB gehört. Gegenstand des Handelskaufes können nur Waren oder Wertpapiere sein. Waren sind bewegliche körperliche Sachen des Handelsverkehrs. Grundstücke und Unternehmen als Gesamtheit können nicht Gegenstände eines Handelskaufes sein, da es sich dabei nicht um Waren handelt. Das HGB enthält in den §§ 373 bis 382 spezielle Vorschriften über den Handelskauf (siehe dazu unten § 29 IV.).

Ein Kaufvertrag kann auch ein **Fernabsatzvertrag** i.S. des § 312 c sein, bei welchem dem Käufer, der ein Verbraucher ist, ein Widerrufsrecht gewährt wird (siehe dazu oben § 2 II 5 und § 25 VII).

## II. Die Gefahrtragung beim Kauf

### 1. Leistungs- und Gegenleistungsgefahr

Wenn die gekaufte Sache nach Abschluss des Kaufvertrages, aber noch vor der Übereignung und Übergabe an den Käufer untergeht, so ist dem Verkäufer als dem Schuldner dieser Leistungsverpflichtung die Erbringung der Leistung unmöglich geworden. Er wird gemäß § 275 von seiner Leistungspflicht frei. Eine andere Frage ist die, ob der Verkäufer dann, wenn er gemäß § 275 von seiner Leistungspflicht befreit wird, auch den Anspruch auf die Gegenleistung verliert oder ob er diesen Anspruch behält. Insofern spricht man von der sogenannten **Preisgefahr oder Gegenleistungsgefahr**. Nach den Regeln des allgemeinen Schuldrechts verliert der Schuldner, der selbst von seiner Leistungspflicht gemäß § 275 befreit wird, gemäß § 326 Abs. 1 auch den Anspruch auf die Gegenleistung, vorausgesetzt, der Gläubiger (der Käufer) hat die Unmöglichkeit auch nicht gemäß §§ 276, 278 zu vertreten (§ 326 Abs. 2. Vgl. dazu oben § 26 II. und III.). Diese allgemeine Regelung wird beim Kauf in bestimmten Fällen durchbrochen. **681**

### 2. Gefahrübergang bei Übergabe der Sache (§ 446)

Wenn der Verkäufer dem Käufer die gekaufte Sache übergibt, gehen die Gefahr des zufälligen Untergangs und die Gefahr einer zufälligen Verschlechterung der Sache gemäß § 446 Abs. 1 Satz 1 auf den Käufer über. Das bedeutet, dass nach Übergabe der gekauften Sache der Käufer die Preisgefahr trägt. Er muss den Kaufpreis also auch dann zahlen, wenn die Sache durch Zufall untergeht. Zufall heißt: Weder der Verkäufer noch der Käufer haben den Untergang der Sache zu vertreten. **682**

§ 446 bildet eine Ausnahme vom Grundsatz des § 326 Abs. 1. Unter den Voraussetzungen des § 446 bleibt der Käufer trotz des von ihm nicht zu vertretenden Untergangs der Sache zur Zahlung des Kaufpreises verpflichtet. Er wird also von seiner Gegenleistungspflicht nicht gemäß § 326 Abs. 1 befreit.

> **Beispiel:** K kauft bei V einen Fernsehapparat zum Preise von 1.000 € unter Eigentumsvorbehalt (§ 449) (der Verkäufer bleibt Eigentümer, bis der Kaufpreis in voller Höhe gezahlt ist; ist dieses Ereignis eingetreten, geht das Eigentum automatisch auf den Käufer über). K zahlt 100 € an und nimmt den Apparat mit nach Hause; der Restkaufpreis soll in monatlichen Raten von 50 € gezahlt werden. Nachdem K noch 2 Raten geleistet hat, schlägt der Blitz in das Haus des K ein und zerstört den Fernsehapparat vollständig. Mit der Übergabe ist die Preis- bzw. Gegenleistungsgefahr auf K übergegangen. Er muss den Restkaufpreis an V zahlen, obwohl er nicht mehr Eigentümer des Fernsehapparates werden kann.

Der Regelung des § 446 Abs. 1 liegt folgende Überlegung zugrunde: Mit der Übergabe der Sache ist der vom Käufer mit dem Kaufvertrag erstrebte wirtschaftliche Erfolg im Wesentlichen bereits eingetreten. Der Käufer hat mit dem Besitzerwerb die tatsächliche Einwirkungsmöglichkeit auf die Sache erhalten, und er darf die- **683** selbe, auch wenn das Eigentum noch nicht auf ihn übergegangen ist, dem Verkäufer gegenüber fortan sowohl besitzen wie auch nutzen. Letzteres geht u.a. aus § 446 Abs. 1 S. 2 ausdrücklich hervor. Da die Sache damit aus dem wirtschaftlichen Verfügungsbereich des Verkäufers fortgegeben ist, der Verkäufer infolgedessen auch nicht mehr die Möglichkeit des Gebrauchs und der tatsächlichen Einwirkung auf die Sache hat, würde es jedenfalls in der Mehrzahl der Fälle, auf die das Gesetz bei einer generellen Regelung abstellen muss, nicht mehr interessengerecht sein, den Verkäufer jetzt noch mit den Folgen des Verlustes, die im Herrschaftsbereich des Käufers eingetreten sind, zu belasten.

### 3. Der Gefahrübergang beim Versendungskauf

684 Wenn der Verkäufer auf Wunsch des Käufers die gekaufte Sache nach einem anderen Ort als dem Erfüllungsort (Leistungsort) versendet, handelt es sich um einen Versendungskauf (§ 447).

Ein Versendungskauf setzt also eine **Holschuld** oder eine **Schickschuld** voraus, d.h. der Wohnsitz des Verkäufers ist der Erfüllungsort (vgl. dazu § 24 VI.), von dem aus „nach einem anderen Orte" im Sinne des § 447 versendet wird. Bei einer Bringschuld ist der Wohnsitz des Käufers der Erfüllungsort. Ein Versendungskauf kommt dann nicht mehr in Frage.

Der Grund für die Regelung des § 447 liegt darin, dass der Verkäufer, der nach dem Gesetz nur am Leistungsort tätig werden muss, nicht dadurch ein erhöhtes Risiko tragen soll, dass er die Sache auf Wunsch des Käufers an einen anderen Ort versendet und dadurch der Leistungserfolg hinausgeschoben wird. Geht also die Sache während des Transportes unter und kommt es infolgedessen nicht zur Erfüllung der Leistungspflicht des Verkäufers (Fall der Unmöglichkeit), behält der Verkäufer grundsätzlich gleichwohl, ebenfalls abweichend von der Regelung des § 326 Abs. 1, den Anspruch auf die Kaufpreisforderung.

685 Erfolgt die Versendung innerhalb desselben Ortes, was häufig durch eigene Leute des Verkäufers geschieht, so ist zunächst zu prüfen, ob der Verkäufer die Lieferung der gekauften Sache in die Wohnung oder die Geschäftsräume des Käufers nicht als Teil seiner Erfüllungspflicht aus dem Kaufvertrag übernommen hat. Ist dies der Fall, handelt es sich um eine **Bringschuld** und nicht um einen Versendungskauf. Handelt es sich um Fälle, bei denen der Verkäufer üblicherweise die Ware auf dessen Wunsch dem Kunden zustellt (Bringschuld), so spricht man auch von „Zuschickungskäufen des täglichen Lebens", z.B. bei Heizöllieferungen.

**Beispiel:** Rechtsanwalt K kauft beim Möbelhaus M Polstermöbel, um den Empfangsbereich in seiner Kanzlei auszustatten. Da er selbst keine Transportmöglichkeiten hat, bittet er M, auf seine (des K) Kosten einen Frachtführer zu beauftragen, die Möbel zur Kanzlei des K zu bringen. M beauftragt den zuverlässigen Frachtführer F mit dieser Aufgabe. Infolge eines schweren Unfalls, in den der Fahrer A des F mit dem LKW ohne sein Verschulden verwickelt wird, werden die Möbel vollständig vernichtet. Fraglich ist, ob M trotz des Untergangs der Möbel noch einen Anspruch auf Zahlung des Kaufpreises gemäß § 433 Abs. 2 gegen K hat. Handelt es sich hier um einen Versendungskauf im Sinne des § 447, muss K den Kaufpreis zahlen, weil die Preisgefahr bereits auf ihn übergegangen ist. (§ 474 Abs. 2 BGB ist hier nicht anwendbar, denn es liegt kein Verbrauchsgüterkauf vor). Erfüllungsort war mangels einer davon abweichenden Vereinbarung gemäß § 269 der Geschäftssitz des M. Auf Wunsch des K sollte M die Möbel „nach einem anderen Ort als dem Erfüllungsort", nämlich zum Kanzleisitz des K transportieren lassen. Deshalb ist mit der Übergabe der Sachen an den Frachtführer F die Preisgefahr nach § 447 auf K übergegangen. K muss den Kaufpreis an M zahlen.

Die Gefahr geht in dem Moment auf den Käufer über, in dem der Verkäufer die Sache an die Transportperson, also z.B. an den Spediteur oder Frachtführer ausliefert. Die Preisgefahr, die den Käufer von diesem Zeitpunkt ab treffen soll, bezieht nicht jeden Fall des zufälligen Untergangs oder der zufälligen Verschlechterung ein. Es muss sich vielmehr um typische Transportschäden handeln. Das bedeutet, das Ereignis, das die Lieferung beeinträchtigt oder verhindert, muss dem eigentlichen Gefahrenbereich des Transports zuzurechnen sein. Hat der Verkäufer den Umstand zu vertreten, der zum Transportschaden führt, so geht die Preisgefahr nicht auf den Käufer über. 686

**Beispiel:** Verpackt ein damit betrauter Angestellter des Verkäufers die zu versendenden Sachen nicht sorgfältig und kommt es deshalb zur Zerstörung derselben auf dem Transport, so hat der Verkäufer dies gemäß § 278 zu vertreten. Die Gefahr geht nicht auf den Käufer über, d.h. er muss den Kaufpreis nicht zahlen.

## III. Ansprüche und Rechte des Käufers bei Mängeln der gekauften Sache

### 1. Überblick

Nach § 433 Abs. 1 S. 2 ist der Verkäufer verpflichtet, dem Käufer die Sache frei von Rechts- und Sachmängeln zu verschaffen. Kommt der Verkäufer dieser Verpflichtung nicht nach, liegt darin eine Pflichtverletzung im Sinne des § 280 Abs. 1. Die Rechte und Ansprüche des Käufers ergeben sich dann aus dem allgemeinen Pflichtverletzungsrecht (§§ 280 ff.), das allerdings durch die §§ 437 ff. modifiziert wird. 687

§ 437 zählt die Rechte und Ansprüche auf, die dem Käufer zustehen, wenn der Verkäufer ihm eine mit einem **Sach- oder Rechtsmangel behaftete Sache** geliefert hat. Es sind dies:

1. ein Anspruch auf Nacherfüllung im Sinne des § 439, d.h. der Käufer kann wählen, ob er Beseitigung des Mangels (Nachbesserung) oder Lieferung einer mangelfreien Sache verlangen will (§ 437 Nr. 1);
2. er kann gemäß §§ 437 Nr. 2, 440, 323 und 326 Abs. 5 vom Vertrage zurücktreten oder stattdessen den Kaufpreis nach § 441 mindern;

3. der Käufer kann daneben nach §§ 437 Nr. 1, 440, 280, 281, 283 und 311 a Schadensersatz oder nach § 284 Ersatz der vergeblichen Aufwendungen verlangen.

**688** Im Vordergrund steht der **Anspruch des Käufers auf Nacherfüllung** (§ 439); das bedeutet, der Käufer hat nach seiner Wahl einen Anspruch auf Mängelbeseitigung oder Lieferung einer mangelfreien Sache. Der Käufer hat also das Recht darüber zu entscheiden, ob der Verkäufer eine neue Sache liefern oder nachbessern muss (= **Wahlrecht des Käufers**).

Diese Regelung ist auch als Recht des Verkäufers auf eine zweite Andienung zu verstehen. Das bedeutet, dass der Käufer in der Regel erst dann ein Rücktrittsrecht (§ 437 Nr. 2) hat oder einen Anspruch auf Schadensersatz statt der Leistung oder Ersatz der vergeblichen Aufwendungen (§ 437 Nr. 3) geltend machen kann, wenn die Nacherfüllung durch den Verkäufer fehlgeschlagen oder eine Frist zur Nacherfüllung ergebnislos verstrichen ist. Das ergibt sich schon daraus, dass sowohl der Schadensersatzanspruch **(Schadensersatz statt der Leistung)** des Käufers als auch sein Rücktrittsrecht nach §§ 280, 281, 323 davon abhängen, dass dem Verkäufer zuvor eine angemessene Frist zur Nacherfüllung gesetzt worden und dieselbe erfolglos verstrichen ist.

**688 a** Nicht selten entsteht dadurch, dass der Käufer eine mangelhafte Sache in Betrieb nimmt, ein Schaden an seinen anderen Rechtsgütern. Wegen des Mangels der Sache selbst hat der Käufer einen Nacherfüllungsanspruch gemäß §§ 437 Nr. 1, 439. Daneben entsteht aber noch ein Anspruch aus § 280 auf Ersatz der bereits wegen des Mangels entstandenen Schäden an anderen Rechtsgütern des Käufers, denn die Lieferung der mangelhaften Sache stellt eine Pflichtverletzung dar, die, wenn der Verkäufer sie zu vertreten hat, nach § 280 eine Schadensersatzverpflichtung auslöst.

Die Lieferung einer mangelhaften Sache ist also eine Pflichtverletzung, die abgesehen von dem Anspruch auf Nacherfüllung im Wesentlichen die gleichen Rechtsfolgen nach sich zieht wie nach allgemeinem Pflichtverletzungsrecht, nämlich das Entstehen eines Rücktrittsrechts gemäß § 323 und eines Anspruchs auf Schadensersatz statt der Leistung nach §§ 280, 281 oder Ersatz der vergeblichen Aufwendungen (§ 284). Das Entstehen des Anspruchs auf Schadensersatz statt der Leistung oder Ersatz der vergeblichen Aufwendungen setzt allerdings – anders als der Nacherfüllungsanspruch und die Entstehung des Rücktrittsrechts – stets voraus, dass der Schuldner die Pflichtverletzung nach § 280 Abs. 1 zu vertreten hat.

### 2. Der Sachmangel im Sinne des § 434

#### a) Überblick

**689** § 434 definiert den **Sachmangel**, der die Rechtsfolgen der §§ 437 ff. auslösen kann. Ein solcher liegt vor, wenn

- die Sache nicht die vereinbarte Beschaffenheit hat (§ 434 Abs. 1 S. 1);
- die Sache sich nicht für die nach dem Vertrage vorausgesetzte Verwendung eignet (§ 434 Abs. 1 S. 2 Nr. 1);
- die Sache sich nicht für die gewöhnliche Verwendung eignet und nicht die Beschaffenheit aufweist, die üblich ist und die der Käufer nach der Art der Sache erwarten kann (§ 434 Abs. 1 S. 2 Nr. 2);
- die Sache nicht die Eigenschaften aufweist, die der Käufer nach den öffentlichen Äußerungen des Verkäufers, des Herstellers (im Sinne des Produkthaftungsgesetzes) oder seines Gehilfen insbesondere in der Werbung oder bei der Kennzeichnung über bestimmte Eigenschaften der Sache erwarten kann (§ 434 Abs. 1 S. 3);
- die vereinbarte, durch den Verkäufer oder dessen Erfüllungsgehilfen durchgeführte Montage der gekauften Sache unsachgemäß ist (§ 434 Abs. 2 S. 1);
- die Montageanleitung zur Montage der gekauften Sachen mangelhaft ist, es sei denn, die Sache ist gleichwohl fehlerfrei montiert worden (§ 434 Abs. 2 S. 2);
- der Verkäufer eine andere als die gekaufte Sache oder eine zu geringe Menge liefert (§ 434 Abs. 3).

Der maßgebliche Zeitpunkt für die Ermittlung des Sachmangels ist der Gefahrübergang (§ 446).

### b) Der Sache fehlt die vereinbarte Beschaffenheit (§ 434 Abs. 1 S. 1)

Der gesetzlichen Anordnung ist zu entnehmen, dass die Beschaffenheitsvereinbarung Vorrang haben soll. Das bedeutet: Ist die Sache vertragsgemäß, hat sie keinen Mangel. **690**

Der Begriff der Beschaffenheit umfasst die Eigenschaften, die der Kaufsache unmittelbar physisch anhaften, aber auch Umstände, die außerhalb der Sache liegen können.

> **Beispiel:** Die Unfallfreiheit eines gebrauchten PKW oder der Kilometerstand eines solchen.

Vereinbarung über die Beschaffenheit bedeutet im Zweifel, dass die Parteien des Vertrages die Beschaffenheit der Kaufsache zum Vertragsinhalt erklärt haben. Das muss hinreichend deutlich zum Ausdruck gebracht werden.[1]

> **Beispiel:** In dem notariellen Kaufvertrag versichert der Verkäufer ausdrücklich, dass das Grundstück, welches Kaufgegenstand ist, bebaubar ist. Hier liegt eine Beschaffenheitsvereinbarung vor.

> **Beispiel:** Bei einem Kfz-Händler ist ein gebrauchtes Kfz ausgestellt, an dem ein Schild befestigt ist, das u.a. ausweist, dass dieses Kfz erst 18.000 km gelaufen sei. Fraglich ist, ob es sich dabei um eine Beschaffenheitsvereinbarung handelt, wenn

1 BGH NJW 2013, 1365; *Jauernig/Berger*, § 434 BGB Rn. 9.

der Käufer, ohne dass noch einmal ausdrücklich über die Kilometerleistung des Kfz gesprochen wird, dieses Kfz gekauft hat. Die gefahrenen Kilometer geben einen, wenn auch nicht unbedingt zuverlässigen Maßstab für die Abnutzung und weitere Lebensdauer eines Kraftfahrzeuges. Die Aufnahme der Fahrleistung in das dem Wagen angeheftete Schild, wie überhaupt die Aufnahme sogenannter technischer Daten, stellt mehr als eine bloße Anpreisung dar. Darin ist vielmehr eine ernstlich gemeinte Aussage zu sehen, die auf die Willensbildung des Käufers wesentlichen Einfluss ausübt. Wenn Verkäufer und Käufer nun einen Vertrag abschließen, nehmen sie beide konkludent auf den Inhalt des Schildes an dem Kfz Bezug. Die Aussage über die Kilometerleistung wird also Vertragsbestandteil und stellt damit eine Beschaffenheitsvereinbarung im Sinne des § 434 Abs. 1 S. 1 dar.

### c) Die Sache eignet sich nicht für die nach dem Vertrag vorausgesetzte Verwendung (§ 434 Abs. 1 S. 2 Nr. 1)

**691–692** In diesem Fall existiert keine Beschaffenheitsvereinbarung, aber die Vertragsparteien haben dem Vertrage die Vorstellung zugrunde gelegt, dass die Sache für einen bestimmten Verwendungszweck tauglich sein soll. Dafür reicht eine konkludente Übereinstimmung der Vertragsparteien aus. Das bedeutet, es genügt, dass der Käufer den Verwendungszweck durch konkludentes Verhalten erkennen lässt und der Verkäufer dem – ebenfalls konkludent – zustimmt.[2]

**Beispiel:** Kauft ein Landwirt bei einem Futtermittelgroßhandel Futter für seine Rinder mit der Bemerkung, das Futter müsse gut verträglich sein, so haben beide Parteien eine bestimmte Vorstellung über den Verwendungszweck. Sie wissen beide, dass die gekauften Futtermittel zur Verfütterung an die Rinder tauglich sein müssen. Ist das Futter mit Krankheitserregern verseucht, eignet es sich nicht für die nach dem Vertrag vorausgesetzte Verwendung. Es liegt ein Sachmangel im Sinne des § 434 Abs. 1 S. 2 Nr. 1 vor.

### d) Die Sache eignet sich nicht für die gewöhnliche Verwendung (§ 434 Abs. 1 S. 2 Nr. 2)

**693** Hier liegen keine Beschaffenheitsvereinbarung und auch keine Vorstellung über die „nach dem Vertrag vorausgesetzte Verwendung" vor. Es kommt lediglich darauf an, ob sich die Sache für die gewöhnliche Verwendung eignet und eine Beschaffenheit aufweist, die bei Sachen der gleichen Art üblich ist und die der Käufer nach der Art der Sache erwarten darf.

Beschaffenheit umfasst Qualität und Leistung. Welche Beschaffenheit erwartet werden kann, richtet sich nach dem Erwartungshorizont eines durchschnittlichen Käufers.

---

2 *Jauernig/Berger*, § 434 BGB Rn. 13.

**Beispiel:** Kauft der Käufer in einem Kaufhaus einen Schraubenschlüssel, der sich bei nur durchschnittlicher Belastung verbiegt, so ist derselbe für die gewöhnliche Verwendung nicht geeignet und weist eine schlechtere Qualität auf, als sie bei vergleichbaren Sachen ist und vom Durchschnittskunden erwartet werden darf. Es liegt deshalb ein Sachmangel im Sinne von § 434 Abs. 1 S. 2 Nr. 2 vor.

#### e) Die Sache weist nicht die Eigenschaften auf, die der Käufer nach den öffentlichen Äußerungen des Verkäufers, insbesondere aufgrund der Werbung. erwarten darf (§ 434 Abs. 1 S. 3)

Diese Vorschrift soll vor allem einen Schutz des Käufers vor unzutreffenden Wer- **694**
beaussagen bewirken. Zu beachten ist, dass der Verkäufer nun auch durch die Bindung an öffentliche Aussagen des Herstellers über konkrete Eigenschaften der Sache belastet werden kann. Dies wird mit der Argumentation gerechtfertigt, auch der Verkäufer profitiere von der Werbung des Herstellers, weil sie auch seinen Absatz fördere; außerdem sind nach dieser Vorschrift reißerische Anpreisungen allgemeiner Art ohne Bezugnahme auf nachprüfbare Aussagen über die Beschaffenheit der Sache irrelevant[3].

Unter Eigenschaften sind Tatsachenäußerungen zu verstehen, nicht aber reißerische Anpreisungen oder Werturteile.[4] Öffentliche Äußerungen sind Erklärungen, die sich an eine Vielzahl von Personen richtet, wie z.B. Werbung im Fernsehen und in Zeitungen, sowie Beschreibungen in Katalogen.[5]

An einem Mangel fehlt es, wenn der Verkäufer die Äußerung nicht kannte und auch nicht kennen musste (§ 434 Abs. 3). Für letzteres genügt jede Form der Fahrlässigkeit. So muss z.B. von einem sorgfältig handelnden Verkäufer erwartet werden, dass er sich wenigstens einen groben Überblick über den Inhalt von Werbebroschüren verschafft, die in seinem Laden ausliegen[6].

Für das Vorliegen eines Mangels genügt es, dass die Werbeaussage für die Wil- **695**
lensbildung des Käufers und damit die Kaufentscheidung maßgeblich sein konnte. Dies ist nur dann ausgeschlossen, wenn feststeht, dass der Käufer die Aussage, um die es geht, schlechterdings überhaupt nicht kennen konnte[7].

**Beispiel:** Ein Kfz-Hersteller verwendet in der Werbung falsche Angaben über den Kraftstoffverbrauch eines neuen PKW. Darin liegt ein Sachmangel gemäß § 434 Abs. 1 S. 3, der dem Käufer Rechte und Ansprüche gegen den Verkäufer nach § 437 gewährt. Ein bestimmter Benzinverbrauch ist eine konkrete nachprüfbare Eigenschaft.

---

3 BT-Drs. 14/6040, S. 214.

4 *Jauernig/Berger*, § 434 BGB Rn. 15.

5 *Jauernig/Berger*, § 434 BGB Rn. 15.

6 So *Dauner-Lieb* u.a., S. 123 f.

7 Vgl. *Dauner-Lieb* u.a., S. 124.

**Beispiel:** K hat von V Prospekte über Stereoanlagen (Markenprodukte) des Herstellers H erhalten. Er sucht nach dem Prospekt eine bestimmte Stereoanlage aus und kauft diese Anlage bei V. Es stellt sich nach Lieferung der Sache heraus, dass einige wesentliche Eigenschaften, die in dem Prospekt angegeben waren, nicht vorhanden sind. Hier fehlt es an einer Beschaffenheit, die der Käufer nach den öffentlichen Äußerungen des Herstellers erwarten konnte. Die gekauften Sachen sind nach § 434 Abs. 1 S. 3 mangelhaft.

Die Eigenschaften müssen in der Werbung oder in öffentlichen Äußerung hinreichend bestimmt werden; allgemeine und undifferenzierte Qualitätsanforderungen genügen nicht[8].

**Beispiel:** Für einen Laubstaubsauger wird vom Hersteller geworben mit der Aussage, das Produkt verfüge über „eine in der Praxis bewährte hohe Saugkraft". Wenn es nun nicht gelingt, mit einem solchen Sauger sehr nasse Blätter eines Kastanienbaumes vollständig aufzusaugen, so liegt kein Mangel i.S. des § 434 Abs. 1 S. 3 vor, denn die Eigenschaften eines Saugers sind nur allgemein und undifferenziert und nicht bestimmt genug angepriesen.

#### f) Unsachgemäße Montage oder mangelhafte Montageanleitung (§ 434 Abs. 2)

**696** Hier werden Montagefehler und Mängel, die durch eine mangelhafte Montageanleitung verursacht werden, ausdrücklich einem Sachmangel gleichgestellt. In Betracht kommen hier vor allem diejenigen Fälle, in denen der Verkäufer eine zunächst fehlerfreie Sache liefert, die aber dann durch unsachgemäße Montage beschädigt oder gar untauglich wird. Erfasst wird aber auch die vereinbarte unsachgemäße Montage, die selbst fehlerhaft ist, die gekaufte Sache aber unversehrt lässt.

**Beispiel:** Die Schränke einer Einbauküche werden schief und nicht hinreichend befestigt aufgehängt. Die Schränke selbst bleiben unversehrt, aber die Montage selbst ist mangelhaft.

Ein Sachmangel liegt auch dann vor, wenn der Sache eine mangelhafte Montageanleitung beigegeben ist, vorausgesetzt, dass die Kaufsache zur Montage bestimmt ist und die Sache auch falsch montiert wird (§ 434 Abs. 2 S. 2; sog. IKEA-Klausel). Damit wird der Zunahme von Kaufverträgen insbesondere über Möbel Rechnung getragen, die den Zusammenbau der Kaufsache durch den Letztkäufer vorsehen.

Von den Montageanleitungen sind Gebrauchs- und Bedienungsanleitungen zu unterscheiden, auf die nach herrschender Meinung[9] § 434 Abs. 2 nicht anwendbar sein soll.

---

8 Anwaltkommentar/*Büdenbender*, § 434 BGB Rn. 12.

9 Vgl. *Staudinger/Matusche/Beckmann*, § 434 BGB Rn. 106 und *Palandt/Weidenkaff*, § 434 BGB Rn. 48; a.A. Anwaltkommentar/*Büdenbender*, § 434 BGB Rn. 12.

**Beispiel:** In der Betriebsanleitung für einen Rasenmäher wird für den Motor, der mit einer Mischung aus Benzin und Öl betrieben wird, ein falsches Mischverhältnis angegeben. Der Käufer, der sich auf diese Angaben verlässt, beschädigt den Motor. Da es sich hier um eine Bedienungs- oder Gebrauchanleitung handelt, ist § 434 Abs. 2 nicht anwendbar. Es kann aber dennoch eine Pflichtverletzung gemäß § 280 vorliegen, die den die Verkäufer zum Schadensersatz verpflichten kann.

### g) Die Falsch- und die Zuweniglieferung als Sachmangel (§ 434 Abs. 3)

#### aa) Die Falschlieferung

Falsch- und Zuweniglieferung sind dem Sachmangel gleichgestellt und können die Rechtsfolgen des § 437 auslösen. Dabei dürfte der Anspruch auf Nacherfüllung gemäß § 439 in Gestalt des Anspruchs auf Lieferung einer mangelfreien anderen Sache im Vordergrund stehen. **697**

Beim **Gattungskauf** dürfte sich dieser Anspruch – mit Ausnahme der Unverhältnismäßigkeitsklausel des § 439 Abs. 3 – nicht wesentlich von dem primären Erfüllungsanspruch unterscheiden.

**Beispiel:** Landwirt L (kein Kaufmann) kauft bei V Sommerweizen. Versehentlich wird Winterweizen geliefert. Hier liegt eine Falschlieferung i.S. des § 434 Abs. 3 beim Gattungskauf vor. L hat einen Anspruch auf Nacherfüllung in Gestalt eines Ersatzlieferungsanspruches. Mängelbeseitigung scheidet wegen Unmöglichkeit (§ 275 Abs. 1) aus, da aus Winterweizen nicht Sommerweizen gemacht werden kann.

Umstritten ist, ob § 434 Abs. 3 auch beim **Stückkauf** mit der Rechtsfolge anzuwenden ist, dass der Käufer statt des Erfüllungsanspruchs, der nach § 195 in 3 Jahren verjährt, nur den schon nach 2 Jahren (§ 438 Abs. 1 Nr. 3) verjährenden Nacherfüllungsanspruch geltend machen kann.[10] Da der Gesetzeswortlaut nicht zwischen Gattungs- und Stückkauf unterscheidet, spricht mehr für die Ansicht, den § 434 Abs. 3 auch auf den Stückkauf anzuwenden.[11] Der Nacherfüllungsanspruch richtet sich dann auf die Lieferung der vereinbarten Sache.[12] **698**

Wird beim Stückkauf ein Identitäts-aliud geliefert, d.h. es wird nicht die gekaufte, sondern eine andere Sache geliefert – etwa weil eine Verwechselung der gelieferten mit der gekauften Sache vorliegt –, so hat der Käufer den Nacherfüllungsanspruch, der sich auf die Lieferung der gekauften Sache bezieht, aber anders als der Erfüllungsanspruch in 2 Jahren verjährt (§ 438 Abs. 1 Nr. 3). **699**

10 Vgl. *PWW/D. Schmidt* § 434 BGB Rn. 90 ff. mit Nachw.; *Brox/Walker*, Besonderes Schuldrecht, § 4 Rn. 26.

11 MüKo/Westermann, § 434 BGB Rn. 44.

12 Vgl. *PWW/D. Schmidt* § 434 BGB Rn. 92.

**Beispiel:** K sucht im Ladenlokal des Antiquars A eine Biedermeierkommode aus, die er kauft, nachdem ihm A versichert hat, im Kaufpreis (7.000 €) sei eine notwendige Restaurierung, die innerhalb von zwei Wochen durchgeführt sein könne, enthalten. Vier Wochen später lässt A auf Grund eines Irrtums, in dem er sich befindet, einen Schrank aus dem Jahre 1795 zu K bringen. Hier liegt die Lieferung eines aliud (= Falschlieferung) vor.

#### bb) Die Zuweniglieferung

700 Liefert der Schuldner weniger als vereinbart, so dürfte in der Regel der Primäranspruch auf die fehlende Menge ausreichen, um die Störung zu beseitigen

**Beispiel:** Der Schuldner liefert statt der vereinbarten 200 Flaschen Wein einer bestimmten Sorte nur 170. Sind die restlichen Flaschen lieferbar, macht der Gläubiger den Anspruch auf die Resterfüllung geltend. Daneben könnte allerdings noch ein Anspruch wegen einer Pflichtverletzung in Gestalt eines Verzuges vorliegen, aus der dem Gläubiger ein Anspruch auf Ersatz des Verzugsschadens erwachsen kann (§§ 280, 286).

In anderen Fällen kann der Anspruch auf Neulieferung der nunmehr richtigen Menge von Interesse sein.

**Beispiel:** Der Schuldner liefert zu wenig Fliesen, die auf einer Terrasse verlegt werden sollen. Wegen möglicher Farbabweichungen ist es wichtig, dass die Gesamtlieferung aus einer Lieferung stammt. Es liegt deshalb ein Sachmangel im Sinne des § 434 Abs. 3 vor. In diesem Fall ist die Nacherfüllung gemäß §§ 437, 439, 434 Abs. 3 in Gestalt der Neulieferung in der richtigen Menge die geeignete Rechtsfolge.

### 3. Der Rechtsmangel (§ 435)

701 Der Verkäufer hat dem Käufer die Sache frei von den Rechten Dritter an der Sache zu verschaffen. Ein Rechtsmangel liegt vor, wenn ein Dritter hinsichtlich des Kaufgegenstandes Rechte gegen den Käufer geltend machen kann. Allerdings kann nur ein tatsächliches Recht, nicht lediglich ein behauptetes einen Rechtmangel bilden. Was die Rechtsfolgen angeht, so steht der Rechtsmangel dem Sachmangel gleich.

Als Rechte Dritter an der Sache kommen z.B. in Betracht:
- dingliche Rechte, wie z.B. Pfandrechte, inklusive Grundpfandrechte, Nießbrauch und Grunddienstbarkeiten;
- persönliche Rechte eines Dritten in Bezug auf die Kaufsache, wie z.B. Rechte aus Miet- und Pachtverträgen, Patent-, Lizenz- und Urheberrechte, Recht auf Besitz.

**Beispiel:** Ein **Rechtsmangel** liegt vor, wenn die gelieferte Sache oder ihr bestimmungsgemäßer Gebrauch das Patent eines Dritten verletzt[13].

---

13 *Laub/Laub*, GRUR 2003, 654.

**Beispiel:** V verkauft und übereignet ein Grundstück an A. V hatte das Grundstück an M vermietet, was dem A unbekannt war. Aus einem Mietvertrag werden wie bei jeder vertraglichen Beziehung grundsätzlich nur die Vertragsparteien berechtigt und verpflichtet. M könnte daher sein Mietrecht nur gegen V, nicht aber gegen A geltend machen. Um den Mieter eines Grundstücks oder einer Wohnung (§§ 549, 578) zu schützen, ordnet § 566 eine Ausnahme von der Regel, dass grundsätzlich nur die Vertragschließenden aus einem Vertrag berechtigt und verpflichtet sind, an. Der Erwerber tritt anstelle des Veräußerers als Vermieter in den Mietvertrag ein. Die Belastung des Kaufgegenstandes (hier des Grundstücks) mit dem persönlichen Recht eines Dritten (hier dem Mietrecht des M) hat folgende Konsequenzen: Wenn der Kaufvertrag, wovon hier ausgegangen wird, vorsah, dass das Grundstück unbelastet sein sollte, liegt hier ein Rechtsmangel im Sinne des § 435 vor, der, was die Rechtsfolgen betrifft, dem Sachmangel gleichgestellt ist.

### 4. Die bei Vorliegen eines Sach- oder Rechtsmangels entstehenden Rechte und Ansprüche des Käufers

#### a) Überblick

In § 437 sind die Rechte und Ansprüche aufgeführt, die dem Käufer für den Fall **702** zustehen, dass die gekaufte Sache mangelhaft ist, also einen Rechts- oder Sachmangel aufweist.

Im Vordergrund steht der Anspruch des Käufers auf Nacherfüllung, also nach seiner Wahl Mängelbeseitigung (Nachbesserung) oder Lieferung einer anderen mangelfreien Sache. Aus der Sicht des Verkäufers ist dies als ein Recht zur zweiten Andienung zu verstehen.

Erst wenn beide Arten der Nacherfüllung dem Käufer unzumutbar oder fehlgeschlagen sind, stehen dem Käufer in zweiter Linie die folgenden Rechte und Ansprüche zu:

- er kann gemäß §§ 437 Nr. 2, 440, 323 und 326 Abs. 5 vom Vertrage zurücktreten oder stattdessen den Kaufpreis nach § 441 mindern;
- er kann außerdem nach §§ 437 Nr. 1, 440, 280, 281, 283 und 311 a Schadensersatz statt der Leistung oder nach § 284 Ersatz der vergeblichen Aufwendungen verlangen.

#### b) Der Anspruch auf Nacherfüllung ( §§ 437 Nr. 1, 439)

Gemäß § 433 Abs. 1 S. 2 hat der Verkäufer dem Käufer die Sache frei von Rechts- **703** und Sachmängeln zu verschaffen. Verletzt der Verkäufer diese Verpflichtung, liegt darin eine Pflichtverletzung. Der Käufer hat dann einen Anspruch auf Rest- bzw. Nacherfüllung. Der Nacherfüllungsanspruch aus §§ 437 Nr. 1, 439 ist gerichtet auf

- Mängelbeseitigung (Nachbesserung)
- oder Lieferung einer mangelfreien Sache.

Das **Wahlrecht** zwischen Mängelbeseitigung und Lieferung einer mangelfreien Sache steht dem Käufer zu.

> **Beispiel:** K kauft bei V einen Markenfüllfederhalter für 150 €. Der Füllfederhalter weist einen schweren Mangel auf. K hat inzwischen festgestellt, dass ein Konkurrent W des V den gleichen Füllfederhalter 25 € billiger verkauft. K möchte nun vom Vertrage zurücktreten und den Kaufpreis von V zurückerstattet haben, um anschließend bei W den Füllfederhalter billiger zu erstehen. K kann nicht vom Vertrage zurücktreten, solange er V nicht die Möglichkeit zur Nacherfüllung gewährt hat. K kann nach seiner Wahl Lieferung eines neuen mangelfreien Füllfederhalters oder Mangelbeseitigung verlangen. Er kann erst zurücktreten, wenn der V die Nacherfüllung verweigert oder die Nacherfüllung fehlgeschlagen ist (§ 440).

**704** Liefert der Verkäufer auf Verlangen des Käufers eine mangelfreie Sache, so hat der Käufer die alte mangelhafte Sache nach den Rücktrittsvorschriften (§§ 346 ff.) zurückzugewähren (§ 439 Abs. 4). Für die Nutzung der mangelhaften Sache muss der Käufer keinen Wertersatz leisten[14].

Der Verkäufer hat alle Kosten der Nacherfüllung zu tragen (§ 439 Abs. 2).

§ 439 Abs. 3 gibt dem Verkäufer ein Leistungsverweigerungsrecht, welches er als **Einrede der Unverhältnismäßigkeit** geltend machen kann.[15] Der Verkäufer muss sich auf die Voraussetzungen, unter denen dieses Recht entsteht, ausdrücklich berufen. Ausschlaggebend für diese Regelung ist, dass der Verkäufer mit unverhältnismäßig hohen Kosten belastet werden könnte, wenn er die vom Käufer gewählte Art der Nacherfüllung durchführen würde. Ob dies der Fall ist, ist in einer Aufwand-Nutzen-Betrachtung festzustellen, wobei insbesondere die andere Variante der Nacherfüllung berücksichtigt werden muss. Die Unverhältnismäßigkeit der Kosten im Sinne von § 439 Abs. 3 bestimmt sich nicht nach dem Verhältnis der Nacherfüllungskosten zum Kaufpreis, sondern zum objektiven Wert der mangelfreien Sache. In manchen Fällen kann der Aufwand für die Mangelbeseitigung, falls diese überhaupt möglich ist, deutlich höher sein als der für eine Neubeschaffung. Bei sehr hochwertigen Sachen mag es genau umgekehrt sein.

> **Beispiel:** K kauft beim Automobilhändler V einen neuen PKW, der schon kurz nach der Übergabe einen schweren Motorfehler aufweist, der von Anfang an vorhanden war. K kann nicht vom Vertrage zurücktreten, bevor V nicht die Nacherfüllung versucht hat. K könnte wahlweise nach §§ 437 Nr. 1, 439 Mängelbeseitigung (hier Austausch des Motors) oder Lieferung eines neuen mangelfreien PKW verlangen. Für V wäre die Nacherfüllung in Gestalt der Lieferung eines Neuwagens im Zweifel eine unangemessene Belastung, weil der Einbau eines neuen Motors mit weit geringerem Aufwand zu leisten ist. Nach § 439 Abs. 3 beschränkt sich der Nacherfüllungsanspruch des K deshalb auf die Mängelbeseitigung, die durch den Austausch des Motors zu leisten ist.

---

14 BGH NJW 2009, 427.

15 *MüKo/Westemann*, § 439 BGB Rn. 22.

Auch beim **Stückkauf** ist die Nacherfüllung durch Lieferung einer anderen, mangelfreien Sache nicht von vornherein wegen Unmöglichkeit ausgeschlossen. Eine Ersatzlieferung ist nach den Vorstellungen der Parteien jedenfalls dann möglich, wenn die Kaufsache im Falle der Mangelhaftigkeit durch eine gleichartige und gleichwertige ersetzt werden kann.[16] Der BGH[17] stellt auf den hypothetischen Parteiwillen ab. Es ist also stets zu fragen, ob die Parteien bei Abschluss des Kaufvertrages gegebenenfalls gewollt haben, dass die Kaufsache im Wege der Nacherfüllung durch eine andere Sache ersetzbar sein sollte. Der BGH[18] begründet seine Auffassung mit dem Wortlaut des § 439, der für eine einschränkende Auslegung dahin gehend, dass bei einem Stückkauf eine Ersatzlieferung von vornherein nicht verlangt werden könne, keine Anhaltspunkte biete. Durch eine Beschränkung des Nacherfüllungsanspruchs auf den Gattungskauf würde der Vorrang des Anspruchs auf Nacherfüllung, der den §§ 437 ff. zu Grunde liege, gegen den Willen des Gesetzgebers begrenzt. **705**

**Beispiel:** Nach sorgfältiger Besichtigung und einer ausgedehnten Probefahrt kauft K bei dem Gebrauchtwagenhändler V einen gebrauchten PKW. Nach 2 Wochen wird ein gravierender Mangel erkennbar, der bei der Besichtigung nicht festzustellen war. Ob hier ein Nacherfüllungsanspruch bei einem Stückkauf besteht, muss nach dem Ergebnis der Prüfung entschieden werden, ob die Parteien bei Abschluss des Kaufvertrages gegebenenfalls gewollt haben, dass die Kaufsache im Wege der Nacherfüllung durch eine andere Sache ersetzbar sein sollte. Aus der Tatsache, dass K den PKW sorgfältig getestet hat, ist im Zweifel zu schließen, dass jedenfalls die Vorstellung des Käufers nicht dahin gegangen ist, dass das ausgesuchte und gekaufte Auto im Falle der Mangelhaftigkeit durch ein gleichwertiges ersetzt werden kann.[19] Wenn K nun vom Vertrage zurücktreten will, kann V sich nicht darauf berufen, dass er ein Recht zur Nacherfüllung habe.

Der Anspruch auf Nacherfüllung ist nach den allgemeinen Regeln ausgeschlossen, wenn dem Verkäufer die Nacherfüllung unmöglich ist (§ 275 Abs. 1). Beschränkt sich die Unmöglichkeit auf eine Art der Nacherfüllung, so ist nur insoweit ein Ausschluss des Nacherfüllungsrechts anzunehmen. **706**

Wenn die Nacherfüllung mangelhaft erfolgt, kann der Käufer, soweit der Nacherfüllungsanspruch nach §§ 275, 439 Abs. 3 nicht ausgeschlossen ist, die zunächst gewählte Form der Nacherfüllung ablehnen und die Nacherfüllung in der anderen Form verlangen, z.B. nun Nachlieferung statt der fehlgeschlagenen Mängelbeseitigung.

Umstritten ist das Problem der Vereitelung der Nacherfüllung. Dabei geht es um **707**
die Frage, welche Rechtsfolgen es auslöst, dass der Käufer in Kenntnis der Mangelhaftigkeit der Sache den Mangel selbst beseitigt, ohne zuvor dem Verkäufer

16 So BGH NJW 2006, 2839 ff.
17 BGH NJW 2006, 2839 ff.
18 BGH NJW 2006, 2839 ff.
19 Vgl. BGH NJW 2006, 2839 ff.

eine notwendige Nacherfüllungsfrist gesetzt zu haben (sog. „Selbstvornahmefälle"). Aus dem Vorrang der Nacherfüllung ist abzuleiten, dass dem Käufer kein Recht zur Selbstvornahme der Mangelbeseitigung auf Kosten des Verkäufers zusteht. Dem Verkäufer darf nicht durch Selbstvornahme die Möglichkeit genommen werden, sich den Kaufpreis durch eine zweite Andienung endgültig zu verdienen. Außerdem verliert der Verkäufer durch die Selbstvornahme die Möglichkeit, die Sache selbst darauf hin zu untersuchen, ob der behauptete Mangel überhaupt besteht.[20] Der BGH[21] vertritt die Auffassung, dass der Käufer in den sog. Selbstvornahmefällen das Rücktritts- und Minderungsrecht verliere und auch nicht Schadensersatz statt der Leistung verlangen könne.

#### c) Anspruch auf Ersatz des Mangelfolgeschadens neben dem Nacherfüllungsanspruch

**708** Es kommt vor, dass aufgrund der Lieferung einer mangelhaften Sache, die in Betrieb genommen worden ist, ein Schaden an anderen Rechtsgütern des Käufers (Mangelfolgeschaden) entsteht. Wegen des Mangels der Sache hat der Käufer einen Nacherfüllungsanspruch gemäß §§ 437 Nr. 1, 439. **Daneben** entsteht ein Anspruch aus § 280 auf Ersatz der bereits durch den Mangel entstandenen Schäden an den anderen Rechtsgütern des Käufers (Mangelfolgeschaden), denn die Lieferung der mangelhaften Sache stellt eine Pflichtverletzung dar, die, wenn der Verkäufer sie zu vertreten hat, nach § 280 eine Schadensersatzverpflichtung auslöst. Einer Fristsetzung bedarf es nicht, weil nur Ersatz des Mangelfolgeschadens und nicht Schadensersatz statt der Leistung verlangt wird.

**Beispiel:** A kauft bei U Passfedern für den Einbau in Motoren, die einen Härtegrad von 50 Rc aufweisen müssen. Im Kaufvertrag sichert U zu, dass die Passfedern diesen Härtegrad haben und zum Einbau in die Motoren geeignet sind. U liefert die Federn und A zahlt den Kaufpreis. Nachdem A die Federn in etliche Motoren eingebaut hat, fallen diese nach Ingebrauchnahme schwer beschädigt und nicht reparierbar aus. Es stellt sich heraus, dass U aus Versehen Passfedern geliefert hatte, die einen viel zu geringen Härtegrad aufwiesen. Der Schaden an den Motoren beträgt 12.300 €. A könnte gegen U die folgenden Ansprüche haben:
- auf Nachlieferung mangelfreier Federn aus §§ 437 Nr. 1, 434 Abs. 1, 439, und
- Schadensersatz nach §§ 437 Nr. 3, 434 Abs. 1 und § 280.

Die Federn hatten nicht die vertraglich zugesicherten Eigenschaften, es fehlte also die vertraglich vereinbarte Beschaffenheit (§ 434 Abs. 1 S. 1). Im Hinblick auf die Leistungspflicht hat A demnach einen Nacherfüllungsanspruch, hier auf Neulieferung, da eine Mängelbeseitigung an den Kaufsachen, den Federn, nicht möglich ist. Im Hinblick auf die entstandenen Schäden (Mangelfolgeschäden) ist ein Schadenersatzanspruch aus § 280 Abs. 1 entstanden. Die Pflichtverletzung besteht in der Lieferung mangelhafter Sachen, obwohl die Verpflichtung bestand, mangelfreie Sachen zu übereignen (§ 433 Abs. 1 S. 2). Diese Pflichtverletzung ist fahr-

20 So *Brox/Walker*, Besonderes Schuldrecht, § 4 Rn. 40.
21 BGH NJW 2006,1195; Siehe dazu *Lorenz*, NJW 2007, 1, 4 f.

lässig begangen worden. U hat sie deshalb zu vertreten. Da A nicht Schadensersatz statt der Leistung verlangt, müssen die Voraussetzungen des § 281 nicht geprüft werden. Aus §§ 437 Nr. 3, 434 Abs. 1 und § 280 Abs. 1 ist U deshalb zur Nacherfüllung und daneben zur Zahlung von Schadensersatz in Höhe von 12.300 € verpflichtet.

Ersetzt wird der reine Mangelfolgeschaden. Davon abzugrenzen sind die Schadenspositionen, die das Erfüllungsinteresse des Käufers betreffen, also z.B. ein etwaiger Minderwert der gekauften Sache oder ein entgangener Gewinn wegen Mangelhaftigkeit der Kaufsache.

In manchen Fällen hat der Käufer in erster Linie ein Interesse an dem Ersatz des Mangelfolgeschadens, der ihm aufgrund eines Mangels der Kaufsache entstanden ist. In einem solchen Fall kann der Käufer am Vertrage festhalten und die ursprüngliche Leistung fordern; daneben hat er einen Anspruch auf Schadensersatz. **708 a**

**Beispiel:** K erwirbt von V einen neuen PKW. Dieser ist auf dem Transport vom Hersteller zu V aufgrund eines Unfalls, in welches das Transportfahrzeug verwickelt war, beschädigt worden. V beseitigt lediglich die sichtbaren Schäden, wie z.B. Beulen und Lackkratzer, untersucht aber z.B. nicht das Bremssystem, was dringend geboten gewesen wäre. Wenige Stunden nach Übergabe des PKW an K erleidet dieser einen Unfall, der auf das durch den Transportunfall beschädigte Bremssystem zurückzuführen ist. K erleidet eine Kopfverletzung; der PKW wird nur unwesentlich beschädigt. K will den PKW behalten und verlangt von V in erster Linie Ersatz der durch die Körperverletzung entstandenen Kosten in Höhe von 43.000 €. Ein solcher Anspruch könnte u.a. aus § 437 Nr. 3, § 434 Abs. 1 S. 2 Nr. 2 und § 280 entstanden sein. Hier ist der Schaden, der aufgrund der Mangelhaftigkeit der Kaufsache – es fehlt die gewöhnliche Verwendungsmöglichkeit, nämlich das gefahrlose Fahren mit dem PKW (§ 434 Abs. 1 S. 2 Nr. 2) – entstanden ist, an anderen Rechtsgütern des K, nämlich Körper und Gesundheit, entstanden. Mit der Lieferung einer mangelhaften Sache hat V eine Pflichtverletzung im Sinne des § 280 begangen, die zu diesem Schaden geführt hat. V hat den Schaden nur zu ersetzen, wenn er die Pflichtverletzung zu vertreten hat (§ 280 Abs. 1). V hat jedenfalls fahrlässig gehandelt, als er den auf dem Transport beschädigten PKW nicht näher auf nicht direkt sichtbare Schäden untersuchen ließ. K verlangt hier Schadensersatz nach § 280 Abs. 1 und nicht Schadensersatz statt der Leistung, so dass die in § 281 genannten Voraussetzungen nicht geprüft werden müssen. K kann gemäß § 437 Nr. 3, § 434 Abs. 1 S. 2 Nr. 2 und § 280 Abs. 1 Schadensersatz in Höhe von 43.000 € verlangen.

### d) Rücktritt oder Minderung

#### aa) Überblick

Bleibt das Nacherfüllungsbemühen des Verkäufers erfolglos, so kann der Käufer vom Vertrage zurücktreten (§§ 437 Nr. 2, 440, 323) oder mindern §§ 437 Nr. 2, 440, 441). In beiden Fällen bedarf es einer vorherigen Fristsetzung nicht mehr, da der Verkäufer die Nacherfüllung ergebnislos versucht hat oder er dieselbe ver- **709** weigert (§ 440 S. 1). Eine Nacherfüllung gilt in der Regel als fehlgeschlagen, wenn sie zweimal nicht gelingt (§ 440 S. 2). Der zweimalige erfolglose Versuch bezieht sich auf die Nachbesserung, so dass unter Einbeziehung des ersten Versuchs einer fehlerfreien Lieferung insgesamt drei „Fehlversuche" einer fehlerfreien Lieferung vorliegen.[22]

Bei dieser Regelung handelt es sich um eine Beweiserleichterung zugunsten des Käufers, abgestellt auf den Durchschnittsfall. Allerdings kann sich aus der Art der Kaufsache, der Art des Mangels und dem Verhalten des Verkäufers etwas anderes ergeben, und zwar im Sinne einer Unter- oder Überschreitung von zwei Nachbesserungsversuchen. So steht dem Verkäufer bei einfach zu behebenden Mängeln in solchen Fällen, in denen der Käufer auf eine schnelle Mängelbeseitigung angewiesen ist, im Zweifel nur ein Versuch zur Verfügung. Anders kann es z.B. bei hochkomplexen Anlagen sein, bei denen nach dem zweiten Nachbesserungsversuch nur noch ein geringfügiger Mangel verbleibt und der Verkäufer denselben kurzfristig beseitigen kann.[23]

**Beispiel:** U hat von V einen Bagger gekauft, der kurze Zeit nach der Inbetriebnahme wegen eines mangelhaften Hydraulikstempels ausfiel. V, der einen hervorragenden und schnell arbeitenden Kundenservice unterhält, hatte den Mangel binnen weniger Stunden beseitigt. Wenige Tage später trat der gleiche Mangel auf. 3 Wochen, nachdem V den Hydraulikstempel ausgewechselt hatte, versagte dieser erneut. V sagte dem U zu, den Hydraulikstempel innerhalb weniger Stunden zu ersetzen, wozu er auch in der Lage war.
Dem U sind wegen der aufgetretenen Mängel und den dadurch verursachten Stillständen Schäden in Höhe von 12.000 € entstanden. Er will nun vom Vertrag zurücktreten und Schadensersatz statt der Leistung verlangen. Der Anspruch auf Schadensersatz statt der Leistung gemäß §§ 440, 280, 281 und das Entstehen des Rücktrittsrechtes nach §§ 440, 323 setzt jeweils voraus, dass die Nacherfüllung ergebnislos war. Da zwei Nachbesserungsversuche erfolglos waren, könnte der Verkäufer V seine Nachbesserungsbefugnis gemäß § 440 S. 2 verloren haben. Das wäre nur anders, wenn dem U ein weiterer Nachbesserungsversuch zumutbar und der Mangel relativ geringfügig wäre. Davon kann hier jedoch nicht die Rede sein. Der Mangel ist weder geringfügig, noch ist dem U ein weiteres Zuwarten nach dreimaligem Stillstand zuzumuten. Er kann also vom Vertrage zurücktreten und gleichzeitig Schadensersatz statt der Leistung verlangen.

#### bb) Der Rücktritt

710 Ob nach der fehlgeschlagenen oder verweigerten Nacherfüllung ein Rücktrittsrecht besteht, richtet sich nach den §§ 440, 323 oder §§ 440, 326 Abs. 5. Das bedeutet für die praktische Rechtsanwendung, dass nach der fehlgeschlagenen Nacherfüllung stets zu prüfen ist, ob die in §§ 323 oder 326 Abs. 5 genannten Vo-

22 Anwaltkommentar/*Büdenbender*, § 440 BGB Rn. 6.

23 Anwaltkommentar/*Büdenbender*, § 440 BGB Rn. 6.

raussetzungen vorliegen. Einer Fristsetzung bedarf es nicht mehr, da der Käufer den Verkäufer ja bereits ergebnislos zur Nacherfüllung aufgefordert hat. Der Käufer kann auch dann vom Vertrag zurücktreten, wenn der Verkäufer die Pflichtverletzung nicht zu vertreten hat.

Nach § 323 Abs. 5 S. 2 ist der Rücktritt ausgeschlossen, wenn der Sachmangel unerheblich ist. Diese **Bagatellgrenze** gibt es nur beim Rücktritt. Unerheblich ist ein Mangel insbesondere dann, wenn er innerhalb kürzester Frist von selbst verschwindet oder leicht behoben werden kann.[24]

Wie der Rücktritt zu erfolgen hat und welche Konsequenzen er nach sich zieht, **711**
richtet sich nach §§ 346 ff. (siehe dazu oben § 25 VI.).

> **Beispiel:** K kauft von V einen gebrauchten PKW gegen Zahlung von 5.300 €. Weder K noch V konnten erkennen, dass der PKW schon bei Gefahrübergang einen schwer wahrzunehmenden Motorschaden hatte, der drei Wochen nach Übergabe auftrat. Nach Eintritt des Schadens fordert K den V zur Mängelbeseitigung auf, die V verweigert. Daraufhin möchte K sich vom Vertrag lösen. Nach §§ 437, 434 Abs. 1 S. 2 Nr. 2, 439, 440, 323 hat K ein Rücktrittsrecht. Nach der Ausübung desselben haben V und K die bereits empfangenen Leistungen nach § 346 zurückzugewähren. Das bedeutet, K kann gegen Rückübereignung des PKW die Rückzahlung des Kaufpreises nach § 346 verlangen.

#### cc) Die Minderung

Minderung gemäß § 441 verlangt der Käufer, statt vom Rücktrittsrecht Gebrauch **712**
zu machen, wenn er die Sache behalten möchte, aber wegen des durch den Mangel geminderten Wertes der Sache nicht den vollen Kaufpreis entrichten möchte.

> **Beispiel:** Die gekauften Wohnzimmermöbel sind durch den Transport, den der Verkäufer nach dem Vertrage durchzuführen und zu verantworten hatte, nicht unerheblich beschädigt worden. Ein Gutachter kommt zu dem Ergebnis, dass der vormalige Neuwert von 12.000 € um 20 %, also 2.400 €, gemindert ist. Wenn der Käufer die Möbel gleichwohl behalten möchte und der Verkäufer die Nacherfüllung in Gestalt der Lieferung mangelfreier Möbel verweigert (§ 440 S. 1), kann der Käufer mindern (§ 441).

Die Berechnung der Minderung erfolgt nach § 441 Abs. 3. Danach ist der vereinbarte Kaufpreis in dem Verhältnis herabzusetzen, „in welchem zur Zeit des Vertragsschlusses der Wert der Sache in mangelfreiem Zustand zu dem wirklichen Werte gestanden haben würde“. Es ist folgende Verhältnisrechnung vorzunehmen: Der objektive Wert der Sache im mangelfreien Zustand verhält sich zum objektiven Wert der mangelhaften Sache wie der vereinbarte Preis zum geminderten Preis.

---

24 Vgl. *Brox/Walker,* Besonderes Schuldrecht, § 4 Rn. 62.

### e) Schadensersatz statt der Leistung oder Ersatz der vergeblichen Aufwendungen

#### aa) Überblick

713 Schlägt die Nacherfüllung fehl oder verweigert der Verkäufer dieselbe, so kann der Käufer neben der Ausübung des Rücktrittsrechts Schadensersatz statt der Leistung (§§ 440, 280, 281 und 311 a) oder Ersatz der vergeblichen Aufwendungen (§ 284) verlangen. **Schadensersatz statt der Leistung** verlangen heißt: Der Gläubiger hat gegen den Schuldner einen Anspruch darauf, – in der Regel durch eine Geldleistung – so gestellt zu werden, wie er stehen würde, wenn der Schuldner die Pflichtverletzung nicht begangen, also ordnungsgemäß erfüllt hätte. Es handelt sich dabei um einen grundsätzlich auf Geld gerichteten Anspruch des Gläubigers gegen den Schuldner auf Ersatz seines Interesses an der Erfüllung des gesamten Vertrages (siehe oben § 26 III. 4. c) bb).

Wenn der Gläubiger erst einmal den Anspruch auf Schadensersatz statt der Leistung geltend gemacht hat, kann er nicht mehr die ursprünglich vereinbarte Leistung verlangen (§ 281 Abs. 4).

714 Für die praktische Rechtsanwendung ist wesentlich: Wenn Schadensersatz statt der Leistung verlangt wird, ist zunächst zu prüfen, ob ergebnislos eine Nacherfüllung verlangt worden oder dieselbe verweigert worden ist und ob die Voraussetzungen der §§ 280, 281, 283 oder 311 a vorliegen.

Zu beachten ist, dass, wenn der Anspruch auf Schadensersatz, Schadensersatz statt der Leistung oder Ersatz der vergeblichen Aufwendungen verlangt wird, der Schuldner dazu nur verpflichtet ist, wenn er die Pflichtverletzung zu vertreten hat (§ 280).

Der Käufer kann aber auch, wenn lediglich ein sogenannter Mangelfolgeschaden vorliegt, Ersatz desselben verlangen anstatt Schadensersatz statt der Leistung zu fordern. In einem solchen Fall hält der Käufer am Vertrage fest und behält den Anspruch auf die ursprüngliche Leistung; daneben fordert er Schadensersatz (siehe oben c).

Wenn Ersatz der vergeblichen Aufwendungen gefordert wird, sind die Voraussetzungen der §§ 280, 284 zu prüfen (siehe dazu oben § 26 III. 4. c) cc).

**Beispiel:** A liefert an den Unternehmer U eine Maschine für einen von U bezahlten Preis von 85.000 €, die nach der Inbetriebnahme aufgrund eines Fabrikationsfehlers in Brand gerät und zerstört wird. Infolgedessen konnte U mit der Maschine nicht produzieren, wodurch ein Schaden in Höhe von 12.000 € entstanden ist. U könnte gegen A einen Anspruch auf Schadensersatz statt der Leistung aus §§ 437, 440, 280 Abs. 1, Abs. 3, 281 in Höhe von 97.000 € erworben haben. Dann müsste die gekaufte Sache, die Maschine, einen Sachmangel im Sinne des § 434 aufweisen. Da die Maschine leicht in Brand gerät, eignet sie sich nicht für den nach dem Vertrage vorausgesetzten Gebrauch (§ 434 S. 2 Nr. 1). Der Käufer U hat deshalb gegen A die Rechte und Ansprüche aus § 437. Er kann vom Vertrage zurücktreten (§§ 437, 440, 323) und Schadensersatz statt der Leistung nach §§ 437, 440, 280, 281 verlangen, wenn A die Pflichtverletzung, die in der Lieferung der mangelhaften Sache liegt (§ 280 Abs. 1), zu vertreten hat (§ 280 Abs. 1. S. 2) und U dem A zunächst eine Frist zur Nacherfüllung gesetzt hat. Das Vertretenmüssen wird gesetzlich vermutet. Da es keine Anhaltspunkte dafür gibt, dass A die Pflichtverletzung nicht zu vertreten hat, ist der Anspruch auf Schadensersatz statt der Leistung entstanden. U kann deshalb von A verlangen, durch eine Geldleistung so gestellt zu werden, wie er stehen würde, wenn A die Pflichtverletzung nicht begangen, also ordnungsgemäß erfüllt hätte. Dieser Anspruch ist auf die Zahlung von 97.000 € (85.000 € in Gestalt des vergeblich aufgewandten Kaufpreises plus 12.000 € entgangener Gewinn) gerichtet.

#### bb) Das Fehlen einer zugesicherten Eigenschaft

Hat die Sache nicht die vereinbarte Beschaffenheit (§ 434 Abs. 1 S. 1), entsteht ein Anspruch auf Schadensersatz statt der Leistung unter der Voraussetzung, dass die Nacherfüllung fehlgeschlagen oder verweigert worden ist und der Verkäufer die Pflichtverletzung zu vertreten hat (§§ 280, 281). **715**

Verschuldensunabhängig haftet der Verkäufer, wenn er eine Garantie für das Vorhandensein einer Eigenschaft (Beschaffenheit) der Kaufsache übernommen hat (§ 276 Abs. 1). Darunter fällt vor allem die Zusicherung einer Eigenschaft. Das bedeutet: der Verkäufer übernimmt die Garantie für das Vorhandensein der Eigenschaft verbunden mit dem Versprechen, für alle Folgen des Fehlens der Eigenschaft ohne Verschulden einstehen zu wollen (zu den Einzelheiten siehe oben § 26 II. 3. a). Dabei muss in der Regel ein entsprechender **Garantiewille** des Vertragspartners seinen Ausdruck finden. **716**

**Beispiel:** Auf Nachfrage des Käufers versichert der Verkäufer, das Grundstück, das Gegenstand des Kaufvertrages ist, sei frei von Altlasten. Diese Erklärung wird in den notariell beurkundeten Vertrag aufgenommen. Hier handelt es sich um eine zugesicherte Eigenschaft; der Verkäufer hat unter Äußerung eines Garantiewillens die Garantie für das Vorhandensein der Eigenschaft „frei von Altlasten" übernommen. Wenn sich nun herausstellt, dass das Grundstück doch belastet ist, hat der Verkäufer diesen Mangel zu vertreten, weil er die Garantie übernommen hatte; auf ein Verschulden kommt es nicht an.

Zurückhaltung dürfte geboten sein, wenn es darum geht, ob eine „stillschweigende Zusicherung" vorliegt. Die Erklärung, welche die Zusicherung im Sinne einer Garantieübernahme enthalten soll, ist auszulegen, und zwar ist zu fragen, in welchem Sinne der Käufer die Angaben des Verkäufers verstehen durfte. Entscheidend ist darauf abzustellen, ob aus der Sicht des Käufers der Wille des Verkäufers erkennbar wird, die Gewähr für das Vorhandensein einer bestimmten Eigenschaft zu übernehmen und für alle Folgen ihres Fehlens einzustehen zu wollen. Dabei soll es auch darauf ankommen, wie der Käufer nach seinen Verständnismöglichkeiten und von seinem Erwartungshorizont aus die Erklärungen **717** des Verkäufers bei objektiver Würdigung und der Umstände nach Treu und Glauben verstehen durfte[25].

**Beispiel:** Landwirt L kauft Futter für seine Rinder beim Futtermittelhändler H. Wider allen Erwartens ist das Futter, was H nicht weiß, verseucht. Die Rinder des L versterben. Wenn über die Qualität des Futters nicht gesprochen worden ist, ist es sehr fraglich, ob nach den oben genannten Kriterien eine Zusicherung im Sinne einer Garantieübernahme vorliegt.

**Beispiel:** Der Verkäufer versichert im notariellen Kaufvertrag über den Kauf eines Grundstücks, dass das Grundstück so, wie der Käufer das vorhat, mit einer Lagerhalle bebaubar ist. Im Vertrauen auf die Richtigkeit dieser Zusicherung hat der Käufer bereits einen Architekten mit der Planung beauftragt. Sodann stellt sich heraus, dass, was auch der Verkäufer nicht wusste, auf dem Grundstück nicht gebaut werden darf, weil es bis vor 15 Jahren als Mülldeponie benutzt worden ist. Dass der Käufer vom Verkäufer zunächst Nacherfüllung verlangt, ist sinnlos, weil sich die Qualität des Grundstücks nicht verbessern lässt. Sodann kann er vom Vertrage zurücktreten (§§ 437, 440, 323) und außerdem Schadensersatz statt der Leistung (§§ 437, 440, 311 a, 280, 281 oder 283) oder Ersatz der vergeblichen Aufwendungen (§ 284) verlangen, wenn die entsprechenden Voraussetzungen vorliegen. Hier weist die gekaufte Sache einen Mangel auf, weil ihr die vereinbarte Beschaffenheit, nämlich die Bebaubarkeit des Grundstücks, von Anfang an fehlte (§ 434 Abs. 1 S. 1) oder sie doch jedenfalls für die nach dem Vertrage vorausgesetzte Verwendung nicht geeignet war (§ 434 Abs. 1 S. 2 Nr. 1). Die versprochene Leistung ist von Anfang an unmöglich. Denn nach § 433 Abs. 1 hatte der Verkäufer dem Käufer eine mangelfreie Sache zu übereignen. Angesichts der nicht behebbaren Mängel der Sache war die Leistung, die der Verkäufer zu erbringen hatte, von Anfang an unmöglich; die Leistungspflicht des Verkäufers entfiel nach § 275 Abs. 1. Nach §§ 437, 434, 440, 311 a kann der Käufer Schadensersatz statt der Leistung oder Ersatz der vergeblichen Aufwendungen verlangen, wenn der Verkäufer das Leistungshindernis kannte, was hier zu verneinen ist, oder die Unkenntnis zu vertreten hat. Der Verkäufer hat mit der Zusicherung der Eigenschaft „Bebaubarkeit des Grundstücks" eine besondere Garantie im Sinne des § 276 Abs. 1 übernommen. Mit Garantie ist in § 276 Abs. 1 das verschuldensunabhängige Einstehenmüssen für einen ganz bestimmten Leistungserfolg (Leistungsgarantie) gemeint. Das Fehlen der zugesicherten Eigenschaft hat er deshalb nach § 276 Abs. 1 zu vertreten. Demnach kann der Käufer vom Verkäufer Schadensersatz statt der Leistung oder Ersatz der vergeblichen Aufwendungen verlangen. Außerdem kann der Käufer nach §§ 437, 440, 326 Abs. 5 und 325 vom Vertrage zurücktreten.

### 5. Kenntnis des Käufers von dem Mangel

**718** Der Käufer kann die unter 4. aufgeführten Rechte und Ansprüche aus § 437 bei Mängeln der Sache gemäß § 442 nicht geltend machen, wenn er bei Vertragsschluss den Mangel kennt.

---

25 So BGHZ 170, 86; 132, 55, 57 f.

Der positiven Kenntnis des Käufers wird die grob fahrlässige Unkenntnis gleichgestellt, es sei denn, der Verkäufer hat den Mangel arglistig verschwiegen oder er hat eine Garantie für die Beschaffenheit der Sache übernommen (§ 442 Abs. 1 S. 2). Grob fahrlässig handelt der Käufer, wenn er diejenige Sorgfalt schwer vernachlässigt, die von jedem Teilnehmer am Rechtsverkehr erwartet werden kann, um sich selbst oder den Verkäufer vor Schaden zu bewahren[26].

**Beispiel:** Der Gebrauchtwagenhändler H nimmt von A einen gebrauchten PKW in Zahlung. Die Lenkung des PKW ist defekt (Mangel im Sinne des § 434 Abs. 1 S. 2 Nr. 2). Diesen Mangel hätte H, wenn er das Fahrzeug auch nur flüchtig untersucht hätte, ohne weiteres feststellen können. Er handelte also grob fahrlässig. Gemäß § 442 kann H gegen A keine Rechte und Ansprüche wegen des Mangels geltend machen.

### 6. Das Verhältnis der Gewährleistungsansprüche zu anderen Rechtsbehelfen des Käufers

#### a) Überblick

Es kommt nicht selten vor, dass dem Käufer neben den Ansprüchen, die er we- **719**
gen eines Mangels der Sache nach §§ 437 ff. erworben hat, noch andere Behelfe zur Verfügung stehen. Als solche kommen vor allem die Anfechtung, Ansprüche aus culpa in contrahendo oder der Verletzung von Nebenpflichten, sowie Ansprüche auf den Ersatz des Verzögerungsschadens in Betracht.

#### b) Die Anfechtung

Hat sich der Käufer über eine verkehrswesentliche Eigenschaft einer Sache geirrt, **719 a**
die zugleich einen Mangel im Sinne des § 434 darstellt, so kann er nicht nach § 119 Abs. 2 anfechten. Hier schließen die Gewährleistungsansprüche gemäß §§ 437, 434 ff. eine Anfechtung nach § 119 Abs. 2 aus. Ein wichtiges Argument dafür ist, dass es dem Käufer nicht gestattet werden soll, das sich aus §§ 437 Nr. 2, 439 ergebende Recht des Verkäufers zur zweiten Andienung durch eine Anfechtung zu vermeiden.[27]

Eine Anfechtung wegen arglistiger Täuschung und widerrechtlicher Drohung nach § 123 ist dagegen möglich (siehe dazu oben § 15 III.)

**Beispiel:** E ist Eigentümer eines mit einem Wohnhaus bebauten Grundstücks, welches der K erwerben möchte. Die Kellerwände sind vom Schwamm befallen. Bevor K das Haus besichtigen kann, überstreicht E die vom Schwamm befallenen Stellen mit einer dazu geeigneten Farbe. Auf die Frage des K, ob die Kellerräume

---

26 Vgl. zur Pflicht von Gewerbetreibenden, sich über gewerbliche Schutzrechte zu informieren, *Laub/Laub*, GRUR 2003, 655.

27 *MüKo/Westermann*, BGB § 437 Rn. 53–55.

feucht seien oder sonstige Mängel aufwiesen, antwortet E mit nein. K entdeckt nach dem Eigentumsübergang an dem Grundstück, dass es im Keller viele feuchte Stellen gibt. Er lässt den Architekten ein Gutachten für 6.000 € erstellen, das zu dem Ergebnis gelangt, dass die Mängel nicht behebbar seien. Den Kaufpreis (450.000 €) hat K an E überwiesen. Hier hat E den K arglistig, weil vorsätzlich, getäuscht. K kann den Vertrag nach § 123 Abs. 1 mit Rückwirkung anfechten und damit vernichten (§ 142). Das hat zur Folge, dass die bereits ausgetauschten Leitungen, also Übereignung des Grundstücks und Zahlung des Kaufpreises nach § 812 Abs. 1 1. Altn. rückgängig gemacht werden müssen. Die Kosten für das Gutachten kann K nach § 812 Abs. 1 1. Altn. nicht verlangen. K könnte aber stattdessen einen Anspruch auf Schadensersatz statt der Leistung nach §§ 437, 434, 280 281 geltend machen und vom Vertrag zurücktreten (§ 325). In diesem Anspruch sind als Schaden der gezahlte Kaufpreis und die Kosten für den Gutachter enthalten. Hier ist es also zweckmäßig, nicht anzufechten, sondern die Gewährleistungsansprüche geltend zu machen. (Ob neben der Anfechtung noch Ansprüche aus culpa in contrahendo entstanden sind, die auf Ersatz der Gutachterkosten gerichtet sind, soll hier unerörtert bleiben.)

### c) Ansprüche aus culpa in contrahendo

**719 b** Bei vorsätzlichen oder fahrlässigen Fehlangaben über die Beschaffenheit der Kaufsache können Schadensersatzansprüche aus §§ 280, 311 Abs. 2 unter dem Gesichtspunkt einer Informationshaftung in Betracht kommen, was in der Praxis insbesondere beim Grundstücks- und Unternehmenskauf eine Rolle spielen kann. Allerdings wird hier das Gewährleistungsrecht als vorrangig angesehen, weil es in der Regel die Angaben über die Beschaffenheit der Kaufsache hinreichend erfasst.[28] Begründet wird das u.a. auch damit, dass dem Verkäufer, selbst wenn er falsch informiert hat, die Möglichkeit zur Nachbesserung nicht genommen werden soll.[29] Probleme können auch die unterschiedlichen Verjährungsfristen darstellen. Während die Gewährleistungsansprüche beim Kauf in 2 Jahren verjähren (§ 438), beträgt die Verjährungsfrist für Ansprüche aus § 280 3 Jahre (§ 195).

Andererseits sollte die Ausschließlichkeit der Gewährleistungsansprüche nicht gelten, wenn die Angaben des Verkäufers Umstände betreffen, die nicht die vertraglich vereinbarte Beschaffenheit beeinflussen oder nach dem Vertrag gar nicht geschuldet sind. Das gilt z.B. für Beratungs- und Informationspflichten über Verwertungs- oder Benutzungschancen, die sich mit der Kaufsache für den Käufer ergeben können. In solchen Fällen sollten Ansprüche aus culpa in contrahendo nicht ausgeschlossen sein.[30] Der BGH[31] geht allerdings von einer Sperrwirkung der Gewährleistungsansprüche dergestalt aus, dass Ansprüche aus culpa in con-

28 *MüKo/Westermann*, BGB § 437 Rn. 57–59.

29 BGHZ 180, 205, 213 ff.; *MüKo/Westermann*, BGB § 437 Rn. 57–59.

30 *MüKo/Westermann*, BGB § 437 Rn. 57–59.

31 BGHZ 180, 205, 213 ff.

trahendo daneben nicht geltend gemacht werden können. Eine Ausnahme lässt er nur für den Fall zu dass der Verkäufer den Käufer arglistig getäuscht hat.

In dem oben dargestellten **Beispiel** (feuchte Kellerräume) hat der Käufer also die Möglichkeit nach § 123 anzufechten und die Gutachterkosten als Schaden aus culpa in contrahendo nach §§ 280, 311 Abs. 2 geltend zu machen.

### d) Ansprüche wegen Verletzung von Nebenpflichten (§ 280)

Auch was die Verletzung von vertraglichen Nebenpflichten angeht, besteht der Vorrang der Gewährleistungsansprüche mit dem Nacherfüllungsanspruch. Das gilt jedoch nicht ausnahmslos.[32] Nebenpflichten aus dem Kaufvertrag können z.B. verletzt werden, ohne dass dies mit einem Mangel der Sache zu tun hat. Ein Beispiel dafür ist eine mangelhafte Bedienungsanleitung für die Kaufsache.[33] **719 c**

**Beispiel:** U erwirbt von V eine technisch komplizierte Maschine zur Fertigung von Komponenten für PKW-Scheinwerfer. Im Kaufvertrag wird vereinbart, dass ein Ingenieur von V das Personal von U drei Tage lang in die Bedienung, insbesondere in die Programmierung der Maschine einarbeiten soll. Der Ingenieur I hat persönliche Probleme und ist bei der Instruierung des Personals des U häufig nicht ganz bei der Sache. So gibt er für die Programmierung der Maschine aus Unachtsamkeit zum Teil falsche Anweisungen. Als ein paar Tage später Arbeitnehmer des U aufgrund der falschen Einweisung durch I die Maschine fehlerhaft programmieren, produziert diese Ausschuss und ist 2 Tage nicht einsetzbar. Dadurch entsteht dem U ein Schaden von 5.200 €. Dieser Schaden ist nicht durch einen Mangel der Maschine entstanden, denn diese war fehlerfrei. Der Schaden ist vielmehr aufgrund der Verletzung einer Nebenpflicht, die vertraglich vereinbart war, versursacht worden. Diese Pflichtverletzung gemäß § 280 hat V zu vertreten, weil ihm das Verschulden des I nach § 278 zugerechnet wird.

### e) Ersatz des Verzögerungsschadens

Es kommt nicht selten vor, dass eine mangelhafte Sache zu spät geliefert wird und dem Käufer infolge des Verzuges ein Schaden entsteht. In solchen Fällen hat der Käufer nach Gefahrübergang wegen des Mangels der Sache zunächst einen Nacherfüllungsanspruch (§§ 437 Nr. 1, 439). Wegen der verzögerten Leistung kann der Käufer einen Verzugsschaden nach §§ 280, 286 vom Zeitpunkt des Verzugseintritts geltend machen. Die Lieferung einer mangelhaften Sache beendet den Verzug nicht.[34] Die Neulieferung einer mangelhaften Sache und die fehlerhafte Nachbesserung im Zuge der Nacherfüllung beenden den Verzug ebenfalls nicht. Dieser Anspruch auf Ersatz des Verzögerungsschadens tritt neben die Ansprüche auf Erfüllung und Gewährleistung. Erst wenn nach Vorliegen der ent- **719 d**

32 *MüKo/Westermann*, BGB § 437 Rn. 60.

33 *MüKo/Westermann*, BGB § 437 Rn. 60.

34 *U. Eisenhardt*, Die Beendigung des Schuldnerverzuges und ihre Folgen, JuS 1970, 489 ff.

sprechenden Voraussetzungen der Käufer einen Anspruch auf Schadensersatz statt der Leistung geltend macht, wird der Verzugsschaden von diesem Anspruch mitumfasst.

### 7. Die Verjährung

#### a) Überblick

720 Beim **Kauf beweglicher Sachen** verjähren die Gewährleistungsansprüche aus §§ 437 ff. gemäß § 438 Abs. 1 Nr. 3 in zwei Jahren von der Ablieferung an gerechnet. Die Verjährung tritt ohne Rücksicht darauf ein, ob der Käufer den Mangel kannte oder erkennen konnte. Das gilt auch für verborgene Mängel[35].

Da die Frist mit der Ablieferung – oder Übergabe bei Grundstücken – der Kaufsache, nicht aber mit der Entdeckung des Mangels beginnt, kann es zu Schwierigkeiten kommen. So stellt sich z.B. das Problem der Verjährung der Käuferrechte, wenn der Mangel sehr spät erkannt wurde und nach Beendigung der mangelhaften Nachbesserung oder Neulieferung gemäß § 439 die Frist des § 438 bereits abgelaufen ist[36]. In der Literatur wird teilweise versucht, diese Problematik durch eine Hemmung der Verjährung gemäß § 203 analog zu lösen. Insgesamt ist diese Frage umstritten[37].

Handelt es sich nicht um einen Verbrauchsgüterkauf, kann die Verjährungsfrist durch Individualvereinbarung im Rahmen des § 202 verkürzt werden. Eine Verkürzung durch die Vereinbarung Allgemeiner Geschäftsbedingungen ist bei neu hergestellten Sachen wegen § 309 Nr. 8 b) ff) grundsätzlich möglich, sofern es sich nicht um einen Verbrauchsgüterkauf handelt (§ 475 Abs. 2); allerdings darf die Frist 1 Jahr nicht unterschreiten.

#### b) Die Besonderheit der fünfjährigen Verjährungsfrist

721 Bei Mängeln an einem gekauften Bauwerk beträgt die Verjährungsfrist 5 Jahre (§ 438 Abs. 1 Nr. 2). Bei Grundstücken beginnt die Verjährung mit der Übergabe (§ 438 Abs. 2).

Der fünfjährigen Verjährungsfrist unterliegen auch solche Sachen, die „entsprechend ihrer üblichen Verwendungsweise für ein Bauwerk verwendet“ worden sind und „dessen Mangelhaftigkeit verursacht“ haben (§ 438 Abs. 1 Nr. 2 b). Erfasst sind von dieser Regelung die Fälle, in denen ein Bauunternehmer in das Grundstück oder Gebäude des Bauherrn Sachen einbaut, die er bei einem Lieferanten gekauft hat und die mangelhaft sind.

---

35 Vgl. *Palandt/Weidenkaff*, § 438 BGB Rn. 15; *Jauernig/Berger*, § 438 BGB Rn. 4.

36 *Auktor*, NJW 2003, 121.

37 *Auktor*, NJW 2003, 121 ff.

Ohne die besondere Regelung des § 438 Abs. 1 Nr. 2 b würde der Bauherr den Bauunternehmer nach § 634 a Abs. 1 Nr. 2 fünf Jahre lang, der Unternehmer den Lieferanten aber nur zwei Jahre lang in Anspruch nehmen können. Diese „Regressfalle“ ist durch die Neuregelung beseitigt worden.

Dic Voraussetzungen für die Anwendung des § 438 Abs. 1 Nr. 2 b sind:

1. Es muss sich um ein Bauwerk handeln, d.h. um eine unbewegliche, durch Verwendung von Arbeit und Material in Verbindung mit dem Erdboden hergestellte Sache.
2. Die entsprechenden Sachen müssen mit dem Bauwerk fest verbunden sein.
3. Das Bauwerk muss einen Mangel aufweisen, der durch den Einbau der mangelhaften Kaufsache verursacht worden ist.

Dies alles gilt nicht nur für Neubauten, sondern auch für Erneuerungen und Umbauten.

> **Beispiel:** Unternehmer U baut in das Gebäude des E mangelhafte Kabel ein, die er schon mit Mängeln behaftet bei L gekauft hat. Die Mängel waren zunächst nicht erkennbar. Nach drei Jahren treten durch die mangelhaften Kabel verursacht Schäden am Gebäude des E auf. E kann den U 5 Jahre lang in Anspruch nehmen (§ 634 a Abs. 1 Nr. 2). U kann seinerseits gemäß § 438 Abs. 1 Nr. 2 b ebenfalls 5 Jahre lang gegen L Mängelansprüche geltend machen und gegebenenfalls durchsetzen.

#### c) Nacherfüllung und Verjährung

##### aa) Überblick

Gesetzlich nicht geregelt und ungeklärt ist die Frage, ob im Falle der Nacherfül- 722
lung die in § 438 Abs. 1 bestimmte zweijährige Verjährungsfrist für die Mängelrechte erneut beginnt.

Man kann in der vom Verkäufer vorgenommenen Nacherfüllung ein konkludentes Anerkenntnis im Sinne des § 212 Abs. 1 Nr. 1 sehen, was zur Folge hat, dass die Verjährung erneut beginnt. Das ist allerdings nicht in allen Fällen zwingend, so z.B., wenn die Nachfüllung etwa aus Kulanz geschieht. Die Verjährung des Gewährleistungsanspruchs beginnt dann erneut, wenn die Nacherfüllung unter Berücksichtigung aller Umstände des Einzelfalls als (konkludentes) Anerkenntnis nach § 212 Abs. 1 Nr. 1 gewertet werden kann; dies ist jedoch nach herrschender Meinung[38] nur dann der Fall, wenn aus Sicht des Käufers der Verkäufer nicht aus bloßer Kulanz oder zur gütlichen Beilegung des Streits handelt, sondern – für den Käufer erkennbar – in dem Bewusstsein, zur Nacherfüllung verpflichtet zu sein die Neulieferung oder die Mängelbeseitigung vornimmt.

Bejaht man ein Anerkenntnis, beginnt aus diesem Grunde die Verjährung erneut.[39] Andernfalls ist an eine Hemmung nach § 203 analog zu denken.[40]

---

38 *Staudinger/Matusche-Beckmann* (2013) BGB § 438, Rn. 21 mit Nachw.; BGH NJW 2006, 47.

39 Vgl. zu alledem *Lorenz,* NJW 2007, 1, 5.

#### bb) Neulieferung

722 a Liefert der Verkäufer auf Verlangen des Käufers eine neue Sache, ist davon auszugehen, dass die Verjährung nach § 438 neu beginnt, denn nur so ist gewährleistet, dass dem Käufer die vom Gesetzgeber als angemessen angesehene Frist zur Entdeckung von Mängeln zur Verfügung steht.[41] Das ergibt sich schon aus § 438 Abs. 2 Alt. 2 und damit vollkommen unabhängig von einem etwa konkludent erklärten Anerkenntnis.[42]

**Beispiel:** Wenn der Verkäufer einer mangelhaften Sache dem Käufer auf dessen Verlangen als Nacherfüllung wiederum eine mangelhafte Sache liefert, beginnt die Verjährungsfrist im Hinblick auf die zuletzt gelieferte Sache neu.

#### cc) Mängelbeseitigung

722 b Nimmt man im Falle einer auf Verlangen des Käufers vorgenommenen Mängelbeseitigung kein Anerkenntnis im oben bezeichneten Sinne an, so ist von einem Neubeginn der Verjährung zunächst nur in Bezug auf die Ansprüche auszugehen, die durch die Folgen der mangelhaften Nachbesserung entstehen.[43] Fraglich ist, ob das auch für die der ergebnislosen Nacherfüllung nachfolgenden Ansprüche aus § 437 Nr. 2 und 3 – Rücktritt oder Minderung und Schadensersatz statt der Leistung oder Aufwendungsersatz – gelten soll. Die Verjährung dieser Ansprüche droht insbesondere dann, wenn die Nacherfüllung lange dauert und schließlich misslingt. Auch für diese Ansprüche dürfte von einem Neubeginn der Verjährung auszugehen sein.[44]

### 8. Die Übernahme einer Beschaffenheits- und Haltbarkeitsgarantie durch Verkäufer oder Hersteller (§ 443)

#### a) Überblick

723 In der Praxis übernehmen Verkäufer und Hersteller nicht selten eine Garantie dafür, dass die Kaufsache während eines bestimmten Zeitraumes oder für eine bestimmte Nutzungsdauer sachmängelfrei bleibt. Eine Garantie dieser Art erweitert die gesetzliche Sachmängelhaftung. Sie stellt ein unselbständiges Garantieversprechen dar[45]. Ansprüche aus einem solchen Garantieversprechen (Garantievertrag) treten **neben** die Gewährleistungsansprüche aus §§ 437 ff. und erweitern diese.

---

40 *Staudinger/Matusche-Beckmann* (2013) BGB § 438, Rn. 23.

41 So *Lorenz,* NJW 2007, 1, 5; andeutungsweise auch schon BGHZ 164, 196, 206.

42 *Staudinger/Matusche-Beckmann* (2013) BGB § 438, Rn. 22.

43 Vgl. *Lorenz,* NJW 2007, 1, 5; andeutungsweise auch schon BGHZ 164, 196, 206.

44 Vgl. *Staudinger/Matusche-Beckmann,* § 438 BGB, Rn. 21 mit Nachw.

45 *Huber/Faust,* Schuldrechtsmodernisierung, Kapitel 13, Rn. 169 ff.

Große Bedeutung haben Garantieerklärungen erlangt, die Warenhersteller, Vertriebsgesellschaften und Importeure den Waren beigeben und die von den Verkäufern an die Käufer weitergegeben werden.

> **Beispiel:** Die Garantie von Kfz-Herstellern für eine nicht rostende Karosserie über acht Jahre.

### b) Der Begriff der Garantie

Die Garantie im Sinne des § 443 ist eine **vertragliche Vereinbarung**, durch welche der Garantiegeber (Garant) die Gewähr für das Vorliegen einer bestimmten Beschaffenheit oder für andere als die Mängelfreiheit betreffende Anforderungen übernimmt.[46] 724

In der Praxis hat die **Haltbarkeitsgarantie** eine große Bedeutung gewonnen. Dabei handelt es sich um eine unselbstständige Garantie dafür, dass die Kaufsache während eines bestimmten Zeitraums oder für eine bestimmte Nutzungsdauer sachmängelfrei bleibt[47]. Der Verkäufer steht also dafür ein, dass die Kaufsache die vereinbarte Beschaffenheit nicht nur bei Gefahrübergang, sondern über einen bestimmten Zeitraum hinweg aufweist. Dem Käufer wird demnach vom Verkäufer oder Hersteller eine **zusätzliche Leistung über die gesetzlichen Ansprüche hinaus** versprochen.

### c) Das Zustandekommen einer Garantie

Gesetzlich geregelt sind in § 443 nur gewisse Rechtsfolgen einer Garantie. Nicht geregelt ist hingegen, auf welche Art und Weise eine solche Garantievereinbarung zustande kommen kann. Voraussetzung für das Entstehen einer solchen Garantie ist stets, dass der Verkäufer ausdrücklich oder durch konkludentes Verhalten die Haftung dafür übernimmt, dass ein Mangel nicht auftritt[48]. 725

Während das Zustandekommen einer **Garantievereinbarung** zwischen Verkäufer und Käufer im Rahmen des Gesamtvertrages (Kaufvertrages) anzunehmen sein wird, bereitet das Entstehen einer entsprechenden **Vereinbarung mit dem Hersteller oder Importeur** Schwierigkeiten. Bisher hat man in einer Garantieerklärung des Herstellers ein Vertragsangebot gesehen, das durch den Händler (Verkäufer) als Stellvertreter oder Bote an den Käufer übermittelt wird und das dieser in der Regel stillschweigend, d.h. durch konkludentes Verhalten annimmt[49]. Die Annahmeerklärung des Käufers wird nach § 151 wirksam, weil der Hersteller in der Regel darauf verzichtet haben dürfte, dass die Erklärung ihm gegenüber

---

46 *Jauernig/Berger*, § 443 BGB Rn. 1.

47 So BT-Drs. 14/6040, S. 237.

48 Vgl. OLG Celle, MMR 2009, 471; *Ziegler/Rieder*, ZIP 2001, 1789, 1796.

49 Vgl. BGHZ 104, 82, 85.

abgegeben wird. Das gilt auch für den Fall, dass der Hersteller dem Produkt eine Garantiekarte beifügt.

#### d) Die Rechtsfolgen aus einer übernommenen Garantie

725 a Die Rechtsfolgen einer wirksamen Garantie dieser Art bestehen vor allem darin, dass die gesetzlichen Gewährleistungsrechte unberührt bleiben und der Käufer **zusätzliche Rechte** erwirbt. Dies ist insbesondere von Bedeutung, sofern der Hersteller die Garantie abgegeben hat. In diesem Fall kann der Verkäufer die Gewährleistungsrechte des Käufers nicht mit einem Verweis auf die Herstellergarantie ablehnen[50].

> **Beispiel:** Der Verkäufer gibt auf ein elektrisches Gerät eine „Haltbarkeitsgarantie von 3 Jahren". Darin liegt jedenfalls eine Verlängerung der gesetzlichen Verjährungsfrist von zwei Jahren (§ 438 Abs. 1) auf ein weiteres Jahr. Die Auslegung einer solchen Klausel kann aber auch ergeben, dass die gesetzliche Verjährungsfrist erst von der Entdeckung des Mangels innerhalb der Garantiefrist von 3 Jahren beginnen soll.

725 b Hat der Hersteller eine Garantie gegeben, so muss der Inhalt der Erklärung gemäß §§ 133, 157 ausgelegt werden, um zu ermitteln, welche Ansprüche dem Käufer daraus gegen den Hersteller erwachsen sollen. Im Wesentlichen dürfte der Anspruch gegen den Hersteller auf Neulieferung, Nachbesserung oder Schadensersatz gerichtet sein. Minderung und Rücktritt dürften nicht in Betracht kommen, da sie den Kaufvertrag mit dem Verkäufer betreffen.[51]

> **Beispiel:** Der Hersteller fügt seinem Produkt, einer Espressomaschine, eine sogenannte „Garantiekarte" bei, die folgenden Text enthält: „Bei innerhalb von drei Jahren auftretenden Mängeln garantiert der Hersteller Umtausch der Ware". Wenn nach zwei Monaten die Maschine defekt ist, kann der Käufer vom Verkäufer Nacherfüllung nach §§ 437 Nr. 1, 439, d.h. Neulieferung oder Mängelbeseitigung, verlangen. Stattdessen kann er sich aber auch an den Hersteller wenden. Von diesem kann er allerdings nur Ersatzlieferung verlangen.

### IV. Besonderheiten beim Handelskauf (§ 377 HGB)

726 Ist der Abschluss des Kaufvertrages über eine Sache für Verkäufer und Käufer ein Handelsgeschäft (beiderseitiges Handelsgeschäft), werden an die Geltendmachung von Gewährleistungsansprüchen strengere Maßstäbe angelegt, soweit es sich um einen Sachmangel oder eine Falschlieferung handelt. § 377 HGB ergänzt das Gewährleistungsrecht der §§ 437 ff.[52].

---

50 *Hammen*, NJW 2003, 2589.

51 Vgl. *Staudinger/Matusche-Beckmann*, §443 BGB, Rn. 21.

52 *Steck*, NJW 2002, 3202.

Handelsgeschäfte sind diejenigen Rechtsgeschäfte, bei denen jedenfalls auf einer Seite ein Kaufmann beteiligt ist; das Geschäft muss zum Betriebe des Handelsgewerbes dieses Kaufmanns gehören (§§ 343, 344 HGB).

Die Gewährleistungsansprüche der §§ 437 ff. kann der Käufer beweglicher Sachen grundsätzlich zwei Jahre lang geltend machen (§ 438). Eine solche Regelung ist für den Handel kaum akzeptabel, weil der Verkäufer in der Regel in nicht allzu langer Zeit Gewissheit darüber haben will, ob der Käufer die gelieferte Ware behalten will oder nicht, damit er entsprechend disponieren kann. § 377 HGB trägt dieser Interessenlage Rechnung[53].

Sobald der Käufer die Ware erhalten hat, hat er diese **unverzüglich, d.h. ohne schuldhaftes Zögern**, zu untersuchen, soweit dies nach ordnungsmäßigem Geschäftsgang tunlich ist. Wenn sich dabei ein Mangel zeigt, hat der Käufer diesen dem Verkäufer unverzüglich (= ohne schuldhaftes Zögern, § 121 BGB) anzuzeigen. Dabei handelt es sich um eine Obliegenheit des Käufers, deren Nichtbeachtung unmittelbar zu seinen Lasten geht[54]. 727

Kommt der Käufer diesen Obliegenheiten nicht nach, gilt die Ware, auch wenn sie einen Mangel hat, als genehmigt; sie wird als vertragsgemäß geliefert angesehen (§ 377 Abs. 2 HGB). Der Käufer muss den vereinbarten Kaufpreis bezahlen. Die Gewährleistungsansprüche aus §§ 437 ff. sind damit ausgeschlossen.

> **Beispiel:** Der Händler H bestellt beim Großhändler G 250 Pakete Weizenmehl. Die Pakete werden am 01.04. geliefert und von H nicht untersucht. H lässt die Pakete mit Weizenmehl von seinem Angestellten ins Verkaufsregal räumen. Am 22.04. erfährt H von einem Kunden, dass das von ihm gekaufte Mehl nicht genießbar war. Daraufhin untersucht H die Lieferung des G und stellt fest, dass das Mehl stark verunreinigt ist. Dies war für H auch ohne weiteres erkennbar. Mögliche Gewährleistungsansprüche des H sind ausgeschlossen, weil er die Lieferung nicht unverzüglich untersucht hat und somit seine Rügepflicht verletzt hat. Er muss sich gemäß § 377 Abs. 2 BGB so behandeln lassen, als sei die Ware vertragsgemäß geliefert worden.

Das bedeutet: Nur wenn der Käufer die empfangene Ware unverzüglich untersucht und unverzüglich einen etwaigen Mangel anzeigt, stehen ihm die Gewährleistungsansprüche des BGB zu. Werden größere Mengen von Waren geliefert, müssen unter Umständen Stichproben entnommen werden, um der Untersuchungspflicht zu genügen[55]. 728

Etwas anderes gilt nur, wenn die gelieferte Ware so offensichtlich von der Bestellung abweicht, dass der Verkäufer die Genehmigung des Käufers als ausgeschlossen betrachten musste.

---

53 *Koller/Roth/Morck*, § 377 Rn. 2.

54 *Koller/Roth/Morck*, § 377 Rn. 20.

55 Vgl. OLG Köln, NJW-RR 1999, 565; OLG Frankfurt, NJW-RR 1986, 838.

**Beispiel:** Der Käufer erhält statt eines PKW, wie es im Vertrage vereinbart ist, vom Verkäufer einen Kombi. Hier weicht die gelieferte Ware so offensichtlich von der Bestellung ab, dass der Verkäufer mit der Genehmigung nicht rechnen kann.

Die **Rügeobliegenheit** bezieht sich allerdings nur auf solche Mängel, die bei der Untersuchung erkennbar sind (§ 377 Abs. 2 HGB). Handelt es sich um sog. **verdeckte Mängel**, muss die Anzeige unverzüglich nach Entdeckung gemacht werden, geschieht dies nicht, gilt die Ware auch in Ansehung dieses Mangels als genehmigt (§ 377 Abs. 3 HGB).

**Beispiel:** U liefert an K 200 Dieselmotoren. 12 dieser Motoren weisen in den Blöcken feine Haarrisse auf, die auch bei sorgfältiger Untersuchung ohne Spezialgeräte nicht erkennbar sind. Hier entsteht die Rügepflicht erst mit der Erkennung der Mängel.

## V. Die Produkthaftung (Produzentenhaftung)

729 Ebenfalls im Zusammenhang mit der Fehlerhaftigkeit eines Produktes steht die Produkthaftung nach dem Produkthaftungsgesetz. Zugunsten des Endverbrauchers begründet § 1 Abs. 1 ProdHaftG eine **verschuldensunabhängige Haftung des Herstellers** für alle durch ein fehlerhaftes Produkt verursachten Körper- und Gesundheitsschäden, sowie auch für bestimmte Sachschäden.

Kauft ein Käufer bei einem Verkäufer ein fehlerhaftes Produkt und erleidet er bei Gebrauch dieses Produktes einen Schaden an Körper und Gesundheit, so kann der Käufer gegen den Verkäufer die Gewährleistungsansprüche aus §§ 437 ff. geltend machen. Daneben tritt ein **Anspruch gegen den Hersteller** aus § 1 ProdHaftG. Ansprüche aus dem ProdHaftG kann der Käufer gegen den Verkäufer nicht geltend machen, es sei denn, der Verkäufer ist zugleich der Hersteller.

**Beispiel**: K kauft bei dem Drogisten D eine Hautcreme des Hersteller X, die er nach den Anweisungen in dem Beipackzettel verwendet. Nach drei Monaten treten heftige Hautrötungen und anschließend Entzündungen an der Haut auf. Untersuchungen ergeben, dass die Creme chemische Zusatzstoffe enthält, welche diese Krankheit verursachen. X nimmt das Produkt sofort vom Markt. K entstehen Arzt- und Behandlungskosten in Höhe von 5.500 €. Er erleidet außerdem, weil er zeitweise als Freiberufler nicht arbeiten konnte, einen Verdienstausfall in Höhe von 22.000 €. Gegen D kann K die Ansprüche aus §§ 437 ff. geltend machen. Nacherfüllung und Mängelbeseitigung sind nicht möglich und scheiden deshalb aus. Minderung kommt ebenfalls nicht in Betracht. Es bleibt der Rücktritt, den K erklären und den Kaufpreis zurück fordern kann (§ 437 Nr. 2). Ersatz des ihm entstandenen Schadens (27.500 €) könnte K von V nur über §§ 437 Nr. 3, 280, 281 als Schadensersatz statt der Leistung oder nach § 280 als Mangelfolgeschaden verlangen. Beides setzt nach § 280 allerdings voraus, dass D eine Pflichtverletzung begangen und zu vertreten hätte. Davon ist jedoch nicht auszugehen, so dass K von D keinen Schadensersatz fordern kann. Denselben kann er allerdings nach § 1 ProdHaftG vom Hersteller X verlangen, der auch ohne Verschulden in die Haftung gerät.

Neben dem tatsächlichen Hersteller ist jede Person, die sich als Hersteller ausgibt, sowie – unter gewissen Voraussetzungen – auch der Importeur und der Lieferant der Haftung unterworfen (§ 4 ProdHaftG). Mit der gesetzlichen Regelung wird das Ziel verfolgt, eine verschuldensunabhängige Haftung für fehlerhafte Produkte (§ 3 ProdHaftG) zu verwirklichen, die in erster Linie dem Schutz des privaten Endverbrauchers dient.

## VI. Der Verbrauchsgüterkauf (§§ 474 ff.)

### 1. Überblick

Einige Besonderheiten ergeben sich für Kaufverträge, die zwischen einem Verbraucher (§ 14) als Käufer und einem Unternehmer (§ 13) als Verkäufer (siehe dazu oben § 2 II. 5.) über bewegliche Sachen abgeschlossen werden (Verbrauchsgüterkauf). Hierauf finden abweichend von den §§ 434 ff. die Sonderregelungen der §§ 474 ff. Anwendung. Keine Anwendung finden die §§ 474 ff. also, wenn Verbraucher untereinander oder Unternehmer untereinander Kaufverträge über bewegliche Sachen abschließen oder wenn ein Verbraucher einem Unternehmer etwas verkauft. **730**

Die §§ 474 ff. finden grundsätzlich auch auf Kaufverträge Anwendung, die über gebrauchte Sachen abgeschlossen werden (Umkehrschluss aus § 474 Abs. 2).

### 2. Der zwingende Charakter der gesetzlich geregelten Käuferrechte

Während die §§ 307 ff. die Abdingbarkeit der gesetzlichen Käuferrechte durch Allgemeine Geschäftsbedingungen einschränken, ergänzt § 476 diese Vorschriften für den Verbrauchsgüterkauf. **§ 476 gilt auch für Individualvereinbarungen.** Eine Ausnahme existiert nur für Individualvereinbarungen betreffend den Ausschluss oder die Beschränkung von Individualvereinbarungen über Schadensersatz (§ 476 Abs. 3). Schadensersatzansprüche können also nach § 476 Abs. 3 im Rahmen der allgemeinen Grenzen beschränkt werden. Diese allgemeinen Grenzen ergeben sich aus den Klauselverboten der §§ 307 bis 309. **731**

Nach § 476 Abs. 1 kann sich der Verkäufer also nicht auf Vereinbarungen berufen, die zum Nachteil des Verbrauchers von den §§ 433 bis 435, 437, 439 bis 443 abweichen. Die Formulierung „kann der Unternehmer sich nicht berufen" bedeutet im wirtschaftlichen Ergebnis nichts anderes als eine partielle Nichtigkeitsregel unter Aufrechterhaltung des Kaufvertrages (entgegen § 139) im Übrigen[56]. **732**

---

56 *Staudinger/Matusche-Beckmann* (2013) BGB § 475, Rn. 38.

**Beispiel:** Bei Abschluss eines Verbrauchsgüterkaufs über einen neuen PKW lässt der Verkäufer V den Käufer K, einen Rentner, eine Individualvereinbarung unterschreiben, in der er (K) generell darauf verzichtet, im Rahmen seines Wahlrechtes bei einem Nacherfüllungsanspruch, die Lieferung eines mangelfreien PKW (Ersatzlieferung), zu verlangen. Zwei Wochen nach Übergabe des Wagens stellt sich ein gravierender Motorschaden heraus. Wenn K nun Nacherfüllung (§ 439) in Gestalt der Lieferung eines mangelfreien PKW verlangt, kann sich V nach § 475 nicht auf die getroffene Vereinbarung berufen. Denn die Vereinbarung weicht zum Nachteil des K von § 439 ab. Im Übrigen bleibt der Kaufvertrag bestehen.

Eine Kontrolle von Allgemeinen Geschäftsbedingungen nach den §§ 307 ff. ist in der Regel im Anwendungsbereich des § 476 entbehrlich, denn § 476 enthält einen gegenüber den §§ 305 ff. verstärkten Verbraucherschutz[57].

### 3. Die Beweislastumkehr

**733** Nach § 434 Abs. 1 kommt es, was das Entstehen der Gewährleistungsansprüche des Käufers angeht, darauf an, dass der gekauften Sache der Mangel schon bei Gefahrübergang anhaftet. Nach der gesetzlichen Regelung muss der Käufer im Streitfall darlegen und notfalls auch beweisen, dass die Sache bei Gefahrübergang einen Mangel aufwies. Beim Verbrauchsgüterkauf wird nun der Käufer besser gestellt. Zeigt sich ein Mangel an der Kaufsache innerhalb der ersten sechs Monate nach Ablieferung, tritt gemäß § 477 eine **Beweislastumkehr** ein. Das bedeutet, nicht der Verbraucher (Käufer) muss beweisen, dass die Sache den Mangel schon bei Gefahrübergang aufwies; dies wird vielmehr kraft Gesetzes vermutet. Will der Verkäufer nicht haften, muss er beweisen, dass die Sache bei Gefahrübergang mangelfrei war.

**Beispiel:** Wenn im oben geschilderten Fall darüber gestritten wird, ob der PKW bei Gefahrübergang mangelfrei war, trägt der Verkäufer innerhalb der ersten sechs Monate die Beweislast, d.h. er muss notfalls beweisen, dass der PKW bei Übergabe nicht mit einem Mangel behaftet war.

**734** Nach Ablauf von sechs Monaten seit Gefahrübergang gelten die üblichen Beweislastregeln. In diesem Zusammenhang ist darauf hinzuweisen, dass gemäß § 475 Abs. 2 die Regelung des § 447 über den Versendungskauf nur modifiziert Anwendung findet.

**Beispiel:** M kauft bei H einen neuen PKW Marke X. In den wirksam vereinbarten Allgemeinen Geschäftsbedingungen des H heißt es: „Hinsichtlich der elektrischen Anlagen ist eine Gewährleistung des Verkäufers ausgeschlossen. Die Gewährleistung wird vom Hersteller der elektronischen Anlage übernommen". Als nach einer Woche die elektronische Anlage in dem von M gekauften PKW ausfällt, macht M gegenüber H Gewährleistungsansprüche geltend. H verweist M auf die

---

57 *MüKo/Lorenz*, § 475 BGB Rn. 25.

Allgemeinen Geschäftsbedingungen und fordert ihn auf, sich an den Hersteller der Anlage zu wenden. Da es sich hier um einen Verbrauchsgüterkauf gemäß § 474 handelt, kann eine Erörterung der Frage, ob die AGB-Klausel, auf die sich H beruft, gemäß § 309 Nr. 8b) aa) nichtig ist, dahingestellt bleiben. H kann sich nach § 476 Abs. 1 nicht auf Vereinbarungen berufen, die zum Nachteil des Verbrauchers von den §§ 433 bis 435, 437, 439 bis 443 abweichen. Die Klausel in den Allgemeinen Geschäftsbedingungen des H verkürzt die Rechte des Käufers M beträchtlich, denn er könnte, wenn sie wirksam wäre, keine Gewährleistungsansprüche wegen des genannten Mangels gegen H geltend machen. Auf eine solche Klausel kann sich H bei Aufrechterhaltung des Vertrages im Übrigen nach § 476 nicht berufen. M kann in diesem Fall also Gewährleistungsansprüche gegen H geltend machen.

## 4. Verkürzung von Verjährungsfristen

Beim Verbrauchsgüterkauf sind der Verkürzung von Verjährungsfristen noch engere Grenzen gesetzt als sonst. Nach § 476 Abs. 2 kann die Verjährungsfrist von zwei Jahren für die Gewährleistungsansprüche und Rechte aus § 437 auch durch eine Individualvereinbarung nicht unterschritten werden, wenn es sich um den Kauf neuer Sachen handelt. Für gebrauchte Sachen darf die Verjährungsfrist nicht unter einem Jahr liegen. 735

**Beispiel:** K erwirbt bei V eine neue Stereoanlage. Als nach vierzehn Monaten der Verstärker defekt ist und K Nacherfüllung in Gestalt der Lieferung einer mangelfreien Sache verlangt, verweist V auf seine von K unterschriebenen Allgemeinen Geschäftsbedingungen, in denen es heißt: „Gewährleistung wird nur innerhalb von zwölf Monaten gewährt". K könnte nach §§ 437, 439 das Recht auf Nacherfüllung erworben haben. Dieses Recht verjährt gemäß § 438 Abs. 1 nach zwei Jahren, von der Ablieferung der Stereoanlage an gerechnet. Eine vertragliche Verkürzung der Gewährleistungsfristen durch Allgemeine Geschäftsbedingungen auf ein Jahr ist gemäß § 309 Nr. 8b) ff) grundsätzlich möglich. Eine Verkürzung der gesetzlichen Verjährungsfrist von zwei Jahren könnte aber unwirksam sein, weil es sich hier um einen Verbrauchsgüterkauf handelt. K ist Verbraucher und V Unternehmer. V kann sich nach § 476 Abs. 1 nicht auf Vereinbarungen berufen, die zum Nachteil des Verbrauchers von den §§ 433 bis 435, 437, 439 bis 443 abweichen. § 476 Abs. 2 enthält noch eine Sonderregelung betreffend Vereinbarungen über Verjährungsfristen. Danach kann die Verjährungsfrist beim Kauf neuer Sachen nicht auf weniger als 2 Jahre herabgesetzt werden. K kann deshalb zu Recht Nacherfüllung verlangen.

Der Begriff der **gebrauchten Sache** ist objektiv zu bestimmen, also der Disposition der Parteien entzogen.[58] Gebraucht sind in der Regel Sachen, die von Personen bereits benutzt worden sind.

**Beispiel:** Verkäufer und Käufer vereinbaren im Kaufvertrag, der Vertrag würde über einen gebrauchten PKW abgeschlossen und die Gewährleistungsfrist betrage 1

58 Vgl. *Lorenz*, NJW 2007, 1, 8.

Jahr. Tatsächlich handelt es sich aber um ein fabrikneues Fahrzeug. Bei objektiver Betrachtung ist ein neues Fahrzeug Gegenstand des Vertrages, so dass die Gewährleistungsfrist nicht gemäß § 476 Abs. 2 auf 1 Jahr verkürzt werden kann.

### 5. Sonderbestimmungen für Garantien (§ 479)

736 § 479 schreibt vor, dass Garantien des Verkäufers oder Herstellers im Sinne des § 443 inhaltlich und formell bestimmten Anforderungen entsprechen müssen. So ist z.B. gefordert, dass die Garantieerklärung verständlich sein muss. Dazu gehört auch, dass sie in einer Sprache abgefasst ist, die für den Verbraucher verständlich ist[59]. Rechtspolitisches Ziel der Regelung ist durchwegs die zweckgerechte Information des Verbrauchers und der Schutz vor Irreführung.[60]

### 6. Der Rückgriff des Unternehmers (§ 478)

737 § 478 regelt das Verhältnis des Unternehmers (Letztverkäufers), der vom Käufer wegen der Mangelhaftigkeit der Sache in Anspruch genommen worden ist, zu seinem Lieferanten (häufig der Hersteller). § 478 nimmt Bezug auf § 445 a, der bestimmt, dass der Verkäufer unter den dort genannten Voraussetzungen Ersatz der Kosten von seinem Lieferanten verlangen kann, die ihm wegen der Mangelhaftigkeit der Sache im Verhältnis zum Letztkäufer entstanden sind. Außerdem regelt § 478 Abs. 1, dass der Unternehmer gegenüber dem Lieferanten von der sonst erforderlichen Fristsetzung befreit ist.

Diese Regressregeln des BGB gelten nach dem eindeutigen Wortlaut nur für neu hergestellte Sachen; sie können keine Geltung für den Vertrieb gebrauchter Sachen beanspruchen.[61]

War die an den Letztkäufer veräußerte Sache schon mangelhaft, als der Verkäufer (Letztverkäufer) sie von seinem Lieferanten erhielt, hat der Letztverkäufer die Ansprüche und Rechte aus § 437 gegen den Lieferanten. Es geht also auch hier nur um Ansprüche unter Vertragspartnern eines Kaufvertrages[62].

738 Die **Beweislastumkehrregelung** des § 476 gilt für einen begrenzten Zeitraum (6 Monate) auch für das Regressverhältnis des Verkäufers zu seinem Lieferanten. Die sechsmonatige Frist wird auch im Verhältnis des Verkäufers zum Lieferanten vom Zeitpunkt der Übergabe an den Verbraucher an gerechnet (§ 478 Abs. 3)[63].

**Beispiel:** Rentner R kauft bei V einen neuen PKW, den dieser vom Hersteller H erworben hat. Nachdem R den Wagen in Gebrauch genommen hat, stellt sich ein

59 Vgl. BT-Drs. 14/6040, S. 246.

60 *MüKo/Lorenz*, BGB § 477 Rn. 1–2.

61 Zu den Einzelheiten siehe *Tröger*, AcP 204 (2004), 115, 123 f.

62 Vgl. dazu auch *Maultzsch*, JuS 2002, 1171 ff.

63 *Jauernig/Berger*, § 478 BGB Rn. 10; *Maultzsch*, JuS 2002, 1172 f.

gravierender Motorschaden heraus. R verlangt daraufhin Nacherfüllung von V; er fordert Ersatzlieferung. V kommt dieser Forderung nach und verlangt nun von H ebenfalls Ersatzlieferung. H beruft sich darauf, es sei bislang unklar, ob der Motorschaden schon bei Übergabe an R vorhanden bzw. angelegt gewesen sei. V macht also nun gegen H einen Anspruch aus §§ 437, 434, 439 auf Ersatzlieferung geltend. Dass ein Mangel im Sinne des § 434 Abs. 1 S. 2 Nr. 2 vorliegt, ist unbestritten. Es kommt lediglich darauf an, ob der Mangel schon bei Gefahrübergang vorhanden war. In der Regel wäre das hier der Zeitpunkt der Übergabe der Sache von H auf V. Da es sich hier um einen Verbrauchsgüterkauf nach § 474 zwischen R und V handelt, ist auf das Verhältnis Letztverkäufer und Hersteller der § 478 anwendbar, der einige Sonderregelungen für den Rückgriff des Unternehmers (Letztverkäufers) gegen den Hersteller enthält. So ist z.B. die Beweislastumkehrregelung des § 477 für einen begrenzten Zeitraum (6 Monate) auch auf das Verhältnis des Verkäufers zum Hersteller, hier V zu H, anwendbar, und zwar vom Zeitpunkt der Übergabe an den Verbraucher an gerechnet (§ 478 Abs. 1)[64]. Das bedeutet: nicht V muss beweisen, dass der Mangel schon zur Zeit der Übergabe der Kaufsache von H an V vorhanden war; vielmehr müsste H, um sich aus der Haftung zu befreien, nachweisen, dass der Mangel zum fraglichen Zeitpunkt noch nicht vorhanden war.

Der Letztverkäufer kann vom Lieferanten auch Ersatz derjenigen Aufwendungen **739**
verlangen, die ihm entstanden sind, weil der Verbraucher (Käufer) Mängelbeseitigung verlangt hat. Eine selbständige Anspruchsgrundlage dafür ist § 445 a Abs. 1.

**Beispiel:** Wenn im oben geschilderten Beispiel R statt Ersatzlieferung Mängelbeseitigung von V verlangt, kann V von H gemäß § 445 a Abs. 1 Ersatz derjenigen Aufwendungen verlangen, die er selbst im Verhältnis zum Verbraucher nach § 439 Abs. 2 zu tragen hatte. In Betracht kommen z.B. die Kosten für die Inanspruchnahme der eigenen Werkstatt.

Zu beachten ist, dass im Verhältnis zwischen Unternehmer (Verkäufer) und Lieferant der § 377 HGB unberührt bleibt (§ 445 a Abs. 4). Das bedeutet, dass der Unternehmer die vom Hersteller gelieferten Waren unverzüglich zu untersuchen und, falls sich ein Mangel zeigt, auch zu rügen hat (siehe dazu oben IV.).

§ 445 a Abs. 1 regelt die Verjährung der Ansprüche des Unternehmers aus § 478 i.V. mit § 437. Dabei ist die Ablaufhemmung des § 445 b Abs. 2 zu beachten. Diese Regelung verhindert, dass der Rückgriffsanspruch verjährt, bevor der jeweilige Rückgriffsgläubiger von dem Mangel erfährt[65].

---

64 Vgl. auch *Maultzsch*, JuS 2002, 1172 f.

65 *Mansel*, NJW 2002, 95.

## VII. Fernabsatzverträge (§ 312 c) und Außergeschäftsraumverträge (§ 312 b)

### 1. Fernabsatz- und Außergeschäftsraumverträge als Verbraucherverträge

740 Schließen ein Unternehmer (§ 14) und ein Verbraucher (§ 13) einen Vertrag unter ausschließlicher Verwendung von **Fernkommunikationsmitteln** ab, so handelt es sich um einen **Fernabsatzvertrag** (§ 312 c Abs. 1). In der Regel wird ein solcher Vertrag über die Lieferung von Waren oder die Erbringung von Dienstleistungen abgeschlossen. Vertragsgegenstand können abgesehen vom Kauf von Waren z.B. auch sein Finanzdienstleistungen und Verbraucherdarlehen, Maklergeschäfte und telefonische Beratung durch einen Rechtsanwalt.

**Fernkommunikationsmittel** sind nach der Definition des § 312 c Abs. 2 nicht nur das Internet, sondern alle Mittel, die zur Anbahnung oder zum Abschluss eines Vertrages zwischen dem Verbraucher und einem Unternehmer ohne gleichzeitige körperliche Anwesenheit der Vertragsparteien eingesetzt werden können, insbesondere Briefe, Kataloge, Telefonanrufe, Telekopien, E-Mails, sowie Rundfunk, Tele- und Mediendienste.

741 Schließen ein Unternehmer und ein Verbraucher einen Vertrag außerhalb von Geschäftsräumen unter den Bedingungen des § 312 b, so liegt ein sog. **Außergeschäftsraumvertrag** vor. Der Begriff des Geschäftsraumes wird in § 312 c Abs. 2 definiert. Hiernach kann ein Geschäftsraum auch ein beweglicher Raum sein. Zu den Geschäftsräumen zählen nach der Definition auch die Räume solcher Personen, die im Namen des Unternehmers auftreten.

Da § 312 g dem Verbraucher bei dieser Art von Verträgen ein **Widerrufsrecht** im Sinne des § 355 einräumt (siehe dazu unten § 29 IX.), sind der Fernabsatzvertrag und der Außergeschäftsraumvertrag Verbraucherverträge.

Handelt es sich bei den Fernabsatz- (§ 312 c) und Außergeschäftsraumverträgen (§ 312 b) um Kaufverträge, so sind diese Verträge **zugleich Verbrauchsgüterkaufverträge**, so dass auch die §§ 474 ff. zu beachten sind.

### 2. Der Schutz des Verbrauchers

742 Das BGB lässt dem Verbraucher bei solchen Verträgen einen besonderen Schutz angedeihen. Grund dafür ist, dass für den Verbraucher die Beurteilung von Vertragspartner und Vertragsgegenstand und nicht selten auch die Rechtsverfolgung erschwert ist[66] und der Vertragsschluss für den Verbraucher nicht selten ein Risiko darstellt.

Der Schutz erfolgt im Wesentlichen durch

66 *Grigoleit*, NJW 2002, 1151.

- Verschärfte Informationspflichten des Unternehmers dem Verbraucher gegenüber (§ 312 d i.V.m. Art. 246 a, b EGBGB, s. dazu sogleich unter VIII.). Die Verletzung solcher Pflichten kann eine Pflichtverletzung im Sinne des § 280 darstellen, die bei Vorliegen entsprechender Voraussetzungen Schadensersatzpflichten auslösen kann.
- Die Einräumung eines Widerrufsrechts, das in den §§ 355 ff. näher ausgestaltet ist.

**Beispiel:** K hat bei V per Internet eine Digitalkamera bestellt. Nachdem er sie in Betrieb genommen hat, stellt er fest, dass die Kamera nur Bilder in schwarz-weiß produziert, obwohl sie laut Betriebsanleitung bunt sein sollten. Bei einem Anruf bei V teilt dem K ein Angestellter mit, die Kamera sei geprüft und infolgedessen voll funktionsfähig; wenn dies nicht der Fall sei, beruhe das auf einem Bedienungsfehler. K überlegt, was er unternehmen soll. Statt sich auf eine langwierige Diskussion über Gewährleistungsansprüche nach § 437 ff. mit unvorhersehbarem Ausgang mit dem Verkäufer einzulassen, sollte K von seinem ihm nach §§ 312 g i.V.m. § 355 zustehenden Widerrufsrecht Gebrauch machen. Der Widerruf bedarf keiner Begründung und führt dazu, dass der bis dahin schwebend wirksame Kaufvertrag unwirksam wird.

## VIII. Die Pflichten des Unternehmers im elektronischen Geschäftsverkehr (§ 312 i)

Für den Abschluss eines Vertrages im elektronischen Geschäftsverkehr erlegt das **743**
BGB dem Unternehmer eine Reihe von Pflichten auf. Dazu gehören vor allem **vorvertragliche und nachvertragliche Informationspflichten**. Pflichten des Unternehmers, wie sie sich aus § 312 i Abs. 1 S. 1 Nr. 2 BGB i.V. mit Art. 246 c EGBGB ergeben, sind u.a.:

- Er muss über die einzelnen technischen Schritte informieren, die zu einem Vertragsschluss führen.
- Er muss angemessene, wirksame und zugängliche technische Mittel zur Verfügung stellen, mit deren Hilfe der Kunde Eingabefehler vor Abgabe seiner Bestellung erkennen und berichtigen kann.
- Er muss über die Verhaltenskodizes unterrichten, denen sich der Unternehmer unterworfen hat.
- Außerdem muss der Unternehmer dem Kunden die Möglichkeit verschaffen, die Vertragsbestimmungen einschließlich der Allgemeinen Geschäftsbedingungen bei Vertragsschluss abzurufen und in wiedergabefähiger Form zu speichern.

Der Anbieter muss stets Unternehmer (§ 14) sein. Der Kunde kann Verbraucher, aber auch Unternehmer sein.

Die genannten Pflichten des Unternehmers können nicht zu Lasten des Verbrauchers oder des Kunden verkürzt werden. Allerdings können Vertragsparteien, die nicht Verbraucher sind, also z.B. Unternehmer untereinander davon abweichende Vereinbarungen treffen.

**744** Pflichten, die dem Unternehmer aus § 312 i erwachsen, sind solche, die der Unternehmer im vorvertraglichen Bereich, d.h. vor Abschluss des Vertrages wahrzunehmen hat (§ 311 Abs. 2 i.V.m. § 241 Abs. 2). Wie § 311 Abs. 2 klarstellt, beginnt ein Schuldverhältnis mit daraus erwachsenden Schutz-, Fürsorge- und anderen Pflichten (§ 241 Abs. 2) nicht erst mit dem Vertragsschluss, sondern schon vorher, nämlich mit der Aufnahme von Vertragsverhandlungen oder mit einer sonstigen Anbahnung eines Vertrages (siehe dazu § 26 VIII.).

Verletzt ein Unternehmer seine ihm durch § 312 i auferlegten Pflichten, kann darin eine Pflichtverletzung im Sinne des § 280 i. Vb. mit § 311 Abs. 2 liegen, die, wenn der Unternehmer die Pflichtverletzung zu vertreten hat und dem Kunden ein Schaden entstanden ist, eine Schadensersatzpflicht entstehen lässt.

Das pflichtwidrige Verhalten des Unternehmers kann auch dazu führen, dass der Kunde seine Willenserklärung, die zum Vertragsschluss geführt hat, gemäß §§ 119 ff. anfechten kann (siehe zur Anfechtung § 15).

## IX. Das Widerrufsrecht des Verbrauchers (§§ 312 ff., §§ 355 ff.)

### 1. Überblick

**745** Gemäß § 355 Abs. 1 hat ein Verbraucher (§ 13), dem im Gesetz ein Widerrufsrecht – u.a. bei Fernabsatz- und Außergeschäftsraumverträgen – eingeräumt wird, nach Abschluss eines Vertrages mit einem Unternehmer (§ 14) die Möglichkeit, seine Willenserklärung ohne Angabe von Gründen wirksam zu widerrufen, wenn er sich vom Vertrage lösen will. Die Frist für den Widerruf beträgt zwei Wochen (§ 355 Abs. 1). Diese Frist gilt bei Fernabsatzverträgen und Außergeschäftsraumverträgen (früher: Haustürgeschäften) gemäß § 356 Abs. 3 aber nur, sofern der Verbraucher ordnungsgemäß über das Bestehen eines Widerrufsrechts belehrt worden ist. Gemäß § 356 Abs. 3 S. 2 erlischt dann, wenn keine Belehrung erfolgt ist, das Widerrufsrecht 1 Jahr und 14 Tage nach Vertragsschluss (siehe zum Widerruf oben § 25 VIII.).

Hat der Verbraucher eine Widerrufserklärung abgegeben, ist er „an seine auf den Abschluss des Vertrages gerichtete Willenserklärung nicht mehr gebunden" (§ 355 Abs. 1 S. 1). Das bedeutet, ein Vertrag ist zunächst einmal **schwebend wirksam** zustande gekommen; der Verbraucher kann sich von demselben allerdings durch Widerruf lösen. Von diesem Zeitpunkt an ist der Vertrag, der bis zu diesem Zeitpunkt bestanden hat, beendet. Sind bis zum Wirksamwerden des Widerrufs bereits Leistungen ausgetauscht worden, so findet die Rückabwicklung des Vertrages in der Weise statt, dass die empfangenen Leistungen spätestens nach 14 Tagen zurückzugewähren sind (§ 357 Abs. 1).

§ 355 setzt voraus, dass dem Verbraucher durch Gesetz ein Widerrufsrecht eingeräumt wurde. Eine solche gesetzliche Bestimmung, die ein Widerrufsrecht einräumt findet sich in § 312 g, der im Zusammenhang mit den §§ 312 ff. steht. §§ 312 ff. dienen dem Schutz gegen die für den Kunden mit dem sogenannten Direktvertrieb verbundenen Gefahren, die vor allem in einem infolge einer Überrumpelung übereilten Kaufentschluss für Leistungen beruhen, für die häufig kein Bedarf besteht und deren Entgelt nicht selten die finanziellen Möglichkeiten des Kunden übersteigt[67]. **746**

Bei Vorliegen der Voraussetzungen für einen Verbrauchsgüterkauf sind im Übrigen die §§ 474 ff. zu beachten (siehe oben VI.).

### 2. Die Ausübung des Widerrufsrechts

Der Widerruf nach §§ 312 g, 355 ist ein Gestaltungsrecht, das die Rücknahme der auf den Vertragsabschluss gerichteten Willenserklärung des Kunden zum Inhalt hat. Er ist eine empfangsbedürftige Willenserklärung, auf die die Regeln der §§ 104 bis 144 Anwendung finden[68]. Die Form der Widerrufserklärung war bis zum 1.6.2014 in Textform abzugeben (§ 355 Abs. 2 a.F.). Nach der seit dem 1.6.2014 geltenden Fassung ist nur noch von „Erklärung" die Rede, § 355 Abs. 1 S. 2[69]. Der Widerruf kann innerhalb der nach §§ 355 Abs. 2, 355 Abs. 2 bestimmten Fristen ausgeübt werden. **747**

### 3. Die Rechtsfolgen des Widerrufs

Die Rechtsfolgen des ausgeübten Widerrufs richten sich nach § 355 und § 357. Der wirksam erklärte Widerruf bewirkt zunächst, dass der Verbraucher an seine den Vertrag begründende Willenserklärung nicht mehr gebunden ist. Das bedeutet, ein Vertrag ist zunächst einmal **schwebend wirksam** zustande gekommen; der Verbraucher kann sich von demselben allerdings durch Widerruf lösen. Vom Zeitpunkt der Widerrufserklärung an wandelt sich der zunächst schwebend wirksame Vertrag in ein Rückgewährschuldverhältnis um, das sich nach § 357 richtet. **748**

> **Beispiel:** W wirbt Kunden für die Zeitschrift Erfolg des Verlages X; er ist bevollmächtigt, für X die zum Abschluss mit Abonnenten notwendigen Willenserklärungen abzugeben und entgegenzunehmen. W läutet am 04.08.2016 an der Haustür

---

67 Vgl. *Palandt/Grüneberg*, § 312 BGB Rn. 3; *Grigoleit*, NJW 2002, 1151.

68 *Palandt/Grüneberg*, § 355 BGB Rn. 3; *Palandt/Ellenberger*, Überbl. v. § 104 BGB Rn. 17.

69 Ob dies bedeuten soll, dass der Widerruf formlos, also auch mündlich/telefonisch, möglich sein soll, oder ob es sich um ein Redaktionsversehen handelt und weiterhin Textform zu fordern ist, scheint umstritten.

der Rentnerin R, die daraufhin vor die Tür tritt und von W in ein Gespräch verwickelt wird. W gelingt es innerhalb von 15 Minuten, die R davon zu überzeugen, dass sie jedenfalls für 1 Jahr die Zeitschrift Erfolg bestellen sollte. Von R dazu gebeten, setzt sich W an einen Gartentisch im Vorgarten und füllt ein entsprechendes Vertragsformular aus, das er und anschließend R unterschreiben. R erhält eine Durchschrift des Vertrages, der keine Widerrufsbelehrung enthält. Anlässlich eines Besuches ihres Sohnes S am 10.08.2016 zeigt R dem S den Vertrag. Dieser macht R klar, dass die Zeitschrift Erfolg, die sich an besonders motivierte junge Aufsteiger richte, für sie uninteressant und nicht lesenswert sei. Von S dazu angehalten, schreibt R am 12.08.2016 eine Widerrufserklärung an X, die sie am 13.08.2016 absendet. X vertritt die Auffassung, ein Vertrag sei zustande gekommen und trotz des Widerrufs bestehen geblieben.

Ein Vertrag zwischen X und R ist zunächst schwebend wirksam zustande gekommen. Derselbe könnte allerdings durch einen Widerruf gemäß §§ 355, 312 g, 312 b beendet worden sein. Letzteres wäre der Fall, wenn R ihre zum Vertragsschluss führende Willenserklärung wirksam widerrufen hätte. Dann müsste der R ein Widerrufsrecht nach § 312 g zugestanden haben. Es könnten mündliche Verhandlungen außerhalb eines Geschäftsraumes i.S. des § 312 b Abs. 1 Nr. 1 stattgefunden haben. Dies ist der Fall. R müsste von dem ihr zustehenden Widerrufsrecht fristgerecht Gebrauch gemacht haben. Da R über das Widerrufsrecht nicht belehrt worden ist, ist nicht die Zweiwochenfrist des § 355 Abs. 2 maßgebend. Nach der Sonderregel des § 356 Abs. 3 BGB läuft die Widerrufsfrist erst ab Belehrung. Bei fehlender Belehrung erlischt das Widerrufsrecht erst nach 1 Jahr und 14 Tagen. R hat also von ihrem Widerrufsrecht rechtzeitig Gebrauch gemacht. Von dem zunächst schwebend wirksamen Vertrag hat sich R durch Widerruf gelöst.

## X. Gewährleistungsausschluss und Allgemeine Geschäftsbedingungen

### 1. Überblick

749 Um einen angemessenen Interessenausgleich zwischen den Vertragspartnern zu schaffen, hat der Gesetzgeber mit den §§ 305 ff. den uferlosen Gestaltungsmöglichkeiten mit Hilfe von Allgemeinen Geschäftsbedingungen Grenzen gesetzt. Es soll verhindert werden, dass ein Vertragspartner, der meist der Schwächere ist, durch entsprechende Vertragsgestaltung unter Verwendung Allgemeiner Geschäftsbedingungen unangemessen benachteiligt wird. Das BGB versucht dieses Ziel u.a. dadurch zu erreichen, dass es in den §§ 308 und 309 bestimmte typische Klauseln schlechthin oder bei Unangemessenheit im Einzelfall für unwirksam erklärt (vgl. zu den Allgemeinen Geschäftsbedingungen siehe generell oben § 8). Vorangestellt ist jedoch die Generalklausel des § 307, in dem die tragenden Prinzipien für die Angemessenheitskontrolle von Allgemeinen Geschäftsbedingungen zum Ausdruck kommen. Für die praktische Rechtsanwendung bedeutet dies, dass in der Regel dann, wenn eine oder mehrere Klauseln in Allgemeinen Geschäftsbedingungen im Hinblick auf ihre Wirksamkeit überprüft werden sollen,

diese Prüfung zuerst anhand der **Klauselverbote** der §§ 308 und 309 vorzunehmen ist; erst wenn diese sich als nicht einschlägig erweisen, ist die Generalklausel des § 307 anzuwenden.

Werden Klauseln in Allgemeinen Geschäftsbedingungen, die Vertragsbestandteil geworden sind, anhand der §§ 307 ff. – z.B. in einem Rechtsstreit – im Hinblick auf ihre Wirksamkeit überprüft, nennt man das **Inhaltskontrolle**.

Wenn es sich um einen Verbrauchgüterkauf handelt, kann sich der Verkäufer **750**
nicht auf Vereinbarungen berufen, die zum Nachteil des Verbrauchers von den §§ 433 bis 435, 437, 439 bis 443 abweichen (siehe oben VI). Das bedeutet für den Fall, dass Allgemeine Geschäftsbedingungen verwandt worden sind, die den Käufer unangemessen benachteiligende Bestimmungen enthalten, die von den §§ 433 bis 435, 437, 439 bis 443 abweichen, diese ohnehin nach § 475 nicht wirksam sind, bzw. der Verkäufer sich nicht darauf berufen kann. Einer Inhaltskontrolle anhand der §§ 307 ff. bedarf es dann nicht.

Einer Inhaltskontrolle am Maßstab der §§ 307 ff. unterliegen nur diejenigen Klauseln in Allgemeinen Geschäftsbedingungen, die von gesetzlichen Vorschriften abweichen oder diesen ergänzen (§ 307 Abs. 3). Daher unterliegen so genannte deklaratorische Klauseln, die nur den Inhalt gesetzlicher Regelungen wiedergeben, nicht der Inhaltskontrolle[70]. Auch Bestimmungen über die Hauptleistung, sind danach der Inhaltskontrolle entzogen[71].

## 2. Die Generalklausel des § 307

Die Generalklausel des § 307 erklärt alle Bestimmungen in Allgemeinen Geschäfts- **751**
bedingungen für nichtig, die den Vertragspartner des Verwenders entgegen den Geboten von Treu und Glauben unangemessen benachteiligen.

Eine **unangemessene Benachteiligung** liegt gemäß § 307 Abs. 2 im Zweifel vor, wenn:

- eine Bestimmung der Allgemeinen Geschäftsbedingungen mit
- wesentlichen Grundgedanken der gesetzlichen Regelung, von der abgewichen wird, nicht zu vereinbaren ist (§ 307 Abs. 2 Nr. 1) oder
- eine Bestimmung der Allgemeinen Geschäftsbedingungen wesentliche Rechte oder Pflichten, die sich aus der Natur des Vertrages ergeben, so einschränkt, dass die Erreichung des Vertragszwecks gefährdet ist (§ 307 Abs. 2 Nr. 2).

---

70 *Stoffels*, Rn. 418, 420; *MüKo/Kieninger*, § 307 BGB Rn. 1, 6 ff.; *Brox/Walker*, Allgemeines Schuldrecht, § 4 Rn. 46.

71 BGHZ 141, 380, 383; 116, 117, 120 f. (beide Entscheidungen zur Vorgängernorm des § 9 AGBG); *MüKo/Kieninger*, § 307 BGB Rn. 1, 12 ff.

Dabei bedeutet die Formulierung „im Zweifel", dass es sich bei den in Nr. 1 und Nr. 2 genannten Tatbeständen um Regelbeispiele handelt[72]. Die dadurch begründete Vermutung der Unwirksamkeit kann im Einzelfall durch eine Gesamtwürdigung aller Umstände widerlegt werden[73].

Vom wesentlichen Grundgedanken einer gesetzlichen Regelung (§ 307 Abs. 2 Nr. 1) weicht eine Klausel in Allgemeinen Geschäftsbedingung dann ab, wenn durch ihren Inhalt das „Leitbild" einer Norm geändert wird, welches für den entsprechenden Vertragstyp in dispositiven Vorschriften niedergelegt ist[74].

> **Beispiel** (nach BGH NJW 1987, 1634, 1636): In einem vorformulierten Maklervertrag (AGB) lässt sich ein Makler den Anspruch auf erfolgsunabhängige Maklerprovision mit einer entsprechenden Klausel einräumen. Dies verstößt nach Ansicht des BGH gegen das Leitbild des § 652 BGB[75].

**752** Eine Klausel in Allgemeinen Geschäftsbedingungen schränkt dann wesentliche Rechte und Pflichten im Sinne des § 307 Abs. 2 Nr. 2 ein, wenn sie dem Vertragspartner solche Rechtspositionen nimmt oder einschränkt, die ihm der Vertrag nach seinem Inhalt und Zweck gewähren muss. Ein Verstoß liegt daher vor, wenn die Klausel die Haftung des Verwenders im Falle der Nichterfüllung einer ihm obliegenden Hauptpflicht ausschließt oder beschränkt[76].

> **Beispiel** (nach BGH NJW 2002, 673): In einem Formularvertrag hat der Vermieter seine Haftung auf Schadensersatz gegenüber dem Mieter auf vorsätzliches und grob fahrlässiges Handeln beschränkt. Nach Auffassung des BGH gefährdet die durch den Haftungsausschluss für einfache Fahrlässigkeit bewirkte Einschränkung der Instandhaltungspflicht des Vermieters den Vertragszweck eines Wohnraummietvertrags. Durch Mängel der Mietsache, insbesondere durch bauliche Mängel, können an den vom Mieter eingebrachten Hausratsgegenständen Schäden entstehen. Werden die beschädigten Gegenstände nicht repariert oder ersetzt, so kann dem Mieter eine wesentliche Grundlage für die Nutzung der Mieträume als Wohnung entzogen sein. Der Haftungsausschluss für einen vom Vermieter leicht fahrlässig verschuldeten Mietmangel ist deshalb geeignet, den Vertragszweck des Wohnungsmietvertrags erheblich zu beeinträchtigen[77].

**753** Daneben kann eine unangemessene Benachteiligung im Sinne des § 307 Abs. 1 vorliegen, wenn der Verwender seine eigenen Interessen durch einseitige Vertragsgestaltung missbräuchlich durchzusetzen versucht, ohne dabei auch die Belange des Vertragspartners hinreichend zu berücksichtigen und ihm einen ange-

---

72 *Stoffels*, Rn. 499 f.; *Palandt/Grüneberg*, § 307 BGB Rn. 25.

73 *Palandt/Grüneberg*, § 307 BGB Rn. 2, 25.

74 BGH NJW-RR 2003, 1056, 1058; BGH NJW-RR 2003, 1635, 1639; BGH MMR 2002, 542, 545; vgl. dazu auch *Stoffels*, Rn. 503 ff.

75 BGH NJW 1987, 1634, 1636 (zur Vorgängernorm des § 9 AGBG).

76 BGH NJW 1988, 1785, 1787.

77 BGH NJW 2002, 673, 675.

messenen Ausgleich zuzugestehen[78]. Für die Beurteilung der Angemessenheit ist primär die Abwägung der Interessenlage der Beteiligten unter Berücksichtigung der Verkehrsanschauung maßgeblich[79].

Gemäß § 307 Abs. 1 S. 2 kann sich eine unangemessene Benachteiligung auch daraus ergeben, dass die Bestimmung nicht klar und verständlich ist (so genanntes Transparenzgebot). Diese Vorschrift dient dazu, dem Vertragspartner des Verwenders von AGB die Informationen über die entscheidungsrelevanten Angaben vor Vertragsschluss zu gewähren[80]. Beim Transparenzgebot geht es um die inhaltliche Klarheit des Vertragstextes; die Allgemeinen Geschäftsbedingungen müssen verständlich, hinreichend bestimmt und vollständig sein[81].

### 3. Die Klauselverbote in §§ 308 und 309

Im Anschluss an die Generalklausel des § 307 enthalten die §§ 308 und 309 Aufzählungen einzelner unwirksamer Klauseln, wie sie in Allgemeinen Geschäftsbedingungen oft verwendet werden. **754**

Durch § 309 Nr. 7 und 8 soll der Erwerber vor der weitgehenden Entziehung seiner gesetzlichen Gewährleistungsansprüche durch Allgemeine Geschäftsbedingungen geschützt werden.

Allgemeine Geschäftsbedingungen für Verträge über gebrauchte Sachen werden im Gegensatz zu § 309 Nr. 8 a) von der Vorschrift des § 309 Nr. 8 b) nicht erfasst.

> **Beispiel** zu **§ 309 Nr. 8 d) bb)**: M kauft bei V einen neuen PKW Marke X. In den wirksam vereinbarten Allgemeinen Geschäftsbedingungen des V heißt es: „Hinsichtlich der elektrischen Anlagen ist die Gewährleistung des Verkäufers ausgeschlossen. Die Gewährleistung übernimmt der Hersteller der elektrischen Anlage". Als nach einer Woche die elektrische Anlage in dem von M gekauften PKW ausfällt, macht M gegenüber V Gewährleistungsansprüche geltend. V verweist M auf die Allgemeinen Geschäftsbedingungen und fordert ihn auf, sich an den Hersteller der Anlage zu wenden. Gemäß § 309 Nr. 8 b) aa) ist die Klausel, die die Gewährleistungsansprüche des M gegen den Verkäufer bezüglich einzelner Teile auf die Einräumung von Ansprüchen gegen einen vom Vertragspartner V verschiedenen Dritten, den Hersteller der Anlage, beschränkt, nichtig. M kann also Gewährleistungsansprüche gegen V geltend machen.
>
> **Beispiel** zu **§ 309 Nr. 8 d) ll)**: K erwirbt bei V eine Stereoanlage. Als nach zehn Monaten der Verstärker durchbrennt und K Nacherfüllung in Gestalt der Lieferung einer mangelfreien Sache verlangt, verweist V auf seine zum Vertragsbestand-

---

78 BGH NJW 2000, 1110, 1112; BGHZ 120, 108, 118; 90, 280, 284 (alle Entscheidungen zur Vorgängernorm des § 9 AGBG).

79 *MüKo/Kieninger*, § 307 BGB Rn. 33; *Palandt/Grüneberg*, § 307 BGB Rn. 8, 13.

80 *Stoffels*, Rn. 562; *Armbrüster*, DNotZ 2004, 437, 438; *MüKo/Kieninger*, § 307 BGB Rn. 51 ff.

81 Siehe dazu im Einzelnen *Armbrüster*, DNotZ 2004, 437, 438 ff.

teil gewordenen Allgemeinen Geschäftsbedingungen, in denen es heißt: „Die Garantie wird nur innerhalb von sechs Monaten gewährt". K hat nach §§ 437, 439 das Recht auf Nacherfüllung. Dieses Recht verjährt gemäß § 438 Abs. 1 Nr. 3 in zwei Jahren, von der Ablieferung der Stereoanlage an gerechnet. Eine vertragliche Verkürzung der Gewährleistungsfristen durch Allgemeine Geschäftsbedingungen auf ein Jahr ist gemäß § 309 Nr. 8 d) ll) möglich. Eine Verkürzung darüber hinaus ist unwirksam. Die Klausel ist insgesamt nichtig. K kann deshalb zu Recht Nacherfüllung verlangen.

### 4. Einschränkungen der Inhaltskontrolle

755 Die §§ 307 ff. über die Inhaltskontrolle sind nicht auf alle Arten von Verträgen anwendbar, die unter Einbeziehung Allgemeiner Geschäftsbedingungen abgeschlossen werden.

Von großer Bedeutung für die Inhaltskontrolle ist die Unterscheidung, ob Allgemeine Geschäftsbedingungen gegenüber einem Unternehmer oder gegenüber einem Verbraucher verwendet werden. Bei Unternehmern finden gemäß § 310 Abs. 1 die Klauselverbote der §§ 308, 309 keine direkte Anwendung. Daher richtet sich die Inhaltskontrolle nach § 310 Abs. 1 S. 2 i.V. mit § 307 Abs. 1. Bei der Anwendung der Generalklausel des § 307 können allerdings die in §§ 308 und 309 enthaltenen Wertungen durchaus berücksichtigt werden.

Die Vorschriften über die Allgemeinen Geschäftsbedingungen einschließlich derjenigen über die Inhaltskontrolle finden keine Anwendung auf Verträge aus den Gebieten des Familien- und Erbrechts, des Gesellschaftsrechts, sowie auf Tarifverträge und Betriebsvereinbarungen (§ 310 Abs. 4).

Die §§ 308 und 309 sind unter den § 310 Abs. 2 genannten Voraussetzungen nicht anwendbar auf Verträge mit Elektrizitäts-, Gas-, Fernwärme- und Wasserversorgungsunternehmen.

### 5. Kein Haftungsausschluss bei Übernahme einer Garantie oder bei arglistigem Verschweigen eines Fehlers oder einer Beschaffenheitsgarantie (§ 444)

756 Haben der Verkäufer oder der Hersteller eine Beschaffenheitsgarantie im Sinne des § 443 übernommen (vgl. dazu oben III. 8.), so können sie die daraus erwachsenden Rechtsfolgen durch eine Vereinbarung weder ausschließen noch beschränken (§ 444). Ein Haftungsausschluss und eine Haftungsbeschränkung ist in einem solchen Fall weder durch Allgemeine Geschäftsbedingungen noch durch Individualvereinbarung möglich, denn bei § 444 handelt es sich um zwingendes Recht.

Wird dennoch eine solche die Haftung ausschließende oder beschränkende Vereinbarung getroffen, so kann sich der Verkäufer oder der Hersteller nicht darauf berufen.

Der Verkäufer kann sich gemäß § 444 auch dann nicht auf eine solche Vereinbarung berufen, wenn er den Mangel arglistig verschwiegen hat. Der Verkäufer handelt arglistig, wenn er in Kenntnis des Mangels die Unkenntnis des Käufers bewusst ausnutzt (vgl. auch § 442)[82].

> **Beispiel:** Unternehmer K kauft bei dem Gebrauchtwagenhändler V einen gebrauchten LKW. In dem schriftlich abgeschlossenen Kaufvertrag heißt es u.a.: „V garantiert bei sachgemäßer Nutzung eine problemlose Laufzeit des Motors für 2 Jahre." In den von K akzeptierten Allgemeinen Geschäftsbedingungen des V findet sich die Klausel: „Der Käufer erwirbt das Fahrzeug wie besichtigt und Probe gefahren. Die Haftung für verborgene Mängel ist ausgeschlossen." Nach drei Monaten funktioniert der Motor des LKW nicht mehr. Ein Sachverständiger stellt fest, dass der Motor schon bei Übergabe an K einen versteckten Mangel hatte, der den Schaden verursacht hat. V verweigert unter Hinweis auf seine Allgemeinen Geschäftsbedingungen jede Gewährleistung. K könnte Gewährleistungsansprüche nach § 437 Abs. 1, 2 und 3 erworben haben. Da der Vertrag zwischen zwei Unternehmern abgeschlossen wurde, handelt es sich nicht um einen Verbrauchsgüterkauf. Beim Kauf gebrauchter Sachen ist anders als bei neu hergestellten ein Ausschluss der Gewährleistung nicht grundsätzlich ausgeschlossen (§ 309 Nr. 8 b)). Im zu erörternden Fall hat V jedoch eine Haltbarkeitsgarantie für das geschädigte Fahrzeugteil übernommen. Deshalb kann er sich nach § 444 nicht auf den Haftungsausschluss berufen. K hat gegen V deshalb die Gewährleistungsansprüche nach § 437.

## XI. Der Kauf von Rechten, Schutzrechten und sonstigen Gegenständen

### 1. Überblick

Nicht nur Sachen, sondern auch Rechte oder sonstige Gegenstände können Gegenstand eines Kaufvertrages sein. Auf einen solchen Vertrag (Rechtskauf) finden die Vorschriften über den Sachkauf entsprechende Anwendung (§ 453). Als „sonstige Gegenstände" die nach § 453 Abs. 1 Gegenstand eines Kaufvertrages sein können, kommen u.a. Unternehmen als Gesamtheit von Sachen und Rechten, sowie sonstigen Gütern wie Kundenstamm, Stellung am Markt etc. in Betracht. 757

Bei dem Verkauf eines Rechtes (z.B. einer Forderung, eines gewerblichen Schutzrechts oder Urheberrechtes) besteht die Hauptpflicht des Verkäufers darin, dem Käufer das Recht zu verschaffen.

Auch bei einem Kaufvertrag über ein Recht ist das Abstraktionsprinzip zu beachten. Das Recht geht nicht mit dem Abschluss des Kaufvertrages auf den Käufer über. Die Übertragung erfolgt vielmehr durch ein besonderes Verfügungsgeschäft, die Abtretung gemäß §§ 398, 413 (siehe dazu oben § 27 II 2).

82 *Palandt/Weidenkaff*, § 444 BGB Rn. 14.

**Beispiel:** Beim echten Factoring veräußert ein Kaufmann oder ein Unternehmen Forderungen an einen Faktor, in der Regel eine Bank. In Erfüllung des Kaufvertrages (Verpflichtungsgeschäft) tritt das Unternehmen die Forderungen, die Gegenstand des Kaufvertrages sind, gemäß § 398 an den Faktor ab (Verfügungsgeschäft).

**758** Gemäß § 453 finden auf den Rechtskauf die Vorschriften über Sachmängel (§§ 434 ff.) entsprechende Anwendung. Das bedeutet: Der Verkäufer hat die Verpflichtung, dem Käufer das Recht mängelfrei zu verschaffen (§§ 453, 433 Abs. 1 S. 2). Kommt der Verkäufer dieser Verpflichtung nicht nach, liegt darin eine Pflichtverletzung im Sinne des § 280 Abs. 1. Die Rechte und Ansprüche des Käufers ergeben sich dann aus dem allgemeinen Pflichtverletzungsrecht, das allerdings durch die §§ 311 a und 437 ff. modifiziert wird.

Es sind die folgenden Fälle zu unterscheiden:

- Der „Normalfall" des Schutzrechtskaufs betrifft Rechte, mit denen kein Recht zum Besitz verbunden ist (§ 453 Abs. 1).

  **Beispiel:** Der Verkauf eines Patentes.

- Es gibt allerdings auch den Fall, dass Rechte verkauft werden, die zum Sachbesitz berechtigen (§ 453 Abs. 3). Das bedeutet, die Übertragung eines Rechtes kann mit der Verschaffung von Sachbesitz gekoppelt sein.

  **Beispiel:** Die Veräußerung von Know-how, bei der Zeichnungen und Prototypen übergeben werden, in denen sich das Know-how dokumentiert.

Auch in diesem Fall hat der Verkäufer die Verpflichtung, dem Käufer das Recht mängelfrei zu verschaffen; darüber hinaus hat er die Pflicht, die dazu gehörenden Sachen frei von Sach- und Rechtsmängeln zu verschaffen.

## 2. Die Mängelhaftung beim Rechts- insb. Schutzrechtskauf

### a) Überblick

**759** Dass der Verkäufer für die Rechtsmängel des veräußerten Rechts in die Haftung genommen werden kann, steht außer Zweifel. Umstritten ist hingegen, ob beim Rechtskauf auch für Sachmängel gehaftet wird, die den Inhalt des veräußerten Rechts betreffen (siehe dazu unten c)).[83]

### b) Die Haftung wegen Rechtsmängeln

Ein **Rechtsmangel** i.S. des § 435 liegt vor, wenn:

- das verkaufte Recht nicht besteht,
- das Recht nicht in dem Umfang besteht, wie es im Kaufvertrag vorausgesetzt wird,

83 Siehe zum Streitstand BeckOGK/Wilhelmi BGB § 453 Rn. 42 ff.

- das Recht nicht übertragbar ist,
- dem verkauften Recht Rechte Dritter gegenüberstehen.

### aa) Das nicht bestehende Recht

Das erloschene Recht steht dem nicht bestehenden Recht gleich. Wird ein nicht oder nicht mehr bestehendes Recht verkauft, so hat der Verkäufer gemäß § 433 Abs. 1 die Pflicht, dieses Recht zu schaffen oder sich zu verschaffen. Ist ihm dies unmöglich, so ist der Kaufvertrag dennoch nach § 311 a wirksam. Der Verkäufer wird allerdings gemäß § 275 Abs. 1 oder 2 von seiner Leistungspflicht frei. Demnach haftet der Schuldner jedenfalls für das Vorhandensein des Rechts (Veritätshaftung). **759 a**

Die Rechte des Käufers bestimmen sich nicht nach § 437, weil das Recht, um das es geht, noch nicht übertragen worden ist. Die Rechte des Käufers ergeben sich also allein aus dem allgemeinen Pflichtverletzungsrecht, hier §§ 275, 323 ff. und § 311 a Abs. 2. Der Verkäufer (Schuldner) wird nach § 275 Abs. 1 von seiner Leistungspflicht befreit; er verliert gemäß § 326 Abs. 1 allerdings auch den Anspruch auf die Gegenleistung, hier den Kaufpreisanspruch. Der Käufer kann:

- vom Vertrage zurücktreten und Rückzahlung des etwa schon geleisteten Kaufpreises verlangen (§ 326 Abs. 4 und 5, § 346)
- und nach § 311 a Abs. 2 Schadensersatz statt der Leistung oder Aufwendungsersatz (§ 284) verlangen, wenn der Verkäufer das Leistungshindernis bei Vertragsschluss kannte oder er die Unkenntnis zu vertreten hat § 311 a Abs. 2 S. 2. Die Beweislast im Hinblick auf das Vertretenmüssen obliegt dem Schuldner, d.h. im Prozess muss er beweisen, dass er das Leistungshindernis nicht kannte und auch nicht kennen konnte.

> **Beispiel**: V verkauft an K eine Kaufpreisforderung, die er gegen M zu haben vorgibt. Diese Forderung besteht nicht. V tritt die vermeintliche Forderung an K ab. Dieser kann die Forderung nicht erwerben, weil sie nicht besteht. Der gutgläubige Erwerb einer Forderung ist nicht möglich. Der Kaufvertrag ist nach § 311 a Abs. 1 dennoch wirksam zustande gekommen. Die Rechte des K ergeben sich aus § 311 a Abs. 2. V muss nicht leisten (§ 275). Nach § 311 a Abs. 2 kann K Schadensersatz statt der Leistung verlangen, da V das Leistungshindernis kannte. § 437 ist nicht anzuwenden, weil die Forderung nicht übertragen worden ist.

Es ist auch möglich, vertraglich zu vereinbaren, dass der Verkäufer verschuldensunabhängig, etwa im Sinne einer Garantie, für das Bestehen des Rechts einstehen soll. Im letztgenannten Fall hat der Verkäufer auch ohne Verschulden zu vertreten, dass das Recht nicht besteht (§ 276 Abs. 1). **759 b**

Mit Recht wird die Meinung vertreten, an eine stillschweigende Garantieübernahme seien strenge Anforderungen zu stellen. Jedenfalls muss ein entsprechender Garantiewille des Verkäufers erkennbar sein.

### bb) Das Recht besteht nicht in dem Umfange, wie es im Vertrage vereinbart worden ist

**759 c** Wenn ein Recht nicht in dem Umfange übertragen worden ist, wie es im Kaufvertrag vereinbart worden ist, etwa weil es mit dem Recht eines Dritten belastet ist, so ist, weil das Recht ja übertragen worden ist, § 437 anzuwenden. Infolgedessen hat der Käufer zunächst einen Nacherfüllungsanspruch nach §§ 437 Nr. 1, 439, d.h. der Verkäufer muss sich, wenn dies überhaupt möglich ist, darum bemühen, dass das Recht dem Käufer schließlich doch noch in dem Umfange zur Verfügung steht, wie das versprochen worden ist.

Gelingt die Nacherfüllung nicht, kann der Käufer:

- vom Vertrage zurücktreten und Rückzahlung des etwa schon geleisteten Kaufpreises oder Minderung verlangen (§§ 437 Abs. 2, 323, 346, 441);
- außerdem kann er Schadensersatz statt der Leistung oder Aufwendungsersatz fordern (§§ 437 Nr. 3, 280, 281, 284). Dieser Anspruch entsteht allerdings nur, wenn der Schuldner (Verkäufer) die Pflichtverletzung zu vertreten hat, die Beweislast liegt beim Schuldner (§ 280 Abs. 1 S. 2).

**Beispiel:** Das veräußerte Recht ist mit einem Pfandrecht belastet. Nach §§ 437, 439 kann der Käufer Nacherfüllung verlangen, die darin bestehen könnte, dass der Verkäufer versucht, eine Lösung mit dem Pfandnehmer zu erreichen, die zum Erlöschen des Pfandrechts führt. Gelingt das nicht, stehen dem Käufer des Rechts die Möglichkeiten nach § 437 Nr. 2 und 3 offen.

### cc) Das nicht übertragbare Recht

**759 d** Die Nichtübertragbarkeit eines Rechts kann sich z.B. aus einem Abtretungsverbot i.S. des § 399 ergeben. Auch dann handelt es sich um einen Fall der Unmöglichkeit, der mangels Übertragung des Rechts nicht nach § 437, sondern nach den allgemeinen Regeln des Leistungsstörungsrechts zu lösen ist. Der Schuldner (Verkäufer) wird nach § 275 von seiner Leistungspflicht frei und verliert den Anspruch auf die Gegenleistung (§ 326 Abs. 1). Der Käufer kann

- vom Vertrage zurücktreten und Rückzahlung des etwa schon geleisteten Kaufpreises verlangen § 326 Abs. 4 und 5, § 346
- und nach § 311 a Abs. 2 Schadensersatz statt der Leistung oder Aufwendungsersatz (§ 284) verlangen, wenn die Voraussetzungen gemäß § 311 a Abs. 2 S. 2 vorliegen.

**Beispiel:** Das Recht, das Gegenstand der Übertragung sein soll, ist von einem Gläubiger des bisherigen Inhabers im Wege der Zwangsvollstreckung gepfändet und überwiesen worden. Dem Rechtsinhaber ist die Übertragung nun nicht wie vorgesehen möglich, d.h. die Übertragung ist unmöglich. Die Rechte des Vertragspartners ergeben sich nun aus §§ 326 Abs. 4 und 5, sowie aus § 311 a BGB.

#### dd) Dem verkauften Recht stehen Rechte Dritter entgegen

Dass dem verkauften Recht Rechte Dritter entgegenstehen, kann bedeuten: **759 e**

- das verkaufte Recht existiert zwar, es steht aber nicht dem Verkäufer, sondern einem Dritten zu, der zu einer Veräußerung nicht bereit ist;
- der Verkäufer veräußert ein Recht, das mit einem Recht eines Dritten belastet ist.

Die Rechtsfolgen für diese beiden Fallvarianten sind unterschiedlich.

##### (1) Das veräußerte Recht steht einem Dritten zu

Ein solcher Fall liegt z.B. dann vor, wenn das veräußerte Schutzrecht als Sicherheit an einen Dritten übertragen worden ist (Sicherungsabtretung). Dem Verkäufer ist die versprochene Leistung jedenfalls dann unmöglich, wenn es ihm unzumutbar ist, das Recht dem Käufer zu beschaffen. Die Rechtsfolgen sind: Der Verkäufer wird nach § 275 von seiner Leistungspflicht befreit und verliert den Anspruch auf die Gegenleistung (§ 326 Abs. 1). Der Käufer kann nach § 326 Abs. 5 vom Vertrage zurücktreten und gemäß §§ 326 Abs. 4 und 346 Rückzahlung des schon gezahlten Kaufpreises verlangen; der Käufer kann außerdem nach § 311 a Abs. 2 unter den dort genannten Voraussetzungen (Vertretenmüssen) Schadensersatz statt der Leitung oder Aufwendungsersatz (§ 284) verlangen.

##### (2) Das veräußerte Recht ist mit dem Recht eines Dritten belastet

Hier sind diejenigen Fälle einzuordnen, in denen das veräußerte Recht mit Verpfändungen oder mit sonstigen dinglichen Rechten (z.B. § 29 Abs. 2 MarkenG) belastet ist. Es handelt sich nicht um Fälle der Unmöglichkeit. Es liegt vielmehr ein Rechtsmangel vor, so dass sich die Rechtsfolgen aus § 437 ergeben. Infolgedessen hat der Käufer zunächst einen Nacherfüllungsanspruch nach §§ 437 Nr. 1, 439. Das bedeutet, der Verkäufer muss sich um die Beseitigung der Belastung bemühen. Gelingt dies nicht, ist die Nacherfüllung fehlgeschlagen und der Käufer kann **759 f**

- vom Vertrage zurücktreten und Rückzahlung des etwa schon geleisteten Kaufpreises oder Minderung verlangen (§§ 437 Abs. 2, 323, 346, 441);
- außerdem kann er Schadensersatz statt der Leistung oder Aufwendungsersatz fordern (§§ 437 Nr. 3, 280, 281, 283, 284). Dieser Anspruch entsteht allerdings nur, wenn der Schuldner (Verkäufer) die Pflichtverletzung zu vertreten hat, die Beweislast liegt beim Schuldner (§ 280 Abs. 1 S. 2).

**Beispiel:** Das veräußerte Recht ist mit einem Pfandrecht belastet. Nach §§ 437, 439 kann der Käufer Nacherfüllung verlangen, die darin bestehen könnte, dass der Verkäufer versucht, eine Lösung mit dem Pfandnehmer zu erreichen, die zum Erlöschen des Pfandrechts führt. Gelingt das nicht, stehen dem Käufer des Rechts die Möglichkeiten nach § 437 Nr. 2 und 3 offen.

### c) Die Haftung für andere Mängel als Rechtsmängel

759 g Ein Recht kann keine Sachmängel im Wortsinne aufweisen. Manche Autoren schließen daraus, dass die Verpflichtung des Verkäufers beim Rechtskauf auf die rechtsmängelfreie Verschaffung des Rechts beschränkt sei.[84] Das würde bedeuten, dass andere Mängel als Rechtsmängel keine Rechtsfolgen auslösen. So könnten etwa im Falle des Verkaufs einer durch Grundpfandrechte gesicherten Forderung, die dadurch gefährdet ist, dass das belastete Objekt wegen Kontaminationen nicht verwertet werden kann, keine Mängelansprüche geltend gemacht werden. Das würde dann auch bei sonstigen Abweichungen des Inhalts des übertragenen Rechts von der vereinbarten Beschaffenheit gelten.[85]

**Beispiel:** Wenn man dem folgt, so wäre eine direkte oder entsprechende Anwendung der Sachmängelhaftung (§§ 437 ff., 434) bei Undurchführbarkeit der auf einem verkauften Patent beruhenden Produktion oder Konstruktion nicht möglich.[86]

Diejenigen, die eine Sachmängelhaftung beim Rechtskauf verneinen, wollen möglich Ansprüche aus Verschulden bei Vertragsschluss (culpa in contrahendo, §§ 280, 311 Abs. 2) herleiten.

Es setzt sich aber wohl die Auffassung durch, dass die Anwendung der Sachmängelhaftung beim Rechtskauf dem Willen des Gesetzgebers entspreche; denn dieser sei ausweislich der Gesetzesmaterialien davon ausgegangen, dass die Schuldrechtsmodernisierung 2002 der bisherigen Praxis des BGH, statt der Vorschriften über die Sachmangelhaftung die Regeln über das Verschulden bei Vertragsanbahnung anzuwenden, die Grundlage entziehen wollte. Außerdem beschränkt der Wortlaut des § 453 die Mängelhaftung nicht auf Rechtsmängel. Nach neuem Recht muss die Sachmängelhaftung also auch beim Rechtskauf analoge Anwendung finden.[87]

### d) Die Anwendung des § 442

759 h Auf den Rechtskauf anwendbar ist auch die Regelung des § 442 BGB. Danach kann der Käufer Gewährleistungsansprüche nicht auf Mängel stützen, die er bei Vertragsschluss kannte oder hätte kennen müssen. Der positiven Kenntnis des Käufers wird die grob fahrlässige Unkenntnis gleichgestellt, es sei denn, der Verkäufer hat den Mangel arglistig verschwiegen oder er hat eine Garantie für die Beschaffenheit der Sache übernommen (§ 442 Abs. 1 S. 2). Grob fahrlässig handelt der Käufer, wenn er diejenige Sorgfalt schwer vernachlässigt, die von jedem Teilnehmer am Rechtsverkehr erwartet werden kann, um sich selbst oder den Verkäufer vor Schaden zu bewahren. Hier sind beim Rechtskauf strenge Maßstäbe

84 *U. Huber*, AcP 202 (2002), 179, 229; *Palandt/Weidenkaff*, § 453 BGB Rn. 21.
85 *MüKo/Westermann*, BGB § 453 Rn. 14.
86 *MüKo/Westermann*, BGB § 453 Rn. 14.
87 BeckOGK/Wilhelmi BGB § 453 Rn. 42–44.

anzulegen. Ob in diesem Zusammenhang die von der früheren Rechtsprechung entwickelten Grundsätze zum gewagten Geschäft Anwendung finden können, ist noch nicht geklärt.

### 3. Die Verjährung der Mängelansprüche

In Bezug auf die Verjährung möglicher Ansprüche ist jedenfalls zu differenzieren. **760**
Sowohl bei der Veräußerung eines Patentes als auch bei ausschließlichen Lizenzverträgen verjähren die Gewährleistungsansprüche in zwei Jahren gemäß § 438 Abs. 1 Nr. 3. Eine Anwendung des § 438 Abs. 1 Nr. 1 a mit der Folge einer dreißigjährigen Verjährungsfrist[88] kommt, weil diese Bestimmung nur dann anwendbar ist, wenn es sich um ein dingliches Recht eines Dritten handelt, auf Grund dessen die Herausgabe der Kaufsache verlangt werden kann, nicht in Betracht[89].

Bei Ansprüchen, die entstehen, weil das Schutzrecht nicht besteht oder einem Dritten zusteht, handelt es sich um Fälle der Unmöglichkeit. Es ist deshalb nicht § 438 anzuwenden; es gilt vielmehr die regelmäßige Verjährungsfrist von drei Jahren gemäß § 195 BGB.

**Lösung zu Fall 27:**

I. Anspruch des K gegen X auf Nacherfüllung aus §§ 437 Nr. 1, 434 Abs. 1, 439 Abs. 1

K könnte gegen X einen Anspruch auf Nacherfüllung aus §§ 437 Nr. 1, 434 Abs. 1, 439 Abs. 1 erworben haben. Dann müsste zunächst ein Kaufvertrag über den Rasenmäher zwischen K und X zustande gekommen sein. X hat am 02.01.2017, vertreten durch V, mit K einen wirksamen Kaufvertrag über den Rasenmäher zum Preis von 300 € abgeschlossen. Somit ist ein wirksamer Kaufvertrag zustande gekommen. Ferner müsste der Rasenmäher einen Sachmangel im Sinne des § 434 Abs. 1 aufweisen. Anhaltspunkte für eine vertraglich vereinbarte Beschaffenheit oder eine nach dem Vertrag vorausgesetzte Verwendung bestehen nicht. Ein Sachmangel im Sinne des § 434 Abs. 1 S. 1, Abs. 1 S. 2 Nr. 1 kommt somit nicht in Betracht. Es könnte aber ein Sachmangel gemäß § 434 Abs. 1 S. 2 Nr. 2 vorliegen. Dann müsste der Rasenmäher sich nicht für die gewöhnliche Verwendung eignen und nicht die Beschaffenheit aufweisen, die bei Sachen der gleichen Art üblich sind und die der Käufer nach der Art der Sache erwarten darf. Der Motor des Rasenmähers versagt nach 5 Minuten den Dienst, so dass er nicht mehr benutzt werden kann. Der Rasenmäher ist somit für die gewöhnliche Verwendung nicht geeignet. Er weist damit einen Sachmangel gemäß § 434 Abs. 1 S. 2 Nr. 2 auf.

Der Mangel müsste auch bei Gefahrübergang vorgelegen haben. Der Gefahrübergang erfolgt gemäß § 446 S. 1 mit der Übergabe der Sache, somit hier mit Aushändigung des Rasenmähers an der Kasse des X.

88 Siehe dazu *Eidenmüller*, NJW 2002, 1625.

89 Im Ergebnis ebenso *Haedicke*, GRUR 2004, 123, 126.

Der Motor des Rasenmähers war von Anfang an, also bereits vor Gefahrübergang, mit einem Herstellungsfehler behaftet. Somit lag der Mangel bei Gefahrübergang vor.
K könnte somit einen Anspruch gegen X auf Anspruch auf Nacherfüllung aus §§ 437 Nr. 1, 434 Abs. 1, 439 Abs. 1 haben. Fraglich ist allerdings, ob der Nacherfüllungsanspruch durch die von X verwendeten Vertragsklauseln ausgeschlossen ist. Dem könnte § 476 Abs. 2 entgegenstehen. Das würde aber zunächst voraussetzen, dass es sich um einen Verbrauchsgüterkauf handelte. Bei dem zwischen X und K geschlossenen Kaufvertrag könnte es sich um einen solchen Verbrauchsgüterkauf gemäß § 474 Abs. 1 handeln. Dann müsste X Unternehmer im Sinne des § 14 sein und K müsste Verbraucher im Sinne des § 13 sein. X ist ein „Gartencenter". Es ist aus dem Sachverhalt nicht erkennbar, welche Rechtsform dem Gartencenter zugrunde liegt. Der Unternehmerbegriff des § 14 ist jedoch sehr weit gefasst. Entscheidend ist, ob der Verkäufer bei Abschluss des Kaufvertrages in Ausübung seiner gewerblichen Tätigkeit gehandelt hat. Dies ist bei dem Gartencenter X der Fall. Damit fällt das Gartencenter X unter den Unternehmerbegriff des § 14. K hat den Rasenmäher zu privaten Zwecken gekauft und ist somit Verbraucher im Sinne des § 13. Damit handelt es sich bei dem Kaufvertrag um einen Verbrauchsgüterkauf gemäß § 474 Abs. 1. Gemäß § 476 Abs. 2 ist eine Verkürzung der Rechte des Käufers betreffend Nacherfüllung, Rücktritt und Minderung aus § 437 in jeglicher Form unzulässig. Somit kann sich X auf diese Vertragsklauseln nicht berufen.
Gemäß § 439 Abs. 1 hat der Käufer das Recht, die Art der Nacherfüllung zu wählen. Fraglich ist aber, ob die Nacherfüllung in der von K gewünschten Form der Neulieferung möglich ist. Bei dem von K gekauften Rasenmäher „Flora" handelt es sich um ein Einzelstück. Das Modell „Flora" wird so nicht mehr hergestellt und ist auch im Handel nicht mehr erhältlich. Somit ist die Lieferung eines neuen Rasenmähers Modell „Flora" dem X gemäß § 275 Abs. 1 unmöglich.
Das Recht des K auf Nacherfüllung beschränkt sich somit auf die Mangelbeseitigung, also auf den Einbau eines neuen Motors.
K hat also gegen V keinen Anspruch auf Lieferung eines neuen Rasenmähers aus §§ 437 Nr. 1, 434 Abs. 1, 439 Abs. 1.

II. Anspruch des K gegen X auf Rückzahlung des Kaufpreises aus §§ 437 Nr. 2, 434 Abs. 1, 323, 346 Abs. 1.
K könnte gegen X einen Anspruch auf Rückzahlung des Kaufpreises Zug um Zug gegen Rückgabe des Rasenmähers aus §§ 437 Nr. 2, 434 Abs. 1, 323, 346 Abs. 1 erworben haben. Dass, zwischen X und K ein Kaufvertrag abgeschlossen worden ist und der Kaufgegenstand einen Mangel aufweist, ist oben bereits festgestellt. K stehe demgemäß die Rechte aus § 437 zu. Grundsätzlich muss der Käufer, bevor er sein Rücktrittsrecht geltend machen kann, dem Verkäufer gemäß §§ 437 Nr. 2, 323 eine angemessene Frist zur Nacherfüllung setzen und diese muss erfolglos abgelaufen sein. Die Fristsetzung könnte jedoch gemäß § 440 entbehrlich sein, so dass K sofort vom Kaufvertrag zurücktreten könnte. Dazu müsste einer der Fälle des § 440 erfüllt sein. In Betracht kommt die Verweigerung der Nachbesserung gemäß § 440 S. 1. X vertritt gegenüber K die Ansicht, K selbst müsse die Kosten für eine Nachbesserung tragen. Fraglich ist, ob dies auch als Verweigerung im Sinne des § 440 gewertet werden kann. Dafür spricht, dass X

von vornherein in seinen Vertragsklauseln die Rechte des Käufers sehr stark eingeschränkt hat. Außerdem verweigert X auf Verlangen des K die Nachbesserung auf eigene Kosten, obwohl K sich auf die Klausel, auf deren Geltung er hinweist, wegen § 476 Abs. 1 nicht berufen kann. Eine Verweigerung der Nacherfüllung liegt demnach vor. Somit findet § 440 Anwendung. K muss sich nicht auf die Reparatur des Rasenmähers verweisen lassen, sondern kann sofort vom Kaufvertrag zurücktreten.
K hat nach Ausübung seines Rücktrittsrechts gegen X einen Anspruch auf Rückzahlung des Kaufpreises Zug um Zug gegen Rückgabe des Rasenmähers aus §§ 437 Nr. 2, 434 Abs. 1, 323, 346 Abs. 1, es sei denn, die Ansprüche des K seien schon verjährt. Die Gewährleistungsfrist beim Kauf beträgt nach § 438 Abs. 1 Nr. 3 2 Jahre von der Ablieferung der Kaufsache an. Diese Frist hat X durch die entsprechende Klausel in den Allgemeinen Geschäftsbedingungen auf 3 Monate zu reduzieren versucht. Auf diese Klausel kann sich X nach § 476 Abs. 2 nicht berufen, weil es sich bei dem geschlossenen Kaufvertrag um einen Gebrauchsgüterkauf handelt. Da erst etwa 4 Monate seit Ablieferung des Rasenmähers an den K verstrichen sind, kann er gemäß §§ 437 Nr. 2, 434 Abs. 1, 323, 346 Abs. 1 vom Vertrage zurücktreten und Rückzahlung des Kaufpreises gegen Rückübereignung der Kaufsache verlangen.

# § 30 Der Mietvertrag

**Schrifttum:** *Blank*, Das Gebot der Rücksichtnahme nach § 241 II im Mietrecht, ZGS 2004, 104; *Michalski*, Das Schriftformerfordernis bei langfristigen Mietverträgen, WM 1998, 1993; *Oechsler*, Schadensersatzansprüche im Mietverhältnis nach §§ 280, 281, 311 a II BGB, NZM 2004, 881.

***Fall 28:*** *Vermieter V stellt für ein im seinem Eigentum stehendes Mehrfamilienhaus den D als Hausmeister ein und überlässt ihm Zweitschlüssel für alle Wohnungen. V weiß, dass D mehrfach wegen Diebstahls vorbestraft ist, möchte ihm aber bei der Resozialisierung helfen. D entwendet aus mehreren Wohnungen Schmuck und andere Wertgegenstände, die er an Hehler veräußert. Dadurch ist u.a. dem Mieter M ein Schaden in Höhe von 5.000 € entstanden.*

## I. Die Abgrenzung zwischen Miete, Pacht und Leihe

### 1. Überblick

Miete, Pacht und Leihe gehören zu der Gruppe der **Gebrauchsüberlassungsverträge**. 761

Miete ist die entgeltliche Überlassung einer Sache an einen anderen zum Gebrauch auf Zeit (§§ 535 ff.).

**Beispiel:** Vermietet der Grundstückseigentümer E dem M sein Grundstück mit Gebäude für zwei Jahre zu einem monatlichen Mietzins von 950 €, so handelt es sich dabei um einen typischen Mietvertrag. E gestattet dem M für die Dauer von zwei Jahren den Gebrauch gegen Zahlung eines Mietzinses.

Gegenstände von Mietverträgen können sein:
- bewegliche Sachen;
- Grundstücke;
- eine Gesamtheit von beweglichen Sachen oder Grundstücken.

762 Hier ist nur von **Sachen** die Rede, nicht aber von Rechten, weil Rechte nicht gebraucht werden können.

Häufigste Gegenstände von Mietverträgen sind Grundstücke, Wohnungen, einzelne Zimmer und Geschäftsräume. Gemietet werden können aber z.B. auch Autos und Bücher.

Der tägliche Sprachgebrauch ist oft irreführend. „Leihbücherei“ oder „Autoverleih“ müssten in der Regel juristisch korrekt „Mietbücherei“ und „Autovermietung“ genannt werden, wenn die Gebrauchsüberlassung gegen Entgelt erfolgt. Denn **Leihe** ist die auf einem Vertrag beruhende unentgeltliche Überlassung einer Sache zum Gebrauch (§§ 598 ff.).

**Beispiel:** Wenn ein „Autoverleih“-Unternehmen Kunden Autos für eine bestimmte Zeit gegen Entgelt überlässt, handelt es sich nicht um Leihverträge, die zwischen dem Unternehmen und dem Kunden geschlossen werden, denn die Gebrauchsüberlassung erfolgt nicht unentgeltlich. Da der Gebrauch der Autos gegen Entgelt gewährt wird, werden Mietverträge im Sinne des § 535 abgeschlossen.

**Beispiel:** Überlässt A seinen PKW seinem Freund K für einen Wochenendausflug unentgeltlich, so handelt es sich um Leihe im Sinne des § 598.

## 2. Die Leihe

762 a Leihe ist die auf einem Vertrag beruhende unentgeltliche Überlassung einer Sache zum Gebrauch auf Zeit (§ 598). Der Leihvertrag ist kein gegenseitig verpflichtender Vertrag, weil der Leistung des Verleihers, dem Entleiher die Sache unentgeltlich zum Gebrauch zu überlassen, keine gleichwertige Gegenleistung gegenüber steht. Dennoch sind dem Entleiher eine Reihe von Pflichten auferlegt. So ist er z.B. verpflichtet, von der Sache nur einen vertragsgemäßen Gebrauch zu machen (§ 603 S. 1); ohne Erlaubnis darf er die Sache nicht einem Dritten überlassen (§ 603 S. 2).

**Beispiel:** Überlässt A seinen PKW seinem Freund K für einen Wochenendausflug unentgeltlich, so handelt es sich um Leihe im Sinne des § 598. K ist nicht berechtigt, den PKW seiner Tochter T zu überlassen (§ 603 S. 2).

Verletzt der Entleiher seine Pflichten, so kann darin eine zum Schadensersatz verpflichtende Pflichtverletzung gemäß § 280 liegen.

**Beispiel:** Überlässt K den PKW seiner Tochter T, damit diese trotz Glatteis eine Fahrt in eine 30 km entfernte Stadt unternehmen kann, und verunglückt T mit der Folge, dass der PKW beschädigt wird, so hat K vorsätzlich seine Verpflichtung aus dem Leihvertrag gemäß § 603 S. 2 verletzt und damit eine zum Schadensersatz verpflichtende Pflichtverletzung nach § 280 begangen.

Der Verleiher hat neben sachenrechtlichen auch vertragliche Herausgabeansprüche gegen den Entleiher und gegebenenfalls gegen den Dritten (§604).

### 3. Der Pachtvertrag

Von dem Mietvertrag zu unterscheiden ist auch der Pachtvertrag. **763**

In einem Pachtvertrag verpflichtet sich der Verpächter, dem Pächter auf Zeit die volle Nutzung des Pachtgegenstandes, d.h. den Gebrauch der gepachteten Gegenstände und den Genuss der Früchte desselben, gegen Entgelt zu gewähren (§ 581). Gegenstand des Pachtvertrages können sowohl bewegliche Sachen und Grundstücke als auch **Rechte** und unkörperliche Vermögensgegenstände sowie auch eine Gesamtheit derselben, wie etwa Unternehmen, sein.

Mietvertrag und Pachtvertrag unterscheiden sich damit in zwei wesentlichen Punkten:

- Verpachtet werden können nicht nur Sachen (Grundstücke und bewegliche Sachen), sondern auch Rechte, wie z.B. Gesellschaftsanteile;
- Verpachtet werden können auch Vermögensgesamtheiten, wie z.B. Handelsgeschäfte und Unternehmen.

Der Pächter ist aufgrund der Pacht nicht nur wie der Mieter berechtigt, den **764**
Pachtgegenstand zu gebrauchen, er darf auch die „Früchte aus dem Pachtgegenstand gewinnen". „Früchte" im Rechtssinne sind nicht zu verwechseln mit der Bedeutung, die diesem Ausdruck im täglichen Sprachgebrauch beigemessen wird.

Das BGB enthält in den §§ 99 und 100 eine ausführliche Definition von Nutzungen (§ 100) und Früchten (§ 99). Gemäß § 100 ist „Nutzungen" der Oberbegriff für Gebrauchsvorteile und Früchte (siehe dazu oben § 22 IV.).

Auf den Pachtvertrag sind die Vorschriften über den Mietvertrag (§§ 535 ff.) anwendbar, soweit sich aus den §§ 582 ff. nichts anderes ergibt.

Besondere Regeln gelten gemäß §§ 585 ff. für den **Landpachtvertrag**. Durch einen solchen wird ein Grundstück mit den seiner Bewirtschaftung dienenden Wohn- und Wirtschaftsgebäuden (Betrieb) oder ein Grundstück ohne solche Gebäude überwiegend zur Landwirtschaft verpachtet.

## II. Der Vertrag zwischen Mieter und Vermieter (Mietvertrag)

### 1. Überblick

**765** Das BGB enthält in den §§ 535 ff. allgemeine Vorschriften für Mietverträge über Sachen. Diese Vorschriften gelten sowohl für gemietete Wohnungen als auch für gemietete Räume, die keine Wohnräume sind, also vor allem gewerbliche Räume; sie gelten aber auch für andere Sachen, die Gegenstände von Mietverträgen sein können, wie z.B. Kraftfahrzeuge.

Während die auf Grund der Vertragsfreiheit eingeräumte Gestaltungsfreiheit im Hinblick auf die Vermietung von Sachen, die nicht Wohnräume sind, unter Wahrung der üblichen Grenzen der Vertragsfreiheit genutzt werden kann, hat der Gesetzgeber die Gestaltungsfreiheit im Hinblick auf Mietverträge über Wohnraum stark eingeschränkt. So gelten für Mietverträge über Wohnraum die §§ 549 ff. mit besonderen Regelungen z.B. über die Miethöhe und einen ausgeprägten Kündigungsschutz.

Für Mietverhältnisse über andere Sachen gelten neben den §§ 535 bis 548 die §§ 578 ff.

### 2. Die Pflichten von Vermieter und Mieter

**766** Der Vermieter hat dem Mieter die gemietete Sache gemäß § 535 in einem zu dem vertragsmäßigen Zweck geeigneten Zustand zu überlassen (Gebrauchsüberlassungspflicht) und sie während der Dauer des Mietverhältnisses in diesem Zustand zu erhalten (Gebrauchserhaltungspflicht).

Die sich aus § 535 ergebende Instandhaltungspflicht des Vermieters ist allerdings – weil dispositives Recht – durch eine entsprechende Vereinbarung der Vertragsparteien abdingbar. Bei der Vermietung von Wohn- und Geschäftsräumen wird von dieser Möglichkeit häufig dergestalt Gebrauch gemacht, dass die zur Beseitigung der normalen Abnutzung erforderlichen sogenannten **Schönheitsreparaturen**, deren Kosten nach § 535 grundsätzlich der Vermieter zu tragen hat, auf den Mieter abgewälzt werden. Die entsprechende Parteivereinbarung kann auch in einem Formularvertrag (Allgemeine Geschäftsbedingungen) enthalten sein; sie wird vom BGH[1] nicht als eine grundsätzlich unangemessene Benachteiligung des Mieters im Sinne des § 307 angesehen. Die Grenze des für den Mieter Zumutbaren wird jedoch dort erreicht, wo bei den Schönheitsreparaturen vom Mieter im Ausmaß mehr verlangt wird, als – nach einem bestimmten Abnutzungsgrad – zur Wiederherstellung des vereinbarten Zustandes notwendig ist.[2]

---

1 BGHZ 92, 363, 367; 101, 253, 261.

2 *Jauernig/Teichmann*, § 535 BGB Rn. 14.

Wie schon angedeutet, unterliegt die Möglichkeit der Abwälzung von Reparaturen Grenzen. Diese sind nach § 307 dort erreicht, wo die AGB Regelung mit dem wesentlichen Grundgedanken des § 535 nicht mehr vereinbar ist und der Mieter unbillig benachteiligt wird. Eine unbillige und damit unwirksame AGB Regelung nimmt der BGH etwa dann an, wenn dem Mieter regelmäßig durchzuführende Schönheitsreparaturen aufgebürdet werden, obwohl ihm die Wohnung in unrenoviertem Zustand übergeben wurde[3]. Eine solche Klausel kann hingegen wirksam sein, wenn dem Mieter ein Ausgleich zukommt wie etwa der Erlass von Mietzahlungen[4].

Die **Hauptpflicht des Mieters** ist seine Pflicht zur Zahlung des Mietzinses so, wie **767**
es vereinbart ist. Vereinbarungen betreffend den Mietzins beziehen sich in erster Linie auf

- die Höhe des Mietzinses,
- die Art und Weise, wie der Mietzins zu entrichten ist. In der Regel ist der Mieter aufgrund des Mietvertrages verpflichtet, den Mietzins für einen bestimmten Zeitraum – meist einen Monat – im Voraus zu bezahlen.

Gemäß § 540 ist der Mieter ohne eine entsprechende Erlaubnis des Vermieters nicht berechtigt, die Sache an einen Dritten zu überlassen, insbesondere weiter zu vermieten (Verbot der Untermiete).

Darüber hinaus treffen den Mieter noch eine Reihe von **Nebenpflichten**, wie z.B. die Pflicht, mit der gemieteten Sache sorgfältig umzugehen, die sich schon aus § 241 Abs. 2 ergibt.

Erfüllt der Mieter seine Zahlungsverpflichtung nicht, kann ihm der Vermieter unter den in § 543 genannten Voraussetzungen fristlos kündigen.

Der Vermieter von Grundstücken oder Räumen erwirbt zur Sicherung seiner Forderungen aus dem Mietverhältnis (Mietzins- und Schadensersatzansprüche) gemäß § 562 ein Pfandrecht an den „eingebrachten Sachen des Mieters", (z.B. Möbel und Kunstgegenstände).

### 3. Die Mängelhaftung des Vermieters

Weist die vermietete Sache Sach- oder Rechtsmängel auf, so erwirbt der Mieter **768**
gegen den Vermieter die Gewährleistungsansprüche gemäß §§ 536 ff. Diese gehen den allgemeinen Regeln über Pflichtverletzungen (§§ 280 ff.) vor. Es ist also zunächst zu prüfen, ob die Nicht- oder Schlechterfüllung auf Sach- oder Rechtsmängeln beruht. Ist dies der Fall, sind die §§ 536 ff. und nicht die §§ 280 ff. an-

3 BGHZ 204, 302, 306 ff. (Änderung der bisherigen BGH-Rechtsprechung, wonach solche Klauseln als wirksam angesehen wurden, wenn der Mieter nur zu den auf seine eigene Vertragszeit entfallenden Renovierungsleistungen verpflichtet wurde.).

4 BGHZ 204, 302, 314 f.

zuwenden. Wenn die Nicht- oder Schlechterfüllung nicht auf einem Sach- oder Rechtsmangel beruht, ist Raum für die Anwendung der §§ 280 ff.

> **Beispiel:** Der Vermieter verzögert auf Grund von Terminverwechselungen, die er zu vertreten hat, die Überlassung der gemieteten Sache. In diesem Fall hat die Nichterfüllung im Zweifel nichts mit einem Sach- oder Rechtsmangel zu tun. Die §§ 280 ff. können angewandt werden.

Ein **Mangel** ist gemäß § 536 Abs. 1 jede dem Mieter nachteilige, nicht nur unerhebliche Abweichung der tatsächlichen Beschaffenheit (Istzustand) von der vertraglich vorausgesetzten oder gewöhnlichen Beschaffenheit (Sollzustand), welche die Gebrauchstauglichkeit der Mietsache aufhebt oder mindert.

Sach- und Rechtsmängel sowie das Fehlen einer zugesicherten Eigenschaft (§ 536 Abs. 2) werden gleich behandelt, d.h. es entstehen dieselben Rechtsfolgen (§ 536). Dabei gilt gemäß § 536 Abs. 2, dass das Fehlen einer zugesicherten Eigenschaft auch bei einer unerheblichen Minderung der Tauglichkeit den Mieter zur Minderung der Miete berechtigt[5].

Gemäß § 535 kann der Mieter jederzeit die Beseitigung der Mängel verlangen. Dieser Anspruch umfasst alle erforderlichen und möglichen Mängelbeseitigungsmaßnahmen, insbesondere notwendige Reparaturen, aber auch andere Maßnahmen, die z.B. der Abwehr einer Gesundheitsgefährdung dienen[6].

**769** Beseitigt der Vermieter den Mangel nicht, hat der Mieter folgende Rechte:

- Wenn der Mangel die Tauglichkeit der Sache ganz oder teilweise aufhebt, wird der Mieter ganz oder teilweise von der Verpflichtung zur Zahlung des Mietzinses frei (§ 536 Abs. 1).
- Der Mieter kann fristlos kündigen, wenn der Mangel zur Folge hat, dass ihm der Gebrauch der Sache ganz oder zum Teil entzogen wird (§ 543).
- Unter den in § 536 a genannten Voraussetzungen kann der Mieter Schadensersatz wegen Nichterfüllung verlangen.

> **Beispiel:** Student S mietet bei V eine kleine, in einem im Eigentum des V stehenden Mehrfamilienhaus gelegene Wohnung, um sich auf das Examen vorzubereiten. S hatte vor Abschluss des Vertrages deutlich gemacht, dass es ihm darum gehe, in Ruhe geistig arbeiten zu können. V hatte ihm daraufhin versichert, die Wohnung sei so gelegen, dass S sicher sein könne, ungestört arbeiten zu können. Nachdem S eingezogen ist, stellt er fest, dass der über ihm wohnende Mieter Pianist ist und pro Tag acht Stunden übt. Hier ist die gemietete Wohnung zu dem vertragsmäßigen Gebrauch – Gebrauch der Wohnung, um in Ruhe geistig arbeiten zu können – nicht tauglich. Da es sich um eine erhebliche Behinderung im vertragsmäßigen Gebrauch im Sinne des § 543 Abs. 2 handelt, hat S das Recht zur fristlosen Kündigung aus § 543 oder das Recht, den Mietzins gemäß § 536 Abs. 1 herabzusetzen.

---

5 *Palandt/Weidenkaff*, § 536 BGB Rn. 24; *Derleder*, NZM 2002, 676.

6 *Derleder*, NZM 2002, 679.

Bei einem Mietverhältnis über Wohnraum ist eine von § 536 abweichende Vereinbarung zum Nachteil des Mieters – durch Allgemeine Geschäftsbedingungen oder Individualvereinbarung – unwirksam (§ 536 Abs. 4).

Verletzt ein Vermieter gegenüber dem Mieter Schutz- und Obhutpflichten, können Schadensersatzansprüche aus §§ 280, 241 Abs. 2 entstehen.

### 4. Die Beendigung des Mietverhältnisses

Eine Kündigung können sowohl der Vermieter als auch der Mieter aussprechen. **770**
Aus sozialpolitischen Gründen hat der Gesetzgeber die Kündigungsmöglichkeiten des Vermieters von Wohnraum insbesondere durch die §§ 573 ff. stark eingeschränkt. Die Abdingbarkeit dieser Vorschriften ist ausgeschlossen.

## III. Der Lizenzvertrag

Nicht im Bürgerlichen Gesetzbuch geregelt ist der Lizenzvertrag, der insbeson- **771**
dere im Bereich des gewerblichen Rechtsschutzes eine überragende Bedeutung hat. Mit dem Lizenzvertrag wird der wirtschaftlich bedeutenden Möglichkeit Rechnung getragen, Nutzungsrechte an Schutzrechten, wie z.B. an einem Patent, einzuräumen. Der Schutzrechtsinhaber als Lizenzgeber räumt dem Lizenznehmer eine vollständige oder eingeschränkte Nutzungserlaubnis gegen Entgelt ein.

Die Hauptpflicht des Schutzrechtsinhabers und Lizenzgebers ist es, dem Vertragspartner die Benutzungsbefugnis an einem Schutzrecht einzuräumen. Er muss das lizenzierte Recht zur Verfügung stellen und gegebenenfalls das zugehörige Know-how vermitteln (Verschaffungspflicht). Der Lizenzgeber hat alles zu tun, um dem Lizenznehmer die Nutzung der Erfindung zu ermöglichen. Dazu kann auch die Übergabe etwa vorhandener Dokumentationen gehören. Außerdem hat der Lizenzgeber die Pflicht, alles zu tun bzw. zu unterlassen, was die Nutzung des Schutzrechts durch den Lizenznehmer beeinträchtigen könnte.[7]

Die Hauptpflicht des Lizenznehmers besteht in der Zahlung der vereinbarten Lizenzgebühren.

Die Ausgestaltung des Vertrages regelt den Umfang der Rechtseinräumung. Mögliche Gegenstände von Lizenzvereinbarungen können angemeldete Erfindungen, eingetragene Patente und auch noch nicht angemeldete geheime Erfindungen sein.[8]

Die Vertragsfreiheit ermöglicht es, Lizenzverträge als Verträge eigener Art (sui generis) zu vereinbaren. Anders als Kauf, Miete und Pacht ist dem Lizenzvertrag in der Regel ein gewisses Risiko eigen[9]. Er stellt für beide Parteien ein gewisses

7 *Hauck* in Fitzner/Lutz/Bodewig, PatRKomm, PatG § 15 Rn. 48.
8 *Hauck* in Fitzner/Lutz/Bodewig, PatRKomm, PatG § 15 Rn. 34.
9 BGH GRUR 1961, 27.

Wagnis dar, weil einmal die wirtschaftliche Verwertbarkeit nicht voraussehbar ist und zum anderen das Schutzrecht nachträglich sich als nicht beständig beweisen kann. Daher können die BGB-Vorschriften über Kauf, Miete, Pacht oder Gesellschaft nur eingeschränkt auf den Lizenzvertrag angewendet werden.

**Lösung zu Fall 28:** M könnte gegen V einen Anspruch aus §§ 280, 241 Abs. 2 erworben haben. Zu den Pflichten des V aus dem Schuldverhältnis Mietvertrag gehören auch die Nebenpflichten, die sich den Mietern gegenüber aus § 241 Abs. 2 ergeben, insbesondere die Pflicht, auf die Rechtsgüter und Interessen der Mieter Rücksicht zu nehmen. Diese Verpflichtung hat V durch die Einstellung des D verletzt, denn er wusste, dass D eine nicht zu unterschätzende Gefahr für die Mieter darstellte. Da er die Pflichtverletzung zu vertreten hat und dem M ein Schaden entstanden ist, ist V dem M aus §§ 280, 241 Abs. 2 zum Schadensersatz in Höhe von 5.000 € verpflichtet.

# § 31 Leasingverträge

**Schrifttum:** *Wolf*, Die Rechtsnatur des Finanzierungsleasings, JuS 2002, 335.

***Fall 29:*** *Der Banker B reist geschäftlich von Berlin nach München, um dort innerhalb von 3 Monaten einige wichtige Termine mit Großkunden abzuwickeln. Um bei diesen Terminen eine besonders gute Figur abzugeben, wünscht sich B einen Rolls Royce für die Zeit seines München-Aufenthalts. Er begibt sich daher zum Autohändler A, der ihm ein entsprechendes Modell vorführt. A und B vereinbaren, dass B den Wagen für 3 Monate nutzen können soll zu einem Preis von 6000 €, wobei monatliche Raten von je 2000 € vereinbart werden. Ein Kaufrecht nach Ablauf des Vertrages wird B nicht eingeräumt.*
*Um was für einen Vertrag handelt es sich?*

## I. Überblick

772 Der in den USA entwickelte Leasingvertrag ist als Vertragstyp weder im BGB noch in anderen Gesetzen geregelt. Den Bedürfnissen der Praxis Rechnung tragend, hat man Elemente des Mietvertrages mit Elementen anderer im BGB geregelter Vertragstypen vermischt. In Leasingverträgen finden sich neben Elementen des Mietvertrages je nach Ausgestaltung solche des Kaufs, des Darlehens, der Geschäftsbesorgung und des freien Dienstvertrages. Für den Abschluss von Finanzierungsleasingverträgen sind oft steuerliche Überlegungen ausschlaggebend[1].

1 Vgl. zu den Einzelheiten *MüKo/Koch*, Finanzierungsleasing Rn. 2 f.

Beim Leasing sind regelmäßig drei Personen beteiligt:
- der Hersteller oder Lieferant,
- der Leasinggeber und
- der Leasingnehmer.

Es sind sodann zwei Rechtsverhältnisse zu unterscheiden:
- das zwischen Hersteller bzw. Lieferant und Leasinggeber einerseits und
- das zwischen Leasinggeber und Leasingnehmer andererseits, der eigentliche Leasingvertrag.

Zwischen Leasinggeber und Hersteller bzw. Lieferant kommt regelmäßig ein Kauf- **772 a**
vertrag zustande, in Erfüllung dessen der Leasinggeber das Eigentum an der gekauften Sache (gemäß § 929) erwirbt und den Kaufpreis an den Verkäufer bezahlt. Der eigentliche Leasingvertrag kommt zwischen dem Leasinggeber und dem Leasingnehmer zustande.

Leasingverträge sind in der Regel in der Praxis bewährte Standardverträge, die Allgemeine Geschäftsbedingungen darstellen. Als solche unterliegen sie der Inhaltskontrolle gemäß §§ 307 ff.

Einheitliche Leasingverträge gibt es nicht. Den Bedürfnissen der vertragschließenden Parteien angepasst, haben sich viele unterschiedliche Erscheinungsformen herausgebildet, die mal einem Mietvertrag ähneln und mal mehr kaufrechtliche Elemente enthalten. Für die Praxis hat das sog. **Finanzierungsleasing** die größte Bedeutung gewonnen.

Gegenstände von Leasingverträgen sind Investtionsgüter aller Art, wie z.B. Automobile (PKW und LKW), medizinische Geräte, Flugzeuge, Schiffe und Grundstücke.

## II. Operating-Leasing (auch: operatives Leasing)

Es ist durchaus üblich, Verträge über die entgeltliche Überlassung von Investiti- **773**
ons- und Konsumgütern abzuschließen, die entweder auf eine kurze Vertragsdauer oder auf unbestimmte Zeit angelegt sind. Im letzten Fall sind in der Regel nach einer kurzen unkündbaren Grundmietzeit diese Verträge für beide Seiten mit kurzen Fristen kraft Vereinbarung kündbar[2]. Bei diesen Operating-Leasing genannten Rechtsverhältnissen handelt es sich im Kern um Mietverträge, auf die, soweit nichts anderes vereinbart wird, auch die Mietvertragsregeln Anwendung finden. Der Mieter trägt lediglich die Kosten bis zum nächsten Kündigungstermin. Die wirtschaftliche Leistung des Vermieters besteht darin, dass er bei Produktionsgütern, die sich nach der Kündigung durch den Mieter an andere Interessenten weitervermieten lassen, die Gesamtnutzungszeit bzw. Gesamtnutzungs-

2 Vgl. *MüKo/Schürnbrand*, § 499 BGB Rn. 36.

kapazität auf verschiedene Nachfrager verteilt und einzelnen Unternehmen den gewünschten Nutzungsbruchteil vertraglich bereitstellt. Das Operating-Leasing ist nicht zuletzt ein Instrument der Absatzförderung von Investitionsgütern.

**Beispiel**: Ein Leasinggeber stellt einem Krankenhaus (Leasingnehmer) regelmäßig die neuesten Ultraschallgeräte zur Verfügung. Jedes Mal, wenn ein neues oder verbessertes Gerät auf den Markt kommt, nimmt der Leasinggeber die Geräte der vorherigen Generation zurück und tauscht sie gegen die neuen aus. Die zurückgenommenen Gerate stellt der Leasinggeber im Rahmen entsprechender Leasingverträge niedergelassenen Ärzten entsprechend preisgünstig zur Verfügung.

774 Dieser Art von Vertrag liegt folgende Überlegung zugrunde: Ein Leasingnehmer – häufig ein Unternehmen – möchte – oder ist gar darauf angewiesen – eine Anlage zu nutzen. Der Erwerb des Eigentums daran ist aber aus verschiedenen Gründen nicht lohnend. Solche Gründe können sein:

a) Die Anlage wird nur für eine Zeitspanne genutzt, die erheblich geringer ist als die technische Lebensdauer der Anlage. Beispiele: Datenverarbeitungsanlagen und medizinische Geräte.

b) Die Risiken, die mit dem Eigentumserwerb übernommen werden, wie z.B.:
- die Anlage wird durch den technischen und wirtschaftlichen Fortschritt eingeholt und überholt,
- der zufällige Untergang der Anlage

sind unverhältnismäßig hoch.

Der Leasinggeber, der in der Regel auch die Wartung des Leasingobjektes übernimmt, trägt das Investitions- und Überalterungsrisiko.

## III. Finanzierungsleasing

775 Unter Leasing wird heute meist das sogenannte Finanzierungsleasing verstanden. Der Zweck des Finanzierungsleasing wird darin gesehen, dem Leasingnehmer ein seinen Wünschen entsprechendes, vom Leasingnehmer zu beschaffendes Investitionsobjekt zur – befristeten – Nutzung gegen ein ganz oder überwiegend ratenweise zu entrichtendes Entgelt zu überlassen. Auf diese Weise muss der Leasingnehmer die Anschaffung des Leasinggutes nicht aus eigenen Mitteln bezahlen.[3]

Beim Finanzierungsleasing wirken ebenfalls die oben unter 1. genannten Beteiligten mit: der Hersteller bzw. der Lieferant, der Leasinggeber und der Leasingnehmer. Der Leasinggeber erwirbt die Gegenstände, die er dem Leasingnehmer zur Benutzung überlässt, ohne ihm das Eigentum daran zu übertragen. Kraft des zwischen Leasinggeber und Leasingnehmer abgeschlossenen Vertrages ist der Leasingnehmer berechtigt, die Gegenstände für eine bestimmte Zeitdauer, die in

3 So die Definition des BGH in BGHZ 128, 255, 262.

der Regel etwas kürzer ist als die Lebensdauer der Gegenstände (bis zum Verschleiß), zu benutzen; dafür hat er dem Leasinggeber vierteljährlich oder monatlich ein Entgelt zu zahlen. Dieses Entgelt ist auf die Gesamtlaufzeit des Vertrages kalkuliert und soll so bemessen sein, dass es dem Leasinggeber die Kaufpreissumme, die er an den Hersteller zahlen muss, die Verzinsung dieses Kapitals und einen Gewinn einbringt. Häufig wird zwischen Leasinggeber und Leasingnehmer noch vertraglich vereinbart, dass der Leasingnehmer nach Ablauf des Vertrages den Gegenstand gegen ein geringes Entgelt erwerben oder weiterbenutzen darf.

Für den Abschluss von Finanzierungsleasingverträgen sind oft auch steuerliche Überlegungen ausschlaggebend[4].

Die Verteilung des Risikos ist in der Regel so angelegt, dass der Leasinggeber dem 776
Leasingnehmer für Sachmängel nicht haftet. Er tritt allerdings die Mängelansprüche, die er aus dem Kaufvertrag an den Hersteller hat, gemäß § 398 an den Leasingnehmer ab. Auf diese Art und Weise wird ein auf die Gewährleistungsansprüche beschränktes schuldrechtliches Verhältnis des Leasingnehmers zum Hersteller/Lieferanten begründet.[5] Die Gefahrtragung wird auf den Leasingnehmer verlagert. Er muss nach dem mit dem Leasinggeber geschlossenen Vertrag auch die Sachen instand halten, die Kosten für die Wartung tragen und häufig bei Untergang derselben eine gleichwertige Sache als Ersatz beschaffen.

> **Beispiel:** K möchte immer das neueste PKW-Modell der Reihe M 10 des Herstellers H fahren. L kauft u.a. solche Fahrzeuge von H und verleast sie an Kunden. So schließt er z.B. mit K einen Leasingvertrag ab. Hat L in dem Leasingvertrag die Gewährleistungsansprüche gegen H unter Ausschluss einer eigenen Haftung an K abgetreten, so kann K dieselben gegen H geltend machen, wenn das Fahrzeug einen Mangel aufweist.

Im Unterschied zum Operating-Leasing trägt beim Finanzierungsleasing der Leasingnehmer das **Investitionsrisiko.** Finanziert der Leasinggeber dem Leasingnehmer allerdings die Nutzungsmöglichkeit, trägt er das Kreditrisiko.

Bei dem Finanzierungsleasing handelt es sich um einen auf der Grundlage der 777
Privatautonomie neu geschaffenen Vertragstyp, dessen rechtliche Einordnung Schwierigkeiten bereitet. Treten etwa bei einem Finanzierungsleasing Streitigkeiten auf, deren Regelung sich nicht eindeutig aus dem geschlossenen Vertrag – in der Regel werden AGB zugrunde gelegt – ergibt, muss entschieden werden, nach welchen gesetzlichen Vorschriften der Konflikt gelöst werden soll. Der BGH[6] sah ihn lange Zeit im Kern als atypischen Mietvertrag an, auf den in erster Linie Mietvertragsrecht (§§ 535 ff.) angewandt werden sollte. Mittlerweile berücksichtigt der BGH in seiner Rechtsprechung stärker die Besonderheiten des Finanzie-

---

4 Vgl. zu den Einzelheiten *MüKo/Koch*, Finanzierungsleasing BGB Rn. 56 f.

5 *Staudinger/Stoffels*, Leasing Rn. 13, vgl. zur Sachmängelgewährleistung des Herstellers *Arnold*, DStR 2002, 1050 ff.

6 BGHZ 71, 189, 102 ff.; 107, 123, 127 f.

rungsleasings, indem er darauf abstellt, dass das Finanzierungsleasing mit dem drittfinanzierten Kauf vergleichbar sei, weil es wirtschaftlich weitgehend dieselben Funktionen erfülle wie dieser.[7] Damit rückt das Finanzierungsleasing in die Nähe von Kreditverträgen (Darlehensverträgen).[8] Deshalb ist beim Abschluss eines **Finanzierungsleasingvertrages** zwischen einem Verbraucher und einem Unternehmer (Finanzierungsleasingvertrag) § 500 (Verbraucherdarlehensvertrag) zu beachten, der u.a. auf einige Vorschriften über Verbraucherverträge verweist.

Wenn der Finanzierungsleasingvertrag seiner wirtschaftlichen Zielsetzung nach auch dem Kauf und dem Darlehen nahekommen mag und in der Ausgestaltung Mietvertragselemente enthält, kommt man doch wohl kaum umhin, im Finanzierungsleasingvertrag eine Neubildung des Rechtsverkehrs zu sehen, die in die herkömmlichen Vertragstypen nicht einzuordnen ist. Für die Ansicht, der Finanzierungsleasingvertrag könne als ein gemischter Vertrag keinem der im BGB geregelten Vertragstypen voll zugeordnet werden, sondern sei ein Vertrag besonderer Art (sui generis), spricht manches[9], insbesondere die weitgehende Ausgestaltung des Vertrages durch umfangreiche AGB, deren Klauseln auf ihre Wirksamkeit hin gegebenenfalls nach den §§ 307 ff. BGB zu überprüfen sind. Letztlich wird man den Finanzierungsleasingvertrag keinem gesetzlich geregelten Schuldvertrag zuordnen können; es handelt sich um einen von der Rechtspraxis entwickelten Gebrauchsüberlassungs- und Finanzierungsvertrag eigener Art, also um einen **Vertrag sui generis**[10]. Das schließt nicht aus, dass auch gesetzliche Bestimmungen des Mietvertrags- und Darlehensrechts analoge Anwendung finden können.

**Beispiel:** Ist die Leasingsache mit einem Mangel behaftet, können die Vorschriften der §§ 536 ff. grundsätzlich analoge Anwendung finden. In der Praxis ist die Anwendung dieser Vorschriften allerdings nahezu bedeutungslos, weil in der Regel die zugrunde gelegten AGB einen Gewährleistungsausschluss vorsehen.

**Lösungshinweise zu Fall 29**: Hier könnte es sich um einen Operating-Leasingvertrag handeln. Bei einem solchen versucht der Leasinggeber in der Regel durch einen langfristig angelegten Vertrag eine vollständige Amortisation des Kaufpreises zu erreichen, zzgl. eines Gewinns. Die Instandhaltung wird regelmäßig vom Leasingnehmer übernommen.
Bei dem zwischen A und B geschlossenen Vertrag spricht jedoch die kurze Laufzeit und die vereinbarte Summe von 6000 € gegen einen Operating-Leasing-Vertrag, denn die Amortisation des Anschaffungspreises kann hierdurch nicht erreicht werden und ist auch nicht beabsichtigt.

---

7 BGHZ 128, 255, 262 f.
8 BGHZ 128, 255, 262 f.
9 Vgl. *MüKo/Schürnbrand*, § 499 BGB Rn. 34
10 *Staudinger/Stoffels*, Leasing Rn. 76.

Anwendbar ist daher Mietrecht nach §§ 535 ff. (ob es sich um einen reinen Mietvertrag oder um einen Operating-Leasingvertrag handelt, der hauptsächlich mietvertragsrechtlich geprägt ist, kann wegen der ohnehin gleichen Rechtsfolgen dahinstehen).

# § 32 Der Dienstvertrag

**Schrifttum:** *Schiemann*, Der freie Dienstvertrag, JuS 1983, 649.

***Fall 30:*** *Die Mutter M der T wünscht sich nichts sehnlicher, als dass ihre Tochter an Feiertagen der Verwandtschaft mit Gesangsdarbietungen unterhält. Sie meldet T daher bei dem Gesangslehrer G an. Mehrmals wöchentlich kommt T zu G und gibt Gesangsunterricht. Als T ein halbes Jahr später noch immer keine halbwegs reine Töne hervorbringt, ist M verstimmt und meldet T vom Gesangsunterricht ab. Die ausgestellte Rechnung des G über den im letzten halben Jahr geleisteten Unterricht will M nicht zahlen. Sie meint, für nutzlos aufgewendete Stunden müsse sie ja wohl nicht zahlen. G meint, er könne ja nun nichts dafür, dass die T unbegabt sei. Wer hat Recht?*

## I. Überblick

Der Dienstvertrag, wie er in §§ 611 ff. geregelt ist, gehört zur Gruppe der gegen- **778**
seitig verpflichtenden Verträge: Der eine Partner verpflichtet sich zur Leistung der versprochenen Dienste, der andere verpflichtet sich, die vereinbarte Vergütung zu zahlen.

Der Dienstverpflichtete schuldet die **Leistung von Diensten gegen Entgelt (Vergütung).** Eine Vergütung gilt als stillschweigend vereinbart, wenn die Dienstleistung den Umständen nach nur gegen Entgelt erwartet werden kann (§ 612 Abs. 1).

Gemäß § 611 Abs. 2 können Gegenstand des Dienstvertrages Dienste jeder Art sein.

**Beispiele** für Dienste im Sinne des § 611:
- Bauleitung und Bauaufsicht durch einen Architekten,
- Behandlung durch einen Arzt.

Es ist zu unterscheiden zwischen:

a) Dienstverpflichteten, die selbständig und eigenverantwortlich die Dienste er- **779**
bringen, zu deren Leistung sie sich verpflichtet haben. In diesen Fällen spricht man von **freien (unabhängigen) Dienstverträgen.**

**Beispiele:** Wirtschaftsprüfer, Architekten, Steuerberater, frei praktizierende Ärzte.

b) Dienstverpflichteten, die Dienste von gewisser Dauer in persönlicher und wirtschaftlicher Abhängigkeit zum Dienstberechtigten zu erbringen haben. Es handelt sich dann um einen abhängigen Dienstvertrag. Wird der Dienstverpflichtete in den Wirtschaftsbereich des Dienstberechtigten eingegliedert und unterliegt er in weitem Umfange dessen Weisungen, so handelt es sich um einen **Arbeitsvertrag**, dessen Partner Arbeitgeber und Arbeitnehmer sind.

Die im täglichen Leben äußerst wichtigen Arbeitsverhältnisse sind Gegenstand eines umfangreichen Sonderrechtsgebietes geworden, das zum **Arbeitsrecht** gehört. Der Arbeitsvertrag ist Dienstvertrag im Sinne des § 611, auf den die §§ 611 ff. Anwendung finden. Wesentliche gesetzliche Vorschriften, die das Arbeitsverhältnis betreffen, finden sich darüber hinaus in anderen Gesetzen, wie z.B. dem Kündigungsschutzgesetz, der Arbeitszeitordnung, dem Lohnfortzahlungsgesetz und dem Jugendarbeitsschutzgesetz. Festzuhalten ist aber, dass der Kern des deutschen Arbeitsrechts immer noch im BGB geregelt ist, nachdem viele Versuche, ein Arbeitsgesetzbuch, also eine Kodifikation des gesamten Arbeitsrechts in einem Gesetzbuch, zu schaffen, wegen der Uneinigkeit und Unschlüssigkeit der dafür in der Politik Verantwortlichen viele Male gescheitert sind.

Hier soll nur der freie Dienstvertrag behandelt werden.

## II. Der freie (unabhängige) Dienstvertrag

### 1. Überblick

780 Soweit ein Dienstverpflichteter im Rahmen eines Dienstvertrages eine selbständige und eigenverantwortliche Tätigkeit übernommen hat, handelt es sich um einen „freien Dienstvertrag". Auf ihn finden die §§ 611 ff. Anwendung.

Der Dienstvertrag kommt nach den allgemeinen Regeln zustande. Im Zweifel hat der Dienstverpflichtete die Dienste in Person zu leisten (§ 613).

Das Dienstverhältnis endet

- bei einem befristeten Dienstvertrag durch Ablauf der Zeit, für die es eingegangen ist (§ 620 Abs. 1),
- durch den Tod des Dienstverpflichteten,
- durch Zweckerreichung,
- durch einen Aufhebungsvertrag, den Dienstverpflichteter und Dienstberechtigter abschließen,
- durch **Kündigung**.

### 2. Folgen der Nicht- oder Schlechtleistung

780 a Für eine ganze Reihe von gesetzlich geregelten Verträgen gibt es keine Gewährleistungsregeln, die den §§ 281 Abs. 1, 280 vorgehen (siehe dazu oben § 26 I 2).

Dazu gehört auch der Dienstvertrag. Wenn der **Dienstverpflichtete** nicht oder zu spät leistet und er dies zu vertreten hat, so kann der Dienstberechtigte nach §§ 280 Abs. 3, 281 vorgehen und unter den dort genannten Voraussetzungen Schadensersatz statt der Leistung fordern. Der Dienstverpflichtete macht sich in gleicher Weise schadensersatzpflichtig, wenn er seine Pflichten schuldhaft schlecht erfüllt. Aus § 281 Abs. 1 ergibt sich, dass dem Dienstverpflichteten zunächst eine angemessene Nachfrist zur Leistungserbringung gesetzt werden muss, bevor Schadensersatz statt der Leistung verlangt werden kann. Da es sich um ein Dauerschuldverhältnis handelt, tritt an die Stelle des Rücktrittsrechts (§ 323) das Recht, den Vertrag fristlos zu kündigen (§ 626).

Kommt der **Dienstberechtigte** dem Dienstverpflichteten gegenüber seinen Verpflichtungen nicht nach, so gelten ebenfalls die allgemeinen Bestimmungen, nämlich §§ 280 ff. und § 626. Außerdem kann der Dienstverpflichtete nach § 320 seine Leistung verweigern.

Nach § 618 sind dem Dienstberechtigten eine Reihe von besonderen Schutz- **780 b**
pflichten gegenüber dem Dienstverpflichteten auferlegt. Im Übrigen haben beide Vertragsparteien die Nebenpflichten gemäß § 241 Abs. 2 zu beachten. Bei Verletzungen dieser Pflichten können Schadensersatzansprüche aus § 280 entstehen, wenn der Verletzer die Pflichtverletzung zu vertreten hat.

### 3. Die Kündigung

Die Kündigung eines Dienstverhältnisses ist nach Maßgabe der §§ 621 ff. zuläs- **781**
sig. Das Kündigungsrecht steht beiden Vertragspartnern zu.

Bei Dienstverhältnissen, die auf unbestimmte Zeit eingegangen sind, müssen regelmäßig **Kündigungsfristen** eingehalten werden.

Eine **fristlose Kündigung aus wichtigem Grund** ist stets zulässig. In § 626 ist definiert, was als **wichtiger Grund** anzusehen ist: Tatsachen, „auf Grund derer dem Kündigenden unter Berücksichtigung aller Umstände des Einzelfalles und unter Abwägung der Interessen beider Vertragsteile die Fortsetzung des Dienstverhältnisses bis zum Ablauf der Kündigungsfrist oder bis zu der vereinbarten Beendigung des Dienstverhältnisses nicht zugemutet werden kann".

> **Beispiele** für wichtige Gründe im Sinne des § 626:
> - vorsätzlicher Missbrauch einer Vollmacht,
> - Annahme von Schmiergeldern,
> - vorsätzlich begangene Straftaten gegen Leben, Gesundheit, Ehre oder Vermögen des Dienstberechtigten.

**Lösung zu Fall 30:** Die Beantwortung der Frage, ob M zahlen muss hängt davon ab, ob sie mit G einen Werk- oder einen Dienstvertrag vereinbart hat. Hätte sie mit G einen Werkvertrag nach §§ 631 ff. abgeschlossen, so müssten die Parteien vereinbart haben, dass nach dem Tätigwerden des G ein Erfolg (oder eben auch: Werk) vorhanden ist. Hingegen genügt bei der Vereinbarung eines Dienstvertrages nach §§ 611 ff. das bloße Tätigwerden des Verpflichteten im Sinne der Vereinbarung, ohne dass ein bestimmter Erfolg eintreten muss. Die Vereinbarung von Gesangsstunden ist regelmäßig auf die Durchführung des Unterrichts beschränkt. Der Lehrer verpflichtet sich, dem Schüler beizubringen, auf welche Art und Weise man singen kann. Fruchtet dieser Unterricht nicht, so ist das Honorar dennoch zu zahlen, da es für die Durchführung des Unterrichts geschuldet wird. Folglich handelt es sich hier um einen Dienstvertrag nach §§ 611 ff. Trotz des fehlenden Erfolges kann G das Honorar verlangen.

# § 33 Der Werkvertrag

**Schrifttum:** *Büdenbender*, Der Werkvertrag, JuS 2001, 625; *Teichmann*, Schuldrechtsmodernisierung 2001/2002 – Das neue Werkvertragsrecht, JuS 2002, 417.

***Fall 31:*** *A lässt sich wegen eines Leberleidens von Dr. S behandeln. Nachdem A zum dritten Mal zur Behandlung bei Dr. S gewesen ist, erhält er von diesem eine Rechnung über 750 €. A verweigert die Zahlung dieses Betrages mit der Begründung, die Behandlung habe – was den Tatsachen entspricht – keinen Erfolg gehabt. Zu Recht?*

## I. Überblick

782 Der Werkvertrag ist ein gegenseitiger Vertrag, in dem sich der Unternehmer zur Herstellung des versprochenen Werkes und der Besteller zur Entrichtung der vereinbarten Vergütung verpflichten (§ 631 Abs. 1). Der Unternehmer ist auch verpflichtet, dem Besteller das Werk frei von Sach- und Rechtsmängeln zu verschaffen (§ 633 Abs. 1). Verletzt er diese Pflicht, liegt darin eine Pflichtverletzung im Sinne des § 280. Welche Ansprüche der Besteller erwirbt, wenn das Werk einen Mangel aufweist, ergibt sich aus dem Gewährleistungsrecht der §§ 634 ff., welches die §§ 280 ff. modifiziert.

783 Gemäß § 631 Abs. 1 und Abs. 2 kann Gegenstand eines Werkvertrages sein:

- die Herstellung eines Werkes (körperliches Werk),
- die Veränderung bzw. Bearbeitung einer Sache (körperliches Werk),
- jeder andere durch Arbeit oder Dienstleistung herbeizuführende Erfolg (unkörperliches Werk).

**Beispiel:** Der Bauunternehmer baut für den Besteller ein Haus. Er stellt für den Besteller ein „Werk" her. Der Arbeitserfolg ist das errichtete Haus. Der zwischen Bauunternehmer und Besteller abgeschlossene Vertrag ist deshalb ein Werkvertrag im Sinne des § 631.

**Beispiel:** Professor S in Hamburg schließt mit dem Verlag A einen Vertrag über die Erstellung eines Manuskriptes für ein Lehrbuch des Schuldrechts ab. Gegenstand des Werkvertrages ist hier die Herstellung eines geistigen Werkes. Es handelt sich dabei um ein unkörperliches Werk (= "ein anderer durch Arbeit oder Dienstleistung herbeizuführender Erfolg", § 631 Abs. 2).

Weitere **Beispiele** für körperliche Werke im Sinne des § 631 Abs. 2, 1. Alternative:
- das Aus- und Einbauen eines Kfz-Motors,
- die Reparatur einer Uhr.

Weitere **Beispiele für** unkörperliche Werke im Sinne des § 631 Abs. 2, 2. Alternative:
- die Erstellung eines Gutachtens durch einen Sachverständigen,
- die Übersetzung eines Buches.

Der Unternehmer schuldet dem Besteller im Rahmen eines Werkvertrages nicht **783 a** nur eine Tätigkeit, sondern einen bestimmten Erfolg seines Einsatzes, für dessen Eintritt er das Risiko trägt.

Außer zur Herstellung des versprochenen Werkes (der Hauptpflicht) ist der Unternehmer gehalten, eine Reihe von **Nebenpflichten** zu erfüllen. So ist er abgesehen von den in § 241 Abs. 2 normierten Schutz- und Obhutspflichten in der Regel nach Treu und Glauben (§ 242) noch gehalten, eine sinnvolle Durchführung des Vertrages zu ermöglichen. Dazu können z.B. Beratungs- und Aufklärungspflichten erwachsen. Eine schuldhafte Verletzung solcher Nebenpflichten kann zur Entstehung eines Anspruches aus Pflichtverletzung (positiver Vertragsverletzung) führen.

## II. Die Abgrenzung zwischen Werkvertrag und Dienstvertrag

Dienst- und Werkvertrag ist gemeinsam, dass beide eine entgeltliche Arbeitsleis- **784** tung zum Inhalt haben. Deshalb kann die Abgrenzung insbesondere bei freiberuflicher Tätigkeit im Einzelfall Schwierigkeiten bereiten. Das entscheidende und praktisch auch brauchbare Abgrenzungskriterium ist das folgende: Während beim Dienstvertrag die bloße Arbeitsleistung als solche geschuldet wird, verpflichtet sich der Unternehmer in einem Werkvertrag zur Herbeiführung des vereinbarten, gegenständlich fassbaren Arbeitsergebnisses;[1] er schuldet einen **Erfolg**. Der Werkunternehmer trägt also das Erfolgsrisiko mit der Konsequenz, dass er die Vergütung nicht verlangen kann, wenn der angestrebte Erfolg nicht eintritt. Demgegenüber kann der Dienstverpflichtete die Vergütung auch dann verlangen, wenn er einen beabsichtigten Erfolg nicht herbeiführt.

1 Vgl. *Palandt/Sprau*, Einf. vor § 631 BGB Rn. 8.

**Beispiel:** Ein Vertrag, der auf die lediglich technische Anfertigung einer Zahnprothese gerichtet ist, ohne dass eine spezifische zahnärztliche Heilbehandlung hinzukommt, ist ein Werkvertrag[2].

Der Vertrag zwischen einem Arzt und einem Patienten (Behandlungsvertrag) ist eine Dienstvertrag, weil ein Erfolg in der Regel redlicher Weise nicht garantiert werden kann. Der Behandlungsvertrag hat in den §§ 630 a eine besondere gesetzliche Regelung erfahren. Auf ihn sind die Vorschriften über den freien Dienstvertrag anzuwenden, sofern sich aus den §§ 630 c ff. nichts anderes ergibt (§ 630 b).

## III. Die Vergütung

### 1. Überblick

785 Der Besteller ist verpflichtet, an den Unternehmer die vereinbarte Vergütung zu entrichten (§ 631 Abs. 1). Die Pflicht des Bestellers, an den Unternehmer eine Vergütung zu entrichten, kann auch entstehen, ohne dass ausdrücklich eine Vereinbarung darüber getroffen wurde (§ 632). Ein Kostenanschlag ist im Zweifel nicht zu vergüten (§ 632 Abs. 3). Bei dieser Norm handelt es sich um eine Auslegungsregel, so dass eine andere Vereinbarung möglich ist[3].

Gemäß § 632 a kann der Unternehmer für in sich abgeschlossene Teile des Werkes Abschlagszahlungen verlangen. Zweck dieser Regelung ist es, den zur Vorleistung verpflichteten Unternehmer wirtschaftlich zu entlasten[4].

786 Wegen des Anspruches auf Vergütung oder auch wegen anderer Forderungen aus dem Werkvertrag entsteht zugunsten des Unternehmers gemäß § 647 ein Pfandrecht (Unternehmerpfandrecht) an den hergestellten oder ausgebesserten Sachen des Bestellers.

Der Anspruch des Unternehmers auf die Vergütung wird mit der Abnahme des Werkes fällig (§ 641 Abs. 1). § 641 Abs. 2 regelt eine besondere Konstellation: der Besteller hat das vom Unternehmer hergestellte Werk seinerseits einem Dritten versprochen. Dies ist vor allem bei Bauträgerverträgen der Fall, denn der Bauträger (= Besteller) bestellt die Ausführung des Werkes bei den Handwerkern (= Unternehmer).

### 2. Die Abnahme

787 **Abnahme des Werkes** bedeutet bei körperlichen Werken: Der Besteller nimmt das Werk körperlich entgegen und erklärt ausdrücklich oder stillschweigend, dass er „die Leistung als in der Hauptsache dem Vertrag entsprechend“ annehme[5].

---

2 Vgl. BGHZ 46, 306, 309.

3 *Teichmann*, JuS 2002, 418; *MüKo/Busche*, § 632 BGB Rn. 8 f.

4 *MüKo/Busche*, § 632 a BGB Rn. 1.

**Beispiel:** Nimmt der Besteller eine Sache entgegen, die der Unternehmer für ihn repariert hat, und zahlt er daraufhin die Vergütung, so ist im Zweifel anzunehmen, dass der Besteller stillschweigend zugleich anerkennen wollte, dass er das Werk als vertragsmäßige Erfüllung ansehe.

Ist die körperliche Entgegennahme wegen der Beschaffenheit des Werkes nicht möglich, besteht die Abnahme lediglich in der Anerkennung als vertragsmäßige Herstellung. Die Anerkennung kann durch schlüssige Handlung, wie z.B. durch Ingebrauchnahme des im Wesentlichen funktionsfähigen Werkes erfolgen, wenn dies dem Unternehmer gegenüber irgendwie zum Ausdruck gebracht wird.

**Beispiel:** Hat der Unternehmer eine Reparatur am Haus des Bestellers ausgeführt, ist eine körperliche Entgegennahme ausgeschlossen. Die Abnahme besteht lediglich in der Anerkennung als vertragsgemäße Leistung.

Es gibt **unkörperliche Werke**, bei denen eine Anerkennung nicht möglich oder sinnlos ist. Das ist dann der Fall, wenn das Werk in einer Personenbeförderung oder einer Theateraufführung besteht. Hier tritt gemäß § 646 die Vollendung des Werkes an die Stelle der Abnahme. **788**

Gemäß § 640 Abs. 1 ist der Besteller verpflichtet, das vertragsmäßig hergestellte Werk abzunehmen. Nach § 640 Abs. 1 S. 2 kann die Abnahme wegen unwesentlicher Mängel nicht verweigert werden.

Die Abnahmeverpflichtung stellt eine Hauptpflicht des Bestellersdar. Bis zur Abnahme des Werkes trägt der Unternehmer die Gefahr. Bei Verzug des Bestellers mit der Annahme geht die Gefahr auf den Besteller über (§ 644 Abs. 1). Die weiteren Folgen einer Verzögerung der Abnahme, insbesondere das Entstehen von Ansprüchen auf Verzugsschaden, ergeben sich im Übrigen aus §§ 280, 281, 286.

### 3. Mitwirkungspflichten

Die Herstellung eines Werkes macht häufig die Mitwirkung des Bestellers erforderlich, die in § 642 Abs. 1 umschrieben ist. Um die dem Unternehmer obliegende Werkleistung zu ermöglichen, kann es z.B. erforderlich sein, den Zugang zu einem Grundstück zu gestatten, einen Raum zur Verfügung zu stellen oder Daten und Informationen zu liefern. **789**

Unterlässt der Besteller die erforderliche Mitwirkung, kann er in Annahmeverzug (Gläubigerverzug, § 293).

**Beispiel:** Beauftragt ein Hauseigentümer einen Installateur damit, die Heizung in seinem Hause zu reparieren, so gerät er (der Hauseigentümer) in Annahmeverzug, wenn er dem Installateur zum vereinbarten Reparaturtermin das Betreten seines Hauses nicht ermöglicht.

---

5 So BGHZ 48, 257, 262.

Der Unternehmer hat, wenn der Besteller in Annahmeverzug geraten ist, neben dem Anspruch auf Ersatz der Mehraufwendungen (§ 304), die Möglichkeit, nach §§ 642, 643 vorzugehen und damit gegebenenfalls eine angemessene Entschädigung zu erhalten und die Aufhebung des Vertrages herbeizuführen.

Aus dem Werkvertrag können sich für den Besteller zusätzlich aus entsprechenden Abreden oder aus § 241 Abs. 2 Nebenverpflichtungen ergeben, die bei schuldhafter Verletzung einen Schadensersatzanspruch wegen Pflichtverletzung entstehen lassen.

## IV. Die Mängelhaftung des Werkunternehmers

### 1. Überblick

790 Ist das vom Unternehmer hergestellte Werk mangelhaft, so hat der Besteller gemäß §§ 634 Nr. 1, 635 zunächst einen Anspruch auf Nacherfüllung, d.h. auf Mängelbeseitigung oder Herstellung eines neuen Werkes.

Anders als beim Kaufvertrag steht das **Wahlrecht** dem Unternehmer zu. Das bedeutet, dass der Unternehmer wählen kann, ob er den Mangel beseitigen oder ein neues Werk herstellen will (§ 635 Abs. 1). Die Kosten dafür hat der Unternehmer zu tragen.

Wenn der Unternehmer der Nacherfüllungsaufforderung nicht nachkommt, hat der Besteller die folgenden Möglichkeiten:
- Er kann dem Unternehmer eine angemessene Frist zur Nacherfüllung setzen; nach dem erfolglosen Ablauf dieser Frist kann er den Mangel selbst beseitigen bzw. beseitigen lassen und vom Unternehmer Ersatz der dafür erforderlichen Aufwendungen verlangen (§§ 634 Nr.2, 637).
- Der Besteller kann auch vom Vertrage zurücktreten (§§ 634 Nr. 3, 636, 323, 326 Abs. 5) oder stattdessen die Vergütung mindern (§§ 634 Nr. 3, 638).
- Der Besteller kann auch Schadensersatz (§§ 634 Nr. 4, 636, 280, 281, 283 und 311 a) oder nach § 284 Ersatz der vergeblichen Aufwendungen verlangen (§ 634 Nr. 4). In diesem Fall muss der Unternehmer allerdings den Mangel zu vertreten haben (§§ 276, 278).

Der Anspruch auf **Ersatz eines Mangelfolgeschadens** (§§ 634 Nr. 4, 280) tritt neben den Anspruch auf Nacherfüllung (§§ 634 Nr. 1, 635).

### 2. Der Begriff des Sach- und Rechtsmangels

791 § 633 definiert – ähnlich wie § 434 für den Kauf – den **Sachmangel**, der die Rechtsfolgen der §§ 634 ff. auslösen kann. Ein solcher liegt vor, wenn
- das Werk nicht die vereinbarte Beschaffenheit hat (§ 633 Abs. 2 S. 1);
- das Werk sich nicht für die nach dem Vertrage vorausgesetzte Verwendung eignet (§ 633 Abs. 2 S. 2 Nr. 1);

- das Werk sich nicht für die gewöhnliche Verwendung eignet und nicht die Beschaffenheit aufweist, die bei Werken der gleichen Art üblich ist und die der Besteller nach der Art des Werkes erwarten kann (§ 633 Abs. 2 S. 2 Nr. 2).
- Das Werk weist auch dann einen Sachmangel auf, wenn der Unternehmer ein anderes als das bestellte Werk oder das Werk in zu geringer Menge herstellt (§ 633 Abs. 2 Satz 3).

**Beispiel:** E schließt mit dem Dachdecker D einen Vertrag darüber, dass D das alte Flachdach des im Eigentum des E stehenden Hauses durch ein neues ersetzen soll. Da D fehlerhaftes Material verwendet, ist das neue Dach von Anfang an undicht und lässt Regenwasser durchlaufen. Möbelstücke des E werden schwer beschädigt. Hier liegt jedenfalls ein Mangel im Sinne des § 633 Abs. 2 S. 2 Nr. 2 vor, denn das Dach wird gewöhnlich dazu verwandt, den Regen abzuhalten.

**Beispiel** (nach BGHZ 197, 93): Der Architekt A und der Bauherr B kommen überein, dass das von A zu planende Bauvorhaben ca. 400.000 € umfassen soll. Als Ergebnis seiner Arbeit legt A dem B einen Bauentwurf vor, dessen Realisierung 800.000 € kosten würde. Das Werk des A ist dann mangelhaft nach § 633 Abs. 1 S. 1.

Ein Rechtsmangel des Werkes liegt vor, wenn ein Dritter in Bezug auf das Werk Rechte geltend machen kann (§ 633 Abs. 3). Hier kommen in erster Linie Rechte aus dem Bereich des gewerblichen Rechtsschutzes in Betracht[6].

### 3. Die Rechte des Bestellers bei Mängeln des Werkes

#### a) Nacherfüllung (§ 635) und Mangelfolgeschaden

Hat das Werk einen Mangel, so muss der Besteller zunächst nach §§ 634 Nr. 1, **792**
635 Nacherfüllung verlangen, bevor er die anderen in § 634 genannten Rechte und Ansprüche geltend machen kann.

Nacherfüllung bedeutet, der Besteller kann einen Anspruch auf Beseitigung des Mangels oder Neuherstellung des Werkes geltend machen. Er hat allerdings zunächst nur den Anspruch auf Nacherfüllung. Die Entscheidung darüber, ob der Mangel beseitigt oder ein neues Werk hergestellt wird, liegt beim Unternehmer (§ 635). Die Kosten der Nacherfüllung hat der Unternehmer zu tragen (§ 635 Abs. 2). Unter gewissen Umständen kann der Unternehmer die Nacherfüllung verweigern, insbesondere dann, wenn sie unverhältnismäßige Kosten erfordert (§ 635 Abs. 3).

In manchen Fällen hat der Besteller neben dem Nacherfüllungsanspruch schon **793**
einen Anspruch auf Ersatz des Mangelfolgeschadens erworben. Das sind diejenigen Fälle, in denen aufgrund der Pflichtverletzung des Unternehmers, die in der Ablieferung eines mangelhaften Werkes liegt, durch das mangelhafte Werk ein Schaden an anderen Rechtsgütern des Bestellers entstanden ist, der über das man-

6 *Palandt/Sprau*, § 633 BGB Rn. 9.

gelhafte Werk selbst hinausgeht. Dieser Anspruch ergibt sich aus §§ 634 Nr. 4, 280. Er entsteht allerdings nur, wenn der Unternehmer die Pflichtverletzung zu vertreten hat, was nach § 280 Abs. 2 Satz 2 gesetzlich vermutet wird.

In dem oben genannten **Beispiel** (Dachreparatur) besteht der Schaden des E nicht nur in dem fehlerhaft hergestellten Dach; durch das Regenwasser wurden Möbel des E beschädigt. Hier hat E gegen D im Hinblick auf das mangelhafte Dach den Nacherfüllungsanspruch aus §§ 634 Nr. 1, 635. Wegen des Schadens an den Möbelstücken (Mangelfolgeschaden) hat E daneben einen Anspruch aus §§ 634 Nr. 4, 280, wenn der Unternehmer die Pflichtverletzung zu vertreten hat.

### b) Das Selbstvornahmerecht des Bestellers

794 Der Besteller kann dem Unternehmer eine angemessene Frist zur Nacherfüllung setzen; nach dem erfolglosen Ablauf dieser Frist kann er den Mangel selbst beseitigen und vom Unternehmer Ersatz der dafür erforderlichen Aufwendungen verlangen (§§ 634 Nr. 2, 637). Ob der Unternehmer das Unterbleiben der Nacherfüllung zu vertreten hat, spielt keine Rolle.

Selbstbeseitigungs- oder Selbstvornahmerecht bedeutet, der Besteller kann den Mangel selbst beseitigen oder durch einen anderen Unternehmer beseitigen lassen. In jedem Fall erlangt der Besteller einen Anspruch auf Ersatz der erforderlichen Aufwendungen. Hat er also einen anderen Unternehmer mit der Beseitigung des Mangels beauftragt, kann er die ihm von diesem in Rechnung gestellten erforderlichen Kosten vom ersten Unternehmer ersetzt verlangen.

In dem oben genannten **Beispiel** (Dachreparatur) setzt E dem D eine 8-tägige Frist zur Abdichtung des Daches oder Neuherstellung. Nach erfolglosem Ablauf dieser Frist kann er einen anderen Dachdecker damit beauftragen, die erforderlichen Arbeiten vorzunehmen; die dadurch entstehenden Kosten kann er gemäß §§ 634 Nr. 2, 637 von D verlangen (der Mangelbeseitigungsanspruch bleibt davon unberührt).

Der Besteller kann, wenn durch die Selbstvornahme Kosten entstehen, vom Unternehmer einen entsprechenden Vorschuss verlangen (§ 637 Abs. 3).

### c) Rücktritt oder Minderung

795 Der Besteller kann auch vom Vertrag zurücktreten (§§ 634 Nr. 3, 636, 323, 326 Abs. 5) oder stattdessen die Vergütung mindern (§§ 634 Nr. 3, 638). Er hat also ein entsprechendes Wahlrecht.

Von diesem **Wahlrecht** kann der Besteller in der Regel allerdings erst Gebrauch machen, wenn er dem Unternehmer ergebnislos eine Nachfrist zur Nacherfüllung gesetzt hat (§ 323 Abs. 1). Dieser Fristsetzung bedarf es nicht, wenn der Unternehmer die Nacherfüllung verweigert, dieselbe fehlgeschlagen ist oder wenn sie dem Besteller unzumutbar ist (§ 636).

**Beispiel:** Malermeister M hat in der Wohnung des A einige Tapetenbahnen schief geklebt. Nachdem A dem M ergebnislos eine Nachfrist zur Nacherfüllung gesetzt hat, steht er vor der Frage, ob er Selbstbeseitigung mit Ersatz der dafür notwendigen Aufwendungen (Beauftragung eines anderen Malers) verlangen oder stattdessen die Vergütung des M mindern soll. Weil A sich durch erneute Malerarbeiten belästigt fühlen würde, entscheidet er sich für die Minderung. §§ 634 Nr. 3, 638 geben ihm dazu die Möglichkeit.

#### d) Schadensersatz statt der Leistung oder Ersatz der vergeblichen Aufwendungen

Der Besteller kann auch Schadensersatz statt der Leistung (§§ 634 Nr. 4, 636, 280, 281, 283 und 311 a) oder nach § 284 Ersatz der vergeblichen Aufwendungen verlangen (§ 634 Nr. 4). **796**

Verlangt der Besteller Schadensersatz statt der Leistung, müssen die Voraussetzungen der §§ 634 Nr. 4, 633, 280, 281 bzw. 283 vorliegen.

In dem oben genannten **Beispiel** (Dachreparatur) sind inzwischen viele Einrichtungsgegenstände im Hause des E beschädigt. Weitere Schäden drohen. D hat die ihm gesetzte Nachfrist ergebnislos verstreichen lassen. E möchte sich nun vom Vertrage lösen und Schadensersatz statt der Leistung verlangen. Aus §§ 634 Nr. 3, 636, 323 ergibt sich ein Rücktrittsrecht. Ein Anspruch auf Schadensersatz statt der Leistung wegen des mangelhaften Daches und wegen der aufgrund des fehlerhaften Werkes beschädigten Vermögensgegenstände ergibt sich aus §§ 634 Nr. 4, 636, 280 Abs. 1 und 3, sowie aus § 281 Abs. 1, dessen Voraussetzungen vorliegen. D hat, da nichts Gegenteiliges vorgetragen ist, die Pflichtverletzung auch zu vertreten, so dass der Anspruch auf Schadensersatz statt der Leistung entstanden ist.

#### e) Das Verhältnis der Ansprüche zueinander

Die Ausübung des Rücktrittsrechts gemäß §§ 634 Nr. 3, 323, 346 Abs. 1 BGB wandelt das Schuldverhältnis in ein Rückabwicklungsverhältnis um. Damit erlischt der Anspruch des Bestellers auf die Hauptleistung. Alle damit zusammenhängenden Ansprüche, also der Nacherfüllungsanspruch, das Selbstvornahmerecht und das Minderungsrecht erlöschen deshalb ebenfalls. Der Besteller kann aber gemäß § 325 BGB weiterhin Schadensersatz, insbesondere Schadensersatz statt der Leistung (§§ 281, 283 BGB) verlangen. **797**

### 4. Der Einfluss der Abnahme auf die Mängelansprüche

Vor der Abnahme hat der Besteller sämtliche Ansprüche, die wegen der Mängel des Werkes entstehen können. Kennt der Besteller die Mängel des Werkes bei der Abnahme, so verliert er die Ansprüche auf Nacherfüllung, das Selbstbeseitigungsrecht und das Recht, vom Vertrage zurückzutreten oder zu mindern, wenn er sich diese Rechte bei der Abnahme nicht vorbehält (§ 640 Abs. 2 BGB). Das **798**

Recht, Schadensersatz statt der Leistung oder Ersatz des Mangelfolgeschadens zu verlangen bleibt unberührt.

### 5. Haftungsausschluss

**799** Nicht selten wird beim Abschluss von Werkverträgen versucht, die Haftungsregelung abweichend von den Vorschriften des BGB zu gestalten, indem, je nach Interessenlage und Möglichkeiten, versucht wird, die Haftung zu verschärfen oder zu mildern. Trotz der Vertragsfreiheit sind diesen Möglichkeiten Grenzen gesetzt. Das gilt insbesondere für den Fall, dass solche Vereinbarungen über die Einbeziehung von Allgemeinen Geschäftsbedingungen getroffen werden sollen. So werden Grenzen z.B. durch § 309 Nr. 7 und 8 gezogen.

Die Möglichkeiten, durch Individualabreden die Haftung zu begrenzen, werden durch § 639 begrenzt. Danach kann sich der Unternehmer auf eine Vereinbarung, mit der die Haftung wegen eines Mangels ausgeschlossen oder beschränkt werden soll, nicht berufen, wenn er den Mangel arglistig verschwiegen oder eine Garantie für die Beschaffenheit des Werkes übernommen hat.

## V. Verjährung der Mängelansprüche

**800** Bei der Verjährung von Mängelansprüchen im Werkvertragsrecht ist zunächst zu unterscheiden zwischen

1. Bauwerken und Werken, deren Erfolg in Planungs- und Überwachungsleistungen dafür besteht,
2. und Werken, deren Erfolg in der Herstellung, Wartung oder Veränderung einer Sache besteht.

Bei den unter 1. genannten Werken beträgt die Verjährungsfrist 5 Jahre (§ 634 a Abs. 1 Nr. 2). Sie beginnt mit der Abnahme.

**801** Hinsichtlich der unter 2. genannten Werke beträgt die Verjährung 2 Jahre (§ 634 a Abs. 1 Nr. 1). Auch hier beginnt die Verjährung mit der Abnahme. Etwas anderes gilt für die Rechte aus § 634 a Abs. 1 Nr. 3 (Rücktritt oder Minderung). Diese Rechte kann der Besteller nicht mehr durchsetzen, wenn der Anspruch auf Nacherfüllung verjährt ist und der Schuldner sich darauf beruft, d.h. die Einrede der Verjährung geltend macht (§ 218).

> **Beispiel:** Unternehmer U verlegt in einem Fabrikgebäude des E Gasleitungen fehlerhaft. Sieben Jahre später explodiert eine Leitung und zerstört Teile des Gebäudes. Ein Anspruch auf Ersatz dieses Mangelfolgeschadens dürfte aus §§ 634 Nr. 4, 280, 633 entstanden sein. Unterstellt, das von U hergestellte Werk ist abgenommen, ist der Anspruch gemäß § 634 a Abs. 2 Nr. 2 verjährt. Etwas anderes dürfte für den möglichen Anspruch aus § 823 Abs. 1 gelten, dessen Verjährung vor Entstehen des Schadens nicht beginnen konnte.

In allen anderen Fällen gilt die regelmäßige Verjährungsfrist von 3 Jahren (§ 634 a Abs. 1 Nr. 3).

## VI. Die Anwendung des Kaufrechts auf Verträge die Werkleistungen zum Gegenstand haben

In einem Werkvertrag verpflichtet sich der Unternehmer, ein Werk herzustellen; **802**
der dabei verwendete Werkstoff (Material) wird vom Besteller gestellt. Verpflichtet sich der Unternehmer, das Werk aus einem von ihm zu beschaffenden Stoff herzustellen, handelt es sich um einen Vertrag, der von dem Bild des Werkvertrages im Sinne des § 631 abweicht und als eine Sonderform angesehen werden kann. Auf Verträge dieser Art werden gemäß § 651 ausschließlich die Vorschriften über den Kaufvertrag angewandt, wenn die Lieferung herzustellender oder zu erzeugender beweglicher Sachen Gegenstand des Vertrages ist. Das bedeutet, dass vor allem das gesamte Sachmängelrecht der §§ 434 ff. Anwendung findet[7]. Die von § 651 erfassten Verträge werden also ohne Rücksicht darauf, ob der Inhalt der Leistungspflicht des Schuldners an sich in einem dem Werkvertrag zuzuordnenden Erfolg besteht, dem Kaufrecht zugeordnet. [8]

Die überwiegende Anwendung des Kaufrechts hat u.a. die folgenden Auswirkungen:

- das Wahlrecht zwischen Nachlieferung und Nachbesserung steht dem Besteller zu und nicht dem Unternehmer;
- der Besteller hat kein Selbstvornahmerecht.

§ 651 findet keine Anwendung auf Verträge betreffend die Herstellung eines **803**
Bauwerkes auf einem Grundstück und Arbeiten am Grundstück. Der Vertrag über die Errichtung eines Gebäudes auf einem Grundstück ist deshalb stets ein Werkvertrag im Sinne des § 631.

§ 651 ist ebenfalls nicht anwendbar auf geistige Leistungen, die in einer beweglichen Sache verkörpert sind. Die Begründung ist darin zu sehen, dass die Erbringung der geistigen Leistung im Vordergrund steht und dem Vertrag das Gepräge gibt; die Herstellung und Lieferung der Sache, in dem die Leistung verkörpert ist, ist in der Regel lediglich eine Nebensache.[9] Ähnlich ist es bei Gemälden, Fotografien und Skulpturen.[10]

> **Beispiel:** Der Maler M schafft auf Bestellung von B auf einer von ihm gestellten Leinwand mit Farben, die in seinem Eigentum stehen, ein Bild. Das die künstlerische und geistige Leistung im Vordergrund steht, ist § 631 und nicht § 651 anzuwenden.

---

7 Vgl. dazu *Teichmann*, JuS 2002, 418, 423.

8 *MüKo/Busche*, BGB § 651 Rn. 1–2.

9 *MüKo/Busche*, BGB § 651 Rn. 8–13.

10 *MüKo/Busche*, BGB § 651 Rn. 8–13.

Handelt es sich bei den herzustellenden oder zu erzeugenden beweglichen Sachen um nicht vertretbare Sachen (im Sinne des § 91), wie z.B. die Sonderform einer Werkzeugmaschine, finden nach § 651 einige Vorschriften aus dem Werkvertragsrecht dennoch Anwendung, wie z.B. diejenigen über die Mitwirkungspflichten (§§ 642, 643) und den Kostenanschlag (§ 650).

## VII. Die Vergabe- und Vertragsordnung für Bauleistungen (VOB)

### 1. Die Bedeutung der VOB für das Werkvertragsrecht

**804** Die Vergabe- und Vertragsordnung für Bauleistungen (VOB) wird in Bauverträgen, worunter Werkverträge zwischen Bauherren und Bauunternehmern über Bauleistungen zu verstehen sind, häufig Vertragsbestandteil. Ihrer Rechtsnatur nach ist die VOB weder eine Rechtsnorm noch Ausdruck einer Verkehrssitte oder eines Handelsbrauchs, sondern sie ist ein Typenvertrag im Sinne Allgemeiner Geschäftsbedingungen gemäß § 305 Abs. 1[11].

Die VOB trägt nicht nur dem Bedürfnis nach Lösung technischer Fragen im privaten Baurecht Rechnung, sondern behandelt auch den Bereich vor Abschluss eines Bauvertrages, die Bauvergabe, auf die das BGB nicht eingeht. Darüber hinaus werden die Werkvertragsvorschriften des BGB in der Absicht, einen anderen Ausgleich zwischen den Interessen des Bauherrn und des Bauunternehmers, als das BGB ihn vorsieht, zu schaffen, präzisiert, abgewandelt oder abweichend ausgestaltet. Vertragsinhalt wird die VOB kraft individueller, auf den einzelnen Bauvertrag bezogener, auch stillschweigend möglicher Parteivereinbarung zwischen Bauherrn und Unternehmer. Sie geht allerdings nur den dispositiven Teilen des Gesetzes vor[12].

Untergliedert ist die VOB in drei Teile: Teil A enthält das Verfahren bei Vergabe von Bauleistungen, Teil B die Ausführungen von Bauleistungen und Teil C die Allgemeinen Technischen Vorschriften für die Ausführung.

### 2. Die Gewährleistungsvorschriften der VOB/B und ihre wesentlichen Unterschiede zum BGB

**805** **Teil B** der VOB stellt die eigentlich inhaltliche Rechtsbeziehung zwischen Bauherrn und Unternehmer dar und baut auf dem Werkvertragsrecht des BGB auf. Er umfasst das Kernstück der VOB[13].

---

11 Vgl. BGHZ 86, 135, 139; *Ingenstau/Korbion/Vygen*, Einleitung, Rn. 37.

12 *Ingenstau/Korbion/Keldungs*, Vor VOB/B, Rn. 1.

13 *Ingenstau/Korbion/Vygen*, Einleitung, Rn. 33; *Ingenstau/Korbion/Keldungs*, Vor VOB/B, Rn. 1.

Neben der in § 12 Ziff. 4 VOB/B normierten förmlichen Abnahme, bei der eine Abnahmeniederschrift angefertigt wird, in die etwaige Vorbehalte wegen bekannter Mängel und die Einwendungen des Unternehmers aufgenommen werden, kennt die VOB als weitere Besonderheit gegenüber dem BGB die sogenannte **fiktive Abnahme** (§ 12 Ziff. 5 VOB/B). Derzufolge gilt die Leistung mit Ablauf von 12 Werktagen nach schriftlicher Mitteilung über die Fertigstellung als abgenommen.

Gemäß § 13 Nr. 1 VOB/B liegt ein Mangel vor, wenn die Leistung nicht den anerkannten Regeln der Technik entspricht und sie nicht die vereinbarte Beschaffenheit hat bzw. sich nicht für die nach dem Vertrag vorausgesetzte oder gewöhnliche Verwendung eignet[14].

Die Gewährleistungsansprüche des Bauherrn sind nach der VOB auf die Möglichkeit der Mängelbeseitigung (§ 13 Ziff. 5 VOB/B)[15], den Schadensersatz (§ 13 Ziff. 7 VOB/B) und die Minderung (§ 13 Ziff. 6 VOB/B) beschränkt.

## VIII. Der Reisevertrag als Unterfall des Werkvertrages

Das Reisevertragsrecht der §§ 651 a ff. soll vor allem die Rechtsstellung der Rei- **806**
seteilnehmer an Pauschalreisen verbessern. Das Reisevertragsrecht ist in den §§ 651 a ff. nur unvollständig geregelt. Soweit die §§ 651 a bis k keine Anwendung finden, sind die §§ 631 ff. und die allgemeinen Regeln des Schuldrechts anwendbar.

Das Reisevertragsrecht der §§ 651 a ff. ist auf den Reiseveranstalter und den Reisenden als Partner des Vertrages nur anwendbar, wenn jedenfalls folgende Voraussetzungen erfüllt sind:

- Ein Vertragspartner muss Reiseveranstalter sein, d.h. Reiseleistungen als eigene Leistungen anbieten. Darunter fallen diejenigen nicht, die fremde Leistungen vermitteln, wie z.B. viele Reisebüros dies tun.
- Es muss eine Gesamtheit von Leistungen angeboten werden, d.h. jedenfalls zwei auf die Reise bezogene Leistungen, wie z.B. Beförderung und Unterkunft.

Wird keine Gesamtheit von Leistungen angeboten, kann dennoch wegen des **807**
gleichartigen Schutzzweckes ein Teil der Bestimmungen der §§ 651 a ff. entsprechend anwendbar sein[16].

§§ 651 c bis 651 f regeln die Rechte des Reisenden während der Reise. Voraussetzung für das Entstehen von Gewährleistungsansprüchen des Reisenden sind Fehler der Reise oder das Fehlen zugesicherter Eigenschaften (§ 651 c).

---

14 Vgl. auch *Jagenburg/Reichelt*, NJW 2003, 110.

15 Vgl. die Rechtsprechungsnachweise bei *Jagenburg/Reichelt*, NJW 2003, 111.

16 Vgl. BGH JZ 1985, 844; *MüKo/Tonner*, §§ 651 a ff. BGB Rn. 13 ff. mit Nachw.

Soweit es um Mängel der Reise geht, finden die Vorschriften der §§ 651 c ff. Anwendung. Dem Reisenden können die folgenden Rechte zustehen:
- er kann verlangen, dass Abhilfe geschaffen wird (§ 651 c);
- er kann bei Vorliegen bestimmter Voraussetzungen mindern (§ 651 d);
- gegebenenfalls kann er den Vertrag kündigen (§ 651 e)
- und Schadensersatz wegen Nichterfüllung verlangen (§ 651 f).

**808** Schadensersatzansprüche wegen Nebenpflichtverletzungen i.S. des § 241 aus §§ 280 und 311 Abs. 2 können sowohl zugunsten des Reisenden als auch des Veranstalters entstehen. Außerdem können dem Reisenden auch Ansprüche wegen Verzuges oder Unmöglichkeit erwachsen.[17]

Gemäß § 651 g Abs. 2 verjähren die Gewährleistungsansprüche des Reisenden in zwei Jahren. Nach § 651 m Satz 2 ist es möglich, die Verjährungsfrist vertraglich auf ein Jahr zu verkürzen[18].

**Lösung zu Fall 31:** S könnte gegen A einen Anspruch auf Zahlung von 750 € aus § 630 a Abs. 1 erworben haben. Ein Anspruch dieser Art besteht nur, wenn der zwischen S und A geschlossene Vertrag einen Behandlungsvertrag nach § 630 a darstellt, der im Kern ein Dienstvertrag im Sinne des § 611 ist. Der Vertrag zwischen einem Arzt und einem Patienten (Behandlungsvertrag) ist ein Dienstvertrag, weil ein Erfolg in der Regel redlicher Weise nicht garantiert werden kann. Der Behandlungsvertrag hat in den §§ 630 a eine besondere gesetzliche Regelung erfahren. Auf ihn sind die Vorschriften über den freien Dienstvertrag anzuwenden, sofern sich aus den §§ 630 c ff. nichts anderes ergibt (§ 630 b).

Nach § 630 a ist der Arzt – hier S – verpflichtet, die versprochene Behandlung nach den allgemein anerkannten Standards zu leisten. Er schuldet keinen Heilerfolg, also nicht die Beseitigung des Leberleidens. Da S – wie anzunehmen ist – die Behandlung nach den üblichen Standards durchgeführt hat, ist A nach § 630 a Abs. 1 zur Zahlung der Vergütung verpflichtet.

# § 34 Auftrag und entgeltliche Geschäftsbesorgung

**Schrifttum:** *Coester-Waltjen*, Der Auftrag, Jura 2001, 742; *Petersen*, Der Bankvertrag, Jura 2004, 627; *Thüsing/Schneider*, Die Haftung für Rat, Auskunft, Empfehlung, JA 1996, 807.

---

17 *Jauernig/Teichmann*, Vorbemerkungen zu §§ 651 ff. BGB, Rn. 3.

18 Vgl. dazu *Führich*, NJW 2002, 1082 f.

***Fall 32:*** *A trifft bei einer Abendgesellschaft zufällig den Rechtsanwalt R. A fragt den R wegen seines drohenden Scheidungsverfahrens um Rat, in welcher Höhe er seiner Frau Trennungsunterhalt zahlen sollte. R nennt einen Betrag, von dem sich später herausstellt, dass er 30 % zu hoch angesetzt ist. A verlangt von R Zahlung dieses überschüssigen Betrages als Schadensersatz. Zu Recht?*

## I. Der Auftrag

### 1. Überblick

Der Auftrag ist ein schuldrechtlicher Vertrag, in dem sich der Beauftragte verpflichtet, für den Auftraggeber **unentgeltlich** ein Geschäft zu besorgen (§ 662). Wegen der Unentgeltlichkeit besteht ein Ungleichgewicht der sich gegenüber stehenden Rechte und Pflichten. Deshalb handelt es sich beim Auftrag nicht um einen gegenseitig verpflichtenden Vertrag. **809**

Die **Besorgung eines Geschäfts** ist jede Tätigkeit des Beauftragten für den Auftraggeber. Dazu zählen rechtsgeschäftliche Handlungen ebenso wie tatsächliche Handlungen.

**Beispiel:** Bittet S den K, für ihn bei M eine Maschine zu kaufen, so kommt zwischen S und K ein Auftrag zustande. Gleichzeitig bevollmächtigt S den K, für ihn mit M einen Kaufvertrag über eine Maschine abzuschließen. Der Abschluss eines Kaufvertrages ist eine rechtsgeschäftliche Tätigkeit, die die Besorgung eines Geschäfts für einen anderen, den Auftraggeber, darstellt. Der Auftrag (die unentgeltliche Geschäftsbesorgung) im Sinne des § 662 ist das der Vollmachtserteilung zugrunde liegende Rechtsverhältnis im Sinne des § 168.

Häufig ist die Abgrenzung zwischen einem die daran beteiligten Parteien bindenden Auftragsvertrag gemäß § 662 einerseits und einem bloßen nicht bindenden und nicht verpflichtenden Gefälligkeitsverhältnis andererseits nicht einfach. Dabei ist in erster Linie auf den Willen der Beteiligten abzustellen (siehe § 3 II. 5).

Die in §§ 662 ff. enthaltenen Regelungen sind schon deshalb von großer praktischer Bedetung, weil in § 675 (entgeltliche Geschäftsbesorgung) und § 683 (Geschäftsführung ohne Auftrag) auf sie verwiesen wird.

### 2. Rechte und Pflichten

Der **Beauftragte** übernimmt mit dem Auftrag die Pflicht, **810**

- das ihm übertragene Geschäft sorgfältig nach den gegebenenfalls vom Auftraggeber erteilten Weisungen auszuführen;
- das, was er aus der Geschäftsbesorgung erlangt, an den Auftraggeber herauszugeben (§ 667, 2. Alt.);
- das, was er zur Ausführung des Auftrages erhalten hat, wie z.B. Geräte und Geld, soweit es nicht verbraucht worden ist, an den Auftraggeber herauszugeben (§ 667, 1. Alt.);

– Auskunft und Rechenschaft zu geben (§ 666).

Da der Auftrag die **unentgeltliche Tätigkeit** des Beauftragten zum Gegenstand hat, kann der Beauftragte für die eigene Arbeit, die er geleistet hat, keine Vergütung verlangen, weil dies der vereinbarten Unentgeltlichkeit widerspräche. Aber der Auftraggeber hat nach § 670 die Verpflichtung, dem Beauftragten die Aufwendungen zu ersetzen, die dieser zum Zweck der Ausführung des Auftrags gemacht hat, sofern der Beauftragte sie den Umständen nach für erforderlich halten durfte (§ 670).

811 **Aufwendungen im Sinne des § 670** sind Vermögensopfer, die der Beauftragte freiwillig erbringt, um den Auftrag ausführen zu können.

**Beispiel** für Aufwendungen, die bei der Ausführung eines Auftrages entstehen können: Reisekosten.

**Beispiel:** A bittet seinen Freund F, einen PKW für ihn unentgeltlich von München nach Mailand zu überführen und von dort nach München zurückzufliegen. F sagt dies zu. Es handelt sich um einen Auftrag i.S. des § 662, der den F verpflichtet, den PKW nach München zu überführen, ohne dass er dafür eine Vergütung verlangen kann. Allerdings erwirbt F gegen A einen Anspruch aus § 670 auf Ersatz der Reisekosten (hier Übernachtungs- und Verpflegungskosten und die Kosten für das Flugticket).

Für die Folgen von Nicht- oder Schlechterfüllung von zu erbringenden Leistungen gelten die allgemeinen Vorschriften der §§ 280 ff. Beide Vertragsparteien haben die Nebenpflichten gemäß § 241 Abs. 2 zu befolgen. Eine Verletzung derselben kann Schadensersatzansprüche aus § 280 auslösen.

### 3. Rat, Empfehlung und Auskunft

811 a § 675 Abs. 2 enthält eine Klarstellung im Hinblick auf die Erteilung von Rat oder Empfehlung. Derjenige, der einen Rat oder eine Empfehlung erteilt, haftet nicht für die sich daraus ergebenden Schäden, es sei denn der Rat oder die Empfehlung erfolgt aufgrund eines Vertragsverhältnisses oder die Erteilung stellt eine unerlaubte Handlung dar. Daraus geht hervor: Der Gesetzgeber sieht die Erteilung von Rat und Empfehlung außerhalb eines darauf gerichteten Vertrages als eine **bloße nicht verpflichtende Gefälligkeit** an (siehe dazu oben § 3 II. 5).

Letztlich kommt es also darauf an, ob ein Vertragsverhältnis zwischen dem Rat oder Auskunft Erteilenden und dem, der das verlangt, zustande kommt. Rechtsprechung und Literatur gehen davon aus, dass Auskünfte, Rat und Empfehlungen, die im Bereich des Wirtschaftsverkehrs insbesondere von Personen mit besonderer Sachkunde im Rahmen ihres Berufs oder Gewerbes gegeben werden, im Zweifel auf vertraglicher Grundlage beruhen.[1] Dieses Vertragsverhältnis wird je nach Inhalt als **Auskunftsvertrag** oder **Beratungsvertrag** qualifiziert. Bei der

1 *Jauernig/Mansel*, § 675 BGB Rn. 14.

Beantwortung der Frage, ob ein solcher zustande gekommen ist oder nicht, ist auf den erkennbaren Rechtsbindungswillen der Beteiligten abzustellen. Der BGH[2] geht davon aus, dass, wenn ein Anlageinteressent an eine Bank oder einen Anlageberater oder umgekehrt eine Bank oder ein Anlageberater an einen Kunden herantritt, um über die Anlage eines Geldbetrages zu beraten bzw. beraten zu werden, stillschweigend ein Beratungsvertrag zustande kommt; in dem Herantreten an die Bank bzw. an den Kunden ist ein Angebot zum Abschluss eines Beratungsvertrages zu sehen, welches jedenfalls konkludent durch die Aufnahme des Beratungsgesprächs angenommen wird. Wenn der Abschluss eines Auskunfts- oder Beratungsvertrages zu bejahen ist, können beide Partner haften, falls es zu Pflichtverletzungen (§ 280) kommt.

Von dem **stillschweigenden Abschluss eines Auskunfts- oder Beratungsvertrags** zwischen dem Geber und dem Empfänger der Auskunft oder des Rats ist 811 b
nach herrschender Meinung auszugehen, „wenn die Gesamtumstände unter Berücksichtigung der Verkehrsauffassung und der Verkehrsbedürfnisse den Rückschluss zulassen, dass beide Teile nach dem objektiven Inhalt ihrer Erklärungen die Auskunft zum Gegenstand vertraglicher Rechte und Pflichten“ machen wollten.[3] Für einen anzunehmenden Vertragsschluss werden zwei Merkmale als wesentliche Indizien hervorgehoben:

- Die Auskunft oder der Rat muss erkennbar für den Empfänger von erheblicher Bedeutung sein;
- und der Auskunftsgeber ist für die Erteilung der Auskunft oder des Rats besonders sachkundig oder hat ein eigenes wirtschaftliches Interesse an der Auskunftserteilung.[4]

**Beispiel:** Unternehmer U und Steuerberater S kennen sich gut. Sie spielen von Zeit zu Zeit zusammen Golf; U hat den S zu seinem 70. Geburtstag eingeladen. U möchte sein Unternehmen veräußern. Er ruft an einem Werktag den S in dessen Büro an und sagt, er wäre S dankbar, wenn dieser ihm raten könne, wie er (U) es bei dem hohen zu erwartenden Veräußerungsgewinn anstellen müsse, damit er die Vergünstigung des ermäßigten Einkommensteuersatz (§ 34 Abs. 2 EStG) erlangen könne. S sagt zu U, er werde ihm bald eine E-Mail mit entsprechenden Tipps schicken. Zwei Stunden später erhält U die angekündigte E-Mail. Die von U unterbreiteten Vorschläge enthalten Fehler, die dazu führen, dass U sein Unternehmen auf eine Art und Weise veräußert, welche die Inanspruchnahme des ermäßigten Steuersatzes nach § 34 Abs. 2 EStG unmöglich macht. Wären die Ausführungen des S richtig gewesen, hätte U 3.5 Mio. € Einkommensteuer erspart. U macht gegenüber S nun einen Schaden in Höhe von 3,5 Mio. € geltend. S wendet ein, er sei zur Zahlung nicht verpflichtet, weil er einem Freund lediglich einen Gefallen getan habe. Fraglich ist, ob S sich zu Recht auf § 675 Abs. 2 berufen kann.

---

2 BGHZ 100, 117, 118 ff.; 123, 128 ff.

3 *MüKo/Heermann*, BGB § 675 Rn. 122–123.

4 *MüKo/Heermann*, BGB § 675 Rn. 122–123.

Das ist nicht möglich, wenn zwischen U und S ein Beratungsvertrag als ein Schuldverhältnis im Sinne des § 280 zustande gekommen wäre. Der von U erbetene Rat war für ihn erkennbar von erheblicher Bedeutung und S war als Steuerberater für die Erteilung des Rats besonders sachkundig. In der Bitte des U um Vorschläge für die Erlangung des ermäßigten Steuersatzes ist deshalb ein Angebot zum Abschluss eines Beratungsvertrages zu sehen, das S spätestens mit der Zusendung der E-Mail angenommen hat. Ob S tatsächlich den Rechtsbindungswillen hatte, ist unerheblich, weil bei einer objektiven Betrachtung der Gesamtumstände und unter Berücksichtigung der Verkehrsauffassung und der Verkehrsbedürfnisse davon auszugehen ist, dass beide Teile nach dem Inhalt ihrer Erklärungen die Beratung zum Gegenstand vertraglicher Rechte und Pflichten machen wollten, zumal S den Rat bei objektiver Betrachtung in Ausübung seines Berufs erteilt hat. S und U haben also einen Beratungsvertrag abgeschlossen, bei dessen Durchführung dem S ein Fehler im Sinne einer Pflichtverletzung unterlaufen ist, der zu einem Schaden in Höhe von 3.5 Mio. € geführt hat. Da das Vertretenmüssen des S gesetzlich vermutet wird, ist S dem U gemäß § 280 zum Schadensersatz in der bezeichneten Höhe verpflichtet.

## II. Der entgeltliche Geschäftsbesorgungsvertrag (§ 675)

### 1. Überblick

812 Der entgeltliche Geschäftsbesorgungsvertrag im Sinne des § 675 Abs. 1 ist ein Dienst- oder Werkvertrag, der eine Geschäftsbesorgung, nämlich eine selbständige Tätigkeit – in der Regel wirtschaftlicher Art – zum Gegenstand hat, die der „Geschäftsbesorger“ für den Vertragspartner in dessen Interesse gegen Entgelt vornimmt. Es muss sich also um einen Dienst- oder Werkvertrag handeln, der eine Geschäftsbesorgung zum Gegenstand hat. Es handelt sich also um eine Kombination von Elementen des Werk- oder Dienstvertrages oder von beiden mit der Geschäftsbesorgung.

Der entgeltliche Geschäftsbesorgungsvertrag ist ein **gegenseitig verpflichtender Vertrag.** Er spielt in der Praxis eine große Rolle, weil es sich um den Vertragstyp handelt, den insbesondere die Angehörigen der freien Berufe mit ihren Mandanten (Klienten) abschließen.

### 2. Der Begriff der Geschäftsbesorgung

812 a **Geschäftsbesorgung** im Sinne des § 675 ist eine selbständige Tätigkeit wirtschaftlicher Art, die nicht nur in einer bloßen Leistung an einen anderen, sondern in der Wahrnehmung seiner Vermögensinteressen besteht[5]. Selbständigkeit setzt eigenverantwortliche Überlegung und Willensbildung des Geschäftsbesorgers voraus.

5 So BGH NJW 1986, 1217; *Jauernig/Mansel*, § 675 BGB Rn. 4.

Eine **Tätigkeit ist wirtschaftlicher Art**, wenn sie sich unmittelbar auf das Vermögen des Geschäftsherrn bezieht. Das ist z.B. bei der Vermögensverwaltung der Fall.

> **Beispiel:** Der Vertrag, in dem sich P gegenüber H verpflichtet, ihm gegen Entgelt ein günstiges Hypothekendarlehen zu verschaffen, ist ein Werkvertrag, der eine Geschäftsbesorgung zum Inhalt hat. Der geschuldete Erfolg ist die Verschaffung eines Hypothekendarlehens. Es handelt sich dabei um eine Geschäftsbesorgung, weil P eine Tätigkeit wirtschaftlicher Art im Interesse des H selbständig wahrnimmt. Der zwischen H und P abgeschlossene Vertrag ist deshalb eine Geschäftsbesorgung im Sinne des § 675.

Geschäftsbesorgungsverträge im Sinne des § 675 sind z.B.: **812 b**

- der Vertrag über die Sanierung eines Unternehmens,
- der Vertrag mit einem Anwalt, der auf Rechtsberatung oder Prozessvertretung gerichtet ist,
- der Vertrag mit einem Patentanwalt, wenn es z.B. um die Anmeldung oder Verlängerung von Marken- oder Patentrechten geht,[6]
- der Vertrag mit einem Steuerberater oder Wirtschaftsprüfer,
- der Vertrag über die Finanzierung eines Bauprojektes,
- Ein allgemeiner Bankvertrag zwischen Bank und Kunden ist in der Regel ein auf eine Geschäftsbesorgung gerichteter Werk- oder Dienstvertrag[7].

### 3. Anwendbare Vorschriften

Bis auf die Tatsache, dass der Auftraggeber dem Beauftragten ein Entgelt zahlt, **813**
ähnelt die Interessenlage der Beteiligten an einem Geschäftsbesorgungsvertrag derjenigen von Auftraggeber und Auftragnehmer so sehr, dass das Gesetz die Bestimmungen über den Auftrag zum größten Teil für anwendbar erklärt. So findet z.B. auch § 670 auf die entgeltlichen Geschäftsbesorgungsverträge Anwendung. Außerdem sind anwendbar:

- § 665 (Weisungen,
- § 666 (Auskunfts- und Rechenschaftspflicht),
- § 667 (Herausgabepflicht).

Für die Vertragsbeendigung durch Kündigung ist Dienst- oder Werkvertragsrecht anzuwenden (nicht § 671).[8]

Da im Auftragsrecht eine Regelung über die stillschweigend vereinbarte Vergütung fehlt, sind §§ 612 und 632 anwendbar.[9] Deshalb gilt auch bei einer Geschäftsbesorgung eine Vergütung als stillschweigend vereinbart, wenn die Geschäftsbesorgung den Umständen nach nur gegen Vergütung zu erwarten ist.

---

6 BGHZ 52, 359, 361.
7 *MüKo/Heermann*, § 675 BGB Rn. 52; *Palandt/Sprau*, § 675 BGB Rn. 9.
8 *Jauernig/Mansel*, § 675 BGB Rn. 10.
9 *Jauernig/Mansel*, § 675 BGB Rn. 9.

**813 a** Der entgeltliche Geschäftsbesorgungsvertrag gehört zu den Verträgen ohne gesetzliche Gewährleistungsvorschriften (dazu oben § 26 I 2). Die Gewährleistungsregeln des Werkvertrages mit der Betonung der Mängelbeseitigung (§§ 633 ff.) passen für den Geschäftsbesorgungsvertrag nicht. Deshalb richten sich die Rechtsfolgen der vom Beauftragten zu vertretenden Schlechtleistung vorbehaltlich der deliktischen Ansprüche allein nach dem Pflichtverletzungsrecht der §§ 280 ff. Wenn ein Steuerberater oder ein Rechtsanwalt mangelhaft leistet, ergeben sich die Rechtsfolgen aus den §§ 280 ff. Der Geschäftsbesorger haftet also nicht nur für die Verletzung der Nebenpflichten (§ 241 Abs. 2), sondern auch für die Schlechtleistung nach § 280 ff.

**Beispiel:** Mandant M verliert einen wichtigen Prozess, weil sein Anwalt R eine Frist versäumt hat. Hier hat der Anwalt R in Erfüllung seiner Pflichten aus einem Geschäftsbesorgungsvertrag mangelhaft geleistet; er hat einen Fehler begangen, was er zu vertreten hat. M kann von R deshalb unter den Voraussetzungen der §§ 280, 281 Schadensersatz bzw. Schadensersatz statt der Leistung verlangen.

## III. Der Zahlungsdienstevertrag als Sonderform des entgeltlichen Geschäftsbesorgungsvertrages

### 1. Überblick

**814** Der Zahlungsdienstevertrag bildet die Grundlage für alle im bargeldlosen Zahlungsverkehr praxisrelevanten Zahlungsinstrumente. Dazu gehören u.a. Überweisungen, Lastschriften und Kartenzahlungen.[10] § 675 c stellt klar, dass es sich bei diesem Vertrag um einen **Geschäftsbesorgungsvertrag** handelt, auf den die Vorschriften der §§ 663, 665 bis 670 und 672 bis 674 entsprechend anzuwenden sind, soweit sich aus den ausführlichen Regelungen der §§ 675 d ff. nichts anderes ergibt.

### 2. Der Inhalt des Zahlungsdienstevertrages

**815** Unter den Begriff **Zahlungsdienste** fallen alle Varianten des bargeldlosen Zahlungsverkehrs, die ein Zahlungsdienstleister erbringt, um die Übertragung von Buchgeld zwischen zwei Zahlungsdienstnutzern zu ermöglichen. Dazu gehören Zahlungen per Überweisung, Lastschrift und Kartenzahlungen.[11] Vertragspartner sind ein **Zahlungsdienstleister** – vor allem Banken – und **Zahlungsdienstnutzer**. Letztere sind alle natürlichen und juristischen Personen, die als Zahler oder Zahlungsempfänger Zahlungsdienste in Anspruch nehmen.

§ 675 f sieht sowohl Einzelzahlungsverträge (Abs. 1) als auch Rahmenzahlungsverträge (Abs. 2) vor. Letztere dürften in der Praxis die Regel bilden.

---

10 NK-BGB/Anna-Maria Beesch BGB § 675 f Rn. 7.

11 *Jauernig/Berger*, § 675 f BGB Rn. 1.

### 3. Rechte und Pflichten

Die Hauptpflicht des Zahlungsdienstleisters besteht darin, Zahlungsvorgänge für den Zahlungsdienstnutzer auszuführen (§ 675 f Abs. 1 und Abs. 2). Nach § 675 s schuldet der Zahlungsdienstleister nicht nur die Ausführung des Zahlungsauftrages, sondern auch den Erfolg in Form des vollständigen und fristgerechten Eingangs der Zahlung beim Zahlungsdienstleister des Empfängers.[12] **816**

Die Hauptpflicht des Zahlungsdienstnutzers ist die Entrichtung des vereinbarten Entgelts (§ 675 Abs. 4).

Jeder Zahlungsauftrag bedarf einer **Autorisierung.** Das bedeutet, der Zahlungsauftrag ist gegenüber dem Zahler nur wirksam, wenn er diesem zugestimmt hat (§ 675 j Abs. 1). Die Zustimmung ist unter den Vorgaben der §§ 675 j Abs. 2, 675 p widerruflich.

Der Zahlungsdienstnutzer kann den **Zahlungsdienstrahmenvertrag** jederzeit, d.h. auch wenn er für eine bestimmte Zeit geschlossen ist, ohne Einhaltung einer Kündigungsfrist kündigen, es sei denn, es ist eine Kündigungsfrist vereinbart, die aber nicht mehr als einen Monat betragen darf (§ 675 h).

### 4. Haftungsprobleme

§§ 675 u bis 675 y regeln Ansprüche des Zahlungsdienstnutzers gegen den Zahlungsdienstleister wegen mangelhaft durchgeführter oder nicht autorisierter Zahlungsaufträge. Es handelt sich dabei um eine verschuldensunabhängige Haftung. Die Beweislast regelt § 676. **817**

Folgeschäden, die auf Verzug beruhen, fallen nicht unter §§ 675 u ff. Der Zahlungsdienstleister kann wegen des Verzögerungsschadens allerdings aus § 280 haften. Er muss in einem solchen Fall die begangene Pflichtverletzung zu vertreten haben.[13]

### 5. Die Zahlung mit einer Kreditkarte

Der Zahlung auf eine Forderung mit einer Kreditkarte liegt in der Regel ein **Dreiecksverhältnis** zugrunde. Dieses besteht aus dem Kreditkartenunternehmen, dem Vertragsunternehmen (das sind die Händler und Dienstleister als Vertragspartner des Kreditkartenunternehmens) und dem Karteninhaber. Das Kreditkartenverfahren soll die bargeldlose Zahlung des Karteninhabers an das Vertragsunternehmen ermöglichen. Die Kreditkarte hat also die Funktion des Bargeldersatzes.[14] **817 a**

Die rechtliche Konstruktion, die ein solches Verfahren ermöglicht, ist nicht ganz einfach und war lange Zeit umstritten. Der Vertrag zwischen dem Karteninhaber

---

12 *Jauernig/Berger*, § 675 f BGB Rn. 13.

13 *Jauernig/Berger*, Anm. 2 zu §§ 675 z – 676 c BGB.

14 BGHZ 150, 286, 291 f.

und dem Kreditkartenunternehmen ist ein **Geschäftsbesorgungsvertrag** im Sinne des § 675 Abs. 1.[15] Die Geschäftsbesorgung besteht in der Zahlung des Kreditkartenunternehmen an das Vertragsunternehmen (Händler oder Dienstleister) auf eine Forderung dieses Unternehmens an den Karteninhaber. Das Kreditkartenunternehmen zahlt an das Vertragsunternehmen also auf eine Verbindlichkeit des Karteninhabers. Das Kreditkartenunternehmen hat nach der Zahlung an das Vertragsunternehmen einen Aufwendungsersatzanspruch nach §§ 675, Abs. 1, 670 auf Erstattung dieser Zahlung.[16]

**817 b** Der Vertrag zwischen dem Kreditkartenunternehmen und dem Vertragsunternehmen wird als **Akquisitionsvertrag** qualifiziert, in dem rahmenmäßig das aufschiebend bedingte (§ 158 Abs. 1) Versprechen vereinbart wird, dass durch die Einreichung ordnungsgemäßer Belastungsbelege (die aufschiebende Bedingung) in jedem Einzelfall die Zahlungsverpflichtung des Kreditkartenunternehmens entsteht.[17] Weil der Vertragswille der Parteien des Akquisitionsvertrages darauf gerichtet ist, eine von der vorherigen Inanspruchnahme des Karteninhabers unabhängige Leistungspflicht des Kreditkartenunternehmens entstehen zu lassen, wird das Leistungsversprechen des Kreditkartenunternehmens als **abstraktes Schuldversprechen** im Sinne des § 780 (dazu unten § 39 II) angesehen.[18]

Nach alledem ist festzuhalten: Benutzt ein Käufer dem Verkäufer gegenüber eine Kreditkarte, um den Kaufpreis zu begleichen, so erfolgt die Zahlung durch das Kreditkartenunternehmen an den Verkäufer aufgrund eines abstrakten Schuldversprechens, welches im Rahmen eines Akquisitionsvertrages, der zwischen dem Vertragsunternehmen (hier Verkäufer) und dem Kreditkartenunternehmen vereinbart worden ist. Das Schuldversprechen ist allerdings aufschiebend bedingt i.S. des § 158 Abs. 1. Die Zahlungspflicht des Kreditkartenunternehmens entsteht in jedem Einzelfall mit der Einreichung ordnungsgemäßer Belastungsbelege.[19] Nach der Zahlung des Kreditkartenunternehmens an das Vertragsunternehmen erwirbt das Kreditkartenunternehmen einen Aufwendungsersatzanspruch nach §§ 675, Abs. 1, 670 gegen den Karteninhaber.

**Lösung zu Fall 32:** Fraglich ist, ob A von R wegen der fehlerhaften Auskunft Schadensersatz nach § 280 verlangen kann. Die Haftung könnte gemäß § 675 Abs. 2 ausgeschlossen sein. Dann dürfte aber zwischen A und R kein Schuldverhältnis zustande gekommen sein. Es ist davon auszugehen, dass Auskünfte, Rat und Empfehlungen, die im Bereich des Wirtschaftsverkehrs insbesondere von Personen mit besonderer Sachkunde im Rahmen ihres Berufs oder Gewerbes

15 BGHZ 150, 286, 293.
16 BGHZ 150, 286, 293.
17 BGHZ 150, 286, 294.
18 BGHZ 150, 286, 294 f.
19 Zu alledem BGHZ 150, 286 ff. mit Nachw.

gegeben werden, im Zweifel auf vertraglicher Grundlage beruhen. R hat die Auskunft anlässlich eines gesellschaftlichen Zusammentreffens in privater Sphäre nebenbei erteilt. R ist zwar eine Person mit besonderer Sachkunde auf dem Gebiet, aus dem die Frage des A stammt. Er hat die Auskunft aber nicht im Rahmen seiner Berufsausübung gegeben; er hat dem A lediglich eine Gefälligkeit erwiesen. Auch bei objektiver Betrachtung ist nicht davon auszugehen, dass A und R die Auskunft zum Gegenstand vertraglicher Rechte und Pflichten machen wollten. Da der Rat aus Gefälligkeit und nicht in Erfüllung einer vertraglichen Verpflichtung erteilt worden ist, haftet R gemäß § 675 Abs. 2 nicht. A kann also von R nicht Schadensersatz verlangen.

# § 35 Die Geschäftsführung ohne Auftrag

**Schrifttum:** Die GoA-Rechtsprechung am Scheideweg, JuS 2003, 833; *Hey*, Die Geschäftsführung ohne Auftrag, JuS 2009, 400; *Schmidt*, Der Anwendungsbereich der berechtigten GoA, JuS 2004, 862.

***Fall 33:*** *E ist Eigentümer eines Hanggrundstücks, das unmittelbar oberhalb einer stark befahrenen Hauptverkehrsstraße gelegen ist. Während eines längeren Kuraufenthalts von E droht der Berghang infolge tagelanger Regenfälle abzurutschen. Nachbar N erkennt die Gefahr und schildert E telefonisch die dramatische Situation. Er teilt dem E mit, er würde gerne einen Befestigungszaun errichten, um das Grundstück zu sichern und um Sicherheit für die darunterliegende Straße zu gewähren. E ist jedoch nicht einverstanden. Er sagt dem N, er solle nichts unternehmen. N lässt den Befestigungszaun dennoch errichten. Hat er einen Anspruch auf Erstattung der hierfür aufgewendeten Kosten gegen E?*

## I. Überblick

Mit der Regelung über die Geschäftsführung ohne Auftrag (GoA) trifft das BGB einen Interessenausgleich für die Fälle, in denen jemand durch eine Handlung in die Rechtssphäre eines anderen eingreift, ohne von diesem dazu beauftragt oder sonst dazu berechtigt zu sein (§ 677). Ist der Geschäftsführer vom Geschäftsherrn bereits mit der Geschäftsführung beauftragt oder ihm gegenüber sonst dazu berechtigt, kann kein Fall der GoA vorliegen. **818**

Das BGB unterscheidet zwischen der **berechtigten GoA** einerseits und der **unberechtigten GoA** andererseits:

- Liegt die Übernahme der Geschäftsführung im Interesse des Geschäftsherrn und entspricht sie seinem wirklichen oder mutmaßlichen Willen (§ 683 S. 1), so handelt es sich um einen Fall der berechtigten GoA. Zwischen dem Geschäftsführer und dem Geschäftsherrn kommt dann **kein** Vertrag, sondern ein **gesetzliches Schuldverhältnis** zustande, das einen auftragsähnlichen Charakter hat.

- Entspricht die Übernahme nicht dem wirklichen oder mutmaßlichen Willen des Geschäftsherrn, fehlt der Berechtigungsgrund; es handelt sich dann um eine unberechtigte GoA. Ein gesetzliches Schuldverhältnis der GoA zwischen den Beteiligten entsteht nicht; ihre Beziehungen werden im Wesentlichen nach den §§ 812 ff. (ungerechtfertigte Bereicherung) und gegebenenfalls auch über §§ 823 ff. abgewickelt (vgl. auch § 684).
- § 687 regelt schließlich Fälle der Eigengeschäftsführung, nämlich Sachverhalte, in denen jemand ein fremdes Geschäft als ein eigenes führt. Dabei wird zwischen der irrtümlichen und der unerlaubten Eigengeschäftsführung unterschieden.

Die folgenden Ausführungen beschränken sich auf die berechtigte GoA.

## II. Die berechtigte Geschäftsführung ohne Auftrag

### 1. Die Voraussetzungen

#### a) Die Besorgung eines fremden Geschäfts

819 Der Begriff der **Geschäftsbesorgung** entspricht dem des § 662, d.h. er umfasst rechtsgeschäftliche und tatsächliche Handlungen.

Gemäß § 677 muss es sich um ein **fremdes Geschäft** handeln. Dazu zählen alle Angelegenheiten, die nicht ausschließlich solche des Geschäftsführers selbst sind, sondern zumindest auch in den Sorgebereich eines anderen fallen[1].

> **Beispiel:** Der Reeder R, dessen Kapitän das ihm anvertraute Schiff zu Rettungszwecken verwendet, besorgt ein Geschäft des Reeders X, dessen Schiff in Seenot gerät, wenn dadurch Personen auf diesem Schiff gerettet werden; denn der Reeder X ist zur Rettung dieser Personen verpflichtet[2].

GoA liegt auch vor, wenn nicht nur ein fremdes, sondern teilweise auch ein eigenes Geschäft besorgt wird. Das gilt auch für den Fall, dass der Handelnde „vornehmlich zur Wahrnehmung eigener Belange und nur nebenbei auch im Interesse eines anderen tätig wird“[3].

#### b) Der Fremdgeschäftsführungswille

820 Der Geschäftsführer muss den Willen und das Bewusstsein haben, die Angelegenheiten eines anderen zu besorgen oder doch mitzubesorgen. Der Wille, ein

1 Vgl. *Jauernig/Mansel*, § 677 BGB Rn. 3.
2 So BGHZ 57, 368.
3 So BGHZ 40, 28, 30; vgl. auch BGHZ 82, 323, 330.

fremdes Geschäft zu besorgen, wird vermutet, wenn es sich objektiv um ein fremdes Geschäft handelt. Dasselbe gilt für den Willen, ein fremdes Geschäft mitzubesorgen, wenn es sich um ein objektiv auch-fremdes Geschäft handelt[4].

#### c) Wille und Interesse des Geschäftsherrn

Berechtigt ist die GoA nur dann, wenn sie dem Interesse und dem wirklichen oder mutmaßlichen Willen des Geschäftsherrn entspricht (§§ 677, 683). Beide Voraussetzungen müssen im Zeitpunkt der Übernahme der Geschäftsführung vorhanden sein. **821**

Die Übernahme muss im **objektiven Interesse** des Geschäftsherrn liegen. Dabei ist die Gesamtlage des Geschäftsherrn zu beachten. Insofern enthält der objektive Maßstab des Interesses notwendigerweise auch subjektive Elemente[5].

Zu dem Interesse muss der tatsächliche oder mutmaßliche Wille des Geschäftsherrn hinzukommen. Der mutmaßliche Wille ist nur dann von Bedeutung, wenn der wirkliche Wille nicht erkennbar ist. Um den mutmaßlichen Willen feststellen zu können, muss danach gefragt werden, ob der Geschäftsherr bei objektiver Berücksichtigung aller Umstände der Geschäftsführung zugestimmt hätte.

Von dem Erfordernis des Willens ist allerdings unter den in § 679 genannten Voraussetzungen abzusehen.

### 2. Rechtsfolgen der berechtigten GoA

Gemäß § 677 hat der Geschäftsführer die Geschäfte ordnungsgemäß zu führen. **822**
Aus § 681 ergeben sich eine Anzeigepflicht und Nebenpflichten, wie z.B. Auskunfts- und Rechenschaftspflichten (Verweisung auf § 666). Der Geschäftsführer muss wie der Beauftragte das aus der Geschäftsführung Erlangte herausgeben (Verweisung auf § 667).

Der Geschäftsführer kann gemäß § 683 Ersatz seiner Aufwendungen verlangen.

> **Beispiel:** Angenommen, in **Fall 33** lässt der N den Schutzzaun durch die A-GmbH errichten. Falls er die hierdurch entstehenden Kosten aus eigener Tasche bezahlt, handelt es sich um Aufwendungen i.S.v. § 670.

Wie oben schon erwähnt, entsteht bei der GoA zwischen dem Geschäftsherrn und dem Geschäftsführer ein gesetzliches Schuldverhältnis. Infolgedessen haben die daran Beteiligten die sich aus § 241 Abs. 2 ergebenden **Schutzpflichten** zu beachten. Verletzt der Geschäftsführer seine Pflichten einschließlich der Schutz- und Obhutpflichten aus § 241 Abs. 2, so können Schadensersatzansprüche aus § 280 entstehen. Allerdings hat der Geschäftsführer nach § 680 nur Vorsatz und grobe Fahrlässigkeit zu vertreten, wenn die Geschäftsführung der Abwendung

4 So BGHZ 40, 28, 31; 98, 235, 240.
5 So *MüKo/Seiler*, § 683 BGB Rn. 4.

einer drohenden dringenden Gefahr für die Person oder das Vermögen des Geschäftsherrn diente.

> **Beispiel:** A sieht aus einem auf Kippe gestellten Fenster des Nachbarhauses, das der N bewohnt, dichten Rauch entweichen. A vermutet einen Zimmerbrand. N hatte im Wohnzimmer mit feuchtem Holz ein Feuer im Kamin angezündet und in der Küche weilend vergessen, die Abzugöffnung weit zu stellen. A läutet bei N, der jedoch nichts hört, weil er Musik aus seinem iPod hört. Daraufhin schlägt A ein Fenster ein und dringt in das Haus ein, um das Feuer zu löschen. N versucht gemäß §§ 280, 241 Abs. 2 oder nach § 823 Abs. 1 Schadensersatz in Höhe von 750 € für die Reparatur des Fensters zu erhalten. Für das Entstehen beider Ansprüche ist Verschulden erforderlich. Hier hat A lediglich leicht fahrlässig gehandelt. Deshalb greift die Haftungsmilderung des § 680. Es ist deshalb kein Schadensersatzanspruch entstanden.

**822 a** §§ 683, 670 kann der Geschäftsführer Ersatz seiner Aufwendungen verlangen, sofern die Voraussetzungen der berechtigten GoA vorliegen. Aufwendungen sind definiert als freiwillige Vermögensopfer. Problematischer gestalten sich Konstellationen, in denen der Geschäftsführer ein unfreiwilliges Vermögensopfer erleidet.

> **Beispiel:** A rettet den B aus einem brennenden Haus. Hierbei versengt sich A seine 500 € teure Jacke.

Nach herrschender Ansicht sind jedoch, über den Wortlaut des § 670 hinaus, auch Schäden (unfreiwillige Vermögensopfer) erfasst, solange sich in dem Schaden eine typischerweise mit der Geschäftsführung zusammenhängende Gefahr realisiert hat.

> Im oben genannten **Beispiel** kann A von B 500 € aus §§ 683, 670 für die zerstörte Jacke verlangen, da mit der Rettung aus dem brennenden Haus typischerweise zusammenhängt, dass Kleidung, wie z.B. eine Jacke, durch den Brand versengt wird.

**Lösung zu Fall 33:** N könnte gegen E einen Anspruch auf Zahlung der für den Bau des Befestigungszaunes angefallen Kosten aus §§ 677, 683, 670 erworben haben. In der Errichtung des Zauns auf dem Grundstück des E zur Sicherung des Grundstücks des E liegt ein für N jedenfalls auch fremdes Geschäft. Dieser Tatsache war N sich auch bewusst. Er wollte ein Geschäft des E führen, so dass auch der Fremdgeschäftsführungswille vorlag. Fraglich ist, ob die Geschäftsführung dem Interesse und dem wirklichen oder mutmaßlichen Willen des E entsprach. Das objektive Interesse geht dahin, das Grundstück gegen Abrutschen zu sichern, um somit Schäden von dem Grundstück selbst und Schäden von der unterhalb des Grundstücks gelegenen Straße und von Passanten abzuwehren. Fraglich ist, ob der wirkliche oder der mutmaßliche Wille des E dahin ging, dass der Zaun zur Sicherung errichtet wird. Bei dieser Frage ist in erster Linie auf den wirklichen Willen des Geschäftsherrn abzustellen. Erst, wenn dieser für den Geschäftsführer nicht erkennbar ist, ist nach dem mutmaßlichen Willen zu fragen. Hier ging der tatsächliche Wille des E dahin, den Zaun nicht zu bauen. Dies war dem N auch bekannt. Die Errichtung des Zauns entsprach daher nicht dem wirklichen Willen. Es könnte aber sein, dass dieser entgegenstehende wirkliche Wille ausnahmsweise unbeachtlich ist nach § 679. Dies ist der Fall, wenn ohne die Geschäftsführung eine Pflicht des Geschäftsherrn, die im öffentlichen Interesse liegt, nicht rechtzeitig erfüllt würde. Das drohende Abrutschen des Berghangs bedeutete eine akute Gefahr für die Verkehrsteilnehmer, welche die unterhalb des Grundstücks des E befindliche Straße benutzen, und duldete daher keinen Aufschub einer Inangriffnahme von Schutzmaßnahmen bis zur Rückkehr von E. Die Errichtung des Schutzzaunes liegt daher im öffentlichen Interesse. Der entgegenstehen Wille des E ist daher unbeachtlich. Die Voraussetzungen für die Annahme einer GoA liegen daher vor. Deshalb hat E dem N dessen Aufwendungen nach §§ 683, 670 wie einem Beauftragten zu ersetzen.

Also hat N gegen E einen Anspruch aus §§ 677, 683, 670 auf Erstattung der Errichtungskosten.

# § 36 Der Maklervertrag

**Schrifttum:** *Waibel/Reichstädter*, Maklerrecht im Überblick, Jura 2002, 649; *Weishaupt*, Der Maklervertrag im Zivilrecht, JuS 2003, 1166.

***Fall 34:*** *A ist auf der Suche nach einem Grundstück mit einer Villa. Er schließt daher mit dem Makler M einen Maklervertrag. M empfiehlt dem A ein den Wünschen des A entsprechendes Grundstück. A begibt sich mit seiner Frau F zu dem Eigentümer des von M nachgewiesenen Grundstücks. Der Kaufvertrag wird lediglich von F, nicht aber von A unterschrieben, so dass lediglich F Käuferin des Grundstücks wird. Sowohl A als auch F beziehen die Villa. M verlangt von A Zahlung des Maklerlohnes. A verweist darauf, dass er die Villa nicht gekauft habe und M nur mit ihm, nicht mit F, einen Maklervertrag geschlossen habe.*

## I. Überblick

Das Maklerrecht spielt im Wirtschaftsleben der Bundesrepublik Deutschland eine bedeutende Rolle. Es gibt nicht nur den Immobilienmakler, der Hilfestellung bei Verträgen über die Veräußerung oder Vermietung von Grundstücken und Wohnungen bietet. U.a. nehmen die Tätigkeiten der Hypothekenmakler und Finanzierungs- bzw. Kreditmakler (sie vermitteln Kredite vor allem für die Anschaffung von Sachen) einen bedeutsamen Platz im Wirtschaftsleben ein. **823**

Gesetzliche Bestimmungen über das Maklerrecht finden sich u.a. im BGB (§§ 652 ff.) und im HGB (Handelsmakler, §§ 93 ff.). Die Makler betrachten die im Gesetz enthaltene Regelung häufig als für sie ungünstig und versuchen, die gesetzliche Regelung durch Allgemeine Geschäftsbedingungen zu ihren Gunsten abzuändern. Rechtsprechung und Gesetzgebung haben diesen Versuchen Grenzen gesetzt.

## II. Das Maklerrecht des BGB

### 1. Der Maklervertrag

**824** Gemäß § 652 besteht aufgrund des zwischen dem Makler und dem Auftraggeber geschlossenen Maklervertrages die Leistung des Maklers darin, dass er dem Auftraggeber einen Vertragspartner nachweist oder vermittelt.

Als **Nachweismakler** wird derjenige Makler tätig, der dem Auftraggeber eine Gelegenheit zum Abschluss eines Vertrages zur Kenntnis bringt. Durch den Nachweis werden Angebot und Nachfrage zusammengeführt. Der Nachweis umfasst die Ermittlung und Bezeichnung von Personen, die zu dem in Frage stehenden Vertragsschluss bereit sind.

Der Makler erwirbt den Provisionsanspruch schon dann, wenn er den Auftraggeber von der Vertragsmöglichkeit in Kenntnis setzt und der Vertrag anschließend infolge des Nachweises zustande kommt.

**Beispiel:** A möchte eine Lagerhalle mieten. Er beauftragt den Makler M, ihm (dem A) „ein geeignetes Objekt zu beschaffen". M weiß, dass E eine Lagerhalle vermieten möchte, die den Bedürfnissen des A entspricht. Er nennt dem A die Adresse des E mit dem Hinweis, E suche einen Mieter für seine Halle. A verhandelt mit E. Sie schließen, nachdem sie sich geeinigt haben, einen Mietvertrag ab. Hier ist M als Nachweismakler tätig geworden. Da der Nachweis des Maklers M für den Abschluss des Mietvertrages zwischen A und E ursächlich ist, hat M einen Provisionsanspruch erworben.

**825** Von der Vermittlung eines Vertrages **(Vermittlungsmakler)** kann nur gesprochen werden, wenn der Makler mit dem Ziel, einen Vertrag zwischen Auftraggeber und Drittem zustande zu bringen, mit beiden möglichen Parteien verhandelt[1]. Dazu gehört, dass der Makler nach der Entgegennahme dieses Auftrages persönlich oder durch andere Verbindung zu einem Dritten aufnimmt und auf ihn einwirkt, einen Vertrag mit dem Auftraggeber abzuschließen[2].

**Beispiel** wie das vorhergehende **Beispiel**, aber: A beauftragt M, einen potenziellen Vertragspartner zum Abschluss eines Mietvertrages zu bewegen. M beschränkt sich deshalb nicht nur darauf, dem A die Adresse des E mitzuteilen, sondern spricht zunächst mit E und dann mit A, um beiden deutlich zu machen, dass der Abschluss eines Mietvertrages den Interessen beider (denen des E und denen des

1 So BGH MDR 1968, 405.

2 *Weishaupt*, JuS 2003, 1167.

A) gerecht wird. Anschließend einigen sich A und E auf den Abschluss eines Mietvertrages. Hier ist M als Vermittlungsmakler tätig geworden, denn er hat mit beiden potenziellen Vertragspartnern verhandelt, um sie einem Vertragsschluss geneigt zu machen.

### 2. Der Maklerlohnanspruch

#### a) Die gesetzliche Regelung

Gemäß § 652 müssen folgende Voraussetzungen erfüllt sein, damit ein Anspruch des Maklers auf Zahlung von Maklerlohn gegen den Auftraggeber entsteht: **826**

a) der Auftraggeber muss mit dem Dritten, den ihm der Makler nachgewiesen oder vermittelt hat, einen Vertrag abgeschlossen haben und

b) die Tätigkeit des Maklers muss für das Zustandekommen gerade dieses Vertrages **ursächlich** gewesen sein.

Trotz eines Nachweises zum Abschluss eines geeigneten oder gar für den Auftraggeber günstigen Vertrages ist der Auftraggeber nicht verpflichtet, die nachgewiesene oder vermittelte Gelegenheit zum Abschluss eines Vertrages wahrzunehmen und dadurch den Maklerlohn entstehen zu lassen.

Es kommt vor, dass der Hauptvertrag, also der vom Makler nachgewiesene oder vermittelte Vertrag zwischen dem Auftraggeber und dem Dritten nicht vom Auftraggeber selbst, sondern von einer diesem wirtschaftlich oder persönlich eng verbundenen Person abgeschlossen wird. Solche Verträge sind unter dem Gesichtspunkt der **persönlichen Identität** zu beurteilen.[3] Bei wertender Betrachtung kann dieser Hauptvertrag als gleichwertig anzusehen sein.[4] Unproblematisch ist es, wenn ein Rechtsnachfolger des Auftraggebers, etwa ein Erbe, den Vertrag abschließt.[5] Unter persönlicher Identität sind die Fälle zu fassen, in denen eine Rechtsnachfolge nicht vorliegt und durch die Wertung ersetzt werden muss. Hier ist vor allem der Bereich der persönlichen Bindungen angesprochen. Dazu zählt, dass der Partner des Hauptvertrages mit dem Auftraggeber des Maklers verheiratet ist.[6] **826 a**

Nach § 653 Abs. 1 besteht eine gesetzliche Vermutung für die Entgeltlichkeit des zustande gekommen Maklervertrages.

#### b) Vereinbarungen über dem Maklerlohn

Grundsätzlich sind Vereinbarungen über die Vergütung des Maklers, die von der gesetzlichen Regelung abweichen, zulässig. Eine erfolgsunabhängige Provision **826 b**

3 BeckOK/Kotzian-Marggraf BGB § 652 Rn. 30–32.

4 BGH NJW-RR 1997, 1276; 1998, 411.

5 BeckOK/Kotzian-Marggraf BGB § 652 Rn. 30–32.

6 BeckOK/Kotzian-Marggraf BGB § 652 Rn. 30–32; BGH NJW 1976, 1845.

des Maklers kann nicht ohne weiteres vereinbart werden, weil dies dem gesetzlichen Leitbild des Maklervertrages widerspricht.[7]

Der Makler hat nach § 652 Abs. 2 kraft Gesetzes keinen Anspruch auf Ersatz seiner Aufwendungen, es sei denn, es ist eine entsprechende Vereinbarung getroffen worden. Entsteht ein Aufwendungsersatzanspruch durch eine solche Vereinbarung, bezieht dieser sich allerdings nur auf einen mäßigen zulässigen Höchstbetrag.[8]

### 3. Doppeltätigkeit des Maklers (§ 654)

**826 c** Wenn nichts anderes vereinbart worden ist, darf der Makler nur für seinen Auftraggeber tätig werden. Will der Makler eine Doppeltätigkeit ausüben, also auch noch für einen Dritten – einen potenziellen Vertragspartner seines ersten Auftraggebers – tätig werden, bedarf es dazu des Einverständnisses beider Parteien. Ein solcher Doppelauftrag muss für beide Seiten erkennbar sein und setzt weiterhin voraus, dass die Auftraggeberinteressen durch den Makler nicht verletzt werden. Fehlt es an den genannten Voraussetzungen, ist der Anspruch auf Maklerlohn und gegebenenfalls auch auf den Aufwendungsersatz verwirkt (§ 654).

**Beispiel:** E möchte sein bebautes Grundstück veräußern, das einen Taxwert von 530.000 € hat. Er beauftragt den Makler M entsprechend. A möchte ein Grundstück dieser Art erwerben, aber möglichst preiswert, und hatte dazu ebenfalls den M beauftragt. Weder E noch A wissen, dass M für beide Seiten tätig wird. A möchte nicht mehr als 470.000 € ausgeben. M vermittelt einen Kaufvertrag zwischen A und E, der notariell beurkundet wird; der Kaufpreis beträgt schließlich 480.00 €. Nach Vertragsschluss erfährt E, dass ein Nachbar N, für das Grundstück 550.000 € bezahlt hätte. M verlangt von E den Maklerlohn (5 % = 24.000 €). Zu Recht? Hier hat M als Makler eine nicht erlaubte Doppeltätigkeit ausgeübt. Eine solche ist nach § 654 untersagt, es sei denn, beide Auftraggeber sind damit einverstanden und die Auftraggeberinteressen werden durch die Doppeltätigkeit des Maklers nicht verletzt. Davon kann hier keine Rede sein. Infolgedessen ist der Maklerlohnanspruch nach § 654 verwirkt. M kann von E nichts verlangen.
*(Ob E von M Schadensersatz aus § 280 wegen Pflichtverletzung verlangen kann, soll hier außer Betracht bleiben).*

### 4. Der Darlehensvermittlungsvertrag

**827** Ein Darlehensvermittlungsvertrag liegt nach § 655 a vor, wenn ein Unternehmer (§ 14) einem Verbraucher (§ 13) gegen Entgelt einen Darlehensvertrag vermittelt oder ihm die Gelegenheit zum Abschluss eines Darlehensvertrages nachweist. Von dieser Definition erfasst sind also Nachweis- und Vermittlungsmakler. Es handelt

7 *Jauernig/Mansel*, § 652 BGB Rn. 29.

8 *Jauernig/Mansel*, § 652 BGB Rn. 31 f.

sich um einen **Spezialfall des Maklervertrages als Verbrauchervertrag**, dessen Vorschriften den Verbraucher stärker schützen sollen. Dieser Schutz wird u.a. dadurch erreicht, dass dem Verbraucher ein Widerrufsrecht im Sinne des § 355 im Hinblick auf den Verbraucherdarlehensvertrag selbst (§§ 491, 495) eingeräumt wird (§ 655 c).

Der Darlehensvermittlungsvertrag bedarf der Schriftform und muss eine Reihe von Informationen enthalten (§ 655 b). Der Verbraucher ist zur Zahlung der Vergütung an den Makler nur verpflichtet, wenn das vermittelte oder nachgewiesene Darlehen tatsächlich geleistet wird und der Widerruf nach § 355 nicht mehr möglich ist (§ 655 c). Die Vorschriften der §§ 655 a bis 655 d sind insofern zwingendes Recht, als von ihnen nicht zum Nachteil der Verbraucher abgewichen werden kann (§ 655 e Abs. 1).

## III. Der Handelsmakler § 93 ff. HGB

Der Handelsmakler vermittelt für andere Verträge über Gegenstände des Handelsverkehrs, ohne von den Auftraggebern ständig damit betraut zu sein § 93 Abs. 1 HGB. **827 a**

Im Gegensatz zum Makler im Sinne des § 652 BGB (Zivilmakler) besteht die Tätigkeit des Handelsmaklers in der **Vermittlung von Verträgen**, nicht im Nachweis. Wie oben (§ 36 II 19) schon erwähnt, bedeutet Vermittlung eines Vertrages, dass der Makler mit dem Ziel, einen Vertrag zwischen Auftraggeber und Drittem zustande zu bringen, mit beiden möglichen Parteien verhandelt[9]. Dazu gehört, dass der Makler nach der Entgegennahme dieses Auftrages persönlich oder durch andere Verbindung zu einem Dritten aufnimmt und auf ihn einwirkt, einen Vertrag mit dem Auftraggeber abzuschließen[10].

Als **Gegenstände des Handelsverkehrs** nennt § 93 Abs. 1 HGB ausdrücklich die **827 b**
Anschaffung oder Veräußerung von Waren (Warenmakler) oder Wertpapieren (Effektenmakler, Börsenmakler), Verträge über Versicherungen, Güterbeförderungen und Schiffsmiete. Als sonstige Gegenstände des Handelsverkehrs im Sinne des § 93 Abs. 1 HGB kommen u.a. Bankkredite und Patente in Betracht. Auf die Vermittlung von Geschäften über Grundstücke finden die Vorschriften über den Handelsmakler keine Anwendung (§ 93 Abs. 2 HGB).

**Gewerbsmäßig** handelt der Makler, wenn er eine fortgesetzte Tätigkeit ausübt, die in Gewinnerzielungsabsicht ausgeübt wird. Eine lediglich gelegentlich ausgeübte Tätigkeit als Makler reicht nicht aus.

Der Handelsmaklervertrag verpflichtet den Makler nicht zu einer Tätigkeit. Der **827 c**
Provisionsanspruch setzt allerdings voraus, dass durch die Vermittlung des Mak-

9 So BGH MDR 1968, 405.
10 *Weishaupt*, JuS 2003, 1167.

lers ein wirksamer Vertrag zwischen dem Auftraggeber und dem Dritten zustande kommt.

Im Gegensatz zum Zivilmakler (§ 652 BGB) ist dem Handelsmakler eine Doppeltätigkeit, also eine Tätigkeit auch für den Dritten als potenzieller Vertragspartner des Auftraggebers, erlaubt.

Der Handelsmakler haftet nach § 98 HGB jeder Partei gegenüber für Schäden, die er schuldhaft verursacht, also für Pflichtverletzungen. Bei § 98 HGB handelt es sich um eine Spezialnorm im Verhältnis zu § 280 BGB.

**Lösung zu Fall 34:** M könnte gegen A einen Anspruch auf Zahlung des Maklerlohnes nach § 652 Abs. 1 erworben haben. Ein entsprechender Maklervertrag ist zwischen A und M abgeschlossen worden. Fraglich ist aber, ob ein Kaufvertrag zustande gekommen ist, der die Zahlungspflicht auslöst. Vorliegend hat nicht A, sondern dessen Frau F das vom Makler empfohlene Grundstück samt Villa gekauft. Der Vertrag zwischen dem Auftraggeber und dem Dritten, ist also nicht vom Auftraggeber selbst, sondern von einer diesem wirtschaftlich und persönlich eng verbundenen Person abgeschlossen worden. Solche Verträge sind unter dem Gesichtspunkt der persönlichen Identität zu beurteilen. Darunter sind die Fälle zu fassen, in denen eine Rechtsnachfolge nicht vorliegt und durch die Wertung ersetzt werden muss. Hier ist vor allem der Bereich der persönlichen Bindungen angesprochen. Dazu zählt, dass der Partner des Hauptvertrages mit dem Auftraggeber des Maklers verheiratet ist. Das führt im zu erörternden Fall dazu, dass der Hauptvertrag genauso gewertet wird, als sei er vom Auftraggeber selbst abgeschlossen worden. Vertragspartner des M aus dem Maklervertrag bleibt ohnehin A, so dass sich der Anspruch auf Maklerlohn gegen A, nicht etwa gegen F, richtet. Also hat M einen Anspruch gegen A auf Zahlung des vereinbarten Maklerlohnes nach § 652 Abs. 1 BGB.

## § 37 Darlehen

**Schrifttum:** *Bülow*, Verbraucherkreditrecht im BGB, NJW 2002, 1145; *Coester-Waltjen*, Der Darlehensvertrag, Jura 2002, 675.

***Fall 35:*** *Unternehmer U braucht für eine schnelle Beförderung seiner gerade hergestellten Produkte zu einem Kunden dringend Europaletten. Er bittet seinen Freund F, der ebenfalls Europaletten verwendet, ihm kurzfristig 50 Stück zur Verfügung zu stellen; er (U) werde ihm in den nächsten Wochen 50 neue Paletten besorgen und zurückgeben und ihm auch ein Entgelt in Höhe von 1 € pro Palette zahlen. F ist einverstanden und lässt 50 Europaletten zu U bringen. Um welche Art Vertrag handelt es sich bei der Vereinbarung zwischen U und F?*

## I. Überblick

Das Darlehen ist ein schuldrechtlicher Vertrag, bei dem der Darlehensgeber dem Darlehensnehmer Geld oder vereinbarte vertretbare Sachen für eine gewisse Zeit zur Verfügung stellt. Der gewährte Geldbetrag oder, wenn Sachen Gegenstand des Vertrages sind, Sachen gleicher Art, Güte und Menge, sind zurückzuerstatten. Für die Überlassung des Geldbetrages oder der Sachen ist als Gegenleistung ein Entgelt bzw. sind Zinsen zu zahlen, es sei denn, das Darlehen wird zinslos gewährt Damit ist der Darlehensvertrag regelmäßig ein gegenseitig verpflichtender Vertrag. **828**

Es ist zu unterscheiden zwischen
- dem **Gelddarlehen** (§§ 488 ff.)
- und dem **Sachdarlehen** (§§ 607 ff.).

Beim Gelddarlehen ist dann noch einmal zu unterscheiden zwischen dem einfachen Darlehen (§§ 488 ff.) und dem **Verbraucherdarlehensvertrag** (§§ 491 ff), einem Verbrauchervertrag.

## II. Das Gelddarlehen

### 1. Die wirtschaftliche Bedeutung des Gelddarlehens

Die wirtschaftliche Bedeutung des Darlehens zeigt sich in der Vielgestaltigkeit der Sachverhalte, die nach rechtlicher Sicht als Darlehen zu beurteilen sind. So fallen unter das Darlehensrecht im Kreditverkehr etwa Personalkredite (die Sicherung erfolgt allein durch die Person des Darlehensnehmers, eines Bürgen oder eines Mitschuldners) und Bodenkredite (Sicherung durch Hypotheken und Grundschulden) der Banken und Sparkassen, sowie Bauspardarlehen und Teilzahlungskredite. Unter letzteren sind solche Darlehen zu verstehen, welche die Lieferung einer bestimmten Sache oder die Erbringung einer anderen Leistung gegen Teilzahlungen zum Gegenstand haben. **829**

Einlagen auf Girokonten und Spareinlagen werden als Fälle der Summenverwahrung im Sinne des § 700 angesehen, auf die wiederum die Vorschriften über das Darlehen (§§ 488 ff.) angewandt werden[1].

Schließlich fallen auch die sogenannten **öffentlichen Darlehen** unter das Darlehensrecht, bei denen der Staat, insbesondere aufgrund von staatlichen Kreditprogrammen, Personen (natürlichen und juristischen) Kredite aus öffentlichen Mitteln gewährt. Dabei handelt es sich in der Regel um ein zweistufiges Verfahren: Durch einen Verwaltungsakt (Bescheid) werden die öffentlichen Mittel bewilligt (1. Stufe); durch einen privatrechtlich ausgestalteten Darlehensvertrag wird der Bewilligungsbescheid vollzogen (2. Stufe)[2].

1 Vgl. BGHZ 84, 371, 373.
2 So BGHZ 92, 94, 95 f.

## 2. Das einfache Gelddarlehen

### a) Das Zustandekommen des Darlehensvertrages

830 Die Parteien des Darlehensvertrages müssen sich darüber einig sein,

1. dass der Darlehensgeber dem Darlehensnehmer einen bestimmten Geldbetrag überlässt
2. und dass letzterer den überlassenen Geldbetrag zurückzuerstatten und die vereinbarten Zinsen zu zahlen hat.

Der Darlehensvertrag ist, auch wenn es sich um ein nicht verzinsliches Darlehen handelt, ein zweiseitig verpflichtender Vertrag; wenn das Darlehen entgeltlich (verzinslich) ist, liegt ein gegenseitig verpflichtender Vertrag vor. Die vereinbarten Zinsen stellen die Gegenleistung für die Kapitalnutzung dar. Daraus folgt, dass auch die §§ 320 ff. anwendbar sind.

### b) Pflichten des Darlehensgebers

831 Der Darlehensgeber ist zum Verschaffen und zeitweiligen Belassen des Kapitals verpflichtet. Dabei wird die Darlehensvaluta dem Darlehensnehmer regelmäßig zu Eigentum übertragen. Eine Gutschrift auf dem Bankkonto des Darlehensnehmers steht dem gleich, wenn dieser über den gewährten Betrag verfügen kann.

Darlehensgeber und Darlehensnehmer können abweichend vom Regelfall auch vereinbaren, dass der Darlehensgeber seiner Überlassungspflicht dadurch nachkommt, dass er die Darlehensvaluta an einen Dritten leistet.

### c) Pflichten des Darlehensnehmers

832 Die Hauptverpflichtungen des Darlehensnehmers bestehen in der Rückerstattung des überlassenen Geldbetrages und in der Zahlung der vereinbarten Zinsen (§ 488). Bei Geld hat die Rückerstattung ohne Rücksicht auf Auf- oder Abwertung in der Währung zu erfolgen, in der sie gewährt wurde.

Zur Sicherung der Darlehensrückzahlungs- und Zinsforderungen lassen sich Kreditgeber in der Regel geeignete Sicherheiten, wie z.B. Bürgschaften, Grundpfandrechte (Hypotheken und Grundschulden) etc. gewähren.

### d) Die Beendigung des Darlehensvertrages

833 Der Darlehensvertrag kann außer durch Erfüllung und Aufhebungsvertrag durch Kündigung beendet werden. Das Kündigungsrecht des Darlehensnehmers und des Darlehensgebers ergibt sich aus §§ 488 ff. Die gesetzliche Kündigungsfrist beträgt drei Monate. Unter den in § 490 genannten Voraussetzungen steht einem Vertragspartner ein außerordentliches Kündigungsrecht zu.

Im Rahmen der Vertragsfreiheit können die Vertragsparteien eine von den gesetzlichen Regelungen abweichende Vereinbarung treffen.

### 3. Der Verbraucherdarlehensvertrag und verbundene Verträge

#### a) Der Verbraucherdarlehensvertrag

Gewährt ein Unternehmer (§ 14), wie z.B. eine Bank, einem Verbraucher (§ 13) ein Darlehen gegen Entgelt, so handelt es sich um einen Verbraucherdarlehensvertrag (§ 491), einen typischen Verbrauchervertrag. Denn dem Verbraucher ist nach § 495 ein **Widerrufsrecht** im Sinne des § 355 eingeräumt. **834**

Verbraucherdarlehensverträge bedürfen um wirksam zu sein der **Schriftform** (§ 492). Dieser ist auch genügt, wenn Angebot (Antrag) und Annahme der Beteiligten getrennt schriftlich erklärt werden.

#### b) Verbundene Verträge

Es kommt häufig vor, dass ein Käufer für die Zahlung des Kaufpreises einen Kredit benötigt. Einen solches Darlehen gewährt ihm in der Regel eine Bank, so dass an dem Geschäft drei Parteien beteiligt sind, nämlich Käufer und Verkäufer und die Bank. Der Kaufvertrag wird zwischen Verkäufer und Käufer und der Darlehensvertrag zwischen Käufer (Darlehensnehmer) und der Bank abgeschlossen. **834 a**

Häufig bedient sich der Kreditgeber bei den Vertragsverhandlungen des Verkäufers, etwa dadurch, dass der Verkäufer bei dem Abschluss des Kaufvertrages gleichzeitig als Vertreter des Kreditgebers auftritt. In Fällen dieser Art bilden der Kaufvertrag und der Darlehensvertrag ein **rechtlich verbundenes Geschäft.** Das ist insbesondere dann der Fall, wenn der Kredit der Finanzierung dient und beide Verträge eine wirtschaftliche Einheit darstellen.

> **Beispiel:** A kauft bei dem Möbelhändler M eine Schlafzimmereinrichtung zum Preis von 13.045 €. Da A den Kaufpreis nicht bar bezahlen kann, vermittelt ihm M, der mit der B-Bank in enger Geschäftsverbindung steht, einen Finanzierungskredit der B-Bank. Im Rahmen eines solchen finanzierten Abzahlungskaufs schließen A und die B-Bank einen Darlehensvertrag. Die B-Bank kommt ihrer Verschaffungsverpflichtung nach, indem sie die Darlehenssumme unmittelbar an den Verkäufer M auszahlt.

**Verbundene Verträge** werden gemäß § 358 Abs. 3 dadurch begründet, dass ein Vertrag über die Lieferung einer Ware (regelmäßig ein Kaufvertrag) oder die Erbringung einer Leistung und ein Darlehensvertrag, der ganz oder teilweise der Finanzierung des anderen Vertrages dient, dergestalt miteinander verbunden sind, dass sie eine **wirtschaftliche Einheit** bilden. Eine wirtschaftliche Einheit liegt insbesondere vor, wenn sich der Darlehensgeber bei der Vorbereitung oder dem Abschluss des Verbraucherdarlehensvertrages der Mitwirkung des Unternehmers bedient, mit dem der Verbraucher den Vertrag über die Lieferung von Waren oder die Erbringung von anderen Leistungen abschließt (siehe § 358 Abs. 2). **834 b**

> In dem oben genannten **Beispiel** hat sich die B-Bank des Unternehmers M bedient, um den Verbraucherdarlehensvertrag mit A schließen zu können. Eine wirtschaftliche Einheit i.S. des § 359 Abs. 3 liegt vor. Es handelt sich deshalb um verbundene Verträge.

835 Auf verbundene Verträge, die Verbraucherverträge sind, findet § 358 Anwendung. Das bedeutet, dass der Käufer dann, wenn er den Kaufvertrag wirksam widerruft, auch an den Verbraucherdarlehensvertrag nicht mehr gebunden ist (§ 358 Abs. 1). Widerruft er den Verbraucherdarlehensvertrag nach §§ 495, 355, ist er gemäß § 358 Abs. 2 auch an den zugrunde liegenden Kaufvertrag nicht mehr gebunden[3].

> **Beispiel:** Im oben genannten **Beispiel** (Schlafzimmerkauf) widerruft A den mit M abgeschlossenen Kaufvertrag fristgemäß innerhalb von zwei Wochen (§ 355 Abs. 1). Damit ist A gemäß § 358 Abs. 1 nicht mehr an den Darlehensvertrag mit der B-Bank gebunden.

Bei verbundenen Verträgen können sich Schwierigkeiten daraus ergeben, wenn es darum geht, ob und gegebenenfalls wie sich Leistungsstörungen aus dem einen Vertragsverhältnis auf das andere auswirken können.

> So ist in dem oben genannten **Beispiel** (Schlafzimmerkauf) z.B. zu fragen, ob es sich auf die Zahlungspflicht des Käufers dem Kreditgeber gegenüber auswirkt, wenn die Möbel Mängel aufweisen, die dem Käufer einen Nacherfüllungsanspruch gewähren.

836 § 359 trifft für diesen Fall eine Regelung. So kann der Käufer in derartigen Fällen die Rückzahlung des Darlehens verweigern, wenn er gegenüber dem Verkäufer Gewährleistungsrechte, die ihn zu einer Zahlungsverweigerung gegenüber dem Verkäufer berechtigen (wie z.B. die Einrede des nicht erfüllten Vertrages gemäß § 320), geltend machen kann. Ausnahmsweise hat der Käufer kein Verweigerungsrecht, wenn es sich lediglich um einen sogenannten Bagatellkredit handelt, d.h. wenn der finanzierte Kaufpreis 200 € nicht überschreitet (§ 359 Abs. 2). Steht dem Käufer ein Anspruch auf Nacherfüllung zu, so kann er die Rückzahlung des Kredits erst nach dem Fehlschlagen der Nacherfüllung ablehnen (§ 359 Abs. 1).

### III. Das Sachdarlehen (§§ 607 ff.)

837 Gegenstand des Darlehens können auch vereinbarte vertretbare Sachen, die in § 91 definiert sind, sein, also bewegliche Sachen, die im Verkehr nach Maß, Zahl oder Gewicht bestimmt zu werden pflegen (siehe dazu oben § 22 II 1). Der Darlehensgeber schuldet nicht nur die Überlassung des Besitzes an den Sachen, die Gegenstand des Vertrages sind, sondern deren Übereignung.

Die Begrenzung des Darlehens auf vertretbare Sachen stellt den ersten Unterschied zu typischen Gebrauchsüberlassungsverträgen wie der Miete, der Leihe und der Verwahrung, die gegenständlich nicht festgelegt sind, dar. Sie findet ihren Grund darin, dass unvertretbare Sachen (wie z.B. Wohnräume, Antiquitäten) nicht in gleicher Art, Güte und Menge zurückgegeben werden können. Einen wei-

---

3 *Bülow*, NJW 2002, 1149.

teren Unterschied bildet die Rückerstattungspflicht am Ende der Vertragszeit. Beim Darlehen ist sie als reine Wertschuld ausgestaltet, d.h. es besteht eine Verpflichtung, lediglich Sachen gleicher Art und Güte zurückzuerstatten, dagegen keine Rückgabeverpflichtung bezüglich der „dargeliehenen" Sache.

Bei Miete, Leihe und bei Verwahrung bezieht sich die Rückgabeverpflichtung dagegen jeweils auf die entliehene, verwahrte oder gemietete Sache selbst.

> **Beispiel:** In der Gastwirtschaft des Gastwirtes G wird der Geburtstag eines Schützenbruders gefeiert. Als an einem Samstagabend gegen 23 Uhr das Bier knapp wird, ruft G bei dem befreundeten Gastwirt W an und fragt, ob er sich bei ihm 20 Kästen „Bergreuther Schützenbräu" (20 Flaschen pro Kasten) ausleihen könne; er würde W in der darauf folgenden Woche 20 Kästen „zurückbringen". W sagt zu G, er könne die gewünschten Kästen sofort abholen lassen, was G dann auch veranlasst. Am Freitag der darauf folgenden Woche ruft G den W an und sagt, er wolle die 20 geliehenen Kästen doch lieber zum Einkaufspreis des W bezahlen. Der Grund für das Handeln des G ist der inzwischen um 20 Cent gestiegene Preis pro Flasche (Ersparnis ca. 80 €). W besteht auf der Übereignung von 20 Kästen „Bergreuther Schützenbräu". Wenn es sich hier um einen Vertrag über ein Sachdarlehen i.S. des § 607 handelt, hat W einen Anspruch auf die Übereignung von 20 Kästen „Bergreuther Schützenbräu". Die Verwendung des Begriffs Leihe kann nicht dazu führen, dass ein Leihvertrag angenommen wird, denn bei einem solchen sind die entliehenen Sachen, also dieselben Sachen, zurückzugeben. Da das Bier verbraucht werden sollte, kommt ein Leihvertrag nicht in Betracht. Dem geschlossenen Vertrag liegt die Abrede zugrunde, dass G 20 Kästen mit gefüllten Flaschen an W übereignet; es besteht also eine Verpflichtung, Sachen gleicher Art und Güte zurückzuerstatten. Demnach handelt es sich um ein Sachdarlehen gemäß § 607. W besteht zu Recht auf der Übereignung von 20 Kästen „Bergreuther Schützenbräu".

Für die Gewährung des Sachdarlehens ist im Zweifel ebenfalls ein Entgelt zu zahlen.

**Lösung zu Fall 35:** Es könnte sich bei der getroffenen Vereinbarung um einen Mietvertrag handeln. Dagegen spricht, dass die Paletten übereignet und nicht dieselben Paletten zurückzugeben werden sollen; im Rahmen eines Mietvertrages bleibt der Vermieter Eigentümer des Mietgegenstandes. Auch ein Leihvertrag nach §§ 598 ff. scheidet aus, weil nicht dieselben Paletten zurückgegeben werden müssen. Außerdem spricht gegen einen Leihvertrag die Vereinbarung eines Entgelts. Der geschlossene Vertrag ist ein Sachdarlehensvertrag nach §§ 607 ff. Hier bezieht sich der Rückgabeanspruch nicht auf die Sache selbst, sondern auf vertretbare Sachen (§ 91) gleicher Art und Güte. Auch werden die dargeliehenen Sachen übereignet, so dass der Rückgabeverpflichtete nicht bloß Besitzer, sondern Eigentümer wird. Die Vereinbarung eines Entgelts ist auch beim Sachdarlehen üblich (§ 609).

# § 38 Bürgschaft, Garantievertrag und Schuldmitübernahme

**Schrifttum:** *Braun*, Von den Nahbereichspersonen bis zu den Arbeitnehmern als Bürgen: ein Überblick über die Rechtsprechung des BGH zur Sittenwidrigkeit von Bürgschaften, Jura 2004, 474; *Karst*, Die Bürgschaft auf erstes Anfordern im Fadenkreuz des BGH, NJW 2004, 209; *Schmolke*, Grundfälle zum Bürgschaftsrecht, JuS 2009, 585, 679, 784; *Tonner*, Neues zur Sittenwidrigkeit von Ehegattenbürgschaften – BGHZ 151, 34 und BGH, NJW 2002, 2230, JuS 2003, 325.

***Fall 36:*** *F betreibt eine Modeboutique. Zur Vergrößerung ihres Geschäfts nimmt sie bei der B-Bank ein Darlehen in Höhe von 350.000 € auf. Die B-Bank verlangt von F, dass ihr Sohn S für dieses Darlehen eine Bürgschaft übernimmt. S ist gerade volljährig geworden. Er absolviert zurzeit das letzte Schuljahr und verfügt über kein eigenes Einkommen. Der Mitarbeiter der B-Bank spielt gegenüber S die Bürgschaftsverpflichtung herunter mit der Bemerkung, man benötige die Unterschrift nur für die Akten. Der geschäftsunerfahrene S unterschreibt daraufhin den Bürgschaftsvertrag (keine AGB). Nachdem die B-Bank nach Ablauf des Darlehensvertrages vergeblich versucht hat, das Geld bei F einzutreiben, wendet sie sich an S. Hat die B-Bank einen Anspruch gegen S?*

## I. Die Bürgschaft

### 1. Einleitung

838 Die Bürgschaft als eine Personalsicherheit spielt in der Praxis eine nicht ganz so bedeutende Rolle wie die Realsicherheiten, wie z.B. die Grundpfandrechte (Hypotheken und Grundschulden), sowie die Sicherungsübereignung. Realsicherheiten gewähren dem Gläubiger außerhalb und innerhalb eines Insolvenzverfahrens ein Recht auf bevorzugte Befriedigung aus dem Sicherungsgegenstand. Der Inhaber einer Realsicherheit kann also davon ausgehen, dass er jedenfalls in etwa den Wert der zur Sicherung übertragenen Sache erhält. Mit der Bürgschaft wird eine vergleichbare, für den Gläubiger günstige Position nicht geschaffen, da häufig unsicher ist, ob die Haftungsmasse des Bürgen ausreicht, um die Forderung des Gläubigers zu erfüllen. Zudem ist der Bürge nicht immer leistungswillig. Gläubiger versuchen deshalb in der Regel zunächst, Realsicherheiten zu erhalten. Häufig greifen sie auf Personalsicherheiten, vorzugsweise Bürgschaften, erst zurück, wenn Realsicherheiten nicht zur Verfügung stehen. Nicht selten wird auch eine Bürgschaft neben einer Realsicherheit zur Sicherung derselben Forderung übernommen, um dem Gläubiger ein Maximum an Sicherheit zu verschaffen.

Das Bürgschaftsrecht ist in den §§ 765 ff. geregelt.

## 2. Der Bürgschaftsvertrag

Mit dem Bürgschaftsvertrag verpflichtet sich der Bürge gegenüber dem Gläubiger, für die Erfüllung der Verbindlichkeit des Schuldners einzustehen. Mit dem Abschluss des Bürgschaftsvertrages entsteht also ein Schuldverhältnis, das dem Gläubiger zur Sicherung seiner Hauptforderung gegen den Schuldner unter bestimmten Voraussetzungen ein Forderungsrecht gegen den Bürgen gewährt. Weil aus dem Vertrag im Wesentlichen nur der Bürge verpflichtet wird, handelt es sich um einen **einseitig verpflichtenden Vertrag**. **839**

Unabhängig von ihrem Inhalt kann jede schuldrechtliche Verbindlichkeit eine durch die Bürgschaft gesicherte Hauptschuld (Hauptverbindlichkeit) sein. Darunter fallen vertragliche Entstehungsgründe ebenso wie gesetzliche (etwa aus ungerechtfertigter Bereicherung oder unerlaubter Handlung). Zulässig ist auch eine Bürgschaft zur Sicherung von unvertretbaren Leistungspflichten des Schuldners, wie z.B. zu Diensten, Werkleistungen und Unterlassungen. Hier ist die Verpflichtung des Bürgen allerdings von vornherein auf das Interesse in Geld gerichtet[1]. Ein Beispiel dafür ist die Gewährleistungsbürgschaft (siehe dazu unten 7.).

Eine Bürgschaftserklärung ist nur gültig, wenn die Bürgschaftserklärung schriftlich erteilt wird (§ 766). Ein ohne Beachtung dieser Formvorschrift geschlossener Vertrag ist nach § 125 nichtig. Falls der Bürge die Hauptverbindlichkeit erfüllt, wird der Mangel der Form geheilt (§ 766 S. 3). Das bedeutet, der Vertrag wird wirksam. Die Schriftform ist ausnahmsweise dann nicht erforderlich, wenn ein Kaufmann mündlich eine Bürgschaftserklärung abgibt (§ 350 HGB) und dies für ihn ein Handelsgeschäft ist (§§343 f. HGB). **839 a**

In der Praxis werden Bürgschaftsverträge überwiegend zur Sicherung von Geldforderungen abgeschlossen.

Der Bürge ist verpflichtet, den Gläubiger zu befriedigen, wenn der Schuldner die Leistung nicht erbringt. Im Gegensatz zur Realsicherheit haftet der Bürge nicht nur mit bestimmten dazu ausersehenen Gegenständen, sondern persönlich mit seinem gesamten Vermögen.

Der Bürgschaftsvertrag wird zwischen dem Gläubiger der zu sichernden Forderung und dem Bürgen abgeschlossen. **840**

> **Beispiel:** Die X-Bank gewährt dem S ein Darlehen in Höhe von 50.000 € zu einem Zinssatz von 8 % jährlich. Es entsteht ein Darlehensvertrag zwischen der X-Bank und S, aus dem der X-Bank ein Darlehensrückzahlungsanspruch erwächst.

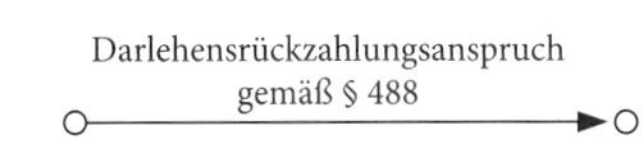


1 Vgl. *MüKo/Habersack* § 765 BGB Rn. 79; BGH NJW 2001, 3327.

Zur Sicherung dieses Anspruchs übernimmt B die Bürgschaft gegenüber der Bank. Zwischen der X-Bank und B wird ein Bürgschaftsvertrag gemäß § 765 abgeschlossen.

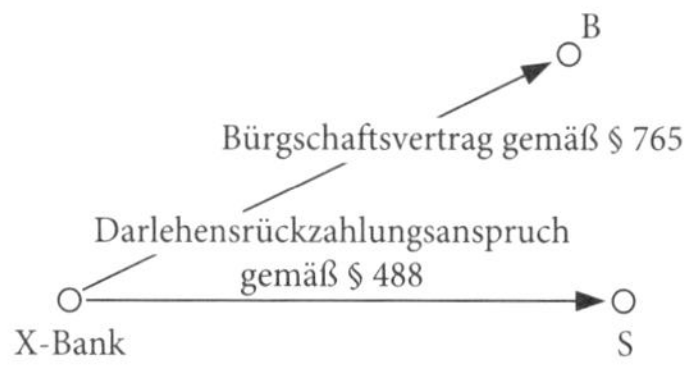


In dem vorhergehenden **Beispiel** ist die Hauptforderung die der X-Bank gegen S zustehende Darlehensrückzahlungsforderung aus § 488.

**841** Die Hauptforderung kann auf jede beliebige Leistung gerichtet sein. In der Regel ist sie auf Geld gerichtet.

Der Bestand der Bürgschaftsverpflichtung ist vom jeweiligen Bestand der Hauptforderung abhängig (§ 767). Besteht also die Hauptforderung nicht, existiert auch die Bürgschaftsforderung nicht. Dieses Abhängigkeitsverhältnis zwischen Hauptforderung und Bürgschaft nennt man **Akzessorietät.** Die Bürgschaft ist deshalb eine akzessorische Verpflichtung.

**Beispiel** im Anschluss an das vorhergehende **Beispiel**: Ist der zwischen der X-Bank und S abgeschlossene Darlehensvertrag aus irgendeinem Grunde – etwa wegen eines Verstoßes gegen die guten Sitten gemäß § 138 – nichtig, besteht kein Darlehensrückzahlungsanspruch gemäß § 488. Wegen der Abhängigkeit zwischen der zu sichernden Forderung und der Bürgschaft ist auch keine Bürgschaftsverpflichtung zwischen B und der X-Bank entstanden. B kann nicht wegen der Darlehensrückzahlungsforderung aus § 488 i.V.m. § 765 als Bürge in Anspruch genommen werden.

**842** Gemäß § 765 Abs. 2 BGB kann die Bürgschaft auch für eine künftige oder eine bedingte Verbindlichkeit übernommen werden. Der Schuldgrund für eine künftige Verbindlichkeit muss allerdings als ein künftig abzuschließende Rechtsgeschäft im Voraus **bestimmbar** sein[2]. Es muss sich jedenfalls durch Auslegung ermitteln lassen, welche Hauptforderung gegebenenfalls in welchem Umfang gesichert werden soll[3]. Das muss nicht bedeuten, dass die Bürgschaft der Summe nach begrenzt sein muss[4]. Es soll nur verhindert werden, dass Gläubiger und Hauptschuldner – zu Lasten des Bürgen – den Umfang der Bürgschaft eigenmächtig ausweiten können (vgl. § 767 Abs. 1 S. 3). Denn eine unbegrenzte Ausdehnung der Haftung

---

2 Vgl. BGHZ 25, 318, 319 f.

3 Vgl. *MüKo/Habersack*, § 765 Rn. 69; § 766 BGB Rn. 6.

4 Missverständlich in dieser Hinsicht BGHZ 130, 19, 26 f.

durch rechtsgeschäftliches Handeln anderer widerspricht dem elementaren Schutz der Privatautonomie des Bürgen.[5]

Der Gläubiger hat aus der Bürgschaft gegenüber dem Bürgen kein vorrangiges Befriedigungsrecht. Er nimmt die gleiche Position ein wie die übrigen Gläubiger, die der Bürge hat. Das gilt auch für den Fall, dass über das Vermögen des Bürgen das Insolvenzverfahren eröffnet worden ist. **843**

**Beispiel:** S hat bei der X-Bank ein Darlehen aufgenommen, für dessen Rückzahlung sich B gegenüber der X-Bank verbürgt hat. Nachdem letztere bei S vergeblich die Zwangsvollstreckung versucht hat, wendet sie sich an B. Dieser schuldet dem M aus Dienstvertrag 10.000 € und dem A aus Kaufvertrag 5.000 €.

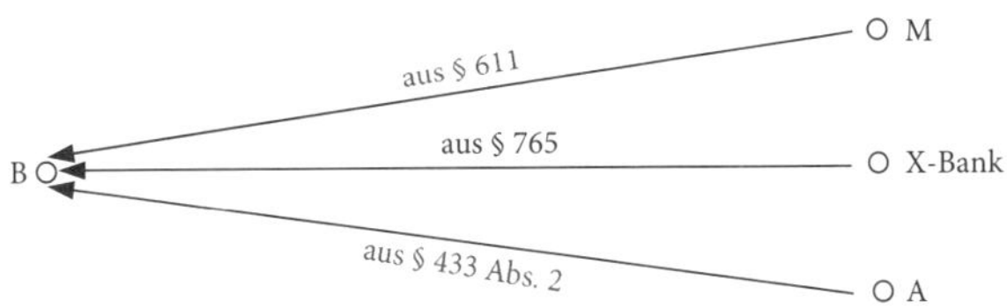


Die X-Bank hat aus der Bürgschaft gegen B kein vorrangiges Befriedigungsrecht. Sie steht den anderen Gläubigern M und A gleich.

### 3. Die selbstschuldnerische Bürgschaft

Der Gläubiger kann den Bürgen grundsätzlich nur subsidiär, d.h. erst dann in Anspruch nehmen, wenn er vom Schuldner keine Leistung erlangt und zunächst gegen den Schuldner die Zwangsvollstreckung erfolglos versucht hat (**Einrede der Vorausklage**, § 771). **844**

Die Durchsetzung eines Anspruchs aus dem Bürgschaftsvertrag gegen den Bürgen kann bei einer nur subsidiären Verpflichtung des Bürgen lange Zeit in Anspruch nehmen. Daher erfreut sich die vom Gesetzgeber als Normalfall der Bürgschaft vorgesehene Regelung in der Praxis keiner großen Beliebtheit. Stattdessen ist die selbstschuldnerische **Bürgschaft** zum Regelfall geworden. Eine selbstschuldnerische Bürgschaft entsteht dadurch, dass sich der Bürge gegenüber dem Gläubiger unter Verzicht auf die Einrede der Vorausklage als Selbstschuldner verbürgt (§ 773 Abs. 1 Ziff. 1).

**Selbstschuldnerische Bürgschaft** bedeutet also: Der Bürge haftet nicht nur subsidiär. Der Gläubiger kann sich auch sogleich an den Bürgen halten, ohne die Durchsetzung des Anspruchs zuvor beim Schuldner versucht zu haben. **845**

5 So zutreffend BGHZ 130, 19, 27.

Auch bei der selbstschuldnerischen Bürgschaft richten sich Entstehung, Inhalt und Bestand des Anspruchs aus der Bürgschaft nach der Hauptforderung, die der Gläubiger gegen den Schuldner hat (§ 767).

**846** Der Gläubiger kann außer im Fall der selbstschuldnerischen Bürgschaft auch ohne vorherige Klage und ohne zuvor die Zwangsvollstreckung versucht zu haben sofort die Leistung von dem Bürgen fordern, wenn

- die Rechtsverfolgung gegen den Hauptschuldner infolge eines in § 773 Abs. 1 Ziff. 2 genannten Umstandes wesentlich erschwert ist,
- über das Vermögen des Schuldners das Insolvenzverfahren eröffnet worden ist (§ 773 Abs. 1 Ziff. 3),
- davon auszugehen ist, dass die Zwangsvollstreckung in das Vermögen des Schuldners nicht zur Befriedigung des Gläubigers führen wird (§ 773 Abs. 1 Ziff. 4),
- der Bürge Vollkaufmann ist und die Vereinbarung der Bürgschaft für ihn ein Handelsgeschäft darstellt (§§ 343, 349 HGB).

## 4 Die Einreden des Bürgen

**847** Der Bürge kann dem Gläubiger dieselben Einreden entgegenhalten, die der Hauptschuldner gegenüber dem Gläubiger hat (§ 768). § 768 Abs. 1 S. 1 ist eine weitere Ausprägung des Akzessorietätsgrundsatzes, die dazu führt, dass der Gläubiger gegen den Bürgen keine besseren Rechte erlangt als gegen den Schuldner; dem Bürgen ist also das Recht eingeräumt, sämtliche Einreden des Hauptschuldners zu erheben[6]. Deshalb ist der Wortlaut des § 768 nicht einschränkend auszulegen.

Zu den Einreden i.S. des § 768 gehören z.B.

- die Einrede der Verjährung,
- die Einrede der nachträglichen Stundung,
- die Einrede des nichterfüllten Vertrages (§ 320),
- die Einrede des Zurückbehaltungsrechts (§ 273),
- die Einrede der ungerechtfertigten Bereicherung[7].

> **Beispiel:** Die Forderung, die K gegen S auf Zahlung des Kaufpreises hat und für die B die selbstschuldnerische Bürgschaft übernommen hat, ist verjährt. K wendet sich mit dem Verlangen der sofortigen Zahlung an B. Dieser kann dem K gemäß § 768 ebenfalls die Einrede der Verjährung entgegenhalten und die Zahlung verweigern.

**848** Gemäß § 770 Abs. 1 kann der Bürge die Befriedigung des Gläubigers verweigern, solange dem Hauptschuldner das Recht zusteht, das Rechtsgeschäft, das seiner Verbindlichkeit zugrunde liegt, anzufechten. Praktische Bedeutung hat diese Re-

6 So BGHZ 107, 210, 214.
7 Vgl. BGHZ 107, 210, 214.

gelung vor allem im Hinblick auf eine Anfechtung wegen arglistiger Täuschung gemäß § 123 Abs. 1.

Aus der Regelung der §§ 767, 768 betreffend die Abhängigkeit des Bürgschaftsanspruchs von der gesicherten Hauptverbindlichkeit (Akzessorietätsprinzip) ergibt sich, dass der Bürge dem Gläubiger auch alle dem Hauptschuldner gegenüber der Hauptforderung zustehenden **Einwendungen** entgegenhalten kann.

**Einwendungen** zielen darauf, aufgrund einer Gegennorm den Anspruch selbst **849**
oder seine Durchsetzbarkeit zu Fall zu bringen. Dabei unterscheidet man zwischen:

- **rechtshindernden Einwendungen:** der Anspruch ist nicht entstanden (**Beispiel:** Nichtigkeit von Rechtsgeschäften gemäß § 105 wegen Geschäftsunfähigkeit oder nach § 138 wegen Sittenwidrigkeit);
- **rechtsvernichtenden Einwendungen:** der wirksam entstandene Anspruch geht unter (**Beispiele:** durch Erfüllung, Aufrechnung, Erlass);
- **rechtshemmenden Einwendungen:** der wirksam entstandene Anspruch bleibt zwar bestehen, ist aber in seiner Durchsetzung gehemmt (Beispiel: Verjährung, Stundung).

Die zuletzt genannten Einwendungen werden allgemein als **Einreden** bezeichnet, weil sie – jedenfalls grundsätzlich – ihre Wirkung nur dann entfalten, wenn sich der Schuldner auf sie beruft.

### 5. Die Inanspruchnahme des Bürgen

Wenn der Gläubiger den Bürgen aus dem Bürgschaftsvertrag wegen der Forde- **850**
rung in Anspruch nimmt, für deren Erfüllung der Bürge einstehen soll, geht mit der Leistung des Bürgen die Hauptforderung nicht unter. Die Hauptforderung geht vielmehr gemäß § 774 Abs. 1 kraft Gesetzes von dem Gläubiger auf den Bürgen über, der damit die Möglichkeit erhält, den Schuldner aus dieser Forderung in Anspruch zu nehmen.

Die folgenden **Schaubilder** mögen das verdeutlichen:

**a)** Vor der Inanspruchnahme des Bürgen

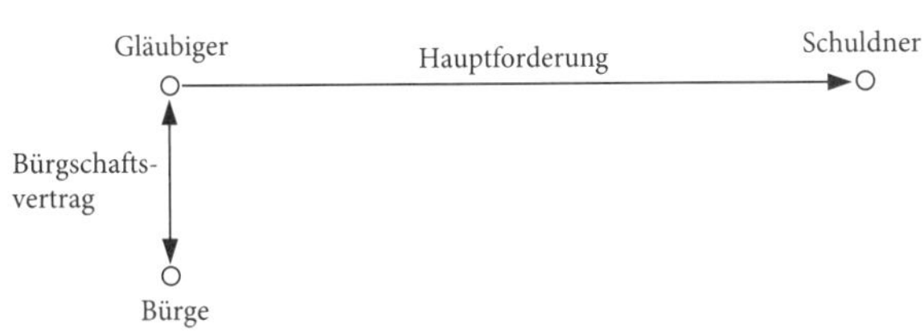


**b)** Nach der Inanspruchnahme des Bürgen

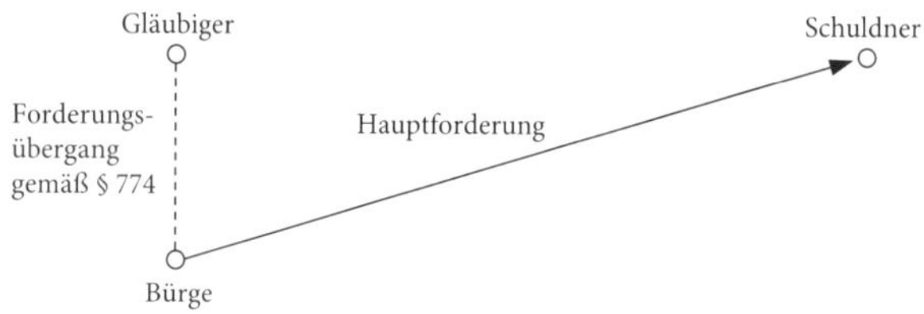


Bei § 774 handelt es sich um einen Fall des Forderungsüberganges kraft Gesetzes.

### 6. Die Bürgschaft auf erstes Anfordern

851 In der Praxis wird häufig auf Verlangen des Gläubigers eine „Bürgschaft auf erstes Anfordern" vereinbart. Damit soll erreicht werden, dass der Bürge schon auf einfaches formalisiertes Verlangen des Gläubigers zahlen muss, ohne dass er sich auf Einreden und Einwendungen des Hauptschuldners berufen kann. Die Bürgschaft auf erstes Anfordern dient – insoweit einer Garantie auf erstes Anfordern vergleichbar – der schnellen Durchsetzung der mit ihr gesicherten Ansprüche[8]. Sie hat den Zweck, anstelle des früher gebräuchlichen Bardepots dem Gläubiger sofort liquide Mittel zuzuführen[9].

Die Bürgschaft auf erstes Anfordern bedeutet also einen einstweiligen Verzicht des Bürgen auf das Geltendmachen von Einwendungen und Einreden des Hauptschuldners.

> **Beispiel:** S kauft privat bei V einen PKW zum Preis von 60.000 €. Zur Sicherung der Kaufpreisforderung übernimmt B eine selbstschuldnerische Bürgschaft auf erstes Anfordern. S zahlt den Kaufpreis nicht. Nachdem die Kaufpreisforderung verjährt ist, verlangt V von B die Zahlung der 60.000 €. S kann sich auf die Verjährung der Forderung gemäß § 214 Abs. 1 BGB berufen. Fraglich ist, ob B dies auch geltend machen kann. B hatte eine Bürgschaft auf erstes Anfordern übernommen. Eine solche Bürgschaft bedeutet einen einstweiligen Verzicht des Bürgen auf das Geltendmachen von Einwendungen und Einreden des Hauptschuldners. B kann sich somit nicht auf die Verjährung der Hauptforderung gemäß § 768 Abs. 1 BGB berufen. Er ist verpflichtet, an V 60.000 € zu zahlen.

852 Dem Bürgen sind allerdings auch bei der Bürgschaft auf erstes Anfordern nicht alle Einwendungen abgeschnitten. Er kann dem Zahlungsverlangen des Gläubigers jedenfalls den Einwand des Rechtsmissbrauchs (der unzulässigen Rechtsausübung)

---

8 So BGH MDR 1999, 816.

9 So BGH MDR 1997, 229.

entgegensetzen[10]. Der Einwand des Rechtsmissbrauchs kann vom Bürgen z.B. geltend gemacht werden, wenn der Gläubiger seine formale Rechtsstellung offensichtlich missbraucht. Dies ist der Fall, wenn es offen auf der Hand liegt oder zumindest beweisbar ist, dass der materielle Bürgschaftsfall nicht eingetreten ist[11].

Zahlt der Bürge und meint, wegen ihm zur Geltendmachung zustehender Einwendungen und Einreden hätte er nicht leisten müssen, so kann er einen Rückforderungsprozess – wegen ungerechtfertigter Bereicherung – anstrengen. In diesem Prozess finden die Einwendungen und Einreden dann Berücksichtigung. Alle Streitfragen tatsächlicher und rechtlicher Art, welche die Begründetheit der Hauptforderung betreffen, sind dann in diesem Prozess zu klären.

> **Beispiel:** Bauherr B verpflichtet sich durch Vereinbarung mit dem Bauherrn U, vor Beginn der Bauarbeiten ein Drittel der Vergütung an U zu zahlen. Zur Sicherung des etwa entstehenden Rückzahlungsanspruchs (z.B. weil U die versprochenen Leistungen ganz oder teilweise nicht erbracht hat) übernimmt die X-Bank eine selbstschuldnerische Bürgschaft auf erstes Anfordern. Wenn B nun die X-Bank aus der Bürgschaft in Anspruch nimmt, wird diese mit dem Einwand, U habe verspätet geleistet, dies aber nicht zu vertreten, nicht gehört. Dieser Einwand spielt erst in dem Rückforderungsprozess eine Rolle, wenn die Bank gezahlt hat und anschließend Rückzahlung von B fordert.

Wenn eine Bürgschaft auf erstes Anfordern durch **Allgemeine Geschäftsbedin- 853
gungen** mit der Konsequenz übernommen wird, dass die §§ 305 ff. Anwendung finden, so ist, wenn der Bürge nicht Kaufmann ist, im Zweifel wegen der Schutzbedürftigkeit der betreffenden Personen anzunehmen, dass es sich entweder um eine überraschende Klausel (§ 305 c Abs. 1) handelt oder die entsprechende Klausel gegen § 307 verstößt. Denn die Zahlung auf erstes Anfordern weicht vom Leitbild der Bürgschaft stark ab und kann den Bürgen unbillig belasten.

### 7. Die Gewährleistungsbürgschaft

Da die durch die Bürgschaft gesicherte Hauptschuld jede schuldrechtliche Ver- 854
bindlichkeit ungeachtet ihres Inhalts sein kann, können auch Bürgschaften zur Absicherung von Mängelansprüchen bei Kauf- und Werkverträgen (= Gewährleistungsbürgschaften) abgeschlossen werden. Sie werden in der Regel im Zusammenhang mit Werk- und Werklieferungsverträgen im Bauwesen abgeschlossen. Diese Bürgschaft wird mit demjenigen Gläubiger abgeschlossen, der berechtigt ist, die gesicherten Gewährleistungsansprüche geltend zu machen. Die Verpflichtung des Bürgen ist von vornherein auf eine Geldleistung gerichtet[12].

---

10 BGH NJW 2002, 1493; BGHZ 143, 381, 383; BGHZ 147, 99, 102; *MüKo/Habersack*, § 765 BGB Rn. 103.

11 Vgl. *Tiedtke*, NJW 2003, 1363.

12 *MüKo/Habersack*, § 765 BGB Rn. 110; *Tiedtke*, NJW 2003, 1364.

**Beispiel:** Bei der Durchführung eines Werkvertrages hat der Besteller ein Selbstvornahmerecht mit einem Anspruch auf Aufwendungsersatz (siehe dazu oben § 33 IV 3 b) erworben. Hat der Bürge dem Besteller gegenüber eine selbstschuldnerische Gewährleistungsbürgschaft übernommen, so kann der Besteller vom Bürgen Aufwendungsersatz nach §§ 634 Nr. 2, 637 in Verbindung mit § 765 verlangen.

Auch beim Kaufvertrag kann der Bürge zur Sicherung der Gewährleistungsansprüche des Käufers diesem gegenüber eine Gewährleistungsbürgschaft übernehmen. Die durch die Bürgschaft gesicherten Hauptverbindlichkeiten (= Ansprüche des Käufers gegen den Verkäufer) sind dann z.B.:

- der Anspruch auf Schadensersatz statt der Leistung (§§ 437, 280, 281),
- oder ein Anspruch auf Ersatz vergeblicher Aufwendungen (§ 284).

Auch eine Gewährleistungsbürgschaft kann „auf erstes Anfordern" übernommen werden[13].

### 8. Die Inhaltskontrolle von Bürgschaftsverträgen

855 Bürgschaftsverträge sind häufig Gegenstand einer Inhaltskontrolle durch die Rechtsprechung. Eine Inhaltskontrolle kann nach dem BGB sowohl etwa am Maßstab des § 138 Abs. 1, als auch nach den Vorschriften über die Allgemeinen Geschäftsbedingungen (§§ 305 ff.) vorgenommen werden.

#### a) Die Inhaltskontrolle gemäß § 138 Abs. 1

856 Schwerpunktmäßig haben Gerichte Bürgschaftsverträge inhaltlich überprüft, in denen Verwandte oder Lebenspartner sich als Bürgen verpflichtet hatten, aber finanziell überfordert waren. Nichtigkeit der Bürgschaftsverträge wegen Sittenwidrigkeit (§ 138 Abs. 1) hat der BGH vor allem bejaht, wenn eine finanzielle Überforderung der Bürgen vorlag[14]. Eine solche hat der BGH insbesondere angenommen, wenn der Bürge sich in einem Umfange verpflichtet hatte, der seine gegenwärtigen und zukünftig zu erwartenden Einkommens- und Vermögensverhältnisse weit überstieg. Dazu haben sich die folgenden Fallgruppen herausgebildet:

- der Gläubiger nutzt die geschäftliche Unerfahrenheit oder die seelische Zwangslage des Bürgen aus oder beeinträchtigt ihn in anderer Art und Weise unzulässig; dadurch wird ein unerträgliches Ungleichgewicht zwischen den Vertragspartnern geschaffen[15];
- für den Gläubiger ist erkennbar, dass der Hauptschuldner (z.B. Eltern) in einer zu missbilligenden Weise auf bürgende Kinder oder Geschwister einwirkt; die

---

13 *MüKo/Habersack*, § 765 BGB Rn. 110.

14 Vgl. auch *Tonner*, JuS 2003, 326 ff.

15 Vgl. BGHZ 125, 206, 210.

Bürgen übernehmen ein Haftungsrisiko aus Rechtsgeschäften, an denen sie kein eigenes rechtliches oder wirtschaftliches Interesse haben[16];

- bei Bürgschaften von Kindern und Lebenspartnern des Hauptschuldners besteht ein krasses Missverhältnis zwischen dem Haftungsumfang und der wirtschaftlichen Leistungsfähigkeit des Bürgen; die finanziellen Mittel des Bürgen sind bezogen auf die Höhe der gesamten Hauptschuld praktisch bedeutungslos und ein berechtigtes Interesse des Kreditgebers an einer Verpflichtung in dem vereinbarten Umfang kann unter keinem Gesichtspunkt anerkannt werden[17]. Bei der Frage nach der wirtschaftlichen Leistungsfähigkeit des Bürgen sind dessen weitere finanzielle Belastungen wertmindernd zu berücksichtigen[18].

Man kann die vom BGH zur Inhaltskontrolle von Bürgschaftsverträgen gemäß § 857
138 Abs. 1 entwickelten Grundsätze wie folgt zusammenfassen: Die Anwendung des § 138 Abs. 1 auf von Kreditinstituten mit privaten Sicherungsgebern geschlossenen Bürgschafts- oder Mithaftungsverträge hängt regelmäßig entscheidend vom Grad des Missverhältnisses zwischen dem Verpflichtungsumfang und der finanziellen Leistungsfähigkeit des dem Hauptschuldner persönlich nahe stehenden Bürgen oder Mitverpflichteten ab. Zwar reicht selbst der Umstand, dass der Betroffene voraussichtlich nicht einmal die von den Darlehensvertragsparteien festgelegte Zinslast aus dem pfändbaren Teil seines Einkommens oder Vermögens bei Eintritt des Sicherungsfalls dauerhaft tragen kann, regelmäßig nicht aus, um das Unwerturteil der Sittenwidrigkeit zu begründen. In einem solchen Fall der krassen finanziellen Überforderung ist aber nach der allgemeinen Lebenserfahrung ohne Hinzutreten weiterer Umstände widerleglich zu vermuten, dass er die ruinöse Bürgschaft oder Mithaftung allein aus emotionaler Verbundenheit mit dem Hauptschuldner übernommen und der Kreditgeber dies in sittlich anstößiger Weise ausgenutzt hat[19].

### b) Verstöße gegen § 307 Abs. 1

Handelt es sich, wie das in der Praxis häufig vorkommt, bei dem Bürgschaftsver- 858
trag um Allgemeine Geschäftsbedingungen, so findet eine Inhaltskontrolle nach den Vorschriften über die Allgemeinen Geschäftsbedingungen statt. Diese Kontrolle bezieht sich vorwiegend darauf, ob der Vertrag überraschende (§ 305 c) oder unzulässige Klauseln (§ 307 ff.) enthält.

In Bürgschaftsverträgen, die als Allgemeine Geschäftsbedingungen zu qualifizieren sind, finden sich häufig formularmäßige Ausdehnungen der Bürgenhaftung über die Forderung hinaus, die Anlass der Verbürgung war. Es heißt dann etwa

16 Vgl. BGHZ 125, 213 f.; 137, 329.
17 Vgl. BGHZ 137, 329, 333 f.; BGH NJW 2001, 815, 816; BGH NJW 2000, 1182, 1183.
18 BGHZ 151, 34; BGH NJW 2002, 2634, 2635.
19 So BGHZ 151, 34, 36 f.

„zur Sicherung aller bestehenden und künftigen ... Forderungen der Bank gegen den Hauptschuldner".

**859** Der BGH[20] sieht darin eine **unangemessene Benachteiligung** des Bürgen i.S. des § 307. Er hält solche Klauseln deshalb für unwirksam. Die unangemessene Benachteiligung des Bürgen i.S. des § 307 Abs. 2 liegt nach Ansicht des BGH[21] darin, dass die formularmäßige Ausdehnung der Bürgschaft über die Forderung hinaus, die Anlass der Verbürgung war, mit der gesetzlichen Leitentscheidung des § 767 Abs. 1 S. 3 nicht zu vereinbaren ist (§ 307 Abs. 2). § 767 Abs. 1 S. 3 bestimmt, dass die Bürgenverpflichtung nicht durch ein Rechtsgeschäft erweitert wird, welches der Hauptschuldner nach der Übernahme der Bürgschaft vornimmt. Auf diese Weise soll verhindert werden, dass Hauptschuldner und Gläubiger den Umfang der Bürgschaft eigenmächtig ausdehnen. Hätte der Bürge auch für solche Ausdehnungen seiner Verpflichtung einzustehen, so hätte er ein unkalkulierbares Risiko übernommen, weil seine Haftung sich unversehens auf ein Vielfaches dessen belaufen kann, womit er schlimmstenfalls gerechnet hat. Dadurch droht ihm unter Umständen der Ruin[22]. Über diesen Gesichtspunkt hinaus sieht der BGH[23] in einer Klausel, welche die Bürgenhaftung in der beschriebenen Weise ausdehnt, auch eine Beschränkung wesentlicher Rechte des Bürgen, die sich aus der Natur des Vertrages ergeben, so dass die Erreichung des Vertragszwecks gefährdet ist. Denn ein Bürge, der für „die Verbindlichkeiten" des Hauptschuldners einstehen will, werde unangemessen benachteiligt, wenn ihm formularmäßig angesonnen werde für andere Schulden als diejenigen, die objektiv Anlass der Verbürgung waren, mitzuhaften.

**860** Der BGH[24] hat im Laufe der Zeit die Inhaltskontrolle in Bezug sogenannte **Ausdehnungsklauseln** verschärft. So ist z.B. auch eine Klausel in einem Bürgschaftsformular grundsätzlich nach § 307 Abs. 1 unwirksam, welche die Haftung des Bürgen auf „alle bestehenden Ansprüche gegen den Hauptschuldner" erstreckt, ohne die verbürgten Forderungen näher zu bezeichnen. Der BGH[25] begründet das wie folgt: Der Bürge, der eine strenge einseitige Haftung für fremde Schuld übernimmt, hat ein schutzwürdiges typisches Interesse daran, dass sich – gemäß dem Transparenzgebot – aus dem Bürgschaftsformular Gegenstand und Umfang seines Risikos klar und richtig ergeben.

**Beispiel:** Die X-Bank hat dem P verschiedene Kredite gewährt, u.a. einen Kontokorrentkredit in Höhe von 500.000 €. Für die daraus entstehenden Verpflichtungen hat P Sicherheiten leisten können. Als P im Januar 2017 ein weiteres Darlehen

---

20 Z.B. BGHZ 130, 19 ff.; 143, 95 ff.; 151, 374, 377 f.; BGH NJW-RR 2002, 343, 344.

21 BGHZ 130, 19, 26 ff. u. 32 f.; 151, 374, 377 f.

22 So BGHZ 130, 19, 26 f. u. 32 f.

23 BGHZ 130, 19, 32 f.; 143, 95, 97.

24 BGHZ 143, 95 ff.

25 BGHZ 143, 95, 99.

in Höhe von 150.000 € aufnehmen möchte, um zwei Maschinen anschaffen zu können, die für das Unternehmen von besonderer Wichtigkeit sind, ist er nicht in der Lage, weitere Sicherheiten zu stellen. Auf Bitten des P erklärt sich sein Freund F bereit, den für diese Investition notwendigen Kredit mit einer Bürgschaft abzusichern. Dies erklärt er telefonisch auch gegenüber der X-Bank und bittet darum, den Bürgschaftsvertrag entsprechend vorzubereiten. Am 3. Februar 2017 unterschreibt F den Bürgschaftsvertrag, ein Formularvertrag, den sich F nicht durchgelesen hat. In dem Vertrag verpflichtet sich F als Bürge selbstschuldnerisch. In § 2 des Bürgschaftsvertrages heißt es:

„Der Bürge verpflichtet sich, für alle bestehenden und in der Zukunft noch entstehenden Forderungen aus der Geschäftsverbindung der X-Bank gegen P einstehen zu wollen."

Nachdem P im Oktober 2017 den ihm eingeräumten Kontokorrentkredit über die eingeräumte Grenze von 500.000 € um 125.000 € überschritten hat, fordert die X-Bank den P auf, 125.000 € zurückzuzahlen. Als P nicht zahlen kann, nimmt die X-Bank den Bürgen F in Anspruch.

In diesem Beispiel ist die Ausdehnungsklausel jedenfalls nach § 307 Abs. 1 unwirksam, weil sie eine unangemessene Benachteiligung des Bürgen darstellt. F durfte davon ausgehen, dass er nur für den Kredit in Höhe von 150.000 € haftet. Eine solche summenmäßige Begrenzung der Bürgenhaftung ist für ihn klar überschaubar und birgt ein kalkulierbares Risiko. Nach der von der X-Bank verwendeten Klausel müsste F dagegen für alle zukünftigen Forderungen der X-Bank gegen P haften. Somit wäre die Bürgenhaftung des F zum einen in Bezug auf die Haftungssumme und zum anderen auch in Bezug auf den Zeitraum der Bürgschaftsverpflichtung unbeschränkt. Eine so weitreichende Haftung führt zu einer übermäßigen, u.U. untragbaren Einschränkung der finanziellen Handlungs- und Entscheidungsfreiheit des Bürgen und verstößt damit gegen § 307 Abs. 1.

## II. Ähnliche Sicherungsverträge und ihre Abgrenzung von der Bürgschaft

### 1. Der Garantievertrag

Ein Kredit kann auch durch einen Garantievertrag abgesichert werden. Ein Garantievertrag ist ein – im BGB nicht ausdrücklich geregelter – selbständiger Vertrag, in dem sich jemand verpflichtet, für einen bestimmten Erfolg einzustehen oder die Gefahr eines künftigen, noch nicht entstandenen Schadens zu übernehmen[26]. Dass ein solcher Vertrag vereinbart werden kann, ergibt sich aus dem Prinzip der Vertragsfreiheit. **861**

Der Erfolg, für den der Garant einstehen will, kann die Rückzahlung eines als Darlehen gewährten Geldbetrages sein. Wenn – was in der Praxis allerdings nicht sehr häufig ist – zur Absicherung eines Kredits ein Garantievertrag abgeschlos-

26 So RGZ 146, 120, 123; *MüKo/Habersack*, Vor § 765 BGB Rn. 16.

sen wird, ist die Abgrenzung zum Bürgschaftsvertrag oft schwierig. Die Unterschiede zwischen Bürgschafts- und Garantievertrag sind im Wesentlichen die folgenden: Im Gegensatz zur Bürgschaft ist der Garantievertrag nicht akzessorisch[27]. Deshalb kann der Garantievertrag wirksam zustande kommen, ohne dass eine zu sichernde Forderung besteht. Auch kann der Garant die Einreden – etwa die der Verjährung – gegen die zu sichernde Forderung nicht geltend machen, die dem Schuldner aus dem Schuldverhältnis mit dem Gläubiger diesem gegenüber zustehen. Die Wirksamkeit des Garantievertrages ist nicht von der Einhaltung der Schriftform abhängig.

**862** Im Regelfall übernimmt in einem Garantievertrag der Garant die Garantie dafür, dass ein Gläubiger die Leistung, die er von einem Schuldner verlangen kann, erhält.

**Beispiel:** V verkauft an K einen PKW zum Preise von 12.000 €. Nachdem G mit V einen Garantievertrag abgeschlossen hat, in dem er dem V unabhängig vom Bestehen des Kaufvertrages garantiert, dass er die 12.000 € erhalten werde, erklärt sich V damit einverstanden, dass K den Kaufpreis erst nach Ablauf eines Monats zahlen muss. Hier haben V und G einen vom Kaufvertrag zwischen V und K unabhängigen Garantievertrag abgeschlossen, der den G verpflichtet, dafür einzustehen, dass V 12.000 € erhält.

## 2. Die Schuldmitübernahme

**863** Der Bürgschaft verwandt ist auch die gesetzlich nicht geregelte Schuldmitübernahme (auch Schuldbeitritt oder kumulative Schuldübernahme genannt). Bei ihr tritt der Mitübernehmer als ein weiterer Schuldner neben den bisherigen Schuldner.

Der grundlegende Unterschied zur Bürgschaft besteht darin, dass der Schuldmitübernehmer nicht akzessorisch für eine fremde Schuld haftet, sondern eine **eigene Verbindlichkeit** gegenüber dem Gläubiger übernimmt[28]. Dies kann grundsätzlich auch ohne Beachtung einer bestimmten Form geschehen; § 766 ist nicht anwendbar[29].

**864** Der hinzutretende Schuldner haftet zusammen mit dem ersten als **Gesamtschuldner** im Sinne des § 241. Der Gläubiger kann die Leistung nach seinem Belieben von jedem der Schuldner ganz oder zu einem Teil fordern (siehe dazu oben § 28 I).

Auch die Schuldmitübernahme kann gemäß § 138 Abs. 1 BGB wegen Sittenwidrigkeit nichtig sein, wenn ein Missverhältnis zwischen Verpflichtung und Leistungsfähigkeit besteht[30].

---

27 *MüKo/Habersack*, Vor § 765 BGB Rn. 18.

28 Vgl. dazu BGH WM 1982, 632.

29 BGHZ 138, 321, 327; *Palandt/Grüneberg*, Überbl vor § 414 BGB Rn. 3.

30 Vgl. BGH NJW 1994, 1726, 1727.

### 3. Die Abgrenzung zwischen Bürgschaft, Garantievertrag und Schuldmitübernahme

Im Einzelfall kann zweifelhaft sein, ob eine Bürgschaft, ein Garantieversprechen (Garantievertrag) oder eine Schuldmitübernahme vorliegt. In solchen Fällen muss die betreffende Erklärung **ausgelegt** werden. Dabei ist davon auszugehen, dass die formbedürftige Bürgschaft das gesetzlich vorgesehene, im Regelfall anzunehmende Sicherungsmittel darstellt. Ein Garantieversprechen oder eine Schuldmitübernahme ist nur ausnahmsweise zu bejahen, etwa dann, wenn der Versprechende ein erhebliches eigenes Interesse an der Erfüllung der Verbindlichkeit hat[31]. **865**

> **Beispiel:** S hat bei der X-Bank hohe Verbindlichkeiten. Als er die Bank erneut um die Gewährung eines Darlehens bittet, lehnt diese zunächst ab. Auf Bitten des S sagt dessen Bekannter B der X-Bank telefonisch zu, für die Rückzahlung der Kreditsumme „auf jeden Fall geradezustehen"; man könne sich „felsenfest auf ihn verlassen". Daraufhin zahlt die X-Bank dem S die gewünschte Summe aus. Kann die X-Bank den B in Anspruch nehmen, wenn S bei Fälligkeit nicht zahlt? Fraglich ist hier, ob zwischen B und der X-Bank eine Bürgschaft, ein Garantievertrag oder eine Schuldmitübernahme vereinbart worden ist. Der Wortlaut der Erklärung des B ist nicht eindeutig. Gegen die Annahme eines Garantieversprechens oder einer Schuldmitübernahme spricht, dass B kein eigenes rechtliches oder wirtschaftliches Interesse an der Rückzahlung des Kredites durch S hatte. Daher kommt allenfalls eine Bürgschaftserklärung in Betracht, die jedoch wegen Missachtung des Schriftformerfordernisses unwirksam ist (§§ 766, 125 S. 1). Die X-Bank hat somit keinen Zahlungsanspruch gegen B.

Ein wesentlicher Unterschied zwischen der Bürgschaft einerseits und dem Garantievertrag (Garantieversprechen) andererseits besteht auch darin, dass die Garantie im Gegensatz zur Bürgschaft kein Nebenrecht i.S. des § 401 ist. Der Anspruch aus dem Garantievertrag geht daher bei einer Abtretung der gesicherten Forderung nicht kraft Gesetzes auf den neuen Gläubiger über. Soll dies geschehen, bedarf es dazu einer entsprechenden Vereinbarung[32]. **866**

Bei der Schuldmitübernahme bejaht dagegen der BGH die analoge Anwendung des § 401 mit der Begründung, dass diese genauso wie die Bürgschaft ein der Sicherung der Hauptforderung dienendes Nebenrecht sei[33].

### 4. Die Patronatserklärung

Als Patronatserklärungen werden Erklärungen verschiedener Art bezeichnet, die eine Muttergesellschaft eines Konzerns gegenüber dem Kreditgeber einer ihrer Tochtergesellschaften abgibt, um damit die Aussichten auf die Rückzahlung des **867**

31 Vgl. dazu BGH WM 1964, 61, 62; 1982, 632; 1985, 1417, 1418; OLG Hamm NJW 1993, 2625.

32 Vgl. dazu *Lwowski,* Rn. 423.

33 BGH NJW 2000, 575; NJW 1972, 437, 438 f.

Kredites zu verbessern[34]. Bei Patronatserklärungen handelt es sich häufig um unverbindliche good-will-Erklärungen, die keine unmittelbare Leistungspflicht der Muttergesellschaft gegenüber dem Kreditgeber begründen (sog. weiche Patronatserklärungen). Jedoch sind auch solche Formulierungen gebräuchlich, die als garantieähnliche Zusagen zu werten sind (sog. harte Patronatserklärungen)[35].

**Beispiel:** Die X-AG bildet die Konzernspitze (Muttergesellschaft) eines vielgliedrigen Konzerns. Zugunsten ihrer Tochtergesellschaft T-AG, an der die Muttergesellschaft 100 % hält, gibt sie der B-Bank gegenüber die Erklärung ab, sie stehe hinter der kreditnehmenden T-AG. Hierin hat der BGH[36] keinen Ausdruck rechtsgeschäftlichen Bindungswillens gesehen. Folgt man dem, so hat die Muttergesellschaft mit ihrer Patronatserklärung keinerlei rechtsgeschäftliche Bindung begründet. Sie haftet deshalb der B-Bank gegenüber nicht.

**Beispiel:** Die Muttergesellschaft erklärt gegenüber der B-Bank, sie wolle die Tochtergesellschaft so ausgestattet halten, dass sie ihre Verbindlichkeiten aus den mit der B-Bank abgeschlossenen Kreditverträgen stets erfüllen könne. Hierin ist eine Zusage mit garantieähnlicher Wirkung zu sehen, aus der die Muttergesellschaft verpflichtet ist[37].

**Lösung zu Fall 36:** Ein Anspruch könnte aus einem Bürgschaftsvertrag in Verbindung mit dem Darlehensvertrag zwischen B und F bestehen nach §§ 765 I, 767, 488. Fraglich ist aber, ob der Bürgschaftsvertrag wirksam ist. Dem könnte nämlich § 138 Abs. 1 entgegenstehen. Hier nutzt die B-Bank die geschäftliche Unerfahrenheit des S und auch die psychische Zwangslage, in der S sich befindet, aus. Darüber hinaus besteht ein krasses Missverhältnis zwischen dem Haftungsumfang und der wirtschaftlichen Leistungsfähigkeit des Bürgen. Dazu wird noch ein unerträgliches Ungleichgewicht zwischen den Vertragspartnern geschaffen. Nach alledem ist der Bürgschaftsvertrag gem. § 138 Abs. 1 BGB nichtig, so dass ein Anspruch der B gegen S nicht besteht.

# § 39 Vergleich, Schuldversprechen und Schuldanerkenntnis

**Schrifttum:** *Fischer*, „Anerkenntnisse" im materiellen Recht und im Prozessrecht, JuS 1999, 998; *Wellenhofer-Klein*, Das Schuldanerkenntnis – Erscheinungsformen und Abgrenzungskriterien, Jura 2002, 505.

---

34 *MüKo/Habersack*, Vor § 765 BGB Rn. 49; *Lwowski*, Rn. 441.

35 Vgl. BGH WM 1992, 501, 502 f.; OLG Karlsruhe WM 1992, 2088, 2090.

36 WM 1961, 1103, 1106; ebenso OLG Karlsruhe WM 1992, 2088, 2091.

37 BGH WM 1992, 501, 502 f.; OLG Karlsruhe WM 1992, 2088, 2090.

***Fall 37:*** *K möchte unbedingt von V eine seltene Briefmarke für 4.000 € erwerben. Weil er zur sofortigen Zahlung des Kaufpreises außerstande ist, unterzeichnet er ein schriftliches abstraktes Schuldanerkenntnis, in welchem er sich ohne Angabe eines Schuldgrundes zur Zahlung von 4.000 € an V verpflichtet. Daraufhin erhält er die Briefmarke. Kurz danach ficht K den Kaufvertrag wirksam nach § 119 Abs. 1 wegen Irrtums an. V verlangt dennoch Zahlung von 4.000 €. Zu Recht?*

## I. Der Vergleich

Der Vergleich ist gemäß § 779 Abs. 1 ein schuldrechtlicher Vertrag, durch den der Streit oder die Ungewissheit der Parteien über ein Rechtsverhältnis im Wege gegenseitigen Nachgebens beseitigt wird. Der Vergleich dient dem Zweck, einen wegen tatsächlicher oder rechtlicher Gründe ungewissen Rechtszustand durch eine Vereinbarung so zu beenden, dass ein Zurückgreifen auf die bisherigen Streitpunkte ausgeschlossen ist. **868**

Ein Vergleich in diesem Sinne ist auch der Prozessvergleich, der in einem anhängigen Zivilprozess abgeschlossen wird. Aus einem Prozessvergleich kann die Zwangsvollstreckung betrieben werden (§ 794 Abs. 1 Nr. 1 ZPO).

Ein Vergleich im Sinne des § 779 setzt voraus: **869**

- Es muss Streit oder Ungewissheit der beteiligten Parteien über ein Rechtsverhältnis bestehen. Die Ungewissheit kann auf tatsächlichem oder rechtlichem Gebiet liegen. Maßgeblich ist die subjektive Beurteilung der Parteien; vermeintliche Ungewissheit genügt also.
- Der Streit oder die Ungewissheit muss durch gegenseitiges Nachgeben der Parteien beendet werden. Beide Parteien müssen einander Zugeständnisse irgendwelcher Art machen; jedes auch nur geringfügige Nachgeben genügt[1].
- Die Einigung zwischen den Parteien muss durch einen Vertrag erfolgen, der nach den üblichen Regeln zustande kommt.

**Beispiel:** G und S streiten sich darüber, ob S einen von G gewährten Kredit in Höhe von 1.000 € bereits zurückerstattet hat. Während G behauptet, den geschuldeten Geldbetrag noch nicht erhalten zu haben, ist S seinerseits davon überzeugt, den gesamten Kredit an G zurückgezahlt zu haben. Schließlich vereinbaren sie, dass S lediglich noch 500 € an G zahlen soll. Hier haben die Beteiligten einen Vergleich i.S.v. § 779 abgeschlossen. Denn durch ihre Vereinbarung, dass S nur 500 € zurückerstatten soll, haben sie den zwischen ihnen bestehenden Streit, ob S den Kredit zurückgezahlt hat oder nicht, endgültig beendet. Dies ist zudem nur möglich gewesen, weil jede Partei nachgegeben hat, indem sie zugunsten der anderen Partei von ihrer ursprünglich vertretenen Position abgerückt ist.

1 Vgl. BGHZ 39, 60, 63.

## II. Schuldversprechen und Schuldanerkenntnis

### 1. Begriff

870 In §§ 780, 781 werden nur das abstrakte (selbständige, konstitutive) Schuldversprechen und das Schuldanerkenntnis geregelt. Beide sind einseitig verpflichtende Verträge, durch die der Schuldner dem Gläubiger gegenüber **unabhängig vom Schuldgrund** eine Leistung verspricht. Der mit Vereinbarungen dieser Art verfolgte Zweck besteht in erster Linie in einer Erleichterung der Rechtsverfolgung.

Da Schuldversprechen und Schuldanerkenntnis sich lediglich durch den Wortlaut, nicht aber in ihrer rechtlichen und wirtschaftlichen Zielsetzung unterscheiden, ist eine genaue Abgrenzung in der Regel müßig.

### 2. Entstehung und Inhalt

871 Ein konstitutives Schuldversprechen oder Schuldanerkenntnis kommt durch den Abschluss eines Vertrages zustande, der zum Inhalt hat, dass der Schuldner unabhängig von einem Schuldgrund eine Leistung verspricht oder anerkennt. Die Erklärung des Schuldners bedarf jeweils der Schriftform.

### 3. Die Rechtsfolgen

872 Mit der Entstehung des das abstrakte Schuldversprechen oder -anerkenntnis begründenden Vertrages kann die so geschaffene selbständige Verpflichtung (als eine neue Anspruchsgrundlage)

- entweder als **Schuldverstärkung** neben den (zu sichernden) schon bestehenden Anspruch aus dem Grundverhältnis treten,
- oder aber es wird im Wege der **Schuldersetzung** das ursprüngliche Schuldverhältnis beseitigt oder umgeschaffen (**Novation**).

Wegen der Loslösung dieser neu geschaffenen Verpflichtung vom Kausalverhältnis können Mängel des Grundgeschäfts in der Regel die Wirksamkeit der im Schuldversprechen oder -anerkenntnis verankerten Verpflichtung nicht berühren.

### 4. Abgrenzung zum deklaratorischen Schuldanerkenntnis

873 Im Gegensatz zum oben geschilderten abstrakten Schuldanerkenntnis knüpft das kausale – auch deklaratorisch genannte – Schuldanerkenntnis an ein bestehendes Schuldverhältnis an. Ähnlich einem Vergleich (vgl. oben I.) zielt es darauf ab, das Schuldverhältnis ganz oder in bestimmter Beziehung dem Streit oder der Ungewissheit zu entziehen und insoweit endgültig festzulegen. Das deklaratorische (kausale) Schuldanerkenntnis ist im Gesetz nicht ausdrücklich geregelt und findet seine Grundlage in dem Prinzip der Vertragsfreiheit[2].

---

2 Vgl. BGHZ 98, 160, 166; 104, 18, 24.

Das deklaratorische (kausale) Schuldanerkenntnis kann zum Gegenstand haben, dass Einwendungen, die das Entstehen oder Fortbestehen des – kausalen – Schuldverhältnisses in Frage stellen, abgeschnitten werden[3].

**Beispiel:** A kauft bei V einen gebrauchten PKW zum Preis von 28.000 €. A verweigert die vollständige Zahlung des Kaufpreises mit dem Hinweis auf schwere Mängel an der elektronischen Anlage des Wagens; er möchte lediglich einen verminderten Kaufpreis in Höhe von 22.000 € zahlen. V antwortet dem A, die bemängelte Anlage funktioniere einwandfrei; A könne nur nicht damit umgehen. V verlangt den vollen Preis. Als A kurze Zeit später einen Neuwagen für seine Frau bei V kaufen möchte, verlangt dieser, A müsse zunächst anerkennen, dass er ihm 28.000 € Kaufpreis schulde; erst danach sei er bereit, A einen PKW für seine Frau zu verkaufen. Daraufhin unterschreibt A den folgenden Text:
„Ich, der A, erkenne hiermit an, dass ich dem V aus Kaufvertrag 28.000 € schulde. A"
Kurze Zeit später stellt sich heraus, dass es tatsächlich einige Mängel an dem von A gekauften PKW gibt. Kann sich A dem V gegenüber darauf berufen, wenn dieser Zahlung von 28.000 € verlangt? Fraglich ist hier, ob A trotz des unterschriebenen Anerkenntnisses noch Gewährleistungsansprüche gegen den Kaufpreisanspruch des V geltend machen kann. Da im Text des Anerkenntnisses auf den Kaufvertrag Bezug genommen wird, handelt es sich im Zweifel um ein kausales (deklaratorisches) Schuldanerkenntnis, mit dem die Parteien das Vorliegen eines Mangels vertraglich ausschließen wollten. A hat damit auf seine Mängelgewährleistungsrechte verzichtet. Infolgedessen kann A keine Gewährleistungsrecht mehr geltend machen kann.

**Lösung zu Fall 37:** Der ursprünglich aus dem Kaufvertrag bestehende Anspruch ist wegen Anfechtung nach §§ 142 Abs. 1, 119 Abs. 1 untergegangen. Jedoch hat die Anfechtung nicht zur Folge, dass auch das abstrakte Schuldanerkenntnis unwirksam ist. Denn das abstrakte Schuldanerkenntnis ist gerade dadurch gekennzeichnet, dass mit ihm eine neue selbständige Verbindlichkeit begründet wird, die in ihrem rechtlichen Bestand in der Regel nicht davon tangiert wird, dass das ursprüngliche Schuldverhältnis – hier: der Kaufvertrag – nichtig ist. Die Zahlungspflicht entfällt daher erst dann, wenn sowohl der Kaufvertrag, als auch das Schuldanerkenntnis wirksam angefochten werden.

# § 40 Die ungerechtfertigte Bereicherung

**Schrifttum:** *Conrad*, Die bereicherungsrechtliche Rückabwicklung nach Anfechtung wegen arglistiger Täuschung (§ 123 I Var. 1 BGB), JuS 2009, 397; *Lorenz*, Bereicherungsrechtliche Drittbeziehungen, JuS 2003, 729, 839; *Tommaso/Weinbrenner*, Bereicherungsrechtliche Mehrpersonenverhältnisse nach § 822 BGB, Jura 2004, 649.

---

3 Vgl. BGHZ 104, 18, 24.

***Fall 38*** *(in Anlehnung an BGHZ 20, 354 ff.): Autohersteller A hat ein Foto des bekannten Sportlers B ohne dessen Einwilligung zu Reklamezwecken verwendet. Daraufhin verlangt B von A die Zahlung eines Entgelts für die werbemäßige Verwertung seines Fotos. Zu Recht?*

## I. Die Grundtatbestände der ungerechtfertigten Bereicherung

874 Zwischen Personen kommt es häufig zu Vermögensverschiebungen,
- die weder auf einem gültigen Vertrag,
- noch auf einer besonderen gesetzlichen Regelung beruhen.

Das Zivilrecht kann solche nicht gerechtfertigten Vermögensverschiebungen auf Dauer nicht bestehen lassen. Deshalb muss demjenigen, der durch eine Vermögensverschiebung belastet ist, ein Anspruch gewährt werden, mit dem er das, was der andere **ohne Rechtsgrund** von ihm erlangt hat, zurückverlangen kann. Die in §§ 812 ff. enthaltenen Regelungen dienen dem Ausgleich nicht gerechtfertigter Vermögensverschiebungen.

**Beispiel:** L schließt mit K einen Kaufvertrag über ein gebrauchtes Fahrrad ab. K erwirbt bereits das Eigentum an dem Fahrrad, den Kaufpreis muss er erst eine Woche später bezahlen. Als er den Kaufpreis bezahlen will, stellt sich heraus, dass der Kaufvertrag wegen eines versteckten Dissenses nicht geschlossen worden ist (§ 155). Der Preis von 150 €, den K als vereinbart angesehen hatte, sollte nach Meinung des L ohne die Extras, wie Kilometerzähler und Rennlenker, gelten, während K davon ausging, mit dem Kaufpreis von 150 € seien auch die Extras abgegolten. Ohne Einigung über diesen Punkt hätten die Parteien den Vertrag nicht geschlossen. Das hat zur Folge, dass hier – weil der Kaufvertrag als das Verpflichtungsgeschäft nicht zustande gekommen ist – eine Eigentumsverschiebung ohne einen rechtlichen Grund erfolgt ist. Die Eigentumsübertragung muss deshalb rückgängig gemacht werden.

**Beispiel:** B stiehlt dem R dessen PKW. Hier hat B den Besitz an einer dem R gehörenden Sache erworben, ohne dass diese Vermögensverschiebung durch einen Vertrag oder eine besondere gesetzliche Regelung gerechtfertigt ist.

In **beiden Beispielen** handelt es sich um Tatbestände einer ungerechtfertigten Bereicherung, d.h. um Vermögensverschiebungen, für die kein rechtlicher Grund besteht. In solchen Fällen dienen die Ansprüche aus §§ 812 ff. dazu, die Vermögensverschiebungen rückgängig zu machen. Ansprüche wegen ungerechtfertigter Bereicherung i.S. der §§ 812 ff. sind Ansprüche aus einem **gesetzlichen Schuldverhältnis**.

875 In § 812 sind zwei **Grundtatbestände der ungerechtfertigten Bereicherung** geregelt:
- die **Bereicherung „durch die Leistung eines anderen“ (= Leistungskondiktion)**
  und

- die **Bereicherung „in sonstiger Weise". Dazu zählen u.a. die Eingriffs-, Rückgriffs- und Verwendungskondiktion.**

Hier können und sollen nur einige Grundzüge des Bereicherungsrechts dargestellt werden.

## II. Die Leistungskondiktion

### 1. Der Begriff der Leistungskondiktion

Die Leistungskondiktion ist in erster Linie darauf gerichtet, Leistungen, die ohne **876**
wirksames Verpflichtungsgeschäft erbracht worden sind, wieder rückgängig zu machen. Darunter fallen sowohl Leistungen, für die von vornherein ein Rechtsgrund zwischen den Parteien, die die Leistungen ausgetauscht haben, fehlte, als auch Leistungen, für die zunächst ein Rechtsgrund vorhanden war, dieser jedoch nachträglich (z.B. wegen einer wirksamen Anfechtung oder wegen des Eintritts einer auflösenden Bedingung) weggefallen ist.

**Beispiel** im Anschluss an das vorletzte **Beispiel**: Die Übereignung des Fahrrades ist als die Leistung des Verkäufers L ohne wirksames Verpflichtungsgeschäft (Kaufvertrag) erbracht worden. Ein Anspruch aus ungerechtfertigter Bereicherung ist darauf gerichtet, diese Leistung rückgängig zu machen. Das kann nur dadurch geschehen, dass das Eigentum an dem Fahrrad von K durch ein Verfügungsgeschäft gemäß § 929 wieder auf L übertragen wird.

Im deutschen Zivilrecht gewinnt die Leistungskondiktion ihre besondere Bedeutung durch das Trennungs- und Abstraktionsprinzip (vgl. dazu oben § 11), weil es relativ häufig geschieht, dass das Verpflichtungsgeschäft unwirksam, das Verfügungsgeschäft hingegen wirksam ist.

Im ersten **Beispiel** existiert das Verpflichtungsgeschäft, der Kaufvertrag, nicht; das Verfügungsgeschäft, die Übereignung, ist hingegen wirksam.

Wie die Regelungen des Bereicherungsrechts zeigen, bereiten die Verpflichtungsgeschäfte eine Güterbewegung vor und sichern die mit dem Verfügungsgeschäft vollzogene Güterbewegung in ihrem Bestand, indem sie hierfür die rechtliche Grundlage darstellen.

### 2. Die Voraussetzungen für das Entstehen eines Anspruchs aus Leistungskondiktion

#### a) Überblick

Ein Anspruch aus § 812 Abs. 1 S. 1, 1. Alternative setzt voraus, dass derjenige, **877**
demgegenüber der Anspruch geltend gemacht wird,

- „etwas erlangt" hat (= bereichert ist)
- und zwar „durch die Leistung eines anderen"
- und dass dies „ohne rechtlichen Grund" geschehen ist.

#### b) Die Bereicherung des Schuldners

Der Schuldner, gegen den sich der Bereicherungsanspruch richtet, muss **bereichert** sein („etwas erlangt haben"). Das ist der Fall, wenn er einen Vermögensvorteil erhalten hat.

Vermögensvorteile können u.a. sein:
- der Erwerb eines Rechts, wie z.B. der Erwerb des Eigentums an einer Sache und der Erwerb einer Forderung,
- das Ersparen von Aufwendungen, die ohne die Leistung des anderen hätten gemacht werden müssen, um den gleichen Erfolg zu erzielen[1].

**Beispiel:** K als Vermieter schließt mit S einen Mietvertrag über ein Ladenlokal ab, der – was die Vertragsparteien nicht wissen – nichtig ist. S benutzt die Räume, die K ihm überlässt. Erst nach vier Monaten merken K und S, dass der Vertrag nichtig ist. Wegen der Nichtigkeit des Mietvertrages hat K keinen Anspruch auf Zahlung des Mietzinses. S hat Räume benutzt, für die er, wenn er sie von einem anderen erhalten hätte, Mietzins hätte zahlen müssen. Er hat also Aufwendungen – den Mietzins – erspart. S ist deshalb bereichert. Wenn die übrigen Voraussetzungen des § 812 vorliegen, hat er eine Vergütung in Höhe des ersparten Mietzinses an K zu zahlen.

#### c) Die Leistung des Gläubigers („Leistung eines anderen")

878 Unter **Leistung** ist jede bewusste und zweckgerichtete Vermehrung fremden Vermögens zu verstehen[2].

Eine Leistung im Sinne des § 812 Abs. 1 S. 1 liegt deshalb nur dann vor, wenn
- der Leistende den **Willen** hat, fremdes Vermögen – das Vermögen des Schuldners – zu vermehren

  und
- die Leistung zweckgerichtet ist.

Damit scheidet eine Leistungskondiktion dann aus, wenn eine Vermögensmehrung unbewusst oder ohne Leistungszweck erfolgt. Das ergibt sich aus dem Sinn der Leistungskondiktion, mit der eine fehlgeschlagene Leistung wieder rückgängig gemacht werden soll.

**Beispiel:** Übereignet S dem K ein Radiogerät im Vertrauen darauf, dass der zwischen ihnen geschlossene, aber nichtige Kaufvertrag wirksam ist, so handelt es sich um eine Leistung des S. Dieser hatte den Willen, das Vermögen des K um das Eigentum an dem Radiogerät zu vermehren. Der verfolgte Zweck ist die Erfüllung des vermeintlich wirksamen Kaufvertrages. S hat also bewusst und zweckgerichtet das Vermögen des K vermehrt. Ein Anspruch aus Leistungskondiktion ist deshalb entstanden.

---

1 Vgl. BGHZ 55, 128, 130 f.

2 Vgl. BGHZ 40, 272, 277.

**Beispiel:** B füllt aus einem Kanister eigenes Benzin in den Tank des dem D gehörenden Autos. Er meint, es handele sich um Benzin des D. Hier liegt keine Leistung im Sinne des § 812 Abs. 1 S. 1 vor, weil B unbewusst das Vermögen des D vermehrt. Eine Leistungskondiktion kommt deshalb nicht in Betracht. (Es kann sich aber um eine Bereicherung „in sonstiger Weise" handeln, § 812 Abs. 1 S. 1 2. Fall.)

#### d) Das Fehlen des Rechtsgrundes

Ein Anspruch aus Leistungskondiktion besteht nur, wenn die Leistung, die zur Bereicherung des Schuldners geführt hat, **ohne rechtlichen Grund** erfolgt ist. **879**
Der Rechtsgrund für eine Vermögensverschiebung durch Leistung fehlt dann, wenn das von den Beteiligten angenommene Schuldverhältnis, das den Rechtsgrund der Vermögensverschiebung bilden soll, nicht besteht.

**Ohne rechtlichen Grund ist geleistet,**

- wenn der rechtliche Grund von vornherein fehlt § 812 Abs. 1 Satz 1),
- der zunächst vorhandene rechtliche Grund später wegfällt (§ 812 Abs. 1 Satz 2),
- der mit der Leistung bezweckte Erfolg nicht eintritt (§ 812 Abs. 1 Satz 2).

**Beispiel** für das Fehlen eines Rechtsgrundes von vornherein: die Übereignung einer Sache aufgrund eines nichtigen Kaufvertrages.

**Beispiel** für das spätere Wegfallen eines zunächst vorhandenen Rechtsgrundes: V und K schließen einen Kaufvertrag mit einer auflösenden Bedingung über ein Kfz. Das Kfz wird übereignet. Der Rechtsgrund für die Übereignung ist der Kaufvertrag. Tritt die Bedingung ein, fällt der Rechtsgrund für die Übereignung (= Leistung) nachträglich weg.

**Beispiel** für das Nichteintreten des mit der Leistung bezweckten Erfolgs: M mietet von E ein Grundstück, welches er in der berechtigten Hoffnung, das Eigentum an dem Grundstück erwerben zu können, bebaut.[3] .

## III. Die Bereicherung „in sonstiger Weise"

### 1. Überblick

Der Anspruch wegen ungerechtfertigter Bereicherung „in sonstiger Weise" dient dazu, Vermögensverschiebungen rückgängig zu machen, die nicht auf der Leistung einer Person, sondern auf anderen Ursachen beruhen, und die nicht aufgrund einer bestimmten gesetzlichen Anordnung dauerhaft bestehen bleiben sollen. **880**

**Beispiel:** Die Kühe von Bauer B begeben sich auf das Grundstück des Bauern K und fressen sich dort satt. Hier hat Bauer B das Futter für seine Kühe erlangt, ohne dass diese Vermögensverschiebung, die auf Kosten von Bauer K erfolgte, aufgrund einer bestimmten gesetzlichen Anordnung dauerhaft bestehen bleiben soll.

---

3 Vgl. BGH NJW 2001, 3118.

Es gibt eine Reihe verschiedener Ursachen für Vermögensverschiebungen dieser Art. Als Einzeltatbestand aus der Gruppe der Bereicherungstatbestände **in sonstiger Weise**, zu denen u.a. auch die Rückgriffs- und Verwendungskondiktionen gehören, sei der Einfachheit halber nur die sogenannte Eingriffskondiktion herausgegriffen.

Bevor ein Anspruch aus § 812 wegen Bereicherung „in sonstiger Weise" geprüft wird, ist stets zu klären, ob die Bereicherung nicht durch eine Leistung erfolgt ist, weil in diesem Fall eine Bereicherung „in sonstiger Weise" ausgeschlossen ist[4].

### 2. Die Eingriffskondiktion

881 Die Rechtsordnung billigt dem Entreicherten einen Anspruch aus Eingriffskondiktion zu, weil sie den Vorteil, den der andere erlangt hat, dem Entreicherten zugewiesen hat. Wie bei der Leistungskondiktion muss der Schuldner „etwas erlangt" haben, also bereichert sein, und der Schuldner muss diese Bereicherung „ohne rechtlichen Grund" erlangt haben.

Bei der Eingriffskondiktion hat der Schuldner die Bereicherung nicht durch Leistung des Gläubigers, sondern **in sonstiger Weise auf dessen Kosten** erlangt.

„In sonstiger Weise" heißt hier: Der Schuldner hat etwas durch Eingriff in Rechtspositionen erlangt, deren wirtschaftliche Verwertung nach der Rechtsordnung dem Gläubiger zusteht. Dabei ist stets darauf abzustellen, ob der Eingriff in das Recht (in die Rechtsposition) **auf Kosten des anderen** (des Rechtsinhabers) geschehen ist. Der Eingriff ist dann auf Kosten des Entreicherten geschehen, wenn das Recht, in das eingegriffen wurde, dem Entreicherten zugewiesen war.

Der klassische Fall der Eingriffskondiktion ist die unberechtigte, d.h. die weder durch Vertrag noch durch Gesetz gestattete Nutzungen fremden Eigentums.

882 Ebenso schutzwürdig wie das Eigentum sind die **Persönlichkeitsrechte**, in die ohne gesetzliche oder wirksame vertragliche Grundlagen nicht eingegriffen werden darf. Das gilt z.B. auch für das geistige Eigentum in Gestalt des Urheberrechts.

> **Beispiel:** Der Autor E eines verbreiteten Lehrbuchs des Gesellschaftsrechts, entdeckt eines Tages, dass ein Verlag X ein 200 Seiten umfassendes Konvolut unter dem Titel „Aktuelles Gesellschaftsrecht" in hohen Auflagen gedruckt und verkauft hat. Die Texte stammen ausschließlich wörtlich aus dem bezeichneten Lehrbuch. Hier liegt ein Eingriff in das dem E zugewiesene Urheberrecht vor, für den es keine Berechtigung gibt. Das, was X dadurch erlangt hat, die Veräußerungserlöse, kann E von X nach § 812 Abs. 1 S. 1 2. Alt.) nach den Grundsätzen für die Eingriffskondiktion herausverlangen.
>
> *(Dass der Verlag des Lehrbuches beteiligt ist, soll hier außer Betracht bleiben.)*

4 Vgl. BGHZ 56, 228, 240.

## IV. Der Inhalt des Bereicherungsanspruches

### 1. Die Herausgabe des Erlangten

Der Anspruch aus § 812 ist auf die **Herausgabe des Erlangten** gerichtet. Bei der Leistungskondiktion ist der Kondiktionsgegenstand das, was der Leistende dem Leistungsempfänger verschafft hat, also z.B. Eigentum, Besitz, Nutzung von Gegenständen etc. **883**

Der Bereicherungsschuldner hat gemäß § 818 Abs. 1 auch die Nutzungen (Früchte und Gebrauchsvorteile), die er etwa aus dem Bereicherungsgegenstand gezogen hat, herauszugeben.

> **Beispiel:** Nachbar N hat den Wagen des Eigentümers E genutzt. Hat N den Wagen zudem an seinen Bekannten L vermietet und hierfür 50 € bekommen, so muss N gemäß §§ 812 Abs. 1 i.V.m. § 818 Abs. 1 an E auch die 50 € herausgeben.

### 2. Der Wertersatz

Häufig ist der Bereicherungsschuldner außerstande, das Erlangte herauszugeben. Das kann u.a. der Fall sein, **884**

- weil die Herausgabe des Erlangten wegen der Beschaffenheit nicht möglich ist.

  > **Beispiel:** Der Bereicherungsschuldner hat Dienstleistungen in Anspruch genommen. Eine Herausgabe ist wegen der Beschaffenheit des Erlangten nicht möglich.

- weil der Schuldner aus einem anderen Grunde nicht zur Herausgabe imstande ist.

  > **Beispiel:** K hat das Auto, das ihm E ohne Rechtsspruch übergeben und übereignet hatte, an D weiterveräußert.

In diesen Fällen hat der Schuldner gemäß § 818 Abs. 2 **Wertersatz in Geld** zu leisten. Unter Wertersatz ist der Ersatz des Verkehrswertes des Gegenstandes zu verstehen. Zum Wertersatz zählen also weder der Erlös aus einer etwaigen Veräußerung noch der Ersatz des Schadens, der dem Gläubiger durch die Entreicherung entstanden ist[5].

> **Beispiel** im Anschluss an das vorhergehende **Beispiel**: Betrug der Verkehrswert des Autos tatsächlich 4.000 €, so muss K an E nur 4.000 € Wertersatz zahlen, auch, wenn er den PKW für 4.500 € an D weiterveräußert hat.

### 3. Der Bereicherungswegfall

Der Schuldner ist nur so lange zur Herausgabe oder zum Wertersatz verpflichtet, wie er bereichert ist (§ 818 Abs. 3). Ist die Bereicherung des Schuldners entfallen, ist seine Verpflichtung zur Herausgabe oder zum Wertersatz ebenfalls erloschen (Bereicherungswegfall). **885**

---

5 Vgl. BGHZ 17, 236, 239.

Durch die Möglichkeit, sich auf den Wegfall der erlangten Bereicherung zu berufen, soll der redliche Bereicherungsschuldner davor geschützt werden, sein Vermögen durch Erfüllung einer Kondiktion über den Betrag der noch vorhandenen Bereicherung hinaus zu mindern[6]. Der bösgläubige Empfänger schuldet gemäß §§ 818 Abs. 2, 819 den Ersatz des Wertes der empfangenen Leistung, der nach der Höhe der dafür üblichen bzw. nach der angemessenen Vergütung zu bestimmen ist[7].

Ein Wegfall der Bereicherung im Sinne des § 818 Abs. 3 liegt nicht vor, wenn der Empfänger für das Erlangte ein Surrogat erhalten hat, das er nach § 818 Abs. 1 herausgeben muss.[8]

§ 818 Abs. 3 findet keine Anwendung, wenn und soweit dem Empfänger anstelle des Erlangten werthaltige Bereicherungs- oder Schadensersatzansprüche gegen Dritte zustehen. Die rechtliche Konsequenz besteht in diesem Fall darin, dass der Empfänger anstelle des ursprünglich Erlangten nach § 818 Abs. 2 Wertersatz zu leisten hat, ohne sich demgegenüber auf § 818 Abs. 3 berufen zu können.[9]

Die Frage, ob der Schuldner noch bereichert ist oder nicht, ist nach wirtschaftlichen Gesichtspunkten zu beantworten. Das bedeutet: es ist zu prüfen, ob das Erlangte oder dessen Wert noch im Vermögen des Schuldners vorhanden sind. Die Bereicherung ist z.B. weggefallen, wenn der Schuldner den erlangten Gegenstand verschenkt hat oder der Gegenstand untergegangen ist, ohne dass Versicherungsansprüche entstanden sind. Wird die Sache jedoch vom Bereicherten weiterveräußert, fällt die Bereicherung nicht weg, da der Veräußerungserlös wirtschaftlich an die Stelle des Bereicherungsgegenstandes tritt.

**Lösung zu Fall 38:** Hier liegt eine Eingriffskondiktion gemäß § 812 Abs. 1 S. 1, 2. Alt. vor. Die Verwendung eines Fotos zu Werbezwecken wird regelmäßig nur gegen Entgelt gestattet, so dass der A einen Vermögensvorteil und damit etwas erlangt hat. Diese Bereicherung ist in sonstiger Weise auf Kosten des B erfolgt, denn A hat in den Zuweisungsgehalt eines fremden Rechts eingegriffen. Hierbei handelt es sich um das Recht am eigenen Bild, das nach § 22 Kunst-Urhebergesetz jedem Menschen zusteht und insbesondere das Recht des Einzelnen zur wirtschaftlichen Verwertung seines eigenen Bildes mitumfasst. Demnach entscheidet allein B darüber, ob mit seinem Foto Werbung betrieben werden darf oder nicht. In dieses Recht des B hat A eingegriffen, als er dessen Foto für seine Reklame benutzt hat. Darüber hinaus hat kein Rechtsgrund für den Eingriff bestanden; er ist ohne Einwilligung von B erfolgt. Somit kann der B von A gemäß § 812 Abs. 1 S. 1, 2. Alt. ein angemessenes Entgelt verlangen.

6 Vgl. *Jauernig/Stadler*, § 818 BGB Rn. 27.
7 Vgl. BGHZ 55, 128, 135.
8 *MüKo/Schwab*, BGB § 818 Rn. 184.
9 *MüKo/Schwab*, BGB § 818 Rn. 184.

# § 41 Grundlagen des Sachenrechts

**Schrifttum:** *Baur*, Entwicklungstendenzen im Sachenrecht, JA 1987, 181; *Niehues*, Rechtsverhältnis zwischen Person und Sache, JZ 1987, 453; *Petersen*, Sonderfragen zum Recht des Besitzes, Jura 2002, 255; *Wiegand*, Die Entwicklung des Sachenrechts im Verhältnis zum Schuldrecht, AcP 190 (1990), 112; *Wolf*, Beständigkeit und Wandel im Sachenrecht, NJW 1987, 2647.

***Fall 39:*** *E ist Eigentümer eines Grundstückes. Auf seinem Grundstück steht ein Haus. E überlegt sich, ob es möglich ist, Haus und Grundstück getrennt voneinander zu veräußern. Der ihm bekannte A, der 2 Semester lang Jura studiert hat, äußert diesbezüglich Bedenken. Sind diese Bedenken berechtigt?*

## I. Regelungsinhalt und Quellen des Sachenrechts

### 1. Regelungsinhalt des Sachenrechts

#### a) Überblick

Das Sachenrecht regelt die Beziehungen der Personen zu den Sachen. Dabei befasst sich das Sachenrecht des BGB vor allem mit zwei Fragen: **886**

- Einmal wird festgelegt, welche Befugnisse und Verpflichtungen einer Person, die ein bestimmtes Recht an einer Sache hat, auf Grund dieses Rechtes zustehen bzw. sie treffen.

  **Beispiel:** Den wesentlichen Inhalt der dem Eigentümer zustehenden Befugnisse umschreibt § 903.

- Daneben enthält das Sachenrecht Vorschriften über die Änderung von Rechten an Sachen.

  **Beispiele:**

  Die Übertragung des Eigentums an beweglichen Sachen ist unter anderem in § 929 geregelt.

  Über die Bestellung eines Pfandrechts an einer beweglichen Sache enthält § 1205 eine Regelung.

Entsprechend der Bezeichnung „Sachenrecht“ regelt das 3. Buch des BGB zwar überwiegend die Beziehungen der Personen zu den Sachen. Vereinzelt finden sich aber auch – im Anschluss an die entsprechende Regelung für Rechte an Sachen – Vorschriften über Rechte an Rechten.

**Beispiel:** Im Anschluss an die §§ 1204 ff., die das Pfandrecht an beweglichen Sachen regeln, enthalten die §§ 1273 ff. Vorschriften über das Pfandrecht an Rechten, nach denen sich z.B. die Verpfändung einer Geldforderung oder eines GmbH-Anteiles richtet.

### b) Abgrenzung zwischen Schuldrecht und Sachenrecht

887 Grundsätzlich unterscheiden sich die Rechtsgeschäfte des Sachenrechts in erheblichem Maße von denen des Schuldrechts. Durch das (schuldrechtliche) Verpflichtungsgeschäft werden regelmäßig nur Beziehungen zwischen Personen begründet, in der Weise, dass eine oder mehrere Vertragsparteien zu Leistungen verpflichtet werden. Ein Kaufvertrag über eine bewegliche Sache etwa verpflichtet den Verkäufer lediglich zur Übereignung des Kaufgegenstandes. Einfluss auf die unmittelbare Rechtslage im Hinblick auf eine Sache können derartige Verträge dagegen nicht haben. Zur Änderung der unmittelbaren Rechtslage, etwa der Übereignung der verkauften Sache, bedarf es vielmehr eines – zusätzlichen – sachenrechtlichen Rechtsgeschäfts, eines Verfügungsgeschäfts (siehe dazu oben § 11).

**Beispiel:** S, der wegen seiner bevorstehenden Heirat seinen Junggesellenhaushalt auflösen will, bietet seinem Freund F bei einem gemeinsamen Spaziergang die in seiner Wohnung stehende Spülmaschine zum Preise von 300 € zum Kauf an. Erklärt sich F einverstanden, kommt zwischen beiden ein Kaufvertrag gemäß § 433 zu Stande. Dadurch erwirbt F aber nur einen Anspruch auf Übereignung der Spülmaschine (vgl. den Wortlaut des § 433 Abs. 1). Die Übereignung selbst, also die Veränderung der unmittelbaren Rechtslage im Hinblick auf die Sache, kann sich nur nach sachenrechtlichen Grundsätzen vollziehen. Nach § 929 S. 1 ist für die Übereignung beweglicher Sachen grundsätzlich eine Einigung über den Eigentumsübergang und die Übergabe der Sache erforderlich. Erst wenn das geschehen ist, wird F Eigentümer der Spülmaschine.

888 Der Unterschied zwischen Schuld- und Sachenrecht, der durch den fehlenden Einfluss schuldrechtlicher Verträge auf die unmittelbare Rechtslage einer Sache gekennzeichnet ist, ist nicht nur theoretischer Natur, sondern hat erhebliche praktische Bedeutung.

**Beispiel:** V verkauft dem Gebrauchtwagenhändler K am 25.06. einen Sportwagen für 4.000 €. Bevor es zu der für den 01.07. vorgesehenen Übereignung des Wagens kommt, wird dieser durch einen Unfall, den ein Dritter (D) verschuldet hat, völlig zerstört. Kann K, der den Wagen für 5.000 € hätte weiter veräußern können, Schadensersatz in Höhe von 1.000 € verlangen? Ein Schadenersatzanspruch des K gem. §§ 280 Abs. 1, 283, 275 Abs. 4 gegen den V besteht nicht, weil V das Unmöglichwerden der Leistung (= die Übereignung der gekauften Sache) nicht zu vertreten hat. Von D, mit dem K nicht in vertraglicher Beziehung steht, könnte K nur nach § 823 Abs. 1 Schadensersatz verlangen. Das aber würde voraussetzen, dass das Eigentum des K an der Sache verletzt wäre. Da K aber noch nicht Eigentümer war, sondern lediglich einen schuldrechtlichen Anspruch auf Übereignung des Fahrzeuges hat, kann er seinen entgangenen Gewinn von 1.000 € auch nicht von D ersetzt verlangen.

889 Ob eine Person nur einen schuldrechtlichen Anspruch auf Übereignung einer Sache oder aber eine sachenrechtliche Rechtsstellung innehat, ist auch in der Zwangsvollstreckung und in der Insolvenz von erheblicher Bedeutung.

**Beispiel:** Verkauft A dem B einen Baukran und wird dieser – bevor es zu einer Übereignung kommt – bei A von einem Dritten im Wege der Zwangsvollstreckung gepfändet, so hat B keine Möglichkeit, dagegen vorzugehen. Wäre B dagegen Eigentümer des Krans und hätte diesen nur dem A geliehen, so könnte er jede Zwangsvollstreckungsmaßnahme eines Dritten gerichtlich unterbinden lassen.

### c) Der Typenzwang des Sachenrechts

Während das Schuldrecht weitgehend vom Grundsatz der Vertragsfreiheit beherrscht ist, gilt im Sachenrecht der Grundsatz des Typenzwangs. **890**

Der Grundsatz des Typenzwangs schränkt im Sachenrecht im Interesse der Klarheit der Vermögenszuordnung und damit der Rechtssicherheit die Vertragsfreiheit in erheblicher Weise ein. Durch den **sachenrechtlichen Typenzwang** wird zum einen die Zahl der dinglichen Rechte wie etwa das Eigentum und das Pfandrecht, auf die gesetzlich typisierten beschränkt, so dass die Beteiligten nicht weitere dingliche Rechte „erfinden" können.

Zum anderen bedeutet der Grundsatz des Typenzwangs, dass eine Abänderung der gesetzlich umschriebenen Typen von dinglichen Rechten grundsätzlich nicht möglich ist[1]. Das Sachenrecht ist folglich weitgehend zwingendes Recht und schränkt insoweit die Privatautonomie ein.

**Beispiel:** Nach §§ 873, 1115 setzt die Bestellung einer Hypothek voraus, dass diese ins Grundbuch eingetragen wird. Wenn A zur Sicherung einer Darlehensforderung des B zu dessen Gunsten eine Hypothek bestellen will, können beide nicht wirksam vereinbaren, dass auf die Eintragung verzichtet werden soll. Täten sie dies dennoch, wäre keine Hypothek zu Gunsten des B bestellt worden.

Der Grundsatz des Typenzwanges ist zwar nicht ausdrücklich im BGB geregelt. Wenn aber nach den einzelnen Vorschriften des Sachenrechts ein bestimmtes Recht an einer Sache eingeräumt werden „kann" (vgl. z.B. §§1018, 1030, 1068 usw.), lässt das den Umkehrschluss zu, dass der Gesetzgeber nur diese gesetzlich genau umschriebenen Rechte hat zulassen wollen[2].

## 2. Quellen des Sachenrechts

Im Wesentlichen ist das Sachenrecht im 3. Buch des BGB (§§ 854 bis 1296) geregelt. Sachenrechtliche Normen finden sich aber auch in den übrigen Büchern des BGB (vgl. z.B. §§ 90 ff.) sowie in anderen Gesetzen. Von diesen ist insbesondere die **Verordnung über das Erbbaurecht (ErbbauVO)** sowie das **Wohnungseigentumsgesetz (WEG)** von Bedeutung. Hinzuweisen ist auch auf das Sachenrechtsbereinigungsgesetz (SachenRBerG) vom 21.09.1994 (BGBl. I 2457), das eine Klä- **891**

1 Vgl. z.B. *Soergel/Stadler*, Einl. vor § 854, BGB Rn. 41, 42.
2 Vgl. *Jauernig/Jauernig*, Vorbemerkung vor § 854 BGB Rn. 3 mit weiteren Nachweisen.

rung der Rechtsverhältnisse an Grundstücken in den neuen Bundesländern bezweckt, die von den Nutzern zu Zeiten der ehemaligen DDR bebaut wurden.

## II. Grundbegriffe des Sachenrechts

### 1. Sachen

892 Zentraler Begriff des Sachenrechts ist die „Sache". Nur an einer Sache kann z.B. Eigentum bestehen. Auch Besitz ist nur an einer Sache möglich.

Eine Begriffsbestimmung findet sich in § 90. Sachen sind danach nur körperliche Gegenstände.

*Zu Sachen und Verbindungen von Sachen siehe schon oben § 22 II (Rechtsobjekte).*

Körperlich ist im Sinne von räumlicher Ausdehnung zu verstehen. Festigkeit ist nicht erforderlich. Deshalb gehören auch Gase und Flüssigkeiten zu den Sachen im Sinne des § 90, weil sie in Flaschen und anderen Behältern aufbewahrt, also beherrscht werden können. Nach der herrschenden Meinung[3] gehören Elektrizität und Licht nicht zu den Sachen im Sinne des § 90.[4] Elektronische Daten und Computerprogramme sind als solche keine Sachen, da ihnen die für den Sachbegriff kennzeichnende abgrenzbare Körperlichkeit fehlt. Sie sind als Ergebnis von Denkprozessen ein schützenswertes immaterielles Gut.[5] Nur der Datenträger ist eine Sache.

893 Zu den Sachen gehören auch Pflanzen. Tiere sind zwar keine Sachen, es gelten aber die Vorschriften für Sachen gemäß § 90 a BGB entsprechend.

Das BGB unterscheidet zwischen **beweglichen** Sachen (u.a. in § 929) und **unbeweglichen** Sachen, d.h. Grundstücken (§ 925). Diese Unterscheidung ist u.a. deshalb wesentlich, weil bewegliche Sachen auf andere Art und Weise übereignet werden als Grundstücke.

Ein **Grundstück** ist ein Teil der Erdoberfläche, der im Grundbuch (einem staatlichen Register) als Grundstück geführt wird.

**Bewegliche Sachen** sind körperliche Sachen, die nicht Grundstücke sind.

**Beispiele:** Autos, Bücher, Flaschen und Kleidungsstücke sind bewegliche Sachen.

### 2. Bestandteile und Zubehör

#### a) Überblick

894 Die Rechte, die einer Person an einer Sache zustehen können, wie z.B. das Eigentum und das Pfandrecht, können nur jeweils an der einzelnen Sache bestehen,

---

3 *Palandt/Ellenberger*, § 90 BGB Rn. 2.

4 *MüKo/Stresemann*, § 90 BGB Rn. 24.

5 *MüKo/Stresemann*, § 90 BGB Rn. 25.

nicht dagegen an Sachgesamtheiten wie z.B. einer Bildersammlung oder einem Warenlager. Wenn daher in der Umgangssprache von der „Übereignung einer Bildersammlung“ gesprochen wird, so ist das juristisch ungenau. Rechtlich bedeutet das die Übereignung der einzelnen Bilder[6].

Das Gesetz erkennt allerdings in gewissen Grenzen wirtschaftliche Einheiten auch als rechtliche Einheiten an, um zu vermeiden, dass wirtschaftliche Werte, die gerade durch den Zusammenhang einzelner Sachen bedingt sind, vernichtet werden[7]. Das geschieht durch die Vorschriften über wesentliche Bestandteile und Zubehör.

### b) Wesentliche Bestandteile

Den Begriff des wesentlichen Bestandteils hat der Gesetzgeber generell in § 93 **895**
definiert und in § 94 für Grundstücke und Gebäude erweitert. Eine Ausnahmeregel für sog. Scheinbestandteile enthält § 95.

Nach der gesetzlichen Definition des § 93 sind wesentliche Bestandteile einer Sache solche Bestandteile, die voneinander nicht getrennt werden können, ohne dass der eine oder der andere zerstört oder in seinem Wesen verändert wird. Ob durch die Trennung die einzelnen Teile einer Sache zerstört oder in ihrem Wesen verändert werden, ist danach zu entscheiden, ob die Teile nach der Trennung noch in ihrer bisherigen Art wirtschaftlich genutzt werden können[8]. Dabei ist es unerheblich, ob die Weiternutzung erst nach Verbindung mit anderen Sachen möglich ist.

> **Beispiel:** Der Serienmotor sowie die übrigen serienmäßig hergestellten Einzelteile eines Kraftfahrzeuges sind regelmäßig keine wesentlichen Bestandteile des Kraftfahrzeugs, da jeder Teil für sich, auch wenn er erst in ein anderes Fahrzeug eingebaut werden muss, seinem Wesen entsprechend genutzt werden kann.
> Dagegen ist bei einer Konservendose die Dose wesentlicher Bestandteil der Konserve, weil die Dose von ihrem Inhalt nur durch Zerstören getrennt werden kann[9].

Ergänzend zu § 93 erweitert § 94 den Begriff des wesentlichen Bestandteils für Grundstücke (Abs. 1) und Gebäude (Abs. 2).

Nach § 94 Abs. 1 gehören zu den wesentlichen Bestandteilen eines Grundstücks **896**
die mit dem Grund und Boden fest verbundenen Sachen, insbesondere die Gebäude. Nach § 94 Abs. 2 sind wesentliche Bestandteile eines Gebäudes – und damit über § 94 Abs. 1 regelmäßig auch des jeweiligen Grundstücks – die zur Herstellung des Gebäudes eingefügten Sachen. Zur Herstellung eingefügt sind diejenigen Sachen, die dem Gebäude das seinem Zweck entsprechende Gepräge geben.

---

6 *Palandt/Ellenberger*, Vor § 90, BGB Rn. 5; *MüKo/Holch*, § 90 BGB Rn. 31.

7 *MüKo/Holch*, § 93 BGB Rn. 1.

8 BGHZ 20, 159, 162; BGHZ 18, 229; 61, 81.

9 *MüKo/Holch*, § 93 BGB Rn. 15.

**Beispiele:** Fenster, Türen, Tapeten, in Wohnhäusern und Hotelbetrieben die Zentralheizungen und Warmwasseranlagen[10].

897 § 95 schränkt den Begriff des wesentlichen Bestandteils an Grundstücken und Gebäuden gegenüber den §§ 93 und 94 für so genannte Scheinbestandteile ein. Danach sind keine wesentlichen Bestandteile diejenigen Sachen, die nur zu einem vorübergehenden Zweck mit dem Grund und Boden fest verbunden bzw. in das Gebäude eingefügt worden sind, sowie Gebäude, die in Ausübung eines dinglichen Rechts an einem Grundstück von dem Berechtigten mit dem Grundstück verbunden worden sind.

**Beispiel:** Scheinbestandteile im Sinne von § 95 sind etwa Schaubuden und Gerüste.

898 Wesentliche Bestandteile einer Sache können nicht Gegenstand besonderer Rechte sein (§ 93).

Das bedeutet einmal, dass die Sache und ihre wesentlichen Bestandteile während ihrer tatsächlichen Verbindung nur zusammen übereignet und mit einem beschränkt dinglichen Recht, wie z.B. einem Pfandrecht, belastet werden können, selbst wenn die Beteiligten etwas anderes wollen.

Bedeutung erlangen die §§ 93 bis 95 ferner dann, wenn mehrere Sachen in der Weise miteinander verbunden werden, dass sie wesentlicher Bestandteil einer einheitlichen Sache werden. Die Eigentumsverhältnisse bestimmen sich dann nach den §§ 946 ff.

### c) Zubehör

899 Zubehör sind solche beweglichen Sachen, die dem wirtschaftlichen Zweck einer Hauptsache dienen, zu ihr in einem entsprechenden räumlichen Verhältnis stehen und nach der Verkehrsanschauung als Zubehör angesehen werden.

**Beispiel:** Die Stühle und Tische eines auf einem Grundstück betriebenen Gartenlokals sind Zubehör und nicht Bestandteile des Grundstücks.

Sachen, die Zubehör sind, sind rechtlich selbständig. Das bedeutet u.a., dass der Eigentümer eines Grundstücks nicht auch der Eigentümer der Sachen sein muss, die Zubehör des Grundstücks sind.

Der Gesetzgeber hat allerdings versucht, möglichst die Einheit von Hauptsache und Zubehör aufrechtzuerhalten (vgl. z.B. §§ 311 c, 926, 1120).

## 3. Dingliche Rechte

### a) Begriff des dinglichen Rechts

900 Die Rechte, die eine unmittelbare Beziehung zwischen Rechtsinhaber und Sache begründen, werden als dingliche Rechte bezeichnet[11].

---

10 BGHZ 53, 324, 326.

Besonderes Merkmal der dinglichen Rechte ist es, dass sie gegen jedermann wirken und daher zu den **absoluten Rechten** zählen. Neben dem Eigentum gehören z.B. auch die Rechte des gewerblichen Rechtsschutzes und des Urheberrechts zu den absoluten Rechten[12].

### b) Arten der dinglichen Rechte

Das Eigentum ist das weitest reichende dingliche Recht, dass allerdings – wie bereits § 903 deutlich macht – dem Eigentümer keine schrankenlose, umfassende Rechtsmacht verleiht. **901**

Neben dem Eigentum kennt das Gesetz noch eine Reihe sog. beschränkt dinglicher Rechte, wie z.B. das Pfandrecht und den Nießbrauch. Die beschränkt dinglichen Rechte gewähren dem jeweiligen Inhaber im Vergleich zum Eigentum nur eine inhaltlich beschränkte Rechtsmacht.

> **Beispiel:** Im Gegensatz zu der weit reichenden Befugnis, die das Eigentum verleiht, gewährt das Pfandrecht lediglich ein Sicherungs- und Verwertungsrecht (vgl. § 903 einerseits, § 1204 Abs. 1 andererseits).

Soweit die beschränkt dinglichen Rechte dem Inhaber eine Rechtsmacht verleihen, beschränken sie ihrerseits die Rechtsstellung des jeweiligen Eigentümers, so dass sie lediglich Abspaltungen vom Vollrecht Eigentum darstellen[13].

> **Beispiel:** Bestellt ein Eigentümer einem Dritten an seinem Grundstück gemäß § 1030 einen Nießbrauch, so wird insoweit das Gebrauchsrecht, das dem Eigentümer gemäß § 903 zusteht, eingeschränkt.

Einige beschränkt dingliche Rechte haben eine große praktische Bedeutung erlangt. Das BGB kennt Nutzungsrechte wie z.B. den Nießbrauch (§§ 1030 ff.), die Grunddienstbarkeit (§§ 1018 ff.) und die beschränkte persönliche Dienstbarkeit (§§ 1090 ff.) sowie Sicherungs- und Verwertungsrechte wie z.B. Pfandrechte (§§ 1204 ff. und §§ 1113 ff.), die Reallast und das dingliche Vorkaufsrecht (§§ 1094 ff.). **902**

## 4. Der Besitz

### a) Überblick

Die dinglichen Rechte (das Eigentum und die beschränkt dinglichen Rechte) gewähren dem jeweils Berechtigten ein absolut geschütztes Recht an der Sache. Demgegenüber ist der Besitz ein von einem Recht an der Sache unabhängiges **tatsächliches Herrschaftsverhältnis**[14]. **903**

---

11 *Soergel/Stadler*, Einl. vor § 854 BGB Rn. 24; *Palandt/Bassenge*, Einl. vor § 854 BGB Rn. 2; *Jauernig/Jauernig*, vor § 854 BGB Rn. 1.

12 *Baur/Stürner*, § 2 Rn. 2.

13 *Jauernig/Jauernig*, Rn. 6 vor § 854 BGB.

14 *Baur/Stürner* § 3 II 1 a.

**Beispiel:** Der Dieb D hat dem Eigentümer E ein Auto gestohlen und macht damit eine Spanienrundfahrt. E bleibt Eigentümer der Sache. Besitzer aber ist D, da er die tatsächliche Sachherrschaft über das Auto ausübt.

**904** Dass der Gesetzgeber den Besitz überhaupt geregelt hat und dabei dem tatsächlichen Gewaltverhältnis einer Person über eine Sache (also auch z.B. des Diebes) rechtlichen Schutz zukommen lässt, beruht auf zwei Gründen[15]:

- Einmal dient der Besitz – insbesondere bei beweglichen Sachen – der Erkennbarkeit dinglicher Rechtsverhältnisse (sog. Publizitätsfunktion).

  **Beispiel:** Nach § 1006 Abs. 1 Satz 1 wird vermutet, dass der jeweilige Besitzer einer Sache auch ihr Eigentümer ist.

- Ferner soll der tatsächlich bestehende Zustand im Interesse des Rechtsfriedens vor gewaltsamen Eingriffen Dritter geschützt werden (sog. Schutzfunktion). Das Gesetz schützt deshalb den Besitzer vor verbotener Eigenmacht (vgl. die Definition in § 858) vor allem auf zweierlei Weise: Einmal räumt § 859 dem Besitzer ein Selbsthilferecht ein. Nach § 861 steht dem Besitzer bei Besitzentziehung ferner ein Anspruch auf Wiedereinräumung des Besitzes zu.

  **Fortsetzung des oben dargestellten Beispiels:** Wenn dem D, der das Auto des Eigentümers E gestohlen hat, seinerseits das Auto von X entwendet wird, kann D von X nach § 861 Wiedereinräumung des Besitzes verlangen. Ertappt D den X auf frischer Tat, so darf er sich gemäß § 859 mit Gewalt gegen die verbotene Eigenmacht wehren.

Besondere Bedeutung hat der Besitz bei der Übereignung beweglicher Sachen. Nach der Grundregel des § 929 Satz 1 ist dafür die Einigung über den Eigentumsübergang und die Übergabe der Sache erforderlich (Publizitätsfunktion des Besitzes!). Die Übergabe im Sinne von § 929 bedeutet die Übertragung des Besitzes an der Sache auf den Erwerber.

#### b) Der unmittelbare Besitz

**905** Unmittelbarer Besitzer ist, wer die tatsächliche Sachherrschaft selbst innehat. Eine tatsächliche Sachherrschaft setzt nicht voraus, dass die Sache stets greifbar ist. Maßgeblich ist vielmehr die Verkehrsanschauung. Es genügt, dass der Besitzer die Zugriffsmöglichkeit auf die Sache hat. Stets ist erforderlich, dass die Sache dem Besitzer irgendwie zugänglich ist. Außerdem muss erkennbar sein, dass die Sache in einem Herrschaftsverhältnis irgendeiner Person steht[16].

**Beispiele:** Wenn F von Berlin nach München reist, behält er den Besitz an den Sachen, die sich in seiner Wohnung in Berlin befinden.
Der Bauer, der seinen Pflug auf dem Feld stehen lässt, behält den Besitz daran, auch wenn er in der 2 km entfernten Dorfschänke am Stammtisch sitzt.

---

15 Vgl. dazu *Baur/Stürner* § 6; *Soergel/Stadler*, Rn. 2 vor § 854 BGB.
16 *Westermann/Gursky* § 9 II 6.

Der Erwerb des unmittelbaren Besitzes richtet sich nach § 854. Die tatsächliche Gewalterlangung über die Sache, die nach § 854 Abs. 1 erforderlich ist, ist auf zweierlei Weise möglich: **906**

aa) durch einseitigen Zugriff, d.h. durch Erlangung der tatsächlichen Herrschaft über die Sache, verbunden mit einem Besitzbegründungswillen;

oder

bb) als abgeleiteter Besitzerwerb: erforderlich sind der Abgabewille des bisherigen Besitzers und der Erwerbswille desjenigen, der den Besitz erwerben möchte.

Der unter aa) und bb) genannte **Besitzwille** ist rein faktisch. Er ist keine Willenserklärung. Ihn kann jeder haben, der die Fähigkeit zur Willensbildung hat, also auch ein noch nicht geschäftsfähiges oder ein beschränkt geschäftsfähiges Kind. **907**

Das Gesetz geht davon aus, dass es nicht sachgerecht ist, jeder Person, die die tatsächliche Gewalt über eine Sache ausübt, die Rechte zuzugestehen, die normalerweise mit dem Besitz verbunden sind.

#### c) Besitzdiener

§ 855 spricht denjenigen, die in sog. „untergeordneten Funktionen" tätig sind, die Besitzerqualität ab. Es nennt diese Personen Besitzdiener. **Besitzdiener** ist jemand, der in sozialer Abhängigkeit und Weisungsgebundenheit zum Besitzer steht, gleichwohl aber die tatsächliche Einwirkungsmöglichkeit auf die Sache hat. Dieses Verhältnis ist rein faktisch zu sehen, d.h. es kann, aber es muss nicht ein rechtsgültiges Arbeits- und Dienstverhältnis bestehen. **908**

Der Besitzdiener ist also nicht Besitzer. Besitzer ist vielmehr derjenige, zu dem der Besitzdiener in einem sozialen Abhängigkeitsverhältnis steht. **909**

> **Beispiel:** Die Arbeitnehmer, die in einem Betrieb arbeiten, sind nicht Besitzer, sondern Besitzdiener im Hinblick auf die Werkzeuge und Maschinen, die sie benutzen; Besitzer ist der Unternehmer.

#### d) Der mittelbare Besitz

Lässt eine Person die tatsächliche Sachherrschaft durch eine andere ausüben, so erkennt das Gesetz ihr Interesse, wie ein Besitzer behandelt zu werden, als schutzwürdig an[17]. Den Besitz, der durch die Vermittlung eines anderen, des unmittelbaren Besitzers, ausgeübt wird, nennt das Gesetz **mittelbaren Besitz**. **910**

Auch dieser Besitz ist nach § 869 vollwertiger Besitz, so dass auch der mittelbare Besitzer Ansprüche wegen Entziehung oder Störung des Besitzes aus §§ 861, 862 gegenüber Dritten geltend machen kann (vgl. § 869).

> **Beispiel:** Wird dem unmittelbaren Besitzer die Sache von einem Dieb gestohlen, so kann auch der mittelbare Besitzer von dem Dieb die Wiedereinräumung des Besitzes an den bisherigen Besitzer verlangen (§ 869 i.V.m. § 861).

---

17 *Baur/Stürner* § 7 B III 1.

911 Kennzeichnend für den mittelbaren Besitz ist, dass der mittelbare Besitzer die tatsächliche Sachherrschaft nicht selbst hat; diese liegt vielmehr beim unmittelbaren Besitzer. Den mittelbaren Besitzer verbindet mit dem unmittelbaren Besitzer ein Rechtsverhältnis, auf Grund dessen der mittelbare Besitzer von dem unmittelbaren Besitzer jederzeit oder nach Ablauf einer gewissen Zeit Herausgabe der Sache verlangen kann.

Das zwischen unmittelbarem Besitzer und mittelbarem Besitzer bestehende Verhältnis wird **Besitzmittlungsverhältnis** genannt. Es kann im Einzelfall rechtlich unterschiedlich ausgestaltet sein. So kann es ein Mietvertrag, ein Pachtvertrag, ein Leihvertrag oder ein anderes der in § 868 genannten Rechtsverhältnisse sein. Zu den „ähnlichen Rechtsverhältnissen" i.S. des § 868 zählen u.a.: Lagervertrag, Speditionsvertrag, Werkvertrag.

**Beispiel:** Vermietet der Vermieter dem Mieter eine Sache (Mietvertrag) und nimmt der Mieter die Sache in Besitz, so ist der Mieter der unmittelbare Besitzer, der Vermieter der mittelbare Besitzer. Zwischen den Beteiligten besteht ein Besitzmittlungsverhältnis.

**Lösung zu Fall 39:** Nach § 93 können sog. wesentliche Bestandteile einer Sache nicht Gegenstand besonderer Rechte sein. Das bedeutet u.a., dass wesentliche Bestandteile einer Sache nicht gesondert von der Sache selbst übereignet werden können, sondern nur mit ihr zusammen. Ein wesentlicher Bestandteil ist ein solcher Bestandteil, der von der Sache nicht getrennt werden kann, ohne dass die Sache oder der Bestandteil zerstört oder wesentlich verändert wird. Klarstellend legt § 94 Abs. 1 fest, dass Gebäude auf einem Grundstück wesentlicher Bestandteil des Grundstückes sind. Folglich können Gebäude nicht Gegenstand besonderer Rechte sein (mit der Ausnahme des nur vorübergehenden Zwecks nach § 95) und somit nicht getrennt vom Grundstück übereignet werden. Dem E ist es daher nicht möglich, das Eigentum am Grundstück zu übertragen, ohne gleichzeitig auch das Haus zu übereignen.

## § 42 Das Privateigentum und seine Bedeutung

**Schrifttum:** *Berg*, Entwicklung und Grundstrukturen der Eigentumsgarantie, JuS 2005, 961.

### I. Der Eigentumsbegriff des Grundgesetzes

912 Wie schon oben (siehe § 2 III) dargelegt, wird die Gesellschaftsordnung eines jeden Staates entscheidend durch die in ihm geltende Eigentumsordnung geprägt, weil diese ein bestimmender Faktor für die Gestaltung der grundlegenden Le-

bensvorgänge in einer Gesellschaft ist. Jede moderne Verfassung enthält Regelungen über die Eigentumsordnung. Sie legt fest, durch wen und auf welche Art und Weise die in der Umwelt vorhandenen Lebensgüter verteilt und genutzt werden, auf welche Weise sich Produktionsvorgänge vollziehen.

**Eigentum** im Sinne von Art. 14 GG bedeutet in erster Linie **Privateigentum**, d.h. ein Recht, das einen Abwehr- und Schutzanspruch gegen die Staatsgewalt begründet und als Voraussetzung für eine freie und selbstverantwortliche Lebensgestaltung angesehen wird[1]. Insoweit ist das Eigentum also durch einen personalen Zug gekennzeichnet[2]. **913**

Die Freiheit des Eigentümers ist jedoch nicht schrankenlos, wie sich aus Art. 14 Abs. 2 GG ergibt[3]. Demzufolge finden sich auch im Bürgerlichen Gesetzbuch zahlreiche Einschränkungen der Eigentümerposition, wie z.B. § 904 und § 906 BGB[4].

Der **verfassungsrechtliche Eigentumsbegriff** umfasst gemäß Art. 14 GG nicht nur das Eigentum an Sachen, sondern die Inhaberschaft an allen vermögenswerten Rechten. Dazu zählen u.a.: Lohnforderungen, Mitgliedschaftsrechte (wie z.B. Aktien) und sonstige Gesellschaftsrechte, schuldrechtliche Forderungen (wie z.B. Rechte aus Miet- und Pachtverträgen), der Gewerbebetrieb mit alledem, was den Wert des Betriebes ausmacht (wie z.B. Kundenstamm etc.); Urheber-, Patent-, Verlags- und Markenschutzrechte zählen mit den vermögensrechtlichen und wirtschaftlichen Verwertungsrechten ebenfalls dazu (mitunter auch unter der Bezeichnung „geistiges Eigentum" zusammengefasst)[5]. **914**

Das Privateigentum erhält sein volles Gewicht in einer Gesellschaftsordnung erst durch das **Erbrecht.** Zwar endet naturgemäß mit dem Tode des Menschen auch die Herrschaft über die in seinem Eigentum stehenden Sachen, sie fällt aber mit seinem Tode nicht an den Staat. Unsere Rechtsordnung erkennt das Individualrecht an und verneint damit, dass Güter an den Staat zurückfallen und dieser sie neu verteilen kann. **915**

## II. Der Eigentumsbegriff des bürgerlichen Rechts

Das BGB enthält keine Legaldefinition des Eigentums. Üblicherweise wird es charakterisiert als das umfassendste Herrschaftsrecht an einer Sache, das die Rechtsordnung kennt[6]. **916**

---

1 *Hesse*, Rn. 442.
2 So *Hesse*, a. a. O.
3 *Baur/Stürner*, § 24 Rn. 14.
4 *Baur/Stürner*, § 25 Rn. 5 ff.; 17 ff.; *Wolf/Wellenhofer*, § 25 Rn. 5 ff.
5 *Jarass/Pieroth*, Art. 14 GG Rn. 9; *Schulte*, GRUR 1985, 772 ff.
6 *Palandt/Bassenge*, Überbl. v. § 903 BGB Rn. 1.

Im Gegensatz zu Art. 14 GG ist in § 903 BGB nur von **Sachen** die Rede. Der Eigentumsbegriff des bürgerlichen Rechts ist somit enger, weil auf Sachen (= körperliche Gegenstände) beschränkt.

An Rechten (z.B. Patentrechte) gibt es daher kein Eigentum, sondern nur eine Inhaberschaft; also jemand ist „Patentinhaber" und nicht etwa „Patenteigentümer". Das deutsche Zivilrecht kennt also den Begriff **Geistiges Eigentum** nicht, obwohl er **(intellectual property und propriété intellectuelle)** heute überall auf der Welt geläufig ist und als Sammelbezeichnung für diejenigen Rechtsgebiete dient, die nach deutscher Übung unter die Begriffe Urheberrecht und Gewerblicher Rechtsschutz zusammengefasst werden.[7] Allerdings war der Begriff Geistiges Eigentum gegen Ende des 18. Jahrhunderts in Deutschland gebräuchlich geworden. Eine Theorie vom Inhalt desselben hatte man schon in der Zeit zuvor entwickelt.

§ 903 BGB sagt immerhin etwas über die Befugnisse des Eigentümers von Sachen aus. Man unterscheidet den positiven Zuweisungsgehalt („mit der Sache nach Belieben verfahren") und die negative Ausschließungsfunktion („andere von jeder Einwirkung ausschließen").

## § 43 Der Schutz des Eigentums

**Schrifttum:** *Kempny*, Zum Verständnis und zur Prüfung des § 992 BGB, JuS 2008, 858; *Roth*, Das Eigentümer-Besitzer-Verhältnis, JuS 2003, 937.

***Fall 40:*** *V vermietet ein Paar Skier für zwei Wochen zu einem Mietpreis von 25 € an M. Vor Ablauf der zwei Wochen beschließt V, selbst Ski zu fahren. Er wendet sich deshalb an M und verlangt die Herausgabe der Skier. M weigert sich, die Skier herauszugeben. Mit Recht?*

Art. 14 GG schützt das Privateigentum lediglich gegenüber Maßnahmen des Staates. Der Schutz des Eigentums vor Eingriffen privater Dritter richtet sich dagegen nach dem bürgerlichen Recht.

### I. Der Herausgabeanspruch des Eigentümers

917 Einer der wichtigsten Ansprüche aus dem Eigentum ist der **Herausgabeanspruch gemäß § 985,** den der Eigentümer gegen den Besitzer hat, sobald Eigentum und

7 *E. Wadle*, Entwicklungsschritte des Geistigen Eigentums in Frankreich und Deutschland, in: E. Wadle (Hrsg.), Geistiges Eigentum. Bausteine der Rechtsgeschichte, Bd. II, 2003, S. 83 ff.

Besitz nicht mehr in einer Hand sind und der Besitzer dem Eigentümer gegenüber kein Recht zum Besitz i.S. des § 986 hat.

Ein **Recht zum Besitz** kann sich für den Besitzer u.a. ergeben:

a) aus einem Schuldverhältnis, das zwischen ihm und dem Eigentümer besteht.

> **Beispiel:** So kann der Besitzer dem Eigentümer gegenüber z.B. auf Grund eines zwischen ihm und dem Eigentümer abgeschlossenen Mietvertrages zum Besitz berechtigt sein. Der Mietvertrag gibt dem Mieter für die Dauer des Vertrages ein Recht zum Besitz im Sinne des § 986 Abs. 1.

b) aus einem beschränkt dinglichen Recht, wie z.B. einem Pfandrecht.

> **Beispiel:** S hat dem G nach § 1205 an einem wertvollen Bild zur Sicherung einer Darlehensrückzahlungsforderung ein Pfandrecht bestellt; dazu gehört auch die Übertragung des Besitzes an dem Bild an G. Aus dem Pfandrecht, einem dinglichen Recht, hat G ein Recht zum Besitz gemäß § 986 Abs. 1

Wenn untersucht wird, ob der Eigentümer gemäß § 985 Herausgabe der Sache **918**
verlangen kann, ist stets zu berücksichtigen, ob derjenige, gegen den sich der Anspruch richtet (der Besitzer), ein Recht zum Besitz gemäß § 986 hat. Denn der Eigentümer hat gegen den Besitzer nur dann einen Anspruch auf Herausgabe gemäß § 985, wenn der Besitzer kein Recht zum Besitz gemäß § 986 hat.

## II. Grundzüge des Eigentümer-Besitzer-Verhältnisses

### 1. Sinn und Zweck des Eigentümer-Besitzer-Verhältnisses

Zweck des als **gesetzliches Schuldverhältnis** konzipierten und in den §§ 987 ff. **919**
geregelten Eigentümer-Besitzer-Verhältnisses ist es, die besondere Interessenlage zwischen dem Eigentümer und dem nicht zum Besitz berechtigten Besitzer (sog. unrechtmäßiger Besitzer) zu berücksichtigen, und dabei den gutgläubigen unrechtmäßigen Besitzer, d.h. denjenigen Besitzer, der, ohne grob fahrlässig zu handeln, irrtümlicherweise glaubt, zum Besitz berechtigt zu sein, zu schützen.

Für den Fall, dass der Eigentümer einer Sache diese von dem Besitzer nach den §§ 985, 986 herausverlangen kann, enthalten die §§ 987 ff. ein besonderes Haftungssystem. Dieses stellt eine abschließende Sonderregelung dar. Grundsätzlich ist daher, wenn ein Eigentümer von einem Besitzer eine Sache nach §§ 985, 986 herausverlangen kann, d.h. bei Vorliegen der sog. **Vindikationslage**, die Anwendung der allgemeinen Vorschriften, wie z.B. §§ 823, 812, 816, ausgeschlossen[1]. Eine Ausnahme davon regelt § 992 für den sog. deliktischen Besitzer (siehe unten 3.).

---

1 RGZ 163, 348, 352; BGHZ 41, 157; BGH NJW 52, 257; 63, 1249; 71, 1358; vgl. aber auch *Wolf/Wellenhofer*, Rn. 187 ff.; *Roth*, JuS 2003, 941.

### 2. Überblick über die wichtigsten Haftungstatbestände

920 Das in den §§ 987 ff. enthaltene Haftungssystem regelt jedenfalls drei bei einer Herausgabeverpflichtung häufig auftretende Probleme:

- Unter welchen Voraussetzungen kann der Eigentümer **Schadensersatz** verlangen, wenn der Besitzer die Sache nicht oder nicht unbeschädigt herausgeben kann?
- Kann der Eigentümer vom Besitzer die **Nutzungen**, die dieser während seiner Besitzzeit gezogen hat, herausverlangen, bzw. kann der Eigentümer, wenn die Herausgabe der Nutzungen nicht möglich ist, eine angemessene Nutzungsentschädigung geltend machen?
- Kann der Besitzer, der die Sache dem Eigentümer herauszugeben hat, von diesem Ersatz seiner **Verwendungen** verlangen, die er auf die Sache gemacht hat?

**Verwendungen s**ind Vermögensaufwendungen, die der Sache zugutekommen, ohne sie grundlegend zu verändern, wie z.B. Reparaturkosten.

### 3. Mögliche Ansprüche des Eigentümers gegen den Besitzer

#### a) Gutgläubiger, bösgläubiger und deliktischer Besitzer

921 Ob und in welchem Umfang Ansprüche des Eigentümers gegen den unrechtmäßigen Besitzer auf Schadensersatz oder Nutzungsersatz bzw. Ansprüche des unrechtmäßigen Besitzers auf Ersatz seiner Verwendungen bestehen, hängt im Wesentlichen davon ab, auf welche Art und Weise der Besitzer den Besitz erlangt hat.

Dieser kann

- gutgläubiger Besitzer,
- bösgläubiger Besitzer oder
- deliktischer Besitzer[2] sein.

**Deliktischer Besitzer** ist, wer den Besitz durch verbotene Eigenmacht (vgl. § 858 Abs. 1) oder eine Straftat erlangt hat (vgl. § 992).

922 **Bösgläubiger Besitzer** ist derjenige, der beim Erwerb des Besitzes weiß oder infolge grober Fahrlässigkeit nicht weiß, dass er nicht zum Besitz berechtigt ist oder der später erfährt, dass er nicht zum Besitz berechtigt ist (vgl. § 990 Abs. 1 Satz 1 i.V.m. § 932 Abs. 2 und § 990 Abs. 1 Satz 2). Der Bösgläubigkeit wird **die Rechtshängigkeit**, d.h. die Erhebung der Klage auf Herausgabe der Sache, gleichgestellt (vgl. §§ 987, 989 i.V.m. § 990), weil der Besitzer von diesem Zeitpunkt an damit rechnen muss, dass er die Sache herausgeben muss und sich danach einzurichten hat.

2 Zum Teil werden in den Kommentaren und Lehrbüchern anstelle der Begriffe „gutgläubiger", „bösgläubiger" und „deliktischer" Besitzer auch die Begriffe „redlicher", „unredlicher" und „eigenmächtiger" Besitzer verwandt.

**Gutgläubig** ist der Besitzer, der weder deliktischer noch bösgläubiger Besitzer ist.

**Beispiel:** A kauft im Elektrofachgeschäft des V eine Stereoanlage. Diese Anlage hatte D dem Eigentümer, der Firma E, gestohlen, und sie an V veräußert. E kann von A die Herausgabe der Anlage nach §§ 985, 986 verlangen, denn E ist wegen § 935 Eigentümer der Anlage geblieben und A hat kein Recht zum Besitz gegenüber E. Wenn keine außergewöhnlichen Umstände den A am Eigentum des V haben zweifeln lassen müssen, ist A gutgläubiger Besitzer. Wäre D ein stadtbekannter Dieb und hätte V dies beim Kauf gewusst, so wäre V während seiner Besitzzeit bösgläubiger Besitzer gewesen. Hätte D noch die Anlage in Besitz, wäre er selbst deliktischer Besitzer.

Bevor solche Ansprüche geprüft werden, ist stets zunächst zu klären, ob eine **Vindikationslage** besteht, d.h. ob der Eigentümer die Sache vom Besitzer herausverlangen kann, ohne dass letzterem ein Recht zum Besitz nach § 986 zusteht.

### b) Ansprüche gegen den gutgläubigen Besitzer

Der **gutgläubige Besitzer** wird geschützt, d.h. er haftet dem Eigentümer grund- **923**
sätzlich weder auf Schadensersatz wegen Verschlechterung der Sache oder Unmöglichkeit der Herausgabe, noch muss er gezogene Nutzungen herausgeben. Dieser Grundsatz ist dem § 993 Abs. 1 2. Halbsatz zu entnehmen („im Übrigen ist er weder zur Herausgabe von Nutzungen noch zu Schadensersatz verpflichtet"). Eine Ausnahme besteht allerdings für den Fall, dass der Besitzer den Besitz **unentgeltlich** erlangt hat; dann ist er zur Herausgabe der Nutzungen verpflichtet, die er vor der Rechtshängigkeit gezogen hat (§§ 988, 993 Abs. 1, 1. Halbsatz).

### c) Ansprüche des bösgläubigen Besitzers

Der **bösgläubige Besitzer** dagegen haftet, wenn infolge seines Verschuldens die **924**
Sache verschlechtert wird, untergeht oder aus einem anderen Grunde von ihm nicht herausgegeben werden kann (§§ 990 i.V. mit § 989). Ferner ist der bösgläubige Besitzer verpflichtet, alle gezogenen Nutzungen herauszugeben (§ 990 i.V.m. § 987). Ist die unmittelbare Herausgabe der Nutzungen nicht möglich, z.B. weil der Besitzer die Sache selbst genutzt hat, so hat er eine angemessene Nutzungsentschädigung in Geld zu leisten[3].

**Beispiel:** E möchte für mehrere Wochen verreisen und übergibt dem Nachbarn N die Haustür- und Garagenschlüssel für sein Einfamilienhaus, damit dieser bei Gefahr im Verzuge das Haus betreten kann. Nach einer Woche kontrolliert N das Haus des E und entdeckt dessen Autoschlüssel. Da N den Wagen des E sehr attraktiv findet, nutzt er ihn 3 Wochen intensiv für eigene Zwecke. Weil N während der Fahrt in der Stadt mit seinem Handy telefoniert, verursacht er einen Unfall, der an dem PKW des E zu einem Schaden in Höhe von 4.300 € führt. E kehrt vor-

---

3 BGHZ 41, 186 f.; *Schapp/Schur*, S. 65.

zeitig zurück und verlangt von N sofort die Herausgabe des PKW. Außerdem verlangt er Schadensersatz (4.300 €) und eine Entschädigung für die Nutzung des Fahrzeugs, nachdem er gemerkt hat, dass N mit seinem Wagen 3.200 km gefahren ist. N hatte kein Recht zum Besitz. Es bestand also eine Vindikationslage. N war bösgläubiger Besitzer des PKW von der Inbesitznahme an. Infolgedessen ist er wegen des Schadens an dem Wagen, den er fahrlässig verursacht hat, nach §§ 990, 989 zum Ersatz verpflichtet. Außerdem hat N durch den Gebrauch des Wagens Nutzungen (§ 100) in Gestalt von Gebrauchsvorteilen gezogen, die er herauszugeben hat. Da die Vorteile, die der Gebrauch eines Kfz gewährt, nicht herausgegeben werden können, ist ein zu ermittelnder Wertersatz zu leisten.[4]

#### d) Ansprüche gegen den deliktischen Besitzer

925 Keinen Schutz genießt der **deliktische Besitzer**. Dieser haftet nach § 992 für jeden Schaden an der Sache in Verbindung mit §§ 823 ff. Über § 249 Satz 1 BGB ist er daher auch zur Herausgabe sämtlicher Nutzungen verpflichtet.[5] Als Haftungsmaßstab ist die Sonderregelung des § 848 BGB zu beachten. Danach haftet der deliktische Besitzer auch für den zufälligen Untergang und die zufällige Verschlechterung der Sache.

In dem oben genannten **Beispiel** haftet N dem E neben §§ 990, 989 auch noch über § 992 gemäß §§ 823, 249 ff., weil er den Besitz an dem PKW durch verbotene Eigenmacht (§ 858 Abs. 1) erlangt hat.

### 4. Ansprüche des unrechtmäßigen Besitzers gegen den Eigentümer auf Ersatz seiner Verwendungen

#### a) Ansprüche des gutgläubigen Besitzers

925 a Der **gutgläubige Besitzer** kann gemäß § 994 vom Eigentümer die zur Erhaltung des Wertes und der Nutzungsfähigkeit der Sache notwendigen Verwendungen ersetzt verlangen.

**Beispiel:** Die Reparatur des Bremssystems eines PKW ist eine notwendige Verwendung, weil sie der Erhaltung des PKW dient.

Kein Ersatz kann für die gewöhnlichen Erhaltungskosten, d.h. die laufenden Ausgaben, verlangt werden.

**Beispiel:** Dazu gehören z.B. Kosten für einen Ölwechsel beim Auto.

925 b Der gutgläubige Besitzer kann auch die wertsteigernden Verwendungen, d.h. nützliche Verwendungen, ersetzt verlangen (§ 996). Gemeint sind Verwendungen, die zur Steigerung des Sachwertes führen.[6]

---

4 *MüKo/Raff*, BGB § 987 Rn. 28.

5 *Baur/Stürner*, § 11 Rn. 14.

6 *MüKo/Raff*, BGB § 996 Rn. 6.

**Beispiel:** Der redliche Besitzer eines bebauten Grundstücks, baut Doppelfenster in das Gebäude ein, die schallmindernd und Wärme dämmend wirken. Dabei handelt es sich im Zweifel um eine nützliche wertsteigernde Verwendung, für die er nach § 996 Ersatz verlangen kann.

**Beispiel:** Der redliche Besitzer lässt in das Auto, das er besitzt, ein besonders luxuriöses Navigationssystem einbauen, welches das vorhandene, durchschnittlichen Anforderungen genügende System ersetzt. Hier handelt es sich nicht um notwendige Verwendungen, sondern um luxuriöse, die den Wert des Fahrzeugs nicht unbedingt erhöhen.

### b) Ansprüche des bösgläubigen und deliktischen Besitzers

Der **bösgläubige** sowie der **deliktische unrechtmäßige** Besitzer können dagegen nur ihre notwendigen Verwendungen ersetzt verlangen und diese auch nur nach den Vorschriften über die Geschäftsführung ohne Auftrag (§ 994 Abs. 2 bzw. § 850 i.V.m. § 994 Abs. 2). Das bedeutet, dass der Eigentümer die Verwendungen des Besitzers nur zu ersetzen braucht, wenn sie dem Interesse sowie dem wirklichen oder mutmaßlichen Willen des Eigentümers entsprechen (vgl. § 683 Satz 1). **925 c**

**Beispiel:** Das Ehepaar A und B (beide 31 Jahre alt und bei bester Gesundheit) sind Eigentümer eines Einfamilienhauses, das sie auch bewohnen. Als sie im Mai 2017 für ein Jahr in die USA reisen, um dort an einer Universität zu lehren, besetzt die militante Seniorenvereinigung „Alte Tiger" das Haus und lässt für 4.500 € einen sog. Treppenlift einbauen, der es behinderten Alten der Gruppe ermöglichen soll, die erste Etage zu erreichen. Als A und B von der Hausbesetzung erfahren, reisen sie sofort zurück und verlangen Herausgabe des Hauses. Die Gruppe „Alte Tiger" verlangt Verwendungsersatz. Selbst wenn man den Einbau des Aufzugs als eine notwendige, weil nützliche Verwendung ansieht, besteht kein Anspruch auf Verwendungsersatz. Die Gruppe hat verbotene Eigenmacht (§ 858) geübt. Die Mitglieder der Gruppe sind deshalb deliktische Besitzer (§ 992). Als solche können sie nach § 994 Abs. 2 Ersatz für notwendige Verwendungen nur nach § 683 verlangen. Es war weder im Interesse von A und B, noch entsprach es deren wirklichem oder mutmaßlichem Willen, dass ein solcher Aufzug eingebaut wurde. Also besteht kein Anspruch auf Verwendungsersatz.

### c) Das Zurückbehaltungsrecht gemäß § 1000

Sofern der Besitzer einen Anspruch auf Ersatz seiner Verwendungen hat, steht ihm gegen das Herausgabeverlangen des Eigentümers gemäß § 1000 ein **Zurückbehaltungsrecht** zu. **925 d**

Angenommen im oben dargestellten **Beispiel** machten die Hausbesetzer ein Zurückbehaltungsrecht nach § 1000 geltend. Abgesehen davon, dass kein Verwendungsersatzanspruch besteht, der ein Zurückbehaltungsrecht begründet, kann hier ein Zurückbehaltungsrecht nach § 1000 Satz 2 schon deshalb nicht entstehen, weil die Besitzer den Besitz durch eine vorsätzliche unerlaubte Handlung gemäß § 823 Abs. 1 (Verletzung des Rechtsguts Eigentum) erlangt haben.

## III. Der Beseitigungs- und Unterlassungsanspruch des Eigentümers (§ 1004)

### 1. Der Anspruch aus § 1004

#### a) Funktion und Reichweite des § 1004

926 Der Eigentümer wird als Inhaber eines besonders starken absoluten Rechts nicht nur gegen Vorenthaltung und Entziehung des Besitzes geschützt. Das Gesetz sieht auch einen Schutz gegen andere störende Eingriffe in das Eigentum vor. Zu den Schutznormen dieser Art zählt vor allem § 1004. Unter § 1004 fällt jede Eigentumsstörung, die nicht Besitzentziehung oder Vorenthaltung des Besitzes ist. § 1004 schützt das Eigentum an beweglichen Sachen und Grundstücken.

Aus § 1004 können sich zwei Ansprüche ergeben: auf **Beseitigung** und auf **Unterlassung.** Einen Schadensersatzanspruch gewährt § 1004 nicht; ein solcher kann gegebenfalls auf § 823 gestützt werden.

927 Die große praktische Bedeutung des § 1004 ergibt sich aus dem weiten Anwendungsbereich. Zum einen wird § 1004 in einer Reihe von Fällen über das Eigentum hinaus auf andere dingliche Rechte für anwendbar erklärt, so z.B. für Grunddienstbarkeiten (§ 1027), für den Nießbrauch (§ 1065), das Pfandrecht (§ 1227) das Wohnungseigentum (§ 34 Abs. 2 WEG) und das Erbbaurecht (§ 11 Abs. 1 ErbbaurechtsG). Darüber hinaus wird § 1004 auf alle anderen absoluten Rechte analog angewandt, soweit sie nicht durch spezielle gesetzliche Regelungen besonderen Schutz genießen. Dazu gehören die in § 823 Abs. 1 genannten Rechtsgüter, einschließlich das Allgemeine Persönlichkeitsrecht und das Recht am Unternehmen (Recht am eingerichteten und ausgeübten Gewerbebetrieb).

Manche absolute Rechte werden durch gesetzliche Bestimmungen geschützt, die dem § 1004 ähnlich sind. Dazu gehören z.B. § 12 für das Namensrecht, § 37 HGB für den Schutz der Firma und § 139 PatG für die Erfindung.

#### b) Der Tatbestand des § 1004

927 a Ein Anspruch aus § 1004 setzt stets einen Eingriff in die Rechtsstellung des Eigentümers voraus.

Der Anspruch richtet sich gegen den **Störer**. Das ist derjenige, der durch sein Handeln oder durch die Aufrechterhaltung eines Zustandes eine Beeinträchtigung des Eigentums herbeiführt.

> **Beispiel:** Nachbar N, in dessen Haus die Abflussrohre verstopft sind, leitet die Abwässer in den Garten auf dem Grundstück des E. Hier ist N Handlungsstörer.
>
> **Beispiel** (nach BGH NJW1964, 1365): A bringt einen Lastkahn in den Hafen der Stadt H, wo dieser kurze Zeit darauf ohne Zutun des A sinkt und die Fahrrinne versperrt. Wenn A den Kahn nicht heben und abschleppen lässt, ist er Zustandsstörer, der die Beeinträchtigung zu beseitigen hat.

Der Anspruch aus § 1004 entsteht auch, ohne dass den Störer ein Verschulden treffen muss. Die Beeinträchtigung muss lediglich **rechtswidrig** sein. Jede Eigentumsbeeinträchtigung ist rechtswidrig, es sei denn, dem Eingreifenden ist der Eingriff gestattet. Eine Gestattung kann auf Privatrecht oder öffentlichem Recht beruhen. **927 b**

Nicht widerrechtlich ist der Eingriff, den der Eigentümer dulden muss (§ 1004 Abs. 2). Duldungspflichten können sich aus Rechtsverhältnissen zwischen dem Eigentümer und dem Störer ergeben, z.B. aus einer vertraglich vereinbarten Gestattung (Einwilligung).

**Beispiel:** X, ein Nachbar von E, stellt regelmäßig seinen PKW auf der Vorgartenwiese des E ab. Wenn E dem X das Parken auf seiner Wiese nicht gestattet hat, ist dies eine rechtswidrige Eigentumsbeeinträchtigung, auf deren Beseitigung E gegen X einen Anspruch hat. Wenn E dem X die entsprechende Parkfläche vermietet, liegt kein rechtswidriger Eingriff in das Eigentum des E vor, denn E muss diesen Eingriff dulden, weil er mit dem Mietvertrag dem X das Parken auf seinem Grundstück gestattet hat.

## 2. Die analoge Anwendung des § 1004

Es besteht in Rechtsprechung und Literatur Einigkeit darüber, dass demjenigen, dem erstmals oder wiederholt ein Schaden durch die Verletzung von Rechtsgütern droht, Schutz gewährt werden muss. Man wendet deshalb den in § 1004 enthaltenen Rechtsgedanken auch auf andere geschützte Rechte und Rechtsgüter, insbesondere auf die in § 823 Abs. 1 genannten an, also auf Leben, Gesundheit, Freiheit und das allgemeine Persönlichkeitsrecht[7]. In **Analogie zu § 1004** werden alle deliktsrechtlich geschützten Positionen gegen rechtswidrige – nicht notwendigerweise auch schuldhafte – Eingriffe Dritter geschützt. Darunter können auch die gemäß § 823 Abs. 2 i.V.m. einem Schutzgesetz deliktisch geschützten Rechtsgüter fallen[8]. **927 c**

Eine bedeutende Rolle spielt die analoge Anwendung des § 1004 bei Verletzungen des **Allgemeinen Persönlichkeitsrechts.**

**Beispiel** (In Anlehnung an BGHZ 39, 124): Die Juli-Ausgabe der von X herausgegebenen Illustrierten Y enthält einen Bericht über die Fernsehansagerin K. In Verbindung mit der Wiedergabe ungünstiger Lichtbilder wird ausgeführt, K sehe aus „wie eine ausgemolkene Ziege“ und passe „in ein zweitklassiges Tingeltangel auf der Reeperbahn“. K wurde wegen dieser Angriffe in der Presse von der Rundfunkanstalt, bei der sie angestellt war, entlassen. X verbreitet den Bericht über K mit entsprechend aufbereiteten Bildern im Internet. K verlangt nun von X die Einstellung und die Unterlassung dieser Berichterstattung im Internet. Sie kann

---

7 Vgl. *Palandt/Bassenge*, § 1004 BGB Rn. 4.

8 Vgl. *Palandt/Bassenge*, § 1004 BGB Rn. 4.

in analoger Anwendung des § 1004 einen Anspruch auf Beseitigung und Unterlassung haben, wenn ihr allgemeines Persönlichkeitsrecht verletzt ist. Hier liegt eine Verletzung des allgemeinen Persönlichkeitsrechts als ein sonstiges Recht i.S. des § 823 Abs. 1 vor, denn K ist durch diese Art der Berichterstattung herabgewürdigt und ihre Persönlichkeit entstellt worden. Infolgedessen hat sie – abgesehen von Schadensersatzforderungen nach § 823 Abs.1 – einen Anspruch aus § 1004 analog gegen X auf Beseitigung und gegebenenfalls Unterlassung der diskriminierenden Berichterstattung im Internet und in den Printmedien.

### 3. Der Inhalt des Anspruchs und seine Durchsetzung

927 d Derjenige, der in seinem Eigentum gestört wird, kann vom Störer die **Beseitigung der Störung** verlangen, vorausgesetzt, die Störung dauert an. Die Kosten für die Beseitigung hat der Störer zu tragen. § 1004 gewährt **keinen Schadensersatzanspruch**. Schadensersatz kann gegebenenfalls nach § 823 verlangt werden.

Falls weitere Störungen zu besorgen sind, hat der Eigentümer gegen den Störer einen **Anspruch auf Unterlassung** (§ 1004 Abs. 1 Satz 2). Die Ansprüche auf Beseitigung und Unterlassung können nebeneinander bestehen.

Durchgesetzt wird der Unterlassungsanspruch mit der **Unterlassungsklage.** Voraussetzungen für die Durchsetzung eines Unterlassungsanspruchs im Wege der Unterlassungsklage sind:

a) Die **konkret drohende Verletzung** eines Rechts oder Rechtsgutes, falls ein Eingriff vorher noch nicht stattgefunden hat; konkret drohend heißt: es müssen Tatsachen vorliegen, die die Vorbereitung und die Absicht eines Eingriffs mit Sicherheit erkennen lassen[9];

b) **Wiederholungsgefahr** eines rechtswidrigen Eingriffs, wenn ein Eingriff bereits stattgefunden hat.

Dem Bedürfnis nach einem schnellen (wenn auch vorläufigen) Rechtsschutz dient das – in der ZPO – geregelte Verfahren der **einstweiligen Verfügung**. Der Antragsteller muss dem Gericht glaubhaft machen, dass er einen (in der Regel nicht auf Geld gerichteten) Anspruch gegen den Antragsgegner hat und dass ohne die einstweilige Verfügung die Durchsetzung dieses Anspruches vereitelt oder wesentlich erschwert werden würde. Erlässt das Gericht die einstweilige Verfügung, droht es für den Fall der Zuwiderhandlung eine Geld- oder Haftstrafe an (siehe zu alledem oben § 23 XII).

---

9 BGH NJW 1957, 1362, 1363; *Palandt/Bassenge*, § 1004 BGB Rn. 31 f.

## IV. Duldung der Beeinträchtigung des Eigentums wegen nachbarrechtlicher Vorschriften

### 1. Überblick

Nach § 1004 Abs. 2 kann der Eigentümer auch kraft gesetzlicher Vorschriften zur Duldung von Beeinträchtigungen verpflichtet sein. Solche Duldungspflichten können sich z.B. aus **nachbarrechtlichen Vorschriften** ergeben. **927 e**

Wichtige nachbarrechtliche Vorschriften enthalten die §§ 906 bis 924. So regelt z.B. § 912 die **Duldung** eines sog. Überbaus, allerdings gegen Entschädigung. Für die Praxis wichtig ist das **Notwegerecht** (§ 917), das den Eigentümer eines Grundstücks verpflichtet, die Benutzung eines Grundstücks zur Herstellung der notwendigen Verbindung zu dulden, wenn dem Eigentümer des Nachbargrundstücks die notwendige Verbindung mit einem öffentlichen Wege fehlt.

Daneben finden sich aber auch in Landesgesetzen nachbarrechtliche Sonderbestimmungen, wie z.B. solche über den Abstand von Gebäuden, die errichtet werden sollen.

### 2. Die Duldungspflicht für Immissionen

Von den genannten Bestimmungen hat die **Duldungspflicht für Immissionen** gemäß § 906 besondere praktische Bedeutung erlangt. Immissionen im Sinne des § 906 sind Einwirkungen durch sinnlich wahrnehmbare Stoffe (sog. Imponderabilien)[10]. Neben den in § 906 beispielhaft aufgezählten Gasen, Dämpfen, Gerüchen, Rauch, Ruß, Wärme, Geräusch, Erschütterungen kommt z.B. auch Staubbelästigung in Betracht. Nicht dagegen zu den Immissionen im Sinne von § 906 zählen feste Stoffe, wie etwa Steinbrocken. **928**

Eine Duldungspflicht gegenüber Immissionen besteht nur, sofern diese zulässig sind. Nach § 906 sind zulässig:

#### a) unwesentliche Einwirkungen (§ 906 Abs. 1 S. 1):

Ob eine Einwirkung wesentlich oder unwesentlich ist, hängt vom Empfinden eines verständigen Durchschnittsmenschen ab (objektiver Maßstab); nicht dagegen ist das Empfinden des im Einzelfall Gestörten maßgeblich[11]. Nach Auffassung des Bundesgerichtshofs[12] muss der verständige Durchschnittsmensch auch Allgemeininteressen und gesetzliche Wertungen (z.B. die Belange des Naturschutzes aus dem Bundesnaturschutzgesetz) berücksichtigen. **928 a**

Eine unwesentliche Beeinträchtigung liegt nach § 906 Abs. 1 Satz 2 f. in der Regel vor, wenn die in Gesetzen oder Rechtsverordnungen festgelegten Grenz- oder

10 *Jauernig/Jauernig*, § 906 BGB Rn. 2.
11 BGHZ 120, 239, 259; *Palandt/Bassenge*, § 906 BGB Rn. 17.
12 BGHZ 120, 239, 255.

Richtwerte von den nach diesen Vorschriften ermittelten und bewerteten Einwirkungen nicht überschritten werden. Gleiches gilt für Werte in allgemeinen Verwaltungsvorschriften, die nach § 48 des Bundes-Immissionsschutzgesetzes erlassen worden sind und den Stand der Technik wiedergeben.

**Beispiel:** Der Lärm, der dadurch entsteht, dass der Nachbar morgens sein Auto aus der Garage heraus und abends in die Garage zurückfährt, ist eine unwesentliche Einwirkung und muss daher geduldet werden.

**b) wesentliche Einwirkungen:**

929 Sie sind nur dann zulässig, wenn sie ortsüblich sind und (die ortsüblichen Einwirkungen) nicht durch wirtschaftlich zumutbare Maßnahmen verhindert werden können (§ 906 Abs. 2 Satz 1).

Bei der Beurteilung der Ortsüblichkeit ist auch das betreffende Grundstück mit anderen Grundstücken des Bezirks zu vergleichen[13].

**Beispiel:** X betreibt in der Stadtmitte von Hagen eine Metzgerei. Die Lautstärke seiner Kühlmaschine belästigt Nachbarn in nicht unwesentlichem Maße. In der Stadtmitte ist eine gewisse Lärmentwicklung durchaus ortsüblich. Dulden müssen die Nachbarn die Einwirkungen aber nur, wenn sie nicht durch wirtschaftlich zumutbare Maßnahmen verhindert werden können. So weit das im Einzelfall zu bejahen ist, können die Nachbarn die Benutzung der Kühlmaschine gemäß § 1004 Abs. 1 S. 2 solange verhindern, bis X schalldämmende Maßnahmen durchgeführt hat.

Wesentliche Einwirkungen, die ortsüblich sind, aber nicht durch wirtschaftlich zumutbare Maßnahmen verhindert werden können, müssen zwar geduldet werden. Der duldungspflichtige Eigentümer des benachbarten Grundstücks kann aber nach § 906 Abs. 2 Satz 2 einen angemessenen Ausgleich in Geld verlangen, sofern durch die Einwirkung die ortsübliche Benutzung oder der Ertrag des Grundstücks unzumutbar beeinträchtigt wird.

**Lösung zu Fall 40:** V kann die Herausgabe der Skier verlangen, wenn ihm ein Anspruch aus § 985 zusteht. Dazu müsste V Eigentümer und M Besitzer der Skier sein. V hat als Eigentümer dem M den unmittelbaren Besitz an den Skiern verschafft, indem er sie dem M übergab und dieser die tatsächliche Gewalt über sie ausüben konnte. Eigentum und unmittelbarer Besitz fallen also auseinander. Dem Anspruch des V auf Herausgabe gemäß § 985 könnte aber ein Recht des M zum Besitz gemäß § 986 entgegenstehen. M wäre zum Besitz berechtigt, wenn er ihn auf Grund eines schuldrechtlichen Vertrages erlangt hätte. V hat mit M einen Mietvertrag auf 14 Tage abgeschlossen: Für diese Zeit hat er ein Recht zum Besitz, da V seine Eigentumsrechte durch den Vertrag eingeschränkt hat. M hat somit gemäß § 986 Abs. 1 Satz 1 das Recht, die Herausgabe der Skier zu verweigern.

---

13 BGH NJW 76, 1204 f.

# § 44 Erwerb und Verlust des Eigentums an beweglichen Sachen

**Schrifttum:** *Aretz*, Das Abstraktionsprinzip – Das einzig wahre ?, JA 1998, S. 242; *Eisenhardt*, Die Einheitlichkeit des Rechtsgeschäfts und die Überwindung des Abstraktionsprinzips, JZ 1991, 271; *Jauernig*, Trennungsprinzip und Abstraktionsprinzip, JuS 1994, 721; *Musielak*, Eigentumserwerb an beweglichen Sachen nach §§ 932 ff. BGB, JuS 1992, 713; *Weber*, Der rechtsgeschäftliche Erwerb des Eigentums an beweglichen Sachen gemäß §§ 929 ff. BGB, JuS 1998, 577; *derselbe*, Gutgläubiger Erwerb des Eigentums an beweglichen Sachen gemäß §§ 932 ff. BGB, JuS 1999, 1; *Zeranski*, Prinzipien und Systematik des gutgläubigen Erwerbs beweglicher Sachen, JuS 2002, 340.

***Fall 41:*** *K erwirbt von D ein gebrauchtes Kraftfahrzeug, das im Eigentum des E steht. D hatte das Kraftfahrzeug von E gemietet. Bei den Erwerbsverhandlungen fragt K nicht nach dem Kfz-Brief, der ihm nicht vorgelegt wird. Hat K das Eigentum an dem Kraftfahrzeug erworben?*

## I. Der rechtsgeschäftliche Eigentumserwerb

### 1. Trennungs- und Abstraktionsprinzip

Wie (oben § 11) schon ausführlich dargestellt, wird das deutsche bürgerliche **930** Recht u.a. vom Trennungsprinzip und vom Abstraktionsprinzip beherrscht. Das Abstraktionsprinzip setzt die Trennung von Verpflichtungsgeschäft und Verfügungsgeschäft (=Trennungsprinzip) voraus. Die in anderen Rechtsordnungen so gut wie unbekannte strikte Abstraktheit von Verfügungen ist ein Ergebnis der Entwicklung der deutschen Rechtswissenschaft im 19. Jahrhundert.

Dem Wortlaut des § 433 Abs. 1 Satz 1 ist zu entnehmen, dass mit dem Abschluss des Kaufvertrages das Eigentum an der gekauften Sache **nicht** auf den Käufer übergeht. Der wirksam zu Stande gekommene Kaufvertrag verpflichtet den Verkäufer lediglich, die gekaufte Sache an den Käufer zu übereignen. Es bedarf eines weiteren Rechtsgeschäftes – nämlich der Übereignung –, um den Käufer Eigentümer werden zu lassen.

Die Übereignung (Eigentumsübertragung) an beweglichen Sachen geschieht in der Regel gemäß § 929.

### 2. Der Erwerb des Eigentums vom Berechtigten (Eigentümer)

#### a) Die Übereignung gemäß § 929 Satz 1

Das Eigentum an einer beweglichen Sache wird in der Regel durch die Einigung **931** beider Parteien darüber, dass das Eigentum übergehen soll, und durch die Übergabe der Sache übertragen (§ 929 S. 1).

Die **Einigung** i.S. des § 929 Satz 1 ist ein Vertrag, der auf die Eigentumsübertragung gerichtet ist. Er kommt – wie jeder Vertrag – durch die übereinstimmenden Willenserklärungen der Beteiligten zu Stande. Derjenige, der das Eigentum von sich auf den anderen übertragen möchte (Veräußerer), und der, der das Eigentum erwerben möchte (Erwerber), geben ihr Einverständnis mit dem Eigentumsübergang durch zwei Einigungserklärungen ab.

Die Einigung muss nicht ausdrücklich, sie kann auch konkludent erklärt werden. Das ist z.B. der Fall, wenn der Verkäufer dem Käufer die gekaufte Sache über den Ladentisch reicht und der Käufer sie entgegen nimmt.

932 Die **Übergabe** der Sache ist kein rechtsgeschäftlicher, sondern ein faktischer Akt. Die Sache gelangt mit dem Willen des bisherigen Eigentümers in den Herrschaftsbereich dessen, der das Eigentum erwerben soll. Die Übergabe i.S. des § 929 Satz 1 ist die Übertragung des Besitzes an der Sache durch den Eigentümer auf den Erwerber.

#### b) Die Eigentumsübertragung gemäß § 929 Satz 2

933 Wenn der Erwerber bereits im Besitz der Sache ist, an der er das Eigentum erwerben will, genügt die bloße Einigung über die Eigentumsübertragung zwischen Veräußerer und Erwerber. Die Übergabe entfällt.

**Beispiel:** G ist Eigentümer eines Fernsehgerätes, das er an M vermietet und ihm übergibt. Nach einem halben Jahr schließen G und M einen Kaufvertrag über dieses Gerät und sind sich darüber einig, dass das Eigentum daran auf M übergehen soll. Hier haben G und M zunächst einen Mietvertrag abgeschlossen. G hat den unmittelbaren Besitz an M übertragen. M leitete den unmittelbaren Besitz im Rahmen eines Besitzmittlungsverhältnisses (des Mietvertrages) von G ab; G verlor den unmittelbaren Besitz, blieb aber mittelbarer Besitzer. Anschließend schlossen G und M einen Kaufvertrag ab. Der Kaufvertrag verpflichtete den G, das Eigentum an dem Fernsehgerät auf M zu übertragen (§ 433 Abs. 1). M wurde verpflichtet, den vereinbarten Kaufpreis an G zu zahlen (§ 433 Abs. 2). Erst indem G und M sich darüber einig wurden, dass das Eigentum an dem Gerät auf M übergehen sollte, schlossen sie einen Einigungsvertrag i.S. des § 929, der gemäß § 929 Satz 2 zum Eigentumsübergang genügte, da M bereits im Besitz der Sache war. Gleichzeitig endete das zwischen G und M bestehende Mietverhältnis. G verlor also den mittelbaren Besitz.

#### c) Die Übereignung gemäß §§ 929, 930

934 Eine weitere Möglichkeit, bewegliche Sachen zu übereignen, gewähren die §§ 929, 930. Danach kann der bisherige Eigentümer das Eigentum auf den Erwerber übertragen, gleichwohl aber den unmittelbaren Besitz der Sache behalten und sie nutzen.

Die Übereignung gemäß §§ 929, 930 findet statt durch

**(1) Einigung** (i.S. des § 929 Satz 1) **und**

(2) **Vereinbarung eines Besitzmittlungsverhältnisses** (Besitzkonstitut).

Die Vereinbarung eines Besitzmittlungsverhältnisses tritt an die Stelle der Übergabe i.S. des § 929.

> **Beispiel:** Spediteur S ist Eigentümer eines Lastzuges. Da er wegen fällig werdender Steuerzahlungen sofort Geld braucht, veräußert er den Lastzug an N zum Preise von 25.000 €, die sofort ausbezahlt werden. Weil S den Lastzug dringend benötigt, um sein Gewerbe weiter betreiben zu können, vereinbaren N und S, dass N dem S den Lastzug zu einem Mietzins von monatlich 350 € vermietet. N ist gemäß §§ 929, 930 durch Einigung und Vereinbarung eines Besitzmittlungsverhältnisses (hier: Mietvertrag) Eigentümer des Lastzuges geworden, ohne den unmittelbaren Besitz zu erlangen. Auf Grund des vereinbarten Besitzmittlungsverhältnisses ist N als Eigentümer lediglich mittelbarer Besitzer geworden; S bleibt unmittelbarer Besitzer und kann den Lastzug nutzen.

In diesem Beispiel werden die Vorteile, die eine Übereignung gemäß §§ 929, 930 insbesondere für den Veräußerer bieten kann, deutlich: Der Veräußerer bleibt unmittelbarer Besitzer und kann die Sache weiter nutzen. Der heute wichtigste und aus dem Wirtschaftsleben kaum mehr wegzudenkende Fall der Übereignung gemäß §§ 929, 930 ist die **Sicherungsübereignung**, die für die Kreditsicherung eine überragende Rolle spielt (zu dieser unten § 45 IV.).

### d) Die Übereignung durch Einigung und Abtretung des Herausgabeanspruchs (§§ 929, 931)

Eine weitere Möglichkeit der Übereignung beweglicher Sachen regeln §§ 929 i. V. **935**
mit 931: Die Übereignung durch Einigung und Abtretung des Herausgabeanspruchs. Dabei wird die Übergabe durch die **Abtretung des Herausgabeanspruchs** ersetzt. Das setzt voraus, dass der Eigentümer nicht im unmittelbaren Besitz der Sache ist.

Mit dem Herausgabeanspruch im Sinne des § 931 soll nach h.M. lediglich ein schuldrechtlicher Anspruch, der auf Herausgabe gerichtet ist, gemeint sein[1]. Als Ansprüche dieser Art kommen z.B. in Betracht:

- der Anspruch des Vermieters gegen den Mieter auf Rückgabe der Sache (§ 546)
- der Anspruch des Verleihers gegen den Entleiher auf Rückgabe der Sache (§ 604)

Die Übereignung gemäß §§ 929, 931 ist auch dann möglich, wenn der Herausgabeanspruch noch nicht fällig ist[2].

> **Beispiel:** A verleiht ein Fahrrad für 30 Tage an B. Nach 20 Tagen verkauft A dieses Fahrrad an D. A und D einigen sich über den Eigentumsübergang; außerdem tritt A dem D gemäß § 398 den Herausgabeanspruch gegen den B aus § 604 ab. D wird gemäß § 929, 931 durch Einigung und Abtretung des Herausgabeanspruchs Eigentümer des Fahrrades.

---

1 So *Baur/Stürner*, § 51 VI 1 a; BGH NJW 1959, 1538.

2 *Baur/Stürner*, § 51 VI 1 a.

### 3. Der gutgläubige Erwerb des Eigentums vom Nichtberechtigten

#### a) Der Erwerb des Eigentums gemäß §§ 929, 932

936 Es kommt nicht selten vor, dass sich der unmittelbare Besitzer einer Sache, der nicht der Eigentümer ist, als Eigentümer ausgibt und die Sache an einen Interessenten veräußert.

**Beispiel:** N leiht sich bei seinem Freund R einen Laptop. Da er sich in finanziellen Schwierigkeiten befindet, veräußert er den Laptop an seinen Nachbarn B, der darauf vertraut, dass N der Eigentümer des Laptop ist. Hier ergibt sich die Frage, ob B Eigentümer des Rechners geworden ist. Eine Eigentumsübertragung gemäß § 929 kommt nicht in Betracht, weil B hier nicht vom Eigentümer erwirbt.

Für solche Fälle musste der Gesetzgeber das Problem lösen, ob der Erwerber, der darauf vertraut, dass der besitzende Veräußerer auch der Eigentümer der Sache ist, so geschützt werden soll, dass er auf Kosten des bisherigen Eigentümers das Eigentum erwirbt. Dabei ist zu beachten, Dass § 1006 die gesetzliche Vermutung aufstellt, dass der unmittelbare Besitzer einer beweglichen Sache auch der Eigentümer ist.

937 Nach §§ 929, 932 kann derjenige, der gutgläubig ist, das Eigentum an einer beweglichen Sache durch Einigung über den Eigentumsübergang und Übergabe der Sache (gem. § 929) auch vom Nichteigentümer erwerben, der die Sache besitzt. Es müssen also alle Voraussetzungen des § 929 – mit Ausnahme des Eigentums des Veräußerers – vorliegen[3].

Damit gibt das BGB dem Interesse an Vertrauensschutz und sicheren Rechtsverhältnissen den Vorrang vor den Interessen des ursprünglichen Eigentümers, weil dieser den Besitz einem anderen überlassen hat und das Risiko eines unredlichen Verhaltens dieses Besitzers, den er sich aussuchen konnte, selbst tragen muss[4].

Voraussetzungen für den Erwerb des Eigentums an einer beweglichen Sache vom Nichtberechtigten (Nichteigentümer) sind:

(1) die **Einigung** zwischen Nichtberechtigtem (Nichteigentümer) und Erwerber über den Eigentumsübergang,

(2) der **Besitz des veräußernden Nichtberechtigten** (Nichteigentümers) an der Sache,

(3) die **Übergabe** der Sache durch den Nichtberechtigten an den Erwerber,

(4) der **gute Glaube des Erwerbers** daran, dass der Veräußernde der Eigentümer ist.

Zum oben geschilderten **Beispiel:** N und B haben sich darüber geeinigt, dass das Eigentum an dem Laptop auf B übergehen soll. N hat dem B den Laptop überge-

3 *Zeranski*, JuS 2002, 340.

4 *Wolf/Wellenhofer*, Rn. 415; *Zeranski*, JuS 2002, 340.

ben. Wenn N Eigentümer der Sache gewesen wäre, wäre das Eigentum gemäß § 929 auf B übergegangen. Da B – anknüpfend an die Eigentumsvermutung des § 1006 – daran glaubte, dass N Eigentümer des Laptops war, war er gutgläubig i.S. des § 932. Das Eigentum an dem Rechner ist deshalb gemäß §§ 929, 932 auf B übergegangen.

Zu beachten ist: Die §§ 932 ff. schützen nur den guten Glauben an das Eigentum, überwinden dagegen nicht andere Berechtigungsmängel wie z.B. fehlende Geschäftsfähigkeit des Veräußerers. **938**

§ 932 Abs. 2 versucht zu bestimmen, unter welchen Voraussetzungen ein Erwerber nicht gutgläubig ist. Danach ist der Erwerber nicht gutgläubig, wenn ihm bekannt oder infolge **grober Fahrlässigkeit** unbekannt ist, dass der Veräußerer nicht der Eigentümer ist. Grob fahrlässig handelt der Erwerber, der die erforderliche Sorgfalt nach den gesamten Umständen in ungewöhnlich großem Maße verletzt und der dasjenige unbeachtet lässt, was im vorliegenden Falle jedem hätte einleuchten müssen.[5]

### b) Der Erwerb des Eigentums gemäß §§ 929, 930, 933 oder §§ 929, 931, 934

Durch die Bezugnahme auf § 929 bringt § 932 zum Ausdruck, dass diese Vorschrift nur zur Anwendung kommt, wenn die Übereignung gemäß § 929, d.h. durch Einigung und Übergabe, stattfindet. **939**

Findet dagegen eine Übereignung nach §§ 929, 930 oder nach §§ 929, 931 statt, so ist ein gutgläubiger Eigentumserwerb nur unter den erschwerten Voraussetzungen der §§ 933 bzw. 934 möglich.

### c) Kein gutgläubiger Erwerb an gestohlenen oder abhanden gekommenen Sachen (§ 935)

Hat der Eigentümer den Besitz an einer Sache nicht freiwillig aufgegeben, ist es nicht gerechtfertigt, ihn das Risiko eines unredlichen Verhaltens des Besitzers in gleichem Maße tragen zu lassen wie dann, wenn der Eigentümer den Besitzer selbst aussucht und ihm den Besitz überlassen hat. Ein gutgläubiger Erwerb des Eigentums vom Nichtberechtigten ist dann nicht möglich. **940**

Gestohlen oder sonst „Abhandenkommen“ bedeutet: Die Sache ist ohne oder gegen den Willen des unmittelbaren Besitzers aus seinem Besitz gelangt.

**Beispiel:** D stiehlt den Taschenrechner des E und veräußert ihn an den gutgläubigen Erwerber F. Gemäß § 929 kann F das Eigentum nicht erwerben, weil D nicht Eigentümer der Sache ist. Ein gutgläubiger Erwerb gemäß §§ 929, 932 ist ausgeschlossen, weil es sich um eine gestohlene Sache handelt, § 935.

5 BGHZ 10, 14, 16; *Zeranski*, JuS 2002, 343.

Die Regelung, die § 935 Abs. 1 trifft, gilt nicht für Geld und einige andere Sachen (§ 935 Abs. 2). Ein gutgläubiger Erwerb von Geldscheinen und Geldstücken ist demnach auch möglich, wenn sie gestohlen, verloren gegangen oder sonst abhandengekommen sind.

Nach § 935 Abs. 2 kann das Eigentum jedoch auch gutgläubig an gestohlenen oder sonst abhandengekommenen Sachen erworben werden, die öffentlich versteigert werden (zum Begriff der öffentlichen Versteigerung siehe § 383 Abs. 3).

## II. Der Eigentumserwerb durch Gesetz

### 1. Überblick

941 Neben dem rechtsgeschäftlichen Eigentumserwerb nach den §§ 929 ff. kennt das BGB auch einen Eigentumserwerb durch Gesetz. Kennzeichnend für den Eigentumserwerb durch Gesetz ist, dass dieser **nicht** auf dem rechtsgeschäftlichen Willen der Beteiligten beruht, sondern unabhängig davon kraft gesetzlicher Anordnung eintritt.

Im BGB sind einige Tatbestände enthalten, die zu einem Eigentumserwerb kraft Gesetzes führen, so u.a.:

- die Verbindung von beweglichen Sachen mit einem Grundstück (§ 946);
- die Verarbeitung (§ 950);
- Verbindung und Vermischung (§§ 647, 948),
- den Eigentumserwerb durch zehnjährigen gutgläubigen Eigenbesitz (**Ersitzung**, §§ 937 ff.);
- die Aneignung herrenloser Sachen (§§ 958 f.);
- den Fund unter den Voraussetzungen der §§ 965 ff.

### 2. Die Verbindung von Sachen mit einem Grundstück

941 a Nach § 946 werden bewegliche Sachen, die mit einem Grundstück so verbunden werden, dass sie wesentliche Bestandteile des Grundstücks werden, Eigentum des Grundstückseigentümers.

**Wesentliche Bestandteile** eines Grundstücks sind danach vor allem Gebäude. Das bedeutet: Die auf einem Grundstück errichteten Gebäude sind in der Regel Eigentum des Grundstückseigentümers, auch dann, wenn eine andere Person als der Grundstückseigentümer das Gebäude errichtet hat. Auch die wesentlichen Bestandteile des auf dem Grundstück errichteten Gebäudes stehen im Eigentum des Grundstückseigentümers. Zu den wesentlichen Bestandteilen eines Gebäudes gehören nach § 94 Abs. 2 die Sachen, die zur Herstellung des Gebäudes eingefügt sind (zu den wesentlichen Bestandteilen siehe oben § 22 II 2 a).

Damit wird ein wesentliches Prinzip des deutschen Sachenrechts deutlich: Der Eigentümer eines Grundstücks ist in der Regel auch der Eigentümer der auf dem Grundstück errichteten Gebäude. Das hat u.a. die Konsequenzen:

- Wird das Eigentum an dem Grundstück durch Einigung und Eintragung in das Grundbuch übertragen (§ 873), geht gleichzeitig auch das Eigentum an den auf dem Grundstück errichteten Gebäuden auf den neuen Eigentümer über.
- Wird das Grundstück mit einer Hypothek oder einer Grundschuld belastet, so erstreckt sich das Grundpfandrecht auch auf die Gebäude des Grundstücks.

Von dem Prinzip, dass der Eigentümer des Grundstücks auch Eigentümer der **941 b** darauf errichteten Gebäude ist, gibt es allerdings Ausnahmen. Für die Praxis besonders wichtig sind:

- Das **Erbbaurecht**, ein dingliches Nutzungsrecht an einem Grundstück, welches dem Inhaber des Erbbaurechts das Recht gewährt, auf dem Grundstück ein Bauwerk zu errichten, das in seinem Eigentum steht. Hier sind also das Eigentum an dem Grundstück und das Eigentum an dem Gebäude getrennt (siehe dazu unten § 46 III 1).
- Abweichend von dem oben genannten Prinzip erkennt das Wohnungseigentumsgesetz eine Trennung an: zwischen dem **Miteigentum aller Wohnungseigentümer an Grund und Boden**, den tragenden Teilen des Gebäudes und den gemeinschaftlichen Einrichtungen einerseits und dem **Sondereigentum an den einzelnen Wohnungen** mit ihren Bestandteilen andererseits (siehe unten § 46 III 2).

### 3. Die Verarbeitung

Von den Vorschriften über den gesetzlichen Eigentumserwerb kommt § 950 be- **942** sondere praktische Bedeutung zu. Wer durch Verarbeitung oder Umbildung von Stoffen eine neue bewegliche Sache herstellt, erwirbt das Eigentum an der neuen Sache, sofern nicht der Wert der Verarbeitung oder der Umbildung erheblich geringer ist als der Wert des Stoffes (§ 950). In der Praxis ist der Wert, der in der Verarbeitung oder Umbildung von Sachen besteht, in der Regel höher ist als der Wert der verarbeiteten oder umgebildeten Stoffe. Deshalb wird der Hersteller der neuen Sache in den meisten Fällen auch deren Eigentümer.

**Hersteller** i.S. des § 950 sind nicht die Arbeitnehmer[6]. Wer Hersteller ist, ist vielmehr nach objektiven Gesichtspunkten danach zu beurteilen, wer unmittelbar das mit der Herstellung der neuen Sache verbundene wirtschaftliche Risiko trägt.

---

6 *Soergel/Henssler* § 950 BGB Rn. 12 ff.; *Baur/Stürner* § 53 b I 2; *Palandt/Bassenge*, § 950 BGB Rn. 6; *Westermann/Gursky* § 53 III 2 b.

**Beispiel:** Der Schuhfabrikant S kauft vom Lieferanten L Leder unter Eigentumsvorbehalt (siehe § 449 BGB). Lässt S das Leder in seinem Betrieb von seinen Arbeitnehmern zu Schuhen verarbeiten, so erwirbt S mit ihrer Herstellung trotz des Eigentumsvorbehalts des L das Eigentum an den Schuhen.

### 4. Ausgleichansprüche

**943** Derjenige Eigentümer, der auf Grund der §§ 946 bis 950 sein Recht verliert, hat regelmäßig nach § 951 Abs. 1 einen (schuldrechtlichen) Anspruch aus ungerechtfertigter Bereicherung auf Ausgleich seines Rechtsverlustes. Dieser Ausgleichsanspruch ist auf Zahlung einer Vergütung in Geld, nicht dagegen auf Wiederherstellung des früheren Zustandes gerichtet (vgl. § 951 Abs. 1 Satz 2).

**Lösung zu Fall 41:** K könnte das Eigentum von D gutgläubig gemäß §§ 929, 932 erworben haben. K und D haben sich über den Eigentumsübergang geeinigt. D war unmittelbarer Besitzer des Kraftfahrzeuges. Er hat den unmittelbaren Besitz auf K übertragen. Fraglich ist allerdings, ob K gutgläubig i.S. des § 932 war. K wusste nicht, dass D nicht der Eigentümer war. Es könnte ihm allerdings infolge grober Fahrlässigkeit unbekannt geblieben sein, dass die gekaufte Sache nicht dem Veräußerer (D) gehörte. Zu fragen ist, welche Nachforschungen der Erwerber im Hinblick auf das Eigentum an der Sache anstellen muss, damit ihm nicht der Vorwurf der groben Fahrlässigkeit gemacht werden kann. Der Erwerber ist grob fahrlässig, wenn er die erforderliche Sorgfalt nach den gesamten Umständen in ungewöhnlich hohem Maße verletzt und dasjenige unbeachtet gelassen hat, was im gegebenen Fall jedem hätte einleuchten müssen[7]. Im Hinblick auf den Erwerb von Gebrauchtwagen handelt derjenige in der Regel grob fahrlässig i.S. des § 932, der sich den Kfz-Brief nicht vorlegen lässt[8]. K handelte also, da er sich den Kfz-Brief nicht hat zeigen lassen, grob fahrlässig und war damit nicht gutgläubig i.S. des § 932. Infolgedessen konnte er das Eigentum an dem Kraftfahrzeug nicht gutgläubig erwerben. E ist Eigentümer des Kraftfahrzeuges geblieben.

## § 45 Sicherungsrechte an beweglichen Sachen und Rechten

**Schrifttum:** *Bonin*, Probleme des vertragswidrigen Eigentumsvorbehalts, JuS 2002, 438; *Habersack/Schürnbrand*, Der Eigentumsvorbehalt nach der Schuldrechtsreform, JuS 2002, 833; *Schanbacher*, Grundfälle zum Pfandrecht, JuS 1993, 382, 475; *Schmidt-Recla*, Grundstrukturen und Anfänge des Eigentumsvorbehalts – insbesondere des Anwartschaftsrechts, JuS 2002, 759; *Schreiber*, Anwartschaftsrechte, Jura 2001, 623.

7 BGHZ 10, 14, 16; BGH NJW 1990, 899.
8 BGH NJW 1964, 1413, 1414; BGH NJW 1991, 1415.

*Fall 42:* *V hat an K ein Fahrrad zum Preis von 930 € unter Eigentumsvorbehalt verkauft. K zahlt 230 € an; der Restkaufpreis soll in monatlichen Raten zu je 100 € gezahlt werden. Nachdem K seinen Ratenzahlungsverpflichtungen 4 Monate lang nachgekommen ist, kommen dem V Gerüchte über K zu Ohren, die u.a. besagen, K gebe immer mehr Geld aus als er eigentlich zur Verfügung habe, außerdem besuche er Spielbanken. Daraufhin verlangt V von K die Herausgabe des Fahrrades mit der Begründung, er sei nicht sicher, dass K seinen Zahlungsverpflichtungen ihm gegenüber nachkommen könne.*

## I. Einleitung

### 1. Das Sicherungsbedürfnis des Gläubigers

Im Kreditgeschäft ist die persönliche Vertrauenswürdigkeit einer Person in der Regel keine ausreichende Grundlage für die Gewährung eines Kredits. Der Kreditgeber ist meist nur dann bereit, Kredit zu gewähren, wenn er bestimmte Rechte an Gegenständen des Schuldners oder eines Dritten erhält, die es ihm für den Fall, dass der Schuldner seine Verpflichtungen nicht erfüllt, ermöglichen, die Gegenstände so zu verwerten, dass er sich wegen seiner Forderungen befriedigen kann. **944**

### 2. Personalsicherheiten und Realsicherheiten

Die Sicherheiten, die im Rahmen eines Kreditgeschäfts bestellt werden, kann man in zwei große Gruppen unterteilen, in: **945**

- **Personalsicherheiten** und
- **Realsicherheiten**

Eine **Personalsicherheit** räumt dem Gläubiger einen schuldrechtlichen Anspruch ein, auf Grund dessen er auch von einer anderen Person als der des Schuldners die Leistung verlangen kann. Die typische Personalsicherheit ist die Bürgschaft (§§ 765 ff.).

Die **Realsicherheit** gibt dem Gläubiger ein Recht an einer Sache oder einem Recht, das ihn in die Lage versetzt, sich – meist durch Verwertung und anschließende Verrechnung des Erlöses mit der gesicherten Forderung – wegen der gesicherten Forderung aus diesem Vermögensgegenstand zu befriedigen, wenn der Schuldner nicht leisten kann.

Zu den Realsicherheiten gehören insbesondere das Pfandrecht an beweglichen Sachen und Rechten, die Grundpfandrechte (Hypotheken und Grundschulden), das Sicherungseigentum, die Sicherungszession und der Eigentumsvorbehalt.

Realsicherheiten gewähren den Gläubigern in der Regel günstigere Positionen als Personalsicherheiten. Deshalb versuchen Gläubiger zunächst, Realsicherheiten zu erlangen. Erst dann, wenn sie Realsicherheiten nicht zu erlangen vermögen, geben sie sich mit Personalsicherheiten zufrieden.

### 3. Arten des Kredits – Geldkredit und Warenkredit

946 Geht man vom Gegenstand des gewährten Kredits aus, so ist zwischen Warenkredit einerseits und Geldkredit andererseits zu unterscheiden.

Von einem **Warenkredit** spricht man, wenn der Verkäufer im Hinblick auf die gekaufte Ware vorleistungspflichtig ist und der Verkäufer den Kaufpreis erst nach einer kürzeren oder längeren Frist nach Lieferung der gekauften Ware erhalten soll.

> **Beispiel:** M kauft bei F einen Fernseher zum Preis von 900 €. M zahlt 150 € an. Der Restkaufpreis soll in monatlichen Raten zu je 75 € gezahlt werden. Hier handelt es sich um einen Warenkredit.

Der **Geldkredit** ist hingegen ein Darlehen, bei dem der Kreditgeber dem Kreditnehmer einen Geldbetrag als Darlehen gewährt. Gesetzliche Grundlage des Darlehens sind die §§ 488 ff.

Das BGB enthält in seinem 3. Buch die Grundlagen für die wichtigsten Sicherungsrechte.

## II. Der Eigentumsvorbehalt

### 1. Einführung

947 Der Eigentumsvorbehalt ist ein gebräuchliches Sicherungsmittel für den Warenkreditgeber. Der Eigentumsvorbehalt wird nicht nur im Verhältnis zwischen Kaufleuten auf der einen und Nichtkaufleuten auf der anderen Seite verwandt, wenn es z.B. um den Erwerb von Konsumgütern geht. Er wird auch regelmäßig in den Rechtsbeziehungen der Kaufleute untereinander vereinbart, wie z.B. zwischen Rohstofflieferanten und Verarbeitern.

Nach der gesetzlichen Regelung müssen die Parteien eines Kaufvertrages ihre Leistungen sofort Zug um Zug erbringen. Im Wettbewerb ist der Verkäufer häufig dazu gezwungen, Verträge einzugehen, in denen er sich verpflichtet, Vorleistungen zu erbringen. Wenn der Verkäufer jedoch dem Käufer die gekaufte Ware übereignet, bevor der Käufer den Kaufpreis gezahlt hat, hat er sich wesentlicher Sicherheiten in Bezug auf die Zahlung des Kaufpreises begeben.

Die Vereinbarung des Eigentumsvorbehalts belässt das Eigentum an der verkauften Sache bis zur Zahlung des Restkaufpreises beim Verkäufer, während der Käufer bereits in den Besitz gelangt und die verkaufte Sache nutzen kann. Um für Verkäufer und Käufer zweckmäßige Sicherungen zu erreichen, wurden verschiedene Arten des Eigentumsvorbehalts entwickelt.

## 2. Der einfache Eigentumsvorbehalt

### a) Die Vereinbarung eines Eigentumsvorbehalts

Bei der Vereinbarung des sog. einfachen Eigentumsvorbehalts dient das Eigentum an der verkauften Sache, das sich der Verkäufer bis zur vollständigen Zahlung des Kaufpreises vorbehält, der Sicherung der noch nicht erfüllten Kaufpreisforderung. Eigentum und unmittelbarer Besitz fallen auseinander. Der Käufer erwirbt den unmittelbaren Besitz an der Sache und erhält damit die Möglichkeit die Sache zu nutzen. Der Verkäufer bleibt Eigentümer. **948**

Ein Eigentumsvorbehalt kann nur bei der Übereignung beweglicher Sachen vereinbart werden. Grundstücke können also nicht unter Eigentumsvorbehalt veräußert werden.

Der Eigentumsvorbehalt ist in § 449 gesetzlich geregelt.

Es ist zu unterscheiden zwischen
- dem Kaufvertrag einerseits

und
- der Übereignung der gekauften Sache andererseits.

(1) In dem Kaufvertrag, der nicht von einer Bedingung abhängig ist, wird vereinbart, dass der Verkäufer nur zu einer bedingten Eigentumsübertragung an der gekauften Sache verpflichtet sein soll. Eine solche Vereinbarung kann getroffen werden z.B.: **949**
   - durch eine ausdrückliche schriftliche oder mündliche Abrede; bei Formularverträgen durch eine entsprechende Klausel im Formularvertrag;
   - durch Bezugnahme auf Allgemeine Geschäftsbedingungen, die eine entsprechende Klausel enthalten.

(2) Die Übertragung des Eigentums an der gekauften Sache erfolgt nach § 929 Satz 1. Die Einigung des Verkäufers und des Käufers darüber, dass das Eigentum auf den Käufer übergehen soll, steht unter der **aufschiebenden Bedingung der vollständigen Kaufpreiszahlung**. Erst mit dem Eintritt der Bedingung, also mit der vollständigen Zahlung des Kaufpreises, wird der Käufer Eigentümer der Sache. **950**

   **Beispiel:** S verkauft dem K einen Pkw unter Eigentumsvorbehalt zum Kaufpreis von 6.000 €. Nach einer Anzahlung von 1.000 € soll der Restkaufpreis in zehn aufeinander folgenden Raten zu je 500 € gezahlt werden. S übergibt dem K den Pkw mit der Vereinbarung, dass das Eigentum an dem Wagen erst an K übergehen soll, wenn der Kaufpreis vollständig gezahlt worden ist. Hier sind zwei Rechtsgeschäfte zwischen S (Verkäufer) und K (Käufer) abgeschlossen worden:

(1) Ein Kaufvertrag gemäß § 433 ohne Bedingung. Das bedeutet: Der Kaufvertrag ist sofort wirksam. Aus dem Kaufvertrag ist der Käufer verpflichtet, den Kaufpreis nach einer Anzahlung in Raten zu zahlen. Der Verkäufer ist verpflichtet, dem Käufer den Pkw zu übergeben und unter der aufschiebenden Bedingung der vollständigen Zahlung des Kaufpreises zu übereignen.

(2) Die Übereignung gemäß § 929 Satz 1 i.V.m. § 158. Die Übergabe ist mit dem Wechsel des unmittelbaren Besitzes bereits erfolgt. Die Einigung über den Eigentumsübergang ist mit einer aufschiebenden Bedingung verknüpft. Das führt dazu, dass die Übereignung erst mit Eintritt der Bedingung wirksam wird. Die Bedingung, das in der Zukunft liegende ungewisse Ereignis, ist die vollständige Zahlung des Restkaufpreises. Mit der Zahlung der letzten Rate ist die Bedingung eingetreten. Mit Eintritt der Bedingung, also mit der Zahlung des Restkaufpreises, geht das Eigentum automatisch von S auf K über, ohne dass es noch weiterer faktischer oder rechtsgeschäftlicher Handlungen bedarf.

**951** Der Vorbehaltskäufer hat in dem Zeitraum zwischen dem Abschluss des Kaufvertrages und der Eigentumsübertragung unter der aufschiebenden Bedingung der Zahlung des Restkaufpreises im Hinblick auf den Erwerb des Eigentums an der Sache bereits insofern eine gesicherte Rechtsstellung, als er nur noch den Restkaufpreis zahlen muss, um Eigentümer zu werden. Diese Rechtsstellung kann der Veräußerer nicht durch eine einseitige Erklärung zerstören. Diese Rechtsstellung des Käufers wird überwiegend als **Anwartschaft** bezeichnet[1].

#### b) Der Sicherungswert des Eigentumsvorbehalts

**952** Der Sicherungswert des Eigentumsvorbehaltes besteht unter anderem darin, dass der Verkäufer gemäß § 449 Abs. 2 in Verbindung mit § 323 vom Vertrage zurücktreten kann, wenn der Käufer den Kaufpreis nicht wie vereinbart bezahlt (vgl. § 323 Abs. 1). Ein Verschulden des Käufers ist nicht erforderlich. Um vom Vertrag zurücktreten zu können, muss der Verkäufer die allgemeinen Rücktrittsvoraussetzungen erfüllen, d.h. grundsätzlich nach § 323 Abs. 1 eine angemessene Frist zur Leistung setzen. Erst nach erfolglosem Ablauf dieser Frist oder in den Fällen der Entbehrlichkeit einer Fristsetzung nach § 323 Abs. 2 kann er vom Vertrag zurücktreten. Mit dem Wirksamwerden der Rücktrittserklärung entfallen die auf den Austausch von Leistungen gerichteten Vertragswirkungen. An die Stelle der bisherigen vertraglichen Verpflichtungen tritt die Pflicht der Vertragspartner, das, was bisher an Leistungen ausgetauscht worden ist, zurück zu gewähren. Ist der Verkäufer vom Vertrag zurückgetreten, weil der Käufer den Kaufpreis nicht ordnungsgemäß gezahlt hat, muss der Käufer die gekaufte Sache an den Verkäufer zurückgeben. Der Verkäufer hat den bereits geleisteten Teil des Kaufpreises zurückzuzahlen. Der Verkäufer darf allerdings von dem Betrag, den er zurückzahlen muss, eine Entschädigung für die Abnutzung und Benutzung der Sache durch den Käufer einbehalten (§ 346 Abs. 1).

---

1 *Jauernig/Jauernig*, § 929 BGB Rn. 43 ff.

### c) Der Schutz des Vorbehaltsverkäufers bei der Zwangsvollstreckung in das Vermögen des Käufers

aa) Der Eigentumsvorbehalt ist nur dann ein geeignetes Sicherungsmittel, wenn es dem Vorbehaltsverkäufer als Eigentümer der Sache gegen andere Gläubiger des Käufers Sicherheit gewährt, falls es zur Zwangsvollstreckung oder zur Insolvenz kommt. **953**

bb) Wenn ein Gläubiger des Käufers in die unter Eigentumsvorbehalt verkaufte Sache, die sich im Besitz des Käufers befindet, vollstreckt, kann der Verkäufer, wenn er noch Eigentümer der Sache ist, sich mit einer Drittwiderspruchsklage nach § 771 ZPO gegen die Zwangsvollstreckung wehren. Die beim Vollstreckungsgericht (Amtsgericht) erhobene Drittwiderspruchsklage hat die Aufhebung der Zwangsvollstreckung in die unter Eigentumsvorbehalt gelieferte Sache zum Ziel.

**Beispiel:** H kauft bei V einen Lkw unter Eigentumsvorbehalt zum Preis von 45.000 €. Nach einer Anzahlung von 10.000 € soll H den restlichen Kaufpreis in Raten von monatlich 2.500 € zahlen. Als H bereits 37.500 € an V gezahlt hat, vollstreckt der Gläubiger G des H mit einem vollstreckbaren Titel in dem Lkw. Der Gerichtsvollzieher pfändet den Lkw. Da V bis zur Zahlung des Restkaufpreises Eigentümer des Lkw ist, kann er die Aufhebung der Vollstreckungsmaßnahme – hier der Pfändung – verlangen. Er muss das im Wege der Drittwiderspruchsklage gemäß § 771 ZPO tun. G kann die Zwangsvollstreckung nur dann ohne Widerspruch des V weiter betreiben, wenn H Eigentümer des Lkw ist. Zu überlegen ist also, wie es G erreichen kann, dass H schnell Eigentümer des Lkw wird. Die Übereignung gemäß § 929 Satz 1 steht unter der aufschiebenden Bedingung (§ 158) der vollständigen Zahlung des Kaufpreises. Hier stehen noch 7.500 € aus. Mit vollständiger Kaufpreiszahlung geht das Eigentum automatisch von V auf H über. Auch G kann gemäß § 267 Abs. 1 den Restkaufpreis an V zahlen. Sobald H Eigentümer des Lkw geworden ist, kann G die Zwangsvollstreckung in diese Sache weiter betreiben, ohne dass V die Aufhebung der Vollstreckungsmaßnahme erzwingen kann.

cc) In der Insolvenz des Käufers kann sich der Insolvenzverwalter für die Erfüllung des mit dem Vorbehaltsverkäufer abgeschlossenen Kaufvertrages entscheiden. Er muss dann den Restkaufpreis an den Verkäufer zahlen. Mit der vollständigen Zahlung des Restkaufpreises geht das Eigentum an der gekauften Sache wegen des Eintritts der Bedingung automatisch auf den Käufer über. Die Sache gehört damit zur Insolvenzmasse. Der Insolvenzverwalter kann sie verwerten. Lehnt der Insolvenzverwalter die Erfüllung des Vertrages ab, kann der Verkäufer gemäß § 449 vom Kaufvertrag zurücktreten. Damit entfällt ein Recht zum Besitz des Käufers gemäß § 433 Abs. 1 i.V.m. § 986. Der Verkäufer kann nun die Sache aus der Insolvenzmasse aussondern (§ 47 InsO). **954**

### 3. Der verlängerte Eigentumsvorbehalt

**955** Der unter Eigentumsvorbehalt erwerbende Käufer ist nicht berechtigt, über die ihm noch nicht gehörende Sache zu verfügen. Der Vorbehaltsverkäufer kann jedoch dem Käufer das Recht einräumen, über das Eigentum des Vorbehaltsverkäufers im eigenen Namen zu verfügen.

Es ist häufig wirtschaftlich sinnvoll, dass ein Händler, der Waren vom Hersteller unter Eigentumsvorbehalt erworben hat, in die Lage versetzt wird, über die erworbenen Waren verfügen zu können. Häufig wird der Händler (Käufer) überhaupt nur in der Lage sein, den Kaufpreis an den Warenhersteller (Verkäufer) zu zahlen, wenn es ihm möglich ist, die unter Eigentumsvorbehalt gekauften Waren an seine Kunden zu veräußern. Mit dem Geld, das der Erwerber (Vorbehaltskäufer) von seinen Kunden auf Grund der Kaufverträge als Kaufpreis erhält, bezahlt er in der Regel den Vorbehaltsverkäufer.

**Beispiel:** Elektrogroßhändler K kauft bei der Lux-AG u.a. Fernsehgeräte zum Preis von 500 € pro Stück unter Eigentumsvorbehalt. Es wird vereinbart, dass K 30 % des Kaufpreises von insgesamt 50.000 € sofort, 40 % in zwei Monaten und 30 % in vier Monaten zahlen soll. K kann im Zweifel seinen Verpflichtungen der Lux-AG gegenüber nur nachkommen, wenn ihm die Verfügung über das Eigentum der Lux-AG gestattet wird, und er hierdurch in die Lage versetzt wird, die Fernsehgeräte an Einzelhändler zu verkaufen und diesen das Eigentum daran zu verschaffen. Mit dem von dem Einzelhändler als Kaufpreis erhaltenen Geld kann K seine eigene Kaufpreisschuld gegenüber der Lux-AG erfüllen. Hier besteht also ein wirtschaftliches Bedürfnis, den Großhändler K in die Lage zu versetzen, über die gekauften Sachen verfügen zu können, wogegen die Lux-AG ihren durch das vorbehaltene Eigentum gewährten Schutz nicht verliert.

**956** Die Konstruktion des verlängerten Eigentumsvorbehalts trägt sowohl den wirtschaftlichen Interessen des Vorbehaltskäufers als auch dem Sicherungsbedürfnis des Vorbehaltsverkäufers weitgehend Rechnung. Der Vorbehaltsverkäufer ermächtigt den Vorbehaltskäufer gemäß § 185, über das Eigentum an der gekauften Sache zu verfügen. Damit ist der Vorbehaltskäufer berechtigt, das Eigentum an der Sache, die noch im Eigentum des Verkäufers steht, auf einen Dritten zu übertragen. Dieser erwirbt gemäß §§ 929, 185 das Eigentum an der Vorbehaltssache.

Damit verliert der Vorbehaltsverkäufer das Eigentum an dem Sicherungsgegenstand, der ihm Sicherheit bieten soll, wenn der Käufer seiner Verpflichtung, den Kaufpreis zu zahlen, nicht nachkommt. Der Vorbehaltsverkäufer, der daran interessiert ist, eine Sicherheit bis zur vollständigen Bezahlung des Kaufpreises zu behalten, wird eine Ermächtigung der geschilderten Art nur erteilen, wenn er vom Käufer auf andere Art und Weise gesichert wird. Als Sicherheit bietet sich diejenige Forderung an, die der Vorbehaltskäufer aus dem Kaufvertrag erhält, den er mit einem Dritten über die Vorbehaltssache abschließt. Diese Forderung kann er an den Vorbehaltsverkäufer gemäß § 398 abtreten. Auch zukünftige Forderungen können abgetreten werden, wenn sie so genau gekennzeichnet werden können, dass sie spätestens im Augenblick ihrer Entstehung zweifelsfrei bestimmbar sind.

Wenn der Vorbehaltskäufer die Vorbehaltssache an einen Dritten weiter veräußert, lassen sich – jedenfalls aus der Rechnung oder dem Lieferschein – die Person des Schuldners und die Höhe der Forderung genau bestimmen. Eine Vorausabtretung der Kaufpreisforderung gemäß § 398 ist deshalb möglich. Im Regelfall ermächtigt (§ 185) der Vorbehaltsverkäufer als Inhaber der an ihn abgetretenen Forderungen den Vorbehaltskäufer, die Forderungen im eigenen Namen einzuziehen.

Der verlängerte Eigentumsvorbehalt mit der Ermächtigung (§ 185) zur Verfü- **957**
gung über das Eigentum an der Vorbehaltssache und der Vorausabtretung der Kaufpreisforderung, die der Vorbehaltskäufer gegen einen Dritten durch die Weiterveräußerung erhalten soll, wird in der Regel durch entsprechende Klauseln in Allgemeinen Geschäftsbedingungen vereinbart. Eine hierfür typische Klausel in Allgemeinen Geschäftsbedingungen sieht häufig so aus:

> „Bis zur vollständigen Bezahlung des Kaufpreises durch den Käufer bleibt die Ware Eigentum des Verkäufers. Der Käufer ist im Rahmen einer ordnungsgemäßen Geschäftsführung berechtigt, die Ware weiter zu veräußern. Der Käufer tritt schon jetzt die ihm aus dem Weiterverkauf der Waren erwachsende Forderung sicherungshalber an den Verkäufer ab. Der Käufer ist zur Einziehung der Forderung berechtigt".

Die Vorausabtretung der Kaufpreisforderung des Vorbehaltskäufers gegen den Dritten erfolgt nur sicherungshalber. Sie erlangt erst in vollem Umfange Gewicht, wenn der Vorbehaltskäufer gegenüber dem Vorbehaltsverkäufer mit der Zahlung des Kaufpreises in Verzug gerät.

### 4. Eigentumsvorbehalt und Verarbeitung

#### a) Überblick

Die Vereinbarung eines Eigentumsvorbehalts entspricht jedoch dann nicht den **958**
wirtschaftlichen Bedürfnissen der Beteiligten, wenn der Vorbehaltskäufer aus den von dem Vorbehaltsverkäufer erworbenen Waren neue Sachen produzieren und diese weiterveräußern will.

> **Beispiel:** Ein Knopffabrikant verarbeitet die Messingrollen, die er von einem Walzwerk unter Eigentumsvorbehalt bezieht, zu Metallknöpfen.

Hier geht der Eigentumsvorbehalt ins Leere, weil derjenige, der durch Verarbeitung von Stoffen neue Sachen herstellt, unter den in § 950 genannten Voraussetzungen grundsätzlich Eigentümer der neuen Sachen wird, und zwar auch dann, wenn er nicht der Eigentümer der Stoffe war (zur Verarbeitung gemäß § 950 siehe oben § 44 II 3).

Zu dem vorhergehenden **Beispiel:** Der Fabrikant wird gemäß § 950 Eigentümer der Knöpfe. Das Walzwerk verliert das Eigentum an den zu Knöpfen verarbeiteten Messingrollen.

### b) Der Eigentumserwerb nach § 950

959 Wie oben (§ 44 II 3) schon erwähnt geht § 950 davon aus, dass der Wert, der in der Verarbeitung oder Umbildung von Sachen besteht, in der Regel höher ist als der Wert der verarbeiteten oder umgebildeten Stoffe. Deshalb wird der **Hersteller** der neuen Sache auch deren Eigentümer. Derjenige, der Eigentümer der ursprünglichen Sache war, verliert das Eigentum, es sei denn, er ist auch gleichzeitig der Hersteller der neuen Sache. Ob der Hersteller gutgläubig war oder nicht, spielt keine Rolle.

Der Eigentumserwerb nach § 950 setzt voraus, dass aus den Stoffen (= beweglichen Sachen) **neue bewegliche Sachen** hergestellt werden. Ob eine Sache neu ist, ist nach der Verkehrsanschauung zu beurteilen. Es ist stets eine gewisse Erheblichkeit der Veränderung erforderlich.

960 **Hersteller** im Sinne des § 950 ist nicht in jedem Falle derjenige, der die Arbeiten selbst ausführt, sondern derjenige, in dessen Namen und wirtschaftlichem Interesse die Herstellung erfolgt. Der Arbeitnehmer, der für den Arbeitgeber maschinell oder manuell Arbeiten ausführt, die die neue Sache entstehen lassen, wird nicht Eigentümer.

### c) Die Verarbeitungsklausel

961 Die Rechtsprechung lässt es zu, dass die Parteien vertraglich vereinbaren können, dass der Rohstofflieferant Hersteller im Sinne von § 950 sein soll[2]. Es ist also möglich, durch Vereinbarung festzulegen, wer Hersteller gemäß § 950 sein soll. Deshalb vereinbaren Rohstofflieferanten und weiterverarbeitende Unternehmen häufig, dass der Lieferant Hersteller i.S. des § 950 sein soll. Es genügt die Vereinbarung, dass die Verarbeitung durch den Produzenten (Vorbehaltskäufer) für den Lieferanten (Vorbehaltsverkäufer) erfolgen soll **(Verarbeitungsklausel)**. Diese Möglichkeit wird häufig genutzt, um dem Warenlieferanten eine Sicherheit für seine Kaufpreisforderungen zu gewähren, indem er das Eigentum an den neu hergestellten Sachen erwirbt.

**Beispiel:** S stellt Essbestecke her. Er kauft bei den Edelstahlwerken West AG für € 100.000 Stahl unter Eigentumsvorbehalt. In den Allgemeinen Geschäftsbedingungen der Edelstahlwerke West AG, die Vertragsinhalt werden, heißt es: „Die Verarbeitung der unter Eigentumsvorbehalt gelieferten Sachen erfolgt für den Lieferanten." Es handelt sich hier um eine so genannte Verarbeitungsklausel. Schließt man sich der oben dargestellten Auffassung der Rechtsprechung an, welche die

---

2 BGHZ 20, 159; *MüKo/Füller*, § 950 BGB Rn. 26.

Bestimmung der Person des Herstellers in weitem Rahmen der Vereinbarung der Parteien überlassen will, wird der Lieferant – hier die Edelstahlwerke West AG – Eigentümer der Bestecke, die S aus dem noch unter Eigentumsvorbehalt stehenden Stahl herstellt. Denn hier ist die AG kraft Parteivereinbarung Hersteller im Sinne des § 950.

### d) Der Eigentumsübergang kraft Einigung und Vereinbarung eines vorweggenommenen Besitzmittlungsverhältnisses

Um Schwierigkeiten zu vermeiden, die bei der Bestimmung des Herstellers im Sinne des § 950 kraft Parteivereinbarung entstehen können, wird in der Praxis häufig auch ein anderer Weg beschritten, um dem Vorbehaltsverkäufer das Eigentum an den durch den Vorbehaltskäufer hergestellten Sachen zu verschaffen. Vorbehaltsverkäufer und Vorbehaltskäufer können sich vorweg darüber einigen, dass der Vorbehaltsverkäufer das Eigentum an den neuen Sachen erwerben soll und der Vorbehaltskäufer diese Sachen aufgrund eines ebenfalls vorweg vereinbarten Besitzmittlungsverhältnisses besitzen soll. Eine vorweggenommene Einigung über den Eigentumsübergang, verbunden mit einem für die Zukunft vereinbarten Besitzmittlungsverhältnis im Sinne der §§ 929, 930 kann z.B. durch die folgende Klausel erzielt werden: **962**

> „Verkäufer und Käufer sind sich darüber einig, dass die Sachen, die der Käufer aus den unter Eigentumsvorbehalt stehenden Waren herstellt, Eigentum des Verkäufers werden sollen. Der Käufer ist berechtigt diese Sachen für den Verkäufer zu verwahren."

Hierin liegt eine **vorweggenommene Einigung** über den Eigentumsübergang und die – ebenfalls vorweggenommene – Vereinbarung eines **Besitzmittlungsverhältnisses**, hier eines Verwahrungsvertrages.

### e) Die Weiterveräußerung der neu hergestellten Sachen

Gleichgültig, ob der Vorbehaltsverkäufer das Eigentum an den neu hergestellten Sachen kraft Verarbeitungsklausel oder durch vorweggenommene Einigung und Vereinbarung eines Besitzmittlungsverhältnisses erwirbt, es bleibt das Problem, ob und gegebenenfalls wie der Vorbehaltskäufer die im Eigentum des Vorbehaltsverkäufers stehenden Sachen weiterveräußern kann. In der Praxis nutzt man – wie beim verlängerten Eigentumsvorbehalt auch – die Möglichkeit, den Vorbehaltskäufer nach § 185 entsprechend zu ermächtigen. Der Vorbehaltsverkäufer ermächtigt den Vorbehaltskäufer gemäß § 185, über das Eigentum an der neu hergestellten Sache zu verfügen. Damit ist der Vorbehaltskäufer berechtigt, das Eigentum an der Sache, die noch im Eigentum des Verkäufers steht, auf einen Dritten zu übertragen. Dieser erwirbt gemäß §§ 929, 185 das Eigentum an der Vorbehaltssache. Die Kaufpreisforderungen, die der Vorbehaltskäufer aus dem Verkauf der Sachen an Dritte erwirbt, tritt er gemäß § 398 an den Vorbehaltsverkäufer ab. **963**

## 5. Der erweiterte Eigentumsvorbehalt

964 Der Verkäufer kann seine zum Eigentumsübergang erforderliche Einigungserklärung nach § 929 nicht nur von der Zahlung des Kaufpreises für die jeweils gekaufte Sache abhängig machen, sondern seinen Übereignungswillen auch von der Erfüllung anderer Forderungen gegen den Käufer abhängig machen. Der Eigentumsvorbehalt dient dann auch noch der Sicherung anderer Forderungen, die der Verkäufer gegen den Käufer hat.

965 So kann z.B. vereinbart werden, dass das Eigentum an der Sache nicht nur der Sicherung der Kaufpreisforderung, sondern der Sicherung aller Forderungen dienen soll, die der Vorbehaltsverkäufer gegen den Vorbehaltskäufer hat. Die aufschiebende Bedingung, mit deren Eintritt das Eigentum auf den Käufer übergeht, ist dann nicht die Zahlung des Kaufpreises, sondern die vollständige Bezahlung sämtlicher Forderungen, die der Vorbehaltsverkäufer gegen den Vorbehaltskäufer hat. Man nennt diese Art der Erweiterung des Eigentumsvorbehalts auch **Kontokorrentvorbehalt**[3].

**Beispiel:** Fabrikant S kauft in den Monaten Januar, Februar und März 2017 bei der Eisenhandel-AG (E) jeweils Stahl unter Eigentumsvorbehalt, aus dem er Achsen herstellt. Als S im März 2017 den Stahl kaufte, hatte er den Kaufpreis aus den im Januar und Februar abgeschlossenen Kaufverträgen noch nicht bezahlt. Um die vorhandenen Kaufpreisforderungen wirkungsvoller abzusichern, vereinbaren die E und S, dass das Eigentum an den im März 2010 zu liefernden Waren der Sicherung aller Forderungen, welche die E gegen S aus den laufenden Geschäftsbeziehungen hat, dienen soll. Es handelt sich hier um einen erweiterten Eigentumsvorbehalt in Form eines Kontokorrentvorbehalts. Die aufschiebende Bedingung, mit deren Eintritt das Eigentum an den gelieferten Waren von E auf S übergehen soll, ist die vollständige Zahlung auf alle zum Zeitpunkt der letzten Vereinbarung vorhandenen offenen Forderungen. Das hindert allerdings nicht, dass die E ihr Eigentum an dem Stahl gemäß § 950 BGB verlieren kann.

966 Der Eigentumsvorbehalt kann auch in der Weise erweitert werden, dass zwischen Vorbehaltsverkäufer und Vorbehaltskäufer vereinbart wird, dass das Eigentum an den gelieferten Sachen erst dann auf den Käufer übergehen soll, wenn außer den Kaufpreisforderungen des Verkäufers auch die Geldforderungen erfüllt sind, die andere Unternehmungen, die zum Konzern des Vorbehaltsverkäufers gehören, gegen den Käufer haben (= aufschiebende Bedingung). Das Eigentum an der Sache geht dann erst in dem Moment auf den Käufer über, in dem er alle Forderungen erfüllt hat, die mit dem Eigentumsvorbehalt gesichert werden sollen (sog. **Konzernvorbehalt**).

---

3 *Palandt/Weidenkaff*, § 449 BGB Rn. 19.

## III. Das Pfandrecht an beweglichen Sachen

### 1. Die Bedeutung des Pfandrechts für das Wirtschaftsleben

Pfandrechte spielen als Realsicherheiten, also als Sicherheiten an Sachen bei der Kreditsicherung eine bedeutende Rolle. Dabei stehen allerdings fast ausschließlich die Pfandrechte an Immobilien, die Grundpfandrechte, im Vordergrund. Die Pfandrechte an beweglichen Sachen spielen kaum noch eine Rolle im Wirtschaftsleben. Das beruht vor allem darauf, dass das Pfandrecht an beweglichen Sachen auf Grund der gesetzlichen Regelung ein zwingend mit dem Besitz des Gläubigers an der Sache verbundenes Recht ist, das grundsätzlich nur solange besteht, wie der Gläubiger im Besitz der Pfandsache ist. Wenn sich jedoch die Sache im Besitz des Gläubigers befinden muss, kann der Schuldner sie nicht nutzen. Im Wirtschaftsleben ist der Schuldner einer Forderung in der Regel aber darauf angewiesen, dass er die Sache, die er als Sicherheit anbietet, auch benutzen kann, meist um sein Gewerbe weiter betreiben zu können. Aus diesem Grund ist das rechtsgeschäftlich bestellte Pfandrecht an beweglichen Sachen nicht mehr sehr verbreitet. **967**

Bewegliche Sachen werden heute in der Regel auf andere Art und Weise zur Kreditsicherung verwandt. Sie werden Gegenstand eines Eigentumsvorbehalts oder einer Sicherungsübereignung. **968**

Die Bedeutung des rechtsgeschäftlich begründeten Pfandrechts an beweglichen Sachen ist beschränkt auf den Bereich der Kleinkredite, der durch private Pfandhäuser und öffentlich-rechtliche Leih- und Pfandanstalten abgedeckt wird. Hingegen spielt das in der Zwangsvollstreckung entstehende **Pfändungspfandrecht** (§ 804 ZPO) eine große Rolle.

Das Pfandrecht an beweglichen Sachen gibt dem Gläubiger das Recht, bei Vorliegen bestimmter Voraussetzungen die Pfandsache zu verwerten und sich aus dem Erlös wegen der Forderung, die mit dem Pfandrecht gesichert werden soll, zu befriedigen. Das BGB enthält in §§ 1220 ff. detaillierte Vorschriften über die Verwertung der Pfandsache, die heute unter gewissen Voraussetzungen analog auch auf die Sicherungsübereignung angewandt werden, die in der täglichen Praxis eine überragende Rolle spielt.

### 2. Arten des Pfandrechts

Es gibt verschiedene Arten von Pfandrechten an beweglichen Sachen: **969**

- das rechtsgeschäftlich begründete Pfandrecht,
- das gesetzliche Pfandrecht,
- das Pfändungspfandrecht.

Ein **gesetzliches Pfandrecht** entsteht kraft Gesetzes bei Vorliegen der im jeweiligen Gesetz genannten Voraussetzungen. So hat z.B. der Werkunternehmer zur

Sicherung seiner Forderung aus dem Werkvertrag ein Pfandrecht an den von ihm hergestellten oder verbesserten Sachen des Bestellers (siehe oben § 33 III 1).

Wichtige gesetzliche Pfandrechte können außerdem u.a. erwerben:
- der Vermieter an den eingebrachten Sachen des Mieters (§ 562 BGB),
- der Kommissionär am Kommissionsgut (§§ 397, 398 HGB),
- der Spediteur (§ 464 HGB),
- der Lagerhalter (§ 475 b HGB).

**970** Die Vorschriften über das rechtsgeschäftlich bestellte Pfandrecht finden gemäß § 1257 BGB auch auf das gesetzliche Pfandrecht Anwendung, so insbesondere die Vorschriften über die Pfandverwertung.

Das **Pfändungspfandrecht** entsteht durch Pfändung im Wege der Zwangsvollstreckung (§§ 803 ff. ZPO). Die Vorschriften über das rechtsgeschäftlich bestellte Pfandrecht sind auf das Pfändungspfandrecht nur anzuwenden, soweit nicht die ZPO Sonderbestimmungen enthält.

Für die Kreditsicherung spielt nur das **rechtsgeschäftlich bestellte Pfandrecht** eine Rolle. Nur von ihm ist deshalb im Folgenden die Rede.

### 3. Die Entstehung des rechtsgeschäftlich bestellten Pfandrechts

**971** Zur wirksamen Bestellung eines Pfandrechts ist die **Einigung** zwischen Pfandgeber und Pfandnehmer (Gläubiger) darüber notwendig, dass dem Pfandnehmer (Gläubiger) ein Pfandrecht zustehen soll. Außerdem muss dem Gläubiger die Sache **übergeben** werden, also in seinen Besitz gelangen.

Gegenstand eines Pfandrechts können gemäß § 1204 nur bewegliche Sachen sein.

Das **Pfandrecht ist akzessorisch**. Das bedeutet, es kann nur zur Sicherung einer Forderung bestellt werden. Ein Pfandrecht entsteht also nur, wenn auch die Forderung, die durch das Pfandrecht gesichert werden soll, besteht.

Das Pfandrecht wird in der Regel gemäß § 1205 von dem Gläubiger der zu sichernden Forderung und dem Schuldner bestellt.
- Der Gläubiger der persönlichen Forderung und der Sicherungsnehmer (= Pfandgläubiger) müssen stets eine Person sein.
- Der Schuldner der zu sichernden Forderung und der Verpfänder (= Sicherungsgeber) können auch zwei verschiedene Personen sein.

> **Beispiel:** W gewährt K ein Darlehen in Höhe von 500 €. Die Darlehensrückzahlungsforderung soll durch ein Pfandrecht gesichert werden. K kann keine dazu geeignete Sache anbieten. Sein Freund S erklärt sich bereit, zur Sicherung der Forderung ein von ihm nicht mehr benutztes Motorrad zu verpfänden. W und S einigen sich über die Pfandrechtsbestellung. S übergibt dem W das Motorrad.

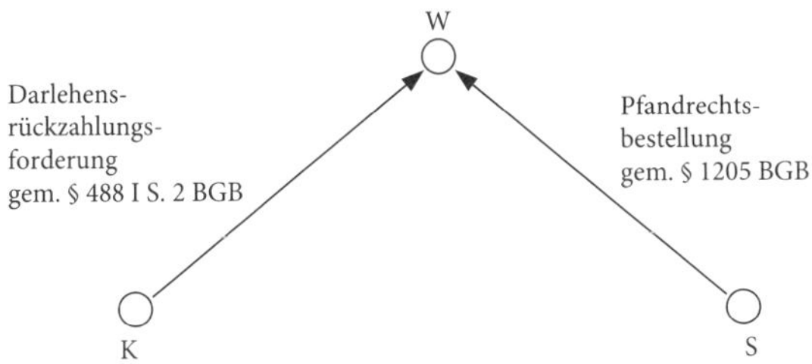


### 4. Rechtsfolgen aus der Akzessorietät

Folgen der Akzessorietät sind: 971 a

- Wird die Forderung, zu deren Sicherung das Pfandrecht bestellt worden ist, von dem Gläubiger auf eine andere Person übertragen, geht auch das Pfandrecht auf diese Person über (§ 401 und § 1250).
- Gibt der Gläubiger dem Schuldner die Pfandsache zurück, erlischt das Pfandrecht (§ 1253).
- Erlischt die Forderung, erlischt auch das Pfandrecht.

**Beispiel:** B gewährt K ein Darlehen in Höhe von 2.500 €. Zur Sicherung der Darlehensrückzahlungsforderung wird ein Pfandrecht an der dem K gehörenden Münzsammlung bestellt. K übergibt B die Sammlung. Kurze Zeit später tritt B die Darlehensrückzahlungsforderung gemäß § 398 an die X-Bank ab. Gemäß §§ 1250 und 401 geht das Pfandrecht mit der Abtretung der Forderung automatisch auf die X-Bank über. Wenn B die Münzsammlung nicht freiwillig übergibt, kann die X-Bank gemäß § 1251 Abs. 1 Herausgabe verlangen. Wenn K die Darlehenssumme und die Zinsen an die X-Bank zahlt, erlischt die Forderung aus § 488 Abs. 1 S. 2. Gleichzeitig erlischt das Pfandrecht (§ 1252). K kann dann von der X-Bank die Herausgabe der Münzsammlung gemäß §§ 1223 Abs. 1 und 985 verlangen.

### 5. Die Verwertung der Pfandsache

Nach der gesetzlichen Regelung wird der Gläubiger wegen der gesicherten Forderung aus dem Verkaufserlös der verpfändeten Sache befriedigt. 972

Eine Abrede des Inhalts, dass das Eigentum an der Pfandsache auf den Gläubiger übergehen soll, wenn der Gläubiger nicht oder nicht rechtzeitig wegen der zu sichernden Forderung befriedigt wird, ist nach § 1229 nichtig. Diese gesetzliche Regelung schützt den Verpfänder (= Sicherungsgeber) vor einer Übervorteilung durch den Gläubiger.

Zur Verwertung der Sache ist der Gläubiger erst mit Eintritt der Pfandreife berechtigt. Wann das der Fall ist, regelt § 1228 Abs. 2.

Im Regelfall ist der Gläubiger zur **Verwertung der Pfandsache durch Verkauf** berechtigt. Dazu bedarf es weder eines Vollstreckungstitels gegen den Schuldner noch eines solchen gegen den Eigentümer der Sache (falls der Schuldner aus der zu sichernden Forderung und der Verpfänder zwei verschiedene Personen sind).

973 **Verkauf** bedeutet allerdings nicht, dass der Gläubiger die Pfandsache beliebig an eine dritte Person verkaufen kann (freihändiger Verkauf). Der Verkauf erfolgt vielmehr nach den in den §§ 1233 ff. genau festgelegten Regeln. In der Regel geschieht der Verkauf einer Pfandsache nach § 1235 Abs. 1 **im Wege öffentlicher Versteigerung**. Wie die Versteigerung durchzuführen ist, ist im Gesetz (§§ 1236 ff.) geregelt.

Nur ausnahmsweise, nämlich dann, wenn die Pfandsache einen Börsen- oder Marktpreis hat, kann der Gläubiger in der in § 1221 bezeichneten Art und Weise „freihändig" verkaufen.

Aus dem Erlös des Verkaufs wird der Gläubiger in Höhe seiner durch das Pfandrecht gesicherten Forderung befriedigt (§ 1247 S. 1). Ist mehr erlöst worden, als zur Befriedigung des Gläubigers erforderlich ist, gebührt der Überschuss – nach Abzug der Kosten für die Verwertung – gemäß § 1247 S. 2 dem Verpfänder (= Sicherungsgeber).

## IV. Die Sicherungsübereignung

### 1. Überblick

974 Da das Pfandrecht stets den Besitz des Pfandnehmers zu seiner Wirksamkeit voraussetzt und damit eine Benutzung der Sache durch den Verpfänder unmöglich macht, hat das Pfandrecht an beweglichen Sachen fast völlig an Bedeutung verloren. Bewegliche Sachen werden zur Sicherung eines Kredits fast nur noch als Gegenstand einer Sicherungsübereignung benutzt.

Bei der Sicherungsübereignung überträgt der Sicherungsgeber (Kreditschuldner) dem Sicherungsnehmer (Kreditgläubiger) das Eigentum an einer beweglichen Sache gemäß §§ 929, 930 durch Einigung und Vereinbarung eines Besitzmittlungsverhältnisses. Der unmittelbare Besitz an den Sachen verbleibt beim Schuldner, der sie auch benutzen darf. Nach Eintritt der Fälligkeit der gesicherten Forderung hat der Kreditgeber das Recht, die Sache vom Kreditnehmer und Besitzer herauszuverlangen und sie gemäß den zwischen ihnen getroffenen Vereinbarungen zu verwerten. Fehlt eine solche Vereinbarung, werden die Vorschriften über die Verwertung von Pfandsachen entsprechend angewandt (siehe oben § 45 III 5).

975 Die Sicherungsübereignung bringt für den Rechtsverkehr nicht zu unterschätzende Gefahren mit sich:

(1) Die Sicherungsübereignung ist für Nichteingeweihte nicht erkennbar. Es ist deshalb ohne weiteres möglich, dass jemand durch den Besitz wertvoller Sachen den Eindruck erweckt, als sei er vermögend und deshalb kreditwürdig,

obwohl die Sachen zur Sicherheit an einen Kreditgeber übereignet sind. Andere Kreditgeber könnten sich dadurch täuschen lassen. Dasselbe Problem der mangelnden Offenkundigkeit der Eigentumsverhältnisse tritt auch bei unter Eigentumsvorbehalt gelieferten Sachen auf.

(2) Die Sicherungsübereignung ist für den Gläubiger (= Sicherungsnehmer) ebenfalls nicht ungefährlich, weil der Sicherungsgeber (= Schuldner) die Sachen in Besitz hat und wegen der Möglichkeit des gutgläubigen Eigentumserwerbs durch Dritte Gefahr läuft, dass der Schuldner die zur Sicherung übereigneten Sachen unerlaubter Weise an gutgläubige Dritte wirksam übereignet.

Die Sicherungsübereignung ist im BGB nicht ausdrücklich geregelt, findet aber eine gesetzliche Stütze in §§ 929, 930. Gegen ihre Zulässigkeit werden kaum noch Bedenken vorgebracht, da sie von der Rechtsprechung akzeptiert wird.[4]

## 2. Das Entstehen des Sicherungseigentums

### a) Überblick

Bei der Entstehung des Sicherungseigentums sind drei Rechtsverhältnisse zu unterscheiden: **976**

(1) Der schuldrechtliche Vertrag, aus dem die Forderung stammt, die mit dem Sicherungseigentum gesichert werden soll.
(2) Die Übereignung gemäß §§ 929, 930 durch Einigung und Vereinbarung eines Besitzmittlungsverhältnisses.
(3) Der Sicherungsvertrag (Sicherungsabrede).

Die Forderung, die der Gläubiger gegen den Schuldner hat und die durch das Sicherungseigentum gesichert werden soll, ist häufig eine Darlehensrückzahlungsforderung (gemäß § 488 Abs. 1 S. 2) aus einem Darlehen, das der Gläubiger dem Schuldner gewährt hat.

> **Beispiel:** Die X-Bank gewährt dem Metallwarenfabrikanten B ein Darlehen in Höhe von 25.000 €. Zur Sicherung der Darlehensrückzahlungsforderung, welche die X-Bank (= Gläubigerin) gegen B (= Schuldner) hat, übereignet B der X-Bank 5 Maschinen und einen leichten Lkw durch Einigung über den Eigentumsübergang und Vereinbarung eines Besitzmittlungsverhältnisses.

### b) Die Übereignung

Die Sache, die Gegenstand der Sicherungsübereignung sein soll, wird gemäß §§ 929, 930 vom Schuldner an den Gläubiger übereignet. Das geschieht durch **976 a**

aa) **Einigung** von Gläubiger und Schuldner gemäß § 929 S. 1 darüber, dass die bisher im Eigentum des Schuldners stehende Sache Eigentum des Gläubigers werden soll, und

4 *Jauernig/Jauernig*, § 930 BGB Rn. 20.

bb) die **Vereinbarung eines Besitzmittlungsverhältnisses** nach § 930 (= Besitzkonstituts).

Das Besitzmittlungsverhältnis, kraft dessen der Schuldner dem Gläubiger gegenüber zum Besitz der Sachen berechtigt ist, ist das Rechtsverhältnis, das sich aus dem Sicherungsvertrag (der Sicherungsabrede) ergibt. Aus diesem Sicherungsvertrag ist der Schuldner u.a. berechtigt, die Sachen zu behalten und zu nutzen.

#### c) Der Sicherungsvertrag

977 Aus dem **Sicherungsvertrag**, der ein schuldrechtlicher Vertrag ist, ergeben sich für Gläubiger und Schuldner eine Reihe von Rechten und Pflichten:

aa) Pflichten des Schuldners (= Sicherungsgebers):

Er verpflichtet sich,
- dem Gläubiger das Eigentum gemäß §§ 929, 930 an den Sachen zu übertragen, die dazu bestimmt worden sind;
- die Sachen ordnungsgemäß und pfleglich zu behandeln;
- die Sachen, die beschädigt werden, auf seine Kosten reparieren zu lassen;
- die Sachen zu versichern;
- dem Gläubiger anzuzeigen, wenn zur Sicherung übereignete Sachen, die er in Besitz hat, durch andere Gläubiger gepfändet werden, damit der Gläubiger die Gelegenheit erhält, im Wege der Drittwiderspruchklage gemäß § 771 ZPO die Zwangsvollstreckung für unzulässig erklären zu lassen.

978 bb) Pflichten des Gläubigers (= Sicherungsnehmers):

Er verpflichtet sich,
- dem Schuldner die zur Sicherung übereigneten Sachen in unmittelbarem Besitz zu überlassen und ihm die Benutzung zu gestatten;
- dem Schuldner die Sachen zurück zu übereignen, sobald der Sicherungszweck erfüllt ist, falls nicht ein automatischer Rückfall des Eigentums auf den Schuldner für den Fall vereinbart ist, dass die zu sichernde Forderung erlischt (= die ursprüngliche Übereignung steht in diesem Fall unter der auflösenden Bedingung des Erlöschens der zu sichernden Forderung);
- die Sachen ordnungsgemäß zu verwerten und im Fall der Verwertung Auskunft über Art und Weise der Verwertung zu geben;
- sich jeder Verfügung über das Eigentum zu enthalten, die den Rückübereignungsanspruch des Schuldners vereiteln könnte.

979 Häufig enthält ein Sicherungsvertrag auch genaue Vereinbarungen über die Art und Weise der Verwertung.

Bei dem Abschluss eines Sicherungsvertrages werden häufig Formularverträge (AGB) verwandt, die Gläubiger und Schuldner durch eine entsprechende Vereinbarung zum Vertragsinhalt erheben. Sie werden im Streitfall Gegenstand einer Inhaltskontrolle, bei der die §§ 307 ff. den Maßstab bilden.

### 3. Der Gegenstand der Sicherungsübereignung

Als Gegenstände von Sicherungsübereignungen kommen nur bewegliche Sachen in Betracht. **980**

**Beispie:** K lässt sich von der Westfälischen Bank AG ein Darlehen in Höhe von 10.000 € gewähren. Außer einem Pkw (gegenwärtiger Wert 6.000 €), einem Fernsehgerät (Verkaufswert 500 €) und einer Münzsammlung (Wert etwa 4.000 €) hat er keine nennenswerten Gegenstände. K übereignet diese Sachen nach §§ 929, 930 der Bank zur Sicherheit für die Darlehensrückzahlungsforderung, welche die Bank gemäß § 488 Abs. 1 S. 2 gegen K hat.

Häufig sind auch **Sachgesamtheiten** Gegenstände von Sicherungsübereignungen. Der häufigste Fall dieser Art ist die Sicherungsübereignung von Warenlagern:

(1) Wird ein gesamtes **Warenlager** zur Sicherheit übereignet, ergeben sich folgende Probleme: **981**

- Der Schuldner muss in die Lage versetzt werden, seinen Betrieb weiterzuführen; dazu gehört auch die Veräußerung von Sachen, die sich in dem Warenlager befinden. Deshalb erteilt der Gläubiger als der Eigentümer der im Warenlager befindlichen Sachen dem Schuldner gemäß § 185 die Ermächtigung, im Rahmen der wirtschaftlichen Zweckbestimmung innerhalb eines ordnungsgemäßen Wirtschaftsverkehrs über die Ware zu verfügen. Hierdurch wird der Schuldner in den Stand gesetzt, Waren aus dem Lager an Kunden zu veräußern und ihnen das Eigentum daran zu verschaffen.
- Der Gläubiger hat nun allerdings ein berechtigtes Interesse daran, dass die Warenzugänge, die der Schuldner erwirbt und dem Lager einfügt, sein Sicherungseigentum werden. Um dies zu ermöglichen, bietet sich folgende Möglichkeit an:
- Gläubiger und Schuldner vereinbaren, dass die Waren, die der Schuldner in der Zukunft erwirbt, Eigentum des Gläubigers werden sollen (= vorweggenommene Einigung) und der Schuldner im Rahmen des geschlossenen Sicherungsvertrages berechtigt sein soll, die neu erworbenen Sachen in seinem Besitz zu behalten (= vorweggenommene Vereinbarung eines Besitzmittlungsverhältnisses). **982**

**Beispiel:** Elektrogroßhändler K handelt überwiegend mit Fernsehgeräten. Er hat ein Lager, in dem er die von den Produzenten gelieferten und in seinem Besitz befindlichen Geräte lagert. Das Lager weist durchweg einen Bestand von ca. 1.000 Fernsehgeräten auf. Die X-Bank gewährt K ein Darlehen in Höhe von 250.000 €. Zur Sicherung der Darlehensrückzahlungsforderung übereignet K der X-Bank den gesamten Bestand seines Warenlagers.
Es wird vereinbart, dass K berechtigt sein soll, im eigenen Namen Geräte aus dem Bestand zu veräußern und das Eigentum daran an Kunden zu übertragen (§ 185). K und die X-Bank sind gleichzeitig darüber einig, dass alle Geräte, die K in der Zukunft erwirbt und in das Lager einfügt, Eigentum der X-Bank werden sollen, K

aber gleichwohl die Geräte in seinem Besitz behalten darf. Wenn K nun 10 Geräte dem Lager entnimmt und an den Einzelhändler F veräußert, ist er dazu berechtigt. F erwirbt das Eigentum an den ihm von K ausgehändigten Geräten. Falls K von dem Produzenten P 100 Apparate zu Eigentum erwirbt und sie in das Lager eingliedert, wird die X-Bank auf Grund der vorweggenommenen Einigung und der vorweggenommenen Vereinbarung eines Besitzmittlungsverhältnisses gemäß §§ 929, 930 Eigentümerin der neu erworbenen Geräte.

**983** (2) Schwierigkeiten ergeben sich, wenn nur Teile eines Warenlagers zur Sicherung übereignet werden sollen. Bei der Übereignung von Teilbeständen ist eine Unterscheidung von den Beständen notwendig, die nicht zur Sicherung übereignet werden sollen, damit die Sicherungsübereignung wirksam ist. Nach der Rechtsprechung ist die Übereignung von Sachen gemäß §§ 929, 930 nur wirksam, wenn die Einigung und die Vereinbarung eines Besitzmittlungsverhältnisses sich auf bestimmte Sachen beziehen. Die Sachen müssen auf Grund der getroffenen Vereinbarung so eindeutig bestimmt sein, dass jederzeit festgestellt werden kann, welche Sachen zur Sicherheit übereignet sind, ohne dass dazu außerhalb des Vertrages liegende Umstände herangezogen werden müssen[5].

**Beispiel:** S übereignet der Sparkasse zur Sicherheit für einen gewährten Kredit 50 % seines Warenlagers, ohne dass näher bestimmt wird, um welche Sachen es sich konkret handeln soll. Hier liegt nur eine bloße Mengenangabe vor, die nicht hinreichend bestimmt ist. Die Sicherungsübereignung ist deshalb nicht wirksam.

### 4. Die Nichtigkeit der Sicherungsübereignung wegen Verstoßes gegen § 138

**984–986** Es kommt vor, dass mit der Sicherungsübereignung zusammenhängende Rechtsgeschäfte wegen Verstoßes gegen § 138 nichtig sind.

Das Interesse der Gläubiger geht naturgemäß dahin, sich möglichst weit abzusichern. In Verfolgung dieses Interesses lassen die Gläubiger sich häufig wesentlich mehr übereignen, als zur Absicherung notwendig ist. Man spricht dann von einer sog. **Übersicherung**, die gegen die guten Sitten i.S. des § 138 verstoßen kann. Rechtsgeschäfte, die zu einer unerträglichen, die eigene wirtschaftliche Stellung vernichtenden Abhängigkeit des Schuldners vom Gläubiger führen, sind nach § 138 Abs. 1 nichtig (siehe dazu oben § 14 III 3). Es handelt sich dann um sog. **Knebelungsgeschäfte**, welche die wirtschaftliche Bewegungsfreiheit der Schuldner lähmen und durch die die Schuldner in eine sittlich zu missbilligende Abhängigkeit geraten[6].

---

5 RGZ 132, 196, 197; BGHZ 21, 52, 56; BGHZ 28, 16 ff.; zur Entwicklung der Rspr. zum Bestimmtheitsgrundsatz und dessen Lockerungen vgl. *Feuerborn*, ZIP 2001, S. 600 ff.

6 *Soergel/Hefermehl* § 138 BGB Rn. 119 ff.; *Palandt/Ellenberger*, § 138 BGB Rn. 97.

**Beispiel:** Die D-Bank gewährt dem Stahlgroßhändler G ein Darlehen in Höhe von 10.000 €. Zur Sicherung der Darlehensrückzahlungsforderung übereignet G der D-Bank alle gegenwärtig und künftig zu seinem Eigentum gehörenden Waren und sein gesamtes Geschäftsinventar. Der gegenwärtige Lagerbestand hat einen Wert von 100.000 €. Das Geschäftsinventar verkörpert einen Verkaufswert von 25.000 €. Außerdem räumt G in dem mit der D-Bank geschlossenen Sicherungsvertrag der D-Bank ein Mitwirkungsrecht bei der Leitung des Geschäfts und eine Generalvollmacht ein. Diese Sicherungsübereignung ist gemäß § 138 Abs. 1 BGB nichtig, weil sie ein Knebelungsgeschäft darstellt. Einer zu sichernden Forderung in Höhe von 10.000 € steht Sicherungsgut im Wert von 125.000 € gegenüber. Es handelt sich also um einen typischen Fall der Übersicherung. Außerdem lähmen die zusätzlichen Abreden den G in seiner wirtschaftlichen Bewegungsfreiheit und bringen ihn in eine sittlich zu missbilligende Abhängigkeit. Wegen Verstoßes gegen die guten Sitten ist der Sicherungsvertrag gemäß § 138 nichtig. Die Übereignung gemäß §§ 929, 930 ist ebenfalls nichtig, denn der nichtige Sicherungsvertrag umfasst auch die Vereinbarung des Besitzmittlungsverhältnisses, so dass ein Teil des Übereignungstatbestandes fehlt.[7]

## 5. Die Verwertung

Wie die Verwertung im sog. Sicherungsfall zu erfolgen hat, richtet sich in erster **987**
Linie nach den Vereinbarungen, die Gläubiger und Schuldner in dem Sicherungsvertrag getroffen haben.

Die Parteivereinbarung kann dahin gehen, dass der Gläubiger das Recht haben soll, im Sicherungsfall das Sicherungsgut zu verwerten. Er kann zu diesem Zweck als Eigentümer gemäß § 985 von dem Schuldner Herausgabe der Sachen verlangen. Der Schuldner hat mit Eintritt des Sicherungsfalls kein Recht zum Besitz i.S. des § 986 mehr.

Die Verwertung durch den Gläubiger erfolgt durch Verkauf und zwar entweder durch

- freihändigen Verkauf oder
- öffentliche Versteigerung.

Ob freihändig verkauft oder öffentlich versteigert werden soll, ist im Wege der **988**
Auslegung der Vereinbarung zwischen Gläubiger und Schuldner zu entnehmen.

Der Erlös, der durch den Verkauf erzielt wird, ist auf die Forderung, die durch die Sicherungsübereignung gesichert werden soll, zu verrechnen. Insoweit ist die Forderung erfüllt.

Ist der Erlös nach Abzug der durch die Verwertung entstandenen Kosten höher als die zu sichernde Forderung, ist der Überschuss an den Schuldner auszuzah-

7 *Jauernig/Jauernig* § 930 BGB Rn. 39 m.w.N.; *Palandt/Bassenge*, § 930 BGB Rn. 20; *Palandt/Ellenberger* § 138 BGB Rn. 20 m.w.N.

len. Ist der Erlös geringer als die gesicherte Forderung, ist die Forderung nur in Höhe des Erlöses erfüllt. Der Gläubiger hat einen Anspruch auf Zahlung des Restes gegen den Schuldner.

**989** Gläubiger und Schuldner können auch vereinbaren, dass der Schuldner als der Sicherungsgeber die Sachen verwertet und den Erlös in Höhe der gesicherten Forderung an den Gläubiger auszahlen muss.

Umstritten ist, ob eine Abrede, nach der der Gläubiger bei gleichzeitigem Erlöschen der gesicherten Forderung die ihm übereigneten Sachen mit dem Sicherungsfall als endgültig in sein Vermögen übergangen behalten kann, ohne eine Verwertung betreiben zu müssen (= sog. Verfallklausel), wirksam ist. Fraglich ist insbesondere die entsprechende Anwendung des § 1229 BGB auf das Sicherungseigentum. Wie oben (§ 45 III 5) schon erwähnt, ist beim Pfandrecht an beweglichen Sachen eine Abrede des Inhalts, dass das Eigentum an der Pfandsache auf den Gläubiger übergehen soll, wenn der Gläubiger nicht oder nicht rechtzeitig wegen der zu sichernden Forderung befriedigt wird, nach § 1229 nichtig. Zweifelhaft ist, ob der Sicherungsgeber bei der Sicherungsübereignung den gleichen Schutz verdient wie der Verpfänder.[8]

Wenn Gläubiger und Schuldner keine ausdrückliche Abrede über die Art und Weise der Verwertung getroffen haben, ist der Gläubiger (Sicherungsnehmer) berechtigt, aber nicht verpflichtet, sich gemäß §§ 1220 ff. zu befriedigen (siehe dazu oben § 45 III 5).

### 6. Das Sicherungsgut in der Zwangsvollstreckung und Insolvenz

**990** Wenn andere Gläubiger des Schuldners (Sicherungsgebers) die Einzelzwangsvollstreckung in die im Besitz des Schuldners befindlichen, zur Sicherheit übereigneten Sachen betreiben, hat der Gläubiger (Sicherungsnehmer) als der Eigentümer die Möglichkeit, durch die sog. Drittwiderspruchsklage (§ 771 ZPO) die Zwangsvollstreckung für unzulässig erklären zu lassen.

> **Beispiel:** M ist Darlehensschuldner der X-Bank. Zur Sicherung der Darlehensrückzahlungsforderung übereignet M der X-Bank zwei Maschinen, die M mit Zustimmung der X-Bank weiter in seinen Räumen stehen lässt und benutzt. Der Gerichtsvollzieher pfändet mit einem vollstreckbaren, mit Klausel versehenen Titel, den D gegen M erwirkt hat, die Maschinen. Die X-Bank kann, da die Maschinen ihr Eigentum sind, durch Drittwiderspruchsklage gemäß § 771 ZPO die Zwangsvollstreckung durch das Gericht für unzulässig erklären lassen.

**991** Wird über das Vermögen des Schuldners (Sicherungsgebers) das Insolvenzverfahren eröffnet, steht dem Gläubiger (Sicherungsnehmer) ein Absonderungsrecht

---

8 Für die Zulässigkeit der Verfallklausel u.a.: RGZ 83, 50, 53; BGH NJW 1980, 226; *Weber*, S. 133. Dagegen: *Serick*, BB 1970, 549 f.; *Reich*, AcP 169, 247 ff. (268 ff.).

(§§ 50, 51 Nr. 1 InsO) zu[9]. Das Absonderungsrecht gibt dem Gläubiger das Recht zu verlangen, dass der Gegenstand, an dem das Absonderungsrecht besteht, von der übrigen Insolvenzmasse getrennt verwertet und der Erlös bis zur vollen Höhe der Forderung an den Gläubiger ausgezahlt wird. Damit ist dem Sicherungsbedürfnis des Gläubigers voll Rechnung getragen.

## V. Das Pfandrecht an Rechten

### 1. Überblick

Da auch Rechte Gegenstände von hohem Wert sein können, sind sie geeignete Objekte eines Pfandrechts. Zu den Rechten, die Gegenstand eines Pfandrechts sein können, gehören nicht nur auf Geldzahlungen gerichtete schuldrechtliche Forderungen, sondern auch Mitgliedschaftsrechte, wie z.B. Aktien, oder Urheber- und Patentrechte. **992**

In der Praxis spielt das Pfandrecht an Rechten eine erheblich größere Rolle als die Verpfändung von beweglichen Sachen. So lassen sich häufig die Banken zur Sicherung ihrer Forderungen – meist durch entsprechende Klauseln in Allgemeinen Geschäftsbedingungen, die Vertragsinhalt werden – ein Pfandrecht an den in ihren Besitz gelangten Wertpapieren bestellen. Gegenstand von Verpfändungen sind häufig auch Bankguthaben. **993**

### 2. Die Bestellung eines Pfandrechts an Rechten

Ein Pfandrecht an einem Recht wird nach den gesetzlichen Vorschriften bestellt, die für die Übertragung des Rechts gelten. An die Stelle der Einigung über die Übertragung des Rechts tritt die Einigung von Pfandnehmer und Pfandgeber darüber, dass ein Pfandrecht an dem Recht entstehen soll (§§ 1273 und 1274). **994**

Da § 1273 Abs. 2 auf die Vorschriften über das Pfandrecht an beweglichen Sachen verweist, kann ein Pfandrecht an Rechten wirksam nur bestellt werden, wenn es eine zu sichernde Forderung gibt (Akzessorietät).

Ist vom Gesetz, abweichend von der Regelung in den §§ 398 ff., neben der Einigung ein weiteres Erfordernis für die Übertragung des Rechts aufgestellt worden, muss dieses auch bei der Pfandrechtsbestellung erfüllt werden. **995**

**Beispiel:** Die Verpfändung eines GmbH-Anteils geschieht durch Einigung zwischen Pfandgeber und Pfandnehmer darüber, dass ein Pfandrecht an dem GmbH-Anteil entstehen soll. Die Übertragung von Geschäftsanteilen an einer GmbH durch Abtretung bedarf gemäß § 15 Abs. 3 GmbHG der notariellen Beurkundung. Diese Form muss gemäß § 1274 auch bei der Verpfändung eingehalten werden, wenn das Pfandrecht wirksam bestellt sein soll.

---

9 So die herrschende Meinung, u.a.: BGH NJW 1962, 46; *Palandt/Bassenge*, § 930 BGB Rn. 37.

Der häufigste Gegenstand bei der Verpfändung von Rechten sind Forderungen, die auf Geldzahlungen gerichtet sind.

**996** Zur wirksamen Bestellung eines Pfandrechts an einer Forderung ist neben der Einigung über die Pfandrechtsbestellung noch die **Anzeige der Verpfändung an den Schuldner** der verpfändeten Forderung erforderlich (§§ 1279, 1280). Dieser zwingenden gesetzlichen Regelung liegt die Überlegung zu Grunde, dass auch das Pfandrecht an Rechten offenkundig gemacht werden muss.

Zur Bestellung eines Pfandrechts an einer Forderung sind also erforderlich:
- Eine zu sichernde Forderung.
- Die Einigung von Pfandgeber und Pfandnehmer über das Entstehen des Pfandrechts.
- Die Anzeige der Pfandrechtsbestellung an den Schuldner der Forderung, an der das Pfandrecht bestellt werden soll (Drittschuldner).

**Beispiel:** Die X-Bank gewährt dem G ein Darlehen in Höhe von 2.500 € das nach Ablauf von 3 Monaten zurückgezahlt werden soll. Zur Sicherheit verpfändet G der X-Bank eine Kaufpreisforderung in Höhe von 3.000 €, die G gegen K hat und die in 4 Monaten fällig wird. Zur wirksamen Pfandrechtsbestellung an der Kaufpreisforderung sind erforderlich:
- Eine zu sichernde Forderung. Das ist hier die Darlehensrückzahlungsforderung gemäß § 488 der X-Bank gegen G,
- die Einigung der X-Bank (Pfandgläubiger) und G (Pfandgeber) darüber, dass ein Pfandrecht an der Kaufpreisforderung entstehen soll, und
- eine Anzeige über die Verpfändung gemäß § 1280 an K (Drittschuldner).

### 3. Die Befriedigung des Gläubigers aus einer verpfändeten Forderung

**997** Für die Rechtsstellung des Pfandgläubigers ist es erheblich, ob die gesicherte Forderung gegen den Verpfänder bereits fällig ist oder nicht. Wenn die gesicherte Forderung noch nicht fällig ist, hat der Pfandgläubiger nur ein Recht auf Sicherung, nicht aber bereits auf Befriedigung. Wenn der Schuldner der verpfändeten Forderung zahlen will, bevor die gesicherte Forderung fällig ist, wird dem Sicherungsbedürfnis des Pfandgläubigers dadurch Rechnung getragen, dass der Schuldner der verpfändeten Forderung nur an Pfandnehmer und Pfandgeber gemeinsam leisten kann (§ 1281).

Sobald die gesicherte Forderung des Pfandgläubigers gegen den Verpfänder fällig ist, steht dem Pfandgläubiger ein **Befriedigungsrecht** zu (§ 1282). Der Pfandgläubiger ist dann berechtigt, die verpfändete Forderung einzuziehen. Bis zur Höhe der gesicherten Forderung steht ihm der eingezogene Betrag zu (§ 1288 Abs. 2). Der Pfandgläubiger gilt insoweit als von dem Verpfänder der gesicherten Forderung befriedigt.

## VI. Die Sicherungsabtretung

### 1. Überblick

Die Sicherungsabtretung von Forderungen und sonstigen Rechten spielt im Wirtschaftsverkehr eine große Rolle. Insbesondere die Abtretung von Forderungen wird häufig zur Kreditsicherung verwandt: **998**
- Forderungen werden abgetreten, um eine Darlehensrückzahlungsforderung zu sichern (Geldkredit).
- Beim verlängerten Eigentumsvorbehalt dient die Vorausabtretung künftig entstehender Forderungen bei der Sicherung eines Warenkredits (siehe oben § 45 II 3).

Der Grund dafür, dass die Sicherungsabtretung neben dem Pfandrecht an Forderungen entwickelt worden ist, liegt in dem Bestreben der Beteiligten, die Verpfändungsanzeige gemäß § 1280 zu vermeiden, weil eine solche der Kreditwürdigkeit des Verpfänders abträglich sein kann. Da bei den Vorschriften über die Abtretung eine Anzeige an den Schuldner nicht notwendig ist, eine dem § 1280 entsprechende Regelung also fehlt, ist die Sicherungsabtretung einer Forderung auch dann wirksam, wenn sie dem Schuldner der abgetretenen Forderung nicht angezeigt wird.

### 2. Sicherungsabtretung und Sicherungsvertrag

Bei der Sicherungsabtretung tritt der Schuldner einer Forderung (= Sicherungsgeber bzw. Zedent) seinem Gläubiger (= Sicherungsnehmer bzw. Zessionar) zur Sicherung eine Forderung gegen eine andere Person (= Drittschuldner) gemäß § 398 ab. Ähnlich wie bei der Sicherungsübereignung liegt der Sicherungsabtretung ein Sicherungsvertrag zu Grunde, der die Rechte und Pflichten des Zedenten und des Zessionars festlegt, insbesondere die Verfügungsgewalt des Zessionars über die Forderung einschränkt. **999**

Auch bei der Sicherungsabtretung werden zwischen Sicherungsgeber und Sicherungsnehmer also mehrere Rechtsgeschäfte abgeschlossen, nämlich in der Regel: **1000**
- das Rechtsgeschäft, aus dem die gesicherte Forderung erwächst,
- der Sicherungsvertrag und – üblicherweise mit diesem in einer Urkunde verbunden –,
- der Abtretungsvertrag gemäß § 398, der die Abtretung der Forderung zum Gegenstand hat, die die Sicherheit darstellen soll.

**Beispiel:** Die Sparkasse B gewährt dem M ein Darlehen in Höhe von 1.500 €. Zur Sicherung der Darlehensrückzahlungsforderung tritt M der Sparkasse eine Vergütungsforderung aus einem Werkvertrag in Höhe von 1.700 € ab, die er gegen W hat. Die Rechtsbeziehungen der Beteiligten zueinander sehen nach der Abtretung wie folgt aus:

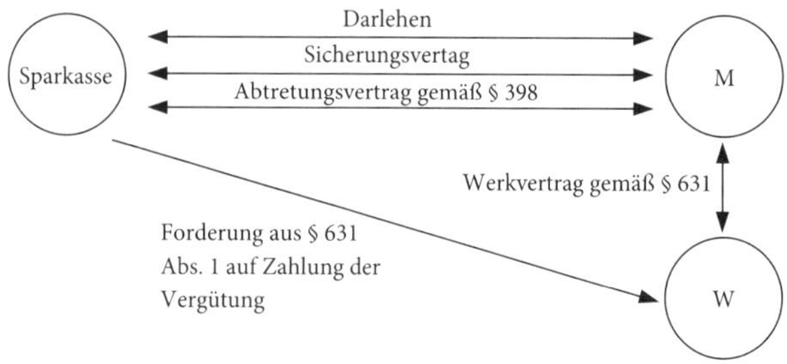


**1000 a** Das Rechtsgeschäft, aus dem die zu sichernde Forderung erwächst, ist zumeist ein Darlehensvertrag (§ 488). Liegt ein **Verbraucherdarlehensvertrag** nach § 492 BGB vor, so muss die Sicherungsabtretung in der Kreditvertragsurkunde angegeben werden (§ 492 Abs. 1 S. 5 Nr. 7).

Der **Sicherungsvertrag** ist die schuldrechtliche Grundlage für die Abtretung. Aus dem Sicherungsvertrag ergeben sich für den Sicherungsgeber (Zedenten) in der Regel folgende Pflichten:
- die Forderung gemäß § 398 abzutreten und
- den Sicherungsnehmer (Zessionar) umgehend zu benachrichtigen, wenn die abgetretene Forderung von einem anderen Gläubiger des Zedenten gepfändet wird.

Der Sicherungsnehmer (Zessionar) verpflichtet sich in der Regel im Sicherungsvertrag, die zur Sicherung abgetretene Forderung auf den Sicherungsgeber (Zedenten) zurück zu übertragen, sobald er wegen der zu sichernden Ansprüche befriedigt wird.

**1001** Gegenstand des Sicherungsvertrages ist zumeist auch eine Vereinbarung über die Verwertung der zur Sicherung abgetretenen Forderungen, wenn der Sicherungsfall eintritt.

Durch den Abtretungsvertrag erwirbt der Sicherungsnehmer (Zessionar) im Außenverhältnis zum Drittschuldner die volle Gläubigerstellung, vgl. § 398 S. 2. Er kann die abgetretene Forderung also dem Drittschuldner gegenüber wirksam geltend machen oder auch – falls dies nicht gemäß § 399 ausgeschlossen ist – an Vierte abtreten. Lediglich im Innenverhältnis zum Sicherungsgeber (Zedenten) ist er nach Maßgabe des Sicherungsvertrages in seinen Befugnissen beschränkt.

Ebenso wie die Sicherungsübereignung ist auch die Sicherungsabtretung grundsätzlich **nicht akzessorisch**. Wenn also die gesicherte Forderung später durch Erfüllung erlischt, wird der Sicherungsgeber (Zedent) nicht ohne weiteres wieder Inhaber der Forderung, es sei denn, dies wurde durch Einfügung einer entsprechenden Bedingung ausdrücklich vereinbart (i.S. des § 158). Er hat aber einen schuldrechtlichen Anspruch gegen den Sicherungsnehmer (Zessionar) auf Rückübertragung der abgetretenen Forderung aus dem Sicherungsvertrag oder aus § 812, sobald die gesicherte Forderung erlischt.

### 3. Die Verwertung

Sobald der Sicherungsfall eingetreten ist, d.h. der Schuldner die fällig gewordene Leistung nicht erbringt, hat der Gläubiger die Verwertungsmöglichkeiten, die im Sicherungsvertrag vereinbart worden sind. Das sind in der Regel: **1002**
- Einziehung der Forderung beim Drittschuldner oder
- freihändiger Verkauf der Forderung.

### 4. Bestimmtheit und Bestimmbarkeit der zur Sicherung abgetretenen Forderung

Werden mehrere Forderungen abgetreten, muss erkennbar sein, welche Forderungen von der Abtretung erfasst und auf den neuen Gläubiger (Zessionar) übertragen werden sollen (Bestimmtheitsgebot). Deshalb müssen die abzutretenden Forderungen im Zeitpunkt des Abschlusses des Abtretungsvertrages so bestimmt gekennzeichnet sein, dass über ihre Zuordnung keine Zweifel entstehen können. Bei erst zukünftig entstehenden Forderungen genügt es allerdings, wenn sie spätestens im Augenblick ihrer Entstehung zweifelsfrei bestimmbar sind. **1003**

**Beispiel:** In dem Sicherungsvertrag, den die Bank mit H abschließt, heißt es: „Der Schuldner tritt alle ihm zustehenden und in der Zukunft entstehenden Forderungen aus Warenlieferungen gegen seine Kunden A, B und C an die Bank ab.“ Hier sind auch die zukünftig entstehenden Forderungen im Zeitpunkt ihrer Entstehung klar bestimmbar.

### 5. Die Globalzession

Kreditgeber versuchen häufig, sich dadurch eine ausreichende Sicherheit zu verschaffen, dass sie sich alle gegenwärtigen und alle künftig entstehenden Forderungen des Kreditnehmers abtreten lassen. Eine Gesamtabtretung dieser Art nennt man **Globalzession.** **1004**

Die Globalzession ist nach allgemeiner Ansicht grundsätzlich zulässig. Sie wird häufig auch im Rahmen eines verlängerten Eigentumsvorbehalts und eines Eigentumsvorbehalts mit Verarbeitungsklausel verwandt (siehe dazu oben § 45 II 3 und 4).

Angesichts der einschneidenden Folgen für den Schuldner (Zedenten), welche die Vereinbarung einer Globalzession mit sich bringen kann, mag es hin und wieder angebracht sein, zu prüfen, ob eine solche Vereinbarung den Schuldner nicht unangemessen benachteiligt (§ 307) oder gegen die guten Sitten verstößt (§ 138) und deshalb unwirksam ist. Ein Verstoß gegen § 307 bzw. § 138 kann sich insbesondere daraus ergeben, dass die Sicherungsabtretung die wirtschaftliche **1005**

Bewegungsfreiheit des Zedenten lähmt und/oder den Tatbestand der Übersicherung erfüllt. Letztere tritt häufig auch nachträglich ein, wenn sich infolge eines Anwachsens der Sicherheiten oder einer Abnahme der gesicherten Forderung durch Tilgung ein dauerhaftes Missverhältnis zwischen diesen beiden Größen ergibt; ist dies – wie meist – bereits bei Vertragsschluss absehbar, so verstößt jedenfalls die formularmäßige Globalzession gegen § 307 Abs. 1 und ist daher in der Regel unwirksam[10]. Der Kreditgeber kann – wie bei der Sicherungsübereignung – die Folge der Unwirksamkeit der Globalzession regelmäßig nur vermeiden, indem er dem Kreditnehmer unter bestimmten Voraussetzungen einen Anspruch auf Rückübertragung der nicht mehr benötigten Sicherheiten einräumt (sog. Freigabeklausel)[11].

**1006** Schwierigkeiten können sich beim Zusammentreffen von Globalzession und der Lieferung von Waren unter verlängertem Eigentumsvorbehalt durch Dritte ergeben. Hier kann die Abtretung der Kaufpreisforderung gegen Abnehmer des Sicherungsgebers (Zedenten) an den Sicherungsnehmer (Globalzessionar) mit der Abtretung derselben Forderung an den Warenlieferanten im Rahmen eines verlängerten Eigentumsvorbehalts zusammentreffen. Grundsätzlich geht bei mehreren Abtretungen, die auf dieselbe Forderung gerichtet sind, die erste Abtretung der späteren vor (Prioritätsprinzip), sodass die letztere ins Leere geht[12]. Würde eine Globalzession vor der Lieferung von Waren unter Eigentumsvorbehalt vereinbart, stünde dem Lieferanten eine Sicherung, die in der Vorausabtretung der Kaufpreisforderung gegen den Drittschuldner besteht, demnach nicht mehr zu Verfügung. Unter solchen Voraussetzungen würde sich allerdings kein Lieferant mehr bereitfinden, den Globalzedenten zu beliefern. Wollte dieser noch Waren erhalten, um sie weiterzuverkaufen, müsste er die Globalzession seinem Lieferanten gegenüber verschweigen. Deshalb ist die Globalzession wegen Verleitung zum Vertragsbruch gemäß § 307 oder § 138 BGB nichtig, wenn sie sich auf Forderungen erstreckt, die von einem verlängerten Eigentumsvorbehalt erfasst werden[13]. Die Globalabtretung hat in solchen Fällen den „Makel der Sittenwidrigkeit“[14], weil auf schützenswerte Belange der Lieferanten des Kreditnehmers nicht in einer Weise Rücksicht genommen wird, die den Kreditnehmer davor bewahrt, ständig Vertragsverletzungen oder gar strafbare Handlungen gegenüber den Lieferanten begehen zu müssen. Wirksamkeit erlangt die Globalzession also in der Regel nur, wenn sie sich ausdrücklich nicht auf solche Forderungen bezieht[15].

---

10 BGHZ 109, 240, 245 ff.; vgl. auch BGH ZIP 1994, 305, 307; 309, 311.

11 Vgl. dazu BGHZ 94, 105, 112 ff.; 98, 303, 308 ff.; 109, 240, 245 f.; BGH NJW 1992, 2626, 2627.

12 Vgl. BGHZ 30, 149, 152 f.; 32, 361, 363 ff.

13 Vgl. BGHZ 55, 34, 35 ff.; 72, 308, 310 f.; BGH NJW 1999, 2588, 2589.

14 So BGHZ 72, 308, 310.

15 BGHZ 98, 303, 314 f.

### 6. Die Sicherungsabtretung in Zwangsvollstreckung und Insolvenz

Pfänden Gläubiger des Sicherungsgebers (Zedenten) die Forderung gegen den Drittschuldner, so kann der Sicherungsnehmer (Zessionar) gemäß § 771 ZPO widersprechen. In der Insolvenz des Sicherungsgebers steht ihm dagegen kein Aussonderungsrecht zu, sondern nur ein Absonderungsrecht[16]. **1007**

Vollstrecken umgekehrt Gläubiger des Sicherungsnehmers (Zessionar) in die abgetretene Forderung, so hat der Sicherungsgeber (Zedent) das Widerspruchsrecht aus § 771 ZPO, solange der Sicherungsnehmer die Forderung auf Grund des Sicherungsvertrages noch nicht verwerten darf. Bis zu diesem Zeitpunkt hat der Sicherungsgeber ein Aussonderungsrecht, wenn der Sicherungsnehmer in Insolvenz fällt[17].

**Lösung zu Fall 42:** V könnte gegen K einen Anspruch auf Herausgabe des Fahrrades gemäß § 985 haben. Das setzt voraus dass er noch Eigentümer desselben ist. Aufgrund der Vereinbarung eines Eigentumsvorbehalts ist die Eigentumsübertragung unter der aufschiebenden Bedingung der Zahlung des vollständigen Kaufpreises erfolgt, d.h. die Einigungserklärung des V im Sinne des § 929 S.1 ist unter dieser aufschiebenden Bedingung (§ 158 Abs. 1) abgegeben worden. Da K noch nicht alle Raten gezahlt hat, ist E demnach noch Eigentümer des Rades. Dem Anspruch des V aus § 985 könnte ein Recht zum Besitz des K aus § 986 Abs. 1 entgegenstehen. Aus dem Kaufvertrag steht dem K ein Recht zum Besitz zu, das nur entfällt, wenn V wirksam vom Vertrage zurücktritt (§ 449 Abs. 2). Nach § 133 ist in dem Herausgabeverlangen des V auch eine Rücktrittserklärung zu sehen. Der Rücktritt ist allerdings nur wirksam, wenn die in § 323 genannten Voraussetzungen vorliegen. Dann müsste K eine fällige Leistung nicht oder nicht vertragsgemäß erbracht haben. Da K seine Raten stets bei Fälligkeit geleistet hat, kann davon keine Rede sein. Da es kein Rücktrittsrecht gibt, besteht der Kaufvertrag, der dem K ein Recht zum Besitz (§ 986 Abs. 1) gewährt weiter fort. Demnach kann V nicht die Herausgabe des Rades von K verlangen.

## § 46 Überblick über das Immobiliarsachenrecht

***Fall 43:*** *K steht mit V in Verhandlungen über den Erwerb des Grundstücks des V. K weiß, dass es zahlreiche Interessenten für das Grundstück gibt; jedoch hat V ihm bereits versichert, dass er an ihn, K, verkaufen wolle. Was kann K tun, um sich dagegen abzusichern, dass V es sich dennoch anders überlegt und an jemand anderen verkauft?*

16 *MüKo/Roth/Kieninger*, BGB § 398 Rn. 114.

17 *MüKo/Roth/Kieninger*, BGB § 398 Rn. 113.

## I. Der Eigentumserwerb am Grundstück

### 1. Überblick

**1008** Einer der Hauptunterschiede zwischen beweglichen Sachen einerseits und Grundstücken (unbeweglichen Sachen) andererseits besteht darin, dass das Eigentum an beweglichen Sachen anders übertragen wird als das Eigentum an Grundstücken.

Das Eigentum an beweglichen Sachen wird in der Regel durch die Einigung des Veräußerers und des Erwerbers darüber, dass das Eigentum von dem einen auf den anderen übergehen soll, und die Übergabe der Sache übertragen (§ 929).

Das Eigentum an einem Grundstück wird gemäß § 873 Abs. 1 übertragen durch die Einigung des Veräußerers und des Erwerbers darüber, dass das Eigentum an dem Grundstück von dem einen auf den anderen übergehen soll, und die **Eintragung der Rechtsänderung in das Grundbuch**. Die Einigung – bei der Übertragung des Eigentums an Grundstücken wird sie **Auflassung** genannt – ist formbedürftig. In der Regel erklären der Erwerber und der Veräußerer die Auflassung vor dem Notar, § 925.

**1009** Ebenso wie bei der Veräußerung beweglicher Sachen ist auch bei der Veräußerung von Grundstücken zwischen Verpflichtungsgeschäft einerseits und Verfügungsgeschäften andererseits zu unterscheiden. Der Kaufvertrag, der gemäß § 311 b der notariellen Beurkundung bedarf, ist das Verpflichtungsgeschäft. Er verpflichtet den Verkäufer, dem Käufer das Eigentum an dem Grundstück zu verschaffen und ihm das Grundstück zu übergeben. Der Käufer übernimmt die Verpflichtung, den vereinbarten Kaufpreis an den Verkäufer zu zahlen. Die Übereignung des Grundstücks, die durch die Auflassung und die Eintragung der Rechtsänderung in das Grundbuch vorgenommen wird (§ 873), ist ein **Verfügungsgeschäft**.

### 2. Das Grundbuch

**1010** Im Rechtsverkehr müssen äußerlich erkennbare Anhaltspunkte geschaffen werden, mit deren Hilfe festgestellt werden kann, wer Eigentümer einer Sache ist. Bei beweglichen Sachen wird der Besitz als Legitimation für den Veräußerer angesehen (siehe § 1006). Deshalb wird der Gutgläubige, der von einem Besitzer eine bewegliche Sache erwirbt, gemäß §§ 932 ff. geschützt. Bei Grundstücken kommt der Besitz als Legitimation nicht in Betracht, weil er ein zu ungenaues und damit unsicheres Kriterium darstellt. Viele Grundstücke mit Häusern sind im Besitz von Mietern oder Pächtern.

Für das Immobiliarsachenrecht ist ein Ordnungssystem erforderlich, das möglichst schnell und zuverlässig und ohne große Nachforschungskosten Auskunft darüber gibt, wer Eigentümer eines Grundstücks und wer Inhaber welcher Rechte an einem Grundstück ist. Ein solches verlässliches System bietet das Grundbuch als ein staatliches Register. Die Verlässlichkeit dieses Systems wird dadurch erreicht, dass die Entstehung aller Rechte und alle Rechtsänderungen an Grundstücken die Eintragung in das Grundbuch voraussetzen.

Das **Grundbuch** ist ein staatliches Register; es soll sichere Auskunft über die Rechtsverhältnisse an einem Grundstück geben. Es bietet für die Eigentumsverhältnisse an Grundstücken eine verlässliche Grundlage, denn die Rechtsordnung zwingt dazu, das Grundbuch so weit wie möglich vor Unrichtigkeiten zu bewahren.

Das gesamte formelle Grundbuchrecht ist in der **Grundbuchordnung** geregelt. Die Grundbücher werden von den Grundbuchämtern geführt, die in der Regel die Amtsgerichte sind. Die Grundbücher sind nach räumlichen Bezirken, meist nach Gemeindebezirken, angelegt.

Jedes Grundstück, das nicht der öffentlichen Hand gehört, erhält ein Grund- **1011**
buchblatt. Das Grundbuchblatt ist das Grundbuch im Sinne des Gesetzes.

Jedes Grundbuchblatt besteht aus:

a) **Bestandsverzeichnis:** Es enthält u.a. die Bezeichnung des Grundstücks nach Kataster, Lage, Größe, Bebauung und Nutzungsart.
b) **Abteilung 1:** Sie weist in erster Linie aus, wer Eigentümer des Grundstücks ist. Änderungen der Eigentumsverhältnisse werden hier eingetragen.
c) **Abteilung 2:** Sie enthält die sonstigen Rechte am Grundstück mit Ausnahme der Hypotheken, Grund- und Rentenschulden und die Verfügungsbeschränkungen, wie sie durch Insolvenz, Zwangsversteigerung etc. begründet werden.
d) **Abteilung 3**: Hier werden die Grundpfandrechte, Hypotheken, Grund- und Rentenschulden, eingetragen.

### 3. Der öffentliche Glaube des Grundbuchs und der gutgläubige Erwerb des Eigentums an einem Grundstück

Wie schon erwähnt (siehe oben 44 I 3), kann der gutgläubige Erwerber an be- **1012**
weglichen Sachen unter den in §§ 932 ff. genannten Voraussetzungen von einem Nichtberechtigten, der sich als Eigentümer ausgibt, das Eigentum erwerben. Auch der gutgläubige Erwerb des Eigentums an einem Grundstück vom Nichtberechtigten (Nichteigentümer) ist möglich. Andernfalls wäre die Verlässlichkeit des Grundbuchsystems nicht gewährleistet.

Während bei dem gutgläubigen Eigentumserwerb an beweglichen Sachen der Besitz den Ausgangspunkt bildet, wird bei dem gutgläubigen Erwerb des Eigentums an Grundstücken vom Nichtberechtigten gemäß § 892 an die Eintragung im Grundbuch angeknüpft. Nach § 891 wird gesetzlich vermutet, dass demjenigen, für den ein Recht im Grundbuch eingetragen ist, das Recht zusteht.

§ 892 findet nur Anwendung, wenn das Grundbuch unrichtig oder unvollständig **1013**
ist. Das Grundbuch ist unrichtig, wenn – was möglich ist – die Rechtslage, wie sie das Grundbuch ausweist, mit der wirklichen Rechtslage nicht übereinstimmt.

**Beispiel:** E ist Eigentümer eines Grundstücks, ohne als Inhaber dieses Rechts in Abteilung 1 des Grundbuches eingetragen zu sein. Stattdessen ist irrtümlich A als Eigentümer eingetragen worden. Das Grundbuch ist unrichtig, denn

- A als derjenige, der als Eigentümer eingetragen ist, ist nicht der Eigentümer;
- der wirkliche Eigentümer E ist nicht als solcher eingetragen.

**1014** Ein gutgläubiger Erwerb des Eigentums gemäß § 892 ist also nur möglich, wenn das Grundbuch unrichtig oder unvollständig ist, d.h. die wirkliche Rechtslage (= materielle Rechtslage) und die Eintragung im Grundbuch (= formelle Rechtslage) sich widersprechen.

**Beispiel:** Der 17-jährige M veräußert ohne Einwilligung seiner gesetzlichen Vertreter ein ihm gehörendes Grundstück an K. Kaufvertrag und Auflassung werden von einem Notar beurkundet. K wird im Grundbuch als Eigentümer eingetragen. Zunächst war Niemandem aufgefallen, dass M minderjährig war. Als die Eltern des M von dem Geschäft erfahren, verweigern sie die Genehmigung. K kann nicht gemäß § 873 durch Einigung (Auflassung) und Eintragung in das Grundbuch das Eigentum an dem Grundstück von M erworben haben, denn M ist minderjährig und hat ohne Einwilligung seiner gesetzlichen Vertreter gehandelt. Somit war seine Einigungserklärung schwebend unwirksam (§ 108 Abs. 1); nach der Verweigerung der Genehmigung ist sie nichtig. Obwohl K im Grundbuch als Eigentümer eingetragen wird, bleibt M Eigentümer des Grundstücks, denn seine Einigungserklärung war nicht wirksam. Infolgedessen fallen hier die materielle Rechtslage (M ist Eigentümer) und die formelle Rechtslage, wie sie sich aus dem Grundbuch ergibt (K ist als Eigentümer eingetragen), auseinander.

Zum Konflikt kommt es, wenn der zu Unrecht Eingetragene das Grundstück veräußern und das Eigentum auf den Erwerber übertragen möchte. Da das Grundbuch ein verlässliches Informationssystem darstellen soll, löst das Gesetz durch § 892 diesen Konflikt zu Lasten des wahren Berechtigten und zu Gunsten des gutgläubigen Erwerbers.

In Fortführung des oben dargestellten **Beispiels:** Wenn K das Grundstück an A veräußert und die Auflassung und die Eintragung in das Grundbuch erfolgen, erwirbt A, vorausgesetzt, er ist gutgläubig, gemäß § 892 das Eigentum an dem Grundstück. Mit der Eintragung des A als Eigentümer stimmen dann materielle und formelle Rechtslage wieder überein.

### 4. Der Grundbuchberichtigungsanspruch (§ 894)

**1015** Stimmt die wirkliche (materielle) Rechtslage nicht mit der formellen (d.h. mit der im Grundbuch ausgewiesenen) überein, hat der dadurch Benachteiligte ein dringendes Interesse daran, dass die materielle Rechtslage mit der im Grundbuch ausgewiesenen wieder in Übereinstimmung gebracht wird.

Wird das Grundbuch nicht berichtigt, bestehen u.a. folgende Gefahren:

a) Ein gutgläubiger Dritter könnte das Eigentum an dem Grundstück gemäß § 892 erwerben.

b) Eine etwa in Aussicht genommene Veräußerung wird dem Berechtigten erschwert, weil ein möglicher Erwerber auf Grund der Eintragung im Grundbuch Zweifel an der Eigentümerstellung des Veräußerers haben muss.

Stimmt der Inhalt des Grundbuchs mit der wirklichen Rechtslage nicht überein, so hat derjenige, dessen Recht nicht oder nicht richtig eingetragen ist (der Berechtigte) gemäß § 894 einen Anspruch auf Berichtigung des Grundbuchs.

Der auf § 894 gestützte Anspruch richtet sich gegen denjenigen, der durch den unrichtigen Grundbuchstand formell begünstigt ist. Inhaltlich geht der Anspruch auf Abgabe einer Eintragungsbewilligung (Berichtigungsbewilligung).

> **Beispiel:** Angenommen, in dem oben geschilderten Beispiel mit dem minderjährigen M hat K das Grundstück noch nicht an A veräußert: Dann ist M noch Eigentümer und die materielle Rechtslage stimmt mit der in Abteilung 1 des Grundbuchs ausgewiesenen nicht überein. M hat gegen K einen Grundbuchberichtigungsanspruch gemäß § 894, gerichtet auf Abgabe einer Eintragungsbewilligung, die notwendig ist, damit das Grundbuch berichtigt werden kann.

### 5. Der Widerspruch

Die Durchsetzung eines Berichtigungsanspruches nach § 894 kann lange Zeit in **1016**
Anspruch nehmen, insbesondere dann, wenn der Anspruch im Wege einer Klage durchgesetzt werden muss. In dieser Zeit droht – da das Grundbuch unrichtig ist – die Gefahr, dass der zu Unrecht im Grundbuch als Berechtigter Eingetragene Verfügungen trifft, auf Grund derer ein Gutgläubiger gemäß § 892 ein Recht erwirbt.

Gefahren dieser Art kann mit einem Widerspruch gegen die Richtigkeit des Grundbuches begegnet werden (§ 899). In Fällen, in denen einer Person ein Anspruch aus § 894 auf Berichtigung des Grundbuches zusteht, kann diese gemäß § 899 einen Widerspruch gegen die Richtigkeit des Grundbuches eintragen lassen. Der Widerspruch vernichtet den öffentlichen Glauben des Grundbuches und macht einen gutgläubigen Erwerb gemäß § 892 unmöglich. Die Eintragung des Widerspruchs erfolgt auf Grund der Eintragungsbewilligung desjenigen, dessen Recht von der Eintragung betroffen wird oder auf Grund einer einstweiligen Verfügung (§ 899 Abs. 2).

Der Widerspruch richtet sich gegen die Richtigkeit einer bestehenden Eintra- **1017**
gung oder, wenn ein bestimmtes Recht nicht eingetragen ist, gegen die Richtigkeit bzw. Vollständigkeit des Grundbuches schlechthin. Der Widerspruch muss erkennen lassen, wer das unrichtig oder nicht eingetragene Recht für sich in Anspruch nimmt. Der Widerspruch dient dem Schutz eines dinglichen Rechtes gegen die Gefahren des Grundbuchs, die sich aus § 892 ergeben.

Ein Widerspruch kann also den gutgläubigen Erwerb eines Rechts an einem Grundstück, wie z.B. des Eigentums, verhindern (siehe Text des § 892 Abs. 1).

**Beispiel:** X ist Eigentümer eines Grundstücks. Aus Versehen wird Y als Eigentümer eingetragen. Y will die Situation nutzen, um für sich einen Vorteil zu erlangen. Er veräußert das Grundstück an den gutgläubigen S. Zuvor hat X im Wege der einstweiligen Verfügung gemäß § 899 einen Widerspruch gegen die Eintragung des K als Eigentümer eintragen lassen. Ein gutgläubiger Erwerb des Eigentums an dem Grundstück durch S gemäß § 892 ist ausgeschlossen, weil ein Widerspruch gegen die Richtigkeit eingetragen ist. S kann also das Eigentum an dem Grundstück auch nicht gutgläubig erwerben.

### 6. Die Vormerkung

#### a) Zweck und Wirkung der Vormerkung

1018 Häufig liegt zwischen dem Abschluss des schuldrechtlichen Vertrages, der die Verpflichtung zur Übertragung des Rechts an einem Grundstück – z.B. die Übertragung des Eigentums – enthält, und der Rechtsänderung selbst, die ja der Eintragung in das Grundbuch bedarf, ein längerer Zeitraum. In diesem Zeitraum ist der Berechtigte, der sich zur Änderung eines Rechts verpflichtet hat, in der Lage, anderweitig wirksam über das Recht zu verfügen. So kann ein Grundstückseigentümer sein Grundstück beliebig oft verkaufen, d.h. sich zur Übereignung verpflichten. Der Eigentumserwerb hängt u.a. davon ab, welchem Käufer gegenüber der Verkäufer die Einigung nach §§ 873, 925 erklärt und danach die Eintragung in das Grundbuch veranlasst. Dies muss nicht der erste Käufer sein. Der Verkäufer kann auch dem letzten Käufer das Eigentum verschaffen.

**Beispiel:** F ist Eigentümer eines Grundstücks. In einem notariell beurkundeten Kaufvertrag verpflichtet er sich, dem K das Eigentum an dem Grundstück zu übertragen. Drei Tage später schließt F einen Kaufvertrag mit B, in dem er sich verpflichtet, dem B das Eigentum an dem Grundstück zu verschaffen. B hatte dem F 5.000 € mehr als Kaufpreis versprochen als K. Wenn F und B nun die Auflassung erklären und B als Eigentümer in das Grundbuch eingetragen wird, hat er gemäß § 873 Abs. 1 durch Einigung (Auflassung) und Eintragung in das Grundbuch das Eigentum von dem Berechtigten (F) erworben.

K kann das Eigentum an dem Grundstück trotz des wirksam abgeschlossenen Kaufvertrages nicht mehr von F erwerben. Die Bindung des F an den Kaufvertrag hindert ihn nicht, eine vertragswidrige – d.h. den Kaufvertrag mit K verletzende – Verfügung über das Grundstück zu Gunsten von B vorzunehmen.

1019 Einer Gefahr dieser Art kann mit der Eintragung einer Vormerkung vorgebeugt werden. Die Vormerkung ist eine Grundbucheintragung, welche die Durchsetzung eines Anspruchs auf künftige Änderung des Rechts an einem Grundstück sichern soll (§ 883). Die Vormerkung dient der **Sicherung eines schuldrechtlichen Anspruchs auf Einräumung eines dinglichen Rechts** am Grundstück[1].

---

1 So BGHZ 34, 254, 257.

Verfügungen des Schuldners des vorgemerkten Anspruchs über das betroffene Grundstück oder Grundstücksrecht bleiben auch nach der Eintragung der Vormerkung möglich, aber: diese Verfügungen sind gegenüber dem aus der Vormerkung Begünstigten – allerdings auch nur diesem gegenüber – unwirksam, soweit sie seinen Anspruch vereiteln oder beeinträchtigen würden.

**Beispiel:** V verkauft dem K ein Grundstück. Zur Sicherung des Anspruchs aus dem Kaufvertrag (Anspruch des K auf Übereignung des Grundstücks) wird eine entsprechende Vormerkung zu Gunsten des K in das Grundbuch eingetragen. Danach veräußert V das Grundstück an D. Es erfolgen Auflassung und Eintragung in das Grundbuch zu Gunsten des D. Nun ergeben sich folgende Fragen:
a) Wer ist Eigentümer des Grundstücks?
b) Welche Ansprüche hat K?

**Zu a):** Trotz des abgeschlossenen Kaufvertrages kann V auch weiterhin Verfügungen über das Grundstück treffen. Von dieser Möglichkeit hat er Gebrauch gemacht und D das Grundstück übereignet. Hier treten nun die speziellen Wirkungen der Vormerkung ein. D wird nach § 883 Abs. 2 gegenüber jedermann Eigentümer, nur gegenüber K nicht. Im Verhältnis zu K ist V Eigentümer geblieben und deshalb nach wie vor in der Lage, sein Eigentum auf K zu übertragen.

**Zwischenergebnis:** D ist zwar Eigentümer geworden, aber mit einer Einschränkung: im Verhältnis zu K ist V Eigentümer geblieben.

**Zu b):** K hat nach wie vor gegen V einen Anspruch aus dem Kaufvertrag auf Übereignung des Grundstücks. V ist (im Verhältnis zu K) Eigentümer geblieben. Somit kann K von V gemäß § 433 Abs. 1 die Abgabe der Einigungserklärung (Auflassungserklärung) verlangen. D ist inzwischen als Eigentümer in das Grundbuch eingetragen worden. Eine Eintragung kann nicht ohne Einwilligung dessen vorgenommen werden, der von der Eintragung betroffen wird. Folglich muss D seine Einwilligung damit erklären, dass er als Eigentümer im Grundbuch gelöscht und K als Eigentümer eingetragen wird. Gemäß § 888 Abs. 1 hat K einen Anspruch gegen D darauf, dass dieser die Einwilligung zur Löschung im Grundbuch gibt, damit K als Eigentümer eingetragen werden kann.

### b) Die Eintragung einer Vormerkung

Die Eintragung einer Vormerkung kann entweder **1020**
(1) auf Grund einer Eintragungsbewilligung des formell Betroffenen
oder
(2) auf Grund einer einstweiligen Verfügung erfolgen (§ 885).

Das entspricht dem Sicherungszweck der Vormerkung. Zum Erlass einer einstweiligen Verfügung ist nur erforderlich, dass der Anspruch, der durch die Vormerkung gesichert werden soll, glaubhaft gemacht wird. Das kann z.B. durch die eidesstattliche Versicherung einer Person geschehen.

Zum oben geschilderten **Beispiel:** K müsste also für die Eintragung der Vormerkung auf Grund einer einstweiligen Verfügung dem Gericht nur glaubhaft machen, dass er mit V einen Kaufvertrag abgeschlossen hat.

## II. Belastung von Grundstücken

### 1. Überblick

1020 a Ein Grundstück kann auf verschiedene Art und Weise belastet werden. Zu den wichtigsten Belastungen eines Grundstücks gehören die Grundpfandrechte Hypothek und Grundschuld als Sicherheiten für Kredite (Geldschulden). Diese werden im nächsten Kapitel (§ 47) gesondert behandelt. Grundstücke können aber auch mit Nutzungsrechten – Dienstbarkeiten und Nießbrauch – belastet werden. Weitere Belastungen stellen Reallasten (§§ 1105 ff.) und das dingliche Vorkaufsrecht (§§ 1094 ff.) dar.

### 2. Nutzungsrechte

#### a) Überblick

1021 Unter dem Oberbegriff „Dienstbarkeiten" fasst das BGB die dinglichen Nutzungsrechte im weitesten Sinne zusammen (vgl. die Überschrift vor § 1018). Dazu gehören vor allem:
- die Grunddienstbarkeit (§§ 1018),
- die persönliche Dienstbarkeit (§§ 1090 ff.),
- der Nießbrauch (§§ 1030 ff.).

Für die Bestellung von Nutzungsrechten an Grundstücken sind erforderlich:
- eine Einigung i.S.d. § 873 mit dem Inhalt des jeweiligen Nutzungsrechts,
- die Eintragung des Nutzungsrechts in das Grundbuch und
- die Berechtigung des Verfügenden.

#### b) Grunddienstbarkeit, §§ 1018 ff.

1022 Ein Grundstück kann gemäß § 1018 zugunsten des jeweiligen Eigentümers eines anderen Grundstücks in der Weise belastet werden, dass letzterem einzelne Nutzungen oder Vorteile gewährt werden (Grunddienstbarkeit). Die Dienstbarkeit kann nur die **Verpflichtung zu einem Dulden oder Unterlassen**, nicht jedoch die reine Verpflichtung zu einem aktiven Tun beinhalten. Die Grunddienstbarkeit muss gemäß § 1019 für das Grundstück des Berechtigten vorteilhaft sein.

1023 Die Berechtigung steht nicht einer bestimmten Person, sondern dem jeweiligen Eigentümer des begünstigten Grundstücks zu. Die Belastung wie auch die Verpflichtung aus der Grunddienstbarkeit sind mit dem Eigentum an den Grundstücken verbunden.

> **Beispiel:** Um zu seinem Grundstück zu gelangen, muss L das Grundstück des S überqueren. Zu Gunsten des L kann eine Grunddienstbarkeit als Wegerecht bestellt werden, die dann auch für die Rechtsnachfolger des L und des S gilt.

Wird der Berechtigte aus der Grunddienstbarkeit in der Ausübung derselben beeinträchtigt, stehen ihm nach § 1027 die Ansprüche aus § 1004 auf Beseitigung der Beeinträchtigung und gegebenenfalls auf Unterlassung zu.

### c) Beschränkte persönliche Dienstbarkeit, §§ 1090 ff.

Die beschränkte persönliche Dienstbarkeit gewährt, wie die Grunddienstbarkeit auch, dem Berechtigten nur einzelne Befugnisse. Im Unterschied zur Grunddienstbarkeit erfolgt allerdings nach § 1090 eine Beschränkung zugunsten einer bestimmten Person, und zwar ohne Rücksicht darauf, ob diese Eigentümer eines Grundstücks ist. Das bedeutet, die eingeräumte Berechtigung steht einer Person ohne Grundstücksbindung zu. Diese Person kann gemäß § 1092 das Recht nicht übertragen. **1024**

> **Beispiel:** Die S-AG möchte über das Grundstück des G eine Pipeline legen. Das kann dadurch geschehen, dass das Leitungsrecht der S-AG durch eine beschränkte persönliche Dienstbarkeit abgesichert wird. Die zur Nutzung des Grundstücks berechtigte Person ist dann die S-AG.

### d) Der Nießbrauch

Das umfassendste dingliche Nutzungsrecht ist der Nießbrauch, das dem Berechtigten grundsätzlich alle Nutzungen des belasteten Gegenstandes gewährt (vgl. § 1030 Abs. 1). Der Nießbrauch kann an beweglichen und unbeweglichen Sachen, sowie gemäß § 1068 auch an Rechten, wie z.B. Patent- und Urheberrechten, bestellt werden. **1025**

Die Bestellung des Nießbrauchs an beweglichen Sachen erfolgt ähnlich der Übertragung des Eigentums an beweglichen Sachen. Nach § 1032 müssen der Eigentümer und der Erwerber des Nießbrauch darüber einig sein, dass dem Erwerber der Nießbrauch zustehen soll (Abgabe entsprechender Willenserklärungen) und die Sachen müssen dem Erwerber übergeben werden.

Der Nießbrauch an einem Recht erfolgt nach den für die Übertragung des Rechts geltenden Vorschriften (§ 1069). Anwendbar sind deshalb z.B. die §§ 398, 413 und 873.

Der Nießbraucher kann z.B. die Sache selbst nutzen, aber auch die Nutzung einer anderen Person überlassen (§ 1059), indem er etwa darüber einen Mietvertrag abschließt. **1026**

Der Nießbrauch ist nicht übertragbar, § 1059 S. 1, oder vererblich, § 1061. Schuldrechtlich kann jedoch die Ausübung des Nießbrauchs einem anderen überlassen werden, § 1059 S. 2.

Der Nießbraucher wird gemäß § 1065 gegenüber Beeinträchtigungen Dritter wie ein Eigentümer geschützt. So stehen ihm u.a. die Rechte aus § 1004 zu.

> **Beispiel:** Zum Vermögen des E gehört ein Grundstück, das mit einem Mehrfamilienhaus bebaut ist. Die 6 Wohnungen sind vermietet; der Erlös aus Mieten beträgt im Jahr ca. 50.000 €. E räumt seiner Ehefrau F ein Nießbrauchsrecht an dem Grundstück ein, das im Grundbuch eigetragen wird. Aufgrund des Nießbrauchs stehen E die Mieterlöse zu, und zwar auch noch dann, wenn der Sohn S als Alleinerbe nach dem Tode des E Eigentümer des Grundstücks geworden ist.

### 3. Die Reallast, §§ 1105 ff.

1027 Eine weitere Belastung eines Grundstücks kann eine Reallast gemäß § 1105 darstellen. Sie ist eine Mischung aus Nutzungsrechten und Sicherungsrechten. Die Reallast gewährt dem Berechtigten das Recht, „wiederkehrende Leistungen aus dem Grundstück" zu verlangen. Damit sind nicht notwendigerweise Geldleistungen gemeint; es kann sich auch um Dienst- oder Sachleistungen handeln. Bezweckt ist, dass der Berechtigte notfalls die Zwangsvollstreckung in das Grundstück betreiben kann, wenn der Eigentümer des belasteten Grundstücks die Leistungen nicht erbringt (§§ 1107, 1147).

Die Reallast hat geringe praktische Bedeutung und kommt hauptsächlich im Bereich der Landwirtschaft vor, teilweise auch bei Unternehmensveräußerungen oder Wohngrundstücksveräußerungen auf Rentenbasis, neuerdings auch bei großen Wohnungseigentumsanlagen[2].

**Beispiel:** Landwirt F überträgt seinem Sohn S seinen Hof und lässt sich durch eine Reallast die vereinbarten Ansprüche zur Leistung von Geld, Lebensmitteln und Dienstleistungen, z.B. Pflege bei Krankheit, sichern (sog. Altenteilsrecht).

### 4. Das dingliche Vorkaufsrecht (§§ 1094 ff.)

1028 Auch das dingliche Vorkaufsrecht ist eine Belastung des Grundstücks, die nach § 873 begründet wird. Das dingliche Vorkaufsrecht räumt dem Berechtigten die Befugnis ein, beim Verkauf eines Grundstücks in den vom Eigentümer mit einem Dritten abgeschlossenen Kaufvertrag an Stelle des Dritten einzutreten (§ 1098). Es unterscheidet sich vom schuldrechtlichen Vorkaufsrecht des § 463 dadurch, dass es dem Berechtigten den Erwerb des Grundstücks auch dann ermöglicht, wenn dieses bereits an den Dritten übereignet worden ist.

**Beispiel:** A hat dem B ein dingliches Vorkaufsrecht an seinem Grundstück eingeräumt. Verkauft A das Grundstück an C und übereignet er es diesem, so kann B auch dann noch sein Recht gegen A und C durchsetzen und Eigentümer des Grundstücks werden.

## III. Erbbaurecht und Wohnungseigentum

### 1. Das Erbbaurecht

#### a) Sinn und Zweck des Erbbaurechts

1029 Das Erbbaurecht soll auch denjenigen den Bau von Eigenheimen oder anderen Gebäuden ermöglichen, die kein Kapital für den Erwerb eines Grundstückes aufbringen können oder möchten. Der Inhaber des Erbbaurechts kann das Grundstück bebauen, ohne es vorher erwerben zu müssen. Er zahlt lediglich an den

2 *Wolf/Wellenhofer*, Rn.653.

Grundstückseigentümer einen bestimmten, in der Regel jährlich fällig werdenden Betrag, den Erbbauzins. Dieser stellt eine Verzinsung des Grundstückswertes dar. Derjenige, der das Bauwerk errichtet, braucht daher nicht noch zusätzlich zu den Baukosten die heute oft unverhältnismäßig hohen Kosten für den Erwerb eines Grundstückes aufzuwenden.

Das Erbbaurecht hat darüber hinaus auch Bedeutung als Mittel der Bodenpolitik. Wenn es durch öffentliche Körperschaften, wie z.B. die Städte und Gemeinden, in größerem Umfange vergeben wird, kann damit eine Beeinflussung der Grundstückspreise und Mieten erzielt werden.

#### b) Die Rechtsnatur des Erbbaurechts

Die gesetzliche Quelle für das Erbbaurecht ist nicht das BGB, sondern das Erbbaurechtsgesetz (ErbbauRG)[3]. **1030**

Das Erbbaurecht ist ein **dingliches Nutzungsrecht** an einem Grundstück. Es ist eine Belastung des Grundstücks in der Weise, dass dem Berechtigten das Recht zusteht, auf dem Grundstück ein Bauwerk zu haben, das in seinem Eigentum steht.

Das Erbbaurecht stellt die stärkste Belastung dar, die das Grundstückseigentum erfahren kann, weil der Eigentümer des Grundstücks durch das Erbbaurecht sowohl den Besitz als auch sämtliche Nutzungen des Grundstücks verliert.

Nach der gesetzlichen Regelung, wie sie im BGB enthalten ist (§§ 93, 94 und 946), ist alles, was mit einem Grundstück fest verbunden ist, wesentlicher Bestandteil des Grundstücks (siehe oben § 44 II 2). Das hat zur Folge, dass in der Regel der Eigentümer des Grundstücks zugleich der Eigentümer der Sachen ist, die wesentliche Bestandteile des Grundstücks sind. Diese Regelung wird im Hinblick auf die mit einem Erbbaurecht belasteten Grundstücke durchbrochen. Nach § 12 ErbbauRG ist das auf dem Grundstück errichtete Gebäude nicht wesentlicher Bestandteil des Grundstücks, sondern wesentlicher Bestandteil des Erbbaurechts. Demnach steht das Bauwerk nicht im Eigentum des Grundstückseigentümers, es ist vielmehr Eigentum des Erbbauberechtigten. (Dass dies nicht dem im BGB enthaltenen System widerspricht, ergibt sich aus § 95 Abs. 1, insbesondere S. 2 BGB).

Daraus ergibt sich, dass das Erbbaurecht ein so starkes Recht ist, dass es wie ein **1031**
grundstücksgleiches Recht zu behandeln ist. Dementsprechend erhält ein Erbbaurecht von Amts wegen ein besonderes Grundbuchblatt, das Erbbaugrundbuch genannt wird. Das Erbbaurecht kann mit denselben Grundpfandrechten belastet werden, mit denen ein Grundstück belastet werden kann. Das ist insbesondere im Hinblick auf die Bestellung von Hypotheken und Grundschulden von großer praktischer Bedeutung.

---

3 Zuletzt geändert am 17.12.2008, Art. 57 FGG-ReformG vom 17.12.2008 (BGBl I S. 2586).

Der Erbbauberechtigte genießt den gleichen Schutz wie der Eigentümer. Nach § 11 Abs. 1 ErbbauRG finden die Vorschriften, die den Eigentümer schützen, wie z.B. § 1004, entsprechende Anwendung.

#### c) Die Bestellung des Erbbaurechts

1032 Die Begründung des Erbbaurechts geschieht gemäß § 873 durch Einigung und Eintragung in das Grundbuch. Es handelt sich um ein **Verfügungsgeschäft**.

Der Bestellung des Erbbaurechts liegt ein schuldrechtlicher Vertrag zu Grunde, in dem sich der Eigentümer des Grundstücks zur Bestellung des Erbbaurechts, der Erwerber des Erbbaurechts zur Zahlung des Erbbauzinses verpflichtet (**Erbbaurechtsvertrag als Verpflichtungsgeschäft**).

Das Erbbaurecht wird auf Zeit begründet. Es endet mit Ablauf der bestimmten Zeit, die in der Regel 99 oder 66 Jahre währt. Mit der Beendigung des Erbbaurechts werden alle Bestandteile des Erbbaurechts Bestandteile des Grundstücks. Danach geht das Eigentum an dem Bauwerk automatisch auf den Grundstückseigentümer über. Dieser hat dafür allerdings eine Entschädigung an den ehemaligen Inhaber des Erbbaurechts zu zahlen.

Das Erbbaurecht kann vererbt werden; es kann auch, wenn dies als Inhalt des Erbbaurechts vereinbart worden ist, veräußert werden.

### 2. Das Wohnungseigentum

1033 Nach dem 2. Weltkrieg führten die Wohnungsnot und die dadurch hervorgerufene Wohnraumzwangsbewirtschaftung zu der Notwendigkeit, nach neuen Arten der Wohnraumbeschaffung zu suchen. Einen wesentlichen Anreiz zum Bau von Wohnungen versprach man sich durch die Schaffung einer neuen Form des Eigentums, des so genannten Wohnungseigentums. Das Gesetz über das Wohnungseigentum und das Dauerwohnrecht (Wohnungseigentumsgesetz) vom 15. März 1951, zuletzt geändert am 26.03.2007[4], eröffnet die Möglichkeit, an räumlich bestimmten Teilen von Häusern das Eigentum zu erwerben. Zugleich eröffnet das Gesetz den Wohnungseigentümern die Möglichkeit, die Schaffung des Eigentums selbst zu finanzieren, indem es die Belastung des Wohnungseigentums mit Hypotheken und Grundschulden zulässt.

1034 Abweichend von der Regelung des § 93 erkennt das Wohnungseigentumsgesetz ein **Sondereigentum** an einzelnen Wohnungen oder anderen Räumen als realen Teilen des Gebäudes an. Alle diejenigen Teile des Gebäudes, die für den Bestand oder die Sicherung wesentlich sind, und auch diejenigen Teile, die dem gemeinschaftlichen Gebrauch dienen, sind gemeinschaftliches Eigentum aller Wohnungs-

---

4 Gesetz zur Änderung des Wohnungseigentumsgesetzes und anderer Gesetze vom 26.03. 2007 (BGBl. I S. 370).

eigentümer. Dazu zählen z.B. die tragenden Mauern des Hauses, die Treppen und die Zentralheizung. Innerhalb eines Gebäudes gibt es deshalb ein Nebeneinander von Sondereigentum der einzelnen Wohnungseigentümer und gemeinschaftlichem Eigentum.

Das Wohnungseigentumsgesetz enthält ausführliche Bestimmungen u.a. über die Gemeinschaft der Eigentümer (§§ 10 ff. WEG) und die Verwaltung des gemeinschaftlichen Eigentums (§§ 20 ff. WEG). So ist z.B. eine Wohnungseigentümerversammlung vorgesehen, die über wichtige Angelegenheiten durch Beschluss entscheiden kann (§ 23 WEG).

**Lösung zu Fall 43:** K kann sich von V ein dingliches Vorkaufsrecht nach §§ 1094 ff. einräumen lassen. Bzgl. der Wirkung eines solchen dinglichen Vorkaufsrechts verweist § 1098 Abs. 1 auf das schuldrechtliche Vorkaufsrecht. Nach § 464 Abs. 2 tritt der Berechtigte (hier K) mit der Ausübung des Vorkaufsrechtes in die Position des Dritten (= des Käufers) ein. Es besteht dann ein Kaufvertrag zwischen K und V, mit dem Inhalt des zuvor zwischen V und dem dritten Käufer bestehenden Kaufvertrages.

# § 47 Die Grundpfandrechte

**Schrifttum:** *Deubner*, Grenzen der Grundschuldhaftung, JuS 2008.

***Fall 44:*** *G hat dem S ein Darlehen in Höhe von 50.000 € gewährt. Zur Sicherung der Darlehensrückzahlungsforderung wird wirksam eine Briefhypothek an dem im Eigentum des S gehörenden Grundstück bestellt. G gerät in finanzielle Schwierigkeiten. Da die Darlehensrückzahlungsforderung gegen S noch nicht fällig ist, möchte G diese Forderung veräußern. Die Volksbank in W erklärt sich bereit, die Darlehensrückzahlungsforderung und die Hypothek von G zu erwerben. Welche Rechtsgeschäfte müssen zwischen G und der Volksbank in W abgeschlossen werden, damit die Forderung mit Hypothek auf die Volksbank in W übertragen wird?*

## I. Wirtschaftliche Bedeutung und Arten der Grundpfandrechte

Grundpfandrechte sind das am weitesten verbreitete Mittel zur Sicherung von größeren Geldkrediten. Ihre wirtschaftliche Bedeutung kann nicht überschätzt werden. 1035

Grundpfandrechte sind Pfandrechte an Grundstücken. Zu ihnen zählen Hypotheken und Grundschulden. Sie berechtigen ihren Inhaber, sich im Falle der

Nichterfüllung einer Geldforderung aus dem belasteten Grundstück zu befriedigen. Diese Befriedigung erfolgt notfalls durch zwangsweise Verwertung, und zwar entweder des Grundstücks selbst im Wege der Zwangsversteigerung oder der Nutzungen des Grundstücks im Wege der Zwangsverwaltung.

**1036** Die Grundpfandrechte erstrecken sich nicht nur auf das unbebaute Grundstück, sondern nach § 1120 auch auf dessen wesentliche Bestandteile, wie z.B. Gebäude, und das dem Grundstückseigentümer gehörende Grundstückszubehör, wie z.B. Maschinen und Einrichtungsgegenstände, und die Erzeugnisse und sonstigen Bestandteile des Grundstücks (siehe dazu oben § 22 II 2). Durch die Grundpfandrechte wird also die gesamte mit dem Grundstück zusammenhängende wirtschaftliche Einheit erfasst.

**1037** Es gibt viele Gründe dafür, dass sowohl der Gläubiger als auch der Schuldner als Eigentümer des Grundstücks daran interessiert sind, den Kredit mit einem Grundpfandrecht abzusichern:

Aus der Sicht des Gläubigers:

- Grundstücke mit ihren wesentlichen Bestandteilen und ihrem Zubehör sind wertbeständiger als bewegliche Sachen, deren Wert durch Abnutzung und Alter oft schnell sinkt. Zudem sind die Wertminderungen an Grundstücken in der Regel weitaus besser vorhersehbar und können damit bei der Beleihungshöhe berücksichtigt werden.
- Der Sicherungsnehmer kann sich über die Eigentumsverhältnisse an Grundstücken durch Einblick in das Grundbuch schnell informieren. Es ist schwieriger festzustellen, wer Eigentümer einer beweglichen Sache ist.
- Wegen der Strenge des materiellen und formellen Grundstücksrechts, das die bestehenden Grundpfandrechte wirksam offenlegt, kann der Schuldner die Vereinbarungen mit dem Gläubiger nicht so leicht brechen wie etwa bei zur Sicherheit übereigneten beweglichen Sachen, die er in seinem Besitz behält.
- Der besonders hohe Sicherungswert der Grundpfandrechte beruht auch darauf, dass ihre Inhaber den ungesicherten Gläubigern in Zwangsvollstreckung und Konkurs vorgehen.

**1038** Aus der Sicht des Schuldners, soweit er zugleich Eigentümer des belasteten Grundstücks ist:

- Das mit einem Grundpfandrecht belastete Grundstück bleibt im Besitz des Schuldners. Er kann Nutzungen daraus ziehen, indem er es etwa verpachtet oder für eigene gewerbliche Zwecke verwendet.
- Infolge der hohen Sicherheit, die Grundpfandrechte dem Gläubiger gewähren, sind auf diese Art und Weise gesicherte Kredite in der Regel mit geringeren Zinskosten verbunden.
- Ist die Belastung durch ein Grundpfandrecht geringer als der Wert des Grundstücks, so kann der Schuldner das belastete Grundstück weiteren Gläubigern als Sicherungsmittel in Gestalt von Grundpfandrechten anbieten.

## II. Die Hypothek

### 1. Der Begriff der Hypothek

Die Hypothek ist ein **Pfandrecht** an einem bestimmten Grundstück, durch das eine Forderung gesichert werden soll (§ 1113 Abs. 1). **1039**

Die Hypothek ist wie das Pfandrecht an beweglichen Sachen und die Bürgschaft ein **akzessorisches Recht**. Das bedeutet: Die Hypothek kann nicht ohne die zu sichernde Forderung bestellt werden. Außerdem kann die gesicherte Forderung nicht ohne die für sie bestellte Hypothek, die Hypothek nicht ohne die gesicherte Forderung selbstständig übertragen werden (§ 1153 Abs. 2).

### 2. Die Bestellung der Hypothek

#### a) Die beteiligten Personen

An den im Zusammenhang mit der Bestellung der Hypothek abgeschlossenen Rechtsgeschäften sind mindestens zwei Personen beteiligt. Es können jedoch auch mehr sein. **1040**

Wenn der Schuldner der persönlichen Forderung, die mit der Hypothek gesichert werden soll, zugleich Eigentümer des Grundstücks ist, gibt es nur zwei Beteiligte.

> **Beispiel:** Die Sparkasse H gewährt M ein Darlehen in Höhe von 700.000 €. M ist Eigentümer eines bebauten Grundstücks. Zur Sicherung der Darlehensrückzahlungsforderung wird an dem Grundstück des M zugunsten der Sparkasse eine Hypothek bestellt. In diesem Fall sind lediglich 2 Personen beteiligt.

Der Gläubiger der gesicherten Forderung und der Inhaber der Hypothek müssen wegen der Akzessorietät der Hypothek eine Person sein. Der Schuldner der persönlichen Forderung und der Eigentümer des mit der Hypothek belasteten Grundstücks können jedoch auseinanderfallen. Es ist also möglich, dass eine dritte Person, die nicht zur Zahlung einer Geldsumme verpflichtet ist, ihr Grundstück zugunsten des Schuldners der persönlichen Forderung mit einer Hypothek belastet. **1041**

> **Beispiel:** Die X-Bank gewährt dem D ein Darlehen in Höhe von 50.000 €. D hat keine Vermögensgegenstände, die er der X-Bank in irgendeiner Form als Sicherheit anbieten könnte. Sein Freund V ist Eigentümer eines Grundstücks. Dieser lässt darauf eine Hypothek bestellen, die der Sicherung der Darlehensrückzahlungsforderung dienen soll, die die X-Bank gegen D hat. Hier sind also der Schuldner aus dem Darlehen (§ 488) und der Schuldner aus der Hypothek (§ 1113) zwei verschiedene Personen.

> **Beispiel:** Die Adams-Brau GmbH, also eine juristische Person, lässt sich von der Baufinanz-Bank AG ein Darlehen in Höhe von 1,5 Mio €. gewähren. Die Adams-Brau GmbH hat selbst keine nennenswerten Vermögensgegenstände, die als Sicherung für den Kredit dienen könnten. B, der Gesellschafter der GmbH und Eigentümer eines wertvollen Grundstücks ist, lässt an seinem Privatgrundstück eine

Hypothek zur Sicherung der Darlehensrückzahlungsforderung bestellen, die die Baufinanz-Bank AG gegen die Adams-Brau GmbH hat. Der Gläubiger der persönlichen Forderung und der Hypothekengläubiger sind eine Person, nämlich die Baufinanz-Bank AG. Der Schuldner der Darlehensrückzahlungsforderung ist die Adams-Brau GmbH, Hypothekenschuldner ist B.

### b) Die Voraussetzungen für das Entstehen einer Hypothek

1042 Es gibt verschiedene Arten von Hypotheken, auf die im Hinblick auf ihre Bestellung und Übertragung unterschiedliche gesetzliche Vorschriften anzuwenden sind.

Das Gesetz geht als Regelfall von der **Verkehrshypothek als Briefhypothek** aus (§ 1116 Abs. 1).

#### aa) Die Voraussetzungen für das Entstehen einer Briefhypothek (§§ 873, 1113 und 1115 bis 1117)

1043 Die wirksame Bestellung einer Briefhypothek setzt voraus:

- Es muss eine Forderung bestehen, die durch die Hypothek gesichert werden soll.
- Die Einigung zwischen dem Gläubiger der zu sichernden Forderung und dem Eigentümer des Grundstücks darüber, dass das Grundstück mit der Hypothek belastet werden soll (§ 873 Abs. 1).
- Die Eintragung in Abteilung 3 des Grundbuchs (§ 873 Abs. 1).
- Die Aushändigung des Hypothekenbriefes an den Gläubiger (§ 1117).

Welchen Inhalt ein Hypothekenbrief umfassen soll, ist in den §§ 56 ff. der Grundbuchordnung (GBO) genau geregelt:

1044 § 56 GBO: Der Hypothekenbrief wird von dem Grundbuchamt erteilt. Er muss die Bezeichnung als Hypothekenbrief enthalten, den Geldbetrag der Hypothek und das belastete Grundstück bezeichnen sowie mit Unterschrift und Siegel versehen sein.

§ 57 GBO: Der Hypothekenbrief soll die Nummer des Grundbuchblatts und einen Auszug aus dem Grundbuch enthalten. In den Auszug sollen, und zwar in nachstehender Reihenfolge, aufgenommen werden:

(a) der Inhalt der die Hypothek betreffenden Eintragungen;
(b) die Bezeichnung des belasteten Grundstücks nach dem Inhalt des Grundbuchs;
(c) die Bezeichnung des Eigentümers;
(d) die Bezeichnung der Eintragungen, die der Hypothek im Rang vorgehen oder gleichstehen, unter Angabe des Zinssatzes, wenn er fünf vom Hundert übersteigt.

Der Auszug ist auf Antrag zu ergänzen, wenn sich der Inhalt des Grundbuchs ändert.

### bb) Die Voraussetzungen für das Entstehen einer Buchhypothek (§§ 873, 1113, 1115, 1116)

Die Erteilung eines Hypothekenbriefes kann auch ausgeschlossen werden (§ 1116 Abs. 2). Die Hypothek entsteht dann als Buchhypothek, wenn die folgenden Voraussetzungen vorliegen: **1045**

- Es muss eine Forderung bestehen, die durch die Hypothek gesichert werden soll.
- Einigung zwischen dem Eigentümer des Grundstücks und dem Gläubiger der zu sichernden Forderung darüber, dass zur Sicherung der Forderung an dem Grundstück des Eigentümers eine Hypothek bestellt und die Erteilung des Hypothekenbriefes ausgeschlossen sein soll.
- Eintragung in Abteilung 3 des Grundbuchs. Auch der Ausschluss der Erteilung eines Hypothekenbriefes muss mit eingetragen werden.

## 3. Die Übertragung der Forderung und der Hypothek

### a) Überblick

Der Gläubiger kann die gesicherte Forderung mit der Hypothek – und zwar wegen der Akzessorietät nur zusammen mit der Hypothek – auf eine andere Person übertragen (§ 1153). Der Grund für die Abtretung der Forderung kann etwa darin liegen, dass der Gläubiger einen Kredit benötigt und dem Darlehensgeber die durch die Hypothek gesicherte Forderung zur Sicherheit abtritt (Sicherungsabtretung). **1046**

In der Praxis steht wirtschaftlich in der Regel weniger die persönliche Forderung als vielmehr die Hypothek, die dingliche Sicherheit, im Vordergrund. Auch die Hypothek kann auf eine andere Person übertragen werden. Nach der gesetzlichen Regelung kann dies jedoch nur im Wege der Abtretung der Forderung erreicht werden. Der gesetzlichen Terminologie zufolge wird nicht die Hypothek, sondern die Forderung abgetreten (vgl. § 1154 Abs. 1 S. 1). Gemeinsam mit der Forderung geht dann die Hypothek als ein akzessorisches Recht auf den Erwerber über.

Die Übertragung der Hypothek wird also grundsätzlich durch die Abtretung der gesicherten Forderung gemäß § 398 vollzogen. Abweichend von der Regelung des § 398 bestimmt § 1154 für die Übertragung einer durch eine Hypothek gesicherten Forderung – und damit für die Übertragung einer Hypothek überhaupt – zusätzliche Erfordernisse. **1047**

Für die Art und Weise der Übertragung der mit der Hypothek verbundenen Forderung ist die Unterscheidung zwischen Briefhypothek und Buchhypothek wichtig.

### b) Die Übertragung der Briefhypothek

Die Briefhypothek wird gemäß § 1154 Abs. 1 übertragen durch **1048**

- einen Abtretungsvertrag gemäß § 398, wobei der Zedent (= der Abtretende) die Abtretungserklärung schriftlich abgeben muss, und
- die Übergabe des Hypothekenbriefes.

Die schriftliche Form der Abtretungserklärung kann dadurch ersetzt werden, dass die Abtretung in das Grundbuch eingetragen wird (§ 1154 Abs. 2).

#### c) Die Übertragung der Buchhypothek

**1049** Zur Übertragung der Buchhypothek sind erforderlich:
- Ein formloser Abtretungsvertrag gemäß § 398 und
- die Eintragung der Abtretung in das Grundbuch (§ 1154 Abs. 2 und § 873 Abs. 1).

Die Briefhypothek ist also wesentlich einfacher zu übertragen als die Buchhypothek. Aus diesem Grunde wird sie häufiger als die Buchhypothek bestellt.

### 4. Die Verwertung der Hypothek

#### a) Die Rechtsstellung des Gläubigers bei Fälligkeit

**1050** Wenn die durch die Hypothek gesicherte Forderung fällig ist und der Schuldner nicht zahlt, kann der Gläubiger mit dem Ziel, durch die Zwangsvollstreckung Befriedigung zu erlangen, wie folgt vorgehen:
- er kann aus der gesicherten Forderung vorgehen, d.h. einen vollstreckbaren Titel erwirken und damit die Zwangsvollstreckung in das Vermögen des persönlichen Schuldners betreiben,
  oder
- er kann aus der Hypothek vorgehen.

**1051** Der Anspruch aus der Hypothek ist auf die Duldung der Zwangsvollstreckung in das Grundstück gerichtet und nicht auf Zahlung einer Geldsumme. Der Eigentümer des Grundstücks kann allerdings freiwillig einen Geldbetrag in Höhe der persönlichen Forderung an den Gläubiger zahlen, um die Zwangsvollstreckung in das Grundstück zu vermeiden (§ 1142 Abs. 1), er muss es aber nicht.

Die strenge Unterscheidung zwischen dem Anspruch aus der persönlichen (gesicherten) Forderung einerseits und dem Anspruch aus der Hypothek andererseits ist u.a. deswegen wichtig, weil der Schuldner aus der gesicherten Forderung und der Schuldner aus der Hypothek zwei verschiedene Personen sein können.

> **Beispiel:** Die Sparkasse K gewährt dem S ein Darlehen in Höhe von 70.000 €. Zur Sicherung der Darlehensrückzahlungsforderung wird an dem Grundstück des B eine Hypothek bestellt. Die Darlehensrückzahlungsforderung der Sparkasse gemäß § 488 richtet sich gegen S. Der Anspruch auf Duldung der Zwangsvollstreckung in das Grundstück, den die Sparkasse aus der Hypothek hat, richtet sich gegen B.

Wenn der Gläubiger aus der persönlichen Forderung vorgehen will, muss er zunächst einen vollstreckbaren Titel erwirken. Aus diesem Titel kann er die Zwangsvollstreckung in das Vermögen des Schuldners betreiben. Diese Zwangsvollstreckung kann also auch das mit der Hypothek belastete Grundstück erfassen, wenn der Schuldner der persönlichen Forderung gleichzeitig auch der Eigentümer des belasteten Grundstücks ist. Der Nachteil des persönlichen Titels besteht jedoch darin, dass die persönliche Forderung erst nach den im Grundbuch eingetragenen Grundpfandrechten befriedigt wird (siehe dazu unten b) bb)). Um diesen Nachteil zu vermeiden, geht der Gläubiger, der der Inhaber der Hypothek ist, in der Regel sofort aus dem Grundpfandrecht vor, d.h. er verwirklicht seinen Anspruch auf Duldung der Zwangsvollstreckung in das Grundstück, ohne die Durchsetzung seiner persönlichen Forderung zu versuchen. **1052**

Die Verwertung erfolgt im Wege der Zwangsvollstreckung nach den Regeln, die im **Zwangsversteigerungsgesetz (ZVG)** enthalten sind. Für die Zwangsvollstreckung müssen die allgemeinen Vollstreckungsvoraussetzungen vorliegen: Titel, Klausel, Zustellung. In der Regel unterwirft sich der Eigentümer schon bei der Bestellung der Hypothek in der notariellen Urkunde gemäß § 794 Ziff. 5 ZPO der sofortigen Zwangsvollstreckung. Der Gläubiger ist dann nicht gezwungen, den Schuldner zuerst bei Gericht zu verklagen. Er hat vielmehr bei Fälligkeit des Anspruchs bereits einen vollstreckbaren Titel in der Hand. **1053**

### b) Die Verteidigung des Eigentümers gegen den Duldungsanspruch durch die Erhebung von Einreden

Falls der Gläubiger gegen den Eigentümer des Grundstücks aus seinem Anspruch aus der Hypothek auf Duldung der Zwangsvollstreckung in das Grundbuch vorgeht, kann sich der Eigentümer, der nicht gleichzeitig auch der Schuldner aus der persönlichen Forderung sein muss (vgl. oben II 2 a), dagegen verteidigen, indem er **1054**

aa) ihm zustehende Einreden gegen die Hypothek geltend macht

oder

bb) gemäß § 1137 diejenigen Einreden erhebt, die dem persönlichen Schuldner gegen die (zu sichernde) Forderung zustehen.

Zu aa): Der aus der Hypothek in Anspruch genommene Eigentümer kann Einreden gegen den Duldungsanspruch aus der Hypothek selbst geltend machen, die ihm aus einem zwischen ihm und dem bisherigen Gläubiger bestehenden Rechtsverhältnis gegen die Hypothek zustehen (§ 1157). Dazu zählt z.B. die Einrede der Stundung. **1055**

Zu bb): Der Eigentümer kann, wenn er aus der Hypothek in Anspruch genommen wird, dem Gläubiger gemäß § 1137 auch alle diejenigen **Einreden** und auch **Einwendungen** (= Umstände, kraft deren das Recht nicht oder nicht mehr besteht) entgegenhalten, die der Schuldner der persönlichen (und zu sichernden)

Forderungen dem Gläubiger gegenüber erheben kann. Das ergibt sich schon aus der Akzessorietät der Hypothek. Zu den Einreden dieser Art zählen u.a. die der Stundung und die Leistungsverweigerungsrechte aus §§ 273 und 320. Nicht darunter fällt die Einrede der Verjährung (§ 216 Abs. 1).

### c) Überblick über die Zwangsvollstreckung in das unbewegliche Vermögen und die Bedeutung des Ranges von Grundstücksrechten

#### aa) Der Rang an Grundstücksrechten

1056 Entscheidend dafür, welcher Grad der Sicherung durch ein Grundpfandrecht erreicht wird, ist der diesem Recht zukommende Rang. Denn bei der Verwertung des Grundstücks im Wege der Zwangsversteigerung wird die Reihenfolge der Befriedigung der Gläubiger nach dem Rang ihres Grundpfandrechts bestimmt. Die gesetzliche Regelung von Rangverhältnissen ist notwendig, weil an einem Grundstück mehrere Grundpfandrechte bestehen können. Demnach entscheidet der Rang des jeweiligen Rechts darüber, ob und in welcher Höhe der einzelne Gläubiger im Zwangsvollstreckungsfall mit der Befriedigung wegen seiner Forderung rechnen kann.

Das Rangverhältnis der Grundstücksrechte wird durch § 879 bestimmt.

#### bb) Die Zwangsvollstreckung in das unbewegliche Vermögen

1057 (1) Der Zwangsvollstreckung in das unbewegliche Vermögen unterliegen Grundstücke – in der Regel samt der darauf errichteten Bauwerke – und grundstücksgleiche Rechte, wie z.B. das Erbbaurecht und das Wohnungseigentum. Auch bei der Zwangsvollstreckung in das unbewegliche Vermögen sind die allgemeinen Voraussetzungen für die Zwangsvollstreckung zu beachten; Titel, Klausel und Zustellung müssen also vorliegen. Aufgrund der Existenz von rangmäßig geordneten Grundstückspfandrechten unterscheidet sich jedoch die Verwertung der unbeweglichen von derjenigen der beweglichen Sachen.

Das Gesetz stellt dem Gläubiger aus einem Grundpfandrecht zur Durchsetzung seines Zahlungsanspruchs zwei Verfahren zur Verfügung: die Zwangsversteigerung und die Zwangsverwaltung.

1058 (2) Der Zweck der **Zwangsversteigerung** besteht darin, durch die Veräußerung des Grundstücks in der Zwangsversteigerung den Grundstückswert in Bargeld umzuwandeln, um damit die Befriedigung des Gläubigers zu bewirken. Von der Zwangsversteigerung des Grundstücks werden alle wesentlichen Bestandteile des Grundstücks, wie z.B. die auf dem Grundstück errichteten Häuser, und bestimmte Gegenstände des Zubehörs erfasst.

Bei der Zwangsversteigerung gelten zwei wichtige Prinzipien:
- das **Deckungsprinzip** und
- das **Übernahmeprinzip**.

(3) Eine Veräußerung des Grundstücks in der Zwangsversteigerung wird nur zugelassen, wenn alle vorrangigen Rechtspositionen vom Gebot eines Ersteigerers erfasst und damit gedeckt werden. Dieses sogenannte **geringste Gebot** umfasst alle Rechte, die dem Recht des die Zwangsversteigerung betreibenden Gläubigers im Range vorhergehen (§ 10 ZVG), und die Verfahrenskosten (§ 44 Abs. 1 ZVG); zu den Ansprüchen aus § 10 ZVG können z.B. auch Ansprüche auf Entrichtung öffentlicher Lasten, wie z.B. Grundsteuern, gehören. Die in der Zwangsversteigerung geltende Reihenfolge wird durch § 10 ZVG geregelt. Sinn dieser gesetzlichen Regelung, die **Deckungsprinzip** genannt wird, ist es, sicher zu stellen, dass in der Versteigerung ein Erlös erzielt wird, der zur Deckung der oben genannten Ansprüche notwendig ist. **1059**

(4) Der **Übernahmegrundsatz** besagt, dass die dem die Zwangsvollstreckung betreibenden Gläubiger vorhergehenden Rechte nicht erlöschen. Der Ersteher erwirbt das Grundstück mit den im Grundbuch eingetragenen vorrangigen Belastungen. Das hat zur Folge, dass der Ersteher die Rechte, die dem Recht, aus dem die Zwangsvollstreckung betrieben wird, vorgehen, nicht durch eine Barzahlung ablösen muss; er hat vielmehr nur einen um die Höhe des Wertes der Belastungen verminderten Betrag zu zahlen. Da die vorrangigen Belastungen übernommen werden, wird in der Versteigerung ausdrücklich nur das sogenannte **Bargebot** genannt. Das ist das Gebot, das zumindest die Verfahrenskosten und die übrigen in § 10 ZVG genannten Kosten und die der Zwangsversteigerung umfasst. Das Bargebot umfasst also nur einen Teil des geringsten Gebots. **1060**

> **Beispiel:** Auf dem mit einem Mietshaus bebauten Grundstück des W lasten folgende Grundpfandrechte: 1. eine Grundschuld zugunsten der X-Bank in Höhe von 120.000 €, 2. eine Grundschuld zugunsten der E-Bank in Höhe von 80.000 € und 3. eine Grundschuld zugunsten des G in Höhe von 50.000 €. G betreibt mit einem vollstreckbaren Titel (Grundschuldurkunde mit Unterwerfungsklausel) die Zwangsvollstreckung in das Grundstück. Die Ansprüche aus § 10 Nr. 1 bis 3 ZVG belaufen sich auf 1.500 € noch nicht bezahlte Grundsteuern; dazu kommen Verfahrenskosten in Höhe von 7.000 €. Das geringste Gebot umfasst diese Kosten von 8.500 € und 200.000 € aus den im Range vorgehenden Grundschulden. Es beträgt also 208.500 €. Wenn die vorhergehenden Grundschulden übernommen werden, beträgt das Bargebot lediglich 8.500 €.

(5) Die **Zwangsverwaltung** hat nicht die Befriedigung des Gläubigers durch die Veräußerung des Grundstücks in der Zwangsversteigerung zum Ziele; sie ist vielmehr auf die Befriedigung des Gläubigers aus den Erträgen des Grundstücks gerichtet. Vom Standpunkt des Gläubigers aus lohnt sich die Zwangsvollstreckung durch Zwangsverwaltung nur bei landwirtschaftlichen Betrieben und großen Mietshäusern, wenn es nicht um die Befriedigung einer hohen Kapitalforderung, sondern um die Eintreibung von laufenden kleineren Beträgen wie z.B. von Schuldzinsen oder Unterhaltsansprüchen geht. Der Gläubiger kann frei wählen, ob er die Zwangsversteigerung oder die Zwangsverwaltung betreiben will. **1061**

Durch die vom Amtsgericht angeordnete Zwangsverwaltung wird dem Schuldner die Verwaltung sowie die Nutzung des Grundstücks entzogen und an einen Verwalter übertragen, der auch der Schuldner selbst sein kann.

## III. Die Grundschuld

### 1. Der Begriff der Grundschuld

**1062** Die Grundschuld ist wie die Hypothek ein Verwertungsrecht. Sie unterscheidet sich aber in wesentlichen Punkten von der Hypothek. Vergleicht man § 1113 Abs. 1 mit § 1191 Abs. 1, so fällt auf, dass der Satzbestandteil „zur Befriedigung wegen einer ihm zustehenden Forderung" in § 1191 Abs. 1 fehlt. Damit ist zugleich der wesentliche Unterschied zwischen Hypothek und Grundschuld markiert. Eine Grundschuld setzt für ihre Existenz keine zu sichernde Forderung voraus. Im Gegensatz zur Hypothek ist sie **nicht akzessorisch**.

Für die Grundschuld finden gemäß § 1192 überwiegend diejenigen Vorschriften Anwendung, die auch für die Hypothek gelten. Ausgenommen sind die Vorschriften, die gerade auf die Akzessorietät Bezug nehmen.

### 2. Die Bestellung der Grundschuld

**1063** Die Bestellung einer Grundschuld setzt keine Forderung voraus. § 1163 Abs. 1 findet keine Anwendung. Gleichwohl wird sie, ihrer Natur als Sicherungsrecht entsprechend, in der Regel zur Sicherung einer Forderung bestellt.

Auch bei der Bestellung einer Grundschuld ist zu unterscheiden zwischen Briefgrundschuld einerseits und Buchgrundschuld andererseits.

Die **Briefgrundschuld** wird begründet durch
- die Einigung zwischen Sicherungsnehmer und Sicherungsgeber darüber, dass eine Grundschuld entstehen soll,
- die Eintragung der Rechtsänderung in das Grundbuch,
- und die Aushändigung des Grundschuldbriefes.

Die **Buchgrundschuld** wird begründet durch
- Einigung und
- Eintragung in das Grundbuch.

### 3. Die Sicherungsgrundschuld

**1064** Da die Grundschuld für ihre Existenz eine zu sichernde Forderung nicht voraussetzt, kann sie auch ohne Vorhandensein einer Forderung begründet werden. Weil sie ihrem Sinn und Zweck nach aber ein Sicherungsrecht ist, besteht für eine solche „isolierte" Bestellung kaum ein Bedürfnis. Wenn also eine Grundschuld im Regelfall zur Sicherung einer Forderung bestellt wird, so besteht zwar nicht die Notwendigkeit, aber doch das Bedürfnis, den Inhaber der Grundschuld zu verpflichten, von der Grundschuld nur zum Zwecke der Sicherung seiner Forderung Gebrauch zu machen. Eine solche Bindung kann durch einen schuldrechtlichen Vertrag geschaffen werden, den man auch als **Sicherungsvertrag** bezeichnet.

Eine Grundschuld, bei der der Gläubiger durch einen schuldrechtlichen Vertrag (Sicherungsvertrag) verpflichtet ist, von der Grundschuld nur zum Zwecke der Sicherung seiner Forderung Gebrauch zu machen, nennt man Sicherungsgrundschuld.

Der **Sicherungsvertrag** hat die schuldrechtlichen Beziehungen zwischen dem 1065
Gläubiger und dem Eigentümer des Grundstücks im Hinblick auf die Grundschuld zum Gegenstand. Durch diesen Vertrag wird der Gläubiger üblicherweise u.a. verpflichtet,

- die Grundschuld nur dann zu verwerten, wenn die Forderung, zu deren Sicherung die Grundschuld bestellt ist, nicht erfüllt wird;
- dem Eigentümer die Grundschuld zurückzuübertragen, sobald die gesicherte Forderung erloschen ist.

**Beispiel:** Die Volksbank in R gewährt dem E ein Darlehen in Höhe von 100.000 €. Zur Sicherung der Darlehensrückzahlungsforderung wird eine Grundschuld an dem Grundstück des E bestellt. Zwischen der Volksbank und E wird vereinbart, dass die Grundschuld nur der Sicherung der Darlehensrückzahlungsforderung dienen und die Volksbank nur berechtigt sein soll, die Grundschuld zu verwerten, wenn die gesicherte Forderung nicht erfüllt wird. Dabei handelt es sich um eine Sicherungsgrundschuld.

Fehlt es an einem wirksamen Sicherungsvertrag mit Rückübertragungsverpflichtung, so steht dem Eigentümer ein Anspruch aus ungerechtfertigter Bereicherung (§ 812 Abs. 1 S. 1, 1. Alt.) zu. Er kann dann vom Gläubiger wahlweise Verzicht, Aufhebung oder Rückübertragung der Grundschuld verlangen und diesem im Falle der Geltendmachung der Grundschuld diesen Anspruch einredeweise entgegengehalten.

### 4. Die Übertragung der Grundschuld

Der Hauptunterschiede zwischen Hypothek und Grundschuld besteht darin, dass 1066
die Grundschuld nicht akzessorisch ist. Das bedeutet u.a.: Wenn die gesicherte Forderung gemäß § 398 übertragen wird, geht die Grundschuld nicht gemäß § 401 automatisch mit über. Es bedarf vielmehr eines zusätzlichen Übertragungsaktes, auch die Grundschuld muss gemäß § 398 abgetreten werden.

Da die Grundschuld nicht akzessorisch ist, können die Grundschuld und die Forderung, die mit der Grundschuld gesichert werden soll, getrennt abgetreten werden. Das bedeutet: Der Gläubiger kann die Forderung an eine Person abtreten und die Grundschuld an eine andere übertragen. Dies kommt in der Praxis zwar selten vor, weil es gegen die üblichen Sicherungsverträge verstößt. Grundsätzlich ist eine getrennte Abtretung dieser Art jedoch möglich.

1067 Auch bei der Übertragung einer Grundschuld ist zwischen Briefgrundschuld und Buchgrundschuld zu unterscheiden:

a) Die **Briefgrundschuld** wird gemäß §§ 1192, 1154 Abs. 1 und 2 übertragen durch
- die schriftliche Abtretung der Grundschuld (= Abtretung des Rechts). Die Abtretungserklärung muss schriftlich erfolgen, oder die Abtretung muss in das Grundbuch eingetragen werden;
- und die Übergabe des Grundschuldbriefes.

b) Zur Übertragung einer **Buchgrundschuld** ist nach §§ 1192, 1154 Abs. 3 erforderlich
- die Einigung, darüber, dass die Grundschuld übertragen werden soll,
- und die Eintragung in das Grundbuch.

### 5. Die Verwertung der Grundschuld

1068 Die Verwertung der Grundschuld erfolgt wie die der Hypothek gemäß § 1147 (§ 1192) aus dem Grundstück und den Gegenständen, auf die sich die Grundschuld erstreckt, durch Zwangsvollstreckung (vgl. dazu oben II. 4.).

Die Zwangsvollstreckung setzt voraus, dass die Grundschuldsumme fällig ist. In der Regel wird vereinbart, dass sie fällig wird, wenn die durch die Grundschuld gesicherte Forderung fällig ist.

## IV. Das Erlöschen der Grundpfandrechte und ihre Zuordnung

### 1. Überblick

1069 Hypothek und Grundschuld erlöschen unmittelbar nur durch rechtsgeschäftliche Aufhebung (§ 875 Abs. 1) sowie durch die Befriedigung des Gläubigers in der Zwangsvollstreckung (§ 1181 Abs. 1). Demgegenüber führen die Nichtentstehung oder der spätere Wegfall der gesicherten Forderung, etwa durch Rückzahlung der Darlehenssumme und der angefallenen Zinsen, nicht zum Erlöschen des Grundpfandrechts, sondern lediglich zu einer anderen rechtlichen Zuordnung.

Gelangt die durch ein Grundpfandrecht gesicherte Forderung nicht zur Entstehung oder erlischt sie später, etwa durch Befriedigung des Gläubigers, so hat dies für die Hypothek und die Grundschuld unterschiedliche Konsequenzen.

### 2. Die Zuordnung der Hypothek

1070 Wird eine Hypothek für eine Forderung bestellt, die nicht zur Entstehung gelangt, kann die Hypothek nicht demjenigen zustehen, der Gläubiger der Forderung hätte werden sollen. Andererseits soll die Hypothek nach dem Willen des Gesetzgebers auch nicht erlöschen. Vielmehr soll sie in einem solchen Falle dem Eigentümer zustehen (§ 1163 Abs. 1 S. 1). Allerdings kann die Hypothek wegen ihrer engen Verbindung mit der Forderung (Akzessorietät) ohne eine solche nicht bestehen. Anders ist dies bei der Grundschuld; diese kann – weil nicht akzessorisch – auch ohne Forderung bestehen. Deshalb wandelt sich die Hypothek, für die keine Forderung besteht, automatisch in eine dem Eigentümer zustehende Grundschuld (= **Eigentümergrundschuld**) um (§ 1177 Abs. 1 S. 1).

Dasselbe gilt grundsätzlich auch dann, wenn der Eigentümer des belasteten Grundstücks, der zugleich Schuldner der gesicherten Forderung ist, diese zum Erlöschen bringt. Der Sicherungszweck entfällt; deshalb kann die Hypothek nicht mehr dem ehemaligen Gläubiger zustehen. Es entsteht eine Eigentümergrundschuld (§§ 1163, 1177).

**Beispiel:** Die Sparkasse W hat dem S ein Darlehen in Höhe von 50.000 € gewährt. Zur Sicherung der Darlehensrückzahlungsforderung ist an dem Grundstück des S eine Hypothek für die Sparkasse W bestellt worden. Nachdem S die Darlehenssumme zurückgezahlt und auch die Zinsen beglichen hat, ist die Forderung, die mit der Hypothek gesichert werden sollte, erloschen. Ohne Forderung kann die Hypothek nicht bestehen. Sie wandelt sich mit Erlöschen der Forderung in eine dem S zustehende Grundschuld (= Eigentümergrundschuld) um (§§ 1163, 1177).

Die **Eigentümergrundschuld,** die aus einer Hypothek entsteht, für die keine **1071**
Forderung mehr existiert, kann für den Eigentümer eine wertvolle Position darstellen, wenn mehr als nur ein Grundpfandrecht an dem Grundstück besteht. Der Eigentümer kann die ihm zustehende Grundschuld (Eigentümergrundschuld), die ihren bisherigen Rang behält, durch Übertragung an einen Darlehensgeber erneut als Sicherheit verwenden. Wenn er von dieser Möglichkeit keinen Gebrauch macht, hat der Eigentümer bei einer in sein Grundstück betriebenen Zwangsvollstreckung die Rangstelle inne, die die Eigentümergrundschuld einnimmt.

**Beispiel:** S ist Eigentümer eines Fabrikgrundstücks. Drei Banken haben ihm je ein Darlehen gewährt. Die Darlehen sind durch Hypotheken gesichert. Das Grundstück ist wie folgt belastet: An erster Stelle (Rang 1) mit einer Hypothek in Höhe von 70.000 € für die X-Bank, an zweiter Stelle (Rang 2) mit einer Hypothek in Höhe von 30.000 € für die Sparkasse W, an dritter Stelle (Rang 3) mit einer Hypothek in Höhe von 50.000 € für die Volksbank D. Nachdem S der Sparkasse W das Darlehen zurückgezahlt und die Zinsen beglichen hat, ist die Forderung (= Darlehensrückzahlungsforderung), die mit der 2. Hypothek gesichert werden sollte, erloschen. Die zweite Hypothek kann ohne die Forderung nicht weiterbestehen. Sie wandelt sich in eine dem S zustehende Eigentümergrundschuld um (§§ 1163, 1177). Diese Eigentümergrundschuld nimmt den zweiten Rang ein. Wenn ein Gläubiger des S die Zwangsvollstreckung in das Grundstück betreibt und der Erlös 120.000 € beträgt, wird dieser Betrag wie folgt verteilt: Die X-Bank (Rang 1) erhält 70.000 €, der Eigentümer S (Rang 2 mit der Eigentümergrundschuld) bekommt 30.000 €, die Volksbank W erhält den Rest, 20.000 €. Allerdings können nun die Gläubiger – wenn die Voraussetzungen vorliegen – die Zwangsvollstreckung in den Erlös, den S erhalten hat, betreiben.

Wenn der Eigentümer des Grundstücks, der nicht zugleich der persönliche Schuldner ist, den Gläubiger befriedigt, so geht die Forderung gegen den Schuldner kraft Gesetzes auf ihn über (§ 1143 Abs. 1 S. 1). Der Forderung folgt gemäß § 1153 Abs. 1 die Hypothek. Da die Forderung weiter existiert, entsteht eine Eigentümerhypothek.

### 3. Die Zuordnung der Grundschuld

1072 Gelangt die zu sichernde Forderung nicht zur Entstehung, so ist die Grundschuld gleichwohl wirksam bestellt. Verwirklicht der Grundstückseigentümer seinen schuldrechtlichen Anspruch auf die Rückübertragung der Grundschuld (aus dem Sicherungsvertrag oder aus § 812), so entsteht eine Eigentümergrundschuld.

Wird der Gläubiger befriedigt, das gesicherte Darlehen also getilgt, so entfällt der Sicherungszweck der Grundschuld. Die Rechtsfolgen unterscheiden sich danach, ob auf die Grundschuld oder auf die persönliche Forderung geleistet wird. Zahlt der Eigentümer des Grundstücks, der zugleich Schuldner der Forderung ist, auf die Forderung und erlischt diese, so entsteht nicht automatisch eine Eigentümergrundschuld. § 1163 Abs. 1 S. 2 ist nicht anwendbar. Der Eigentümer hat aber gegen den Gläubiger einen schuldrechtlichen Anspruch auf Rückgewähr der Grundschuld[1].

## V. Die Tilgungshypothek

1073 Die Hypothek kann nach Zeitablauf oder nach einer Kündigung ganz, d.h. in voller Höhe, fällig werden. Man spricht dann von Fälligkeits- oder Kündigungshypothek. Meist wird der Schuldner jedoch, angepasst an seine wirtschaftlichen Möglichkeiten, daran interessiert sein, durch wiederkehrende Teilleistungen auf die Hypothekensumme die Hypothek zu tilgen. Wenn der Schuldner, der zugleich der Eigentümer des mit der Hypothek belasteten Grundstücks ist, jährlich einen Teilbetrag der Hypothekensumme und die Zinsen – meist durch eine gleichbleibende Jahres- oder Monatsleistung – an den Gläubiger zahlt, spricht man von einer Tilgungshypothek.

**Beispiel:** K hat von der Sparkasse in W ein Hypothekendarlehen in Höhe von 100.000 € erhalten. Es wird vereinbart, dass K jährlich 8,5 % Zinsen zahlen soll. Insgesamt sollen jährlich 10.000 € zu zahlen sein. Das sind im ersten Jahr 8.500 € (= 8,5 %) Zinsen und 1.500 € (= 1,5 %) Tilgung. Im zweiten Jahr setzt sich der Betrag von 10.000 €, den K an die Sparkasse zahlen muss, wie folgt zusammen: 8,5 % Zinsen von 98.500 € = 8.372,50 € und 1.627,50 € Tilgung.

---

1 Vgl. *Palandt/Bassenge*, § 1191 BGB Rn. 43.

Der jährlich aufzubringende Zinsbetrag für das Restkapital wird durch die Tilgung immer geringer. Soll der an den Darlehensgeber jährlich zu zahlende Betrag konstant bleiben, wird der Tilgungsbetrag von Jahr zu Jahr größer. **1074**

Soweit der Schuldner, der zugleich der Eigentümer ist, die Schuld bereits getilgt hat, ist die durch die Hypothek gesicherte Forderung erloschen. Deshalb kann dem Gläubiger in dieser Höhe auch keine Hypothek mehr zustehen. In derselben Höhe, in der die Schuld abgetragen wird, entsteht eine Grundschuld für den Eigentümer (= Eigentümergrundschuld), weil eine Grundschuld auch ohne zu sichernde Forderung bestehen kann.

**Beispiel** im Anschluss an das vorhergehende **Beispiel:** Wenn K das Hypothekendarlehen in Höhe von 40.000 € getilgt hat, besteht eine Hypothek lediglich noch in Höhe von 60.000 €. In Höhe von 40.000 € ist eine Eigentümergrundschuld entstanden. Das Grundbuch ist unrichtig, soweit es die Hypothek in Höhe von 100.000 € ausweist.

## VI. Die Vorteile der Grundschuld

Wegen der Unabhängigkeit der Grundschuld von der zu sichernden Forderung ist die Grundschuld das bevorzugte Grundpfandrecht, wenn etwa im Rahmen einer laufenden Geschäftsverbindung auch zukünftige, kurz- oder mittelfristige Kredite gesichert werden sollen, deren Höhe und Rückzahlungsmodalitäten nicht starr festgesetzt sein sollen. Denn eine Hypothek kann gemäß § 1113 Abs. 1 grundsätzlich nur zur Sicherung einer bestimmten Geldforderung mit feststehender Höhe bestellt werden. Eine hypothekarische Sicherung ist demnach ausgeschlossen, wenn die Höhe der Forderung noch nicht feststeht. Zwar erlaubt § 1113 Abs. 2 die Bestellung einer Hypothek auch für zukünftige Forderungen; jedoch müssen deren Grund und Betrag bereits bestimmt sein. Eine im Vordringen befindliche Auffassung verlangt ausschließlich dessen Bestimmbarkeit.[2] Für die Grundschuld gilt das nicht. **1075**

**Beispiel:** B betreibt ein Baugeschäft. Er ist Eigentümer eines Grundstücks, das einen gegenwärtigen Verkaufswert von 1.200.000 € hat. Zugunsten der Sparkasse in W wird 2016 eine Grundschuld in Höhe von 600.000 € bestellt. B und die Sparkasse vereinbaren in dem der Grundschuldbestellung zugrundeliegenden Sicherungsvertrag u.a. folgendes: „Gesichert werden durch die Grundschuld alle bestehenden und künftigen Forderungen der Sparkasse gegen den Bauunternehmer B aus der gesamten Geschäftsverbindung." Im Januar 2017 erhält B das 1. Darlehen in Höhe von 300.000 €. Im März 2017 benötigt er weitere 150.000 € zur Anschaffung von Maschinen. Er erhält das 2. Darlehen (150.000 €). Im Juni 2017 ist B nicht sehr liquide und benötigt 50.000 €, um die Löhne zahlen zu können (3. Darlehen). In den Monaten August, September, Oktober 2017 hat B hohe Ein-

2 *MüKo/Lieder*, BGB § 1113 Rn. 60–63 mit Nachw.

künfte. Er zahlt das zweite und dritte Darlehen im Einvernehmen mit der Sparkasse vollständig zurück. Im Dezember 2017 benötigt B dringend 200.000 €, um seinen Verpflichtungen nachkommen zu können. Die Sparkasse gewährt B ein weiteres Darlehen in Höhe von 200.000 € (4. Darlehen). Auch dieses Darlehen wird durch die Grundschuld gesichert. Für sämtliche Darlehen, die die Sparkasse dem B nacheinander gewährt hat, ist nur eine Grundschuld bestellt worden, ohne dass es irgendwelcher Änderungen im Grundbuch oder im Grundschuldbrief bedurft hätte. Ein so flexibles und zugleich zweckmäßiges Sicherungsverfahren wäre bei der Hypothek wegen der Akzessorietät nicht möglich. Das Beispiel zeigt, warum sich die Grundschuld als das bevorzugte Sicherungsmittel in der Praxis durchgesetzt hat.

Die Hypothek wird überwiegend zur Sicherung langfristiger Kredite genutzt. Meist handelt es sich dabei um Darlehen, die gewährt werden, um den Bau von Gebäuden zu ermöglichen oder zu erleichtern.

**Lösung zu Fall 44:** Die Voraussetzungen für die Übertragung einer Forderung, die durch eine Briefhypothek gesichert ist, sind in §§ 398, 1153, 1154 Abs. 1 und 2 geregelt. Gemäß §§ 398, 1154 Abs. 1 müsste G der Volksbank in W seine Darlehensrückzahlungsforderung gegen S abtreten. Die Abtretungserklärung müsste G der Volksbank gemäß §§ 1154 Abs. 1 S. 1 grundsätzlich schriftlich erteilen, es sei denn, die Abtretung würde ins Grundbuch eingetragen (§ 1154 Abs. 2). Schließlich ist gemäß § 1154 Abs. 1 S. 1 noch die Übergabe des Hypothekenbriefes von G an W erforderlich. Die Voraussetzungen für eine wirksame Übertragung einer Briefhypothek sind also:
- Abtretung der gesicherten Forderung des Alt- an den Neugläubiger,
- Erteilung einer schriftlichen Abtretungserklärung seitens des Altgläubigers oder Eintragung der Abtretung in das Grundbuch,
- Übergabe des Hypothekenbriefes.

Mit der wirksamen Abtretung der Forderung geht dann gleichzeitig gemäß §§ 401 Abs. 1, 1153 die Hypothek auf den Neugläubiger über.

# Anhang: Die Anfertigung eines juristischen Gutachtens

Kurze Anleitung zur Falllösung

## I. Einleitung

Juristische Kenntnisse bleiben für denjenigen, der sie erworben hat, ohne großen Wert, wenn er nicht weiß, auf welche Art und Weise er sie auf Lebenssachverhalte anwenden kann. Die Anwendung des Rechts auf einen Lebenssachverhalt mit dem Ziel, eine Entscheidung zu fällen, wird etwas vereinfachend als das „Lösen von Fällen" bzw. „Fallbearbeitung" bezeichnet.

Für den Bearbeiter eines Falles ist es grundsätzlich unumgänglich, sich eines bestimmten Aufbaus zu bedienen. Damit soll erreicht werden, dass die Anwendbarkeit rechtlicher Regeln so sorgfältig geprüft wird, dass sich für den Leser zum Schluss zwingend die Beantwortung der dem Gutachten zugrunde liegenden Frage ergibt. Diese stufenweise Entwicklung von der anspruchsbegründenden Norm zum Ergebnis ist das wesentliche Kennzeichen des **Gutachtenstils**.

Der Gutachtenstil ist keine Formalie, sondern eine **Methode**, die den Bearbeiter zu systematischem Denken zwingt. Ohne Anwendung dieser Methode ist die Lösung eines Falles unter Berücksichtigung aller wesentlichen Gesichtspunkte kaum möglich.

Im Gegensatz zum Gutachtenstil wird beim **Urteilstil**, mit dem der Richter seine Urteilsgründe abzufassen hat, die Rechtsfolge – das Ergebnis einer zuvor vorgenommenen Prüfung – vorangestellt; danach folgt die Begründung. Dieser Stil ergibt sich aus der Aufgabe des Richters, eine zuvor verkündete Entscheidung zu begründen.

Sie können sich den Gutachtenstil nur einprägen, indem Sie ihn ständig üben. Fassen Sie also das Lösen von Selbsttestaufgaben als Möglichkeit der Übung auf. Wenn Sie – was empfehlenswert ist – die Lösungshinweise in diesem Kurs unter dem Aspekt des Aufbaus durcharbeiten wollen, fertigen Sie sich am besten dazu eine Gliederung in Stichpunkten an, anhand derer Sie sich die einzelnen Lösungsschritte klarmachen können.

Was den **Sachverhalt** angeht, so gehen Sie bitte davon aus, dass er **vollständig und richtig** ist. Das bedeutet, Sie haben es mit einem feststehenden Sachverhalt zu tun. Sie müssen sich also keine Gedanken darüber machen, wer was zu beweisen hat. Es ist schon alles bewiesen.

## II. Vorüberlegungen vor der Niederschrift des Gutachtens. Fallfrage, Ansprüche und Anspruchsgrundlage

**1.** Der Ausgangspunkt Ihrer vor der Niederschrift des Gutachtens anzustellenden Überlegungen ist die so genannte Fallfrage, die Sie am Ende eines vorgegebenen Lebenssachverhalts, den Sie rechtlich würdigen sollen, finden. Mit der Fallfrage macht Ihnen der Aufgabensteller klar, welche Probleme gelöst und welche Fragen beantwortet werden sollen.

> **Beispiel:** Die Fallfrage lautet: „Kann V Bezahlung der von ihm gelieferten Waren von K verlangen?" In diesem Fall ist nur der Anspruch zu prüfen (gestützt auf eine oder mehrere Anspruchsgrundlagen), der dem V möglicherweise die von ihm verlangte Bezahlung gewährt. Herausgabeansprüche in Bezug auf die Waren bleiben außer Betracht.

> **Beispiel:** Die Fallfrage lautet: „Wie ist die Rechtslage?" Mit dieser Frage wird das Ziel des Gutachtens in keiner Weise eingeengt. Es sind alle sinnvollerweise in Betracht kommenden Ansprüche, die die im Lebenssachverhalt auftretenden Personen gegeneinander haben können, zu prüfen. Wenn im Sachverhalt von den Personen A, B und C die Rede ist, erörtern Sie also:
> - Ansprüche A gegen B,
> - Ansprüche A gegen C,
> - Ansprüche B gegen A,
> - Ansprüche B gegen C,
> - Ansprüche C gegen A,
> - Ansprüche C gegen B.

Wenn Ihnen klar geworden ist, worauf die Fallfrage abzielt, wissen Sie, welche **Ansprüche** der einzelnen Personen gegeneinander geprüft werden müssen.

**2.** Zunächst müssen Sie die **Anspruchsgrundlage(n) finden,** aufgrund derer der zu prüfende Anspruch realisiert werden kann.

Das Tun oder das Unterlassen, das der Anspruchsteller konkret vom Anspruchsgegner verlangt, muss sich aus der gesuchten Rechtsnorm abstrakt (oder aus einer konkreten vertraglichen Vereinbarung) ergeben. Nur wenn das der Fall ist, handelt es sich um eine Anspruchsgrundlage.

> **Beispiel:** S bestellt bei dem Versandhandelshaus V per E-Mail 5 CDs. Nachdem er sie sich angehört hat, kommt er zu dem Ergebnis, sie entsprächen nicht seinem Geschmack. Er meint, die CDs deshalb nicht bezahlen zu müssen. Wird nach „dem Anspruch des V gegen S" gefragt (Fallfrage), stellen Sie fest, dass es sich nur um einen Kaufpreisanspruch handeln kann. Anschließend müssen Sie die Rechtsnorm suchen, aus der Sie diesen Anspruch herleiten können. Das ist hier der Kaufpreisanspruch aus § 433 Abs. 2.

Sie lernen bei der Durcharbeitung des Kurses viele Anspruchsgrundlagen kennen, die Sie sich als solche merken sollten, denn mit der Beherrschung der typischen Anspruchsgrundlagen wächst Ihre Sicherheit, bei einer Fallbearbeitung die in Betracht kommenden Ansprüche erschöpfend geprüft und nichts übersehen zu haben.

**Beispiele** für weitere Anspruchsgrundlagen:
- § 179 Abs. 1 normiert einen Anspruch gegen den Vertreter ohne Vertretungsmacht;
- §§ 823 Abs. 1, 823 Abs. 2, 824, 826 stellen jeweils selbstständige Anspruchsgrundlagen – bei verschiedenen unerlaubten Handlungen – dar;
- gemäß § 985 kann der Eigentümer vom Besitzer die Herausgabe einer Sache verlangen.

Von den Rechtsnormen, aus denen sich ein Anspruch herleiten lässt, sind diejenigen gesetzlichen Vorschriften zu unterscheiden, die etwas regeln, **ohne** einen Anspruch zu gewähren. Diese Vorschriften dürfen nicht als Anspruchsgrundlagen zitiert werden.

**Beispiel:** § 164 regelt u.a., welche Rechtsfolgen eintreten, wenn ein Stellvertreter für den Vertretenen handelt und unter welchen Voraussetzungen von einer wirksamen Stellvertretung ausgegangen werden kann. Die Norm sagt also etwas darüber aus, wie ein Vertrag unter Mitwirkung eines Dritten, hier des Stellvertreters, zustande kommt; sie stellt selbst keine Anspruchsgrundlage dar.

**3.** Das schriftliche Gutachten, das Sie anzufertigen haben, müssen Sie **stets mit einer Anspruchsgrundlage beginnen;** sie ist notwendiger Bestandteil des voran zu stellenden Obersatzes.

Es kann zweckmäßig sein, sich noch vor der Niederschrift des Gutachtens in Form einer kurzen, stichwortartigen Gliederung auf Konzeptpapier klar zu machen, welche Probleme bei der Fassung des konkreten Lebenssachverhalts unter die abstrakte Anspruchsnorm entstehen könnten.

***Fall 1:*** *Antiquar V versendet an eine Reihe von Kunden ein Schreiben, in dem er u.a. das aus 20 Bänden bestehende Lexikon L zum Preise von 450 € anpreist. In diesem Schreiben heißt es:*

*„Falls Sie eines der angegebenen Werke erwerben möchten, bitte ich um eine verbindliche Bestellung".*

*K, der dieses Schreiben erhalten hat, schickt dem V ein Fax, in dem er mitteilt, er wolle das Lexikon L erwerben. V schickt dem K das Lexikon zu und stellt die 450 € in Rechnung. K stellt die Bücher in ein Regal und schreibt an V, das Lexikon sei ihm zu teuer, er könne und wolle nur 300 € zahlen; mehr sei es übrigens auch nicht wert.*

*V fragt an, ob er gegen K einen Anspruch auf Zahlung des Kaufpreises in Höhe von 450 € erworben hat?*

**Vorüberlegungen:** Gefragt ist, ob V von K den vollen Kaufpreis verlangen kann. Als Anspruchsgrundlage kommt § 433 Abs. 2 in Betracht. Ein Anspruch aus § 433 Abs. 2 setzt voraus, dass ein Kaufvertrag zustande gekommen ist. Sie werden nun schnell feststellen, dass hier das Problem darin besteht, ob durch die Abgabe von zwei übereinstimmenden Willenserklärungen – Angebot und Annahme – wirksam ein Kaufvertrag abgeschlossen worden ist.

## III. Das Gutachten

Bezogen auf jeweils **eine** Anspruchsgrundlage vollzieht sich die Bearbeitung einer juristischen Fragestellung in folgenden Stufen:

### 1. Auf der ersten Stufe steht der Obersatz mit der Anspruchsgrundlage:

Wenn der gesetzliche Tatbestand für die Anspruchsgrundlage A verwirklicht ist, gilt die konkrete Rechtsfolge R.

Zu **Fall 1** bedeutet dies:

> *„V könnte gegen K gemäß § 433 Abs. 2 (A) einen Anspruch auf Zahlung des Kaufpreises in Höhe von 450 € erworben haben.“(R)*

### 2. Auf der zweiten Stufe werden die Voraussetzungen der Anspruchsgrundlage A wiedergegeben.

**Beispiel** für verschiedene Formulierungen im Gutachten bei diesen beiden Stufen, bezogen auf **Fall 1**:
*„V könnte gegen K einen Anspruch aus § 433 Abs. 2 auf Zahlung des Kaufpreises in Höhe von 450 € haben, wenn zwischen ihm und K wirksam ein Kaufvertrag zustande gekommen ist.“*
oder
*„Ein Anspruch des V gegen K auf Zahlung des Kaufpreises in Höhe von 450 € könnte sich aus § 433 Abs. 2 ergeben. Voraussetzung dafür ist, dass zwischen den Parteien ein Kaufvertrag zustande gekommen ist.“*

### 3. Auf der dritten Stufe wird der konkrete Sachverhalt unter die einzelnen Tatbestandsmerkmale T1, T2 etc. der Anspruchsgrundlage gefasst, d.h. subsumiert.

Die **Subsumtion** ist also die Prüfung, ob die abstrakten Tatbestandsmerkmale einer gesetzlichen Vorschrift, der Anspruchsgrundlage, in dem konkreten Sachverhalt verwirklicht sind.

Dadurch, dass auf der zweiten Stufe die Voraussetzungen der Anspruchsgrundlage wiedergegeben werden, wird Ihnen und dem Leser Ihres Gutachtens aufgezeigt, unter welche Tatbestandsmerkmale der Lebenssachverhalt zu fassen ist, damit die Rechtsfolge R eintritt.

Tatbestandsmerkmale, bei denen es klar auf der Hand liegt, dass sie durch den Lebenssachverhalt ausgefüllt werden, bedürfen keiner näheren Erläuterung. Es wird eine diesbezügliche Feststellung in einem Satz getroffen. Das ist die einfachste Art der Subsumtion.

**Beispiel:** Wenn K von V einen gebrauchten Spielautomaten kauft, der nicht funktioniert, so ist bei der Erörterung der Rechtslage nicht ausführlich der Begriff „Sache" (erwähnt z.B. in §§ 434, 437, 433) anhand von § 90 zu prüfen; es ist selbstverständlich, dass ein Spielautomat eine Sache ist.

Bei allen anderen – nicht ohne weiteres bestimmbaren – Rechtsbegriffen erfolgt die Erläuterung jedes wichtigen Tatbestandsmerkmals so weit, bis entschieden werden kann, ob der Sachverhalt das Tatbestandsmerkmal ausfüllt, ob er also subsumierbar ist.

**Beispiel:** Ein Kaufvertrag kann ohne Bedenken als geschlossen vorausgesetzt werden, wenn der Sachverhalt z.B. lautet: „K kaufte bei V einen Spielautomaten..." oder „die Parteien schlossen am... einen Vertrag über die Lieferung eines Spielautomaten, in dem es u.a. heißt..."

Die logische Reihenfolge, die bei der Erläuterung der Tatbestandsmerkmale einzuhalten ist, ergibt sich aus dem jeweiligen Einzelfall.

**Beispiel:** Ist zweifelhaft, ob ein Kaufvertrag durch die Abgabe der entsprechenden Willenserklärungen Angebot und Annahme zustande gekommen ist, muss der Begriff „Angebot" vor dem Begriff „Annahme" geprüft werden, denn wenn kein Angebot vorliegt (z.B. bei der Einladung zur Abgabe eines Angebotes), kann logischerweise durch die vermeintliche „Annahme" kein Vertrag zustande kommen.

Stellt man auf den in **Fall 1** geschilderten Sachverhalt ab, so ist zu prüfen, ob und auf welche Art und Weise ein Kaufvertrag geschlossen worden ist. Es ist deshalb zunächst zu definieren, wie ein Vertrag zustande kommt. Das geschieht durch den Satz:

*„Ein Kaufvertrag (=T) kommt zustande durch Angebot (=T1) und Annahme (=T2)."*

Damit die weitere Subsumtion erfolgen kann, müssen nun die Bedeutung der Begriffe „Angebot" (=T1) und „Annahme" (=T2) erklärt werden.

An diesem Beispiel erkennt man, dass aufgrund der zunächst erfolgten Erläuterung des Vertragsschlusses weitere erklärungsbedürftige Rechtsbegriffe auftauchen können, hier „Angebot" und „Annahme". Diese Begriffe bedürfen dann ihrerseits wieder einer Erläuterung mit dem Ziel, die Subsumtion zu ermöglichen.

Für die Fortsetzung der Lösung zu **Fall 1** bedeutet das:

*„Das Angebot ist eine Willenserklärung, mit der sich jemand, der einen Vertrag abschließen möchte, an einen anderen wendet und die zukünftigen Vertragsbedingungen so vollständig zusammenfasst, dass der andere, ohne inhaltliche Änderungen vorzunehmen, durch ein bloßes Ja, d.h. die Annahmeerklärung, den Vertrag entstehen lassen kann. Hinzukommen muss, dass der Antragende sich mit seiner Erklärung rechtlich binden will, d.h. sich daran halten lassen will." (=T1).*

**Zum Aufbau:** Beachten Sie, dass hiernach noch nicht die Definition des Begriffes „Annahme" (=T2) folgt, sondern zunächst zu prüfen ist, ob der Sachverhalt sich unter die Definition des Begriffes „Angebot" (=T1) fassen lässt, da andernfalls die Prüfung schon hier abgebrochen werden könnte.

Fortsetzung zu **Fall 1:**

> *„Indem V das bezeichnete Schreiben an K sandte, könnte er ihm ein bindendes Angebot unterbreitet haben. Das setzt voraus, dass der wesentliche Inhalt des angestrebten Vertrages in einer Weise zusammengefasst wird, dass der andere, hier K, durch ein bloßes Ja als Annahmeerklärung den Vertrag entstehen lassen kann. In dem Schreiben ist nicht nur das Lexikon, sondern es sind auch noch andere Bücher genannt, die nicht Vertragsgegenstand werden sollen. Wesentlich ist vor allem, dass V zum Ausdruck bringt, dass er sich mit dieser Erklärung noch nicht binden will, ihm also der Rechtsfolgewille fehlt. Das kommt jedenfalls durch den Satz „Falls Sie eines der angegebenen Werke erwerben möchten, bitte ich um eine verbindliche Bestellung" zum Ausdruck. Also hat V gegenüber K kein bindendes Angebot abgegeben. Es handelt sich lediglich um eine Einladung an die Kunden, ihrerseits verbindliche Angebote zum Vertragsschluss an V zu richten.*
> *Als K dem V das Bestellschreiben faxte, könnte er ein an V gerichtetes Angebot abgegeben haben. Dieses Schreiben enthält alle wesentlichen Bestandteile des Vertrages, der geschlossen werden soll. K wollte den Vertragsschluss, so dass er auch den Willen hatte, sich rechtlich zu binden. Infolgedessen liegt ein Angebot des K an V vor." (=T1)*

Steht nach der ersten Subsumtion fest, dass das Tatbestandsmerkmal T1 insoweit den Lebenssachverhalt umfasst, wenden Sie sich der nächsten Definition zu; daran schließt sich wiederum – wenn möglich – die Subsumtion an.

**Fortsetzung zu Fall 1:**

> *„Die Annahme ist die Erklärung, mit der sich derjenige, an den das Angebot gerichtet ist, mit dem Inhalt des Angebots einverstanden erklärt und damit den angestrebten Vertrag entstehen lässt. (=T2) Indem V dem K die Bücher mit Rechnung zusandte, gab er, jedenfalls durch schlüssiges Verhalten, eine Annahmeerklärung ab. Damit war der Kaufvertrag zustande gekommen." (=T2)*

Hier könnte nun noch fraglich sein, welche Bedeutung der Erklärung des K zukommt, er könne und wolle den vollen Kaufpreis nicht zahlen; schließlich sei das Buch den Preis nicht wert.

> *„Der Vertrag wurde geschlossen. Er kann daher nur unter bestimmten Voraussetzungen einseitig wieder gelöst oder verändert werden. K hat sich weder auf einen Mangel, noch auf einen Anfechtungsgrund berufen. Seine Erklärung ist deshalb für den Bestand und den Inhalt des Vertrages unerheblich."*

### 4. Die 4. Stufe. Das Ergebnis der Subsumtion

Auf der vierten Stufe werden die Ergebnisse der Subsumtionen zusammengefasst und daraus der formale Schluss gezogen, der die Rechtsfolge R (das Ergebnis Ihrer Prüfung zur Anspruchsgrundlage A) darstellt.

Das bedeutet für **Fall (1):**

> *„Zwischen V und K ist ein Kaufvertrag zustande gekommen. Daher hat V gegen K aus § 433 Abs. 2 einen Anspruch auf Zahlung des Kaufpreises in Höhe von 450 € (=R).“*

## 5. Die Endfassung

Wenn Sie die Endfassung des Gutachtens ins Reine schreiben, führen Sie bitte nicht die einzelnen Prüfungsstufen ausdrücklich auf. Eine Zusammenfassung des Gutachtens würde also folgendermaßen aussehen:

> *„V könnte gegen K gemäß § 433 Abs. 2 einen Anspruch auf Zahlung des Kaufpreises in Höhe von 450 € erworben haben.*
> *Das setzt voraus, dass zwischen V und K wirksam ein Kaufvertrag zustande gekommen ist. Ein Kaufvertrag kommt zustande durch Angebot und Annahme.*
> *Das Angebot ist eine Willenserklärung, mit der sich jemand, der einen Vertrag abschließen möchte, an einen anderen wendet und die zukünftigen Vertragsbedingungen so vollständig zusammenfasst, dass der andere, ohne inhaltliche Änderungen vorzunehmen, durch ein bloßes Ja, d.h. die Annahmeerklärung, den Vertrag entstehen lassen kann. Hinzukommen muss, dass der Antragende sich mit seiner Erklärung rechtlich binden will, d.h. sich daran halten lassen will. Indem V das bezeichnete Schreiben an K sandte, könnte er ihm ein bindendes Angebot unterbreitet haben. Das setzt voraus, dass der wesentliche Inhalt des angestrebten Vertrages in einer Weise zusammengefasst wird, dass der andere, hier K, durch ein bloßes Ja als Annahmeerklärung den Vertrag entstehen lassen kann. In dem Schreiben ist nicht nur das Lexikon, sondern es sind auch noch andere Bücher genannt, die nicht Vertragsgegenstand werden sollen. Wesentlich ist aber, dass V zum Ausdruck bringt, dass er sich mit dieser Erklärung noch nicht binden will, ihm also der Rechtsfolgewille fehlt. Das kommt jedenfalls durch den Satz „Falls Sie eines der angegebenen Werke erwerben möchten, bitte ich um eine verbindliche Bestellung“ zum Ausdruck. Also hat V gegenüber K kein bindendes Angebot abgegeben. Es handelt sich lediglich um eine Einladung an die Kunden, ihrerseits verbindliche Angebote zum Vertragsschluss an V zu richten.*
> *Als K dem V das Bestellschreiben faxte, könnte er ein an V gerichtetes Angebot abgegeben haben. Dieses Schreiben enthält alle wesentlichen Bestandteile des Vertrages, der geschlossen werden soll. K wollte den Vertragsschluss, hatte also auch den Willen, sich rechtlich zu binden. Infolgedessen liegt ein Angebot des K an V vor.*
> *Die Annahme ist die Erklärung, mit der sich derjenige, an den das Angebot gerichtet ist, mit dem Inhalt des Angebots einverstanden erklärt und damit den angestrebten Vertrag entstehen lässt. Indem V dem K die Bücher mit Rechnung zusandte, gab er jedenfalls durch schlüssiges Verhalten eine Annahmeerklärung ab.*
> *Damit war der Kaufvertrag zustande gekommen. Der Vertrag wurde geschlossen. Er kann daher nur unter bestimmten Voraussetzungen einseitig wieder gelöst oder verändert werden. K hat sich weder auf einen Mangel, noch auf einen Anfechtungsgrund berufen. Seine Erklärung ist deshalb für den Bestand und den Inhalt des Vertrages unerheblich.*
> *Zwischen V und K ist ein Kaufvertrag zustande gekommen. Daher hat V gegen K aus § 433 Abs. 2 einen Anspruch auf Zahlung des Kaufpreises in Höhe von 450 €.“*

## IV. Erweiterte Übung an einem Fall mit zwei in Betracht kommenden Anspruchsgrundlagen

### 1. Regel und Vorüberlegung

Bei diesem Fall geht es um zwei Anspruchsgrundlagen. Die **Regel** lautet:

Wenn mehrere Anspruchsgrundlagen in Betracht kommen und geprüft werden müssen, so geschieht das nacheinander. Es ist zunächst die 1. Anspruchsgrundlage vollständig durchzuprüfen. Erst danach wird die 2. Anspruchsgrundlage erörtert.

> ***Fall 2:*** *A kauft bei U Passfedern für den Einbau in Motoren, die einen Härtegrad von 50 Rc aufweisen müssen. Im Kaufvertrag sichert U zu, dass die Passfedern diesen Härtegrad haben und zum Einbau in die Motoren geeignet sind. U liefert die Federn und A zahlt den Kaufpreis. Nachdem A die Federn in etliche Motoren eingebaut hat, fallen diese nach Ingebrauchnahme schwer beschädigt und nicht reparierbar aus. Es stellt sich heraus, dass U aus Versehen Passfedern geliefert hatte, die einen viel zu geringen Härtegrad aufwiesen. Der Schaden an den Motoren beträgt 12.300 €.*
>
> *Was kann A von U verlangen?*

Bei den **Vorüberlegungen** ist von der Fallfrage „Was kann A von U verlangen?“ auszugehen. Hier ist nicht nur die gekaufte Sache mangelhaft; darüber hinaus ist durch die Verwendung der mangelhaften Kaufsache an anderen Rechtsgütern des A ein Schaden entstanden, dessen Ersatz gefordert wird.

Wenn danach gefragt ist, was A von U verlangen kann, so ist zu unterscheiden:
- welche Ansprüche hat A gegen U, weil die gekaufte Sache mangelhaft ist?
- und was kann A von U gegebenenfalls verlangen, weil ihm an den Motoren, in welche die Federn eingebaut worden sind, ein Schaden in Höhe von 12.300 € entstanden ist?

Es geht also um zwei voneinander zu unterscheidende und deshalb getrennt zu prüfende Ansprüche, für die nun nach **Anspruchsgrundlagen** zu suchen ist.

Der **1. Anspruch** betrifft die mangelhafte Leistung an sich. Als Anspruchsgrundlage kommt ein Anspruch aus §§ 437, 434 Abs. 1, 439 in Betracht. Der Anspruch ist auf Nacherfüllung, d.h. nach Wahl des Käufers auf Lieferung mangelfreier Waren (=Nachlieferung) oder Mängelbeseitigung, gerichtet. Da eine Mängelbeseitigung hier nicht möglich ist, geht es ausschließlich um Nachlieferung.

Der **2. Anspruch** ist auf Zahlung von 12.300 € als Schadensersatz gerichtet. Es geht um einen so genannten Mangelfolgeschaden. Als Anspruchgrundlage kommt ein Anspruch aus §§ 437 Nr. 3, 434 Abs. 1, 280 Abs. 1 in Betracht.

## 2. Prüfung des 1. Anspruchs

### a) Erste Stufe

Obersatz mit Anspruchsgrundlage:

> *„A könnte gegen U einen Anspruch auf Lieferung mangelfreier Passfedern aus §§ 437, 434 Abs. 1, 439 erworben haben."*

### b) Zweite Stufe

Hier werden die Voraussetzungen, d.h. die einzelnen Tatbestandsmerkmale T1 bis Tx aufgeführt:

> *„A hat einen Anspruch gegen U auf Nachlieferung gemäß §§ 437, 434 Abs. 1, 439, wenn die folgenden Voraussetzungen vorliegen:*
> *Zwischen A und U muss ein Kaufvertrag abgeschlossen worden sein = T1.*
> *Die gekauften Sachen, die Passfedern, müssten mangelhaft im Sinne des § 434 sein = T2.*
> *Wenn die Tatbestandsmerkmale T1 und T2 vorhanden sind, tritt die Rechtsfolge R ein, die sich hier aus §§ 437 Nr. 1 in Verbindung mit § 439 Abs. 1 ergibt."*

### c) Dritte Stufe

Hier erfolgt die **Subsumtion.** Es wird also geprüft, ob durch den konkreten Sachverhalt die einzelnen Tatbestandsmerkmale verwirklicht worden sind.

**aa)** Zunächst ist also zu prüfen, ob das **Tatbestandsmerkmal T1** (= Zustandekommen eines Kaufvertrages) vorliegt. Aus dem Sachverhalt ergibt sich, dass ein Kaufvertrag abgeschlossen worden ist. Anhaltspunkte dafür, dass dies zweifelhaft sein könnte, sind nicht ersichtlich.

Als Text genügt dann also:

> *„Aus dem Sachverhalt ergibt sich, dass A und U einen wirksamen Kaufvertrag abgeschlossen haben."*

**bb)** Anschließend ist zu untersuchen, ob das **Tatbestandsmerkmal T2** verwirklicht worden ist. Dann müssten die Passfedern mangelhaft gewesen sein.

Unter welchen Voraussetzungen eine Sache mangelhaft ist, ergibt sich aus § 434. Dort sind abstrakt eine ganze Reihe von Mangeltatbeständen aufgeführt. Zu beginnen ist mit § 434 Abs. 1 Satz 1. Der Text könnte lauten:

> *„Nach § 434 Abs. 1 Satz 1 weist die Kaufsache einen Mangel auf, wenn sie bei Gefahrübergang (das ist nach § 446 bei der Übergabe) nicht die vereinbarte Beschaffenheit hat. Vereinbarung über die Beschaffenheit bedeutet im Zweifel, dass die Parteien des Vertrages die Beschaffenheit der Kaufsache zum Vertragsinhalt erklärt haben. Aus dem Sachverhalt ergibt sich, dass U dem A zugesichert hat, die Federn hätten den geeigneten Härtegrad und könnten infolgedessen in die Motoren eingebaut werden. Die Federn wiesen diese zugesicherten Eigenschaften nicht auf. Somit fehlte die vertraglich vereinbarte Beschaffenheit. Diese fehlte auch schon bei Übergabe, also bei Gefahrübergang. Somit liegt ein Mangel im Sinne des § 434 Abs. 1 Satz 1 vor."*

cc) **Ergebnis:** Die Tatbestandsmerkmale T1 und T2 liegen vor.

#### d) Vierte Stufe:

Hier wird lediglich noch festgestellt, dass, weil die Voraussetzungen für die Anspruchsgrundlage 1 erfüllt sind, nämlich die Tatbestandsmerkmale T1 und T2 vorliegen, die entsprechende Rechtsfolge eintritt.

Im konkreten Fall bedeutet dies, dass A gegen U einen Anspruch auf Nacherfüllung in Gestalt der Nachlieferung gemäß §§ 437, 434 Abs. 1, 439 erworben hat. Der letzte Satz zu dieser Prüfung könnte also lauten:

> *„Da die gekauften Sachen (die Federn) mangelbehaftet sind, hat A gegen U einen Anspruch auf Nacherfüllung gemäß §§ 437, 434 Abs. 1, 439, der sich hier auf die Nachlieferung beschränkt."*

### 3. Prüfung des 2. Anspruchs

#### a) Erste Stufe:

Zu beginnen ist wieder mit dem Obersatz als Anspruchsgrundlage:

> *„A könnte gegen U einen Anspruch auf Zahlung von Schadensersatz aus §§ 437 Nr. 3, 434 Abs. 1, 280 erworben haben."*

#### b) Zweite Stufe:

Hier werden die Voraussetzungen, d.h. die einzelnen Tatbestandsmerkmale T1 bis Tx aufgeführt:

> *„A hat einen Anspruch gegen U auf Ersatz des sog. Mangelfolgeschadens gemäß §§ 437 Nr. 3, 434 Abs. 1, 280 Abs. 1, wenn die folgenden Voraussetzungen vorliegen:*
> *Zwischen A und U muss ein Kaufvertrag abgeschlossen worden sein = T1.*
> *Die gekauften Sachen, die Passfedern, müssten mangelhaft im Sinne des § 434 sein = T2.*
> *Die Lieferung der mangelhaften Passfedern muss eine Pflichtverletzung im Sinne des § 280 Abs. 1 darstellen = T3.*
> *Durch die Pflichtverletzung muss dem A ein Schaden entstanden sein (§ 280 Abs. 1) = T4.*
> *U muss diese Pflichtverletzung zu vertreten haben (§ 280 Abs. 1 Satz 2) = T5.*
> *Wenn die Tatbestandsmerkmale T1 bis T5 verwirklicht sind, tritt die Rechtsfolge R ein, die sich hier aus §§ 437 Nr. 3 in Verbindung mit § 280 Abs. 1 ergibt."*

#### c) Dritte Stufe:

Hier erfolgt die **Subsumtion.** Es wir also geprüft, ob durch den konkreten Sachverhalt die einzelnen Tatbestandsmerkmale verwirklicht worden sind.

> *„aa) Dass die Tatbestandsmerkmale T1 und T2 erfüllt sind, ist oben unter 2 c) schon dargelegt.*

*bb) Die Lieferung der mangelhaften Passfedern müsste eine Pflichtverletzung im Sinne des § 280 Abs. 1 darstellen (T3). Nach § 433 Abs. 1 Satz 2 hat der Verkäufer dem Käufer die gekaufte Sache frei von Mängeln zu verschaffen. Kommt er, wie hier geschehen, dieser Verpflichtung nicht nach, liegt darin eine Pflichtverletzung nach § 280 Abs. 1.*
*cc) Dass der Schuldner, hier U, die Pflichtverletzung zu vertreten hat (T4), wird nach § 280 Abs. 1 Satz 2 gesetzlich vermutet. Aus dem Sachverhalt ergeben sich keine Anhaltspunkte dafür, dass U die mangelhafte Lieferung nicht zu vertreten hat. Somit ist davon auszugehen, dass U die Pflichtverletzung zu vertreten hat.*
*dd) Schließlich müsste dem A ein Schaden entstanden sein (T5). Dieser besteht darin, dass durch den Einbau der fehlerhaften Federn die Motoren beschädigt und dem A dadurch ein Schaden in Höhe von 12.300 € erwachsen ist."*

#### d) Vierte Stufe:

Hier wird lediglich noch festgestellt, dass, weil die Voraussetzungen für die Anspruchsgrundlage 2 erfüllt sind, nämlich die Tatbestandsmerkmale T1 bisT5 vorliegen, die entsprechende Rechtsfolge eintritt.

Im konkreten Fall bedeutet dies, dass A gegen U einen Anspruch auf Ersatz des Mangelfolgeschadens in Höhe von 12.300 € gemäß §§ 437 Nr. 3, 434 Abs. 1, 280 erworben hat.

## V. Erweiterte Übung an einem Fall mit mehr als zwei Personen und mehreren in Betracht kommenden Anspruchsgrundlagen

### 1. Die Regel

Wenn mehrere Personen beteiligt sind und etwa gefragt ist „Kann G von A und B Zahlung verlangen?", so sind die Ansprüche des Gläubigers G gegen A und B **getrennt zu prüfen.**

Es ist also zunächst zu prüfen, ob G von A Zahlung verlangen kann. Dabei sind nacheinander, also getrennt voneinander, alle in Betracht kommenden Ansprüche zu untersuchen.

Danach ist zu erörtern, welche Ansprüche G gegen B erworben haben könnte. Dabei sind wiederum nacheinander, also getrennt voneinander, alle in Betracht kommenden Ansprüche zu prüfen.

***Fall 3:** A aus Bonn bittet Anfang April 2017 telefonisch seinen Freund F in Berlin wegen dessen sehr guter Ortskenntnis, für ihn (A) im Berliner Stadtteil Schöneberg eine Altbauwohnung zu mieten, weil er als Bundesbeamter vom nächsten Monat an in Berlin arbeiten müsse. A weist den F an, die Wohnung müsse in gutem Zustand und dürfe nicht mehr als 110 m² groß sein; die Miete soll keinesfalls mehr als 1.600 € pro Monat betragen. F besichtigt Mitte April 2017 etliche Wohnungen und ent-*

*schließt sich dann, für A eine Wohnung in Schöneberg zu mieten, die zwar nur 105 m² groß ist, aber 1.750 € monatlich kostet. F eröffnet dem Vermieter V, dass er die Wohnung nicht für sich, sondern für A in Bonn mieten wolle. Den von V vorgelegten und von diesem schon unterschriebenen Mietvertrag unterzeichnet F mit „in Vertretung F.". Der Mietvertrag soll ab 1. Mai 2017 gelten.*

*Als A den Mietvertrag am 30. April 2017 zur Kenntnis nimmt, teilt er dem F mit, die Wohnung wolle er nicht haben, weil sie ihm zu teuer sei. A will nun zunächst bei einem Kollegen zur Untermiete wohnen.*

*Als V erfährt, dass A die Wohnung nicht beziehen will, stellt er sich die Frage, von wem er für den Monat Mai 2017 den Mietzins in Höhe von 1.750 € verlangen kann.*

*Von wem kann V Zahlung von 1.750 € verlangen?*

## 2. Vorüberlegung

Hier ist danach gefragt, von wem V die Zahlung von 1.750 € verlangen kann. Als mögliche Schuldner kommen A und F in Betracht. Folglich sind zunächst die sinnvollerweise in Betracht kommenden Ansprüche des V gegen A und erst danach die möglichen Ansprüche des V gegen F zu prüfen.

Gegen A könnte V einen Anspruch aus einem Mietvertrag erworben haben. Als Anspruchsgrundlage kommt § 535 Abs. 2 in Betracht. Bei der zu klärenden Frage, ob und ggf. wie zwischen V und A ein Mietvertrag zustande gekommen sein könnte, ist zu berücksichtigen, dass F als Vertreter des A aufgetreten ist. Problematisch ist hier, ob F im Rahmen seiner Vertretungsmacht oder als Vertreter ohne Vertretungsmacht gehandelt hat.

Im Verhältnis A zu F kommen möglicherweise 2 Ansprüche in Betracht, einmal ein solcher aus § 535 Abs. 2 und zum anderen ein Anspruch aus § 179 Abs. 1. Letzteres setzt voraus, dass F als Vertreter ohne Vertretungsmacht gehandelt hat.

## 3. Das Gutachten

**Vorbemerkung:** In diesem Gutachten werden im Text nicht mehr die einzelnen Stufen der Prüfung erwähnt. Dies sollten auch Sie bei der Lösung der Fälle, die Ihnen aufgegeben werden, so halten!

***„(1) Ansprüche des V gegen A***

*V könnte gegen A einen Anspruch auf Zahlung des Mietzinses in Höhe von 1.750 € gemäß § 535 Abs. 2 erworben haben.*

*Dieser Anspruch ist nur entstanden, wenn zwischen V und A ein Mietvertrag zustande gekommen ist. Ein solcher Vertrag könnte dadurch zustande gekommen sein, dass V und F, dieser als Stellvertreter des A, entsprechende Willenserklärungen abgegeben haben. Dann müsste F Stellvertreter des A im Sinne des § 164 und gegenüber V auch als solcher aufgetreten sein. Indem A den F bat, für ihn in Berlin eine Wohnung zu mieten, erteilte er ihm Vollmacht gemäß § 167. F ist gegenüber V auch im fremden Namen, nämlich für A, aufgetreten.*

*Fraglich ist allerdings, ob F, als er die Wohnung mietete, im Rahmen der ihm erteilten Vertretungsmacht handelte (§ 164 Abs. 1). A hat die Vertretungsmacht des F begrenzt, indem er ihn anwies, keine Wohnung zu mieten, die größer als 110 m² ist und deren Miete mehr als 1.600 € monatlich beträgt. Diese Vertretungsmacht hat F überschritten, als er den Mietvertrag über eine Wohnung unterschrieb, die monatlich 1.750 € kostet. F handelte demnach als Vertreter ohne Vertretungsmacht im Sinne des § 177. Denn Vertreter ohne Vertretungsmacht ist nicht nur derjenige, der überhaupt nicht bevollmächtigt ist, sondern auch der, der zwar Vertretungsmacht hat, diese aber überschreitet. Die Folge des Handelns des F ergibt sich aus § 177 Abs. 1. Der Mietvertrag ist schwebend unwirksam.*

*Das bedeutet, der Vertretene, hier A, kann den Vertrag genehmigen (§ 184). Das hätte die Wirksamkeit des Vertrages von Anfang an zur Folge. A kann die Genehmigung aber auch verweigern. Das würde zur Nichtigkeit des bis dahin schwebend unwirksamen Vertrages führen. A hat die Genehmigung verweigert. Es genügt gemäß § 182, dass er dies dem F gegenüber tat. Der Vertrag ist deshalb nichtig. Zwischen V und A ist kein Vertrag zustande gekommen. Folglich kann V von A nicht den Mietzins gemäß § 535 Abs. 2 verlangen.*

***(2) Ansprüche des V gegen F***

***(2.1) Anspruch aus § 535 Abs. 2***

*Dass V gegen F einen vertraglichen Anspruch aus § 535 Abs. 2 erworben hat, setzt voraus, dass zwischen ihnen ein Mietvertrag zustande gekommen ist.*

*Dazu müssten V und F dementsprechende Willenserklärungen abgegeben haben. V wollte nicht mit F, sondern mit A einen Mietvertrag abschließen. F wollte nicht für sich, sondern für A die vertragliche Bindung herbeiführen. Es liegen also keine übereinstimmenden, auf den Vertragsschluss zwischen V und F gerichteten Willenserklärungen vor. Folglich ist zwischen V und F kein Mietvertrag zustande gekommen.*

*Es fehlt damit an dem Mietvertrag. Somit hat V gegen F keinen Anspruch auf Zahlung des Mietzinses nach § 535 Abs. 2.*

***(2.2) Anspruch aus § 179 Abs. 1***

*F könnte dem V gegenüber aus § 179 Abs. 1 zur Zahlung des Mietzinses (Erfüllung des Vertrages) oder zum Schadensersatz verpflichtet sein.*

*Dazu müsste F als Vertreter ohne Vertretungsmacht gehandelt haben. Dies wurde oben (3.1) bereits dargestellt. F kannte die Grenzen seiner Vertretungsmacht und überschritt diese daher bewusst. Deshalb ist er gemäß § 179 Abs. 1 dem V nach dessen Wahl zum Schadensersatz oder zur Erfüllung verpflichtet. Beides ist in diesem Fall auf das Gleiche, nämlich die Zahlung von 1.750 € gerichtet.*

*Festzuhalten ist, dass V von F Zahlung von 1.750 € gemäß § 179 Abs. 1 verlangen kann.*

## Sachverzeichnis

Die angegebenen Zahlen verweisen auf die Randnummern des Buches.


Abänderungsvertrag 495
Abbruch von Vertragsverhandlungen 98 f. ,609 ff.
Abfindungsklauseln 236 a, 241 m
Abnahme *siehe* Werkvertrag
Abstraktionsprinzip 172 ff., 176 a, 280, 757, 876, 930
Abtretung von Forderungen und Rechten 170, 220, 631 ff., 648, 998 ff.
- Ausschluss 637
- zukünftige Forderungen 638, 956, 1075
Abtretungsvertrag 633 f.
AEU-Vertrag 9, 11
Allgemeine Geschäftsbedingungen 116 ff., 749 ff.
- Begriff 121 ff.
- Einbeziehung in den Vertrag 129 ff.
- Individualabreden 126 ff.
- Inhaltskontrolle 241 a ff., 749 f., 755, 855 ff.
- Rahmenvereinbarung 134 f.
- überraschende Klauseln 241 k f.
Allgemeines Gleichbehandlungsgesetz (AGG) 27 ff., 616 ff., 619 b ff.
Allgemeines Persönlichkeitsrecht 374 ff., 384, 389, 417 b, 456, 927, 927 c
Amtshaftung (Staatshaftung) 461 e ff.
Anfechtung 242 ff.
- Anfechtungserklärung 272 ff.
- Anfechtungsfrist 272 f.
- Anfechtungsgründe 244 ff.
- arglistige Täuschung 258 ff.
- Eigenschaftsirrtum 252 ff.
- Erklärungsirrtum 246 ff.
- Ersatz des Vertrauensschadens 274 ff.
- fehlerhafte Übermittlung 251 a
- Inhaltsirrtum 247 ff.
- Rechtsfolge 226 f.
- Täuschung durch Dritte 263 ff.
- widerrechtliche Drohung 266 ff.
Angebot (Antrag) 76 ff., 78 ff., 143
- Bestimmtheit 79
- Bindung 78, 80 f.
Annahme 76, 86 ff., 143
- Annahmefrist 90
- Einschränkungen 80, 92, 108
- konkludente 76, 85 f., 109
- Rechtzeitigkeit 86 ff.
- unter Erweiterungen 92
- unter Vorbehalt 80 f.
- vereinfachte Annahme 93 ff.
- verspätete 91
Annahmeverzug (Gläubigerverzug) 537, 627 f.
Annahmewille 95, 109,137
Anscheinsvollmacht 321, 324 ff.
Anspruch 387, 632
Anwartschaft 951, 356 a
Anwartschaftsrecht 356 a
Arbeitsrecht 1, 5, 14, 27, 29, 241 m, 779
Arglist 262
Arglistige Täuschung 258 ff.
Aufforderung, ein Angebot abzugeben *siehe* invitatio ad offerendum
Aufhebung eines Schuldverhältnisses 494
Aufhebungsvertrag 490
Aufklärungspflicht 596 ff., 607 ff.
Auflassung 168, 351, 1008 f.
Aufrechnung 512 ff.
- Ausschluss 515
- Voraussetzungen 514 ff.

– Wirkung 516
Aufrechnungsvertrag 517
Auftrag *siehe* auch Geschäftsbesorgung 809 ff.
Auftragsbestätigung 105
Aufwendungen, vergebliche (frustrierte) 552 ff., 573 f., 613 f., 796 f.
Auktion im Internet 152 ff.
Auslegung 155 ff.
– ergänzende 163 ff., 278 f.
– erläuternde 160 ff.
– von Allgemeinen Geschäftsbedingungen 166
– von Verträgen 113, 159 ff.
– von Willenserklärungen 156 f., 300
Ausschlussfristen 371
Außergeschäftsraumvertrag 23, 507 ff., 740 ff., 745
Aussonderungsrecht 1007

Bagatellgrenze 710
Bedingung 348 ff., 950
– auflösende 352
– aufschiebende 350 f.
– bedingungsfeindliches Rechtsgeschäft 354
– echte und unechte 353
Basiszinssatz 571 f.
Befristung 349
Beglaubigung, öffentliche 220
Benachteiligungsverbot 30 ff., 97 a ff., 617 ff.
Bereicherung *siehe* ungerechtfertigte Bereicherung
Beschaffenheitsgarantie 723 ff.
Beschaffungsrisiko 533, 535, 587 ff.
Beseitigungsanspruch 926 ff.
Besitz 903 ff.
– mittelbarer 910 f.
– Recht zum 917 f.
– unmittelbarer 905 ff.
Besitzdiener 908
Besitzer
– bösgläubiger 922 ff.
– deliktischer 921 ff.
– gutgläubiger 922 ff.
– unrechtmäßiger 924
Besitzmittlungsverhältnis (Besitzkonstitut) 911, 934, 976 ff.
Bestandteile von Sachen 399 ff., 894 ff.
Bestätigung 287
Bestätigungsschreiben 101 ff.
Betreuung 189, 194, 209 e f., 294
Beurkundung, notarielle 211
Beweislast 731
Beweislastumkehr 749
Billigkeitshaftung 413
Bote 293
Briefgrundschuld *siehe* Grundschuld
Briefhypothek *siehe* Hypothek
Bringschuld 480, 685
Buchgrundschuld *siehe* Grundschuld
Buchhypothek *siehe* Hypothek
Bürgschaft 838 ff.
– Akzessorietät 841
– auf erstes Anfordern 851 ff.
– Bürgschaftsvertrag 839 ff.
– Einrede der Vorausklage 844 f.
– Einreden des Bürgen 847 ff.
– Einwendungen 849 f.
– Form 840
– Gewährleistungsbürgschaft 855 f.
– Hauptverbindlichkeit 839 ff.
– Inanspruchnahme des Bürgen 850
– Inhaltskontrolle 856 ff.
– für künftige Forderungen 842
– selbstschuldnerische 845 f.

Computer 49
Culpa in contrahendo 98 f., 602 ff.

Darlehen 828 ff.
– Gelddarlehen 828 ff.
– Sachdarlehen 828, 837
– öffentliche 829 a
Darlehensverbrauchervertrag 834 f.
Darlehensvermittlungsvertrag 827
Dauerschuldverhältnis 500
Deckungsverhältnis 657
Delikt *siehe* unerlaubte Handlung
Deliktsfähigkeit 187, 413 a
Dienstbarkeiten 1021 ff.
– beschränkt persönliche 1023

- Grunddienstbarkeit 1024
Dienstvertrag 778 ff.
- freier 780 f.
- Kündigung 780 f.
Diskriminierungsverbot 27, 97 a ff.
Dispositives Recht 35
Dissens 113 f., 612
- offener 113
- versteckter 114
Domainname 376
Drohung, widerrechtliche 266 ff.
Duldungsvollmacht 321 ff.

Eigenhändigkeit einer Urkunde 221
Eigenschaft, zugesicherte 715
Eigentum 41 ff., 912 ff.
Eigentümer-Besitzer-Verhältnis 919 ff.
Eigentumserwerb 930 ff.
- an beweglichen Sachen 931 ff.
- gesetzlicher 941 ff.
- gutgläubiger 936 ff.
- an unbeweglichen Sachen 1008 ff.
Eigentumsverletzung 417 a f.
Eigentumsvorbehalt 947 ff.
- einfacher 948 ff.
- erweiterter 958 f.
- mit Verarbeitungsklausel 960 ff.
- verlängerter 955 ff.
Eigentümergrundschuld 1070 ff.
Eingriffskondiktion 881 f.
Einheitsprinzip 173
Einrede 485 ff.
Einstweilige Verfügung 459
Einwendung 849
Einwilligung 192, 196 f., 339 ff.
Einwirkungen
- unwesentliche 928
- wesentliche 929
Einziehungsermächtigung 644
Entgangener Gewinn 432
Erbbaurecht 1029 ff.
Erbrecht 8
Erfüllung 489
Erfüllungsgehilfe 528 ff.
Erfüllungsinteresse *siehe* positives Interesse
Erfüllungsort (Leistungsort) 479 ff., 684 f.
Erfüllungsübernahme 655
Erfüllungszeit 577
Erklärungsbewusstsein 47, 51, 85
Erklärungshandlung 48 f.
Erklärungsirrtum 247 f.
Erlassvertrag 521
Ermächtigung 346 f., 957
Ersetzungsbefugnis des Schuldners 436
Europäische Gemeinschaft 11 ff.
Europäische Union 9
Europäischer Gerichtshof 13
Europarecht 9 ff.
Exculpationsbeweis 450 a
Existenzvernichtungshaftung 442 a

Fabrikationsfehler 730
Factoring 645 f.
- echtes 646
- unechtes 646
Fahrlässigkeit 415
Fälligkeit 477 ff., 504, 562, 567, 1050
Falschlieferung
- beim Gattungskauf 697
- beim Stückkauf 698 f.
Familienrecht 8
Fehleridentität 176 a ff., 280 f.
Fernabsatzvertrag 38, 142, 146 ff., 508 a, 759 f.
Fernkommunikationsmittel 142, 146 f.
Fixgeschäft 576 f.
Forderungsübergang kraft Gesetzes 650
Form des Rechtsgeschäfts 210 ff.
- elektronische 216 ff.
- gesetzliche 212
- gewillkürte 222
Formfreiheit, Prinzip der 210
Formmangel 223 f.
Freiklauseln 80 f.
Freigabeklausel 966, 985 f., 1004
Fristen 371 a ff.
Fristsetzung 497, 504 ff., 707
Früchte 404, 763 f.
- mittelbare 405 a

– unmittelbare 405

Garantie 533 ff., 723 ff., 760 c
Garantiekarte 725
Garantievertrag 862 f., 865
Garantiewille 715
Gattungskauf 474, 697, 705
Gattungsschuld 474 ff., 587 ff.
– marktbezogene 588
– produktionsbezogene 589
Gebrauchsvorteile 405 b
Gefahrtragung 682 ff.
Gefahrübergang 681 ff.
Gefährdungshaftung 411, 460 ff.
Gefälligkeit 54 f.
Gegenleistungsgefahr 681
Geheimer Vorbehalt 53
Gemeinsamkeit des Rechts 15
Gemeinschaftsrecht
– primäres 10
– sekundäres 10
Genehmigung 191 ff., 332 ff., 339 ff.
Generaleinwilligung 196 f.
Generalklausel 23 ff., 231 ff.
Gesamtheit von Sachen u. Rechten 405 c
Gesamtgläubiger 674 ff.
Gesamtschuldner 435, 653, 669 ff.
Geschäftsbesorgung 809 ff.
– Aufwendungen 811
– entgeltliche 812 f.
– Pflichtverletzungen 813
– unentgeltliche 809 ff.
Geschäftsfähigkeit 177 ff., 186 ff.
– beschränkte 189 ff.
– partielle 206 f.
Geschäftsführung ohne Auftrag (GOA) 818 ff.
– berechtigte 819 ff.
– fremdes Geschäft 819
– Fremdgeschäftsführungswille 820
– Interesse des Geschäftsherrn 821
– unberechtigte 818
– Wille des Geschäftsherrn 821
Geschäftsgrundlage 620 ff.
– Fehlen der 620 ff., 624 ff.
– Wegfall der 620 ff., 624 ff.
Geschäftsunfähigkeit 186 ff.
Geschäftswille (Rechtsfolgewille) 47, 52, 85
Gesellschaftsrecht 1, 14
Gesetzliche Vertretung 193 f.
Gesetzliches Verbot
– Verstoß gegen ein 21, 228 ff.
– Folgen des Verstoßes 230
Gestaltungsrechte 388
Gewährleistungsansprüche
– Ausschluss 738 ff.
– beim Handelskauf 726 ff.
– beim Kauf von Rechten und sonstigen unkörperlichen Gegenständen 687 ff.
– bei Miete 768 f.
– beim Sachkauf 687 ff.
– beim Werkvertrag 790 ff.
Gewerbliche Schutzrechte 648 f.
Gläubiger 466
Gläubigergemeinschaft 675 f.
Gläubigerverzug *siehe* Annahmeverzug
Gläubigerwechsel 630 ff.
Gleichbehandlung
– Grundsatz der formalen Gleichbehandlung 15 f.
Globalzession 1004 ff.
Grundbuch 1008, 1010
– Berichtigung 1015
– Berichtigungsanspruch 1015
– Bestandsverzeichnis 1012
– Eintragungsbewilligung 1015, 1020
– öffentlicher Glaube 1012 f.
– Vormerkung 1018 ff.
– Widerspruch 1016 f.
Grundbuchamt 1044
Grundbuchordnung 1011, 1044
Grunddienstbarkeit 1023 f.
Grundpfandrechte 1035 ff.
Grundschuld 1062 ff., 1072, 1075
– Begriff 1062
– Bestellung 1063
– Briefgrundschuld 1063 ff.
– Buchgrundschuld 1063 ff.
– Eigentümergrundschuld 1070 f.
– Sicherungsgrundschuld 1064 f.
– Sicherungsvertrag 1064 f.

– Übertragung 1066 f.
– Verwertung 1068
Grundstücksrecht 1008 ff.
Gutgläubiger Eigentumserwerb 936 ff., 1012 ff.

Haftung für Rat oder Empfehlung 811 a
Haftungsausschluss 738 ff., 746
Haltbarkeitsgarantie 724 f.
Handeln unter fremdem Namen 306 f.
Handelsbrauch 106, 161
Handelsgeschäft 488, 637, 726, 846
Handelskauf 680, 726 ff.
Handelsmakler 827
Handelsrecht 1, 5
Handlungswille 47, 50
Herausgabeanspruch des Eigentümers 917 ff
Herrschaftsrechte 386
Hersteller 729, 736
Herstellergarantie 723 ff.
Hinterlegung 518 ff.
Holschuld 479 ff.
Hypothek 1039 ff., 1069 ff.
– Akzessorietät 1039 ff.
– Begriff 1039
– Bestellung 1040 ff.
– Brief 1043
– Briefhypothek 1042 f., 1048
– Buchhypothek 1045, 1049
– Tilgungshypothek 1073 f.
– Übertragung 1047 ff.
– Verwertung 1050 ff.

Individualvereinbarung 40, 124 ff., 132, 166, 366, 586, 720, 746, 748
Informationspflichten 142, 144, 146, 546, 719 b, 742 ff.
Inhaltsirrtum 246 ff., 249 ff., 252, 280
Inhaltskontrolle 40, 117, 125, 227, 231, 236 a, 241 a ff., 749 f., 755, 855 ff.
Inkassozession 643 ff.
Insichgeschäft 327 ff.
Instandhaltungspflicht des Vermieters 766

Internet 85, 140 ff., 150
Internetauktion 150
Invitatio ad offerendum 82 ff., 143

Juristische Person 133, 178, 180, 181 f.

Kalendergeschäft 563 f.
Kaufmännisches Bestätigungsschreiben 101 ff., 107 f.
Kaufvertrag 677 ff.
Kausalität 261, 422 ff., 445 a
– adäquate 423
– haftungsausfüllende 422
– haftungsbegründende 422 f.
Kausalprinzip 174
Knebelungsvertrag 235 f.
Kreditkarte 817 a ff.
Kommission 291 f.
– Effektenkommission 292
– Einkaufskommission 291
– Verkaufskommission 292
Konkludentes (schlüssiges) Verhalten 48, 287, 691, 725
Konkretisierung 476
Konsensprinzip 175 f.
Kontrahierungszwang 25 f., 30, 619 e
Konventionalstrafe *siehe* Vertragsstrafe
Konzernvorbehalt 966
Kündigung 224, 236 a, 497, 506 a ff., 620, 770, 773, 780, 781, 813, 816, 833, 1073
– aus wichtigem Grund 506 d f.

Landpacht 764
Leasing 772 ff.
– Finanzierungsleasing 775 ff.
– Operating Leasing 773 f.
Leihe 762 a
Leistung an Erfüllungs Statt 491 f.
Leistung erfüllungshalber 492
Leistungsgefahr 681 ff.
Leistungshindernis 538, 543, 545 f., 570, 759 a
Leistungskondiktion 876 ff.
Leistungsort *siehe* Erfüllungsort
Leistungspflichten 467 ff., 498, 668
– Hauptleistungspflichten 469, 592

- Nebenleistungspflichten 470 f.
- primäre 469 f.
- Schutzpflichten 469, 471, 523, 596 f., 668, 780 b, 822
- Verhaltenspflichten 469, 471

Leistungsstörungen *siehe* Pflichtverletzungen
Leistungsverweigerungsrecht 358, 470, 482 ff., 486, 562, 704, 1055
Leistungszeit 492, 563, 578
Letter of intent 97
Lieferung einer mangelfreien Sache *siehe* Nacherfüllung
Lizenzvertrag 19, 771

Mahnung 562 ff.
Maklervertrag 823 ff.
- Doppeltätigkeit 826 c
- Maklerlohnanspruch 826 ff.
- Nachweis 824 f.
- Vermittlung 825

Mangelfolgeschaden 554, 708 ff., 790, 792 ff., 798
Massengeschäft (i. S. des AGG) 617 ff.
Merkantiler Minderwert 430
Mietvertrag 761 ff.
- Kündigung 770
- Mängelhaftung 768 f.
- Pflichten 766 f.
- Schönheitsreparaturen 766

Minderjährige 195 ff., 200 ff., 206 ff., 209 f., 339
Minderung 709, 712, 722 b, 759 c, 759 f, 768, 795, 801, 805
Mitverschulden 413 b, 436 ff.
Mitwirkendes Verschulden *siehe* Mitverschulden
Montageanleitung, unsachgemäße 689, 696

Nachbarrecht 927 e
Nacherfüllung 504, 687 ff, 697 ff., 702 ff., 709 f., 713 ff., 719 c f., 722, 759 c, 759 f., 790, 792 ff., 797 f., 801, 836
Namensrecht 375 ff., 389, 927 f.
Naturalherstellung (Naturalrestitution) 426, 431, 435, 619 e
Nebenpflichten 122, 203, 586, 594, 596 ff., 600, 719, 719 c, 767, 780 b, 783 a, 811, 813 a, 822
- leistungsbegleitende 586, 596 ff.
- Verletzung von 586, 600
- vertragliche (leistungsbezogene) 21, 53, 176 b, 191, 195, 226 ff., 230, 276 ff., 280, 283 ff., 287, 659, 856, 894

Nichtigkeit von Rechtsgeschäften 26 ff.
- wegen Formverstoßes 223 f.
- wegen Geschäftsunfähigkeit 191
- wegen Sittenwidrigkeit 231 ff.
- wegen Verstoßes gegen ein gesetzliches Verbot 230

Nichtvermögensschaden 419 ff., 433 a, 619 c
Nießbrauch 1025 f.
Notstand 393, 415 a
Notwehr 393, 415 a
Novation (Schuldumschaffung) 495, 872
Nutzungen 404 ff., 499, 764, 881, 883, 920, 923 ff., 1022, 1025, 1030, 1035, 1038

Obhutspflichten 523, 586, 783 a
Offenkundigkeitsprinzip 299, 303, 346 a
Öffentliches Recht 2 ff.

Pacht 223, 467, 506 a, 761, 763 f., 771, 911
Patentrecht 386, 812 b, 916, 992
Parteiwille 162 f., 165, 225, 278, 283, 285, 705
- hypothetischer 278, 705
- mutmaßlicher 283, 285 f.

Patronatserklärung 867
Persönlichkeitsrechte 359, 374 ff., 380, 384 ff., 389, 403, 417 b, 456, 882, 927, 927 c
Personalsicherheit 838, 945
Personen
- juristische 133, 178, 180, 181 f.
- natürliche 178 ff., 184, 372

Pfandrecht an beweglichen Sachen 967 ff.
– Akzessorietät 971
– gesetzliches 969
– Pfändungspfandrecht 970
– rechtsgeschäftlich bestelltes 971 f.
– Verwertung der Pfandsache 972 f.
Pfandrecht an Rechten 992 ff.
– Anzeige an den Schuldner 996
– Befriedigungsrecht 997
– Bestellung 994 ff.
Pflegschaft 208 b, 295
Pflichtverletzung (§ 280) 523 ff., 559 ff., 586 ff., 602 ff., 689 ff.
Positive Forderungsverletzung 586 ff.
Positives Interesse 275
Preisgefahr 629, 681 f., 686
Privatautonomie 5, 15, 17 ff., 21 ff., 113, 120, 188, 228, 231, 244, 777
Privateigentum 41 ff., 912 ff., 917
Produzentenhaftung (Produkthaftung) 445 f., 461 c. 729 ff.

Ratenlieferungsvertrag 40, 207, 240, 507f.
Reallast 902, 1020 a, 1027
Realsicherheit 945 ff., 967
Rechte
– absolute 376, 389 ff., 416 ff., 900, 926 ff.
– am eigenen Bild 377 ff., 384
– am Gewerbebetrieb (Unternehmen) 42, 408, 417 b, 914, 927
– dingliche 399, 701, 759 f., 890, 897 f., 900 ff., 917, 927, 941 b, 1017, 1019 ff., 1025, 1030
– relative 389 f.
Rechtsfertigungsgrund 415 a
Rechtsbindungswille *siehe* Rechtsfolgewille
Rechtsfähigkeit 177 ff., 184, 372
Rechtsfolgewille (Rechtsbindungswille) 47, 50, 52 ff., 56, 77, 82 ff., 98, 151, 246
Rechtsfolgenirrtum 250
Rechtsgeschäft 17 ff., 44 ff., 226, 242 ff., 339 ff.
– einseitiges 45
– zustimmungsbedürftiges 339 ff.
– zweiseitiges 45
Rechtsgleichheit 15 f.
Rechtsgüter 384, 389, 412, 416 f., 417 a f.
– geschützte 417 f., 423, 454, 458
Rechtsgutsverletzung 415 f.
Rechtskauf 679 f., 757 ff., 759 g f.
Rechtsmangel 687, 701 f., 759, 759 f, 768, 791
Rechtsobjekte 6, 394 ff.
Rechtssubjekte 6, 183, 372 ff.
Rechtswidrigkeit 415 a, 439
Reisevertrag 526, 806 ff.
Rückgewährschuldverhältnis 498, 500 b, 748
Rückgriff des Unternehmers 737 ff.
Rücktrittsrecht 496 ff., 573, 575, 709 ff., 797
– Ausübung 498 ff.
– Folgen des Rücktritts 498 ff.
– gesetzliches 496, 504 ff., 575, 709 ff., 717, 795
– vereinbartes 496 ff., 501 ff.
Rücktrittsvorbehalt 496, 502
Rügepflicht 727 ff.

Sachen 395 ff., 405 c, 427 ff., 474, 892 ff.
– nicht vertretbare 397 f.
– Verbindungen von 399 ff., 941 a
– vertretbare 397 f., 427
Sachenrecht 886 ff.
Sachmangel
– beim Handelskauf 726 ff.
– beim Kauf 687 ff.
– bei der Miete 768 f.
– beim Werkvertrag 790 ff.
Salvatorische Klausel 279
Schaden 418 ff.
– Nichtvermögensschaden (immaterieller Schaden) 421, 431, 433 ff.
– Vermögensschaden (materieller Schaden) 419 ff., 425 a, 427 ff.
Schadensberechnung 427 ff., 433 f.
– abstrakte 551

– konkrete 551
Schadensersatz statt der Leistung 545, 549 ff., 573 f., 713 f., 717, 796
Schadensersatzansprüche
– aus unerlaubter Handlung 410 ff.
– vertragliche 410 f., 523 ff.
Schadensminderungspflicht 436 b
Scheck 492
Scheinbestandteile 399, 895, 897
Scheingeschäft 53
Schickschuld 479, 481, 628, 684
Schlechterfüllung 537, 591 ff., 768, 811
Schlechtleistung 526, 591 ff., 780 a, 813 a
Schlüssiges Verhalten *siehe* konkludentes Verhalten
Schmerzensgeld 431 a, 433 a f.
Schönheitsreparaturen 766
Schriftform 210 ff.
– einfache 213 ff.
– gewillkürte 222
Schuldanerkenntnis 870 ff.
– abstraktes 871 f.
– deklaratorisches 873
– negatives 522
Schuldbeitritt 652 ff., 863
Schuldersetzung *siehe* Novation
Schuldmitübernahme *siehe* Schuldbeitritt
Schuldnerverzug 559 ff.
Schuldnerwechsel 630
Schuldübernahme 651 ff.
– befreiende 652
– kumulative (Schuldbeitritt) 653 f., 863 ff.
Schuldumschaffung (Novation) 872
Schuldverhältnis 19 ff., 73 ff., 462 a ff.
– Aufhebung 494 f.
– Beendigung 493 ff.
– Erlöschen 489 ff.
– gesetzliches 72 ff., 98 f., 413, 462 a
– Inhaltsbestimmung 472 ff.
– Störungen im *siehe* Pflichtverletzung
– vertragliches 73 ff., 462 a ff.
– vorvertragliches 75, 602 ff.
Schuldversprechen 817 b, 870 ff.
Schutzgesetz 438 ff.
Schutzpflichten 469, 471, 523, 596 f., 668, 780 b, 822
Schwebende Unwirksamkeit 195 f., 198 f., 205 f..
Schweigen im Rechtsverkehr 98 f., 101 ff.
Selbstbestimmungsrecht 22, 231
Selbsthilfeverkauf 520
Sicherungsabtretung 998 ff., 1000 a f., 1005, 1007
– Bestimmbarkeit der Forderungen 1003
– Freigabeklausel 1005
– Globalzession 1004 ff.
– in der Insolvenz 1007
– Nichtigkeit 1006
– Sicherungsvertrag 999 ff.
– Verwertung 1002
– in der Zwangsvollstreckung 1007
Sicherungseigentum 936, 945, 974 ff.
– Entstehen 976 ff.
– Freigabeklausel 985
– Gegenstand 980 ff.
– in der Insolvenz 991
– Nichtigkeit 984 ff.
– Sicherungsvertrag 977 ff.
– Übersicherung 984 f.
– Verwertung 987 ff.
– in der Zwangsvollstreckung 990 f.
Sicherungsgrundschuld 1064 ff.
Sicherungsrechte 7, 636, 673, 944 ff., 1027
Sicherungsübereignung *siehe* Sicherungseigentum
Sicherungsvertrag
– bei der Sicherungsabtretung 999 f.
– bei der Sicherungsgrundschuld 1065
– bei der Sicherungsübereignung 977 ff.
Signatur, elektronische 217 f.
Signaturgesetz 216 ff.
Sittenwidrige Schädigung 440 ff.
Sittenwidrigkeit 176 b, 227, 280, 232 ff., 856
– Begriff der 232 ff.

– eines Rechtsgeschäfts 231 ff., 235 ff., 239, 280, 286, 441 f., 856, 864, 1006
Sorgfaltspflichten 471
Speziesschuld *siehe* Stückschuld
Staatshaftung (Amtshaftung) 461 e ff.
Stellvertretung ( siehe auch Vollmacht) 288 ff.
– gesetzliche 294 f.
– Insichgeschäft 327 ff.
– mittelbare 290 ff.
– Offenkundigkeitsprinzip 299 ff.
– ohne Vertretungsmacht 330 ff.
– unmittelbare 289, 296 ff.
– Wirkungen 308
Stillschweigen und Willenserklärung *siehe* Schweigen im Rechtsverkehr
Stückkauf 474 f., 698 f., 705
Stückschuld 475 f.
Stundung 478
Subjektive Rechte 6, 358, 372, 381 ff., 391, 403
Surrogat 542, 885

Telekommunikationsmittel (auch Fernkommunikationsmittel) 132, 740
Teilnichtigkeit 276 ff.
Teilunmöglichkeit 556 f.
Termine 371 a ff.
Textform 219
Tiere 396, 893
Tilgungshypothek 1073 f.
Trennungsprinzip 167 ff., 930 ff.
Typenzwang 890

Übereignung
– beweglicher Sachen 931 ff.
– unbeweglicher Sachen (Grundstücke) 1008 ff.
Umdeutung 276 ff., 283 ff.
Umwelthaftungsgesetz 461 a, 461 d
Unerlaubte Handlung 410 ff.
Ungerechtfertigte Bereicherung 874 ff.
– Bereicherung 877
– Eingriffskondiktion 880 ff.
– Leistungskondiktion 876 ff.
– ohne Rechtsgrund 879
– Wegfall der Bereicherung 885
– Wertersatz 884
Unmöglichkeit 538 ff.
– anfängliche (ursprüngliche) 540, 545 ff.
– nachträgliche 540, 548 ff.
– nicht zu vertretende 540 ff.
– vom Gläubiger zu vertretende 558
– vom Schuldner zu vertretende 544 ff.
– vom Schuldner nicht zu vertretende 540 ff.
Unterlassungsansprüche 455 ff., 458, 926 ff.
Unterlassungsklage 458
Unternehmer/Unternehmen 25 f., 119, 406 ff., 417 b, 503
Unternehmerpfandrecht 786
Untersuchungspflicht 728
Unverbindliche Erklärungen 54
Unverlangt zugeschickte Warensendungen 109 ff.
Ursächlichkeit *siehe* Kausalität

Valutaverhältnis 657, 661
Verarbeitung 941 ff., 958ff.
Verarbeitungsklausel 961, 1004
Verbindung und Vermischung 941
Verbotsgesetze 228 ff.
Verbraucher 36 ff.
Verbraucherdarlehensvertrag 214, 507, 827 f., 834 ff., 1000 a
Verbraucherhandeln 37
Verbraucherschutzrecht 6, 11, 13, 23, 36 ff., 39 f., 142
Verbraucherverträge 36 ff., 40, 69, 125, 142, 507, 740 f., 777, 827 f., 834 f.
Verbrauchsgüterkauf 36 ff., 366, 509, 680, 720, 730 ff., 741, 746
Verbundene Verträge 834 ff.
Verdingungsordnung für Bauleistungen (VOB) 804 f.
Verfassungsrecht 2
Verfügungsermächtigung 346
Verfügungsgeschäft 167 ff., 172 ff., 176 a f., 1009
Vergleich 868 f.

Vergütung 778, 782, 784 ff., 813, 826 b, 885, 943
Verhaltenspflichten 469, 471
Verjährung 358 ff.
- Berechnung 363 f.
- Einrede der 358
- Fristen 360 ff., 750
- Hemmung 367 ff.
- Mängelansprüche beim Kauf 720 ff.
- Mängelansprüche beim Werkvertrag 800 f.
- Neubeginn 367, 370
Verkehrshypothek 1042
Verkehrssicherungspflichten (Verkehrspflichten) 443 ff.
Verkehrsanschauung 158, 254, 400, 402, 753, 899, 905, 959
Verkehrssitte 56, 83, 93 f., 160 f., 165, 322, 804
Verkehrswesentliche Eigenschaft 252 ff., 255 f., 719 a
Vermögen 206, 208 a f., 209 c, 210, 386, 405 c, 419 ff., 438, 439 a, 471, 878, 953, 991, 1050, 1056 f.
Vermögensschaden 419 ff., 438
Verpflichtungsermächtigung 346 a
Verpflichtungsgeschäft 167 ff., 172 ff., 176 a f., 205, 280, 634, 646, 679, 876, 887, 930, 1009, 1032
Verrichtungsgehilfen, Haftung für 446 ff.
Verschulden 414 ff.
- fremdes 528 ff.
- gegen sich selbst 436 a
- mitwirkendes 436 f.
Verschulden bei Vertragsschluss *siehe* culpa in contrahendo
Verschuldensfähigkeit (siehe auch Deliktsfähigkeit) 413 a
Verschuldensprinzip 413 b, 527
Verschwiegenheitspflicht 471, 596, 599
Versendungskauf 684 ff.
Vertrag
- im elektronischen Geschäftsverkehr 140 ff.
- gegenseitig verpflichtender 467 f.
- mit Schutzwirkung für Dritte 663 ff.
- zugunsten Dritter 656 ff.
- zu Lasten Dritter 662
Vertragsauslegung (siehe auch Auslegung) 159 ff.
- ergänzende 162 ff.
- erläuternde 160 ff.
Vertragsfreiheit 19 ff.
- Abschlussfreiheit 19
- Freiheit in der Wahl des Partners 19, 27 ff.
- Freiheit der inhaltlichen Gestaltung 20 ff.
- Grenzen 21 ff., 27 ff., 116 ff., 226 ff., 231 ff.
Vertragsstrafe (Konventionalstrafe) 579 ff., 584 f.
Vertrauensgrundsatz 43 a f.
Vertrauenshaftung 335
Vertrauensschaden 274 f., 326, 609
Vertrauensschutz 241 k, 301, 937
Vertretenmüssen 527 ff.
Vertretung ohne Vertretungsmacht 330 ff., 335 ff.
Vertretung *siehe* Stellvertretung
Verwaltungsrecht 2
Verwendungen 554, 920 f., 925 a ff.
Verwirkung 582
Verzicht 93, 844, 851, 1065
Verzögerung der Leistung 559 ff.
Verzug 561 ff.
Verzugsschaden (Verzögerungsschaden) 568 f.
Verzugszinsen 571 ff.
Vollmacht *siehe* auch Stellvertretung 288 ff., 296 ff., 311 ff.
- Erlöschen 316 ff.
- Erteilung 311 ff.
- Innenverhältnis 314 f.
- Widerruf 317 ff.
Vorkaufsrecht, dingliches 902, 1020 a, 1028
Vormerkung 1018 ff.
Vormundschaft 8, 194, 208 b, 295
Vorsatz 414, 442
- bedingter (dolus eventualis) 414
- direkter (dolus directus) 414
Vorteilsausgleichung 437

Vorvertrag 96 f.

Wechsel 492
Werkvertrag 782 ff.
- Abnahme 787 f., 798
- Gegenstand 782
- Haftungsbegrenzung 799
- Mängelhaftung 790 ff.
- Mitwirkungspflichten 789
- Nebenpflichten 783 a
- Selbstvornahmerecht 794
- Vergütung 785 f.
- Verjährung der Mängelansprüche 800 f.
- VOB 804 f.
Wertersatz 499 ff., 511, 704, 884 ff.
Widerruf
- bei Verbraucherverträgen 23, 37, 40, 142, 199, 507 ff., 741 f., 745 ff., 827, 834 f.
- der Vollmacht 317 ff.
- von Willenserklärungen 69 f., 333
Widerrufsbelehrung 509
Widerrufsfrist 509 ff.
Widerrufsrecht 23, 37, 40, 142, 199, 507 ff., 741, 742, 745 ff., 827, 834 f.
Widerspruch 1016 ff.
Wiederholungsgefahr 376, 458, 619 b, 927 d
Willenserklärung 44 ff., 54 f., 57 ff., 65 ff.
- Abgabe 57 ff.
- Begriff 44, 46
- elektronische 64 ff.
- Empfangsbedürftigkeit 57 ff., 65 ff.
- objektiver Tatbestand 48 ff.
- subjektiver Tatbestand 47, 50 ff.
- unter Abwesenden 60 ff.
- unter Anwesenden 59
- unverbindliche Erklärungen 54 f.
- Widerruf 69 f.
- Willensmängel 53, 309
- Wirksamwerden 57 ff.
- Zugang 58 ff.
Willensmängel 53, 309 f.
Wohnungseigentum 1033 ff.
Wucher 237 ff.

Zahlungsdienstevertrag 814 ff.
Zubehör 402, 894, 899, 1037, 1058
Zugang einer Willenserklärung 58 ff.
Zugangshindernis 68
Zurückbehaltungsrecht 482 ff., 847, 925 d
- kaufmännisches 488
Zusicherung einer Eigenschaft 533 f., 716 f.
Zustimmung 195 ff., 206, 332, 338, 339 ff., 342, 344 f., 377, 506 a, 652, 654, 660, 816
Zuweniglieferung 697, 700
Zwangsversteigerung 1011, 1035, 1053, 1056 ff.
- Deckungsprinzip 1058 f.
- geringstes Gebot 1059
- Rang 1056
- Übernahmegrundsatz 1058, 1060
Zwangsverwaltung 1061
Zwingendes Recht 35, 39, 212, 756, 827, 890